영어

루이스 편저

루이스
영어임용 2차
All-in-One

영어면접·수업실연
실전전략

미래가치

PREFACE

머리말

영어 임용의 1차 대비서인 '루이스 기출분석'에 이어 2차 대비 교재도 많은 선생님께서 선택해주신 덕분에 벌써 7번째 개정판으로 이어지게 되었습니다. 특히 이번엔 출판사도 바뀌게 되면서 전면 개정을 하게 되었고, '루이스 영어임용 2차 All-in-One'이라는 제목으로 바뀌게 되었습니다. (이 교재와 별도로 '루이스 심층면접 기출분석집'은 면접 기출을 더 심층적으로 분석한 교재로, 모든 전공용으로 제작하였지만 영어과 선생님도 함께 활용하면 좋습니다.) 이번 개정판은 최근 기출 내용 추가 외에도 최근 교육 트렌드에 맞춰 출제 확률이 높은 부분을 추가하고, 확률이 낮아진 부분을 삭제했으며, 면접 아이디어의 영어 번역을 많이 추가했습니다. 또한 수업실연 유형별 전략을 실제로 기출에 자주 나왔던 것 중심으로 다시 정리하고, 경기도에서 신설된 '수업설계역량' 등 다양한 부분에서 보완 및 추가했습니다.

제가 임용 공부를 했을 때 가장 답답했던 점은 비싼 학원 강의를 등록하지 않으면 2차 기출문제를 구하기가 어렵고, 공부 방향을 잡기도 매우 힘들다는 것이었습니다. 이런 점을 도와드리고자 저는 합격 후 기출문제 복기를 포함한 대비서를 출간하게 되었습니다. 또한 수업실연 기출문제는 책을 구매하지 않으셔도 구하실 수 있도록 매년 루이스 카페에 무료로 올리고 있습니다. 이는 매년 2차 시험이 끝나고 다음 분들을 위해 카페에 문제복기를 해주신 선생님들 덕분에 가능했습니다. 앞으로도 2차 기출문제를 다음 시험을 준비하시는 분들을 위해 무료로 공개할 수 있도록 2차 시험 후 카페에서 복기에 꼭 참여해주시면 감사하겠습니다.

2차 대비책 집필 중 가장 노력한 부분은 제가 현직 교사로 근무하고 있기 때문에 학교 현장 경험과 2차 대비 내용을 최대한 연결한 부분입니다. 임용을 준비하는 수험생 중 많은 분들은 학교 현장 경험이 아직 없거나 적습니다. 하지만 면접 문제는 학교 현장에서 자주 발생하는 상황이 출제되고, 수업 시연은 현장의 학생들에게도 잘 맞는 수업인가를 중점적으로 평가합니다. 여기서 발생할 수 있는 문제는 수험생 판단으로 최선의 면접 답변과 수업을 했더라도 감독관 입장에서 학교 현장과는 맞지 않는다고 생각하면 좋은 점수를 받을 수 없다는 것입니다. 저는 이 둘 사이의 거리를 좁히는 역할을 해야겠다고 생각했습니다. 형식적인 시험대비용 답안이 아닌 실제 현장에서도 쓸 수 있는, 그렇기 때문에 현장에서 오랜 경험을 한 임용2차 감독관의 인정을 받을 수 있는 내용으로 구성하려고 노력했습니다. 또한 면접에서는 최근 교육 현장 트렌드를 파악하는 것이 정말 중요합니다. 1차 시험을 준비하기도 바쁜데 이런 흐름까지 파악하는 것이 매우 어렵기 때문에 책을 통해서 파악하실 수 있도록 최근 교육 현장에서 가장 이슈가 되는 내용을 선별하여 정리하였습니다.

저는 매년 예비교사 분들을 위한 수업실연 피드백도 진행하고 있습니다. 물론 저 혼자는 많은 분들을 도울 수 없으므로 합격하신 선생님들의 도움을 받고 있습니다. 합격 후 루이스카페를 통해 문제복기, 합격수기, 피드백 멘토 지원 등 어떤 방식으로든 도움 활동에 참여해주시면 정말 감사할 것 같고, 합격 소식도 꼭 전해주세요. 그럴수록 저도 힘을 받아 이런 활동을 더 오래 이어갈 수 있을 것 같습니다. 1년간 공부하시는데 고생 많으셨습니다. 그 노력이 아까워서라도 2차 대비는 끝까지 최선을 다해 주시길 바랍니다.

 루이스카페에 가입해주세요(cafe.daum.net/teacherlouis) 수업실연 연습문제를 무료로 제공하고, 기타 유용한 정보를 공유하고 있습니다.

책 활용 방법

이 책의 면접파트에는 '심층면접 최근 TREND'가 앞부분에 따로 배치되어 있습니다. 이 파트부터 정독하시면 대략적인 교육의 흐름을 이해하실 수 있을 겁니다. (그 뒤에 나오는 면접 아이디어는 정독보다는 필요시 찾아서 읽는 것을 추천드립니다.) 최근 트렌드 파트를 읽고 큰 흐름을 잡으셨다면 '기출문제' 모음 파트를 보시길 바랍니다. 지원한 지역과 평가원 지역의 문제를 둘 다 살펴보고 바로 문제풀이를 진행하시는 것을 추천드립니다. 물론 처음엔 아이디어가 잘 떠오르지 않을 수 있습니다. 그럴 때 먼저 해야 할 것이 해당 기출문제를 유형으로 분류하는 것입니다.

기출엔 자세하고 구체적인 상황으로 나오지만 결국 "유형"(예 에듀테크 수업 문제 해결)이 있기 마련이고, 그 유형을 빨리 파악해서 접근하면 짧은 시간 내에 즉각적으로 답변을 구상해야 하는 임용 면접 시험구조에 더 수월합니다. 그래서 이 책은 기출되었던, 또는 기출될 수 있는 다양한 상황을 구체적인 '유형'별로 정리했습니다. 기출문제를 푸시면서 어떤 유형인지 분류해보시고, 그 유형에 해당되는 내용을 목차에서 찾아 읽으시면서 '아 이 아이디어를 답변에 활용하는 것이 좋겠다.'라고 생각한 부분을 골라서 답변에 넣어 연습하시면 됩니다.

다만 중요한 것은 여기에 나온 답변들이 꼭 정답은 아니라는 점입니다. 면접에 정해진 답은 없습니다. 본인이 생각하는 답변에 기본을 두고, 그것을 바탕으로 여기에 나온 답변을 적절히 선택 및 재구성하여 사용하실 것을 추천합니다. 아니면 이 책에 있는 아이디어를 사용하되, '내가 교사라면 어떻게 할까'를 진지하게 고민한 뒤 그 아이디어를 자신에 맞게 재구성하여 사용하는 것입니다. 단순히 이 책의 내용을 '외워서 이야기한다.'라는 느낌만 피해주시면 됩니다. 감독관 입장에서도 확실히 어디서 외운 듯한 느낌의 답변보다는 본인의 교직관을 보여주는 진정성 있는 답변에 높은 점수를 줄 것입니다. 물론 본인의 생각을 녹여내는 것이 쉽지는 않습니다. 아무런 생각이 나지 않을 수 있습니다. 처음엔 책 또는 다른 곳의 아이디어만을 활용해서 답변을 해도 괜찮습니다. 다만 그 문제를 다시 풀 때는 충분히 고민하고 내 생각을 담아보는 연습을 하신다고 보면 됩니다.

수업실연 파트도 비슷합니다. 책에는 각 상황별, 디렉션별 팁이 수록되어있지만 꼭 이대로 따라해야 하는 것은 아닙니다. 가장 중요한 것은 본인의 철학과 진정성이 담기면서도 가장 자연스럽게 할 수 있는 수업을 만드는 것이 중요합니다. 그런 수업을 만드는 과정에서 이 책의 아이디어를 참고하는 것입니다. 여기서도 역시 본인의 생각을 녹여내는 것이 어려울 수 있으므로 처음엔 책의 아이디어를 그대로 따라하더라도 수업실연에 대한 대략적인 틀이 잡히면 자신만의 방법을 하나씩 반영해보면서 수업을 발전시켜나가면 됩니다. 또 중요한 것은 최근 교사의 가르침보다는 학생들의 배움을 우선적으로 생각하는 것(학생중심수업, 학생 맞춤형 수업 등)이 강조되고 있으므로 수업실연을 할 때도 '나의 수업 진행이 학생들에게 어떻게 받아들여지는가', '학생들은 이 수업에서 어떻게 배움을 만들 수 있는가'를 고민하시면서 연습하신다면 실전에서도 그 고민이 반영된 수업을 할 수 있으실 겁니다.

저자 루이스

CONTENTS 차례

PART 01 | 심층면접 TREND 파악하기

CHAPTER 01 심층면접 Overview ·· 12
    01. 교원임용 심층면접의 기본 및 최근 흐름 ······················· 12
    02. 지역별 심층면접 방법 ··· 13
    03. 일반적인 심층면접 진행 방식 ··· 13
    04. 유의사항 ·· 14

CHAPTER 02 심층면접, 이것만은 꼭 지켜야 한다 ····················· 15
    01. 기본적인 준비 방향 ··· 15
    02. 고득점 답변 만들기 ··· 18
    03. 좋은 인상 남기기 ·· 21

CHAPTER 03 최근 심층면접 기출분석 및 샘플답안 ·················· 24

PART 02 | 심층면접 유형별 답안 아이디어

CHAPTER 01 교육 관련 최근 Trend ··· 52
    01. 미래사회와 미래교육 ··· 54
    02. 에듀테크, 인공지능 활용 수업 ······································ 60
    03. 기초학력부족학생 지도 ··· 74
    04. 고교학점제 ··· 82
    05. 생태교육 ··· 91
    06. 학생 자치, 학교 자치 ··· 94
    07. 민주시민교육, 세계시민교육 ··· 99
    08. 디지털 리터러시, 미디어 리터러시 교육 ··················· 104
    09. 지역사회 연계 교육(마을교육공동체) ························ 108
    10. 2022 개정 교육과정 ··· 113

CHAPTER 02 생활지도 ·· 118
    01. 수업 방해 행동 지도 ··· 121
    02. 공격적인, 반항 행동 지도 ·· 124

03. 학교폭력/괴롭힘/다툼 해결 ··· 128
　　　04. 무기력한/우울한/자존감이 낮은 학생 지도 ······················· 134
　　　05. 회복적 생활지도 ··· 137
　　　06. 다문화학생과 관계, 다문화교육 ·································· 143
　　　07. 특수 학생과의 관계, 특수교육 ···································· 146
　　　08. 교내안전지도/안전교육 ·· 149
　　　09. 학업중단위기 학생 관리(자살, 자해 징후, 학업중단 위기) ······ 154
　　　10. 게임/인터넷, 스마트폰 중독 ······································ 159
　　　11. 기타 생활지도 – 청소지도, 급식지도, 도난지도 ··············· 161
　　　12. 학생상담 ·· 164

CHAPTER 03 수업, 평가 ·· 167
　　　01. 수업능력 계발 ··· 167
　　　02. 협동학습, 조별학습 ··· 173
　　　03. 융합수업 ·· 176
　　　04. 수업불안, 수업 스트레스 ·· 177
　　　05. 교육과정 – 수업 – 평가 – 기록 일체화 ·························· 178
　　　06. 과정중심평가 ·· 181
　　　07. 평가의 원칙 ·· 184

CHAPTER 04 학급운영 ·· 187
　　　01. 학급운영 철학 ··· 188
　　　02. 학기 초/새 학기 학급 운영 ······································· 193
　　　03. 학급 특색 프로그램 ·· 195

CHAPTER 05 학교운영 ·· 201
　　　01. 인성교육 프로그램 ··· 201
　　　02. 독서교육 ·· 206
　　　03. 진로교육 ·· 209
　　　04. 동아리 운영 ·· 214
　　　05. 학교 행사/축제 운영 ··· 216
　　　06. 교사 학습 공동체 ··· 218

CHAPTER 06 동료교사, 학부모와의 관계 ······ 220
01. 동료교사와의 관계 ······ 220
02. 학부모와의 관계 ······ 227

CHAPTER 07 교직관, 교육철학, 교사의 자질 ······ 233
01. 관심/사랑을 주며 래포형성하는 교사 ······ 235
02. 학생 개개인을 존중하는 교사 ······ 237
03. 칭찬하는 교사 ······ 238
04. 공평한 교사 ······ 239
05. 친절함과 단호함을 조화시키는 교사 ······ 241
06. 수평적 리더십을 발휘하는 교사 ······ 242
07. 교사의 자질 계발(자신 계발) ······ 244
08. 교사는 교육전문가 ······ 248
09. 우울한 교사/교사 스트레스 ······ 249

PART 03 심층면접 기출문제 & 연습문제

CHAPTER 01 심층면접 기출문제 ······ 256
01. 평가원 기출문제 ······ 256
02. 서울시 기출문제 ······ 279
03. 경기도 기출문제 ······ 297
04. 대구시 기출문제 ······ 311

CHAPTER 02 심층면접 연습문제 ······ 325
01. 영어구상형 연습문제 ······ 325
02. 한글구상형 연습문제 ······ 343
03. 즉답형 연습문제 ······ 362

CHAPTER 03 심층면접 연습문제 샘플답안 ······ 372
01. 영어구상형 샘플답안 ······ 372
02. 한글구상형 샘플답안 ······ 395
03. 즉답형 샘플답안 ······ 411

PART 04 | 수업실연 TREND 파악하기

CHAPTER 01 최근 수업실연 기출 Overview 422
- 01. 지역별 수업실연 진행방식 422
- 02. 일반적인 수업실연 진행방식 422
- 03. 최근 수업실연 기출의 특징 423
- 04. 최근 수업실연 기출 정리표 424
- 05. 최근 수업실연 기출 활동 진행 흐름 425
- 06. 수업실연 기출 Direction 유형별 Overview 427

CHAPTER 02 수업실연, 이것만은 꼭 지켜야 한다 431
- 01. '좋은 교사'라는 인상 남기기 431
- 02. 기본 공부 전략 432
- 03. '실제 학생과 함께하는 듯한' 수업 만들기 434
- 04. 심화전략 : 고득점 만들기 438

CHAPTER 03 수업지도안 Tip 441
- 01. 수업지도안을 짜는 이유를 알자 441
- 02. 임용 2차 수업지도안의 기본 및 최근 방향 441
- 03. 교사의 수업내용을 최대한 구체적으로 쓰자 442
- 04. Modeling/Worksheet/구체적인 활동 Guideline을 따로 작성하자 444
- 05. 너무 교사 중심으로만 수업지도안을 작성하지 않도록 한다 445
- 06. 지도안의 공간을 효율적으로 쓰는 연습이 필요하다 446
- 07. 지도안과 수업실연의 일치는 생각보다 중요하다 446
- 08. 여유가 있다면 디렉션을 더 확장할 수 있는 내용도 적을 수 있다 446

PART 05 | 수업실연 실전 SKILL

CHAPTER 01 수업실연 유형별 전략 448
- 01. 첫 시작 멘트 448
- 02. Motivation/Schema activation 450
- 03. Vocabulary 457

CONTENTS

차례

    04. Reading ······ 465
    05. Speaking ······ 477
    06. Writing ······ 487
    07. Listening ······ 500
    08. Grammar/Form ······ 501
    09. Presentation ······ 506
    10. Feedback ······ 509

CHAPTER 02 Classroom Management ······ 517

    01. 목소리 ······ 517
    02. 제스쳐 ······ 520
    03. 동선 ······ 521
    04. 시선처리, 표정 ······ 522
    05. 판서 ······ 522
    06. 상호작용 ······ 525
    07. Using Worksheet ······ 526
    08. Grouping/Group Work ······ 530
    09. Giving Instructions ······ 536
    10. 태블릿PC 사용하기 ······ 543
    11. 기타 ······ 544

CHAPTER 03 Classroom English ······ 546

    01. 도입부 ······ 546
    02. Book ······ 546
    03. Vocabulary/Expression ······ 547
    04. Reading ······ 548
    05. Exercise/Practice ······ 549
    06. Using Picture ······ 549
    07. Giving Worksheet ······ 550
    08. Speaking ······ 550
    09. Listening ······ 551
    10. Writing ······ 551
    11. Form/Feedback ······ 552

12. Board work ·· 552
13. Activity ··· 553
14. Getting Attention ··· 554
15. Volunteer ··· 555
16. Praising Students ·· 556
17. Interaction-responding ·· 557

CHAPTER 04 수업설계역량(경기도) ·· 558
　　　　＊ 수업실연 Q&A ··· 564

PART 06 | 수업실연 기출문제

CHAPTER 01 수업실연 기출문제 & 해설 ·· 576

부록 1 수업실연 Self-checklist ··· 735
부록 2 최근 수업실연 연습문제 해설 ·· 738

루이스 영어임용 2차 All-in-One
영어면접 · 수업실연 · 실전전략

P·A·R·T

01

심층면접 TREND 파악하기

CHAPTER 01 심층면접 Overview
CHAPTER 02 심층면접, 이것만은 꼭 지켜야 한다
CHAPTER 03 최근 심층면접 기출분석 및 샘플답안

CHAPTER

심층면접 Overview

01 교원임용 심층면접의 기본 및 최근 흐름

① 교원임용시험의 심층면접은 크게 평가원지역과 교육청 자체 출제 지역으로 나누어진다. 1차시험과 같이 교육과정평가원에서 출제한 공통문제를 그대로 받아서 쓰는 '평가원 지역'(부산, 울산, 대전, 경남, 충북, 충남 등..)이 있고, 지역교육청만의 특색있는 문항으로 평가하고 싶어 평가원 문제를 쓰지 않고 자체 문제를 출제하는 지역(서울, 경기)이 있다. 평가원 문제와 교육청 자체 출제 문항을 둘 다 사용하는 지역(경북, 대구)도 있다.

② 사실 충북, 인천, 강원, 세종도 교육청 자체 문제를 출제하던 지역이었으나 최근 평가원 문제로 바뀌었다. 위 지역은 매년 많은 인원을 선발하는 지역도 아닌데 지역 자체 문제까지 출제하려면 교육청 차원에서 행정적인 부담이 컸을 수도 있고, 지역 자체 문제를 준비하는 수험생들이 너무 시책 중심으로 답변을 준비하는 부작용이 생겨서 평가원 문항으로 바꿨을 수도 있다.

③ 어떤 지역이든 구상형과 즉답형 문항이 섞여있다. 구상형은 면접실 입실 전 구상실에서 문제(지문+질문)을 미리 읽어본 뒤 답변을 어떻게 할지 미리 구상할 수 있는 문제이고, 즉답형은 구상실에서는 구체적인 질문을 미리 알 수 없고 평가실에서 구상형 답변이 끝난 후에 확인 할 수 있는 문제이다. (평가원지역은 즉답형의 '상황(지문)'은 구상실에서 미리 알 수 있다) 즉답형은 즉석에서 문제를 보고 답변을 해야 하기 때문에 순발력이 더 필요하다. 즉답형 문제는 공부를 해서 준비된 답변으로 대답할 확률이 높은 구상형 질문보다 예비교사가 가지고 있던 생각이 더 잘 드러날 확률이 높으므로 점점 중요성이 높아지고 있고, 이런 특성 때문에 교직관, 인성 등을 물어볼 수 있는 문제가 즉답형에서 많이 출제되고 있다.

④ 영어과는 일부 문항을 영어로 실시한다. 영어 문항은 문제도 영어로 나와있고, 답변도 영어로 해야한다. 영어/한글 출제 비율은 지역마다 다르므로 지역별 비율은 이 책의 기출문제 파트에서 확인하자.

02 지역별 심층면접 방법

(※ 주의사항 : 2025년 10월 기준으로 작성한 것으로 **2차 최종공고에서 변경가능 - 확인필수**)

지역	출제기관	문제구성	구상 / 면접시간	비고
부산,울산,대전,경남,충남,전북,전남,제주,광주,충북,인천,강원,세종	평가원 출제문항 (공통문항)	구상형3, 즉답형1	10분/10분	교육과정평가원에서 출제하는 공통문항을 그대로 사용함
경북	평가원 문항+경북 교육청 자체문항	평가원 문항 (구상3, 즉답1) + 자체문항 즉답형	10분/15분	* 2026부터 경북 자체 즉답형 문항 1~3개 추가(인성분야)
대구	평가원 문항+ 대구교육청 자체문항	평가원 문항 (구상3, 즉답1) + 자체문항3	25분/25분	* 평가원 문항 진행 후 대구 자체문항 이어서 진행
서울	서울교육청 자체 출제 문항	구상형2, 즉답형1, 추가질문2	15분/15분	
경기	경기교육청 자체 출제 문항	구상형3, 즉답형2	15분/15분	

03 일반적인 심층면접 진행 방식

① 대기실입실 : 휴대폰 수거, 관리번호 추첨
2차 시험은 감독관에게 이름을 밝힐 수 없어 '관리번호'를 부여한다. 관리번호는 보통 책상 위에 뒤집어 놓고 뽑게 하거나, 검은 가방 안에서 뽑도록 한다. (면접날 수업시연날 따로 뽑음.) 추첨 뒤에는 관리번호 순서대로 앉게 되며, 그 순서대로 구상실에 입실하게 된다. (관리번호별 입실 시간을 상세히 붙여놓는 지역도 있음.)

② 구상실입실 : 구상실 입실 후 문제지를 받고 주어진 시간 동안 면접 내용 구상시간을 가진다. (메모 허용) 여기서 즉답형 문제는 '상황'만 미리 읽을 수 있도록 하는 지역이 있고, 상황도 주어지지 않는 지역이 있으므로 최신 기출을 확인하자.

③ 면접실(평가실)입실 : 구상 시간이 끝남과 동시에 바로 면접실로 입실한다. 보통 다음과 같은 순서로 진행된다. 입실 및 인사 ➡ 관리번호 확인("관리번호 00번입니다") 후 착석 ➡ 구상형 답변 ➡ 즉답형 질문 확인 ➡ 즉답형 답변 ➡ 면접실 퇴실(문제지 반납)
* 대기실, 구상실, 면접실은 한 층에 붙어있거나 대기실과 구상실 / 면접실을 다른 층에 배치하는 곳도 있다. 보통 구상실과 면접실은 멀지 않게 배치해서 이동시간이 길지 않다.

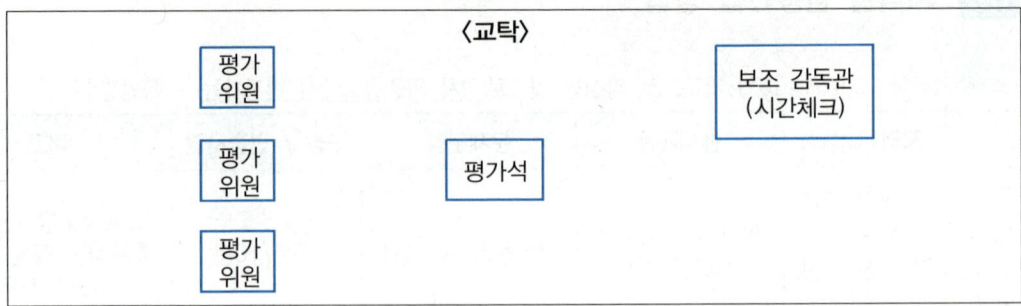

04 유의사항

① 대기실 서적 열람 : 종이서적을 허용하는 지역, 허용하지만 메모는 금지하는 지역, 열람 자체를 허용하지 않는 지역으로 나눠진다. 매년 달라질 수 있는 사항이므로 교육청 공지를 꼭 확인하자.

② 대기실을 나와 구상실로 들어갈 때 모든 짐을 들고 나온 후 복도의 지정된 장소에 놓는다.

③ 수험번호 / 성명 절대 언급 금지 (연습부터 항상 '관리번호'로 하는 것이 좋음)

④ 문항별로 답변을 끝낼 때는 '이상입니다'라고 해당 답변이 끝났음을 알려야 함

⑤ 구상실, 면접실에 있는 시계는 (지역별로 다르긴 하지만) 몇 분이 남았다고 알려주는 타이머 식이면 다행이지만, '현재시간'만 알려줄 수도 있다. 심지어 디지털도 아닌 아날로그시계인 곳도 있다는데 대부분 디지털이기는 하다. (이 부분을 교육청 공고에 표시를 하는 곳도 있으니 공고문을 확인하자) 연습할 때도 타이머만 활용하기보다는 자신의 손목시계만 보며 연습하기도 하는 등 모든 상황에 대비하자. (아날로그 손목시계는 보통 반입이 허용된다.)

CHAPTER 02 심층면접, 이것만은 꼭 지켜야 한다

01 기본적인 준비 방향

(1) 면접책은 처음부터 순서대로 읽는 교재가 아니다

① '책 정독'이 비효율적인 이유: 2차 준비기간은 1차 준비기간에 비해 매우 짧다. 어떤 것부터 시작해야 하는지 고민이 될텐데, 시중의 어떤 면접책을 봐도 준비기간 내에 다 외우는 것은 불가능할 것이니 면접책을 처음부터 끝까지 읽는 것은 매우 비효율적이다. 아무리 많이 읽어도 실제로 면접 시 답변으로 이어질 수 있는 것은 극히 일부이다.

② 기출부터 부딪히기: 최근 기출부터 펼쳐보고 시작하자. 면접책은 처음부터 끝까지 읽는 것이 아니고, 문제를 중심으로 필요한 내용을 찾아서 읽는 방식이 필요하다. 면접 기출문제는 최근 교육의 트렌드를 반영하기 때문에 너무 예전 기출문제를 보기보다는 최근 기출부터 살펴보는 것이 좋다. 최근 기출이 익숙해지면 다른 지역에서 최근에 출제된 문제도 풀어보면서 (너무 시책을 묻는 문제는 제외) 트렌드를 읽자. (실제로 전년도에 A지역에서 나왔던 문제가 다음 해에 B지역에서 나오는 경우가 많아지고 있다.) 1차 발표 전까지는 이렇게 지원 지역과 타지역 기출에만 집중해도 시간이 모자랄 것이다. 기출이 끝난 후에는 경향에 맞는 연습문제들을 고르거나 직접 만드는 것이 가능해져 효율적인 대비를 할 수 있을 것이다.

③ '대본' 만들면서 유형별 아이디어 정리하기: 만약 기출에 대해 아무런 답변을 할 수 없다면 최근 3~4개년 기출(평가원 기출+ 지원 지역)을 먼저 읽어보고, 나만의 '답변 대본'을 만들어보자. 처음엔 당연히 아이디어가 바로 잘 떠오르지 않을 것이다. 이는 '망한'것이 절대 아닌 '당연한' 것이니, 이 책을 비롯하여 이것저것 자료(다른 면접책, 교육부 블로그, 각 교육청 사이트나 블로그, 뉴스기사 등…)를 찾아보며 어떻게든 답변을 만들어보고 말하는 연습까지 해보자. (시간이 오래 걸려도 괜찮다.) 이렇게 대본을 만드는 과정에서 내가 사용한 답변 아이디어는 유형별로 따로 정리해 놓으면서 쌓아가면 된다. ('이런 유형엔 이런 답변을 해야겠다'는 방식) 대본 없이도 대략적으로 답변이 가능하다면 대본 없이 핵심 포인트만 적어놓고 답변하는 연습을 하면 된다.

(2) 스터디는 필수이다

① 스터디의 필요성: 기출 공부로 면접문제 풀이가 익숙해졌다면 바로 실전으로 들어가자. 실전과 같이 구상시간 및 답변시간을 설정해서 연습하는 것이다. 물론 짧은 시간에 구상하고 답변하는 것이 굉장히 어렵기 때문에 실전처럼 도전하는 것을 시작하기 망설일 수 있다. 그러나 일찍 깨져보는 것이 무조건 이득이다. 실전처럼 해 봐야 확실히 부족한 부분을 알 수 있고, 그 부분을 채우는 연습을 하나하나 해나가면 된다. 이렇게 실전처럼 진행하려면 아무래도 스터디를 활용하는 것이 좋다. 결과적으로 우리는 감독관 앞에서 면접을 해야 하는 것인데, 연습할 때 혼자서 답변하는 것과 남 앞에서 답변하는 것은 매우 다르기 때문이다.

② **스터디 구성 방법**: 가급적 말할 기회를 많이 얻기 위해서 3~4명정도 소수로 구성하는 것이 좋고, 평가원이면 평가원끼리, 자체 출제지역이면 같은 지역끼리 하는 것이 좋다. 같은 지역이면 지역별 문제 스타일 및 형식에 맞춰서 할 수 있고 시책자료를 함께 모으고 정리할 수도 있다. 다만 같은 지역이라고 경쟁하기보다는, 함께 원원해서 같이 연수원에서 만나자는 분위기를 조성해야한다는 것을 명심하자. 만약 지역 내에 스터디를 구하기 힘든 환경이라면 온라인으로라도, 아니면 타교과 선생님이라도 꼭 구하는 것을 추천한다. 그것도 힘들면 가족과 지인 앞에서라도 말하는 연습을 꼭 하자.

③ **스터디원의 역할**: 면접 시 다른 스터디원들이 시험장처럼 앞에서 감독관 역할을 해주는 것이 중요하다. 가급적이면 무뚝뚝하고 피곤한 표정으로 바라봐주는 연습을 하는 것이 더 좋다. (실전에서 이런 경우가 많기 때문이다.) 피드백을 주고받는 것도 좋지만 사실 피드백은 주관성이 강할 수 있어 '저런 피드백을 받았는데 내가 정말 고쳐야 하는 것인가?'라고 고민하다가 시간을 다 보내는 경우도 많아 조심해야 한다. 피드백은 정해진 짧은 시간만 주고받는 것이 좋고, 스터디는 '다른 사람 앞에서 내가 준비한 것을 말해보는 연습'만해도 큰 도움이 된다는 점만 기억하자.

(3) 개인 공부 시간을 많이 확보해야 한다

① **스터디가 너무 길지 않은지 점검하자**: 2차는 짧은 시간 내에 정말 많은 것을 준비해야 한다. 스터디가 중요하긴 하지만 스터디에서 너무 많은 시간을 쓰는 것은 비효율적이다. 거의 온종일 스터디만 하는 경우도 많이 보았는데, 이 경우 스터디 시간을 과감하게 줄이는 방법을 생각해봐야 한다. 자주 보지만 짧게 하는 것이 핵심이다. 혹시 너무 많은 인원을 두고 있지 않은지, 피드백 주는 시간이 너무 길지는 않은지, 식사시간을 두어서 더 길어지지 않는지 등을 체크해보고 필요하지 않은 부분은 과감하게 생략하고 시간을 줄이자. 실전이 다가오면 스터디 내 피드백도 구두 피드백보다 종이 피드백으로 간단하게 대체하는 것도 필요하다.

② **점점 개인공부 시간을 늘리자**: 스터디는 함께 문제 구상, 면접, 피드백 정도만 제한 시간을 두고 빠르게 진행한 후에 종료한 다음 개인적으로 복습하면서 더 나은 답변을 여러 서적에서 찾아보고 생각해 본 이후에 수정된 답변을 여러 번 다시 연습해보고, 나만의 답변을 유형별로 정리하는 시간을 더 많이 확보하는 것이 생각보다 매우 중요하다. 스터디를 하는 것 자체는 매우 중요하지만 스터디에 큰 의존은 하지 말자. 결국 개인이 다 준비하는 것이다.

(4) 지역별 교육청 시책 공부는 효율적으로 하자

① **시책 공부만 하다가 끝나지 말자**: 임용 2차 시험에서 각 지역에서 강조하는 교육을 실천할 인재를 뽑기 위해 심층면접에서 평가원 공통문항을 쓰지 않고 지역별 자체 문항으로 실시하는 지역이 늘어났었다. 그런 분위기에 따라 2차 공부 시 시책을 엄청나게 암기하는 수험생도 많았다. 다만 2023부터 많은 지역이 평가원 공통문항으로 돌아오면서 교육청 자체문제를 출제하는 지역은 서울, 경기, 대구만 남게 되었다. (새로 추가된 경북은 '인성'쪽만 자체문제로 평가한다고 했다.) 이 세 지역은 교육청 시책을 공부할 필요는 있다. (시책은 보통 각 교육청 홈페이지의 '주요업무계획'으로 올라와있는 파일이 기본이다.) 다만 시책을 직접적으로 물어보는 문항은 많지 않아 우선순위가 1순위는 아니기에 다른 기본기부터 갖추는 것이 중요하다.

② **'가장 중요한 것 부터' 먼저 하자**: 기출문제를 보면 자체 출제 지역이라도 '일반적인 답변'으로 해결 가능한 문제가 대부분이기 때문에 일반적인 답변 공부보다 시책 공부 시간이 더 길어지면 절대 안 되고 일반적인 답변을 먼저 어느 정도 완성한 뒤에 시책으로 보완하는 것을 추천한다. (이 때문에 1차 발표

전까지는 시책을 대략적으로만 보고, 1차 합격 후 구체적으로 보는 것을 추천한다) 또한 시책은 최근 교육 트렌드를 반영해서 만든 것이므로 최근의 전체적인 교육 흐름을 먼저 파악하고 나서 시책을 보는 것이 좋다. 그중 핵심이 되는 내용은 이 책의 면접 아이디어 파트의 가장 처음 '최근 교육 트렌드' 챕터에 모아놨으니 먼저 참고하도록 하자. 시책 외에도 교육청과 관련된 뉴스기사, 블로그 등을 검색해서 그 지역의 특색있는 교육 자료를 수집하면 도움이 된다.

③ **시책을 녹여낸 답변을 주의하자**: 시책으로 답변할 때 주의할 점은 시책은 대부분 구체적이지 않고 추상적인 내용이 많으므로 답변의 너무 많은 부분을 시책을 설명하는데 쓰면 안 된다는 것이다. 대놓고 "~~ 시책은 무엇인가?" 라고 물어보는 문항은 거의 없다. 시책은 답변에 잠시 '연결' 정도만 하고, 결국은 구체적인 자신의 생각/방안을 이어서 덧붙여야 한다는 점을 명시하자. (예 "제시된 상황은 A 교육청에서 추구하는 B시책과 연관이 있습니다. B 시책은 ~를 추구하기 때문입니다. 이 시책을 토대로 저는 주어진 상황을 개선하기 위해 다음과 같은 것이 필요하다고 생각합니다…")

④ **평가원 지역은 시책보단 다른 준비를 하자**: 평가원 지역은 특정 지역의 시책을 물어볼 수 없으므로 시책까지 보는 것을 추천하지는 않는다. ('평가원은 시책을 볼 필요 없다' 까지는 아니지만… 할게 너무나도 많은데 시책은 공부 시간 대비 써먹을 수 있을 확률이 적어서 효율이 떨어진다) 단, '지역사회와 연계하라'는 문제가 늘어나고 있기에 본인이 지원하는 지역사회의 지리적 / 문화적 특징, 특색사업, 청소년을 위한 기관 / 프로그램 (진로 체험장소, 청소년지원센터, 대학과의 연계 등…)등을 정리해놓을 필요가 있다. (문제에 지역사회와 연계하라는 말이 없어도 구체성을 가진 좋은 답변으로 써먹을 수 있다.)

(5) 한글, 영어 둘 다 소홀히 하지 말자

① **영어 답변 준비의 어려움**: 심층 면접이 우리말로 답변하기도 어려운데 영어과는 영어 답변도 준비해야 하니 참 어려운 상황이다. 어쩔 수 없다. 어느 한쪽도 소홀히 하면 안 된다. 그렇다고 어떤 유형은 늘 한글로 또는 영어로 나온다는 패턴도 거의 없기 때문에, 모든 유형에 대하여 영어 버전과 한글 버전을 둘 다 준비해야 한다.

② **한글 문제도 영어로 한 번 더 연습**: 만약 스터디에서 1,2번을 영어로, 3,4번을 우리말로 연습했다면 집에서는 같은 문제로 1,2번 우리말, 3,4번 영어로 연습해 보는 등 같은 문제를 두고 우리말과 영어를 계속 바꿔가면서 수도 없이 연습하자. 필자는 오프라인 스터디 외에도 온라인 스터디(기상스터디)를 하나 더 구해서 하루 30분정도 그날 오프라인스터디에서 했던 문제의 영어 / 한글을 바꿔서 온라인 스터디멤버와 매일 진행하기도 했고, 스터디를 하고 집에 돌아가는 길에 오늘 했던 문제를 영어 / 한글을 바꿔서 답변해보는 연습을 계속 중얼거리며 하는 등 자투리 시간에 언어 바꾸는 연습을 꾸준히 진행했던 점이 도움이 되었다.

③ **시간의 제약을 생각한 영어 대비하기**: 나올 수 있는 모든 이론을 모두 영어로 다 번역해서 정리하겠다는 생각을 할 수도 있는데, 이는 너무 오랜 시간이 걸리고 정리를 다 했다고 해도 이를 면접 시험장에서 다 말할 수 있는 것도 아니기에 추천하지 않는다. 우선 기출 문제를 풀면서 각 문제를 유형화 시키고(예 다문화 학생 지도) 그 유형에 관한 나만의 답변을 우리말로 먼저 정리하자. 만약 그 유형에서 5가지 답변 아이디어를 정리한다면, 그중 말하기 쉬운 간단한 부분 2~3가지 정도를 영어까지 준비해 놓고, 나머지 구체적인 부연을 동원해야 하는 다소 복잡한 아이디어는 우리말 위주로 준비하는 식으로 하는 등의 효율적인 전략이 필요하다. 다양한 문제에서 사용 가능한 만능 답을 영어로 다수 준비해놓는 것도 큰 도움이 된다.

02 고득점 답변 만들기

(1) 기본 답변 구조를 정하자

① **구조 잡기의 필요성**: 실전의 면접 문제 지문은 다소 길기 때문에 (책 속의 기출문제는 간단히 복기 된 버전이다) 읽은 후 아이디어 생각할 시간이 부족하다. 그러면 머릿속에 내용이 정리가 되지 않아 생각나는 대로 막 말하고 시간 관리가 되지 않는다. 이런 일을 겪지 않으려면 구조를 잡는 연습을 해야 한다. 답변내용을 잘 정리된 구조 속에 넣으면 듣는 사람 입장에서 이해가 잘되고, 구조화되고 정돈된 느낌을 가져다주는 장점이 있다. 물론 문제 형태에 따라 답변 구조는 달라질 수 있지만 자신만의 구조를 몇 가지 완성을 하고, 문제마다 그 구조를 계속 수도 없이 반복하여 자동화시키면 실제 시험장에서도 잘 구조화된 답변을 할 수 있게 된다. '구조'는 자동화가 되어 있으니 '내용'을 더 생각할 인지적 여유가 생기기도 한다. 실제 시험에서는 무슨 내용을 말해야 하는지 생각하는 데에만 작업기억을 전부 다 소모시키기 때문에 답변의 구조를 자동화해놓지 않으면 답변이 여러 차례 끊길 수 있다는 이야기이다.

② **구조 잡기 예시**: 이 구조가 정답은 아니기에 나에 맞게, 그리고 문제에 맞게 바꿔서 적용하는 것도 중요하다. 다만 이렇게 내가 말하고자 하는 핵심을 먼저 말하고, 그에 대한 자세한 부연 설명으로 이어나가는 흐름은 어느 문제나 적용되므로 꾸준히 연습하는 것이 좋다.

[구조] "서론" ➡ "주제 문장(짧게!)" ➡ "주제문 뒷받침 문장" ➡ "구체적 예시" ➡ "장점, 효과"

[예시]

㉠ **서론**(제시문 상황을 간단히 언급): 구상형 1번 답변 드리겠습니다. 저는 교사 B의 의견과 같이 세상이 아무리 변해도 불변하는 진리가 있다고 생각하고, 그것이 바로 인성이라고 생각합니다. (I agree with Teacher B's opinion that no matter how much the world changes, there are unchanging truths, and I believe one of those is character.)

㉡ **짧은 주제문**(말하고자 하는 내용의 제목을 핵심만 언급): 학생들에게 인성을 길러주기 위해 저는 '인성중심 협동학습'을 진행하고 싶습니다.(To foster good character in students, I would like to implement 'character-centered cooperative learning'.)

㉢ **주제문 서포팅**(주제문에 대해 상대방이 이해할 수 있도록 부연설명): 협동학습은 협동학습 활동이 끝나도 중단되지 않습니다. 협동학습은 학생이 살아가는데 필요한 인성을 갖춰주기에 정말 좋은 활동이기 때문입니다. (Cooperative learning does not stop when the activity ends. This is because it is an excellent method for helping students develop the character they need to navigate life.)

㉣ **구체적 예시**: 우선 활동 전 '경청하는 방법 연습' '다른 의견을 존중하는 말 연습'을 하며 협동하는 법부터 연습합니다. 이후 활동에서 연습한 것을 적용해보고, 활동이 끝난 후에는 '서로 간의 관계'가 어땠는지 소감을 나눠보는 시간을 가집니다. (First, before the activity, students learn 'how to cooperate' by practicing 'how to listen attentively' and 'how to express respect for different opinions'. Then, during the activity, they apply what they have practiced, and after the activity, we take time to share reflections on how their relationships with one another were.)

㉤ **장점, 효과**(위에서 이야기한 나의 의견이 지문의 상황을 어떻게 해결할 수 있는지): 올바른 인성 형성에는 습관이 필요한데, 학생들이 많은 시간 이런 방식으로 협동을 연습하다보면 자연스럽게 상대방을 존중하는 인성을 습관화시킬 수 있을 것입니다. (Forming good character requires habit, and if students spend enough time practicing cooperation in this way, they will naturally develop the habit of respecting others' character.)

(2) 면접은 정해진 답이 없다

① **'모범답안'보다는 '채점기준표'가 중요하다**: 하나의 면접 문제에 수많은 수험생이 답변을 하고 수많은 답안이 나온다. 문제별로 출제자가 제시한 모범답안이 있을 수는 있지만, 결국 채점은 '모범답안과 똑같이 말하는 것'만이 고득점을 받는 것이 아니고 '채점 기준표를 충족했는가'가 기준이 될 것이다. 수험생 입장에서는 '이 문제의 모범답안은 무엇일까?' '모범답안대로 답변을 못하면 많은 감점을 당하겠다.'라는 생각을 하게 되는 것은 지극히 당연하다. 그러나 생각해보면 수많은 답변 속 어떤 답변은 몇 점이고, 어떤 답변은 몇 점이라고 정해놓는 것은 불가능하다.

② **본인의 교직관이 담긴 구체적 답변이 곧 고득점이다**: 최근 합격생 후기를 보면 비슷한 점수를 받았어도 전혀 다른 내용의 답변을 한 사례도 많다. 출제자가 '미리 정해놓은 답변'을 해야 점수를 잘 받는다는 것이 아니라는 것이다. 두 가지 중에 하나를 선택하는 문제도 둘 중 하나를 답으로 정해놓지 않고 둘 다 중요한 포인트일 경우가 많다. 선택 자체보다는 어떻게 근거를 이야기하는가를 보겠다는 의도로 해석할 수 있다. 면접 문제의 답을 찾으려고 하지 말고 그 문제에 대해 참신하면서도 현실적이고, 자신의 교직관이 담겨있으며, 추상적이지 않고 구체적인 답변을 만들어내려고 노력해야 한다. 이 책의 유형별 답안도 본인의 답변 구상을 돕기 위한 '아이디어 모음'일 뿐이라는 것을 명심하자.

(3) 유형화를 하자

모든 문제를 유형화시키는 연습을 하자. 실전의 지문은 생각보다 긴 경우가 많은데, 긴 상황 설명을 읽다 보면 분명 대비를 해놓은 상황이거나 외워놓은 답변 중 적절한 것이 있었더라도 당황해서 떠올리지 못할 수 있다. 당황하지 않고 준비해놓은 답변을 인출하여 적용하려면 '유형화'연습은 필수다. 연습할 때 주어진 지문에서 나오는 상황을 유형화시키고 (예 '무기력한 학생 지도', '동료교사가 무리한 요청을 하는 경우') 유형별 답변을 3~4개씩 정리해놓고 반복 연습하자. 이렇게 연습하다가 보면 실전에서 상황 설명이 다소 길더라도 읽으면서 '아 무슨 유형의 학생 / 학교 상황을 설명하는 글이구나'라는 유형화가 빠르게 가능하고, 유형화에 성공하면 준비해 놓았던 준비한 답변을 준비한 답변을 그 지문의 상황에 적절히 반영해서 답변하는 것이 가능할 것이다.

(4) '구체성'이 고득점을 만든다

① **추상적인 답변을 최대한 피하자**: "상담한다.", "부장님과 협의한다.", "학생에게 더 큰 관심을 준다." 이런 답변은 어떤 문제에서도 쓸 수 있는 만능 답이다. 그러나 좋은 점수를 받기는 힘들다. 듣는 감독관 입장에서는 구체적으로 어떻게 문제상황을 해결할 것인지 머릿속으로 그려지지 않기 때문이다. 추상적인 답변은 자신의 생각에서 나온 것이 아니고 어디서 암기한 것을 그대로 말만 한다는 인상을 줄 수도 있다. 평소에 연습할 때 대본을 좀 더 자세하고 구체적으로 바꾸는 연습을 자주 해보자. 이를 위해선 문제와 관련된 구체적 아이디어를 이 책 또는 다른 책이나 인터넷 등을 통해서 수시로 찾아보고, 유형별로 정리해놓아야 한다.

② **예시 들기**: 만약 기초학력부족학생을 지도하기 위하여 '스마트기기 활용 수업에 대한 전문적학습공동체를 하고 싶다'라는 답변을 했다면 '예를 들어 태블릿PC를 활용하여 수업 내용을 쉽게 시각화시키는 그래픽 프로그램을 연구하거나, 메신저 프로그램을 활용하여 개별 피드백을 쉽게 제공하는 방법을 연구하겠습니다'라는 예시를 추가하는 것이다.

③ 전공과 연계시키기: 예를 들어 생태교육에 관한 답변 시 영어교과와 연계를 시킨다면 '세계 각국의 환경 관련 날에 대한 내용을 외국 사이트에서 직접 조사하고, 이를 소개하는 영어 포스터를 제작하는 환경융합프로젝트 수업을 진행하겠습니다'라고 구체적인 수업방안을 제시할 수 있다.

④ 지원한 지역과 연계하기: 예를 들어 학생의 진로 발전을 돕기 위해 단순히 '진로 프로그램에 참여시키겠다'라고 하기보다는, 지역에 대한 조사 이후 이 지역의 OO군에는 OO가 유명하니, 학생들이 이 특산품을 활용해서 미술에 관심 있는 학생은 홍보 포스터를, 창업에 관심 있는 학생은 특산품을 활용한 신제품 개발 등을 해볼 수 있는 기회를 제공하겠다고 하는 것이다. 자주 출제가 되는 주제별로 교육청 홈페이지, 뉴스기사 등을 검색하여 구체성을 더할 수 있는 지역 고유의 교육 프로그램을 정리해두는 것도 좋다.

⑤ '나만의 특별한 용어'를 사용하기: 만약 '교무실에서 학생과 심층상담을 하겠다.'라고 답변하면 특별할 것이 없는 추상적인 답변으로 보이지만 '나만의 교무실 미니카페에 초대하여 간단한 다과와 함께 편한 분위기에서 학생과 인간적인 소통을 하겠다.'라고 이야기한다면 뭔가 더 구체성과 교직관을 담은 답변이 될 수 있다. '학생이 믿고 의지할 수 있는 교사가 되겠다.'라는 말 대신에 '학생만의 단 한 명의 특별한 어른이 되겠다.'라고 이야기하는 것도 비슷한 맥락이다. 이런 용어들은 면접을 위해 이런저런 자료들을 보면서 좋은 문구가 있을 때마다 메모를 해서 수집하면 좋다. (물론 이런 특별한 용어를 사용하는 것은 듣는 사람이 이해하지 못하는 역효과가 있을 수 있어 조심해야 한다. 이해를 돕기 위한 부연설명이 필요하므로 남용하지는 않도록 한다.

(5) 위기에서 써먹는 만능 답은 따로 정리하자

① 많이 준비해 놓아도 부족할 수 있다: 최근 임용 2차 기출문제를 보면 한 문제에서 3가지 이상의 방안을 요구하기도 하는데, 짧은 구상 시간에 이렇게 여러 가지 답변을 구상하려면 시간이 상당히 부족하다. 나름 괜찮은 답변을 1~2가지 구상했다고 할지라도 마지막 1개를 구상하지 못하고 면접실로 들어가야 하는 상황이 충분히 올 수 있다. 즉답형 문제도 미리 볼 수 없기에 당황하면 아무런 답변이 생각나지 않을 수 있다.

② '만능답'을 따로 정리하자: 이런 상황에서 순발력을 발휘하기 위해서는 이 책에서 중간에 정리해놓은 것처럼 다양한 상황에서 써먹을 수 있는 '만능답변'은 따로 정리해두고 자동화 시켜 놓는 과정이 필요하다. 단, 만능 답은 추상적이지 않고 구체적인 것이어야만 하며, 그 만능 답변을 문제 상황에 따라 적절히 변형은 해서 사용해야 한다는 점은 잊지 말자. (또한 만능답은 위기에서 써먹는 것이므로 연습단계에서부터 너무 만능 답에 의지하지는 말자) 또한 A유형의 문제에 대비하여 준비해놓은 답변을 살짝 변형하여 B유형 문제의 답변으로도 사용할 수 있는 경우도 많다. 이 책도 유형별로 분류는 되어 있지만 꼭 그 유형에만 맞는 답변이라고 볼 필요는 없으므로 유연하게 접근하는 것이 좋다. 예를 들어, '기초학력부족학생' 문제의 답변을 구상할 때 이 책의 '기초학력부족' 파트에 나온 아이디어를 참고하는 방법도 있지만, '에듀테크' 또는 '무기력 학생 지도'와 같은 다른 파트에 있는 답변에서 아이디어를 재구성하는 것이 본인에게 더 잘 맞을 때도 있고, 이 답변 내용이 상당히 많은 유형에 써먹을 수 있는 '만능답'으로 발전할 수도 있다.

03 좋은 인상 남기기

(1) 좋은 인상은 연습으로 만들어낼 수 있다

① **좋은 인상의 필요성**: 교원임용시험의 면접도 역시 '면접'이다. 좋은 인상이 중요하다. '좋은 인상'을 구체적으로 수치화시키진 않겠지만, 면접관도 교직생활을 오래 겪은 경력자이기 때문에 '이 예비교사는 현장에서도 학생에게 좋은 선생님이 될 것 같다'는 느낌을 받을 수 있고, 이런 좋은 인상은 답변내용과는 별도로 점수에 좋은 영향을 줄 수 있다. 좋은 인상은 타고나는 것이 아닐까 생각할 수 있겠지만 연습을 통해 충분히 발전시킬 수 있다.

② **인사도 연습해야 한다**: 좋은 첫인상을 위해 인사 연습을 꼭 하자. 평가실 문 노크를 꼭 하고, 문 열고 들어가자마자 밝은 얼굴로 크게 인사하고, 관리번호도 자신감 있게 이야기하자. 그리고 이 모든 과정에서 미소를 최대한 유지하자. 긴장이 되어서 미소가 어려울 수 있겠지만, 습관의 힘은 생각보다 강하다. 연습과정에서 반복해서 꾸준히 하다보면 충분히 '자동화'시킬 수 있다. 답변이 끝나고도 밝은 인사와 함께 퇴장하는 것을 잊지 말자. 물론 답변 중에도 미소를 유지하는 것이 가장 좋긴 하지만 그것까지는 너무 어렵다면 처음 인사와 끝인사 부분이라도 웃는 얼굴을 유지하는 연습을 해보자.

③ **아이콘택트가 정말 중요하다**: 실제 현장에서도 다양한 학생들과 고른 아이콘택트를 하면서 수업하는 것이 중요하기 때문에, 감독관 한명 한명 고르게 아이콘택트를 한다면 좋은 인상을 줄 수 있고 자신감 있어 보일 뿐만 아니라 듣는 감독관의 집중력을 끌어당길 수 있다. 다만 면접은 매우 긴장되는 상황이기 때문에, 고른 아이콘택트를 꾸준히 연습하지 않으면 1명만 보고 이야기하거나, 책상만 보고 이야기하게 될 수 있다. 연습 단계부터 스터디원을 모두 고르게 아이콘택트하는 것을 계속 연습해서 '습관화' 시키면 현장에서도 나도 모르게 하고 있을 것이다. 혼자 연습할 때는 나이대가 있는 연예인 사진이라도 벽에 3명 붙여놓고 하자. 혹시 눈을 마주치며 답변을 하면 긴장이 된다면 (필자가 그랬다) 눈 살짝 아래 (코 상단부분)를 봐도 된다. 상대방의 입장에서는 눈을 마주친 것 같아 보인다.

④ **평소 자신의 교직관이 담긴 답변 하기**: 필자는 예비교사의 면접을 직접 도와준 적이 많았는데, 확실히 자신의 교직관이 담긴 답변을 할 때와 면접책 등에서 외운 답변을 할 때가 눈빛부터 다르다는 것을 느꼈다. 감독관도 이를 느낄 가능성이 높다. 자신이 평소에 생각하던 교직관, 좋은 교사가 되고 싶은 마음, 자신의 경험 등을 녹여낸 답변을 자주하면 그 순간 감독관에게 진정성을 보일 수 있어 좋은 인상을 남길 수 있다.

(2) 좋지 않은 습관은 끝까지 고치자

① **나도 모르는 단점을 발견하기**: 2차 준비는 개인마다 고쳐야 할 습관이 많기 때문에 빠르게 영상 촬영을 시작해서 자신의 면접 모습을 파악해야 한다. 말이 너무 빠를 수도 있고, 답변 시작이나 끝에 명확하지 않게 말을 흐릴 수도 있고, 불필요한 손동작을 많이 하거나, 바닥을 너무 자주 본다거나 할 수 있다. 혼자 있을 때보다는 스터디에서 다른 사람 앞에서 말할 때가 진짜 모습이므로 촬영을 꼭 하고, 어색한 부분을 고치려고 끊임없이 노력해야한다.

② **'습관 개선 노트' 만들기**: 습관이란 조금 노력해서 바꾸는 것이 아니므로, '습관 개선 노트' 같은 것을 만들어서 기록하고 그날 바로 고쳐서 다시 해보고 또다시 해보자. 다음날에도 면접 문제지 위에 고칠 습관을 포스트잇으로 붙여놓고 연습하는 등 끊임없는 노력을 한다면 많은 개선을 할 수 있다. 실전을 일주일 두고 말이 너무 빠르다는 지적을 받은 뒤에 일주일 동안 피나는 노력으로 말 빠르기 조절에

성공한 사례도 본 적 있다. 내 기준이 아닌, '감독관 입장'에서 듣기 좋은 것을 판단하는 것이 핵심이다. 심층면접은 답변 내용만 중요한 것이 아니라는 것을 명심하자.

(3) 확실하게, 자신있게 이야기하자

① 내가 했던, 또는 할 수 있는 일을 확실하게 이야기하자: 학급운영 방안을 묻는 문제에서 '내가 교생실습 시절 학생들이 단합 프로그램으로 수동적 학급 분위기를 전환시키는 것을 목격했다' 라는 답변을 들어봤다. 이는 사실 교사로서의 자신의 역할이 드러나지 않아 "그래서 무엇을 할 수 있다는 것인지"를 파악할 수 없는 다소 추상적인 답변이다. '단합 프로그램에 참여하되 소극적인 학생들을 주로 관찰하며 자주 말을 건네고, 점수판 정리, 준비물 세팅'등 부담스럽지 않은 역할을 또래와 한 조가 되어 진행할 수 있도록 기회를 주었다'와 같이 내가 그 프로그램에 직접 참여하여 어떤 역할을 수행했는지 구체적으로 이야기하는 것이 좋다. 또한 기대효과도 '이런 학급 프로그램으로 반 분위기가 좋아지는 것을 느꼈다'라고 다소 불확실하게 이야기하지 않고, '프로그램 진행한 다음날부터 무기력했던 학생들이 조금씩 학급 친구들과 대화를 시도하는 모습을 보였다'는 식으로 그 효과를 확실하게 이야기하는 것이 좋다. 확실한 답변으로 자신감을 보여주는 것이 중요한 것이다.

② 제도적인 것보다는 교사의 노력으로 이야기하기: 예를 들어 진로에 맞는 교과가 개설된 것이 없어 고민인 학생에 대한 답변으로 '온라인학교에 참여시킨다''지역의 공유학교에 참여를 권유한다'는 제도가 중심이 되는 답변을 한다면 감독관은 '그래서 이 교사는 어떤 역할을 할 수 있는가'에 대한 궁금증이 풀리지 않는다. '우선 우리 교육청의 온라인학교에 대한 공문을 모아서 관심을 가지고 읽어본 후 학생에게 그 취지와 참여 방법을 안내하겠다. 이후 점심시간에 교무실 컴퓨터로 온라인학교 교과 목록을 함께 살펴보며 어떤 교과 수강이 좋을지 상담해보겠다. 또한 온라인학교 수강 중에도 지속적으로 어떻게 참여하고 있고 교사의 지원이 필요하지 않은지를 상담하는 시간을 가지며 학습 관리를 해주겠다.'와 같이 교사의 구체적 노력을 중심으로 이야기하면 면접관이 듣고만 있어도 '이 교사가 현장에서 어떤 교사가 될 것인지'를 그릴 수 있고 좋은 인상을 남길 수 있다.

[심층면접 준비 Guide Map]

1~2일차	• 지역 교육청 공고문 통해 심층면접 방식, 유의사항 확인(최종 공고는 1차 발표 시 나오므로, 우선 지난 시험 2차 공고문을 보고, 이번 1차 최종 공고에서 변동사항 확인) • 책의 '심층면접 이것만은 꼭 지켜야 한다' 부분 정독 • 공부계획 설정 및 스터디 조직(오프라인이 불가능하면 온라인으로라도 조직)
3~7일차	• 최근 기출 3개년(가장 최근부터 역순, 타지역 포함) 쭉 읽어보며 트렌드 파악하기 • 책의 '교육관련 최근 trend' 파트 정독하고 정리하기 • 평가원 기출부터 풀기. 최근 문제부터 역순으로 진행. 우선 자신이 답변해보고, 그 이후 그 문제를 유형화해보고 각종 자료를 참고로 답변 대본 구성하기(각종 자료 참고 : 루이스 책, 교육청 홈페이지 자료, 합격자 복기, 인터넷 검색 등 모든 자료) • 자료 찾아볼 때 나만의 핵심 아이디어(마음의 드는 아이디어) 유형별로 따로 정리 시작 • 스터디원 앞에서 말해보고 피드백 받기 시작
2주차~1차 발표 전	• 스터디에서 면접 답변 시간을 실전과 같이 재고 연습하기 시작 • 평가원 외 지역은 지원한 지역 기출문제 진행(최근부터) 및 답변 만들기 • 자체문제 출제 지역의 경우 지원 교육청 시책 자료(기본계획, 교육계획, 핵심사업 등…)를 찾아보며(지역교육청 홈페이지, 블로그, 뉴스기사 등…) 면접 답변에 일부 반영하는 연습하기 • 자신의 지역 기출을 다 풀었다면 다른 지역의 기출문제 중 지나치게 그 지역 특색이 강한 문제가 아니라면 함께 연습하기. • 기출문제 중심으로 유형별 답변 아이디어는 계속 찾으면서 정리하기 • 영상 촬영 시작 → 영상 보면서 수정할 부분 꼼꼼히 체크하여 수정하고 다시 해보는 과정 반복
1차 발표 후	• 최종 공고문 확인 및 정독, 스터디그룹 재정비 • 기출문제(타지역 포함) 중 안 풀어봤던 것은 선별하여 풀기. 이후 루이스 책의 연습문제 등 새로운 문제 시작(단, 여러 번 했던 내용이나 너무 트렌드에 맞지 않는 내용은 제외하기) • 스터디원들과 실전처럼 즉석 구상해보고 면접 시작 • 시책 및 유형별 답변 아이디어는 계속하여 정리, 정리 자료는 수시로 보면서 외우기 • 디렉션 수행 외에 고쳐야 할 습관들 영상 분석을 통해 최대한 고치기
시험 D-14 부터	• 1일 1세트 새로운 연습문제 활용하여 완전 실전처럼 연습 : 모든 것을 최대한 실전과 동일한 조건으로(1~2번 정도는 복장도 갖춰서 연습하기, 낯선 환경 연출 위해 가능하면 현직교사나 다른 스터디그룹 멤버 등 새로운 사람 초대해서 진행하기) • 스터디 시간 줄이기 : 스터디의 피드백은 종이 피드백으로 대체하고 스터디를 빨리 끝낸 후 개인 공부시간 확보 • 개인 공부시간 : 스터디원 피드백 및 영상 촬영을 토대로 수정 후 다시 해보기, 유형별 면접 아이디어 계속 정리하면서 자동화될 정도로 외우기 • 종종 직접 문제 만들기 : 최근 트렌드나 시책 관련 문제를 직접 만들어서 스터디 진행

※ 위 계획표는 예시일 뿐이며 개인 시간 확보 정도에 따라 조절해야 함.

CHAPTER 03 최근 심층면접 기출분석 및 샘플답안

심층면접이 지역별로 나누어지고, 그 지역만의 시책을 묻는 트렌드가 이어지다가 많은 지역이 평가원지역으로 통합되고 이제 평가원이 아닌 자체 출제 지역이 서울, 경기, 대구만 남았다. 모든 지역의 공통점은 최근의 교육 트렌드는 늘 출제확률이 높다는 것이다. 우선 2019년부터 꾸준히 출제가 되는 분야는 '미래교육', '인공지능/에듀테크 활용 교육', 그리고 이와 연관된 '에듀테크 활용 교육 유의점'이고, 기초학력지도, 생태환경교육, 지역연계교육, 고교학점제도 자주 출제된다. 2025는 최근 딥페이크 등 사이버 폭력이 자주 일어나기에 사이버폭력 관련 문제가 두 지역에서 나온 것이 큰 특징이다. 지역 상관 없이 이렇게 최근 교육 흐름과 관련된 내용은 직접적으로 출제될 확률도 높고, 출제되지 않더라도 이런 흐름과 맞춘 답변을 하면 좋기 때문에 그 내용을 확실히 공부해두자. 평가원 문제는 많은 지역에서 사용하는 공통 문제다 보니 최근 교육 흐름을 잘 반영하면서도 대표성을 잘 지닌 좋은 문제들이다. 실제로 최근 평가원 문제와 매우 비슷한 문제들이 자체 출제지역에서도 자주 출제되고 있다. 이런 이유로 이번 챕터에서는 평가원 지역의 최근 기출을 상세하게 분석해볼 것이니 지역 상관없이 이 문제들은 반드시 풀어보고 임용 면접의 감을 잡아보자.

[2025년 심층면접 지역별 출제영역]

	구상형	즉답형
평가원	[학급운영] 지각 지도 [수업] 학생중심 맞춤 수업 설계, 전문성 기르기 [정책/학교운영] 학교교육에 지역 참여 정도, 지역연계교육	[동료 교사와의 관계] 어려운 업무를 다시 부탁받은 경우
서울	[학교운영] '깊이있는 학습'을 바탕으로 한 환경교육 [정책/학교운영] 고교학점제의 문제점 해결	[학급운영] 수업을 함께 하지 못하는 담임 학생 지도 방안 [교직관] 교사의 긍지 높이기 위한 실천 방안
경기	[미래교육] 미래교육의 교사의 핵심 역량/역할 [생활지도/디지털소양교육] 사이버폭력을 지도하기 위한 디지털 리터러시 교육 [동료교사와의 관계/생활지도] 학생 규정 위반에 대한 동료교사와의 의견 차이 극복	[수업/평가] 수업에서 무기력한 학생 수업, 평가 지원 방안 [수업/학급운영] 문해력 부족 지도 방안
대구	**(평가원 동일)** [생활지도] 딥페이크 관련 사이버폭력 지도 방안 [정책] IB교육 개념기반탐구학습 특징, 학문적 진실성을 길러주기 위한 수업 방안 [정책] 지속가능한 가족공동체, 대구교육발전특구 효과	

2025 - 평가원

[구상형 1] In the following situation, identify one problem for Minsu and one problem for the whole class. Then, suggest one solution for each problem.

> [Teacher Kim's Reflection Journal]
> Recently, I have been troubled by Minsu, one of the students in my homeroom. He is almost always late for school, and on days when he feels unwilling to attend, he sometimes comes only for the last period. In his view, arriving in the second period or the sixth period makes no difference since both are marked as "late." Because of this reasoning, he intentionally delays his arrival as much as possible. What worries me even more is that his behavior seems to be influencing the rest of the class. Students who used to come on time have now begun to be tardy as well. The atmosphere of punctuality we once had is starting to weaken, and I feel a heavy responsibility as the homeroom teacher. I keep asking myself: How should I guide Minsu so that he recognizes the value of coming to school on time? And how can I restore a sense of responsibility and discipline in the class as a whole?

Check Point

유형화 학급운영 ➡ 지각하는 학급 분위기 개선

Point

지각하는 학생 지도이지만 개인적 문제보다는 학급 전체에 영향을 끼치는 점을 더 강조한 지문이다. 학생 개인도 단순히 지각만 하는 것이 아닌 '일찍 오나 늦게 오나 어차피 지각이라서 심각성을 깨닫지 못하는' 점을 가장 큰 문제점으로 강조하고 있다. 개인의 문제도 있지만 학급 전체의 문제이기도 하므로 교사 혼자, 또는 학생 개인이 문제를 해결하기보다는 전체 학급 공동체로서의 해결책을 제시하면 좋다.

모범답안

(Sample Answer) 구상형 1번 답변 드리겠습니다. Minsu's problem is that he **thinks of tardiness as just a record,** so he tries to come as late as possible. To help him, I would first have a **meaningful conversation** to understand why he's late and show him that, as his homeroom teacher, I truly want to help. After that, I'd try a **"time-based responsibility plan."** For example, if he's late during 1st–2nd period, he starts with a short talk with me. If he's late to 3rd–4th period, he also writes a reflection journal. And if he comes even later, it becomes part of the class meeting so everyone can discuss it together. The idea is that **the later and more often he's late, the heavier the responsibility becomes.** This way, he can see that his lateness affects not only himself but also the whole class, which may encourage him to change.

The challenge for the whole class is that **Minsu's behavior influences other class mates,** which harms the class atmosphere. To work on this, we can use **a restorative circle.** This gives students a chance to **reflect together and repair the classroom climate.** We could start with easy questions like, "How do you feel when you come late in the morning?" and then move to deeper ones: "What do you think when a friend is late?" "How does my tardiness affect the class?" This helps students realize that tardiness is not just a personal problem but a whole class issue. After that, we can decide on small actions together—like greeting each other cheerfully in the morning, checking in with late friends, or joining morning club. By practicing these actions and having regular circles, the class can reflect and slowly improve its atmosphere. 이상입니다.

[구상형 2] 다음 상황을 해결하기 위한 수업 설계 방안을 말하고, 관련 전문성을 기르기 위해 어떤 노력을 할 것인지 제시하시오.

> 학생 A: 선생님께서는 수업 내용이 쉽다고 하시는데, 저한테는 너무 어려워요. 솔직히 따라가기 힘들어요.
> 학생 B: 선생님 수업에서 점수를 잘 받으려면 무엇을 어떻게 공부해야 하는 건지 구체적으로 잘 모르겠어요. 자신감이 떨어져요.

Check Point

유형화

수업 ➡ 수업능력 계발

Point

학생 A는 아마도 교과 지식이 부족하여 친구들은 수업에 따라가더라도 자신은 수업에 따라가는 것이 어려운 상황일 것이다. 학생 B는 학습할 의욕은 있지만 공부 방법/방향 자체를 잘 모르는 상황이다. '관련 전문성'을 기르는 방법까지 생각해서 답변해야 하고 각 문제를 따로따로 해결책을 제시하라는 말도 없다. 이런 경우엔 두 상황 다 해결할 수 있는 통합적인 아이디어를 떠올린다면 더 깔끔한 답변을 할 수 있다. 즉, 공부 방향을 제시해주면서도 학생의 수준에서 자신의 속도에 맞게 학습할 수 있는 방법을 생각해 보는 것이다. 다양한 답변이 가능하겠지만 최근 교육 트렌드인 에듀테크를 활용하면 통합적 해결이 가능하다.

모범답안

(Sample Answer) 구상형 2번 답변 드리겠습니다. 저는 **에듀테크를 활용한 맞춤형 수업**으로 학생 A와 B 모두 해결할 수 있다고 생각합니다. 우선 디지털 교과서, 구글 클래스룸, 또는 원아워와 같은 코스웨어 등을 활용하여 **학생에 대한 진단평가를 직접 제작하거나 AI기반으로 제작**합니다. 이를 통해 학생의 현재 수준 및 약점을 파악하고 이에 맞는 **맞춤형 학습 콘텐츠를 선정**해준 뒤 학습 후에는 **개별 피드백**을 AI버전, 교사 버전으로 번갈아가며 제공하겠습니다. 이를 통해 학생 A는 학생 자신의 수준에 맞는 학습 내용으로 학습을 진행하기에 성취감을 얻으며 학습을 이어나갈 수 있습니다. 또한 학생 B는 맞춤형으로 추천받

은 학습을 수행하면서 학습 경로에 대한 혼란을 줄일 수 있으며 피드백을 통해 약점도 보완할 수 있어 학습에 대한 자신감을 찾을 수 있습니다.

관련 전문성을 기르기 위해 저는 **'학습리포트'를 분석**하겠습니다. 에듀테크 기반 프로그램은 **자동으로 학생의 학습내용, 성취도 등을 누적해서 기록**해준다는 장점이 있습니다. 이러한 **기록을 분석하는 노력이 수업 전문성을 위한 가장 중요한 단계**라고 생각됩니다. 예를 들어 학생이 자주 틀리는 문항, 학습 이해도의 변화를 살펴보고 학습 효과가 없을 때에는 다른 학습 콘텐츠를 추천하고 피드백 내용을 조절해보는 등의 노력을 하며 진정한 학생 맞춤형 수업 설계 역량을 기르겠습니다. 또한 이러한 **학습리포트를 동료교사와 공유하는 시간**을 마련하여 서로 다른 관점에서 학습 이해도를 해석해보고, 효과를 봤던 에듀테크 프로그램 등을 나눠보며 동료와 함께 성장할 수 있는 시간을 가지겠습니다. 이상입니다.

[구상형 3] 다음 교사 A, B의 입장 중 자신의 의견과 같은 입장을 고르고 그 이유를 말하시오. 그리고 선택한 입장에 기반하여 학교와 지역이 협력하는 구체적인 사례를 말하시오.

> 교사 A: 학교교육계획 수립과 운영에 관한 사항은 교내 구성원이 결정해야 합니다. 수립된 교육과정을 기반으로 지역사회자원을 적절히 활용하는 것이 중요합니다.
> 교사 B: 학교교육계획 수립과 운영에서부터 지역 사회 구성원 참여를 늘려야 합니다. 또한 학교내부 자원을 지역사회에 개방하여 활용해야 합니다.

Check Point

유형화

마을교육공동체 ➡ 지역 연계 교육

Point

지문은 짧지만 복기마다 내용이 조금씩 달랐는데 그에 따라 문제 출제의도나 답변 방향이 달라질 수 있어서 복기를 정말 많이 비교해서 복원했던 문제이다. 많은 분들이 복기를 보내준 덕분에 정확한 문제 복원이 가능했다. (이번에도 많이 보내주세요) 이를 통해 얻을 수 있었던 것은 교사 A와 B 모두 지역사회 연계 교육에 대해 긍정적인 의견이라는 것이다. (이 부분이 드러나지 않은 복기도 많았다) 다만 A는 학교 내에서 기본적인 학교 교육 계획/운영에 대한 틀을 먼저 잡은 후 필요한 지역사회 자원을 활용하자는 입장이다. 반면 B는 더 개방적인 입장이여서 어떤 교육을 할 것인지 정할 때부터 지역사회의 개입이 필요하다고 보며 지역사회에 더욱 오픈된 교육이 필요하다는 것이다. 즉, 어떤 입장을 고르더라도 지역연계교육의 중요성은 강조해야하고, A는 학교가 우선 중심이 되는 입장, B는 지역의 역할을 더 강조하는 답변을 구성하면 된다.

모범답안

(Sample Answer) 구상형 1번 답변 드리겠습니다. 저는 **교사 A의 입장**과 같습니다. 지역과 연계한 교육은 민주시민을 기르기 위해 매우 중요한 방향임은 공감합니다. 다만 같은 **지역 내라도 학교마다 학생의 특성, 교실 현황, 교사 구성 등 교육 환경이 다르므로 개별 학교의 특성을 잘 숙지하고 있는 학교 내부 구성원이 기본적인 교육 방향을 설정**하는 것이 좋다고 생각됩니다. 또한 교육 계획부터 학교 외부 구성원

이 많이 참여하게 되면 그 학교만의 교육 철학과 교사의 교육 전문성이 흔들릴 수 있으므로 **내부 구성원이 큰 틀을 잡고 지역사회 자원 중 이를 지원할 수 있는 부분을 찾는** 순서가 옳다고 생각됩니다.

이러한 입장을 바탕으로 지역과 협력하는 사례로 '마을과 함께하는 동아리'를 들 수 있습니다. 학생들의 진로와 흥미를 토대로 동아리를 구성한 후 학기말 창체시간에 관련있는 지역 자원과 연계하는 것입니다. 예를 들어 동아리와 그 지역 특산품을 연결할 수 있는데, 창업 동아리는 지역 특산품을 활용한 창의적인 제품 개발 아이디어를 만들 수 있고 요리 동아리는 특산품을 활용한 요리를, 미술 동아리는 지역 특산품을 홍보하는 로고를 그릴 수 있습니다. 여기서 더 나아가 지역 특산품 전문가를 초청하여 피드백을 받고 지역축제에서도 선보일 수도 있습니다. 이렇게 교사 A의 입장처럼 학교 내에서 교육과정을 주도적으로 계획하고 운영하는 큰 틀을 잡은 이후 지역사회 자원은 이 교육과정을 적합하게 지원하는 역할을 수행한다면 학교의 교육적 자율성과 지역사회의 협력을 균형 있게 유지할 수 있습니다. 이상입니다.

[즉답형] 다음 상황을 읽고, 평가실의 즉답형 질문지에 순서대로 답하시오.

최 교사는 기존 행정업무가 업무량이 많지만 성실하게 해왔고 그 능력을 인정 받아왔다. 다만 행정업무가 주가 되다 보니 학생들과 더 가까워지기는 어려웠다. 올해는 학생들과 함께하는 교사가 되고 싶었던 초심을 잃지 않기 위해 업무분장에서 학생지도 업무를 신청했다. 그러나 동료교사들은 최 교사가 맡은 행정 업무의 공백이 우려되어 기존 업무를 다시 맡을 것을 희망한다.

(1) 당신이 최 교사라면 기존 업무를 계속 맡을 것인가, 학생지도 관련 업무를 맡을 것인가? 이유와 함께 말하시오.

(2) 당신이 업무분장을 담당하는 교사라면 최 교사에게 기존 업무를 다시 맡길 것인가? 이유와 함께 말하시오.

Check Point

유형화
동료교사와의 관계 ➡ 어려운 부탁을 받을 경우

Point
선택에 정답은 없고 부연 설명이 중요하다. 이렇게 동료교사와의 관계 문제에서 조심할 점은 너무 감정이입을 하지 말라는 것이다. 업무 공백이 우려되어서 기존 어려운 업무를 한 사람이 계속 맡아서 하라는 것은 너무한 것이 아닌가 생각되지만 신규교사를 뽑는 임용 면접이라는 점을 생각하면서 답변하자. 어떤 쪽을 선택하든 개인보다는 '교육 공동체'를 위한 결정을 우선으로 생각하는 것이 좋다. 기존 업무를 맡더라도, 학생지도 업무를 맡더라도 공동체를 위한 결정이었다는 설명을 해주는 것이 좋다.

> 📢 **모범답안**
>
> *(Sample Answer)* 즉답형 답변 드리겠습니다. 제가 최교사라면 **기존 업무를 계속** 맡겠습니다. 첫째 이유는 **교육 공동체에 긍정적으로 기여**하기 위함입니다. 제가 맡았던 행정업무는 학교 교육에 중요한 역할을 했고 동료교사들의 인정도 받았습니다. 공동체의 일원으로서 기존 업무로 책임을 다하는 것도 의미 있는 선택이라고 생각합니다. 둘째, **학생지도 업무만이 학생과의 관계를 만드는 유일한 방법은 아니기 때문**입니다. 오히려 익숙한 업무를 다시 맡으면 시간과 에너지에 여유가 생길 수 있고, 그때 수업을 더 연구할 수 있습니다. 과정 중심, 학생 중심 활동 등 상호작용을 늘리는 수업을 연구하면 **행정업무 하면서도 충분히 학생과의 관계를 형성**할 수 있습니다.
>
> 반대로 제가 업무분장을 담당한다면 **최교사에게 기존 업무를 맡기지 않겠습니다**. 현재 최교사는 기존 업무에서 오는 피로도는 높아졌지만 학생에게 헌신하고자 하는 사명감은 강해졌습니다. 이런 진정성을 바탕으로 학생지도 업무에 전념한다면 **기존 행정 업무의 공백 그 이상으로 교육공동체에 긍정적으로 기여할 것**이라고 생각합니다. 다만 행정 업무 공백을 최소화하도록 인수인계 시간을 충분히 확보하고, 후임자에게 노하우를 전수해줄 수 있도록 부탁드릴 것입니다. 이상입니다.

[2024년 심층면접 지역별 출제영역]

	구상형	즉답형
평가원	[수업] 학생중심 수업 역량 [미래교육] 테크놀로지 활용 교육 유의점 [교직관] 교육관, 보편적 진리 교육	[평가] 수행평가, 평가의 원칙
서울	[수업] AI 활용 수업 문제 해결 [학교운영] 학생자치 [생활지도] 휴대폰 사용 지도	[동료교사와의 관계] 퇴근 시간 이후 업무 처리 [교직관] 교사의 권위
경기	[학급운영] 인성교육 방안 [수업] 교과 연계 생태전환교육 [수업] 기초학력 지도, 에듀테크 맞춤형 교육	[생활지도] 수업방해행동지도 [진로지도] 학생 만족도 높이는 방안
세종	[수업] 학생 중심 수업 역량 [동료교사와의 관계] 교사 간 협업 [학급운영] 학기초 학급활동	[학부모와의 관계] 학부모와의 관계개선 방안 [정책] 세종형 학력
대구	[생활지도] 수업방해행동 [정책] IB교육 MYP, DP 특징 [정책] 대구교육 ABC 전략	

2024 - 평가원

[구상형 1] The following is Teacher Kim's reflective journal. (1) identify one problem in Teacher Kim's instructional design and (2) suggest one specific solution to address this issue in the given situation.

I had a very difficult time during class. Although I prepared concept-related examples to help the students' understanding, they struggled because the examples were unfamiliar to them. Some students even got distracted and did not focus on the lesson at all. The example in the past was effective. In the past, students understood well with just my explanations without any visual aids, but this time, the students do not seem to grasp my explanations. Also, the activities intended to get the attention of students did not interest them very much.

Check Point

유형화

수업 ➡ 수업역량 ➡ 학생중심수업 역량

Point

교사는 열심히 하지만 학생의 만족도는 떨어지는 상황이다. 역시 위 두 문제와 같이 교사의 관점이 아닌 학생의 관점에서 학생을 중심에 놓는 수업 설계를 제시하면 된다. 특히 '학생이 경험하지 않은 사례여서 그런지' '이번 학생들은 잘 이해하지 못한다' 이런 부분을 봤을 때 '현재 학생 맞춤형 수업'이 부족한 것이 가장 큰 문제라고 볼 수 있다. 해결방안은 다양하게 제시될 수 있지만 이번 문제에서는 최근 우리 교육에서 가장 강조되고 있는 '에듀테크'를 활용한 답변을 연습해보자.

모범답안

(Sample Answer) 구상형 1번 답변 드리겠습니다. The problem in Teacher Kim's lesson planning is that it **does not place students at the center of the lesson**. Although Teacher Kim has diligently prepared the lessons, they do not align with **the needs of 'current students.'** Instead, the lessons are based on the standards of 'previous students' and 'examples only known to the teacher', which ultimately failed to attract students' interest. If I were Teacher Kim, to address this problem, I would use educational technology like Google Classroom to conduct a personalized lesson as follows:

First, I would use **the online survey program** (like 'Google Forms') to ask students about the areas they find challenging and conduct a simple diagnostic assessment with this program.

Second, based on the survey results, I would completely **restructure the lesson**. Even if there were effective teaching methods for previous students, if they do not seem to suit current students, I would create new teaching materials.

Third, I would use **online shared slides** (like 'Google Slide') to organize a student-centered lesson. Students would choose roles such as image searcher, example finder, summarizer, or presentation material creator in groups, and perform these roles with their tablet PCs while collaborating on a single shared PowerPoint slide. This approach would allow students to select roles suited to their strengths and find examples that they can better understand. In this way, the students are more likely to actively participate in class. 이상입니다.

[구상형 2] 미래사회로 가면서 기술 발전이 활발하게 진행되고 있고, 테크놀로지 사용이 늘고 있다. 그에 따라 교육 현장도 많이 변화하고 있다. 교육현장에서 테크놀로지를 활용할 수 있다는 기대도 있으나 그와 함께 무분별한 사용으로 인한 우려도 있다. 테크놀로지를 활용했을 때 유의해야 할 점 1가지와 관련 전문성을 기르기 위한 구체적인 방안 1가지를 제시하시오.

Check Point

유형화

미래교육 ➡ 테크놀로지/에듀테크 활용 교육 ➡ 테크놀로지/에듀테크 활용 교육 유의점

Point

학교현장에서는 에듀테크 활용 수업이 점점 확대되고 있는데, 이에 지나치게 의존하다보면 오히려 학생들의 배움의 질이 떨어질 수 있어 유의해야 한다. 2023년에도 서울에서 에듀테크 활용 시 유의사항이 출제되었는데, 2024에는 평가원에서도 출제될 만큼 최근 중요한 이슈라고 볼 수 있다. 유의해야 할 사항은 이론파트에서도 정리해놨듯이 매우 많다. (배움보다 기술에 더 신경쓰지 않기, 학생 흥미에만 집중하지 않기, 콘텐츠 홍수 조심, 상호작용을 줄이지 않기...) 이 문제에서는 답변한 유의점에 관련된 전문성까지 이야기해야 하므로 유의점 중 노력해서 그 유의점에 대한 전문성을 기를 수 있는 것으로 선택해서 답변하는 것이 좋다.

모범답안

(Sample Answer) 구상형 2번 답변 드리겠습니다. 테크놀로지 활용 수업에서 유의해야할 점은 학생의 **배움보다 기술이 앞서지 않아야 한다**는 것입니다. 다른 교사들이 사용하는 또는 신기해보이는 에듀테크 프로그램 적용만을 신경쓰다보면 실제로 자신이 맡은 학생에게 맞지 않거나 흥미만 앞세우고 배우는 것이 없는 수업이 될 수 있어 조심해야 합니다.

이를 위해서는 **학생 맞춤형 배움을 먼저 파악한 후 그에 맞는 에듀테크를 연구하는 전문성**이 필요합니다. 예를 들어 현재 맡은 학생들이 **기초 개념이 부족한 학생들이 많다면** '플랭', '원아워'와 같이 AI가 학생의 수준을 진단한 뒤 그에 맞는 영어 콘텐츠를 추천해주는 **코스웨어로 맞춤형 수업을 기획**할 수 있습니다. 이런 교육용 코스웨어는 교사들을 위한 연수를 제공하기에 전문가로부터 연수를 받아 전문성을 기를 수 있습니다. 만약 현재 학생들이 **상호작용과 협동학습 역량이 너무 부족한 상황**이라면 '프레지' '구글프리젠테이션' 과 같이 **협업, 공동작업이 가능한 온라인 프로그램을 찾아 사용법을 배울** 수 있습니다. 이후 전통적인 협동학습 모델인 직소 모델을 에듀테크 버전으로 바꾸는 시도를 하는 등 **에듀테크를 활용하여 협동학습을 극대화**하는 연구를 해볼 수 있습니다. 이처럼 테크놀로지는 현재 학생에게 필요한 배움을 먼저 파악한 후 그 배움을 위해 적용해야만 진정한 의미가 있다고 생각됩니다. 이상입니다.

[구상형 3] 두 관점 중 자신의 가치관에 더 가까운 관점을 고르고 그 이유를 말하시오. 또한 자신이 고른 입장을 실현하기 위해 교사가 실시할 수 있는 교육적 활동을 1가지 제시하시오.

> A관점: 요즘처럼 변화하는 사회에는 진리도 변합니다. 새롭고 불확실한 사회에 대비할 수 있는 능력을 길러주어야 합니다.
> B관점: 세월이 아무리 변화해도 불변하는 진리가 있습니다. 어떤 시대에서도 통용되는 인류의 보편적인 가치를 학습해야 합니다.

Check Point

유형화

교직관 ➡ 미래교육 관점 vs 전통적 교육 관점

Point

A관점은 변화가 중요하니 '미래교육' 관점과 비슷하고, B관점은 변화하지 않는 진리를 강조하니 전통적인 교육 관점이라고 볼 수 있다. 둘 다 중요하기에 어떤 것을 고르더라도 상관은 없다. A는 급변하는 미래를 대비해서 주도적인 능력을 길러야한다는 미래교육 관점으로 이야기한 후 에듀테크를 활용해 주도성을 길러줄 수 있는 활동을 제시하면 좋다. 반면 B는 급변하는 세상 속 오히려 학생들에게 더 필요한 능력을 이야기하면 좋은데, 최근 다시 강조되고 있는 인성교육을 연계하는 것을 추천한다. 어떤 것을 선택하더라도 '자신의 가치관'과 더 가까운 관점을 고르라고 했으므로 자신의 교육적 가치관을 자신있게 강조하는 답변을 만들어보자.

모범답안

(Sample Answer) 구상형 3번 답변 드리겠습니다. 저는 학생의 인성교육에 매우 큰 의지가 있기에 '**B관점**'을 **선택**하겠습니다. A관점도 중요하지만 아무리 세상이 빠르게 변하고 기술이 급속도로 발전한다고 해도 **인성이 뒷받침되지 않으면 그 어떤 능력도 발휘될 수 없기에 바른 인성은 인간에게 필요한 불변의 가치**임이 확실합니다.

이를 위해 저는 '**인성 중심 협동학습**'을 진행하고 싶습니다. 협동학습은 협동학습 활동이 끝나도 중단되지 않습니다. **협동학습은 학생이 살아가는데 필요한 인성을 갖춰주기에 정말 좋은 활동**이기 때문입니다. 우선 활동 전 '**협동하는 법**'을 가르쳐야 합니다. 상대의 말을 경청하는 방법 연습, 자신과 다른 의견을 존중하는 말 연습, 1명씩 돌아가며 이야기하는 규칙 설정 등 타인과의 관계에 있어서 꼭 필요한 능력을 충분히 연습합니다. 이후 수업 활동을 하면서 이런 부분을 지속적으로 강조하면서 학생들이 **연습한 것을 적용하며 습관화시킬 수 있도록** 돕습니다. 수업 활동이 끝난 후에는 반드시 '**협동**'과 '**서로 간의 관계**'에 **대해 이야기 나눌 수 있는 시간**을 가집니다. 서로 다른 의견 속 갈등이 있어도 결국 존중과 경청을 통해 합의된 결과를 만들어 낼 수 있었다는 것을 다시 깨달을 수 있도록 강조하겠습니다. 이렇게 저는 수업을 통해 학생들의 인성을 길러줄 수 있는 방법을 연구하고 또 연구할 것입니다. 이상입니다.

[즉답형] 다음 상황을 바탕으로 물음에 답하시오.

> 지민이는 평소에 수업에서 적극적으로 참여하는 학생이다. 모둠으로 실시하는 협력적 수행평가에서는 표정도 좋지 않고 참여하지 않고 있다. 참여를 독려할지 혹은 평가이니 개입을 하면 안 될지 고민이다.

(1) 제시문와 관련하여 교사의 바람직한 역할은 무엇인지 제시하고 그에 따라 본인이라면 어떻게 행동할 것인지 말하시오.

(2) 위에서 선택한대로 행동할 때 유의해야할 사항 2가지를 말하시오.

Check Point

유형화

수업/평가 ➡ 평가 ➡ 평가의 원칙

Point

둘 중 어떤 것을 선택하느냐보다 부연 설명을 잘하는 것이 더 중요하다. 참여를 독려하려는 경우 '평가'는 '학생 변별'이 아닌 '학생의 성장'을 위한 것이 본질임을 강조하는 방향으로 가는 것이 좋고, 유의사항으로는 평가의 공정성을 유지하기 위해 지민이만 따로 도움을 받지 않고 전체가 독려를 받을 수 있는 방안을 생각하는 것이 좋다. 반면 개입을 하지 않는 경우 평가의 '공정성'이 깨지면 다른 학생들에게도 피해가 갈 수 있는 점을 강조하면 좋고, 유의사항으로는 평가 이후에라도 지민이를 도울 수 있는 방안을 제시하는 것이 좋다. 이런 선택형 문제를 풀 때는 2가지 답변 모두 다 연습해보면 큰 도움이 된다.

모범답안

(Sample Answer) 즉답형 답변 드리겠습니다. 교사의 역할은 **학생의 성장을 돕는 것**입니다. 수행평가도 학생 변별, 학생 점수화가 아닌 **학생 성장을 가장 큰 목표**로 두어야 합니다. 따라서 저라면 이 상황에서 다음과 같이 **개입하여 지민이를 돕겠습니다**. 첫째, 지민이의 조에서 다른 조원들과 먼저 대화를 시도하겠습니다. 조별 과제에 혹시 어려운 점이 있는지 물어보며 **지민이에게 부담을 주지 않고 원인 파악**을 해보겠습니다. 둘째, 지민이에게 **간단한 격려**를 하겠습니다. 다른 조원에게 대화를 먼저 한 후 지민이에게 자연스럽게 오늘의 안부를 물은 후 평소 하던대로만 하면 잘할 수 있을 것이라는 작은 격려와 함께 참여를 유도하겠습니다.

이때 유의사항은 다음과 같습니다. 첫째, **평가의 공정성을 유지**해야 합니다. 지민이만 도움을 제공하는 것이 아니고 학급 내 다른 학생들, 그리도 다른 학급에서 평가를 실시할 때도 유심히 관찰한 후 참여하지 않는 학생이 있다면 지민이와 동일한 정도의 도움을 제공하며 참여를 독려하겠습니다. 둘째, 지민이가 **참여하지 않는 근본적인 원인을 파악**해야 합니다. 수업 후 지민이와의 상담 시간을 마련하여 지민이가 혹시 모둠원과의 관계가 나쁜 것인지, 아니면 개인적인 사정이 있는지를 파악하여 도울 수 있는 부분을 파악하겠습니다. 이상입니다.

[2023년 심층면접 지역별 출제영역]

	구상형	즉답형
평가원	[수업] AI 활용 수업 유의점 [교직관] 칭찬의 방법 [교직관] 학생관, 교육평등	[동료와의 관계] 교육방식 차이 갈등상황 대처
서울	[수업] 스마트기기 활용 수업 [동료와의 관계] 교사공동체, 소통/협력관계 [동료와의 관계] 학급 교과수업 교사와의 관계	[교직관] 교사의 노력, 성찰의 자질 [교직관] 교직관과 공간혁신
경기	[수업] 기초학력부족학생 지도 [생활지도] 회복적생활지도 [학교운영] 인성교육, 학교자율과제	[수업] 모둠학습 문제 [교직관] 학생의 말을 잘 들어주는 자질
세종	[수업/생활지도] 수업역량, 생활지도 역량 [학교운영] 학교자치, 학생자치 [수업] 융합수업 운영방안 [정책] 세종창의적교육과정 [정책] 세종캠퍼스형공동교육과정	
대구	[생활지도] 학교폭력해결, 회복적생활교육 [정책] IB교육 특징, 평가 [수업] AI활용수업, 기초학력부족학생 지도	
강원	[학급운영] 학급운영 방식: 통제 vs 수용	[고교학점제] 학생 과목선택 문제 해결 [수업,교사공동체] 융합교육 선도학교 실천 [학기말수업] 학기말 교육 운영 방안

2023 - 평가원

[구상형 1] Three students complain about the class using the metaverse. Explain one difficulty for each case, and one solution for each student's difficulty.

> Student A: It takes a long time to connect to the metaverse class because I am not familiar with it. Sometime I logged myself out by mistake.
> Student B: I'm interested in metaverse but I feel difficult to focus on the lesson. It is because the screen layout is complicated.
> Student C: I wasn't happy with the class because the only method of evaluation is the quiz, which is the traditional method

Check Point

유형화

수업 ➡ AI 활용 수업 / 에듀테크

Point

최근 가장 이슈가 되었던 메타버스를 수업에 활용할 때 생길 수 있는 대표적인 문제점이 제시되었다. 메타버스 수업에서 문제점이 생겼다고 메타버스를 부정하라는 의도로 출제된 것은 아니다. 이런 문제점을 해결하면서도 메타버스 수업의 장점을 살릴 수 있는 답변이 필요하다. 너무 추상적인 해결방안이 아닌, 제시문의 문제에 맞춘 해결방안을 최대한 구상해보자.

모범답안

(Sample Answer) The problem with student A is that students are **not used to the new teaching method**, which makes them struggle with participating in class. To address this problem, the teacher can **conduct an activity called 'Welcome to the Metaverse Class'**. From the first session of the Metaverse class, instead of diving directly into the main activities, the teacher can start with **the activity that helps students familiarize with how to access and operate the metaverse learning programs**. Particularly, if the teacher introduces how to participate in the metaverse program with the activity including team-battle quizzes or photos of idol stars, students will become more interested and naturally adapt to the new teaching program.

The problem related to Student B is that **the teacher organized the class solely from the teacher's perspective**, resulting in a complicated screen layout. To solve this, the teacher can **conduct a self-demonstration of the class** beforehand. Before completing the class preparations, the teacher should **simulate the class from the students' perspectives**. Through this, the teacher can simplify the layout if it contains too much information at certain points and plan to use 'zoom' button during the class to emphasize specific parts.

The problem Student C mentioned is **the teacher only used traditional quiz-based evaluations** without utilizing the advantages of the metaverse in evaluation. To address this, **the teacher can conduct a 'Online Gallery Walk Peer Evaluation'**. The online space is an excellent platform for evaluating classmates' works. In this metaverse space, students can move around using their avatars in a 'Gallery Walk' format, view their friends' works, and leave comments for peer evaluation. By doing this, students can participate with interest, enjoy various works from their peers, and receive diverse feedback. 이상입니다.

[구상형 2] 교사의 사명과 관련하여 모든 학생을 칭찬해야 하는 이유 2가지를 제시하시오. 그리고 제시문 속 A학생을 칭찬하기 위해 교사로서 노력할 구체적 방안을 2가지 말하시오.

> 특출난 학생들은 칭찬할 것이 잘 보이고 칭찬하기 쉽지만 칭찬할만한 점이 없는 학생도 많다. A학생도 그렇다. 이 학생은 최근 전학을 온 학생인데, 전반적으로 학교 규칙을 어기지는 않고 큰 문제행동을 보이지는 않지만 조용하고 학습에 큰 관심이 없는 등 특출난 장점이 보이지 않아 칭찬을 하기 어렵다.

Check Point

유형화 교직관/교사의 자세 ➡ 칭찬의 방법

Point

쉬워보이지만 까다로운 설정이 있다. 우선 '모든'이라는 전제조건이 있으므로 1가지는 일반적 칭찬의 이유를 말하더라도 남은 1개는 '모든' 학생을 칭찬해야하는 이유를 말하는 것이 좋다. 답변 방향도 '교사의 사명, 교사라면 해야할 일'과 관련해서 해야 한다. 구체적 방안도 'A학생을 칭찬하기 위한'이라는 조건이 있으므로 단순히 '일반적으로 칭찬을 위해 노력해야 할 것'에 초점을 두기 보다는 제시문 속 상황('특출난 장점이 보이지 않아 칭찬을 하기 어려운 상황')을 고려한 답안을 연습해보자. 칭찬과 관련된 자신의 사례가 있다면 간단히 언급하여 답변에 녹여내도 좋다.

모범답안

(Sample Answer) 구상형 2번 답변 드리겠습니다. 교사가 모든 학생을 칭찬해야 하는 이유는 다음과 같습니다. 첫째, **'재능에 대한 탐정'**이 되는 것이 교사의 사명이기 때문입니다. 특출난 학생은 누구나 칭찬할 수 있지만, **특출난 점이 없어 보여도 장점을 끝까지 찾는 역할은 교사만의 전문성**이라고 생각됩니다. 그러므로 교사는 어떤 학생이라도 그 재능을 발견하는 탐정의 안목을 길러서 모든 학생을 칭찬할 수 있도록 노력해야 합니다. 둘째, 교사의 칭찬은 **학생의 긍정적 변화의 시작**입니다. 학생 스스로는 자신의 잠재력을 발견하지 못하고 변화하지 못하는 경우가 많습니다. 교사가 **모든 학생의 작은 긍정적 변화를 관찰하고, 이를 놓치지 않고 칭찬**해주어야 학생이 그 변화를 발전시켜 성장할 수 있습니다.

A학생 칭찬 방안은 다음과 같습니다. 첫째, **의미 있는 관계**부터 만들어야 합니다. **의미 있는 관계가 없으면 의미 있는 칭찬도 어렵습니다.** 따뜻한 미소, 인사, 안부 묻기 등 작은 것부터 시작하여 관심을 주고, 점차 학생과의 대화를 늘린다면 자연스럽게 학생의 흥미와 강점을 발견할 수 있고, 학생도 교사의 관심을 느끼며 스스로 칭찬할만한 장점을 발휘할 수 있습니다. 둘째, **작은 역할을 부여**하겠습니다. 저는 교생실습 때 매우 소극적으로 봤던 학생이 학급 출석부 관리를 매우 꼼꼼하고 성실하게 하는 것을 보고 놀라고 곧바로 칭찬해주었던 적이 있습니다. 이처럼 A학생도 학생과의 논의를 통해 **작은 역할을 맡긴다면 분명 학생의 새로운 장점을 발견할 수 있고** 이를 칭찬하면서 학생의 성장을 이끌 수 있을 것입니다.
이상입니다.

[구상형 3] A교사와 B교사 중 본인의 가치관에 더 부합하는 교사를 고르고 그 이유를 말하시오. 그리고 선택한 가치관을 바탕으로 자신이 실현하고 싶은 교사상에 대해 말하시오.

> A교사: "학생들의 사회·경제적 격차가 학업성취에 가장 큰 영향을 주기 때문에 교사는 이러한 격차를 줄이기 위한 사회적 차원의 노력을 지원해야 합니다."
>
> B교사: "학생의 잠재력은 개인의 노력과 재능에 달려있기 때문에 이에 따라 성취에 있어 격차가 발생할 수 있습니다. 학생들의 잠재력을 발휘하도록 하는 것이 중요합니다."

Check Point

유형화 교직관/교사의 자세 ➡ 학생관, 교육평등

Point

A교사는 학생의 사회/경제적 배경이 중요하다는 입장이고, B교사는 학생 개인이 중요하다는 입장이다. 사실 둘 다 중요한 것이므로 어느 것을 선택하든 그 관점 속에서 교사의 역할, 교사가 지원해줄 수 있는 것을 강조하면 된다. A는 기초학력부족학생, 가정환경이 어려운 학생 등 어려운 조건/환경에 있는 학생을 지원하는 방안을, B는 학생의 재능/강점을 발견해주고 스스로 노력할 수 있는 힘을 길러주는 방안을 주로 이야기하면 된다.

모범답안

(Sample Answer) 구상형 3번 답변 드리겠습니다. **A교사가 저의 교직관에 더 가깝습니다.** 어릴 때부터 가정에서 적절한 지원을 받지 못해서 학교 교육도 따라가기 어려워하는 학생의 사례를 많이 접했었는데 이럴 때마다 교사가 된다면 이 학생들을 꼭 돕고 싶었습니다. 물론 B교사와 같이 개인의 노력도 중요하다고 생각하지만, 이런 **어려운 환경 속 자란 학생은 재능 발견의 여유조차 없어진다**고 생각합니다. 어려운 환경에 지속적으로 놓여있기에 결과적으로 가정의 지원이 많은 학생과 격차가 점점 벌어질 수밖에 없습니다.

그래서 저는 이런 가치관을 토대로 **'마지막 도움'을 해주는 교사**가 되고 싶습니다. 경제적으로 어려움이 많고 가정에서의 지원이 부족한 학생은 학교에서마저 방치된다면 잠재력을 발휘하거나 성장할 수 있는 기회를 얻기가 매우 어려워집니다. 결국 마지막 기회를 살릴 수 있는 것은 교사에게 달려있고, 교사만 할 수 있는 일입니다. 학생이 처한 배경과는 상관없이 누구나 특정 분야에서 재능이 있고 장점이 있으므로, 이런 학생들을 유심히 관찰하고 학생에게 딱 필요한 세심한 지원을 해주며 학생의 재능을 발현할 수 있게 최선을 다해 돕는 교사가 되고 싶습니다. 이상입니다.

[즉답형] 다음 상황을 읽고, 평가실의 즉답형 질문지에 순서대로 답하시오.

> (A교사의 교단 일기) 우리학교가 올해 탄소저감 시범학교로 선정되었다. 이와 관련된 프로그램을 B교사와 함께 진행하게 되었는데, B교사와는 평소에 친분이 깊고 좋은 관계였지만 이 프로그램 진행 방식에 있어 갈등이 생겨 점차 관계가 틀어졌다. 나는 학생들이 직접 참여할 수 있는 다양한 이벤트를 여는 것이 중요하다고 생각한다. 그러나 B교사는 모든 교과수업에서 탄소저감 주제를 연계해서 프로그램을 진행해야 한다고 주장한다. 나는 나의 방식이 맞는 것 같아 나의 방식대로 꼭 추진하고 싶다.

(1) A교사의 입장에서 주어진 상황에 대처할 수 있는 방안을 이유와 함께 말하시오.

(2) (1)에서 답변한대로 행동했을 때 유의해야 할 점을 말하시오.

(3) A교사와 B교사를 중재해야하는 입장일 때 대처할 수 있는 방안을 제시하시오.

Check Point

유형화 동료교사와의 관계 → 교육방식 차이 갈등상황 대처

Point
평가원 즉답형의 단골 손님인 '동료교사와의 갈등 해결' 문제이다. 두 사람의 관점/의견이 충돌하는 경우 '상대방 공감 및 상대방 관점 인정→ 나의 입장 구체적으로 전달→ '절충안 찾기' 패턴을 적용할 수 있다. 다만 4-1은 지문 마지막에 '나의 방식대로 꼭 추진하고 싶다'는 내용이 나온 것으로 보아 최대한 정중하게 나의 방식을 추진하는 방안으로 답변하고, 여기서 주의할 점을 4-2에서 이야기해야 한다. 4-3에서 중재하는 입장일 때는 한쪽 편을 들지 않고 양쪽 입장을 다 고려할 수 있는 절충안을 찾는 것이 좋은데, 직접 해결방안을 내리는 것보다는 지원해주는 역할을 하는 것이 좋다. 문제 전체적으로 '갈등해결'도 중요하지만, 탄소저감학교라는 최근 매우 중요한 이슈가 출제되었으므로 이 탄소저감 내용을 빼면서 일반적인 상황으로만 이야기하지 않도록 조심해야 한다.

모범답안

(Sample Answer) 4-1 답변드리겠습니다. 우선 탄소저감의 내재화를 위해 모든 교과에서 주제 연계를 통해 학습해야한다는 **B교사의 입장을 충분히 경청 후 공감**해야 합니다. 상대방의 의견 경청 및 공감은 갈등 해결의 첫 단계로 꼭 필요하기 때문입니다. 다만 A교사의 의견을 추진해야 하는 상황이므로, 탄소저감은 일상 속 행동으로 습관을 형성하는 것이 중요하다는 점을 알리고, 사전 조사를 통해 **'다회용품 사용 인증 릴레이 챌린지'와 같이 인근 학교에서 성공했던 학생 참여형 이벤트를 구체적으로 제안**해보며 설득해볼 수 있습니다.
4-2 답변드리겠습니다. 유의할 점은 **상대방의 입장을 충분히 존중하고 반영**해야 한다는 것입니다. B교사와 협업해야하는 업무이기에 나의 생각이 무조건 옳다는 관점은 피하고 대화를 통해 **B교사의 입장도 반영할 방안을 찾아야** 합니다. 예를 들어 '플라스틱 줄이기 챌린지' 라는 학생 참여형 이벤트를 계획한 후에 이 내용을 일부 교과에서 수업 주제 또는 수행평가로 융합해서 적용할 수 있는 방안을 논의하는 것입니다.
4-3 답변드리겠습니다. 중재하게 된다면 **우선 A교사와 B교사의 입장을 충분히 경청하며 공감**하겠습니다. 이후 두 교사의 동의를 구해서 이 업무와 관련 있는 교사들, 예를 들어 학생 자치 담당, 융합교육 담당 교사 등을 잠시 초대해서 **더 심층적인 논의를 통한 해결책을 모색**해보거나, 교직원회의 안건으로 올려서 모든 교사의 의견을 모아보는 시간을 제안해보겠습니다. 집단 지성의 힘을 통해 더 많은 의견이 모인다면 A교사와 B교사가 모두 만족할만한 해결방안이 마련될 수 있을 것이라고 생각됩니다. 이상입니다.

[2022년 심층면접 지역별 출제영역]

	구상형	즉답형
평가원	[수업] 학습동기/유형별 과제 제시 [수업/교직관] 기초학력 부족학생 지도 [교직관] 교사의 SNS 사용	[교직관] 학생을 신뢰하는 교사
서울	[정책] 생태전환교육 [동료교사와의 관계] 새로운 수업 운영에 대한 의견 차이 [교직관] 전문적학습공동체	[교직관] 학교교육의 방향, 학생관, 교사에게 필요한 자질
경기	[학급운영] 고교학점제 선택과목 상담 [학급운영] 사회성 기르는 활동 진행 [학급운영] 학급자치 실현	[동료교사와의 관계] 학급의 교과수업교사와의 갈등 [교직관] 교사에게 필요한 역량
세종	[생활지도] 지각행동, 소극적학생 지도 [정책] 교육회복, 관계중심생활교육 [수업/평가] 상대평가 장/단점	[생활지도] 안전지도, 안전교육 [정책] 생태전환교육
인천	[정책] 교육회복 [진로지도] 진로가 없는 학생 지도	[생활지도] 온라인 언어사용 지도 [수업] 디지털 리터러시 역량 강화 활동
강원	[정책] 인권교육, 학생 차별 유형, 학교 참여 유도 방안	[생활지도] 공격적인 학생 지도 [학급운영] 특수학생 지도 [정책] 생태환경교육
충북	[생활지도] 수업방해행동 [학급운영] 다문화, 수업방해행동, 소극적 학생 지도	[학교운영] 학교PC게임존 운영 [정책] 지역교육생태계 운영
대구	(평가원 동일) [생활지도] 학교폭력 [인문소양] IB학습, 토론/ 효도의 의미 [정책] 그린스마트스쿨	

2022 – 평가원

[구상형 1] Explain motivational characteristics of each student in the following situation and suggest appropriate tasks for each student.

> In the first class of the new semester, students were asked about what they want to learn in the class.
> Minsu: "I want to study hard to get high grades and gain confidence in this subject."
> Suji: "I want to study about the topic or task that I choose by myself."
> Mina: "I want to work with my classmates rather than work alone."

Check Point

유형화

수업 ➡ 학습동기, 학생 맞춤형/학생중심수업

Point

지문을 읽고 자기결정성이론(유능성, 자율성, 관계성)이 떠올랐다면 답변 방향을 잡기 쉬울 것이다. 물론 교육학이 아닌 2차면접이다보니 자기결정성이론의 용어를 그대로 써야만 하는 것은 아니었고 비슷한 말로 풀어내도 괜찮았을 것이다. Minsu는 과목에 대한 유능성을 가질 때 동기화되는 타입으로 학생 수준에 맞는 도전적 과제를 주어 성공 경험을 주거나 실력이 상승하고 있음을 알 수 있는 긍정적 피드백을 주면 좋을 것이다. Suji는 '선택권'이 동기화의 핵심인데, 교사가 모두 계획한 통제된 수업이 아닌 학생 중심 수업에서 직접 주제를 선택할 수 있도록 과제를 제시하면 자율성을 느낄 수 있다. Mina는 다른 학생과 협동해서 할 수 있는 조별과제나 멘토링 형태 등의 과제를 제시하면 관계성 욕구를 충족하여 동기화될 것이다. 다만 고득점을 위해선 단순히 '도전적 과제'나 '협동학습' 등의 추상적인 용어만 제시하지 말고, 자신의 교과에 맞는 구체적인 예시를 포함하면 좋다.

모범답안

1번 문제에 답변드리겠습니다. Each student in the text has different motivational characteristics. So, in order to motivate each student, T should provide tasks tailored to their individual characteristics.

First, Minsu is motivated when **he feels he is improving and becoming competent**. If he were my student, I would give him **'a process-oriented writing task'**. Rather than completing the final product at once, the student will be given a chance to revise and edit their writing based on T's feedback. T's feedback which focuses on the student's improvement will satisfy Minsu's need for competence and he will think that he is capable of achieving more learning goals.

Second, Suji is motivated when **she has choices in her learning**. For her, I'll suggest **'a career exploration activity'** in the end of the semester. In this activity, students relate their careers to what they've learned in class during the semester and present what the two have in common. As Suji can freely choose the content she'll present, she will feel autonomous and can be more intrinsically motivated.

Third, Mina is highly motivated when **interacting with and being connected to others**. To fulfill Mina's motivation, I'll engage her in **'a cooperative project-based activity'**. For example, if she participates in the group activity looking for ways to protect the school environment, she can have lots of opportunities to interact with group members. The process of choosing a specific topic, discussing solutions, and practicing presentation will give Mina a sense of connection with peers, and this will highly motivate her in her learning. 이상입니다.

[구상형 2] 코로나19로 인해 기초학력 부족 학생들이 늘어나고 있고, 학습격차가 심해지고 있다. 기초학력 부족 학생 지도를 위해 필요한 교사의 자질을 인성적 자질과 전문적 자질로 나누어서 1가지씩 말하고, 그러한 자질을 기르기 위해 어떤 노력을 할 것인지 구체적인 방안을 1가지씩 말하시오.

Check Point

유형화

수업/ 교직관 ➡ 기초학력부족학생지도, 학습격차, 교육회복

Point

2021년 학교 현장에서 가장 핵심적인 이슈였던 교육회복에 관한 문제가 출제되었다. 코로나로 인해 원격수업이 많아졌는데, 원격수업 특성상 기초가 부족하거나 집중력이 떨어지는 학생은 수업 참여도가 떨어져서 결국 학습 격차가 심해졌고 이를 회복하기 위한 노력을 하는 것이 현장의 가장 중요한 과제였다. 이번 문제는 다소 특이하게 인성적 자질과 전문적 자질로 나누어서 출제가 되었는데, 기초학생을 지도하는 일은 상당히 힘들고 큰 사명감을 요구하면서도 학생 수준에 맞추어 지도하는 교과 전문성도 요구되기 때문인 것 같다. 다양한 답안이 가능하지만 인성적 자질은 평소 가진 교직관 중에 기초학생을 사명감을 가지고 끝까지 책임질 수 있는 내용으로 연계해서 답하는 것이 좋고, 전문적 자질은 자신의 전공 교과에 맞춰서 기초가 부족한 학생들도 끌고 갈 수 있는 교과전문성과 연계하는 것이 좋다. 다만 미래에 노력 방안도 이야기해야하므로 구체적으로 노력할 내용과 자연스럽게 연결될 수 있는 자질을 선택하는 것도 중요하다.

모범답안

(Sample Answer) 구상형 2번 문항에 대하여 답변드리겠습니다. 코로나로 인해 늘어난 원격수업은 나름의 장점이 있지만, 기초가 부족한 학생이나 집중력이 부족한 학생을 이끌고 나가는 데에는 다소 한계가 있어 심해진 학습격차를 회복하는 것이 매우 시급해졌습니다.

이러한 기초학력 부족 학생을 지도하기 위해서는 우선 **'단 한 명의 학생도 포기하지 않는' 인성적 자질**이 필요합니다. 잘 따라오는 학생들을 챙기는 데에도 매우 바쁜 것이 현실이다보니 기초 부족 학생은 신경쓰지 않고 싶은 유혹이 들 수 있지만, 이를 이겨내고 포기하지 않는 자세가 중요합니다. 저는 이런 자질을 향상시키기 위해 학생의 입장에서 생각해보는 **역지사지의 습관**을 가지겠습니다. 기초가 부족한 학생의 입장이 되어 제 수업을 듣는다고 끊임없이 생각해보면 그 학생은 따라가기 힘든 수업을 매일 버티면서 듣는 것이 무척이나 힘든 일이라는 것을 공감할 수 있을 것입니다. 그러한 공감을 바탕으로 아무리 바쁜 상황일지라도 그 학생도 포기하지 않고 같이 이끌고 나갈 수 있는 방법을 찾으려고 노력할 것입니다.

다음으로 **스마트기기를 활용하는 전문적 자질**이 필요합니다. 기초가 부족한 학생의 기초를 전부 가르치는 것은 시간적 한계가 있기 때문에 수업 중 이런 학생도 따라올 수 있도록 만들어야 하는데, 스마트기기를 활용한다면 가능하다고 생각합니다. 저는 이런 자질을 기르기 위해서 이런 자질을 기르기 위해 **전문적학습공동체를 통하여 스마트기기 활용 수업을 연구**하겠습니다. 수업 중 스마트기기를 활용하여 도움이 되는 사이트 링크를 제공하거나, 학습 내용을 영상/그림으로 쉽게 재구조화하거나, 개별 피드백을 제공하는 방법을 동료 교사들과 함께 연습할 것입니다. 이를 통해 기초부족 학생도 자신의 학습 수준과 속도에 맞춰서 따라갈 수 있는 수업을 만들 수 있을 것이라고 생각합니다. 이상입니다.

[구상형 3] 다음은 교사의 SNS사용에 대한 교사들의 대화이다. 두 교사 중 본인의 가치관과 부합하는 교사를 이유와 함께 말하고, 자신이 선택한 입장이 유의할 점을 학교 조직문화에 끼칠 영향을 고려하여 제시하시오.

> 교사 A: "SNS는 자유로운 표현의 공간이므로 교사도 법에 문제가 되지 않는다면 사용할 수 있다고 봅니다."
>
> 교사 B: "아닙니다. 아무리 표현의 자유가 있더라도 교육활동과 무관한 SNS 사용은 교사에게 바람직하지 않습니다."

Check Point

유형화

교직관/교사의 의무 ➡ 교사의 SNS 사용

Point

2021년도에 교사의 유튜브 사용에 대한 다양한 기사가 나오며 찬반 논쟁이 있었다. 실제로 교육부에서는 현직 교사들의 유튜브를 집중 조사하고 사용 규정을 강화하기도 했으며, 이러한 이슈를 반영한 문제라고 볼 수 있다. 이번 문제는 어떤 것을 선택하는 것에 대한 정답이 있다고 생각하지는 않는다. 그러나 만약 A를 고를 경우 그 이유를 '교사의 자유/사생활' 측면으로 이야기하기보다는, '더 좋은 교육'을 위한, '학생들에게 더 훌륭한 교사'가 되기 위한 방향으로 제시하는 것이 면접에서는 더 바람직한 것 같다. 예를 들어 소극적 학생들을 더 잘 파악할 수 있으므로, 미래 교육에 맞춰 스마트기기/미디어 활용 수업을 하기 위하여 등의 이유를 제시하는 것이다. B를 선택할 경우에는 그 이유를 품위유지, 교육활동 전념, 최근 있었던 유튜브 논란 등 교직자의 자세/의무와 연결하는 방법이 있다. 그리고 유의할 점을 '학교 조직문화'와 연결해서 제시하라고 했는데, 이는 아마도 SNS 사용 시 다른 교사들 (또는 학생들)에게 또는 전체적인 학교 분위기에 끼칠 영향을 생각해서 유의할 점을 말하라는 것으로 보여진다. 예를 들어 A를 고른 경우에 근무시간 중 SNS를 자주 사용하며 교무실 업무 환경에 피해를 주는 것을 조심한다거나, B를 고른 경우에 SNS 사용하는 동료교사에 대한 무분별한 비난은 없어야 한다는 내용을 언급할 수 있다.

모범답안

(Sample Answer) 구상형 1번 문항에 대하여 답변드리겠습니다. 최근 교사들의 적절하지 못한 온라인 미디어 활동이 큰 이슈가 되었습니다. 그러나 저는 지킬 것을 잘 지킨다면 SNS 사용이 큰 도움이 될 것이라고 생각하기에 **교사 A의 의견에 동의**합니다. 4차산업혁명으로 빠르게 변화는 시대에서 유튜브, 인스타그램 등 온라인 SNS 매체는 그 변화를 주도하는 핵심 장치 중 하나입니다. 학교는 이런 미래시대의 인재가 될 학생을 교육하는 공간이므로 교사도 SNS를 활용한다면 시대의 변화를 읽고, 미래에 필요한 능력을 생각해볼 수 있으며, 이를 기를 수 있는 수업을 설계하는 **진정한 미래 교육을 실천**할 수 있습니다. 또한 학생들도 SNS에 매우 친숙하기 때문에 **SNS를 직접 활용하는 수업**을 설계하면 학생의 참여도를 높일 수 있고, 학생과의 소통 특히 학교에선 소극적이고 조용한 학생들과의 소통을 통한 래포형성에도 큰 도움이

될 수 있습니다.
다만 교사의 SNS사용은 유의할 점이 있습니다. 첫째로 자유로운 SNS활동 속 **교사의 품위는 지키는 것입니다**. 교육적으로 부적절한 사생활을 올리거나 혐오의 표현을 쓰는 등 교사의 품위에 어긋나는 행동을 해서 학생들과 동료교사들을 포함한 교육공동체에 좋지 않은 영향을 끼치지 않도록 해야 합니다. 사생활 관련 SNS활동을 할 경우 학생들이 볼 수 있는 계정과 개인적인 계정을 철저하게 분리하는 등의 노력을 통해 자신의 활동이 학생과 동료들에게 줄 수 있는 영향을 늘 유의해야 합니다. 둘째로 **근무시간 중 SNS 사용을 유의**해야 합니다. 교무실은 열려있는 공간이므로 교육과 관계없는 SNS활동을 근무시간에 한다면 동료 교사들의 업무 분위기를 저해할 수 있으므로 근무 외 시간을 활용하는 것이 좋습니다. 이상입니다.

[즉답형 상황] 다음 상황을 읽고, 평가실의 즉답형 질문지에 순서대로 답하시오.

> 학생과의 관계에 대하여 신임교사에게 선배교사가 조언하는 상황
> 교사 A: 어떤 조건이든 교사는 학생을 신뢰해야 한다고 생각합니다.
> 교사 B: 무조건 학생을 신뢰하는 것은 교육적으로 바람직하지 않을 수도 있습니다.

[즉답형 문제]

(1) 당신이 신임 교사라면 어떤 교사의 조언을 수용할 것인가? 본인의 가치관에 부합하는 교사와 그 이유를 제시하시오.

(2) 그러한 가치관을 가질 때 학생지도에 있어서 유의해야 할 점을 이야기하시오.

(3) 위 유의할 점을 고려하여, 학생들과의 신뢰관계 형성을 위해 노력할 방안을 제시하시오.

Check Point

유형화
교직관 ➡ 학생과의 신뢰관계

Point
학생과의 신뢰 관계에 대한 교직관을 물어보는 문제이다. 역시 이번 문제도 A와 B중 어떤 것을 선택하는 것이 정답이 정해져있지는 않기 때문에 자신의 뚜렷한 교직관과 잘 연결해서 답변할 수 있는 것을 선택하는 것이 좋다. 다소 극단적인 선택으로 보일 수 있더라도 뒤에서 유의점을 이야기할 수 있으므로 일단 하나의 입장을 밀고 나가면 된다. A를 선택한 경우 면접에서 말하기 좋은 '참교사' 느낌이 나는 답변, 즉 교사가 먼저 학생을 믿어줘야 학생이 교사를 믿고 따라올 수 있다는 등의 이유를 제시하는 것이 좋다. 반면 B를 선택한 경우 좀 더 실제 현장에 초점을 맞출 수 있으며 학생들이 항상 진실만 이야기하지 않고 이는 다른 학생이나 학급 전체에도 피해를 줄 수 있으므로 '교육'을 해야하는 '교사의 역할'을 강조하는 방향으로 답변하면 된다. 고득점을 위해서는 자신만의 교직관을 분명하게 밝히고 그 교직관을 토대로 답변을 이어나가는 것을 연습해보자.

모범답안

(Sample Answer) 즉답형 문항에 대하여 답변드리겠습니다.

(1) 우선 저는 **교사 A의 조언**에 동의합니다. 저는 **'학생과의 래포형성을 통한 리더십'**을 가장 중요하게 생각합니다. 교사가 학생들에게 가장 큰 영향을 끼칠 수 있는 리더십을 발휘하기 위해서는 우선 좋은 관계를 맺어 학생들에게 믿을만한 존재가 되는 것이 우선입니다. 학생의 입장에선 교사가 자신을 신뢰하지 않고 의심한다면 거리부터 두게 되는 반면에 **신뢰를 통해 학생들의 마음을 먼저 알아준다면** 학생들은 교사를 믿을 수 있는 대상으로 인식하여 자신의 마음을 열고 스스로 긍정적 변화를 위해 노력하게 될 수 있습니다.

(2) 다만 이런 가치관을 가질 때 유의할 점은 학교에 대한 부정적인 감정을 가진 학생인 경우 **교사의 신뢰를 악용하거나 거부감을 보일 수 있다는 점**입니다. 이런 학생들은 지난 학교생활의 부정적 경험, 또는 가정 내의 부정적 경험으로 인해 학교에 대해 큰 불신을 가지고 있고 저항이 습관이 되어있어 교사의 신뢰를 받아들이지 않고 문제행동을 지속하게 될 수 있습니다.

(3) 이를 바탕으로 학생들과의 신뢰 관계 형성을 위해 저는 **'단 한 명의 따뜻한 어른'**이 되겠습니다. 학생들을 신뢰하다보면 위에 언급한 대로 오히려 더 큰 문제행동을 보이며 거부감을 보이는 학생들이 있을 것입니다. 다만 이런 학생들일수록 자신의 어려움을 털어놓을 어른이 필요함을 알기에 저는 학생의 부정적 감정 속에 나름의 이유가 있다고 생각하며 **학생의 마음을 공감해주려고 노력**하겠습니다. 마음의 문을 여는데 다소 오래걸리더라도 포기하지않고 지속적으로 신뢰와 관심을 준다면 학생은 결국 저를 자신의 마음을 알아주는 '따뜻한 어른'으로 생각하고 마음을 열고 저를 신뢰하며 변화를 위한 노력을 할 것이라고 확신합니다. 이상입니다.

[2021년 심층면접 지역별 출제영역]

	구상형	즉답형
평가원	[학급운영] 선택과목 상담 (고교학점제대비) [교직관] 교사의 자질, 성찰의 자질 [교직관] 교사상, 학생상	[동료와의 관계] 교사공동체, 협력관계
서울	[생활지도] 학교폭력, 회복적생활교육 [수업] 원격수업 중 문제상황 해결	[생활지도/교직관] 기초학력지도
경기	[수업] 수행평가 [생활지도] 소극적학생, 지각, 수업방해행동 [수업] 온라인수업과 대면수업 비교	[수업] 독서교육 [동료교사와의 관계] 업무 과중
세종	[수업/정책] 책임교육, 기초학력지도(문해력) [동료교사와의 관계] 교사공동체, 협력관계 [정책/교직관] 미래교육, 미래 교사의 역할	[수업] 원격수업 중 소통역량 [정책] 미래형교육과정, 개별특성존중교육
인천	[정책] 생태환경교육 동아리 운영 [수업] 블렌디드러닝 필요성	[학급운영] 감염병예방교육 [학급운영] 다문화,특수,기초학력 지도
강원	[교사역량, 교직문화] ICT활용능력, 교사공동체/협력관계 [수업] 온라인수업 교육격차 해결	[정책] 고교학점제 [생활지도/정책] 자해학생지도, 학생안전망 [정책] 강원도 혁신학교

| 대구 | (평가원 동일)
[생활지도] 감염병예방교육, 자해학생
[인문소양] 교육관, 미래교육정책, 학생상
[정책/학급운영] 미래교육/역량, 다문화/학업격차 해결 | |

2021 – 평가원

[구상형 1] Identify ONE problem each student is faced with in the following situation, and suggest ONE solution for each problem as a homeroom teacher.

> Minsu: I'm interested in Subject A, but I hesitate to choose it because it would be difficult to get a high grade.
> Suji: I think Subject B would be helpful for my future career. But I hesitate to choose it because it would be boring and there are so many things to memorize.

Check Point

유형화

정책 ➡ 고교학점제
진로지도 ➡ 선택과목 지도

Point

두 학생 모두 '선택'을 고민하는 상황이고, 이는 '선택'이라는 키워드가 강조되는 고교학점제를 바탕으로 출제한 문제일 것이다. 2025년부터 전면 도입되는 고교학점제는 주어진 교육과정에 따라가며 모든 수업을 듣는 것이 아닌, 학생들이 자신의 진로에 따라 원하는 과목을 선택하고 성취수준 도달 시 과목을 이수하는 제도이다. 실제로 고교학점제 연구학교와 선도학교를 보면 학생들이 과목 선택에 대한 고민을 상당히 많이 하는데, 여기서 학생들의 올바른 선택을 위해 담임교사의 상담 역량이 중요하기 때문에 이러한 역량을 측정하는 문제라고 볼 수 있다. 그러므로 단순히 고교학점제 정책을 설명하는 답변은 하지 않고, 고교학점제의 이해를 기반으로 실제로 학생들의 입장에서 생각하며 세심한 상담을 해주는 것이 중요한 포인트라고 볼 수 있다. 특히 학생들 둘 다 고교학점제에서 강조하는 '흥미'와 '진로'에 맞는 교과 선택을 했으므로 올바른 선택을 하였다고 볼 수 있지만 아직 과목을 잘 모르고 배워보지 않은 상태에서 막연하게 걱정하고 불안해하는 상황이므로, 이러한 불안감을 없애고 자신감을 줄 수 있는 상담이 필요할 것이다.

📢 모범답안

　1번 문제에 답변 드리겠습니다. In the '**Highschool Credit System**', as students will have more options on choosing elective courses, many of them will worry about which subjects to choose. First, Minsu has vague **anxiety**. Minsu wants to choose 'Subject A' based on his interest, but he hesitates to choose it because he is not sure he can make a good grade. To help Minsu, I'll **tell him that he'll show a great performance in the 'Subject A' based on his strength**. After praising him for choosing 'Subject A' based on his interest, I'll remind him of his previous performances that were great in various subjects and programs. Then, I'll tell him 'Looking back what you've have done in school, I'm pretty much sure about your success in the subject A'

　Second, Suji thinks 'Subject B' would be boring and and it has so many things to memorize. The problem here is that she is worrying too much even though she **does not have any specific information on 'Subject B'**. To help her, I would engage her in '**a mentoring program**' with a senior student who is taking 'Subject B' now. The senior student can provide much information on 'Subject B' such as 'the content of the textbook', 'interesting activities', and 'positive learning environment that are created when only students who like Subject B study together.' Then, Suji will be more likely to have more positive expectation on 'Subject B'. 이상입니다.

[구상형 2] 다음 제시문에서 이 교사가 갖추고 있는 자질 2가지를 말하고, 향후 교사가 된다면 각각의 자질을 기르기 위하여 어떠한 노력을 할 것인지 말하시오.

> 이 교사는 담임을 맡고 있는 학생 선우가 요즘 많이 우울해 보였다. 이 교사는 이런 선우를 돕기 위해 교내에서 진행하는 연극발표회에 참여해볼 것을 제안하였다. 다행히도 선우가 주도적으로 열심히 참여하고, 연극 대본 작성에도 소질을 보여서 뿌듯했다. 그런데 문득 이 교사는 자신이 너무 선우만 지켜보고 신경을 쓴 것이 아닌지, 혹시 다른 학생들도 이런 문제를 겪고 있지만 내가 발견하지 못하고 있진 않은지 의문이 들었다.

Check Point

유형화 교직관/ 교사의 자질 ➡ 성찰의 자질, 관심의 자질

Point
　자주 출제되는 교사의 자질과 관련된 문제이다. 보통 부족한 자질을 갖춘 교사의 상황이 나오고 그 교사에게 필요한 자질을 묻는 경우가 많았는데 이번엔 모범적인 교사를 사례를 소개하고 그 교사가 갖춘 좋은 자질을 묻고 있다. 우선 우울해보이는 선우를 발견하고 극복할 수 있게 도와준 것은 '관심의 자질'이 있기에 가능했고, 선우가 연극발표회를 잘할 수 있다고 발견하고, 여기서 스스로 극복하도록 도와준 것은 '가능성을 발견할 수 있는 자질'과 '조력자의 자질'이 있기 때문이다. 또한 마지막에 다른 학생들도 비슷한 문제가 있던 것이 아닌지 고민해본 점은 '성찰의 자질'을 갖춘 것으로 볼 수 있다. 이러한 자질을 기르기 위한 노력 방법은 단순히 '더 많은 상담을 하겠다'라는 식의 추상적인 답변을 하기보다는 가급적 구체적인 방법으로 제시하는 것이 좋다.

📢 모범답안

2번 문제에 대한 답변 드리겠습니다. 이 교사는 우선 **'관심의 자질'**을 가졌습니다. 특별한 일이 있지 않았지만 선우가 '우울한 상태'였음을 알아낸 것, 그리고 선우가 '연극'을 잘 할 수 있다는 가능성을 먼저 알았던 것도 전부 평소 선우에 대한 관심을 많이 기울였기 때문입니다. 저는 이러한 관심의 자질을 기르기 위해 **1일 1학생 칭찬 노트**를 쓰겠습니다. 학교에서 수업, 행정 등 다양한 일을 하다보면 정신없이 바쁜 것은 사실이지만 딱 한 학생에게 관심을 주는 것은 무리가 아닐 것입니다. 매일 돌아가며 한 학생을 신경을 써서 관찰하거나 작은 대화를 시도한 뒤에 '수업 집중력이 좋음' '인사를 웃으면서 잘함' 과 같이 학생의 장점을 찾아서 짧게라도 기록하겠습니다. 이러면 점차적으로 다양한 학생에게 더 관심을 기울이고 장점을 발견하는 습관을 가질 수 있게 될 것이라고 생각됩니다.

다음으로 이교사는 '성찰'의 자질을 가졌습니다. 이교사가 선우에 대한 관심으로 끝나지 않고 다른 학생도 선우와 같은 문제를 겪고 있는지 의문을 가질 수 있었던 것은 평소에 교사의 역할에 대한 '성찰'을 자주 했기 때문이라고 생각합니다. 저는 이러한 성찰의 자질을 위해서 **학생 사진 명렬표를 자리에 붙여놓고 수시로 보겠습니다.** 특히 퇴근 전 마무리 시간에 명렬표를 통해 제가 맡은 학생들을 한명 한명 보다 보면, 제가 학생들과 하루 동안 했던 대화나 저의 교육방식을 되돌아볼 수 있을 것이고, 제가 당분간 관심을 전혀 주지 못했던 학생도 파악할 수 있게 될 것입니다. 이를 통해 저는 학생과의 관계를 성찰하는 습관을 지닐 수 있고, 이러한 성찰은 학생들에게 더 좋은 교사가 되는 방법을 안내해주는 지침이 될 것입니다. 이상입니다.

[구상형 3] 다음 제시문에서 당신이 가장 중요하다고 생각하는 가치관을 지닌 교사를 선택하고, 그렇게 생각하는 이유를 당신의 교사상에 비추어 말하시오. 또한 그러한 가치관이 어떠한 인간을 교육적으로 길러낼 수 있는지 말하시오.

- 임 교사: 기초학력이 부족한 학생의 기초학력을 길러주는 것이 중요합니다.
- 최 교사: 학생의 자신감을 길러주는 것이 중요합니다.
- 박 교사: 학생이 원만한 교우관계를 가지도록 돕는 것이 중요합니다.

Check Point

유형화
교사상, 교육철학, 교사의 자질 ➡ 개정교육과정 인간상/핵심역량 문제

Point
교사는 어떤 학생을 길러내야 하는가에 대한 문제이다. 지문의 기초학력, 자신감, 교우관계 셋 다 중요한 부분이므로 자신의 교직관을 가장 잘 드러낼 수 있는 부분을 골라 설득력 있게 이유를 제시하는 것이 중요한 문제이다. 개정교육과정에 제시된 인간상, 핵심역량을 활용하는 방법도 있는데, '기초지식'은 '창의적인 사람'이 갖추어야 할 것으로 제시되어 있고, '자신감'은 '자주적인 사람'이 자기주도적으로 진로를 개척하기 위해 필요한 것으로 연결할 수 있으며, '교우관계'는 공동체 의식을 가진 '더불어사는 사람'과 연결하여 답변을 할 수 있다.

모범답안

3번 문제에 대한 답변 드리겠습니다. 저는 박 교사와 같이 **원만한 교우관계**를 가지도록 돕는 것이 중요하다고 생각합니다. 학생들은 미래사회의 주역이고, 미래사회에서는 개인 간, 지역 간, 국가 간 경계가 점점 더 허물어지면서 인간은 더욱 상호의존적으로 살아가야 할 것입니다. 그러므로 교사는 **타인과 함께 살아가는 방법**을 가르칠 수 있는 역할을 하는 것이 가장 중요하다고 생각합니다. 많은 교사들은 이러한 가치관을 바탕으로 학생들 간 갈등이 있을 때 이를 중재하며 갈등을 원만하게 해결하는 방법을 교육하고, 학급에서는 학급 단체 봉사활동이나 마니또 프로그램 같은 학급친목활동을 기획하여 타인을 배려하고 나눔을 실천하는 기쁨을 느끼도록 하며, 수업 시간엔 강의식 교수만 하기보다는 학생중심 협동학습을 계획하여 서로 힘을 합쳐 문제를 해결하는 경험을 겪도록 하고 있다고 생각합니다.

이를 통해 바른 인성을 바탕으로 자신의 생각을 표현하고, 타인의 생각을 존중하며, 배려와 나눔을 실천하는 '**더불어 사는 사람**'을 기를 수 있다고 생각합니다. 이런 학생은 미래사회에서 **공동체 의식을 가진 민주시민 및 세계시민**으로 살아갈 수 있다고 생각합니다.

[즉답형 상황] 즉답형 문항은 3가지 제시 예정입니다.

김 교사는 뛰어난 온라인 수업능력을 가지고 있다. 늘 자신의 수업 구상이나 업무 해결에 열정적이다. 정보부장교사는 이런 김 교사에게 온라인 수업 관련 업무를 추가로 많이 맡겼다. 김 교사는 업무가 많아져서 내키진 않았지만 어쩔 수 없이 수락했다. 그러나 점점 자신의 수업 준비와 학생지도에 영향을 받을 정도로 업무가 과중이 되어서 큰 부담을 느끼기 시작했다. 이런 상황에서 동료 교사들도 김 교사에게 온라인 수업 코칭을 해달라고 부탁하게 되었는데, 결국 김 교사는 "제 일이 아니라서 도와드릴 수 없습니다."라고 하며 이를 거절하였다. 그 결과 동료 관계에도 문제가 발생하고 있다.

[즉답형 문항]

4-1. 김 교사의 입장에서 제시문과 같이 행동한 이유를 말하시오.

4-2. 교직 윤리적인 측면에서 김 교사가 요청을 거절한 행동을 비판하시오.

4-3. 당신이 만약 김 교사라면 문제를 어떻게 대처할 것인지 말하시오

Check Point

유형화

동료교사와의 관계 ➡ 교사공동체

Point

단골손님이라고 볼 수 있는 동료교사와의 관계에 대한 문제이다. 이러한 문제는 보통 '교사공동체' 입장에서 답변하는 것이 좋다. 매일 다양한 문제와 갈등상황이 발생하는 학교라는 공간 속에 교사는 서로 배우고, 공유하고, 소통하며 협력하며 서로 성장하는 '공동체'가 되는 것이 중요하기 때문에 최대한 공동체에 협력하는 자세를 갖추는 것이 필요하다. 그 때문에 이 문제에서도 김교사의 입장에서는 개인의 이익을 챙기는 것도 아니었고 업무 과중으로 거절을 할 수밖에 없는 상황이었겠지만, 이를 교사공동체의 측면에서 바라볼 수 있는지 묻기 위해 윤리적으로 비판하라는 문제가 출제가 된 것이다.

모범답안

즉답형 문항에 대한 답변드리겠습니다. 우선 김교사는 **'교사는 무엇보다 학생 지도가 가장 중요하다'**라는 **교직관**을 가졌을 것입니다. 한정된 시간 속 업무 과중의 상태에서 동료 교사를 돕는 일까지 하게 된다면 수업과 학생 지도에 쏟는 시간이 그만큼 줄어들게 될 것이고, 그 피해는 학생들에게 갈 것이라고 생각하여 거절을 했다고 생각합니다.

김교사의 행동은 **'교사공동체'** 측면에서 비판을 할 수 있습니다. 학교에서 일어나는 수많은 일은 처리할 수 있는 매뉴얼이 따로 존재하지 않기 때문에 **교사들끼리 수많은 소통과 협력을 하는 '교사 공동체'를 만들어야** 더 좋은 교육을 할 수 있습니다. 이런 측면에서 김교사도 '제 일이 아니다'라며 자신의 일과 동료교사의 일을 나누는 선을 그으며 거절하기보다는 함께 성장하는 교사공동체 차원에서 어려움을 겪고 있을 동료교사의 입장에서 먼저 생각해보고, 최대한 협조하는 방법을 찾았어야 했습니다.

제가 만약 김교사라면 **온라인수업 노하우를 영상으로 제작**하여 효율적으로 동료교사를 돕겠습니다. 교사공동체 측면에서 저도 생활지도 같은 다른 부분에서 동료교사에게 분명 배우고 성장하고 있었을 것이기에, 제가 잘하는 부분을 당연히 공유하는 것이 마땅하다고 생각합니다. 다만 기존의 수업과 업무에 영향을 최소화하기 위해 온라인수업의 노하우를 담은 영상을 제작하여 활용하겠습니다. 동료교사의 도움 요청이 있을 때 양해를 구하며 이 영상을 먼저 보내고 추가 질문을 해달라고 한다면 많은 동료교사를 효율적으로 도울 수 있다고 생각합니다. 이상입니다.

루이스 영어임용 2차 All-in-One
영어면접·수업실연·실전전략

P·A·R·T 02

심층면접 유형별 답안 아이디어

CHAPTER 01 교육 관련 최근 Trend
CHAPTER 02 생활지도
CHAPTER 03 수업, 평가
CHAPTER 04 학급운영
CHAPTER 05 학교운영
CHAPTER 06 동료교사, 학부모와의 관계
CHAPTER 07 교직관, 교육철학, 교사의 자질

CHAPTER

01 교육 관련 최근 Trend

> **Point**
> 이 챕터의 내용들은 최근 교육 현장과 관련이 깊기 때문에 무조건 알아두어야 하고, 그래서 가장 먼저 배치했다. 각 교육지원청에서 강조하는 시책도 이런 최근 교육 트렌드를 반영한 시책이므로 이 내용과 교육청 시책을 비교 분석해보고, 최근 기출도 어떤 맥락에서 출제가 된 것인가 분석하는 것이 좋다. 이 내용들을 직접적으로 물어보는 문항이 나왔다면 여기에 나와 있는 이론적인 내용으로 답변을 하는 것에서 추가로 본인 교과나 지역에 맞는 '구체적인 예시'도 포함하는 것이 고득점에 유리하다. 이 내용 말고 다른 부분을 물어보는 문제가 출제되었더라도 이 챕터의 내용은 답변 구상의 '방향'이 될 수 있으므로 반드시 잘 알아놓도록 하자.(이 챕터는 정독하고, 다른 챕터의 내용은 필요한 부분만 찾아서 발췌독하는 식으로 2차 준비를 하는 것이 좋다. 이 책 내용 다 정독하기엔 2차 준비 시간이 부족하다. 많이 읽는 것 보다는 직접 말해보는 것이 중요하기 때문이다.)

최근 교육 TREND 한눈에 보기

POINT 1. 미래
(1) 미래 사회는 급변하고 있어 예측이 불가능할 정도 → 교육에서도 대비 필요
(2) 교사는 급변하는 미래에 대처하는 자세, **역할변화**가 중요하고 (*AI 활용, 학습코칭, 설계/지원자*), 학생은 미래에 스스로 대비할 수 있는 '역량'을 키워야함.(미래에 필요하게 될 지식 예측 어려우므로, 단편적 지식을 가르치기보다는 학생이 '스스로' 대비하는 역량을 기를 필요성) → 주도성을 갖춘 자주적 인간을 길러내기 위해 **역량중심** 교육과정, 그리고 누구나 자신의 학습/삶을 주도할 수 있도록 **기초학력지도** 필요, **개별 맞춤형 교육** 필요
(3) 기술 발달로 인한 **인공지능(AI)활용교육/에듀테크, 스마트/정보교육, 그린스마트스쿨** 정책 및 기술 발달을 윤리적으로 사용할 수 있는 인공지능 윤리교육 강조

POINT 2. 역량
(1) 학생의 '단편 지식'보다는 '역량'을 길러줄 필요성 → **자기관리 역량, 지식정보처리 역량, 창의적 사고 역량, 심미적 감성 역량, 협력적 소통 역량, 공동체 역량**
(2) 추구하는 인간상
① 자기주도적인사람 : 정해진 지식을 가르쳐 '만들어진' 인간이 아님, **자율성**과 **주도성**을 갖춘 인간 → **교육자치, 학생자치활동, 학생주도수업** 등 강조
② 창의적인 사람 : 복잡해지는 세상 속 창의성을 발휘하여 문제를 해결할 수 있는 능력이 필요하므로 이를 강조하는 교육 필요 → **융합교육, 프로젝트, 문제해결중심수업** 강조(점점 특정지식으론 문제 해결이 힘들어지므로 지식을 서로 융합해서 창의적으로 문제 해결하는 것이 중요)
③ 더불어 사는 사람, 교양있는 사람 : 나 혼자 사는 것만 중요하지 않고, **공동체 의식**을 가지고 더불어가며 배려와 나눔 실천 중요, 다원적 가치 인정(서로 다름 인정) → **세계시민교육, 민주시민교육, 다문화교육** 강조

POINT 3. 자치/민주(학교문화의 변화 → 교육 자치시대, 민주적 분위기)

(1) 거버넌스의 변화 : 국가수준의 하향식 교육과정에서 각 지역, 각 단위학교에 자율성을 부여하는 **교육자치**시대(획일화 교육X, 지역화, 자율화O)
(2) 각 지역의 **교육자치** 강조(마을교육 공동체, 지역 연계 교육) → **지역사회, 지역자원, 지역인프라 활용** 수업, 동아리활동, 학교 행사 진행
(3) 학교자치 : 학교만의 특색있는 교육과정을 자율적으로 운영하는 **학교자율과정** 강조→ 진정한 학교자치를 위해선 자율성, 주도성이 필요 → 민주적 학교 분위기는 필수(학교민주주의) → 학교 구성원 모두 민주적인 관계(수직적인 관계 X) 속 주도적이고 자율적인 참여와 소통을 통한 협력이 이루어지도록 문화 변화
(4) **학생자치** : 학생도 학교에 주도적이고 자율적으로 참여 → 학생자치활동 강조 → 학교 운영에 학생 의견 적극 반영, 학교 운영 회의에 참여, 학생주도 행사, 규칙제정, 동아리운영 등 진정한 권한부여 및 참여 보장
(5) 교육 자치를 통한 **민주시민교육** 강조(지역사회에 나가 민주시민의 역할을 수행할 수 있도록) → 민주주의, 참여와 책임, 자율, 공정, 준법, 정치 참여(참정권교육), 의사소통 등 강조 → 특정 시간에만 교육하는 것이 아닌 수업, 창체활동, 체험활동, 학교 프로그램 등 전반적으로 적용
(6) 디지털 사회에서 민주시민의 역할을 할 수 있는 **디지털 시민성**을 위한 **디지털/미디어리터러시** 교육 필요

POINT 4. 주도성/자율성(수업의 변화 → 주도성, 자율성 강조)

(1) 방향 : 교사가 주도하여 수업하는 것이 아닌, 학생의 '**주도적인 역량**'을 길러주기 위한 학교 수업 필요 → 주도성, 자율성(가장 중요한 역량)을 갖춘 민주시민양성 목적
(2) 주도성을 갖춘 민주시민 양성을 위한 학교 교육과정/ 수업의 변화
  ① **고교학점제** : 학생의 과목 선택권 부여 → 자율성, 주도성 부여
  ② 자유학년제 : 획일적 평가의 부담에서 벗어나 주도적으로 자신의 진로, 적성을 찾기 위한 역량을 키워주기
  ③ 진로/안전/인성/독서교육 강화(공통점 : 단편 지식 전달을 위한 것이 아닌 주도적인 역량 길러주기)
    ㉠ **진로교육** : 미래에 직업구조가 급변하므로 자신이 어떤 진로를 가져야할지 주도성을 갖추어 스스로 찾고, 스스로 필요한 능력을 기를 수 있는 역량을 키워주기. 진로에 맞게 선택할 수 있는 '진로선택' 교과 개설
    ㉡ **안전교육** : 민주시민이라면 스스로의 그리고 주변 사람들의 안전을 보호할 능력 필요
    ㉢ **인성교육, 독서교육** : 공동체를 중요시하고 배려와 나눔을 실천하는 민주시민의 역할을 수행하기 위한 기본적인 인성 함양 필요
  ④ 학생중심, 배움중심 수업 강조 : 교사중심 지식전수X → 학생의 주도적인 배움
  ⑤ 프로젝트, 문제해결중심(PBL), 토론수업 등 학생이 주도하고, 실제 학교 밖에서 발생하는 문제해결 능력 등 민주시민 역량을 기를 수 있는 수업 강조
  ⑥ **과정중심평가, 교수평일체화** : 학생의 변별 목적이 아닌 학생 성장을 위한 평가
  ⑦ **융합수업** : 교과융합수업 강조 → 개별 교과의 지식에서 나아가 역량 기르기, 창의적 문제 해결력 기르기
    – 안전교육, 진로교육, 인성교육, 민주시민교육, 세계시민교육을 교과수업에 융합 : 수업시간에 그 교과의 특정 지식만 가르치는 수업이 더 이상 X → 각 교과에서도 다양한 역량을 기를 수 있는 수업

POINT 5. 공동체(세계시민교육, 공동체교육)

(1) 세계화 흐름 → 지구의 각 국가는 독립적이지 않고 상호의존적인 공동체 → 개인, 지역을 넘어서 세계 전체와 협력하여 더불어 잘 살기 위한 **세계시민교육** 강조
(2) 서로 다름을 인정하고 함께하는 **공동체교육** 강조 → **다문화교육, 특수교육, 인권교육, 평화교육 강조**
(3) 지구촌에서 발생하는 문제는 상호의존적이고 함께 해결해야하는 지구촌 모두의 문제 → **환경(생태, 생태전환)교육, 안전교육** 강조
(4) 함께 성장하고 뒤처지지 않게 하는 **교육의 형평성, 교육평등, 기초학력부족지원, 최소성취수준보장지도** 강조
(5) 교사 간 서로 성장하는 공동체 형성(**전문적학습공동체**), 교사와 학생 간 서로 존중하는 공동체 형성(**교권보호, 학생인권**)

01 미래사회와 미래교육(Future-oriented Education)

> **Point**
> 급격히 변하는 세상 속 요즘 교육현장에서도 '미래'와 '4차산업혁명'은 큰 이슈이다. '미래교육'은 '미래를 대비한 교육'이다. 급변하는 사회 속 우리가 가르치는 학생들이 사회에 나갔을 때 필요한 능력은 어떤 것이고, 그 능력을 어떻게 교육해야 할까, 교사들은 어떻게 대비를 하고 어떤 역할을 해야 하는가…와 같은 고민을 충분히 하고, 이를 답변에 녹여내는 연습이 필요하다. 미래교육은 우리 교육의 가장 큰 흐름인 만큼 많은 '미래교육 자체'를 묻는 문제는 많지 않더라도 그와 연관된 문제 (에듀테크 활용 수업 등)은 많이 출제되고 있으므로 여기서 전체적인 흐름을 파악하고 난 뒤 다른 파트를 이해하는 것이 필요하다. 또한 지원 교육청 홈페이지 등에 '미래교육' 관련 자료가 있다면 함께 읽고 정리해놓는 것도 필요하다.

> **대표기출**
> *미래교육방향에 대한 지문 제시 후 올바른 교육방향, 실천방안 제시하기 (2020 인천)
> *미래역량을 길러주기 위한 교사의 지도방안 (2021 대구)
> *AI를 활용한 교육의 효과 및 유의점 제시 (2023 대구)
> *미래교육에서 교사의 핵심 역량 및 역할 (2025 경기)
>
> **기출 답변 핵심 Point**
> - 급변하는 미래를 대비하기 위해 학생은 자기 주도적인 진로 개발 역량 필요(To prepare for a rapidly changing future, students need self-directed career development skills.)
> - 교사는 인공지능/기술발전에 '의존'하지 않고 '활용'하는 교육 필요(Teachers need to focus on 'utilizing' rather than 'relying on' advancements in AI/technology.)
> - 학생의 다양한 특성을 파악하여 이를 고려한 개별 맞춤형 교육 가능(Using technology, teachers can understanding students' diverse characteristics and provide personalized education.)
> - 교사는 개별 피드백에 더 신경 쓰며 세심하게 코칭하는 조력자 역할 수행(Teachers can pay closer attention to individual feedback and perform the role of a coach, facilitator, and manager.)

(1) 미래교육의 변화 방향(Future Directions in Education)

① 불확실한 미래에 주도적이고 실생활 중심 교육 필요(Student-Driven, Real-Life Learning for an Uncertain Future)

정보가 폭발하는 시대이고, 미래에 어떤 직무와 지식이 필요할지 모름 ➡ 불확실한 미래에 직면할 수 있는 문제 해결 능력 필요 ➡ 특정 지식을 아는 것보다는 스스로('주도적'으로) 문제를 찾아내고, 창의적이고 협력적으로 해결할 수 있는 역량 필요 ➡ 학습한 내용이 다양한 실제 경험을 통해 응용될 수 있는 '앎과 삶이 연결되는 교육', '실생활 중심 교육' 필요 (We don't know what jobs or knowledge the future needs. So instead of just memorizing facts, students need to find problems on their own and solve them creatively, together. Learning should connect to real life.)

② 개별 학교의 자율성이 늘어남 (거버넌스의 변화) (Greater Autonomy for Individual Schools)
과거엔 '교육부 ➡ 시도교육청 ➡ 학교'로 이어지는 체계였지만 점점 지역별 시도교육청에 많은 권한이 생기고 학교의 자율성이 늘어나고 있음 (Local education and Individual schools are gaining more authority.)

③ 학교의 경계를 넘어 지역, 온라인으로 학습 공간 확장(Expanding Learning Beyond School: Community and Online)
지역의 특성에 따른 지역별 미래학교 운영 ➡ 배움이 학교에서만 이루어지는 것이 아닌 시간과 장소 상관없이 학교 밖 지역사회, 온라인 등 어디서든 배울 수 있는 교육환경 구성 (Learning doesn't only happen in classrooms. Students can learn anytime, anywhere—in the community or online.)

④ AI가 대체할 수 없는 역량 필요(Developing Skills AI Cannot Replace)
4차산업혁명의 기술발전으로 인공지능이 대체해 줄 영역이 아닌 인공지능이 대체할 수 없는 역량(협업능력, 창의력, 감성능력 등)을 길러줄 필요성 증가. (AI can do a lot, but not everything. That's why we need to grow skills AI can't replace—like teamwork, creativity, and empathy.)

(2) 미래사회의 학교 교육(School Education in the Future Society)

① 인공지능, 디지털기기, 온라인 활용 교육 증가(Education with AI, Digital Tools, and Online Learning)
  ㉠ 개별화 교육 가능(Personalized Learning): 인공지능은 수많은 학생들을 동시에 가르칠 수 있고, 개별 학생의 모든 학습 내용 및 학습 스타일을 모두 기억할 수 있음 ➡ 그에 따라 학생이 잘하는 점과 부족한 점을 상세 분석하여 개별 맞춤형 과제를 제시할 수 있으므로 개별화 교육이 가능함 (AI can track each student's strengths and weaknesses and give tailored tasks.)
  ㉡ 학생 맞춤형 내용 연계 교육 가능(Connected Learning): 교과서처럼 정해진 목차에 따라 순서대로 진행하지 않고, 학습자 개인의 학습 특성에 따라 맞춤형 학습 내용을 제시 ➡ 그 내용을 학습자가 이전에 배웠던 내용과 지속적으로 연결하고, 다른 연관 개념을 빅데이터를 통해 연결하며 연계성을 강조한 교육 실현 가능 (Instead of following a fixed textbook order, lessons can link to each student's style and past learning, making broader connections.)
  ㉢ 미래사회에 필요한 역량 교육의 도구로 최적(Building Future Skills): 각 교과에서 미래사회에 필요한 역량을 길러주는 수업 필요 ➡ 단순한 지식 전달보다는 6C(창의력, 비판적사고능력, 협동능력, 의사소통능력, 콘텐츠, 자신감)를 길러주는 교과 수업이 점점 더 필요 ➡ 디지털기기/인공지능은 단순 지식 암기보다는 이런 역량을 자기주도적으로 기를 수 있게 돕는데 최적화된 도구('정보 습득'보다는 '정보 활용' 교육 실현)
  More than memorizing facts, students need the 6Cs—creativity, critical thinking, collaboration,

communication, content, and confidence. Digital tools help them practice these. (Not just getting information, but using it

② 지역자원 활용 교육 증가(Using Local Resources)
지역 내 공동체에서 복잡하게 연결된 문제의 해결 능력을 키워주는 프로젝트 학습, 토론학습의 중요성 증가 (Project-based and discussion-based learning in the community is key to solving complex local problems.)

③ 진로교육 방향의 변화(New Direction of Career Education)
지금까지는 커서 무엇이 되고 싶다 결정하고, 그에 맞게 해야 할 공부와 준비가 정해졌다면 지금은 미래사회의 직업 예측이 어려워 무엇을 준비해야 할지 모름 ➡ 미래에 어떤 능력을 가질 수 있는지 그림을 넓혀주고 식견을 넓혀주는 것이 중요, 스스로 자신의 내면에 집중하여 좋아하는 것, 이루고 싶은 것 등을 찾아나갈 수 있는 학습 경험을 제공하는 것이 중요. (In the past, students decided on a job and studied for it. Now the future is uncertain. What matters is helping them see many possibilities, broaden their vision, and discover what they truly like and want to achieve.)

> **+ PLUS | 맞춤형 교육의 필요성**
>
> (1) 미래사회를 위한 맞춤형 교육의 중요성 (Importance of Personalized Education for the Future)
> ① 급격한 기술 발전으로 미래사회에 대한 불확실성이 확대되었고, 기존 지식을 잘 아는 것보다는 새로운 환경에 유연하게 대응하고 주도적으로 문제를 해결할 수 있는 능력이 중요해짐. (With rapid tech change, the future is uncertain. What matters is not just about knowing facts but being able to adapt and solve problems proactively.)
> ② 학생의 능력, 성향, 흥미에 맞춘 맞춤형교육을 실현한다면 학생들은 교사가 정해놓은 지식, 학습 속도를 따라가기만 할 때보다 학습에 더욱 동기화될 수 있고, 자신의 속도/성향에 따라 학습을 진행할 수 있기에 주도적인 학습 능력이 길러질 수 있음. (Personalized education, based on each student's ability, interests, and pace, boosts motivation and promotes self-directed learning instead of just following the teacher.)
>
> (2) 맞춤형 교육 방안
> ① 개별화 수업이 학생의 학업성취를 극대화하고 성공적인 학습을 만들어낼 수 있지만 현실에선 교사 1인이 맡은 학생 수가 많아 한계가 있음. 그러므로 AI기반 에듀테크의 도움이 필요함. (Individualized teaching can boost achievement, but one teacher often has too many students. That's why AI-based Edutech is needed.)
> ② AI기반 에듀테크를 통해 학생 개개인의 학습 정도를 진단할 수 있고, 그에 맞는 학습 콘텐츠를 추천해줄 수 있으며, 평가와 피드백도 개별화하여 제공할 수 있어 교사가 많은 학생을 맡고 있더라도 개별 맞춤형 교육이 가능함. (AI can assess each student's level, suggest content, and provide personalized feedback—making personalized learning possible even in large classes.)
> ③ '콘텐츠 큐레이터' 역할이 필요: AI가 개별 학습자 진단 후 개별화 학습 콘텐츠를 추천해줄 수 있어 이를 활용할 수 있다. 단, 교사는 AI가 파악하기 어려운 학생의 심리/정서적인 면 등을 종합적으로 고려할 수 있기에 AI 추천 콘텐츠를 더욱 보완할 수 있고, 학생과 잘 맞지 않는 콘텐츠는 더 적합한

것으로 바꿔서 제시하는 '콘텐츠 큐레이터' 역할을 수행하면서 학생의 성장을 이끌 수 있다. (Teachers play the role of a "content curator." AI can suggest content based on student data, but teachers can adjust it by considering emotional and psychological factors that AI may miss. By refining and personalizing content, teachers can better support student)

(3) 미래사회와 교사의 역할(The Role of Teachers in the Future Society)

① 인공지능이 교사를 대체할 수 없다(AI cannot replace teachers)

㉠ 교사가 진정한 교육전문가 (Teachers are true experts): 교육문제를 개선하기 위해 과학, 기술의 발전에서 답을 찾는 움직임이 있지만 교육문제 해결은 본질적으로 기술이 아니라 인간에게 달려있다. 밝고, 헌신적이며, 애정 있고, 배려하는 교사들을 대체할 수 있는 것은 없다. 그런 교사들이 진정한 전문가다. (Technology can help solve educational problems, but teaching is ultimately about humans. Nothing can replace bright, caring, and dedicated teachers.)

㉡ AI는 공감을 할 수 없음 (AI can't empathize): 학생들의 마음을 움직이고 성장하게 하는 힘의 근원은 '공감' 그리고 '래포형성'이다. 인공지능이 아무리 진화하더라도 이 부분은 대체할 수 없고, 결국 학생들을 움직일 수 없다. (The real power to inspire and support students comes from empathy and building rapport—something AI can't do.)

㉢ 안정된 애착 관계는 교사만 가능(Stable attachments need teachers): 한 학생의 학습 능력은 교사들과 또래 학생들과의 애착 관계의 질에서 큰 영향을 받는다. 안정적인 애착은 학습 능력을 최대화해 주지만, 이는 인공지능이 만들어낼 수 없다.(A student's learning is greatly influenced by relationships with teachers and peers. AI cannot provide the stable, supportive bonds that boost learning.)

㉣ 미래에 필요한 역량 교육 (Skills for the future need): 미래교육은 지식 중심이 아닌 역량 중심이다. 지식은 AI가 대체할 수 있지만 그것을 활용하여 문제를 해결하는 역량, 그리고 서로 협력하는 공동체 역량은 교사가 세심하게 코칭해야 한다. 학교는 그런 역량을 길러주는 곳이다. (Future education focuses on skills, not just knowledge. AI can deliver knowledge, but teachers must coach students in problem-solving and collaboration.)

㉤ AI 번역기가 발달해도 영어교육엔 교사가 필요하다(Teachers are still needed for language learning): 번역기의 정확도가 높아져도 언어를 통한 의사소통은 상황, 맥락, 화자의 관계, 문화에 따라 다양하게 나타나기 때문에 완벽해질 수 없다. 상대방의 문화를 이해하고, 감정을 파악하고, 상대방을 배려하여 말하는 등 인성적인 측면도 중요하기에 이런 의사소통 역량을 길러줄 수 있는 학습 설계를 하는 것은 결국 교사가 해야 할 일이다. 또한 미래에도 학습에 대한 흥미나 의지가 없는 학생은 번역기를 사용할 시도도 하지 않을 것이므로 학생들이 번역기를 활용하여 영어를 적극 사용해 볼 수 있도록 동기유발을 하고, 번역기를 활용한 수업을 구상하는 것도 결국 영어교사가 해야 할 일이다. (Even with advanced translation tools, communication depends on context, culture, and relationships. Teachers help students understand these nuances, build communication skills, and stay motivated to use tools like translators effectively.)

② 미래사회의 교사의 역할 변화

　㉠ 가르치는 사람에서 학습 코치/멘토 역할로 변화(From teaching to coaching/mentoring): 교육은 지식을 가르치는 것이 아니라 사람을 키워내는 것 ➡ '지식전달자' 역할만 한다면 교사가 큰 위기 (인공지능은 교사보다 방대한 지식을 소유하여 지식전달 역할을 더 잘 수행할 수 있음) ➡ 모든 학생 상황을 전체적으로 관리해주고 성장을 지켜봐주는 역할(조력자, 멘토, 코치)로의 변화가 필요하다.(Education isn't just about knowledge—it's about developing people. Knowledge alone can be delivered by AI or the internet. Teachers need to manage learning, mentor students, and support their growth.)

현재 교사의 역할	미래사회의 교사 역할
가르치는교사, 티칭(Teaching)	코칭(Caoching), 학습매니져(LearningManager)
콘텐츠개발자(Content Developer)	콘텐츠큐레이터(Content Curator)
프로그램 관리자(Program Administrator)	상호작용 촉진자(Interaction Facilitator)
전문가(Expert)	연결자(Connector)

　㉡ 인공지능을 '활용'하는 역할(Using AI effectively): 인공지능은 빅데이터를 활용하여 상당한 양의 지식을 다양한 학생의 특성에 따라 맞춤형 과제를 제시할 수 있다. 교사는 이를 학생이 이런 인공지능의 기능을 어떻게 활용할 수 있고, 어떤 전략으로 학습해야 하는지 등 학습 전략을 더 세심하게 코칭하는 조력자/코치/안내자 역할을 수행할 수 있다. 또한 인공지능을 활용하여 미래 교육에 맞는 새로운 수업 활동을 진행할 수 있으며, (예 영어 표현을 배운 뒤 AI스피커를 활용하여 AI와 대화해보기) 과거에 교사가 직접 하던 학습 관리, 행정업무의 많은 부분을 인공지능이 대체하면서 교사는 줄어든 업무시간을 학생과 더 많은 시간을 보내며 개별 피드백, 학생과의 래포 형성, 학생 상담 등에 더 집중할 수 있게 된다. (AI can analyze data and suggest tailored tasks. Teachers guide students on how to use AI and which learning strategies to apply. They can also design new AI-based activities, e.g., practicing English by talking with AI speakers. AI can take over routine tasks, giving teachers more time for feedback, rapport-building, and counseling.)

　㉢ 성장의 밑거름을 만들어주기(Being the foundation for student growth): AI를 포함한 디지털 기술이 발달하고 있지만 교사가 따뜻한 관심을 통해 성장의 밑거름을 만들어주지 않는다면 그 어떤 기술 발달도 학생에게 영향을 끼칠 수 없다. 기술 발달로 인한 '수치화된 데이터'를 제대로 활용하기 전에 교사의 말 한마디, 따뜻한 시선이 있어야 학생이 학습할 수 있는 안정적인 토대를 만들어준다. 성장을 위한 진정한 교육의 힘은 교사에게 달려있다. (Even with advanced technology like AI, students can't truly grow without a teacher's warm support. A teacher's kind words and caring attitude create a safe space for learning. Real growth in education begins with the teacher.)

　㉣ 역할 변화를 받아들여야 한다. (Embrace the changing role): AI가 아닌 교사가 최고 교육 전문가

이다. 'AI와의 경쟁'을 신경쓰기보다는, 교사가 시대에 변화에 맞춰서 적응하고 역할을 변화해 나가는 것이 필요하다. 시대의 흐름대로 변화하지 않으면 위기가 올 수는 있으므로 과거의 역할에만 만족하지 않고 변하려는 마음가짐이 필요하다. (Teachers are the ultimate education experts. Rather than competing with AI, teachers should adapt to the changing times and take on new roles.)

> **＋ PLUS | 그린스마트스쿨**
>
> **(1) 정의, 목적**
> 미래교육, 미래학교를 준비하기 위한 교육부 핵심 사업 ➡ 안전·쾌적한 녹색환경과 온·오프 융합 학습 공간 구현을 위해 전국 초중고 에너지 절감 시설 설치 및 디지털 교육환경 조성 목적
>
> **(2) 스마트교실**
> ① 교실변화 : 미래형 교수학습이 가능한 첨단 디지털 기반 스마트교실 구성 ➡ 와이파이 조성, 태블릿 지원, 수업 형태에 따라 자유롭게 이동 가능한 디스플레이 등...
> ② 교육콘텐츠변화 : 온라인에서 다양한 교육콘텐츠 및 빅데이터를 활용하여 학습자 개별 맞춤형 콘텐츠를 제공하는 '온라인 교육 통합 플랫폼' 구축, 디지털 기반 교수학습 혁신 (블랜디드수업, 스마트기기활용수업 확대), AI/빅데이터/가상현실을 활용한 에듀테크 기반 학습 콘텐츠 구성
> ③ 행정변화 : 교육행정정보시스템(NEIS)과 연동하여 학사일정, 출결, 성적, 스마트 학생증 등을 어플리케이션에서 서비스하는 스마트 행정 관리, 교원 스마트기기 지원
> ④ 기대효과: 스마트교실 구축으로 급변하는 미래사회의 변화에 유연하게 대응할 수 있는 창의적, 자기주도적 역량을 기를 수 있는 개별 맞춤형 교육 가능
>
> **(3) 그린학교**
> ① 환경교육의 장이 되는 학교 : 학생 건강을 우선시하는 건축기법 활용, 학교 텃밭, 생태 정원, 숲속 교실 등 학교 자체가 환경생태교육의 장이 될 수 있게 함
> ② 그린학교 실천 프로그램 운영 : 폐폐, 친환경 인증 상품 구매 인증하기 등 학교에서 에너지 절약을 실천할 수 있는 학생 중심 프로그램 운영
> ③ 기대효과: 탄소중립을 실현한 친환경 학교 구성 및 생태환경 공간 활용 체험 활동이 가능하므로 학교에 다니는 것 자체로 생태환경 교육 가능
>
> **(4) 공간혁신**
> ① 학교 공간 변화 : 과거의 규격화된 학교 공간에서 벗어나기 ➡ 학습·쉼·놀이가 조화되는 유연하고 창의적인 공간 확보, 공간 설계 과정 및 운영에 학생 교원 등의 참여 강화(예 남는 교실을 동아리 연습실 또는 학생 소통/휴식 카페로 만들기, 복도의 남는 공간을 소통/협동학습/독서가 가능한 광장형 공간 구성, 교실 벽면을 학습자료 또는 스마트기기 활용 공간으로 리모델링)
> ② 교육과정과 연계한 공간 조성
>   - 자유학기제 수업을 위한 토론/협동학습 하기 좋은 개방형/광장형 교실 구성, 진로 정보를 쉽게 얻을 수 있는 도서/ 멀티미디어 자료 등을 주요 활동공간에 배치
>   - 고등학교: 고교학점제로 과목, 인원, 활동이 달라지므로 다양한 크기/동선/기능을 갖춘 공간 조성, 교실에 온라인 연계 수업이 가능한 네트워크와 스마트기기 지원이 가능한 교실 구축, 고교학점제 과목 선택/학업 계획 지원을 위한 상담 공간 마련 등...
> ③ 공간혁신 고려사항: 학생에 대한 공감을 통해 무슨 문제가 있고 무엇을 필요로 하는지를 생각, 경쟁이 아닌 협력을 강조하는 공간으로 조성하기, 서로의 아이디어를 쉽게 표현할 수 있고 다양한 융합교육이 가능한 공간으로 구성, 교실에 당연하게 있던 공간을 비우면 새로운 가능성이 생기므로 교실을 새로운 관점으로 바라보기

> ④ **지역사회를 연결하며 학교시설복합화**: 학교가 지역의 중심이 되며, 학생과 마을 주민을 포함한 다양한 세대가 교류하는 공간이 됨. ➡ 도서관, 체육시설 등 주민과 함께 이용할 수 있는 시설을 지역에 개방, 지역사회 연계 교육 강화(지역 주민의 교육기부, 공동교육과정 운영, 지역사회와 함께하는 행사 진행…)
> ⑤ **기대효과**: 유연하고 창의적인 학교 공간 구성을 통하여 기존의 규격화된 학교 공간에 할 수 없었던 미래형 창의 융합형 수업 가능, 교육과정 재구성에 따라 유연하게 활용될 수 있는 공간 구성

02 에듀테크, 인공지능 활용 수업(Edutech/AI-integrated Teaching)

Point

코로나19로 인해 교육 현장에 갑작스러운 온라인 수업이 진행되었는데, 대면 등교로 바뀐 지금도 온라인 수업의 분위기를 이어서 인공지능/스마트기기 활용 수업이 강조되고 있다. 이에 더불어 기술발전으로 교육의 문제점을 해결하는 움직임인 '에듀테크' 라는 용어도 널리 쓰이기 시작했다. 기술발전과 교육의 결합은 2022 개정교육과정에서도 강조가 되는 부분이고 모든 지역 교육청에서 강조하는 사항이므로 철저한 대비가 필요하다. 에듀테크는 최근 기출에서 가장 많은 지역에서 출제된 토픽이고 그 중요성은 계속될 것이니 철저한 대비가 필요하다. 특히 AI를 활용한 부적절한 합성물 (딥페이크)이 사회적으로 큰 문제가 되고 있으므로 에듀테크 활용 수업 전에 이를 교육할 수 있는 방안 (AI 윤리)도 꼭 대비해놓자.

대표기출

*에듀테크 활용한 개별맞춤형 수업 및 학습격차 /기초학력 해결방안 (2024 경기)
*에듀테크/인공지능 활용 수업 시 유의사항 (2024 평가원, 2023 평가원, 2023 서울, 2024 서울)

기출 답변 핵심 Point

- AI기반 코스웨어를 활용하여 개별 학생의 학습 수준을 파악하고 그에 맞는 학습 내용을 자기주도적으로 학습하는 개별 맞춤형 수업 실시 (Conduct personalized lessons by using AI-based courseware to assess each student's learning level and facilitate self-directed learning tailored to their needs.)
- 에듀테크 도구를 활용한 다양한 수업/평가 방식 예시 만들어놓기: 구글 슬라이드, 패들렛을 활용한 학생 중심 협동 학습, 생성형AI를 활용한 자료조사를 통한 학생중심 프로젝트 수업, 카훗, 멘티미터를 활용한 실시간 형성평가 등…(Using Edutech tools in class: student-centered collaborative learning with Google Slides and Padlet, student-centered project-based lessons with generative AI programs, and real-time formative assessments with Kahoot and Mentimeter.)
- 에듀테크 수업 전 참여 방법에 대해 충분히 연습하기, 학생 스마트 도우미를 활용하여 돕게 하기

> (Teach students how to participate in Edutech-based lessons and assign student helpers to assist each other.)
> - 에듀테크 사용을 먼저 생각하는 것이 아닌, 학습목표를 먼저 생각한 뒤 학생의 배움을 위한 에듀테크 도구를 생각하기(Focus on learning objectives first and then consider Edutech tools that support those goals, rather than starting with the technology itself.)
> - 학생들이 AI를 수업 중 무분별하게 사용하지 않도록 교사가 잘 관찰하고 윤리교육을 실시하기 (Monitor students closely to prevent inappropriate use of AI during lessons and provide ethics education.)

(1) 에듀테크, 인공지능 활용 교육의 필요성(Edutech/AI Utilization in Education)

① 에듀테크의 의미
  ㉠ 기술 발전을 활용하여 교육의 문제점을 해결하고 교육을 더욱 발전시키기 위한 움직임
  ㉡ 인공지능, 빅데이터, 가상현실, 사물인터넷, 영상기술, 소셜플랫폼 등 다양한 기술을 교육에 접목

② 장점, 필요성(Advantages and Necessity of Edutech)
  ㉠ 맞춤형 교육(Personalized Learning): 한 교실 속 많은 학생들의 학습 수준은 모두 다르기에 개별 학생의 수준에 맞는 수업을 제공하는 것은 매우 어려운 일 → 에듀테크를 활용하면 개별 학생에 필요한 학습 내용을 자동으로 추천해주는 '맞춤형 수업'이 가능하고, 학교 밖에서도 프로그램을 통해 학습 습관을 잡아줄 수 있는 '맞춤형 관리'가 가능해지는 등 '완전한 맞춤형 학습'이 가능해짐. (Every student in a class has a different level. Edutech can automatically recommend lessons for each student and even help manage learning habits outside school, making truly personalized learning possible)
  ㉡ 교육 효과 극대화(Maximizing Educational Impact): 기술의 도움이 없다면 교사는 1시간 내내 준비한 학습내용 및 지식을 일방적으로 전달하기 바쁘고, 학생중심 수업을 계획하고 학생들을 개별적으로 돕는다고 해도 도울 수 있는 학생의 수에 한계가 있음. 그러나 에듀테크를 활용하면 미래교육에서 교사에게 필요한 '학습 설계, 관리, 코칭' 역할을 진정으로 수행할 수 있음. (Without technology, teachers spend most of class delivering content and have limited time to support individual students. With Edutech, teachers can focus on designing, managing, and coaching learning—the key roles for future education.)
  ㉢ 창의적 자기주도적 학습 극대화(Creative, Self-Directed Learning): 정해진 지식으로만 문제해결을 하는 것이 아니라 빅데이터, 세계적인 네트워크 등을 통해 넓은 관점으로 과제에 접근하는 것을 돕기 때문에 호기심을 기반으로 한 창의적인 자기주도적 학습이 가능하며 자신만의 지식을 생성할 수 있음. (Students don't just solve problems with fixed knowledge—they can use big data and global networks to approach tasks creatively, satisfy their curiosity, and generate their own knowledge.)

㉣ 진정한 복습 가능(Effective Review): 전통적 교실 수업은 다시 듣기가 어렵고 복습을 해도 많은 내용이 잊혀지지만, 에듀테크를 활용하면 학습 내용이 저장되고, 방과후에도 무제한으로 복습할 수 있으며, 학습자가 부족한 내용을 선별하여 복습시켜주기까지 하기 때문에 진정한 복습이 가능함. (Edutech stores learning content, allows unlimited after-class review, and can guide students to focus on areas they need most.)

㉤ 학습격차줄이기(Reducing the Learning Gap): 빠른 학습자는 AI기반 맞춤 추천을 통해 추가 문제나 심화 학습을 자기주도적으로 진행할 수 있다. 그때 교사는 느린 학습자에 더 많은 신경을 쓸 수 있다. 실시간 모니터링 기능으로 지켜보다가 어려움을 겪는 것을 발견하면 사고 과정을 점검해주거나, 기본 개념을 보충해주거나, 오답 분석을 해주는 등 더 구체적인 피드백과 지원이 가능하다 (With AI-based personalized support, fast learners can explore extra or advanced content on their own. This allows teachers to give more time and attention to students who need help. Real-time tools help teachers quickly notice struggles and offer focused support—like reviewing key ideas or guiding them through mistakes.)

㉥ 학생에 대한 빠른 파악(Quick Understanding of Students): 교사는 매년 새로운 학생을 만나지만 기존의 수업 방식에서는 학생을 파악하는 것이 매우 오래 걸려서 맞춤형 수업이 어려웠다. 에듀테크 기반으로 학습을 진행하면 학생의 학습 반응, 성취, 스타일, 장/단점 등 다양한 데이터가 기록되고 분석 자료까지 제공된다. 이런 데이터를 미리 공유받는다면 학기초부터 빠르게 학생을 파악한 후 맞춤형 수업이 가능하다. (In the past, it took a long time to understand each student. But with Edutech, we can see data on how they learn, what they're good at, and where they struggle. This helps teachers understand students faster and plan lessons that fit their needs from the beginning.)

㉦ 학습과정 공유 가능(Sharing Learning Processes): 에듀테크를 통해 실시간으로 자신의 수학 풀이 과정을 보여주며 설명해줄 수도 있고, 작품도 모두에게 자세히 보여주며 발표할 수 있는 등 서로의 학습과정을 공유하고 피드백도 주고받으며 함께 성장할 수 있음. (Students can show their problem-solving steps in real time, present projects, and give and receive feedback, growing together as a learning community)

㉧ 방대한 양의 최신 데이터 보유(Access to Up-to-Date Information): 교과서 속 지식과는 달리 에듀테크 활용 수업은 가장 최근의 정보를 방대하게 활용할 수 있어 급변하고 있는 세상을 따라가고 반영할 수 있는 학습 가능 (Unlike textbooks, Edutech provides access to the latest information, helping students keep up with a rapidly changing world.)

㉨ 소셜미디어 활용 지식 공유(Knowledge Sharing via Social Media): 미래형 학습은 한 사람의 강의로 일방적으로 전달하는 형태보다는 소셜미디어를 활용하여 누구나 지식 콘텐츠를 생성하고 집단으로 협업하여 지식을 만들어내는 경향이 더 강해질 것이고, 에듀테크는 이런 미래형 학습을 지원해줌. (Future learning isn't just one-way lectures. Students can create content, collaborate online, and build knowledge together. Edutech supports this collaborative, networked learning.)

(2) 에듀테크, 인공지능 활용 수업 도구(Edutech, AI-based Teaching Tools)

① 수업 플랫폼
  ㉠ 구글클래스룸: 학생들이 온라인 공간에서 공지 확인, 학습지 받기, 과제 제출 및 피드백 받기, 퀴즈 풀이 및 자동 채점, 설문조사 제출, 구글 슬라이드를 활용한 협업 PPT 제작 등의 다양한 수업 참여 가능. 수업자료가 구글 드라이브에 보관되어 언제든 접근 가능
  ㉡ 니어팟: 협업 보드, VR, 퀴즈게임, 형성평가, 설문조사, 열린 질문, 그리기 기능 등을 사용하여 실시간 수업이 가능하며 활동 결과물 기록/통계 제공
  ㉢ 하이러닝(경기도): 출결 관리부터 과제 제공, 문제풀이, 설문조사, 실시간 Q&A, 모둠활동 기능 등으로 온라인 기반 수업 가능. 교과서, 문제집, 영상콘텐츠를 첨부하여 수업자료로 바로 활용 가능, 학생의 과제 수행 화면 실시간 관찰 가능, AI기반으로 학생의 학습 진단 및 그에 맞는 학습콘텐츠 추천기능

② 실시간 설문/의견발표/퀴즈
  ㉠ 멘티미터, 슬라이도: 프리젠테이션을 하면서 학생의 의견/답변/응답을 실시간으로 받을 수 있음. 설문, 워드클라우드(많이 입력된 키워드는 큰 글씨로 표현), 객관식, 퀴즈, 우선순위 등 다양한 형태 가능
  ㉡ 패들렛(Padlet): 학생들의 의견, 사진, 자료를 마치 포스트잇을 붙이듯 온라인 게시판에 간단하게 업로드 할 수 있음. 담벼락, 그리드, 지도, 타임라인 형식으로 게시판을 형성할 수 있으며 설문조사, 투표, AI그리기, AI 역사적 사건 지도 만들기
  ㉢ 플리커스: 학생들이 QR코드 인쇄물을 정답지로 들면 OX퀴즈, 객관식 등의 문항을 풀고 결과 및 통계가 자동으로 기록됨. 교사만 스마트기기만 있으면 활용 가능한 장점.
  ㉣ 카훗(Kahoot), 퀴즈앤, 띵커벨: 실시간으로 퀴즈를 맞히고 포인트를 받을 수 있음. 객관식, 주관식, 순서맞추기 등 다양한 문제 형태 제작 가능. 학생별 성적 통계 자료 제공

③ 학생주도 과제/작품 만들기
  ㉠ 구글프리젠테이션: 학생들이 조별로 하나의 프리젠테이션에서 공동 작업 가능
  ㉡ 캔바(Canva): 개인/모둠별로 포스터, 영상, 그래프, 차트, 이미지 편집 등 다양한 미디어 콘텐츠를 제작할 수 있음, AI그림 기능(명령어를 통한 그림/영상 생성)
  ㉢ 미리캔버스: 포스터, 명함, 로고, PPT, 썸네일 등 다양한 디자인을 쉽게 제작 가능
  ㉣ 깃마인드(Gitmind): 마인드맵, 브레인스토밍 전용 프로그램. 그룹 협업 가능. 이미지, 링크 넣기 기능+키워드추천, 콘텐츠 요약, 음성인식 등 AI의 기능도 있음
  ㉤ 패들렛 샌드박스: 조별로 하나의 보드를 협업하여 자유로운 아이디어 스케치, 텍스트 입력, 스토리북 제작, 발표자료 제작, 음성 녹음, 영상 업로드, AI 이미지 생성 가능
  ㉥ 북크리에이터: 텍스트, 이미지, 비디오, 오디오를 사용한 디지털 책 제작 가능
  ㉦ 오토드로우: 사용자가 그린 스케치를 AI가 인식하여 빅데이터 중 가장 비슷한 이미지를 보여주는 프로그램.

- ⊚ 스마트메이커: 코딩 없이 쉽게 애플리케이션, 인터넷 웹사이트, 디지털북을 만들 수 있는 프로그램
- ⊗ Napkin.ai: 지문 내용을 다양한 형태로 visualize가능, Graphic Organizer 활동
- ⊗ diffit.me: 주제와 학생 level을 입력하면 관련 글, 글 summary, key vocabulary, 이해점검 문제까지도 한번에 만들어주는 프로그램
- ㉠ 수노(Suno): 간단한 프롬프트를 입력하면 AI가 그에 맞는 음악을 만들어 주는 프로그램. 가사를 직접 설정할 수 있으며 다양한 장르 가능
- ㉡ 감마(Gamma): 내용과 프롬프트를 입력하면 이를 AI가 자동으로 PPT 자료로 바꿔줌
- ㉢ lilys.ai: 영상, 웹사이트, 음성파일 등을 첨부하면 핵심을 요약해주는 사이트

④ 생성형 AI
- ㉠ Chat GPT, 뤼튼(Wrtn), Microsoft Copilot, Askup, Google Bard: 대화형 인공지능 프로그램으로 질문을 통해 원하는 정보를 얻을 수 있음. 원하는 이미지를 설명하면 이미지로 만들어주기도 함.

⑤ 메타버스/VR/AR 기반
- ㉠ 제페토 : 온라인 공간에 나만의 개성있는 아바타로 참여하여 다양한 활동과 소통할 수 있는 플랫폼. 영상 촬영도 가능하며, 나만의 창의적인 아이템을 디자인하여 판매해 볼 수도 있고, 다양한 공간을 직접 제작 가능
- ㉡ 이프랜드/모질라허브 : 다양한 공간을 고를 수 있고, 아바타들이 참여한 회의실에서 자료/영상을 보여주며 강의를 진행하거나 토론을 진행할 수 있음. 행사, 발표회 진행도 가능.
- ㉢ 구글어스: 세계 지역의 위성 이미지, 지도, 지형, 3D 건물정보, 스트릿뷰 등을 볼 수 있음. 특정 장소와 지역을 바로 프리젠테이션 가능
- ㉣ 구글익스페디션, 구글투어크리에이터, 구글 아트앤컬쳐 : VR/AR 활용 프로그램
- ㉤ 플립그리드 : 짧은 영상을 찍어 과제로 올리고, 교사 또는 학급동료가 피드백을 주고받을 수 있는 공간

⑥ 학습지제작/학습 관리
- ㉠ 티처메이드: 교사가 제작한 학습지를 학생이 풀고 제출하면 자동채점,
- ㉡ 라이브워크시트 : 학습지 제작 지원, 그룹 공동/실시간 작업 가능
- ㉢ EBS단추: AI기반으로 학습자의 학습 수준을 진단한 후 수준에 맞는 문제와 강좌를 추천해줌
- ㉣ Grammarly / Brisk Teaching: AI 기반으로 학생 글의 문법, 철자, 표현 등의 오류를 교정해주고 피드백을 제공하는 프로그램

⑦ 인공지능 기반 코스웨어
- ㉠ 플랭, 원아워 등…: 인공지능이 학습자의 학습 수준을 진단하고, 그 수준에 맞는 영어학습 콘텐츠를 추천하고, 학생 답변을 분석하여 구체적인 피드백 제공하는 등 개별화 수업 가능. 학생별 학습 진도와 강점/약점 등을 분석하여 교사에게 통계로 제공해주기 때문에 개별 학습 관리 가능

(3) 에듀테크, 인공지능 활용 교육 예시(Examples of Edutech/AI-integrated Education)

① 수업 예시

- ㉠ **영어프롬프트 만들기**: 주어진 주제에 대하여 생성형 AI에서 프롬프트를 한글로 정보를 요청했을 때와 영어로 적을 때의 결과를 비교하여 어느 것이 더 구체적인지를 비교해보기. 이후 관계대명사에 대해 학습한 후 더 구체적인 결과물을 받기 위한 영어 프롬프트를 관계대명사를 사용하여 만들어보기. 활동 후 구체적인 결과를 받았던 명령어를 정리해서 "AI 영어 프롬프트 매뉴얼"을 직접 만들어보기. (Making English Prompts: Students ask the same question to AI in Korean and English, then compare which answer is more detailed. After learning relative clauses, they write better English prompts such as "Design a room which has large windows that let in natural light." Finally, they make an "AI English Prompt Manual.")

- ㉡ **구글어스 활용**: 영어를 사용하는 국가를 조사한 후, 구글 어스를 통해 조별로 한 도시를 골라 살펴보며 대표 맛집을 찾아본다. Slidesgo 프로그램을 활용하여 맛집의 위치, 메뉴, 가격, 후기, 주문할 때 사용할 영어 문장 등을 사진과 함께 자료를 만들어서 발표한 뒤, 조별 부스를 만들어 자신의 음식점 메뉴판, 주문 시 사용할 수 있는 영어문장을 태블릿 PC로 띄워놓는다. 이후 학생들이 자유롭게 돌아다니며 다른 조의 식당을 방문하고, 메뉴판을 보고 그 조에서 제안하는 영어 문장을 활용하여 음식을 주문해보는 스피킹 활동을 진행한다. (Groups choose an English-speaking city on Google Earth, find a famous restaurant, and make a short presentation about it using Slidesgo. They include photos, menus, prices, and useful English sentences for ordering. Then, students visit each group's booth and order food in English.)

- ㉢ **AI생성이미지 활용** : 교과서 본문을 읽은 후, 그 주제에 대한 미래 모습을 상상해보고, 글로 적어본다. (예 교통수단에 대한 글을 읽은 뒤 Space Elevator와 같은 미래의 교통수단을 생각해보고 소개하는 글쓰기) 이를 AI기반 Grammarly 프로그램으로 교정받은 뒤, 자신의 글 내용을 '캔바'의 AI이미지 생성 기능을 활용하여 이미지로 표현해본다. 이후 캔바에서 이 이미지를 활용한 프리젠테이션 자료를 만들어서 소개하는 발표를 진행한다. (After reading a textbook passage (e.g., about transportation), students imagine the future and write their own short essays. They check grammar with Grammarly, create an AI image in Canva that matches their idea, and present it to the class.)

- ㉣ **진로연계 활동** : 직업과 관련 단원 및 영어 의문문 만드는 방법을 배우고, 생성형AI 프로그램에서 자신의 관심 직업에 관한 질문을 5가지 영어 의문문으로 물어본 이후, 답으로 받은 정보를 바탕으로 직업을 소개하는 에세이 쓰기. 완성한 글을 다시 생성형AI에 입력하여 문법이 틀린 부분을 물어본 후, 받은 피드백을 바탕으로 글 고쳐쓰기 (Students write five English questions about a job they are interested in and ask them to an AI program. They use the answers to write a short essay and revise it after checking grammar feedback from AI.)

- ㉤ **AI와 대결하기**: 교과서의 긴 본문을 배운 뒤 영어 작문에 자신있는 학생은 '인간팀'으로 들어가서 정해진 조건(문장 수, 필수 표현 등..)을 지키며 요약하고, 나머지 학생은 'AI팀'으로 들어가 생성형AI 프로그램에 적절한 명령어를 넣어 본문을 요약한다. 이후 두 요약문을 비교해

서 두 요약문의 공통점과 차이점이 무엇인지, 어떤 요약문이 더 명료하게 내용을 전달했는지를 함께 살펴보고, 요약문에서 중요한 것이 무엇인지를 함께 논의해본다. (Some students write a short summary of the passage by themselves, and others use AI to summarize it. Then, they compare both summaries and discuss which one explains the main ideas more clearly.)

ⓗ 패들렛 샌드박스와 플립그리드 활용한 Role Play : '패들렛 샌드박스' 프로그램으로 조별로 온라인에서 하나의 큰 보드를 공유하고 온라인 이미지 등을 끌어오며 자유롭게 브레인스토밍하면서 역할극을 진행할 주제 선정 후 대본 작성 ➡ '플립그리드'를 활용하여 조별 역할극 작품을 영상으로 찍어 업로드하고, 서로 다른 조의 영상을 보며 자유롭게 피드백을 공유하기.(Groups brainstorm ideas together on Padlet Sandbox, write a short script, and record their role play on Flip. After uploading, they watch other groups' videos and give friendly feedback.)

ⓢ 나의 루틴 변화시키기 : 건강 관련 단원에서 Daily Routine 표현과 현재시제 표현을 배운 이후 나의 현재 하루 루틴을 영어 글로 적어보기 ➡ 이 내용을 패들렛에 올린 후 조별로 친구의 글에 '건강 관련' 코멘트를 남기고, 친구들의 코멘트를 바탕으로 '더 건강한 생활 루틴'으로 글을 수정해서 작성하기 ➡ 수정된 글을 'Grammarly' 프로그램으로 교정받아 재수정하고, 완성된 글을 활용하여 건강해진 생활패턴을 소개하는 영어 브이로그 영상을 만든 후 이를 '플립그리드'에 올려서 서로 공유하고 피드백 주고받기. (Students write about their daily routine in English and post it on Padlet. They leave health comments for friends, revise their writing using Grammarly, and create a short vlog showing their new, healthier lifestyle.)

ⓞ 수노(Suno) 활용: 핵심문법을 배운 뒤 그 문법을 포함하여 특정 주제로 (예 나의 일상) 노래 가사를 만들어보기. 이후 그 가사를 Suno프로그램 (가사를 입력하면 AI가 노래로 바꿔주는 프로그램)에 입력하여 나만의 노래를 만들고, 각자 만든 노래를 업로드하여 서로 바꿔서 들어보고 따라 불러보면서 핵심 문법을 자연스럽게 내재화시키도록 함. (Students write song lyrics including grammar points they learned, then use Suno to turn them into real songs. They share and sing each other's songs to remember grammar naturally.)

ⓩ 패들릿 AI기능 활용: '지도' 게시판 생성 후 AI기반 '역사적 사건 지도' 기능을 통해 AI가 다양한 역사적 사건을 지도를 통해 나타내고, 사건에 대한 정보를 요약해주는 기능 활용. 처음엔 교사가 제시해주고 이후 학생들이 조별로 직접 AI 패들릿을 활용하여 자료 제작. 모두 제작 후 '타임라인 게시판'을 활용하여 반 전체의 작품을 시간 순서대로 배열하여 하나의 큰 역사 콘텐츠 제작. (Students use Padlet's AI map to show historical events. Each group makes their own event board, then all boards are arranged into a big class "timeline map.")

ⓩ 구글투어크리에이터 활용 : 영어권 문화에 대한 수업 진행 후 구글투어크리에이터를 통해 영어권 유명 여행지를 몇 곳 선정하여 영어 설명을 넣어놓는다. ➡ 학생들이 접속하여 조별로 여행지의 영어 설명을 학습한 뒤 자신만의 여행 루트 및 세부 계획을 영어로 만들어본다. (Students choose famous English-speaking travel spots, add English explanations, and make a group travel plan in English.)

② 창체 운영 예시
- ㉠ 학급자치 : '멘티미터' 등 온라인 설문/투표 프로그램 활용한 학급 규칙 세우기, 오픈채팅방을 활용한 마니또 활동, '북크리에이터'를 활용한 학급 전자책 도서관 만들기 (Use online tools like Mentimeter for class rules voting, open chat for "secret friend" (Manitto) events, and Book Creator to build a class e-library.)
- ㉡ 진로 : 미래에 생길 직업을 상상해보고 이 직업이 하는 일을 '제페토' '게더타운'과 같은 가상 공간 프로그램에서 구현하기, AI기반 웹툰 만들기 프로그램 'Tooning'을 활용하여 미래 직업을 소개하는 웹툰 제작하기, AI이미지생성 (GPT, 뤼튼, 캔바…)을 활용하여 자신의 관심분야가 미래에 인공지능이랑 협업하는 모습의 이미지를 생성하고 어떻게 협업이 이루어지는지 발표하기, '구글트렌드'를 활용하여 현존 직업과 관련된 키워드가 시간/지역에 따라 얼마나 많이 검색되는지 분석해보고 어떤 직업이 미래에 유망할 것인지 조사해보고 발표하기, 온라인 기업 탐방을 통한 최근 취업 트렌드 조사하기 (Imagine future jobs and design them in Zepeto or Gather Town, make webtoons about future jobs with Tooning, or use AI tools (GPT, Canva) to create images of future humans and AI working together. With Google Trends, explore how job-related keywords change over time and discuss which jobs may be popular in the future.)
- ㉢ 봉사 : 온라인 선플 달기, 응원 댓글 달기 등 온라인 기반 봉사시간 인정 프로그램 참여 (Write positive comments and take part in online "Good Comment" campaigns.)
- ㉣ 동아리 : '이프랜드'를 활용한 메타버스 동아리 발표회를 개최하여 각 동아리 작품을 메타버스 공간에 부스처럼 전시하기, '패들렛'을 활용한 역사지도 만들기, '캔바'를 활용한 동아리 홍보자료 만들기, '알지오메스'를 활용한 수학동아리 활동 등…(Hold a club fair in Ifland metaverse, display club works in booths, make history maps in Padlet, posters in Canva, or explore math activities with Algeomes.)

(4) 에듀테크, 인공지능 활용 수업 유의사항(Important Considerations for Edutech/AI-based Teaching)

① 의존하지 않기(Don't Rely on Technology)
에듀테크라는 용어에서도 알 수 있듯이 '교육'이 우선이고 '테크'는 이를 돕기 위한 수단이다. 기술이 주목적이 되어 프로그램을 잘 사용하는 것에만 집중해서는 안 된다. 학습목표, 학생의 배움과 성장을 먼저 생각하고, 이 성장을 돕기 위해 필요한 기술을 적용해야 한다. (Education comes first, technology comes second. Don't focus only on using programs well—think about learning goals and student growth first, and use technology to support that.)

② 흥미만 생각하지 않기(Don't Focus Only on Fun)
학생의 흥미만 생각하여 게임형 프로그램만 사용하지 않게 조심하고, 학습 내용 전달과 배움의 질을 먼저 생각해야 한다. (Avoid using game-like programs just because they're fun. The quality of learning and content delivery should come first)

③ 상호작용 강조(Emphasize Interaction)
에듀테크 활용 수업 시 각자의 디지털 기기만 가지고 소통 없이 개별 학습에만 몰두하는 수업이 되어서는 안 된다. 에듀테크가 서로의 소통을 줄이는 것이 아닌 오히려 상호작용을 자극하는 데에 역할을 할 수 있게 수업 설계를 해야 한다. (Edutech should be used to promote interaction, not just to make students work quietly on their own.)

④ 정답 찾는 용도로 사용하지 않기(Don't Use Technology Just to Find Answers)
학생들이 과제 수행 시 정답을 빠르게 찾는 '편의만을 위해' 에듀테크를 활용하지 않고, 다양하고 고차원적인 사고를 자극할 수 있도록 수업 설계를 해야 한다. (Students shouldn't rely on Edutech to quickly find answers. Use it to stimulate deeper thinking and creative problem-solving.)

⑤ 사용법 안내 필요(Provide Guidance on How to Use It)
학생들이 에듀테크 관련 프로그램, 기기 사용 자체에 혼란을 겪을 수 있으니 본격적인 수업을 진행하기 전에 충분한 시간을 가지고 접속 및 조작 방법을 안내하거나, '기술 도우미' 학생을 선정하여 친구들을 돕는 역할을 맡기는 등의 방법으로 학생이 새로운 수업 환경에 적응할 수 있도록 도와야 한다. (Students may get confused with new programs or devices. Give clear instructions before class, or assign "tech helper" students to assist their peers so everyone can adapt smoothly.)

⑥ 학생의 특성 파악 먼저(Know Your Students First)
내가 새로 배웠거나 추천받은 에듀테크라도 학생 개인의 학습 능력, 스타일, 학급 분위기에 따라 잘 맞지 않을 수도 있다. 학생의 특성을 먼저 파악하고 그에 맞는 에듀테크 도구를 고르는 것이 중요하다. (Even if a tool is new or recommended, it may not fit every class. Understand your students' abilities, learning styles, and classroom atmosphere first, then choose the right Edutech tools.)

⑦ 미디어리터러시/디지털 리터러시 교육(Teach Media and Digital Literacy)
미디어 활용 수업 진행 시 디지털 정보에 어떻게 접근할지, 그 정보를 어떻게 비판적으로 이해할지 등을 교육하여 미디어 정보를 올바르게 활용하는 교육도 병행해야 함. (When using digital media, teach students how to access information and critically evaluate it, so they can use media responsibly and effectively.)

(5) 인공지능 활용 수업을 위한 윤리교육(Ethical Education for AI-based Teaching)

① 인공지능 윤리교육의 의미: 인간이 인공지능을 활용하면서 발생할 윤리적 이슈들에 대하여 올바른 윤리적 태도를 가지고 비판적이면서 도덕적인 판단 능력을 갖춰서 바람직한 방향으로 문제를 해결하는 책임 있는 시민으로 성장시키는 교육 (AI ethics education helps students become responsible citizens who can think critically, make moral decisions, and use AI in the right way.)

② 필요성
  ㉠ 윤리적 판단력 필요: 미래사회로 갈수록 인공지능이 사회에 더 많은 부분에 영향을 끼치게 되고, 새로운 방식의 윤리적 문제, 윤리적 딜레마가 계속 발생할 것인데, 이런 상황에서 올바른 결정을 내릴 수 있는 윤리적 판단력, 문제해결 능력을 길러줄 필요성 (Need for ethical

judgment: As AI influences more areas, new moral problems will appear. Students need the ability to think ethically and make the right decisions.)

ⓛ **책임감 있는 기술 사용 필요**: 인공지능의 빠른 발달로 학생 누구나 쉽게 접근 가능하고, 쉽게 결과물을 만들어 낼 수 있게 되었지만 그에 따른 윤리적인 교육이 없이 사용을 시작다보니 무심코 잘못된 방법으로 사용하게 될 수 있음. (Responsible use of technology: AI is easy to use, but without proper guidance, students may misuse it without realizing the harm.)

ⓒ **인공지능 부적절한 사용 사례 증가**: 딥페이크를 이용한 얼굴 무단 도용, 음성 변조를 이용한 보이스피싱, 인공지능이 만든 가짜 뉴스 등 인공지능을 이용한 많은 범죄가 일어나고 있어 이용자의 윤리교육 필요성 증가 (Misuse of AI increasing: Crimes like deepfakes, voice phishing, and AI-made fake news show the urgent need for ethical AI education.)

ⓔ **비판적 사고 필요**: 인공지능이 제시하는 결과에 의존하는 경향이 늘어남에 따라 무조건 수용하지 않고, 다방면으로 비판적으로 판단하여 사회에 긍정적인 방향으로 인공지능을 활용하는 능력을 길러줄 필요성 증가 (Critical thinking: Students should learn not to accept AI results blindly but to think critically and use AI for positive social impact.)

③ **인공지능 윤리교육 10대 원칙**

ⓐ **인권보장**: 인공지능이 인간의 기본권(인권, 존엄성)을 침해해서는 안 된다. (Human rights: AI must not harm human rights or dignity.)

ⓛ **프라이버시 보호**: 인공지능의 개발, 활용 과정에서 개인정보 침해, 유출 등이 발생하지 않아야 한다. (Privacy: AI should protect personal information and prevent data leaks.)

ⓒ **다양성 존중**: 인공지능은 연령, 성별, 인종 등의 다양성을 반영하고, 특정 구성원에게 편향과 차별을 두어서는 안 된다. (Diversity: AI must respect all people and avoid bias or discrimination.)

ⓔ **침해금지**: 인공지능을 인간에게 해를 입히는 목적으로 활용해서는 안 된다. (Non-harm: AI should never be used to harm humans.)

ⓜ **공공성**: 인공지능은 긍정적 사회변화를 이끄는 방향으로 활용되어야 한다. (Public good: AI should contribute to positive social change.)

ⓑ **연대성**: 인공지능은 다양한 집단 간의 관계 연대성을 유지하며 활용되어야 한다. (Solidarity: AI should promote cooperation among different groups.)

ⓢ **데이터관리**: 개인정보 등 각각의 데이터를 그 목적에 부합되도록 활용하고, 목적 외 용도로 활용하지 않아야 한다. (Data management: Data should be used only for its proper purpose and kept secure.)

ⓞ **책임성**: 인공지능 개발 및 활용 과정에서 개발자, 서비스 제공자, 사용자 간의 책임소재를 명확히 해야하며, 책임 주체를 설정함으로써 발생할 수 있는 피해를 최소화해야한다. (Accountability: Responsibilities must be clear to reduce harm in AI use or development.)

ⓩ **안전성**: 인공지능 개발 및 활용 전 과정에 걸쳐 잠재적 위험을 방지하고 안전을 보장해야 한다. (Safety: AI must ensure safety and prevent possible risks.)

ⓩ **투명성**: 인공지능 활용 내용, 활용 과정에서의 위험 등의 유의사항을 사전에 고지해야 한다.
(Transparency: AI processes and risks should be clearly shared in advance.)

④ 영어교과 연계 활동 예시

㉠ **AI 윤리 규범 키워드 활동**: 인권보장, 프라이버시 보호, 다양성 존중 등 인공지능 윤리 원칙 키워드 및 의미를 소개하고, 조별로 하나의 키워드를 맡아 맡은 키워드의 원칙을 잘 지켜서 긍정적 변화를 이뤄낸 사례와 지키지 않아 피해가 발생한 사례를 각각 찾아보고 발표하기. 이후 규칙과 관련된 영어 표현('Do not', 'You must not', 'Make sure to', 'It is required to'...)을 배운 후, 인공지능 활용 시 지켜야 할 대표적인 윤리 원칙을 영어 문장으로 만들어보고, 이를 캔바를 활용하여 웹포스터로 제작하여 게시하기. (AI ethics keyword project: Each group defines one principle, explains why it matters in daily life, and presents both a "kept" case and a "violated" case. Then they learn rule expressions like "Do not/You must not," write 2–3 clear model sentences for their rule, and design a Canva web poster to share.)

㉡ **AI편향성 파악하기**: 다양한 직업이나 인종 등 특정 대상에 대한 설명을 부탁하는 영어 문장을 만들어보고, 몇 가지 AI 이미지 산출 프로그램(Chat GPT, 뤼튼, 캔바 등..)을 통해 이미지로 산출하게 하게 하기. 이후 각 프로그램 결과물이 특정 인종, 성별, 국적 등에 대한 편향성을 보이는 것이 있는지를 조별로 비교 검토해보고, 편향을 없애기 위한 영어 프롬프트를 논의하여 입력해본 후 그 결과를 비교하기. 끝으로 그 조사 결과를 캔바 등 웹 디자인 프로그램을 활용하여 영어 카드뉴스로 제작하여 게시하기 (Finding AI bias: Students write prompts describing people, generate images with several AI tools, and compare outputs for patterns of bias. They revise prompts to reduce bias, compare before/after results, and publish an English card-news report with Canva.)

㉢ **자막 만들기**: 영어권 영화의 한 장면을 보며 대본 속 빈칸을 채우는 딕테이션 활동을 진행한 뒤, 이를 AI 기반 자막 제작 프로그램을 활용하여 한글 자막 만들기. 이후 AI가 번역한 내용이 정확한지를 점검해보고, 다양성 존중(성별, 인종, 연령, 종교 등...) 관점에서도 적절한지, 편향된 내용은 없는지를 토론해본 후 더 다양성을 존중하는 방식으로 수정한 자막 제작하기. (Creating subtitles: After a short dictation from a movie scene, students make Korean subtitles with an AI tool. They check meaning accuracy, discuss any bias, and rewrite lines to be inclusive before exporting the final version.)

㉣ **가짜뉴스 찾기**: 영어 기사의 형식, 요소 등을 학습한 뒤 같은 주제에 대하여 생성형 AI (CHAT GPT)가 쓴 가짜영어기사와 실제 사실을 바탕으로 인간이 쓴 영어기사를 해석해보기. 조별로 어떤 기사가 잘못된 기사인지 영어 기반 전문 자료를 검색해보며 그 근거를 찾아 정리하여 발표하기. 이후 '비판적인 읽기'를 위해 지켜야 할 것들을 영어 문장으로 정리하여 캔바를 활용하여 웹포스터로 제작하기. (Finding fake news: Students learn news structure, compare an AI-written article with a human-written one on the same topic, and gather evidence from reliable English sources. They present their reasoning and make a Canva poster listing rules for critical reading.)

⑤ 일반 교육 활동 예시
- ㉠ **책임성 토론**: 자율주행자동차가 사고를 일으킨 몇 가지 상황을 제시하고, 각 상황에서 개발자와 운전자 중 그 책임은 누가 져야 할지 토의해보기. 토의 후 인공지능의 사용자와 개발자 입장에서 각각 인공지능의 부적절한 사용을 예방할 수 있는 방안을 이야기해보기. (Responsibility debate: For several accident scenarios, students argue who is responsible—developer or driver—and then propose 1-2 practical prevention ideas from each side's viewpoint.)
- ㉡ **AI 오남용 예방 수칙 만들기**: 딥페이크, 해킹, 보이스피싱 등 인공지능을 활용한 기술이 부적절하게 사용되어 피해를 입은 사례를 찾아보고, 사례를 종합하여 '인공지능 오남용 예방 수칙'을 함께 만들어보기. (Making AI safety rules: Collect recent misuse cases from news, group them by type, and co-create a short classroom "AI misuse prevention guide" to display.)
- ㉢ **AI 개발자 되어보기**: 학교 친구들의 적응을 돕는 인공지능 기반 앱 (고민 상담, 친구 찾아주기, 이름 알려주기...)의 개발자가 되었다고 상상하고, 주요 기능, 개인정보를 어디까지 수집하고 어떻게 보호해야할지, 예상되는 문제점/유의점은 없을지 생각해보며 프라이버시 보호에 대해 깊이 생각해보기. (Becoming an AI developer: Design a simple school-life AI app, decide what data is collected or not, identify risks, and outline a privacy-by-design checklist before giving a short pitch.)
- ㉣ **투명성을 지킨 글쓰기**: 생성형AI 프로그램을 활용하여 특정 주제에 대해 조사한 뒤 이를 활용한 글쓰기를 진행하되, 정보를 전달하는 부분에서는 구체적인 근거 자료를 찾아 사실 여부를 확인하고, 그 근거를 주석으로 달아서 오개념이 없는 글쓰기 진행. (Transparent writing: Use AI to gather ideas, then verify facts with at least two trusted sources, add simple citations or notes, and reflect briefly on AI's limits.)
- ㉤ **연대성과 관련된 글쓰기** : 디지털 소외계층을 대상으로 인공지능 활용법을 설명하는 글쓰기 / 캔바의 사진, 통계 도표 등을 활용하여 카드뉴스 만들기 (Solidarity writing: Choose a target group, write a plain-language "how to use AI safely" guide, and create a card-news post with visuals and charts.)
- ㉥ **AI 인권선언문**: 세계인권선언문을 읽어본 뒤, 모둠별로 전체 조항 중 일부를 맡아 이를 AI 활용과 관련된 조항으로 바꿔보기. 이후 모든 조의 내용을 합쳐 'AI 인권 선언문'을 완성하기. (AI Human Rights Declaration: Each group adapts selected UN articles for AI use, the class merges them into one declaration, and students sign it as a class charter)

⑥ 생성형 AI 사용 연령 교육
- ㉠ 생성형 AI를 학생이 활용할 때는 반드시 교사의 지도하에 사용해야하며, 프로그램에 따른 사용 연령 제한을 잘 지켜야 함. (Students must use generative AI under teacher supervision and follow the age limits.)
- ㉡ Chat GPT: 만13세 미만 사용 제한/ 만13~18세 보호자 동의 필요, 뤼튼(Wrtn): 만14세 이상, Askup: 만14세이상 (ChatGPT: under 13 not allowed / 13-18 need parent consent; Wrtn and Askup: 14 and older only.)

ⓒ 보호자의 동의가 필요한 프로그램 사용 시 사전에 가정통신문으로 동의 받기 (Obtain parent consent through a school notice before using restricted AI programs.)

(6) AI 서술형/논술형 평가

① 도입 배경(Background)
  ㉠ 기존 평가의 한계: 객관식 중심 평가는 암기력과 단편적 지식 측정에 치중했으며 사고력·표현력·문제 해결력 등 고차원적 역량을 측정하기 어려웠음.(Limitations of traditional tests: Multiple-choice exams focused on memorization, not on thinking, expression, or problem-solving skills.)
  ㉡ 교사 채점 부담 및 일관성 문제: 서술형·논술형 문항 확대에 따라 교사 채점 부담이 크게 증가했고, 채점 기준의 일관성 확보가 어려워 평가의 신뢰성이 저하되는 문제가 있었음.(Teacher workload and consistency: More essay questions increased teachers' workload and made consistent scoring difficult, lowering reliability.)
  ㉢ 기술 발전 및 정책 추진: OCR(광학 문자 인식), NLP(자연어 처리) 등 AI 기술 발달로 손글씨 답안의 자동 인식·분석이 가능해졌으며 교육부와 시도교육청이 디지털 전환교육 및 과정 중심 평가 확대 정책과 연계하여 시범 도입함. (AI and policy support: With OCR(Optical Character Recognition) and NLP(Natural Language Processing), AI can read and analyze handwritten answers. The Ministry of Education began pilot programs linked to digital and process-based assessments.)

② 주요 특징(Main Features)
  ㉠ 디지털 기반 자동 채점 체계: 학생의 손글씨 답안을 스캔하여 OCR로 인식 후 텍스트화함. AI가 교사가 설정한 루브릭(평가 기준)에 따라 자동으로 채점함. (Digital-based automatic scoring system: Students' handwritten answers are scanned and converted into text through OCR. Then, AI automatically scores them based on the rubric (assessment criteria) set by the teacher.)
  ㉡ 루브릭 중심 채점 구조: 주요 키워드, 문장 구조, 논리 전개, 구체적 근거 제시 여부 등을 중심으로 채점함. 평가 기준이 명확할수록 채점 정확도와 신뢰도가 높아짐.(Rubric-based scoring: AI checks key words, logic, and supporting details. Clear rubrics lead to more accurate and fair results.)
  ㉢ 평가 기록의 누적 및 분석 기능: AI 시스템은 모든 평가 결과를 저장·분석하여 학생별 성취 변화 추이를 시각적으로 제시함. 이를 통해 점수 중심 평가에서 성장 중심 평가로 전환 가능함. (Data tracking and analysis: AI stores results and shows student progress, helping shift from score-based to growth-based assessment.)
  ㉣ 출제~피드백까지의 통합 운영: 출제, 응시, 채점, 피드백, 분석 전 과정이 하나의 플랫폼에서 관리됨. 교사는 채점자에서 학습 설계자 역할로 이동하게 됨. (All-in-one process: From test creation to feedback, everything is managed on one platform. Teachers become learning designers rather than graders.)

③ 주요 장점(Main Advantages)
  ㉠ 채점의 공정성과 일관성 확보: 동일 루브릭 적용으로 교사 간 채점 편차가 감소함. 평가 결과의 신뢰도와 객관성이 향상됨. (Fairness and consistency: Using the same rubric reduces grading differences and increases objectivity.)
  ㉡ 교사의 채점 부담 경감: AI가 대량의 답안을 자동 처리함으로써 업무 효율성이 크게 향상됨. 교사는 학생 분석 및 피드백에 더 많은 시간을 활용할 수 있게 됨. (Reduced workload: AI handles many answers quickly, giving teachers more time for analysis and feedback.)
  ㉢ 신속하고 개별화된 피드백 가능: AI가 즉각적인 피드백을 제공함으로써 학습자가 스스로 오류를 인식할 수 있게 됨. 교사는 AI 피드백에 정서적·학습적 요소를 추가하여 질적 피드백 제공 가능함. (Fast and personalized feedback: AI gives instant feedback, and teachers add emotional or learning support for deeper understanding.)
  ㉣ 학습 데이터 기반 성장 지원: 평가 기록이 축적되어 학생의 강점·약점 분석 및 맞춤형 학습 설계 가능함. 평가가 단순 성적 산출이 아닌 학습 개선 도구로 기능하게 됨. (Growth through learning data: Stored data helps identify strengths and weaknesses, turning evaluation into a tool for improvement.)

④ 교사의 역할 변화(Changing Roles of Teachers)
  ㉠ 평가 설계자로의 변화: AI의 정확도는 교사가 설정한 루브릭의 구체성과 명료성에 따라 달라짐. 추상적 표현 대신 구체적 근거와 조건을 포함한 평가 기준 설계 필요함. (Becoming assessment designers: AI accuracy depends on clear, detailed rubrics. Teachers must design specific and concrete criteria.)
  ㉡ 피드백 중심의 학습 지원자 역할: AI가 기본 채점을 담당하고, 교사는 학생의 정서·성향을 고려한 피드백 제공자 역할을 수행함. 채점 중심에서 성장 지원 중심으로 교사의 역할이 이동함. (Learning supporter: AI scores the basics, while teachers focus on emotional and growth-oriented feedback.)
  ㉢ 데이터 분석자 및 학습 설계자 역할: 누적된 평가 데이터를 분석하여 수업 설계에 반영함. 학생별 맞춤형 학습 지원이 가능해짐. (Data analyst and planner: Teachers analyze AI data to design lessons and support each student individually.)
  ㉣ 윤리적 판단자 역할: AI 채점의 오류나 편향을 점검하고 수정함. 평가 공정성과 신뢰성을 유지하기 위한 최종 검토자 역할을 수행함. (Ethical reviewer: Teachers check AI bias or errors and ensure fairness and reliability.)

⑤ 유의점 및 과제(Cautions and Challenges)
  ㉠ AI 한계 인식 필요: AI는 형식적 정확성에는 강하나, 창의성·맥락 이해·비판적 사고 등 정성적 판단에는 약함. 따라서 교사와 AI의 공동 채점 체계 운영이 필요함. (Know AI's limits: AI is good at form but weak in creativity or critical thinking, so joint scoring with teachers is needed.)

ⓒ **평가 신뢰성 확보 필요**: 평가 전 AI 채점 방식과 루브릭 구조를 명확히 안내해야 함. AI 채점 결과는 교사 검토 후 최종 확정되어야 함. 학생·학부모가 평가 과정을 이해할 수 있는 설명 절차 마련 필요함. (Ensure reliability: Explain AI scoring clearly, let teachers confirm results, and make the process transparent to students and parents.)

ⓒ **기술적·윤리적 보완 과제**: OCR 인식 오류, 네트워크 장애, 개인정보 보안 등 기술적 문제 발생 가능성이 있음. 알고리즘 편향으로 인한 공정성 문제에 대한 지속적 검증 필요함. (Tech and ethics issues: OCR errors or data security problems may occur; ongoing checks are needed for fairness and safety.)

ⓔ **교사 역량 강화 필요**: AI 서술형 평가 운영을 위한 디지털 리터러시 및 데이터 분석 역량 강화 필요함. 교사 연수 및 현장 지원 체계 구축이 요구됨. (Teacher capacity building: Teachers need better digital and data skills, supported by training and school-based programs.)

03 기초학력부족학생 지도(Students with Basic Academic Deficiencies)

Point

2022부터 코로나로 인한 교육결손을 회복하는 '교육 회복' 움직임이 활발했는데 기초학력부족학생 지도 대한 중요성은 지금까지도 이어지고 있다. 최근 많은 이슈가 되었던 고교학점제의 '최소성취수준보장지도'도 기초학력부족과 연관이 크기 때문에 연계되어 출제될 확률도 높다. 특히 '에듀테크'를 활용한 맞춤형 수업으로 기초학력부족학생을 지도하고 학습 격차를 줄일 수 있는 방안도 강조되고 있고, 최근 기출도 되었으니 꼭 답변을 연습해놓자.

대표기출

*AI, 지역사회 자원을 활용한 기초학력 부족학생 지도 방안 (2023 경기)
*기초학력 부족 학생을 도울 방법 학교 측면, 지역사회/가정 연계 측면으로 제시 (2016 대구)
*기초학력 부족 학생 지도를 위해 필요한 교사의 자질 및 자질을 위한 노력 방안 (2022 평가원)
*문해력 부족한 학생 지도 방안 (2025 경기)

기출 답변 핵심 Point

- **학생의 관점으로 바라보기**: 기초부족학생 관점에서 교사의 수업을 바라보며 학생이 어려움을 겪을 만한 곳을 찾고, 지원 방안을 모색하기 (View from the Student's Perspective: Observe the teacher's lessons from the viewpoint of students lacking basic academic skills, identify areas in class where they might struggle, and find support strategies.)
- **스마트기기/에듀테크를 활용하여 돕기**: AI이미지 생성 프로그램을 활용하여 학습 내용을 쉽게 재구조화, AI 기반 코스웨어를 활용하여 학생 수준에 맞는 기초 학습 내용 추천, VR기반 프로그램으로

실제 현장과 같은 체험형 수업을 통해 학습의 흥미 찾기, 디지털 책 만들기 프로그램을 활용한 문해력 강화/독서기반 수업 (Use of smart devices and Edutech: utilize AI image generation programs to simplify and restructure learning content, recommend basic learning materials suited to students' levels using AI-based courseware. engage students with VR-based programs to provide real-world experiences that enhance interest in learning, enhance students' literacy and conduct reading-based lessons through digital book creation programs.)
- 또래 교수 활용: 기초부족학생은 친구들의 설명에 더 동기화될 수 있으므로 멘토멘티 프로그램, 협동학습을 활용하여 또래학습이 가능하도록 지원 (Peer Teaching: Students with basic academic deficiencies tend to focus more on explanations from their peers, so engage them in mentoring programs and cooperative learning to facilitate peer-assisted learning)
- 지역사회 연계: 지역 청소년 지원센터와 연계한 학습 상담, 지역 도서관과 연계한 책 읽기 프로그램 참여, 지역 대학과 연계한 진로 프로그램 (Community Integration: Partner with local youth support centers for learning counseling, engage with local libraries for book-reading programs, collaborate with local universities for career development programs.)

(1) 기초학력부족학생의 특징 및 상담 방법(Characteristics of Students with Basic Academic Deficiencies and Counseling Methods)

① 기초학력부족학생 특징(Characteristics of Students with Low Basic Academic Skills)
  ㉠ 학습 장애가 아님(Not a learning disability): 학습부진은 학습 장애와 다르다. (학습장애 : 읽기, 쓰기, 산수에 장애 발견) 학습 능력이 부족하기보다는 과거 공부 상처 때문에 공부를 안 하게 된 경우가 많다. (Struggling students differ from those with learning disabilities (reading, writing, math). Often, they avoid studying due to past negative experiences, not lack of ability.
  ㉡ 복합적인 원인(Multiple causes): 학습부진은 장기적이고 복합적으로 학습결손이 누적되어서 나타난 것이다. ➡ 학습부진을 극복하기 위한 지원은 장기적으로 이루어져야 한다.
    (Learning struggles are long-term and cumulative. Support needs to be sustained over time.)
  ㉢ 다른 문제로 이어질 수 있음(Can lead to other issues): 공부 포기는 배움을 포기한 것이고, 결국 다른 모든 것을 포기할 수 있다. ➡ 학습부진 학생은 학습에서의 도움뿐만 아니라 심리, 정서적인 요소와 학교생활 전반에 대한 지원 필요 (Giving up on learning can affect other areas of life. These students need academic, emotional, and social support.)
  ㉣ 불안감이 많다(High anxiety): 공부가 싫어지기 시작했다면 그 마음속에는 이미 좌절감이 생겼을 수 있다. 자신이 실패하고 있다는 것에 대한 불안함이 아이를 힘들게 하고 있지만 표현을 하지 않을 뿐이므로 세심한 도움이 필요하다. (Disliking study often comes with frustration and anxiety. They may not show it, so careful support is needed.)

② 기초학력부족학생 상담 방법(Counseling Methods for Students with Low Basic Academic Skills)
- ㉠ 학생의 상황을 이해 / 공감하기(Understand and empathize): 학습에 어려움을 느낀 경험을 들어주며 함께 이해하기. 언제부터, 무엇 때문에, 누구와의 관계 때문에 학습에서 멀어졌는지 묻기 ➡ 단, 비난이 아닌 '충분히 그럴 수 있겠구나'라고 공감해주는 분위기가 되어야 함. 자신의 어려움을 누군가 수용해주는 것은 그 자체로도 치유가 될 수 있어 마음을 여는 계기가 됨 (Listen to struggles and understand together. Ask when and why they started avoiding learning. Keep a non-judgmental, empathetic tone like "I can see why that happened.")
- ㉡ 공부에 대한 관점 / 신념 파악하기(Explore their perspective on studying): 학생이 공부에 대해 스스로 어떻게 생각하는지 '공부관점'을 파악해야 한다. 무엇이 어려운지 구체적으로 묻고 생각해본다면 공부에 대한 미움을 감소시키는 효과가 있다. 이때 개방형 질문 (예 "공부가 싫니?"가 아닌 "어떤 점에서 흥미가 줄었는지 말해줄래?")을 하고 "잘할 수 있는 방법을 같이 찾아보자"와 같은 단계로 넘어가면 좋다. 이 과정에서 '난 못해' '난 공부랑 안 맞아'와 같은 자기 자신에 대한 부정적인 감정이 나올 때는 그렇지 않다고 축소시켜준다. (Find out how they see learning. Ask what is difficult. Use open-ended questions like, "What part of studying do you find less interesting?" Guide them toward solutions, e.g., "Let's find a way you can succeed." Correct negative self-talk like "I can't do it.")
- ㉢ 흥미/강점위주 상담(Focus on interests and strengths): 처음부터 성적, 공부 등 '문제'를 묻는 상담을 하면 학생은 상담을 통한 기대가 없어진다. 학생이 좋아하는 것, 흥미 등을 먼저 묻고 나서 학습 상담으로 이어나가는 것이 좋고, 학생의 강점, 무언가를 열심히 했던 (잘했던) 경험 등을 묻고 그것이 어떤 것이었고, 왜 열심히 했는지 등을 물어보며 그때의 느낌을 되살릴 수 있도록 돕는다. 이런 방식은 '선 래포' 형성이 되어서 조언의 힘이 더 커질 수 있다. (Don't start with grades or problems—it can reduce motivation. Begin by asking what they like. Ask about strengths and past successes, and help them recall how that felt. Building rapport first makes advice more effective.)

(2) 기초학력부족학생을 위한 학습 전략
(Learning Strategies for Students with Basic Academic Deficiencies)
① 학습과제제공(Assign Learning Tasks)
- ㉠ 실생활 기반 프로젝트 과제 제공(Real-life projects): 학생들이 실제 당면할 수 있는 과제를 그룹으로 협동하여 조사하고, 결과물을 발표하는 과제 제공 ➡ 실생활 관련 문제를 친구들과 함께 해결하기 때문에 흥미를 가지고 참여 가능 (Give students group projects based on real-life problems. They research, collaborate, and present results—makes learning relevant and engaging.)
- ㉡ 쉬운 과제부터 도전적 과제로 이어나가기(From easy to challenging tasks): 학생 수준에서 접근 가능한 쉬운 과제부터 제공하여 칭찬해주고, 점차 학생 수준보다 살짝 높지만 해볼 만한 도전적인 과제를 제공하며 유능감, 도전감을 향상시킨다. (Start with tasks students can handle, praise them, then gradually give slightly harder challenges to boost confidence and motivation.)

② 동료 도움/ 모델링 제공(Peer Support / Role Models)
  ㉠ 또래 멘토링 활용(Peer mentoring): 멘토멘티 제도의 취지를 설명하고 (멘티는 눈높이에서 잘 설명할 수 있는 친구의 설명을 들으면 더 잘 이해할 수 있음 + 멘토는 멘티에서 설명하면서 자신의 지식을 점검 및 정교화할 수 있음) 신청자를 받아 진행➡ 점심시간, 방과후 등 약속된 시간에 멘토링을 진행하며 멘토링 일지를 작성 ➡ 일지를 토대로 학기말 우수 그룹 수상 (Pair mentors and mentees. Mentees learn better from peers, and mentors refine their own knowledge. Conduct mentoring during lunch or after school.)
  ㉡ 근접 가능한 롤모델 제시(Accessible/ Near-peer role models): 학생과 비슷하거나 더 어려운 상황에서 조금씩 변화에 성공한 선배들, 학습부진을 성공적으로 극복한 사례를 구체적으로 들려주고 학생이 용기를 가질 수 있도록 한다. (Share stories of students or graduates who overcame challenges.)

③ 성찰/관점 바꾸기(Reflection / Changing Perspectives)
  ㉠ 공부에 대한 관점을 바꿔주기(Shift perspective on studying): 학교 교과서 암기만이 공부가 아니고, 학생이 평소에 좋아하는 분야에 대한 책을 읽는 것, 궁금한 것을 인터넷에서 찾아보는 것 모두 다 공부에 해당한다고 알려주며 '공부'라는 용어에 대한 거부감을 줄여준다. (Don't make students think that studying is just memorizing textbooks. Reading about what they like or looking things up online is also studying.)
  ㉡ 과정의 중요성 강조(Emphasize the process): 교사의 경험을 들어 '원하는 결과/성적을 얻는 것'을 목표로 하면 달성하지 못할 경우 좌절할 수 있지만, '최선을 다하는 것'을 목표로 삼으면 하루하루 내가 할 일에 집중할 수 있고, 그 과정에서 나도 모르게 성장해있고 결과는 언젠가 따라올 것이라고 알려준다. (If students focus only on getting the grades, they can get frustrated when they don't succeed. But if they aim to do their best, they can focus on what to do each day, grow without realizing it, and the results will come eventually.)
  ㉢ 달성 가능한 목표 설정(Set achievable goals): 공부할 의욕이 생긴 학생은 과도한 목표를 잡는 경우가 많은데 (예 시험 100점 맞기, 하루 10시간 공부하기) 곧 그 목표를 이루기 힘들다는 것을 깨닫고 좌절할 수 있으므로 목표를 달성 가능한 정도 (예 하루 1~2시간 공부시간 늘리기)로 수정해 주자. (Avoid overly ambitious goals (like 10 hours/day). Start with small, doable steps (e.g., 1-2 extra hours/day).)
  ㉣ 학습 성찰일지를 작성(Use learning reflection logs): 학습부진 학생은 학습 습관 자체가 없을 가능성이 높으므로, 스스로 공부 시간, 공부 내용, 아쉬웠던 점 등을 적게 하고, 교사가 주기적으로 검사 및 피드백을 제공하며 학생의 공부 습관 형성을 돕는다. (Have students record study time, content, and what they found difficult. Teachers provide feedback to help build consistent study habits.)

(3) 기초학력부족학생을 위한 수업, 학습 격차를 줄이는 수업
(Teaching Methods for Students with Basic Academic Deficiencies)

① 이야기하듯이 가르치기(Teach Like Telling a Story)

학습부진 학생들은 보통 일어난 일, 사건에 대한 기억 (삽화기억)은 잘 기억하는데 지식에 대한 기억 (정보기억)은 부족하다. ➡ 교사는 논리적/이론적 설명도 좋지만, 이런 설명이 어려운 학생들을 위해 예시, 상황 설명 등을 이야기하듯이 추가하면서 학습내용을 쉽게 부연 설명해주는 습관을 가지면 좋다. (Struggling students often remember stories and events better than facts. Use examples and real-life situations to explain concepts in a storytelling way.)

② 영상 활용하기 (Use Videos)

학습부진학생은 '읽기,쓰기'에 익숙하지 않아 힘들어하지만 영상 등을 '보는' 것엔 익숙해하므로, 수업 관련 영상을 통해 배경지식을 쌓아주고 집중력을 끌어온 후 수업 핵심 내용으로 이어서 진행한다. (Since struggling students may find reading/writing hard but are used to watching videos, start with relevant videos to build background knowledge and focus before moving to the main lesson.)

③ 참여시키고 질문하기(Engage and Ask Questions)

수업시간에 종종 참여시키고 질문을 한다. 혹시 틀린 답안을 하더라도 '틀렸다'라는 표현보다는 "창의적이고 색다른 접근이었다. 다만 이러한 점을 보완한 답안을 함께 찾아볼까?"와 같이 학생이 틀린 답에 좌절하지 않고 학습을 지속하도록 돕는다. (Ask students to participate and answer questions. If they get it wrong, say something like, "Interesting approach! Let's explore a better answer together," to keep them motivated.)

④ 기본 어휘를 가르치기(Teach Basic Vocabulary)

교과서 속 어휘의 뜻을 잘 알지 못해 수업을 따라가기 어려워하는 경우가 많으므로 학습지 제작 시 학생이 꼭 알아야 할 어휘를 따로 정리해서 제공한다. (Provide key vocabulary separately so students can follow the lesson)

⑤ 내용을 짧게 나누어 가르치기 (Break Content into Short Segments)

기초부족 학생은 교육 내용이 길어지면 집중력이 떨어지므로 하나의 수업에서 활동에 몇 번씩 변화를 주며 집중력을 잃지 않게 한다. 자리의 움직임이 적절히 있으면 더 좋다. 예를 들어 태블릿PC를 이용한 개별 자료조사 이후 직소 활동으로 자리를 이동하여 조별 협업 활동을 진행한 후 짝으로 앉아 동료 피드백 활동으로 이어지게 하는 것이다. (Keep lessons short and varied to maintain attention. Include movement, like switching from tablet research to group collaboration, then pair feedback activities.)

⑥ 학습격차를 고려한 포괄적 수업활동 디자인(Design Inclusive Activities)

수업은 보통 잘하는 학생들이 대답을 잘하는 등 반응이 있기 때문에 그 학생들의 이해도를 중심으로 수업 활동을 계획하는 실수를 범하기 쉽다. 수업 활동 디자인 단계에서 '이렇게 활동을 진행하면 학습이 어려운 학생들도 참여할 부분이 있을까?'라는 고민을 항상 하는 것이 좋고, 최대한 다양한 학생의 참여 공간을 만들어서 격차를 줄일 수 있는 포괄적인 수업을 고민해야 한다.

(Plan activities so students with lower skills can also participate. Ask, "Will struggling students have a chance to join?" and create spaces for everyone to engage.)

⑦ 조별미션과제(Group Mission Tasks)

4명이 조가 되었을 때 한 조에 난이도가 다른 4가지의 미션 과제를 준다. 각 조원이 1개씩만 맡아서 해결해야하니 모든 학생이 참여해야 한다. 단, 이 과제들 중 1가지는 쉬운 것 (예 교과서or 단어장을 참고하면 해결할 수 있는 과제, 자료 검색이 가능한 과제, 지문 내용을 그림으로 나타내는 과제 등...)으로 구성하여 학습부진 학생도 조별활동에서 참여할 공간을 만든다.('교과 내용'이 어려울 때는 '학습과제'를 재구성하면 더 쉽게 접근이 가능하다.) (Give 4 tasks of different difficulty to a 4-person group. Each student takes one. Include at least one easy task so all students, including struggling ones, can contribute.)

⑧ 학습지에서 '발판힌트' 제공(Provide "Hint Steps")

학생이 받는 학습과제, 학습지에 혼자 힘으로 하기 어려운 학생들을 위해 '힌트' 공간을 추가한다. 이 힌트는 과제를 해결하기 위해 교과서 어디를 참고하면 되는지, 전에 배운 어떤 개념과 연결되는지 등이 포함될 수 있고, 초성 힌트나 그림 힌트로 재밌게 제공할 수도 있다. (Add hint sections on worksheets showing where to find answers, connect to previous lessons, or include fun clues like initials or pictures.)

⑨ 협력활동 늘리기(Increase Collaborative Activities)

직소 활동을 계획하거나, 하브루타 수업을 통해 중간중간 조원끼리 설명하는 시간을 부여하여 서로 가르치고 배우는 기회를 가진다. (기초 부족 학생은 생각보다 친구들의 설명이면 더 잘 들으려는 경향이 있다.) 또는 조별 프로젝트 학습을 기획하고 조의 결과물을 만들기 위한 개별역할을 부여하고, 기초 부족학생도 맡을 수 있을 만한 어렵지 않은 역할도 포함하여 성취감을 얻을 기회를 준다. (Use jigsaw or discussion-based lessons where students explain to each other. Assign roles in group projects that all can handle, giving struggling students tasks they can succeed at.)

⑩ 독서 연계 수업 (Reading-Linked Lessons)

기초학력부족 학생은 기본적인 문해력이 떨어질 확률이 높아 책 읽기 활동이 매우 중요하다. 모두가 집중해서 독서하는 분위기를 만들고, 수업 내용과 관련된 책을 일정 부분이라도 발췌해서 읽으며, 책에서 나온 어휘의 의미에 관한 활동, 독서 내용과 관련된 이해점검 활동 등을 실시하여 문해력을 향상시키며 학습을 위한 기본 능력을 기른다. (Struggling students often have weaker basic literacy, so reading is very important. Create a focused reading time, use books related to the lesson, discuss new vocabulary, and check understanding to help improve literacy and build a foundation for learning.)

⑪ 방과후수업 진행(After-School Support)

수업시간 내에서 기초부족학생을 지도하는 것은 한계가 있기 때문에 결국 방과후에 시간을 따로 마련하여 이 학생들에게 맞는 맞춤형 수업을 제공하는 것이 좋다. 방과후수업 개설 시 실력이 좋은 학생들을 대상으로 한 수업보다는 수업을 따라가기 힘든 학생들을 대상으로 개설하고, 이 학생들에게 상담도 하면서 참여를 권유해볼 수 있다. 가능하다면 지금 학년의 내용과 관련 없는 더 낮은 학년의 내용을 가르치기보다는, 현재의 교과 내용을 이해하기 위해 먼저 필요한 부분을 최대한 쉽게 가르친다면 이 학생이 일과 중 교과 수업까지 자신있게 참여할 수 있도록 도울 수 있다. (Offer personalized lessons after school for students who struggle during class. Focus on current content at an easier level to build confidence for regular lessons.)

⑫ 지역사회 자원 활용하기 (Use Community Resources)
지역의 청소년지원 센터와 연계하여 심리상담과 학습상담을 받을 수 있도록 돕는다. 또한 지역도서관 책읽기 프로그램을 소개하고 참여하게 하여 학습의 가장 기본이 될 수 있는 독서 습관부터 기를 수 있도록 지원한다. 그리고 꼭 교과 관련이 아니더라도 지역 대학과 연계한 전공 체험 프로그램, 지역 문화센터와 연계한 악기 합주 프로그램 등에 참여시키며 무언가에 흥미를 찾을 수 있도록 돕는다면 학교 공부에 대한 학습 동기도 생길 수 있다. (Connect with local youth centers for counseling, libraries for reading programs, and other local experiences like university programs or cultural activities. This helps students find interests and motivation for school learning.)

(4) 에듀테크 활용 기초학력부족학생 돕기
(Using Edutech to Support Students with Basic Academic Deficiencies)

① AI 생성 그림자료 활용 (Use AI-Generated Visuals)
기초학력부족 학생은 그림 자료가 더 많이 필요하므로 교과서 그림 외에 캔바, 뤼튼 등 명령어를 통해 AI가 이미지를 만들어주는 프로그램을 통해 학습 내용을 더 쉽게 이해할 수 있는 그림 자료를 더 많이 넣는다. (Struggling students need more visual support. Use AI tools like Canva to create extra images beyond the textbook so students can understand lessons more easily.)

② 구글클래스룸으로 실시간 관리 (Real-Time Monitoring with Google Classroom)
구글클래스룸을 통해 과제를 부여하면 실시간 과제 수행 모습을 교사의 화면으로 지켜볼 수 있다. 이때 학생이 어려워하는 부분을 관찰한 후 학습 과제를 도움이 되는 사이트 링크를 넣어주거나 검색할 수 있는 방법을 알려주며 과제 수행을 위한 발판을 마련할 수 있다. 실시간 이해점검 퀴즈도 가능하며 답안 제출에 따른 피드백도 제공할 수 있다. (Assign tasks through Google Classroom to watch students' work in real time. Notice where they struggle and provide helpful links or tips for searching. You can also use quick quizzes and give immediate feedback.)

③ 산출물 선택권 주기 (Give Choice in Assignments)
주어진 과제에 대해 자신이 할 수 있는 방식을 선택하여 산출물을 제출할 수 있게 하면 참여도를 높일 수 있다. 과제에 대한 답을 서술형 문장으로 표현하기 어려워한다면 캔바, 미리캔버스 등 디자인 프로그램을 활용하여 이미지로 표현하게 할 수 있고, 멘티미터와 같은 프로그램으로 간단한 클릭 만으로도 답변할 수 있게 하면서 부담을 낮추는 것이다. (Allowing students to choose how they present their work—such as visuals through Canva or quick responses via Mentimeter—encourages participation and eases the burden of traditional written tasks.)

④ 인터넷정보 검색 허용하기(Allow Internet Search)

기초학력부족학생까지 '아는, 배운 내용'을 머릿속에 넣고 학습 과제에 사용하는 형태를 고수할 필요가 없다. 인터넷 정보를 잘 찾아서 이를 활용하는 능력도 중요하다. 과제 수행 시 정보 검색을 허용하되, 그 정보를 그대로 복사하지 않고 자신의 언어로 바꿔보게 하고, 믿을 수 있는 정보인지 체크하는 등 유의사항을 잘 교육한다. (Students don't have to rely only on using what they already know for their task. Teach them to search online, use information in their own words, and check if the source is reliable.)

⑤ AI기반 코스웨어 활용한 맞춤형 학습 (Personalized Learning with AI Courseware)

현재 학년 교육 내용을 전혀 이해하지 못한다면 플랭/원아워 (영어과 코스웨어) 등 AI 기반 코스웨어를 사용하여 맞춤형 수업이 가능하다. AI가 학생 학습 수준을 파악하고 그에 맞는 콘텐츠를 제공한 후 피드백까지 주기 때문에 현재 아무리 기초 수준의 학습 능력을 가지고 있더라도 맞춤형 콘텐츠부터 시작할 수 있으며, 학습의 자신감을 점점 붙일 수 있다. (If students don't understand the current grade-level content, use AI-based courseware like Plang/OneHour to provide tailored lessons. AI assesses the student's level, gives content, and provides feedback, helping even beginners start with appropriate materials and build confidence.)

> **+ PLUS | 기초학력 부족학생 지도를 위해 교사가 필요한 자질**
>
> ① '단 한 명의 학생도 포기하지 않는' 인성적 자질(Perseverance – Never Give Up on Any Student)
>
> 따라오는 학생들을 챙기는 데에도 매우 바쁜 것이 현실이다보니 기초 부족 학생은 신경쓰지 않고 싶은 유혹이 들 수 있지만, 이를 이겨내고 포기하지 않는 자세가 중요하다. 이런 자질 향상을 위해서는 수업 준비 중 '기초학력 부족 학생' 입장에서 이 수업을 듣는다고 생각하는 습관을 가져야 한다. 그러면 이런 학생도 수업에 따라갈 수 있는 도움 방안을 찾아볼 수 있을 것이다. (It's easy to focus only on students who keep up, but teachers need the mindset to never give up on struggling students. While preparing lessons, try to imagine the class from their perspective. This helps find ways to support them so they can follow along.)
>
> ② 스마트기기를 활용하는 전문적 자질(Ability to Use Smart Devices)
>
> 교사는 한 수업에서 가르치는 학생 수가 많아서 기초가 부족한 학생의 기초를 모두 가르치는 것은 한계가 있지만 스마트기기를 활용하면 개별화수업이 가능하다. 다양한 에듀테크 프로그램에 관심을 가지고 이를 수업에 적용하여 기초부족학생도 자신의 속도에 맞춰 학습을 따라갈 수 있도록 코칭하는 역할이 중요하다. (Since one teacher has many students, it's hard to give full attention to every struggling student. Using smart devices and Edutech tools allows for individualized instruction. Teachers need to know these tools and coach students so they can learn at their own pace.)

04 고교학점제(The High School Credit System)

> **Point**
>
> 고교학점제는 연구학교와 시범학교로 운영하다가 2025년에 전국 고등학교에 본격으로 시행하게 되었다. 기출에서는 21~22년 시범 운영할 때 첫 등장했고, 전면시행인 25년에 다시 출제되었다. 학생자치, 민주시민교육 등 최근 교육 트렌드를 보면 학생들의 자율 및 선택이 매우 중요시되고 있다는 공통점이 있다. 교육과정에서도 이러한 선택권이 강조되어서, 이미 2015개정교육과정 부터 문·이과 구분 없는 선택과목을 다양하게 운영하고 있으며 2022개정교육과정에서도 학생의 선택권은 더 강조되었다. 고교학점제는 이렇게 학생들이 자신의 진로에 맞는 과목을 자유롭게 선택한 것을 학점까지 인정받을 수 있도록 완전히 제도화하는 것이라고 볼 수 있다. 25년 전면 시행 첫해에 드러난 여러 문제점(최소성취수준 보장지도, 교사의 다과목 수업 부담 등...)이 크게 이슈화되기도 했으므로 문제점 해결 방법에 대한 연습을 많이 해두자. 또한 이 책의 내용은 25년 9월 기준으로 작성되었으므로 혹시 이후에 고교학점제 개선안이 나온다면 반드시 살펴본 후 시험장에 들어가야 한다.

> **대표기출**
>
> *고교학점제로 인한 문제 해결: 학생 선택과목 고민 상담, 과목 개설 현실적 문제해결 (2025 서울, 2022 경기, 2021 평가원, 2021 강원)
>
> *고교학점제 시행 시 학생의 성장과 학교의 변화 (2018 경기)
>
> **기출 답변 핵심 Point**
>
> - 학생들이 자신의 흥미, 적성에 맞는 교과를 선택할 수 있기에 학습 동기가 생기게 되고 자율성, 선택권, 개인차를 존중하는 교육 가능 (Allowing students to choose subjects based on their interests and aptitudes can increase their motivation to learn, and it enables education that respects students' autonomy, choice, and individual differences.)
> - 교육과정 박람회: 과목 선택 교육과정 박람회를 열어 각 과목을 먼저 듣고 있는 선배가 후배들에게 과목에 대한 소개를 하며 과목 선택에 도움을 주기(Curriculum Fair: Host a curriculum fair where students can hear from senior students currently taking various subjects. This allows students to get detailed introductions to the subjects and helps them make informed choices.)
> - 학교에서 학생이 원하는 과목 개설이 어려운 경우에 인근 학교와 공동교육과정으로 과목을 개설해주거나 학생 주도 동아리로 학생이 탐구하고 싶은 분야를 공부할 수 있도록 지원(If it's difficult to offer a desired subject at the school, the school can collaborate with nearby schools to create a shared curriculum. Also, the school can support student-led clubs where students can explore areas they are interested in.)

(1) 정의(Definition)

학생들이 진로에 따라 다양한 과목을 선택·이수하고 누적학점이 기준에 도달할 경우 졸업을 인정받는 제도 (The high school credit system allows students to choose and complete different subjects based on their career paths. When students earn enough credits, they are recognized for graduation.)

(2) 배경(Backgroud)

① 전통적 학교 교육에 대한 회의감 : 지식 암기 중심, 외재적 동기유발, 석차 등급 풍토, 입시중심, 관료제, 고정된 사고방식 등… (Many people have doubts about traditional school education. It often focuses too much on memorization, competition, and college entrance exams rather than creativity or motivation.)

② 급격한 사회변화 : 단순 지식 / 기술 습득이 아닌 새로운 가치를 창출하는 문제해결력, 창의력, 융합적 사고력 및 빠르게 변하는 직업세계에 적응할 수 있는 진로 개척 역량이 필요함. (Students now need problem-solving skills, creativity, and flexible thinking to adapt to the new job world.)

③ 학생, 학교의 자율성 존중 : 기존 국가수준 하향식, 획일적 교육과정에서 벗어나 단위학교의 환경에 맞는 교육 존중, 개별 학생의 각자의 특성에 맞는 선택권 존중 필요. (It moves away from a one-size-fits-all curriculum and supports personalized learning based on each student's interests and abilities.)

(3) 이수과정

1단계	다양한 과목 편성 (Curriculum Design)	학생 맞춤형 교육과정 운영을 위한 다양한 과목 개설 (Schools offer various subjects to support personalized learning.)	5단계	학생평가 (Evaluation)	과정중심평가, 성취평가제 적용 → 학생 성장 지원 (Process-based and achievement-based assessments support student growth.)
2단계	진로·학업 설계 (Career & Study Planning)	진로·학업 상담을 통해 학습 계획 수립 (Students make learning plans through counseling.)		이수/ 보충지도 (Completion / Supplementary Guidance)	수업 횟수 2/3 이상 출석 + 학업성취율 40% 이상 이수/ 기준 미달 시 보충학습 진행 (Attend at least 2/3 of total classes+ Achieve 40% or higher in performance / Below standard → supplementary learning)
3단계	수강신청 (Course Registration)	학습 계획에 따라 과목 수강 신청 (Students choose and register for subjects based on their plans.)	6단계	학점취득 (Credit Recognition)	과목 이수 및 학점 인정 (학년별 수업일수의 2/3 이상 출석 유지) (Students earn credits when they meet attendance and achievement standards.)
4단계	수업운영 (Class Operation)	활동 중심의 참여형 수업 (토론, 실습 등) (Classes are interactive and activity-based, including discussions and projects.)	7단계	졸업 (Graduation)	3년간 192학점 이상 취득 시 졸업 인정 (학년별 수업일수의 2/3 이상 출석 유지) (Students graduate with 192 credits or more over three years.)

(4) 특징(Key Features)

① 진로에 따라 다양한 과목을 선택(Choosing Various Subjects Based on Career Path)
  ㉠ 기존 : 주어진 교육과정에 따라 획일적으로 수업을 들었음.
  ㉡ 고교학점제 : 학교마다 특색있는 교육과정 편성, 다양한 과목 (공통/일반선택/진로선택/융합선택) 중 학생의 적성 및 진로에 따라 원하는 과목을 선택하거나, 직접 개설을 요청하여 자신이 원하는 수업을 듣게 됨. 학생이 직접 수강 신청하여 개인별 시간표 편성하며, 학교는 과목을 최대한 다양하게 개설하여 학생의 과목 선택권을 확대)(Students choose diverse subjects based on their interests and career goals. They can create their own timetables and even request new classes.)

② 목표한 성취수준에 도달했을 때 과목을 이수(Credits are earned by achievement)
  ㉠ 기존 : 학생이 성취한 등급에 상관없이 과목 이수 가능
  ㉡ 고교학점제 : 학업성취율 40% 이상, 과목 수업 횟수의 2/3 이상 출석 시 과목 이수 ➡ 성취수준 미달 시 재이수 / 보충 프로그램 제공 (Students must attend more than two-thirds of classes and reach at least 40% achievement to complete a course.)

③ 누적학점이 기준에 도달한 경우에 졸업(Graduation depends on total credits)
  ㉠ 기존 : 출석 일수로 졸업 여부를 결정
  ㉡ 고교학점제 : 누적된 과목 이수 학점이 3년간 192학점 이상일 경우 졸업이 가능 ➡ 졸업이 곧 본질적인 학력 인정으로 이어짐. (Students must collect at least 192 credits in three years to graduate.)

④ 교육의 주체 확대(Learning extends beyond the school)
  ㉠ 기존 : 교육의 주체가 학교로 한정
  ㉡ 고교학점제 : 교육의 주체가 학교 밖(지자체, 대학, 온라인 등)까지 확대됨. (Students can take classes in local communities, other schools, or online platforms.)

⑤ 수업 운영 및 평가(Teaching and evaluation focus on growth)
  ㉠ 기존 : 학급별로 정해진 시간표에 따라 수업 진행, 학생 간 석차에 따른 서열 위주 평가
  ㉡ 고교학점제 : 개인 선택교과 시간표에 따라 수업 진행, 성취기준에 도달한 절대기준으로 평가 (Instead of ranking students, teachers evaluate how well students achieve learning goals and support improvement.)

(5) 최소성취수준 보장지도(Minimum Achievement Support)

① 고교학점제의 이수 기준 요건: 해당 과목의 수업 횟수 2/3 이상 출석과 해당 과목의 학업 성취율 40% 이상일 때 이수 기준을 충족 (Students complete a course when they attend at least two-thirds of classes and achieve 40% or more.)

② 최소성취수준 보장지도: 해당 과목에서 학업 성취율 40%에 도달하지 않으면 학점을 취득할 수 없고 성취수준 보장지도를 이수하면 학점 취득이 가능함. (If students don't meet the standard, they must take supplementary lessons to earn credits.)

③ **2022개정교육과정에 명시**: "학교는 학생이 교과 및 창의적 체험활동의 이수 기준을 충족한 경우 학점 취득을 인정한다. 이수 기준은 출석률과 학업 성취율을 반영하여 설정하며, 이와 관련된 구체적인 사항은 교육부 장관이 정하는 지침에 따른다." "학교는 과목별 최소 성취수준을 보장하기 위해 학교의 여건 등을 고려하여 다양한 방식으로 예방·보충지도를 실시한다." (The school provides preventive and supplementary instruction in various ways, taking into account its circumstances, to ensure that students achieve the minimum level of attainment in each subject.)

④ **최소 성취수준 보장지도의 개념**: 예방지도 + 보충지도 ➡ 예방지도는 미도달 예상 학생을 대상으로 학기 중에 실시하고 보충지도는 미도달 학생을 대상으로 학기 말 또는 방학 중에 실시함. (보충지도 후 부여되는 성적의 상한: 성취도 E) (Preventive guidance is given during the semester to at-risk students. Supplementary guidance is provided after exams or during vacations.)

⑤ **운영절차**
  ㉠ **학기시작 전**: 최소성취수준 보장지도 운영 계획 수립 (Before the semester begins: The school establishes a plan for supporting students who have not yet reached the minimum achievement level.)
  ㉡ **학기 초**: 진단평가, 교과/담임교사 추천 등을 통해 최소성취수준 미도달 예상 학생 파악 (At the beginning of the semester: The school identifies students who may fall below the minimum level through diagnostic tests and teachers' recommendations.)
  ㉢ **학기 중**: 미도달 예상 학생 예방 지도. 교과 수업 중 별도 지도, 방과후 지도, 학습 멘토링, 보충과제, AI디지털교과서, 정서지원 프로그램 등을 활용 (During the semester: Preventive support is provided to at-risk students through extra guidance in class, after-school programs, learning mentoring, supplementary tasks, AI digital textbooks, and emotional support programs.)
  ㉣ **학기 말**: 학기말 평가 이후 과목별 미도달 학생 파악 및 확정, 보충지도 프로그램 운영 (보충과제 부여, 대면/온라인 수업 지도, 학습 멘토링, AI디지털교과서 활용 등...) ➡ 보충지도 총 운영 시수의 2/3 이상 참여할 시 이수 인정 (At the end of the semester: After final exams, students who have not met the achievement level are confirmed, and supplementary programs are provided. These may include additional assignments, face-to-face or online lessons, learning mentoring, and AI digital textbooks. Students who attend at least two-thirds of the total supplementary hours are recognized as having completed the course.)

⑥ **운영방향 및 유의점**
  ㉠ **책임교육 필요**: 고등학교는 학습의 누적·결손을 시기적으로 만회할 시간이 부족함. 학생은 졸업 후 바로 사회로 진출하기에 학교는 학생이 선택한 과목에서 요구하는 최소성취수준에 도달할 수 있도록 책임과 함께 다양한 지원을 해야 함. (Responsible Education: High schools have limited time to make up learning gaps. Since students enter society soon after graduation, schools must support students to reach minimum achievement levels.)
  ㉡ **협력 필요**: 성취수준보장 지도는 학생 개인, 교사 개인이 아닌 교과/평가 협의회, 전학공 등 다양한 조직과 함께 학교 공동체적 차원에서 협력해서 지원하는 방향으로 전개되어야 함

(Cooperative Support: Support should be at the school community level, not just by individual students or teachers. Collaboration with subject councils and evaluation committees is important.)

ⓒ **조기파악과 예방이 중요**: 진단평가, 과정중심 평가 등을 통해 미도달 예상 학생을 조기 파악하여 예방지도하는 데에 중점을 두어야 함. 학습 결손이 누적되기 전에 학생 성취 수준에 맞는 맞춤형 지원이 필요하고, 필요시 에듀테크, 인공지능 기반 프로그램을 통해 학생 맞춤형 과제 설계 가능 (Early Identification and Preventive Guidance: Identify at-risk students early through diagnostic and formative assessments. Provide tailored support before learning gaps grow. Edutech and AI programs can help design personalized tasks.)

ⓔ **책임 전가 금지**: 미이수 대상 학생에게 책임을 묻지 않아야 함. 학습 결과만이 아닌 학습 과정에 대한 점검 및 피드백이 지속적으로 이루어지며 모든 학생이 최소성취수준에 도달할 수 있도록 학생의 성장을 지원해야 함. (No Blame for Non-Completion: Do not blame students for non-completion. Give continuous feedback so all students can reach the minimum achievement level.)

ⓜ **단순한 지식 전달자가 아닌 '학습 설계자/ 지원자'의 역할 수행하기**: 학기초 빠른 학습 진단 후 맞춤형 학습 계획을 수립하고 학생의 흥미, 적성에 맞는 학습 콘텐츠를 추천하며, 학습 과정에 따른 개별 피드백을 강화하고 심리/정서적 상담을 통해 동기를 부여하는 등의 노력으로 학생이 성취 수준에 도달하도록 설계하고 지원하는 역할이 중요하다. (Role as Learning Designer/Supporter: Set personalized learning plans after early assessment. Recommend content matching students' interests and abilities. Provide individual feedback and emotional support to motivate students.)

ⓗ **긍정적 시각**: 학생들이 '미이수'가 학습 실패가 아닌 '실패해도 괜찮고, 회복할 수 있다'라고 생각하고 성장 과정으로 바라보는 눈을 가질 수 있도록 지지하는 것이 중요하다. (Positive View on Non-Completion: Encourage students to see non-completion not as failure, but as a chance to recover and grow.)

(6) 공동교육과정과 온라인 학교(Joint Curriculum Program and Online School)

① 공동교육과정

ⓐ 한 학교에 희망학생이 적어 개설이 어려운 경우 여러 학교가 공동으로 과목을 개설하여 운영. 일과시간 외에도 운영 가능하며 학생 참여와 활동이 중심이 되는 수업 운영. (When a school doesn't have enough students for a certain subject, several schools work together to open that class.)

ⓑ 한 거점 학교에서 과목을 개설하여 지역 내 모든 고등학교에 개방하는 '거점형', 인접한 몇 학교가 교내 미개설 과목을 상호 분배하여 공동 개설하는 '학교 연합형', 공동교육과정을 온라인에서 실시간/쌍방향 식으로 제공하는 '온라인 공동교육과정'으로 나누어짐. ('Base school type': One main school opens the class for nearby schools, 'School network type': Neighboring schools share and exchange classes, 'Online type': Real-time interactive classes offered online.)

ⓒ 지역별 공동교육과정 명칭: 공동교육과정(대구, 경기, 충북, 전북, 전남, 부산, 광주, 제주), 학교 간 협력 교육과정 (서울), 꿈두레 공동교육과정(인천), 너두나두 공동교육과정(대전), 배나무 공동교육과정(울산), 캠퍼스형 공동교육과정(세종), 꿈 더하기 공동교육과정(강원), 참학력 공동교육과정(충남), 학교 간 어울림 공동교육과정(경북), 경남참 공동교육과정(경남)

② **온라인학교**
   ㉠ 개별학교에서 개설하기 어려운 과목을 선택하여 이수할 수 있도록 다양한 과목을 개설하여 온라인으로 제공하는 공립 각종학교 (A public school that offers many different subjects online, so students can take courses that are hard to open at their own school)
   ㉡ 온라인학교에서 과목을 개설하면 학생은 자신의 학교에서 쌍방향 온라인 수업에 참여하고, 학점 이수 가능 (Students take interactive online classes from their own schools and earn credits.)
   ㉢ 특히 학생과 교사 수가 적어 여러 과목 개설이 어려운 소규모 학교, 교통 환경이 열악하여 공동교육과정이 운영하기 어려운 지역의 교육 환경 개선에 기여 (They are especially helpful for small or remote schools that lack enough teachers or students.)
   ㉣ 시간과 공간의 제약이 없고 일반 교과 수업 외에도 가상현실, 증강현실, AI 기반 프로그램을 활용하거나 프로젝트, 토론 수업 등 생동감 있는 학습이 가능함. (These classes can include VR, AR, and AI-based programs, as well as projects and discussions.)
   ㉤ 교육학, 인공지능 수학, 아랍어, 국제 경제, 심리학 등 학교에서는 인원 부족으로 개설되기 어려운 교과를 수강할 수 있음 (Students can also study unique subjects like Educational Studies, AI Mathematics, Arabic, International Economics, or Psychology.)
   ㉥ 지역별 온라인 학교 명칭: 경기이음온학교(경기), 빛고을온학교(광주), 온세종학교(세종), 그 외 지역은 '지역 + 온라인학교' (서울온라인학교, 부산온라인학교…)

(7) 필요성

① **학생 맞춤형 교육을 통해 잠자는 교실 깨우기**(Wake up the classroom with personalized learning)
   획일적인 교육을 통해서는 학생의 학습 동기와 흥미를 유발하기 어렵지만, 고교학점제는 학생의 과목 선택권을 보장하는 진정한 학생 맞춤형 교육을 실현함으로써 학생의 **학습 동기와 흥미**를 불러일으킬 수 있음. (The Credit System lets them choose subjects they are interested in and this sparks motivation and engagement.)

② **자기주도적 진로 개척 역량을 길러줌**(Builds students' capacity to shape their own careers)
   직업 세계가 급변하는 미래사회에서는 자신의 진로를 스스로 개척하고 자기주도적으로 학습하는 역량이 필요한데, 고교학점제는 학생들이 스스로 자신에게 필요한 배움이 무엇인지를 찾게 함으로써 진로 개척 역량과 자기 주도적 학습 습관을 길러줄 수 있음. (In a fast-changing society, students need to explore careers and learn on their own. The Credit System helps them find what they need to learn, develop self-directed study habits, and prepare for future careers.)

③ **학생 개개인의 다양성을 지원하기**(Support each student's diversity)
   학습의 속도가 다르고 학습의 목표도 다른 학생들을 수직적으로 서열화하는 것은 학생들의 학

습 의욕을 저하시키지만, 고교학점제는 학생선택형 교육과정 운영을 통해 다양한 능력과 적성을 가진 학생 개개인의 역량을 최대한 발휘할 수 있도록 지원 (Since students learn at different speeds and have different goals, ranking them only discourages learning. The Credit System allows students to maximize their strengths through subject choices.)

④ 교사/수업의 변화(Change in teachers and classes)
교사는 기존의 교과 지식 전달자, 학생 관리자, 대학 입시 전문가 역할에서 모든 학생의 성장과 학습을 지원하는 조력자, 교수/학습 전문가로 변화됨. 수업은 학생의 능동적인 참여를 이끌면서 진로-적성을 고려한 다양한 수업으로 변화함. (Teachers shift from just delivering knowledge to guiding growth and learning. Classes become more interactive and tailored to students' interests and career paths.)

(8) 문제점 및 개선방안

① 고교학점제에 대한 취지 이해 부족, 학교 교육과정 이해 부족(Lack of understanding of the system)
   ㉠ **교육과정 박람회 운영**: 학생, 교직원, 학부모가 모두 참여할 수 있는 '교육과정 박람회' 운영. 교학점제 필요성, 우리 학교의 교육과정, 개설 가능한 교과 목록, 각 교과 정보 및 진로와의 연결점, 수강 신청 방법 등을 종합적으로 안내하는 프로그램 운영 (필요시 미리 수강한 학생 도우미를 미리 선발하여 실제 수강 후기 등을 공유할 수 있는 시간 제공) (Curriculum Fair: Hold a Curriculum Fair for students, parents, and teachers. Explain why the credit system exists, available subjects, and how to register)
   ㉡ **교과시간에 자주 노출하기**: 수업 중 이 교과 내용이 내년엔 어떤 교과의 어떤 내용과 연결되는 것인지, 진로에는 어떻게 연결되는지 등을 자주 설명해주며 학생들이 고교학점제 속 자신의 학습/ 진로를 미리 설계해볼 수 있도록 돕기 (Frequent exposure during class: During class, connect each subject to next-year courses and possible careers so students can plan their learning early.)

② 인원 부족 또는 교사 부족으로 과목 개설이 어려운 경우(Subjects hard to open due to low demand or teacher shortage)
   ㉠ **공동교육과정**: 인근 학교와 공동교육과정 운영, 온라인학교에서 쌍방향 수업으로 수강하기
      (Joint Curriculum: students take subjects together with nearby schools or online.)
   ㉡ **자율동아리, 융합형 수업으로 연계**: 현실적으로 개설이 안 되었지만 수요가 있었던 교과 내용은 자율 동아리로 구성하게 돕거나 개설된 교과에서 융합형 수업으로 그 주제를 연계할 수 있도록 하기 (Clubs and integrated lessons: Help students run self-directed clubs to explore the main topics of the courses they want to take, or include these topics in other subjects through integrated lessons.)

③ 학생의 선택과목 결정 고민 문제(Students have trouble choosing subjects)
   ㉠ **진로 선택 역량 길러주기**: 학생의 선택을 돕기 위해 학생을 자주 관찰한 후 장점을 자주 언급해주고 진로 상담을 더 자주 제공하기, 교내 과목 소개 프로그램을 마련하여 교과에 대한

정보를 충분하게 제공하여 스스로 판단할 수 있는 역량 기르게 하기 (Career competency development: Help students make decisions by observing them often, highlighting their strengths, and providing frequent career counseling. Offer subject introduction programs so they can get enough course information to make informed choices.)

ⓒ **에듀테크를 활용한 진로 선택 근거 만들기**: 학생들이 자신에 대한 탐색을 할 때 '성적'으로만 생각하지 않고 구체적 자료를 바탕으로 다양한 관점에서 생각하게 하기➡ 평소 수업에서 구글 클래스룸과 같은 온라인 기반 플랫폼이나 AI 기반 학습 프로그램을 자주 활용하여 학생의 과제 수행물, 강점/약점, 피드백 내용 등이 자동으로 포트폴리오식으로 누적될 수 있게 함 ➡ 과목 선택 전 자신의 학습 기록을 살피며 더욱 객관적으로 자신에게 맞는 진로와 교과를 선택할 수 있음 (Using Edutech for evidence-based choices: Regularly use online platforms like Google Classroom or AI learning tools to collect students' work, strengths/weaknesses, and feedback into a portfolio. Before choosing courses, students can review their own records to make more objective decisions)

ⓒ **AI기반 진로 설계 프로그램**: 학생 성적, 장/단점, 적성, 희망 진로 등을 복합적으로 고려하여 최적의 교과를 추천해주는 프로그램 도입 (AI-based career design programs: Introduce programs that recommend optimal subjects by analyzing grades, strengths, weaknesses, aptitudes, and desired career paths.)

ⓔ **모의 시간표 체험의 날**: 자신의 가상 시간표를 만들고 선배들과 선생님이 운영하는 부스를 돌아다니며 다양한 교과의 내용과 활동을 짧게 체험해본 후 교과 선택의 기준을 세울 수 있도록 돕기 (Mock timetable experience day: Students create a virtual timetable, then visit booths run by teachers and seniors to briefly experience various subjects before deciding.)

④ **한 교사가 여러 교과 지도, 전공이 아닌 교과 지도**(One teacher cover too many subjects)

ⓐ **교사 간 수업 협력**: 학교 내부 클라우드를 만들어서 학습지, 수업 방식, 평가 자료 등을 업로드하여 자유롭게 공유하고 다음 학기에 해당 교과를 맡은 교사도 이용할 수 있게 하여 수업 부담 줄이기. 전문적 학습 공동체에서 협력해서 수업자료를 제작하는 시간 가지기 (Collaboration among teachers: Use a school cloud to share worksheets, lesson plans, and assessment materials. Engage in professional learning communities to create teaching resources together.)

ⓑ **순회교사 활용**: 학교를 순회하며 고교학점제 수업 및 공동교육과정 업무를 수행하는 순회교사 활성화 (Visiting teachers: Activate visiting teachers who travel between schools to support credit system courses and joint curricula.)

ⓒ **행정업무 경감**: 수강신청, 시간표 조정, 학급 편성 등 고교학점제 관련 행정업무를 보조하는 전담 행정인력 신설. AI 기반 행정 프로그램 도입하여 수업 외 행정업무 시간 단축 (Reduce administrative workload: Appoint dedicated staff for tasks like course registration, timetable adjustments, and class assignments. Use AI-based systems to save teachers' time.)

ⓓ **함께 배우기**: 전공이 아닌 과목을 맡아 전문성 부족을 느낄 경우 연수를 통해 보완하고, 학생들에게도 자료 조사를 통한 주도적 학습 및 공유 시간을 자주 가지며 서로 가르치고 함께 배우는 분위기 만들기. (Learning Together: If a teacher feels less confident in a non-major subject, they can attend training, while students research, share, and teach each other, creating a classroom culture where everyone learns together.)

ⓓ AI 기반 수업 준비: 에듀테크, 코스웨어 프로그램을 적절히 활용하여 AI가 과제를 학생 맞춤형으로 제작하고 평가 및 피드백까지 할 수 있도록 하고 교사는 이를 점검해주는 코칭 역할을 하며 수업 준비시간을 줄이기 (AI-assisted lesson preparation: Use Edutech or courseware to let AI design personalized tasks, assessments, and feedback, while the teacher focuses on coaching and reducing preparation time.)

⑤ 평가 기준, 평가 방법에 대한 고민 : 기존의 '누가 더 잘했는지' 변별보다는 '학생이 무엇을 어느 정도 성취하였는지' 평가하는 성취평가제로 운영. 변별보다는 진정한 성장을 위한 성장 중심 평가가 필요, 성취 수준 미도달 학생에 대한 기초학력 지도, 보충 프로그램, 재평가 필요 (Evaluation concerns: Use achievement-based evaluation (focus on growth, not ranking). Provide remedial programs, and allow re-assessments for students who fall short.)

➕ PLUS | 고교학점제에서 학생들의 과목 선택에 도움을 줄 수 있는 방안

① 선배 멘토링 프로그램 운영 : 학생들이 다음 학년 수강 과목 선택을 고민하고 걱정하는 이유는 그 과목에 대한 정보가 충분하지 않기 때문임. 교과목별로 직접 그 교과를 수강한 선배들이 팀을 이루어서 그 교과에서 배우는 내용, 교과서 구성, 대입 또는 미래에 도움이 되는 점, 수업분위기 등을 소개하는 자료를 만들어 후배들에게 전해주는 학교 프로그램을 운영하면 학생들이 주도적으로 과목 선택에 도움을 주고받을 수 있음. (Senior Mentoring Program: Seniors who have taken a course create materials to explain the content, textbook, class style, and how it helps with college or future careers. This helps younger students make informed choices.)

② 교육과정 박람회 운영 : 먼저 수강하고 있는 학생들 중 '교육과정리더'를 선발하여 학교 교육과정에 대한 교육 및 각 교과목 소개 자료 제작 ➡ '교육과정박람회'를 통하여 선배들이 고교학점제 취지, 개설 가능 교과목, 각 교과 수업 특징 및 후기, 진로에 연결되는 점, 수강 신청 방법 등을 종합적으로 안내하는 시간을 마련하고 교사가 필요한 곳에 적극 지원 (Curriculum Fair: Select student "curriculum leaders" to explain the purpose of the credit system, available courses, course features, career connections, and how to register, with teachers supporting as needed.)

③ 대학 연계 프로그램 : 지역 대학에서 운영하는 전공 관련 프로그램에 참여를 권유하기. 선택할 교과목이 실제 대학에서 어떻게 연결이 되어 도움이 될 수 있는지 직접 느끼게 한다면 선택과목 결정에 큰 도움. (University-Linked Programs: Encourage students to join local university programs related to their chosen field to see how courses connect to college or careers.)

④ 진로 발표 프로그램 : 자신이 관심이 있는 직업에 대한 정보(구체적으로 하는 일, 필요한 능력 및 역량, 관련된 학과) 등을 학생들이 자기주도적으로 조사해서 발표하는 프로그램을 운영하면 그 과정에서 어떤 선택과목을 결정하여 공부하는 것이 도움이 되겠다는 판단이 들 수 있음. (Career Presentation Program: Students research and present careers they are interested in, including tasks, required skills, and related majors, helping them decide which courses to take.)

⑤ 학생에 대한 개별 관심 및 관찰 : 자신이 무엇을 잘하고 어떤 장점이 있는지 잘 모르는 학생이 생각보다 많음. 이런 학생은 자신이 어떤 교과를 잘할 수 있는지 모를 수 있으므로 수시로 학생을 관찰하고, 수업 교사와 다양한 소통을 통해 학생이 어떤 교과에서 소질을 보이는지 알아보는 등 학생의 특성 및 장점을 파악하고 그에 맞는 선택교과를 추천해주기. (Individual Attention: Teachers regularly observe students, identify their strengths and interests, and guide them to choose courses that suit them.)

05 생태교육(환경교육, 생태전환교육, Ecological/Environmental Education)

> **대표기출**
>
> *일회성, 형식적 생태전환교육의 문제점 개선 (2022 서울)
>
> *생태전환교육 필요성 및 방안 (2022세종) 교과에서 실시 방안 (2024 경기, 2022 강원)
>
> *'깊이있는 학습'을 바탕으로 한 생태환경교육 방안 (2025 서울)
>
> **기출 답변 핵심 Point**
>
> - 생태전환교육 필요성: 심각한 기후위기 속 지속가능한 공생의 삶을 사는 민주시민의 자세 필요(Need for Ecological Transition Education: In the face of severe climate crises, there is a need for democratic citizens who live sustainably and harmoniously with the environment.)
> - 습관화가 중요: 생태전환교육은 학생의 환경 행동 습관화가 중요하므로 수동적, 일회성 교육보다는 지속적, 실천중심 활동을 바탕으로 한 교육 필요 (The goal of ecological transition education is to turn students' environmental protection actions into habits. Instead of passive, one-time education, it should be based on continuous, action-oriented activities)
> - 학교 생태전환교육 예시: '정수기 일회용 컵 사용'와 같이 학교에서 환경 문제를 일으키는 행동을 찾고 다회용품 사용 캠페인 자료 만들어서 게시하기, 교내에서 나온 폐기물을 활용한 업사이클링 물건 전시회, 학교 SNS를 활용한 친환경제품 사용 인증 릴레이...(Identify environmental problems in the school, such as the use of disposable cups at water dispensers, and create and display campaign materials promoting the use of reusable items. / Organize an upcycling exhibition showcasing items made from waste generated within the school. /Encourage students to upload photos of themselves using eco-friendly products to the school's social media accounts.)

(1) 배경 및 필요성

① 심각한 기후 위기 및 환경오염 시대 속 인간 중심 사고가 아닌 생태중심 사고 및 실천 능력 교육 필요성

② 환경과 생명의 가치를 알고 지속 가능한 공생의 삶을 사는 민주시민 양성

③ 환경에 대한 개인적 실천을 넘어 사회적 변화, 세계적 변화에도 관심을 가지고 환경문제 해결을 위해 참여하는 세계시민 양성

(2) 방향

① 교육과정 재구성을 통한 교과 속 환경 융합 수업 (Create integrated lessons by including environmental topics in regular subjects.)

② 학생자치회, 동아리가 중심이 되는 자발적인 환경보호 실천 문화 만들기 (Build a student-led culture of environmental protection through student councils and clubs.)

③ 지역사회, 환경 전문단체와 연계한 체험형 생태환경교육 (Partner with local communities and environmental organizations for hands-on ecological education.)

④ 일회성 체험으로 끝나지 않고 학생 개인의 진정한 사고의 변화, 일상 속 행동 실천을 이끌고 생태 감수성 체득을 돕는 프로그램 마련 (Design programs that go beyond one-time experiences to promote real thinking changes, daily eco-actions, and environmental sensitivity.)

⑤ 학생들이 매일 생활하는 학교 내에서도 많은 탄소가 배출된다는 것을 직접 인지시키며 학교 내에서 작은 실천부터 이끄는 교육 (Teach students to notice carbon emissions in their daily school life and start small actions within the school.)

(3) 교육 프로그램 예시

① 학교 프로그램 (School-level programs)
  ㉠ 교내 환경 동아리, 학생자치회 주도 학교 캠페인 : 플라스틱 줄이기, 올바른 분리수거하기, 물/전기 아껴쓰기 등의 내용을 담은 포스터, 안내 영상 등 제작하여 홍보 (School clubs or student council campaigns: Create posters/videos to promote reducing plastic, proper recycling, saving water and electricity)
  ㉡ 음식 관련 동아리가 주도하여 채식 음식을 선보이는 '비건 푸드 페스티벌' 행사 (Food clubs organize a "Vegan Food Festival" showcasing plant-based meals.)
  ㉢ 교사와 학생이 함께 참여하는 '교무실 vs 교실 일회용품 줄이기 대결' 프로그램 진행 및 결과 게시 (Teachers and students compete to reduce disposable items in offices vs. classrooms and share results.)
  ㉣ 급식 이벤트 : 음식물쓰레기 줄이기 위한 '급식 다 먹는 날' 운영, 친환경 농작물로만 구성한 '친환경 식단의 날' 운영 (Cafeteria events: "Finish All Your Food Day" or "Eco-Friendly Meal Day" using only sustainable ingredients)
  ㉤ 학교 텃밭 또는 인근 지역 텃밭을 활용한 농사 체험 (Farming experiences using school or nearby community gardens.)
  ㉥ 학생, 교사, 학부모 등 교육공동체가 모두 참여하여 학교 환경 보호 방안을 논의하는 교내 대토론회 운영 (Discussions including students, teachers, and parents on ways to protect the school environment)
  ㉦ 친환경, 미래에너지 관련 발명품 설계 대회 운영 및 전시 (Eco-invention contests and exhibitions related to sustainability and future energy)
  ㉧ 학교 매점 이용 시 개인 장바구니를 들고 오거나 매점에서 산 것을 올바르게 분리수거한 인증샷을 찍어오면 쿠폰을 주는 매점 이벤트 운영 (School store events: Students bringing personal bags or recycling properly can receive coupons.)

② 학급 프로그램 (Class-level Programs)
  ㉠ 학생환경지원단 : 미술 진로를 가진 학생이 직접 그린 '올바른 분리수거 안내' 그림 게시, 교실

내 '환경/에너지 지키미' 지정 후 학급 친구들의 에너지 절약 및 환경보호 독려 활동 등 (Student Eco-Team: Students with art skills create recycling posters, assign classroom "eco-guardians," and encourage peers to save energy and protect the environment.)

ⓒ 이면지, 에코백, 학급 공용 물품 등 다회용품 공유 공간 마련 (Create a space where students can share reusable items like common school supplies, scrap paper, and eco-bags.)

ⓒ 환경보호 챌린지 : 학급 SNS, 단체채팅방 등 온라인 공간을 활용하여 학생들의 일상 속 환경보호 행동(텀블러 사용하기, 채식 식단, 에너지 절약, 손수건 쓰기, 친환경 인증제품 사용하기, 다회용기에 배달 음식 받아오기 등)을 찍어서 인증샷을 올리고, 그린스탬프를 찍어주는 이벤트 (Environmental challenges: Students share photos of eco-actions (using tumblers, vegetarian meals, saving energy, reusable items, eco-certified products, etc.) on class social media or group chats; award "green stamps" for participation.)

ⓔ 교실 속 작은 식물 키우기 프로젝트 (Small plant-growing projects in classrooms.)

ⓜ '기후행동 1.5℃' 어플리케이션을 활용 : 흥미 있게 기후 행동에 접근할 수 있는 어플리케이션으로 다회용컵 사용, 에코백 사용 등 환경을 위한 기후 행동에 실천한 후 인증하는 일기를 작성하거나 퀴즈와 게임으로 환경 관련 행동을 배울 수 있으며 '스쿨챌린지'를 통해 학교 전체가 환경 목표 달성을 위한 도전을 할 수 있음. (Students can use the "Climate Action 1.5℃ app to take climate actions, such as using reusable cups and eco-bags. They can record their actions in a diary, complete quizzes and games, and join a "School Challenge" where the entire school works together to reach eco-goals.)

③ 수업 연계 (Class-level programs)

㉠ 기후변화, 탄소배출 등을 주제로 한 교과연계 프로젝트 수업 진행 (예 환경오염으로 고통받는 해양 동물의 이야기를 담은 영어 동화 읽은 후 동물에게 영어 사과 편지 쓰기 // 친환경 마크에 대해서 배운 후, 친환경 마크를 달 수 있는 제품 디자인하기, 조별로 학교 공간을 한 곳씩 맡아 친환경 공간으로 바꾸는 설계도 그리기) (Project-based lessons on climate change and carbon emissions; e.g., read an English story about marine animals affected by pollution and write apology letters; design eco-friendly products with environmental marks; redesign school spaces as eco-friendly)

㉡ 환경 관련 날(물의 날, 세계 기상의 날, 지구의 날, 세계환경의 날 등..)에 맞추어 각각의 날이 가지는 의미에 대한 글을 읽고, 각 날의 의미와 실천 방안을 SNS에 알리는 활동 (On environmental days like Water Day and World Environment Day, students read about the day's meaning and share eco-friendly actions on social media)

㉢ 자유학년제 주제 선택 프로그램으로 '환경보호' 관련 수업 개설 후 환경문제 탐구 프로젝트 진행 (예 미세먼지 어플을 활용하여 지역별, 날짜별 미세먼지 농도 차이 분석하기) (Offer "environmental protection" projects in free-choice courses: Analyze fine dust levels by date and region using apps.)

㉣ 이면지를 활용한 학습지 제작 또는 종이 없이 태블릿PC를 활용한 수업 설계 (Create worksheets using scrap paper or design paperless lessons on tablets.)

06 학생 자치, 학교 자치(School/Student Autonomy(Government))

> **Point**
>
> 학생은 더 이상 학교에서 수동적인 존재가 아니다. 학교는 사회에서 자신의 역할을 수행하는 민주시민을 길러내는 곳이기 때문에 학생이 학교를 주도하는 '학생 자치'를 진정으로 실현하기 위한 방안을 마련해야 한다. 면접 답변도 마찬가지이다. 어떤 문제가 나와도 가급적 '학생이 스스로 할 수 있도록 도와주는' 방향의 답변을 생각해보는 것이 좋다. 학생 자치를 실현해야 하는 이유는 다양한 문제의 서론으로 사용할 수 있으므로 답변을 준비해놓고, 구체적인 방안도 학교 프로그램 측면, 교과 측면, 학급운영 측면, 지역 연계 교육 측면으로 나누어서 반드시 준비해놓자. 학생 자치는 교육의 기본 방향이기도 해서 다른 파트와도 연결되므로 답변 연습을 다방면으로 해놓자.

> **대표기출**
>
> *학생 자치 활성화 방안 (2023 세종, 2022 강원)
>
> *학생 자치 활동의 필요성, 활성화 방안 (2016 서울)
>
> *학생자치 문제해결 (학생 참여도 높이기) (2024 서울)
>
> **기출 답변 핵심 Point**
>
> - 학생자치필요성: 학생들은 급변하는 미래사회에서 자신의 삶에 주도성을 가질 수 있어야 하기에 학교에서 직접 자율성과 책임감을 가지고 학교 활동에 참여하며 성장해야 한다. (Need for Student Self-Governance: Students should have the autonomy to direct their own lives in the rapidly changing future society. Therefore, they should participate in school activities with autonomy and a sense of responsibility, and grow through these experiences.)
> - 학생의 의견 제안 활성화: 학교 SNS 계정, 의견함, 구글 폼 등을 활용하여 모든 학생들이 자유롭게 학교 운영에 대한 의견을 제안하고 그 의견이 대토론회를 통해 학교 운영에 반영되어야 함.(Activating Student Suggestions: Utilize school social media accounts, suggestion boxes, Google Forms, etc., to allow all students to freely propose their opinions on school operations. These suggestions should be considered and reflected in school management through school discussion forum.)
> - 진정한 권한 부여: 교사의 개입을 최소화하면서 학생들이 직접 다양한 학교 행사를 기획하고 운영할 수 있으며 거기에 필요한 예산을 '학교참여예산제'를 통해 적극적으로 지원해줘야함. (True Empowerment: Minimize teacher intervention so that students can directly plan and manage various school events. They should receive active support for the necessary budget through a 'School Participation Budget System.')
> - 공간혁신 필요: 학교 내에 남는 교실, 복도를 재구성하여 학생들이 자유롭게 회의하고 의사결정할 수 있는 공간을 확보해야 함.(Need for Space Innovation: renovate unused classrooms and hallways in the school to create spaces where students can freely hold meetings and make decisions.)

(1) 학교자치와 학생자치(School Autonomy and Student Autonomy/Government)

① 학교자치(School Autonomy)
  ㉠ 단위학교가 구성원 간의 동반자적 협력관계와 민주적 소통을 바탕으로 학교 교육 운영에 관한 권한을 갖고, 교육 주체로서 학교교육활동(교육과정, 인사, 재정 등)에 참여하여 그 결과에 함께 책임지며 성장하는 것 (A school runs its education with authority, shared responsibility, and democratic communication among all members.)
  ㉡ 2022 개정교육과정에서 국가수준 교육과정을 단순히 전달받아 따라가기만 하는 교육이 아닌, 단위 학교에서 자체적인 특색있는 교육과정을 자율적으로 설계 및 운영하는 것이 강조되었으며 이때 민주적인 절차와 과정을 거쳐 운영할 필요성 증가 (Under the 2022 revised curriculum, schools are encouraged to design and operate their own programs, not just follow the national guidelines.)
  ㉢ 지향하는 학교 모습
    - 학교 스스로 생각하고, 판단하고, 책임지는 교육자치 ➡ 학교 스스로를 진단하여 우리 학교 학생들에게 요구되는 역량이 무엇인지 고민하고 그에 맞는 교육활동 계획
    - 학교 구성원 모두가 참여와 소통으로 함께 결정하고 책임지며 함께 성장하는 학교자치 구현
    - 공동의 비전과 목표를 공유하고 민주적 학교문화를 조성하는 학교
    - 교직원, 학생, 학부모, 지역주민까지 포함한 학교 거버넌스를 구축하여 민주적인 학교로 운영
    - 서로의 권리를 존중하고 협력하며, 민주적인 삶을 실천하는 학교
    (School autonomy means the school thinks, decides, and takes responsibility on its own, involving teachers, students, parents, and the community in decision-making, and building a democratic culture of participation, respect, and cooperation.)

② 학생자치 : 학교에서 교사의 지도를 최소화하고, 학생들이 주도적이고 자율적으로 참여하고 운영하는 모든 활동 ➡ 학생의 권리 옹호와 민주시민의 자질을 키워나가는 모든 활동 (Student autonomy means activities led and managed by students with minimal teacher guidance, helping them practice their rights and grow as democratic citizens.)

(2) 학생자치활동의 필요성(The Importance of Student Autonomy)

① 급격히 변화하는 4차산업혁명 및 인공지능 시대에 필요한 삶의 변화를 이끌어내는 주체적 인재 양성 (raise active leaders who can adapt to rapid changes in the 4th Industrial Revolution and AI era.)
② 자율과 책임을 존중하고 과정과 절차를 중요시하는 민주주의를 학교에서 먼저 실현하고 경험시킬 수 있음. (practice democracy at school by respecting autonomy, responsibility, and fair procedures.)
③ 다양한 협의, 토론을 통하여 의사소통 역량 및 합리적인 문제해결 역량을 키우고, 권리와 책임을 중요시하는 민주시민성 함양('민주적 자아효능감' 높임) (improve communication and problem-solving skills through discussion and collaboration, and to develop democratic citizenship.)
④ 학교의 구성원으로 공동의 문제해결에 적극적으로 참여하고, 민주적 의사결정에 따라 협의하고

실천하여 공동체에 대한 책임 의식을 가질 수 있음. (build civic responsibility by joining in decision-making and solving common problems together)

⑤ 학생들이 학교 행사(예 축제, 음악회, 체육대회…), 캠페인(예 학교폭력/ 자살예방/ 친구사랑/ 어버이날감사 캠페인) 등을 직접 주도해서 기획 및 운영한다면 다른 학생들의 더 높은 관심과 참여를 이끌어낼 수 있고, 학교문화의 실질적인 개선에 기여 가능 (improve school culture by letting students lead events and campaigns such as festivals, concerts, sports days, or anti-bullying activities.)

(3) 학생자치활동 운영 방향

① 진정한 권한, 주체적 참여기회 부여(Real Authority and Genuine Participation)
  ㉠ 교사의 개입을 최소화하고, 학생자치기구를 통해 학교 교육활동과 주요정책 결정에 진정으로 참여할 기회를 줌.(형식적인 참여 ×) (Minimize teacher intervention and let students participate in real school decisions through student councils)
  ㉡ 대토론회 방식 등을 활용하여 학생 관련 안건을 수렴하고, 논의 결과를 학교 의사결정에 반영하는 등 민주적 합의를 경험할 수 있도록 함. (Use open debates or forums to collect student voices and reflect the results in school decision-making.)
  ㉢ 학생들이 학교 행사(예 입학식, 졸업식, 축제, 캠페인, 체육대회)와 동아리를 직접 기획/운영할 수 있도록 실질적인 권한 및 예산 지원 (Provide students with actual authority and budget to plan and run school events (entrance/graduation ceremonies, festivals, sports day, clubs).)
  ㉣ 학교 교칙 제정 또는 개정 시 학생회 중심으로 학생 의견수렴을 통한 실질적인 반영 (Involve students in making or revising school rules by gathering opinions mainly through the student council.)
  ㉤ 설문조사, 토론회, 건의함 등 학생의 의견을 제시할 수 있는 수단을 늘리고, 학생의 의견은 학교 홈페이지 / 게시판 / SNS 등에서 주기적으로 공식화한 뒤 피드백 제공 (Expand channels for student opinions: surveys, debates, suggestion boxes. Share feedback through the school website, bulletin boards, and social media.)
  ㉥ 다양한 학생의 특성을 고려하여 최대한 많은 학생의 참여 이끌기(예 공개 발언을 잘하는 학생을 위한 학급회의/토론회/발표대회, 부끄러움이 많은 학생들을 위해서 학교 SNS계정, 온라인 설문조사, 게시판 포스트잇 붙이기 등…) (Encourage participation of diverse students: debates or speech contests for outspoken students, and online surveys or social media posts for shy students.)

② 학생자치 역량 강화를 위한 학교의 제도적, 행정적 지원(Institutional and Administrative Support for Student Capacity)
  ㉠ 학생들은 진정한 학생 자치 활동 방법을 모를 수 있으므로 교육적 지원 필요 ➡ 학생자치활동을 학교 교육과정, 교육계획에 반영 ➡ 각 교과에서 학생자치 내용과 연계하여 학생자치 역량을 키울 수 있는 수업 내용 선정 ➡ 단순한 지식 전달이 아닌 참여, 실천까지 확장할 수 있는 수업 실시 (Since students may not know how to run genuine governance, schools should integrate student self-governance into the curriculum and choose lesson content that develops governance skills)

ⓒ 민주적인 의사결정과 문제해결능력을 체험할 수 있는 토론 동아리, 토론 대회, 토론식 수업 등을 활성화 (Promote debate clubs, debate contests, and discussion-based classes to practice democratic decision-making and problem-solving.)

ⓒ 학생자치회를 계획하고 지원하는 전담 부서 개설 및 전담 교사를 지정하여 전폭 지원 (Establish a dedicated department or teacher in charge of student councils for full support.)

ⓔ 학생이 자율적으로 운영할 수 있는 예산, 학생회 / 학생자치활동을 위한 예산지원 확대 ('학생참여 예산제' 운영) (Provide budgets for student councils, including a "student participation budget system.")

ⓜ 학생자치활동을 위한 전용 공간, 학급 / 학생 자치활동을 위한 시간을 충분히 확보(Secure exclusive spaces and enough time for student self-governance activities.)

ⓗ 학생회와 교직원이 소통할 기회 자주 마련(예)정기적인 학생회와 학교장 간담회, 학생대표의 학교운영위원회 참여) (Create regular meetings between student councils and teachers/school leaders (e.g., principal meetings, student reps in school board).)

③ 학생자치, 학생자치회에 대한 올바른 인식, 신뢰 만들기(Building Proper Awareness and Trust)

ⓐ 학생자치, 학생자치회에 대한 잘못된 인식 바로잡기
  - 교사 : '학생이 참여하면 프로그램이 제대로 운영되지 않는다. 자신들 유리한 방안으로만 생각한다' 등의 부정적 시선을 버리고 진정한 참여기회 제공 ➡ 다소 미흡해 보이는 부분이 있더라도 학교는 학생들이 사회 진출 전 '민주시민을 먼저 연습하는 장소'이므로 실천 경험이 부족한 것은 당연 ➡ 꾸준한 지지와 지원 필요
  - 학생 : 학생회 활동은 스펙 쌓기용이 아닌, 진정으로 학교의 문제를 해결하고 더 좋은 학교를 만들기 위해 봉사하는 학생들을 위한 자리라는 것을 깨닫도록 하기
  (For teachers, correct the misconception that "if students lead, things will fail" and instead see school as a practice ground for democracy. Even if imperfect, support students with patience. For students, let them realize that council work is not for building a résumé, but for solving school problems and serving peers.)

ⓒ 학생회 SNS 페이지, 교내 게시판, 유튜브 채널, 학생자치회신문 등을 개설하고 정기물을 발행하며 학생 및 교직원과 지속적으로 소통하고 활동 내용을 알리며 학생회에 대한 신뢰도, 관심도 높이기 (Increase trust and visibility by opening social media pages, bulletin boards, YouTube channels, or newsletters to share student council activities regularly.)

ⓒ 너무 학생회 중심으로만 운영되지 않고, 학급 단위에서 모든 학생의 의견을 수렴하고, 주체적으로 참여시키며 활동을 진행하는 방식의 학생회 운영 (Ensure councils are not only run by a few leaders: gather opinions from all classes and involve all students in participation.)

ⓔ 올바른 학생 대표 / 임원 선출 문화 조성(예)후보자 토론, 공약 실천을 위한 사전 교육, 모든 학생들 대상 정당한 선거 방안 안내, 진정한 리더의 자질에 대한 학생 토론 진행 등…) (Build fair election culture: hold candidate debates, give training for pledges, guide fair election procedures, and discuss what real leadership means)

ⓜ 이러한 학생회의 올바른 운영을 위해서 학기 초 학생회 교육(예) 학생회운영방안, 회의진행 방법,

지난 학생회 우수사례) (At the start of each semester, provide training on student council operations, meeting methods, and good examples from past councils.)

④ 지역사회 연계 활동 지원(Connection with the Local Community)
  ㉠ 학생이 주도하는 지역사회 연계 참여활동, 봉사활동 추진(예 지역주민과 함께 하는 마을 축제, 지역의 환경 개선이 필요한 곳에 벽화 그리기, 지역 내 생태환경 개선 프로그램 참여, 지자체와 소통하여 학교 주변 안전하지 않은 요소 건의) (Support student-led projects with the community: festivals with residents, reporting unsafe spots near school to local authorities...)
  ㉡ 지역 선거관리위원회와 연계하여 학생 대표·임원 선거 지원(예 투표용지 발급기, 투표함 등 시설 지원, 투표 안내사항 및 미래선거권 행사의 중요성 교육 등…) (Work with the local election commission to support student elections (election guides, education on future voting rights).
  ㉢ 학생 동아리의 지역사회 연계 활동을 적극적으로 지원하여 민주시민 역량 기르기(예 교육동아리의 지역사회 어려운 학생 대상 교육봉사, 역사 동아리의 지역 유적지 담당 기관과 연계 후 홍보물 제작, 독서 동아리의 지역 도서관 내 독서 프로그램 지원, 봉사 동아리의 지역 사회복지관 봉사 등…) (Encourage student clubs to contribute to their community by tutoring students in need, creating promotional materials with local museums, and supporting library programs...)

> **➕ PLUS | 학교단위 자율교육과정 (School-Based Autonomous Curriculum)**
>
> (1) 배경
>   ① 교육 자치, 교육 민주주의에 따른 개별 학교의 교육과정 운영에 관한 자율성 증가.
>   ② 교육부의 수업량 유연화 조치로 각 교과 수업량 중 1회를 단위학교에서 자율적으로 운영할 수 있게 됨.
>   ③ 학기말 지필고사 이후 각 교과수업 진행의 어려움
> (2) 특징
>   ① 정의 : 각 교과의 1단위(한 학기 이수 수업량)의 수업 중 1회를 교과 수업이 아닌 학교만의 특색있는 프로그램으로 운영
>   ② 운영 형태 : 진로체험, 교과심화 탐구, 교과융합 프로젝트, 학습 결손 보충, 지역사회연계 프로그램, 동아리 연계 운영 등....
>   ③ 프로그램 진행 예시 : 지필고사 이후 2일간 교과수업 없는 자율교육과정 운영 결정➡ 교사 간, 교사와 학생 간, 학생 간, 그리고 학교와 지역사회 간 회의를 통해 프로그램 개발 ➡ 무학년제로 학생들이 각자 흥미와 진로에 따라 참여 프로그램 선택 ➡ 선택 프로그램에 따라 반을 편성하여 실시
>   ④ 프로그램 예시 : 문학 속 역사를 찾는 교과융합수업, SNS를 활용한 진로 카드 만들기, 대학연계학과설명회, 선배가 전해주는 선택과목박람회, 학교 소개 영상 만들기, 지역 환경보존 포스터 그리기, 교실 분리수거 안내서 만들기, SNS/인터넷 속 왜곡된 우리 역사 사례를 찾고 올바른 역사 알리는 사이버외교단 활동
> (3) 효과
>   ① 교과시간에 바쁜 교과 진도 일정으로 인해 실시하지 못했던 교과 내용 외 프로그램(진로관련활동, 교과융합활동 등) 실행 가능 ➡ 학생들이 교과에서 배운 내용을 바탕으로 창의적으로 융합하는 경험 제공 ➡ 개개인의 잠재력 발휘 및 미래사회에 필요한 역량을 키울 수 있는 기회 제공
>   ② 단위학교에 재량권, 자율권을 부여하여 지역, 학교에 맞는 특색있는 교육 진행
>   ③ 자신이 맡은 교과의 벽을 깨고 서로 다른 교과를 융합하는 경험을 통해 교사도 학생과 함께 성장
>   ④ 자율교육과정 구성 및 진행 과정에서 서로 협력하고 이해하는 교육공동체 형성

07 민주시민교육, 세계시민교육(Democratic citizenship education, Global citizenship education)

> **Point**
>
> 학교는 학생들이 가장 먼저 접하는 사회적 공간이자 성인이 되기 전 마지막으로 머무는 곳이므로 사회에서 민주시민의 역할을 잘 수행하도록 돕기 위한 교육이 필요하다. 민주시민교육은 학교 행사, 동아리, 학급운영, 교과수업 등에서 다양한 영역에서 실시되어야 하므로 각 영역의 민주시민교육 실천 방안을 구체적인 예시까지 준비하자. 세계시민교육은 민주시민교육의 연장선으로 보면 된다. 세계화가 진행되며 세계 곳곳에서 일어나는 문제가 개별 국가의 문제만이 아니고 지구 전체가 공유하고 함께 해결해야 한다는 인식이 많아졌고, 이러한 지구촌 문제 해결을 위해 노력할 수 있는 세계시민을 양성하고자 하는 세계시민교육의 중요성이 점점 늘어나고 있다. 최근 관심이 높아지고 있는 감염병, 기후변화, 자연재해, 환경오염 등도 세계시민교육과 연계할 수 있는 내용이므로 관련하여 답변을 준비해 놓는 것이 좋다. '디지털/미디어리터러시' 도 민주시민교육의 한 부분이지만 이는 비중이 높아져서 다음 파트로 따로 정리했다.

> **대표기출**
>
> *교과 연계 민주시민교육 방안 (2019 경기, 2017 세종)
>
> **기출 답변 핵심 Point**
>
> - 민주시민역량: 자율과 책임, 민주적 의사결정 및 참여, 합리적 의사소통, 공동체의식, 타인 이해, 다문화이해, 평화와 통일, 미디어리터러시 (Democratic Citizenship Competencies: Autonomy and responsibility, democratic decision-making and participation, rational communication, sense of community, understanding others, multicultural understanding, peace and unification, media literacy.)
> - 교과연계민주시민교육 예시: 각종 단체, 글로벌 기업, 공공장소에서 적용되는 공동 규칙에 대해 조사한 후 이를 통해 학급 규칙 만들기. 의무와 책임과 관련된 영어 표현을 배운 뒤 이 표현을 활용하여 학급 규칙을 영어로 표현한 후 게시하기. (After researching common rules applied in various organizations, global companies, and public places, students create class rules based on this information. Students learn English expressions related to duties and responsibilities, and use these expressions to formulate class rules in English, and then display them.)
> - 토론활동 활성화: '타당한 근거를 들어서 이야기하기', '상대방의 입장 존중하기'와 같은 토론의 규칙을 충분히 연습하고, 합리적이고 민주적인 의사결정 절차를 경험할 수 있도록 돕기. (Help students practice debate rules such as "providing valid evidence" and "respecting others' opinion". Then, help students experience reasonable and democratic decision-making processes.)

(1) 민주시민교육(Democratic Citizenship Education)

① 학교 민주시민교육의 필요성(Need for Democratic Citizenship Education in Schools)
  ㉠ 학교는 학생들이 가장 먼저 접하게 되는 사회적인 공간 ➡ 세계인과 더불어가는 창의적인 민주시민을 육성하기 위해 민주시민 확산을 위한 교육체계를 마련하여 적용할 필요가 있음. (Schools are the first social space students experience. ➡ Schools need an education system to promote democratic citizenship for creative citizens who live with the world.)
  ㉡ 교실 속 문제는 학생들이 사회에 나가 겪을 사회 문제의 축소판이므로 학교 공간에서 민주적인 문제해결을 경험할 필요가 있음. (Classroom problems are small versions of real social issues, so students should experience democratic problem-solving in school.)

② 민주시민교육의 의미(Meaning of Democratic Citizenship Education)
  ㉠ 정의 : 민주시민으로서 사회 참여에 필요한 지식, 가치, 태도를 배우고 실천하게 하는 교육 (Education that helps students learn and practice knowledge, values, and attitudes needed as democratic citizens.)
  ㉡ 영역 : 민주주의 이해, 공동체영역(의사소통, 다문화, 평화/통일...), 민주적 의사결정 및 참여 (참정권교육, 학생/학교자치활동, 미디어리터러시..) (Understanding democracy, community skills (communication, multiculturalism, peace/unification…), and democratic participation (civic rights, student governance, media literacy).)

③ 의사소통 능력과 공동체 의식 함양(Developing Communication Skills and Community Awareness)
  ㉠ 더불어 가는 공동체 사회를 이해하도록 바른 인성 및 자신의 생각을 표현하고 타인의 생각 존중하는 능력 필요 ➡ 지시와 훈육 위주의 시간보다는 대화와 토론의 시간 확보 ➡ 학생 간 원활한 대화와 소통을 통한 감정의 교감을 통해 신뢰 관계 형성 (Students need to express their thoughts, respect others, and understand community life. ➡ Give time for discussion and debate, not just instructions. ➡ Build trust through communication and emotional sharing.)
  ㉡ 타인과 의사소통 과정에서 지켜야 할 것 교육 ➡ 대화와 토론의 규칙을 따르기, 의사결정에 적극 참여하기, 약속과 합의 준수하기, 소수의 의견 존중하기 (Teach communication rules: follow discussion rules, participate in decisions, keep promises, respect minority opinions.)
  ㉢ 학급활동을 통해 공동체 생활을 배우고 익히기 ➡ 학급에서의 역할 분담, 이질적 모둠 편성을 통한 공동체 생활, 동아리활동 및 스포츠활동을 통한 협력 (Learn community life through class activities: share roles, form diverse groups, cooperate in clubs and sports.)

④ 자율과 협동의 가치를 배우는 학생자치활동(Student Self-Governance Activities to Learn Autonomy and Cooperation)
  ㉠ 학급회의 : 모든 학생에게 리더십 기를 기회 제공, 민주적인 의사결정 경험 (Class meetings: All students get leadership opportunities and democratic decision experience.)
  ㉡ 전체 학생회의 : 학생이 주도적으로 규칙을 제정하고 의사결정에 참여 (Whole-student meetings: Students lead in making rules and decisions.)
  ㉢ 각종 학교행사활동 : 학교 축제, 체육대회 등 각종 행사를 학생회가 주관하여 진행하고, 모든 학

생들이 실천하고 체험할 기회가 될 수 있도록 지원 (School events: Student council organizes events (festivals, sports), giving students chances to practice leadership and cooperation.)

⑤ 타인에 대한 이해와 생명 존중(Understanding Others and Respecting Life)
- ㉠ 다문화 감수성 교육, 인류애, 평화 애호 정신을 기르는 활동을 통한 세계시민교육 (Activities to build multicultural awareness, humanity, and love for peace.)
- ㉡ 자연을 몸소 체험하는 생태교육, 환경교육, 생명존중 교육 강화 (Strengthen ecological, environmental, and life-respecting education through hands-on nature activities.)
- ㉢ 인류 공존을 위한 지속가능발전 교육, 기후위기대응 교육, 감염병 대응 교육 강화 (Promote sustainable development, climate response, and pandemic preparedness education.)
- ㉣ 교육과정 활동과 연계하고 다양한 사회단체와 결연을 통한 봉사활동 (Link activities with curriculum and volunteer work with community organizations.)

⑥ 참정권교육 강화(Strengthening Civic Rights Education)
청소년 참정권 확대에 따른 학생의 정치참여 교육 필요성 증가
- ㉠ '리더'의 의미와 올바른 리더가 가져야 할 역량에 관한 토론, 역사 속 훌륭한 리더 조사활동 (Discuss the meaning of being a leader and skills needed; study great leaders in history.)
- ㉡ 역사 속 선거권 부여 및 선거가 바꿔놓은 세상에 대한 조사 및 토론 활동 (Explore the impact of voting rights and how elections change society.)
- ㉢ 선거의 중요성 및 올바른 기표 방법을 알리는 홍보 포스터/영상 만들기 (Make posters or videos about voting importance and correct methods.)
- ㉣ 학교의 선거와 공직 선거의 공통점과 차이점에 대한 토론 (Discuss similarities and differences between school and public elections.)
- ㉤ 학급의 모의 선거 역할극을 통해 후보 등록부터 선거 유세, 과정, 투표까지 체험 (Experience mock elections, from candidate registration to campaigns and voting.)
- ㉥ 조별로 경제/환경/부동산/교육/복지 등의 분야에서 1가지씩 맡아 직접 공약을 만들어보고 발표한 뒤 다 함께 실현가능성을 판단해보는 활동 (In groups, create policy proposals on topics like economy, environment, housing, education, or welfare, present them, and discuss feasibility together.)

> **PLUS | 교과 연계 민주시민교육 예시**
>
> ① 의무와 책임과 관련된 영어 표현을 배운 뒤에 (not allowed to, must, should…) 이 표현을 활용하여 학급 규칙을 영어로 작성한 뒤 게시하기 ➡ 민주시민이 갖춰야 할 자율과 책임, 더불어 살아가는 공동체 의식 함양 가능
> ② 비폭력대화 또는 타인을 존중하는 대화와 관련된 지문을 읽고 올바른 의사소통 방식에 대해 조별로 토론해본 뒤에 바람직한 대화로 직접 영어 대본을 써서 연극하기 ➡ 더불어 사는 공동체를 위한 자신의 생각 표현 및 타인 생각 존중하는 방법(의사소통 역량)을 기를 수 있음
> ③ (사회/역사와 영어 융합) 민주주의 제도에 대해 배운 이후 미얀마 등 해외 민주화 운동을 다룬 영자신문을 분석하여 관련 표현 및 내용 파악하기. 이를 토대로 우리나라 역사 속 민주화 운동과 비교하며 민주주의로 발전할 수 있는 방향 토론

(2) 세계시민교육(Global Citizenship Education)

① 배경 (Background)

㉠ 국경을 넘은 세계화 현상 ➡ 세계 전체의 상호작용 늘어나고 상호 의존성 높아지며, 그에 따른 서로의 차이로 인한 갈등이 생김 ➡ 인종, 성별, 국적, 종교, 계급의 차이를 두지 않고 모두가 지구촌 구성원이라는 정체성을 가지고 행동하는 '세계시민'을 학교 교육을 통해 길러낼 필요성 (Globalization increases interactions between countries, creating conflicts from differences; schools should help students become "global citizens" who act responsibly and respectfully, no matter their race, gender, nationality, religion, or class.)

㉡ 환경오염, 기후변화, 감염병과 같은 지구촌 문제는 개별 국가에만 국한되는 문제가 아니므로 단일 국가의 시민성에 기초한 시민교육으로는 해결하기 어려움을 인식 ➡ 지구촌 문제를 자신의 문제로 인식하고 적극적으로 대응하기 위한 새로운 교육의 틀 필요 (Global problems like pollution, climate change, and pandemics cannot be solved by focusing on one country, so students need to see these issues as their own and learn to respond.)

㉢ 세계시민 : '시민'이 '한 공동체(국가)'의 구성이라면, '세계시민'은 '세계라는 공동체'로 확장시킨 개념 ➡ 지구촌 모든 나라가 상호의존적으로 살아가는 하나의 공동체 ➡ 지구라는 공동체 시민으로서 서로의 문제에 관심을 가지고, 자신의 권리를 주장하면서도 서로에 대한 존중과 함께 책임도 지는 시민으로 살아가는 것 (A global citizen is someone who cares about the world, respects others, takes responsibility, and acts for the common good.)

② 교실 속 세계시민교육 적용(Applying Global Citizenship Education in the Classroom)

㉠ 7가지 핵심 주제 : 평화, 인권, 다문화, 환경, 세계화, 지역고유문화, 경제정의 ➡ 교육과정 속에 자연스럽게 녹여서 교육할 필요 (Seven key themes: peace, human rights, multiculturalism, environment, globalization, local culture, and economic justice — these should be naturally included in the curriculum.)

㉡ 세계시민교육의 주제는 이미 각 교과 교과서에 포함되어 있음. ➡ 각 교과 수업 내용 중 세계시민관련 주제, 요소를 찾아내어 재구성하고, 이를 프로젝트학습, 토론, 토의, 시뮬레이션 등의 다양한 방법을 사용하여 학생들이 세계시민의 자세를 직접 실천할 수 있도록 돕기 (Topics of global citizenship are already in textbooks – teachers can identify them and use projects, debates, discussions, and simulations to help students practice global citizenship.)

㉢ 세계가 직면하고 있는 여러 문제에 관하여 각 지역 특색에 맞는 이슈를 찾아 학교와 지역사회가 함께 변화할 방법을 직접 찾고 계획 및 실천하는 프로젝트 진행 (Students can explore local-global issues, plan and implement projects with their school and community to address real-world problems.)

③ 세계시민교육 적용 유의점(Key Points for Applying Global Citizenship Education)

㉠ 세계시민교육은 교사가 주도하는 교육이 아님 ➡ 교사와 학생 모두 주도적으로 조사하고 실천할 수 있는 교육 주제를 찾아야 하며, 교사와 학생 모두가 배우는 방식의 교육이 필요

(Global citizenship education is not teacher-led – both teachers and students should find topics to explore and act on together, learning from each other)

ⓒ 교사는 학습 계획 및 전개 과정을 점검해주고 지원해주는 촉진자, 협력자 역할 (Teachers act as facilitators and supporters, checking plans and guiding the learning process.)

ⓒ 교사가 먼저 세계시민의식을 이해하고 세계시민의 모범을 보여주어야 하며, 진지한 탐구 및 연구를 통해 시대의 흐름에 잘 따라가려는 자세가 필요 (Teachers should understand and model global citizenship, showing students how to explore and study real-world issues seriously.)

ⓔ 지역사회로의 확장 필요 : 교실의 교육활동으로 끝나지 않고, 그것이 학교 행사나 동아리 활동으로 연계되어야 하고, 그것이 또한 지역사회 활동으로까지 확대될 수 있도록 노력 (지역사회는 세계시민교육을 직접 체험할 수 있는 좋은 실습의 장) (Extend learning beyond the classroom – link activities to school events, clubs, and the local community so students can practice global citizenship in real life.)

④ 세계시민교육 적용 예시

ⓐ 학급프로그램진행 : 학급자치회의 주제로 학생 인권, 환경보호 등을 주제로 토론해서 학급 차원에서 할 수 있는 일 정하기, 학급에서 해외 어려운 학생 돕는 학용품 / 생필품 보내기 봉사활동 (Hold class discussions on topics like student rights and environmental protection during class meetings. Decide together what actions the class can take, e.g., collecting school supplies or daily necessities for students in need overseas.)

ⓑ 모의국제회의 : 국가별 갈등 사례를 담은 영자신문을 읽은 뒤 조별로 다른 갈등 사례를 1개씩 조사➡ 각 조의 주제중 가장 중요도가 높은 이슈를 투표하여 선정하고 모의 국제회의 진행 ➡ 그 이슈와 관련된 국가를 논의해보고 각 조가 한 나라의 입장이 되어 국가별 입장을 정리하여 발표(국가가 겪는 영향, 노력 내용..) ➡ 발표 내용을 종합하여 합의사항을 토론하여 도출 ➡ 영어 결의문(관련 표현 배운 후) 함께 작성 (After reading English articles about international conflicts, each group researches one additional conflict. The class votes to select the most important issue, and a 'Mock International Meeting' is held. Each group represents a country, summarizes its position (impacts, efforts, etc.), and presents it. The class then discusses the presentations, reaches a consensus, and together writes a resolution in English.)

ⓒ 공정무역 토론: '공정무역' 관련 영어 지문 읽고 각 조별로 좋아하는 편의점 상품 하나씩 가져오기(예커피, 바나나우유…) ➡ 각 제품의 제품 성분표을 보고 원재료부터 완제품까지 우리한테 오는 무역 과정을 인터넷을 통해 조사하여 흐름도를 영어로 그려보고 그와 관련된 불공정한 노동 사례도 조사해서 발표 ➡ 우리가 사고 먹는 것은 전세계 사람들과 연결되어있고, 그 중 많은 노동자들이 불공정한 노동에 처해있다는 사실을 조사하여 토론 진행
(Fair Trade Activity: Students read an English text about fair trade and bring one product they like (coffee, banana milk, etc.). They trace how the product goes from raw materials to the store, make a simple English flow chart, and learn about unfair labor involved. Then they discuss how our choices affect workers around the world.)

ⓒ 문화 존중 연극: 나라별 문화 차이(인사법, 식사 예절, 독특한 지역 축제) 등에 대하여 조별로 조사하고, 영어 대사를 직접 작성하여 역할극 해보기 ➡ 서로의 문화 존중 태도에 관한 소감문까지 작성 (Cultural Respect Role-play: Students research cultural differences (greetings, table manners, local festivals) by group, write short English dialogues, and perform a role-play. Afterward, they write reflections on respecting other cultures.)

ⓓ 인권토론: '세계인권선언' 일부를 영어 지문으로 읽기 ➡ 사회적 약자 차별의 몇 가지 사례를 제시하고 각 사례가 인권이 보장된 사례인지 아닌지 토론하기 ➡ 내 주변에서 잘 지켜지고 있는지 사례조사 ➡ 인권 관련 포스터, 릴스 제작 등의 활동으로 확장하고, 가능하다면 학교 축제 등의 프로그램과 지역사회 활동으로까지 연결하여 확장시키기 (Human Rights Discussion: Students read part of the Universal Declaration of Human Rights in English, discuss cases of discrimination, and decide whether human rights are protected. They also investigate examples in their community and expand the activity by creating posters or social media content, which can be linked to school festivals or community projects.)

> **＋ PLUS | 민주시민교육과 세계시민교육 핵심요소 비교**
>
> - **민주시민교육 핵심요소** : 민주주의 이해, 정치 참여, 인권, 영토, 역사, 정통성, 사회통합, 평화통일, 권리와 의무, 참여와 책임, 의사소통, 합리적 의사결정, 갈등 조정, 자유, 자율, 공정, 준법, 배려와 나눔…
> - **세계시민교육 핵심요소** : 평화, 인권, 다문화, 환경보호, 지속가능발전교육, 빈곤, 경제사회, 교육적 불평등, 국제교류 및 이해, 문화 / 언어 / 생물적 다양성, 기후변화, 재생에너지…

08 디지털 리터러시, 미디어 리터러시 교육

> **Point**
>
> 2022개정교육과정에서는 모든 유형의 학습이 이루어지기 위해 반드시 갖춰져야 할 조건인 '기초소양'이라는 개념을 도입했으며, '모든 학생이 학습의 기초인 언어·수리·디지털 기초소양을 갖출 수 있도록 하여 학교 교육과 평생 학습에서 학습을 지속할 수 있게 한다.'라고 명시되어있다. 그중 '디지털 소양'은 '디지털 도구와 기술을 사용하여 정보를 체계적으로 수집·분석·관리하고 소통하며 문제를 효과적으로 해결하는 능력'이며 '디지털 기기와 프로그램 및 기술의 활용 능력과 함께 기초적인 프로그래밍 원리에 대한 이해, 전자 정보 관리와 분석 능력, 디지털 윤리의식, 디지털 안전 및 보안 의식' 등을 포함한다고 되어있다. 현장에서도 학생들이 SNS에 상대방의 허락 없이 딥페이크 영상을 올리거나 가짜뉴스를 비판적으로 판단하지 못하고 그대로 믿고 공유하는 등 부적절한 방법으로 디지털 기기를 사용하고 있으며 디지털 소양 능력을 교육할 필요성 또한 강조되고 있다. 이에 따라 디지털 리터러시, 미디어 리터러시와 관련된 기출들이 등장하고 있고, 앞으로도 출제 확률이 높은 주제이니 잘 준비해두자.

> **대표기출**

*사이버 학교폭력이 많아지는 상황에서 디지털리터러시를 교과와 연계한 교육 방안 (2025 경기)

*가짜뉴스, SNS허위사실 등 문제에 대한 학생 지도방안과 이를 위한 전문성 신장 방안 (2025 평가원 비교과)

*딥페이크 영상 피해 예방 위한 디지털 사용 관련 의식 높이는 방안 (2025 대구)

*디지털 리터러시 역량 강화 방안 (2022 인천)

> **기출 답변 핵심 Point**

- 디지털/미디어 리터러시 교육 필요성: 학생들의 디지털기기 사용이 일상화되면서 정보의 진위를 구분하지 못하거나 사이버 예절을 지키지 못하는 사례가 증가하고 있음.(As students use digital devices more frequently, they often fail to distinguish between true and false information or behave politely online.)
- 수업 예시1: 학생들이 스마트폰에서 사용하는 어플에 접속 후 대화 기록 또는 댓글들을 보며 불편함을 느꼈던 메시지를 찾아서 패들렛 게시판 올리기 → 친구들의 글을 본 후 어떤 기분이 드는지를 댓글로 표현 → 사이버불링에 대한 영어 기사를 읽고 요약하고, 상대방에게 힘을 줄 수 있는 영어 표현을 배우기 → 다시 패들렛으로 돌아가 기분 나쁜 글들을 긍정적인 영어 표현으로 바꿔서 댓글 달기 (Students log in to the apps they often use on their smartphones and look through past messages or comments. They choose one that made them feel uncomfortable and post it on a Padlet board. After reading their friends' posts, they write a short comment about how those messages make them feel. Next, they read an English article about cyberbullying, summarize it, and learn useful English expressions to encourage or comfort others. Finally, they return to the Padlet board and change the negative messages into positive English comments.)
- 수업 예시2: 진짜와 가짜가 섞인 영자신문기사를 준비하기 → 학생들은 조별로 처음엔 기사의 제목들만 보고 진위여부를 판단해보고 이후 각 기사를 해석해보며 진위여부 및 그렇게 생각하는 이유를 발표 → 이런 가짜뉴스에 의해 누가, 어떤 피해를 받을 수 있는지, 그리고 진위여부를 확인할 수 있는 방법을 함께 토론 (The teacher prepares several English news articles, mixing real and fake ones. In groups, students first look only at the headlines and decide whether each article seems true or fake. Then they read the full articles, discuss the reasons for their choices, and present their opinions to the class. They also talk about who might be harmed by fake news and share ideas on how to check if news is real or not.)

(1) 디지털 리터러시 교육(Digital Literacy Education)

① 개념 및 특징(Concept and Features)

㉠ 디지털 리터러시 교육은 디지털 기술과 정보를 올바르게 이해하고 활용하며, 윤리적이고 책임 있는 태도로 디지털 공간에 참여할 수 있는 능력을 기르는 교육임. (Digital literacy

education aims to help students understand and use digital technology properly and participate in digital spaces with ethical and responsible behavior.)
- ⓒ 이는 단순한 기술 습득이 아니라, 디지털 사회 속에서 시민으로서 책임 있는 판단과 행동을 실천하는 능력을 기르는 데 목적이 있음. (It is not only about acquiring technical skills but also about developing the ability to make responsible judgments and actions as digital citizens.)

② 필요성(Need and Importance)
- ㉠ 학생들의 디지털기기 사용이 일상화되면서 정보의 진위를 구분하지 못하거나 사이버 예절을 지키지 못하는 사례가 증가하고 있음. (As students use digital devices more frequently, they often fail to distinguish between true and false information or behave politely online.)
- ㉡ 또한 개인정보 침해, 사이버폭력, 허위정보 유포 등 다양한 문제가 발생하고 있어, 교실에서 학생들에게 올바른 정보 활용과 책임 있는 온라인 행동을 가르칠 필요가 있음. (With growing problems such as data leaks, cyberbullying, and misinformation, it is essential to teach students how to use information wisely and act responsibly online.)

③ 주요 교육 내용(Main Learning Areas)
- ㉠ 디지털 기술 이해 및 활용 (Understanding and using digital tools effectively)
- ㉡ 정보 탐색 및 평가 (Searching and evaluating information)
- ㉢ 온라인 예절 및 사이버 윤리 (Practicing online manners and digital ethics)
- ㉣ 개인정보 보호와 저작권 인식 (Protecting privacy and respecting copyright)
- ㉤ 허위정보 판별 및 팩트체크 (Detecting misinformation and fact-checking)
- ㉥ 디지털 권리와 책임 인식 (Recognizing digital rights and responsibilities)

④ 수업 예시(Lesson Examples)
- ㉠ 팩트체크 활동(Fact-checking Activity): 의심스러운 SNS 게시물을 제시하고, 학생들이 '이미지 역검색'이나 '구글 팩트체크 도구'를 활용하여 진위를 분석함. 이후 결과를 정리해 '허위정보 식별 기준표'를 만들고, 팀별로 발표함. (Students analyze suspicious social media posts using reverse image search or Google Fact Check tools. They summarize results in a "false information checklist" and present their findings in groups.)
- ㉡ 이미지 판별 실습(Image Verification Practice): 딥페이크 이미지와 실제 사진을 비교하며 합성된 흔적이나 비자연스러운 요소를 찾아냄. 이후, 부적절한 콘텐츠를 발견했을 때의 신고 절차를 조사하고 '디지털 범죄 대응 가이드'를 제작함. (Students compare deepfake images with real photos to identify editing traces or unnatural features. Then, they research how to report inappropriate digital content and create a "digital crime response guide.")
- ㉢ 온라인 공익광고 제작(Creating Online Public Service Ads): 실제 온라인 댓글 사례를 분석해 문제점을 찾고, '온라인 에티켓 3대 원칙'을 주제로 공익광고 스토리보드를 제작함. 완성된 작품은 학교 홈페이지나 SNS에 게시함. (Students analyze examples of online comments, identify problems, and design a PSA storyboard about "Three Rules of Online Etiquette." The completed PSAs are posted on the school website or shared on social media.)

ⓐ 디지털 권리 · 책임 토론(Debate on Digital Rights and Responsibilities): 사이버폭력, 개인정보 유출, 불법 촬영물 등 실제 사례를 제시하고, 디지털 시민으로서 어떤 행동이 옳은지 토론함. 토론 후, 각 조는 '디지털 시민 행동 강령'을 작성함. (Students discuss real-life cases such as cyberbullying, privacy leaks, or illegal content and debate what responsible digital behavior should be. Each group creates its own "Digital Citizen Code of Conduct.")

(2) 미디어 리터러시 교육(Media Literacy Education)

① 개념 및 특징(Concept and Features)
  ㉠ 미디어 리터러시 교육은 뉴스, 영상, SNS 등 다양한 미디어를 비판적으로 해석하고, 신뢰성을 평가하며, 주체적으로 콘텐츠를 소비·생산·공유할 수 있는 능력을 기르는 교육임. (Media literacy education develops students' ability to critically interpret media, evaluate its reliability, and consume, produce, and share content responsibly.)
  ㉡ 이는 정보의 신뢰도와 표현의 책임을 다루며, 비판적 소비자이자 윤리적 생산자로 성장시키는 데 중점을 둠. (It focuses on helping students become both critical consumers and ethical producers of media.)

② 필요성(Need and Importance)
  ㉠ 학생들이 미디어에 노출되는 시간이 늘어남에 따라 정보의 신뢰도와 정확성을 판단하는 능력이 부족한 경우가 많음. (As students are more exposed to media, they often lack the ability to judge the accuracy and reliability of information.)
  ㉡ 가짜뉴스, 편향된 기사, 자극적 콘텐츠 등이 사회적 혼란을 초래하고 있음. (Fake news, biased reporting, and sensational content often cause public confusion.)
  ㉢ 따라서 학교에서는 미디어 리터러시 교육을 통해 비판적 사고력과 정보 분석력을 길러야 함. (Schools should strengthen students' critical thinking and information analysis through media literacy education.)

③ 주요 교육 내용(Main Learning Areas)
  ㉠ 뉴스 및 SNS의 신뢰도 판별 (Evaluating the reliability of news and social media)
  ㉡ 미디어 편향성 분석 (Analyzing media bias)
  ㉢ 가짜뉴스 및 허위정보 판별 (Identifying fake or misleading information)
  ㉣ 정보 생산과 표현의 책임 (Understanding responsible content creation)
  ㉤ 민주적 소통과 비판적 사고 (Practicing democratic communication and critical thinking)

④ 수업 예시(Lesson Examples)
  ㉠ AI 뉴스 탐정단(AI News Detective Project): AI(ChatGPT 등)로 만든 가짜 뉴스와 실제 뉴스를 비교해 문체, 출처, 정보의 양과 질을 분석함. 이후 '신뢰할 수 있는 뉴스의 조건'을 정리한 체크리스트를 만들고, 조별 발표를 진행함. (Students compare AI-generated news with real news, analyzing tone, sources, and amount of information. They create a checklist of "What makes a trustworthy news story" and present their findings.)

ⓒ **허위정보 고쳐쓰기(Rewrite False Information)**: 조별로 유튜브, 블로그, SNS 등에서 잘못된 정보를 수집하고, 올바른 근거를 찾아 사실 기반 콘텐츠로 다시 제작함. 결과물을 인포그래픽이나 영상 형태로 만들어 공유함. (Each group collects false information from YouTube, blogs, or social media, verifies facts, and recreates content based on accurate information. They design infographics or short videos to share correct information.)

ⓒ **미디어 편향성 실험(Media Bias Experiment)**: 동일 사건을 다룬 여러 언론사의 기사를 수집해 제목, 사진, 단어 선택의 차이를 비교함. 이후 '중립성 지표'를 만들어 각 언론의 편향 정도를 분석함. (Students collect news articles from different media outlets about the same event and compare headlines, images, and word choices. They create a "neutrality index" to measure and discuss the degree of bias.)

ⓔ **가짜 뉴스 판별 토론(Fake News Debate)**: 실제 뉴스와 AI가 생성한 뉴스를 섞어 제시하고, 학생들이 팩트체크를 통해 가짜 뉴스를 찾아냄. 활동 후, "비판적 미디어 소비자의 자세"에 대해 토론함. (Students receive a mix of real and AI-generated news, fact-check each one, and identify the fake ones. Afterward, they discuss what it means to be a critical media consumer.)

09 지역사회 연계 교육(마을교육공동체, Community-Based Education)

> **Point**
>
> 학교 밖 지역 자원을 활용하거나, 지역사회와 연계한 교육에 관련된 문제가 종종 출제되고 있는데. 이는 교육 자치시대의 흐름을 반영한 것이다. 이제는 교육부 차원에서 내려온 지시대로만 교육하는 것이 아닌, 지역마다 특색을 살려서 교육하는 것이 중요해지고 있다. 아이들의 교육이 학교에서만 이루어지는 것이 아닌 학교 밖 지역자원을 활용한, 즉 '마을교육'이 이루어져야 한다는 신념과 함께 지자체에서의 많은 지원 속 관련 사업이 활발하게 이루어지고 있다. 여기에 수록된 내용은 기본적으로 잘 알아두고, 추가로 본인이 지원하는 지역의 교육청 홈페이지를 살펴보고 '본인 지원지역 + 지역연계교육'을 인터넷에서 검색해서 (블로그, 뉴스기사 등) 구체적인 예시를 확보해 놓자. 교과수업에서 어떻게 지역자원을 연계한 수업을 할 것인지도 구체적 방안을 준비해 놓자.

> **대표기출**
>
> *마을교육공동체(지역연계교육)의 필요성, 교과 연계 마을교육공동체 운영 방안 (2022 충북)
>
> *지역 연계 학교 축제 운영 방법 및 교육적 효과 (2018 세종)
>
> *지역과 연계한 전공 프로그램 및 기대효과 (2021 경기비교과)
>
> *학교 교육의 지역 참여 정도, 지역 연계 교육의 이유 및 사례 (2025 평가원)

> **기출 답변 핵심 Point**
>
> - 지역연계교육 필요성: 학생들이 살아가는데 필요한 배움은 학교 안에만 있지 않고 학교 밖에도 존재함. 지역사회가 가지고 있는 교육자원을 활용한 배움을 통해 지역 사회 구성원과 더불어 살아가는 진정한 민주시민으로 성장할 수 있음.(Learning necessary for students' lives is not limited to school but also exists beyond it. By utilizing educational resources available in the community, students can grow into true democratic citizens who live in harmony with community members.)
> - 지역 연계 교육 활동 예시: 지역 박물관 특별 전시를 보고 온 후 이를 외국인에게 소개하는 영어 포스터 만들기, 지역 특산품을 활용한 공예품 만들기, 우리 마을의 기업, 상인, 청소년 단체 등을 학교 축제에 초대하여 학생들을 위한 체험형 부스 운영하기(Create an English poster to introduce a special exhibition from a local museum to foreigners/ make crafts using local specialties/ invite local businesses, merchants, and youth organizations to set up experience-based booths at school festivals...)

(1) 교육자치시대(교육생태학적 접근)의 배경(Background of the Era of Educational Autonomy)

① 교육과정 거버넌스의 변화: 국가중심 교육과정의 하향식(획일적 교육, 학교 교육과정 통제) ➡ 국가-교육청-학교 연계성 부족, 단위학교의 자율성 발휘 어려움. ➡ 교육 민주주의(교육 자치 강화: 상부 기관으로부터 내려오는 전달식 교육과정이 아닌, 지역차원에서 각 지역 특성에 따른 교육적 요구 반영) ➡ 지역 내 '학교 수준'의 교육과정 자율화 및 다양화 (Traditional top-down, national-centered curriculum limited school autonomy and connection between national, local, and school levels. Educational democracy emphasizes school-level curriculum autonomy, reflecting local needs and promoting diverse school programs.)

② 4차산업혁명 급격 변화 ➡ 전통 지식 위주보다는 미래 대비를 위한 자율적 성장, 창의성 발현을 위한 교육 필요 (Rapid Changes in the 4th Industrial Revolution: Education should focus on autonomous growth and creativity rather than just traditional knowledge)

③ 학교와 환경은 상호적 영향을 주는 관계로 각 요소의 노력 필요 ➡ 학교를 넘어 지역사회로 배움터를 넓혀가는 교육생태계의 확장 필요(학생들이 살아가는데 필요한 배움은 학교 안에만 있지 않고 학교 밖에도 존재) (School-Environment Interaction: Learning should extend beyond school to the local community, forming an educational ecosystem.)

④ 학교에서 끊임없이 발생하는 문제해결을 학교 내에서 모두 처리하기 어려움 ➡ 학교를 둘러싼 지역사회, 지방자치단체의 역할, 지원 필요 (Schools cannot solve all problems alone. Local communities and governments should actively support schools' educational efforts.)

(2) 지역사회 연계교육의 필요성, 특징(Community-Based Education)

① 교육 자치 시대에 따른 지역의 특색을 반영한 교육과정 운영 필요 ➡ 지역자원 및 구성원과 활발한 연계, 협업을 통해서 지역화 프로그램, 인적자원 개발 필요 (Schools need to design curricula reflecting local characteristics, using community resources and active collaboration)

② "학교는 지역과 유기적인 관계를 맺고 학교와 마을은 서로 만나야 한다", "마을이 학교다", "한 아이를 키우려면 온 마을이 필요하다" : 각 지역의 아이들을 배우게 하고 성장시키는 역할과 책임을 학교에서만 부여할 수는 없다는 움직임 (Ideas like "Schools and communities should be closely connected," "The village is the school," and "It takes a whole village to raise a child" highlight that schools alone cannot fully support students' learning and growth.)

③ 마을이 배움터가 되는 일 : 지역사회가 가지고 있는 교육자원과 인프라(문화적·역사적 장소, 자연생태계, 공공기관, 농장, 시장 등)를 적극적으로 활용하여 마을을 학생들을 위한 하나의 배움터로 만드는 것. (Making the community a learning space means using local cultural, historical, and natural resources—such as museums, historical sites, ecosystems, public facilities, farms, and markets—to create learning opportunities for students.)

④ 현장체험학습은 곧 학생들이 학교의 교육과정을 바탕으로 그들이 속한 지역, 마을을 알아가고 체험하는 과정이다. (Field trips help students explore and experience their local communities, connecting the school curriculum to the real world around them.)

⑤ 적용 예시

㉠ 지역사회와 학교와 연계한 진로교육 (예 경기이룸대학과 같은 지역사회의 대학과의 교류를 통해 학생이 대학의 교과를 미리 들어볼 수 있도록 하는 프로그램, 지역 내 기업의 직장인을 초빙한 진로 특강) (Career Education Linked with the Community: Programs that allow students to preview university courses through partnerships with local universities (e.g., Gyeonggi Irum University) or attend career talks by professionals from local companies.)

㉡ 지역민을 활용한 마을학교 / 마을교사 운영 (예 지역의 시청 직원을 초빙한 '우리지역의 지속가능한 발전방안' 논의) (Village Schools / Local Experts as Teachers: Hands-on lessons with local experts, such as discussions on sustainable development in the community led by local government staff.)

㉢ 마을과 함께하는 방과후 동아리활동 (예 지역주민 및 지역도서관과 함께하는 독서토론 및 책 소개 프로그램) (After-School Club Activities with the Community: Reading clubs or book introduction programs organized with local residents and libraries)

㉣ 학생·학부모·교직원·지역주민이 모두 참여하는 지역 축제 (예 지역 특산품을 활용한 음식체험, 학생과 지역주민이 함께하는 공연, 우리 마을의 낙후된 곳에 벽화 그리기 프로젝트) (Community Festivals Involving Everyone: Events that include students, parents, teachers, and local residents, such as food experiences using local specialties and mural painting projects in underdeveloped areas.)

㉤ 지역의 관광지를 활용하거나 지역 내 발생하는 문제를 해결하는 학생 프로젝트 or 동아리 활동 (예 지역관광지도 개발 프로젝트, 시각장애인 돕기 위한 마을 안내 만들기) (Student

Projects or Clubs Addressing Local Issues: Activities like developing local tourist maps or creating guides for visually impaired visitors.)
- ⓑ 지역의 특징을 살리는 체험 프로그램 (예 바다가 인접한 지역의 바다생태체험, 세계문화유산을 가진 지역의 세계문화유산 SNS 홍보물 만들기) (Local Feature-Based Experiential Programs: Programs such as marine ecology experiences in coastal areas or creating social media materials to promote local UNESCO World Heritage sites.)
- ⓐ 지역사회와 교과를 연계한 수업 진행 가능 (예 지역 내 박물관/미술관의 작품을 보고 와서 1가지씩 외국인에게 설명하듯이 영어로 설명하는 '나도 도슨트' 프로그램, 그 지역에 있는 문화유적이나 대중교통 등에 표기된 영어 중 잘못된 부분을 수정하고 영어 안내문이 없는 곳에는 새로 만든 후에 시청에 함께 제안하기, 지역의 특산물이나 관광지에 대한 정보를 지역 내 공공기관에서 구한 후 외국인에게 이를 안내하는 SNS페이지를 영어로 만들고 발표하는 프로젝트 학습, 우리지역의 특징을 조사하고 이를 영어권 국가의 도시와 비교하는 자료 만들기) (Curriculum Integration with Local Community: Classroom activities linked to local resources, e.g., students visit museums/art galleries and explain artworks in English ("I'm a Docent"), correct or create English signage for cultural sites or public transport, develop social media pages introducing local attractions in English, or compare local features with cities in English-speaking countries.)

(3) 기대효과

① **배움 확장**: 학생들의 배움이 학교 안에만 머무르지 않고 지역사회로 확장될 때 학생들은 사회구성원으로서 자기 존재감 고양 가능 (Expanding Learning Beyond School: When students' learning extends into the local community, they can develop a stronger sense of identity as active members of society.)

② **주도적 지역 체험**: 학생들이 주도적으로 자신이 속한 지역에서의 체험학습을 기획 / 운영할 수 있으며 그로 인한 자기주도성 및 문제해결력 증진 (Student-Led Local Experiential Learning: Students can plan and run experiential activities in their communities, enhancing self-directed learning and problem-solving skills.)

③ **민주시민 역량 함양** : 자신이 속한 지역사회 구성원들과 소통하고 스스로 문제를 발견하고 함께 해결하는 경험을 통해 민주시민으로 성장하게 도울 수 있음('스스로' 자기 삶을 살아가는 독립적인 인간이 되는 동시에 '더불어' 살아가는 민주적인 시민이 될 수 있음.) (Developing Democratic Citizenship: By communicating with community members, identifying problems, and working together to solve them, students grow as democratic citizens—becoming independent individuals while learning to live cooperatively.)

④ **세계시민 역량 함양** : 지역사회와 연계된 문제를 해결하는 과정에서 얻은 경험이 확장되면 국제사회에 대한 관심을 제고하고, 삶의 다양성을 존중하며, 지속가능한 발전을 위해 노력하는 세계시민으로서의 역량 함양 가능 (Developing Global Citizenship: Experiences gained from solving community issues can broaden students' awareness of international society, respect for diversity, and commitment to sustainable development.)

⑤ **인간의 역량에 집중**: 기계, 기술이 인간을 대체할 것이라는 4차산업혁명시대에 미래를 대비하기 위해 '기계'가 할 수 없는 것에 초점을 맞춰야 한다 ➡ 그 일은 사람과 사람 간의 커뮤니티(공동체)를 조직하는 것이고, 그 힘을 키워주는 것이 마을교육공동체이다. (Focusing on Human Skills in the 4th Industrial Revolution: In an era where machines and technology may replace human labor, education should focus on what machines cannot do—organizing communities and strengthening human connections—which is the core purpose of local educational communities.)

> **➕ PLUS | 지역 연계 교육으로 농어촌 지역 학교 지속 가능성 높이기**
>
> ① **농어촌과 도시의 교육 격차**: 농어촌 지역의 학생 수 감소는 도시보다 더 빠르게 진행되고 있고 도시와의 학업 성취도 격차도 더 벌어지고 있다.
> ② **지역 연계 교육의 필요성**: 농어촌 교육의 지속 가능성을 높이기 위해서는 다른 지역에서는 어려운 특색 있는 교육이 필요하다. 지역과 학교의 연계 및 협력을 강화하고 지역 특색을 반영한 교육 프로그램을 운영하면서 농어촌 학교의 어려움을 극복할 수 있고 학생들도 소속된 지역의 문화에 익숙해질수록 학교생활에서도 안정감을 느낄 수 있다.
> ③ **농어촌 지역 학교의 기회, 장점**
>   ㉠ 자연환경 자체가 살아있는 교과서가 되어 체험 기반 수업이 가능
>   ㉡ **공동체 중심 교육**: 농어촌 지역은 보통 학교와 지역 사회와의 유대가 강하기 때문에 마을 지역 전문가, 기관, 자원, 특산품 등과 연계한 학교 밖 배움을 실현하기 유리함 (**예** 지역 소상공인과 함께하는 전통한과 만들기 체험)
>   ㉢ **개별화 교육**: 학급당 학생 수가 적어 학생 개개인의 특성과 학습 수준을 더 잘 파악한 후 진정한 개별화 교육을 할 수 있으며 교사와 학생 간의 가까운 관계를 형성하여 학생의 성장에 더 큰 영향을 미칠 수 있음.
>   ㉣ **학년 경계 허물기**: 소규모 학교는 학년 간 경계를 허물 수 있는 기회가 많아 선후배가 함께 좋은 영향을 주고받는 무학년 협력 활동을 진행하기에 좋다. (**예** 저학년이 배운 기초적인 교과 개념과 고학년이 배우는 내용을 연결해 학생들의 사고를 확장 시키는 '함께 성장하며 생각 잇기' 프로젝트, 하나의 큰 개념을 각학년의 관점으로 해석한 탐구 결과물을 게시판에 공유하기, 무학년제로 '마을의 빈집 활용 방안' 과 같이 우리 마을의 문제를 해결하는 사회탐구 동아리...)
> ④ **교사의 역할**
>   ㉠ 더 가까이에서 학생을 만나고 더 깊이 있게 함께 자랄 수 있는 역할 수행하기.
>   ㉡ 지역사회의 특징을 잘 파악한 후 지역과 연계한 특색있는 교육을 실현 하기. 지역 특성에 맞는 맞춤형 교육과정 개발에 힘써야 하며, 이를 통해 학생들에게 의미있는 학습 경험을 제공할 수 있고 학생들의 지역 소속감을 높이고 민주시민으로서의 역량을 기를 수 있도록 도울 수 있다.

10 2022 개정 교육과정(총론 내용의 일부)

(1) 개정 교육과정 배경
① **인공지능 기술 발전**에 따른 디지털 전환, 감염병 대유행 및 기후·생태환경 변화, 인구 구조 변화 등에 의해 사회의 불확실성 증가
② 사회의 복잡성과 다양성이 확대되고 사회적 문제를 해결하기 위한 협력의 필요성이 증가함에 따라 상호 존중과 **공동체 의식을 함양**하는 것이 더욱 중요해짐
③ 학생 개개인의 특성과 진로에 맞는 학습을 지원해 주는 **맞춤형 교육**에 대한 요구 증가
④ 교육과정 의사 결정 과정에 다양한 교육 주체들의 참여를 확대하고 **교육과정 자율화 및 분권화**를 활성화해야 한다는 요구 증가

(2) 개정 교육과정 구성의 중점
① 디지털 전환, 기후·생태환경 변화 등에 따른 미래사회의 불확실성에 능동적으로 대응할 수 있는 능력과 자신의 삶과 학습을 스스로 이끌어가는 **주도성 함양**
② 학생 개개인의 인격적 성장을 지원하고, 사회 구성원 모두의 행복을 위해 서로 존중하고 배려하며 협력하는 **공동체 의식 함양**
③ 모든 학생이 학습의 기초인 **언어·수리·디지털 기초소양**을 갖출 수 있도록 하여 학교 교육과 평생 학습에서 학습을 지속할 수 있게 함
④ 학생들이 자신의 **진로와 학습을 주도적으로 설계**하고, 적절한 시기에 학습할 수 있도록 학습자 **맞춤형 교육과정** 체제를 구축
⑤ 교과 교육에서 깊이 있는 학습을 통해 역량을 함양할 수 있도록 **교과 간 연계와 통합**, 학생의 **삶과 연계된 학습**, 학습에 대한 성찰 등을 강화
⑥ 다양한 **학생 참여형 수업**을 활성화하고, **문제해결 및 사고의 과정을 중시하는 평가**를 통해 학습의 질을 개선
⑦ **교육과정 자율화·분권화**를 기반으로 학교, 교사, 학부모, 시·도 교육청, 교육부 등 교육 주체들 간의 협조 체제를 구축하여 **학습자의 특성과 학교 여건에 적합한 학습** 지향

(3) 추구하는 인간상
① 전인적 성장을 바탕으로 자아정체성을 확립하고 자신의 진로와 삶을 스스로 개척하는 **자기주도적인 사람**
② 폭넓은 기초 능력을 바탕으로 진취적 발상과 도전을 통해 새로운 가치를 창출하는 **창의적인 사람**
③ 문화적 소양과 다원적 가치에 대한 이해를 바탕으로 인류 문화를 향유하고 발전시키는 **교양 있는 사람**
④ 공동체 의식을 바탕으로 다양성을 이해하고 서로 존중하며 세계와 소통하는 민주시민으로서 배려와 나눔, 협력을 실천하는 **더불어 사는 사람**

(4) 중점적으로 기르고자 하는 핵심 역량

① 자아정체성과 자신감을 가지고 자신의 삶과 진로를 스스로 설계하며 이에 필요한 기초 능력과 자질을 갖추어 자기주도적으로 살아갈 수 있는 **자기관리 역량**
② 문제를 합리적으로 해결하기 위하여 다양한 영역의 지식과 정보를 깊이 있게 이해하고 비판적으로 탐구하며 활용할 수 있는 **지식정보처리 역량**
③ 폭넓은 기초 지식을 바탕으로 다양한 전문 분야의 지식, 기술, 경험을 융합적으로 활용하여 새로운 것을 창출하는 **창의적 사고 역량**
④ 인간에 대한 공감적 이해와 문화적 감수성을 바탕으로 삶의 의미와 가치를 성찰하고 향유하는 **심미적 감성 역량**
⑤ 다른 사람의 관점을 존중하고 경청하는 가운데 자신의 생각과 감정을 효과적으로 표현하며 상호 협력적인 관계에서 공동의 목적을 구현하는 **협력적 소통 역량**
⑥ 지역·국가·세계 공동체의 구성원에게 요구되는 개방적·포용적 가치와 태도로 지속 가능한 인류 공동체 발전에 적극적이고 책임감 있게 참여하는 **공동체 역량**

(5) 중학교 교육목표

① 심신의 조화로운 발달을 바탕으로 **자아존중감**을 기르고, 다양한 지식과 경험을 통해 책임감을 가지고 **적극적으로 삶의 방향과 진로를 탐색**
② 학습과 생활에 필요한 기본 능력 및 **문제해결력**을 바탕으로, 도전정신과 **창의적 사고력**을 기름
③ 자신을 둘러싼 세계에서 경험한 내용을 토대로 우리나라와 세계의 **다양한 문화를 이해하고 공감**하는 태도를 기름
④ 공동체 의식을 바탕으로 타인을 존중하고 서로 소통하는 **민주시민의 자질과 태도를 기름**

(6) 고등학교 교육목표

① 성숙한 자아의식과 인간의 존엄성에 대한 존중을 바탕으로 일의 가치를 이해하고, **자신의 진로에 맞는 지식과 기능**을 익히며 평생학습의 기본 능력을 기름
② **다양한 분야의 지식과 경험을 융합**하여 **창의적으로 문제를 해결**하고, 새로운 상황에 능동적으로 대처하는 능력을 기름
③ **다양한 문화에 대한 이해**를 바탕으로 자신의 삶을 성찰하고 **새로운 문화 창출에 기여**할 수 있는 자질과 태도를 기름
④ 국가 공동체에 대한 **책임감**을 바탕으로 배려와 나눔을 실천하며 세계와 소통하는 **민주시민으로서의 자질과 태도를 기름**

(7) 학교 단위 교육과정 설계 방향

① **학습자의 발달 수준에 적합한 폭넓고 균형 있는 교육과정**을 통해 학습자의 전인적인 성장·발달이 가능하도록 학교 교육과정을 설계하여 운영
② 학교는 **학생의 필요와 요구에 따라 학교의 특성을 고려**하여 다양한 교육 활동을 설계하여 운영
③ 학교 교육 기간을 포함한 평생 학습에 필요한 기초소양과 **자기주도 학습 능력**을 갖출 수 있도록 지원하며 **학습 격차를 줄이도록 노력**
④ 학교는 학교 교육과정의 효율적인 설계와 운영을 위하여 **지역사회의 인적, 물적 자원을 계획적으로 활용**
⑤ 교육과정의 합리적 설계와 효율적 운영을 위해 **교원, 교육 전문가, 학부모 등이 참여하는 학교 교육과정 위원회를 구성·운영**하며, 이 위원회는 학교장의 교육과정 운영 및 의사 결정에 관한 자문 역할을 담당
⑥ 학교는 **학습 공동체 문화를 조성**하고 동학년 모임, 교과별 모임, 현장 연구, 자체 연수 등을 통해서 교사들의 교육 활동 개선이 이루어지도록 함.

(8) 교수·학습

① 핵심역량을 함양할 수 있는 교수·학습 설계 및 운영
　㉠ 단편적 지식의 암기를 지양하고 각 교과목의 핵심 아이디어를 중심으로 **지식·이해, 과정·기능, 가치·태도의 내용 요소를 유기적으로 연계**하며 학생의 발달 단계에 따라 학습 경험의 폭과 깊이를 확장할 수 있도록 수업을 설계
　㉡ **교과 내 영역 간, 교과 간 내용 연계성**을 고려하여 수업을 설계하고 지도함으로써 학생들이 **융합적으로 사고하고 창의적으로 문제를 해결**하는 능력을 함양
　㉢ 학습 내용을 **실생활 맥락 속에서 이해하고 적용**하는 기회를 제공함으로써 학교에서의 학습이 학생의 삶에 의미 있는 학습 경험이 되도록 함
　㉣ 학생이 여러 교과의 고유한 탐구 방법을 익히고 자신의 학습 과정과 학습 전략을 점검하며 개선하는 기회를 제공하여 스스로 탐구하고 학습할 수 있는 **자기주도 학습 능력**을 함양
　㉤ 교과의 깊이 있는 학습에 기반이 되는 **언어·수리·디지털 기초소양을 모든 교과를 통해 함양**할 수 있도록 수업 설계

② 학생이 능동적으로 참여할 수 있는 학습 경험 제공
　㉠ 학습 주제에서 다루는 탐구 질문에 관심과 호기심을 가지고 스스로 문제를 해결하는 학생 **참여형 수업을 활성화**하며, **토의·토론 학습**을 통해 자신의 생각을 표현하는 기회를 제공
　㉡ 실험, 실습, 관찰, 조사, 견학 등의 **체험 및 탐구 활동 경험** 충분히 제공
　㉢ 개별 학습 활동과 함께 소집단 협동 학습 활동을 통하여 **협력적으로 문제를 해결**하는 경험을 충분히 제공

③ 학습 활동 및 방법 다양화, 학생 맞춤형 수업 활성화
  ㉠ 학생의 선행 경험, 선행 지식, 오개념 등 학습의 **출발점을 파악**하고 학생의 특성을 고려하여 학습 소재, 자료, 활동을 다양화
  ㉡ **정보통신기술 매체를 활용**하여 교수·학습 방법을 다양화하고, **학생 맞춤형 학습을 위해 지능정보기술을 활용**
  ㉢ 다문화 가정 배경, 가족 구성, 장애 유무 등 학습자의 **개인적·사회문화적 배경의 다양성을 이해하고 존중**하며, 이를 수업에 반영할 때 편견과 고정 관념, 차별을 야기하지 않도록 유의
  ㉣ 학교는 학생 개개인의 학습 상황을 확인하여 학생의 **학습 결손을 예방**하도록 노력하며, 학습 결손이 발생한 경우 보충 학습 기회를 제공
④ 유연/안전하고 디지털 기반 학습이 가능한 교육환경 조성
  ㉠ 각 교과의 특성에 맞는 다양한 학습이 이루어질 수 있도록 교과 교실 운영을 활성화하며, 고등학교는 학점 기반 교육과정 운영을 위해 **유연한 학습공간을 활용**
  ㉡ 교과용 도서 이외에 시·도 교육청이나 학교 등에서 개발한 **다양한 교수·학습 자료를 활용**할 수 있음
  ㉢ 다양한 지능정보기술 및 도구를 활용하여 효율적인 학습을 지원할 수 있도록 **디지털 학습 환경을 구축**
  ㉣ 실험 실습 및 실기 지도 과정에서 학생의 **안전사고를 예방**하기 위해 시설·기구, 기계, 약품, 용구 사용의 안전에 유의
  ㉤ 특수교육 대상 학생 등 교육적 요구가 다양한 학생들을 위해 필요할 경우 의사소통 지원, 행동 지원, 보조공학 지원 등을 제공

(9) 평가

① 평가는 학생의 교육 목표 도달정도를 확인하고 교수학습의 질을 개선하는 데에 주안점
  ㉠ 학생에게 **평가 결과에 대한 적절한 정보를 제공**하고 추수 지도를 실시하여 학생이 자신의 학습을 지속적으로 성찰하고 개선할 수 있도록 함
  ㉡ 학생 평가 결과를 활용하여 **수업의 질을 지속적으로 개선**
② 성취기준에 근거하여 교수·학습과 평가 활동이 일관성 있게 이루어지도록 함
  ㉠ 학습의 결과만이 아니라 결과에 이르기까지의 **학습 과정을 확인하고 환류**하여, 학습자의 성공적인 학습과 사고 능력 함양을 지원
  ㉡ 학교는 학생의 인지적·정의적 측면에 대한 평가가 균형 있게 이루어질 수 있도록 하며, 학생이 **자신의 학습 과정과 결과를 스스로 평가**할 수 있는 기회를 제공한다.
  ㉢ 교과목별 성취기준과 평가기준에 따라 성취수준을 설정하여 교수·학습 및 평가 계획에 반영
  ㉣ 학생에게 배울 기회를 주지 않은 내용과 기능은 평가하지 않음

③ 교과의 성격과 특성에 적합한 평가 방법을 활용
  ㉠ 수행평가를 내실화하고 서술형과 논술형 평가의 비중을 확대
  ㉡ 정의적, 기능적 측면이나 실험·실습이 중시되는 평가에서는 교과목의 성격을 고려하여 타당하고 합리적인 기준과 척도를 마련하여 평가
  ㉢ 학교의 여건과 교육활동의 특성을 고려하여 다양한 **지능정보기술을 활용**함으로써 **학생 맞춤형 평가**를 활성화
  ㉣ 개별 학생의 발달 수준 및 특성을 고려하여 평가 계획을 조정할 수 있으며, 특수교육 대상 학생을 위해 필요한 경우 평가 방법을 조정할 수 있음

(10) 모든 학생을 위한 교육기회의 제공

① 교육 활동 전반을 통하여 남녀의 역할, 학력과 직업, 장애, 종교, 이전 거주지, 인종, 민족, 언어 등에 관한 고정 관념이나 편견을 가지지 않도록 지도
② 학습자의 개인적 특성이나 사회·문화적 배경에 의해 교육의 기회와 학습 경험에서 부당한 차별을 받거나 소외되지 않도록 함.
③ 학습 부진 학생, 특정 분야에서 탁월한 재능을 보이는 학생, 특수교육 대상 학생, 귀국 학생, 다문화 가정 학생 등이 학교에서 충실한 학습 경험을 누릴 수 있도록 지원
④ 특수학급을 운영하는 경우, 학생의 장애 특성 및 정도를 고려하여, 이 교육과정을 조정하여 운영하거나 특수교육 교과용 도서 및 통합교육용 교수·학습 자료를 활용할 수 있음
⑤ 다문화 가정 학생을 위한 특별 학급을 설치·운영하는 경우, 다문화 가정 학생의 한국어 능력을 고려하여 이 교육과정을 조정하여 운영하거나, 한국어 교육과정 및 교수·학습 자료를 활용할 수 있음

> **PLUS | 2022 개정교육과정의 핵심 키워드**
> ① '주도성' : 학습자 주도성 강화, 학습자 선택권 확대, 학습자의 삶과 연계한 교육
> ② '맞춤형' : 학습자 개별 맞춤형 교육, 개별 학교 교육과정 자율성 확대, 학교급간 진로연계교육
> ③ '디지털' : 디지털 소양/ 인공지능 활용 소양 강화, 디지털 문해력, 교사의 에듀테크 역량 함양
> ④ '공동체' : 지역사회 상호 협력 교육, 환경·생태전환교육

CHAPTER 02 생활지도

생활지도 만능 Idea

⊛ **감정코칭(Emotion coaching)**
학생이 교사에게 격한 감정을 보일 때 침착하게 대처하고 학생 지도를 위한 좋은 기회로 생각하기
- 감정 포착하기(학생이 지금 어떤 감정을 느끼고 있는지 알게 하기) ➡ 학생이 느끼는 감정을 받아주고 침착한 태도로 공감해주기(이런 상황에서 그런 감정을 느낄 수 있겠구나) ➡ 학생이 느끼는 감정 및 이유를 들어주기 (비난하거나 판단하지 말기) ➡ 바람직한 행동으로 이끌기(부적절한 행동이 있었다면 학생의 감정을 받아주면서 그 행동은 제한해 주기. 상황 개선을 위해 할 수 있는 일을 같이 찾아보기)

⊛ **교사의 따뜻한 관심(Giving sincere attention toward students) – '인생의 어른 멘토' 되기.**
학생들은 사랑을 받으면 믿기지 않을 만큼 빨리 원래 모습으로 돌아오고, 의지할 어른 한 명만 있어도 부적응을 개선할 수 있다 ➡ 지나갈 때 미소, 수업 중 간단한 칭찬, 안부 인사 등을 최대한 자주 해주며 교사가 늘 학생에게 따뜻한 관심이 있다는 것을 보여준다. 그렇게 신뢰를 쌓아서 학생이 자신의 부적응 문제를 마음을 열고 이야기할 수 있도록 하고, 최대한 관심을 가지며 학생의 이야기로 들어주며, 학생이 교사를 '학생 인생의 한 명의 어른 멘토'로 삼을 수 있도록 하여 부적응을 점차 해결할 수 있도록 한다.

⊛ **교무실 미니카페(Inviting students to the teacher's small cafe)**
학생을 교무실에서 상담하면 학생은 교무실 그 특유의 분위기 때문에 편한 마음으로 상담할 수 없고 교사에게 방어적이게 될 확률이 높다. '교무실 미니카페'라는 이름 등 친근한 이름을 사용하여 초콜릿, 쿠키 등 간단한 간식과 함께 따뜻한 분위기 속에서 학생과 상담을 진행하면 학생과의 래포형성이 가능하고 학생이 마음속에 있는 내용을 솔직하게 이야기할 가능성이 높다.

⊛ **학생 자치 조직 활용(Students' Independent Organization)**
학생 간 갈등은 교실에 함께 있는 학생이 가장 먼저 발견 및 예방 가능 ➡ 학생자치회 중심으로 학생 간 갈등을 예방하고 발견할 수 있는 프로그램 활용
1) 학급 응원단, 또래 상담자, 학급 수호대 등 학생 관계 개선 역할을 할 학생을 학급마다 선정 ➡ 학급 내 문제 발생 시 대처방법에 대하여 설명하고, 수시로 이들과 접촉하여 점검한다. ➡ 담당교사를 설정하여 최대한 지원하고 예산도 편성하여 활성화시킨다.
2) 등교 맞이 학교폭력 예방 캠페인, 관계 개선을 위한 UCC/포스터 대회 등 학생회 중심으로 여러 프로그램을 진행하고, 우수작을 학교 게시판/ SNS채널 등 많은 곳에 게시하기 ➡ 학생들이 그 작품들을 보며 은연중에 문제행동에 관한 의식의 상승효과를 기대할 수 있다.
3) 학생법정/재판 : 학생 법정팀을 운영하며 학생들이 관찰한 갈등을 재판 신청서를 통해 직접 재판을 요청할 수 있도록 한다 ➡ 학생들이 스스로 다른 친구를 변호하거나 정당한 절차를 통해 비판하면서 민주적으로 문제를 해결하는 경험을 길러준다. 또한 이런 재판이 열릴 수 있다는 또래 분위기/ 또래 압력으로 학생 간 갈등을 최대한 예방하는 효과가 있다.

- ⊛ **안전한 학급 만들기(Creating a Safe Classroom Environment)**
  - 공격적이고 위협적인 분위기가 아닌 안전감, 수용감, 존중감을 느끼는 교실환경 만들어 학생 간 갈등 예방
  - 학생들이 서로를 잘 알 수 있게 한다 : 서로 잘 알지 못하고 편견을 가지고 있어 갈등 가능 ➡ 짝 칭찬하기, 자신의 이야기를 쓰고 공유하기(취미, 내가 행복할 때, 슬플 때, 두려움을 느낄 때, 나의 장래희망 등…)
  - 학생들 사이 평화 규칙 만들기 : '비난하지 않기'와 같은 규칙을 만들고 자주 상기시켜줌 ➡ 교실 및 학급 SNS 등에 크게 게시, 종종 토론을 통한 규칙 수정 및 잘 지켜진/지켜지지 않은 사례 발표
  - 원칙과 사랑이 조화를 이룬 학급운영 : 사랑, 소통과 관심이 많은, 그러나 원칙을 명확히 정해주고 만만하지 않은 '강한 사랑'을 바탕으로 학급운영 ➡ 문제상황을 예방/해결할 수 있는 안전한 학급이라 믿을 수 있도록
  - 안아주는 환경(holding environment) 조성 : 혼란, 불확실성을 느껴도 불안하지 않을 만큼 안전하면서, 동시에 지지해주고 성장을 격려해 주는 관계 ➡ 감정을 통제할 수 있게 해주고, 안전하게 느끼게 해주며, 용기를 주는 '사람 사이의 공간'. ➡ 확실한 안도감을 주고 자기방어를 불필요하게 만들어 줌
  - 공감하는 교실 만들기
    - 공감토론 : 공감이 무엇인지 먼저 알게 하기(상대방이 알고 있는 것, 그 사람이 놓인 상황, 내가 그 사람의 입장이면 어떻게 느낄지를 느끼고 표현하는 것으로 살면서 만나는 모든 사람들과 맺는 긍정적인 관계의 기초가 된다.) ➡ 학급 친구들 간의 관계에서도 가장 중요한 것은 공감이다 ➡ 상황별 토론(너가 인기 있는 / 없는 학생이라면? 전학생이라면? 우리나라 말을 잘하지 못한다면? 아플 때가 많다면?…)
    - 공감 방법/공감 언어 가르치기 : 상대방의 표정 관찰 ➡ 상대방이 어떤 감정을 느낄지 생각 ➡ 지금 "~하겠구나" (속상하겠구나…) 라고 공감 ➡ 돕고 싶다고 이야기
    - 공감왕 뽑기 : 주기적으로 공감을 가장 잘한 '공감왕'을 선정하고 친구들을 돕는 또래상담 역할을 준다.

- ⊛ **회복적 질문 활용(Using Restorative questions)**
  갈등 당사자만의 일이 아니고 학급 공동체가 모두 갈등 해결에 참여하기 ➡ 모두의 의견이 존중받을 수 있는 회복적 서클을 열어 회복적 질문 4가지 (무슨 일이 있었는가?, 이 일로 누가 영향을 받았는가?, 영향을 받은 사람들은 어떤 필요가 있는가?, 모두가 앞으로 어떻게 해야 한다고 생각하는가?)를 활용하여 서로의 감정을 솔직하게 공유하고 공동체가 함께 문제 해결 방안을 찾기

- ⊛ **학급자치회의(Classroom Discussion Session, Class meetings)**
  학생 관련 문제이므로 학급에서 학생주도하에 학생들의 문제를 듣고 규칙을 정하며 해결방안까지 토의하게 한다. ➡ 서로 솔직하게 불만을 이야기하여 오해를 풀어보자고 하며 교사는 개입을 최소화한다.(학생들의 안건을 자유롭게 받는 건의함을 설치하여 학생주도 학급회의를 평소에 많이 하고, 그때마다 학급 내 문제를 조율하고 결정하는 습관을 들인다) ➡ 스스로 내린 결정이므로 그들에게 의미가 있고(meaningful), 또래압력(peer pressure)으로 인해 더 잘 실행하게 되며, 회의를 통해 갈등을 해결하며 민주시민의 자세를 기를 수 있다.

- ⊛ **짝 칭찬카드 만들기(Praise cards)**
  짝을 바꾸기 전에 그동안 앉았던 짝에게(또는 주기적으로 돌아가면서 다음 번호에게) 칭찬할 점 3가지를 적는 카드를 작성하여 학급 게시판에 게시한다.(인테리어 담당 학생을 정해 디자인도 신경 쓰면 더 많은 학생들이 관심 가질 수 있다.) ➡ 보통 가까이 앉아있는 짝과 갈등이 많은데, 칭찬할 내용을 적기 위해 상대방을 긍정적으로 바라보는 데 익숙해지면 친밀감 형성이 가능. 또한 짝은 주기적으로 바뀌기 때문에 다양한 학생들과 갈등 예방 가능.

- ⊛ **다른 장점을 보게 만들 역할 부여(Encourage students to see their strong points by assigning them a special role)**
  아이들은 한 학생의 단점을 한 가지 발견하면 그것만 계속 보려고 하고 놀리게 되며, 다른 장점을 찾아보려고 관심 두지 않는다. ➡ 부적응 학생이 학교 밖에서 보이는 장점을 담은 모습을 보여주거나, 잘할 수 있는 역할을 부여하여 학생들의 인식을 바꾸고, 부적응 학생도 학교 생활에 더 만족할 수 있게 된다.(예 게임중독인줄만 알았던 학생 ➡ 학급 영상 편집 담당을 맡게 하여 컴퓨터 실력을 학생들에게 보여줄 기회)

✱ 학생들의 보편적인 특성 모음(서포팅 문장용) ✱

⊛ Teenagers are confused in choosing what they will do in the future.
  ➸ 미래에 무엇을 해야 할지 자아정체감에 혼란을 겪고 있다.
⊛ They are forming their own identities.
  ➸ 자아를 형성하는 시기이다.
⊛ Many students do not have specific dream / goals.(Don't know what to do in the future)
  ➸ 구체적인 꿈이 없는 학생들이 많다.
⊛ They are very conscious of others / they are affected by other classmates.
  ➸ 다른 학생들의 시선을 많이 의식하고, 영향을 많이 받는다.
⊛ They don't want to lose face in front of other students.
  ➸ 다른 학생들 앞에서 체면을 지키려고 한다.(교사 앞에서 반항행동을 하는 이유)
⊛ They tend to imitate others, especially celebrities.
  ➸ 친구, 교사 등 주변사람들 및 유명인들을 따라하려고 한다.
⊛ 또래압력(Peer pressure) ➸ 집단의 심리, 분위기 맞춰서 행동한다.
⊛ 상상적 청중(Imaginary Audience) ➸ 혼자 무언가를 하면 창피하다고 여기며, 다른 사람이 항상 자신을 의식한다고 생각한다.
⊛ 개인적 우화 (Personal Fable) : 자신이 특별하다는 생각, 무모한 행동
⊛ Many teenagers feel comfortable in online social network.
  ➸ 온라인 공간을 더 편하게 생각한다.
⊛ They show off their strength to highlight their presence.
  ➸ 힘을 내세워 존재감을 부각하려 한다.
⊛ If teachers tell students not to do something too strongly, they may react defiantly.
  ➸ 강력하게 하지 말라고 하는 것은 반항 심리를 일으킬 수 있다.
⊛ They don't always sacrifice themselves for other students.
  ➸ 공동체를 위해 개인을 무조건 희생하지는 않는다.
⊛ It's time for them to learn about life and establish their own identity.
  ➸ 삶을 배우고 자기정체성을 확립해가는 시기이다. ➡ 잘못된 신념을 가지지 않도록 세심한 신경이 필요하다.(예 정직하면 손해 본다.)
⊛ They confirm their own worth through peer relationships
  ➸ 또래관계를 통해 자신의 가치를 확인한다. 자기 자신의 가치를 확인하는데 친구관계가 기준이 된다.

01 수업 방해 행동 지도(Disruptive Behavior in Class)

> **Point**
> 수업방해행동은 대부분의 교사들이 고민하는 내용이기 때문에 자주 기출되고 있으므로 반드시 답변을 준비해야하는 주제이다. (생활지도에서 가장 많은 문항 출제) 대부분 학생들이 잘 듣더라도 1명만 수업방해행동을 하더라도 전체적인 수업 분위기가 매우 망가진다. 화를 내거나 소리를 지르는 것은 아주 단기간만 효과가 있으므로 장기적으로 조금씩 학생의 행동을 개선할 수 있는 해결책이 필요하다. 휴대폰을 걷지 않는 학교가 많아지면서 수업 중 휴대폰 사용을 하는 학생들도 많아졌는데, 최근 기출도 되었으니 지도방안을 생각해놓자.

> **대표기출**
>
> *지속적으로 수업 방해행동하는 학생 지도 (2024 경기, 2022 충북, 2021 경기, 2019 평가원, 2018 대구)
>
> *수업 중 휴대폰 사용 학생 지도 (2024 서울, 2013 평가원)
>
> **기출 답변 핵심 Point**
>
> - 감정적 대응 하지 않고 따로 수시로 불러서 지도: 차분하게 대응하고 수업 후 교무실에서 따로 지도하기. 단기간엔 행동 개선이 어려우므로 짧더라도 자주 불러서 지도하기 (Respond to the student calmly and provide separate guidance in the teacher's office after class. Since problematic behaviors are difficult to improve in a short period, it is important to call the student frequently for guidance)
> - 먼저 들어준 후 지도: 수업 중 어려운 점, 방해행동을 하는 이유를 먼저 충분히 들어주고, 수업이 어려운 부분은 돕겠다고 하기. 이후 다른 학생들에게 주는 피해를 설명하며 문제 행동을 엄격히 제한 (First, listen thoroughly to the student's difficulties and reasons for disruptive behavior during class. Provide help with students' difficulties during the lesson. Afterwards, explain the impact on other students and strictly limit problematic behaviors.)
> - 다른 수업 시간 관찰: 다른 교사 시간에 그 학생이 어떤지 묻고 이 학생이 방해행동을 하지 않는 시간이 있거나 이 학생을 잘 지도하는 교사가 있다면 그 방법을 구체적으로 질문하면서 배우기(Ask other teachers about the student's behavior in their classes. If there are times when the student does not show disruptive behavior or if there are teachers who manage the student well, ask detailed questions about their guidance and learn from them.)
> - 동료교사와 협력하기: 여러 교사가 일관성 있게 지도할 때 행동 개선 효과가 있다. 수업 방해 학생에 대한 지도방안을 논의한 후 정하고, 그 학생을 가르치는 모든 교사가 일관성 있게 적용하면 문제행동 개선될 확률 높음. (Students' problematic behaviors show improvement when consistently addressed by multiple teachers. When the teachers who teach the disruptive student can collaborate to decide on a consistent approach to managing the student's problematic behaviors, and all teachers apply this approach consistently, the student's behavior can improve.)

(1) 이유

① 쉬는 시간에 진행한 대화나 장난이 여운이 남아서 흥분한 상태로 수업 시작한다. 이 흥분을 가라앉히고 수업을 시작해야 한다.
② 수업시간에 자신도 교실에 있다는 존재 의식 욕구를 적절하지 않은 방법으로 표출하는 것
③ 학습 의욕이 없거나 수업에 따라가기 힘든 학생의 경우

(2) 해결

소리 지르거나 화내는 것, 벌을 주는 것은 일시적인 효과는 있을지 모르지만 학생 행동의 변화 유도에는 효율적이지 않다. 학생의 더 나은 행동을 원할 때 학생의 '기분을 상하게 만드는 행동'을 하기 쉬운데, 사실 학생의 기분이 상했을 때 행동의 변화를 이끌기 어렵고, 기분이 좋을 때 바람직한 행동을 할 수 있다.

① 수업이 시작될 때 소란스러운 경우
  ㉠ 인사(greeting) : 매일 수업이 시작했다는 것을 알릴 수 있도록 다 같이 인사를 하고 수업을 시작하기. 특히 수업 준비를 하지 않고 있는 학생에게는 밝고 크게 인사를 건네며 주의를 환기하기.
  ㉡ 개인적 일화 활용(T's anecdote) : 교사의 개인적인 일화로 학생들의 관심을 돌리고 집중시킨다. 예를 들면 "오늘 입고 온 이 셔츠 새로 산 건데 어때?"라고 하며 학생들의 반응을 유도하며 장난을 받아준다. 그런 다음 가능하면 그 말을 수업의 주제와 연결하여 수업으로 넘어간다. "이 셔츠 3만원인데 신용카드로 샀어. 우리 근데 옛날에는 신용카드가 있었을까? 최초의 돈은 뭘 것 같니? 50페이지에 나와 있는데 어느 조가 먼저 찾나 볼까? 오, 1조는 벌써 찾은 것 같네!"
  ㉢ '오프닝 미니활동' 진행(Mini Opening Activity) : 수업 시작과 동시에 항상 짧고 흥미 있는 활동을 진행한다. 예를 들어 지난 시간에 배운 단어 중 하나를 재미있게 표현한 사진을 보여주고 맞히면 도장을 부여하여 경쟁 및 집중을 유발한다. 미니활동은 처음에 교사가 주도하다가 나중엔 학생 중 희망자가 수업 종이 치면 교사가 오기 전에 알아서 진행하고 있도록 권한을 부여해도 괜찮다.

② 수업 중 떠드는 학생의 경우
  ㉠ I-message를 활용 : "조용히 해!"라는 명령식 말투보다는 "철수가 떠드니깐 선생님이 수업하는데 집중력을 잃게 돼", "선생님이 열심히 준비한 수업인데 흐름이 자꾸 끊겨서 마음이 아프네"
  ㉡ 긍정어 사용(positive language) : "뒤돌아보고 떠들지 마!" 라는 부정어를 사용하기보다는 "철수는 뒤에 영수를 진짜 좋아하네. 자꾸 얼굴 볼라고 하고. 아니라고? 그럼 이제 앞에 보자." 라는 긍정어로 대체
  ㉢ 수업내용과 연관(making connection with the lesson content) : 떠드는 학생에게 다른 학생들이 모두 주목하게 하고, 이야기 내용을 수업 내용과 연관해 보도록 해서 학습 내용으로 활용한다. 그 학생은 이런 주목이 다소 부끄러워서 방해 행동을 줄일 수 있고, 수업의 흐름을 끊지 않고 유지하면서 학생을 지도할 수 있다. "철수가 지금 한 이야기를 오늘의 수업과 어떻게

연결할 수 있을까?" 또는 교과 내용으로 그 학생의 행동을 설명한다. " '철수가 지금 친구와 게임 이야기하고 있다.' 이것을 영어 문장으로 어떻게 표현할까?"

ㄹ. 학습 내용 질문(Questions on Lesson Content): 방금 전 수업 내용(or 보던 영상)에 대해서 이야기시켜본다. ➡ 대답 못하면 혼을 내지 말고 "아직 생각 정리가 안 돼서 그렇구나." 라고 언급하고 남은 수업 부분(or 남은 영상 부분)을 본 후에 이야기하게 한다. ➡ 다시 수업 내용에 집중하도록 유도

③ 수업 후 상담
  ㄱ. 짧게 자주 상담(Brief but frequent counseling) : 불러서 잔소리를 길게 하면 학생들은 거부 반응만 일으키고 행동은 고쳐지지 않을 수도 있다. 짧게 자주 상담하는 것이 좋다. 문제행동은 단기간에 고쳐지지 않으므로 바쁘더라도 문제행동을 보일 때마다 짧게라도 불러서 지도해야 한다.
  ㄴ. 공감하기(Sympathizing) : 상담의 기본은 '공감'이다. 공감하고 난 뒤에 그 행동이 적절하지 않았다는 것을 주변 상황을 객관적으로 언급하면서 설명하라. (예) "철수야. 수업이 지루해서 옆에 친구와 계속 이야기하고 싶었니? 충분히 그런 마음 들 수 있어. 그렇지만 철수가 그럴 때마다 샘도 수업 흐름이 끊겨서 당황스럽고 다른 학생들도 표정이 좋지 않고 수업에 집중하기 힘들어 보이더라구. 지루해도 조금만 참고 쉬는시간에 친구랑 이야기할 수 있지?")
  ㄷ. 행동계약 활용(behavior contracts) : 학생과의 1대1 규칙을 정한다. "또 수업시간에 방해하는 행동을 하면 내가 사인을 보낼게. 그럼 일단 그 행동을 멈추고, 말을 하고 싶을 때 손을 들도록 해. 이 약속을 어기면 우리 수업 종료 후 쉬는시간동안 1:1로 배운 내용을 복습하는 시간을 가지자. 이 정도는 할 수 있지?" 이렇게 학생들과 하는 약속은 '수업 약속 노트'와 같은 것을 따로 만들어서 한 번에 관리하고, 학생들 사인을 받으면서 계약을 맺으면 좋다.

④ 동료교사와 협업하여 수업방해 행동 지도하기(Collaborate with Fellow Teachers to Manage Disruptive Behavior)
  ㄱ. 다른 수업시간의 학생 행동 묻기(Ask about students' behavior in other classes) : 그 학급에 들어가는 다른 교과 선생님들께 그 학생들이 다른 시간에도 같은 행동을 보이는지 묻는다. 특정 시간에만 수업방해 행동을 한다면 그 공통점을 찾아보고, 이 학생을 효과적으로 지도하고 있는 선배 교사가 있다면 그 방법을 구체적으로 질문하며 배워본다.
  ㄴ. 전문적학습공동체 활용(Use Professional Learning Communities) : 수업 중 방해행동 지도는 모든 교사의 고민일 것이다. 전문적학습공동체를 통해 다른 교사와 수업에서 느꼈던 힘든 감정들을 서로 이야기해보며 치유하고, 서로 집단지성을 발휘하여 좋은 지도방안을 공유해보는 시간을 주기적으로 갖는다.
  ㄷ. 학년 단위 생활지도 규칙 마련(Establish grade-level rules for classroom management) : 학생들의 생활지도는 일관성이 있을 때 가장 효율적이다. 한 학년의 수업을 들어가는 교사들이 모여서 수업 방해 행동에 대한 규칙, 지도방안을 구체적으로 논의하고, 모든 교사가 이를 지키면서 일관성 있게 학생을 지도한다면 제시문 속 문제행동도 점차 개선될 확률이 높다.

02 공격적인, 반항 행동 지도(Aggressive / Rebellious Behavior)

> **Point**
>
> 공격적이고 감정통제를 어려워하는 학생이 생각보다 많다. 행동이 공격적일 수도 있고, 남에 대한 험담을 자주 할 수도 있다. 이런 학생들은 교사에게 갑자기 반항적인 행동을 할 수도 있고, 친구들에게 공격적인 행동을 해서 문제를 일으킬 수도 있다. 이럴 때 핵심은 교사가 감정적이지 않고 차분하게 대응하는 것이다. 교사도 같이 격분하면 학생은 더 큰 반항을 보일 수 있기 때문이다. 공격적인 행동 지도는 많은 문제가 출제된 것은 아니지만 종종 나오고는 있고, 이어져 나오는 '학교폭력'과 연결이 되는 내용이므로 내용을 잘 정리해두자.

> **대표기출**
>
> *교사에게 공격적으로 행동하는 학생 지도 방안 (2022 강원)
>
> *감정통제를 못하고 공격적 행동하는 학생 지도 (2021 평가원 비교과)
>
> *교사에게 험담하는 학생 지도 (2012 평가원, 2018 평가원 비교과)

기출 답변 핵심 Point

- 침착하게 분리해서 대처: 학생이 강한 감정을 보일 때 교사도 격분하여 다른 학생들 앞에서 그 학생을 혼낸다면 학생은 방어기제로 더 크게 격분할 수 있어 지도가 통하지 않을 수 있다. 다른 학생들이 없는 별도의 공간에 공격적인 학생을 분리한 다음에 교사와 학생 모두 감정이 어느 정도 가라앉으면 그때 지도를 하는 것이 좋다. (Stay calm and separate the student: When a student shows strong emotions, if the teacher also gets upset and scolds the student in front of others, the student might become even more defensive and angrier, making it hard to guide them. It's better to separate the aggressive student in a private space away from other students. Once both the teacher and the student have calmed down, the teacher can address the situation properly.)

- 우선 들어주고 지도하기: 학생이 잘못했더라도 우선 학생의 공격적인 행동의 이유를 들어주고 '화가 난 감정'까지는 받아준다. 그 이후, 화는 날 수 있어도 공격적인 행동으로 표현하는 것은 잘못되었다는 것을 단호하게 알려주며 '행동'은 제한해준다. (Listen first, then guide: Even if the student has done something wrong, it's important to first listen to why they acted aggressively and acknowledge their feelings of anger. After that, the teacher should firmly explain that while it's okay to feel angry, expressing it through aggressive behavior is wrong. The teacher should set clear limits on the student's actions.)

- 자기 조절 방안 알려주기: '화'라는 감정은 갑자기 생겨 통제하기 어려울 수 있지만 그에 따른 '행동'은 분명 노력에 의해 통제가 가능하다는 것을 알려준다. 화가 났을 때 우선 화를 알아차리고, 심호흡을 크게 하거나 그 자리를 잠시 떠나는 행동 등 화를 가라앉힐 수 있는 행동을 함께 연습해 본다. (Teach self-control techniques: Tell students that the emotion of anger can arise suddenly and be hard to control, but the actions that follow can be controlled with effort. Teach the student that when they feel angry, they should first recognize it, take deep breaths, or step away from the situation for a moment. Practice these calming techniques together to help students to manage anger better.)

(1) 공격적, 폭력적, 다혈질 학생 지도(Aggressive/Violent/Hot-tempered student)

① 감정적 대응 하지 않기(Not reacting emotionally) : 교사가 권위를 내세우거나 화를 낸 상태에서 이야기한다면 학생이 자기방어기제로 인해 더 공격적으로 행동할 수 있다. 평정심을 유지하며 학생의 공격적인 상황 자체를 멈추게만 해야 한다. 교실에서 다른 학생들 앞에서 지도하지 않고, 따로 불러서 학생의 감정이 가라앉은 후에 침착한 분위기 속 면담하는 것이 중요하다. 학생 감정이 가라앉기 전까진 어떤 지도도 통하지 않을 수 있으나 감정만 가라앉아도 상담 효과가 클 수 있다.

② 다른 시각으로 보며 이유 찾기(Find reasons for defiant behavior) : 반항적 행동엔 분명히 이유가 있다. 행동만 문제 삼고 학생 자체의 인성을 미워하지는 말아야 한다. 학생의 문제행동은 자신이 '힘든 일이 있으니 도와 달라'는 신호일 수도 있으므로 상담하면서 이유를 찾아보자.

③ 감정 억제 연습 시키기(Teach students how to suppress their anger): 누군가 자신에게 잘못했을 때 화가 나는 '감정'이 드는 것은 당연하고 잘못된 것이 아니지만, 보복행위를 하며 분노를 돌려주는 '행동'은 적절하지 않다는 것을 명시해야 한다. 자신이 화가 났다는 것을 먼저 알아차리고, 조절할 수 있는 방법 알려주자. ('화가 났다'는 것을 인식 ➡ 멈춰서 내가 공격적인 행동을 했을 때 어떤 일이 발생할까 잠시 생각 ➡ 그 장소를 일단 벗어나기 ➡ 호흡을 깊게 하고 1부터 10까지 세기) ➡ 자문하기("내가 왜 화가 났지?", "침착해지자", "이런 걸로 화내지 않는다.", "괜찮다.")

④ 역할부여(Assigning a special role) : 공격적인 학생은 존재감을 드러내고 싶은 욕구가 있으므로 학급 내 역할 부여를 통해 긍정적으로 발휘할 수 있도록 한다.(예 수업도구를 가져와서 배부하는 역할, 수업 끝나고 인사를 주도하는 역할…)

⑤ 래포형성(Establishing a close rapport with students) : 공격적인 학생과 최대한 이야기를 많이 하고 관계 형성을 하면 쉽게 공격적 성향을 드러내지 않고, 선생님을 의식하여 다른 학생들에게도 행동을 조심할 수 있다. ➡ 사소한 심부름을 종종 시켜서라도 교사와 얼굴을 마주할 기회를 주어서 자주 대면할 수 있도록 한다.

(2) 교사의 지도에 불응/발뺌하는 행동 지도(A student who Refuses to follow the teacher's guidance and makes excuses)

① 원인
  ㉠ 집단심리, 반항심리 ➡ 학생들 앞에서 체면 차리기(keep their face). 자기방어(self-defensive)
  ㉡ 학교생활 부적응(maladjusted) : 학교에 대한 부정적 이미지를 가지고 있어 교사의 지시에 무조건적으로 불응함.

② 불응했을 때 해결
- ㉠ 수용 / 인정(accept students' emotion) : 감정적·공격적으로 대처하지 않고 학생의 마음을 일단 수용 / 인정해주면서 학생의 방어기제를 없앤다. (예 "참여하기가 싫었구나. 네가 그렇게 한 데에는 어떤 이유가 있을 거라고 생각해. 수업 중 누구나 그런 방해 행동을 할 유혹에 빠질 수 있다고 생각해. 청소하기 정말 싫지? 우리 같이 한번 해볼까?")
- ㉡ 이유를 듣고 약속 정하기(Listen to the reason and make an agreement) : 교사의 지시에 불응한 이유를 먼저 듣고, 공감해준 다음에 그런 말을 들었을 때의 교사의 아쉬움도 이야기(나 전달법 활용) ➡ 약속 정하기(교사도 ~한 방법으로 지시를 하려고 노력할 테니 학생도 ~~식으로 했으면 한다.)

③ 발뺌했을 때 해결
- ㉠ 흥분 없이 침착하게 대응(Respond Calmly Without Getting Upset) : "내가 분명히 봤는데 안 했다고?? 예의 없게 선생님 무시하는 거니?" 이렇게 화를 내도 학생이 자신의 잘못을 인정하고 반성하지는 않고, 다른 학생들이 지켜보고 있다는 생각에 그 학생은 오히려 더 큰 반항을 할 수 있다. 침착하게 학생을 위해서 한 말이었다고 이야기하자. ("이 수업 내용이 중요한데 놓치고 있을까 걱정이다")
- ㉡ 일보후퇴 후 수업 이후 상담(Post-Class Counselling After Step-Back Approach) : 수업시간엔 일보후퇴해서 넘어간 후에 학생과 따로 상담하자. 먼저 학생의 입장을 듣자. 이후 충분히 공감해준 뒤에, 교사의 입장을 이야기하고, (수업시간에 집중하고, 자신의 실수를 인정하는 것을 중요하게 생각해서 지적하는 것이지, 혼내기 위한 것이 아니다.) 교사와 학생의 약속을 정하자.(선생님도 최대한 공평하게 지적하려고 노력할 테니 지적할 때 '안 그랬다'는 말 대신 다른 말을 찾아보자)

(3) 욕설, 험담, 뒷담화 지도(students who use offensive words, gossip, and speak behind others' backs)

① 욕/험담을 하는 이유를 체크하기(Check the Reasons for Using Bad Language or Insults)
습관으로 욕이 나오는 경우도 있고, 다른 사람으로부터 관심을 끌기 위해 욕을 사용하거나, 또래와 어울리기 위해 그 집단에서 사용하는 욕을 하는 경우도 많다. 자신이 욕을 하는 이유를 생각해보게 한 뒤에, 욕 없이도 친구를 배려해주고 도와주는 행동 등으로도 충분히 관심을 받고 친구들과 잘 어울릴 수 있다는 것을 알려준다.

② 대체언어 토론하기(Discuss Alternative Words)
학급회의를 통해 학생들이 자주 하는 욕의 리스트 및 순위를 뽑아본다. ➡ 욕을 대체할 수 있는 용어를 토론해본다.(예 말도 안 돼, 설마, 너무해) ➡ 교실에 게시하고, 주기적으로 학급회의에서 언어 습관이 개선된 학생을 함께 선정하여 칭찬한다.

③ 반성일기 활용(Use Reflection Journals)
험담 및 비방은 무의식적으로 습관으로 할 때가 대부분이므로, 무의식을 의식하게만 만들어도

그것을 줄이는 데 도움이 된다. ➡ 주기적으로 자신의 언어 사용을 되돌아보는 반성일기를 써 보도록 하고, 조회시간 및 종례시간에 학생과 짧은 점검을 하며 의식적으로 언어 개선을 위한 노력을 할 수 있도록 돕는다.

④ 선플 / 칭찬글 달기 프로젝트(Positive Comment / Compliment Project)

학급 SNS, 채팅방에 선플 달기 프로젝트를 운영하고 하루에 한 개씩 착한 댓글을 달거나 하루 한 명을 칭찬하는 글을 적도록 한다. 욕/험담으로 문제가 되었던 학생을 관리자로 임명하며 더욱 큰 책임감을 갖도록 한다. 또한 온라인 단체에서 '선플운동본부'에서 주최하는 온라인봉사활동에 참여할 수 있도록 해서 바른 언어 사용을 실천하고 봉사시간도 받는 보람을 느낄 수 있도록 한다.

> **PLUS | 격한 행동 / 강한 감정을 보이는 학생 다루기(감정코칭)**
>
> 학교에서는 격한 감정을 보이는 학생을 자주 볼 수 있다. 교사와의 갈등이 원인일 수도 있고, 친구와의 문제나 가족과의 문제일 수도 있으며, 자기 자신에게 화가 났을 수도 있다. 그 감정이 다른 사람에게 피해를 줄 수 있는 행동으로 이어졌다면 잘못했지만 이때는 **감정을 표현한 '행동'이 잘못된 것이지 '감정' 자체는 잘못했다고 보기 힘들다.** 이런 상황에서 학생을 바로 크게 꾸짖으며 잘못한 행동만 계속 언급한다면 학생은 반성보다는 더 크게 격한 감정을 내보일 가능성이 크다. 학생들은 감정적으로 격해져 있을 때는 사실 어떤 말도 들으려고 하지 않을 것이다. 그러기에 교사는 우선 학생의 '감정'을 포착하는 것이 중요하다.
>
> ① **긍정적인 기회로 인식하기** : 학생이 공격적인 행동을 보이고, 강한 감정을 표현할수록 학생 지도를 위한 좋은 기회가 될 수 있다. 학생이 강한 감정을 보일 때 회피하거나 귀찮게 생각하지 말고, 학생과 '연결'하고 성숙해질 수 있도록 '도울 기회'로 반갑게 여겨야 한다.
>
> ② **강한 감정일수록 부드럽게 반응하기** : 학생이 강한 감정을 보이는 상태에서 교사가 격한 반응을 하면 학생의 스트레스 호르몬이 증가하여 더욱 공격적인 반응을 보여 이성적인 판단이 힘들어진다. 교사는 이럴 때 학생에게 말을 부드럽게 하면서 학생의 편이 되어주어야 한다.("지금 굉장히 놀랐나보구나", "기분이 좋지 않아 보이는데 그러니?", "그런 행동을 한 네 입장을 이해하고 싶은데 무슨 일이 있었는지 말해 줄 수 있니?")
>
> ③ **감정을 들어주고 공감하기** : 학생의 격한 감정 / 행동에 대해서 바로 지적하면 대화가 단절되고 문제 해결을 할 수 없다. 학생의 입장을 충분히 들어주고, 그런 상황에서 그런 '감정'은 충분히 들 수 있다는 것을 공감해준다. 학생들은 보통 어떤 감정을 느끼더라도 그 감정을 왜 느꼈는지, 그 감정 자체가 무엇인지도 모르는 경우가 많기 때문에 이 과정은 학생들이 자신에 대한 감정을 파악하고 이성을 찾을 수 있게 도움을 준다. 그러나 학생의 상태를 교사가 먼저 판단해 단정 짓지는 말고, "그때 어떤 기분이 들었니?" 와 같은 열린 질문을 몇 차례 해주어서 스스로 파악하도록 해야 한다. 만약 학생이 "몰라요"라고 하면서 대화 자체를 거부한다면 "지금은 말을 하고 싶지 않구나"라고 학생 감정을 그대로 수용하고 그대로 이야기해 주는 '거울식 반영법'을 몇 차례 해주면서 기다리면 학생도 속마음을 열 가능성이 높다)
>
> ④ **바람직한 행동으로 이끌기** : 교사가 앞선 절차를 밟는다면 학생은 스스로 자신의 감정 상태를 파악하고 교사에 대한 반항심, 경계심에서 벗어날 수 있어 이성적인 대화가 가능해진다. 이때 자신의 문제행동의 원인, 해결방안을 스스로 생각하고 찾을 수 있게 될 수 있다. 교사는 바로 학생의 격한 행동에 대해 '이렇게 해야 한다'라고 지시하기 보다는 "앞으로 그런 상황에서 어떻게 하면 좋을까" 라고 스스로 해결책을 생각하도록 도와야 한다. 학생이 만약 방법을 전혀 생각 못 한다면 "선생님이 제안해볼까? 이런 이런 방법 중에 어떤 것이 나을 것 같니?" 라고 선택권을 준다.

03 학교폭력 / 괴롭힘 / 다툼 해결(School bullying)

> **Point**
>
> 학교폭력은 폭행뿐만 아니라 협박, 감금, 강요, 금품 갈취, 강제적 심부름, 따돌림, 사이버폭력, 언어폭력, 성폭력등을 모두 포함한다. 학생들은 학교폭력이 어떤 범위까지 들어가는지 잘 모르는 경우가 있어 장난이라고 생각하고 저지르는 경우가 많으므로 어디까지 학교폭력에 해당되는지 확실히 이해시키는 것이 중요하다. 또한 사건 발생 시 '애들은 싸우기도 하는 것이다.'라고 사소하게 보는 일은 절대 없어야 한다. 학교폭력엔 보통 힘의 불균형이 존재하여 폭력행위가 지속될 수 있으며, 단순 싸움이 아닌 다른 사안이 얽혀있는 경우가 많기 때문이다. 모든 학교폭력은 학교폭력 전담기구(현재는 교육지원청이 주 담당)를 통해 처리가 되지만 경미한 경우 학교 내에서 처리되는 경우도 있기 때문에 담임교사도 예방, 초기대응, 사후지도(피해 / 가해학생 상담)에 많은 역할이 필요하다. 특히 철저한 예방 및 학교폭력징후를 발견하는 것이 가장 중요하므로 이를 위한 답변 위주로 준비하는 것이 좋고, 최근 늘어나고 있는 사이버폭력도 종종 기출되고 있으니 답변을 잘 만들어 놓자.

> **대표기출**
>
> *학교장자체해결제 실시 조건 및 학교폭력 예방을 위한 생활교육 방안 (2020 강원)
>
> *친구를 괴롭히는 학생 지도 방안 (2017 대구)
>
> *학생 다툼 발견 시 현장 대응 방안 (2018, 2017 평가원 비교과)
>
> *사이버 폭력 예방/지도 방안 (2025 대구, 2023 대구, 2022 인천, 2020 세종, 2018 경기)
>
> **기출 답변 핵심 Point**
>
> - 학교장자체해결제: 경미한 사건이 아니라면 교육지원청에서 전문적으로 학교폭력을 담당하게 되었지만 피해학생과 보호자의 동의가 있다면 다음 조건에 따라 학교장자체해결제가 가능하다. 첫째, 2주 이상의 신체적·정신적 치료를 요하는 진단서를 발급받지 않은 경우. 둘째, 재산상 피해가 없거나 즉각 복구된 경우, 셋째, 학교폭력이 지속적이지 않은 경우, 넷째, 학교폭력에 대한 신고, 진술, 자료제공 등에 대한 보복행위가 아닌 경우 (School Principal's Self-resolution System: If the issue is not serious and the affected student and their parents agree, the school principal can handle the situation under the following conditions: (1) if there is no medical report requiring more than two weeks of physical or mental treatment, (2) if there is no property damage or if it has been immediately repaired, (3) if the bullying is not ongoing, (4) if there are no acts of retaliation related to reporting, statements, or providing evidence about the bullying.)
> - 방관자 교육 필요: 학교폭력은 학생끼리만 있을 때 자주 발생하므로 이를 예방하기 위해서는 학생들의 역할이 중요하다. 학생 간 갈등이 있을 때 방관하지 않고 중재하고 보고하는 방법을 학생들과 함께 논의하여 절차를 만들고, 교실에 게시하여 수시로 강조해야 한다.(Since school bullying

often occurs when teachers are not around, it is important to involve students in preventing it. Discuss with students how to intervene and report conflicts, create procedures, and post them in the classroom to emphasize them regularly.)
- 학생의 다툼 발견 시 : 먼저 단호하게 학생들을 분리시켜 거리를 충분히 유지하게 한 뒤 감정을 가라앉히게 한다. 이때 다친 학생이 없는지 확인하고 다쳤다면 보건교사에 인계한다. 이후 학생의 정보를 파악한 뒤 관련 부서 선생님과 교칙에 따라 학생들을 지도해야 한다.(First, separate the students firmly and keep them at a safe distance to calm down. Check if any student is injured and, if so, bring them to the school nurse. Afterward, gather the students' information and guide them according to school rules with the help of the teacher responsible for school bullying.)
- 사이버폭력 예방 방안 예시: 사이버폭력도 학교폭력과 동일하게 처벌받는다는 것을 교육하기. 학생 주도로 온라인 언어폭력의 종류와 대체어를 소개하는 홍보물을 만들어 학교 SNS에 게시하기, 스마트기기 활용 수업 중 패들릿에 학생 작품을 올린 후 '친구 작품에 선플달기' 미션 수행을 하며 동료 피드백에 참여시키기 (Educate students that cyberbullying is punished just like school bullying/ Have students create and post promotional materials on school social media about online verbal abuse and alternative expressions / During edutech classes, use tools like Padlet for students to post their work, and assign a task to give positive feedback on classmates' work.)

(1) 학교폭력 학교장 자체 해결제(School Principal's Self-resolution System)

① 배경
  ㉠ 사소한 갈등을 포함한 교내 모든 갈등이 교내 학교폭력위원회에 따른 처벌로 이어지다보니, 학생부에 기재되는 등의 사안으로 인해 피해자와 가해자 가족 간 소송이 이어지는 등 갈등 심화, 교내 학교폭력 담당부서의 전문성 부족, 업무 부담 증가
  ㉡ 이런 이유로 교내 학교폭력자치위원회를 교육지원청으로 이관하여 교육지원청의 학교폭력자치심의위원회에서 담당하게 하고, 일정 요건에 맞는 경미한 학교폭력 사안만 학교 내에서 학교장이 종결할 수 있게 권한 부여

② 학교장 종결 가능한 사항 (단, 피해학생과 보호자의 동의 및 확인 필요)
  ㉠ 2주 이상의 신체적·정신적 치료를 요하는 진단서를 발급받지 않은 경우
  ㉡ 재산상 피해가 없거나 즉각 복구된 경우
  ㉢ 학교폭력이 지속적이지 않은 경우
  ㉣ 학교폭력에 대한 신고, 진술, 자료제공 등에 대한 보복행위가 아닌 경우

③ 기대효과
  ㉠ 더 전문적인 기관에서 학교폭력 사항을 처리하며 전문성 확보

ⓒ 학교가 기존에는 가해자의 처벌 결정 역할에 초점을 맞췄다면, 이제는 가해학생의 교육과 피해학생의 치유 역할, 그리고 관계회복 프로그램 운영에 더 집중할 수 있음.('교육적인' 역할 강화)

(2) 피해자(victims) 상담

① 따뜻한 상담 / 심리적 지지(Supportive / Warm Counseling)
ㄱ 편하고 주변에 다른 학생들이 없는 장소에서 개인 상담을 진행한다.
ㄴ 학생의 아픈 감정을 충분히 공감해주며 교사를 신뢰하고 편하게 느끼도록 배려하고, 교사는 학생편에 있다는 것을 충분히 인식시킨다.
ㄷ 괴롭힘은 피해자에 의해 유발된 것이 아님을 분명히 전달한다.(네 잘못이 아니다.)
ㄹ 학생이 그간 당했던 서러움을 모두 털어놓을 수만 있어도 치료 효과가 있으며, 학생 스스로 현실적 방안을 마련할 용기를 낼 수 있다.
ㅁ 지속적으로 학생을 관찰하며 틈이 나는 대로 학생에게 따뜻한 인사를 건네고, 동료 교사에게도 학생에게 향한 관심을 부탁하며 학생에게 관심의 끈을 놓지 않도록 한다.

② 긍정적 자기 발견 돕기(Helping with positive self-discovery)
피해 경험을 떠오를 때마다 긍정적인 자기 발견으로 대체하는 방법(자기 비난 중지, 부정적 생각 끊기, 자신의 긍정적인 면 찾기, 안정을 통한 자기감정 조절하기 등…)을 함께 논의해보고, 가정과 연계하여 지속적으로 습관이 될 수 있도록 하며, 필요하면 청소년 상담 전문가와 연계한다.

③ 또래 도우미(Peer Supporter)
배려심 많은 학생을 도우미로 임명한다. ➡ 피해 학생을 관찰하며 종종 말 한마디 건네고, 급식실에 같이 가는 등 작은 관심을 주게 해서 그 학생에게 심리적 안정감을 주고, 적응을 돕는다.

④ 취미가 같은 학생 연결(Linking Students to Friends with Common Interests)
자신이 좋아하는 취미활동 및 취미 공유는 상처 치유에 효과적이다. 피해학생이 학교에 있는 것 자체가 힘들 수 있으므로, 학생의 관심이 있는 분야에 대해 같은 관심사를 가지고 있는 친구를 연결해주어서 취미 공유를 하면서 학교라는 공간을 조금이라도 긍정적으로 인식하도록 돕는다.

> **PLUS | 피해자상담 주의할 점**
> 피해자가 피해에 대해 잘 말하지 않는 경우도 있다. 처음엔 신중하게 접근해야 한다. 너무 많은 사항을 질문하지 말자. 수치심, 당혹감 때문에 자세히 이야기하고 싶지 않을 수도 있다. 이야기하거나, 하지 않을 선택의 여지를 준 후, 언제라도 이야기하고 싶다면 이야기하라고 한다. ➡ 학생이 이야기를 시작하면, 학생의 말에 공감은 하면서 침착하게 대응하면서, 학생의 말을 믿고 있다는 것을 전달하자. 그 이후 학생이 상황을 바꿀 수 있는 아이디어를 먼저 묻고, 선생님의 어떤 도움이 필요할지 의논한다.

(3) 가해자(bully students) 상담

① 진정성 있는 상담(Sincere counseling) : 학교폭력 가해학생은 학교폭력전담기구의 결과에 따라 처벌(서면사과, 교내봉사, 사회봉사, 특수교육, 정학 등…)을 받게 된다. 그냥 처벌만 받게 한다

면 학생은 크게 반성하지 않고 그 처벌 자체만 기분 나쁘게 생각할 수 있다. 이는 또 다른 폭력의 재발로 이어질 수 있으므로, 처벌받기 전 담임의 진정성 있는 상담이 필요하다.

- ⊙ 감정적으로 화내지 않기(Stay Calm, Don't React Emotionally) : 화를 내며 감정적인 대응을 하면 역효과만 있고 오히려 가해 학생의 행동을 강화할 수 있다. 목소리를 높이지 말고, 힘겨루기하지 말고, 차분하고 자신감 있게 평소의 톤으로 통제한다.
- ⓒ '행동'에 초점(Focus on the 'Behavior'): 학생의 '행동'을 분리해서 행동에만 초점을 맞춘다. 그 학생 자체에 대해 비난하지 않고 '행동'이 잘못되었음을 강조한다. 누군가에게 화가 나는 것은 있을 수 있는 일이나 화를 표현하는 '행동'이 부적절했음을 이야기해 준다.
- ⓒ 생각 고쳐주기(Guide to Change Their Thinking): 가해학생은 피해학생이 '당할만 했다'고 생각하고 자신의 행동을 정당화한다. 그 누구도 학교폭력이나 따돌림을 당할 만한 사람은 없다고 강조하고, 같은 상황을 가해학생의 시선, 피해학생의 시선, 목격자의 시선을 분리해서 보게 한다.
- ⓔ 가해 행동의 배경 파악하기(Understand the Background of the Harmful Behavior) : 많은 가해자들은 가정환경이 좋지 않을 수 있고(부모 / 형제로부터 폭력을 많이 경험했을 수 있다.) 많은 심리적, 사회적 어려움을 겪고 있을 가능성이 높다. 자신이 왜 화났는지도 모르고, 분노 조절 방법에 관해 이야기할 사람도 없다.(악순환) 또한 정서적 소통을 잘하지 못하는 등 사회적 기술이 부족해 부적절한 방법으로 주목받으려 할 수도 있다. 이러한 학생의 배경을 파악한다면 지도에 더 도움이 된다.

② 자기 조절방법 가르치기(Teaching Ways to Control Anger)
- ⊙ 감정언어 가르치기(Teach Emotional Vocabulary) : 가해자는 감정표현에 서툴러서 욕이나 거친 행동으로 대신 표현하는 경우가 많다 ➡ '화난다' '불안하다' ' 당황스럽다' 등 예시 들어기
- ⓒ 분노조절기법 가르치기(Teach Anger Management Techniques) : 화가 났다는 것 인식하기 ➡ 행동을 멈추고 크게 심호흡하기 ➡ 그래도 화가 난다면 일단 그 자리를 떠나기 ➡ 진정이 되면 "감정언어"를 사용해서 나의 상태를 언어로 표현한다.
- ⓒ 행동 모니터 시키기(Monitor Student Behavior) : 자기 행동을 모니터하는 방법을 가르친다. ➡ 부적절한 행동의 리스트를 제공하고 그 행동을 얼마나 자주 하는지 빈도를 체크하게 한다.

③ 공감 능력 키워주기(Helping to Develop Ability to Empathize)
학교폭력 가해자는 '공감' 능력이 부족한 경우가 많다. ➡ 자신이 하는 행동이 상대방의 입장에서는 어떻게 느끼는지 잘 알지 못한다.(장난과 폭력을 구분하지 못함) ➡ 지속적인 대화를 통해 그 상황에서 상대방의 입장에서는 어떻게 생각했을지 질문해보며 공감하는 능력을 키워준다.

④ 관계 회복을 위한 방안 마련하기(Helping to Seek Their Own Ways to Rebuild Relationships)
학교폭력 규정에 따라 처벌받을 것이지만 이 처벌로 끝나는 것이 아니라고 강조한다. 피해 학생이 받은 심각한 피해를 구체적으로 알려주고, 학급의 주변 학생들도 이번 일로 심리적 피해가 크다는 것을 알려주면서 이런 피해 및 관계를 다시 회복하게 할 방안을 스스로 생각해오게 한다. 교사는 이를 점검해주고 실행에 옮기도록 단호하게 지도한다.

(4) 예방방법 / 방관자(bystander) 방지

① 학급자치회의활용(Classroom discussion, Class meetings)
학기 초에 학급회의시간을 활용해서 학교폭력 / 괴롭힘에 대한 내용으로 토론을 진행하여, 학교폭력에 대한 개념을 정확하게 인지하고, 예방할 수 있도록 한다.

㉠ "학교폭력"에 대해서 정확한 이해하기(Gain a Clear Understanding of "School Violence") : '학교폭력'에 대한 개념이 정확하지 않은 학생들이 많음 ➡ 학급의 정의를 함께 도출하고, 어떤 행동이 학교폭력에 들어가는지 이야기하기(예 학교폭력은 더욱 힘 있는 사람이 작고 약한 사람을 고의적으로, 반복적으로 상처를 주거나 위협하는 것이다. 학교폭력에는 신체적 폭력뿐만 아니라 따돌림, 언어폭력, 강제 심부름, SNS 폭력 등이 모두 해당된다.)

㉡ 학교폭력에 대한 토론하기(Discuss School Violence)
- 어떤 행동이 괴롭힘에 해당되고, 어떨 때 가해자가 되는지 명확하게 말하기 (다른 사람을 질투할 때, 주의를 끌고 싶을 때, 힘을 갖고 다른 사람을 이기고 싶어 할 때…)
- 학교 폭력 시 가해자 / 피해자가 어떻게 느낄 것인지, 주변 사람에게 어떤 일이 일어날지
- 학교폭력에 대한 편견들에 대한 각자의 생각 나누기(예 "또래 간 괴롭힘은 장난일 뿐이다?", "어떤 사람은 따돌림당해야 마땅하다?")
- 예방을 위해 학급에서 할 수 있는 일
- 피해 발생 시 가해자, 피해자, 방관자가 각각 겪게 될 피해 조별로 토론해보기

② '우리 학급의 약속' 정하기(Classroom Contracts / Rules)
토론을 통해 학교폭력을 예방할 수 있는 문구를 정하고, 교실에 크게 게시한다. 게시물에는 모든 학생들의 서명을 받아 약속에 대한 책임감을 느끼도록 한다.(예 우리는 각자의 차이점을 존중한다. 나와 다르다고 따돌리지 않는다. 갈등이 있으면 용기 내서 보고한다…)

③ 갈등해결 기술 가르치기(Teaching How to Manage Conflict in Classroom)
인간 간의 갈등은 피할 수 없으니 이를 잘 해결하는 능력을 갖춰야 함 ➡ 갈등 해결하면서 열린 마음과 인내를 가지게 되어 성숙해질 수 있고 다른 사람과 더 잘 지낼 수 있게 된다고 강조 (방법 : 화났을 때는 침착하고 시간을 가진 뒤에 흥분을 가라앉히고 다시 이야기하자. 갈등의 원인이 무엇인지 이야기하자, 상대방의 말을 끝까지 들어라, 비난하지 말고 자신이 느낀 감정을 설명하라.)

④ 자주 관찰하기(Closer Observation)
세심하게 관찰 ➡ 학생들이 어떻게 상호작용하고 있는가, 외롭고 위축되어 보이는 학생이 있는가, 늘 과도한 관심을 요구하는 학생이 있는가, 갑작스러운 행동변화 (출석 불규칙, 학업 무관심, 쉬는 시간 끝나고 늦게 들어오기, 무기력하게 잠만 자기 등…)가 있는 학생이 있는지 등등을 잘 관찰하기 ➡ 교실 / 식당 등 직접 관찰할 뿐만 아니라 각 교과선생님들께도 물어보기

⑤ 학부모 상담(Counseling with Parents)
혹시 가정에서 이상 행동 등 있으면 바로 알려달라고 하기(자주 아프다, 우울해한다, 말을 하

지 않는다, 화를 자주 낸다, 늦게 들어온다, 소지품을 자주 잃어버렸다고 한다, 돈을 계속 달라고 한다, 상처가 생겼다. 또는 돈이 많다, 친구가 줬다는 물건이 많다, 공격적인 행동을 보인다 등등..) ➡ 정보를 기록해 두고 자녀 행동의 진전에 대해 소통

⑥ 왕따 / 학교폭력 청정 구역 선정(Bully Free Zone)

학기 초 왕따에 관한 오리엔테이션 시간을 갖고, 우리 학교는 왕따 청정구역임을 밝힌다. ➡ 왕따나 학교폭력을 당할만한 사람은 아무도 없다고 강조하고, 구체적인 사례(욕하지 않기, 폭력은 무조건 금지, 심부름시키지 않기 등)를 전부 들어주며 이러한 것이 강력하게 금지된다는 것을 선포한다. 이 모든 것을 게시하고 이후 틈나는 대로 상기시킨다.

> **PLUS | 학교폭력(or 싸움) 목격 시**
>
> 단호하게 이름을 부르며 멈추라고 하고, 학생들을 떼어 놓는다.(힘이 부족하면 학생들의 도움 받기) ➡ 다친 학생이 있다면 보건교사에게 바로 알리고, 위급한 경우 119를 부른다.➡ 싸운 학생들을 주변 학생들과 격리하거나 주변 학생들을 자리에 돌아가게 한다.(주변사람이 있으면 흥분된 감정이 가라앉지 않음) ➡ 싸운 학생들을 서로 쳐다보지 못하게 떼어놓는다. ➡ 학교폭력전담기구에 연락하고 현장 사진을 찍어둔다. ➡ 보호자에게 사실을 알리고, 학생들에겐 체벌할 의지를 보이지 않으면서 흥분이 가라앉을 때까지 기다린다. ➡ 다치진 않았는지 상태를 점검하며 관심을 보인 후 싸운 것을 보고 놀랐다며 공감적 반응을 활용한 대화를 진행한다. ➡ 학교 규칙을 상기시키며 규칙에 따를 것이라고 한다.

(5) 사이버폭력(Cyberbullying)

① 종류 : 온라인 공간 언어폭력(욕설, 비하발언 등..), 명예훼손(상대 비하 목적의 언행), 사이버 갈취(사이버머니, 와이파이 셔틀 등…), 스토킹(원하지 않는 문자, 사진 등 지속 보내는 경우), 따돌림(원치 않는 단체 채팅방에 초대하여 놀리거나 욕설), 영상 유포(사생활, 유해성 사진이나 영상을 유포), 딥페이크 등 상대방 동의 없는 합성

② 특징 : 시공간 제한 없는 노출, 개인적이고 은밀하게 발생, 익명성으로 인해 손쉽게 가담할 수 있음, 허위사실 등이 빠르게 전파가 되기 쉬운 환경, 기록이 영구적으로 남음.

③ 예방 및 지도 방안

㉠ 사이버폭력 정확히 이해하기(Understand Cyberbullying Clearly): 온라인 공간이라도 욕설, 비하발언, 명예훼손, 혐오표현 등이 모두 사이버폭력에 해당되고, 각각의 사례를 최대한 구체적으로 알려준다. 또한 온라인 공간은 기록이 남기 때문에 형법과 정보통신망 이용촉진 및 정보보호 등에 관한 법률에 의해 강력하게 처벌받는 사례가 많다는 것을 강조한다.

㉡ 사이버폭력 피해 징후 파악하기(Identify Signs of Cyberbullying Victims): 학급 친구가 사이버폭력 징후(갑자기 계정 모두 탈퇴, 휴대폰을 확인할 때 불안한 표정을 보임, SNS에 우울한 심정을 자주 올림 등…)를 보일 경우 관심을 가져주고 선생님께 알려달라고 하기, 담임선생님 외에도 학교 위클래스, 학생위기상담 서비스, 청소년 사이버 상담센터 등 전문가의 도움을 받을 수 있는 방안을 구체적으로 안내

ⓒ **학생주도 SNS 예방캠페인**(Student-Led Social Media Prevention Campaign): 수업/학교프로그램/대회와 연계하여 온라인 언어폭력 사례 및 대체어를 소개하는 홍보물을 '캔바' 프로그램으로 만들고 학교 SNS계정에 업로드하게 한다. 그 게시물을 개인 계정으로 공유한 것을 인증하는 이벤트를 통해 더 많은 학생들에게 캠페인 내용이 퍼질 수 있도록 한다.

ⓔ **에듀테크 활용 수업과 연계**(Link Lessons with EduTech Tools): 학생의 태블릿PC로 패들렛에 수업 결과물을 올리게한 후, 조를 만들어서 동료 피드백에 참여시킨다. 이때 '칭찬 1가지' '개선점 1가지'를 조원의 작품 댓글로 적도록 하되, 개선점은 상대방의 기분을 상하지 않는 방식을 예시를 통해 알려주고 실시한다.

ⓜ **학급 온라인 마니또 프로그램**(Class Online Manito Program): 마니또 선발 후 학급 익명채팅방에 '김철수 마니또'와 같이 자신이 뽑은 마니또의 이름으로 입장하기, '바른 언어 사용'을 공통 규칙으로 하고 '마니또 친구 칭찬하기' 등으로 미션을 수행하며 자연스럽게 바른 언어를 사용하도록 유도

ⓑ **언어바꿔주기 활동**(Language Replacement Activities): 학교 홈페이지나 SNS공간, 또는 학급 친구와의 채팅방 등에서 혐오 표현 등 부적절한 언어를 발견했을 때 바른 표현으로 수정해서 알려주고 이를 캡쳐해서 인증해서 제출하도록 하기. 개수에 따라 봉사활동 시간을 부여하거나 다른 혜택을 주면 더 많은 학생이 참여할 수 있도록 유도할 수 있음.

04 무기력한 / 우울한 / 자존감 낮은 학생 지도
(helpless / depressed / low self-esteem student)

Point
학교에서 각종 사고를 치는 학생에겐 주목이 갈 수밖에 없지만, 바쁜 하루 속 무기력한 학생에겐 무관심해질 수 있다. 그러나 학생이 무기력해졌다는 것은 마음속 깊은 곳에서 아주 큰 일이 일어나고 있다는 신호를 보내는 것이다. 교사는 이 신호에 귀 기울일 줄 알고 무기력함에 대한 세심하고 섬세한 배려가 필요하다. 무기력한 학생에 대한 지도 방안은 직접 기출이 종종 되기도 했으나, 다른 주제의 문제에서도 활용할 수 있으므로 정리를 잘해놓도록 하자.

대표기출
*학교에서 늘 무기력하고, 학교 활동에 흥미가 전혀 없는 학생 지도 (2017 평가원, 2022 평가원 비교과, 2020 경기, 2019 서울)
*우울증을 가진 학생 지도 (2015 평가원)

> **기출 답변 핵심 Point**
>
> - 무기력은 큰 위기 신호이다: 무기력한 학생은 갑작스러운 것이나 의도한 것이 아니고 오랜 시간에 걸쳐 고통받고 있으므로 교사의 큰 관심이 필요하다. (If a student becomes helpless, it is not sudden or intentional; it is often the result of prolonged distress. Therefore, the teacher should provide significant attention to the student.)
> - 작은 관심부터 시작: 학생에게 인사하기, 안부 묻기, 미소 짓기 등 작은 관심을 보이며 래포형성을 한 뒤 학생의 힘든 점을 들어주고 공감해주어야 한다. (Begin by showing small gestures of care, such as greeting the student, asking how the student is doing, or just smiling. Build rapport and then listen to and empathize with the student's difficulties.)
> - 역할 부여하기: 학생에게 어렵지 않으면서 중요한 역할을 부여하여(학습지 배부하기, 교실 환기하기...) 학교에서 필요한 존재라고 느낄 수 있도록 돕기 (Give the student important but manageable tasks (e.g., distributing worksheets, airing out the classroom) to help the student feel like an important member of the school.)
> - 긍정적 발견해주기: 학생을 유심히 관찰하고 소통해주면서 학생의 장점을 찾고, 그 장점을 살릴 수 있는 교내 프로그램을 추천해주고, 관련 진로방향을 안내해주는 등 도움을 제공한다. (Observe and communicate with the student to identify their strengths. Then, recommend school programs that align with their strengths and offer guidance on related career paths.)

(1) 무기력한 학생 지도

① 무기력한 학생 특징
  ㉠ 무기력: '더 이상 분노할 수 없을 때 보이는 상태'(by정신분석가 캐벌러-애들러)
  ㉡ 포기하고 나서 '아 신난다. 해방이다'라는 학생은 없다 ➡ 학생도 너무 화나고 힘들지만, 어쩔 수 없이 포기라는 길을 선택하는 것이다.
  ㉢ 학습된 무기력: 갑자기 무기력해진 것이 아니고, 하다 하다 안되면 결국 안 된다는 것을 학습해서 무기력하게 있게 된다, 결과에 대한 공포 때문에 아무것도 하지 않기로 한 것.

② 무기력의 원인
  ㉠ 가정적 원인: 부모의 과잉보호(누가 대신해주거나 해야 할 일을 알려주는 것에 익숙), 부모의 높은 기대 (기대를 만족시킬 자신이 없어 '내가 할 수 없다'를 보여줌)
  ㉡ 사회적 원인: 획일적 성공기준, 지나친 경쟁, 끊임없는 비교, 인터넷의 영향으로 자신보다 더 능력이 뛰어난 학생과 쉽게 비교
  ㉢ 학교의 원인: 학교의 획일적 기준으로 학생을 서열화, 학교에서 눈에 띄는 활동을 하지 않으면 하루 종일 이름 한 번 불려지지 않는 학생도 많아서 자신을 존재감 없다고 생각할 수 있음, 잘하는 분야가 있지만 학교 내에서 발휘할 기회가 없는 경우가 많음.

③ 무기력한 학생 돕기
- ㉠ 무기력한 학생에 대한 관점의 전환(Changing the Perspective on Helpless Students): 무기력은 갑작스러운 것이 아니고, 과거에 일련의 사연들이 쌓여서 무기력이 생긴 것이다. 일부러 무기력하게 지내는 학생은 없고, 자신도 그런 모습을 싫어할 것이다. → '원래 그런 학생'이라고 단정 짓지 않고, 긍정'의 관점으로 전환해야 한다. → '아이가 그럴 수밖에 없었구나, 그동안 얼마나 아팠을까'
- ㉡ 교사의 진심을 다한 관심(Providing a Sincere Care): 무기력한 학생들은 학교란 공간은 환영받지 못하고 자신에게 관심이 없는 곳이라고 생각할 수 있다. 그런 학생에게 이외의 따뜻한 모습을 보이며 그것이 사실이 아님을 보여줘야 한다. 간단한 것부터 시작해서 따뜻한 관심을 준다.(미소, 이름 불러주기, 취미에 관심 가져주기, 안부 묻기…) 처음엔 당황스러워하고 어색함을 느끼며 반응이 없을 수 있으나 관심을 갖고 존중해주며 무엇을 함께 해 나가자는 메시지 전달만 하면 성공이다.
- ㉢ 격려하기(Encouraging): 칭찬의 대상은 잘하거나 성공하는 사람에게 한정되어 있지만 격려는 조건이 없다. 성취 결과와 관계없이 학생을 잘 관찰한 후 노력하는 부분이 있다면 그 자체를 지지해준다. 말 외에도 비언어적 의사소통 (멀리서 하는 미소, 손 흔들기 등)도 교사와 학생이 따뜻하게 연결되었음을 보여주는 훌륭한 격려가 될 수 있다. 또한 학생이 상황에 다소 부적절한 말을 하더라도, 무언가 반응을 보인 것은 좋은 신호이므로 그 노력 자체를 환대해준다. ("어, 그건 조금 특별한 의견이지만, ~가 이렇게 수업에 참여해주니 너무 좋네. 다음엔 이렇게 답변해보는 건 어떨까?")
- ㉣ 역할부여(Assigning a Special Role): 학급 or 모둠에서 어렵지는 않지만 중요한 역할을 맡기면 무가치함, 무존재감으로 시달렸던 학생이 자신에 대한 입장을 조금씩 바꿀 수 있다. (소속감 강화, 학급에서 중요한 존재가 될 수 있다는 자신감) → 조회시간에 날씨와 미세먼지를 반에 알리는 일, 하루 2번 창문 열어 환기 시키기, 게시판에 단어의 뜻을 하나씩 써서 알려주기, 급식메뉴 적기, 분필 떨어졌을 때 채워넣기 등…
- ㉤ 긍정적인 발견해주기(Discovering Student's Strengths): 학생이 처음부터 무기력했던 것은 아니기에 각자 개성, 강점을 지니고 있지만 많은 학생들은 자신에게서 재능을 발견한 적이 없이 살아옴. 학교생활에도 자신의 단점을 많이 들어왔지만 무엇을 잘할 수 있을 거라는 말을 못 들어봤으므로 교사가 긍정적인 발견을 해주기('재능에 대한 탐정'이 되어야 함.)
- ㉥ 한 명의 따뜻한 어른 / 멘토 되기(Becoming a Special Mentor): 무기력 학생 주변에 삶의 방향을 일깨우는 누군가가 매우 부족하다. 마음을 건드리고 심장을 다시 뛰게 해주며, 삶의 이야기를 함께 하는 '따뜻한 어른'이 되어준다.

(2) 우울한 학생 지도
① 우울한 학생 특징
- ㉠ 심한 우울증을 겪지만 남에게 피해 끼치지 않고, 조용하게 있는 학생이 많다. → 방치하지 말아야 한다.(화 분출하는 학생만 관심의 대상이 되어서는 안 된다)

	ⓒ '자해'와 함께 가는 경우가 많다. ➡ 남에게 표현하지 못하는 억압을 자신에게 표현한다. ➡ 내면이 죽어있어 자신의 몸을 상처내도 감각이 없다.
② 우울한 학생 지도
	㉠ 연결하기(Linking, Group counseling): 반 학생들의 개별 특성을 유심히 봐두었다가 함께하면 도움이 될 만한 아이들을 또는 비슷한 어려움을 겪는 학생들을 연결(linking)해주어 함께 이야기할 수 있는 시간을 가진다. 함께 요즘에 겪은 일, 감정 등을 공유하는 시간을 가지면 다들 비슷한 감정을 가지고 있다는 것을 깨닫게 된다. ➡ 서로 진정한 공감을 통해 감정을 치유할 수 있고, 세상은 혼자가 아니고 다 함께 연결되어있다는 생각이 들며 자신만의 틀/세계에서 벗어날 수 있다. 서로가 우울한 감정을 벗어나기 위해 하는 행동/ 취미활동 등을 공유할 수도 있다.
	㉡ 정상화하기(Normalizing): 우울증을 느끼는 학생은 보통 자신의 감정이 '매우 특별하고 자신만 느끼는 감정'이라고 생각한다. 학생과의 상담을 통해 학생의 감정을 공감해준 뒤에 그 감정은 자신만 느끼는 감정이 아닌, 보편적으로 겪는 감정임을 인식(normalizing)시키고 수용하게 한다. 특히 교사도 그런 감정을 종종 겪고, 학생의 선배도 그런 감정으로 상담을 요청한 사례가 많았다고 안내하는 등 구체적인 사례를 언급해주는 것이 좋다. 학생의 우울한 감정은 나만의 특별한 감정이 아닌, 누구나 겪는 보편적/정상적 감정임을 아는 순간 상당히 개선될 수 있고, 학생들 스스로 문제 해결책을 찾아 나서는 시작점이 된다.
	㉢ 비추어주기(Reflecting): 학생이 말하는 내용을 듣고 그 마음을 거울처럼 비추어주고, 그 말의 핵심을 끄집어낼 수 있도록 하여 자신의 감정 및 감정의 이유를 구체적으로 알 수 있도록 한다. (예 친구가 나를 놀렸어요. ➡ 친구가 그러면 쓰냐?(x) 친구가 배신해서 지금 많이 속상하구나(O))
	㉣ 자기칭찬 프로그램(Self-praise program): 우울한 학생은 자신을 부정적으로만 보려는 것이 습관이 되어있기 때문에 이런 시각을 바꾸어주는 습관 개선이 중요하다. 매일 학급 종례 시간에 종례 인사 대신에 자신에 대한 칭찬을 학급 채팅방에 하루 한 개 간단히 적고 집에 갈 수 있도록 한다. (온라인 수업에서 종례로 활용할 수도 있다.) ➡ 처음엔 다소 부끄러울 수 있지만 종례 시간이기에 집에 가기 위해 적극적으로 참여할 것이고, 점점 자신도 모르게 자신의 긍정적인 면을 보는 것을 습관화할 수 있다.

05 회복적 생활지도(Restorative practice in school)

> **Point**
> 회복적 생활교육은 종종 직접 물어본 기출도 있었으나 다른 생활지도 파트에서도 써먹을 수 있는 내용이 있으므로 잘 알아놓으면 좋다. '회복적 생활교육'의 빠른 이해를 위해 먼저 기본 개념을 정리해보고자 한다. 전통적인 응보적 처벌 방식은 잘못을 한 사람에게 벌을 주어야 그 문제가 해결된다는 것이었다.(예 벌점 주기, 선도위원회로 징계 주기…) 학교 현장에서 이렇게 잘못한 학생에게 벌을 계속 주었지만 학생이 자신

의 행동을 돌아보고, 개선하는 '**근본적인 변화**'는 이루어지지 않았다. 또한, 가해 학생에게 벌을 준다고 해서 피해 학생의 학교생활이 '회복'되는 것은 아니었다. 오히려 가해 학생 눈치만 보면서 학교생활이 더 불편했고, 그런 현장을 바라보는 학급 친구들과 교사들의 관계도 회복되지 못했다. 그래서 이런 피해들을 '회복'하는 것에 초점을 맞추는 움직임이 '회복적 생활교육'이다. 가해자를 어떻게 처벌할지가 아닌, '**그 사건으로 발생한 피해를 어떻게 회복할 것인가**'에 초점을 맞춘다. 가해자를 처벌하고 끝나는 것에 더 나아가 '화해'를 통한 '관계의 회복'까지 시키는 것이다. 즉, **피해 학생이 받은 피해, 가해 학생과 피해 학생의 관계, 이 학생들을 둘러싼 학급 구성원들과의 관계를 모두 '회복**'하는 것이다. 회복 방안은 '**학생이 주체가 되어 갈등을 해결하는 문화**'를 만드는 것이다. 가해 학생은 스스로 잘못을 인정하고, 피해 학생이 입은 피해 및 피해 학생과의 관계를 스스로 노력해서 회복해야 하며, 이를 통해 **책임감**을 기르고 **변화하고 성장하도록** 한다. 피해 학생과 직접 대면하면서 진심으로 사과하고, 그 학생이 입은 피해를 직접 듣고 그 피해를 해결할 수 있는 방안을 스스로 제시해야 한다. 이를 통해 가해 학생은 자신의 행동이 피해 학생에게 큰 피해를 주었다는 점을 인식하고, 그 고통을 공감하며, 이런 갈등이 있을 때 스스로 해결할 수 있는 능력을 기를 수 있게 된다.(변화와 성장을 이끌어 냄.) 그리고 피해 학생도 어떻게 하면 자신의 피해가 회복될 수 있는지 스스로 생각하고 판단하며 목소리를 낸다. 어떻게 하면 자신이 다시 정상적인 학교생활을 할 수 있을지를 직접 들어보는 것이다. 또한 가해 학생, 피해 학생뿐만 아니라 그들을 둘러싼 학급 친구들 및 교사까지 다 함께 그 문제를 해결하기 위해 동원되어 수평적인 분위기 속 **공동체의 관계 회복**'에 초점을 맞춘다. 이런 공동체의 회복 과정을 체계적으로 진행하기 위해 '회복적 서클'이라는 것을 진행한다. 학교에서 발생한 문제에 대해 관련된 사람들이(가해자, 피해자뿐만 아니라 간접적으로 연관된 사람들까지) 모두 한 장소에 모여 앉아서 그 사건에 대해 서로가 느끼는 감정을 공유하고, 이해하며, 어떻게 하면 갈등을 해결할 수 있을지 직접 방안을 찾아보는 것이다. 이 모임에서는 가해 학생에 대한 잘못을 지적하고 벌을 주려는 방향으로 가지 않고, 수평적인 분위기 속 공동체가 함께 갈등에 직면하여 관계를 회복하려는 분위기로 가야 한다.

대표기출

* 학생 간 다툼 이후 관계 회복을 위한 조언 및 학급차원 방안 (2021 서울)
* 학생 간 다툼에 대한 처벌이 아닌 다른 교육적 해결방안 및 고려 사항 (2023 경기)

기출 답변 핵심 Point

- 회복의 의미: 잘못을 처벌하고 끝나는 것이 아닌 잘못된 행동으로 발생한 피해(피해 학생이 받은 피해, 가해 학생과 피해 학생의 관계, 이 학생들을 둘러싼 학급 구성원들과의 관계)를 모두 '회복'하는 것 (not just about punishing wrongdoing and ending it, it involves restoring all the damages caused by the wrongful actions— addressing the harm suffered by the victim, repairing the relationship between the bully and the victim, and improving relationships with the rest of the class members.)
- 학생이 갈등 해결 주체: 가해 학생은 스스로 잘못을 인정하고, 피해 학생이 입은 피해 및 피해 학생과의 관계를 스스로 노력해서 회복해야 하며, 이를 통해 책임감을 기르고 변화하고 성장하도록 이끎.(The bully should acknowledge their wrongdoing and make efforts to repair the harm done to the victim and their relationship with the victim. This process helps them develop a sense of responsibility, leading to change and personal growth.)

- 학급 신뢰서클 운영: 학급 내 갈등이 생기면 갈등의 이유, 서로 느낀 감정, 학급에 끼친 영향 등을 질문을 통해 공유하는 '회복적 질문' 시간 가지기. 이후 서로 관계 개선 방안, 학급 친구들이 도울 수 있는 방안 등을 함께 이야기한 뒤 공동체의 약속을 정하기.(When conflicts arise in the class, hold a 'restorative questioning' session where students discuss the reasons for the conflict, the emotions felt, and the impact on the class. Following this, discuss ways to improve relationships and how classmates can support each other, and establish community agreements.)
- 교사의 역할: 지나치게 개입하여 해결방안을 통제하려 하지 않고 학생 스스로 노력해서 관계회복할 수 있게 돕기, 학급 전체가 협력 및 존중을 통해 공동체의 관계 회복을 위해 노력하는 분위기 조성하기(Avoid excessive interference and control over the resolution process. Instead, encourage students to restore relationships on their own. Create an atmosphere where the entire class cooperates and respects each other to work towards community relationship recovery.)

(1) 회복적 생활지도 VS 처벌(응보적 생활지도)

회복적 생활지도	처벌(응보적 생활지도)
잘못을 저지른 사람의 대가에 초점을 맞추기보다는 그 행동의 결과로 야기된 책임, 의무에 초점	학생의 행동을 일시적으로 억제
문제해결 과정에 영향받는 구성원 모두가 참여해 협력	학생들에게 직접적으로 자기훈련하는 법을 가르칠 수 없음
잘못을 저지른 학생들에게 반성하는 마음, 책임감을 고양시킴	처벌받는 학생은 자신의 행동보다는 처벌을 내린 사람에게 집중하며 원망을 하게 됨
가해자-피해자의 관계 회복에 책임을 지며 문제 해결	가해자가 합당한 벌을 받으며 문제 해결
그 행동과 관련된 사람들이 협력해서 문제해결에 참여	처벌권자와 당사자가 문제 해결
잘못된 행동으로 피해 본 학생의 요구, 잘못을 저지른 학생의 이면에 존재하는 요구, 이유를 인식	교사를 비난하고 친구들에게 화풀이하며 반항하기도 함.

(2) 회복적 생활지도의 목표

① '회복'하기(Restoring relationships) : 문제 발생 시 가해자를 처벌하고 끝나는 것이 아닌 관계회복까지 시키기➡ 피해 학생의 피해, 가해학생과 피해학생의 관계, 그리고 이 학생들을 둘러싼 학습 구성원들과의 관계를 모두 회복

② 학생이 주체가 되어 갈등 해결하는 문화 만들기(Creating a Culture Where Students Take the Lead in Resolving Conflicts)
  ㉠ 가해학생 : 스스로 잘못을 인정하고 피해 학생이 입은 피해 및 피해 학생과의 관계를 스스로 노력해서 회복해야 함. ➡ 피해 학생에게 직접 진심으로 사과하고, 피해 학생의 피해를 듣고

해결할 수 있는 방안을 제시할 수 있도록 지도 ➡ 피해 학생에게 큰 피해를 주었다는 것을 인식하고 회복의 노력을 통해 책임감을 기르고 변화하고 성장하도록 유도
- ⓒ **피해 학생**: 어떻게 하면 피해가 회복되고, 정상적인 학교생활로 돌아갈 수 있을지 스스로 생각하고 판단하며 목소리 내기
- ⓒ **학급 친구들**: 가해/피해 학생뿐만 아니라 이 문제로 학급 친구들의 관계도 깨진 상태이니 학급 친구들도 다 함께 이 문제를 해결하기 위해 '공동체의 관계 회복' 방안을 논의하고 노력함.
③ 문제해결에 모두가 참여하며 공동의 책임감과 의무감을 키우며, 서로 돕고 배려하는 공동체 분위기 조성

(3) 회복적 생활지도의 핵심

① **회복 중심 지도(Restorative Guidance)**: 잘못한 사람을 바로 잡기 위해 처벌하는 응보적 생활지도가 아닌, 잘못된 행동으로 발생한 피해를 회복하고 깨어진 관계를 다시 복원하는 것에 초점

② **과정 중심 갈등 회복(Process-Focused Conflict Recovery)**: 갈등 및 문제를 눈앞에서 없애기보다는 훼손된 관계를 회복하는 과정을 만들면서 동시에 개인과 공동체의 지속적인 연결 구도를 세우기 ➡ 결과보다는 과정 중심, 소통의 과정에서 존중과 신뢰를 경험하고 안전한 공간으로서의 공동체를 만나기

③ **책임감과 공감 촉진(Fostering Responsibility & Empathy)**: 잘못을 저지른 학생들이 자신의 행동이 다른 사람에게 미친 피해, 그 사람에게 대해 느끼는 미안한 감정, 그 일에 대하여 느껴야 할 책임감을 충분히 느끼게 했는지 생각해보게 하기

④ **공동체 기반 해결(Communiti-Based Resolution)**: 학생의 문제를 그 학생과 일대일로 처리하기보다는 공동체의 일이라는 것을 확실히 인식하게 하여 그 안에서 해결하게 하기. 그러면 교사와 학생과의 관계도 깨지지 않고, 학생들 간에도 자신의 잘못된 행동에 대해 스스로 반성하고 더 나은 생활을 할 수 있도록 서로 돕는 관계가 성립

⑤ **문제해결을 위한 또래압력(공동체)의 힘 발휘(Peer/Community Pressure for Problem Solving)**
  - ⓒ 보통의 문제상황은 소수 학생들에 의해 주도되는데, 이를 해결하기 위해서는 나머지 학생들의 평화로운 압력이 필요
  - ⓒ 직접적 관계가 없는 학급 학생들도 다른 사람의 일이 아니라 우리 반 일이라는 것을 인식하게 하고, 그 사안을 해결하는 분위기를 형성하는 것이 중요
  - ⓒ 문제 발생 시 다른 학생들의 '지지해주지 않는 침묵'만 있어도 그 행동이 약화될 수 있으며, 회복적 서클 운영으로 인해 모두의 의견이 존중받는 상황에서는 이 문제행동에 관해 솔직히 털어놓을 수 있음

⑥ **교사도 공동체로 참여(Teacher Participation in the Community)**: 교사가 주도하여 학생에게 무엇을 시키는 주체에서 벗어나 공동체의 참여자가 되고, 함께하는 상호작용의 자리 위치 ➡ 교사는 권위를 활용하여 통제하려는 관점이 아닌, 서로 존중, 신뢰, 관계에 근거한 권위가 필요하며, 학급공동체의 문화로 전환하는 평화적 압력 형성 과정을 조성

(4) 회복적 생활지도의 장점

① **안전한 소통과 감정 나누기(Safe Communication and Emotional Sharing)**: 해결 과정에서 친구를 비난하거나 무관심하게 대하지 않고 서로 소통하면서 자연스럽게 일을 해결하기 때문에 서로에게 상처가 되지 않고, 분노나 노여움이 생기지 않는다. ➡ 서로의 감정, 느낌을 편하게 이야기할 수 있는 안전한 교실, 안전한 관계망 형성

② **학급 전체 참여와 자기성찰(Whole-Class Participation and Self-Reflection)**: 교사와 일대일로 일을 해결하지 않고 학급 전체가 참여 ➡ 교사와의 관계도 좋아지고 자발적으로 자신을 성찰

③ **대화와 공동 문제 해결을 통한 신뢰 형성(Trust-Building through Dialogue and Shared Problem Solving)**: 서로 질문을 주고받는 시간을 통하여 경청과 성찰, 문제해결방식을 공유하고 서로 신뢰하며, 공동체가 하나 되는 기회가 될 수 있다. ➡ 권위나 권력이 일방적으로 치우치지 않고 수평적이고 균형 잡힌 공동체 형성

➕ PLUS | 회복적 서클 (Restorative Circle)

① **회복적 서클의 의미**: 학급 공동체가 함께 앉아 토킹스틱을 활용하여 차례로 옆 사람에게 건네고 그것을 받은 사람이 자신의 이야기를 말하는 형태의 모임. 서로의 이야기가 균등하게 존중받는 가운데 자신의 필요와 문제 요소들을 말하고 들으며 공동체와 연결하고, 개인과 공동체가 함께 성장하는 과정

② **진행 과정**
  ㉠ 서클자리배치 후 참가자 환영 및 소개
  ㉡ 간단한 의식 또는 여는 활동으로 시작(**예** 잠시 눈감고 침묵으로 명상하기, 자신의 감정 상태를 표현하여 카드에 쓰기 등…)
  ㉢ 기본 규칙 안내 (**예** 토킹스틱을 가진 사람만 이야기하고 나머지는 경청하기, 누구의 이야기라도 존중하기, 서클 속 나온 이야기 비밀 유지…)
  ㉣ 서클의 주제와 목적 설명: 시기별 주제 (**예** 3월은 친해지기, 4월은 존중하기, 5월은 다름과 차이 등…) 또는 학급에서 발생한 사건에 관한 주제 선정 가능
  ㉤ 진행자의 질문에 따라 참가자들의 이야기 나누기
    - 여는질문: 가볍고 부담없는 질문으로 시작(**예** 하루 중 가장 편안한 시간은?)
    - 주제질문: 오늘의 주제에 관해 적극적으로 이야기할 수 있도록 유도하는 질문 (**예** 내가 상처를 받는 상황은? 상처 받을 때 드는 감정은?)
    - 실천질문: 주제에서 다룬 내용의 적용, 실천 방안을 위한 질문 (**예** 상처를 받아 힘들어하는 친구에게 해주고 싶은 말은?)
    - 배움질문: 신뢰서클을 통해 배운 점을 나눌 수 있는 질문 (**예** 오늘 이야기에서 친구들에 대해 더 알게 된 점은?)

③ **유의사항**
  ㉠ 비자발적 모임으로 시작하더라도 점점 학생들의 자발적 모임이 되도록
  ㉡ 질문에 대해 답하지 못해도 그 자체로 존중하기
  ㉢ 모두가 초대받은 따뜻한 공간이 될 수 있도록 존중하기
  ㉣ 정기적인 신뢰서클이 어려운 시기에는 조회시간에 잠시 서로의 감정을 표현하는 시간으로 대체할 수 있음 (**예** '이번 주에 학급 친구들에게 부탁하고 싶은 것은?' '어제 학교에서 나를 즐겁게/힘들게 한 일이 있다면?')

> **PLUS | 학생 갈등해결 기본 원칙**

(1) 학교에서의 갈등은 당연한 것
   ① 청소년기는 심리적, 신체적인 재성숙 시기로 인해 감성적, 인지적 변화가 많은 시기이기 때문에 심한 갈등과 스트레스에 노출되어 정신적인 불안 또는 부적응을 자주 직면하는 시기임
   ② 또한 청소년기는 학생들이 어느 정도 정신적으로 성숙한 상태이고 자신의 주관, 의견이 뚜렷해지는 시기이기 때문에 타인과 상호작용에서 갈등 상황이 많이 생기는 시기

(2) 갈등을 잘못 표출하는 것이 문제
   ① 갈등 그 자체보다 갈등을 학교폭력, 반항, 비행 등 잘못된 방향으로 표출하면 문제 발생
   ② 반면 갈등을 바람직하게 관리하면 자기중심성이 감소하고 의사소통능력, 문제해결능력, 자기감정조절능력 등의 성장으로 이어질 수 있음.

(3) 학급 지도방안
   ① 학급 내 다양한 특성의 학생이 1년 내내 함께 지내다보니 갈등은 피할 수 없다고 알려주기
   ② 구체적인 상황예시를 들면서 조별로 자신의 갈등 해결 방식을 이야기해본 후 어떤 방식이 효율적인 것인지 토론
   ③ 갈등 해결 방식을 다음과 같이 유형별로 분류하고, 토론한 내용이 다음 중 어떤 방식에 해당하고, 어떤 방식이 가장 바람직한 것인지 함께 이야기해본 후 각 조의 해결방안을 발표
      → 경쟁(자신의 입장만 내세우며 상대방 이기려고 함), 양보(자신의 입장 포기하고 상대방에게 맞추기), 회피(갈등 자체를 피하기), 협동(각자 주장에 대해 서로 이야기해보고 함께 해결책 찾기)
   ④ 파괴적 갈등해결(강한 쪽에서 상대방을 승복시켜 오히려 더 갈등을 키움)과 건설적 갈등해결(상대방과 함께 문제 해결에 참여하며 양쪽 모두 받아들일 수 있는 방안 찾기, 누가 잘못했는지보다는 어떻게 해결하면 좋을지에 초점)을 비교해보고 어떤 방식이 더 나은지 토론하기
   ⑤ 건설적 해결방안을 위한 방법을 안내하기
      ㉠ 상대방 비난이나 욕설은 하지 않는 규칙을 세우고 '사람'이 아닌 '문제 / 갈등상황'에 초점을 맞추기
      ㉡ 갈등 해결이 잘 안되거나 감정적으로 치우쳐 있을 때는 제3자에게 중재를 맡김
      ㉢ 건설적 해결방안의 효과를 이야기하기 → 사람과의 갈등은 평생 겪을 수 있는 일이지만 갈등이 있을 때마다 건설적으로 해결하는 습관을 지니고 있다면 그런 갈등이 자신에게 오랜 스트레스로 남지 않고 더 나은 인간관계를 통해 정신적으로 건강하게 살 수 있음.

(4) 학생 간 갈등 교사의 개입방안 : 학생 동의 후 개입 → 도움을 주려는 것이고 해결책은 찾아주지 않는다고 이야기하고 시작 → 서로의 입장 이야기하는 시간 → 서로 그 상황에서 느낀 감정 묻기 → 서로 원하는 것 묻기 → 문제 해결을 위한 서로의 의견 듣고 해결책 찾기 → 해결방안이 나온 이후에 모두의 동의를 받기 → 다시 비슷한 갈등 발생하면 어떻게 할 것인지 논의

(5) 갈등 전환 연습하기
   ① 멈추어 생각하기 : '무슨 일이 일어났는가', '내가 왜 화가 났는가', '내가 원하는 것은?'
   ② 듣고 말하기 : 상대방의 입장을 우선 경청하고 '나 전달법'을 활용하여 사람과 문제를 분리하기.
      * 나 전달법 : '너'를 주어로 하면 부정적 감정을 담아 갈등을 키울 수 있으므로 '나'를 주어로 내가 보고, 듣고 느끼고, 원하는 것을 표현하여 문제를 객관적으로 보고 해결방안을 찾게 돕는 방법.
   ③ 함께 해결하기 : 해결책을 함께 고민해보고, 다시 문제가 생겼을 때 방안을 약속하기.

06 다문화학생과의 관계, 다문화교육(Multicultural students)

> **Point**
>
> 다문화 학생이 점점 늘어나고 있다. 지역에 따라 첫 발령 시 상당히 많은 수의 다문화 학생을 만나게 될 수도 있다. 자신과 다르다고 놀리는 등 우리나라 학생들과의 갈등이 생각보다 많으므로 담임의 개입이 필요하다. 우선 담임차원에서 학생들의 다문화 학생에 대한 편견을 없애고 다문화 감수성, 포용력을 키우기 위한 토론을 통해 학생들이 가지고 있는 편견을 깨닫고 새로운 시각으로 바라볼 수 있도록 유도해야 한다. 일회성의 교육으로는 학생들의 의식이 바뀌지 않으므로 지속된 교육을 실시하고 교과수업에서도 관련 내용을 반영하는 것이 필요하다. 단, 너무 직접적인 개입을 하고 특별한 혜택을 주는 듯한 모습을 보이면 다른 학생들이 역차별이라고 생각하여 또 다른 갈등을 유발하고, 다문화 학생도 부담스러워할 수 있다. 충분한 정서적 공감을 토대로 다른 학생과 동화된 모습으로 지도하면서 학생 스스로 해결해나가는 힘을 기르도록 적절하게 지원하는 방향이 더 좋다. 기출도 종종 나오고 있으므로 적어도 다문화학생의 언어, 친구관계, 교과이해 문제를 돕는 방안 정도는 준비를 꼭 해두자.

> **대표기출**
>
> *다문화 학생의 언어, 친구관계, 교과 문제 돕기 (2018 평가원, 2020 강원)
>
> *학생의 다문화 감수성 교육 방안 (2021 경기 비교과)

> **기출 답변 핵심 Point**

- 언어/친구관계 문제 해결 예시1: 학급 학생 중 외국어에 관심있는 학생에게 다문화학생과 언어교환 스터디 (혹은 자율동아리)를 해볼 것을 제안하여 다문화 학생이 한국어를 배우면서 친구들과도 친해질 기회를 만든다. (Suggest that students with an interest in foreign languages start a multicultural language exchange study group with multicultural students. This provides an opportunity for multicultural students to learn Korean and make friends.)
- 언어/친구관계 문제 해결 예시2: 다문화 학생이 태어난 곳의 인사법, 전통놀이 등 친구들의 흥미를 끌만한 문화를 소개할 기회를 주면서 친구들과 더 가까워지고 발표 준비를 통해 한국어 능력도 향상시킬 수 있다. 또한 'Gamma'와 같이 AI가 PPT제작을 도와주는 프로그램을 소개하면 학생이 부담없이 발표에 참여할 수 있다.(Allow multicultural students to introduce their culture, such as greetings or traditional games from their home country. This not only helps multicultural students become closer to other students, but also helps improve their Korean language skills through the preparation of their presentation. Additionally, introducing tools like 'Gamma,' an AI-assisted PPT creation program, can help students participate in presentations without feeling overwhelmed.)
- 교과문제 해결 예시: 수업 중 다문화 예시를 사용한다. 교과 이론을 가르칠 때 우리나라 예시만 들지 않고 다문화 학생의 국가의 예시도 준비해서 들면서 다문화 학생의 이해를 돕는다. 또한 다소 어려운 내용은 학생이 태블릿PC로 학습지를 찍고, 구글 번역과 같은 AI기반 프로그램을 활용하여

> 번역본으로 이해할 수 있도록 한다. (During class, the teacher can include examples from the multicultural students' countries to help their understanding. For more complex content, the students can use a tablet PC to scan worksheets and use AI-based translation programs like Google Translate to better understand the material.)

(1) 다문화 학생의 친구들과의 관계 개선(Improving the Relationships Between Multicultural Students and Their Classmates)

① 공동체교육(Global community education)
  ㉠ '다문화' 용어에 대한 인식 개선(Improving Awareness of the Term 'Multicultural') : '다문화'라는 말 자체가 모든 문화는 다양성과 나름의 가치를 존중받아야 한다는 것을 내포. 다문화는 민족/인종에 의한 구분뿐만 아니라 지역, 성, 직업, 장애/비장애 등에 의해 구분되는 다양한 문화를 지칭하는 것이라는 것을 알리기
  ㉡ 세계시민교육/인권교육 연계(Global Citizenship Education/ Human Rights Education) : 교과융합수업을 통해 최근 'Black Lives Matter' 운동과 같은 사례/지문을 활용하여 수업을 진행하여 특정 문화를 차별하거나 인권을 무시하는 행위는 세계적으로 상당히 큰 이슈로 발전할 수 있다는 점 강조 ➡ 우리와 '다른 것'이 우리보다 '부족하거나 틀린 것'이 아니며, 지구촌 시대에 서로 다름을 인정하고 공동체를 이루어 사는 것이 중요하다는 것, 점점 미래사회에는 다양한 문화에 대한 이해를 통한 상호 협력이 중요한 역량이라는 것 강조 ➡ 학생들의 진정한 인식변화를 위해서 일회성 교육을 하기보다는 교과/창체시간과 융합해서 지속적인 다문화교육을 받을 수 있도록 한다.
  ㉢ 다문화 아동 권리 이해(Understanding Multicultural Children's Rights) 유엔아동권리협약, 세계인권선언, 국제인권규약 등을 안내하며 다문화아동의 권리에 대한 다양한 국제법을 알아보는 활동을 통해 다문화에 대한 인권 보호의 중요성을 느끼게 한다.

② 미디어 활용 토론수업(Discussion Class Using Multimedia)
  ㉠ 편견과 차별 인식하기(Recognizing Bias and Discrimination) : 특정 인종/국가/문화의 사람이 부정적으로 표현되어있거나 이유 없이 차별받는 영화나 책(예 미국 몽고메리 흑인 버스탑승차별, 애니메이션에서 특정 인종만 악당 역할을 하고 있음)을 본 후 학생들에게 이상한 점을 찾게 하고 우리도 편견을 통한 차별을 하진 않았는지 생각해보기
  ㉡ 다문화 경험 비교 토론(Comparative Discussion on Multicultural Experiences) : 우리나라 사람이 해외 이민 생활 중 겪는 어려움, 차별 등을 담은 영상을 찾아 보여준 후 내가 저 영상의 주인공이었으면 어떻게 느꼈을지 생각해보게 한 뒤에, 다문화 학생이 우리나라에 왔을 때 비슷한 어려움을 겪는 상황을 들어 비교해서 토론해보게 하기

③ 문화 소개(Giving Students the Opportunity to Introduce Their Own Culture)
  다문화 학생의 문화, 사회, 자연환경, 역사 등을 소개할 기회를 마련(예 인사법 소개, 전통음식 만

들어 주기, 태어난 곳의 사진 공유, 전통 놀이 소개 및 함께하기) ➡ 학생들의 흥미를 끌 수 있고, 학생들이 세계의 문화, 역사, 지리를 공부할 기회도 제공함과 동시에 학생들이 다문화 학생을 새로운 시각으로 바라볼 수 있다. 특히 자신의 모국에서 한국아이돌그룹, 한국드라마 등 한류 문화의 인기가 어느정도인지 소개할 기회를 준다면 학급 학생들이 흥미를 느끼며 다문화학생과 더 가까워질 수 있을 것이다. (특히 'Gamma'와 같은 AI 기반 프로그램을 활용하게 하면 컴퓨터 실력이 없어도 쉽게 고퀄리티 PPT 자료를 만들 수 있으니 안내해준다.)

④ 공감 후 스스로 해결방안을 찾도록 돕기(Empathize with the student and help them find solutions on their own)

학생이 겪고 있을 어려움을 입장에서 충분히 공감(인종에 대한 편견이 심한 현실을 알려주고 이것이 절대 학생의 잘못이 아님을 명백히 인식시켜주기)한 뒤 앞으로 세상을 살면서 학생 자신이 극복해 나가야 할 문제임을 알려주기. 담임으로서 도와줄 수 있는 사항은 최대한 도와주겠다고 하면서 무엇보다 중요한 것은 스스로 용기를 갖고 스스로 해결책을 찾아보는 것이라고 독려하기

(2) 학습문제 해결(Addressing the learning challenges of multicultural students)

① 정확한 진단을 하기(Diagnose students' current level)

학생이 현 교과 내용을 어려워한다면 지금보다 더 낮은 학년의 교과서를 가지고 학생의 현재 언어 및 학습 수준을 정확히 파악한다. 동시에 학생의 학습 문제가 언어 문제인지, 아니면 학습 능력의 문제인지 구별한다.

② 다문화 예시를 수업에서 활용(Utilizing the culture of multicultural students as examples in lessons)

교과수업 중 다문화 예시를 최대한 사용한다.(예 국내의 특정 문화를 소개하기 위하여 다문화 학생 모국의 문화와 비교하면서 설명) ➡ 다문화 학생이 언어능력은 부족하더라도 자신의 문화로 예시를 들어준다면 쉬운 이해가 가능하다. 또한 수업 중 교과 내용과 자신의 문화를 융합한 발표를 할 수 있도록 기회를 준다. (예 지리 시간에 지형/기후에 대한 설명에서 모국의 사진/영상을 활용하여 그 개념을 설명하며 발표할 기회)

③ 수업자료 재구성(Restructuring lesson materials to ensure they are understandable for multicultural students)

수업 준비가 끝난 후에 다시 한번 살펴보며 다문화 학생도 이해할 수 있도록 일부 재구성한다. 예를 들어 수업자료 속 중요한 개념을 설명할 수 있는 그림을 넣거나, 더 쉬운 어휘로 주석을 달거나, 쉬운 예시를 드는 등 작은 배려를 해준다. 이런 방법은 다문화 학생뿐만 아니라 기초학력이 부족한 학생들도 도움을 줄 수 있기에 충분히 시간을 투자할 가치가 있다. (학생이 너무 어려워하는 부분은 구글번역기와 같이 태블릿PC의 카메라로 학습지를 스캔하면 자동번역이 되는 프로그램을 사용하게 안내하는 방법도 있다.)

④ '세계문화소개자' 역할(Assign the role of 'Global Culture Presenter'.)

학급 내 역할로 '세계문화소개 도우미'를 부여한다. 자신이 속한 나라를 포함하여 다른 나라들

의 요즘 이슈나 독특한 문화를 학급 게시판을 통해 한글로 작성하여 게시하거나, 학급 시간에 발표할 기회를 주면 자신이 잘 알고 있고 흥미가 있는 내용을 바탕으로 한국 언어를 공부할 수 있으니 실력을 많이 늘릴 수 있다.

⑤ 멘토링학습(Engage students in mentoring program)
반 친구들 중 관심 있는 학생을 멘토로 선발하여 다문화 학생을 위한 학습 도우미 역할을 하도록 한다. 지원자가 없다면 특히 교육, 언어, 해외 교류 등과 관련된 진로가 있는 학생에게 권유해 본다. 학생이 원한다면 서로의 언어/문화를 교류하는 교환 멘토링이 될 수도 있다.

(3) 다문화 교육을 위한 교사의 유의점 및 태도

① 다양한 관점 포함 교육 운영(Implementing Curriculum with Diverse Perspectives): 다양한 관점의 문화, 인종, 경험, 지식을 포함하는 교육과정 및 교육프로그램 운영(예 다양한 인종의 역사 속 위인들을 돌아가면서 교육 소재로 선정하거나 다문화에 대한 편견과 관련된 영화를 수업 보조 자료로 선정)
② 공평한 수업·평가 방식 선택(Adopting Fair Teaching and Assessment Methods): 교육 내용, 교수 학습 자료, 교수 방식, 평가 방식 선택 시 다양한 문화의 학생들에게 모두 공평한 방식을 채택
③ 교사의 긍정적 다문화 신념 확립(Establishing Positive Multicultural Beliefs in Teachers): 교사가 인종과 문화적 편견 없애기, 타문화에 대한 존중 등 다문화에 대한 긍정적인 신념과 가치, 태도를 먼저 갖추기
④ 소수 문화 학생에 대한 공정한 기대(Maintaining Fair Expectations for Minority Students): 소수 문화 학생들에 대한 교사의 기대가 다수 문화 학생들보다 낮게 형성되지 않도록 하고, 고른 관심을 주도록 노력

07 특수 학생과의 관계, 특수교육(Special Needs Students)

Point
보통 특수학급 학생은 '도움반 학생', '개별화학습반 학생' 등으로 부른다. 종종 특수 학생에게 장애를 흉내 내고 놀리는 철없는 학생들이 있으므로 확실한 지도가 필요하다. 또한 특수학생을 지도하기 위해서는 특수학생에 대한 제대로 된 이해가 필요하므로 특수교육에 관한 연수를 듣거나 특수학급 담당 교사와의 교류하는 등의 노력이 필요하다. 기출에서는 특수학생 자체에 대한 지도보다는 교실 내 다른 학생과의 관계에 대한 것을 주로 물었으므로 답변을 잘 대비해놓자.

대표기출
*특수학습이 섞인 통합학급에서 특수학생이 수업 중 방해행동을 하는 것에 대한 다른 학생들의 불만 해결 (2022 강원)
*담임교사가 특수학생에게 과도한 편의/배려를 제공한 것에 대한 다른 학생의 불만 해결 (2018 서울)

> **기출 답변 핵심 Point**
>
> - **특수학생에 대한 정확한 이해 필요**: 먼저 특수학생에 대한 연수를 듣고, 교내 특수교사와 자주 대화를 나누며 특수학생의 특성, 돌발행동 유형, 대처방안 등 학생에 대한 정확한 이해가 있어야 특수학생과 주변 학생들을 올바르게 교육할 수 있다. (Attend training sessions on special needs students and engage in regular discussions with special education teachers at the school. Understanding the characteristics, types of disruptive behaviors, and appropriate responses for special needs students is essential to educating them and their peers effectively.)
> - **다양성을 고려한 보편적 수업설계/학급운영**: 특수학생에만 맞춰서 수업을 설계하는 것이 아니라, 다양한 특성의 학생이 모두 참여할 수 있는 수업을 설계하는 것이 좋다. 예를 들어 학습지의 연습문제를 다양한 난이도로 제작하거나, 모둠활동에서 다양한 역할의 리스트를 주고 자신이 할 수 있는 역할을 선택할 수 있도록 하는 것이다. 학급 내 역할에서도 특수학생이라고 모든 것을 면제시켜주고 배려해주는 것이 아니라, 다양한 역할의 목록을 주고 특수학생도 충분히 할 수 있는 부분을 직접 선택하게 해야 특수 학생도 자기주도성을 기를 수 있고 다른 학생들의 불만도 예방할 수 있다. (Instead of designing lessons solely tailored to special needs students, it is better to create lessons that all students with diverse characteristics can participate in. For example, create practice exercises with varying levels of difficulty or provide a list of different roles in group activities, allowing students to choose roles they can handle. In classroom roles, instead of exempting special needs students from all responsibilities, provide a list of various roles and let them choose tasks they can perform. This approach helps special needs students develop self-directed skills and prevents dissatisfaction among other students.)

(1) 특수학생에 대한 이해(Special Needs Students)

① **특수학생 이해 준비(Preparing to Understand Students with Special Needs)**: 보통 학생들은 특수학생에 대한 지식이 없으므로 확실한 이해를 시키는 것이 중요하다. 우선 특수학생에 대한 연수를 듣거나 특수학급 선생님께 문의하여 담임이 사전 지식을 갖춰야 한다.

② **지원 필요성 설명 및 인식 확립(Explaining the Need for Support and Building Awareness)**: 이를 토대로 학급 학생들에게 특수학생은 본인의 의지와는 상관없이, 본인이 선택한 것도 아니지만 선천적으로 일반학생과 다르게 불편한 점을 가지고 있다는 배경을 설명하고, 도움이 필요한 이유를 깨닫게 한다.(특수 학생에 대한 지원 및 배려는 역차별이 아니라 올바른 정의이고 방향이다.)

③ **연결·공존·융합 가치 토론(Discussing Values of Connection, Coexistence, and Integration)**: 연결의 가치(학급 친구들과 상호관계를 통한 연결성), 공존의 가치(함께 어우러지는 공동체 의식함양), 융합의 가치(서로 다른 우리가 하나로 통합)에 대해서도 함께 토론해본다.

(2) 통합교육(Inclusive education)

① 의미 : 장애학생이 일반학교에서 함께 공부하며 또래와 상호작용하는 것
② 근거
  ㉠ 특수교육법 제1조 : 이 법은 교육기본법 제18조에 따라 국가 및 지방자치 단체가 장애인 및 특별한 교육적 요구가 있는 사람에게 통합된 교육환경을 제공하고 생애주기에 따라 장애유형·장애정도의 특성을 고려한 교육을 실시하여 이들이 자아실현과 사회통합을 하는데 기여함을 목적으로 한다.
  ㉡ 특수교육법 제2조 : "통합교육"이란 특수교육대상자가 일반학교에서 장애유형, 장애정도에 따라 차별을 받지 아니하고 또래와 함께 개인의 교육적 요구에 적합한 교육을 받는 것을 말한다.
③ 효과
  ㉠ 장애학생 : 상호작용과 의사소통 기술을 배워 사회적응력을 키우고 공동체 생활의 기본을 배워나갈 수 있고 이때의 비장애학생과 동등한 교감, 교류를 통해 자존감 향상에 도움. 장애학생이라는 낙인과 고립감에서 벗어남
  ㉡ 비장애학생 : 타인에 대한 배려, 다양성에 대한 인정, 사회적 협력과 책임감에 대해 생각하는 기회, 약자나 소수의 인권에 대한 생각, 장애를 극복하는 친구의 모습에서 배려의 인성을 배우고 그 과정 안에서 배움이 일어남, 사회에 나가 장애인뿐만 아니라 주위 사람에 대한 편견과 오해를 줄일 수 있음. 사회생활과 조직에서 필요한 협력적 역량을 기를 수 있음

(3) 학급 내 특수 학생과 다른 학생들의 관계 지도 방안(Strategies for guiding relationships with special needs students within the classroom)

① 보편적 수업 설계(Universal Design for Learning) : 보편적 설계란 제품 또는 환경을 개조하거나 추가적인 특별한 설계 없이도 모든 사람이 최대한 편리하게 사용하도록 설계하는 것 ➡ 교실에는 특수학생뿐만 아니라 기초학력부족 학생, 배움이 다소 느린 학생, 협동 역량이 다소 부족한 학생 등 다양한 특성을 가진 학생이 모여있다 ➡ 특수학생에게 맞춘 수업이 아니고, 처음부터 다양한 특성을 가진 모든 학생들을 위한 보편적인, 포괄적인 설계에 기반한 수업이 필요하다.
  (예) 같은 내용을 배우더라도 학습 과제의 난이도는 스스로 고르게 하기, 조별 활동에서 맡을 수 있는 역할을 다양하게 주고, 자신이 할 수 있는 역할을 선택하게 하기...)
② 역할 부여하기(Assigning roles within the classroom): 특수학생이라고 항상 청소를 면제하고, 자리 배치를 항상 마음대로 고르게 하는 등의 편의를 준다면 다른 학생들의 불만이 나올 수 있다. 학급활동에서 다양한 역할의 리스트를 주고 이중 자신이 할 수 있는 부분을 선택하게 해야 특수학생도 자기주도성을 기를 수 있다.
③ 특수학급 담당 교사와의 협력(Cooperate with the special student's homeroom teacher) : 특수학급 담당 교사들은 특수학생에 대한 많은 정보를 가지고 있으므로 자주 소통하며 특수학생의 참여를 최대한 촉진하는 방법, 특수 학생의 생활지도 방법 등을 함께 고민해야 한다.

④ 서로 돕는 학급 분위기 만들기(Foster a classroom atmosphere where students help each other): 특수학생을 중심으로 놓지 않으면서 학급 내 다양한 특성으로 인해 어려움을 겪는 학생이 있을 때 서로 돕는 방법에 대하여 토론해보기. (예 시험 전 불안이 있는 학생, 습관적인 다리 통증이 있는 학생) 다양한 특성을 서로 이야기하고 돕는 방안을 논의하는 시간을 가지다 보면 자연스럽게 특수학생의 돌발 행동도 다뤄질 수 있고, '방해'가 되는 것이 아닌 '도움'을 제공할 일이라는 인식을 가지게 될 수 있다.

⑤ 다양성 존중 캠페인(Campaign for Respecting Diversity) : 세상에는 다양한 특성을 가진 사람들이 있고 서로를 이해하고 존중하면서 더불어 살아가야 한다는 교내 캠페인을 자주 진행한다. 교문 맞이 프로그램, 연극 프로그램, 교내 대회 등 다양한 프로그램을 이 주제로 실시하며, 특수 학생만을 대상으로 하지 않고 모두를 대상으로 실시하여 나와 다른 존재에 대한 존중감을 높이도록 한다.

⑥ 배려하는 방안 보여주기(Showing how to care for others) : 특수 학생의 불편한 면을 정확히 이해하여 교사가 먼저 배려하는 모습을 보여주어 모범을 보이고, 학생들에게도 어떻게 이 학생들을 배려할 수 있는지 이야기하기(예 시각적으로 불편한 학생은 몸짓 등 비언어적인 소통보다는 음성 언어를 최대한 자세하고 쉽게 설명하기, 청각적으로 불편한 학생은 입모양을 최대한 보여주면서 손짓과 표정을 크게 활용)

⑦ 배리어프리(barrier free) 사례 찾기: 배리어프리의 의미를 파악해보고 실제로 물리적, 제도적 장벽을 허물고 누구나 편하게 살 수 있는 사회를 만들기 위해 버스, 건물 입구 등이 옛날과 비교해 어떻게 바뀌었는지 구체적인 사례를 찾아본다. 이후 학교 공간에서도 다양한 특성을 가진 학생이 모두 학교 시설을 편하게 이용하고 학교 프로그램에 제약 없이 참여하기 위해 바뀌어야 하는 부분을 찾아보고 실제로 대위원회에 제안해본다.

08 교내안전지도 / 안전교육(School safety)

Point

학생들이 매우 에너지가 넘치다보니 교내 안전사고가 생각보다 자주 발생한다. 안전사고는 교육을 통한 예방이 가장 중요하다. 안전교육은 일회성 교육보다는 반복적인 교육으로 습관화시키는 것이 중요하다보니 교과 평가계획을 세울 때 안전교육과 교과의 융합 계획을 모든 교과에서 포함하라는 지시가 교육청 차원에서 내려오기도 한다. 기출에서는 7대 안전교육 요소 중 선택해서 방안을 말하라는 문제가 2번 나왔으니 2~3가지 정도는 대비해놓는 것이 좋고, 교과 연계 방안도 기출되었으니 답변을 꼭 준비해놓자.

대표기출

*안전교육 7대 요소 중 3가지 지도 방안 (2022 세종) 1가지 교과 연계 지도 방안 (2017 경기)
*안전한 학교 환경 조성을 위한 활동 방안, 현장체험학습 안전교육 방안 (2017 인천)

> **기출 답변 핵심 Point**
>
> ① 안전교육 7대 요소 : 생활안전교육, 교통안전 교육, 폭력예방 및 신변보호 교육, 약물 및 사이버중독 예방, 재난안전교육, 직업안전교육, 응급처치 교육 (Personal Safety Education, Traffic Safety Education, Violence Prevention and Personal Protection Education, Drug and Cyber Addiction Prevention, Disaster Safety Education, Occupational Safety Education, First Aid Education)
>
> ② 지속적인 교육 필요: 일회성, 강의식 안전교육이 아닌 지속적이면서 실습 중심의 안전교육을 실시하고, 각 교과에서도 안전교육을 연계한 수업을 진행하여 학생이 제대로 안전 습관을 형성할 수 있도록 하는 것이 중요. (It is important to implement ongoing, practical safety education rather than one-time, lecture-based sessions. Integrating safety education into various subjects will help students develop proper safety habits.)
>
> ③ 교과연계 안전교육 예시: 교통안전교육 - 영어권 교통 체계를 담은 지문을 읽고 우리나라와 비교해보고, 외국인을 위해 우리나라의 교통신호, 교통안전을 안내하는 영어 안내문 만들기 (Read a text about traffic systems in English-speaking countries and compare it with the traffic system in your own country. Create an English guide on traffic signals and safety for foreigners visiting our country.)

(1) 교내 안전교육 필요성

① 청소년 안전 의식 형성 필요성(Need to Build Safety Awareness in Adolescents): 현대사회 기술 발전으로 점점 더 많은 위험요소에 노출되고 있지만 안전불감증으로 인한 대형사고가 많아지고 있음. ➡ 특히 청소년기의 학생들은 신체적으로 정신적으로 급격한 변화를 겪는 시기이고 자기 보호 능력이 부족한 시기이기 때문에 안전사고 가능성 큼. ➡ 학생의 성장기부터 안전에 대한 올바른 의식 형성 및 예방 습관을 갖추게 해야 함.

② 교사의 책임과 안전 교육의 중요성(Teacher Responsibility and Importance of Safety Education): 교육이 가장 근본적인 사회변화를 유도할 수 있고 가장 직접적인 효과를 가져올 수 있으며, 교사는 학생의 건강과 생명을 보호하기 위해 최선을 다해야 하는 도의적인 책임 및 법적인(학교안전사고 예방 및 보상에 관한 법률) 책임도 있음.

(2) 교내 안전교육 유의점

① 예방이 최우선(Prioritize Prevention) : 학교 안전사고는 대부분 우발적으로 발생하여 예측하기 어려움. ➡ 잠재적인 위험 요소를 미리 발견하여 학교 환경을 정비하고 안전 예방 교육을 철저히 실시하여 학생들이 스스로 자신의 안전을 지킬 수 있도록 안전의식을 강화시켜야함.

② 지속적인 교육 및 실천 중심교육 필요(Need for Continuous and Practice-Based Education) : 습관이 되지 않은 안전수칙은 돌발적인 위급 상황에서 행동으로 이어지기 어려움. ➡ 단순한

안전수칙 지식 습득에서 끝나지 않고, 최대한 자주 말해지고, 반복적으로 연습해보면서 완전한 습관화가 되어야 함. ➡ 특정 시간, 특정 교과에서만이 아닌 모든 교과에서 지속적이고 체계적으로 계획하여 매시간의 수업 속 녹아들어 체화되고, 학생들의 삶 속에서 구현되어야 함. ➡ 지속적이면서 실천 중심(실습, 토론, 상황극)적인 안전교육 필요

③ 지역과 협력하고 지역의 특수성에 맞는 안전교육(Community-Based and Contextual Safety Education) : 종종 지역 단체(경찰, 소방서, 지자체 등)과 협력한 안전교육을 실시하고, 학생이 사는 지역의 특수성에 따라 더 중점을 둘 교육 내용 선정(예 복잡한 도시에서는 교통안전교육, 해안가 지역에서 수상안전교육)

④ 금기교육으로 끝나지 않도록(Move Beyond "Don't Do" Rules) : 이런 행동은 '하지 말 것'이라고 금기사항만 알려주면 학생들의 진정한 공감 이끌기 어려움 ➡ 안전 행동에 대한 구체적인 근거 및 필요성을 제시하여 학생들이 진정한 안전의식을 가지고 적극적으로 참여할 수 있도록 함.

(3) 안전교육방안

① 교과연계안전교육(Curriculum-Integrated Safety Education) : 안전교육은 지속적인 반복이 있어야 습관화 가능 ➡ 안전교육을 위한 창의적체험활동시간 외에도 교육과정 재구성을 통해 안전과 관련된 내용을 교과에 융합해서 수업에서 진행하면 자연스럽게 안전 관련 내용을 습득할 수 있다. (예 상황별 위급 상황 시 쓸 수 있는 물건들에 대한 영어 단어를 배우고, 그 물건을 어떻게 쓸 수 있는지 영작해본 후 영어 포스터 만들기, 학교에서 발생할 수 있는 위험한 상황을 조별로 조사해보고 교내안전 수칙을 숏폼 영상으로 만들어보는 프로젝트학습)

② 학생안전지킴이 지정(Appoint Classroom Safety Guards): 책임감 있는 학생 또는 안전과 관련된 진로(예 소방관, 의사 등⋯)를 꿈꾸는 학생을 안전지킴이로 선정한다. ➡ 위험한 장난치는 학생들 말리고, 보고하기 ➡ 단순히 역할부여만 하면 방관할 수도 있으므로 철저한 교육을 통해서 위험한 장난의 예시를 충분히 알게 하고, 목격 시 해야 할 절차를 구체적으로 교육하여 위험한 상황을 목격 시 자동으로 대처할 수 있게 한다.

③ 조종례 수시 교육(Frequent Safety Reminders During Moning/Closing Assembly) : 안전교육은 수없이 말해지고 반복되어야 습관화될 수 있으므로 조종례 시간에 수시로 학생들에게 안전수칙을 이야기하고, 종종 '조회시간 안전의 날'(예 매주 1번째 월요일)을 정해 5분정도 영상/사진 자료를 준비해서 교육한다.(또는 구체적인 안전사고 사례를 포함한 자료를 조사해올 학생을 지원받아 발표 시간을 준다.)

④ 학생이 직접 만드는 안전자료 공모(Student-Created Safety Materials Contest) : 학생의 동선은 학생이 더 잘 알기 때문에 위험요소도 학생이 더 잘 파악할 수 있다. 학교에서 공모전을 열거나 동아리 발표회 등을 통하여 교실이나 복도, 운동장, 교문 앞 등 장소별 위험 요소들을 직접 촬영하고 안전하게 다니는 수칙을 안내하는 영상자료를 직접 제작하게 한다. 이후 학생들의 작품을 모아서 '안전의 날'을 정해서 상영해주면 면 친구들이 직접 만든 자료이기에 더 많은 학생들이 관심을 가지고 볼 수 있고, 자연스럽게 교내 안전에 대한 의식이 상승된다.

⑤ '안전 퀴즈 온 더 스쿨'(School-Wide Safety Quiz) : 안전 수칙은 상황별 대처방안에 대한 지식이 중요하므로 이를 학생회(또는 동아리)에서 직접 퀴즈로 제작한 후 점심시간에 돌아다니며 주변 학생들에게 퀴즈를 풀게 하고 즉석 상품을 제공하는 학생 주도 프로그램을 지원한다.

⑥ 지역 연계 안전 프로그램(Community-Linked Safety Programs)
　㉠ 지역 맞춤 안전교육(Community-based Safety Program): 안전사고는 지역의 특수성에 따라 다르게 나타날 수 있고, 지역 자원(경찰서, 소방관 등)을 활용하면 더 효율적으로 교육할 수 있으므로 지역자원 및 지역주민과 함께 참여하는 안전교육 프로그램을 추진한다.
　㉡ 마을 안전지도 만들기(Creating a Local Safety Map) : 학생들과 학교 주변 마을을 돌아다니면서 안전에 조심해야할 곳, 위험한 상황이 연출될 수 있는 곳 등을 찾아보고 사진을 찍으며 정리한 후 '우리 마을 주변 안전 지도'를 만들어서 각 구역별 안전 요소들을 표기한다. 이후 학교 게시판, SNS, 지역 SNS 등에 이를 게시하고, 주민센터, 구청 등 관할 행정 기관에 위험 요소를 신고하는 일도 진행하며 성과와 의미가 있는 활동이 될 수 있도록 한다.
　㉢ 안전 문구 현수막 만들기(Designing Safety Slogans Banner) : 7대 안전 요소에 대해서 안내한 뒤, 조별로 1가지 영역을 맡아서 우리마을에 가장 필요한 안전 문구를 토론을 통해 정해본다. 문구가 정해지면 '캔바'와 같이 학급 태블릿의 디자인 프로그램을 활용하여 문구 현수막 디자인까지 진행하도록 한다. 이후 조별로 발표하는 시간을 가지고, 우수작을 뽑아 실제로 현수막을 제작한다. ➡ 행정센터 등 지자체와 협력하여 실제로 마을에 학생들이 제작한 현수막을 달 수 있도록 추진한다.

(4) 교내안전사고 대처방안

① 초기대응
　㉠ 보건교사 연락 및 현장 응급처치(가급적이면 보건교사 및 응급처치 자격증 소지자가 시행)
　㉡ 사안에 따라 119 연락, 학부모 연락
　㉢ 병원 후송 및 동행

② 사안조사
　㉠ 목격자(주변 학생 등) 증언 및 사진 증거자료 등을 확보하여 사고 경위 파악하여 최대한 자세히 기록
　㉡ 사건의 경위 조사 시 학생들 심리적, 정서적 안정에 유의
　㉢ 가해, 피해 학생이 있을 경우 별도로 상담

③ 사안처리
　㉠ 학교안전공제회(School Safety and Insurance Federation) : 사건 발생 당일 지체없이 담당 교사가 학교안전공제회에 통지, 학부모 안내, 치료 후 공제 급여 청구

※ 학교폭력으로 인한 안전사고일 경우 가해학생이 피해학생 치료비 부담이 원칙(단, 원활한 합의가 이루어지지 않는 경우 학교안전공제회가 피해학생 치료비를 선지원 후 가해학생측에 구상청구 가능)
ⓒ 사고 내용을 육하원칙 따라 상세하게 학교장보고, 학부모 보고
ⓒ 피해학생이 있으면 피해학생에 대한 위문, 위로 등 성의 있는 자세로 관심을 가짐
ⓔ 치료비 관련해서는 사안이 처리되기 전까지 섣불리 언급하지 않도록 조심
ⓜ 재발 방지를 위한 안전교육 실시

(5) 현장체험학습 안전지도

① 실시 전, 계획 단계
ⓐ 계획을 임의로 진행하지 않고 시·도교육청의 현장체험학습 매뉴얼에 따라서 진행
ⓑ 계획 수립 시 안전지도를 최우선 과제로 두고 진행
ⓒ 사전답사 실시 : 안전을 최우선으로 점검 ➡ 이동 경로 중 위험요소, 청소년 유해환경 인접 여부를 확인하고, 식당 / 숙소 등 모든 방문 장소의 위생 및 안전상태를 꼼꼼하게 점검, 점검 시 사진 / 영상 자료를 최대한 촬영하여 학생 안전교육 자료로 활용
ⓓ 안전요원 배치 : 업체 계약 시 안전교육을 이수한 여행안내사, 응급 구조사, 청소년 지도사 등 안전요원의 동행을 계약 조건으로 명시하고 배치함.
ⓔ 상황별 발생 가능한 안전사고의 대처방안을 정리해놓고, 학생 / 학부모 / 교직원 비상연락망 및 비상약품 등을 미리 정비

② 체험학습 안전 지도
ⓐ 출발 전 안전교육 철저히 : 1회성으로 끝나지 않고 조회 / 종례 시간 등을 활용하여 지속적, 반복적으로 실시
ⓑ 발생할 수 있는 구체적인 사례, 사전답사의 사진 / 영상 자료를 활용하여 최대한 구체적으로 실시. 가능하면 학생들도 직접 상황에 따른 토론을 할 수 있는 기회를 제공(예 숙소팀, 식당팀, 버스팀, 체험장소팀 등 현장학습동안 방문하게 될 각 장소를 조별로 맡아서 그 장소에서 벌어질 수 있는 안전사고 및 예방 방법을 토론 후 상황극 등을 활용하여 발표)
ⓒ 구체적인 일정 및 안전교육 내용 등을 학부모와 공유하여 가정에서도 안전교육이 이루어질수록 함.
ⓓ 출발 전 안전교육에서 끝나지 않고 모든 장소 도착 시 그 장소에 맞는 안전교육을 실시한 뒤에 프로그램 진행
ⓔ 책임그룹 만들기(Responsibility groups) : 4명씩 조를 편성하고 책임감이 강한 학생을 리더로 선정한 후 서로 주의시키도록 하고, 돌발 상황 발생 시 교사에게 바로 보고할 수 있도록 한다.

09 학업중단위기 학생 관리(자살 / 자해 징후, 학업중단 위기)
(Suicidal or self-harming students in crisis)

> **Point**
> 많은 기출이 나온 부분은 아니나 위기 학생 지도는 학생의 인생을 바꿀 수 있는 중요한 부분이므로 다소 자세하게 정리했다. 학생도 자퇴, 자해, 그리고 자살까지의 극단적인 선택을 충동적으로 결정하지는 않았을 것이다. 그런 선택을 하기 전까지 수많은 고통스러운 시간이 있었을 것이고, 이때 어떤 형태로든 징후를 보이며 도움의 손길을 요청하고 있었을 것이다. 교사는 학생을 세심하게 관찰하여 징후를 조기 발견하여 극단적인 선택으로 이어지지 않게 하는 역할을 할 수 있다. 해결은 동료교사, 전문기관이 있으니 혼자 하지 않아도 된다. 지속적인 관심/관찰이 중요하다.

> **대표기출**
>
> *학교부적응 학업중단위기학생 담임교사 지도 방안 (2018 경기)
>
> *자해흔적 발견 학생 지도 방안 (2021 강원)

> **기출 답변 핵심 Point**

① 세심한 관찰: 학업중단위기 학생은 학교 생활에서 징후가 나타날 것이다. (점심시간 식사하지 않고 엎드려있기, 자주 아프다고 보건실 가기 등…) 학생을 유심히 관찰하면서 어떤 상황에서 부적응행동이 나오는지 세심하게 관찰해야 한다. (Students at risk of dropping out will often show signs in their school life, such as lying down during lunch instead of eating or frequently visiting the nurse's office claiming illness. It is important to observe the student closely to identify the situations in which maladaptive behaviors occur.)

② 공감을 통한 동기 파악: 학생이 학교에 오는 것 자체도 매우 힘들어할 것이기 때문에 그 어려움부터 충분히 공감해주고 어떤 사유가 있는지 충분히 들어준다. (Since the student feel difficult to come to school, the teacher should empathize with their struggles and listen carefully to the reasons behind their difficulties.)

③ 지속적인 관심: 일회성 상담으로 끝내지 않고 학생을 마주치면 따뜻한 미소, 인사를 건네고 종종 점심시간에 함께 산책도 하고, 동아리나 학교 축제 프로그램 등 학교 프로그램의 참여를 권유해보는 등 지속적으로 관심을 준다. '나에게 진심으로 관심을 주는 사람이 있다'는 인식만 있어도 학업중단을 막을 수도 있다. (Rather than ending with a one-time counseling session, the teacher should continue to show interest by offering warm smiles and greetings whenever the teacher sees the student, occasionally taking walks together during lunch, and encouraging participation in school programs such as clubs or festivals. Just being aware that 'there is someone who genuinely cares about them' can help prevent students from dropping out.

④ 학업중단숙려제: 학업중단 위기가 있는 학생이 수업이 아닌 심리 상담, 진로 체험, 사제동행 등의 프로그램에 참여하고 출석도 인정받으며 학업 중단에 대한 신중하게 숙려하는 프로그램 (For students at risk of dropping out, they can participate in 'colling-off period for dropping out', which include psychological counseling, career exploration, or mentoring, while still being recognized for attendance. This allows them to take a careful pause before making a final decision about dropping out.)

(1) 학업중단위기, 결석 많은 학생
(Student at risk of dropping out / Student with frequent absences)

① 관찰을 통해 징후 파악하기(Observe Signs of School Dropout) : 학업중단이 시작되기 전에 학생 관찰을 자주 하면서 징후를 파악하여 이상 행동이 있을 시 바로 상담한다.(반복적인 지각이나 조퇴 요청, 자주 아프다고 함, 수업시간 심한 무기력, 점심시간 급식 미실시, 보건실 자주 방문, 쉬는 시간 대부분 엎드려있기, 불안한 표정 등…)

② **학업중단숙려제**(Cooling-off Period for School Dropout / Mandatory Delay Before School Dropout)
  ㉠ 배경 : 학생들이 성급한 판단으로 학업 중단을 결심하는 경우가 많기 때문에 전문가의 도움과 함께 신중하게 숙려할 수 있는 기회를 제공하기 위함.
  ㉡ 대상 : 학생 생활 관찰이나 상담으로 부적응 진단된 학생, 무단결석 누적 학생, 학업 중단 의사를 밝힌 학생
  ㉢ 숙려제 : 일정 기간 동안 보통의 학교생활이 아닌 상담 및 맞춤형 프로그램으로 대체하고 출석으로 인정해 주는 제도
  ㉣ 프로그램 종류 : 심리·진로상담, 진로체험, 인성 프로그램, 사제동행 프로그램, 멘토링, 예체능 프로그램 등…)

③ **동기 파악하기**(identify the cause of school maladjustment) : 부적응 행동을 할 때 지적하기보다는 어떤 동기가 있는지 먼저 파악한다 ➡ 학업관련(수업에 따라가기 어려움), 인간관계(친구 / 교사와의 관계), 규칙 관련(학교의 교칙), 진로 관련(진로에 맞지 않는 고등학교 진학, 진로에 대한 동기 부족) 중 어떤 사유가 있는지 상담을 통해 구체적으로 파악한다. 주변 친구들의 관찰 내용을 듣고, 부모님 상담도 병행해야 학생의 상황을 더 정확하게 파악할 수 있다.

④ **충분한 공감**(Provide sufficient empathy towards the student's struggles) : 지각/결석이 많은 학생은 학교에 오는 것이 매우 힘들 것이다. 다른 학생들과 같은 기준으로 학생을 판단하지 말고, 오기 힘든 학교를 하루하루 와야 하는 학생의 힘듦에 우선 무조건적으로 공감해주고, 걱정해준다. 학생은 점점 자신의 마음을 알아주는 교사에게 신뢰를 줄 가능성이 높고, 자신의 지각/결석 행동을 개선하기 위한 노력을 스스로 시작할 수도 있다.

⑤ 따뜻한 관심을 통한 래포형성(Building rapport by showing genuine interest) : 학교에 잘 왔을 때 학교에 왔다는 사실 자체로 크게 칭찬한다. 다른 학생들보다 조금 늦었더라도, 그 전보다 더 빨리 등교했다면 쉽지 않았을텐데 해내서 기쁘다고 진심으로 칭찬한다. 그 이후에도 마주칠 때마다 이름을 자주 불러주고 학생이 하는 학교 활동에 대하여 즉각적으로 칭찬한다. (사회통제이론 ➡ 교사와의 래포가 학생의 일탈 막는 효과)

⑥ 점진적으로 적응시키기(Help students adjust to school gradually): 학교에서 온종일 있기 너무 힘들어 그만두고 싶다는 학생은 일정시간만 등교하고 점차 그 시간을 늘리도록 한다. 부모와 협력하여 등교 시간을 늦추거나 하교 시간을 당기도록 하고, 점차 학교에 있는 시간을 늘려나 간다. 무단 지각 / 조퇴의 기록이 남긴 하겠지만 자퇴를 막을 수 있다면 그 기록이 중요하진 않다.

(2) 자살징후(showing signs of being suicidal)

① 자살징후 : 학생들은 심리 정서적 문제가 언어나 행동으로 나타나는 경우가 많고, 자살을 시도하기 전 자살계획을 주변사람에게 알리는 경우가 많다. 자살을 계획했을 때는 누군가 자신을 도와주길 원하는 양가감정이 나타나므로 도와달라는 신호가 있기 마련이다. 이런 학생의 위험징후를 조기에 알아차리고 적절히 도움을 주는 것이 중요하다.

㉠ 상황적 신호 : 가족 / 친구와의 갈등, 따돌림, 잦은 지각 / 조퇴 / 결석, 성적의 큰 하락, 식사와 수면의 불규칙 신체적 질병이나 손상

㉡ 언어적 신호: "차라리 죽어버렸으면 좋겠어요.", "나 같은 건 살 가치가 없어요.", "사라져줄게요", "내가 없어진다면 모두가 편안해지겠지?", "그동안 고마웠어요."

㉢ 행동적 신호 : 약물을 모아서 감추거나 날카롭고 위험한 물건을 준비함, 소중히 여기는 것을 남에게 주거나 주변을 정리함, 농담으로라도 자살에 대한 계획을 말함, 스스로 무가치하게 여기거나 우울해하고 피곤에 지친 표정을 보임, SNS나 스마트폰 상태메시지 등에 자살이나 자해에 대해 표현함, 평소에 좋아하던 활동을 더 이상 즐기지 않거나 타인과의 관계를 피함, 며칠 사이에 감정의 급격한 변화가 보임(그렇지 않던 학생이 기분이 너무 좋아보이거나 너무 좋지 않아 보임)

② 예방/대처 방안

㉠ 학기 초 학생 맞이(Welcoming Students at the Start of the Semester) : 학생 자살률은 새 학기가 시작되는 3월이 가장 높다고 한다. 학교 적응을 두려워하는 학생들은 2월 말에 가장 불안감이 심하다. 학생 명단을 받으면 미리 한 번 학생들에게 따뜻한 메시지로 연락해준다면 이런 학생들의 불안감을 줄일 수 있다. 그리고 3월 첫날에는 미리 학생들 자리에 이름표를 붙여놓아 누군가 내 옆에 앉을 것이라는 생각을 할 수 있게 하는 방법이 있다. 다른 학생들과 어울리는 것을 힘들어하는 학생들에게는 첫날 아무도 자기 옆에 앉지 않을 것을 상당히 두려워하고, 실제로 그렇게 된다면 버림받았다고 생각하고 학기를 시작할 수 있다.

- ⓒ 협력 체계 활용(Collaborate with Colleagues and Education Office) : 자살징후가 보인다면 즉시 부장, 교장, 상담교사 등에 문의하고 교육청 학생위기지원 담당에 연락한다. 자살징후 역시 기록으로 남겨놓고 상담일지를 작성한다.
- ⓒ 부모님 연락(Contact Parents) : 학교 방문을 요구한다. ➡ 학생 쪽지 보여주고 가능하면 전문가의 도움을 받도록 한다. ※ 부모님에게 알리는 것은 꼭 필요한 과정이나 학생에게 민감할 수 있으므로 사전에 학생과 이에 대해서 이야기하면서 '선택권'을 부여하는 것이 좋다. (선생님이 대신 말할지, 학생이 직접 말할지, 같이 말할지, 편지 / 문자로 전달할지) 물론, 자살징후가 명백한 상황에서는 부모에게 즉시 연락해야 한다.
- ⓔ 유대감 형성 및 감정 공유(Build Trust and Share Emotions) : 매일 웃으며 따뜻하고 친근한 태도로 대하고, 대화를 많이 한다. 학생들은 자신의 마음이 불안할 때 의지할 수 있는 '한 명의 따뜻한 어른'이 없는 경우가 많으므로 교사가 그 역할을 해주면 마음의 안정감을 느낀다. 또한 학생이 힘들어하고 도움이 필요할 때 언제든지 연락할 수 있도록 연락망을 열어놓고, 상담할 때 "울지마!"가 아닌 "선생님 앞에서는 울어도 괜찮아."라는 식의 감정 공유도 필요하다.
- ⓜ 또래 도우미 활용(Use Peer Helpers) : 위기 학생과 가장 친하거나 책임감 강한 학생을 또래 도우미로 선정하여 자주 관찰하면서 이상징후가 있으면 연락하도록 한다.

(3) 자해시도(self-injury, deliberate self-harm)

① '자해' 이해하기(Understanding Self-Harm): 사회적으로 용납되기 어려운 목적과 방법으로 자신의 신체에 해를 입히는 행동 ➡ 감정이 격해지는 시기인 청소년기에 집중적으로 나타나며 성인이 되면 급격히 줄어든다. ➡ 교사의 개입 및 도움 필요
② 자살시도와 자해의 다른 점(Difference Between Self-Harm and Suicide Attempts) : '죽음의 의도'가 있었는지 ➡ 자해는 심리적 고통으로부터 일시적으로 도피하거나 자신 또는 상황의 변화를 위해 시도하는 경우가 많음.
③ 자해의 이유(Reasons for Self-Harm) : 자신에 대한 불만족으로 인한 자신의 처벌, 극도의 스트레스로 감정조절 실패하거나 심리적 고통에서의 감정을 해소하기 위해, 심각한 무기력증을 겪으며 내가 살아있음을 확인하려고, 대인관계 어려움을 해결하기 위해서
④ 자해의 위험신호(Warning Signs of Self-Harm) : 낮은 자기 존중감, 감정 통제의 어려움, 대인관계 문제, 급격히 낮아진 성적, 우울감, 면도칼 같은 날카로운 물건들 가지고 있음, 화장실 등에서 혼자 보내는 시간이 많음, 더울 날씨에도 긴팔 옷만 입으려고 함, 그림이나 글을 통해 자해에 대한 표현을 함…
⑤ 자해 발생시 지도방안
- ㉠ 침착하게 대처 후 도와줄 수 있다는 신뢰를 주기(Respond calmly and give students confidence that you can help them) : 학생이 자해를 한 것을 알았을 때는 놀라지 말고 무덤덤하게 대하는 것이 좋다. 자해 사실에 대해 놀라면 학생을 더 자극할 수도 있고, 자해 행동 자체 보다는 근본적인 원인에 대해 집중할 필요가 있기 때문이다. 특히 자해가 '굉장

히 나쁜 행동을 왜 하냐'라는 식으로 자책감이나 수치심을 주는 발언은 더 큰 역효과를 부를 수 있다. 우선 "힘든 일 있으면 언제든 선생님 찾아와"라는 등의 따뜻한 말을 통해 선생님이 학생이 겪고 있는 정서적 문제에 대해 도움을 줄 수 있음을 알리며 학생의 마음을 열고 신뢰를 주는 것이 필요하다.

ⓒ 학생과 감정 공유(Share emotions with students) : "그냥 멈춰!", "자해하지마!"라는 말을 먼저 한다면 학생은 자해 대신 건강한 대처방법을 모르기 때문에 더 자극을 주거나 더 위험한 행동을 할 수 있다. ➡ 학생의 감정을 수용하고 인정 / 공감해주기, 학생의 정서적 어려움을 함께 공유하고 같이 슬퍼하기, 학생이 울면 실컷 울게 하기, 해결책을 제시하려고만 하지 않기

ⓒ 자해의 대체행동 알려주기(Teach alternative behaviors for self-harm) : '통증'을 느끼기 위해 자해하는 학생들이 많다. 얼음을 손에 쥐게 하거나 고무밴드 등을 이용해서 따끔거리는 정도만 느낄 수 있도록 하는 등의 상처가 남지 않는 대체 행동을 알려준 후에 서서히 자해 행동을 줄이도록 유도하게 할 수 있다. 자해를 생각할 때는 감정이 격해진 상황이므로 그럴 때 할 수 있는 호흡법(4초간 들이마시고 7초를 멈춘 후 8초간 숨 내쉬기)을 알려줄 수도 있다.

ⓔ 자기 진정 방법을 알려주기(Teach ways to calm themselves down) : 스트레스로 인해 자해가 생각날 때 할 수 있는 진정 방법을 함께 이야기해보기 : 걷기, 영화보기, 얼음물 마사지하기, 반신욕, 차분한 음악감상, 마사지하기 등을 제시해볼 수 있고, 가장 좋은 방법은 학생이 스스로 정해보고 교사와 약속하는 것이다.

> **➕ PLUS | 자살 / 자해 시도 발견 시 주의해야할 점.**
> (1) 수치심, 죄책감을 갖게 하거나 학생을 혼자 두지 않으며 학생의 감정을 존중하는 태도를 보이며 경청하기
> (2) 자살 / 자해행동에 대해 충격을 받고 그 행동 자체에 혐오감을 표시하며 "하지 마"라고만 하지 않기
> (3) 지금 상황에 감사하라고만 이야기하거나 모든 게 잘 될 거라고만 말하지 않기
> (4) 감당하기 어려운 사례거나 다소 위험한 상황일 경우 학교 상담 교사 및 다른 기관 전문가에 연결하기
> (5) 부모에게 알려야할 경우 학생에게 미리 부모에게 전달될 것임을 알리기

(4) 비행 행동(juvenile delinquency)

① 학생의 마음을 열기(Opening Students' Hearts) : 학교 밖 비행 행동을 하는 학생들은 대부분 가정에 문제가 있거나 깊은 정신적인 상처가 있을 가능성이 높다. 그렇다보니 상담을 시도해도 자신의 속마음을 잘 이야기하지 않을 것이다. 평소에 학생에게 말을 걸고 미소를 지어주는 등 관심을 많이 주고, 선생님의 상담이 학생을 진심으로 돕기 위한 것이라는 말투와 자세를 전달해야 학생의 마음을 조금씩 열 수 있다. 마음을 열고 자신의 이야기를 한다면 교사는 우선 학생이 겪었을 어려움에 대하여 충분히 공감을 해주어야 한다.

② 학생을 위한 '인생의 어른 멘토'가 되기(Becoming a Life Mentor for the Student) : 학생이 마음을 열고 자신의 이야기를 하기 시작하면 최대한 자주 이야기를 들어준다. 비행 행동을 하는 학생은 '믿고 의지할만한 한 명의 어른'이 없을 확률이 높고, 그래서 인생의 방향을 못정하고

방황하고 있을 수 있다. 학생의 이야기를 들으면서 학생의 안전 및 건강을 걱정해주면서 교사의 진정한 관심을 보여주고, 래포가 어느 정도 쌓이면 다시 정상적인 생활을 유도하는 말을 함께 하며 그 학생의 한 명의 '인생의 어른 멘토'역할을 수행한다. 학교에 와서 자신의 에너지를 발산할 수 있는 기회(1인 1역에서 간단한 역할 부여, 학교의 경연대회 참여 유도, 스포츠활동 / 동아리 활동 권유 등…)를 제공해주는 것도 큰 도움이 될 수 있다.

③ **진로 설정 돕기(Supporting Career Planning)** : 밖에서 비행하는 학생은 인생의 명확한 진로가 없을 가능성이 높다. 학생과의 잦은 대화를 통해 학생의 장점을 최대한 발견하고, 그것을 토대로 졸업 후 취업을 할 수 있는 분야를 최대한 구체적으로 알려주며 희망을 주는 것이 도움이 될 수 있다. 이미 학교생활을 너무 답답해하는 경우 직업위탁교육(본교에 소속을 두지만 직업 위탁 교육기관으로 매일 등교해서 자신이 흥미 있는 분야의 기술을 배우고, 출석인정도 받는 시스템, 1학기 과정과 1년 과정이 있음.)을 추천해줄 수도 있다.

10 게임 / 인터넷, 스마트폰 중독(Game/Internet/Smartphone addiction)

> **Point**
> 학교생활이 힘들고 건강이 위험할 정도로 게임에 빠져있는 학생들이 생각보다 많다. 교사가 학생이 게임 중독에서 벗어나게 하는 것은 쉽지 않지만, 그로 인해 학교생활까지 망가지고 있다면 지속적인 관심 및 상담을 통해 어느 정도 개선될 수 있게 도울 수는 있다. 최근 스마트폰도 걷지 않는 학교가 많아지면서 쉬는시간, 점심시간에 지나치게 스마트폰만 사용하는 학생들이 많아졌는데, 이 내용도 최근에 기출되었으므로 지도 방안을 준비해놓자.

> **대표기출**
> *인터넷, 게임중독 지도방안 (2019 대구)
> *쉬는시간, 점심시간 무분별한 스마트폰 사용 지도 방안 (2024 평가원 비교과)
>
> **기출 답변 핵심 Point**

① 게임/인터넷 중독 상담: 학생에게 게임을 부정적으로 이야기하고, 하지 말라고만 하면 지도 효과가 없다. 학생과 대화하며 학생이 즐겨하는 게임에 대해 진심으로 관심 가져준 후 게임 대신 할 수 있는 대체활동을 찾을 수 있게 도와주는 것이 중요하다. (Simply criticizing or forbidding gaming will not be effective. It is important to engage in conversations with the student, showing genuine interest in the games they enjoy. Then, help the student find alternative activities they can engage in instead of gaming.)

② 교내에서 스마트폰을 걷지 않는다면 사용을 자제시키기는 매우 어려우므로, 학생들이 흥미있게 참여할만한 대체활동을 만들어주는 것이 중요하다. 학생들이 주도해서 '작은 음악회', '스포츠 리그전'

> 같은 프로그램을 진행할 수 있도록 지원해주면 스마트폰을 내려놓고 보다 의미있게 쉬는시간을 보낼 수 있을 것이다.(If smartphone use is not prohibited within the school, it is very difficult to encourage students to reduce their usage. Therefore, it is crucial to create alternative activities that capture students' interest. By supporting programs that students can lead, such as 'small concerts,' or 'sports leagues,' students can be encouraged to put down their smartphones and spend their break time more meaningfully.)

(1) 게임/인터넷/스마트폰 중독 교내 지도 방안

① **학생의 게임/인터넷 문화 이해하기(Understanding Students' Gaming/Internet Culture)**: 학생들의 문화를 먼저 이해해야 한다. 게임/인터넷에 대해 부정적으로만 이야기하며 중독 학생을 비난하는 것은 아무런 문제해결을 이끌어내지 못한다. 학생들과 대화하며 좋아하는 게임(또는 인터넷 사이트)이 어떤 게임이고, 왜 그 게임이 인기가 좋은지 물어보며 관심을 보여야 한다. 학생들의 시점에서 학생의 게임문화를 어느 정도 알고 이해하며 상담하면 진심을 담은 조언을 할 수 있지만, 전혀 모른 상태에서 게임을 끊으라고 하는 것은 잔소리로만 남을 수 있다.

② **지속적인 관심주기(Giving Continuous Attention)**: 게임(또는 SNS)중독학생에게 바로 끊으라고 한다고 끊을 리가 없다. 학생이 스스로 자신을 변화시키려는 의지가 있어야한다. 지속적으로 관심을 가지고 상담하며 학생의 게임 / 인터넷 욕구를 공감해주면서 관계를 가깝게 하는 것이 우선이다. 충분히 래포가 형성이 된다면 게임이 아닌 다른 활동을 권유했을 때 이를 학생이 수용할 가능성이 높아진다.

③ **시각 확장시키기(Broadening Students' Perspectives)**: 게임을 통해 더 많은 것을 알도록 한다. 게임을 하는 김에 게임만 하기보다는 자신이 하는 게임이 인기가 있는 이유, 게임 회사의 수익 및 발전성, 게임을 위한 그래픽카드 회사의 정보, 메타버스 세계와의 연결성 등을 물어보며 함께 알아보도록 한다. 필요하면 관련 서적을 추천해주며 공부할 수 있도록 하고, 교과에서 관련된 내용이 있다면 이를 연계하여 발표할 기회를 준다. 점점 게임 그 자체보다는 점점 더 큰 시각으로 게임산업을 바라볼 수 있게 되어 미래사회를 대비한 역량을 기를 수 있는 기회가 될 수 있다.

④ **진로교육으로 연결(Connecting to Career Education)**: 게임 캐릭터 디자이너, BGM 디렉터, 게임 홍보 담당자, 스토리작가, 서버관리자 등 하나의 게임을 만들기 위해 수많은 직업이 필요하다는 것을 인지하고, 그 직업들을 구체적으로 조사해보게 한다. 자신이 좋아하는 게임을 바탕으로 조사하는 것이니 흥미롭게 참여 가능하고 단순히 게임을 플레이하는 것보다 넓은 시각으로 직업에 관심 가질 수 있다.

⑤ **대체활동 추천(Recommending Alternative Activities)**: 교사/다른 학생들의 경험을 들어 게임에 빠졌다가 끊은 사람들은 보통 게임보다 재미있는 것을 찾았기 때문이라는 것을 소개

한다. 게임 중독에 빠지기 전 자신이 즐겼던 활동 또는 게임 다음으로 좋아하는 활동을 물어보고 그 활동을 일상생활에서 더 많이 할 수 있도록 격려한다.

⑥ **학생주도 프로그램 지원(Supporting Student-led Programs)**: 스마트폰을 걷지 않는 학교에서는 쉬는시간, 점심시간 스마트폰 사용을 자제시키기 매우 어려워서 학생들이 흥미있게 참여할만한 대체활동을 만들어주는 것이 중요하다. 점심시간에 '작은 음악회', '스포츠 리그전', '보이는 라디오', '환경 캠페인', '독서 인증 릴레이'와 같은 월별 이벤트를 만들어서 진행. 아이디어 제안, 계획 수립, 예산 편성, 프로그램 진행, 뒷정리까지 학생들이 주도적으로 진행할 수 있도록 진정한 권한을 부여하고 뒤에서 지원하면 학생들이 스마트폰 대신 의미있는 활동에 더욱 참여할 수 있다.

(2) 가정/지역사회 연계 지도 방안

① **가정 연계**: 중독에서 벗어나려면 자신의 게임/인터넷 접속 시간을 수치화시켜서 파악하는 것이 중요하다. 게임/인터넷 접속 시간을 기록해주는 애플리케이션을 사용하게 해서 하루 접속 시간을 매일 기록하게 하고, 부모님께 연락하여 학생이 접속시간 기록을 잊지 않고 할 수 있게 지도해달라고 부탁한 후 정기적으로 점검해준다.

② **지역과 연계**: 지역 청소년 상담센터에서 게임/인터넷중독 학생들을 대상으로 한 상담 프로그램을 알아봐서 학생에게 참여를 권유하기. 또한 지역 내 체육/예술 센터 등에서 새로운 예체능 활동 취미를 찾을 수 있도록 프로그램을 소개해줄 수도 있음.

11 기타 생활지도 – 청소지도, 급식지도, 도난지도

(1) 급식지도(Managing Problematic Behavior During Lunch Time)

① 급식시간 질서 문제가 발생하는 경우
  ㉠ 급식 줄 설 때나 급식을 먹을 때 학생들의 지나친 장난으로 인해 다른 학생들에게 피해를 주고, 안전사고도 걱정되는 경우
  ㉡ 줄을 잘 서지 않고 새치기해서 먼저 와서 줄 선 학생들의 불만이 생기는 경우
  ㉢ 급식을 먹는 순서가 학급별로 공평하게 돌아가지 않아 특정 반에서 불만이 생기는 경우

② 지도방안
  ㉠ **학생주도 문제해결(Student-Led Problem Solving)**: 급식시간 규칙이 지켜지지 않은 사례들을 각 학급에서 학급자치회장을 중심으로 의견을 수렴하고, 각 학급 의견을 모아 학생자치회가 주도하여 대토론회를 개최하여 불만 사항을 해결할 수 있는 방안을 논의하여 실행에 옮긴다. 교사들은 이 과정에서 학생들의 논의 사항을 실현할 수 있도록 제도적이고 행정적인 지원을 최대한 한다. 학생들은 자신들이 겪고 있는 문제를 민주적이고 주도적으로 해결하는

문제해결능력을 기를 수 있고, 민주시민의 자세를 기를 수 있으며, 학생 자치로 결정된 사항은 학생들이 더 책임감을 느끼고 지킬 확률이 높다.

ⓒ 공모전 / 캠페인(Contests / Campaigns) : 급식시간에 지켜야 할 구체적인 수칙(예 줄서기, 먹은 자리 치우고 가기, 장난치지 않기…)을 담은 포스터, 영상 등을 공모하여 학생들이 주도하여 캠페인을 진행하고, 급식실 주변 및 급식실 내부에 게시한다. 학생들이 직접 만든 작품인 만큼 학생들이 자연스럽게 접할 수 있고, 그 수칙을 따를 확률이 높다.

ⓒ 학급질서도우미(Classroom Lunch Monitors): 각 학급 급식 질서도우미를 설정하여 급식 시간, 급식 줄 등을 잘 지키도록 하는 역할을 수행하도록 한다. 가능하면 프로그램화 시켜서 봉사시간을 부여하고, 급식 지도 담당 교사도 이 학생과 협력하여 질서 유지에 참여한다.

ⓔ 급식 대기 공간의 변화(Innovating Lunch Waiting Spaces) : 급식시간에 급식실 입장 전 기다리는 줄에서 많은 장난과 다양한 질서 파괴가 발생한다. 기다리는 공간 벽에 재밌는 학생 작품을 전시하거나, 유머 자료를 게시하거나, 학생들이 좋아할만한 연예인 사진을 동원하여 급식 질서 유지를 부탁하는 내용을 게시하거나, 발바닥 모양의 스티커를 통해 대기 줄을 그어놓거나 하는 등의 방법으로 학생들의 장난을 줄이도록 유도할 수 있다.

(2) 청소 지도(Managing Problematic Behavior During Cleaning Time)

① 참여하지 않는 학생 상담(Counseling Students Who Do Not Participate): 청소는 학생들이 하기 싫어하는 것이 당연하다. 일단 '무조건적인 긍정적 존중 및 진실성 있는 공감'으로 학생의 감정을 받아주고(예 "빨리 집에가고 싶을 텐데, 청소하기 힘들지?"), 청소하지 않는 행동을 이유와 함께 제한해 준다.(예 함께 생활하는 공간인데 자신만 청소에서 빠지는 것은 책임이 부족한 행동, 다른 학생들이 그 부분을 대신 청소해야 해서 갈등을 유발할 수 있음) 그 이후 교사가 청소시간마다 교실에 임장하며 그 학생을 직접 주목하고, 솔선수범으로 참여를 이끈다.(예 "샘도 같이 도와줄게. 우리 같이 청소해볼까?")

② 청소시간 운영 방안(Operating Cleaning Time)

㉠ 즐거운 시간 / 소통의 시간으로 전환(Turn it into a fun and communicative time) : 청소 시간을 담임과 소통할 수 있는 시간으로 만든다. 청소를 어느정도 같이 도와주며 학생들과 친근한 말을 주고받고, 학생들이 좋아하는 음악을 틀어주는 등 이벤트를 섞는다면 학생들도 그 시간을 특별하게 생각하고 싫어하거나 도망가지 않을 뿐만 아니라 학생과의 관계형성에도 도움이 된다.

㉡ 학생관리자 임명(Appoint student managers) : 학생 중 책임감이 강하고 학생들에게 인기가 있는 학생을 청소 관리자로 임명하여 오늘의 청소 명단 안내, 맡은 구역 청소 상태 점검, 깨끗하게 닦는 팁 전수 등의 역할을 수행하게 한다. 학생들은 교사의 말은 잔소리로 인식할 수 있어도 학급 친구의 말은 잘 따르는 경우가 많기 때문에 청소 참여율이 높아질 수 있다.

㉢ 학생이 원하는 역할 배치(Assign roles based on student preference) : 학생마다 선호하는 청소 구역이 다른데 원치 않은 구역을 맡은 경우에는 도망가고 싶은 욕구가 클 수 있다. 청소당번을 정하기 전 청소에 필요한 목록(예 교실 쓸기, 교실 닦기, 복도 쓸기, 분리수거, 칠판닦

기 등…)을 세부적으로 나눈 후에, 학생들이 최대한 희망하는 역할을 맡을 수 있도록 배치한다. 선호도가 적은 역할의 경우에는 더 많은 인원을 배치하거나, 특정 요일은 빼주거나 하는 등의 '특별혜택'을 설정하여 신청자를 최대한 이끌어본다. 결과적으로 모든 역할이 부담이 없도록 만들어서 학생들의 청소 참여율을 높인다.

ⓔ 이벤트의 날 운영(Operate "Event Days") : 청소 상태가 좋아서 교실이 깨끗할 때, 또는 학생들이 바쁜 시험기간 등에 청소를 전부 다 면제해주고 교사가 간단히 청소하는 '이벤트의 날'을 운영하여 학생들이 종종 청소의 부담에서 벗어날 수 있도록 해주면 평소 청소에 더 열심히 참여하도록 유도할 수 있다.

(3) 도난 사고 지도(Managing Theft Incidents at School)

① 도난 발생 시(When Theft Occurs)
  ㉠ 섣부른 판단을 하지 않기(Avoid premature judgment): 언제 어디서 도난이 생겼는지 주변 학생들을 통해 사건을 정확히 파악하는데 힘을 쓰고, 정확하지 않은 정보로 특정 학생을 의심하는 등의 행동을 하지 않는다.
  ㉡ 증거 없이 의심하지 않을 것을 강조(Emphasize not suspecting without evidence): 학생들이 확실한 증거 없이 특정 학생을 의심하지 않을 것을 강력하게 강조한다. ➡ 의심하는 친구는 아무 뜻 없이 의심의 말을 할 수 있지만 의심받는 학생은 크게 상처받는다는 것을 강조하고, 이런 행동은 학급 전체에 분위기를 해칠 수 있다는 것을 알려준다.
  ㉢ 학급 회의 진행(Hold class meetings to discuss causes and prevention) : 이번에 발생한 행동이 왜 일어났으며, 재발을 방지하기 위해 학급에서 할 노력이 어떤 것이 있을지 학급 회의 진행(단, 특정 학생을 의심하는 분위기가 되지 않도록 중재) ➡ 훔친 학생이 자신의 행동을 돌이켜볼 수 있음.
  ㉣ 익명 자백 유도(Encourage anonymous reporting and self-confession) 훔친 학생을 드러내지 않도록 하고(말하지 않을 것을 약속하고) 스스로 자백할 것을 유도한다. ➡ 모든 학생들에게 익명으로 도난에 관한 모든 본 것, 들은 것을 적게 한다. ➡ 도난 학생은 훔친 물건을 돌려놓기만 하면 드러내지 않겠다고 약속한다.
  ㉤ 학급 분위기 전환(Shift classroom atmosphere with cooperative activities) : 도난사건 발생 시 범인을 찾기는 매우 힘든 일이지만 학생들은 불명확한 추측을 바탕으로 특정 학생을 의심하기도 하면서 학급 분위기가 심각하게 붕괴된다. 이런 분위기 속에 학생들이 사제동행 단합활동(스포츠 활동, 미니게임 등…)을 추진한다면 학급 내 분위기 전환을 유도할 수 있고 학생들끼리의 신뢰가 회복되면서 추가적인 도난사건을 예방하는 효과도 있다.

② 절도 학생 찾아낼 시(When the Student Who Stole Is Identified): 화를 내기보다는 마음을 가라앉히고 인격적으로 존중하며 그 학생 자체가 아닌 '행동'에 대한 선생님의 유감스러운 마음을 표현한다.(I-message) ➡ 공감적 이해 ➡ 원인을 찾아낸다.(장난, 욕구 충족, 열등감 보상, 관심 끌기, 복수심, 누가 시켜서…) ➡ 훔치는 행동이 허용되지 않는 이유를 가르친다.(자신이 원하는 것

을 훔치는 것으로 해결하면 결국 더 큰 피해) ➡ 훔친 행동에 대한 대가를 치르기 위해 자신이 할 일을 약속하기(예 훔친 물건과 똑같은 물건을 사서 사과 메시지와 함께 그 학생의 책상에 올려놓기)

③ 사전 방지 교육(Preventive Education)

　㉠ 도덕적 판단력 기르기(Develop moral judgment through class discussion and role-play) : 학급회의나 교과수업시간에 절도와 관련된 내용을 포함시켜 다루고, 역할놀이 / 토의 등을 통해 도덕적 판단력을 높인다. 자신의 필요를 해결하기 위해 훔치는 방법은 옳지 않다는 것을 강조하고, 다른 방법으로 자신에게 필요한 것을 얻는 방법을 토론한다.

　㉡ 학급자치회의 활용(Utilize the student council to set classroom rules) : 학기 초에 그동안 겪었던 사례를 몇 가지 도난 사건을 언급하며 학급만의 규칙을 정한다. ➡ 남의 물건을 허락 없이 만지지 않기(서로의 소유권 존중), 개인 물건에 이름을 써두고 잘 관리하도록 자주 말해주며 귀중품은 교사에게 맡기기, 다른 반 친구 출입하지 않게 하고 용건이 있어서 찾아온 경우엔 복도에서 만나기 등…

　㉢ 학급보안지기 활용(Use class security monitors to prevent theft during transitions) : 도난 사건은 학생들이 잠시 방심한 틈에 발생할 확률이 높으므로 학급보안지기를 선정하여 이동 수업 시에 학생들이 혹시 귀중품을 놓고 가지 않도록 알리는 역할을 시킨다.

12 학생상담(Student counselling)

> **PLUS | 학생상담 기본 구조**
>
> 공감적 이해(~해서 ~하고 싶었구나) ➡ 긍정적 측면(평소에 ~가 좋은 학생이었는데) ➡ 문제 상황 객관적 진술(~가 ~했다는 것을 들었어) ➡ 교사의 감정('나' 대화법 : ~가 ~해서 선생님의 마음이 속상해) ➡ 학생 행동 문제 이유(~라는 것은 생각해봤니?) ➡ 대안 제시(다른 ~도 ~해서 극복했는데) or 학생의 자발적 해결 유도(극복하기 위해 무엇을 할 수 있을까?)
>
> 처음엔 학생이 그런 행동을 하고 싶었던 욕구를 최대한 공감해준다. 학생의 마음을 공감해주지 않고 바로 잘못을 논하고 무엇을 하라는 식으로 요구하면 학생이 그런 조언들을 듣지 않으려고 하므로 실제로 제일 중요한 부분이다. 그다음으로 "학생이 평소에 잘하던 행동(없다면 평범한 것이라도 만들어서) 언급" ➡ "문제 행동 객관적 진술" ➡ "교사의 느낌" 순서로 가는 것이 좋다. 그동안 이렇게 잘하던 학생이 문제를 일으켰다는 것이 믿기지 않으며, 교사로서 속상하고 아쉽다는 것을 전해준다면 학생이 자기 행동이 잘못된 행동이라는 것을 더 반성하며 바라볼 수 있기 때문이다. 여기서 중요한 것은 You message("네가 ~해서 나쁘다") 보다는 I message("네가 ~한 행동을 하니 내가 속상 / 안타깝다")를 자주 사용하는 것이다. 훨씬 톤이 부드러워지며, 학생의 반성을 이끌 수 있다. 그런 다음에 학생의 행동으로 인해 본인에게 오는 좋지 않은 영향을 설명해도 좋고, 다른 학생들에게 피해를 주는 입장이라면 다른 학생의 입장에서 생각을 해보라는 식의 상담도 좋다. 거기서 끝나지 말고 개선방안을 이끌어내야 한다. "~를 해보는 것은 어떠니?"라고 바로 직접적 조언을 하기보다는 학생이 해결책을 스스로 찾게 물어보는 것이 좋다. 해결책을 제시하지 못한다면 "선배 중 비슷한 문제를 겪고 있는 학생이 ~하니까 잘 극복하더라."라고 비슷한 상황 극복 사례를 제공하는 모델링을 해도 좋다.

(1) 상담 기법

① **상담 전 상담계약(Counseling contracts)**: 상담을 하는 이유, 상담형식, 시간, 비밀보장의 원칙 등을 이야기해주기 ➡ 왜 이런 자리가 마련되었는지, 어떤 식으로 상담을 할 것인지 충분히 안내하고 시작하면 학생이 적극적인 태도로 상담에 참여할 수 있다.(예 철수야 나는 네가 멀리서 전학을 와서 이 자리를 마련했단다. 잘 적응하는지, 내가 도와줄 것은 없는지 궁금해서.)

② **샌드위치 이팩트 대화법(The Compliment Sandwich Feedback)**
  ㉠ 말이란 내용보단 방식이 더 오래 기억에 남는 법이다. 조언할 때는 방식이 중요하다.
  ㉡ 조언에 앞서서 칭찬을 먼저 해야 한다. 학생들과의 관계 형성이 되기 전에는 단점을 지적해도 받아들이기 힘들다.(선 관계 형성 후 조언)
  ㉢ '빵'을 먼저 주고(근거 있는 칭찬 "관찰해보니 너 ~~ 참 잘하고 훌륭하더라") ➡ '햄'을 놓은 다음에("이거 한 가지만 고치면 더 훌륭해질 것 같아. 하기 힘든 말이지만 네 발전을 위해 말해주는 거야.") ➡ 다시 '빵'을 얹어준다. (희망적인 말 : "이 부분만 발전시키면 더 훌륭한 리더가 될 수 있을 거야.")

③ **본심대화법(Genuine Heart Communication)**
  ㉠ **마음 알아주기(Understanding the Student's Feelings)** : 학생의 말에 대한 나의 주관적인 해석을 넘어서 학생의 입장에 서서 학생이 전하려는 내용을 듣는 기법 ➡ '내가 알아들었다'는 것으로 끝나지 않고 '내가 어떻게 알아들었는지'를 말로 언급하며 학생이 '아, 선생님은 내 마음을 알아주시는구나.' 하고 느끼게 하는 기법
  ㉡ **학생 알아주기(Acknowledging the Student)** : 학생이 잘하거나 좋은 점을 찾아서 그 사실을 칭찬. 어떤 성품을 가진 사람인지를 인정 ➡ '아 나라는 사람을 알아봐 주시는구나.'라고 느낌
  ㉢ **마음표현하기(Expressing Your Own Feelings)**
    - "선생님이 너를 왜 불렀는지 아니?" 라는 질문으로 시작하면 학생에게 부정적인 감정이 먼저 전달되기 때문에 학생은 거부감으로 인한 방어적 행동을 하게 되고, 교사의 본심을 이해할 수 없다.
    - '학생들은 도대체 말귀를 못 알아듣는다'라고 탓을 하기보다는, 학생이 잘 알아들을 수 있는 방식으로 선생님의 생각과 감정 전달 노력 ➡ 학생의 마음에 받아들여지면 변화된 행동을 유도할 수 있음.
    - 문제가 되었던 학생의 행동, 말을 감정을 섞지 않고 동영상 찍듯이 객관적으로 묘사 ➡ 1)인식한 사실에 대한 '교사'의 기분 표현(I message) + 2) 학생 행동으로 인한 영향을 함께 제시 ("어제 너는 ~를 핑계로 ~를 했기 때문에 이야기를 해보기 위해 불렀는데 오지 않았어. 그런 행동에 선생님은 화나 났어. 내 말이 무시된 것 같다는 생각이 들었거든")
  ㉣ **본심 표현하기(Expressing Genuine Intentions)** : 학생의 행동에 대한 교사의 부정적인 생각을 표현하는데 그치면 학생은 '그래서 뭘 어떻게 하라는 것인지' 모르고 넘어갈 수 있다. 교사의 본래 마음 및 구체적인 요구사항을 알아듣고 받아들이기 쉽게 전달해야 한다.("선생님은 정말 바라는 것은 ~~ 이다. ~~가 앞으로 ~~ 해주었으면 정말 좋을 것 같다.")
  ㉤ **상대방의 마음 표현하기(Encouraging the Student to Express Their Feelings)** : 교사가 아무

리 잘 전달했다고 생각해도 학생이 어떻게 받아들였는지는 모른다. 학생이 교사의 본심을 이해했는지, 요청을 어떻게 받아들였는지 확인하고 학생에게 표현할 기회를 주는 과정이 필요하다.("앞으로 ~~ 해주었으면 해. 어때. 가능할까? 혹시 어려움이 있을 것 같으면 말해줄래?")

④ 연결하기, 정상화하기, 비추어주기(Linking, Normalizing, Reflecting)
　㉠ Linking : 반 학생들의 개별 특성을 유심히 봐두었다가 함께하면 도움이 될 만한 아이들을 연결해주거나 어려움에 처한 아이에게는 비슷한 어려움을 가진 아이를 연결해주어 세상에 고립된 듯한 느낌을 이길 수 있게 돕는다.(세상은 혼자가 아니고 다 같이 연결되어 있다는 것을 알려줌) ➡ 학생들이 자신만의 틀, 자신만의 세계에서 벗어날 수 있게 한다.
　㉡ Normalizing : 학생이 지금 경험하는 것이 지극히 정상적임을 알려준다. ➡ 당황하지 않고 그런 상황에 그런 감정, 행동이 나온 것을 정상적으로 수용하도록 한다.(예 "그래 친구에게 그런 놀림을 받았으면 화가 매우 나는 것이 당연해. 누구라도 똑같이 화가 났을 거야")
　㉢ Reflecting : 학생이 말하는 내용을 듣고 그 마음을 거울처럼 비추어준다. ➡ 핵심을 끄집어내도록 한다.(예 "친구가 나를 놀렸어요." ➡ "친구가 그러면 쓰니?"(X), "친구가 배신해서 지금 많이 속상하구나."(O))

(2) 학생상담 주의사항

① 바람직한 행동 제안하기(Suggest Desirable Behaviors): 잘못된 행동을 지적하기보다는 바람직한 행동을 제안한다.(예 "졸지 마라" ➡ "세수하고 와라")
② 인격이 아닌 행동에 초점 맞추기(Focus on Behavior, Not Character): 인격을 비난하면 학생의 감정만 상하고 상담의 효과가 없어진다. 잘못된 '행동'에 초점을 맞춰 지도한다.
③ 꾸중의 절차(Steps for Correction) : 학생의 잘못된 행동에 대한 교사의 감정을 표현한다. (I message : "선생님이 참 안타깝구나.") ➡ 잘못된 행동을 지적 / 인격을 꾸중하지 말고 '행동을 묘사하는' 꾸중(예 "수업 중 떠들어서 수업의 흐름이 끊기고 있구나.") ➡ 바람직한 대안적 행동 제시(예 "친구랑 할 이야기가 있으면 쉬는 시간에 하는 게 어떻겠니?")
④ 강점에 초점 맞추고 칭찬하기(Focus on Strengths and Praise): 평범해 보이는 것도 학생에겐 큰 칭찬일 수 있다. 찾아서 칭찬해주자 ➡ (예 "지각 한 번 하지 않았구나. 참 성실하네.")
⑤ 단점에 대한 인식 변화(Changing Perception of Weaknesses): "사람은 누구나 잘하는 것이 있지만 잘하지 못하는 것도 있다." ➡ "잘하지 못하는 것을 해결하기 위해 노력하는 것은 부끄러운 것이 아니다."
⑥ 장기적 래포 형성 후 교정(Build Long-Term Rapport Before Correcting): 학생들과의 관계 형성이 되기 전에는 단점을 지적해도 받아들이기 힘들다. 단기적인 행동 교정을 기대하기보다는 장기적 래포형성을 통해 변화를 유도하는 것이 좋다.
⑦ 학생에게 이야기 주도권 주기(Let Students Lead the Conversation) : 교사가 말을 늘어놓고 그 내용을 확인하는 질문만 한다면 "네, 아니오"라는 짧은 답변만 나오게 된다. 닫힌 질문은 가급적 피하고, 학생에게 이야기 주도권을 주자. 교사가 묻고 학생이 대답하는 형태가 지속되기보다는, 학생이 이야기하고 선생님이 공감하는 형태가 많아야 한다.

CHAPTER 03 수업, 평가

01 수업능력 계발(Development of teaching ability)

Point

기출이 자주 되는 부분이다. 보통 교사는 열심히 수업을 진행했지만 학생이 참여하지 않거나, 무엇을 배웠는지 모른다고 하거나, 어렵다고 하는 등의 부정적인 반응이 나온 상황이 문제상황으로 출제되었다. 상황에 대한 문제점을 제기하라는 문제는 출제의도가 어느정도 정해져있으나 해결방안은 매우 다양하게 제시될 수 있다. 평소 자신이 수업에서 중요하게 생각하는 것이 있다면 답변에 잘 녹여서 자신의 수업에 대한 철학을 구체적으로 보여주도록 하자.

대표기출

* 교사중심 수업 진행으로 학생의 이해, 만족도가 떨어졌을 경우 개선방안 (2024 평가원, 2017 평가원, 서울)
* 수업에 따라가지 못하고 공부 방향을 모르는 학생을 위한 수업 설계 방안 및 관련 전문성을 위한 노력 방안 (2025 평가원)
* 교사의 수업내용을 어려워하고 무엇을 배웠는지 모르겠다고 할 경우 개선방안 (2024 세종)
* 학생중심수업을 시도했으나 학생들의 불만이 많은 경우 필요한 자질, 노력 방안 (2018 평가원)
* 교사의 수업을 듣지 않고 잠을 자거나 다른 과목을 공부하는 학생 해결방안 (2023 세종)

기출 답변 핵심 Point

① 학생 먼저 파악하기: 수업의 출발점은 '교사가 할 수 있는 것'을 찾는 것이 아니라 '현재 학생'의 파악이 우선이다. 교사가 아무리 열심히 준비한 수업도 현재 학생과 맞지 않으면 좋은 수업이라고 볼 수 없다. 수업 설계 시 현재 담당 학생 중 이 수업을 진행할 때 따라오기 힘들어하는 학생은 없을지, 학생에게는 이해하기 어려운 예시가 아닐지 학생 입장에서 끊임없이 생각하며 수업 진행 방향을 결정해야 한다. (To design a lesson effectively, it's crucial to first understand the 'current students' rather than focusing solely on what 'the teacher can do'. No matter how diligently a teacher prepares a lesson, it cannot be considered a good lesson if it does not match the current students. When designing a lesson, the teacher should think from the students' perspective, considering whether any of the students might struggle to follow, whether the examples are difficult for students to understand, and make decisions about the direction of the lesson accordingly.)

② 주기적인 피드백 받기: 정기적으로 수업에 대해 설문을 받거나, 쉬는시간에 학생을 마주쳤을 때 지난 수업이 어땠는지 물어보는 등 수업에 대한 학생의 피드백을 받으면 수업을 학생의 관점에서 성찰할 수 있고 수업 능력 계발에 큰 도움이 된다. (By regularly collecting feedback about the class through surveys or asking students about the previous lesson during break times, teachers can reflect on their teaching from the students' perspective and improve their teaching skills.)

③ 동료교사들과 함께 성장하기: 수업 고민은 모든 교사가 가진 공통점이다. 전문적학습공동체를 통해 서로의 수업을 참관하고 수업 방안을 서로 공유하면서 함께 성장할 수 있다. (All teachers have concerns about their teaching. Through professional learning communities, teachers can observe each other's classes and grow together by sharing insights and strategies.)

④ 나만의 수업 정체성 세우기: 교사는 자신의 성향과 수업이 일치될 때 가장 중요한 수업이 나온다. 그 누구의 좋은 수업방식을 따라하기보다는 자신이 어떤 모습인지 먼저 성찰해보고, 자신의 철학을 가장 잘 드러내면서도 학생의 진정한 성장을 이끌어낼 수 있는 수업을 설계해야 한다. (The best teaching occurs when the teacher's personality and teaching style are in harmony. Rather than copying someone else's successful teaching methods, teachers should first reflect on their own style and philosophy. Then, they should design lessons that best reflect their own philosophy while genuinely fostering the students' growth.)

(1) 교사별 수업과정 세우기(Develop T's own creative curriculum)

① 교육과정재구성하기(Redesigning the curriculum): 국가별 / 지역별 교육과정은 큰 방향만 안내한다. 교육과정을 분석하고 학생의 요구나 수준에 맞게, 교사의 철학에 맞게 교육과정을 재구성하는 것은 교사의 몫이다. 그러므로 교사는 자신이 담당하는 학생의 진정한 배움, 성장을 이끌어내기 위해 '교육적 상상력'을 동원하여 교사 자신만의 철학이 담긴 창의적 교육과정을 구성할 필요가 있다.

② 교사의 '정체성'을 먼저 확립하는 것이 중요(Establishing teacher's professional identity) : 수업 방법은 그 누구의 수업 방식을 따라하는 것 보다는, 교사 자신의 정체성 및 성품과 일치할 때 가장 좋은 수업이 나온다. 무엇을 어떻게 가르칠지만 고민하기보다는, 그보다 먼저 교사 자신이 어떤 사람인지 먼저 성찰해보고, 자기 자신을 감추지 않고 가장 잘 드러낼 수 있는 나만의 교수 방식을 고민해보는 것이 무엇보다 중요하다.

(2) 학생을 수업의 중심에 두기(Place the student at the center of the lesson.)

① 학생 관점에서 좋은 수업 만들기(Making effective lessons from the student's perspective): 교사가 아무리 열심히 준비한 수업이라도 학생이 이해하기 어렵고, 집중하기 어렵고, 뭘 배웠

는지 잘 모르겠다는 반응을 보인다면 변화가 필요하다. 수업 설계 시 '이 수업을 학생들이 잘 따라올까?'를 습관적으로 의심해보고, 최대한 학생의 관점으로 수업을 바라보며 개선할 부분을 찾아야 한다.

② **현재 학생 파악 후 맞춤형 수업 설계하기(Designing lessons based on the current students' characteristics)**: 수업의 출발점은 '교사가 할 수 있는 것'을 찾는 것이 아니라 '현재 학생'의 파악이 우선이다. 현재 수업에 들어가는 학급의 학생들을 유심히 관찰하고, 어떤 성향을 가지고 있고, 교과 지식의 수준은 어느 정도이며, 학급별 학습격차는 어떻게 다른지 등을 고려하여 수업 설계를 진행해야 한다. '과거 학생들'에게 잘 통했던 방식이라도 '현재 학생'에게 맞지 않으면 과감히 바꿔야 한다.

③ **학생과 교과 개념을 연결하기(Connecting students with subject concepts)**: 수업 준비 시 개념을 쉽게 설명하기 위해 교사의 관점이 아닌, 학생의 관점에서 이해할 수 있는 예시를 준비해야 한다. '교과개념'과 '학생'을 연결해보고, 학생이 일상에서 경험했을 만한 일 중 교과 개념과 연관된 것이 무엇이 있을까 꾸준히 고민해보며 더 이해하기 쉬운 설명 방식을 찾아나가야 한다.

④ **과정중심평가 활용(Using process-oriented assessment)**: 평가를 바꾸면 수업이 바뀐다. 수업이라는 것은 지금까지 해오던 수업을 그대로 이어서 하는 것이 가장 편한 법이다. 한 학기 평가 기준이 기존에 하던 대로 단순한 1회성 수행평가와 지필평가로만 이루어져 있다면, 수업의 변화에 이유가 없어지고 지필평가 출제를 위한 진도 나가기에 급급해진다. (수업을 변화시키지 않아도 평가에 문제가 없기 때문에 변화의 시도를 하기 어려워진다.) 다만 평가기준을 바꿔버린다면 이야기가 달라진다. 학기 시작 전 평가기준을 프로젝트 수행평가, 과정중심글쓰기 등 학생들의 수업 과정이 곧 평가가 되는 과정중심평가를 포함한다면, 평가를 위해서 수업방식 자체를 바꿀 수밖에 없고, 학생의 학습 과정을 더 자세히 관찰할 수밖에 없고, 그 과정에서 학생의 성장을 위한 노력을 기울일 수밖에 없어진다. 즉, 교사는 '자신이 어떤 내용을 주도해서 가르치는' 방식이 아닌, 학생의 수행 지속적으로 관찰하고 성장할 수 있는 맞춤형 피드백을 주는 진정한 학생을 중심으로 둔 수업이 가능해진다.

⑤ **인공지능/에듀테크 기반 맞춤형 수업(AI/Edutech-based personalized lesson)**: 교사 한 명이 많은 학생을 지도하려면 다양한 특성을 지닌 학생을 개별적으로 맞춰주기에는 한계가 있다. AI 기반 코스웨어, 에듀테크 프로그램에 대한 연수를 듣고, 전문적학습공동체로 다양한 프로그램을 직접 배워보는 등의 노력을 통해 학생들이 자신의 학습 정도, 성향에 따라 과제를 자기주도적으로 수행하는 맞춤형 수업을 할 수 있다.

⑥ **계획적이면서도 유연한 수업(Lessons that is both well-planned and flexible)**: 수업이란 항상 예측하기 어렵다. 생각보다 학생들이 잘 따라오지 못하는 경우가 많은데, 그렇다고 학생의 반응에만 맞춰서 수업하다보면 수업 진도가 한없이 느려지고 체계가 없는 정신없는 수업이 될 수 있다. 이를 조절하기 위해 우선 수업 준비 시 '이것만은 꼭 알게 해야겠다'라는 핵심 성취 목표를

설정한 후 그 목표를 위한 수업지도안을 사전에 구체적으로 작성한다. 단, 실제 수업의 70%정도만 채운다는 분량만 계획하도록 한다. 실제 수업은 계획에 따라 체계적으로 진행하되, 질문을 통해 학생들의 이해를 종종 점검하며 배움이 잘 이루어지지 않으면 되돌아가서 더 자세히 설명하는 '계획적이면서도 유연한 수업'을 진행해야 한다. 일부 학생의 질문에 대한 답변이 너무 길어질 것 같으면 수업 후 질문을 하라고 전해준다. 수업의 큰 틀은 유지하되 학생의 배움 정도에 따라 수업의 속도는 유연하게 조절하는 것이다.

(3) 흥미 있는 수업 디자인(Design an interesting class)

① 흥미 있는 수업의 의미(The meaning of an interesting class): 수업 중 많은 학생의 참여율과 집중력이 떨어진다면 흥미있는 수업을 계획해야 한다. 흥미 있는 수업이 학생을 웃기는 수업을 의미하는 것은 아니다. 교사는 학생을 웃기는 역할이 아닌 성장을 이끄는 역할을 해야 하므로, 학생이 교사가 목표한 배움, 학습목표를 달성하기 위해서 더욱 몰입해서 참여할 수 있는 방법을 찾는 것이다.

② 수업 속 소통을 늘리기(Enhancing Communication in the Classroom): 소통만으로 충분히 흥미있는 수업을 만들 수 있다. 교사가 항상 모든 수업시간을 혼자서 말하지 않고, 학생의 이름을 자주 부르며 소통하는 것이다. 이름만 잘 외워서 불러줘도 큰 효과가 있으며, 자고 있는 학생에게 힘을 주는 응원을 하고, 학생의 최근 고민에 관심을 가져주는 등 학생 한명 한명 세심하게 관찰하고 소통하며 친밀한 관계를 형성한다면 수업에 흥미를 느끼고 참여율도 높아질 것이다.

③ 다양한 융합수업(Convergence classes) : 융합교육이 중요한 시대인 만큼 각 교과의 구분을 엄격히 구분하지 않고 교과 간 융합형 수업을 계획하면 각 교과의 장점과 특성을 합친 흥미 있는 수업을 구성할 수 있다. 학기 초에 전문적학습공동체 등으로 타 교과 교사와 교과서 단원을 함께 살펴보면서 다른 교과와 융합할 수 있는 수업 또는 수행평가를 계획하는 것이 좋다. 또는 본인의 교과를 안전교육, 민주시민교육, 세계시민교육, 진로교육 등과 융합을 할 수 있는 요소를 찾아서 수업을 준비한다면 학생들은 새로움을 느끼면서도 그 내용이 더욱 자신에게 필요한 내용이라고 생각하며 흥미를 가지고 참여할 수 있게 된다.

④ 학생의 삶으로 확장되는 수업(Lessons that extend into students' lives): 학생들이 듣은 수업이 자신과 관련이 있다고 생각하면 더 많은 관심이 생길 수밖에 없다. 수업을 준비할 때 교과의 핵심 요소들을 학생들이 학교 밖에서 언제 어디서 사용할 수 있을 것인가를 생각해본 다음에 그것에 맞추어서 수업 활동을 구상해야 한다. 이는 학생의 평소 모습을 잘 관찰하고 소통하며 학생의 특성, 그리고 최근 관심사를 파악하면 좋은 아이디어를 얻기 좋다.

⑤ 학생의 선택이 있는 수업(Lessons with students' choices): 수업 중 학생이 선택권이 있으면 흥미를 가질 수 있다. 그렇다고 학생에게 모든 선택권을 주면 '편하기만 한 길'을 택하는 학생들이 있을 수 있으므로, 교사가 수업의 큰 틀은 유지하며 목표로 한 배움은 꼭 일어나게 하되, 그 과정에서 모둠 내 역할을 선택할 수 있거나, 자료 조사 방법을 선택할 수 있는 등 학생의 특성에

따라 학습 전략을 선택할 수 있도록 하면 학생이 흥미를 가지고 수업에 참여할 수 있다.

⑥ 풍부한 교양 중요(Cultivating a rich cultural background) : 모든 학문은 서로 연결이 되어있다. 평소 독서, 뉴스구독 등으로 다방면의 지식이 생기면 생길수록 수업에 접목시켜 활용할 수 있는 부분이 많아지고, 학생들에게 더 넓은 시각으로 설명해 줄 수 있으며, 요즘 가장 이슈가 되고 중요한 부분을 연결해서 다룰 수 있다. ➡ 교과서를 가지고, 교과서에 의존한 수업이 아니라 교과서를 '활용'하는 수업이 가능하다.

⑦ 가르치는 교과목에 대한 학생의 마음 열기(Opening students' minds to the subject being taught) : 우선 교사 자신이 자신의 교과의 중요성에 대한 자부심이 있어야 하고, 교과에 대한 흥미를 가지고 있다는 것이 학생들에게도 느껴질 정도가 되어야 한다. 자신의 전공인 만큼, 그 교과목이 가진 매력 및 중요성을 학생들에게 자주 전달해주고, 그 이후에는 학생 개개인의 삶에 그 교과가 어떤 관련이 있는지 제시해주어서 학생이 그 교과에 대한 마음을 열고 동기화될 수 있도록 할 수 있어야 한다.

⑧ 미래형 수업 개발(Developing future-oriented lessons) : 급변하는 사회, 기술발전 속 미래사회의 인재가 될 학생을 길러내기 위해 교육도 세상의 변화를 따라갈 필요성이 생겼다. 학생들에게 친숙한 스마트기기를 활용한 수업, 메타버스/AI 접목 수업 등을 연구할 필요가 있다. 또한 글로벌 기업의 발전 방향 및 선호하는 인재 등에 관심을 두어서 수업에 어떤 요소를 넣어서 어떤 인재를 양성하는 것을 목적으로 할지 지속적인 고민을 할 필요성이 생겼다.

(4) '이해할 수 있는' 수업 만들기(Creating Understandable Lessons)

① 연결하기(Connecting) : 교과서에 있는 지식을 단순히 전달만 하면 학생들이 혼자 교과서를 읽는 것과 다른 것이 없다. 교사는 이를 학생들의 학교생활과 연결하고, 사회에서 일어나는 일과 연결하고, 지난 시간에 배운 내용과 연결하며, 현재와 미래와도 연결하는 등 학생의 입장에서 이해하기 쉬운 방식으로 재구성해야 학생들이 혼자 공부할 때보다 더 잘 이해할 수 있다.

② 되돌리기(Backward Explanation) : 수업을 너무 세부적으로 계획하면 '이 활동 다음에 이것을 해야겠다'는 진행 순서에 치중하게 될 수 있다. 물론 큰 틀은 필요하겠지만 학생의 이해를 자주 점검하며 뒤처진 학생이 있을 경우 과감하게 수업을 일부 되돌려서 더 쉽게 설명하며 더 많은 학생들을 이해시키고, 모둠 활동에서도 절반 이상의 모둠이 헤매고 있을 때는 잠시 활동을 멈추고 더 쉽게 활동 방법을 제시해야한다.

③ 교양 쌓기(Building Cultural / General Knowledge) : 모든 학문은 서로 연결이 되어있다. 평소 독서, 뉴스구독 등으로 세상의 흐름을 읽고 다방면의 지식을 쌓는다면 수업에 접목시켜 활용할 수 있는 부분이 많아지고, 학생들이 교과지식을 단순히 '암기'하지 않고, 더 넓은 시각을 가지고 교과 지식을 이해할 수 있도록 도울 수 있다. ➡ 교과서를 가지고, 교과서에 의존한 수업이 아니라 교과서를 '활용'하는 수업이 가능하다.

(5) 수업성찰(Reflecting my own teaching)

① **학생 피드백 받기(Getting students' feedback)** : 주기적으로 학생들에게 수업에서 좋았던 점, 아쉬웠던 점, 수업 진도 속도, 교사의 말 크기 및 속도, 학습자료 전달력 등 세부 영역으로 나누어서 설문지를 자세하게 받는다. 설문지를 직접 만들어서 주어도 좋고, 멘티미터/구글 폼 등 에듀테크 도구를 활용해도 좋다. 이 피드백은 익명으로 하는 것이 좋고, 1~2명 소수의 의견이 아닌 다수의 의견이 나온 부분은 개선해 나가는 것이 좋다. 또는 점심시간, 쉬는시간에 만나는 학생과도 종종 소통하면서 수업을 따라가기 어려운 점이 있는지 질문하면 교사가 생각하지 못한 점을 깨닫고 개선하게 될 수 있다.

② **성찰일지(Reflective diary)** : '성찰'이 없다면 수업에서 개선이 필요한 점을 알 수가 없어 성장 없이 같은 수업만 반복하게 될 가능성이 높다. 퇴근 전 10분만 투자해서 오늘 수업의 잘한 점, 아쉬웠던 점, 개선할 점, 학생의 반응 등의 성찰일지를 기록하면 다음 수업에서 아쉬웠던 점을 조금이라도 개선하려고 의식할 수 있어 성장의 원동력이 된다. 구체적인 자료와 함께 성찰하면 더 효과가 좋은데, 오늘 진행했던 수업자료를 다시 검토하면 수업 중 생각과 다르게 흘러갔던 부분이 생각나기도 하고 학생이 제출한 학습지를 살펴보아도 오늘 나의 수업이 학생에게 어떻게 받아들여졌는지를 추측할 수 있다.

③ **동료교사와 교류(Exchanging teaching ideas with colleague teachers)** : 전문적학습공동체, 지역 교과연구회 등을 통해 많은 동료의 수업사례를 보며 수업에서 일어나는 다양한 상황을 관찰, 연구하고 고민을 함께 나눈다. 서로의 수업 고민만 가지고 와서 이야기하더라도 집단지성 및 서로 다른 경험을 통해 좋은 해결방안이 나올 수 있다. '스마트기기 활용 수업' '진로융합수업'등 특정 주제를 가지고 연구회를 진행하면 최근 교육의 흐름에 맞춘 집중 연구를 할 수도 있다. 같은 교과가 아니더라도 다른 교과에서도 서로 다른 시각을 가지고 있어 배울 수 있는 점이 많으므로 다양한 교과 선생님들과 교류하는 것도 좋다.

④ **동영상 녹화 활용(Video recording)** : 수업을 녹화해서 분석해보면 수업 중에는 보이지 않았던 것을 많이 발견할 수 있다. 특히 학생이 교사가 제시한 활동과 발문에 따라 어떤 반응을 보이는지 잘 관찰한다. 학생들의 학습동기를 떨어뜨릴 수 있는 교사의 행동/말 등을 점검할 수도 있다.

02 협동학습, 조별학습(Group work)

> **Point**
> 교육현장에서 많이 시도되고 있는 '학생중심수업'은 대부분 협동학습을 기본으로 한다. 조를 만들고 조별과제를 던져준다고 협동이 일어나지는 않으며, 협동하라고 말한다고 협동을 하지는 않는다. 진정한 협동을 위해서는 '협동하는 법'도 단계별로 가르쳐야한다. 협동하는 방법은 교과내용과 더불어 학생들이 협동학습을 통해 배워야 하는 중요한 내용이라고도 볼 수 있다. 기출에는 보통 무임승차와 같이 협동학습에서 흔히 발생하는 문제들이 출제되었다.

> **대표기출**
> *모둠학습 중 문제 해결방안(무임승차, 개인주의, 경청 부족, 모둠 평가 부담) (2020/23 경기, 2018 인천 2016 평가원)
> *학생 모둠 구성 시 고려할 사항 (2014 평가원)

> **기출 답변 핵심 Point**
> ① 역할 세분화: 리더, 정보검색담당, 기록 담당 등 과제의 성격에 따라 역할을 세분화시켜서 제공하고, 학생들이 모둠 안에서 각자가 잘할 수 있는 역할을 정할 수 있도록 하면 참여율을 높임과 동시에 무임승차도 막을 수 있음. (Divide roles among group members, such as leader, Internet searcher, and writer. Then, allow students to choose roles that match their strengths. This can increase students' participation and reduce free riding.)
> ② 모둠 평가: 모둠 활동 후 모둠 내에서 '모둠 친구들이 각각 노력한 점/ 칭찬할 점'을 적게 하면 누가 무임승차하고 있는지 파악하여 참여를 독려할 수 있음.(After group activities, have students write about each other's efforts and positive contributions. This helps identify who is not participating and encourages everyone to contribute.)
> ③ '협동 연습' 필요: 조별과제 실시 전에 '번갈아 가며 말하기' '친구가 말할 때 경청하고 의견 존중하기' 와 같이 협동하는 방법을 충분히 연습하는 시간을 가져야 함. (Before starting group work, spend time practicing cooperation skills, like taking turns speaking and listening respectfully to each other. This helps students work together more effectively.)

(1) 협동학습 / 조별학습의 장점(참여해야 하는 이유)(Benefits of Group work)

① 학습적인 면: 학업 성취 향상, 모둠원의 성과로부터 배울 수 있음, 좀 더 능동적인 참여가능, 배우고자 하는 동기 향상, 자신의 학습에 대한 책임감 증대, 교사가 학생의 학습을 관찰 기회 증가
② 정의적인 면
  ㉠ 협동학습은 학습의 '방법'일 뿐만 아니라 학습의 '내용'도 될 수 있다.
  ㉡ 협동은 협동학습 활동이 끝나도 중단되지 않는다. ➡ "협동의 발전은 교실이라는 작은 강에서 시작되지만, 학생들은 큰 바다인 더 넓은 세계를 향해 떠나갈 때 이 협동 정신을 가지고 간다."

ⓒ 타인과 관계 향상(친구를 사귀는 방법, 다양한 사람들과 어울려 지내는 방법), 타인과 협력하는 기술, 다양한 관점을 고려 / 평가하는 능력 등… ➡ 민주시민, 세계시민으로서의 역량

(2) 협동학습 분위기 만드는 방안(Creating a Conducive Atmosphere for Cooperative Learning)

① 학급 규칙 만들기에 참여(Engaging Students in Setting Class Rules)
협동하는 분위기를 만들 수 있는 학급 규칙을 학생들과 만들기 ➡ 나는 친구의 말에 경청한다, 나는 모든 사람이 참여하도록 격려한다, 나는 친구의 일을 대신 해주지 않고 그들을 돕는다, 나는 내가 필요할 때 도움을 요청한다, 나는 모든 학급 친구를 각 개인으로 존중한다.

② TTT(Team Then Teacher)
동료를 경쟁자로 보기보다는 의지 대상으로 보도록 격려. 선생님께 질문하기 전에 모둠에서 상의하는 것이 먼저 일어나야 함. 다른 모둠과도 토의 가능 ➡ 학급의 자율 촉진, 연대감 증대, '가치 있는 협동' 원리 실천

③ 학급 멘토 / 멘티(Class Mentor & Mentee)
학생들이 각자 가르칠 수 있거나 도움을 줄 수 있는 것(배우고 싶거나 도움을 받고 싶은 것)을 서로 적어서 교실에 게시해 놓기 ➡ 서로 가르치고 배우는 분위기 형성

④ 이질적모둠 구성의 의의 설명(Explaining the Importance of Heterogeneous Grouping)
모둠구성은 비슷한 능력의 학생들로 구성하기보다는 서로 다른 능력의 학생들로, 친한 학생들보다는 그렇지 않은 학생들이 모이도록 구성하는 것이 좋다. 이는 종종 학생들의 불만을 유발할 수 있으므로, 다음과 같이 학생들에게 설명하는 것이 좋다.
 ⓐ 모둠원의 다른 견해, 관점은 학습 활동의 질적 향상을 가져오고, 본인의 사고의 다양성에도 도움을 준다.
 ⓑ 학습 분위기가 잡힐 수 있다.(좋아하는 학생들끼리 앉으면 방해 행동 가능)
 ⓒ 자신과 다르고 별로 협력하고 싶지 않은 사람과 같이 일하는 기술은 꼭 필요한 능력이다.(성인이 되어서도 함께 일하는 동료나 주위 이웃은 항상 선택할 수 없다.)
 ⓓ 다른 사람을 가르치면서 주제에 대해 더 잘 알게 된다.("가르치는 사람은 두 번 배운다" 속담)
  ➡ 내가 알고 있는 개념을 남에게 잘 설명하는 것은 사회에서, 직장에서 매우 필요한 능력

⑤ 협력 / 협동기술을 가르치기(Teaching Cooperation/Collaboration Skills)
 ⓐ 학생들은 항상 '협동해라'라는 말만 들었지 어떻게 협동하는지는 구체적으로 알지 못한다. ➡ 협동하는 방법을 가르치면 모둠활동이 더 잘 가능해 활동시간이 절약되며, 기본적인 삶의 기술을 배우게 할 수 있다.
 ⓑ **다양한 협동 기술** : 제안하기, 설득하기, 도움 요청하기, 칭찬하기, 이해점검하기, 참여 독려하기, 감사하기, 이유 제시하기, 주의 깊게 듣기 등…

ⓒ 협력기술을 가르치는 방법
- 협력기술의 필요성 이해시킴 : 협력기술에 대한 교사의 긍정 / 부정적 경험 이야기, 학생들에게 교실 안 / 밖에의 경험 묻기, 협력기술이 어떤 결과를 가져오는지 토론하기
- 각 기술에서 사용되는 표현을 익히게 하기 - 교사가 학생과 함께 직접 시범을 보이거나 이 기술이 사용되는 영상을 활용하기(예 정중하게 이견 말하기 : "좋은 관점이야. 그런데 이런 부분을 생각해 본 적 있니?")(주의 깊게 듣기 : 눈 맞춤, 고개 끄덕임, "맞는 얘기야")
- 학습내용을 배우면서 협력기술 연습 : 협력기술을 의식적으로 적용 노력 / 교사는 주변을 돌며 협력기술을 인위적으로라도 사용하도록 격려
- 개인 점검 설문지 작성 : 나는 ~~를 열심히 했다. 모둠원이 ~~를 했다.

(3) 협동학습에서 발생 가능한 문제 상황(Possible Problems in Cooperative Learning)

① 학생이 짝 선택 원할 경우(When Students Want to Choose Partners): 다른 사람과 함께 배우는 것의 이점 설명, 모둠은 계속 순환된다고 알려준다, 모둠구성 전 어떤 친구와 모둠이 되고 싶은지 명단을 적을 수 있게 하고, 이 중 1명 정도만 붙여준다.

② 학생이 또래에게서 배울 수 있다는 사실을 믿지 않을 때(When Students Don't Believe They Can Learn from Peers) : 협동학습의 효과에 대해 이야기하는 시간을 먼저 갖기, 협동학습의 성공적 사례 소개, 협동학습이 이뤄지는 영상 보면서 관찰, 친숙하고 흥미있는 주제부터 시작, 곤경에 빠진 모둠을 바로바로 도와주기

③ 지나치게 시끄러운 모둠 관리 방법(Managing Overly Noisy Groups) : 좋은 소음과 나쁜 소음을 구분해야 함. 왜 작은 소리가 적절한지 설명(다른 모둠 피해X, 목쉬는 것 방지, 정중하게 보여짐..) 15cm목소리를 설명하고 사용하는 연습하기(아주 가까운 거리에서만 들을 수 있는 정도), 모둠에 소리지킴이 역할부여(소리가 커 질 때 약속된 몸짓or구호 외치기), 약속된 신호하기(예 손바닥 올리면 이야기 멈추기, 주먹 올리면 소리만 낮추기)

④ 모둠이 과제 / 활동을 어려워하는 경우(When Groups Struggle with Tasks/Activities) : 학생들 관점에서 활동의 지시사항이 적절했는지 다시 생각해보기, 활동 시작 전 지시사항 이해 점검, 질문할 기회 주기, 지시사항 적은 화면 띄워주기, 학생과 함께 시범을 들어주고 시작하기, 단계별로 나누어서 지시하기, 활동 잠시 중단 후 잘하는 모둠 부각시키기

⑤ 모둠활동 싫고 개인 활동 원하는 경우(When Students Prefer Individual Work) : 모둠활동 내에도 개인이 연구하고 기록하고 발표하는 부분이 많음을 강조, 과제를 혼자는 어렵지만 협동으로 해결해야할 만큼 복잡하게 하기, 협력하는 방법의 중요성 강조

⑥ 모둠 내 능력 부족한 학생이 나쁜 영향을 줄 때(When Less Skilled Students Negatively Affect the Group) : 숙제나 쉬는 시간을 활용해 수업내용 미리 소개, 설명을 요청하는 협력기술 가르치기, 다양한 수준의 수업자료 사용, 조별 개인 역할을 정해주기(능력과 관계없이 모든 학생이 참여할 수 있도록 역할 세분화)

⑦ 무임승차 방지(Preventing Free-Riding in Groups) : 모둠 내 개인 역할을 세분화해서 정해주고, 매시간의 마무리로 각 모둠원이 무슨 일을 어떻게 기여했는지 적는 평가지 작성. ➡ 잘된 부분 즉각적으로 칭찬

> **+ PLUS | 모둠 내 개인역할 예시**
>
> • 도우미(Facilitator, Coach) : 모든 모둠원이 과제를 계속하여 수행하도록 돕기
> • 시간지킴이(Timekeeper) : 모둠원들이 제한된 시간을 지키도록 돕는 역할
> • 점검이(Checker) : 모든 모둠원들의 이해 점검
> • 돋움이(Encourager, Cheerleader) : 모든 모둠원들의 참여 격려, 성공 축하
> • 기록이(Recorder) : 토론한 것을 노트형식이나 word web, mindmap등의 도표형식으로 기록
> • 발표자(Reporter) : 다른 모둠이나 학급 전체에게 발표
> • 자료관리자(Materials Manager) : 필요한 자료를 확실히 챙기고 관리
> • 칭찬이(Praiser) : 모둠의 아이디어나 역할 수행을 칭찬
> • 소리지킴이(Sound Hound) : 모둠 내 소리 크기가 너무 크지 않도록 주의 주기

03 융합수업(Integrated/Convergence Lessons)

(1) 필요성(Necessity)

① 4차산업혁명 시대 융합적 문제해결력 필요(Need for Convergent Thinking in the 4th Industrial Revolution): 지식과 정보가 폭발하는 4차산업혁명에서 주도적으로 문제 해결할 수 있는 인재로 길러내기 위해 융합적 사고가 필요 (단편지식보다는 실제 맥락에서의 통합적 문제해결력 필요)

② 교과 간 장점 공유로 더 나은 수업 구성(Sharing Strengths Across Subjects for Better Lessons): 학교 수업은 독립적으로 이루어지는 경우가 많은데, 융합수업을 계획하면 교과별, 교사별로 서로의 특징과 장점을 배워 더 좋은 교육을 구성할 수 있음

③ 다중적 사고력 강화(Enhancing Multidimensional Thinking): 교과 간 경계를 넘어 다양한 관점에서 바라보는 다중적 사고력 강화

(2) 운영 준비하기(Preparation for Implementation)

① 새학기 준비기간 활용(Using Pre-Semester Preparation Period): 융합수업의 시기, 참여 교과와 같은 큰 틀을 새학기 준비기간에 미리 세워야 한다. 학생들이 등교하기 시작하면 각 교과 일정으로 바빠서 융합수업을 생각할 여유가 부족하고, 융합수업의 시기 조율이 어려워진다.

② 타교과와 함께 전문적학습공동체를 구성(Forming Professional Learning Communities Across Subjects): 큰 계획을 구체화하기 위해서 여러 교과가 모여 전문적학습공동체를 구성하여 우선

서로의 수업을 참관하여 각 교과의 특성을 이해하고, 교과서를 비교해서 검토하며 서로 융합할 수 있는 부분을 찾아 구체적으로 수업 방법을 논의하는 시간이 필요함.

③ 학생 대상 융합수업 필요성 안내(Explaining the Necessity of Integrated Lessons to Students): 삶에서 마주치는 문제는 특정 분야의 지식으로만 해결되기보다는 다양한 지식과 지식을 연결하여 해결하는 경우가 많다. 최근 대학교나 기업에서 한쪽 분야만 잘하기보다는 다양한 교과를 모두 융합해서 사고하는 인재를 선호한다 는 점을 알려주며 학생들이 융합수업에 임하는 태도를 긍정적으로 바꾼다.

(3) 융합수업 예시

① (영어+사회) '사회문제 극복 문구 만들기': 세계에서 일어나는 사회문제를 직접 찾고, 그 문제를 정확히 이해할 수 있으며, 이 문제를 해결하기 위한 영어 문구를 직접 영작하여 만들어보면서 세계 문제를 공유하고 함께 해결해나가는 세계시민역량 기르기

② (영어+국어) '시 비교하기':시대별로 영미시와 우리나라 시의 특징 및 대표적인 작가에 대한 설명을 진행한 뒤에 조별로 선호하는 시대를 맡아 비슷한 시대의 영미시와 우리나라 시를 선정하여 주제, 언어, 표현 방법 등을 비교 분석하는 프로젝트를 진행하기

③ (영어+과학) 탄소배출을 줄일 수 있는 친환경 자동차를 디자인하고, 과학적 원리를 분석한 다음 해외 고객들을 위한 자동차 광고 포스터를 영어로 만들고 발표하기.

④ (영어+윤리) 영미소설 'Wonder'를 원서로 읽고 그 내용을 공부한 뒤 윤리(사회)에서 사회적 편견 또는 인권에 대한 내용을 융합하여 소설 속 편견의 원인 및 해결방안을 토론해보기

04 수업불안, 수업 스트레스(Teaching Anxiety)

(1) 수업불안과 수업 스트레스(Teaching Anxiety and Teaching Stress)

수업은 준비하는 과정부터 어렵다. 정답이 있는 것도 아니고 학교, 학생의 특성에 따라 접근방법이 다 다르다. 아무리 성공했던 수업 방식이라도 대상이나 시간이 바뀌면 실패할 수 있는 것이다. 그렇기에 경험이 쌓여도 항상 고민하게 되는 것이 수업이다. 잘 될 것이라는 확신이 없기 때문에 수업 전에서 벌써 불안한 감정이 들게 된다. 또한 이렇게 고민해서 구성한 수업을 학생들이 재미없어하거나 수많은 방해 행동으로 제대로 진행되지 않았을 때 교사는 큰 스트레스와 상처를 받을 수 있다.

(2) 수업불안 이겨내기(Relieving Teaching Anxiety)

① 자기개방 필요(Revealing teachers' own difficulties) : 수업 불안, 수업 스트레스는 혼자 가지고 있으면 더 큰 고통이 된다. 자신만 가지고 있는 것이 아니고, 모든 교사에게 (심지어 고경력 교사에게도) 수업은 큰 고민거리이다. 조심스럽게 동료교사와 고민을 나누면 분명 그 고민을 공감해줄 것이고, 그 자체로 큰 치유가 된다.

② 완벽하게 준비하기(Perfect preparation for the class) : 철저한 준비는 두려움을 물리친다. 물론 수업에는 변수가 많아서 완벽한 준비라는 것은 어려울 수 있으나, 많은 준비와 연습을 한 수업은 그만큼 자신감을 가질 수 있어 불안감을 이겨내는 방법이 될 수 있다. "완전한 준비 없이 청중 앞에 선다는 것은 반나체로 여러 사람 앞에 서는 것과 같다."(데일 카네기)

③ 긍정적 자기대화(Positive self-talk) : "내일 수업이 정말 두렵다"라는 부정적인 생각이 아닌 "차근차근 준비하면 자신감 있게 해낼 수 있어" "괜찮아. 조금 실수해도 다음에 개선하면 될거야." "최선을 다한다면 완벽하진 않더라도 후회는 남지 않는 수업이 될거야."라는 긍정적인 주문을 지속적으로 외운다.

④ 이미지트레이닝(Mental imagery training) : 수많은 이미지 트레이닝은 불안감을 줄이고 실전을 강하게 한다. 수업을 준비할 때 이 수업을 했을 때 학생들이 어떤 반응을 보일지 상상한다. 재미없어하거나 돌발행동을 할 때 어떻게 대처할 것인지도 생각을 해본다.

05 교육과정-수업-평가-기록 일체화(Integrating Curriculum, Instruction, Evaluation, and Record)

Point
교육과정-수업-평가-기록의 일체화는 교육과정-수업-평가를 각각 따로 떨어져서 생각했던 것을 연결해서 보자는 교육적 흐름이다. 특히 학생을 평가하고 변별하는 목적이기보다는 진정한 학생의 '성장'을 위해서 수업과 평가의 변화를 가져가는 것이 목적이라고 볼 수 있다. 최근엔 직접적으로 출제되고 있지는 않지만 이어져 나오는 '과정중심평가'와 연계되는 개념이므로 충분히 이해하고 넘어가자.

대표기출
*교육과정-수업-평가의 일체화를 위한 실천 방안 (2018 경기)
*교육과정-수업-평가 일체화의 실행 방안 및 교육적인 효과 (2018 세종)

기출 답변 핵심 Point

① 교육과정-수업-평가-기록의 일체화는 수업 따로, 평가 따로가 아닌 수업이 곧 평가와 기록으로 이어지기 때문에 평소 수업에서 학생의 참여를 최대한 이끌어낼 수 있다. (When curriculum, instruction, and evaluation are integrated, students' participation in class directly lead to evaluation and record. This approach helps maximize student participation in daily lessons.)

② 수업의 목표를 학생의 성장으로 놓고, 수업을 토론, 프로젝트 등 참여중심, 과정중심으로 바꾼 후에 이 수업 과정을 관찰하여 평가로 반영하기 때문에 교사는 학생을 유심히 관찰하며 기록하고, 이를 토대로 학생이 성장할 수 있는 구체적인 피드백을 제공할 수 있다. (By setting the goal of student growth, teachers can shift lessons to be more participatory and process-oriented, such as through discussions and projects. Teachers observe and assess these processes, which allows them to provide specific feedback and support based on their observations to help students grow.

(1) 정의 (Definition)

① 교육과정-수업-평가 연계 운영(Integrating Curriculum, Instruction, and Assessment): 교육과정, 수업, 평가를 하나의 연속된 교육활동으로 바라보고, 이를 유기적이고 통합적으로 운영하여 세 요소의 불일치 요소를 최소화하고 학생을 교육과정, 수업, 평가의 중심에 두어 삶의 주체로 성장시키는 교육활동

② 기존 방식 반성(Reflection on Traditional Methods) : 학생의 '성장'이 아닌 '진학'을 위한 교육목표, 문서로만 존재하는 교육과정, 수능을 위한 일제식 수업, 수업과는 동떨어진 변별을 위한 평가 ➡ 수업준비와 별개로 시험 준비, 학생부 기록까지 별도로 해야 하는 교사의 어려움

③ 학생 성장 중심 수업·평가·기록(Student Growth-Centered Instruction, Assessment, and Documentation): 학생이 '배워야 할 것'을 학생의 '성장'으로 두고, 수업과 평가는 이러한 목표를 잘 도달할 수 있도록 하기 위한 과정으로 각각 별개의 것이 아님. ➡ 학생의 성장을 목표로, 교과교육과정을 성취기준을 중심으로 재구성하여, 학생참여 수업을 실천하고, 수업 활동 과정을 관찰하여 평가하고, 그 평가과정을 기록하는 일관된 과정

(2) 특징(Characteristics)

① 교육과정-수업-평가-기록 연결(Connecting Curriculum, Instruction, Assessment, and Documentation) : 학생을 중심에 놓고 학생의 배움을 생각하면 교육과정 및 수업이 바뀔 수밖에 없고, 수업이 바뀌면 그에 따른 평가와 기록은 자연스럽게 바뀐다 ➡ 따로 떨어져서 생각했던 교육과정-수업평가-기록을 연결해서 보자는 움직임

② 참여·과정 중심 수업(Participation- and Process-Oriented Instruction): 수업을 참여 중심, 과정 중심으로 바꾸고, 이 과정이 평가와 기록으로 이어진다면 학생들은 더욱 열심히 참여할 뿐만 아니라 자신이 얼마나 성장했는지 쉽게 파악할 수 있다.

③ 수업 혁신(Instructional Innovation): 토의 / 토론식 수업, 프로젝트, 하브루타, 비주얼싱킹 등의 수업방식 활용하여 학생 중심으로 구상

④ 과정중심평가(Process-Oriented Assessment)
  ㉠ 성취기준 기반 평가(Assessment Based on Learning Standards): 교육과정 성취기준에 기반한 평가계획에 따라 교수 / 학습 과정에서 학생의 변화와 성장에 대한 자료를 다각도로 수집하여 적절한 피드백을 제공하는 평가
  ㉡ 학습 및 성장 과정 중시(Focusing on Learning and Growth Processes): 목표에 도달하기 위한 과정(학습/성장의 과정)을 중요시하는 평가

ⓒ 수업 연계 평가(Assessment Integrated with Instruction): 수업 중에 이루어지는 교수 / 학습과 연계되는 평가

ⓔ 학생 성장 관찰 평가(Observing Student Growth and Development): 학생의 성장과 발달을 관찰하여 학습자의 부족한 점을 채워주고 우수한 점을 발전시킬 수 있도록 돕는 평가

ⓜ 평가 방법(Assessment Methods: Student Self-Reflection, Peer Evaluation, Teacher Observation): 학생평가(자기성찰 평가, 모둠 내 평가, 모둠 간 동료평가), 교사평가(학생의 성장과 결과물이 만들어지는 과정을 평가, 결과물에 대한 관찰 누가기록)

⑤ 교육과정, 수업, 평가, 기록의 변화과정(Changes in Curriculum, Instruction, Assessment, and Documentation)

㉠ 교육과정의 변화(Curriculum Changes) : 국가수준의 교육과정(성취기준)을 중심으로 교과내용의 재구성

㉡ 수업의 변화(Instructional Changes) : 미래사회에 대비하기 위해서 학생의 선택권 및 자기주도성이 중요 ➡ 일방적 지식 전달의 강의식 수업보다는 학생 참여식 수업이 강조(토론, 발표, 프로젝트식) ➡ 학생의 관찰이 가능해짐

㉢ 평가의 변화(Assessment Changes) : 학생 참여형 수업으로 변화 ➡ 참여형 수업 이후에 평가는 지필평가형식으로 지식만 평가한다면 학생들이 수업에 참여하지 않을 것 ➡ 평가의 변화가 필요하고 수업이 변하면 평가하는 방법도 바뀐다. ➡ 수업 중에 학생평가가 같이 이루어짐 ➡ 수업 밀착형 평가, 학생 관찰형 평가, 과정 평가

㉣ 기록의 변화(Documentation Changes) : 평가는 수치로 나타낼 뿐만 아니라 '기술'도 가능하다 ➡ 평가가 바뀌면 학생생활기록부 기록도 바뀐다. ➡ 학생 관찰한 내용, 학습 과정, 자기주도적인 측면, 성장과정 등을 "세부능력 및 특기사항"에 자세히 기록할 수 있음(기존의 강의식 수업 및 일제식 평가는 이런 내용을 기록하기 힘들다.)

(3) 수업 진행 예시

① 교육과정 : 국가수준 교육과정에서 추구하는 핵심역량과 교과별 세부목표를 분석하고 어떻게 교과수업에 반영할지 고민해보고 교육과정 / 교과서 재구성 방향 설정 ➡ 교육과정 설계 방향에 맞는 성취기준을 선정하고, 성취기준에서 요구하는 지식, 기능, 태도를 반영할 수 있는 수업 활동 선정 및 조직(단, 학습활동에서 수업을 하면서 동시에 평가도 할 수 있도록 수행과제 선정 및 설계)

[예] 교육과정에 제시된 공동체 역량, 창의적 사고 역량, 지식정보처리역량을 키워주기 위한 프로젝트 학습진행 결정 ➡ "주변의 위치나 장소에 대해 묻거나 답할 수 있다", "일상생활에 관한 주변의 대상이나 상황을 묘사하는 문장을 쓸 수 있다" 성취기준에 따라 교과서 내 '음식' 관련된 단원부터 선정 후 프로젝트 학습을 같이 하기 위한 교과시간확보 및 단원 순서 재조직

② 수업 : 교육과정 재구성 내용에 따른 수업 진행([예] '음식' 관련 단원 교과서 진행 중 조별 프로젝트 진행 : 학교 근처 맛집 조사, 선정 후 포스터를 만들어 홍보 ➡ 가는 길, 메뉴, 가격 안내, 후기)

③ 평가 : 성취기준의 평가 요소를 제대로 반영하면서 수업 중에 평가를 함께 할 수 있도록 진행, 평가 후 학생의 성장을 위해서 어떤 방법으로 피드백할 것인지 고려
  ㉠ 개인평가 : 관찰 평가(학생의 참여를 수시로 기록), 단원의 내용 및 프로젝트에 필요한 표현에 관한 개인시험, 모둠 내 개인에 대한 동료평가, 발표 능력 평가, 학생의 성찰 평가
  ㉡ 조별평가 : 포스터 만들기 및 홍보 방법에 대한 조별 보고서, 포스터 결과물 평가, 조별 발표(영화홍보) 평가, 모둠 간 동료평가
  ㉢ 피드백 : 프로젝트 학습이 끝난 후에 소감을 나누어보고 개인별 / 조별로 좀 더 개선할 수 있었던 부분 및 방법을 공유하는 시간을 가진 후 교사는 학생들이 더 필요한 부분을 반영하여 다음 수업 구성
④ 기록 : 프로젝트 진행되는 동안 평가하고 기록해 놓은 자료를 바탕으로 교과능력, 협업능력, 배려능력, 발표능력을 모두 포함하여 생활기록부에 기록

06 과정중심평가(process-oriented performance-based assessment)

> **Point**
> 과정중심평가는 '과제형 수행평가'가 전면 금지된 후 수업시간 내에 직접 관찰을 통해 이루어지는 평가의 중요성이 늘어나면서 꾸준히 강조되고 있다. 프로젝트학습, 토론학습 등을 통해 학생의 학습 과정을 관찰하고 그에 맞는 피드백을 제공할 수 있는 장점이 있다. 다양한 수업관련 문제 해결 방안으로 나름 '만능 답안'이 될 수도 있으니 답변을 잘 연습해놓자. 특히 과정중심평가는 학생의 '변화'와 '성장'이 키워드이므로 답변에 적절히 넣으면 좋다.

> **대표기출**
> *기존 평가방식의 문제점 개선 방안(숙제형 평가, 자기평가, 수업-평가 별도 실시) (2020 평가원, 강원)
>
> **기출 답변 핵심 Point**
> ① 과정중심평가: 교수·학습 과정에서 학생의 변화와 성장에 대한 자료를 다각적으로 수집하여 적절한 피드백을 제공하는 평가(An evaluation method that collects diverse data on students' changes and growth throughout the teaching and learning process and provides appropriate feedback.)
> ② 단순한 지식평가가 아닌 습득한 지식을 융합하고 활용하는 능력 및 수행 과정에서 나타나는 창의적 사고, 문제해결능력 등을 평가 (Evaluates not just the acquisition of knowledge but also the ability to integrate and apply it, as well as creative thinking and problem-solving skills demonstrated during the process.)

③ 학생의 학습 과정을 자세히 볼 수 있는 프로젝트식, 토론식 수업을 진행하고, 구체적인 관찰을 바탕으로 개별 피드백을 제공하여 학생의 성장을 이끎. (Conduct project-based lessons that allow for detailed observation of students' learning processes, and provide specific feedback based on these observations to foster their growth.)

(1) 의미(Meaning / Significance)

① 교육과정 성취기준에 기반한 평가계획에 따라 교수학습 과정에서 학생의 변화와 성장에 대한 자료를 다각적으로 수집하여 적절한 피드백을 제공하는 평가 (Assessment that collects diverse data on students' changes and growth during the teaching and learning process, based on an evaluation plan aligned with curriculum learning standards, and provides appropriate feedback.)

② 평가의 패러다임 확장(Expanding the Assessment Paradigm)
　㉠ 수업 속 평가(Assessment Embedded in Classroom Activities): 평가가 수업 속 활동으로 녹아들어 수업과 평가가 동시에 이루어짐 ➡ 학생의 인지적, 정의적, 핵심역량 등 다양한 특성을 확인하고 기록
　㉡ 수업-평가 통합(Integration of Instruction and Assessment): 과거의 수업처럼 수업 / 평가가 분리되어있는 것이 아니고 수업의 과정으로 평가를 교사와 학생, 학생과 학생 간의 교수학습 활동으로 활용
　㉢ 평가 결과 활용 범위 확대(Wider Use of Assessment Results): 단순 성적산출이 아닌, 학생 수준과 특성 파악 후 성장 / 발달을 위한 피드백 제공 가능

③ 학생 문제해결 과정 중시(Focusing on Students' Problem-Solving Process) : 도착점에서 정답만을 평가하는 것이 아닌, 출발점부터 도착점까지 가는 과정에서 나타나는 인지, 정의, 핵심역량을 결과와 함께 평가

④ 교육과정-교수·학습-평가의 연계(Linking Curriculum, Instruction, and Assessment) : 시간적 연계(평가를 별도로 운영하지 않고 수업의 한 부분으로 포함), 내용적 연계(교육과정재구성을 통한 수업내용과 평가의 연계)

(2) 배경(Background)

① 평가 관점의 변화(Shift in Assessment Perspective) : 선발적 평가관(점수, 등수, 객관성 있는 문항, 일제식 평가) ➡ 발달적 평가관(개개인의 성장과 발달 목적)

② 미래교육과 평가(Future Education and Assessment) : 과학기술 발달, 4차산업혁명 ➡ 미래에 필요한 역량 교육 필요(자기관리, 지식정보처리, 창의적 사고, 심미적 감성, 의사소통, 공동체 역량) ➡ 지식 이해 / 암기력 평가하는 평가는 미래사회에 필요한 핵심역량을 제대로 평가할 수 없음 ➡ 과정중심평가로 역량의 구성요소인 지식, 기능, 태도, 고차원적 사고능력 등 평가 가능

③ 창의성과 고등정신능력 강조(Emphasis on Creativity and Higher-Order Thinking Skills): 창의성, 고등정신능력을 요구하는 방향으로 평가가 바뀌면 교육과정, 수업도 함께 변할 수밖에 없다. ➡ 과정중심평가로 수업과 평가가 바뀔 수 있으며, 교육과정의 재구성과 교육과정-수업-평가(기록)의 일체화가 가능

(3) 특징(Characteristics)

① 백워드 디자인 기반(Backward Design-Based Approach) : 교육과정 성취기준에 따른 목표 설정 ➡ 목적에 맞는 평가계획 ➡ 학습경험 및 수업 활동 계획

② 통합적 평가 강조(Emphasis on Integrated Knowledge, Skills, Attitudes, and Competencies): 평가의 내용에서 통합적 지식 및 기능, 태도, 핵심역량에 대한 평가 강조 ➡ 단순한 지식평가가 아닌 습득한 지식을 융합하고 활용하여 역량으로 나타낼 수 있는가를 평가

③ 다양한 평가 방법 활용(Use of Diverse Assessment Methods: 교사가 모든 학생의 수행과정을 100% 관찰하고 평가하는데 한계가 있으므로 자기평가, 동료평가도 강조

④ 성취기준 기반 평가(Assessment Based on Learning Standards) : 교과서에 있는 내용 중심 평가가 아닌 학생이 갖추어야 할 지식, 기능, 태도 등 종합한 성취기준을 준거로 평가

⑤ 성장으로 위한 평가 결과 활용(Using Assessment Results for Growth and Development) : 평가의 결과를 즉각적이고 수시로 피드백할 것을 강조 ➡ 수업 활동 안에서 교사나 동료의 도움 및 모델링 등의 방법으로 학생의 수준에 맞춰 피드백

⑥ 수행과정 평가(Assessment of Student Performance During Activities) : 수행과정에서 나타나는 창의적 사고, 문제해결능력, 고등정신능력, 정의적 태도와 핵심역량 요소 평가

(4) 장점(Advantages)

① 배움과 삶의 연결(Connecting Learning with Students' Lives) : 학교에서 삶과 연계되는 핵심역량의 평가를 강조하고 그것을 반영한 수업 진행 ➡ 학생들이 배움의 과정에서 겪은 문제 및 해결과정에서 느끼는 개인의 고유성과 독특성 성찰 가능 ➡ 학생들의 성장을 이끌 수 있으며 '앎과 삶을 연결'하는 교육 가능

② 기초학습 부진 예방(Preventing Basic Learning Gaps and Dropouts) : 평가를 통하여 학생의 수준, 특성 진단 후 맞춤형 피드백

③ 진로지도 도움(Supporting Career Guidance) : 수행평가를 통해 성취기준과 관련된 인지적 능력뿐만 아니라 정의적 능력, 핵심 역량 등 학생의 다양한 부분 평가 ➡ 진로에 참고

④ 인성발달 도움(Supporting Character Development) : 인지적 부분만이 아닌 정의적 영역 평가 중요시 ➡ 토론에서 상대방 배려, 협동학습에서 봉사정신, 책임감 등 정의적 영역 평가 중요시, 피드백 과정에서 인성 지도 포함

> **➕ PLUS | 과정중심평가와 교수평 일체화를 위한 교육과정재구성**
>
> ① 수업에서 평가가 함께 이루어지려면 교과순서와 내용의 재조직화가 필요하다. ("수업1 ➡ 수업2 ➡ 수업3 ➡ 평가"의 순서가 아닌 "수업1+평가 ➡ 수업2+평가 ➡ 수업3+평가") ➡ 교과서에 제시된 차시별 내용이 기존의 틀이라면, 교육과정 재구성은 수업과 평가가 함께 어울릴 수 있도록 '새로운 틀'을 제공
> ② 성취기준을 준거로 학습내용을 재조직 : 성취기준은 가르쳐야 할 내용과 평가해야 할 내용을 제시해주므로 수업과 평가가 같은 내용으로 연계가능 (기존의 교과서에 제시된 주제를 순서대로 진행하는 것이 아닌, "A성취기준에 관련된 1,2차시주제 및 토론평가 ➡ B성취기준에 관련된 3,4차시 주제 및 프로젝트평가"와 같이 진행됨.)
> ③ 과정을 중시하는 평가가 이루어지려면 과정을 자세히 볼 수 있는 프로젝트식 수업이 필요하고, 이를 위한 주제중심 교육과정 재구성이 필요하다. ➡ 교과내 재구성도 가능하지만 교과간 재구성(교과 융합)도 가능하다. ➡ 범위가 큰 주제를 하나 선정하고 이 주제와 관련된 여러 교과를 통합하여 운영 (예 큰 주제 "환경": 영어과의 각 나라의 환경 캠페인 조사 프로젝트, 국어과의 주제토론, 미술과의 포스터 제작, 사회과의 지역사회 사례 조사발표…)

07 평가의 원칙(Principles of Assessment)

> **Point**
>
> 현장에서는 매우 중요하지만 기출문제는 적었는데, 최근에 점점 출제되고 있는 부분이다. 평가에는 객관적인 평가기준으로 모든 학생에게 공정한 기준으로 평가가 이루어져야 하는 공정성이 매우 중요하다. 또한 평가는 학생 변별이 아닌 '학생의 성장'을 돕는 것이 주된 목적이라는 것도 답변에서 늘 강조하는 것이 좋다.

> **대표기출**
>
> *USB오류로 인해 수행 제출이 늦은 학생의 평가 방안 (2021 경기)
>
> *모둠형 수행평가에서 평소 열심히 하던 학생이 참여하지 않을 때 참여 독려 여부 (2024 평가원)
>
> *수업과 수행평가에 참여하지 않는 학생 수업 및 평가 지원 방안 (2025 경기)
>
> **기출 답변 핵심 Point**
>
> ① 평가의 공정성: 객관적이고 명확한 평가기준을 만들고 이를 통해 모든 학생에게 공정하게 같은 기준으로 평가가 이루어져야 한다. (Create objective and clear evaluation criteria to ensure that all students are assessed fairly according to the same standards.)
> ② 평가의 목적: 평가의 주목적은 학생의 성장을 돕는 것이다. 평가 후 단순히 점수만 부여하고 끝내지 않고, 학생의 장/단점에 따른 구체적인 피드백을 제공하여야 한다. (The primary purpose of evaluation is to support students' growth. Instead of merely assigning a score, provide specific feedback based on students' strengths and weaknesses to help them improve.)

(1) 평가의 원칙

① 평가의 기본 원칙
- ㉠ 교과학습 평가는 학생의 교육목표 도달도를 확인하고, 학생들의 성장을 지원하고 교수·학습의 질을 개선하는 데 초점.
- ㉡ 평가의 객관성, 공정성, 투명성, 신뢰도 제고를 위해 노력해야 함.
- ㉢ 교수·학습과 평가활동이 일관성 있게 이루어져야 함.
- ㉣ 성취기준에 따른 평가기준을 마련하고, 이를 교수·학습에 활용하고 이에 근거한 평가 문항을 출제해야 함. (성취기준 : 교육과정에서 학생들이 교과를 통해 배워야 할 내용 및 능력을 나타낸 기준으로, 학교 상황에 따라 교과협의회를 통해 보다 구체적이고 명료하게 재구조화 가능)
- ㉤ 교수·학습 및 평가계획을 학기 초 학생 및 학부모에게 안내하여 학생들이 스스로 학습 계획을 세울 수 있도록 함.
- ㉥ 학생들의 다양한 수준을 고려한 평가 문항 출제

② 평가의 객관성, 공정성, 투명성, 신뢰도를 위한 평가 문항 출제 방안
- ㉠ 학생이 배운 학교교육과정의 범위와 수준을 벗어난 내용을 출제하여 평가하지 않음. (선행교육 규제에 관한 특별법)
- ㉡ 동일 교과를 담당하는 교사는 반드시 평가 문항을 공동으로 출제하고 검토해야 함.
- ㉢ 시판의 참고서의 문제를 그대로 출제하거나 이전에 출제된 문제를 그대로 재출제하지 않음.
- ㉣ 출제된 문제에 대한 힌트를 특정 학급이나 학생에게만 암시하지 않음.
- ㉤ 평가 원안지 보안 강화 (메신져 전송 금지, 컴퓨터 내 보관 금지, 개인 USB를 사용하고 비밀번호 부여)
- ㉥ 평가 문항 관련 연수 및 교과협의회 정기적 개최, 우수 평가 문항 공유
- ㉦ 평가의 신뢰도를 위한 교과 내 검토를 강화.
- ㉧ 채점 과정 중 인정 답안이나 부분 점수를 부여할 경우 개별적으로 처리하지 않고 반드시 동 교과협의회를 통해 수정
- ㉨ 채점 결과는 빠른 시일 내에 학생 본인에게 확인시키고, 학생 이의신청기간을 운영하여 채점의 공정성과 신뢰성 확보, 또한 평가 결과가 다른 학생에게 노출되지 않도록 유의하여 학생 본인에게만 공개.
- ㉩ 부정행위에 대한 구체적인 유형과 처리에 대한 사항을 감독교사와 학생들과 사전에 충분히 교육
- ㉪ 문제에 대한 질의는 반드시 손을 들어 개별적으로 하고, 불필요한 말이나 행위 금지

(2) 학업성적관리규정

① 지필평가와 수행평가의 방법, 유의 사항, 결과 처리 및 출결사항 등의 규정을 명시한 문서. 시·도 교육청의 '학업성적관리 시행지침' 내용을 토대로 개별 학교에서 학업성적관리위원회의 심의를 거쳐 학교장 결재 후 시행

② **학업성적관리위원회 구성** : 평가의 객관성, 공정성, 투명성, 신뢰도를 높이기 위해서 교과협의회 및 학업성적관리위원회를 구성하며, 학교별 학업성적관리규정에 명시되지 않은 사항은 학업성적관리위원회의 심의 후 결정

③ **학업성적관리위원회 심의내용** : 평가의 객관성·공정성·투명성·신뢰도 제고를 위한 평가의 기준·방법·결과 관련 안건, 지필평가, 수행평가의 영역·요소·방법·시기 등과 성적처리 방법, 학교생활기록부 기재방법·내용·정정 등에 관한 사항 등....

(3) 수행평가 유의사항

① **수행평가** : 학생의 학습과제 수행과정 및 결과를 직접 관찰하고, 그 관찰 결과를 전문적으로 평가하는 것이며, 성취기준에 근거함.

② **수행평가 유의사항**
　㉠ 수업시간 중에 실시. 정규교육과정 외에 학생이 수행한 결과물에 대해 평가하는 과제형 수행평가 금지 (평가에 반영되는 과제가 1차시 이상 걸린다면 수업 종료 때 걷었다가 다음 시간에 다시 나눠주는 식으로 운영하여 학교 밖에서 과제를 수행하지 않도록 함. 단, 과제 수행이 느린 학생을 대비하여 수행 시간은 여유있게 계획하고, 과제 수행 전 준비 활동을 단계적으로 먼저 진행하기)
　㉡ 선택형 평가 및 단순 지식 암기식의 평가를 지양하고 핵심역량을 기르기 위한 다양한 평가 방법을 활용
　㉢ 수행 결과뿐만 아니라 과정도 함께 평가하며, 과정까지 평가하기 위해 실기평가, 포트폴리오, 실험·실습, 토론, 구술, 논술 등의 방식 활용 가능
　㉣ 성적처리가 끝난 수행평가 자료라도 성적 산출의 증빙자료가 될 수 있는 중요한 것은 바로 폐기하지 않고 학교에 보관
　㉤ 복수의 학생이 공동으로 수행하는 모둠활동 등을 평가하는 경우에는 개인 학생에게 역할을 부여하고 개인별 학습 과제의 수행 과정과 결과를 평가. (동료/모둠평가로만 평가를 구성하지 않고 개인평가를 반드시 넣어서 성실성이 떨어지는 모둠원으로 인해 큰 피해는 겪지 않도록 해야 함)
　㉥ 수행평가를 지필평가의 방법으로 실시하지 않아야 하며 지필고사 준비기간과 겹쳐 학생의 부담이 가중되지 않도록 해야 함. (또한 학기초 동학년 타교과 교사와의 협의회를 통해 특정 기간에 너무 많은 교과의 수행평가가 몰리지 않도록 하기)
　㉦ '아주 좋은 경우 A'와 같이 추상적인 채점이 이루어지지 않고 구체적인 채점 기준 마련.
　㉧ 학생의 실제 삶과 연계한 수행평가를 실시하고 그 취지를 학생들에게 공유하여 학생들이 수행평가 참여에 대한 충분한 동기를 가질 수 있도록 돕기.

CHAPTER

04 학급운영

루이스 영어임용 2차 All-in-One
영어면접·수업실연·실전전략

> **Point**
> 대부분의 신규 교사가 첫발령 후 담임을 맡는 경우가 많다보니 학급운영과 관련된 기출은 꾸준히 출제되고 있다. 특히 학급 내 학생 간의 배려/협력/소통 부족한 상황, 규칙과 질서가 없는 상황이 자주 출제되고 있으므로 여기저기 써먹을 수 있는 나만의 만능 답(학급운영 철학, 학급 활동 방안)을 몇 가지 만들어놓고 다양한 문제에 적용해보는 연습을 해보면 좋다.

> **대표기출**
>
> *소통, 협력이 부족하고 개인주의 성향이 강한 학급 운영 방안 (2019 경기, 2017 경기)
> *학생 주도 학급 규칙 만들기 방안 (2022 경기, 2019 인천)
> *질서와 책임이 부족한 학급 해결 방안 (2017 세종, 2023 강원)
> *지각이 많아지는 학급 분위기 해결 방안 (2025 평가원)
> *학기초 학생 적응을 돕기 위한 학급활동 (2024 세종, 2021 서울)
> *담임반 학생이지만 수업은 하지 못할 때 학생 지도 방안 (2025 서울)

> **기출 답변 핵심 Point**

① 소통의 중요성: 소통이 없으면 서로 간의 관심도 줄고 배려하는 분위기도 생기지 않는다. 교사가 아침시간에 학생들과 인사하고, 눈맞추고, 소소한 대화를 시도하며 소통의 문을 열어주면 학생들도 공동체 속 서로에게 관심을 가지고 소통을 시작할 수 있다. (Without communication, interest in each other decreases, and a caring atmosphere does not develop. If a teacher opens the door to communication by greeting students in the morning, making eye contact, and having small conversations, students can start to take an interest in each other and begin communicating within the community.)

② '자율'과 '책임'을 강조한 학생주도 학급규칙: 학생들이 학급회의를 통해 수업시간, 청소, 점심시간 등에서 세부적인 규칙을 민주적으로 만들도록 한다. 단, 교사는 학생들이 '자유'와 '자율'을 구별하여 하고 싶은 대로 행동하는 '자유'가 아닌 원칙을 가지고 스스로 행동하는 '자율'을 발휘할 수 있도록 해야 한다. 또한 자율적으로 정한 규칙에는 늘 '책임'이 따른다는 것을 알려주고, 학생들이 정한 규칙을 책임감있게 지킬 수 있게 꾸준히 지도해야 한다. (Students should be encouraged to create specific rules for class time, cleaning, lunch, etc., through class meetings, in a democratic way. However, teachers must help students distinguish between 'freedom' and 'autonomy,' ensuring that they act based on principles rather than doing whatever they want. It's also important to teach that autonomy always comes with 'responsibility,' and to guide students in consistently following the rules they have set with responsibility.)

③ 학급배려역할 수행하기: 서로 배려하는 행동을 습관화시킬 수 있게 역할을 부여하면 좋다. 예를 들어 결석한 친구에게 학습지를 전해주는역할, 아픈 친구의 청소를 대신해주는 역할 등 다양한 역할을 학생들이 각자 맡아 수행할 수 있도록 하고, 주기적으로 '배려왕' 학생을 뽑아서 학생의 배려 행동을 더욱 동기화하도록 한다. (Assigning roles that encourage considerate behavior can help students make such actions a habit. For example, roles like delivering class handouts to an absent classmate or helping clean up for a sick friend can be given to students. Additionally, selecting a "consideration champion" among students can further motivate them to act considerately.)

④ 교사의 세심한 관심이 중요: 학생들은 자신의 현재 상태에 대해 먼저 와서 이야기하지 않기 때문에 세심한 관찰을 해야 많은 것을 도와줄 수 있다. 교실에서 조회할 때, 복도에서 마주칠 때, 점심시간 급식을 먹을 때, 청소시간 등 학생 한명 한명을 세심하게 관찰하자. 관찰을 통해 학생 간 큰 갈등이나 학업중단을 예방할 수도 있고, 적응이 어려운 학생의 적응을 도울 수도 있으며, 학생의 큰 장점도 발견해 줄 수도 있다. (Students usually don't come forward to talk about their current situation, so careful observation is needed to help them in many ways. Whether in the classroom during homeroom, in the hallway, at lunch, or during cleaning time, take time to carefully observe each student. Through observation, you can prevent major conflicts between students, help those who are struggling to adapt, and even discover a student's hidden strengths.)

01 학급운영 철학(Philosophy of Classroom Management)

(1) 소통하는 학급(A Communicative Classroom)

① 소통의 중요성(The Importance of Communication) : 한 학급에는 좁은 공간 속 많고 다양한 학생들이 함께 생활하기 때문에 크고 작은 문제와 갈등이 항상 일어나는 곳이다. 다만 교사는 모든 수업 시간에 학생들과 함께 하는 것이 아니기 때문에 적극적인 소통이 없다면 학급 내 문제나 도움이 필요한 학생을 발견하기 어렵다. 적극적인 소통은 또한 문제 발견뿐만 아니라 학생들과의 관계 형성에 도움이 되고, 소통이 많은 학급은 학생들에게 소속감을 줄 수도 있다.

② 소통의 요소
  ㉠ 관심(attention) : 아이의 말, 표정, 몸짓, 행동 등에 주의를 기울이는 것
  ㉡ 이해(understanding) : 아이의 학교생활에서 나타나는 행동이나 태도 등이 어떤 이유에서 나타나고, 그 원인은 무엇이며, 어떤 의미 가지는지를 올바르게 알아내는 것

ⓒ 공감(sympathy) : 아이의 생각과 감정의 의미를 이해하고, 아이의 입장이나 관점에서 적절한 반응을 보이는 것
ⓔ 배려(consideration) : 아이의 관심과 능력을 인정해주고 아이들의 개인차를 존중해주면서 아이의 마음을 헤아려 주는 것
ⓜ 대화(conversation) : 마음을 열고 아이의 말에 귀를 기울여서 잘 듣고, 진실성 있게 선생님의 생각과 마음을 전달하면서 이야기를 주고받는 것

③ 소통의 전략
  ㉠ 조회시간 전(Before the morning assembly): 출근하고 바로 교실을 한 번 둘러보기(아침맞이) : 조회시간에 처음으로 교실을 들어갈 필요는 없다. 아침 출근시간에 교실에 가보면 일찍 등교한 학생들과 조용하게 소통하기 좋다. 단, 잔소리는 가급적 하지 말자.(학교에 일찍 왔는데 잔소리부터 들으면 하루종일 기분이 좋지 않을 수 있다.) → 인사하기, 소소한 대화하기(아침은 먹었는지…), 창문을 열어 환기시켜주기, 히터 틀어주기 등 따뜻한 관심 보여주기
  ㉡ 조회시간 활용(Morning assembly): 조회시간에는 학생들이 보통 피곤한 상태이고 경직된 분위기이다. 전달 사항만 전달하고 끝내기보다는 교사의 작은 노력이 있다면 짧은 시간이지만 교실 분위기를 바꾸고 학생들이 더 가벼운 마음으로 하루를 시작하게 할 수 있다.
    • 소소한 일상 들려주면서 공감대를 형성한다.(예 "오늘 날씨도 흐리고 잠도 아직 덜 깬 것 같아. 선생님이 어제 너네도 좋아하는 ~를 했는데 재미있더라.")
    • 서로의 '오늘의 목표 / 기대'를 말한다.(예 "선생님은 오늘 수업을 열정적으로 하는 것이 목표입니다. 여러분의 목표나 기대는 무엇인가요")
    • 학생들의 변화를 관찰하고 칭찬하기(예 머리스타일 변화, 지각 자주하던 학생이 일찍 등교)
    • 하루의 시작을 긍정적인 말로 시작하기 : 많은 학생들은 다른 사람들의 감정에 민감하기 때문에 집단 내에서 긍정적인 감정이 '전염'되면 더 협력하게 되고, 갈등은 줄어든다. 하루의 시작을 긍정적으로 시작한다면 학생들의 관심을 집중시키고, 긍정적 태도를 형성시킬 수 있다.
  ㉢ 종례시간 활용(End of the day assembly): 사실 종례시간은 학생들이 '빨리 집에 가고 싶은 생각'만 가지고 있기 때문에 전달사항만 전달하기도 바쁘다. 평소에 청소 / 종례시간에 자리 앉기 / 가정통신문 배부 등에 대한 규칙을 잘 세워놓는다면 짧게라도 소통할 수 있는 기회가 될 수 있다.
    • 오늘은 내가 종례담당 : 종종 학생이 직접 종례를 한다. 담당 학생이 미리 교무실에 와서 종례전달사항을 적어가고, 종례를 진행하는 동안 교사는 그 학생 자리에 앉아 열심히 대답하며 학생역할을 해 주면 유쾌한 종례시간이 될 수 있다.
    • 짧은 칭찬(예 오늘 국어시간에 수업태도가 그렇게 좋았다고 칭찬하시던데 ~)
    • 내일 기대되는 희망 말하기 : 더 웃는 모습으로 만났으면 좋겠다는 등 희망적인 내용
    • 하루에 1~2명씩 번갈아가면서 "오늘 가장 재미있었던 일" 또는 "후회스러운 일"을 짧게 말하고 끝내도록 한다.
  ㉣ 청소시간 활용(Classroom cleaning time): 청소시간은 소수의 학생이 번갈아 가면서 남는 시간이므로 모든 학생과 소통하기 정말 좋은 시간이다. 종례 후 조금 바쁘더라도 교무실

로 바로 가지 말고, 학생들의 청소를 도와주며 오늘 하루 어땠는지, 어려운 점은 없었는지 등을 물으며 소통하고 학생이 집에 갈 때 따뜻한 인사를 해주는 등 소통을 위해 노력하면 학생들과의 관계 형성에 큰 도움이 된다.

(2) 민주적인 학급(Democratic classroom)

① 학급은 작은 사회적 공간(A classroom is a small social space) : 한 학급은 학생들이 가장 먼저 접하게 되는 사회적 공간이고, 학급 내에서 겪는 다양한 문제들도 사회에서 겪게 될 문제의 축소판이라고 볼 수 있다. 성인이 되어 자율과 책임이 있는 민주시민의 역할을 수행하기 위해 학급 내 민주주의, 그리고 민주적인 문제해결 방식을 겪을 수 있도록 지원해야 한다.

② 교사는 '지시'가 아닌 '지지' 역할(Playing a supportive role rather than a directive one) : 민주적인 학급의 교사는 학생에게 일방적으로 지시하고 해결책을 대신 내놓는 사람이 아니다. 교사가 모든 것을 주도하려고 하면 학생과 관계 형성이 힘들고, 학생은 자기주도성 및 문제해결능력을 기를 수 없어 미래에 그들이 해결해야 할 문제를 스스로 해결하기 어려울 것이다. 학생들이 자기주도적으로 의사결정하고 그 선택에 책임을 질 수 있도록 교사는 옆에서 지지해주는 조력자 역할을 해야 한다.

③ 학생들을 소규모 집단으로 나누어 교실 속 권한을 분산(Dividing students into small groups to decentralize authority within the classroom) : 교사가 일방적으로 이끄는, 또는 학급자치회장 중심으로 돌아가는 학급 운영 체계를 만들기보다는 조를 나누고, 1인 1역할을 맡는 등의 권한 분산을 통해 민주적인 의사결정이 이루어지도록 한다. 나눌 때는 학생들의 성격, 강점, 경험 같은 요인을 신중하게 고려하여 모든 집단이 비슷한 위치에서 목소리를 낼 수 있고 활발하게 소통하고 배려하며 활동할 수 있도록 돕는다.

④ 민주적인 학급회의(Democratic classroom meetings) : 주기적인 학급회의를 통해 학생들이 스스로 학급 규칙을 만들고, 갈등상황과 건의사항을 해결하며, 학급 내 중요한 의사결정이 이루어질 수 있도록 한다. 회의에서는 교사의 개입을 최소한으로 하고, 도움이 필요한 부분만 지원하는 역할을 맡도록 한다. 또한 학급회의를 이끄는 학급자치회장과 부회장에게 학급회의 전 민주적인 운영 방법에 대한 노하우(예 누구나 의견을 낼 수 있는 편안한 분위기 만들기, 모든 의견을 비난하지 않고 존중해주기, 다양한 친구들의 참여 받기 등...)를 알려주는 것이 좋다. 무엇보다도 평소 교사가 다양한 학생들의 의견을 존중하고, 많은 학생들의 참여를 유도하고, 그 안에서 가지는 책임을 강조하는 등 민주적인 학급 운영을 노력했다면 학생들도 자신도 모르게 자신들이 이끄는 학급회의에서 민주적인 참여 및 의사결정을 진행할 가능성이 높다.

⑤ 학생이 주도하는 학급행사(Student-led classroom events) : 학급 단합대회, 짝 바꾸기, 체육대회/축제 준비 등 모든 학급행사에 모든 학생이 주도적으로 참여하고 민주적인 의사결정을 할 수 있도록 한다. 막연하게 모든 학생들의 참여만 유도하지 말고, 교사가 먼저 각 부서의 역할, 책임 등을 명확히 하는 것에 대한 중요성을 알려주며 대략적인 체계를 잡아주고, 그 체계 속에서 학생들이 자유롭게 학급 회의를 통해 학급행사를 계획하고 진행할 수 있도록 이끄는 것이 좋다. 학생

들이 경험이 적기 때문에 다소 부족함이 보일 순 있지만, 그것을 지적하기보다는 더 응원해주고 지지해주려고 노력하는 것이 좋고, 궁극적으로 학생들이 직접 학급 행사를 진행하며 자율성과 책임감을 기를 수 있도록 돕는다.

(3) 안전한 학급(Safe Classroom Environment)

① **안전한 학급의 필요성(The importance of Safe Classroom)**: 학생들이 느끼기에 자신들이 속한 학급이 공격적이고 위협적인 분위기가 아니고 안전감, 수용감, 존중감을 느끼는 학급이라는 것을 느낄 수 있을 정도로 '안전한 학급'을 만드는 것이 중요하다. 학생들이 스스로 우리 학급은 안전하다고 생각한다면 서로 자신의 의견을 편하게 이야기할 수 있고, 서로 이해하고, 배려해 줄 것이며, 갈등 상황이 생기더라도 친구들 또는 담임선생님의 도움을 받을 수 있을 거라는 마음의 안정감이 생길 수 있게 된다. 반면 안전하지 못하다고 느낀다면 서로 눈치를 자주 보고, 서로 감정 충돌이 많아지며, 작은 갈등도 큰 갈등으로 커지게 될 가능성이 높아 불안한 마음으로 학교생활을 하게 될 수 있다.

② **안아주는 환경 조성(Creating a Holding Environment)**: 많은 학생들이 좁은 공간에서 생활하는 학교라는 공간 특성상 학교 생활 속 갈등과 혼란, 불확실성은 반드시 생긴다. 다만 이러한 혼란을 겪을 때 서로가 도움을 주고, 지지해주고, 격려해주는 '안아주는' 학급 분위기를 조성한다면 학생들은 자신의 감정을 통제할 수 있고, 자기방어를 최소화하며, 안도감을 가질 수 있게 된다.

③ **안전한 학급의 출발은 '공감'(A Safe Classroom Starts with Empathy)**: 서로를 한 번쯤 이해할 기회를 주고, 갈등과 감정이 커지지 않게 해주는 것은 바로 '공감'이므로 이를 직접적으로 교육할 필요가 있다. 우선 교사가 공감의 정의와 중요성을 알려준다.(예 상대방이 처한 상황을 살펴보고 내가 그 사람이라면 어떻게 느낄지를 표현하는 것이다. 살면서 만나는 사람들과 맺는 긍정적 관계의 기초가 되는 것이 공감이므로 교실에서 친구 관계에서도 가장 중요한 것이다.) 그리고 '공감토론'을 통해 상황별 공감을 하는 방법과 공감 언어를 토론하고 연습해보도록 한다.(예 상대방의 표정을 관찰하고 상대방이 느낄 감정을 생각하여 '지금 ~하겠구나'라고 공감하는 말 건네기, '내가 전학생이라면? 내가 우리말을 잘 못 하는 학생이라면? 아픈 상황이라면?'과 같은 구체적인 상황 설정 후 공감 방법 토론) 또한 교사도 항상 학생에게 공감 언어를 사용하고, 주기적으로 '학급 공감왕'을 선정하는 등 학생들이 공감을 습관화/생활화 시킬 수 있도록 한다.

④ **교사의 일관적인 학급 운영(Teacher's Consistent Classroom Management)**: 교사가 자신의 감정에 따라 학급 운영 방식이 바뀌거나 명확한 원칙이 없이 운영하여 같은 사안에 대하여 매번 다른 조치를 취한다면 학생들은 교사의 행동이나 학급의 분위기를 예측할 수 없어 불안함을 느낄 수 있다. 이러한 불안감은 안전하지 못한 학급 분위기로 이어지기 때문에 학급 학생들 사이의 갈등으로 이어질 가능성도 높다. 학생에 따라 또는 교사 자신의 상황에 따라 학급 운영을 다르게 하지 않고 늘 원칙에 따라 일관적이고 공평한 태도를 보이려고 노력하는 것이 좋다. 다만 지나치게 원칙만을 내세우기보다는 원칙 속에서 사랑을 많이 주고 소통을 자주 하며 관계 형성은 놓지 않는 '강한 사랑'을 바탕으로 학급을 운영한다면 학생들은 위축되지 않고 생활하면서도 문제상황이 생겨도 해결할 수 있을 것 같은 안전함을 느낄 것이다.

(4) 학급 운영 유의점(Points to Consider in Classroom Management)

① **시도와 실패를 두려워하지 않는 용기(Courage to Try and Risk Failure)**: 종종 시도조차 하지 않는 안전함보다는 위험을 무릅쓴 도전과 잘못하는 용기가 필요하다. '과연 학생들에게 효과가 있을까?'라고 고민만 하고 끝내기보다는, 학생들에게 도움이 되는 일이라면 과감하게 시도해보자.

② **민주적인 학급운영 ≠ 학생의 요구를 무조건 수용(Democratic Classroom ≠ Always Following Students' Requests)**: 학생과 소통하고 민주적인 학급운영을 한다는 것이 곧 학생들의 말을 무조건 들어주라는 것은 아니다. 학생들은 아직 배우고 성장하는 위치에 있기 때문에 종종 공동체의 성장을 위한 것이 아닌 자신들만의 이익, 편의만을 위한 요구사항을 제시할 수 있고, 교사는 학생을 성장하게 하는 '교육'을 하는 사람이기 때문에 이를 단순히 들어주어서는 안 된다. 민주적인 학급 분위기 속에 주어지는 '자율'은 무거운 '책임'이 따른다는 것을 항상 강조하고, 책임과 배려가 없는 행동은 단호하게 지도할 필요가 있다.

③ **성공적인 학급 운영에는 기적이 없다(No Miracles in Classroom Management)**: 성공적인 학급 운영에 기적 같은 건 없다. 학생에 대한 사랑과 안전한 학급 환경 조성을 바탕으로 끊임없는 노력과 결의를 보여야만 학급 전체가 변화할 수 있으므로 장기간의 헌신이 필요하다.

④ **뒤에서 혼자 있는 학생에 관심(Paying Attention to Withdrawn Students)**: 학급엔 많은 학생들이 있고, 밝고 활발한 학생이 눈에 띄게 될 수밖에 없다. 그러나 가장 관심을 두어야 할 곳은 교실 뒤에서 혼자서 행동하는 위축되어있는 아이들이다. 그 학생을 절대 방치하지 말고, 다른 학생과 연결할 방법을 찾고 매일 학생 한명 한명에 대한 긍정적인 이야기를 건네도록 노력해야 한다.

⑤ **비언어적 소통의 지속성(Continuous Nonverbal Communication)**: 교사는 말을 하지 않을 때도 학생들과 늘 소통한다. 얼굴 표정, 신체 언어, 어조, 사용하는 어휘와 같이 교실 안팎에서 이루어지는 보이지 않고 무의식적인 상호작용이 학생과의 관계 형성 및 학습, 그리고 학급의 정서적 분위기에 큰 영향을 준다. 또한 교사 자신의 그날 감정도 학급 학생들과 교실 문화에 적지 않은 영향을 주기 때문에 그날 자신의 감정 상태가 좋지 않다면 학생들 앞에선 크게 드러나지 않도록 조심해야 한다.

⑥ **교사의 기대와 편견(Teacher Expectations and Bias)**
  ㉠ 교사의 학생에 대한 긍정적인 기대, 태도, 애정 어린 행동, 친절한 말은 학생들에게 노력, 낙천적 태도, 성공에 긍정적 영향을 준다.
  ㉡ 교사의 편견, 기분, 변화하는 마음 상태 또한 학생들에게 큰 영향을 준다.
  ㉢ 학생들은 교사가 성취가 낮은 학생들에게 더 많이 지시하고, 더 많은 규칙을 적용하며, 부정적인 피드백을 준다고 느끼고 반면에 성취가 높은 학생들에게는 더 많은 기회를 주고, 할 일을 선택할 수 있게 해준다고 느낄 수 있다.
  ㉣ 교사는 학생들 개개인에 편견을 가질 수는 있다. 편견이 생겼다는 것 그 자체보다는 편견 그 자체를 인식, 인정하고 어떤 편견이든 최소화하기 위한 방법을 찾아 노력하는 것이 더 중요하다.

02 학기 초 / 새 학기 학급 운영(Classroom management for a new semester)

(1) 새 학기의 중요성

① 새 학기가 되면 학생들은 기대감을 가지기도 하지만 큰 불안감을 가지는 학생들도 많다. 불안을 기대로 바꿔주기 위해서 새학기 학급 지도가 매우 중요하다.
② 학생들도 새학기엔 보통 새로운 마음가짐을 가진다. 문제행동을 자주 하던 학생도, 친구 관계가 힘들었던 학생도 다 새학년엔 잘해보겠다는 마음을 가지고 오기 때문에 이를 계속 유지할 수 있도록 돕는 것이 중요하다.
③ 학기 초에는 일 년 중 학생들의 출석 비율이 가장 높을 때이고, 교사의 말에 가장 경청하는 시기이다. 교사가 원하는 학급 방향, 학급의 비전 등을 제시하고 학생들에게 새로운 학급에 대한 희망을 갖게 만들 수 있는 가장 좋은 시기라고 볼 수 있다.

(2) 학기 초 학급운영 방법

① 공동체 약속 만들기(민주시민교육) (Creating community agreements)
  ㉠ 효율적인 학급 운영 방식은 학생들이 더 잘 알고 있다. 초등학교부터 지금까지 수많은 학급을 거쳤으므로 그중에 가장 효율적이었던 운영 방식을 서로 소개하고 토론하는 시간을 가진다.
  ㉡ 수업시간, 쉬는 시간, 점심시간 등 각 시간에 지켜야 할 것, 서로 배려해야 할 것들을 조별로 브레인스토밍해보고, 발표하는 시간을 가지기 ➡ 민주시민으로서 자질과 공동체 의식을 경험할 수 있다.
  ㉢ 서로 의견 차이가 심한 것이라고 그냥 넘어가지는 말고, 토론을 하도록 한다. 의견 차이가 나는 주제를 공동체 구성원이 토론을 통해 합의를 이르는 과정 자체로도 훌륭한 민주 시민 교육이 될 수 있다.
  ㉣ 가장 많이 나오는 규칙을 뽑아서 "학급일년의 약속"으로 정하고 게시판에 게시(Do & Don't 리스트 만들기)
  ㉤ '학급 일년의 약속'은 한 번 만들고 끝내지 않고, 주기적으로 혹은 학급 내 문제가 생길 때마다 학급 회의시간에 약속을 다시 언급하며 논의하고, 스스로 약속을 지키고 있는지 점검한다.

② 교사의 약속 말하기(Teacher's commitment) : 성적에 상관없이 고르고 평등하게 학생을 대할 것을 약속하고, 말썽꾸러기여서 많이 혼났던 학생들도 새롭게 잘하면 사랑해주겠다고 약속하는 등 교사의 약속 말하기 ➡ 교사가 이런 노력을 할 테니 학생도 이러이러했으면 좋겠다고 학생에게 바라는 점도 같이 이야기하면 좋다.

③ 학교폭력 / 왕따 청정구역 강조(Declaration of bully-free zone) : 구체적인 사례를 들며 전부 다 학교폭력에 해당됨을 밝힌다. ➡ 학생들이 자신이 흥미 있거나 잘할 수 있는 역할을 한 가지씩 책임지고 맡는다. ➡ 우리 반은 '청정지역'임을 분명히 밝히고 학교폭력 예방 슬로건을 같이 만든다.

④ 우리 선생님을 소개합니다(Introducing our teacher) : 교사만의 학급 운영 방식을 새로운 학급에 전달할 경우, 전년도에 선배들이 쓴 편지("~선생님 반이 된 후배들에게")를 보여주는 것이 효과적이다. ➡ 세상에 하나밖에 없는 우리 반이라는 소속감 및 자긍심을 심어줄 수 있게 된다. (이 학생들도 학년말에 다시 편지 쓰기)

⑤ 학급 소통방안 만들기(Creating classroom communication tools) : 애플리케이션, SNS, 단체채팅방 등… ➡ 인터넷 소통 공간을 만들 때는 이용 규칙도 함께 논의하여 정하는 것이 좋다.(비난이나 비속어 사용 금지, 밤 늦은 시간 배려하기 등…)

⑥ 이름 부르기 프로젝트(Name calling project) : 반 친구에게 말을 걸 때 이름부터 말하고 이야기하도록 한다. ➡ 결석, 지각 시 누가 없는지, 급식을 먹으러 누가 오질 않았는지 서로 파악하고 챙겨주는 분위기를 형성할 수 있다.

⑦ 미리 사진과 명렬표를 받아서 아이들을 외우기(Memorizing student names in advance with a roster) : 학기 초부터 이름을 외워서 불러주면 학생들 입장에서는 '우리에게 관심 많은 선생님'이라는 이미지와 함께 신뢰를 더욱 줄 수 있게 된다.

⑧ 종례신문을 나눠주기(Distributing End-of-Day Announcements) : 교사소개, 급훈, 교사의 약속 (이것만은 하지 않겠다, 이것만은 약속한다.), 교사가 바라는 학생(희망적으로 쓰기, ~~하지 말라는 잔소리가 되지 않도록 조심), 교사와 소통수단(휴대폰, SNS, 이메일…) 학교 정보(수업시간표, 식단표, 입학정보) 등 포함 가능.

⑨ 희망을 이야기하기(Sharing hopes for the class) : 학급운영에서 '규칙'이 아닌, '벌칙'이 아닌 '희망'에 초점을 맞추기. 처음부터 학급 규칙을 정할 때, 잘못된 행동에 따르는 벌칙에만 초점을 맞추는 경우가 많다. 그러나 학생심리에서 '잘못된 행동'만 나열한다면 오히려 그 행동을 해보고 싶을 수도 있다. 규칙도 필요하지만 학생들에게 기대하는 '희망'을 이야기하자.

⑩ 작년 소속 학급 살피기(Checking Students' previous class assignments) : 새로운 학급의 학생들의 작년 소속 반을 찾아본다. 혹시 작년 반에서 혼자 올라온 학생이 있다면 새로운 학급에 적응을 잘하고 있는지 더 주의 깊게 살피는 것이 좋다. 또한 작년 담당 교사들에게 물어서 좀 더 관심을 주어야 할 학생이 있는지 파악하고, 지도 노하우를 듣는 것도 큰 도움이 된다.

03 학급 특색 프로그램

(1) 1인 1기여 프로젝트(1 student 1 contribution project)

① 정의 : 학생들이 학급의 평화를 위해서 스스로 흥미 있거나, 진로와 연계가 되거나, 잘할 수 있는 역할을 한 가지씩 책임지고 맡도록 한다.(Encouraging students to take on one specific responsibility in the classroom that aligns with their interests, career goals, or strengths, contributing to the overall peace and harmony of the class)

② 예시 : 학급 게시판을 정리하는 '게시판 지기', 교실 환기를 책임지는 '공기청정지기', 학급친구 생일을 알리는 '생일지기', 출석부를 운반하고 교과 선생님 사인을 받는 '출석부지기', 청소함 등 학급공용품을 깔끔하게 정리하는 '학급용품지기', 학급 친구들의 바른 언어 사용을 강조하는 '바른말지기', 친구들에게 힘을 주는 말을 칠판에 적는 '응원지기' 등...

③ 역할 정하기(Assigning Roles) : 각 역할이 하는 일을 설명하고, 학생들이 원하는 역할을 3순위까지 적도록 하여 최대한 자신이 원하는 역할을 할 수 있게 한다. 교사의 예시에는 없지만 학생이 특별히 자신의 장점을 살려서 또는 진로와 연계하여 할 수 있는 일이 있다면 별도로 신청을 할 수 있도록 한다.

④ 습관화(Making It a Habit) : 학생 개개인이 맡은 역할을 습관화해야 하므로 주기적인 점검 활동 및 학급자치회장의 점검을 하도록 한다. 각 역할에 대한 '임명장'을 만들어서 배부하고, 사물함 등에 붙여서 상기시키는 방법도 있다.

⑤ 효과 : 학생 개개인이 학교생활에 기여하고 있다는 자긍심을 얻고, 자신이 맡은 역할에 대한 책임감 및 자기주도성을 기를 수 있게 된다. 또한 학급을 위해 모두가 일을 하고 있기 때문에 학급에 생길 수 있는 다양한 문제를 조기 예방하기도 하고, '잘 돌아가는 학급'이라는 인식을 가질 수 있어 학생들이 안전한 환경에서 학교생활을 한다고 느끼고 소속감을 높일 수 있다.

(2) 마니또 활동(Manito Activity)

① 정의 : 학생들이 제비뽑기로 뽑은 친구에게 정해진 기간 동안 몰래 선행을 하는 프로그램. 정해진 기간이 끝나면 누가 누구의 마니또였는지 밝히고 행동 내역과 느낀 점을 공유하는 시간을 가진다.(A program where students secretly perform kind gestures for their classmates, who they have drawn by lot, for a specified period. At the end of the designated period, they reveal who their 'secret friend' was and share their actions and feelings about the experience)

② 선행 예시 : 자리 쓰레기 주워주기, 발표 시 크게 박수쳐주기, 장점 카드(칭찬내용) 써서 몰래 써서 전달하기, 밝은 표정으로 인사해주기, 무거운 짐 나를 때 같이 들어주기, 간단한 칭찬해주기, 청소 도와주기, 모르는 교과 내용 답변해주기 등...

③ 운영 방안 및 유의점
  ㉠ 교사 참여 권장(Teacher Participation Recommended): 교사도 참여하면 좋다. 반 친구들에게 선행을 도와달라고 하며 더 많은 학생들과의 소통의 수단이 될 수도 있다.
  ㉡ 선행 중심 활동 안내(Focus on Kind Acts): 학생들이 마니또 활동을 하면 단순히 먹을 것만 전해주려고 하는 경향이 있는데, 마니또 활동은 친구를 돕는 선행에 주목적이 있다고 알려주는 것이 좋다. 교사가 위 예시와 같은 구체적인 선행 방법을 알려주고, 직접 참여하는 모습을 보이며 본보기가 되어준다.
  ㉢ 친하지 않은 친구와의 활동 유도(Encouraging Interaction with Less Familiar Students): 자신이 잘 모르는 학생을 뽑았을 때 활동하기 꺼리거나 아쉬워하는 표정을 보이는 학생이 있을 수 있다. 이런 일을 방지하기 위하여 마니또 짝꿍을 뽑기 전에 마니또 활동은 친했던 친구보다는 잘 모르는 학생들과 친해질 수 있는 기회가 될 수 있고, 선행을 했을 때 상대방이 좋아하는 모습과 나의 보람을 느끼기 위한 목적이 있다는 것을 분명히 이야기해준다.
  ㉣ 블렌디드 활동 가능(Blended Online & Offline Activities): 오프라인과 온라인을 병행한 블랜디드 마니또 활동도 가능하다. 특히 코로나로 인해 온라인과 오프라인을 병행하는 경우 진행하면 좋다. 오프라인에서는 기존에 진행하던 선행을 진행하고, 온라인에서는 익명으로 가입할 수 있는 오픈채팅방에 '루이스마니또'와 같이 자신이 뽑은 학생의 이름으로 가입한 이후에, 매일 미션(예 자신의 취미/ 좋아하는 음식 올리기, 자신의 마니또의 장점 적기)을 진행하며 마니또가 누구일지 추측도 해보고 서로 더 잘 알아갈 수 있는 프로그램을 진행하면 학생들이 더 흥미있게 참여할 수 있다.
  ㉤ 소극적 학생 지원(Supporting Less Active Students): 소극적인 학생은 마니또 활동을 끝까지 어려워하는 경우도 있다. 마니또 기간 동안 복도나 교무실에 마주칠 때 마니또 활동에 대해서 물어보고, 아직 참여하고 있지 못하고 있다면 간단한 활동(예 쪽지에 칭찬 적어주기)등을 제안해보고, 선생님이 대신 전해주겠다는 등 도움을 제공할 수 있다는 것을 말해준다. 단, 절대 부담은 주지 말고 활동이 종료될 때까지 참여를 못 했더라도 괜찮다고 하며 다음에는 용기를 내보라고 격려하자.

(3) 칭찬카드 만들기(Praise cards)

① 정의 : 주기적으로 학생들이 서로를 칭찬할 수 있는 습관을 만들기 위해 친구를 칭찬하는 카드를 만들고 교실 게시판에 게시하는 프로그램(A program aimed at fostering a habit of students complimenting each other by creating compliment cards for their friends and posting them on the classroom bulletin board regularly)

② 운영방안
  ㉠ 짝 칭찬하기(Complimenting Seat Partner): 보통의 학급은 주기적으로 짝을 바꾸기 때문에 '짝 칭찬하기'로 정하고, 지금까지 앉은 짝에 대한 칭찬을 3가지 카드에 적게 한다면 매번

새로운 짝에 대해 긍정적으로 바라보며 장점 및 칭찬할 점을 찾는 습관이 생길 수 있다. 보통 가까이 앉는 짝과 갈등이 많이 생길 수 있는데, 이런 갈등을 예방하는 효과도 있다.

ⓛ 칭찬 카드 게시하기(Displaying Compliment Cards): 칭찬카드는 교실에 게시하는 것이 좋다. 모든 학생들이 보는 공간에 있으면 학생들이 장난으로 써서 내는 것을 방지할 수 있다.

ⓒ 게시 디자인 관리하기(Managing Display Design): 학생들의 칭찬 카드를 모아서 게시할 때는 인테리어에 관심있는 학생들을 관리자로 정해서 디자인도 신경써서 게시하게 하면 더 많은 학생들의 관심을 끌 수 있다.

ⓔ 교사 참여하기(Teacher Participation): 학생들이 칭찬카드를 적을 때 교사도 학급 전체에 대한 칭찬거리를 적어서 함께 게시하면 교사가 함께 하기 때문에 학생들의 참여를 높일 수 있고 래포형성에도 도움이 된다.

(4) 학급 진로(꿈) 포트폴리오(Dream/Career Portfolio)

① 정의 : 교실 뒷공간에 학생 수만큼 (또는 조의 수만큼) 파일철을 달아놓고, 학생이 자신의 꿈/진로에 대한 목표와 자신의 진로에 대하여 자기주도적으로 알아본 자료들을 자신의 파일철에 지속적으로 업데이트하고 공개하며 서로의 진로를 응원하는 프로젝트(A project where studetns set goals for their future careers, continuously update their binders with relevant information about their career choices, and publicly display them on the classroom bulletin board to support each other's career aspirations.)

② 운영방안

ⓐ 방향 설정해주기(Setting Direction) : 운영 전에 작년 선배들의 예시를 충분히 보여주거나, 워크넷과 같은 진로 관련 사이트 링크를 알려주며 어디서 진로 정보를 얻어서 어떻게 포트폴리오를 쌓아가는지 방향을 설정할 수 있도록 하기. '1달 1회 이상'과 같은 업데이트 주기를 정해주는 것도 좋다.

ⓑ 학생 관리자 설정(Assigning Student Managers) : 담임이 직접 관리하기보다는 1인1역으로 '진로게시판 운영자'를 설정하여 (1인1역 연계) 진로 포트폴리오 공간을 깔끔하게 유지하고, 업데이트가 느린 학생들을 독려하고, 서로서로 응원메시지 작성하기 등의 활동을 하는 등 학생이 주가 되어 운영하도록 한다.

ⓒ 학급친구의 응원 공간(Peer Encouragement Space) : 서로의 포트폴리오를 보며 응원해줄 수 있도록 코멘트를 남기거나, 응원 스티커를 붙일 수 있는 칸을 만들고 '1달 1명 이상 응원하기'와 같이 규칙을 정해놓아서 학생들의 참여를 이끈다.

ⓓ 교과수업/학기말 프로그램 연계(Linking with Curriculum/End-of-Term Programs) : 한 친구의 포트폴리오를 예시를 보여주며 이 학생의 진로 맞히기, 친구들의 작품에 영어로 칭찬하는 표현 배우기와 같이 교과수업으로 연계하여 진행할 수 있다. 또한 학기말 학급시간에 지금까지 쌓아온 포트폴리오를 발표하는 '학급진로발표회'를 운영하는 방법도 있다.

ⓜ 담임교사 상담 자료 활용(Utilizing Teacher-Student Counseling Data) : 학생 개별 상담 시 자신의 진로포트폴리오를 들고 오게 하면 학생의 진로에 관한 노력의 과정을 알 수 있어 더욱 구체적인 진로 상담을 진행할 수 있다. 또한 상담 내용을 진로 포트폴리오에 정리해서 넣게 할 수도 있다.

③ 기대효과 : 급변하는 세상 속 교사가 진로를 정해주기보다는 학생이 자기주도적으로 진로를 탐색할 수 있는 능력이 중요한데, 학급의 진로포트폴리오 게시판을 통해 학생 스스로 진로를 탐색할 기회를 가질 수 있다. 또한 친구들의 포트폴리오를 보며 서로 자극을 주며 성장할 수 있으며, 꿈이 없는 학생들이 친구들의 진로에 대한 노력의 과정을 보면서 영감을 받아 새로운 진로를 개척할 수 있다.

(5) 학급 소모임(소동아리) 운영(Small groups)

① 정의 : 학급 내 학생들이 습관형성/교과스터디/멘토링 등 동일 목표 달성을 위한 소모임을 각자 만들고 스스로 운영할 수 있게 지원하는 것.(Supporting students within the class to create and independently manage study groups, aimed at achieving common goals such as subject-specific study, mentoring programs, and other activities)

② 운영 형식 : 그룹 톡방, 패들릿 사이트 등을 활용한 온라인 운영 또는 교실의 게시판 or 소모임 일지 기록 파일철 등을 활용한 오프라인 운영 등...

③ 소모임 예시 : 습관 형성(예 매일 7시에 일어나서 댓글 달기, 매주 주말 운동 인증샷 올리기), 학습 습관(공부 시간/내용 인증샷 올리기), 멘토링(예 멘토 학생이 매주 1회 점심시간에 멘티학생의 교과 가르치기)

④ 운영 방안
  ㉠ 소모임 체계 설정(Establishing Group Structure): 소모임 취지 안내 후 소모임 운영신청서 작성, 조장 설정, 소모임 보고서 작성 등 체계를 갖추고 진행하여 학생들이 책임감을 가지고 운영할 수 있도록 한다. 또한 운영신청서는 운영 방법, 장소, 멤버 등을 담아 구체적으로 작성하게 하여 교사도 종종 관찰하며 응원해줄 수 있도록 한다.
  ㉡ 선배 및 우수 사례 제공(Providing Examples from Seniors or Outstanding Groups): 작년 선배의 예시를 제공하거나, 학기 중간에 우수한 활동을 하는 소모임의 예시를 보여주는 등 학생들의 활발한 참여를 지속적으로 유도한다.
  ㉢ 학생 관리자 임명(Appointing Student Managers): 학생 관리자를 임명하여 (1인1역 연계) 각 모임이 지속이 잘 될 수 있도록 모니터링하도록 한다.
  ㉣ 학기말 보상 제공(Providing End-of-Term Rewards): 학기 말에 성공적으로 운영을 하거나 목표 달성에 성공한 조에게 작은 보상을 줄 수도 있다.
  ㉤ 교육적 내용 제한(Restricting Non-Educational Activities): 학교에서 진행하는 활동인 만큼 교육적이지 않은 내용(예 게임 같이 하기)은 제한하도록 한다.

(6) 학급신문 만들기(Class Newspaper)

① 정의 : 학급 내 학생들이 모두 참여하여 학급의 일상, 공지사항, 도움 정보 등의 내용을 담은 우리 학급만의 신문을 정기적으로 발행하는 활동. 학생들의 자기주도성 및 소속감을 높일 수 있다.(Creating a class newspaper that all students participate in, regularly publishing content related to the class's daily life, announcements, helpful information, and more. This activity promotes student autonomy and a sense of belonging)

② 운영 방안

㉠ 학생주도 진행(Student-Led Operation) : 교사는 학급신문 학생 담당자를 지원받아 선정하고, 학생들이 주가 되어 운영하도록 한다. 단, 선배 예시 등을 통하여 샘플을 최대한 보여주고, 신문의 틀(양식)을 제공하며, 학급비 예산지원이나, 신문 출력을 도와주는 등 할 수 있는 지원은 최대한 하도록 한다.

㉡ 1인1역과 연계(Linking with Student Roles) : 학생들이 1인1역을 정했다면 각 역할에서 알리고 싶은 내용을 학급신문에 넣으면 자연스럽게 알찬 내용의 신문이 될 수 있다.(예 교과멘토의 공부 tip, 분리수거 담당의 분리수거 요령, 응원지기의 친구들 응원하는 말, 보건 담당의 감염병예방수칙, 도서도우미의 이번 달의 추천도서 등…)

㉢ 교사의 응원 및 재미 요소 포함(Including Teacher Encouragement and Fun Elements): 교사의 따뜻한 응원의 말, '이 학생을 칭찬합니다', '이번 달의 공감 왕' '고민 해결' 코너 등을 포함하도록 하여 따뜻한 학급 분위기를 만들 수 있도록 하고, 깜짝 퀴즈, 단어 퍼즐 등 재미있는 요소도 넣어서 많은 학생들의 관심을 끌 수 있도록 한다.

㉣ 학급문집 제작(Creating a Year-End Class Anthology): 학년말에 1년간 모인 학급신문을 모아서 학급문집을 책 형태로 제작하면 학생들에게 좋은 추억이 될 수 있다.

(7) 학급문고 만들기(Classroom Library)

① 정의 : 학급 내에 책꽂이를 활용하여 학급 학생들이 자유롭게 운영하고 이용하는 작은 학급문고를 만드는 것. 학교 도서관이 따로 있기는 하지만 학급문고는 학생들이 실제로 생활하는 교실 안에 있어 접근성이 높기 때문에 더 많은 책을 읽도록 유도하고 학급 전체의 독서하는 분위기를 만들 수 있다.(Creating a small class library using bookshelves within the classroom that students can freely operate and access. While the school may have a separate library, having a class library within the classroom provides high accessibility for students, encourages more reading, and helps foster a classroom-wide reading culture)

② 운영 방안

㉠ 학생 운영 담당자 선정(Selecting Student Library Managers) '학급문고 운영단'을 2~3명 선정하여 학생이 직접 책을 정리하고, 책에 번호를 부여하고, 분야별로 분류하고, 장부와 대여일지를 만드는 등 학급문고를 관리하도록 한다.

ⓛ 책 확보하기(Collecting Books) : 제대로 된 학급운영을 위해서는 많은 책이 필요하다. 학생들이 집에서 읽지 않고 있지만 추천하고 싶은 책을 가져오라고 하고, 학부모님들께도 안내해서 더 많은 책이 모일 수 있도록 한다. (교사도 참여하여 가져오기) 또한 도서관에서 폐기하는 책 중 일부를 가져오기도 하고, 학급예산을 사용하여 일부 책은 구매할 수 있도록 한다. 글 쓰는데 흥미가 있거나 작가를 꿈꾸는 학생의 경우에는 직접 쓴 책을 제출해도 괜찮다고 알린다.

ⓒ 규칙 선정(Establishing Rules) : 빌린 책을 소중히 다룰 것, 장부에 꼭 사인하고 가져갈 것, 반납 기한을 지킬 것과 같은 규칙을 설정하여 규칙을 꼭 지킬 것을 당부한다.

㉣ 특별 코너 만들기(Creating Special Sections) : 학급문고 근처에 '우리반 학생이 직접 추천하는 책 목록' '학급문고 속 책의 간단한 후기 및 평점' '책의 간단한 줄거리 및 좋은 문구 적기' '학생별 누적 독서 현황' 등의 코너를 만들어서 학생들의 학급 문고에 대한 관심을 높이고, 책 선정에 도움을 받을 수도 있도록 한다. 패들릿과 같은 온라인 공간을 활용하여 진행할 수도 있다.

㉤ 독서의 날 선정(Designating Reading Day) : 주 1회 아침시간을 '독서의 날'로 선정하여 학급문고 속 책을 읽는 시간을 마련하고, 학기말 '우리반 독서왕'을 선정하는 등으로 학생들의 독서 참여를 높인다.

CHAPTER 05 학교운영

01 인성교육 프로그램(Personality education)

> **Point**
> 학교에서 지식을 전달하는 일보다 중요한 것이 바른 인성을 지도하는 일이라는 것을 부정하는 교사는 없을 것이다. 이미 학교 현장에서는 교과 평가계획에 인성교육을 연계하는 것을 의무로 설정해놓는 등 인성 교육을 매우 강조하고 있었으나 최근에 더욱 강조되는 분위기를 느낄 수 있다. 실제로 인성교육의 중요성이 최근 교육감 신년사에 등장하기도 하는 등 인성교육을 강조하는 교육청이 많아지고 2024에 실제로 기출되기도 했으므로 반드시 준비를 해야하는 영역이다.

> **대표기출**
> *일회성, 강의식 인성교육 개선방안 (2020 서울)
> *인성교육 수업, 평가 연계 방안 (2016 서울)
> *학급에서 인성 가치를 실현할 인성브랜드와 학생중심 활동 제시 (2024 경기)
>
> **기출 답변 핵심 Point**
> ① 체험형, 지속적으로 연계되는 인성교육 필요: 인성교육은 전체 학생을 모아놓고 일회성 강의를 듣게 하는 수동적인 방식이 아니고, 실제로 연극대본을 작성하여 연극에 참여하거나, 서로를 존중하는 말을 연습하고 실제로 대화를 실습하는 등 학생들이 실제로 체험해보고 체득할 수 있는 방식으로 실시되어야 함. 또한 일회성 교육으로 끝나지 않고, 학교 차원의 인성 목표를 정한 후 다양한 창체 프로그램, 교과수업, 학급/학교 프로그램에 반영될 수 있도록 하여 학생들이 진정으로 습관화시킬 수 있도록 해야 함. (Character education shouldn't be a one-time, passive event where students just listen to a lecture. Instead, it should involve activities where students can actively participate, like writing and performing a play or practicing respectful language through real conversations. Additionally, character education should not be a one-time event. The school should set clear character goals and integrate these into various programs, classes, and activities, so that students can truly develop and maintain these habits.)

② 교사의 모델링이 중요: 가장 좋은 인성교육은 '학생의 모범적인 본보기가 되는 것'. 교사가 어떤 사람인지가 무엇을 가르치냐보다 더 중요함. 학생들은 성숙하는 과정에 있고, 인간은 끊임없이 관찰하고 그것을 따라 하며 성장하기 때문에 교사가 솔선수범의 자세로 바른 인성을 실천하면 학생들이 그대로 배울 수 있음. (The best character education is being a good role model for students. Who a teacher is matters more than what they teach. Since students are in a constant process of learning and growing, they observe and imitate what they see. If a teacher consistently practices good character, students are likely to learn and do the same.)

③ 수업연계방안: 협동학습 활용하기. 먼저 협동학습 중 '경청하기' '의견 존중하기'와 같은 배려 규칙을 연습해본 뒤 협동학습을 진행하기. 협동학습 후 서로 협력한 점, 고마웠던 점을 공유하여 공동체의 가치를 느끼게 하기. 또한 학생 작품에 대해 '긍정적 동료평가'를 실시하여 친구 작품에 점수를 매기는 것이 아닌 긍정적인 부분을 3개 이상 찾도록 하고 구체적으로 적게 하는 평가 참여시키기. (Before starting cooperative activities, have students practice rules like "listening carefully" and "respecting others' opinions." After the activity, encourage students to share how they worked together and what they appreciated about each other, helping them understand the value of community. Also, involve students in a "positive peer review" of each other's work, where they find and write down at least three positive aspects instead of just giving grades.)

(1) 교내 인성교육의 필요성(The Need for Character Education in School)

① **인성교육의 정의**: 자신의 내면을 바르게 건전하게 가꾸고, 타인·공동체·자연과 더불어 살아가는 데 필요한 인간다운 성품과 역량을 기르는 것을 목적으로 하는 교육

② **필요성 증가**: 지역별, 국가별 경계선이 허물어지면서 서로 더불어 살아가야하는 덕목이 중요해지고 있지만 온라인 기술 발달로 인해 대면 소통 기회는 오히려 줄어들고 있다. 학교라는 공간은 학생들이 대면으로 오랜 시간 다양한 사람들을 만날 수 있는 공간이므로 인성교육의 중요한 장이 될 수 있다.

③ **인성교육진흥법**: 학교는 '인성교육진흥법'에 따라 학생에게 존중, 배려, 소통, 협동, 효, 정직, 책임감, 공정성, 시민정신 등 인성에 필요한 핵심 가치를 교육할 의무가 있는 공간이다.

(2) 인성교육 방향(Directions for Character Education)

① **교과시간이 중요(Importance of Subject Class Time)**: 인성은 실생활에서 습관적으로 함양해야 하는 것이다. 학교 차원에서 다양한 인성교육 프로그램을 진행하는 것도 좋지만, 우선 학생들이 대부분 시간을 보내는 교과시간에 인성을 길러주는 것이 중요하다. 교과시간에는 교과 지식 전달에만 치중할 수 있어 이를 조심하고 학생들이 서로의 의견을 존중해줄 수 있는 수업 방식을 고민해보는 등 인성교육이 잘 녹아드는 수업을 고민해볼 필요가 있다.

② **가정과 학교의 협력이 중요(Cooperation Between Home and School)**: 학교는 교과 공부가 중요하고, 인성교육은 가정에서만 해야 한다 라고 생각하지 않기 ➡ 학교도 인성교육의 아주 중요한

역할을 하는 곳이다. 인성교육은 일관성과 지속성이 중요하므로 학교와 가정이 함께 협력하여 노력하지 않으면 제대로 된 인성교육을 할 수 없다. 사정상 가정에서 잘 배우지 못한 학생들도 많은데 학교에서도 외면당하면 배울 곳이 없다.

③ 습관과 모델링이 가장 중요(The Importance of Habits and Modeling): '좋은 인성은 피아노 치는 것과 같이 학습된 기술이다.' (아리스토텔레스) ➡ 인성교육은 선한 행동을 따라하며 습관을 갖추게 하는 것이 핵심이다.

④ '학생 사랑' 연습 필요(Need to Practice "Loving Students"): 인성교육을 위해서는 학생을 사랑하는 마음이 필요하다. 자연스럽게 생기지 않는다면 연습하고 노력해야 한다. 사랑이 바탕이 되어야 자연스럽게 학생을 존중/배려해주고, 더 주의 깊게 관찰하게 되며 부적절한 행동은 그냥 넘어가지 않고 지도해줄 수 있게 된다. 학생은 또한 이런 교사의 모습을 모델링해서 배울 수 있다.

⑤ 일관된 지도가 중요(Consistency in Guidance): 무례하거나 적절하지 않은 행동이 습관이 되지 않기 위해서는 한 사람의 지도보다 그 학생이 만나는 모든 사람이 일관성 있게 지도하는 것이 매우 중요하다. 학년 교무실 협의를 통해 학생의 문제 행동에 대한 일관성 있는 지도 방법을 정하는 것이 좋다.

⑥ 학생의 감정을 잘 다루기(Managing Students' Emotions): 상대방의 감정 파악은 타인 존중에서 가장 중요한 부분이다. 교사는 우선 감정 어휘(기쁨, 불안, 걱정, 자부심..)를 잘 알려주어야 한다. 다양한 감정 어휘를 이해할수록 상대방의 욕구와 심정을 더 잘 이해할 수 있다. 또한 교사는 학생의 감정 상태를 잘 살피고, 감정/기분을 묻는 질문을 자주하며, 학생의 감정을 수용해주고 경청하면서도 스스로 문제 해결을 찾을 수 있도록 도와주어야 한다. 이런 교사의 모습을 자주 보여주면 학생들도 이를 따라하며 자연스럽게 주변 친구들의 감정을 잘 살필 수 있게 될 것이다.

(3) 교과 연계 방안(Subject-Linked Approaches)

① 협동학습 활용(Using Cooperative Learning): '협동학습은 수업이 끝나도 중단되지 않는다.' ➡ 협동학습은 서로 다른 의견을 가진 학생들이 모여 하나의 합의된 결론을 도출해야하기 때문에 처음엔 갈등이 많을 수 있어도 결국 합의된 결론을 위해 타인의 관점을 경청하고 존중하는 과정이 필요함을 자연스럽게 느끼게 된다. 단, 구체적인 방법은 교사가 가르쳐야 한다. (예 경청하는 연습, 1명씩 돌아가며 말하는 규칙 설정 등...) 협동학습이 끝난 다음에는 '모둠원에게 고마운 점 말하기'와 같이 협동과 관계에 대한 피드백을 공유하는 시간을 반드시 가지는 것이 좋다. 또한 동료평가를 실시할 때 '점수'를 매기는 것보다는 '칭찬할 점' 위주로 코멘트를 남기도록 하고, '개선할 점'은 상대의 기분이 나쁘지 않게 이야기하는 방법을 연습해본 실시하게 한다.

② 교과서에서 인성을 만나다(Finding Character in Textbooks) : 모든 교과의 교과서 속에는 이미 인성교육 요소가 반영이 되어있으므로 별도로 시간을 내지 않고 교과 속 인성교육이 가능하다.(예 다문화/다양성의 공존 이야기, 어려운 이웃을 돕는 봉사 이야기를 담은 지문 수록) 이런 내용이 나왔을 때 단순히 교과의 지식만 전달하지 않고, 학생들이 교과서 내용을 통해 배울 수 있는 부분이나 실제 삶에서 적용할 수 있는 부분을 말해보는 활동을 기획하는 등 교과서를 통한 인성교육을 실시할 수 있다.

③ 독서교육과 연계(Linking with Reading Education) : 우리는 책에서 만나는 인물을 나도 모르게 따르기도 하고, 인물의 행동을 실제 행동을 위한 지침으로 삼기도 한다. 다양한 책을 읽으면 다양한 인물들의 삶을 간접적으로 경험하며 '나도 그런 환경이라면' 이라고 도덕적인 상상력과 민감성을 기를 수 있으며, 여러 책에서 공통으로 언급되는 삶의 진리를 알 수도 있다. 독서 활용 수업을 진행할 경우 분량이 너무 길지 않으면서도 인성과 관련된 확장해석과 토론(예 '주인공이 받은 친절은 운일까 노력일까', '두 인물의 입장이 바뀐다면?') 이 가능한 도서를 선정하고 학습 활동을 준비하는 것이 좋다.

④ 인성 관련 연극 프로젝트 활동(Character-Based Drama Projects) : 실생활에서 찾을 수 있는 도덕성에 관련된 프로젝트 활동 진행 ➡ 학생들이 직접 주변에서 훌륭한 인성을 지닌 지인이나, 뛰어난 도덕성이 발휘된 사례를 조사하여 연극 대본으로 구성 ➡ 실제로 인성이 뛰어난 인물을 연기해보며 바른 인성을 체득하고, 연극 연습 과정에서 친구들과의 배려, 협력을 경험.

⑤ 학기말 조별 인성 키워드 활동(End-of-Semester Group Character Keyword Activity) : 학기말 활동으로 조별로 배려, 효, 정직 등의 '인성 키워드'를 1가지씩 맡고, 지금까지 배운 교과서 중에 맡은 키워드와 관련된 내용을 찾기. 교과서 내용과 인성키워드의 연계성을 발표하고 방학 중 이를 실천할 수 있는 구체적인 방안 토론

⑥ 영미문학작품 활용(Using English Literature) : 원서 Wonder (주변 학생들의 편견을 극복하는 주인공의 이야기)를 읽고 소설과 자신의 진로를 연계하여 편견 없는 세상을 만들기 위한 계획을 영어 작품으로 만들어 발표하기 (예 경영진로는 '편견 극복을 위한 학교 경영방안', 상담 진로는 '주인공에게 힘을 주는 영어편지 쓰기', 교육 진로는 '내가 주인공의 담임교사라면 어떻게 도울지')

⑦ 체인지메이커(Changemaker Project): 공공장소에서 지켜지지 않은 문제 (쓰레기 무단 투기, 지나친 소음)를 생각해보고 조별로 한 곳을 맡아서 구체적인 사례 찾고 배운 표현을 활용하여 그 문제가 왜 피해를 주는지 영어 문장 만들기 ➡ 이후 조별로 공공장소에서 실제로 붙여놓을 수 있는 영어 안내문을 완성하여 발표

(4) 학교/학급 인성교육 프로그램(School & Classroom Character Education Programs)

① 배려1인1역 선정(Assigning One Role for Consideration) : 배려하는 법도 가르쳐야 한다. 교사가 '배려 1인 1역'의 구체적인 역할을 정해주고 학생들이 1가지씩 선택해서 그 역할을 수행하도록 한다. 예를 들어 '학습지기'는 친구들의 교과 질문, 학습지 등을 챙겨주고, '수행평가 도우미'는 수행평가 일정을 학생들이 잊지 않게 재공지해주며, '행사 도우미'는 학교 행사 준비에서 친구들을 돕는다. 또한 자신의 역할 외에 다른 역할도 적극적으로 도와주는 학생을 매달 '배려왕'으로 선정하여 보상하고, '이달의 배려 행동'을 교실에 게시하며, 각자의 역할을 주기적인 점검하며 학생들의 배려 행동을 습관화시킬 수 있다.

② 존중토론(Respect Discussion): 학급시간에 '우리 학급에 하루의 자유시간이 생긴다면' 과 같이 다양한 생각이 나올 수 있는 주제를 주고 조별 토론을 진행. 모두가 공정한 발언권을 가지며, 다른 조원의 발언을 경청하고 받아적으며, 그것에 대한 긍정적인 피드백만을 주고받는 방식으로 진행. 이를 통해 '이렇게 나와 다른 생각 할 수도 있구나'는 것을 긍정적으로 수용하는 연습을 통해 존중에서 가장 중요한 '상대방의 성격, 생각이 다름을 이해하는 연습'을 할 수 있다.

③ 짝 칭찬카드(Peer Compliment Card) : 보통 1달에 1번 정도 자리를 바꾸므로 자리를 바꾸는 날마다 '짝 칭찬 카드'를 간단히 작성하게 한다. ➡ 담당 학생을 지정하여 짝 칭찬 카드를 모아 교실에 게시해 놓는다. ➡ 처음에는 부끄러워할 수 있으나 몇 차례 진행하다 보면 학생들이 같이 앉게 되는 짝의 긍정적인 면을 관찰하려고 하는 습관을 들일 수 있다.

④ 선후배 연계 프로그램(Senior-Junior Connection Program): 인성교육에는 모델링이 중요한데, 중/고등학생들은 특히 선배의 행동을 자주 관찰하고 자연스럽게 따라한다. 선배들이 후배들에게 선한 행동을 보여줄 수 있도록 프로그램을 기획할 수 있다. (예) 신입생 적응 돕기, 시험 응원 프로젝트, 선후배 교과 멘토링, 교내 봉사활동/환경캠페인 주도...)

⑤ 상황별 구체적으로 규칙 만들기(Setting Specific Rules by Situation): 명확한 행동의 기준이 없으면 원하는 대로 행동하기 마련이니 규칙이 반드시 필요하다. 다만 '남을 배려하자'와 같은 추상적인 규칙은 적용하는 방법을 잘 모르는 학생들이 생각보다 많다. 학급회의를 통해 인성 키워드를 설정하고 (예) '배려', '존중'...) 수업시간엔 어떻게 하는 것이 배려이고, 쉬는시간엔 어떻게 하는 것이 배려이며, 급식을 먹을 때는 어떤 행동이 배려인지를 상황별로 구체적으로 토론해보고, 이를 학급에 게시한 후 자주 상기시켜 습관화 시킨다.

⑥ 칭찬합시다(Let's Compliment Program) : 학교 내에 칭찬할 학생에 관하여 구체적인 사연을 받는다. ➡ 학교 신문, SNS 페이지, 점심시간 방송 등에서 정기적으로 칭찬 학생을 소개하며 선행을 널리 알림과 동시에 다른 학생에게 좋은 모델링이 되도록 한다.

⑦ 애플데이 프로그램(Apple Day Program) : 친구들에게 사과하는 편지를 작성하면 학교에서 주문한 사과 1개와 함께 그 편지가 해당 친구에게 전달되는 프로그램을 진행한다.

⑧ 동아리 활동 연계(Linking with Club Activities) : 음식 동아리의 '사랑하는 친구를 위한 음식 만들어주기', 독서 동아리의 '친구를 위한 책 추천 프로젝트', 연극 동아리의 '학교폭력예방 관련 연극', 또래상담 동아리의 '고민 사연 들어드립니다' 등의 프로그램 장려

⑨ 학교 SNS 선플 달기 활동(Positive Comment Activity on School Social Media) : 학교 SNS 채널에서 도움 정보를 누군가 올린다면 '감사합니다.'라는 댓글 달고, 부적절한 언어를 본다면 바른 언어로 고쳐주는 댓글을 다는 등의 선플 달기 활동을 통해 온라인 속 상대방을 존중하는 법 배우기

(5) 지역사회 연계 인성교육 프로그램(Community-Linked Character Education Programs)

① 지역 문제 토론 및 해결방안 발표(Local Issue Discussion and Solution Presentation): 지역의 시청/군청 직원을 초대하여 지역의 환경문제, 교통 문제 등을 토론해보고 해결방안 발표

② 지역사회 봉사활동(Community Service Activities): 마을 어르신 인터넷 스마트폰 사용 방법 안내 등 지역사회 연계 봉사활동 진행

③ 전통문화 체험 프로그램(Traditional Culture Experience Program): 지역의 전통문화 전문가를 초빙하여 전통 놀이, 전통 공예품 체험 및 전통문화의 소중함 배우기

④ 예술교육 협업 프로그램(Arts Education Collaboration Program): 지역의 예술교육센터와 협업하여 예술 교육 프로그램 참여, 학교 연합 예술 축제 실시

02 독서교육(Reading Education)

> **Point**
> 최근 미디어의 영향을 많이 받은 학생들의 문해력에 대한 이슈가 끊임없이 나오고 있는데 문해력을 키워주기 위한 가장 좋은 교육은 역시 독서교육이다. 독서교육은 인성교육, 미래교육, 문해력교육, 진로교육 등 매우 다양한 분야와 연계될 수 있으므로 다방면으로 연계된 답변을 준비해보자.

대표기출

* 교과연계 독서교육 방안 (2019, 2021 경기)
* 독서교육 계획, 실행, 평가 방안 (2020세종)

기출 답변 핵심 Point

① 책보다는 온라인 영상과 소셜미디어에 익숙한 학생들의 문해력, 사고력, 표현력을 키우기 위해서 학생들이 학교에서라도 책과 친해지게 만들어야 할 필요가 있음.(Students today are more familiar with online videos and social media than with books. To improve their literacy, critical thinking, and expression skills, the teacher should encourage them to develop a love for reading.)

② 독서 습관을 가질 수 있게 하기: 생활기록부에 올리기 위한 독서만 하는 것이 아니고, 독서 연계를 통해 교과시간의 핵심 개념에 대해 더 넓은 관점으로 바라볼 수 있도록 하고, 자신의 진로에 대한 탐색에 도움을 받을 수 있도록 하는 등 교과, 학급/학교 프로그램과 독서를 다방면으로 연계하면서 독서의 힘을 느끼고 습관화할 수 있도록 하기(Reading should not just be for the purpose of recording it in their school records. By connecting reading to core concepts in the curriculum and exploring career interests, schools can help students see the value of reading. Integrating reading into various subjects and school programs can help students appreciate its benefits and turn it into a habit.)

③ 인성교육, 문해력 교육과 연계하기: 편견을 극복하는 문학작품을 읽고 '주인공이 나라면'이라는 주제로 글쓰기 활동에 참여하면서 인성교육과 연계하기. 북크리에이터와 같은 AI 기반 프로그램을 활용하여 '나만의 전자책'을 만들면서 필수 어휘를 포함한 스토리를 만들면서 문해력 향상시키기. (To connect character education with literacy, students can read literary works that challenge biases and then participate in writing activities under the theme "What if I were the main character?" To improve literacy, students can use AI-based programs like 'Book Creator' to make their own e-books, and write stories including essential vocabulary.)

(1) 배경 및 필요성(Background and Necessity)

① 독서교육의 필요성(Need for Reading Education): 2022개정교육과정의 '창의적 사고', '심미적 감성' 함양을 위한 독서교육 필요
② 미래핵심역량 강화(Enhancing Core Competencies for the Future): 급변하는 미래사회 속 상상력, 공감 능력, 의사소통 능력 등의 핵심역량 및 삶의 가치를 스스로 발견하기 위한 역량 필요
③ 문해력 향상 방안 모색(Improving Literacy and Thinking Skills): 책보다는 온라인 영상과 소셜미디어에 익숙한 학생들의 문해력, 사고력, 표현력을 키우기 위한 방안 필요

(2) 방향(Direction)

① 교과 연계 온오프라인 독서 프로젝트 및 독서토론수업 진행 (Subject-Linked Reading Projects and Discussion Classes)
② 지역사회와 가정과의 협력으로 독서문화 및 독서 습관 조성 (Building a Reading Culture through Community and Family Cooperation)
③ 학교 자치 및 학생 자치에 기반한 독서문화 (Student-Led Reading Culture)

(3) 독서 활성화 방안(Strategies for Promoting Reading)

① 공간혁신과 독서공간 조성(Space Innovation and Reading Areas) : 학교 공간 혁신을 통한 독서문화 공간 마련 ➡ 학교의 복도, 홈베이스, 현관, 특별실 등의 남는 공간에 '책 수다방', '북카페방' 등을 조성하여 학생들이 학교 어디서든 책을 편하게 읽는 분위기 조성 ➡ 단순히 독서만의 공간이 아닌 학생들의 작품 등을 전시해놓는 복합적인 문화 예술 공간으로 만들어 학생들이 편하게 접근할 수 있는 공간으로 조성
② 독서 기반 학교 프로그램 활성화(Activating Reading-Based School Programs)
  ㉠ 학생주도 독서동아리 및 토론반(Student-Led Reading Clubs and Discussion Groups)
  ㉡ 교사 독서공동체 구성(Teacher Reading Communities): 독서 기반 전문적학습공동체, 교육과정재구성, 교사 대상 도서관 이벤트 프로그램 운영, 독서교육 토론 및 독서교육 융합수업 진행
  ㉢ 학생주도 독서캠페인 운영(Student-Led Reading Campaigns): '학생사서프로그램' (사서에 관심 있는 학생들이 직접 점심시간에 책 추천 및 대여업무', '독서의 달' 등 독서 관련 프로그램을 학생들이 직접 계획 및 운영
③ 지역 연계 독서프로그램(Community-Linked Reading Programs): 학교의 동아리, 자유학년제, 진로 연계 프로그램 등을 지역도서관과 연계 ➡ 협력 프로그램 운영, 학생, 학부모, 지역사회가 함께하는 독서동아리, 독서공동체 형성
④ 교과 연계 독서융합교육(Subject-Integrated Reading Education) : 독서 기반 프로젝트, 독서토론 활성화, 사서교사와 협조하여 도서관 활용 독서융합교육

⑤ 학급 독서문화 확대(Expanding Reading Culture in the Classroom): 학급문고 확대, 매달 독서 주제 및 독서 이벤트 설정, 학급 게시판 '진로 독서 포트폴리오' 운영, 학급 내 '독서지원단' 학생 선정 등..

(4) 독서교육 활동 / 프로그램 예시(Examples of Reading Education Activities and Programs)

① 학생주도 책 소개 콘텐츠 제작(Student-Created Book Promotion Content): 학생주도 책 소개 (광고) 그림/영상/팟캐스트 제작 후 학교의 공간 또는 홈페이지에 전시
② 작가 인터뷰 상황극 활동(Author Interview Role-Play): 조별 독서 후 독자와 작가 역할을 맡아 작가와의 인터뷰 상황극 활동
③ 공존을 위한 캠페인 제작(Creating Campaigns for Coexistence): 환경, 인종, 다문화 등의 주제를 담은 독서 활동 이후 인류의 공존을 위한 캠페인 제작 활동
④ 환경 관련 독서·프로젝트·봉사활동(Environmental Reading, Projects, and Volunteering): 생태환경과 관련된 독서 및 토론 진행 뒤 지역사회 환경오염 실태 분석 프로젝트 또는 봉사활동 진행, 그 이후 그 지역 주민들을 위한 환경보호 포스터 제작
⑤ 그림책 전환 프로젝트(Transforming Books into Picture Books): 중/고등학교 대상 책 독서 후 어린 학생들을 위한 그림책으로 바꾸는 프로젝트
⑥ 도서관 활용 교과수업(Subject Classes in the Library): 사서교사 협조로 도서관에서 교과수업 진행
➡ 교과수업 주제에 관하여 도서관의 책, 잡지, 신문, 인터넷 정보 등의 자료를 학생들이 주도적으로 활용하는 자료 조사 기반 토론 활동
⑦ 바람직한 의사소통 토론 및 상황극(Discussion and Role-Play on Respectful Communication): 비폭력대화, 또는 타인을 존중하는 대화와 관련된 책을 도서관에서 골라온 뒤 함께 읽은 후 올바른 의사소통 방식에 대해 조별로 토론하기. 이후 토론 결과를 활용해 바람직한 대화로 직접 대본을 써서 상황극을 해보기
⑧ 학급 디지털도서관 만들기(Creating a Digital Classroom Library): 북크리에이터, 캔바 등의 AI 기반 프로그램을 활용하여 나만의 전자책을 만들기. 자신의 관심 분야를 주제로 정하게 하고, 학생들이 알아야 할 어휘들을 꼭 포함하여 이야기를 만들도록 하면 그 단어의 뜻을 찾아보며 학생들의 문해력 향상에도 도움이 될 수 있음. 제작 후 학급 클라우드에 업로드하고, 서로 다른 친구의 책도 자유롭게 읽고 감상평을 공유하는 학급디지털 도서관을 운영하며 책과 친해질 수 있도록 하기

03 진로교육(Career education)

> **Point**
> 중학교의 자유학년제, 고등학교의 고교학점제가 학생의 진로를 발견하고 진로 역량을 키워주는 것에 목적이 있다보니 진로교육은 예전부터 최근까지 꾸준하게 기출되고 있다. 교과/담임 측면으로 진로 교육 방안, 진로가 없는 학생의 상담 방안, 진로 지도를 위해 필요한 교사의 자질 정도는 답변을 잘 정리해놓자.

대표기출

*진로교육을 위해 교사가 필요한 역량 및 방안 (2022 인천, 2018 세종)

*진로교육 방안 교과교사, 담임교사 측면으로 제시 (2024 경기, 2019 세종)

*진로에 자신없는 학생 지도 방안(2024 평가원 비교과)

기출 답변 핵심 Point

① 진로교육을 위한 교사의 자질: 학생들은 자신이 무엇을 잘하는지 잘 모르므로 학생을 늘 세심하게 관찰하고 소통하면서 학생의 재능과 흥미를 발견해주는 '재능에 대한 탐정' 자질이 필요 (Since students often don't know what they are good at, teachers need to be like "talent detectives," constantly observing and communicating with students to help them discover their talents and interests.)

② 자기주도 진로 발견 돕기: 학생이 스스로 진로를 탐색하고 발견할 수 있도록 진로 정보를 제공하고, 진로 관련 프로그램을 소개해주며, 교과 수업에도 진로를 연계하여 진로 계발을 지원해주는 것이 필요함. (It's important to provide students with career information, introduce career-related programs, and connect career development to regular lessons. This helps students explore and discover their own career paths.)

③ 학급 진로교육 예시: 진로 포트폴리오 만들기➡'직업 정보 탐색하기' '자신의 장단점 적어보기' '미래 직업에 대한 기사 스크랩하기' 등 매달 주제를 선정해준 후 개인 포트폴리오에 누적해서 기록한 뒤, 학기말에 발표회를 실시하며 꾸준히 진로에 관심가질 수 있도록 하기(Creating a career portfolio ➡ Every month, assign topics like "Researching Job Information," "Listing Personal Strengths and Weaknesses," or "Finding Articles on Future Careers." Students will add these to their personal portfolios, and at the end of the semester, they can present their work. This encourages ongoing interest in career exploration.)

④ 교과 진로교육 예시: '외국기업 입사지원서' 작성하기➡ 학생이 관심있는 분야에서 가장 유명한 글로벌기업에 대한 정보를 찾아 정리한 뒤, 그 기업에서 요구하는 인재상을 찾기. 이후 그에 맞춰서 자신의 인적사항, 학력, 특기, 포부 등을 영어로 작성하는 법을 배운 뒤 실제 입사지원서 양식에 맞춰서 작성하기.(Writing a "Foreign Company Job Application" ➡ Students research a leading

> global company in their field of interest, identify the qualities that the company seeks, and then learn how to write a resume in English, including personal information, education, skills, and aspirations. They will then fill out an actual job application form based on their findings.)

(1) 진로상담 방향(Career Counseling Direction)

① 장기적인 진로지도 필요성(Need for Long-Term Career Guidance): 학생의 진로는 자아개념에 따라 계속 변화하므로 오랜 시간을 두고 진로지도를 해야 한다.

② 진로계발역량 길러주기(Developing Career Development Competency)
   ㉠ 미래사회 직업 예측과 내면 중심 역량(Future Job Uncertainty and Inner-Focused Competency): 21세기의 급변하는 사회 속 미래사회에는 어떤 직업이 생기고 없어질지 예측하기 어려우므로 학생들은 구체적 직업을 미리 결정하는 것은 의미가 없을 수 있음. ➡ 학생들은 내면에 집중하여 자신을 파악하고, 스스로 잘하는 것을 찾고, 스스로 발전시킬 수 있는 진로 역량을 기르는 것이 중요해졌음.
   ㉡ 신중한 직업 선택의 중요성(Importance of Carefully Choosing a Job): 주변 사람들의 의견을 듣는 것도 중요하지만 자신이 직접 신중하게 고른 직업일수록 행복한 삶이 가능하다는 것을 알려준다.
   ㉢ 작은 꿈부터 시작(Start with Small Dreams): 꿈을 강요할 필요 없다. ➡ '작은 꿈'부터 시작 ➡ 책을 읽지 않는 학생이 1권 읽은 것, 필기구를 가져오지 않던 학생이 가져온 것 등등 전부 꿈을 이룬 것임.
   ㉣ 자기 성찰을 통한 진로 탐색(Career Exploration through Self-Reflection): 시간을 두고 천천히 생각해보라고 한다. 우선 자신이 어떤 사람이고 어떤 것을 잘 할 수 있는지 성찰을 많이 하도록 한다. 그런 다음 관심 있는 진로에 대해서 직접 조사(공부해야 할 것, 좋은 점, 어려운 점, 미래 전망 등…)를 해보도록 한다.
   ㉤ 최종 진로 결정은 학생이(Student-Led Final Career Decision): 누구도 인생의 진로를 대신 결정해 줄 수 없음 ➡ 옆에서 도와주고 정보를 제공해 줄 수는 있지만 결국 학생이 직접 결정할 수 있도록 유도

③ 자기 자신 파악하게 하기(Encouraging Self-Understanding)
   ㉠ 자기 자신 파악의 필요성(Need to Understand Oneself): 많은 학생이 자기 자신에 대해 생각해보지 않고, 부모님이나 주변 사람의 생각에 영향을 받아서 직업을 결정하는 경우가 많다 ➡ 진로 설정 이전에 자기 자신부터 파악할 수 있도록 도움을 주어야 한다.
   ㉡ 자기 자신에 대한 질문(Asking About Oneself): "커서 뭐가 될래?"라고 질문하기보다는 "너는 어떤 사람이니?"라는 질문으로 자기 자신에 대해서 진지하게 고민할 기회를 주는 것이 좋다.

ⓒ 경험 기록을 통한 자기 탐색(Self-Exploration through Recording Experiences): 지금까지 자기 자신을 돌아보면서 열심히 했던 일들, 즐거웠던 일, 목표를 이루었던 일, 힘들었던 일 등 여러 경험을 기록하면서 정리해보기

ⓔ 각종 검사 결과 활용(Utilizing Various Assessment Results): 직업 흥미검사, 적성검사, 성격검사 등의 각종 검사 결과 활용하게 하기

④ '꿈이 없다'라는 학생(목표가 없는 경우) (Students Without a Dream)

ⓐ 결정하지 못한 상태로 인식 전환(Reframing as Undecided, Not Dreamless): '꿈이 없는 것이 아니고 아직 결정하지 못한 거야'라고 생각 바꿔주기

ⓑ 다양한 체험 유도(Encouraging Diverse Experiences): 아무것도 하지 않고 있으면 아무것도 결정할 수 없다는 것을 알려줌 ➡ 하고 싶은 것이 생길 수 있도록 시간을 두고 많은 체험을 할 수 있도록 격려(예 독서, 봉사활동, 영화/연극관람, 박물관/미술관 견학 등) ➡ 다양한 경험이 모여서 내가 누구인지 알 수 있고, 그 경험을 토대로 목표를 잡을 수 있음.

ⓒ 행복의 의미 생각하기(Reflecting on the Meaning of Happiness): 인생의 목표는 행복 ➡ 무엇이 자신을 행복하게 하는지, 어떤 일을 하고 어떤 삶을 살아야 행복한 삶이 될 것인지 고민하는 시간을 가지게 함.

⑤ 잘하는 것도, 좋아하는 것도 없다는 학생(Students with No Clear Strengths or Interests)
누구나 다른 사람보다 잘하는 일이 있지만, 아직 충분히 생각해보지 않았거나 발견할 기회가 없었던 것. 또는 지금은 잘하는 상태는 아니지만 조금만 노력하면 크게 잘할 수 있는 재능이 있는 분야가 있을 것이라고 알려줌 ➡ 시간을 두고 취미, 좋아하는 과목 등 일상생활에서 겪는 일부터 천천히 자기 자신을 파악할 수 있도록 격려, 교사가 학생을 세심하게 관찰하며 학생의 강점을 찾아 칭찬해주기

⑥ 직업에 관해 정보가 전혀 없는 학생(Students with No Career Information)
직업에 대해 잘 모르고 막연한 생각으로 진로를 정했거나, 다양한 직업에 대한 정보가 전혀 없어 진로 결정을 하지 못하는 학생들 ➡ 직업 관련 사이트(청소년워크넷, 커리어넷, 한국청소년상담원, 한국직업정보시스템), 인터넷 포털사이트, 블로그, 직업별 인터넷카페, 현장방문 등을 통해서 직업에 대해 알아보도록 돕는다.

⑦ 다소 무리하게 진로를 결정하는 경우(Students Making Unrealistic Career Decisions)
예를 들어 e스포츠 선수가 되려는 경우 e스포츠가 아시안게임 공식 종목으로 채택될 만큼 게임 산업이 매우 크다는 점을 공감하기(학생의 생각을 존중해주어야 이어지는 조언도 효과를 발휘할 수 있음) ➡ 지금은 게이머가 인기지만, 세상이 매우 빠르게 변화하고 있기에 학생이 성인이 되었을 때는 직업 트렌드가 또 바뀔 수 있기에 '게임실력'뿐만 아니라 다양한 능력이 필요함을 강조 ➡ 학생이 관심있는 게임을 만드는 기업, 코딩/디자이너/스토리작가 등 게임 개발 하나에 필요한 다양한 전문가 등을 조사해보게 하면서 게임을 둘러싼 다양한 분야에 관심을 갈 수 있도록 하기 ➡ '게이머'에 한정 짓지 않고 '게임 계열 전문가'라고 진로를 더 폭넓게 접근해보고 필요한 능력을 직접 알아볼 수 있도록 돕기

(2) 진로교육을 위해 필요한 교사의 자질(Teacher Qualities for Career Education)

① '지원자'의 자질(Supportive Quality): 학생은 끊임없이 적성과 흥미를 찾는 자아정체감 형성 시기이므로 진로를 대신 결정해주는 것이 아니고 스스로 탐색할 수 있게 '지원'해 줄 수 있어야 함.

② '기다리는' 자질(Patience Quality): '커서 뭐가 될래?'라고 빠른 결정을 바라는 질문이 아닌, '너는 어떤 사람이니?'라는 형태의 질문을 던지고, 자신을 먼저 파악하고 진로 방향을 결정할 수 있도록 기다려주고 관심 가져주어야 함.

③ '재능에 대한 탐정'의 자질(Talent Detective Quality): 많은 학생들은 자신이 무엇을 잘하는지 잘 모르므로 학생에게 늘 관심을 가지고 관찰하며 학생의 재능과 흥미를 발견해주는 '긍정적인 발견'을 해줄 수 있어야 함.

④ '세상의 변화 대한 관심의 자질'(Awareness of Changing World): 급변하는 시대에 맞추어 각 기업이 중요시하는 인재상의 변화를 꾸준히 공부해보고, 이를 수업 설계와 학급 운영 방향에 반영할 수 있는 역량이 필요함.

⑤ '칭찬의 자질'(Praise Quality): 형식적이고 추상적인 칭찬 아닌 구체적으로 학생이 노력한 과정, 재능을 발휘한 부분에 대해서 칭찬할 수 있다면 학생의 수행이 강화될 수 있고 이는 학생의 진로 방향 설정에 큰 도움을 줄 수 있음.

(3) 진로관련 프로그램 / 활동(Career Programs and Activities)

① 학급차원 진로활동(Class-Level Career Activities)

㉠ 진로노트(Career Journal): '진로노트'를 주기적으로 작성하게 한다. ➡ '자신에게 맞는 진로를 찾기 위해 자신을 성찰해 본 일기 작성', '진로에 관하여 기사나 인터넷을 찾아본 경우 스크랩하고 느낀 점을 적기', '수업시간에 배운 내용 중 흥미가 있었던 부분을 자세히 적어보기' 등 가이드라인과 예시를 구체적으로 제공한다. ➡ 진로노트를 가지고 주기적으로 개별 상담해준다. ➡ 학생들은 자신의 진로에 대하여 어떻게 고민하고 어떻게 찾아야 하는지 잘 모를 수 있기 때문에 이런 노트를 통해 구체적으로 자신의 진로에 대하여 생각해볼 수 있게 되고, 이러한 구체적인 자료는 상담할 때 학생의 성향을 파악하는 데 큰 도움이 된다. (우수 진로노트를 학급 게시판 등에 게시하면 다른 학생들의 좋은 예시가 될 수 있다. 교실 뒤 게시판에 모든 학생의 진로 노트를 게시하고, 주기적으로 업데이트할 수 있는 공간을 만드는 방법도 있다.)

㉡ AI 기반 진로 발표(AI-Based Career Presentation): 학급 시간에 태블릿PC로 관심 분야에 대한 (관심분야가 없으면 미래 유망 직업으로) 직업 세계에 대해 구체적으로 조사한 뒤 문서에 기록하기. ➡ '감마'와 같은 AI 기반으로 글을 PPT자료로 바꿔주는 프로그램을 통해 발표 자료로 바꾸기 ➡ 이런 AI의 도움을 받으면 누구나 수준 높은 발표 자료를 만들 수 있게 되고, 이런 결과물과 함께라면 자신의 진로에 대해 자신 없는 학생들도 더 용기를 내서 발표할 수 있음.

② 교과연계 진로활동(Subject-Linked Career Activities) : 창의적 체험학습의 진로시간은 학생들이 자신의 진로에 대한 고민을 진지하게 하기에 턱없이 부족하다. 평소 교과수업에서 최대한 진로와 연계된 활동 및 수행평가 등을 준비하여 실시하면 학생들이 진로에 대한 고민을 할 수 있는 기회를 늘릴 수 있다.

- ㉠ '나도 CEO' 활동(Become a CEO Activity): 조별로 자신의 관심 분야에 어떤 신제품/신기술이 나올지 토론해보기. ➡ 그에 따라 20년 후 회사 CEO가 되어 개발하고 싶은 것을 직접 디자인해보고, 구체적인 기능을 작성하기 ➡ 그 제품에 대한 홍보를 담은 짧은 영상을 찍고, 판매 및 마켓팅 전략을 구체적으로 세운 후 발표하기 ➡ 관심분야에 대해 미래에 일어날 일과 대비 방향을 구체적으로 생각해보면서 자신의 진로를 더 구체화시킬 수 있음.
- ㉡ 진로융합 발표활동(Career-Integrated Presentation Activity) : 교과시간에 배운 내용/지문과 자신의 진로와 연결 고리를 찾아 발표하는 활동을 진행한다. 예를 들어 '소셜미디어의 순기능'과 관련된 지문을 읽고, 광고 쪽에 진로가 있는 학생이 소셜미디어를 활용한 광고 전략을 발표한다면, 자신의 진로를 교과에서 배운 내용과 융합하여 더 큰 시각으로 탐구할 수 있는 기회를 가질 수 있다.
- ㉢ 진로 프로젝트 활동(Career Project Activities) : 조별로 30년 뒤 가장 유망할 것 같은 직업(예 자율주행자동차 교통통제관)을 상상하여 선정한다 ➡ 그 직업의 하루 일과, 연봉, 전망, 장점, 힘든 점, 되기 위해 필요한 준비 등을 개별 분담하여 조사한다 ➡ 조별로 다시 자료를 합쳐서 결과물을 발표하며 학생들이 미래사회에 어떤 역량이 필요할 것인가 생각해보게 된다.
- ㉣ 20년 후 자기 자신에게 편지 쓰기(Writing a Letter to Oneself 20 Years Later) : 영어 미래 표현과 영어 편지글 형식을 지도하며 실시하면 좋다. 영어의 이력서 형식을 가르쳐준 뒤 20년 후 자신의 경력/모습을 상상하며 '나의 인생 이력서'를 작성하는 활동으로 변형 가능하다.
- ㉤ 자신의 인생 자료집(Creating a Personal Life Portfolio) : 살면서 자신이 칭찬받았거나 자신을 기분 좋게 했던 사건, 작품, 상장 등을 모아서 기록해 본다. ➡ 자기 자신의 장점, 어떨 때 행복한지 등을 생각해보며 자신을 파악하는데 도움

③ 학교 진로 관련 프로그램(School Career Programs)
- ㉠ 진로의 날(Career Day) : 다양한 직종에서 종사하는 사람들 or 졸업한 선배들을 초청해서 여러 직업에 대하여 실제적인 조언을 들을 수 있도록 한다. 이 직업을 위해 어떤 공부를 했는지, 직업의 좋은 점과 어려운 점은 무엇인지 등 질문할 시간을 가진다. 프로그램 계획 단계에서 학생들의 희망 직업을 미리 조사하고, 최대한 많은 학생의 희망을 충족할 수 있는 직업 섭외가 가장 중요하다.
- ㉡ 진로체험학습(Career Experience Learning) : 체험학습을 학생들이 진로를 체험할 수 있는 장소(진로박람회, 진로체험 센터 등…)로 기획하여 진로 체험 기회를 제공한다. 진로체험은 교과수업에 방해를 하는 것이 아니라, 삶의 방향 설정으로 인한 학습동기 향상을 기대할 수 있기 때문에 교과수업의 시간을 뺏는다기보다 오히려 더 귀중한 시간이 될 수 있다. 프로그램 이후에는 자신의 진로와 직접적으로 연결해보는 감상문 쓰기 대회 프로그램 등을 개최

하여 학생들이 단순한 체험학습 참여로 끝나지 않고 의미 있는 진로 고민 경험으로 남길 수 있도록 한다.
  ⓒ 진로 관련 대회(Career-Related Competitions) : 진로 말하기 대회, 진로 UCC 공모전, 나의 진로 발전 포트폴리오 대회, 직업신문 만들기 대회, 모의 입사 인터뷰 대회, 진로 독서 감상문 쓰기 대회 등…

④ 지역사회 연계 진로 프로그램(Community-Linked Career Programs)
  ㉠ 지역사회 연계 필요성(Need for Community Collaboration) : 한 학교의 학생들은 정말 다양한 진로 희망을 가지고 있고, 학교 내에선 그 모든 진로에 대한 도움을 주기엔 현실적으로 어려움이 있음. ➡ 학교 밖 지역사회의 다양한 지역자원을 활용하면 더 의미 있고 현실적인 진로 교육이 가능하고, 학생들도 그 지역 내에서 취업할 가능성이 높기 때문에 지역사회 입장에서도 미래의 인재들을 먼저 만나서 교육할 수 있는 좋은 기회가 된다.
  ㉡ 지역 연계 예시(Examples of Community-Linked Programs) : 지역 내 다양한 직장과 협력한 진로 강사('마을 교사') 섭외 후 진로특강 또는 진로 실습 프로그램 진행, 지역 청소년/직업/진로 관련 기관과 MOU 체결 후 진로 프로그램 참여, 지역 내 직업교육 기관과 연결하여 위탁 교육과정 운영, 지역 대학과 연계한 대학생 학교 방문 진로 멘토링 /대학 탐방 프로그램 / 전공체험 프로그램…

04 동아리 운영(Organizing a School Club)

(1) 요구조사(Needs Analysis)

학생 자치시대에 맞춰서 학생 중심으로 운영 방향을 결정한다. 교사들이 먼저 동아리 목록을 정하기보다는, 학생의 흥미를 고려한 요구조사를 통해 동아리 조직 계획을 세운다. 작년의 우수사례 및 아쉬웠던 점을 충분히 반영하도록 한다.

(2) 학생주도동아리(A School Club Designed by Students)

① 학생 주도 권한 부여(Granting Students Full Leadership): 학생들은 학교에서 교과수업을 듣는 시간이 압도적으로 많고, 교과 수업은 아무리 학생 중심 수업을 한다고 해도 교사가 많은 부분을 주도할 수밖에 없다. 동아리 활동은 학생들이 '진짜 주인공'이 될 수 있는 기회이고, 자신들이 흥미가 있는 분야에만 집중할 수 있는 유일한 기회이므로 동아리 조직, 모집, 운영까지 모든 것을 주도하게 권한을 주는 것이 좋다. 주도하기 다소 어려워하는 학생이 있어도 지나치게 개입하지는 말고 충분한 시간을 주는 것이 좋고, 전년도의 우수사례 등을 소개하는 등의 지원을 해주는 것이 좋다.

② 학생 홍보 활동 참여(Student-Led Promotion Activities): 학생들이 먼저 계획서를 제출하고, 직접 만든 포스터나 홍보영상, 학교 SNS 등을 활용하여 다른 학생에게 홍보활동을 하게 한다. 이때 계

획서를 잘 제출했거나 적극적이고 창의적으로 홍보하는 동아리에게 상을 주어서 학생들이 더 열정적으로 참여할 수 있도록 함과 동시에 동아리 홍보 기간이 학기 초 하나의 큰 행사가 되도록 분위기 조성을 한다.

③ 운영 및 정서적 지원(Operational and Emotional Support): 동아리 프로그램 운영 시에도 학생들에게 대부분의 운영 권한을 넘긴다. 단, 학생을 그냥 방치하는 것이 절대 아니고, 학생들을 관찰하고 종종 소통하며 어려워하는 부분에 대하여 피드백을 주고, 동아리 예산 사용 등으로 행정적 지원을 하며, 학생 활동의 적극적으로 반응해주고 칭찬해주는 등 정서적 지원을 충분히 할 수 있도록 한다. 단, 학생 중심 운영 시 학생들이 단순히 영화만 틀어서 보자는 식의 '편한 활동'만 진행하려는 경우도 있으므로, 이럴 경우 동아리 활동의 취지(학생의 관심 분야에 대한 진정한 성장, 주도적으로 진로 역량 기르기 등..)를 학생 눈높이에 맞게 쉽게 설명해주면서 더욱 의미있고 성장할 수 있는 활동을 할 수 있도록 유도한다.

(3) 발표회 및 평가회(A School Club Presentation/Appraisal)

① 동아리 발표회 계획(Planning Club Presentations): 한 학기마다 동아리 발표회를 계획하여 한 학기 동안의 활동을 다른 학생들에게 발표할 기회를 제공한다. 학생들이 100% 주인공이 되어서 진행할 수 있는 프로그램인 만큼 '동아리 축제'과 같은 이름으로 학교의 큰 행사로 진행하는 것이 좋다. 또한 학기말에는 평가회를 반드시 가지고 난 후, 그 의견을 반영해 다음 학기에 더 발전된 동아리 운영이 될 수 있도록 한다. 이러한 행사도 가급적 각 동아리 대표들이 모여서 회의를 통해 기획하고 운영하도록 유도하는 것이 좋고, 교사는 그에 따른 적절한 지원 및 코칭의 역할을 수행하는 것이 좋다.

② 동아리 융합 활동 기회 제공(Providing Opportunities for Inter-Club Collaboration): 발표회에서 각 동아리가 각자의 결과를 발표하는 형태도 좋지만, 융합시대에 맞추어서 2개 이상의 동아리가 융합하여 할 수 있는 기회도 제공하면 좋다. 예를 들면 영자신문 동아리와 미술 동아리가 협업하여 진행한다면 더 수준 높은 신문을 완성할 수 있을 것이고, 광고 홍보 동아리와 영상 동아리가 협업하여 멋진 학교홍보영상을 만들 수도 있을 것이다.

(4) 지역 연계 동아리 활성화(Promoting Community-based School Clubs)

동아리 활동을 교내에서만 활동하기보다는 지역 주민, 지역 자원과 연계할 수 있도록 지원하면 학생들은 더 의미 있는 동아리 경험을 얻을 수 있고, 자신이 속한 동아리가 지역사회에 긍정적인 영향을 끼칠 수 있기 때문에 민주시민 역량도 키울 수 있다.(예 역사동아리의 지역 문화유산 답사 후 세계문화유산에 등록될 수 있는 요소 찾기, 음악동아리의 교내 축제뿐 아니라 지역사회의 음악회와 연계할 수 있는 공연 기획 및 준비, 사진동아리의 지역 곳곳의 아름다운 장소 촬영 후 지역 인터넷 커뮤니티 등에 사진 업데이트 활동, 미술동아리의 마을 낙후된 지역의 벽화그리기 활동)

05 학교 행사/축제 운영(Organizing a School Festival)

(1) 학생자치회와 협력(Cooperation with Student Council)

① **진정한 권한 부여(Granting Students Full Leadership)** : 학교는 주도성을 가진 민주시민을 길러내야 하는 장소이다. 그렇기에 축제와 같은 다양한 학교 행사는 교사가 모든 것을 기획하기보다는, 학생자치회를 비롯한 학생에게 많은 권한을 주고 그들이 기획하고 운영해볼 수 있도록 해야 한다. 학생들은 트렌드를 잘 알고 있고 창의적인 아이디어도 많이 낼 수 있으므로 지원만 있다면 더 성공적인 기획이 가능하다. 물론 부족한 점이 많겠지만 그런 부족함 속에서도 시도해보게 하는 것이 교육이라고 할 수 있다. 학생이 직접 사용할 수 있는 예산도 충분히 확보해서 진정한 권한을 주도록 한다.(학생참여예산제) 또한 학교를 위해 봉사하는 학생회에 대한 격려를 아끼지 않고, 학생회만의 배지, 조끼 등을 학생들이 원하는 디자인으로 만들어 주면서 학생회에 대한 애정과 소속감을 가지고 일할 수 있도록 한다.

② **학생 중심 프로그램 기획(Designing Student-Led Programs)** : 학생자치회는 학생들이 원하는 것을 정확히 알고 있으므로 학생들이 즐겁게 참여할 수 있는 프로그램을 기획할 수 있다. 다만 너무 학생회 중심으로만 기획하지 않고 학교 SNS채널, 홈페이지, 각 교실 설문조사 등을 통하여 최대한 많은 학생들의 의견수렴을 거쳐서 많은 학생의 의견이 담긴 프로그램을 기획하도록 조언을 줄 수는 있다. (예 학교 축제, 미니체육대회, 알뜰바자회, 학급사진전, 신입생 환영회 등...) 학생들이 주도하는 프로그램이 많아지면 학교문화 자체를 더 적극적이고 민주적인 분위기로 바꿀 수 있고, 수업이나 다른 부분에서도 긍정적인 영향을 끼칠 수 있다.

③ **준비 위원회 조직(Organizing Event Preparation Committees)** : 학생들이 학교 행사를 운영해 본 경험이 없다면 큰 어려움을 겪을 수도 있다. 이런 경우 교사는 '준비 위원회'를 조직하도록 하면서 각 부서가 해야 할 역할의 예시를 들어주며 체계는 만들어주는 것이 좋다. (예 기획팀, 진행팀, 홍보팀, 안전팀, 환경팀 등으로 나누고 프로그램 기획, 리허설 진행, 사회자 선정, 대본 작성, 안전관리, 뒷정리 등의 역할을 어떤 팀이 맡을 것인지 회의하도록 함.) 또한 SNS소통채널, 정기적인 회의 및 회의록 작성, 교사와의 간담회, 행사 후 피드백 등을 통해 체계적으로 운영될 수 있도록 도움을 준다. 단, 이런 도움을 줄 때 세부적인 사항들까지 '가르치게'된다면 교사가 주도권을 갖게 될 수 있으므로, 학생들이 어려움을 겪을 때만 이런저런 예시를 들어주는 느낌으로 돕는 것이 좋다.

(2) 1년 단위로 큰 '목표/방향' 설정 후 그에 맞는 월별 프로그램 선정(Setting Annual Goals/Directions and Selecting Monthly School Programs Accordingly)

학교의 1년 프로그램을 기획할 때 기준 없이 이것저것 선정하기보다는, 큰 목표 및 방향을 먼저 설정해놓으면 프로그램 선정 기준을 만들 수 있다. 예를 들어 '서로 돕고 배려하는 우리'를 1년간의 큰 목표로 정하고, 3월은 '신입생 환영의 달'로 정하고 신입생을 돕는 프로그램으로, 4월은 '학교폭력 예방의 달'로 관련 프로그램을, 5월은 '가정의 달'로 가족 친화 프로그램을, 6월은 '이웃 돕기의 달'로 봉사활동 프로그램을 진행하는 식이다. 이를 통해 1년간 학교 전체에 '서로 돕고 배려하는' 목표를 구성원들에게 공유할 수 있고 매달 이어지는 관련 프로그램을 통해 직접 실천하여 결과적으로 학교의 서로 돕고 배려하는 분위기를 만들어낼 수 있다.

(3) 교과와 학교 프로그램을 연계(Integrating Curriculum Lessons and School Events)

교과시간에 배운 내용을 학교 프로그램에 연계한다면 학생들이 더욱 관심을 가지고 교과 수업에 참여할 뿐만 아니라 학교 프로그램이 더욱 다채로워지고 많은 학생들의 참여 공간을 확보할 수 있다. (예 학교 축제에 미술시간에 만든 작품이나 국어시간에 쓴 시를 전시하기, 음악시간에 배운 합창 무대 선보이기, 영어시간에 안내문과 관련된 표현을 배운 뒤 만든 영어 축제 홍보 포스터를 실제 축제 홍보용으로 게시하기, 사회시간에 배운 선거 관련 내용을 활용하여 학생회장 선거 활동 기획 및 진행)

(4) 지역사회 연계활동 추진(Connecting School Events with the Local Community)

지역사회의 자원(주민, 주변 환경, 문화 시설 등…)을 활용하거나 지자체와 협력하면 더욱 수준 높으면서 흥미 있는 학교 프로그램 운영이 가능할 수 있으므로 학생들과 함께 지역사회와 연계할 수 있는 방안을 찾아보고, 최대한 추진해본다.(예 축제 중 지역 주민 참여 먹거리 장터 운영, 지역 도서관 연계 책 소개 코너, 지역 주민과 함께하는 음악회 프로그램, 지역 다문화 주민들과 함께하는 세계 각국 문화 / 음식 체험 부스 운영, 인근 경찰서와 협력한 학교폭력예방캠페인 운영 등…)

＋ PLUS | 학교 특색 프로그램 예시

① 알뜰바자회(Thrift Bazaar) : 학생과 교사들이 모두 참여하여 책, 문제집, 체육복, 학용품 등 다른 학생들에게 도움이 될만한 물건을 모아서 수익금은 어려운 이웃에 기부하는 등 좋은 곳에 사용하기

② 친구사랑행사(Friendship Event) : 또래상담부가 주도하여 편지수거함을 만들어서 친구에게 쓸 편지를 모으고 대신 전해주기, 방송부와의 협력으로 친구에게 고마움&미안함을 표현하는 사연 방송하기, 친구와 함께 찍을 수 있는 포토존을 만들고, 사진부와 협력하여 폴라로이드 사진 지원 행사, 학급별로 학생들이 다음 번호를 릴레이로 칭찬하는 학급칭찬카드 작성 후에 모든 학급이 게시하는 학급 칭찬릴레이 프로젝트.

③ 30분미니콘서트(30-Minute Mini Concert) : 1달동안 신청자를 받아 매달 특정한 날의 점심시간에 학생들의 재능을 발휘할 수 있는 무대를 마련. 신청자 접수부터 무대 준비까지 담당 학생회 부서가 운영

④ 생활협약식(Life Agreement Ceremony) : 학기별로 교사, 학생, 학부모가 모두 모여 교사/학생/학부모 각각 지킬 약속을 토론을 통해서 정하고 공지 (학생 협약은 각 학급의 학급회의를 통해 안건 모으기) 지속적으로 지난 생활 협약에 대한 반성 및 수정

⑤ 시험응원단(Exam Cheer Squad) : 중학교는 자유학기제로 시험을 보지 않는 중1이 주도하여 2,3학년 선배에게, 고등학교는 고1,2학생들이 수능을 보는 고3들을 위해 시험응원 메시지를 전달하는 행사.

⑥ 신입생환영행사(Freshman Welcome Event) : 신입생들을 위해 방송부가 주도하여 학교 안내 영상 만들기, 신문동아리가 주도하여 학교 이용 팁&학교 주변 맛집 등을 소개하는 안내 책자를 만들어서 제공, 학생회 주도 100일 기념 축하 간식과 메시지 제공 등…

⑦ 학생영양사(Student Nutritionist) : 학생들이 직접 급식 메뉴를 구성하고, 영양교사의 확인을 받아 실제 급식메뉴로 선정하는 '학생 영양사'의 날 운영, 당일에 학생 영양사가 배식도 담당하며 각 음식의 영양소 및 도움이 되는 부분을 직접 설명해주는 시간 가지기.

⑧ 'Day' 퀴즈대회("Day" Quiz Contest) : 식목일, 지구의날, 어버이날 등 매월 특정한 '날' 선정 후 관련 상식 퀴즈 프로그램 진행

06 교사 학습 공동체(Teacher Learning community)

(1) 의미

학교 현장에서 느낀 어려움을 해결하고 보다 나은 교육활동을 수행하기 위해 교사들이 만든 자율적 모임 ➡ 상호간의 공유와 배움으로 전문성을 신장 (Autonomous groups created by teachers to solve difficulties in the school field and carry out better educational activities ➡ Enhancing professionalism through mutual sharing and learning)

(2) 필요성

① 교사로서의 정체성, 정서적 안정감과 소속감 형성(Teacher Identity, Emotional Stability, and Sense of Belonging) : 공동체 속 신뢰관계를 바탕으로 자연스럽게 교사의 고민을 공유

② 지속적 성찰 가능(Continuous Reflection on Teaching and Student Guidance) : 자기 수업 및 학생 지도에 대한 성찰과 반성을 지속적으로 할 수 있음

③ 실천적 지식 쌓기(Building Practical Knowledge) : 수업을 재구성해보고 학생 지도 방식을 실천해 본 것을 공동체 안에서 검증하고 피드백을 받을 수 있다.

④ 집단지성 활용 가능(Utilizing Collective Intelligence) : 교사 개개인은 수업 / 학생 지도에 대한 경험 및 전문성이 다 다르다. 이런 다양성과 독립성을 가진 교사들이 의견을 공유하여 힘을 모은다면 함께 배우며 성장하는 공동체를 만들 수 있다.

(3) 학습공동체 진행 과정

① 수업 고민 공유(Sharing Teaching Concerns) : 학교 현장에선 학생들 지도에 바쁘기 때문에 수업 및 학생지도에 대한 고민을 풀어놓기 힘들다. 따로 마련된 학습공동체 시간을 통해 수업과 학생지도에 대한 고민을 풀어놓는 시간이 필요하다. 교사라면 누구나 이 부분에서 어려움이 있기 때문에 공감대형성을 하고 이 자체만으로도 치유를 받을 수 있다.

② 어려움 원인 탐색(Exploring Causes of Difficulties) : 교사마다 보는 눈이 다 다르다. 어떤 부분에서 학생의 배움이 잘 일어났고 어떤 부분에서 그렇지 않았는지 교사마다 관점이 다르고, 어떤 부분에서 학생과의 관계가 멀어졌는지 등에 대한 관점도 다 다르다. 그러나 이 관점을 종합한다면 교사가 겪는 고민에 대한 원인을 찾을 수 있다.

③ 해결방법 생각하기(Thinking of Solutions) : 위 과정을 통해 문제점을 어떻게 해결할지 각자의 의견을 이야기한다. 교사들은 전부 사례지식이 많기 때문에 자신의 사례에 바탕을 둔 방안을 제시할 수 있다. 이러한 '집단지성'을 통해 각자의 의견을 종합하면 기존의 고민을 해결방향 및 새로운 접근방법을 생각해 낼 수 있다. 같은 학교 현장에 소속되어있기 때문에 이렇게 공유된 방법을 함께 실천으로 옮길 수 있고, 다음 모임에서 실천 결과를 공유하는 시간도 가질 수 있다.

(4) 주의사항

① **목표와 비전을 공유(Share Goals and Vision)** : 모임의 정체성과 방향을 정하고 이것을 공유해야 구성원 간의 갈등이나 목표 달성에 문제가 생겼을 때 명확한 지향점을 제시할 수 있고, 구성원의 소속감을 높일 수 있다. 또한 목표와 비전을 구성원에게 자주 상기시켜주어야 의미 있는 모임이 지속될 수 있다.

② **적극적 공유 필요(Active Sharing Needed)** : 개인의 전문성이 떨어져 보일 것이라는 두려움에 자신이 가진 어려움을 솔직하게 공유하지 않을 수 있다. 그러나 적극적으로 공유하지 않으면 문제를 해결하기도 힘들며 서로 공감하고, 배우고 성장하는 분위기를 만들 수 없다.

③ **정서적 지지 필요(Provide Emotional Support)** : 함께 지식을 배우고 실천하기에 앞서 각자 가진 어려움을 공감해주고 정서적 지지를 주는 것이 먼저 선행되어야 한다. ➡ 그래야 자신이 가진 생각을 솔직하게 공유할 수 있는 안전한 곳이라고 느끼고 소속감을 느낄 수 있다.

CHAPTER

06 동료교사, 학부모와의 관계

루이스 영어임용 2차 All-in-One
영어면접·수업실연·실전전략

> **In School**
>
> 학교 현장에서 구성원 간의 관계(교사의 학생, 학생과 학생, 교사와 교사, 교사와 학부모) 속엔 갈등이 생길 수밖에 없다. 갈등이 전혀 존재하지 않는 학교는 없다고 보면 된다. 갈등은 서로 간의 '차이점'으로 인해 발생하는 것이므로 갈등은 자연스럽다고 보는 시각을 가지고, 서로 간의 차이를 우선 '인정'하고, 그 이후로는 갈등을 줄이고 해결하는 방법에 집중할 필요가 있다. 실제 현장에서는 학부모와의 관계에서 스트레스를 상당히 받는 사례를 많이 보았다. 특히 발령을 받고 초임 교사일 때 더 많이 경험할 수 있고, 필자도 참 다양한 유형의 학부모를 경험하고 멘탈을 잡기 힘든 경험이 많았다. 생각해보면 학부모와 교사는 학생의 바른 생활 및 행복을 바란다는 점은 같다. 그러나 갈등이 계속 나오는 것은 학생을 바라보는 관점부터가 다르기 때문이다. 교사는 학생의 또래 집단에서의 행동을 주로 지켜보지만 부모는 학생이 어릴 적부터 가정에서 성장해 온 모습을 주로 지켜본다. 이런 점에서 학부모와의 갈등은 자연스러운 것이고, 이를 인정하고 들어가면 갈등을 더 유연하게 해결할 수 있다. 서로의 차이를 인정하고, 오히려 이를 통해 협력할 수 있는 대상으로 인식하는 것이 좋다. 실제로 학부모가 주는 아이에 대한 정보가 학생 지도에 큰 도움이 되기도 한다. 학부모 상담에서 또 하나 중요한 것은 학부모의 협력적인 태도를 먼저 이끌어내야 한다는 것이다. 학생의 문제행동만을 두고 논의한다면 아무래도 학부모 입장에서는 방어적으로 나올 수 있고, 감정적인 대응을 하게 되어 바람직한 협력이 이루어지지 못할 가능성이 높다. 그러므로 학부모가 교사를 신뢰하고 최대한 협력적인 태도를 취하도록 평상시에 학생에게 많은 관심을 가지고 있었다는 점을 알리고, 학부모의 어려움도 충분히 공감해주면서 상담을 시작하는 것이 중요하다.

01 동료교사와의 관계(Relationship with Colleague Teachers)

> **Point**
>
> 학교와 같이 다양하면서 서로 다른 사람이 모이는 곳에선 갈등이 발생할 수밖에 없다. 학교에서 발생하는 3대 갈등을 잘 해결할 수 있어야 행복한 교직생활을 할 수 있다. 3대 갈등은 학생과의 갈등, 학부모와의 갈등, 그리고 동료교사와의 갈등이다. 동료교사라고 표현은 했지만 관리자와의 갈등도 여기에 포함된다. 우리는 교직생활에서 정말 많은 수의 동료 교사를 만나게 된다. 특히 공립은 학교 이동이 많아서 한 지역의 모든 교사가 크지만 매우 가까운 네트워크를 이루고 있다. 필자는 초임지에서 만난 선생님들이 나의 은사님들과 연결되어있는 것 보고 '교직은 정말 좁다.' 라는 말이 나온 이유를 바로 실감했다. 이런 네트워크 속에서 동료와의 관계를 잘 형성하는 것이 중요하기 때문에 임용 면접에서도 학생 / 학부모와의 관계 외에도 동료와의 관계가 자주 출제되고 있다. 특히 요즘은 '전문적학습공동체'와 같이 교사끼리 서로 좋은 교육적 자극을 주고받으며 함께 배우고 성장하는 것을 중요시 한다는 것을 유의해서 답변을 구성하자.

대표기출

*수업/업무와 관련한 동료교사의 어려운 부탁에 대한 대처방안 (2021평가원/세종, 2024서울, 2021경기, 2025 평가원)

*동료교사와의 소통이 잘되지 않는 경우/ 독단적인 일처리 해결 방안 (2017/2018/2020평가원)

*교사간의 의견이 다르고 협업이 잘 이루어지지 않는 경우 해결방안 (2022서울, 2023평가원, 2016 서울)

*학생 규정 위반에 대한 동료교사와의 의견 차이 극복 방안 (2025 경기)

*자신이 참여하고 싶은 교사학습공동체 및 활동방안 (2022서울, 2016 경기)

기출 답변 핵심 Point

① 공동체적 관점에서 접근: 학교에서 일어나는 수많은 일은 처리할 수 있는 매뉴얼이 따로 존재하지 않기 때문에 교사들끼리 수많은 소통과 협력을 하는 '교사 공동체'를 만들어야 해결할 수 있다. '내 일이 아니다'라고 엄격하게 선을 긋기보다는 학교 공동체의 성장을 생각해서 적극적으로 협조하는 자세가 중요함. (Many situations that arise in schools cannot be handled by following a set manual. To address these issues, it is crucial to establish a "teacher community" where teachers engage in extensive communication and collaboration. Rather than strictly defining tasks as "not my responsibility," it is important to actively cooperate with the growth of the school community in mind.)

② 서로 배우는 존재: 나도 특정 부분에서 동료교사에게 분명 배우고 성장하고 있었을 것이기에, 내가 잘하는 부분을 당연히 돕고 공유하는 것이 마땅함. 또한 내가 도와준 부분을 동료교사가 새로운 방식으로 적용할 수도 있기 때문에 동료교사를 돕는 것이 내가 새로운 부분을 배우는 계기가 될 수도 있음. (Just as I've learned and grown by observing other teachers in certain areas, it is only natural to share and assist in areas where I excel. Additionally, when I help a colleague, they might apply what they learned in new ways, which can, in turn, provide me with an opportunity to learn something new.)

③ 소통하는 교무실: 교무실이 서로의 업무만 조용히 처리하는 공간이 된다면 매일 발생하는 다양한 문제를 해결하기 어려움. 학생 문제, 수업의 어려움 등을 서로 이야기하는 분위기가 형성된다면 함께 협업해서 해결할 수 있을 것이라는 기대 속 어려움을 적극적으로 공유하게 됨.(If the teachers' office becomes a place where everyone quietly handles their own tasks, it will be difficult to solve the various problems that arise daily. When there is an atmosphere of open discussion about student issues and classroom challenges, teachers are more likely to share their difficulties, anticipating collaborative solutions.)

④ 전문적학습공동체: 교사 누구나 수업, 생활지도, 평가 등 개인적인 전문성을 가지고 있는 부분이 있음. 개인의 전문성을 전문적학습공동체를 통해 다른 교사들과 나누면서 서로 배우고 함께 성장할 수 있음. 교사 개인이 겪는 어려움이 생겼을 때 '대신 해주거나' '해결을 해주기'보다는 전문적학습공동체를 통해 협업할 수 있는 방안을 찾는 것이 효율적임.(Every teacher has expertise in areas such as instruction, student guidance, and assessment. By sharing this expertise within

> a professional learning community, teachers can learn from each other and grow together. When an individual teacher faces challenges, it is more effective to seek collaborative solutions within the professional learning community rather than simply "doing it for them" or "solving it for them.")

(1) 학교에서 교사와 교사 사이의 갈등 원인(Causes of Conflicts among Teachers in School)

① 전문성에 대한 자기 확신(Overconfidence in One's Own Expertise): 자신의 일, 자신의 수업, 자신이 맡은 학생들은 자신이 가장 잘 안다고 생각 ➡ 자기 일에 다른 교사나 학부모가 개입하는 것을 꺼림. 다른 교사와 협력하기보다는 자신의 독자적 판단을 더 신뢰

② 관계 우선순위의 차이(Different Priorities in Relationships): 교사와 학생의 관계가 가장 우선이고, 교사와 동료교사의 관계는 부수적이라고 생각

③ 과중한 업무로 인한 시간 부족(Lack of Time Due to Heavy Workload): 예상치 못하게 발생하는 학생들의 사건 사고, 쉴 새 없이 내려오는 공문 ➡ 현재 일을 처리하는 데 급급하여 동료교사와의 관계에 집중할 수 없음. 동료교사와의 협의 시간도 확보하기 어려움.(업무시간이 끝나고 특별히 시간을 내야만 제대로 할 수 있음.)

④ 비협력적 교무실 분위기(Uncollaborative Office Atmosphere): 교육적 나눔이 없는 교무실 분위기 ➡ 교무실이 교사들이 수업, 학생지도 등 교육에 대해 서로의 의견을 드러내며 토론하고 사례를 나누며 동료성 구축 및 공통의 지식 축적을 공간이 되기보다는 개별적으로 공적인 업무에 집중하는 공간이 됨.

⑤ 디지털 행정으로 인한 소통 부족(Lack of Communication Due to Digitalized Work): 같은 공간에 있지만 메신저, 나이스 등을 이용한 전산화된 업무처리로 인한 소통기회 부족

(2) 학교에서 동료교사와의 관계(동료성)의 필요성(The Importance of Building Collegial Relationships among Teachers in School)

① 전문적 학습공동체의 형성(Building a Professional Learning Community): 교사들끼리 서로 지식을 공유하고 소통하면서 "서로 배우는 것"이 중요 ➡ 다른 교사와 관계 형성이 잘되지 않는다면 이런 문화를 만들 수가 없음. ➡ 학교라는 공동체에서는 개인의 일 외에도 다른 교사와의 소통, 협동 능력이 중요

*교사 간 네트워크 형성의 중요성 : 거꾸로교실의 존 버그만 "우리가 거꾸로교실을 발전시킨 선구자이긴 하지만, 교사들의 폭넓은 네트워크가 아니었다면 결코 만들어질 수 없었을 것이다."

② 집단지성의 발휘(Utilizing Collective Intelligence): 학교 일, 특히 수업과 학생지도엔 '매뉴얼'이 없다. 어떤 상황을 맞닥뜨렸을 때 대처할 수 있는 매뉴얼이 따로 존재하지 않아 혼자 힘으로는 문제를 풀어나가기 어려울 수 있다. ➡ 서로를 개방하여 학생지도, 교과지도, 행정업무 등 다양한 분야에서 수많은 소통 및 협력이 일어나야만 더 큰 지혜가 생기고 더 좋은 교육을 할 수 있음.

③ 교사 간 연대와 정서적 지지(Solidarity and Emotional Support among Teachers) : 교사가 교직 생활에서 혼자만 힘들다고 생각하고 아무도 모른다고 느낀다면 고립감이 더 깊어지지만, 자신의 상처를 동료에게 드러내고 동료의 사례도 듣게 된다면 나만 힘든 것이 아니라는 안도감을 느끼고, 그 자체로 치유가 가능하다. 교사의 상처를 가장 잘 이해해 줄 수 있는 사람은 비슷한 경험을 가진 동료교사이다. 교사의 상처 극복을 위해 혼자 있지 말고 동료 교사와 서로의 고민을 마음껏 털어놓는 개방적 분위기와 서로 돕는 문화가 자리 잡아야 교사의 무기력을 극복할 수 있다.

④ 학생의 본보기 되기(Being a Role Model for Students) : 교사는 학생 간의 협동, 관계형성을 지도해야 하지만 오히려 교사가 동료와 관계에 문제가 있다면 학생들의 본보기가 될 수 없음.

⑤ 함께 성장하는 학교문화(Creating a Culture of Mutual Growth): 학생만 성장하는 것이 아닌, 교사도 학교에서 동료교사들과 서로의 교육적 성장을 자극하는 관계를 만들어나가며 함께 배우며 성장해야 한다.

(3) 교내 동료성 강화방안(Ways to Form a Close Bond with Colleague Teachers)

① 전문적학습공동체(Professional Learning Community) : 교사의 고민은 모든 교사의 고민이고, 누구나 수업, 생활지도, 평가 등 개인적인 전문성을 가지고 있는 부분이 있다. 교사가 서로가 가진 지식을 공유하며 서로 배우는 자리를 주기적으로 마련해야 함께 성장하고 동료 관계도 좋아질 수 있다.

② 소통하는 교무실 만들기(A Communicative Teachers' Office): 학교에서 발생하는 다양한 문제는 보통 복합적인 해결책이 필요하다. 교무실이 서로 조용히 개별적인 업무에만 처리하기보다는, 종종 학생지도, 수업방식 등에서 겪은 문제나 고민을 털어놓고 공유하는 개방적 분위기가 필요하다. 교사의 마음을 가장 잘 공감해줄 수 있는 것은 비슷한 입장에 있는 교사뿐이므로, 이런 분위기 속에서 교사 간의 연대, 위로, 격려가 만들어지면서 서로 신뢰하고 협력하는 분위기를 조성할 수 있다.

③ 교무실 마니또(Manito in Teachers' Office) : 학생들이 많이 하는 활동이지만 교사들도 할 수 있다. 서로에 대한 관심이 자연스럽게 늘어나고, 이야깃거리가 증가된다. 또한 메신저 상태메시지를 활용해서 고마움을 표시할 수도 있다.

④ 학교사용설명서(School Introduction Manual) : 교사는 이동이 많아 한 학교에서 근무하는 교사가 수시로 바뀐다. 그 학교에 대한 환경, 특성, 학교생활 tip, 학생특성, 주변 맛집 지도 등의 정보가 담긴 학교사용설명서를 제작하고, 새로 오는 교사에게 제공한다면 적응 및 관계 형성에 큰 도움을 줄 수 있다.

⑤ 교사공감토크(Sympathy talk) 각자의 목표 / 고민을 나누는 자리를 정기적으로 가진다. 교사의 고민은 교사가 가장 잘 이해할 수 있기에 마음의 안도감을 얻고 갈 수 있다.

⑥ 업무정보 / 학생지도정보 인수인계(Handover of Administrative and Student Guidance Information) : 학교 특성상 교사의 부서/학교 이동이 많으므로 업무인수인계가 이루어지지 않거나 다소 정신없이 말로 이루어지는 경우가 많다. 1년간 했던 업무를 하는 방법, 유의사항, 샘플 공문 양식 등을 간단하게라도 파일로 정리해서 건네주면 후임 교사가 큰 도움이 될 것이고, 그 후임자도 새로운 내용을 추가하여 그다음 후임자에게 물려주며 도움을 주는 따뜻한 배려를 이어 나갈 수

있다. 또는 학년부에서 1년간 맡은 학생들에 대한 정보(예 반응이 좋았던 프로그램, 특별한 관심이 필요한 학생 등..)를 다음 해에 맡게 될 교사들에게 브리핑하는 시간을 가질 수도 있다.

⑦ 온라인 실시간 협업 문서 활용(Using Online Real-Time Collaborative Documents) : 구글 스프레드시트 등 공유문서를 자주 활용하면 하나의 문서에서 다양한 교사들이 실시간으로 의견을 제시하면서 공유할 수 있다. 예를 들어 학부모총회 전에 각자 알아서 준비하기보다는 준비해야 할 사항을 서로 스프레드시트에서 공유해서 적어보면 서로 어려운 점을 해결할 수 있고 좋은 아이디어를 공유하게 될 수도 있다. (따로 시간을 내서 회의하는 것보다 시간도 절약할 수 있다.) 또한 공유폴더를 활용하여 서로의 학급운영 자료, 수업 자료 등을 올려놓는 문화를 형성한다면 자연스럽게 서로 협업하는 분위기를 만들 수 있다.

(4) 상황별 동료교사와의 갈등 대처법(Ways to Resolve Conflict with Colleague Teachers)

① 동료교사(선배교사)가 무리한 부탁을 하는 경우(When a Senior Colleague Makes an Unreasonable Request)

㉠ 공감하기(Showing Empathy) : 우선 필요한 것은 상대방 입장에서 생각한 '공감'이다. 납득이 되지 않는 요구라도 공감을 하고 의견을 말하는 것과 공감 없이 말하는 것은 결과에서 크게 차이가 난다.(나에게 이런 중요한 업무를 맡기다니 나를 좋게 평가한 것 같다, 부장님도 요즘 이런저런 업무로 많이 바쁘다보니 나에게 이런 부탁을 한 것 같다…)

㉡ 정중하고 완곡한 표현 사용(Using Polite and Indirect Expressions): 상황에 따라 다르긴 하겠지만 가급적 수락하는 방향으로 답변을 하는 것이 좋다. 수락 여부와 상관없이 직접적으로 이야기하기보다는 정중하고 겸손한 태도로 완곡된 표현을 사용하는 것이 좋다 ➡ 예 "제가 맡을 수 없습니다 (x), 의미있는 활동이기에 제가 맡고 싶지만 ~한 부분이 걱정이 된다.(o)

㉢ 수락 시의 대응(Responding When Accepting the Request) : 공감하기 (예 중요한 업무 담당자에 저를 떠올려 주셔서 감사하다) ➡ 일단 맡겠다고 하고, 한계점을 이야기(예 현재 맡고 있는 업무가 ~있는데, 그 업무와 동시에 맡게 된다면 새로 맡은 일에 많은 시간을 쏟을 수 없어 걱정이 된다) ➡ 대안 및 추가요청 합의(예 업무 모니터링 및 이런 이런 부분은 도움을 받고 싶다는 것을 정중하게 요청, 나의 기존 업무에 소홀해지지 않기 위하여 ~부분은 함께 해주셨으면 한다고 요청)

㉣ 거절 시의 대응(Responding When Refusing the Request) : 공감 ➡ 나의 계획 및 현재 업무 및 자신의 상황을 구체적으로 이야기하기(예 원래 맡았던 교사가 그 업무를 맡았다는 것은 그 일을 가장 잘할 수 있는 적임자이기 때문일 텐데, 내가 맡는다면 잘 수행하지 못해 학교에 문제가 생길까 걱정된다, 새로 맡게 될 업무로 인하여 기존에 맡은 업무 및 학생 지도에 소홀해질까 걱정된다) ➡ 대안 제시 (예 책임은 맡지 않더라도 가장 바쁜 시기에 도움은 최대한 주겠다, 이 부분은 맡겠다… 라고 말하기)

㉤ 동료교사의 부탁이 공동체를 도울 수 있는 방안인 경우(When a Colleague's Request Can Benefit the Teaching Community) : 동료 교사를 도울 수 있는 상황인 경우 (예 매우 바쁜 상황에서 동료가 온라인 수업에 대한 노하우를 요청하는 경우) 무조건 수락하는 방향으로 답변하는 것이 좋다. 최근 전문적학습공동체와 같이 교사끼리 서로 배우고, 협력하고, 함께 성장하는 분위기가 강조되고 있기 때문에, 교사공동체 측면에서 다소 부담이 있더라도 최대한 협조하는

것이 좋다. 실제로 나도 동료교사들에게 다른 부분에서 지속적으로 도움을 받고 있었을 확률이 높으므로, 내가 잘하는 부분은 도움을 제공하는 것이 맞기도 하다. (또한 내가 아는 부분을 동료에게 알려줬을 때, 동료가 그것을 내가 생각지 못한 새로운 방식으로 적용할 수 있어 오히려 도움을 받을 수도 있다.) 다만 동료교사를 돕다가 내가 맡고 있던 업무, 수업, 학생지도에 소홀해지면 곤란하므로 최대한 시간을 효율적으로 사용하여 지원하는 방안을 생각해놓으면 좋다. (예 개별적으로 모두 도와주면 시간 소요가 크기 때문에 나의 온라인 수업을 영상으로 제작하여 보내주기, 전체 교사 대상으로 쪽지를 보내서 한 곳에 모여서 교사 연수 진행 등...)

② 부장교사나 선배교사에게 반대 의견을 낼 때(Making an Objection to a Senior Teacher)
  ㉠ 상대방의 의견을 인정하며 제안하기(Acknowledging the Other's Opinion While Suggesting Yours) : "잘 들었습니다. 특히 ~~부분까지 생각해주시다니 정말 좋은 의견인 것 같습니다. 그냥 제 생각이지만 ... 혹시 이런 방식으로 가는 것은 어떨까하는데…제가 경력이 적다보니 부장님 검증을 받고 싶습니다. 이 점에 대해서는 어떻게 생각하시나요?"
  ㉡ 의견 제시의 주인공을 상대방으로 두기(Making the Other Person the Center of the Discussion) : "제가 한 말씀 드려도 될까요?"(X) "혹시 제 생각을 잠시 들어주실 수 있으신가요?"(O)
  ㉢ 부드러운 표현으로 의견 제시하기(Using Gentle Introductory Phrases to Open the Conversation) : "이건 그냥 제 생각이지만…", "한 번 해본 생각인데요…", "제가 틀렸을지도 모르지만…", "제가 고민이 되는 점이지만 아무래도 부장님께서 저보다 더 잘 아실 것 같아 여쭤보는건데요…" ➡ '내가 옳고 너는 틀렸어'의 느낌이 아닌 '내가 옳을 수도 있으니 한 번 들어달라'는 접근 ➡ 의견에 대한 확신이 떨어져 보이기보다는 오히려 상대방의 마음의 문을 열어주는 효과

③ 특정 교육활동에 대해 서로의 의견이 다를 때(When Opinions Differ About an Educational Activity)
  ㉠ 상대방 공감 및 관점 인정(Understanding and Recognizing the Other's Perspective) : 상대방을 이해하고 있다는 태도를 보이며 충분히 공감하고, 상대방의 관점을 인정해야 의견 조율로 이어질 수 있음 (예 "선생님께서는 이번 교육활동의 ~측면을 중요하게 생각하시는 것 같은데 저도 충분히 공감합니다..")
  ㉡ 자신의 입장 구체적으로 제시(Presenting Your View with Specific Examples) : 자신의 입장을 설득해야 하는 경우 나의 계획에 대한 서류 (계획서)를 구체적으로 제시하거나, 주변 성공 사례를 조사해오거나, 활동의 기대효과를 구체적으로 제시해보는 등 객관적 자료와 함께 구체적으로 나의 의견을 전달하는 것이 설득력을 높일 수 있다.
  ㉢ 절충안 및 협업 방안 찾기(Finding Compromise and Collaboration Methods) : 나의 의견만 100프로 밀어붙이지 않고, 상대방의 계획과 나의 계획을 절충할 수 있는 방안을 제시해본다. 또한 더욱 성공적인 활동 추진을 위해 협업할 수 있는 부분을 함께 논의해본다.

④ 함께할 업무를 동료의 방식으로만 처리할 때(When Tasks Are Only Handled in a Colleague's Way)
  ㉠ 상대방의 입장에서 생각하기(Considering the Situation from Their Perspective) : 다른 사람과 함께 일할 때는 역지사지의 자세는 항상 필요하다. '내가 저 사람이라면', '내가 저 상황이라면'이라고 생각해보자. 처음엔 전혀 이해되지 않던 상대방의 행동이 어느 정도는 납득이 되는

CHAPTER 6. 동료교사, 학부모와의 관계

행동으로 보이게 되는 경우도 많다.
ⓒ 감정을 알아주고 공감 표현하기(Acknowledging Feelings and Showing Empathy) : 자신의 입장에서 한 번 생각해 봤다는 것, 자신이 느끼는 감정을 알아주었다는 자체만으로도 고마워할 것이다.
ⓒ 함께 해결책 찾기(Finding Solutions Together) : 충분히 공감해 준 후에 상대방이 마음의 문을 열면 함께 업무를 효율적으로 협의할 수 있는 방법을 논의한다. 이는 상대방에게도 도움이 되는 방향으로 제시해보는 것이 좋다. 예를 들어 상대방이 업무로 너무 바쁜 나머지 함께 해야 하는 업무까지도 혼자 처리하고 있다면, 상대방이 그나마 여유가 있는 시간을 먼저 물어보고, 그 시간에 맞춰서 협의 시간을 고정해 놓는 방법이 있다. 또한 함께 생각해야 할 안건을 협의시간에 처음부터 이야기하기보다는, 각자 먼저 자신이 생각하는 방향을 정리해본 후 문서로 만들어 공유하고, 그다음에 협의회를 가지며 시간을 단축하는 방법도 있다.

⑤ 납득이 되지 않는 비난을 받았을 때(When Receiving Unreasonable Criticism)
ⓐ 감정적으로 대응하지 않기(Avoiding Emotional Reactions) : 정면으로 맞서거나 그냥 무시해 버리면 상대방의 비난은 더 강해지거나 지속될 수 있어서 결국 나 자신만 스트레스를 받을 수 있다.
ⓒ 상황을 성찰해보기(Reflecting on the Situation) : 납득이 되지는 않더라도 혹시나 내가 그런 행동을 하진 않았지만 오해를 할 수 있는 부분이 있었는지 생각해보고 잘 기억이 나지 않으면 메신저 대화 목록 등을 다시 살펴본다.
ⓒ 긍정적인 말투로 대응 및 도움 요청(Responding Politely and Seeking Support if Needed) : 성찰을 통해서도 납득이 될 수 없는 비난이었다면 존중어를 사용하여 넘겨보고 ("네. 선생님께서 그런 말씀을 해주신다면 고려해 볼 가치가 있겠네요.", "말씀해주신 내용은 사실 제 생각과 다르긴 하지만 그냥 하신 말씀은 아닐테니 제가 고려해 보겠습니다.") 이후에도 갈등이 지속된다면 혼자 고통받지 않고 부서 부장님의 도움을 받는다.

⑥ 동료가 자신의 일을 부탁할 때(When a Colleague Asks for Help with Their Task)
ⓐ 공감하며 상황 파악하기(Showing Empathy and Understanding the Situation) : 동료가 나한테 털어놓고 싶을 만큼 그 어려움이 컸다는 것을 충분히 공감하고 어떤 상황인지 구체적으로 묻고 경청하기
ⓒ 유사한 경험 공유하기(Sharing Similar Experiences) : 동료가 겪은 어려움을 나도 비슷하게 어려움을 겪었다고 경험을 이야기해주며 동료가 부족해서가 아니고 누구나 겪을 수 있는 문제였음을 알려준다. 또는 그런 어려움을 어떻게 해결했었는지를 이야기해주며 문제해결의 방향을 제시해주는 것도 좋다.
ⓒ 협력할 수 있는 방안 찾기(Finding Ways to Collaborate): 이런 경우 동료의 부탁을 거절하거나 대신해주기보다는 '함께' 협업할 수 있는 방안을 찾는 것이 가장 좋다. 이후 그 방안을 적용해 본 후기를 나누며 더 발전시켜나갈 수 있고, 그 과정에서 동료성이 더 강해질 수 있다.

02 학부모와의 관계(Relationship between T and parents)

> **Point**
> 학부모와의 관계는 단독적으로 물어본 문항은 적었으나 다른 분야와 연계된 문제는 많이 출제되었다. 특히 학부모 민원에 어떻게 대응할지에 대한 문제가 많이 나왔는데, 미래교육, 진로교육, 학교폭력 등 다양한 분야와 연계되어 출제되고 있으므로 그 분야에 대한 전문성을 잘 보여주면서도 학부모의 입장을 존중하는 답변을 연습할 필요가 있다.

> **대표기출**
>
> *학부모와의 학교 간의 관계 개선 방안 (2024세종)
>
> *학부모와의 학교공동체 참여시키는 방안 (2016경기)
>
> *자유학기제 학력 저하에 대한 학부모 민원 상담 방안 (2017경기)
>
> *학부모 민원 대응: 학생 희망 진로를 반대 (2013평가원), 스마트기기 수업/평가 교육 효과 (2023서울), 자유학기제 학력 저하 문제(2017경기), 지필고사 문항 복수정답 민원 (2018세종), 학생 문제행동을 인정하지 않는 학부모 (2023세종, 2017/2018인천), 학생이 겪은 피해에 대한 감정적 민원(2019인천, 2020대구)

> **기출 답변 핵심 Point**

① 학부모와의 다른 관점을 인정하고 협력하기: 학교에서 바라보는 학생과 가정에서 바라보는 학생은 다를 수밖에 없다. 학부모와의 관점 차이가 생겼을 때, 서로의 관점을 인정하고 존중해주며 서로의 관점을 합쳐 협력할 방법을 찾는 것이 필요하다. (Acknowledging different perspectives of parents and cooperating with them: The way schools view students and the way families view students can naturally differ. When differences in perspective arise between parents and the school, it is important to acknowledge and respect each other's viewpoints and find ways to cooperate by merging those perspectives.)

② 소통을 통한 오해 줄이기: 학부모와의 갈등은 보통 오해로 시작되고, 오해는 대부분 소통이 부족하여 생긴다. 학교/학급의 다양한 교육 프로그램에 관해 학부모에게 자주 안내하고, 학생에게 특이사항이 있었거나 특별히 지도한 내용이 있었다면 학부모에게 간단한 연락을 해주어야 오해를 방지하고 신뢰를 얻을 수 있다. (Reducing misunderstandings through communication: Conflicts with parents usually begin from misunderstandings, which often come from a lack of communication. The teacher can regularly inform parents about various school/class programs and provide simple updates if there were any notable incidents or specific guidance for a student. This would prevent misunderstandings and build trust.)

③ 기록의 중요성: 나이스 누가기록과 교무수첩에 학생과의 상담 내용, 지도 내용, 관찰 내용 등을 습관적으로 기록해 놓는다면 학부모 상담 시 큰 신뢰를 줄 수 있으며 학부모와의 협력을 위한 좋은

> 도구가 될 수 있다. (The importance of documentation: Habitually recording consultation details, guidance provided, and observations about students in systems like the NEIS or a teacher's notebook can greatly enhance trust during parent-teacher meetings and serve as a valuable tool for fostering cooperation with parents.)

(1) 학부모와의 갈등 원인(Causes of Conflicts with Parents)

① 과도한 요구(Excessive demands) : 교사에게 요구되는 학생에 관한 수많은 요구(지식전달, 사회성 길러주기, 학습상담, 진로상담, 인성교육 등등) 중 신경을 못 쓴 부분이 있을 때, 그 부분만 단편적으로 본다면 무관심하고 무기력한 교사로 오해할 수 있음.

② 관점의 차이(Different view on students) : 학부모는 '내 아이'만 따로 구분한 관점으로 바라보지만, 교사는 '내 학생들' 즉, 학급구성원과의 관계 및 집단 속 행동을 많이 관찰한다.

③ 말 전달로 인한 오해(Misunderstanding through communication) : 학생이 학부모에게 학교 문제를 다소 과정 / 왜곡해서 전달(학생은 그 시기에 객관적으로 전달하는 것은 힘들 수 있다.)
➡ 부모는 교사를 좋지 않게 평가

④ 서로의 전문성 지키기(Maintaining professional expertise) : 부모의 양육 전문성과 교사의 교육 전문성 충돌 ➡ 상대의 잘못을 찾고 서로에게 책임을 돌린다.

⑤ 소통의 부족(Lack of communication) : 부모와 교사가 보통 같은 공간 속에 있지 않기 때문에 학교에서 일어나는 일에 대한 오해가 많이 생길 수밖에 없다.

(2) 학부모 상담 방안(Parent Counseling Strategies)

① 학부모 상담 기본 구조(Basic structure of parent counseling)
  ㉠ 차분하게 응대하기(Respond calmly) : 상담하기 편한 공간 확보하기, 차/음료 권하기
  ㉡ 학부모 입장에서 공감적 이해(Empathize from parents' perspective) : 학생 문제에 대한 학부모의 입장을 충분히 경청하고, 학부모의 입장을 인정해주며, 그 문제로 인해 걱정이 많이 되셨을 것을 공감해주기.
  ㉢ 긍정적 측면 언급(Highlight positive aspects) : 학교에서의 행동, 칭찬할 부분 등 구체적으로 알려드리며 학생을 잘 관찰하고 관심을 주고 있다는 점 알리기
  ㉣ 객관적인 상황 제시(Present objective facts) : 상담일지, 관찰일지 등 증거가 될 수 있는 자료를 최대한 활용하여 학생이 처한 상황 또는 학부모가 오해했던 부분에 대한 정확한 정보를 파악하실 수 있도록 한다. 단, 교사의 감정을 섞어 학생을 비난하는 말투를 하지 않도록 한다.
  ㉤ 협력 방안 찾기(Find collaborative solutions) : 교사도 학생을 적극적으로 돕고 싶기에 가정과 협력하고 싶다는 말을 건넨 후 구체적인 개선 방안 및 앞으로의 교사의 노력 방안을 제시하기.

② 상담을 위해 미리 준비할 것(Preparation for Counseling with Parents)
  ㉠ 철저한 학부모 상담 준비(Careful preparation for the counseling with parents) : 학생 관련 사안, 상담일지, 관찰일지 등은 학부모의 교사에 대한 신뢰성을 높이고, 상담 장소의 주변을 정리하고 메모지 등을 미리 준비해 놓는 것은 성공적인 상담을 위한 큰 역할을 한다.
  ㉡ 평소에 소통을 시도하기(Attempt to communicate with parents on a regular basis)
    • 학기 초 편지 보내기 : 담임 소개, 학급운영 철학, 학사일정 등을 포함한 편지 발송.
    • 학교 일정에 대해 자주 교류 : 왜 이런 프로그램 or 수업을 실행하는지 등에 대한 안내를 자주하기 ➡ 상황을 모르면 온갖 추측과 소문만 무성해짐.
    • 부모에게 학생 정보 물어보기 : 교사는 그 학생의 학교에서만 모습을 보기 때문에 단편적으로 생각할 수도 있으므로, 태어날 때부터 함께했던 학부모에게 정보를 얻기 ➡ 학기 초 학생에 대해 물어보는 소통신문을 보내서 답변을 받기(자녀의 관심사, 가정에서의 모습, 원하는 진로, 친구관계, 건강상태 등…) ➡ 학생의 새로운 면을 알게 되고, 다루기 어려웠던 학생을 다룰 수 있는 방법을 찾기도 한다.

③ 상담 유의사항(Important Considerations during Counseling)
  ㉠ 서로 다른 관점을 인정하고 협력하기(Admit different views on students and cooperate each other) : 교사들은 보통 학생의 발달에 대해서 전문적인 교육을 받았고, 자신이 전공하는 교과 지식의 전문성이 있으며, 학생이 다양한 상황 속 또래와 관계 맺는 태도를 오래 경험한다. 반면 학부모는 태어난 순간부터 아이에 대해 잘 알고 있으며 여러 위기 상황에서 보이는 아이의 반응을 잘 알고 있다. ➡ 학생은 학부모와 교사 두 개의 다른 관점에서 살아가고 있다. 학부모와 교사가 관점을 솔직하게 교환하고, 서로 인정하며, 아이의 행복을 위한 도움 파트너로 인정해 협력하는 것이 중요하다.
  ㉡ 학생에게 관심이 많다는 확신이 들도록 하면서 시작하기(Show interest in students when initiate counseling) : 학생의 문제에 대하여 학부모와 본격적으로 논의하기 전에 먼저 학부모의 '협력적인 태도'를 끌어내는 것이 중요 ➡ 교사가 학생에게 평소 관심이 많았고 애정을 가지고 지도하고 있다는 것을 알려야 학부모도 마음을 열고 더욱 협조적일 수 있음 ➡ 문제행동에 대하여 학생 탓을 하면서 시작하기보다는 학생의 학교생활에 좋은 점을 먼저 언급하면서 학생이 잘 모르는 부분에 대한 성장을 학부모 상담을 통해 진심으로 돕고 싶다는 내용으로 시작하기
  ㉢ 교직관 보여주기(Show teacher's own philosophy in teaching) : 교사나 학교에 대해 부정적인 태도를 가진 학부모들일수록, 교사의 능력에 대한 의심이 강하다 ➡ 상담 시 교사의 교육관 및 교육방법에 대해 학부모에게 분명히 알려주고, 말과 실천이 일치함을 보여주며 교사의 전문적인 모습을 보여주어야 한다.
  ㉣ 상담 중 기본태도(Basic attitude during counseling) : 경청하기, 문제 상황에 대해 함께 토론하기, 학부모가 중요하게 생각하는 점 / 아이의 마음을 움직이는 것을 물어보기, 학부모의 관점도 인정하는 멘트하기, 가정에서 자녀 지도의 어려움 공감하기, 힘겨루기를 피하기, 평정심을 잃지

않기, 대립적으로 상황이 흘러간다면 편안한 분위기로 되돌리려고 노력하기, 대화를 끝낼 때는 중요 내용을 다시 한번 요약하고 목표를 세우기

(3) 사례별 학부모 민원 대처 방안(Handling parental complaints strategies)

① 학생을 위한 무리한 부탁을 하는 경우(예 이런 사항을 매일 도와줬으면 합니다) (When Asked for an Unreasonable Favor for Students)
  ㉠ 공감적 이해(Empathetic understanding) : 자식을 걱정하는 마음으로 자식 일을 부탁하는 것은 부모님의 당연한 심정이라는 것을 공감해주고 경청해준다.
  ㉡ '주도성'에 대한 강조(Emphasis on initiative) : 학교는 학생의 자기주도성을 교육해야하는 곳 ➡ 스스로 학습을 주도하고 문제를 해결하는 능력을 길러야 미래의 급변하는 사회에서 경쟁력을 갖출 수 있음 ➡ but 학생에게 부탁하신 내용으로 지속적인 도움을 준다면 학생은 의존적인 성격이 되며, 교사의 그런 도움을 매일 같이 받고 있다는 다른 학생들 시선 때문에 학교생활 전체가 힘들어질 수도 있다.
  ㉢ 대안 제시 및 가정과 협력방법 제안하기(Suggesting alternatives and ways to collaborative with parents) : 부탁한 내용은 어렵지만 학생이 직접 그 문제에 대해 스스로 해결책을 찾을 수 있게 기회를 주고, 옆에서 지켜보며 코치해주고 지지해주는 역할을 수행하겠다. 가정에서도 ~한 부분을 도와주어야 학생의 성장을 진정으로 이끌 수 있을 것.

② 학생의 말만 듣고 오해를 한 경우(예 우리 아이만 혼내신다고 들었습니다) (Misunderstanding Based Only on the Student's Words)
  ㉠ 경청 및 공감(Listen carefully and empathize) : 우선 억울한 부분이 있더라도 학부모의 입장부터 충분히 듣고 공감해준다. (예 "자녀가 ~라는 말까지 했다니 큰 걱정이셨겠다")
  ㉡ 학부모가 오해했던 상황을 구체적으로 설명(Describe the situation that the parents misunderstood in detail) : 학생의 말만 듣고 오해한 상황이므로 최대한 객관적으로 상황을 설명한다. (예 "현재 학급 분위기가 어떠했고, 그 학생도 ~한 행동을 해서 ~한 지도를 했다. 또한 그 학생에게만 잘못을 지적한 것이 아닌 대부분의 학생에게 학급 분위기를 개선하기 위해 지도를 꾸준히 하고 있었다.)
  ㉢ 교육철학을 밝히고 협조 방안 제시(Presenting Teaching Philosophy and Suggesting Cooperation Strategies) : 교사의 교육 철학을 이야기하며 지도가 단순히 감정적인 지도가 아닌, 자신의 철학에 바탕한 지도였음을 소신있게 알리고, 교사가 더 노력할 일이나 가정과 협조할 방향을 제시한다. (예 늘 학생의 부적절한 행동을 바른 방향으로 이끌어야 한다는 교사로서의 책임을 다하기 위해 노력했다. 좋지 않은 학급 분위기 개선을 위해 앞으로도 많은 학생들에게 교육적 지도를 해야하기에 가정에서도 학생도 학급 내 갈등 해결을 위한 노력을 해줘야 한다는 점을 알려주셨으면 한다.)

③ 학생과 의견 차이로 설득해달라고 하는 경우(예 진로를 ~쪽으로 바꿔줬으면 합니다.) (When Parents Ask You to Persuade a Student Due to Differences in Opinion)
  ㉠ 공감, 학부모의 입장에서 생각하기(Empathize with the parents' perspective) : "학생이 ~를 원한다고 하니 걱정이 많으시겠습니다. 저에게도 설득해달라고 하신거 보면 걱정스러운 마음이 크신 것 같습니다."

ⓒ 교사와 학부모의 관점 차이 인정하기(Recognize the differences in perspectives between the teacher and the parents) : "부모의 입장에서는 현실적으로 ~했으면 하는 마음이 큰 것은 당연합니다. 다만 교사는 학생의 잠재력을 찾아 성장시키는 역할을 하기에 관점이 다를 수밖에 없습니다."

ⓒ 학생에 대한 관심을 통해 신뢰 구축(Building Trust by Showing Interest in the Student)) : "학생은 평소 ~도 잘하고 특히 ~시간에 ~하는 모습이 참 행복해 보이는 학생입니다."

ⓔ 완곡한 거절 및 대안 제시(Provide a polite refusal along with alternative suggestions) : "이렇게 행복해하는 모습을 자주 봤던 입장에서 제가 학생에게 그런 설득을 하는 것은 좀 어렵지 않을까 생각됩니다. 다만 곧 학교에서 ~~하는 프로그램이 있으므로 더 넓은 경험을 해볼 수 있도록 권유해보겠습니다. 부모님께서도 자녀의 학교에서의 이런 모습을 같이 생각해주시면서 가정에서 더 대화를 나누어주셨으면 합니다."

④ 학교 프로그램에 불만이 있는 경우(예 공부하기도 바쁜데 이런 프로그램 왜 참여시키나요)(When Parents Are Dissatisfied with School Programs)

ⓐ 공감(emphasize) : "학생이 공부하기도 바쁜데 이번 ~ 프로그램에 참여하는 것에 대해 걱정이 많으셨을 것 같습니다. 저도 이번 프로그램을 자세히 알기 전까지는 비슷한 생각이 들기도 했습니다."

ⓑ 프로그램에 대한 구체적인 설명(Detailed explanation of the school program) : "학교에서 이번 프로그램을 정말 오랫동안 준비했는데, 특히 ~~를 ~하게 진행하는 특징이 있습니다. 특히 ~~한 점을 더 세심하게 구성하여 학생들의 ~~한 측면의 성장을 유도했습니다. 실제로 작년 학생들도 이와 비슷한 프로그램이었던 ~~에 대해서 ~한 점에서 큰 만족감을 느끼곤 했습니다."

ⓒ 프로그램과 학생을 연결(Connect the school program with students) : "제가 평소에 학생을 관찰했을 때 ~에 재능이 있다는 것을 발견했습니다. 그 재능을 이번 프로그램에서 ~하게 발휘한다면 분명 큰 성장을 할 수 있을 것이라고 생각됩니다."

ⓓ 학부모의 걱정사항을 반영한 노력할 점 제시(Suggest areas for improvement based on parents' concerns) : "물론 ~할 시간을 다소 뺏길 수 있다는 학부모님의 의견도 존중합니다. 그래서 ~한 점을 더 신경써서 지도해서 그런 점을 다소 보완할 수 있도록 하겠습니다. 자녀가 이번 프로그램에서 ~할 수 있도록 많은 격려 부탁드립니다."

⑤ 자녀가 당한 피해로 감정적으로 찾아온 경우(예 친구에게 맞았다고 합니다)(When Parents Come Emotionally Due to Their Child's Harm)

ⓐ 차분하게 대처하기(respond calmly) : 우선 학부모의 격분한 감정을 가라앉혀야 한다. 충분히 화날 수 있는 상황이라고 학부모 입장에서 공감해준 뒤 잠시 앉아서 안정을 취할 수 있게 한다.

ⓑ 학부모의 의견을 경청하되 판단은 하지 않기(Listen to the parents' opinions without making judgments) : 이후 사건의 공정한 처리를 위해선 정확한 사안 조사가 중요하고, 증거 자료가 많을수록 좋다는 점을 알려드리고, 학생이 피해를 입은 자료와 학생의 현재 상태 등을 구체적으로 알려달라고 말씀드리며 학부모의 말을 충분히 들어준다. 단, 아직 구체적인 조사가 끝나지 않았으므로 한쪽 편을 드는 말은 하지 않아야 한다.

ⓒ 앞으로의 진행 방향 알리기(Share future plans) : 걱정하시는 것만큼이나 중요한 사안이기 때문에 부서 부장님 및 담당 부서와 함께 논의할 것이고 내부 규정에 따라 체계적으로 진행될 것을 설명한다. 진행사항은 공유가 될 것이니 화가 나시더라도 더 공정한 심의를 위해 기다려 달라고 당부의 말을 전한다. 만약 학부모가 의심을 지속적으로 보인다면 부장님 또는 학생부 담당 교사에게 협조를 구해서 함께 계획을 전달하는 것이 좋다.

(4) 학부모 소통 방안(Interaction with Parents)

① 필요성(Necessity)
- ㉠ 오해 예방(Preventing misunderstandings): 학부모와의 갈등 중 많은 경우는 소통되지 않은 부분에 대한 오해로 시작된 것이다. 소통을 통해 큰 갈등을 예방할 수도 있다.
- ㉡ 학생 지도 도움(Supporting student guidance): 실제로 학부모가 주는 정보가 말썽 피우는 학생을 더 잘 다루게 도움 or 큰 사고 예방 효과
- ㉢ 협력의 중요성(Importance of cooperation): 양쪽 모두 학생에게 중요한 관계이다. 양쪽이 협력이 잘 되면 학생교육에 효과가 극대화되는 반면, 협력하지 않으면 양쪽 모두 이로 인해 괴로움을 겪고, 학생에게도 좋지 않다. 학생의 행복을 진정 바란다면, 서로 협력해야 한다.

② 소통 수단(Communication Methods)
- ㉠ 앱 활용(Using communication apps): 클래스팅, 아이엠스쿨, 학교알리미 등 발령학교에서 주로 사용하는 애플리케이션을 통해 학교 활동 계획, 준비물, 학부모 협조 부탁 사항, 학급 활동 결과 등을 자주 안내하면 학부모의 학교 활동에 대한 오해를 줄이고 신뢰는 늘릴 수 있다.
- ㉡ 학부모 총회(Parents' visiting day): 철저한 준비가 필요하다. 부모는 선생님에 대한 많은 기대를 가지고 방문하기에 좋은 인상을 남긴다면 신뢰를 얻을 수 있고 1년간 협조를 잘해주실 수 있다. 우선 학사일정, 담임 소개, 학급운영철학 등의 정보가 담긴 안내문을 미리 만들어 놓고 학부모님들께서 오시면 참석에 대한 감사함을 표현한 후 나누어주면서 이야기를 시작하자. 안내 자료와 함께 학급 운영 철학 / 방식 소개, 학교 세부 일정 및 계획을 알린다. 또한 그 나이대 학생들이 꼭 해야할 것과 조심해야하는 것을 준비해서 이야기해주면 좋다. 남은 시간은 학부모의 자녀에 대한 특성을 듣거나 질문을 받는다. 시간이 된다면 문제상황 사례를 제공하고 교사와 학부모가 협력해서 해결할 수 있는 방법을 토론하는 시간을 가질 수도 있다.

③ 상담주간(A counseling program for parents)

보통 학기 초에 실시가 되어서 학생에 대해 무슨 말을 해야 할지 어렵지만, 보통 학부모는 교사들에게 학생에 대해 알려주고자 방문한다. 학생에 대해 물어보면서 잘 들어주기만 해도 성공이니 큰 부담을 가지지 말자. 이때 알려주시는 정보는 그 학생을 지도하는데 큰 도움이 될 수도 있다. 간혹 담임의 학급운영이나 교육방식에 대해 이런저런 질문을 하는 학부모도 있으므로 학급운영 계획, 학생 지도방안 정도는 정리해놓는 것이 좋다.

④ 학부모 수업공개(Parent open day class)

신뢰 형성을 위해서 최대한 열심히 준비하는 것이 좋고, 학부모는 자녀의 수업참여 위주로 관찰하기 때문에 가급적이면 모든 학생이 참여할 수 있는 활동을 (조별 역할분담 등) 계획하는 것이 좋다.

⑤ 종례신문(End-of-day newsletter) : 종례신문(학생에게 우리 학급의 소식, 칭찬거리, 앞으로의 학교 프로그램 계획 등을 정리해서서 주거나 학생들이 직접 만드는 학급신문)을 1달 1회정도 나눠주면 학부모님들도 읽어보실 수 있어 학교의 소식을 알릴 수 있다. 종례신문에 '학부모님께'라는 칸을 만들어서 전달사항을 전달하며 소통을 늘리는 방안도 있다.

CHAPTER 07 교직관, 교육철학, 교사의 자질

> **Point**
>
> 상당히 많은 문제가 나오는 파트이다. 평가원에서 많이 나왔지만 최근에 서울, 경기와 같은 자체출제지역에서도 출제되고 있으므로 대비가 필요하다. 자신만의 교육 철학, 어떤 마음가짐 및 방향으로 교육자의 역할을 할 것인지는 이 파트의 문제가 아니더라도 어느 문제에서든 사용될 수 있는 내용이므로 준비된 답변이 꼭 있어야 한다. 특히 학생과의 관계 형성 방법, 학생에게 관심을 가지고 소통하는 방법, 학생의 성장을 돕는 방향, 수업/생활지도/학급운영 능력을 기르기 위한 노력 방안 정도는 자신만의 답변을 만들어놓고 반복 연습하여 자동화 시켜놓는 것이 좋다. 이 파트의 내용을 참고할 수는 있지만, 교직관만큼은 자신이 교사를 준비하면서 생각해 두었던 내용을 바탕으로 나만의 답변을 준비해야 말하는 과정에서 진정성이 느껴질 수 있다는 점도 꼭 명심하자.

대표기출

(1) 학생 성장을 위한 교사의 노력

*학생이 스스로 성장하도록 기다리는 교사 vs 적극적으로 지원하는 교사 (2017 서울, 2020 평가원)
*변하는 사회에 대비해주는 교사 vs 불변의 진리를 학습시키는 교사 (2024 평가원)
*학생의 기초학력 vs 자신감 vs 교우관계 중 어떤 것을 길러줘야 하는가 (2021 평가원)
*학생 스스로 하게 하지 않고 교사가 모든 것을 다 해주려는 교사 개선방안 (2020 서울)

(2) 학생과의 소통, 관심, 신뢰

*학생을 어디까지 신뢰할 것인가, 학생과의 신뢰관계 형성 방안 (2022 평가원)
*공감을 잘하는 교사 vs 공평한 교사 (2023 평가원)
*소통하는 교사 vs 수업 전문성을 갖춘 교사 (2017 평가원)
*학생 개개인에게 관심을 가지지 않는 교사에게 필요한 역량 (2018 평가원)
*모든 학생을 칭찬해야하는 이유와 노력방안 (2023 평가원)
*학생의 목소리를 잘 들어주는 교사가 되기 위한 방안 (2023 경기)

(3) 교사의 능력 계발

*교원능력개발 방안 (수업, 학급운영, 행정, 생활지도, 성찰능력) (2023 서울, 2014 평가원)
*교사의 긍지를 높이기 위한 실천 방안 (2025 서울)
*교수역량 vs자기개발역량 vs생활지도역량 vs공동체 역량 (2022 경기)
*수업/생활지도/평가에서 전반적으로 성실성이 떨어지는 교사 개선방안 (2019 세종)
*수업은 잘하지만 교사 간 활동엔 참여하지 않는 교사 또는 동료교사와의 관계는 좋지만 학생의 수업참여도가 낮은 교사의 문제점 (2019 평가원)
*교학상장의 자세의 중요성 (2015 평가원, 2020 인천)

> 기출 답변 핵심 Point

① 학생의 성장을 위한 교사의 노력
  ㉠ 학생의 성장을 지지: '재능에 대한 탐정'이 되어서 학생을 세심하게 관찰하고, 학생의 성장을 이끌 수 있는 방법을 끊임없이 연구하고 학생을 지원해야 한다. 단, 교사가 학생을 정해진 방향으로 끌고 가는 것이 아닌, 학생이 자신의 성향에 따라 자기주도적으로 성장할 수 있도록 지원하는 것이 중요하다. '지시'가 아닌 '지지'의 역할을 하는 것이다. (Teachers should act as "detectives of talent," carefully observing students and continually researching ways to support their growth. It's important not to lead students in a fixed direction, but rather to support them in growing autonomously according to their own interests and traits. The role of a teacher is not to give instructions but to provide support.)
  ㉡ 개인의 특성을 존중한 교육: 학생 개개인의 고유한 특성이 다 다르기 때문에 하나의 인격체로 존중해주고, 개개인의 특성, 능력, 흥미에 따라 교육 방식을 다르게 적용하며 성장을 이끌어야 한다. 그 결과 학생들도 자신의 특성을 살려 주체적이고 능동적으로 자신을 발전시킬 수 있는 방법을 알게 될 것이다. (Teachers should respect each student as an individual since every student has unique characteristics and adapt their teaching methods according to each student's characteristics, abilities, and interests to guide their growth. As a result, students will learn how to develop themselves in a proactive and self-directed manner by utilizing their own unique qualities.)

② 학생과의 소통, 관심, 신뢰
  ㉠ '학생과의 래포형성을 통한 리더십' 필요: 학생이 교사에 대한 신뢰가 없다면 그 어떤 교육적인 지도도 통하지 않는다. 학생을 잘 관찰하고, 관심을 가지고, 소통을 자주 하며 래포형성이 된다면 학생이 마음의 문을 열게되고, 그때 교사가 학생에게 영향을 끼칠 수 있는 리더십을 발휘할 수 있다. (If a student doesn't trust the teacher, no educational guidance will be effective. By carefully observing, showing interest, and communicating frequently, teachers can build rapport with students. Once this connection is established, students are more likely to open up, and then the teacher can exert the kind of leadership that can truly influence them.)
  ㉡ '단 한 명의 따뜻한 어른: 어려움을 겪는 학생일수록 자신의 어려움을 털어놓을 어른이 필요함을 안다. 마음의 문을 여는 데 다소 오래걸리더라도 포기하지않고 지속적으로 학생의 어려움을 공감하고, 이름을 불러주고, 안부를 묻는 등 관심을 준다면 학생은 결국 자신의 마음을 알아주는 '따뜻한 어른'으로 생각하고 마음을 열고 교사를 신뢰하며 변화를 위한 노력을 스스로 할 수 있다. (Students facing difficulties especially need an adult they can confide in. Even if it takes time for them to open up, teachers should not give up. By continuously empathizing with their struggles, calling them by name, and checking in on them, teachers can show genuine care. Eventually, the student will recognize the teacher as a "warm, caring adult" who understands them, leading them to trust the teacher and take initiative in their own efforts to change.)

③ 교원능력계발
　㉠ 사례지식 쌓기: 학생 교육 방안은 매뉴얼이 존재하지 않는다. 오히려 예전에 비슷한 학생을 지도했던 사례가 도움이 되는 경우가 많다. 다양한 학생들을 만나고 다양한 교육 방법을 적용해보며 이를 꼼꼼하게 기록하고, 동료 교사와도 전문적학습공동체 등을 통하여 서로의 사례를 공유하다보면 점점 사례를 통해 교사 역량을 더 성장시킬 수 있을 것이다. (There is no fixed manual for guiding students. Often, past experiences with similar students can be more helpful. As teachers engage with diverse students and apply various educational methods, they accumulate valuable experience. By sharing these experiences with fellow teachers through professional learning communities, they can continually grow their expertise. Over time, this exchange of case knowledge will enhance their teaching skills and overall effectiveness.)
　㉡ 성찰의 중요성: 학교엔 수많은 학생들이 좁은 공간에서 활동하기에 정신없이 하루를 보내게되고, 나의 교육에 대해 성찰할 여유가 없다. 그러다보니 다소 부적절했던 교육방식도 성찰을 하지 못하고 지나가서 다시 반복하는 실수를 저지른다. 퇴근 전 마무리 시간에 오늘 했던 수업이 너무 교사 중심은 아니었는지, 학생 지도 방식이 부적절하지 않았는지를 성찰해본다면 하루하루 더 성장하고 조금씩 더 나은 교육방식을 생각해낼 수 있을 것이다. (In the busy environment of a school, where many students are active in a small space, teachers often go through the day without time for reflection. As a result, ineffective teaching methods may go unnoticed and be repeated. By taking time at the end of each day to reflect on whether the lessons were too teacher-centered or whether they guided students too emotionally, teachers can grow daily and gradually develop better teaching strategies.)

01 관심/사랑을 주며 래포형성하는 교사
(A teacher who builds rapport with students by giving attention and love)

(1) 이유

① 래포 부재로 인한 어려움(Difficulty due to lack of rapport): 보통 아이들은 항상 선생님에게 다가가고 싶어 하지만, 교사와 래포 형성이 되지 않아서 사적인 이야기하는 것을 어려워하고 자신이 학교폭력 등 큰 문제가 생겼을 때 적극적으로 알릴 수도 없다. 만약 자신과 교감을 많이 했던 교사가 있었다면 그 교사에게만큼은 문제를 말해야겠다는 용기를 가질 수 있게 된다.

② 학생이 털어놓을 어른 필요(Need for a caring adult to share concerns): 학생은 누구나 고민, 문제를 털어놓고 이야기할 수 있는 어른이 필요하지만 그런 어른을 찾기 쉽지 않고, 표현하는 것도 어려워한다. 교사가 지속적인 사랑, 교감을 통해 래포를 형성하면 학생이 자신의 문제를 털어놓을 가능성이 높아지고, 이때 해결책을 제시하지 않더라도 들어주는 것만으로도 더 큰 문제를 예방할 수 있다. 또한 학생은 자신의 고민을 들어줄 수 있는 '한 명의 따뜻한 어른'이 있다는 것만으로도 학교생활에 안정감을 찾을 수 있다.

③ **긍정적 감정 전파(Spreading positive emotions)** : 생각보다 많은 학생들이 타인과 교감하는 방법을 잘 모른다. 교사가 직접 학생들에게 친절을 베풀고, 공감해주는 등 교감을 나눈다면 학생도 그 방법을 자연스럽게 배우고 이를 친구들에게 또는 가족에게 실천할 수 있게 된다.

④ **학습 능력에 영향(Impact on learning ability)** : 한 학생의 학습 능력은 교사들과 또래 학생들과 애착 관계의 질에서 큰 영향을 받는다. 안정적인 애착은 다른 사람들에게 위로받고 진정하는 능력이자 가까운 관계를 통해 안전감을 느끼는 능력이다. 교실에서는 교사들과 다른 학생들과의 안정적인 애착 관계가 학습 능력을 최대화해 준다.

(2) 방안

① **학생 장점 발견하기(Discovering students' strengths)** : 학생들을 수시로 관찰하고 개개인의 강점을 발견해서 인정하고 칭찬한다. 학생의 '재능에 대한 탐정'이 되는 것이다. 가능하면 학생 명렬표에 개별 학생의 장점이나 칭찬할 내용을 발견할 때마다 적어놓는 것도 좋다. 학생들은 이런 교사의 진정한 관심을 느낄 때 교사를 신뢰하고 따르게 된다.

② **학생들에게 수시로 따뜻한 말 건네기(Offering kind words to students frequently)** : 학교라는 공간은 학생들이 교실에서, 복도에서, 교무실에서 수도 없이 왔다 갔다 하는 곳이다. 잠시 심부름으로 교무실에 온 학생이라도 여유가 있다면 잠시 말을 걸고, 칭찬하고, 미소를 지어주는 등의 관심을 보이면 그 짧은 순간에 큰 래포를 형성할 수 있고, 그 짧은 한마디가 생각보다 많은 변화를 유도할 수 있다. 평소에 학생들 개별에도 관심을 많이 가져서 특성을 파악해놓고, 이를 바탕으로 복도에서 지나가는 학생이 인사를 할 때라도 말을 한마디씩 건넨다면 학생들은 선생님이 자신에게 관심을 잘 가져준다는 생각에 더 만족하는 학교생활을 할 수 있다. 학생들은 생각보다 자신을 기억해주는 교사에게 감사한 마음을 가진다.(예 "민희야 오늘 수업시간에 정말 열심히 잘하던걸!", "민호야 요즘 교내 음악대회 준비한다고 많이 힘들지? 힘내!")

③ **단 한 명의 따뜻한 어른 되기(Being a warm, caring adult)**: 어려움을 겪거나 문제행동을 하는 학생일수록 자신의 어려움을 털어놓을 어른이 필요함을 안다. 부정적 감정 속에 나름의 이유가 있다고 생각하며 학생의 마음을 공감해주려고 노력해야 한다. 마음의 문을 여는 데 다소 오래 걸리더라도 포기하지 않고 지속적으로 학생의 어려움을 공감하고, 관심을 준다면 학생은 결국 자신의 마음을 알아주는 '따뜻한 어른'으로 생각하고 마음을 열고 교사를 신뢰하며 변화를 위한 노력을 스스로 할 수 있다.

④ **공감적 이해(Empathetic understanding)** : 학생이 무언가에 어려움을 겪거나 문제행동을 하더라도 우선 학생의 말을 들어주고 학생이 겪은 어려움을 진심으로 들어주기. 그러면 학생이 교사에 대해 더 신뢰하게 되고 래포가 형성될 수 있는데, 그때 학생의 잘못된 행동을 지도하거나 학생이 노력할 점을 지도하면 된다. '선 공감, 후 지도'는 분명 '지도'만 하는 것보다 더 효과적일 때가 많을 것이다.

⑤ **1일 1학생 칭찬 노트 쓰기(Daily Student Praise Note)**: 학교에서 수업, 행정 등 다양한 일을 하다 보면 정신없이 바쁜 것은 사실이지만 딱 한 학생에게 관심을 주는 것은 무리가 아닐 것이다. 매일

돌아가며 한 학생을 신경을 써서 관찰하거나 작은 대화를 시도한 뒤에 '수업 집중력이 좋음', '인사를 웃으면서 잘함'과 같이 학생의 장점을 찾아서 짧게라도 기록하면 개별 학생에 대한 관심이 자연스럽게 늘어나고, 기록한 내용을 바탕으로 학생과 더 긍정적인 소통 기회를 늘릴 수 있다.

⑥ 사제동행 이벤트 참여(Teacher-Student participation event) : 마니또 활동, 학급 단합 파티, 빙고 게임, 학급 짝피구 등 다양한 학급 이벤트를 실시하면서 교사도 함께 즐겁게 참여한다. 또한 학급 학생들이 출전하는 스포츠 대회나 축제 프로그램 등이 있으면 조금이라도 시간을 내서 참여하고 응원해준다. 학생들은 '우리를 사랑해주는 선생님'이라고 생각하며 신뢰를 줄 수 있다.

02 학생 개개인을 존중하는 교사(A Teacher Who Respects Each Individual Student)

(1) 이유

① 개별 교사-학생 관계 강조(Focus on individual teacher-student relationships): 진정한 교육은 교사와 학생 전체보다는, 교사 개인과 학생 개인이 만나면서 이루어진다. 교사는 개별 학생을 인격체로 존중하면서 모든 학생에게 관심을 주어야 하는 사명을 가지고 있다.

② 학생 개인 존중 필요(Need to respect individual students): 학생 개인을 존중해야 학생 각자의 특성을 이해할 수 있다. 학생에 따라 지도방식을 다르게 적용하며 학생 개개인의 능력, 흥미, 잠재력을 모두 키우는 교육이 필요하고, 그 결과 학생들도 자신의 특성을 살려서, 주체적이고 능동적으로 자신을 발전시킬 수 있는 방법을 알게 될 것이다.

③ 가드너: "교육은 개인이 중심이 되어야 하고, 모든 학생이 똑같이 마쳐야 할 교과 과정이 있다 해도 한 사람 한 사람이 가장 잘 학습할 수 있는 방법을 찾기 위해 노력해야만 한다."

(2) 방안

① '지시'가 아닌 '지지' 역할(Acting as a supporter, not as a director): 학생 개개인의 고유한 특성이 다 다르기 때문에 교사가 정한 방향으로 모든 학생을 일방적으로 끌고 가고 '지시'하는 교육은 일부 학생에게만 효과가 있을 수 있다. 학생의 개인 특성을 존중하고, 자신의 특성에 따라, 자신만의 방향과 속도에 맞춰 주도적으로 성장할 수 있도록 '지지'해주는 역할이 중요하다.

② '성적'과 같은 하나의 기준으로 학생을 평가하지 않기(Not evaluating students based on a single standard like grades): 모든 학생들이 능력이 있는 분야, 흥미, 잠재력 등이 모두 다른데, 성적에만 초점을 맞춰 학생을 대한다면 개개인의 특성을 부정하는 교육이다. 또한 학교는 학생들이 급변하는 미래사회에 대비할 수 있도록 교육을 해야 하는데, 미래 사회에는 교과 지식 외에도 창의성, 정서지능, 시민성, 문제해결력 등의 요소들도 상당히 중요한 역할을 할 것이기 때문에 학생을 다양한 관점으로 바라보면서 그 학생이 가진 장점을 잘 관찰하는 것이 중요하다.

③ 교학상장 실천하기(Practicing mutual learning and growth): 교사가 늘 학생보다 높은 위치에

있다고 생각하면 학생에게 배울 것이 없다. 수평적인 위치에서 학생 개개인을 존중하는 마음을 가지면 각자 다른 장점이 보일 것이고, 그중에 분명 교사도 배울만한 점이 많을 것이다. 어떤 학생은 칭찬의 기술이 뛰어날 수 있고, 어떤 학생은 경청을 매우 잘해서 교사들의 수업에 힘을 주고 있을 수도 있다. 학생에게도 배울 것이 있다는 생각과 함께 학생의 장점을 관찰하고 이를 밑거름으로 삼아 끊임없이 성장하려는 자세를 갖춰야 한다.

④ **학생이 주도할 수 있는 기회 주기**(Providing opportunities for students to take the lead): 학급/학교 프로그램 기획 시 학생이 주도하는 것을 신뢰하지 못하고 교사가 직접 모든 틀을 정해놓고 거기에 따르기만을 지도해서는 안 된다. 학생들에게도 충분한 능력이 있다고 생각하면서 실질적인 운영 권한을 주고 정서적, 제도적, 행정적 지원을 포함한 조력자 역할을 수행해야 한다. 비록 학생들이 경험이 부족하여 다양한 시행착오와 갈등을 유발할 수도 있지만 그 과정에서 문제해결 역량이 길러질 수 있고 점차 성장하는 계기가 될 수 있으니 한걸음 물러나서 끝까지 응원해주어야 한다.

⑤ **다양한 역할과 선택권 주기**(Giving students diverse roles and choices): 많은 학생을 대상으로 획일화된 수업 및 학급 운영을 고집하지 않고 학생이 직접 선택할 수 있는 역할을 다양하게 제공하면 학생 개인의 특성을 존중하면서도 학생 참여도 높일 수 있다. 수업 중 조별 과제에 대해서도 문법담당, 단어 담당, 자료 제작 담당 등 개개인이 자신의 특성에 맞는 역할을 선택하여 모두가 기여할 수 있도록 수업을 진행할 수 있고, 학급 운영에서도 1인 1역을 실시하여 출석부 관리, 공용물품 관리, 게시판 관리 등 자신이 잘할 수 있는 역할을 선택해서 맡을 수 있도록 할 수 있다.

03 칭찬하는 교사(A Teacher Who Praises Students)

(1) 칭찬의 필요성

① "칭찬의 말은 인간의 마음을 만족시키고, 풍요롭게 하고, 기쁘게 하고, 따뜻한 심정을 북돋아준다."(로버트 콩글린)
② 교사는 혼내는 것은 잘하지만 칭찬에는 인색한 경우가 많다.(이유? ➡ 효과가 없다고 생각, 시간이 없음, 익숙하지 않음)
③ 교사는 학생에게 칭찬을 받으면 기분이 좋다.('수업이 재밌다'하면 더 열심히 준비) 학생도 똑같다.
④ **칭찬의 힘**: 긍정적인 변화를 알아차리고 이를 칭찬하자. 단, 칭찬은 오랜 노력과 연습의 과정을 거쳐야만 습관화할 수 있다.
⑤ 학생 스스로는 자신의 잠재력을 발견하지 못하고 변화하지 못하는 경우가 많다. 교사가 모든 학생의 작은 긍정적 변화를 관찰하고, 이를 놓치지 않고 칭찬해주어야 학생이 그 변화를 발전시켜 성장할 수 있다.

(2) 칭찬의 기술

① **진정한 것을 칭찬**(Authentic praise): 형식적이지 않은 진심이 담긴 칭찬, 진짜 노력이라고 여겨지는 것에 대해 칭찬, 근거가 있는 칭찬(예 "이렇게 꼼꼼하게 글을 쓰다니 놀랍네. 깊이 생각한 게 느껴진다.")

② 구체적인 것을 칭찬(Specific praise) : 단순히 '잘했다'라는 칭찬보다는 긍정적인 노력을 구체적으로 인식하고 인정해야 학생이 노력의 가치가 있다고 인식하고, 인정받은 행동은 지속될 가능성이 높다.
   예 단순히 "착하네."보다는 "친구들에게 자리를 양보해주는 모습이 참 보기 좋네.")

③ 바로바로 칭찬(Immediate praise) : 바람직한 행동이 있을 때 그 자리에서 바로 칭찬

④ 순수하게 칭찬(Sincere praise) : 다른 일을 시키기 위해, 다른 일을 하게 만들기 위해 칭찬하지 않기, 칭찬과 함께 아쉬운 점을 한 번에 말하지는 말고, 분리해서 해야 함

⑤ 공개적 / 사적 칭찬 구분(Distinguish public and private praise) : 공개적으로 칭찬을 하는 것이 필요할 때가 있지만 다른 학생이 민감하게 받아들일 수 있는 것은 사적으로 하는 것이 좋다.

⑥ 상대방 중심으로 칭찬(Praise from the perspective of others) : 내 입장에서의 칭찬이 아닌, 칭찬 받는 학생의 입장에서 기분 좋은 칭찬을 해야 한다.

⑦ 작은 것도 칭찬(Praise for small actions) : 특출난 학생을 제외하고는 칭찬할 것이 없다고 생각하고 칭찬을 포기하는 경우가 많다. 특출난 학생은 누구나 칭찬할 수 있지만 특출난 점이 없어 보여도 칭찬할 것을 끝까지 찾아내는 안목이 교사만의 전문성이다. 학생을 끝까지 세심하게 관찰하고 사소한 것이라도 발견하여 칭찬해야 한다.

> **+ PLUS | 학생을 제대로 잘 관찰하는 법**
> ① 마음을 열기 : 학생을 소중히 여겨야 마음의 문을 열 수 있다.
> ② 배우는 자세 : 내가 남보다 우월하다고 생각이 드는 순간 배우는 자세는 없어짐. ➡ 순수함과 진지함, 겸손함을 갖자.
> ③ 풍부한 자료 : 자신의 경험에 의존한 정보 / 지식은 편견이 될 가능성이 크다. ➡ 다양하고 보편적인 지식 및 검증된 객관적 정보로 생각의 중심을 유지하기

04 공평한 교사(A teacher who treats all students fairly)

(1) 이유

① 교사는 다양한 학생들 속 교사의 말을 잘 따르고 수업을 잘 듣는 학생에게 더 마음이 갈 수밖에 없다. 다만 특정 학생들만 편애하는 것이 드러난다면 다른 학생들은 소외감을 느낀다. 학생들은 차별에 매우 민감하다.

② 학생에겐 다양한 규칙을 적용하게 되는데, 그 규칙에 일관성이 없으면 문제행동을 해도 봐주는 경우가 생기고, 그 결과 그 학생의 문제행동이 강화되고, 그걸 본 학생이 모두 문제행동을 해도 괜찮다고 생각하며 통제가 어려워질 수 있다.(학생이 차별한다고 주장할 때 : 원인을 파악해본다.)

③ 아무리 학교생활을 잘하는 학생이 한번 사소한 잘못을 했을지라도 다른 학생이 그 행동으로 받았던 벌과 똑같이 받도록 해야 한다. 그 학생만 봐준다면 다른 학생들이 편애한다고 느낄 수 있고 교사에 대한 신뢰가 떨어진다.

④ 교사가 바쁜 학교생활 속 모든 학생에게 공평한 관심을 주기는 정말 어렵다. 그러나 관심을 전혀 받지 못한 학생은 속으로는 상처를 받고 있을 수 있다.

(2) 불공평해지는 원인

① **피해의식 학생의 반응(Reaction of students with a sense of victimization)**: 피해의식이 강한 학생이 교사에게 혼났을 때 "왜 나한테만 그래요"라고 불만인 경향이 있다.
② **무의식적 편애(Unconscious favoritism)**: 교사가 무의식적으로 성적이 좋은 학생의 이름을 많이 부르거나 칭찬을 더 많이 해준다거나 할 수 있다. 다른 학생들은 이런 점을 빠르게 파악하고 차별한다고 생각한다.
③ **바쁜 교사와 많은 학생 수(Busy schedules and large class size)**: 바쁜 일상과 많은 학생 수로 인해 의도치 않게 특정 학생에게는 불공평해질 수 있다.
④ **역차별 문제(Reverse discrimination issue)**: 도움이 더 많이 필요한 학생에게 더 많은 지원을 해줬을 뿐인데 이를 '내가 받아야 할 혜택이 줄어들었다'라고 생각하며 역차별임을 제기하는 학생이 있을 수 있음
⑤ **교사 중심 결정(Teacher-centered decision-making)**: '학생'이라는 이유로 의견 제시의 기회나 선택권을 주지 않고, 학급이나 학교 프로그램 운영 방향을 교사 중심으로만 결정하는 경우

(3) 해결방안

① **학생들을 절대 비교하지 않기(Not comparing students under any circumstances)**: 칭찬 / 꾸중 모두 그 학생의 행동에만 초점을 맞추고 다른 학생의 예시를 끌어오지 않는다.
② **공개 상황에서 칭찬과 지도 주의(Caution in Praise and Guidance in Public Settings)**: 많은 학생들 앞에서는 잘하는 학생의 칭찬/ 지도를 유의한다. 칭찬의 경우 공식적 수상 (예 학교 상장 부여)이나 수업을 위해 필요한 것 (예 활동 중 우수 작품 소개) 등은 공개적으로 칭찬해도 괜찮지만, 특정 학생의 칭찬을 지나치게 반복하지 않도록 조심하고, 그 학생에 대한 추가적인 칭찬은 많은 학생 앞이 아닌 개별적으로 하는 것이 좋다. 학생의 문제행동을 지도하는 경우에도 수업과 같은 많은 학생들 앞에서는 짧게 끝내고, 개별적으로 따로 불러서 상담하는 것이 좋다.
③ **학생 한 명 한 명 관심을 가져주기(Giving individual attention to each student)**: 문제를 일으키는 학생 또는 붙임성이 좋은 특정 학생하고만 대화하지 않도록 조심하고, 평범하고 조용히 있는 학생들에게도 말을 자주 걸어준다. 조용한 학생은 문제는 안 일으킬지라도 온종일 이름도 불리지 않아 상처받고 있을 수 있으며, 말하지 못할 심각한 어려움을 겪고 있을 수도 있다. 수업시간에도 최대한 다양한 학생을 참여시키고 관심을 줄 수 있는 활동을 진행한다.
④ **자주 성찰하기(Reflect frequently)**: 특정 학급에서 특정 학생을 공개적으로 너무 자주 칭찬하지 않았는지 성찰해본다. 그랬다면 그 학생 말고 다른 학생의 칭찬거리를 찾으려고 노력하고, 공개적으로 자주 칭찬했던 학생은 다음번에는 교무실 등에서 개별적으로 만났을 때 칭찬하는 식으로 방식을 바꾼다.

⑤ 규칙의 일관성(Consistency in rules) : 학생에 따라 누구는 봐주고 누구는 엄격하게 적용하지 않는다.

⑥ 새 학기 첫날에 '모든 학생을 공평하게 대하는 담임'이 되겠다는 약속하기(Declaration to be a fair homeroom teacher on the first day of the new semester) : 첫날에 한 약속은 교사도 학생도 잘 기억하기 때문에 더 의식하고 노력하게 된다.

⑦ 수업 중 질문의 수준 다양화(Varying the level of questions during class) : 수업 중 잘하는 학생만 답할 수 있는 심화 질문만 하지 않고, 누구나 답할 수 있는 쉬운 질문도 자주 섞는다. 쉬운 질문을 할 때는 평소에 참여하지 않았던 학생들에게 최대한 기회를 주고, 답변했을 때 크게 칭찬한다.

⑧ 능력의 기준을 다양화 시키기(Diversifying the criteria for measuring abilities) : '공부'만을 능력이라고 생각하면 공부를 잘하는 학생에게 더 많은 관심을 주게 될 수 있다. '성실성' '예의' '규칙준수' 등 능력의 기준을 다양화 시키며 더 넓은 범위에서 학생의 장점을 찾고 고른 관심을 준다.

⑨ 사회적인 불평등/차별을 수업내용으로 끌어오기(Incorporating social inequality into the lesson content) : 불평등/차별을 유발하는 요소들을 함께 찾아보고, 학교에도 비슷한 사례가 있나 점검해본 뒤 원인 및 구체적인 해결방안을 토론해보기

⑩ 공동체 의식 기르기(Fostering a sense of community) : '다른' 특징을 가지고 있다고 해서 '틀린' 것은 아니라는 것을 강조하며 서로의 배경에 관계없이 모두가 존중받고 평등한 존재로 인정받는 분위기 형성, 약자에게 더 많은 도움을 제공하는 것은 '차별'이 아니고 '배려'로 볼 수 있으며 공동체의 지속가능성을 위해 반드시 필요한 것이라는 인식시키기

05 친절함과 단호함을 조화시키는 교사
(A Teacher Who Balances Kindness with Firmness)

(1) 친절한 교사와 단호한 교사

① 친절한 교사의 장/단점(Pros and Cons of a Kind Teacher) : 학생에게 친절하게 대하면 학생과의 관계 형성에 좋고, 학생의 마음을 열기가 쉬워 깊은 상담을 하기도 유리하다. 다만 학생들은 아직 성장해나가는 단계에 있다 보니 친절한 호의를 악용하고 책임을 회피하고 규칙에서 벗어날 수 있는 기회로 삼게 될 수도 있고, 학급 분위기도 질서가 잡히지 않고 소란스러워질 수 있다.

② 단호한 교사의 장/단점(Pros and Cons of a Firm Teacher) : 교사가 단호함을 유지하면 학생들의 문제행동을 예방하고 학급이나 학급의 규칙을 유지하기가 좋다. 단, 지나치게 원칙만을 강조하고 단호하고 무섭게만 학생을 대한다면 학생들이 교사에게 늘 긴장하고, 다가가기 어려워할 수 있으며, 큰 어려움이 있을 때 도움을 요청하기도 어려워질 수 있다.

(2) 친절함과 단호함의 조화(Balancing Kindness and Firmness)

① 조화가 필요(Need for Balance) : 단호함 없는 친절함은 방임교육이며 친절함 없는 단호함은 권위주위적 교육이다. 교사는 단호함 (교사만의 분명한 원칙을 적용함)과 친절함 (그 원칙을 사용하는 동안 교사와 학생의 존엄과 존중을 유지)의 균형을 유지할 수 있어야 한다.

② 변명과 회피를 방치하지 않기(Avoid Allowing Excuses or Evasion): 학생의 잘못된 행동에 대하여 굴욕감, 비난, 수치심 느끼게 하지 않으면서 동시에 학생이 변명하고 회피하게 내버려두지도 않아야 한다. 변명하는 학생은 자신이 할 수 없다는 믿음이 있으므로 학생이 변명하게 내버려 두는 것 또한 학생을 존중하지 않는 것이다.

③ 이중처벌 금지(Avoid Double Punishment) : 학생을 주눅 들게 만들어야 바르게 가르칠 수 있는 것은 아니다. "본때를 보여줘야겠어!", "네가 뭘 잘못했는지 생각해!"라고 말하며 불필요한 상처를 더할 필요는 없다. 학생을 상처주는 말투가 아니어도 분명 학생의 문제행동을 충분히 알아들을 수 있게 설명할 수 있다.

④ 존중을 통한 지도(Guidance through Respect): 다른사람에게 존중받고 싶다면 다른 사람을 존중해야 한다. 학생들을 걱정해주고 문제를 들어주고 존중해주면 학생들도 나를 위해 최선을 다한다. 학생은 교사가 자신을 사랑한다는 것을 알고 있을 때 더 좋은 행동을 한다. 학생의 잘못된 행동은 단호하게 지적해주더라도, "OO를 싫어해서 이런 말 하는 것은 아니다. 이런 것과 이런 것을 참 잘하기 때문에 좋아하는 학생인데 이런 행동은 분명 수정이 필요하다" 라고 학생이 잘하는 부분은 적극적으로 칭찬하고, 학생을 미워하는 것은 아니라는 것을 분명히 알려준다.

⑤ 학생의 친구가 되지 않기(Do Not Become a Student's Friend) : 다정하고, 사랑으로 보살펴주고, 소통도 잘하는 교사가 될 수는 있으나 친구가 되어서는 안 된다. 학생에게는 교사와 학생의 경계선을 확실히 알려주고, '어른으로서의 본보기'가 되어야 한다. 학생이 교사를 친구처럼 느끼면 친구에게 할만한 사적인 부탁도 쉽게 할 것이고, 예의에 어긋나는 행동을 하게 될 수 있으며, 이런 행동들이 거부당했을 때는 교사에게 크게 실망할 것이다. 단호함이 필요할 때는 미루지 않고 단호함을 보여야 한다.

06 수평적 리더십을 발휘하는 교사(Horizontal leadership)

(1) 수평적 리더십 개념

① 배경 : 사회구조는 수직적 관계에서 수평적 관계로 이동하고 있다. ➡ 예전엔 어른이 수직적 파워를 가지고 있어 학생들도 '선생님이니까' 따르는 경우가 많았지만, 이제는 교사라는 지위의 영향력 줄어들고 있음. 가정과 사회에서 수평적 관계 방식을 경험 ➡ 지시적, 통제적 리더십 방식을 반발

② 수직적 리더십(Vertical Leadership) : 지시하고 통제하며 영향력 발휘 ➡ 아이들을 꼼짝 못하게 하는 무서운 교사 ➡ 아이들은 바꾸는 시늉만 하고 실제로는 변하지 않을 뿐만 아니라 교사에게 정을 뗀다.

③ 수직적 리더십에서 벗어나기(Moving Away from Vertical Leadership) : 교사는 가르치는 사람, 완전한 사람, 높은 사람이고, 학생은 배우는 사람, 불완전한 사람, 낮은 사람으로 정의 내림. ➡ 명백한 역할 규정으로 인해 학생들 마음과 거리가 생김. ➡ 학생에게 기대치가 낮고, 교사의 지위를 내세워 학생을 끌고 가고 일방적으로 변화시키려고만 하는 수직적 리더십에서 벗어나기(학생에게 영향을 주어 변화하려고만 하고, 영향을 받아들여 교사가 변화하려고 하지는 않았다.)

④ '가르쳐'주지 않고 '가리켜'주는 교육(Education that guides rather than teaches) : 보통 교사는 '가르치는' 역할을 하고, '가리키는' 것은 가르친다는 말을 잘못 사용한 예로 언급이 된다. 그러나 이제는 교사가 주도하여 학생에게 모든 것을 '가르치기'보다는, 학생들에게 옳은 가치관 및 바른 방향을 '가리켜'주기만 하고 구체적인 방법은 학생이 주도적으로 깨닫고 스스로 발전시켜 나가는 교육이 필요하다.

(2) 수평적 리더십의 핵심

① 교사와 학생이 함께 주체가 됨(Both teachers and students take ownership together) : 학생과 교사가 함께 주체가 되어 학생의 변화를 만들어가는 리더십, 학생의 변화뿐만 아니라 교사 역시 기꺼이 변화되어가려는 노력을 함. 교사와 학생 역할을 명백히 규정해 놓지 않아 학생에게도 배울 수 있다고 생각

② 정서적인 쌍방향 소통(Emotional two-way communication) : 일방적이고 강압적인 지시, 명령에서 벗어나기 ➡ 학생과 교사가 서로 존중하고, 서로 마음을 주고받으며, 그 과정에서 점차 변화로 나아가기

③ '학생들의 마음을 움직여서 스스로 변화의 주체로 나서도록 하는 동기 촉진 방식의 리더십'(Inspiring the student's heart to facilitate self-transformation) : 교사는 자신 위주로 상황을 판단하는 태도에서 벗어나기("내가 말했으니 들어라"에서 벗어나기) ➡ 늘 학생들이 어떤 마음인지 들으려는 태도를 가지기 ➡ 이런 태도를 보이면 학생들은 자연스럽게 마음을 열고 교사의 리더십을 받아들이며, 변화의 주체가 됨.(스스로 변화시키려고 노력)

④ 래포 형성을 통한 리더십(leadership through rapport-building) : 교사가 학생들과의 래포 형성 ➡ 학생들은 신뢰와 존경을 줄 수 있음 ➡ 학생들의 변화도 더 자연스럽게 촉진할 수 있음

⑤ 사랑받는 권위 확보(Gaining Authority through Respect and Affection): 교사는 '강요하는 권위'를 내려놓고 '사랑받는 권위'를 얻게 된다. ➡ 더 강력한 리더십 발휘 가능

(3) 수평적 리더십 발휘 전략

① 리더십을 발휘할 때 목표 : 교사 자신의 불편함(개인적 욕구) 때문에 리더십 발휘(예 소란스러운 것 싫어하는 교사가 아이들 조용히 시킴)하기보다는 아이들의 인간적인 성장, 성숙을 위해 변화를 이끌어내는 리더십이 필요 ➡ 교사가 감정적으로 안정되어 자신의 욕구에서 벗어나 냉정하게 판단하고, 말하고, 행동하는 것이 먼저 필요

② 리더십 실패를 두려워하지 않기(Do Not Fear Leadership Failure) : 리더십 실패가 두려워 학생을 포기하고 그냥 두면 교사의 정체성이 없어지고, 자신이 무가치하다는 감정과 함께 밋밋한 일상을 보내게 된다.

③ 부정적 감정과 관계 악화 예방(Prevent Negative Emotions and Relationship Deterioration): 학생으로부터 부정적 감정이 생겨 관계가 나빠지면 교사가 영향을 미쳐 변화시킬 수 있는 여지가 줄어든다. ➡ 항상 자신의 리더십을 점검하여 어떻게 아이들을 변화시켜야 관계에 금이 가지 않으면서 바람직한 방향으로 영향을 미칠 수 있는지 고민해야 함

④ 영향력을 키우고, 저항력을 줄였을 때 리더십이 성공한다(Leadership is exercised when influence is high and resistance is low)
 - 교사가 학생과 좋은 관계를 맺어 믿을만한 존재가 되면, 교사의 '영향력'이 커진다.
 - 영향력 늘리려면 '아이들의 마음을 알아주기' ➡ 학생들은 자신을 알아주는 느낌을 받을 때 '아, 저 선생님 괜찮은 사람이구나, 내 마음을 헤아려 주는구나' 하고 마음을 연다. ➡ 교사와 학생의 관계는 하루아침에 좋아지는 것이 아니라 학교생활 속에서 학생들의 마음과 긍정적 변화를 꾸준히 알아주고 칭찬하는 것이 중요
 - 저항력 줄이기 : 학생이 "싫어요"라고 할 때는 저항한다고만 생각하지 말고, 나름의 이유나 하기 싫은 감정이 있다는 사실을 기억 ➡ 아이들은 자신의 오랫동안 몸에 밴 습관을 바꾸면서 교사가 시키는 행동을 하는 것보다는 자신이 해온 행동을 지속하며 저항하는 것이 훨씬 편하게 느낀다. ➡ 아이의 행동을 무리해서 바꾸기보다는 우선 그 부정적 감정을 알아주어야 저항력이 줄어든다.

07 교사의 자질 계발(자신 계발)(Self-development of teachers)

(1) 수업

① 수업에 따라오지 못할 학생 먼저 생각(Prioritize students who are struggling to keep up with the class) : 수업 참여가 모범적인 학생은 어떤 방식으로 수업해도 잘 따라온다. 더 관심을 가져야할 학생들은 '끌고 와야 하는' 학생들이다. 이런 학생들은 흥미가 있어야 참여할 확률이 높다. 학생들과 꾸준히 소통하며 최근 흥미를 파악하고, 이를 수업에 응용하며 더 많은 학생의 참여를 이끄는 방안을 고려해본다. 또한, 수업 준비를 할 때 '이렇게 수업을 하면 어떤 학생들이 따라오고 어떤 학생들이 따라오기 어려울까' '이 수업을 과연 교과 지식이 다소 부족한 학생들이 따라올 수 있을까'와 같이 수업을 항상 학생의 시각에서 고민해보는 습관을 들이면 좋다.

② 개별화된 수업 연구(individualized learning) : 다양한 학생들을 획일화된 방법으로 가르친다면 당연히 특정 학생만 끌고 가는 수업이 되어버린다. 학생 개인의 특성, 양식, 수준에 맞는 수업을 하려고 노력한다.(가드너 "교육은 개인이 중심이 되어야 한다. 모든 학생이 똑같이 마쳐야 할 교과 과정이 있다 해도 한사람 한사람이 가장 잘 학습할 수 있는 방법을 찾기 위해 노력해야만 한다.") 기존 학습지에 따라가기 어려운 학생들을 위한 작은 Tip을 추가하여 만들거나, 수업 중 예시를 드는 분야와 방식을 다양하게 해보거나, 조별활동에서 역할을 다양하게 제시하며 학생이 자신에게 맞는 역할을 선택하게 할 수도 있다. 최근엔 AI기반 코스웨어를 활용하면 AI가 자동으로 개별 학생의 교과 실력을 진단하고, 그에 맞는 학습 과제를 추천해주며, 맞춤형 피드백까지 부여하기 때문에 이를 교사가 잘 관리해준다면 완전한 개별화 수업이 가능하다.

③ '복도에서 스치듯 한마디' 실천(Gathering spontaneous student feedback during informal interactions): 수업에 대해 학생의 피드백을 받으면 매우 큰 도움이 되지만 주기적으로 설문지를 만들어 실시하기엔 시간이 오래걸려 자주하기는 어렵다. 평상시에 복도에서 학생을 마주쳤을 때 안부를 물으면서 '지난 시간 수업에서의 어려웠던 점은 없었는지'라고 물어보면 수업에 대한 학생의 피드백을 자연스럽게 얻을 수 있고, 어떤 경우엔 학생이 '이렇게 해줬으면 좋겠다'라고 좋은 개선방안을 제시해주기도 한다.

④ '길가의 교육'을 실천하기(Practicing "Education on the Road"): 교과서 속 정해진 지식만 그대로 전달해서 가르친다면 학생의 진정한 성장을 이끌기 어려울 수 있기에 학교 밖 '길가'에서도 교사의 학습은 계속되어야 한다. 다양한 주제로 독서활동을 하는 것은 물론 에듀테크 발표회, 박물관/미술관, 직업 박람회 등을 직접 찾아다니며 사회 전반의 흐름을 파악하고 이를 끊임없이 교육과 연결하여 학생들에게 필요한 능력이 무엇인지를 생각하고 수업에서 적용할 수 있는 부분은 없는지 지속적으로 찾아야 한다. 이런 과정을 통해 교사는 학생에게 가르칠 지식을 실제 삶에 연계할 수 있는 '앎과 삶이 일치하는 교육'을 할 수 있다.

⑤ 수업친구 만들기(Making teaching preparation friend) : 학교 내 선생님들과 전문적학습 공동체 등을 통하여 '수업 친구'를 만들 수 있다. 처음엔 다소 어렵겠지만 서로의 수업을 과감히 공유하고, 참관하다 보면 자연스러워진다 ➡ 서로 비평적 관점으로 바라봐 주고, 학생의 배움이 제대로 일어났나, 학생과의 관계가 잘 형성되었나, 교사의 시선이 닿지 못한 학생이 있지는 않았나... 등에 대한 피드백을 주고 대화를 나누면서 수업을 같이 고민한다. 서로 수업의 어려움도 자연스럽게 공유하기 때문에 감정적인 치유도 가능하다.

⑥ 전문가로서의 '성찰'과 '반성' 능력을 기르기(Developing reflective and self-examination abilities as professionals) : 자신을 진정으로 성찰할 수 있어야 교육전문가라고 볼 수 있다. 수업의 실패 원인을 아이들이나 교과서 탓으로 하는 것이 아니라 자신의 '실천'과 '수업디자인'에서 찾으려고 노력한다.

⑦ 전문가로서 성장하기 위한 연수(Attending training to become an education expert) : 교육청 연수 사이트나 학교로 접수되는 공문들만 잘 살펴도 수업에 대한 좋은 연수들이 가득하다. 이런 연수에 적극적으로 참여하면 좋은 수업에 대한 팁을 많이 얻을 수 있다. 단, 연수에서 배운 것을 있는 그대로 적용하면 실패는 경우가 많으므로 반드시 자신의 교육관이나 스타일에 맞게 재구성하는 노력이 필요하다.

⑧ 사례지식(case knowledge)을 키우자 ➡ 수업에서 맞닥뜨리는 어려움은 대처할 수 있는 방법이 나오는 '매뉴얼'이 따로 존재하지 않는다. 매뉴얼 보다는 '경험'을 통해 해결해야 하는 경우가 많다. (경험을 통해 성공할 수 있다 : 이전 경험에 바탕을 두고 다음 경험을 해석하고, 그 새로운 경험을 통해 과거의 경험을 재해석하며 성장한다.) ➡ 어떤 상황에서 어떤 방법으로 수업이 성공했고 실패했는지에 대한 '사례'를 쌓고 분석해야 하며, 다른 선생님과의 대화를 통해 각자의 사례를 공유하는 시간을 가져야 성장할 수 있다.

⑨ 마이크로 티칭(micro-teaching) : 자신의 수업을 녹화하는 일은 매우 부끄럽고 용기가 나지 않는 일이지만 사실 자신의 수업을 객관적인 시각으로 살펴볼 수 있으려면 녹화하는 방법밖에 없다. 자신의 수업 영상을 찍은 뒤 질문을 지나치게 어렵게 한다든지, 상호작용이 지나치게 적다든지, 특정 학생만 바라보고 수업을 한다든지 등 수업을 개선할 수 있는 요소를 발견하고 고치려고 노력한다.

(2) 학생생활지도, 학급운영

① 학생 이해, 학생 공감을 위한 독서(Reading for understanding of students) : 학생의 문제행동 지도는 학생에 대한 '이해'가 먼저다. 이해 없이는 감정적인 생활지도를 할 가능성이 높아진다. 심리학 도서, 다큐멘터리, 현직교사 사례집 등을 통해 학생을 먼저 이해하고, 이해를 통해 공감하는 방법을 배운다.

② 사례를 기록하고 성찰(Record student cases and reflect) : 생활지도는 특정 지식보다는 경험이 더 중요하고, 특정 경험이 다음 경험에 도움이 되는 경우가 많다. 어떤 유형의 학생에게 특정 방법을 시도했을 경우 그 결과를 잘 기록하고 성찰을 해 두면 다음 유사한 사례의 학생에 적용 가능해지며, 성공적인 지도를 할 수 있다. 다만 학교는 하루 종일 정신없이 진행되기 때문에 자신의 교육방식에 대한 성찰의 여유가 없을 수 있으므로, 퇴근 5분 전 학생의 명렬표를 보며 하루 동안 학생에게 했던 지도방식이 적절했는지를 성찰하는 습관을 들이면 부족한 점을 보완하여 점차 성장할 수 있다.

③ 교무실 안에서 관찰(Observation of colleague teachers) : 교무실에서 어깨너머로 배울 수 있는 부분이 매우 많다. 학급운영은 보통 시기별로 해야 할 일이 있고 각 시기가 되면 주변의 다른 선배 교사들도 비슷한 학급활동을 진행한다. 이때 선배 교사들을 잘 관찰하며 아이디어를 얻고, 궁금한 점은 적극적으로 질문하며, 나의 철학에 맞게 재구성하여 학급 활동을 진행할 수 있다. 또한 다른 학급에 수업을 들어갔을 때 칠판에 적힌 내용, 게시판, 교탁에 붙인 내용 등 교실을 잘 관찰하여 그 선생님의 학급 노하우를 배울 수도 있다.

④ 자신만의 학생지도 교직철학, 원칙을 세우기(Establish personal educational philosophy and principles for students) : 우유부단한 교사는 학생을 지도하기가 점점 힘들어진다. 자신의 지도 철학, 원칙을 정하고 세부적인 방법은 경험을 통해 수정을 하더라도 큰 철학이 흔들리지는 않도록 노력한다.

⑤ '자기 점검'을 규칙적으로 하기(Regular self-assessment) : 학생을 얼마나 사랑하는가, 학생의 진가를 인정하고 있는가, 사랑 / 인정을 얼마나 표현하고 있는가, 너무 감정적으로 대하진 않았는가, 나만의 핑계를 대며 학생을 방치하지는 않았는가…

(3) 행정업무

① 학교행정업무의 특징 : 여기저기 산만하게 흩어져 있어 지금 하고 있는 일이 다음 일을 처리하는 데에 관련이 없이 개별적임. 하나의 업무를 처리할 때 다른 업무가 하나 더 생긴다거나, 업무

를 끊고 갑자기 수업에 들어가야 한다거나, 학생이 갑자기 찾아온다거나 하는 경우가 많아 수시로 끊김

② 업무가 들어오면 즉시 메모하고 우선순위로 정렬(When tasks arise, jot them down immediately and prioritize them) : 메신저 등으로 업무가 들어올 때마다 즉시 자리의 포스트잇이나 컴퓨터의 메모 프로그램(스티커메모 추천)을 활용해서 적어두기, 각 업무마다 마감시기가 다르므로 가장 먼저 해야 할 일부터 우선순위대로 정렬해 놓기

③ 매뉴얼을 먼저 활용(Utilize work manuals) : 모르는 업무를 처리할 때 동료교사에게 질문을 할 수도 있지만, 그보다 먼저 교육청 홈페이지의 행정업무 관련 게시판에 있는 매뉴얼, 신규교사들을 위한 행정업무 매뉴얼 책, 정보공시 사이트, 업무포탈의 작년 문서함 검색 등을 통해 먼저 살펴보면서 최대한 혼자 처리해보면 업무 처리 요령을 배우는데 더 큰 도움이 된다. 단, 모든 업무는 학교나 해마다 조금 다르게 적용될 수 있으므로, 선배교사나 부장교사에게 이런 절차로 처리하는 게 맞는지 '확인'하는 절차는 필요하다.

④ 나만의 매뉴얼 만들기(Create my own work manual) : 학교 행정은 하나를 깊게 맡는다기보다는 이런저런 다양한 일들을 동시다발적으로 처리해야하는 경우가 많기도 하면서 매년 자신이 맡은 주 업무도 달라진다. 자신이 주로 맡은 업무라도 오랫동안 해본 업무가 아니기 때문에 할 때마다 그 절차가 헷갈릴 수도 있고, 결국 헤매다가 시간이 많이 소요될 수 있다. 이런 특성 때문에 업무 매뉴얼을 만들어두면 좋다. 처음 인수인계 받은 내용부터 시작해서 업무 진행절차, 그리고 유의사항까지 매뉴얼을 만들어놓으면 효율적인 업무처리에 큰 도움이 된다. 물론 매뉴얼을 작성하는 시간이 좀 걸릴 수도 있겠지만 한번 처리한 업무를 바로바로 매뉴얼을 작성해놓으면 다음 번에 업무를 처리할 때는 그 매뉴얼 대로 빠르고 효율적으로 처리할 수 있기 때문에 장기적으론 행정업무의 시간 단축 및 실수 방지에 도움이 된다.

⑤ 신규 때의 행정 실수는 괜찮다(Learn from mistakes) : 실수는 당연히 하는 것이고, 실수를 통해 성장을 하는 것이라고 생각하기. 실수로 인해 선배교사에게 지적을 당한다고 위축되지 않기. 사실 선배교사도 신규교사는 실수할 것을 예상하고 있다가 조언하는 입장이고, 실수를 통해 배우고 성장하길 바라며 지적을 한다는 점을 이해하기

(4) 교사가 필요한 자질

① 교사 자신 관련 : 인격수양, 사명감 확립, 원만한 인간관계, 변화와 혁신 지향, 책임감 등...
② 학생 관련 : 개인차 존중, 인격 존중, 공평한 지도, 솔선수범, 사랑(이해, 관심), 헌신, 인정과 칭찬, 비밀 엄수 등...
③ 교직원과 관계 : 민주적 인간관계, 상호간 화합과 협동, 동료존중, 동료성 등..
④ 인성적 자질 : 평정심(학생의 공격 / 문제행동에 격하게 반응X), 인내심(학생 문제는 단기간 해결X), 낙인X(편견 ➡ 변화불가), 공감능력(학생입장에서 이해), 공동체의식, 긍정적인 면을 찾는 자질, 배려심

> **+ PLUS | 교직생활에서 "성장형 태도"를 취하기**
> - 자신의 지금 상태가 고정적으로 지속될 것이라고 믿기보다는 점차 성장할 것이라고 믿는 태도
> - 피드백을 들을 준비가 되어있음.
> - 일을 망쳤다는 사실이 나를 규정하지는 않는다고 여김.
> - 실패는 충격이지만 실수는 좋은 것이라고 생각
> - 처음부터 일을 잘할 수 없다고 생각. 실수를 통해 배우고 성장해 나간다고 생각

08 교사는 교육전문가(Teacher as a professional in education)

교사는 교육 전문가이다. 교육 전문가가 되기 위해 필요한 자세는 다음과 같다.(몇 가지 기억을 해놓았다가 다양한 문제에서 서포팅으로 사용하자.)

① 어떤 경우에도 학생을 미워하지 않고, 감정적으로 대하지 않고, 문제행동을 개선하기 위해 도움을 주는 것도 '전문적인 기술'이다.

② 아이를 혼내더라도 미워하지는 말기. 욕, 손찌검, 미움은 주지 말기 ➡ 아이의 잘못된 행동이 그 아이에게서 비롯된 것이 아닐 수도 있다. 미움은 누구에게도 도움이 되지 않는다.

③ 문제행동 시 ➡ 과거보단 미래지향적으로 ➡ '처벌해야겠다'라는 목표를 가지기보다는 '그 행동을 되풀이하지 않도록 해야겠다'라는 목표가 필요하다. 지나간 잘못에 초점을 맞추지 말고, 학생의 반성을 통한 더 나은 행동을 이끌자. 잘못된 행동의 처벌보다는 예방에 신경을 더 쓰자.

④ 학생 지도 결과 학생이 '화가 나는 것'을 기대하면 안 된다. 더 성숙해지기를 기대해야 한다. ➡ "학생을 화나게 하는 것"이 결과가 되어선 안 된다. "화난 학생" 그 자체가 문제이기 때문이다.

⑤ "왜"라는 질문에 답할 수 있어야 함. ➡ 문제행동을 하는 학생을 이해시킬 수 있는 규칙설명이 필요 ➡ 반항적인 학생은 자신이 특정 규칙을 '왜' 따라야 하는지 모를 때 반항적임. ➡ "그냥 하라면 해라"라는 식의 말은 반항심만 키움.

⑥ 학생지도 방안 중 적용만 하면 성공하는 방법은 없다. 학생 및 상황에 따라 끊임없이 고민해야 한다. 학생의 변화를 위해 '해봤는데 안 됐다'라는 무기력한 태도가 아닌, '그렇다면 어떻게 해야 할까' 하는 자세로 계속해서 접근방법을 달리하는 '주도성'이 필요하다.

⑦ 학생을 비꼬는 것은 절대 해서는 안 된다.

⑧ 학생과 논쟁을 시작하는 순간 교사가 지는 것이다. 교사는 어른이다.

⑨ 학생에게 높은 기대를 가진다. 그러나 교사가 자기 스스로에게도 높은 기대를 품는 것이 중요하다.

⑩ 주변 상황이 변하기만 기다리지 말자. 자기 수업에 책임을 지고, 자신이 통제할 수 있는 것에 초점을 맞추자.

⑪ 불평만 하는 교사는 '지금까지 가르친 애들 중 최악이다'라는 인식을 많이 한다. ➡ 사실로 믿기 시작한다. ➡ 믿는 대로 학생을 대하고, 학생은 그에 따라 행동하기 시작한다.

⑫ 학생에게 상처가 되는 행동을 하지 말자. 날카로운 지적, 꼼짝 못할 반박을 하지 말자. 학생을 몰아세우거나 당혹스럽게 하지 말자.

⑬ 교사 자신이 했던 행동, 언행이 부적절하고 감정적이었다고 생각되면 "사과"를 할 수 있다. 교사가 하는 행동이 항상 옳은 것은 아니다. 학생에게 상처를 준 행동은 사과를 할 필요도 있다.
⑭ 교사 자신의 소신, 신념을 정하고, 이를 학생들 / 동료들에게 공유하자. ➡ 소신이 매우 단순하고, 소신이 분명할수록 일을 잘 해낼 수 있다는 것을 알려주고, 교실과 학교에서 우리가 하는 모든 일의 기본이 되어주는 것이 소신이라는 것을 알려주자.
⑮ 교사는 학생들을 대신해 정답을 찾아주면 안 된다. ➡ 교사에게 지나치게 의존할 수 있고, 미래에 새로운 어려움을 겪었을 때 다시 문제 발생 ➡ 스스로 문제를 해결해 나갈 수 있도록 도와주는 조력자 역할을 해야 함.
⑯ 교사는 학생에게 항상 본보기가 된다 : 학생과 갈등 상황에서 화만 내고 감정적으로 대한다면, '너네도 갈등 상황에서 이렇게 해결하라'라고 보여주는 것이나 마찬가지이다. ➡ 평정심을 가지고 학생과의 갈등 상황에 대처해야 한다.
⑰ 누구나 강점이 있다는 것을 인정하자. 문제행동 속에도 강점을 찾을 수 있으므로 긍정적인 마인드로 바라보자.
⑱ 모두가 교사고 모두가 학생이다 : 가르치는 사람과 배우는 사람을 구분하지 말고 함께 성장하는 자세를 가져야 한다.
⑲ 학생 개개인을 하나의 인격체로 존중해야 한다 : 학생 개개인의 고유한 특성이 다 다른데 그것을 부정하는 획일적 교육은 학생의 성장을 이뤄낼 수 없다. 학생 개개인의 능력, 흥미, 잠재력을 모두 키우는 교육 필요하다. 그 결과 학생들도 자신의 특성을 살려서, 주체적이고 능동적으로 자신을 발전시킬 수 있는 방법을 알게 된다.
⑳ 교사는 개별 학생의 성장 가능성을 찾아내고 그 가능성을 실현하게 하는 역할을 해야 한다. 학생의 성장을 위해 적극적으로 노력해야 한다.
㉑ 문제가 된 행동을 학생과 별개로 생각해서 행동을 비판하되 학생을 비판하지는 않는다.
㉒ 건설적인 비판을 해준 뒤에는 학생에게 "다음엔 더 잘할 수 있을 거야"라고 덧붙여야 한다.

09 우울한 교사 / 교사 스트레스(Teacher depression)

(1) 교사의 우울함 / 스트레스 원인

① 외로움 : 각종 문제 상황을 교실 안에 혼자 해결
② 학생들은 항상 말을 듣지 않음
③ 가르쳐야 하는 것과 가르치고 싶은 것의 불일치
④ 서로 돕지 않는 교사들

(2) 극복방안

① 자기개방하기(Being open to others)
  ㉠ 직면하기(Confront the Issue) : 지금 겪는 어려움을 외면하지 않고 정당하게 직면해야 한다. 지금 당장은 나에게 고통을 주고 있는 것이 사실이지만 이 사실을 외면하려하면 나중에 더 큰 심리적인 어려움을 겪는다.
  ㉡ 자기개방의 필요성(Need for Self-Disclosure) : 자신을 짓누르는 문제를 털어놓지 않으면 아무 것도 해결되지 않는다. ➡ 내가 무엇을 두려워하는지, 무엇 때문에 힘이 드는지 드러내기 ➡ 나를 드러내 놓아야 비로소 치유가 이루어지고, 때로는 누군가에게 이야기하는 것만으로도 상당 부분 치유가 되기도 한다.
  ㉢ 혼자만 괴로워하지 않기(Do Not Suffer Alone) : 나는 혼자고 내가 힘든 것을 아무도 모른다고 느낄 때 고립감은 더 깊어진다. ➡ 자신의 상처를 동료에게 드러내면 동료들의 사례도 듣게 된다. ➡ 나만 힘들어하는 것은 아니라는 안도감을 느끼게 된다. ➡ 그 자체만으로 치유 가능
  ㉣ 공유문화 만들기, 공동체 결성하기(Create a Sharing Culture and Build Community) : 자신의 고민을 마음껏 털어놓는 개방적 분위기와 서로 돕는 문화가 자리 잡도록 하기 ➡ 어려움을 고백하고, 자신을 성찰하며 아이들과 좋은 관계로 지낼 수 있는 방법을 함께 찾고 실천하기, 교사들 간의 연대, 위로, 격려, 존중 ➡ 실천 경험을 나누기

② 교사의 자각 / 자기 검열하기(Self-reflection)
  ㉠ 분리되어 살지 않기(Avoid Living Disconnected): 내면에서 추구하는 것과 행동으로 나타나는 것이 다르면 행복을 느끼지 못하고 괴롭다. ➡ '교사로서 이렇게 살아야지', '아이들과 이렇게 해야지' 라고 생각한 것과 실제 행동이 다르지 않도록 노력
  ㉡ 긍정적인 자기 검열(Positive Self-Reflection) : '이건 아닌데' 라고 생각하면서도 아이들을 그런 방식으로 대하고 있을 수 있음. ➡ 성찰을 자주 하지만 '나는 왜 부족한가'라는 마인드가 아닌 '지금도 꽤 노력하는데, 지금도 충분한데'라는 마인드를 깔고 긍정적인 자기검열을 하자.
  ㉢ 감정 반응 성찰(Reflect on Emotional Reactions): 학생들이 나에게 문제를 보였다고 똑같이 미움으로, 화로 돌려주진 않는가 성찰하기
  ㉣ 교사의 상처를 개인 문제로 치부하지 않기(Do Not Attribute Teacher's Wounds to Personal Fault): 나쁜 교사라서, 부족한 교사라서 아이들과 지내기 힘든 것이 아니다. ➡ 개인의 문제로 치부하면 아이들과 관계 맺기는 더욱 힘들다. ➡ 교실 속, 수업 안에서, 자신의 생활 속에서, 혼자, 혹은 동료들과 풀어나가자.

③ 무리하지 않기(Don't overburden myself)
  ㉠ 모든 문제 해결은 불가능하다(Acknowledge Not All Problems Can Be Solved): 아무리 강한 교사라도 현실 속 모든 문제를 해결할 수 없다. 너무 큰 의욕 및 생각은 불행을 이끌 수 있다.
  ㉡ 위대한 영웅이 되려 하지 않기(Avoid Trying to Be a Great Hero): 학생들의 인성 '개조'를 통해 새로운 인간을 탄생시키려고 하지 말고, 모든 아이들을 내가 원하는 대로 따라오게 하지는 말자.

ⓒ 편안한 마음 가지기(Maintain a Relaxed Mind) : 편안한 마음을 가져야 더 강한 힘을 발휘한다.

④ 모든 일에 의미를 부여하기(Find meaning in everything)
   ㉠ 긍정적 의미 찾기(Find Positive Meaning): 현재 벌어지고 있는 일은 불행하지만 이것을 긍정적으로 볼 수 있는 면이 있는가 찾고, 여기에 어떤 의미가 있을 것이라고 생각하자.
   ㉡ 어려움의 의미 성찰(Reflect on the Meaning of Difficulties): 어려움을 겪는 일이 있을 때마다 이 어려움이 의미하는 것이 무엇인지 진지하게 생각해보고, 결국 그것이 내게 어떤 선물을 줄 것이라고 받아들이자.
   ㉢ 학생 관계에서 의미 찾기(Find Meaning in Teacher-Student Relationships): 교사와 아이들 관계, 학생 개개인 등에서 의미를 찾아보자. ➡ 아이들도 자기가 하고 있는 일에 의미를 부여할 수 있도록 돕기

⑤ 마음 관리하기(Manage my own emotions)
   ㉠ 부정적 감정의 영향 인식(Recognize the Impact of Negative Emotions): 하루에도 수많은 학생, 동료교사, 관리자, 학부모와 관계를 맺으며 살아가야 하는 교사는 마음 상하는 일이 많이 생길 수밖에 없다. ➡ 그때 일어난 부정적인 감정에 따라 행동하면 상황이 악화될 수 있다. ➡ 처한 상황 자체를 바꾸긴 쉽지 않지만, 사실을 대하는 교사의 마음과 행동은 선택할 수 있고 바꿀 수 있다는 마음가짐이 필요하다.
   ㉡ 감정 속 긍정적 본심 발견(Discover Positive Intent in Emotions): 부정적인 감정을 불러일으킨 자신의 긍정적인 본심을 통찰해서 찾기 ➡ 만약 무단결석한 학생에게 화가 났다면, '화'라는 감정의 본심은 '학생이 자신의 삶을 소중히 여기며 학교생활을 잘하기를 바라는 마음'이다. 부정적인 감정에 계속 휩싸이지 말고 그 속에 있던 긍정적 본심을 북돋우고 키워야 한다.
   ㉢ 자기 돌봄 실천(Practice Self-Care): 교사는 스스로 돌볼 수 있어야 한다 : 위안을 주고 지지해주는 가족, 친구와 시간보내기, 동료교사와 도움을 주고받을 모임 만들기, 교육 기회와 성장할 수 있는 기회를 적극적으로 찾기, 자신을 위한 시간을 가지며 몸, 마음을 건강하게 유지해줄 수 있는 일들을 하기…

⑥ 학교 문화 개선(School culture improvement)
   ㉠ 교사의 안전 확보(Ensure Teacher Safety): 교사가 스스로 안전하게 느끼지 못한다면 아이들을 안전하게 느끼게 만들기는 어렵다. 교사들이 안전하게 느낄 수 있는 학교 문화 필요
   ㉡ 동료 간 협력 및 지원 필요(Need for Peer Collaboration and Support): 자신에게 주어진 요구사항은 많은데 그 요구사항을 충족시키기 위해 변화를 일으킬 능력은 적다고 느낄 때, 동료 간의 협력과 지지가 부족할 때, 인정받지 못하는 느낌이 들 때 교사는 스트레스, 우울
   ㉢ 유연하고 포용적인 학교 문화 조성(Foster Flexible and Inclusive School Culture): 교사들의 사기를 높여주고 성과를 향상시키는 유연하고 협력적이며 포용적인 학교 문화 필요 ➡ 관리자는 교사들을 의사결정에 참여시키고, 교사들은 적극적으로 아이디어를 내며 참여해야 함

[미국 올해의 교사상 수상자들 노하우]

1. **지식 콘텐츠** – 학생들은 자신이 뭔가 배웠다고 생각될 때 자신에 대해 긍정적으로 느끼므로 수업시간에 실질적 지식을 가르치도록 철저히 준비한다.
2. **행복한 교실** – 학생에게 안전하고 편안한 장소 만들기. 교사는 성소의 친근하고 친절한 도우미이다.
3. **길가의 교육** – 교실 밖에서도 학습은 계속된다. 교사는 학생과 활발한 상호작용을 통해 그들이 무엇에 관심이 있는지를 알아야 하고, 학생들의 모델로 삼을 수 있는 멘토가 선생님인 만큼 작은 것으로도 학생을 감동시킬 수 있어야 한다.
4. **이름 불러주기** – 학생의 이름을 미리 외워서 수업 첫날부터 제대로 불러주어라. 학생들은 이름을 불러주는 것만으로도 존재감을 느낄 수 있다.
5. **긍정적 칭찬** – 학생을 칭찬하고 격려해 주는 것은 매우 중요하다. 학생이 어려움을 겪고 있을 때, 조언하기에 앞서 긍정의 말로 격려해 주어라. 칭찬에 인색하지 마라.
6. **돌보는 교사** – 늘 학생들에게 관심을 가져라. 누구나 관심을 받으면 자신도 상대방에게 관심을 갖게 되어있다. 학생은 교사의 관심을 진심으로 느낄 때 교사의 말을 가치있게 여기고 따른다.
7. **적절한 피드백** – 훌륭한 교사는 학생에게 높은 기대치를 가지며, 그것을 성취할 수 있도록 모든 힘과 노력을 다해 학생을 지원한다. 긍정적이면서 솔직한 피드백을 통해 성장을 돕는다.
8. **실수의 용납** – 교실은 실수가 용납되는 안전한 공간이라는 인식이 필요하다. 실수는 성공의 어머니이다. 실수를 할 줄 알아야 더 큰 성공을 향해 달려갈 수 있다. 빨간펜으로 채점만 하지 말고 충분히 실수할 수 있도록 용납하라.
9. **눈물로 밝히는 안목** – 교사들은 다이아몬드를 자갈로 보는 실수를 종종 범한다. 제대로 볼 수 있는 안목을 갖기 위해 이따금 눈물로 눈을 씻어낼 필요가 있다.
10. **따뜻한 미소와 친근한 터치** – 작은 몸짓과 한마디 긍정의 말이 한 학생의 인생을 바꿀 수 있다.
11. **말의 힘** – 말로 학생을 치유 or 파괴할 수도 있다 ➡ 친절하고 진실한 말이 사람을 바꾼다.
12. **부모와의 대화** – 학생이 잘못했을 때만 부모에게 연락하면 교사는 결코 반갑지 않은 사람이 된다. 이따금 학부모에게 학생을 칭찬하는 안부 인사를 해라.
13. **모험의 대가** – 목숨 걸고 학생의 인생에 뛰어들어 보라. 상상 이상의 행복을 느낄 수 있다. 모험하면 그 대가가 있는 법이다.
14. **선택의 여지** – 공적 시험 외에는 학생들이 교육에 대한 선택권을 행사하도록 해라.
15. **팀워크 활용** – 반 친구들과 팀을 이루어 과제를 수행하도록 하라. 이를 통해 사람은 혼자 살 수 없다는 인생의 지혜를 배울 수 있다.
16. **무지의 축복** – 자신은 모든 것을 알고 있다고 믿지 말고 교사이기 전에 좋은 학생이 되어라
17. **교육이라는 예술** – 평범한 교사는 가르치고, 좋은 교사는 설명하며, 훌륭한 교사는 직접 보여주고, 위대한 교사는 영감을 불어넣는다.

[교육관련 명언]

❝의미 있는 관계가 없으면 의미 있는 학습도 없다.❞ —제임스 커머—

❝교사는 금지시키는 사람이 아니라 가능하게 하는 사람이다.❞ —올리비에 프랑콤—

❝가장 좋은 교사란 아이들과 함께 웃는 교사다. 가장 좋지 않은 교사란 아이들을 우습게 보는 교사다.❞ —닐—

❝아이들에게 조언하는 가장 좋은 방법은 아이들이 무엇을 원하는지 알아내어 그것을 하라고 조언하는 것임을 알게 되었다.❞ —해리 트루먼—

❝좋은 교사는 좋은 연예인과 마찬가지로 먼저 관중의 주의를 집중시켜야 한다. 그런 다음에야 가르칠 수 있다.❞ —존 헨릭 클락—

❝학생들에게 배움에 대한 열망을 불어넣지 않고서 가르치려고 하는 교사는 차가운 쇳덩이를 두들기고 있는 것이나 마찬가지다.❞ —호러스맨—

❝유능한 교육자는 학생들에게 많은 시간을 할애한다.❞ —K.A.펠드먼—

❝교육의 참된 목적은 각자가 평생 자기의 교육을 계속할 수 있게 하는 데 있다.❞ —존 듀이—

❝모든 교육을 통해 얻을 수 있는 가장 귀중한 결과는 할 일이 있을 때 좋든 싫든 스스로 그것을 하는 능력일 것이다.❞ —토마스 헉슬리—

❝가장 중요한 버팀목은 아이들이 그들의 잠재능력을 깨닫게 도와주는 능력이다.❞ —사무엘 메이셀—

❝학교는 은행보다 건물을 더 잘 짓고 더 잘 관리해야 한다. 왜냐하면 학교가 은행보다 더 많은 재산을 가지고 있기 때문이다.❞ —마틴하버만—

❝교사가 학생들의 인생을 예견하고 그 길로 인도할 때 큰 힘이 생긴다.❞ —하워드 스티븐슨—

❝아이의 육체적 성장에 엄마 젖이 꼭 필요한 것처럼, 아이들의 정서적 성장에는 공감이 필수적이다. 공감은 정신의 성장에 산소와 같은 역할을 한다. 따라서 아이들에게 공감은 있으면 좋은 것이 아니라 없으면 죽는 것이다.❞ —하인즈 코헛—

❝자신이 배운 이야기와 자신이 살고 있는 이야기의 연결이 없다면 배우는 것이 무슨 의미가 있는가? 교사의 역할은 학과목의 큰 이야기와 학생들 삶의 작은 이야기를 연결시켜 주는 데 있다.❞ —파커 파머—

❝진정한 스승은 학생들이 강을 건널 수 있는 다리가 되어준다.❞ —니코스 카잔차키스—

❝모든 학습은 관계를 이해하는 것이다.❞ —조시 워싱턴 카버—

❝아이에게 트라우마는 단지 살면서 일어난 하나의 일로 느껴지는 게 아니라 삶 자체를 규정하는 것으로 느껴진다.❞ —크리스토퍼 볼라스—

❝교육의 9할은 격려다.❞ —아나톨 프랑스—

❝교사가 어떤 사람인지가 무엇을 가르치느냐보다 더 중요하다.❞ —칼 A.메닝거—

❝교육이 할 일은 아이들이 미래를 멋지게 만들도록 돕는 것이다.❞ —켄 로빈슨—

루이스 영어임용 2차 All-in-One
영어면접 · 수업실연 · 실전전략

P·A·R·T

03

심층면접
기출문제 & 연습문제

CHAPTER 01 심층면접 기출문제
CHAPTER 02 심층면접 연습문제
CHAPTER 03 심층면접 연습문제 샘플답안

CHAPTER 01 심층면접 기출문제

01 평가원 기출문제

2025 – 평가원

- 지역 : 부산, 울산, 대전, 경북, 경남, 충남, 전북, 전남, 제주, 광주, 충북, 인천, 강원, 세종
- 구상형3, 즉답형 1 (구상형 1번이 영어지문/영어답변) – 10분 구상, 10분 답변
- B4 1쪽(단면)에 구상형 3문제와 즉답형 문제의 상황이 모두 들어있음.
- 여백이 적어 필기 공간이 넉넉하지 않았음. (뒷면은 활용 가능했음)
- 구상형 종료 후 책상 위 파일을 열어볼 수 있으며 파일에는 첫 번째 장에는 '구상형 3번 문항을 모두 답변한 후 이 장을 넘겨 문제를 확인하시오.'라는 문구가 적혀있고, 두 번째 장에 즉답형 문항이 있음
- 2023부터 충북, 인천이, 2024부터 강원이, 2025부터 세종이 평가원 출제로 변경

구상형 1 – 영어

In the following situation, identify one problem for Minsu and one problem for the whole class. Then, suggest one solution for each problem.

[Teacher Kim's Reflection Journal]
Recently, I have been troubled by Minsu, one of the students in my homeroom. He is almost always late for school, and on days when he feels unwilling to attend, he sometimes comes only for the last period. In his view, arriving in the second period or the sixth period makes no difference since both are marked as "late." Because of this reasoning, he intentionally delays his arrival as much as possible. What worries me even more is that his behavior seems to be influencing the rest of the class. Students who used to come on time have now begun to be tardy as well. The atmosphere of punctuality we once had is starting to weaken, and I feel a heavy responsibility as the homeroom teacher. I keep asking myself: How should I guide Minsu so that he recognizes the value of coming to school on time? And how can I restore a sense of responsibility and discipline in the class as a whole?

> **구상형 2**

다음 상황을 해결하기 위한 수업 설계 방안을 말하고, 관련 전문성을 기르기 위해 어떤 노력을 할 것인지 제시하시오.

> 학생 A: 선생님께서는 수업 내용이 쉽다고 하시는데, 저한테는 너무 어려워요. 솔직히 따라가기 힘들어요.
> 학생 B: 선생님 수업에서 점수를 잘 받으려면 무엇을 어떻게 공부해야 하는 건지 구체적으로 잘 모르겠어요. 자신감이 떨어져요.

> **구상형 3**

다음 교사 A, B의 입장 중 자신의 의견과 같은 입장을 고르고 그 이유를 말하시오. 그리고 선택한 입장에 기반하여 학교와 지역이 협력하는 구체적인 사례를 말하시오.

> 교사 A: 학교교육계획 수립과 운영에 관한 사항은 교내 구성원이 결정해야 합니다. 수립된 교육과정을 기반으로 지역사회자원을 적절히 활용하는 것이 중요합니다.
> 교사 B: 학교교육계획 수립과 운영에서부터 지역 사회 구성원 참여를 늘려야 합니다. 또한 학교내부 자원을 지역사회에 개방하여 활용해야 합니다.

> **즉답형**

다음 상황을 읽고, 평가실의 즉답형 질문지에 순서대로 답하시오.(대략 4분 내외)

> 최 교사는 기존 행정업무가 업무량이 많지만 성실하게 해왔고 그 능력을 인정 받아왔다. 다만 행정업무가 주가 되다 보니 학생들과 더 가까워지기는 어려웠다. 올해는 학생들과 함께하는 교사가 되고 싶었던 초심을 잃지 않기 위해 업무분장에서 학생지도 업무를 신청했다. 그러나 동료교사들은 최 교사가 맡은 행정 업무의 공백이 우려되어 기존 업무를 다시 맡을 것을 희망한다.

(1) 당신이 최 교사라면 기존 업무를 계속 맡을 것인가, 학생지도 관련 업무를 맡을 것인가? 이유와 함께 말하시오.

(2) 당신이 업무분장을 담당하는 교사라면 최 교사에게 기존 업무를 다시 맡길 것인가? 이유와 함께 말하시오.

2024 – 평가원

구상형 1 – 영어

The following is Teacher Kim's reflective journal. (1) identify one problem in Teacher Kim's instructional design and (2) suggest one specific solution to address this issue in the given situation. (in approximately 2 minutes)

> I had a very difficult time during class. Although I prepared concept-related examples to help the students' understanding, they struggled because the examples were unfamiliar to them. Some students even got distracted and did not focus on the lesson at all. The example in the past was effective. In the past, students understood well with just my explanations without any visual aids, but this time, the students do not seem to grasp my explanations. Also, the activities intended to get the attention of students did not interest them very much.

구상형 2

미래사회로 가면서 기술 발전이 활발하게 진행되고 있고, 테크놀로지 사용이 늘고 있다. 그에 따라 교육 현장도 많이 변화하고 있다. 교육현장에서 테크놀로지를 활용할 수 있다는 기대도 있으나 그와 함께 무분별한 사용으로 인한 우려도 있다. 테크놀로지를 활용했을 때 유의해야 할 점 1가지와 관련 전문성을 기르기 위한 구체적인 방안 1가지를 제시하시오. (대략 2분 내외)

구상형 3

두 관점 중 자신의 가치관에 더 가까운 관점을 고르고 그 이유를 말하시오. 또한 자신이 고른 입장을 실현하기 위해 교사가 실시할 수 있는 교육적 활동을 1가지 제시하시오. (대략 2분 내외)

> A관점: 요즘처럼 변화하는 사회에는 진리도 변합니다. 새롭고 불확실한 사회에 대비할 수 있는 능력을 길러주어야 합니다.
> B관점: 세월이 아무리 변화해도 불변하는 진리가 있습니다. 어떤 시대에서도 통용되는 인류의 보편적인 가치를 학습해야 합니다.

즉답형

다음 상황을 읽고, 평가실의 즉답형 질문지에 순서대로 답하시오.(대략 4분 내외)

> 지민이는 평소에 수업에서 적극적으로 참여하는 학생이다. 모둠으로 실시하는 협력적 수행평가에서는 표정도 좋지 않고 참여하지 않고 있다. 참여를 독려할지 혹은 평가이니 개입을 하면 안 될지 고민이다.

(1) 제시문와 관련하여 교사의 바람직한 역할은 무엇인지 제시하고 그에 따라 본인이라면 어떻게 행동할 것인지 말하시오.

(2) 위에서 선택한대로 행동할 때 유의해야할 사항 2가지를 말하시오.

2023 – 평가원

구상형 1 – 영어

Three students complain about the class using the metaverse. Explain one difficulty for each case, and one solution for each student's difficulty. (in approximately 2 minutes)

> Student 1 : It takes a long time to connect to the metaverse class because I am not familiar with it. Sometime I logged myself out by mistake.
> Student 2 : I'm interested in metaverse but I feel difficult to focus on the lesson. It is because the screen layout is complicated.
> Student 3 : I wasn't happy with the class because the only method of evaluation is the quiz, which is the traditional method

구상형 2

교사의 사명과 관련하여 모든 학생을 칭찬해야 하는 이유 2가지를 제시하시오. 그리고 제시문 속 A학생을 칭찬하기 위해 교사로서 노력할 구체적 방안을 2가지 말하시오. (대략 2분 내외)

> 특출난 학생들은 칭찬할 것이 잘 보이고 칭찬하기 쉽지만 칭찬할만한 점이 없는 학생도 많다. A학생도 그렇다. 이 학생은 최근 전학을 온 학생인데, 전반적으로 학교 규칙을 어기지는 않고 큰 문제행동을 보이지는 않지만 조용하고 학습에 큰 관심이 없는 등 특출난 장점이 보이지 않아 칭찬을 하기 어렵다.

구상형 3

A교사와 B교사 중 본인의 가치관에 더 부합하는 교사를 고르고 그 이유를 말하시오. 그리고 선택한 가치관을 바탕으로 자신이 실현하고 싶은 교사상에 대해 말하시오. (대략 2분 내외)

> A교사 : "학생들의 사회·경제적 격차가 학업성취에 가장 큰 영향을 주기 때문에 교사는 이러한 격차를 줄이기 위한 사회적 차원의 노력을 지원해야 합니다."
> B교사 : "학생의 잠재력은 개인의 노력과 재능에 달려있기 때문에 이에 따라 성취에 있어 격차가 발생할 수 있습니다. 학생들의 잠재력을 발휘하도록 하는 것이 중요합니다."

즉답형

다음 상황을 읽고, 평가실의 즉답형 질문지에 순서대로 답하시오. (대략 4분 내외)

> (A교사의 교단 일기)
> 우리학교가 올해 탄소저감 시범학교로 선정되었다. 이와 관련된 프로그램을 B교사와 함께 진행하게 되었는데, B교사와는 평소에 친분이 깊고 좋은 관계였지만 이 프로그램 진행 방식에 있어 갈등이 생겨 점차 관계가 틀어졌다. 나는 학생들이 직접 참여할 수 있는 다양한 이벤트를 여는 것이 중요하다고 생각한다. 그러나 B교사는 모든 교과수업에서 탄소저감 주제를 연계해서 프로그램을 진행해야 한다고 주장한다. 나는 나의 방식이 맞는 것 같아 나의 방식대로 꼭 추진하고 싶다.

(1) A교사의 입장에서 주어진 상황에 대처할 수 있는 방안을 이유와 함께 말하시오.

(2) (1)에서 답변한대로 행동했을 때 유의해야 할 점을 말하시오.

(3) A교사와 B교사를 중재해야하는 입장일 때 대처할 수 있는 방안을 제시하시오.

2022 – 평가원

구상형 1 – 영어

Explain motivational characteristics of student A, B, and C in order in the following situation and suggest appropriate tasks for each student. (in approximately 2 minutes)

> In the first class of the new semester, students were asked about what they want to learn in the class.
> 학생 A : "I want to study hard to get high grades and gain confidence in this subject."
> 학생 B : "I want to study about the topic or task that I choose by myself."
> 학생 C : "I want to work with my classmates rather than work alone."

구상형 2

코로나19로 인해 기초학력 부족 학생들이 늘어나고 있고, 학습격차가 심해지고 있다. 기초학력 부족 학생 지도를 위해 필요한 교사의 자질을 인성적 자질과 전문적 자질로 나누어서 1가지씩 말하고, 그러한 자질을 기르기 위해 어떤 노력을 할 것인지 구체적인 방안을 1가지씩 말하시오. (대략 2분 내외)

구상형 3

다음은 교사의 SNS사용에 대한 교사들의 대화이다. 두 교사 중 본인의 가치관과 부합하는 교사를 이유와 함께 말하고, 자신이 선택한 입장이 유의할 점을 학교 조직문화에 끼칠 영향을 고려하여 제시하시오. (대략 2분 내외)

교사 A : "SNS는 자유로운 표현의 공간이므로 교사도 법에 문제가 되지 않는다면 사용할 수 있습니다."
교사 B : "아닙니다. 아무리 표현의 자유가 있더라도 교육활동과 무관한 SNS 사용은 교사에게 바람직하지 않습니다."

즉답형

다음 상황을 읽고, 평가실의 즉답형 질문지에 순서대로 답하시오. (대략 4분 내외)

학생과의 관계에 대하여 신임교사에게 선배교사가 조언하는 상황
교사 A : 어떤 조건이든 교사는 학생을 신뢰해야 한다고 생각합니다.
교사 B : 무조건 학생을 신뢰하는 것은 교육적으로 바람직하지 않을 수도 있습니다.

(1) 당신이 신임 교사라면 어떤 교사의 조언을 수용할 것인가? 본인의 가치관에 부합하는 교사와 그 이유를 제시하시오.

(2) 그러한 가치관을 가질 때 학생지도에 있어서 유의해야 할 점을 이야기하시오

(3) 위 유의할 점을 고려하여, 학생들과의 신뢰관계 형성을 위해 노력할 방안을 제시하시오.

2021 - 평가원

구상형 1 - 영어

Identify ONE problem each student is faced with in the following situation, and suggest ONE solution for each problem as a homeroom teacher. (answer in approximately 2 minutes)

> Minsu : I'm interested in Subject A, but I hesitate to choose it because it would be difficult to get a high grade.
> Suji : I think Subject B would be helpful for my future career. But I hesitate to choose it because it would be boring and there are so many things to memorize.

구상형 2

다음 제시문에서 이 교사가 갖추고 있는 자질 2가지를 말하고, 향후 교사가 된다면 각각의 자질을 기르기 위하여 어떠한 노력을 할 것인지 말하시오. (대략 2분 내외)

> 이 교사는 담임을 맡고 있는 학생 선우가 요즘 많이 우울해 보였다. 이 교사는 이런 선우를 돕기 위해 교내에서 진행하는 연극발표회에 참여해볼 것을 제안하였다. 다행히도 선우가 주도적으로 열심히 참여하고, 연극 대본 작성에도 소질을 보여서 뿌듯했다. 그런데 문득 이 교사는 자신이 너무 선우만 지켜보고 신경을 쓴 것이 아닌지, 혹시 다른 학생들도 이런 문제를 겪고 있지만 내가 발견하지 못하고 있진 않은지 의문이 들었다.

구상형 3

다음 제시문에서 당신이 가장 중요하다고 생각하는 가치관을 지닌 교사를 선택하고, 그렇게 생각하는 이유를 당신의 교사상에 비추어 말하시오. 또한 그러한 가치관이 어떠한 인간을 교육적으로 길러낼 수 있는지 말하시오. (대략 2분 내외)

> 임 교사 : 기초학력이 부족한 학생의 기초학력을 길러주는 것이 중요합니다.
> 최 교사 : 학생의 자신감을 길러주는 것이 중요합니다.
> 박 교사 : 학생이 원만한 교우관계를 가지도록 돕는 것이 중요합니다.

즉답형

즉답형 문항은 3가지 제시 예정입니다.

> 김 교사는 뛰어난 온라인 수업능력을 가지고 있다. 늘 자신의 수업 구상이나 업무 해결에 열정적이다. 정보부장교사는 이런 김 교사에게 온라인 수업 관련 업무를 추가로 많이 맡겼다. 김 교사는 업무가 많아져서 내키진 않았지만 어쩔 수 없이 수락했다. 그러나 점점 자신의 수업 준비와 학생지도에 영향을 받을 정도로 업무가 과중이 되어서 큰 부담을 느끼기 시작했다. 이런 상황에서 동료 교사들도 김 교사에게 온라인 수업 코칭을 해달라고 부탁하게 되었는데, 결국 김 교사는 "제 일이 아니라서 도와드릴 수 없습니다."라고 하며 이를 거절하였다. 그 결과 동료 관계에도 문제가 발생하고 있다.

(1) 김 교사의 입장에서 제시문과 같이 행동한 이유를 말하시오.

(2) 교직 윤리적인 측면에서 김 교사가 요청을 거절한 행동을 비판하시오.

(3) 당신이 만약 김 교사라면 문제를 어떻게 대처할 것인지 말하시오.

2020 - 평가원

구상형 1 - 영어

Considering the students' opinions below, find three problems of performance-based assessments and provide the solution for each problem. (answer in approximately 2 minutes.)

> Student A : I'm so exhausted because I have to take too many performance-based tests during the class.
> Student B : I had FOUR performative assessments this week. They made me so tired.
> Student C : I don't know why I should take the performance-based tests. I just want to take the normal test like a multiple choice test.

구상형 2

다음 상황을 읽고 교사에게 필요한 자질 2가지를 제시하고, 본인이라면 학생을 어떻게 지도할 것인지 각 자질에 따라 1가지씩 말하시오. (대략 2분 내외)

> 현우는 지각, 결석이 참 잦다. 따로 상담시간에 불러서 "현우야. 지각하지마. 너 때문에 선생님이 많이 힘들구나. 이렇게 계속 지각, 결석하면 결국 출석 일수가 모자라서 유급을 당할 수도 있어." 라고 주의를 주어도 여전히 출결이 좋지 않다. 오히려 이렇게 혼을 낸 이후에는 지각이나 결석이 더 빈번하게 발생하기도 한다.

구상형 3

다음 밑줄 친 (ㄱ)과 (ㄴ)과 관련한 학교상황을 구체적인 사례로 각각 한 가지씩 제시하고, 자신의 교육관과 관련지어 (ㄱ)과 (ㄴ)에 대하여 말하시오. (대략 2분 내외)

> 말이 물을 마시게 하기 위해서는 (ㄱ)말을 물가에 데려가서 물을 마시도록 도와줄 수도 있고, (ㄴ)말을 물가에 데려가서 억지로 물을 마시게 할 수도 있다.

즉답형

다음 제시문을 읽고 질문에 답하시오. (대략 4분 내외로 답변하시오.)

> A 연구부장은 면대면으로 소통하는 것을 좋아한다. 부서에서 처리해야할 일이 있으면 부원들을 한자리에 모으고, 공동으로 협의를 통해 업무를 처리하는 방식을 선호한다.
> B 연구부장은 온라인을 활용한 개별적 업무 방식을 선호한다. 공동으로 해결할 부서 일은 보통 메신저를 적극적으로 활용하여 진행한다.

(1) 자신의 교육관과 관련지었을 때, 연구부장 A와 B중 어떤 부장교사와 일하고 싶은가? 이유와 함께 말하시오.

(2) 선호하지 않는 교사와 함께 일하게 되었을 때 갈등상황이 발생했다고 가정하고, 어떻게 대처할 것인지 말하시오.

2019 – 평가원

구상형 1 - 영어

There are two problems in Teacher Kim's classroom. If you were Teacher Kim, what would you do? Suggest two problems Teacher Kim is facing, and one solution to each problem on the spot. (Answer in approximately 2 minutes.)

> When Teacher Kim was giving a class, he found two students at the back constantly talking and disturbing the class. Teacher Kim walked toward them and ask them to concentrate on the class. They said 'yes' and Mr. Kim continue the class. However, they started to talk again. Teacher Kim told them to pay attention to the class again. At that time, Minho, who eagerly participated in the class seemed annoyed and complained, saying "Mr. Kim, we are behind the schedules. Can we just go on the class without concerning them?"

구상형 2

당신은 이 상황에서 북측으로 전보를 갈 것인지 아니면 거절할 것인지 이유와 함께 제시하고, 통일된 한반도의 교사로서 임하는 마음가짐을 말하시오.

> 남북한이 통일되고 3년이 지난 상황이다. 북측에는 교사가 많이 부족한 상황이고, 정부에서 함경도로 전보할 교사를 모집하고 있는 상황이다.(※ 전보 승낙과 거절은 점수에 영향을 끼치지 않습니다.)

구상형 3

다음과 같은 뉴스보도가 나온 상황이다. 당신은 대화하는 로봇과 인간교사 중 어떤 것이 미래의 교사가 되어야 하는지 당신의 교직관과 관련지어 말하고, 앞의 답변에 따라 당신이 교육하는 학생은 어떤 학생으로 성장시킬 수 있는지 답변하시오.

> 현재 AI의 발달로 대화하는 로봇이 등장했다. 이에 따라 수업의 많은 요소를 인간 교사가 아닌 대화하는 로봇이 대체할 수 있게 되었다. 하지만 반론도 제기되고 있다. 대화하는 로봇은 인간교사를 대처하기에 충분하지 않다는 입장이다.

즉답형

다음에는 A교사와 B교사에 대한 설명을 읽고, 물음에 답하시오.

> A교사는 동료관계에 관심이 없고 행정 업무보다는 수업에서 학생과 소통을 중요시한다. 이에 A교사는 동료교사와 연관된 활동에는 잘 참여하지 않는다. 교재연구는 거의 안하지만 재치와 유머가 있어 수업을 흥미롭게 진행하고 언변도 뛰어나 학생들의 수업 만족도 및 흥미도가 높다.
> B 교사는 행정업무 처리가 확실하고 학생들보다는 동료교사와의 관계를 중요시 해 동료교사와 협력을 잘한다. 수업연구를 많이 하지만, 막상 수업을 준비해가면 해 온 만큼 잘 진행되지 않고 재미없는 수업에 학생들은 금세 지루해하고 참여도 낮다.

(1) 당신은 A교사와 B교사 중 어떤 교사에 가까운지 경험에 비추어 말하시오.

(2) 당신이 선택한 교사를 교사의 의무와 책임의 측면에서 비판하시오.

(3) 만약 협업해야 하는 상황이라면 당신은 A교사와 B교사 중 어떤 교사와 할 것인지 그리고 그 이유를 말하시오.

2018 – 평가원

구상형 1 – 영어

In the given situation, (1) identify two problems, and, (2) as a homeroom teacher, suggest one solution for each problem.

> Student A is always depressed and alone in the classroom. His mother is a foreigner. That is, he is a member of a multicultural family. You, as a homeroom teacher, tried to talk with him. During the conversation, he said that his culture was so different from Korean culture. Also, he said that he was afraid of being made fun by his classmates because he could not speak Korean well. Besides, he said that he was worried because he was so timid.

구상형 2

다음과 같은 상황에서 (1) 최 교사에게 필요한 자질 1가지를 제시하고, (2) 해당 자질을 갖추기 위해 당신이 기울여온 노력과 (3) 향후계획 각 1가지씩 제시하시오.

> 최 교사는 학생중심수업을 실천하려 노력한다. 최 교사의 수업을 들은 학생들의 의견이다.
>
> (학생1) 조별학습에서 열심히 하지 않는 학생이 있어서 항상 저까지 손해보는 것 같아요.
> (학생2) 모든 친구들의 생각을 들어볼 기회를 주지 않으신 것 같아서 아쉬워요.(고루 관심을 잘 가지지 않으셔요.)
> (학생3) 당분간 선생님 시간에 프로젝트 학습을 계속 진행했는데요, 솔직히 선생님 수업을 듣고 나면 뭘 배웠는지 모르겠어요.
> (학생4) 학생중심수업을 계속 시도하시는데 전 사실 설명식, 강의식 수업이 더 좋아요.

구상형 3

(1)학습자에 대한 본인의 관점(인간관)을 설명하고, (2)박 교사의 의견에 찬성하는지, 반대하는지를 (3)본인의 교직관과 연결지어 설명하시오.

> 교원능력평가의 기준을 어디에 두어야 하는가에 대하여 여러 의견이 있다. 같은 학교에 근무하는 박 교사는 학생들의 성적만을 교원평가의 기준으로 삼는 미국을 예로 들며 이러한 기준이 좋아 보인다고 말한다. 하지만 내가 보기에 학생의 성적만을 학생의 평가의 잣대로 삼는 것은 바람직하지 않은 것 같다는 생각이 든다.

즉답형

> 신임교사인 최 교사는 선임 교사인 연구부장 교사와 함께 융합교육과정 업무를 맡게 되었다. 연구부장 교사에겐 이 외에 다른 업무도 매우 많아 항상 바쁘다. 이 때문인지 연구부장 교사는 같이 맡은 업무임에도 늘 최 교사와의 상의 없이 일방적으로 업무를 처리한다. 이에 대해 최 교사는 이런 상황을 서운해 하면서도 연구부장 교사의 바쁜 상황을 아니까 아무런 이야기를 하지 않았고, 궁금한 점도 질문하지 못했다.

(1) 연구부장 교사의 입장이 되어 그렇게 행동한 이유를 설명하라.

(2) 교사들이 협력하는 상황에서 가져야할 바람직한 인성적 자질을 바탕으로) 연구부장이 갖추어야 했던 자질과 그 이유를 설명하라.

(3) 본인이 최 교사라면 다음 상황을 어떻게 대처할 것인가? 이유와 함께 말하시오.

2017 – 평가원

구상형 1 – 영어

In the given situation, (1) state two possible causes for Minsu's problematic behavior, and, (2) as a homeroom teacher, suggest one solution for each cause.

> Minsu always sleeps a lot. He often oversleeps and is frequently late for school. He also falls in sleep during classes. When I counseled Minsu, he said "I don't know why I have to go to college. I just want to get a high school diploma. I don't know why I have to attend classes. I try to pay attention in Teacher A's class because he takes care of me well and he teaches what I like a little, but I struggle to actively participate in activities. Except for his class, I don't like to take other classes."

구상형 2

다음 글에서 학생의 평가를 바탕으로 A교사가 가져야 할 핵심역량을 찾고, 그 역량을 키우기 위해 자신이 했던 노력과 향후계획을 1가지씩 밝히시오.

> A교사는 평소에 수업준비를 많이 하고 적극적으로 수업에 임한다. 다른 교사도 A교사의 수업에 대한 열의를 인정하고 있다. 그러나 교원능력평가의 결과 A교사는 다음과 같은 평가를 받고 충격을 받았다.
> ― 선생님은 설명을 쉽게 잘 해주시는데 우리가 질문할 기회가 부족해요.
> ― 수업 중에 발표기회가 적어서 반 친구들의 의견을 들을 기회가 부족한 것 같아요.
> ― 선생님의 수업에서 우리는 관객인 것 같아요

구상형 3

다음 두 교사 중 자신이 지향하는 교사의 교사상이 무엇인지 선택하고, 그 이유를 자신의 교사상에 비추어 이야기하시오.

> 교사A : 쉬는 시간마다 아이들과 이야기를 나누고 정서적 교감을 위한 소통을 많이 하는 것이 중요하다.
> 교사B : 일과 후에도 항상 수업 연구를 하고, 수업 전문성을 갖추고 학생들과 역동적인 수업을 하는 것이 중요하다.

즉답형

○○고등학교의 A교사는 수업연구에 힘쓰고, 수업 능력을 인정받고 있다. 연구부에 속한 A교사는 자신에게 주어진 업무도 확실하게 처리한다. 그런데 A교사는 학교의 축제나 행사는 잘 참여하지 않는다. 동료교사들과도 교류가 거의 없다. 이 때문에 다른 교사들이 행사 업무를 분담하는데 어려움을 겪기도 한다.

(1) A교사의 입장이 되어, 평소 행동의 이유를 말하시오.

(2) A교사의 행동을 자신의 경험 및 교직 윤리의식을 토대로 비판하시오.

(3) 당신이 ○○고등학교의 교장이라면 내년 업무분장에 A교사를 연구부장으로 정할 것인지 선택하여 입장을 밝히시오.

2016 - 평가원

구상형 1 - 영어

In the given situation, state two problems in Teacher Choi's class with a solution for each.

Teacher Choi (New teacher) and Teacher Kim (senior teacher) have been assigned to teach the same subject in the same grade. Teacher Choi developed the curriculum plan as suggested by Teacher Kim. While Teacher Kim smoothly conducted the lessons and progressed according to the planned curriculum, Teacher Choi struggled to follow the plan, fell behind schedule, and managed to finish the syllabus just before the final exam. As a result, Teacher Choi's students are not well grasping the essential concepts of the lessons.

구상형 2

다음 상황에서 박교사가 가진 문제를 교사의 사명과 관련하여 설명하시오. 그리고 요구되는 역량을 교과지도와 생활지도 측면에서 1가지씩 말하시오.

- 박 교사는 한 학급의 학생 수가 감소함에도 불구하고 학생 개개인을 지도하지 않고, 집단을 위주로 지도한다.
- 공부 잘하는 애는 수업이 지루하고, 못하는 애들은 거의 이해를 하지 못해서 서로 불평이다.
- 문제 행동을 하는 학생에게만 관심을 두고 그렇지 않은 학생에게는 관심을 두지 않는다.

구상형 3

아래 두 교사 중 어떤 교사의 지도 방식을 더 선호하는지 이유와 함께 밝히고, 이와 관련하여 자신이 되고 싶은 교사상이 무엇인지 말하시오.

- 동복을 입어야 하는데 춘추복을 입고 등교하는 학생들이 있다. 이러한 학생들을 지도할 때 A교사는 교복을 규칙에 맞지 않게 입은 학생들에 대해 벌점을 주고 훈육하는 등 규칙에 맞게 지도한다. B교사는 규칙에 대해 설명하고 학생들에게 의미를 되새겨보도록 설득한다.

즉답형

대학생 A와 B는 프로젝트를 모둠별 협동 과제로 실시한다. 제시된 이론이 난해하고 해결하기 어려운 과제이다. 뛰어난 학생 B가 봤을 때 A학생이 포함된 조원들이 과제를 잘 이해하지 못하기 때문에 더 이상 같이 못하겠다며 따로 준비를 했다. A학생이 속한 조(그룹 A)는 자체적으로 준비를 해서 최종 발표까지 한 상황이다. 끝나고 난 뒤 교수에게 B학생이 개인적으로 발표를 하겠다고 찾아왔다.

(1) 협동학습의 취지를 밝히고 B학생을 비판하시오.

(2) B학생의 입장에서 자신의 행동의 이유를 설명하시오.

(3) 교수는 B학생에게 발표 기회를 줄 것인가.

2015 – 평가원

구상형 1 – 영어

State four solutions to solve the problem Sumi is faced with. You are a homeroom teacher of Sumi and you don't want Sumi to miss Teacher Park's class anymore.

> This is already the fourth time Sumi has missed Teacher Park's class, and gone to the school nurse's office, saying that she is sick. According to Sumi, Teacher Park said, "Sumi, you claim to want to become a writer, but your composition skills still have a long way to go."" SuMi's friends say that Teacher Park is generally fun, but occasionally makes remarks that hurt their self-esteem.

구상형 2

민수가 너의 앞에 있다고 가정할 때, 다음의 상황에서 민수에게 뭐라고 말할 것인가? 다음의 조건에 유의하여 민수를 상담하여라.

> 선우는 오토바이를 타다가 다리를 다쳐서 병원에 입원해 있다가 곧 목발을 짚고 학교에 돌아온다. 학급 회의를 통하여 학생들은 스케줄에 따라 순번을 정하여 교대로 선우를 도와주기로 결정하였다.
> 민수 : 선생님, 내일이면 선우를 도와줄 제 차례가 돌아오는데요. 곧 있으면 기말 시험이잖아요. 공부하기에도 시간이 부족한데, 선우를 도와주기까지 해야 한다니……. 그래서 솔직히 말하면 전 선우를 도와주고 싶지 않아요.
>
> 〈조 건〉
> (1) 민수의 마음을 이해하고 공감할 것
> (2) '공동체의식', '배려'라는 말을 사용하여 설득할 것
> (3) 민수가 자발적으로 선우를 돕는 행동을 하도록 지도할 것

구상형 3

생활지도에 힘쓰고 있던 윤 교사는 자신의 교사일지를 보다가 다음과 같은 상황을 돌이켜 보았다. 윤 교사에게 필요한 역량을 제시하라.

> (1) A가 계속 무단결석을 했다. A가 무단결석을 하는 상황까지 오지 않도록 할 수는 없었을까?
> (2) 우울증을 가진 학생이 있어서 그 학생을 돕기 위해 혼자 전문서적을 읽었지만, 제대로 문제를 해결하지 못했다.
> (3) 나는 학생들 앞에서 감정을 숨기고 언행을 조심히 한다고 했는데, 아이들이 나에게 거리감을 둔다.

구상형 4

강 교사는 자신의 능력을 계발하기 위해 힘쓰고 있지만, 이미 학생들을 가르치기에는 충분한 능력을 갖추었다고 생각한다. 다음은 강교사가 들은 한 강연의 일부이다. 이와 관련해서 강 교사에 대한 자신의 생각을 말하고, 당신이 원하는 교사상을 제시하라.

> 우리는 다 알고 있다고 생각했는데 그렇지 않던 경우가 많다. 우리는 학생에게서 미처 알지 못했던 많은 것들을 배운다. 우리는 서로 가르치고 배우며, 이것이 바로 교학상장(敎學相長)이다.

2014 – 평가원

구상형 1 – 영어

In the case of group cooperative learning, various issues arise, such as some students participating actively while others do not participate at all. Considering these problems, answer the three factors that should be taken into account when forming groups.

구상형 2

어느 날, 당신은 교정을 걷다가 학생 A와 학생 B가 다음과 같이 이야기하는 것을 우연히 듣게 되었다.

> - 학생 A : 나 담임선생님에게 짝 바꿔달라고 말할까 봐.
> - 학생 B : 왜? 무슨 일인데?
> - 학생 A : 내 짝 말인데, 수업시간에 엎드려 자기만 하고, 자꾸 나한테 준비물을 빌려달라고 해. 그리고 내 숙제를 그대로 베껴서 정말 힘들어.
> - 학생 B : 짜증나겠네.

※ 담임교사로서 학생 A가 겪고 있는 문제에 대해서 상담할 때, 학생A에게 적절한 조언을 하시오.

> 〈조 건〉
> 1. 학생 A의 현재 상태에 대해 공감을 표시할 것
> 2. 논리적인 근거를 들어 정확하게 말할 것
> 3. 유창성을 발휘할 것

구상형 3

초임교사는 수업, 학급운영, 행정업무 등의 여러 가지 측면에서 많은 어려움을 겪는다. 그래서 경력교사 등 동료교사들의 도움을 받기도 한다. 이러한 어려움을 잘 극복하기 위해서 당신은 어떻게 할 것인지 수업, 학급운영, 행정업무 차원에서 각각 1가지씩 말해보시오.

구상형 4

학교에서 운영할 계획인 자기주도적 학습실(After-school study room)에 지원자가 많지만 자리가 부족해 다 수용할 수 없는 상황이다. 다음의 A와 B중 어떤 기준에 따라 학생을 뽑을 것인지 제시하고, 그 이유를 2가지 제시하시오. 또한 자기주도적 학습실을 효과적으로 운영하기 위한 자신의 구체적인 방안을 2가지 말하시오.

> A. 추첨(lottery)
> B. 경제적 어려움(financial need)

2013 – 평가원

구상형 1 – 영어

The school where Teacher Park works has a rule that if a student uses a mobile phone during class, their phone will be confiscated for a week. Teacher Park noticed that Kyungsoo was consistently using his phone during class. When Teacher Park asked Kyungsoo to hand over the phone, Kyungsoo responded, "I've never used that phone in class. Do you have any evidence?" and insisted that he couldn't hand it over since it was his own. Provide four ways to guide Kyungsoo.

구상형 2

중학교 2학년인 A는 노래를 잘한다. 그래서 예술고등학교에 진학해서 가수가 되는 꿈을 가지고 있다. 그러나 A의 어머니는 A가 공무원이 되기를 바라고 있다. A의 어머니는 A가 공무원으로 진로를 바꿀 수 있도록 교사에게 A를 설득해달라고 하는 상황이다. 평소 A의 어머니는 교사를 적극 신뢰하고 있다. A의 어머니가 전화로 직접 부탁해온 상황이라면 어떻게 말하겠는가?

구상형 3

박 교사는 초임교사로서 발령을 받고 여러 가지 힘든 일에 치이고 있다. 〈자료〉를 참고하여 박 교사가 앞으로 성공적인 교직수행을 위해 갖추어야 할 역량 3가지를 말하시오.

〈자료 : 현재 박 교사의 교직생활〉
- 행정처리 업무에 미숙하여 수업시간을 5분씩 놓치고 있다.
- 어려운 일이 있을 때, 동료교사에게 부탁을 하는 것을 껄끄러워한다.
- 방과 후 자율연수 수강 때문에 학생지도를 제대로 못하고 있다.

구상형 4

학교에서 어떤 교사가 중요하다고 생각하는가. 1. 공감을 잘하는 교사, 2. 공평한 교사, 그 이유는? 그렇게 하기 위한 2가지 방안은?

2012 – 평가원

구상형 1 – 영어

Based on the survey of friendship at the beginning of the semester, the following reactions were obtained. Considering these reactions as a whole, identify the anticipated problem and provide three class activities to overcome this problem, along with the expected effects for each activity.

> Student A : I'm worried because I ended up in the same class as Student D, who usually bullies my friends.
> Student B : Student D and I got along really well last year when we were in the same class, but recently Student D has been bothering me constantly. Now I'm afraid since Student D and I are in the same class again.
> Student C : I don't care about any of the students in our class. I just want to focus on studying.

구상형 2

학생 A는 평소 선생님들께 인사도 잘하고 수업태도도 좋은 편이다. 그러나 뒤에서는 주변 인물들에 대해 험담을 자주 하는데, 최근에 전근오신 국어선생님을 욕하였다. 교사가 A학생 옆을 지나다가 이를 들었다고 가정하고, 어떻게 지도할 것인지를 말하시오.

> 〈3가지 조건〉
> • 학생 A의 입장을 공감할 것
> • 학생 A가 이해할 수 있도록 설득할 것
> • 쉬운 단어를 사용할 것

구상형 3

중학교 3학년 담임으로 입시가 끝나고 아이들을 지도하는 데 어려움을 겪고 있다. 영화를 보여주는 선생님들이 많은데 당신이 교사라면 어떤 방식으로 운영할 것인지 동료교사와 협력할 방안을 말하라. 그리고 이 경우 필요한 교사의 역량은 무엇인지 말하라.

구상형 4

지역균형 선발전형 추천으로 교장이 두 학생 중 한 명을 추천하라고 한다. 교사인 당신은 누구를 추천할 것인가?

- 학생 A : 평균 96, 학생회장 출신, 군수의 아들
- 학생 B : 평균 98, 임원경험 없음, 빈농의 아들

1. 누구를 선정할 것인가? 선정 근거를 들어 설명해 보시오.

2. 선정 받지 못해 낙담한 학생을 어떻게 지도할 것인가?

2011 - 평가원

구상형 1 - 영어

Teachers conducted a survey at school to find out which clubs students want to join. However, students have applied for only a few clubs, causing those clubs to exceed their capacity. Due to school constraints, it was not possible to accommodate all students in the clubs they desired, leading to dissatisfaction among the students. Suggest THREE solutions to this problem.

구상형 2

학교에서 진로교육 강화의 추세에 발맞추어 '진로체험의 날'을 하기로 했다. 그러나 A교사가 "우리 학교에서는 현재 '진로교과'를 배우고 있고, '진로상담실'도 운영하고 있습니다. 그런데 '1일 진로체험의 날'까지 하게 되면 하루를 할애해야 하므로 일반교과 수업에 있어 차질이 생길 뿐 아니라 교사의 업무부담도 가중될 것입니다."라면서 반대했다. 다음의 조건을 맞추어서 A교사를 설득할 수 있는 방안을 말하시오.

〈조 건〉
1. 근거를 들어서 말할 것
2. 교사의 공감을 얻어낼 수 있도록 할 것
3. 유창성을 갖춰서 말할 것

구상형 3

김 교사는 교원능력계발 평가에서 다음과 같은 학생들의 반응을 받았다. 학생들의 반응에 나타난 김 교사의 문제점을 추론하고, 해결방안을 말하시오.

- 학생 1 : 김 선생님의 수업은 듣고 나면 무엇을 배웠는지 모르겠어.
- 학생 2 : 김 선생님은 매일 5분씩 늦게 수업을 끝내. 쉬는 시간이 부족해.
- 학생 3 : 김 선생님은 한 학기가 다 지났는데 내 이름도 몰라.

구상형 4

신입생 예비교육이 있는 날이다. 김 교사는 신입생 예비교육 행사의 기획을 담당하고 있다. 그런데 한 교복 업체에서 자사의 로고가 담긴 고가의 학용품을 주고, 형편이 어려운 학생 3명에게 장학금을 준다며 후원할 수 있는지를 물었다. 교감 선생님에게 가서 이 사실을 여쭈었는데 교감선생님이 김 교사의 생각을 묻고 그에 따라 결정하라고 한다. 이 업체의 후원을 거절한다고 할 때 적절한 이유를 3가지 말하시오.

2010 – 평가원

구상형 1 – 영어

Student A is timid, quiet, and introverted in the classroom, making it difficult for them to socialize well with friends. The school is currently planning a field trip, but Student A is reluctant to participate. However, A's parents see this as an opportunity for A to get to know classmates better and want him to take part in the field trip. What can the teacher do to encourage Student A to participate in the field trip? Suggest TWO things for Student A and TWO things for class students.

구상형 2

학교장이 학교 홈페이지에 모든 교사의 수업 동영상을 찍어 올리려고 한다. 초임교사인 본인에게 학교장이 교내자율장학 차원에서 실시하는 것에 대한 의견을 묻는다. 면접관이 학교장이라 생각하고 자신의 의견을 적절성, 논리성, 언어의 유창성을 고려하여 말해보시오.

구상형 3

소득격차, 학력격차, 가정문제(한 부모 가정, 다문화 가정)를 지닌 아이들이 한 학급에 섞여 있다. 이런 이질적인 학급운영을 위해 교사로서 자신이 갖추어야 할 자질 1가지를 말하고 그 자질을 향상시키기 위한 구체적인 실천방안을 2가지 이상 말해보시오.

구상형 4

명수는 학습 부적응 학생이다. 담임교사가 방과 후 학습 등 많은 관심을 기울여 현재 명수는 학업이 조금씩 향상되고 있다. 자신감도 덩달아 상승하는 중이다. 이번 기말고사를 준비함에 있어서도 명수는 많은 노력을 기울였다. 그런데 마지막 시험에서 명수가 답안을 잘못 작성하여 시험 시간 5분을 남기고 답안지를 교체하였고, 마킹하는 과정에서 종이 울려버렸다. 명수는 1분만 더 주면 마킹을 완성할 수 있다고 말한다. 원칙적으로 명수에게 추가시간을 주면 안 되지만 추가시간을 줄 경우 교육적 근거를 3가지 말해보시오.

02 서울시 기출문제

2025 – 서울

▶ 구상형2, 구상형 추가질문1, 즉답형1, 즉답형 추가질문1 – 15분 구상, 15분 답변
▶ 즉답형 문제는 책상에 있는 파일을 열어서 확인할 수 있으며 (구상형 추가 질문 답변이 끝나면 확인 가능), 구상형/즉답형 추가질문은 감독관이 말로 전해줌.
▶ 구상형 2개만 영어지문/영어답변, 나머지는 전부 한글
▶ 문제지구성 : A4 단면 2장에 구상형이 1장에 1문제씩 있음, 지문이 긴 편이었고 필기할 공간이 넉넉하진 않았음.

구상형 1 – 영어

Mr. Kim wants to design lessons for "deep learning." Based on [A] and [B], identify three points he should consider when planning lessons for deep learning, and suggest one instructional suggestion for each factor.

[A]
After participating in teacher training, Mr. Kim learned about "deep learning" in the 2022 revised national curriculum and now intends to apply it in his lessons. In particular, he hopes to design classes that enable students to develop competencies for the future and engage in meaningful learning.

[B] Teachers' conversation in a professional learning community

Teacher Choi: I'm preparing a lesson on the climate crisis, but I'm struggling with how to organize it effectively.

Teacher Lee: I conducted a project lesson on the climate crisis last semester. The students found the topic interesting and participated well. However, after the lesson, I noticed their learning did not lead to real-life actions for the climate crisis, which was disappointing.

Teacher Park: I once designed a lesson on "eco-friendly school meals," since students had learned about carbon footprints in another subject. However, many of them could not connect what they had learned in other classes to my lesson. In addition, they had difficulty reflecting on their own learning process and outcomes.

구상형 2 – 영어

Identify the problem in [A] and [B], respectively. Then, based on [C], suggest three integrated solutions that can address the problems in both [A] and [B].

[A] Conversation between a teacher and students about the High School Credit System

Mr. Kim: With the introduction of the High School Credit System, you can now directly choose the subjects you want to take. Have you all decided on your elective subjects?

Student A: Not yet, teacher. I'm interested in video production and would like to take a related class, but the subject I want isn't on the elective list. I feel disappointed.

Student B: My dream is to become an AI developer, so I applied for the subject "Mathematics for Artificial Intelligence." But after that, I'm not sure which elective subjects I should choose

[B] Conversation among teachers about the High School Credit System

Mr. Choi: With the new system, I now teach both 2nd- and 3rd-year students, and I have four different subjects to handle this semester.

Mr. Park: I'm not sure if we can open every course that students want. It would be ideal to offer as many as possible, but in reality, it seems difficult.

Ms. Lee: The workload for lesson preparation has also increased. I'm worried whether I can truly provide the classes that students really need

[C] Expected Effects of the High School Credit System

　The High School Credit System allows students to select and complete various subjects according to their career paths and aptitudes in order to graduate. Through this system, students can change from being passive followers of a given curriculum to becoming self-directed learners who choose the classes they need and shape their own futures. Teachers, likewise, can transform from being mere transmitters of subject knowledge to becoming true teaching-learning experts who support diverse growth and personalized learning, ensuring the quality of education.

구상형 추가질문

당신은 교내의 교육과정 운영상 담임을 맡은 학급의 일부 학생에게 교과수업을 못하게 된 상황이다. 예상되는 문제점과 이를 해결하기 위한 방법 3가지를 제시하시오.

즉답형

다음 기사 제목을 읽고 물음에 답하시오.

> [가] 학생에게 인기 진로였던 교사, 현실은 60%가 교단을 떠나고 싶어해...
> [나] 교권 추락으로 교단을 떠나는 MZ교사들...
> [다] 저경력 교사 중 10명 중 4명은 교직 떠나고 싶어해...

이러한 교육 현실에서 신규교사로서 교사의 긍지를 높이기 위해 실천할 수 있는 방안 3가지를 말하시오.

즉답형 추가질문

2022 개정 교육과정에서 추구하는 인간상은 자기주도적인 사람, 창의적인 사람, 교양 있는 사람, 더불어 사는 사람이다. 이 중에서 본인이 교육을 통해 양성하고 싶은 인간상 2가지를 고르고, 그러한 인간상을 만들 수 있는 교육방안을 각각 2가지씩 제시하시오.

2024 - 서울

구상형 1 - 영어

Based on [가], identify three educational problems in situation [나] and provide specific solutions for each problem.

[가]
1. When using generative AI in lessons and educational activities, it is necessary to educate students in advance about the principles and limitations of generative AI and the ethical use of AI.
2. When using generative AI services, the terms and conditions should be checked to confirm the allowable age for use.

—Generative AI Educational Utilization Guide —

[나]
Teacher Kim conducted a project-based lesson on the theme of "Practicing Carbon Neutrality in Daily Life." During the first session, students researched carbon emissions and resource recycling and wrote reports. In the second session, students created challenge videos based on their reports. Problems arose when Student A used voice synthesis AI technology to overlay Student B's voice in their challenge video. Additionally, Student A uploaded the video to his SNS account, which was open to public.

구상형 2 - 영어

Identify the common cause for the situations in [A] and [B]. Then, propose two solutions from the perspective of a homeroom teacher and two solutions from the perspective of the school to address this common cause.

[A]
The students engaged in a discussion to prepare for their class booths for the upcoming festival. The 'Character Photo Booth' idea received 11 votes, while the 'Haunted House' idea received 16 votes.

Class President: "We'll go with the Haunted House, as decided by majority vote."
Student A: "The Haunted House? I don't like it. I don't want to do it."
Class President: "We all agreed to follow the vote results!"
Student B: "I didn't like either idea from the beginning. Why wasn't my opinion considered?"
Student C: "You didn't actively participate during the discussion time, so why are you opposing it now?"

[B]
At School A, a revision of the school rules was necessary, so the school requested opinions from teachers, parents, and students. While teachers and parents actively provided their feedback, there were very few opinions from students. To address this, an additional opportunity was arranged for students to share their thoughts. However, despite this effort, there was still a lack of students' participation, and the rule changes were made without adequately reflecting the students' opinions.

구상형 추가질문

A교사는 수업 중 휴대폰을 사용하는 학생이 있어 제지하였으나 학생은 교사의 지도를 따르지 않았다. 교사가 학생을 타일러 보았지만 학생은 개인의 권리라고만 주장하는 상황이다. 이때 학생을 지도해야 하는 교육적 이유와 지도방안에 대해 말하시오.

즉답형

다음 A, B교사의 입장 중 누구를 지지하는지 이유와 함께 말하고, 중재자 C교사 입장에서 내가 선택하지 않은 교사에게 어떻게 이야기할 것인지 제시하시오.

> A교사: "선생님, 퇴근시간이 되었지만 선생님이 맡으신 업무에 관해 급한 회의가 잡혀서요. 자료 준비 좀 부탁드려도 될까요?"
> B교사: "음, 곤란하네요. 퇴근 후 중요한 약속이 있어서요. 그리고 근무 시간 이후 퇴근 시간은 존중을 해주셨으면 좋겠습니다.
> C교사: 선생님, "_____"

즉답형 추가질문

최근 언론에서 교사의 떨어진 권위에 대해 보도되고 있다. 교사의 권위는 어디서 나온다고 생각하는가? 우선순위에 따라 3가지 제시하고 구체적인 이유를 말하시오.

2023 - 서울

구상형 1 - 영어

> [가] In the rapidly changing society, digital device-assisted classes are necessary for future education that aligns with these changes. "디벗" is a policy aimed at innovating teaching and learning activities using smart devices in school education activities, thereby creating a foundation for a new school culture.
>
> [나] Teacher A's Journal : I received a phone call from a parent who asked, "I heard that our child is using smart devices for lessons and assessments at school. I'm curious about how it works and how it can help my child in class."
>
> [다] Teacher B's Journal : I'm facing challenges in conducting digital-based classes these days. Teaching students how to use smart devices and programs takes up a significant amount of time, leaving insufficient time to cover the core content of the lessons. Moreover, students prefer game-based activities, which further extends the time spent, and checking students' comprehension has become more difficult.

1-1. From [가]'s perspective, provide three examples of digital-based lessons that can be explained to the parent in [나], including the educational benefits of each example.

1-2. Based on [다], mention two factors that teachers should consider when implementing digital-based lessons.

구상형 2 - 영어

Followings are the survey results for school satisfaction. Identify common problems found in cases [가] and [나], and propose FOUR solutions to address them.

> [가] Student Satisfaction Survey Results:
> Student 1 : "I'm so bored because all the subjects – Korean, English, and Science – required us to make newspaper."
> Student 2 : "I feel so exhausted because the performance assessment in several subjects were held right after the mid-term exam."
> [나] Teacher Satisfaction Survey Results
> Teacher 1 : "As I focus only on my own classes, I'm curious about how other teachers approach teaching."
> Teacher 2 : "There's a significant variation in teaching styles among teachers, which seems to confuse students."

구상형 추가질문

담임을 맡고 있는데 우리 학급 수업에 들어오시는 교과 선생님이 찾아오셔서 우리 반 학생이 문제를 일으켜 힘들다고 하셨다. 본인이라면 이 선생님께 어떻게 말할지 구체적으로 제시하시오.

즉답형

다음 대화를 보고 밑줄 친 부분을 실천할 방안과 이유를 각각 말하시오.

[A]
학생 : "제 장래희망은 선생님이에요. 임용고시 합격하고 나면 더 이상 공부하지 않아도 되잖아요."
교사 : "선생님도 꾸준히 발전하기 위해 노력한단다."

[B]
멘티 교사 : "어떻게 하면 좋은 교사가 될 수 있을까요?"
멘토 교사 : "교사는 수업뿐만 아니라 학교생활 전반에 대한 성찰이 필요합니다."

즉답형 추가질문

본인 교직관을 말하고, 이와 관련지어 학교 공간 중 개선을 필요한 공간과 어떻게 개선할 것인지 제시하시오.

2022 - 서울

구상형 1 - 영어

Programs suggested in ⟨B⟩ was designed based on ⟨A⟩. Based on the meaning of the quote in ⟨C⟩, provide TWO limitations or problems of ⟨B⟩ along with concrete suggestions for improvement.

⟨A⟩
Due to global warming, the Earth's temperature continues to rise, and the climate crisis is becoming more serious. An environmental foundation announced that the 'Environmental Doomsday Clock' indicating the level of environmental and climate awareness points to 'danger' at 9:38 for South Korea in 2021. The need for relevant education to raise awareness about the climate crisis is becoming increasingly emphasized.

⟨B⟩
[Ecological Transition Education Plan at A Middle School]
-2nd week of March : Hanging placards related to carbon neutrality declaration on the school gate.
-April 5th : Campaign to avoid using disposable cups

- October 7th : No-waste day. Giving prize to the classroom where everyone finishes their meal without leaving any leftovers.
- 3rd week of December : Watching a documentary video about polar bears

〈C〉
Just as a single swallow does not make a spring, nor does one fine day; similarly, one day or a short period does not create an extremely blessed and happy individual. —Aristotle—

구상형 2 - 영어

Identify common problem presented in [가] and [나] regarding the school culture and the individual teacher's level. Then, provide solutions for each point.

[가] Teacher A is working at a middle school. Interested in interdisciplinary lessons, Teacher A proposed to other subject teachers during a meeting to collaboratively design the curriculum around a specific theme and conduct interdisciplinary lessons. However, most of the teachers rejected Teacher A's proposal, stating that each subject has its own unique characteristics, making interdisciplinary lessons challenging.

[나] Teacher B works at a high school. During a teacher's meeting, Teacher B argued that due to the ongoing COVID-19 situation, blended learning is necessary. However, other teachers countered that once the pandemic is over, they will return to traditional face-to-face teaching methods. They also noted that not all subjects are suitable for blended learning, and they saw no need to research or implement it, advocating for sticking to the pre-COVID face-to-face teaching approach.

구상형 추가질문

교사는 끊임없는 배움과 성장이 중요하다. 본인이 교사가 되면 만들고 싶은 교원학습공동체를 말하고 그 이유와 구체적 활동방안을 말하시오.

즉답형

제시문 (가), (나)에 대한 자신의 의견을 각각 말하고, 이를 바탕으로 학교 교육이 나아가야 할 방향을 3가지 제시하시오.

> (가)
> 학생 A : "학교의 원격 수업과 인터넷 강의가 비슷한 것 같아. 무엇이 다른지 모르겠어."
> 학생 B : "차라리 1인 미디어방송으로 내가 좋아하는 것들을 혼자 보는 것이 더 효과적일 것 같아."
> 학생 C : "졸업장만 아니면 학교에 가지 않을텐데…학교에 왜 다니는지 모르겠어."
>
> (나) "한국학생은 하루 15시간씩 학교와 학원에서 열심히 공부하는데, 미래에 필요치 않을 지식과 존재하지도 않을 직업을 위해 소중한 시간을 낭비하고 있다."

즉답형 추가질문

> 본인이 가르치는 학생이 어떻게 성장하길 바라는지 말하고, 그것을 위해 교사에게 필요한 자질을 2가지 말하시오.

2021 – 서울

구상형 1 – 영어

The following is a record written by Teacher Kim regarding a conflict situation between Student A and Student B. Provide specific advice for each student to help restore their relationship. Additionally, present specific measures to foster empathy, consideration, and relationship restoration within the entire class.

> March : There was a dispute between Student A and Student B. Student A accidentally hit Student B, but did not apologize. In response, an angry Student B retaliated by hitting Student A's abdomen and using swear words. Many students in the classroom witnessed this fight.
>
> April : The incident involving Student A and Student B was considered a minor case of school violence and was resolved through the school principal's own resolution system(학교장자체해결제)with the consent of Student A.

May : Student A and Student B are still having resentment towards each other, which is negatively affecting the classroom atmosphere. During individual counseling sessions, they expressed the following:

Student A : "I felt humiliated when Student B hit me and used bad language in front of our classmates. Although B apologized, I still have negative feelings and discomfort towards B."

Student B : "I admit my mistake. However, if A had immediately apologized, this incident might not have happened. This situation has caused issues with my parents and my relationships with friends have become strained, making me feel uncomfortable."

구상형 2 - 영어

Identify problems regarding Case 1~3, and provide solutions for each.

[Case 1]
Student A used to actively participate in classroom lessons. However, since the start of online classes, his participation has decreased. Student A explains that online classes often involve one-sided lecture-style teaching, making it difficult to concentrate, and he finds it challenging to immediately address what he doesn't understand.

[Case 2]
Student B does not actively engage in online classes. He participates only until attendance is checked at the beginning of the class and then does not listen to the rest of the session. Despite making continuous calls and sending messages to encourage his full participation, there has been no improvement.

[Case 3]
Student C expresses dissatisfaction with the process-oriented assessments conducted during live interactive online classes. Some students receive help from others to solve problems and even share answers through social media among friends.

구상형 추가질문

새학기 담임을 맡았을 때, 3월에 학생들과 첫 학급활동을 온라인으로 하게 된다면 어떤 활동을 하고 싶은지 내용과 방법을 구체적으로 제시하고, 그 이유를 자신의 교직관과 관련지어 설명하세요.

즉답형

본인의 교육관을 바탕으로 A학생에게 도움을 주어야하는 필요성에 대해 설명하시오. 그리고 A학생에게 도움을 줄 수 있는 인지적, 정의적 영역의 방안을 각각 제시하시오.

〈A학생 특성〉
1. 기초학력이 부족하며 특히 국어, 영어, 수학 학습 능력이 떨어짐.
2. 정서행동검사 결과 ADHD로 밝혀짐.
3. 자존감이 낮고 친구들과의 관계를 어려워함.
4. 끼니를 거르는 경우가 많고 옷도 잘 갈아입지 않는 등 기본생활습관이 잘 잡혀있지 않음.

즉답형 추가질문

이와 같은 기초학력지원프로그램에 학생이 참여하기를 꺼리는 경우, 이를 해결하기 위한 구체적인 방안을 3가지 제시하세요.

2020 – 서울

구상형 1 – 영어

In the following text, identify what Teacher Kim has overlooked for each case and provide a solution for each specific case:

[Case 1]
Student A has been suffering from leukemia for a long time and was at a hospital school for two years. After his health improved, Student A returned to school two weeks ago. During this time, Teacher Kim showed consideration for Student A by allowing him to rest instead of participating in physical education classes and appointed a student assistant to help with all of Student A's tasks. However, Student A still finds it difficult to adjust to school and expresses that attending school is too challenging.

[Case 2]
Teacher Kim has a strong interest in environmental issues. As part of a collaborative arts activity at school, Teacher Kim decided to create a musical program with an environmental theme. Teacher Kim enthusiastically assigned roles to the students, and meticulously scheduled practice sessions to prepare for the musical. However, the students lack enthusiasm and have low participation.

구상형 2 - 영어

Here is the annual education plan for School A. Based on Seoul Metropolitan Office of Education(SMOE) character education policy, provide THREE improvement suggestions for the following plan. Then, explain how you can implement character education in your class.

Semester	Program	Target	Location	Date	Teachers taking in charge
1st	Lecture - Beauty of Ethical Life (Professor Kim at OO University)	Whole Students	Auditorium	July 3rd	Assigned teacher
2nd	Watching documentary about human right and writing essays about importance of integrity	Whole Students	Classroom	December 23rd	Homeroom teacher

구상형 추가질문

말씀하신 인성교육을 위해 교사로서 가장 필요한 자질이 무엇인지 말하고, 그를 위해 자신이 스스로 어떤 노력을 했는지 구체적으로 제시해주세요.

즉답형

교사로서 다음의 두 학생 중 어떤 학생을 먼저 도와주고 싶은가? 학생을 선택하고 그 이유를 말하시오. 그리고 자신의 교직관을 제시하고 이에 기반하여 그 학생에게 해주고 싶은 조언을 이야기하시오.

> 학생A : 선생님, 저는 게임은 잘 못하지만 꼭 나중에 게임 전문 1인 방송 크리에이터가 되어 돈 많이 벌고 성공하고 싶어요.
> 학생B : 선생님, 저는 이루기 힘든 큰 꿈을 꾸지 않아요. 아르바이트를 하며 돈 벌고, 소소한 행복을 찾아 평범하게 살고 싶어요.

즉답형 추가질문

앞에서 선택하지 않은 학생에 대해서는 어떤 조언을 해줄 수 있겠나요?

2019 – 서울

구상형 1 – 영어

Provide TWO problems with the debate class described in (A) and three instructional suggestions from the perspective of (B).

(A) [Conducting a Debate on the Uniform Controversy]

- The teacher has explained the necessity of student uniform regulations and debate rules to students before the debate.
- Students are divided into 'agrees' and 'disagrees' regarding the topic 'Does the uniform violate students' rights?'
- During the debate, students who argue that uniforms violate students' rights monopolize the speaking time, while opposing students hardly get a chance to speak.
- The debate ultimately concludes that uniforms violate students' rights, and the winning students express their victory enthusiastically, while the opposing students show dissatisfaction, feeling that their opinions were ignored.

(B) 'The Beutelsbach Consensus' is an educational guideline established in 1976 by educators, politicians, researchers, and scholars from conservative and progressive backgrounds in West Germany, a country deeply divided by ideology and politics. They gathered in the German city of Beutelsbach to create an educational framework that reconciles conservatism and progressivism. After intense debates, representatives from both sides agreed on educational principles that transcend ideology and political affiliations. Originally intended as a guideline for political education in schools, this agreement has been expanded and applied to all areas of public education, serving as a constitutional cornerstone of political education in Germany. The principle aims to cultivate the youth's understanding of social diversity and nurture their ability to make independent judgments.

구상형 2 – 영어

Assuming you are the homeroom teacher for a class composed of the following types of students, provide instructional approaches tailored to each type and explain the reasons for your choices.

A Class Motto : Realize Everyone's Potential

Type A (16 Ss)	− focusing only on entering university − active participation in school activities − no clear goal for future
Type B (9 Ss)	− not interested in school life − lack of motivation for learning
Type C (2 Ss)	− ADHD, showing emotional problems − aggressive, difficulty in controlling anger − continuous disruptive behavior during class
Type D (1 S)	− mild intellectual disability − high interest in class and school activities but passive and dependent behavior

추가질문

위 학급의 담임 교사라고 가정하고, 모든 학생들이 즐길 수 있는 학급활동을 제시하고 그 이유를 설명하시오.

즉답형

기능론적 교육관과 갈등론적 교육관의 특징을 각각 설명하고, 이중 자신이 우리나라 교육의 현실에 맞다고 생각하는(본인이 긍정적으로 생각하는) 교육관의 한계점을 2가지 설명하시오

즉답형 추가질문

서울시교육청에서 강조하는 정의로운 차등의 필요성을 설명하고, 교사로서 실천방안을 2가지 이야기하시오.

2018 - 서울

구상형 1 - 영어

Considering [A], list 3 problems in [B] in terms of classroom management, and suggest 3 solutions for them.

[A]
Inclusion education should provide students having special assistance with opportunities to receive education in accordance to their individual needs without discrimination.
—From Special Education Journals

[B]
There is a student with hearing difficulties in the class. The teacher allowed the student to sit in front of the classroom in order for her to watch the teacher's mouth better. Also, the teacher asked other teachers to release her from homeworks, and released her from cleaning duties. Furthermore, the teacher assigned a role of assistant to her classmates. As a result, the classmates started to complain that the teacher is showing favoritism toward her and that the teacher's treatments are reversed discrimination.

구상형 2 - 영어

Considering [A], explain the rationale of Mr. Kim and the student in [B], and suggest three ways of educational guidance to create future peaceful school culture.

[A]
—Any action can be justified if it benefits everyone
—To sacrifice the minority for the good of the majority cannot be justified.

[B]
In Mr. Kim's school, theft in classroom has occurred frequently. The school decided to prohibit students from entering other classmates' classroom as a theft prevention program. One day Mr. Kim caught Student A entering a vacant classroom on CCTV. When Mr. Kim investigated him, he said he just tried to borrow his friend's sports uniform. However, the teacher gave him demerit marks according to the school regulation.(Clause 0 Article 0, : Students are to be given demerit marks when they violate the school regulation) because Mr. Kim knew he was given demerit marks for his using bad languages before. After that, Student A reported to Human Rights Association that prohibiting students from entering other classmates' classroom violates students' rights.

즉답형

네 가지 그림이 나타내는 교육관 중 우리교육에 가장 필요한 교육관과 가장 경계해야 할 교육관을 고르고 이유를 말하시오.

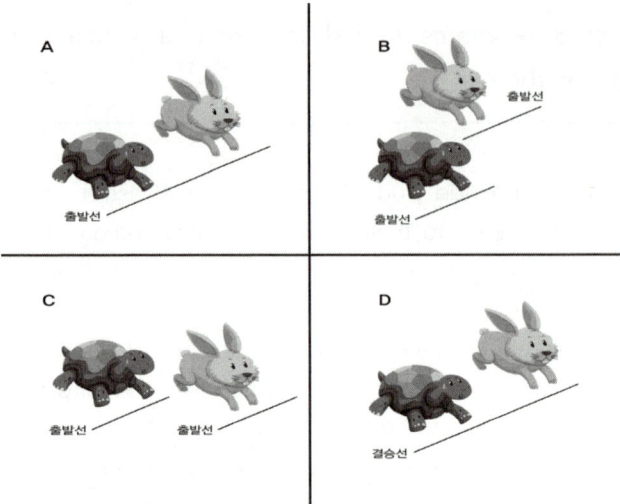

추가질문

가장 경계해야 한다고 선택한 교육관에도 장점은 있을 것입니다. 그 교육관의 장점과 활용 방안을 이야기하시오.

2017 - 서울

구상형 1 - 영어

Regarding [A], analyze the causes of the problems experienced by Teacher Kim in [B], and propose three solutions to the problem

A	"The authority of those who teach is often an obstacle to those who want to learn." —Marcus Tullius Cicero—
B	Teacher Kim is a highly passionate teacher. She constantly studies and researches to develop various teaching methods and actively applies them in her classes. Other fellow teachers also acknowledge Kim's passion and frequently commend her for it. However, this semester, Teacher Kim was shocked to discover the results of the teacher evaluation. The students' satisfaction with her classes was very low. Despite students actively participating in group activities, showing high levels of engagement in class, and achieving their learning objectives, Kim cannot understand why the satisfaction is so low.

구상형 2 - 영어

Provide the validity of the teacher's argument presented in Text A and suggest two educational guidance approaches for fostering future core competencies mentioned in Text B.

A	Parent : School regulations regarding students' attire are necessary because clothing can influence the learning environment. Teacher A : I believe it is more desirable to grant students autonomy in their clothing choices rather than regulating their attire."
B	It is important to develop future core competencies. It is not just about accumulating knowledge but also having the ability to apply that knowledge in real life and problem-solving skills, which will be even more crucial in the future. To achieve this, various advanced countries are implementing various educational innovations.

즉답형

다음 두 가지 교직관 중에 더 바람직하다고 생각되는 교직관을 선택하고, 이를 실현하기 위한 방안을 교과지도와 창의적 체험활동 지도 측면에서 각각 제시하시오.

> A : 교사가 적극적으로 개입하여 학생의 변화를 이끌어내야 한다.
> B : 학생들이 스스로 변화할 수 있도록 기다려야 한다. 자신의 속도로 시행착오를 거치면서 배우는 것이 중요하다.

면접관 추가질문

본인이 위에서 선택한 교직관을 따랐을 때 예상되는 어려움과 이를 극복하기 위한 방안을 제시하시오.

2016 – 서울

구상형 1

배려심 부족	…	자아긍정의식 부족	학습동기 부족	욕설
~~%	~~%	~~%	~~%	~~%

인성교육이 필요한 이유에 대한 설문조사 자료를 보면 긍정적 자아개념, 낮은 학습동기 및 무기력감 때문에 필요하다는 답변이 생각보다 많다. 이러한 정서적인 문제를 해결하기 위한 수업방안 2가지, 평가방안 2가지를 구체적으로 제시하시오.

구상형 2

단편적인 지식만을 시험문제로 출제한 동교과 교사B에게 사고력과 창의성을 측정할 수 있게 문제를 수정해야 한다고 하니 B교사가 "흥! 내 문제는 문제없다. 고치고 싶으면 당신이 알아서 고쳐라!"하고 가버린 상황에서 B교사에게 말하는 것으로 가정하고 설득해보시오.
※ 아리스토텔레스의 설득 3요소(파토스, 로고스, 에토스)가 드러나게 이야기하라.

즉답형 1

서울 교육시책 '교복입은 시민'과 관련하여 학생자치활동의 필요성을 이야기하고, 활성화 방안 및 지도방안을 제시하시오.

즉답형 2

교사의 교직만족도가 낮은 원인을 제시하고, 본인이 가지고 있는 자질과 관련하여 교사가 되었을 때 예상되는 어려움 및 어려움을 이겨내기 위한 해결방안을 이야기하시오.

03 경기도 기출문제

2025 – 경기

- 구상형3, 즉답형2 – 15분 구상, 15분 답변
- 구상형 3개 모두 영어지문/ 영어답변, 즉답형이 우리말
- 구상형 문제지는 B4사이즈로 1페이지에 1문제가 있었으며, 가로로 반 나누어서 왼쪽은 관리번호 쓰는 칸과 문제, 오른쪽은 여백이 넉넉히 있었고 스테이플러로 묶여있음 (총 단면 3장)
- 문제 3페이지(구상형 3번) 여백에서 '즉답형 문항은 평가실에서 제공됩니다.'라는 문구가 적혀있었으며, 즉답형 문제는 평가실 책상에 놓여있었음.

구상형 1 – 영어

Based on (A), identify the key teacher competencies required for Gyeonggi Future Education. Then, referring to (B), suggest the teacher's role needed for each student's situation.

(A)
Gyeonggi Education is pursuing the transformation of public education as a new social contract, looking ahead to the year 2050 and beyond in order to prepare for a rapidly changing era. The Gyeonggi Future Education Office has established and is operating the Gyeonggi Future Education Platform, which expands the scope of public education beyond the school to the local community and online spaces. By doing so, it supports all students in realizing their dreams and talents without exclusion. – *From the 2024 UNESCO International Forum on the Futures of Education*

(B)
Student A: My dream is to become a film director. I want to take classes related to my dream, but unfortunately, my school doesn't offer any relevant subjects.

Student B: During class, I learned about carbon neutrality and became interested. I want to practice what I learned in my daily life. Especially, I would love to collaborate with students from other countries on a project, but I don't know how to make that happen.

구상형 2 – 영어

Based on (A), suggest specific teaching method to realize the underlined part in (B).

(A)

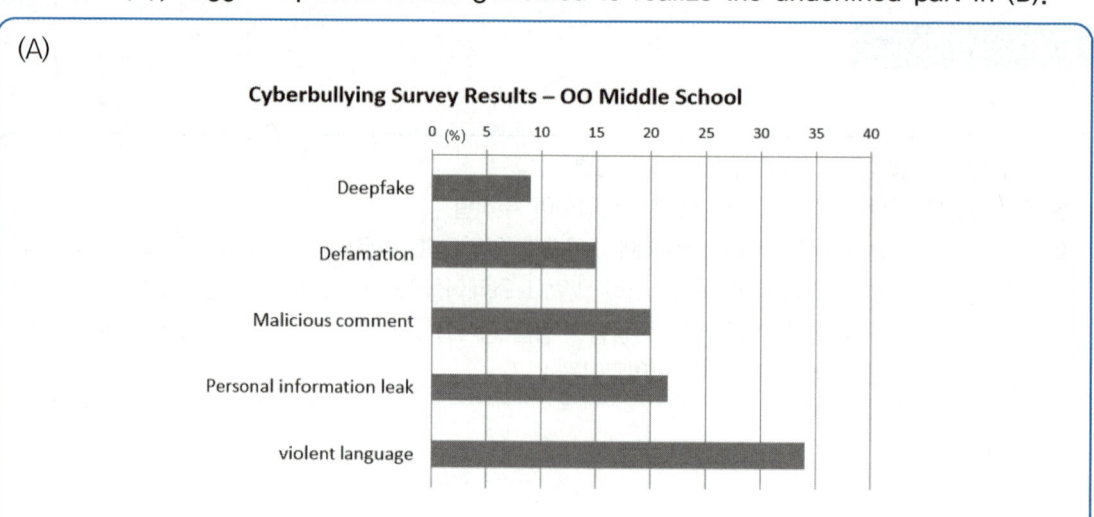

(B)

In order to develop initiative and character as future digital citizens, education in digital creativity competencies based on digital literacy is important. To achieve this, it is necessary to <u>integrate digital literacy across various subjects and provide instruction that considers students' real-life contexts</u>, thereby fostering both digital knowledge and competencies.

구상형 3 – 영어

Read the following passage and, from the perspective of the homeroom teacher in the text, explain how you would collaborate with the student life guidance teacher to support the student.

Minsu lacks basic care at home, so he has not developed fundamental daily habits and finds it very difficult to follow basic school rules. The homeroom teacher has continuously counseled and guided Minsu, and as a result, his daily habits have gradually improved.

One day, Minsu violated a school rule and received guidance from the student life guidance teacher. After this, he refused to come to school. The homeroom teacher explained Minsu's personal circumstances, including his family situation, to the student life guidance teacher and asked for guidance that takes the student's situation into account. However, the student life guidance teacher insisted that school rules must be applied equally to all students and did not want to make an exception.

즉답형 1

교사로서 다음 문제 상황 속 밑줄 친 부분을 해결하기 위한 수업과 평가 지원 방안을 각각 제시 하시오.

> 교사가 맞춤형 수업을 통해 학생 개개인에게 성장과 배움을 주고자 한다. 그런데 한 학생이 수업에서 말을 한마디도 하지 않고, 활동에도 잘 참여하지 않으며 수행평가도 잘 참여하지 않는다.

즉답형 2

다음 상황이 발생하는 원인을 말하고, 이를 해결하기 위한 담임 교사와 교과 교사의 지도 방안을 말하시오.

> 현장체험학습에 대한 가정통신문을 배부했는데 학생들이 '상비약', '지참'(버스 내) 정숙' 등의 용어에 대한 정확한 의미를 몰라 질문이 들어오는 상황이다.

2024 – 경기

구상형 1 – 영어

As a homeroom teacher, you are to implement 'Gyeonggi Character Education Policies.' Choose one of the four character education virtues of Gyeonggi Education and make a brand name of character education that embodies this value. Then, explain why you have chosen that brand name. Also, suggest two student-led activities that can be done during student self-governance time student to foster this character virtue.

*Gyeonggi Character Education virtue: consideration, cooperation, responsibility, respect

구상형 2 – 영어

As a subject teacher, suggest two ways for ecological and environment education with implementing given teaching philosophy and teaching method

Teaching philosophy	Teaching method
1. Thoughtful students 2. Deep learning	1. Lessons that encourage student-led questioning and inquiry 2. Lessons that help students to extend what they learn into their lives

구상형 3 - 영어

Based on the school situation described in ⟨A⟩, suggest two educational methods that can be implemented by subject teachers and two methods by homeroom teachers to practice the principles outlined in ⟨B⟩.

⟨A⟩

Eliminate	Reduce
• lack of students' literacy • lack of consideration for students' individual traits	• Administrative burden on teachers • the gap between students' abilities
Raise	Create
• Teachers' edutech competency • Use of digital devices in subject classes	• administration support platform based on edutech • AI teaching and learning programs

⟨B⟩
- Gyeonggi Education will ensure basic academic skills for all students and strive to improve student achievement.
- Gyeonggi Education will support Students' growth by enhancing their digital literacy through AI-based personalized 1:1 education. The role of teachers is crucial in this process, so we will actively support the enhancement of teachers' educational technology skills.

즉답형 1

다음 상황에서 A교사와 B교사의 대응 방안을 각각 제시하시오.

A교사: 수업 중 학생 한 명이 늘 잡담을 한다. 지속적으로 주의를 주며 지도해봤지만 교사의 주의를 듣지 않고 오히려 교사에게 불손한 태도만 보이며 수업 방해 행동을 지속한다. 이에 다른 학생 학습권 침해도 시키고 있는 상황이다.

B교사: 올해 학교폭력 업무 처음 맡았다. 쉽지 않은 업무였기에 내년엔 학교폭력 대신 담임을 맡고 싶지만 학교 여건상 계속 내가 학교폭력 업무를 맡아야 할 것 같은 분위기이다.

즉답형 2

제시된 설문 결과를 읽고 학생의 만족도를 높일 수 있는 방안을 교과교사, 담임교사 측면으로 각각 제시하시오.

> 경기도 소재 중고생 10명 중 8명에 가까운 79.7%가 현재 학교생활에 만족을 느끼고 있는 것으로 나타났다. 경기도교육청은 2일 '학교생활 만족도'에 대해 실시한 모바일 설문조사 결과를 발표했다. 이번 설문조사는 학교생활 만족 여부와 그 이유를 묻는 설문 내용으로 경기도에 소재한 중고등학교 재학생을 대상으로 실시했다. 만족스러운 부분으로 △친구와의 관계(60.6%) △급식 시설 및 급식 맛(35.3%) △교과수업(25.4%) △교사와의 관계(21.7%) △진로·진학 활동(18.0%)을 차례로 꼽았다.

2023 - 경기

구상형 1 - 영어

Based on the quote below, design and describe an English class for Basic Academic Ability enhancement.

> School should be the main engine, and the AI-assisted education and the local community resources will be the second engine. —Superintendent of Gyeonggi, 2023—

구상형 2 - 영어

When a school violence incident occurs, addressing only the punishment of the offending student may not resolve all issues. In the following scenario, as a homeroom teacher, propose an educational solution and discuss factors to consider when implementing it.

> Student A : "B swore at me so I pushed him a little. I did feel sorry when I pushed, but now B reported me for school violence, so I'm thinking of reporting B for verbal abuse too."
> Student B : "I admit I used inappropriate language, but I think it's worse that A pushed me. Now, I feel uncomfortable to see A in the classroom."

구상형 3 – 영어

To realize future-oriented education, it is important for the school educational community to establish '학교자율과제'. The following is the SWOT analysis of School A. Based on this, propose '학교자율과제' for the school using the format below, with reasons and specific ways to implement it.

[학교자율과제 : (　　　) through/by/with (　　　)]

Strength (S)	Weakness (W)
• High trust among students in the school • Full consensus within the educational community on the importance of character education	• Lack of integrated character education programs across subjects • Insufficient mutual consideration among students
Opportunity (O)	Threat (T)
• Abundance of human and material resources in the local community • enough school budget for character education	• Excessive media exposure among students • Insufficient guidance of fundamental lifestyle habits at home due to limited time with parents

*학교자율과제 : 학교자율역량을 바탕으로 학교의 현안을 진단하고 숙의를 거쳐 도출하는 과제.

즉답형 1

수업 중 진행한 모둠활동에서 다음과 같은 문제가 제기되었다. 이를 해결할 방안을 제시하시오.

A학생 : "본인 하고 싶은 말만 서로 하려고 하고 다른 사람 말을 잘 안 듣는 애들이 많아요."
B학생 : "열심히 하고 싶은데 수업 내용이 어려워서 모둠활동이 너무 어려워요."
C학생 : "열심히 안 하는 애들이 많고 저만 열심히 하는 것 같아 손해보는 것 같아요."

즉답형 2

설문조사에 따르면 대부분의 학생들은 학생의 요구와 목소리를 잘 들어주는 교사가 좋다고 응답했다. 이를 반영한 구체적인 교육 방안을 담임교사, 교과교사 측면에서 각각 말하시오.

2022 – 경기

구상형 1 – 영어

In the following situation, explain how you would advice and support the student as a homeroom teacher.

> Student A, who is a freshman in high school, has heard that she needs to choose elective courses for the upcoming year. This student has not yet determined a specific career path for herself, which makes her confused about about which courses to select from the extensive list of available subjects. The student is feeling uncertain about which courses to choose and is disappointed that the school does not open some subjects that she is genuinely interested in.

구상형 2 – 영어

Due to the COVID-19 situation, students have had limited opportunities to develop their social skills. A school is planning for an activity In order to foster students' social development. Choose one one of the following three areas and suggest a detailed activity plan with its rationale.

> • Peer interaction program   • Creative experiential activity program   • Theme-based field trip

구상형 3 – 영어

The following are students' opinions regarding the classroom rules for student self-governance. Taking this into consideration, provide suggestions for realizing classroom autonomy.

> Student A : "Teacher, we'd like to discuss solutions for various issues in our class and establish class rules on our own through class meetings."
> Student B : "I'm not sure why we need classroom rules. We already have school rules. Aren't they sufficient?"
> Student C : "Last year, the rules about being late for class made us clean almost every day after school, and it was quite frustrating. I hope we don't create rules like that this time."

즉답형 1

다음과 같은 상황에서, 본인이 지문 속 교사라면 어떻게 대처할 것인지 말하시오.

> 학급 담임을 맡고 있는데 학급에 수업을 들어오는 교과 교사가 교과 시간이 끝난 후 매일같이 담임학급의 학생을 데려와서 수업태도 불량에 대한 지도를 해달라고 한다. 처음 몇 번은 해당 교사의 부탁에 따라 학생들을 지도했지만, 계속해서 학생들을 데려오니 조금 지친 상태이다.

즉답형 2

경기에서는 다음과 같은 교사의 역량을 중시한다. 이 중에서 가장 중요하다고 생각하는 하나의 역량을 고르고 그 역량을 함양하기 위한 실천계획을 구체적으로 이야기하시오.

> (1) 교수역량
> (2) 자기개발역량
> (3) 생활지도역량
> (4) 공동체역량

2021 – 경기

구상형 1 – 영어

Choose whose opinion you agree with between Teacher A and Teacher B, and explain the reason.

> Teacher A and Teacher B, who teach different subjects, have planned an interdisciplinary performance assessment. As a project-based activity, the performance assessment was conducted over a total of three class sessions. However, during the submission process of the final project for the last session, there was an error in Student C's USB, resulting in a situation where Student C couldn't submit the task on time. In response, Teacher A and Teacher B presented the following opinions:
>
> —Teacher A : "I believe that Student C's work should not be included in the evaluation. Only the submissions from sessions 1 and 2 should be assessed."
> —Teacher B : "I think C student should be given the opportunity to submit the project from session 3 as well, and we should evaluate all submissions from sessions 1 to 3."

구상형 2 - 영어

Imagining that you are a homeroom teacher for Student A~C, suggest how you would guide students considering the following situations comprehensively.

> Student A : consistently avoids making eye contact with the teacher. Despite the teacher's repeated encouragement to establish eye contact, the student often gazes out of the window or elsewhere.
> Student B : frequently late for school. Despite consistent reminders to be punctual, the habit of being late for school persists.
> Student C : shows disruptive behaviors during classes. Despite repeated warnings against such behavior, the student continues to repeat those behaviors.

구상형 3 - 영어

> Due to the ongoing COVID-19 situation, online class has become prevalent in school. Explain the educational benefits of in-person classroom teaching compared to online class, from the aspect of teaching&learning and the aspect of character education.

즉답형 1

> 매체를 활용하여 독서교육을 진행하려고 할 때, 자신의 교과와 연계하여 독서지도를 할 수 있는 방안을 제시하시오.

즉답형 2

> A교사는 전학년 진로를 담당하고 있는 B교사로부터 A교사가 속한 학년의 진로체험활동에 업무에 대한 협조 요청받았다. A교사는 진로체험 업무를 맡아본 적이 없고 현재 다른 업무도 맡은 상황이라 부담을 느끼고 있는 상황이다. 본인이 A교사라면 어떻게 상황을 해결할 것인가?

2020 – 경기

구상형 1 – 영어

Propose solutions to address the problems revealed in the following survey about lunchtime.

Q. Are the rules for lunchtime being followed?

	Very much so	Yes	Average	Not really	Not at all	I don't know
Student response	5%	8%	23%	28%	29%	7%
Teacher response	8%	15%	10%	30%	29%	8%

구상형 2 – 영어

The following is the counseling record of Student A, outlining the issues the student is facing. Suggest possible approaches for the homeroom teacher to address these problems.

[Counseling Record]
- April 2nd : The results of the basic academic assessment have been released, indicating that Student A's basic academic skills are significantly lacking.
- May 10th : While Student A appears to be engaged and cheerful while talking with friends, this seems to be an occasional occurrence, and Student A consistently appear lethargic and inert. When I counseled the student, Student A expressed unhappiness with school, a lack of interest , and a strong dislike of attending school.
- June 4th : I observed a wristband on Student A's wrist and found out that it was a mark of self-harm.

즉답형 1

다음 사례를 읽고, 각 사례의 개인정보보호법 위배 여부를 이유와 함께 말하시오.

사례 1 : 교사가 학생상담을 위해 개인의 교무수첩에 학생의 개인정보를 적었고, 이를 상담에 활용하였다.
사례 2 : 학부모봉사조직의 대표 학부모에게 원활한 연락을 위해 참여하는 학부모의 연락처를 제공했다.
사례 3 : 학교자치 실시 후 학급게시판에 "칭찬할 학생 김o수", "노력해야 할 학생 오o우"라고 게시했다.

즉답형 2

모둠활동 시 학생의 무임승차로 인해 생길 수 있는 문제점과 해결방안을 제시하시오.

2019 – 경기

구상형 1 – 영어

In the following situation, provide specific methods as a homeroom teacher to create an atmosphere where students participate, communicate, and collaborate.

> In Class A, students actively engage in individual assignments during class, where they can get personal benefits. However, they show less enthusiasm in participating in group activities, and the overall class atmosphere lacks a sense of cooperation. Other subject teachers have also mentioned this concerning aspect of Class A's behavior multiple times.

구상형 2 – 영어

After the national college entrance exam or final exams, during the transition time between academic years, the Gyeonggi Province Office of Education is offering various programs including vocational education, career guidance, humanities courses, and creativity education. Explain in detail what kind of class you'd like to give to students during this transition period.

즉답형 1

교과와 연계하여 민주시민교육을 어떻게 실시할 것인지 구체적으로 말하시오.

즉답형 2

현재 독서교육이 강조되고 있는데, 독서교육이 중요한 이유에 대한 본인 생각을 말하고, 교과와 연계하여 독서교육을 어떻게 실시할 것인지 구체적으로 설명하시오.

2018 – 경기

구상형 1 – 영어

Share your thoughts on the expected growth of students and the changes in schools with the implementation of the high school credit system as described in the following passage.

> The Gyeonggi Province Office of Education has announced the designation of 11 high schools as research (experimental) schools ahead of the full implementation of the high school credit system. The high school credit system allows high school students to choose and learn the subjects they need based on their desired career paths. Students can earn credits by meeting the achievement criteria of each subject and the student who reach the required graduation credits will be graduated successfully. The schools designated as research schools will operate an educational curriculum focused on expanding the choice of subjects for the next three years starting from this year. They will analyze exemplary cases and areas for improvement to provide support for the stable establishment of the high school credit system in all schools.

구상형 2 – 영어

Based on the following text, suggest ways to prevent cyberbullying as a homeroom teacher and provide suggestions to foster a culture of consideration and respect within the classroom.

> Given the increasing prevalence of social media in recent times, it is crucial to address the negative aspects that come with them. Cyberbullying, especially persistent harassment of individuals within social media platforms, has become a concerning issue. Instances include inviting someone to a group chat and then bombarding them with offensive messages, constantly inviting someone to unwanted chat rooms, and even inviting someone to a group chat only to leave the chatroom immediately, isolating them.

즉답형 1

교육과정 – 수업 – 평가(기록)의 일체화를 위한 교사의 구체적인 실천방안을 말하시오.

즉답형 2

고등학교에서 학교부적응으로 인한 학업중단위기학생을 담임교사로서 어떻게 지도할지 말하시오.

2017 – 경기

구상형 1 – 영어

Identify the future core competencies students in the following text need and describe the efforts that can be made as a teacher to nurture these competencies.

> I'm in charge of the most challenging class I've ever had. There is no atmosphere of mutual care and assistance among the students. Soon, there is a class music event, and there is much preparation to be done, but only specific students stay late, working hard to prepare. The rest of the students think it's not their concern and simply go home early. The classroom atmosphere during lessons is similar. When trying to conduct project-based learning, students respond poorly, and they are quite passive in group learning. Additionally, there is a student in the class who is struggling academically, but no one seems to be willing to help that student.

구상형 2 – 영어

Select one of the following safety education elements and suggest an approach to integrate it with the curriculum(your own major).

> Safety Education 7 Key Elements : Life Safety Education, Traffic Safety Education, Violence Prevention and Personal Safety Education, Drug and Cyber Addiction Prevention, Disaster Safety Education, Occupational Safety Education, First Aid Education

즉답형 1

> 교사가 되고 싶은 제자에게 어떻게 교육할지 자신의 경험과 연계하여 말하기

즉답형 2

다음 상황에서 학부모 설득방안을 학부모가 앞에 있다고 생각하고 말하시오.

> 우리 학교에서는 자유학기제를 넘어 자유학년제 실시를 할 예정이다. 그러나 시험을 보지 않는 것이 자녀들의 학력저하로 이어지지 않을까 걱정하는 학부모 의견을 많이 받았다.

2016 – 경기

구상형 1 – 영어

Explain the significance of a 'Professional Learning Community,' and propose a Professional Learning Community that you would like to participate in. Then, explain in detail what you hope to gain from it along with specific steps to implement this.

구상형 2 – 영어

The Gyeonggi Province's policy of 'Happy School' refers to a school where 'students discover the meaning and value of their lives on their own and acquire core competencies.' Provide a plan to implement this concept within a school classroom."

즉답형 1

인생에서 슬펐거나 실패한 경험을 말하고, 그를 통해 얻은 점과 그 경험이 앞으로의 교직생활에 어떤 도움이 될지 말하시오.

즉답형 2

학교에 관심 없는 학부모들이 있는 학교에서 학부모를 학교공동체에 참여시킬 수 있는 방안을 제시하시오.

04 대구시 기출문제

2025 – 대구

▶ 평가원 문제 (구상형3, 즉답형1) 이후에 대구자체문항(구상형 3문항)진행 - 구상 25분, 답변25분
▶ 영어교과는 대구자체문항은 모두 영어문제 및 영어답변
▶ 대구자체 문제지는 B4 3장에 문제 1문제씩 적혀있음

대구 자체 문항 1

Recently, 'Student A' became a victim of a deepfake video. Whispers and gossip continued in the hallways and classrooms, and some students even believed the manipulated content to be true. As a result, Student A became reluctant to attend school and showed signs of anxiety and withdrawal throughout the school day.

1-1. Suggest four strategies a teacher can use to prevent secondary victimization when supporting this student.

1-2. Suggest three forms of support that a School Violence Zero Center should provide to the victimized student.

1-3. Propose two educational strategies to prevent issues like the one in the passage and to raise students' awareness of responsible digital use

대구 자체 문항 2

[A]

	Question	Example
1	Factual Question	"In what year did the Joseon Dynasty begin?"
2	Factual Question	"Why does the Earth revolve around the Sun?"
3	Conceptual Question	"How does temperature change affect the state of matter?"
4	Conceptual Question	"How do people perceive the concept of freedom?"
5	Debatable Question	"Should zoos be abolished?"
6	Debatable Question	"Is technological advancement always beneficial to humans?"

[B]

> In a concept-based inquiry lesson, the learning process begins with factual questions and gradually expands into conceptual questions that encourage students to explore deeper meanings. Students are guided to connect concepts to new contexts and view them from different perspectives. Through this approach, they construct knowledge, create personal meaning, and develop transferable understanding. Assessment in this kind of lesson goes beyond right-or-wrong answers and instead focuses on thinking processes, conceptual understanding, and application. Evaluations such as written responses, performance tasks, and self-reflection are used to reveal students' depth of thought and learning.

2-1. Among the questions presented in [A], choose two examples that are misclassified, and explain why they are incorrect.

2-2. Based on [B], describe three key features of concept-based inquiry learning and two educational benefits it provides.

2-3. In the DP program, academic integrity is essential. Propose one teaching strategy that can help students develop academic integrity, and explain three educational benefits of this strategy by linking it to ATL skills.

대구 자체 문항 3

3-1. Daegu Metropolitan Office of Education is implementing the "Education for Building a Sustainable Family Community." Suggest a specific activity that could be implemented at the middle school level to put this initiative into practice.

3-2. Identify the name of the policy program and provide a specific example related to the following passage from the Daegu Metropolitan Office of Education:

> Daegu Metropolitan Office of Education is promoting a student growth policy by establishing a learning safety net involving the entire community. This initiative consists of three major programs: the "Capability-Building Program", which supports individual student growth, the "After-School Support Program", which integrates learning and care, and the "Together We Grow Program", which connects students with the local community. The policy supports both academic and emotional growth through foundational learning support, personalized learning coaching, and community-based activities. It also offers career experiences, cultural programs,

and reading activities in collaboration with local government offices and libraries. Flexible teaching systems and itinerant instructors, reflecting student and parent needs, help improve the quality of education and build a sustainable support system.

3-3. Explain what the "Daegu Educational Development Special Zone" is, and list two of its sub-projects and two expected outcomes. Then, explain how this policy could help address the situation described in the following passage:

> Over the past 20 years, approximately 360,000 people have migrated from the Daegu and Gyeongbuk regions to the capital area, with 87% of them being young adults, indicating a serious outflow of local talent. According to Statistics Korea, between 2004 and 2023, about 190,000 people left Daegu and 170,000 left Gyeongbuk, amounting to 7-8% of each region's total population. Both regions have consistently experienced net population loss to the capital area every year for the past two decades, and Daegu has recently seen a resurgence in outmigration.

2024 - 대구

대구 자체 문항 1

> [가] Student A continues to engage in disruptive behavior during class, such as playing around and moving to other students' seats. Despite the teacher's guidance to return to his original seat and stop disrupting the class, there was no improvement. A meeting of teachers was held regarding Student A, and it was decided that the student would be removed to a space outside the classroom whenever he engages in disruptive behavior.
>
> [나] Consultation appointment with Student A's parent has been scheduled after receiving contact from his parent.

1-1. Describe the procedure for removing a student from the classroom due to persistent disruptive behavior, and provide two points of caution.

1-2. According to the Education Rights Protection Act, under what two conditions can a teacher suspend or refuse a parent consultation?

1-3. Propose two educational programs to address Student A's behavioral issues.

대구 자체 문항 2

[가] the stages and details of the IB Middle Years Programme (MYP) model of 'Inquiry-Action-Reflection.'
[나] information on 'Internal Assessment' and 'External Assessment' in the IB Diploma Programme (DP).

2-1. Select two inappropriate things from the table in [가] and explain the reasons for their inappropriateness.

2-2. List five learning approaches of the MYP, and provide a specific lesson example for one of them.

2-3. Describe two characteristics of IB assessment and two educational effects.

대구 자체 문항 3

⟨2024 Daegu Education ABC Strategy⟩
(1) Accountability: Basic literacy accountability education, specialized support for slow learners, accountability education grade system, Korean Language Education Center.
(2) Basics: Internalization of IB program teaching experience, leading future education curriculum, AI Education Support Center.
(3) Community: Guaranteeing teachers' teaching rights, expanding leading schools for emotional education, strengthening parent education, establishing a zero-school violence center.

3-1. Choose one of the programs mentioned in the text and explain it in detail.

3-2. Explain the need for the 'AI Education Support Center' mentioned in the text, and describe a related program.

3-3. Explain the meaning of 'emotional education' and suggest two programs related to it.

2023 – 대구

대구 자체 문항 1

> Student A posted derogatory comments about student B on social media. Student B was unaware that these comments were about him. However, Student C told student B that Student A's negative post was all about Student B. When Student B confronted Student A, Student A claimed that the post was not directed at Studnet B. Student B's parents heard about the incident but wish to quietly resolve it, fearing it may affect A's college entrance due to potential records of school violence. In this situation, provide three solutions for the homeroom teacher. Also, list four conditions for the implementation of the school's own resolution system regarding school violence cases.

1-1. In this situation, provide THREE solutions for the homeroom teacher.

1-2. List FOUR conditions for the implementation of the school principal's own resolution system(학교장 자체 해결제) regarding school violence cases.

1-3. Explain one way of implementing restorative practice (회복적생활교육) in classroom.

대구 자체 문항 2

> (가) Student Learning Journal : In school, teachers tend to spend most of the time in class explaining the content of the textbook. Many times, it's difficult for me to keep up with the lessons. There are many concepts that are hard to grasp, and the lack of interest makes it challenging to concentrate. Moreover, I wish I had the opportunity to hear the opinions of other classmates about the lesson, but there's no time for that during class.
>
> (나) Teacher's Reflection Journal : As the final exams approach, creating assessment questions becomes quite challenging. Condensing the extensive material covered during class into questions with only five choices feels like a significant burden, and I don't feel like this assessment approach is appropriate.
>
> (다) Example of IB Assessment Approach for Literature Class (문학작품 수업과 관련하여 출제할 수 있는 IB의 평가 방식에 대한 예시가 담긴 지문 제시)

2-1. Explain TWO approaches to teaching in IB education program to solve the problems given in (가) and (나).

2-2. Explain the potential educational effects that the assessment presented in (다) could have on students.

2-3. Discuss TWO characteristics of IB assessment and provide specific ways to implement these characteristics in relation to your major.

대구 자체 문항 3

> With the advancement of AI, it is predicted that AI will have a significant impact on our education. Additionally, due to the prolonged period of online classes caused by the pandemic, there has been an increase in students with insufficient basic academic skills.
>
> Regarding the benefits of utilizing AI in education, provide one perspective from the teacher's side and one from the student's side, along with one point to consider. Present two strategies from the Daegu Metropolitan Office of Education to ensure foundational academic skills, and explain how one of these strategies could be implemented in the classroom."

3-1. Explain effects of using AI in education— one from the teacher's perspective, and one from the student's side. Also, provide ONE thing to consider when using AI in education.

3-2. Explain TWO programs or activities from Daegu Metropolitan Office of Education to ensure students' basic academic skils. Then, explain one specific way to implement one of these programs in your class.

2022 - 대구

대구 자체 문항 1

A학생은 학교에 잘 적응하지 못하고 결석도 자주 한다. 하루는 학교로 학교 인근 편의점의 사장님이 신고를 했는데, 사장님이 제시한 CCTV에서 A학생이 편의점 물건을 훔치고 다른 학생들과 싸우는 장면도 목격이 되었다. A학생은 아버지와 살고 있고, 아버지와 전화 상담을 해보았는데 아버지는 바쁜 직장 일정으로 한 달에 1번 정도만 집에 오기 때문에 A학생을 신경 쓰기는 힘든 상황이다. 게다가 A학생의 문제 행동을 이야기해도 A학생의 아버지는 자기주장이 강하고 협조적이지 않은 상황.

1-1. 위 사례에서 학교폭력에 해당되는 부분을 말하고, 그 이유를 학교폭력법을 근거로 제시하시오.

1-2. 위 상황에서 학교에서 즉각적으로 수행해야 할 조치를 1가지 이야기하고, 학생의 사안 조사 단계에서 해야할 것을 1가지 말하시오.

1-3. 위 상황에서 A학생의 아버지와 상담할 때 아버지와의 원만한 상담을 하기 위한 관계 형성 방법을 2가지 제시하시오.

대구 자체 문항 2

(가) 자유론 내용 : 자신의 삶을 스스로 선택하고 계획하며 자신의 행동이 자신의 판단에 기초하는 자율적인 사람에 관련된 글
(나) 삼국사기 내용 : 전쟁터에서 임전무퇴가 아닌 작전상 후퇴하는 상황에서 이를 받아들인 다른 장군들과 다르게 의견을 받아들이지 않고 '무리의 의견을 좇기보다는 스스로 결단한 것이 장부가 일을 함에 있어 중요하다'고 하는 한 장군의 내용
(다) 삼국유사 효선편 : 효도와 관련된 설화(가난한 여인이 구걸을 하다가 나중에는 남의 집 품팔이를 해가면서 눈 먼 어머니를 봉양한다)

2-1. (가)에서 나타난 의미를 바탕으로, IB학습프로그램에 적용 가능한 평가방안을 2가지 제시하시오.

2-2. (나)의 내용을 읽고, (가)의 관점에서 토론이 가지는 의미를 2가지 제시하시오.

2-3. (다)에서 나타난 효도의 의미를 이야기하고, 효행 프로그램 2가지를 제시하시오.

대구 자체 문항 3

그린스마트스쿨 내용 대략적으로 제시
(가) 스마트교실 : 첨단 디지털 기반 스마트 교실 구성에 대한 내용
(나) 그린학교 : 학교 내 친환경 건축기법 활용에 대한 내용
(다) 공간혁신 : 유연하고 창의적인 공간 구성에 대한 내용
(라) 지역사회 연결 : 학교시설을 지역과 공유하는 내용

3-1. 그린스마트스쿨의 모습을 3가지 제시하시오.(단, 제시문에 나온 내용을 그대로 인용할 수 없음.)

3-2. 그린스마트스쿨을 운영하는 교육적 효과를 3가지 제시하시오.

2021 – 대구

대구 자체 문항 1

아침 일찍 담임반 한 학생이 급하게 들어와서 이야기하기를, 최근 A학생이 B학생이 코로나 바이러스에 걸리지 않았음에도 불구하고 '코로나 바이러스'라며 놀려대서 A학생이 괴로워했다고 한다. 이에 A학생은 결국 손목을 그은 사진을 찍어서 이 학생에게 전송하기도 했다고 한다. 이 학생도 A학생의 이야기를 들어주며 도와주려고 했으나, 결국 담임선생님의 도움이 필요할 것 같아 찾아왔다고 한다.

1-1. 위 상황에서 A 학생에 대한 교사의 대응방안을 3가지 제시하시오.

1-2. 위 상황에서 B 학생에 대한 학교의 지도방안을 2가지 제시하시오.

대구 자체 문항 2

(가)
"왜 그러니, Ⓐ <u>조나단</u>? 왜 그래? 여느 새들처럼 사는 게 그리 어려운 게냐, 조나단? 저공비행은 펠리컨이나 알바트로스에게 맡기면 안 되겠니? 왜 먹지 않는 게냐? 얘야, 비쩍 마른 것 좀 봐라!"
"비쩍 말라도 상관 없어요, 엄마. 저는 공중에서 무얼 할 수 있고, 무얼 할 수 없는지 알고 싶을 뿐이에요, 그게 다예요. 그냥 알고 싶어요."
Ⓑ <u>아버지</u>가 인자하게 말했다.

"이것 봐라, 조나단. 겨울이 멀지 않았다. 배들이 나오지 않을 거고, 수면 가까이 있던 물고기 떼는 깊이 들어가겠지. 연구해야겠다면 먹이에 대해, 먹이를 어떻게 잡을지에 대해 연구하거라"

(나)
체찰사가 내가 머물고 있다는 소식을 듣고 먼저 군관을 보내더니, 조금 있다가 또 군관을 보내어 조문하기를, "일찍 상을 당했다는 소식을 듣지 못하였다가 이제야 비로소 듣고 놀라 애도한다"고 하고, 저녁에 만날 수 있는가를 물었다. 나는 대답하기를 "저녁에 마땅히 가서 뵙겠다"고 하였다. 어두울 무렵 가서 뵈오니, 체찰사는 소복을 입고 접대한다. 조용히 일을 의논하고 나올 때 남 종사(從事)가 사람을 보내어 문안했다.

(다)
- 아무리 어리석은 사람이라도 남을 꾸짖는 데는 밝고, 아무리 총명한 사람이라도 자신을 용서함에는 어두운 것이다.
- 학문을 널리 배우고 자신의 뜻을 독실하게 하며, 모르는 것은 열절히 파고들어 묻고 가까운 것, 쉬운 것부터 생각해 나가면 그러는 중에 인(仁)은 저절로 생겨나게 된다.

2-1. (가)에서 나타난 Ⓐ와 Ⓑ가 세상을 살아가는데 중요시하는 가치를 비교해서 설명하시오.

2-2. (나)에서 알 수 있는 대구미래교육역량 1가지를 제시하고 관련된 교육정책을 2가지 제시하시오.

2-3. (다)의 교육적 시사점과 관련한 IB학습자상을 차례대로 제시하시오.

대구 자체 문항 3

(가) 대구 미래교육 관련 지문 (대구미래교육의 의의, 미래사회를 주도적으로 이끌어 나가는 인재를 양성할 필요성. 대구미래교육에는 4가지 미래역량과 17가지 실천과제가 있음)

(나) A 학교의 상황 설명 지문 (맞벌이 학부모가 많아 학생들에게 신경을 쓰지 못하는 가정이 많음, 다문화 가정 많음, 코로나19로 인해 원격수업이 늘어나면서 학생들간 학업 격차가 심해지고 있음.)

3-1. (가)와 (나)를 바탕으로, A학교의 상황 개선을 위한 대구시교육청의 교육정책 2가지를 제시하고, 그것이 필요한 이유를 미래 역량과 관련하여 설명하시오.

3-2. (가)에서 언급한 미래역량을 기르기 위한 교사의 구체적인 지도방안을 2가지 제시하시오.

2020 – 대구

대구 자체 문항 1

A교사가 맡고 있는 학급에 속한 민수의 SNS에 어느날 각종 욕과 험담으로 도배가 되었다. 민수와 사이가 좋지 않은 강민이가 남긴 욕이다. 민수는 이에 큰 상처를 입고 학교에 가기 무섭다며 등교를 거부하고 있는 상태이다. 이에 민수의 학부모가 학교를 찾고, 강민이라는 학생을 불러 달라고 요청하는 등 크게 격분한 상태이다.

1-1. 위와 같은 상황에서 학부모에게 할 수 있는 적절한 대처방안 2가지를 말하시오.

1-2. 민수에게 할 수 있는 지도방안을 3가지 말하시오.

대구 자체 문항 2

(가) 녹진이 다음과 같이 말했다.
"목수가 집을 지을 때 큰 재목으로는 들보와 기둥을 만들고 작은 재목으로는 서까래를 만들며, 눕힐 것과 세울 것이 각각 적당한 곳에 자리 잡은 뒤에야 큰 집이 지어집니다. 옛날에 어진 재상이 정치를 하는 것도 또한 무엇이 이와 달랐겠습니까? 재주가 큰 자는 높은 자리에 앉히고 재주가 작은 자는 가벼운 임무를 주어, 안으로 6관(六官)과 온갖 집사(執事)들로부터 밖으로 방백(方伯), 연솔(連率), 군수, 현령에 이르기까지 조정에 비어있는 직위가 없고 직위마다 적임자가 아닌 경우가 없어, 위아래가 정해지고 현명한 자와 어리석은 자가 구분되어 그렇게 한 뒤에야 왕정이 이루어졌습니다."
—삼국사기—

(나) 하루하루 지나면서 조나단은 떠나온 생과 다름없이 이곳에서도 비행에 대해 배울 게 많다는 것을 알았다. 하지만 차이가 있었다. 이곳의 갈매기들은 조나단처럼 생각했다. 각자에게 삶에서 가장 중요한 것은, 자신이 가장 하고 싶은 일에 노력해서 완벽에 도달하는 것이었다. 그리고 가장 하고 싶은 일은 바로 비행이었다. 그들은 하나같이 위풍당당한 새였고, 매일 몇 시간이고 비행하고 어려운 기술들을 시험하며 보냈다.
—갈매기의 꿈—

(다) 자기를 굽힐 줄 아는 사람은 능히 중요한 지위를 맡고, 이기기만 좋아하는 사람은 반드시 적을 만난다.
—명심보감—

(라) 성인도 자신을 내세우지 않음으로 두의 본보기가 되며, 자신을 도외시함으로 자신을 보존한다. 이는 성인이 사욕이 없기 때문이 아니겠는가? 그래서 능히 자신을 완성하는 것이다.
—도덕경—

(마) 백성이 곤궁하게 되면 자식을 낳고도 키우지 못한다. 아이들을 가르치고 키우되 내 아들딸처럼 보살펴야 한다.
—목민심서—

2-1. (가)와 (나)의 발췌문에서 나타난 역량(능력)에 대한 관점 차이를 비교하여 설명하시오.

2-2. (나)의 발췌문에서 말하는 역량과 관련한 지도방안을 대구시책과 연계하여 설명하시오.

2-3. (다)~(마)의 내용과 관련하여 교사가 필요한 자질 2가지를 제시하고, 그 이유를 말하시오.

2019 - 대구

대구 자체 문항 1

담임 학급에 철수라는 학생이 있다. 이번에 학교차원에서 실시한 인터넷 중독검사결과에서 철수는 상당히 위험한 수준으로 나왔다. 철수를 상담해 본 결과 매일 새벽까지 게임을 하는 것은 일상이고, 게임 아이템 구매와 관련하여 친구와 다투기도 하며, 최근 시험 성적도 상당히 떨어진 모습이었다.

1-1. 철수의 문제에 대한 생활지도 방안을 3가지 제시하시오.

1-2. 철수의 문제에 대해 가정과 지역사회 측면에서 연계하여 지도할 수 있는 방안을 1가지씩 제시하시오.

대구 자체 문항 2

다음 내용에서 A에 들어갈 키워드를 말하고, 각 제시문에서 지향하는 A가 무엇인지 말하시오.

─ 아테네 마리도니우스 동맹 요구 거절내용(빈칸 A '자유' 키워드 요구)

가. 백범일지 김구 동학 입도 내용
나. 자유론의 국가 개입이 없어야 개인의 능력을 발휘할 수 있다는 내용
다. 이방인 뫼르소가 법정에서 자신의 의견을 내지 못하고 자신의 운명을 스스로 결정 못하는 내용
라. 난중일기에서 명량해전 앞둔 이순신이 죽고자 하면 살고 살고자 하면 죽는다는 연설 내용

2018 - 대구

대구 자체 문항 1

> 학생A : 수업시간에 주변 친구와 시끄럽게 떠든다. 선생님이 지도를 하려고 하면 선생님의 말을 끊으며 반항적으로 행동하는 등 예의를 전혀 갖추지 않는다. 최근에는 다른 학생들도 이 학생의 행동에 동조를 하며 함께하고 있으며 이 학생이 마치 학급의 우상이라도 된 것 같은 분위기이다.
>
> 학생B : 학교에서 대부분의 시간을 잠을 자는데 보내고 있다. 다른 학생들과도 다툼이 잦고, 화를 많이 내는 등 교우관계도 좋지 않다. 하루는 교과 선생님이 이 학생을 깨우려고 하자, 화를 내고 욕설을 하며 수업 중간에 밖으로 나가는 행동을 보였다.

1-1. A학생을 지도할 수 있는 방안을 2가지 이야기하시오.

1-2. B학생을 지도할 때 교사가 절대 하지 말아야 할 행동을 2가지 이야기하시오.

1-3. A, B학생들과 같은 문제행동을 지도하기 위한 심리적인 지도방안을 2가지 이야기하시오.

대구 자체 문항 2

> (가) 자유론 : 다양함은 나쁜 것이 아니라 오히려 좋은 것이라는 사실은 개인의 의견 못지않게 행동양식에서도 적용될 수 있다. 인간이 불완전한 상태에서는 서로 다른 의견이 존재하는 것이 유익하듯이, 삶의 실험도 다양하게 이루어지는 것이 필요하다. 다른 사람에게 피해를 주지 않는 한, 각자의 개성을 다양하게 꽃 피울 수 있어야 한다. 누구든지 시도해보고 싶다면, 자기가 원하는 삶의 양식이 얼마나 가치 있는 것인지 실천적으로 증명해볼 수 있어야 한다. 간단히 말하자면 다른 사람들에게 중대하게 연관되지 않는 일에 대해서는 각자의 개별성이 발휘되도록 하는 것이 바람직하다
> (나) 에밀의 모든 사람을 차별 없이 사랑하라는 내용
> (다) 논어의 선입견 / 편견을 가지고 대상을 바라보지 말라는 구절
> (라) 기사 : 다문화 학생이 학교 적응을 힘들어 함.

2-1. (가)의 관점에서 이방인의 뫼르소가 '이방인' 취급 받은 이유를 말하시오.

2-2. 2-1번의 근거를 뫼르소의 어머니에게 주인공이 보인 말, 행동과 관련하여 3가지 말하시오.

2-3. (라)에서 다문화학생에 대한 편견 극복을 통한 교사의 지도 방안을 (가), (나), (다)의 핵심가치와 관련하여 2가지 말하시오.

2017 - 대구

대구 자체 문항 1

> 학생A : 학교를 다니기 싫어요. 학교에서 B학생이 틈만 나면 저를 무시하고 괴롭혀서 너무 괴로워요. 이렇게 당하면서도 아무것도 할 수 없는 제 인생은 가치가 없는 것 같아요.
> 학생B : 저는 A학생을 괴롭히지 않았습니다. A학생과 친하게 지내고 싶어서 친구사이에 장난 좀 친 것 밖에 없어요. 그게 큰 문제라도 되는 건가요?
> 학생C : 저는 A학생이 B학생에게 괴롭힘을 당하는 것을 수시로 보았습니다. A학생은 아무런 반항을 못하고 우울한 모습을 보였구요. 심지어 얼마 전에는 A학생이 죽고 싶다고 쓴 종이도 봤습니다.

1-1. A학생의 위기조치방안을 3가지 제시하시오.

1-2. B학생을 개선하기 위한 구체적인 지도방안을 3가지 제시하시오.

대구 자체 문항 2

> (가) A고등학교에서는 행복한 학교를 만들기 위해 교실수업을 개선 프로젝트를 추진하려고 한다. 학교에서 학생들은 수업을 받는 시간이 가장 많기 때문에 수업이 개선이 되어야 학생들이 학습의 즐거움을 깨닫고 학교에서 행복을 찾을 수 있기 때문이다. 이런 행복한 학교를 만들기 위해 교장, 교감, 부장교사들이 많은 노력하고 있다. 하지만 다른 교사들은 이 프로젝트를 공감하지 않는 것 같고 협조하지 않고 있다.
> (나) (명심보감내용 : 퇴계이황이 친구 / 스승과의 관계 및 협력을 중요시 여겼다는 내용)

2-1. A고등학교에서 교사들에게 필요한 역량을 말하시오.
(조건 : 대구교육청 "행복교육" 또는 "인성교육계획"에 나오는 요소를 활용하시오.)

2-2. 논어의 자로편이나 난중일기의 구절 중 2-1번의 역량과 관련된 구체적인 사례를 말하시오.

2-3. 교실수업 개선을 위해 2-1번의 역량과 관련한 구체적인 방안을 3가지 말하시오.

2016 – 대구

대구 자체 문항 1

> A학생은 중학교 3학년이다. 원만한 교우관계를 가지고 있고, 책임감도 있지만 성적은 하위권이다. 성적 향상을 위해 열심히 하려고 하는데 성적은 안 나와서 무기력하다.

1-1. 교사가 할 수 있는 학교측면에서 2가지 말하시오.

1-2. 가정이나 지역사회와 연계하여 할 수 있는 일 2가지 말하시오.

대구 자체 문항 2

> 에밀, 명심보감, 논어 문구 하나씩 있음.

1-1. 위 글이 주는 교육적 시사점을 각각 하나씩 말하시오.

2-2. 위 글에 따른 인성교육 방안을 3가지 말하시오.

CHAPTER 02 심층면접 연습문제

지역마다 구상형/즉답형 문제 수, 영어 문제의 개수 등 면접 문제 구성이 다르기 때문에 자신의 지원 지역에 맞게 연습문제를 활용할 수 있도록 영어 구상형, 한글 구상형, 한글 즉답형 파트로 나누어서 수록했습니다. 기출을 먼저 푸신 이후에 이 문제를 실전 연습용으로 활용하시길 바랍니다.

1. 연습문제 — 영어구상형

[영어구상형 1]

Based on [A], explain the attitude that teachers should take in order to prevent the problems mentioned in [B]. Then, suggest three specific efforts teachers can make to address these issues.

[A]
Under the High School Credit System, which was fully implemented in 2025, students must meet two conditions to earn credit for a course: (1) at least 40% academic achievement, and (2) at least two-thirds attendance. If a student fails to meet the 40% achievement level, they cannot earn credit and become subject to minimum achievement level support. The minimum achievement level refers to the basic academic standards students must reach by the end of instruction, as defined by the learning goals of the curriculum. For students who fall short, supplementary instruction is provided at the end of the semester or during school breaks. Students who complete this supplementary instruction can still earn credit for the course

[B]
Teacher Choi: As the semester comes to an end, many students are at risk of falling short of the 40% achievement requirement and failing the course.

Teacher Kim: I'm facing the same issue in my class. Even after explaining the supplementary instruction process to the students, some have strongly rejected the idea and refuse to participate. I'm even wondering whether I should make the second term exam much easier.

Teacher Lee: My students get very sensitive whenever the topic of "not meeting the standard" comes up. Many of them lack basic knowledge, and I'm struggling to figure out how I can fill in such large learning gaps by myself, especially in such a short period of time.

[영어구상형 2]

Assume you are the homeroom teacher of a class composed of the following student types. Suggest a class management strategy that fosters a positive class culture led by students, along with specific activities to support that direction.

> Student Composition
> Type A (10 students): According to individual counseling, they find school life boring and show little to no motivation in both regular lessons and creative experiential activities.
> Type B (5 students): Despite the teacher's guidance, they frequently disrupt class by talking and misbehaving. Other teachers also report repeated concerns about them.
> Type C (10 students): They do not take the initiative but generally participate sincerely in classes and classroom activities without causing problems.
> Type D (5 students): They actively engage in both class and school activities. In class meetings, they share ideas and show a strong willingness to contribute to the class community.

[영어구상형 3]

The following comments are from students who selected "dissatisfied" in a survey conducted after taking classes that incorporated Edutech and AI tools. Based on their feedback, suggest two solutions that teachers could implement to either address or prevent these issues.

> Student A: "I want to focus on class, but I keep getting distracted by visiting other websites."
> Student B: "It was fun, but I'm not really sure what I actually learned."
> Student C: "I uploaded my work to the online board, but a classmate used AI editing tools to alter it in a weird way and made fun of me."
> Student D: "I got points taken off on a performance task because the AI gave me inaccurate information."

[영어구상형 4]

Based on the following conversation, identify three potential problems that may arise when conducting performance assessments during regular class hours. For each problem, suggest a possible solution.

> Teacher A: I heard that performance assessments are no longer allowed outside of class and must now be conducted during lesson time. I understand the need to reduce students' workload, but securing enough time is a real issue. For tasks like presentations or debates, only a few students can go within one period.
>
> Teacher B: Exactly. Even with just 25 students in a class, it takes at least two to three periods to assess everyone. But if we spend that much time on assessment, how are we supposed to cover the rest of the curriculum?
>
> Teacher A: I'm also worried about how it affects the classroom atmosphere during the assessment. Only the presenting students stay focused, while the others get distracted or become disengaged. It lowers the overall level of concentration in class.
>
> Teacher B: I completely agree. The students being assessed are nervous and focused, but the rest feel like it doesn't concern them, so the flow of the lesson gets disrupted. It's really hard to maintain everyone's attention.
>
> Teacher A: Another thing is the gap in performance speed and quality among students. Some finish quickly, while others take much longer or struggle to express themselves at all.
>
> Teacher B: That's especially noticeable during writing or speaking assessments. Even if we try to evaluate them fairly within the same time limit, individual differences make it very difficult.

[영어구상형 5]

Based on [A] and [B], identify what you believe is the most important role of a teacher and explain why. Then, suggest specific strategies for implementing this role in both teaching and assessment.

[A]

As society rapidly develops and becomes more complex, students' abilities, interests, backgrounds, and personalities have become more diverse than ever. Uniformity is no longer possible in schools. The traditional method of repeating the same lessons each year and expecting all students to keep up no longer works. It is also inappropriate to evaluate and rank students using a single standard. The goal of education should be to support students' growth according to their individual strengths and potential. It is essential to respect each student's unique characteristics and create a learning environment that allows for growth at different paces and in different ways.

[B]

Teacher A: "Teaching has become much harder than it was a few years ago. Even when I use methods that used to work for most students, only a few respond well these days."

Teacher B: "These days, students are so different from one another. It's getting more and more difficult to teach everyone in the same way. Lesson planning is a real challenge."

Teacher C: "I agree. Even within a single class, students differ in learning speed and areas of interest. I often struggle with deciding which student group to tailor my lessons to."

[영어구상형 6]

> Student: "There was only one art class offered in the Free Semester Program's elective courses, but many students like art, so I couldn't enroll. I ended up in a writing class, but I wasn't interested in it and didn't want to participate."
>
> Parent: "The school offers a wide variety of programs, which is great. But I'm worried that students might not be learning enough basic academic knowledge since even regular subject classes include a lot of hands-on activities."
>
> Teacher: "I want to run a meaningful club activity that's connected to students' career interests and the local community, but it's difficult because students have such different career goals."

(1) Suggest solutions to address the concerns raised by the student and the parent.

(2) Propose a club name and activity plan that could help the teacher address their concern.

[영어구상형 7]

Read the following situation and answer the questions below.

> At ○○ Middle School, efforts have been made to build a democratic school culture by actively promoting student-led activities at both the school and classroom levels. This year as well, each class has been holding class council meetings to create classroom rules, plan small-scale campaigns, and prepare for school festivals. However, overall student participation has been steadily declining.
>
> Some students have expressed skepticism, saying things like:
> "In the end, the teachers make all the decisions,"
> "It only looks like student autonomy, but it still feels like we're just following teacher instructions."
> Even student council members have shared their frustration, stating that:
> "Most of the things we really want to do are denied due to budget issues, so we lose motivation."

(1) Based on the case above, explain the educational value of student self-governance activities.

(2) Suggest three strategies to promote student-led activities, focusing on how to enhance student ownership in situations like the one described above.

[영어구상형 8]

Read the following situation and answer the questions.

> At School A, there are plans to establish Professional Learning Communities (PLCs) by grade level or subject area in order to support curriculum redesign and instructional innovation. However, some teachers responded with skepticism, saying:
> *"We're already too busy — there's no time to join. It'll just become another administrative task."*
> Others hesitated to participate, expressing concerns that:
> *"It will likely end up being a superficial activity rather than a meaningful discussion that actually helps teaching."*
> In particular, veteran teachers stated:
> *"The methods we've used so far have worked well enough — there's no real need to change."*
> On the other hand, new teachers felt:
> *"I don't have enough experience, so I'm uncomfortable sharing my opinions."*
> Although the school administration tried to recruit leaders to launch and promote the PLCs, very few teachers were willing to take on leadership roles. As a result, School A now faces the risk of its Professional Learning Communities becoming nothing more than a formal, symbolic gathering.

(1) Explain why Professional Learning Communities (PLCs) are necessary in schools.

(2) Based on the situation at School A, suggest three strategies to effectively activate and sustain PLCs in the school context.

[영어구상형 9]

Suggest how Teacher Kim should respond to the following situation, and propose educational strategies to prevent similar issues through classroom activities and curriculum-based lessons.

> [Teacher Kim's diary]
> Minjun, one of my students, came to the teachers' office in a fury as soon as he arrived at school and showed me a video on his phone. Hyunsoo, a student from the neighboring class, had used Minjun's face to create a humorous video using a deepfake program, likely AI-based. When Minjun confronted Hyunsoo and expressed his displeasure, Hyunsoo said it was a joke and would delete the video, but did not apologize. Minjun mentioned that something similar had happened before, and because this behavior was repeated, he was so upset that he couldn't calm down and came to the teachers' office. Minjun was in tears, and his anger did not subside easily.

[영어구상형 10]

As the homeroom teacher, suggest ways to guide both Damin and Gitae, and also provide methods for guiding the other students in the class to resolve the presented issues.

> Teacher Kim, the homeroom teacher, conducted individual counseling sessions with the students and received the following feedback:
> Student A: "Damin (a multicultural student) struggles with Korean and seems too different from us, so I'm reluctant to be friends with them."
> Student B: "Damin doesn't understand the lessons well, so the teacher often excludes them from presentations or exempts them from assignments. Isn't this reverse discrimination?"
> Student C: "Gitae (a special education student) talks to himself a lot during class. It's not loud, but it's distracting and bothersome."
> Student D: "Since the beginning of the semester, Gitae has been exempted from cleaning and classroom duties, and he gets to choose his seat. Because of this, our cleaning turns come around more often, and we can't choose good seats, which is frustrating."

[영어구상형 11]

Louis Middle School conduct classes using AI-based courseware and edutech as part of the digital-leading school initiative. However, the school has received the following concerns from parents. Suggest three things to tell them to help persuade them.

> Parent A: "My child is always on their smartphone at home, and now I hear that classes at school are conducted using tablet PCs. I'm worried that they're spending the entire day on electronic devices."
>
> Parent B: "With the introduction of AI digital textbooks, I'm concerned about the impact on my child's eye health if they are using electronic devices all day."
>
> Parent C: "Isn't it more effective for students to learn by listening to the teacher and taking notes on paper? Does using digital devices really provide educational benefits?"
>
> Parent D: "Some countries are actually reducing the use of digital devices in education. Why are we increasing their use?"

[영어구상형 12]

Identify the problem from the perspective of the class community in the following situation, and propose solutions for restoring relationships within the community Then, explain what teachers should be mindful of during this process.

> Sang-ho and Ji-hoon have been experiencing severe conflicts in the same class. What started as a minor misunderstanding has deepened over time, resulting in more serious issues. Although there has been no physical confrontation, their emotional state has led to frequent verbal arguments and public mocking, which has created a negative atmosphere in the class. In one class, when the two students were placed in the same group, the group failed to complete their assignment. Additionally, when it came time to decide on a class t-shirt for a school sport festival, disagreements between the two students prevented a decision from being made. Both students are influential and physically dominant, which has led their classmates to refrain from intervening and merely observe the situation. This ongoing conflict is worsening and affecting the class environment, yet the homeroom teacher has not accurately identified the problem, possibly because the students do not display their issues in front of the teacher.

[영어구상형 13]

Read the passage and answer the questions.

> Teacher Kim: "I'm worried because it seems that the gap among students is getting worse these days. (A) There are many students who can't keep up with the class content due to a lack of foundational knowledge."
> Teacher Lee: "Because of this, I've tried simplifying the class content for students with foundational gaps, but (B) some students find the content too easy and are working on other workbooks to do instead."
> Teacher Choi: "Our school has recently been designated as a digital leading school, so we have various digital infrastructures in place. I hope we can find solutions through edutech classes."
> Teacher Park: "Indeed. (C) I think our attitude towards these students is also very important."

(1) Based on Teacher Choi's opinion, suggest ways to guide students (A) and (B) during class.

(2) What is Teacher's attitude in (C)? Provide your answer with a reason.

[영어구상형 14]

Read the passage and answer the questions.

> Min-jun, currently a first-year high school student, is in a situation where he needs to choose subjects for next year due to the high school credit system, but he hasn't been able to make a decision yet. As his homeroom teacher, I consulted with Min-jun, and he said the following:
> "People around me keep telling me to decide on a career path and choose subjects that align with it, but I'm too busy keeping up with school classes and managing assignments. I don't have the time to think about my career. Honestly, I haven't really thought about what I'm good at or what I want to do. Also, I've heard that many existing jobs will disappear due to technological advancements in ten years, so I wonder if it makes sense to choose a career path now."

(1) What advice can a teacher give to the student?

(2) Based on the above, what qualities are necessary for a teacher in career guidance, and suggest one approach for implementing those qualities in career education."

[영어구상형 15]

The following is the situation of each class as Teacher Kim, the subject teacher, enters the class. Provide the causes and solutions for each class's issues separately.

> Class A : When entering the class, nearly half of the students are not sitting in their seats but are wandering around the classroom or playing in the corridor. It takes almost 5 minutes just to gather the students and get them ready for the class, resulting in less instructional time compared to other classes, and it's often challenging to complete the planned lesson activities.
>
> Class B : The students do not disrupt the class, but they are excessively quiet and rarely respond to the teacher's questions. Many students seem focused on the class, but they only engage in quiet note-taking, and some students appear to be sleeping or lethargic. Teacher Kim attempted various group activities to break their silence, but students still prefer to work individually on worksheets, making cooperative learning difficult.
>
> Class C : There are three students who consistently disrupt the class. When these students start making noise, the entire class becomes unsettled, and their disruptive behaviors become worse. Teacher Kim frequently displays anger saying "be quiet", but it is ineffective. Some students have repeatedly asked Teacher Kim to make the disruptive students be quiet as it is difficult for them to concentrate on the class.

[영어구상형 16]

In this situation, what can Teacher Kim do as a subject teacher and as a homeroom teacher? Suggest one activity for each case in detail.

> Teacher Kim teaches middle school seniors and all the assessments have been completed with only two weeks to go until graduation day. Now, students are whining about doing any activities during class but only want to watch movies or dramas. However, they have not decided or even thought about their jobs or future career even though they will have to select which subject to take by themselves when they get into a high school. ('The high school credit system' allows students to select various subjects depending on their aptitude and career path) So, Teacher Kim wants to engage them into educational and meaningful activities that can be helpful for designing their future career during the transitional period before their graduation at middle school, but he is not sure if the students will follow him.

[영어구상형 17]

Indicate mistakes that Teacher Kim made and explain why. Then, suggest solutions to each problem.

> Teacher Kim teaches first grade English with two other English teachers. They were in charge of different parts of what a mid-term test would cover. They made questions in each part, and collected them. All the questions were based on the contents that the teachers had taught during class, but some of them were applied questions for discrimination. After having made the questions, Mr. Kim gave some hints about the test to the group of deficient students. Given that personal USBs could be lost, Mr. Kim set up a password on a file including the test questions and shared it with other teachers through school intranet (school messenger). Before the test day, he reviewed the test questions with two other English teachers, but not with English teachers who teach second or third graders in order to prevent the leaking of the questions. On the test day, Mr. Kim gave answers only to students' questions about the test (about possible errors in test) without giving a word that could be a hint. After the test, Mr. Kim posted a paper that contained every student's test result on each classroom's bulletin board and had the students write their names on the box next to their scores.

[영어구상형 18]

Provide three specific ways to utilize the educational environment described in the text for creative experiential activities.

> The era of the Fourth Industrial Revolution, or the digital transformation, has accelerated since the COVID-19 pandemic. This transition to a digital age that can change the daily lives of all humanity, rather than limited to specific industries, is inevitably occurring, and schools are no exception. Many countries around the world are rapidly promoting the digital transformation of education after experiencing the COVID-19 pandemic. They are establishing high-speed wireless networks within schools, providing each student with a personal smart device, and making substantial investments in education to enable students to use smart devices in regular classroom learning. Furthermore, the application of technology development, including artificial intelligence, VR, and AR, to education, known as 'Edutech,' is becoming more active, bringing us closer to achieving customized lessons for all.

[영어구상형 19]

Based on the text, what kind of the competence(qualification) do you think you have in order to implement the high school credit system successfully? Answer with the specific reasons and efforts you will make in school.

> A credit system in high school uses credits as qualifications for graduation instead of hours of attendance, and allows students to freely choose the subjects they want to study. Starting from every Meister school in 2021, the South Korean Ministry of Education partially introduced the credit system in some high schools and had it fully implemented in every high school from 2025. It is designed to resolve excessive competition over college entrance, and put more focus on student aptitudes, interests, and careers. Some have raised concerns, however, that the radical change in entrance system may add to the confusion among students and parents, and this will lead them to invest more in private education.

[영어구상형 20]

In this situation, what quality does Teacher Park need? Say your answer with a specific reason.

> Last year, Teacher Park was a strict teacher. He was very serious in his class and strict about students' behavior. On the first day of the semester, he established classroom rules. Students who didn't follow these rules were punished without exception. He also yelled at students every day. As a result, students did not display any disruptive behavior out of fear of punishment, but they also did not open up or say anything when he tried to counsel them. Additionally, some students exhibited defiant behavior, claiming that the rules were too strict.
> This year, he decided not to be a strict teacher. He treated his students as friendly as possible, always listening to them, which made students feel free to talk to him. There were no strict rules, so students had a lot of freedom. However, this freedom led to a disruptive classroom environment. Other teachers complained that Teacher Park's class was very noisy. Some students also said, "Teacher Park is very nice and kind, but we learn very little."

[영어구상형 21]

In the given situation, what is the intention of Teacher Park's behavior toward Jinsu? In your case, how can you deal with Jinsu's behavior? Say your answer based on Teacher Park's approach and your own teaching philosophy.

> Jinsu, one of my students, had the lowest grade in every school exam. When I asked him some basic concepts in my class, he was not able to answer any of them. The lowest grade was not the only problem he has shown in class. He always bothers teachers and classmates in every class. He is always disruptive in class and never pays attention to the teacher. In group work, he teases other group members without participating in the activity. Other teachers also complain about his disruptive behaviors. They call Jinsu to the teachers' office everyday and scold him for what he has shown in class. However, Teacher Park, one of my colleague teachers, seems to take a different approach to him. She always smiles and have a warm conversation with him. She has a frequent counselling with him, but she always asks him about his hobbies and what he did yesterday. I don't understand what she is doing because Jinsu is also disruptive in Teacher Park's class, too.

[영어구상형 22]

Read the passage and answer the questions.

> In schools, teachers may be burdened with an unmanageable number of students or face a wide range of learning levels and capabilities within a single classroom. On the other hand, students have generally been subjected to a "one-size-fits-all" approach to learning that is not tailored to their individual abilities, needs, or learning contexts. However, as contemporary classrooms become increasingly digitized, recent advances in AI, machine learning, and the metaverse offer potential solutions to these challenges. In fact, the market for AI in education has been growing rapidly since 2018. Of course, this is not to say that teachers are being replaced or that they are replaceable. Rather, traditional teaching methods are being supplemented by technology. Artificial intelligence can enhance the educational experience and foster a culture of learning in ways once thought impossible.

1-1. How can you realize the future education explained in the text? Suggest your answer based on your major.

1-2. Based on your answer in 1-1, suggest possible difficulties you might be faced with and your own solution.

[영어구상형 23]

Classify students in the following situation into THREE different types and suggest how to deal with each type of students.

> At school lunch time, most of the students eat together with their close friends, but some students can also be seen eating alone quietly. Yuri was one of them. She always eats alone. One day in the school cafeteria, Yuri was eating lunch alone as usual. Suddenly, four students approached her and overturned her food tray on purpose. They also said rude things to her. There were some other students around them but they just pretended not to see and focused on eating their own lunch.

[영어구상형 24]

Suggest THREE ways to help Jieun when you council her.

> Jieun is in the second grade of highschool. Last year, she studied hard and got high grade in every school exam. This year, however, she doesn't pay attention to the teacher and even sleeps in class. As she loses her motivation to study, her grade has dropped significantly this year. When I counseled her, she said like this "When I play games or hang out with friends, I feel really happy. But studying doesn't make me happy. It makes me so stressed. I've studied a lot and I am exhausted now. Studying hard doesn't guarantee my success in the future. That's why I gave up studying. Since I stopped studying, I feel very happy every day!

[영어구상형 25]

In the following situation, suggest THREE actions(attitudes) Teacher Park should have taken with reasons.

> It is Teacher Park's first year as a school teacher. He believes that students are too immature to make reasonable decisions. Therefore, he created all the classroom rules on his own before the new semester began and notified the students of these rules without any input or agreement from them. Students complained that some of the rules were unfair, but Teacher Park dismissed their concerns, saying, "There is no rule that satisfies every student. I have already made the decision, so there will be no changes to these class rules."

[영어구상형 26]

Suggest TWO problems of the school culture described in the following text and suggest THREE specific solutions.

⟨A Diary of Teacher Park⟩

1. It is my first year as a school teacher. I am the homeroom teacher for a third-grade middle school class. Not knowing how to manage my classroom, I sought advice from the senior teacher sitting next to me in the office. However, it seems she is unwilling to answer my questions and does not like sharing ideas with other teachers.

2. As a new teacher, I feel it is important to be well-prepared, so I put a lot of time and effort into preparing for my classes. One day, I came up with a new teaching method and wanted to share it with a colleague. However, when I told him about the method, he said, "I know you're working hard but I don't like you interfering with my teaching."

3. I met a friend who is also a new teacher this year. She said, "I had an open class last week. I felt really bad because I thought the other teachers were assessing not just my teaching but also my personality and qualifications as a teacher."

[영어구상형 27]

Suggest THREE personal qualities that Teacher Choi lacks with specific reasons.

Teacher Choi is in charge of reading education. Considering the heavy workload of other teachers, this is not a demanding job at all. At the last school meeting, the teachers discussed who should take charge of the reading-discussion camp, which would be held for three weekdays during summer vacation. Every teacher agreed that Teacher Choi would be well-suited for this camp. However, Teacher Choi suddenly expressed anger towards the teachers, saying, "I cannot take charge of this camp because I am busy on vacation. I think there is another teacher who can take on this work."

[영어구상형 28]

Suggest THREE things the teacher in the following situation can do to make a cooperative learning environment.

> I was really tired of having lecture-style classes, so I decided to learn about 'student-centered learning.' I acquired many teaching skills from a teacher's workshop, most of which were based on 'group work.' Consequently, I modified my teaching curriculum to include a lot of group activities. However, when I applied these new methods in my class, I was very frustrated. The students never helped each other! Despite my repeated requests for them to "cooperate with each other," they either worked individually or did not participate at all.

[영어구상형 29]

The followings are some students' opinions about their homeroom teacher, Teacher Kim. Based on their opinions, suggest TWO problems of Teacher Kim and solutions to each problem.

> Student A : "Teacher Kim always devotes himself to us. He takes care of us well and solves all the problems related to our class. But there is no exception to the rule. He comes to our classroom too often and tries to fix every problem, even if they are small and minor mistakes."
>
> Student B : "Teacher Kim has a good sense of humor and tells many interesting stories in class, which makes us laugh a lot. My friends and I always look forward to his lessons. However, he shares too many personal stories that are not necessarily related to the lesson, which often causes us to lose focus. As a result, we remember the funny stories but frequently forget what we actually learned."

[영어구상형 30]

As a homeroom teacher, suggest THREE specific ways to help Yoona.

> Yoona, a quiet student in your class, often mentions feeling depressed. She spends lunch breaks alone, sometimes crying quietly, and seems distant from her peers. Despite performing well on exams, she remains unsatisfied, focusing on her mistakes and believing she's not good enough. Beyond academics, Yoona feels invisible, convinced that no one cares about her. She interprets even small challenges as signs that things will never improve, viewing everything around her negatively. This growing sense of isolation and hopelessness affects her daily life, making it hard for her to find joy or connection.

[영어구상형 31]

In the following situation, explain whether you would follow the advice of a senior teacher, and provide specific reasons for your decision. Additionally, explain any points you should be mindful of in relation to the choice you made.

> You are a new teacher, and you believed that creating a close, friendly atmosphere with your students was key to building a bright and happy classroom environment. So, at the beginning of the semester, when you first met your students, you always smiled and interacted with them kindly to build rapport. However, over time, some students started becoming disruptive by not bringing their textbooks, making noise during lessons, and distracting other students. When you discussed the classroom atmosphere with a senior teacher, he advised you to be tougher and stricter in order to gain better control of the students. In this situation, would you follow his advice or not?

[영어구상형 32]

Suggest the quality the teacher should have and TWO specific ways to realize humanism education based on the quality.

> As incidents of school violence and bullying continue to rise periodically, the need for humanistic education in schools becomes more critical. Humanism education, which emphasizes compassion, empathy, and respect for others, plays a key role in fostering positive behaviors and creating a safe environment for all students. As the focus on character education strengthens, the question arises: what qualities should teachers possess to effectively guide students in developing strong, moral personalities? Moreover, how can teachers instill moral values in their students in a way that is impactful and lasting?

[영어구상형 33]

Suggest ways to help Gisung in terms of Gisung's relationship with classmates and his learning.

> Gisung, who comes from a multicultural family, transferred to Korea from his home country last month. However, he is going through a very difficult time. First of all, Gisung struggles with Korean, making it very hard for him to keep up with lessons and submit assignments properly. He also has difficulty communicating with his classmates and teachers. Perhaps because of this, his classmates only engage with him when offering simple greetings, and they don't initiate conversations with him. Some students have even mentioned that they find it hard to approach Gisung because he has such different appearance and personality from theirs.

2. 연습문제 — 한글구상형

[한글구상형 1]

[가]와 [나]에서 드러난 문제를 바탕으로 농어촌지역 또는 인구감소지역에 발령받는다면 어떤 자세로 일하고 (또는 어떤 역할을 수행하고) 싶은지 말하시오. 또한 교사로서 진행하고 싶은 교육활동 및 이유를 구체적으로 제시하시오.

[가] 전국적으로 초·중학교 학생 수는 감소 추세에 있지만, 농어촌 지역에서 그 변화가 더 두드러지게 나타나고 있다. 2000년 전국 읍 지역의 초·중 학생 수는 약 64만 6천 명이었으나, 2020년에는 54만 8천 명으로 줄었고, 면 지역의 경우 2000년 56만 6천 명에서 2020년에는 30만 5천 명으로 감소했다. 특히, 도서벽지 지역은 더욱 큰 감소를 하는데, 2000년 9만 4천 명이었던 초·중 학생 수가 2020년에는 3만 2천 명으로 급격히 줄어들었다. 읍 지역은 약 15%가 감소한 반면, 면 지역은 46%, 도서벽지 지역은 65%나 감소하는 등 농어촌 지역의 학생 수 감소는 더욱 심각하게 나타났다

[나] 국가수준 학업성취도 결과 (검은막대: 대도시, 빗금막대: 읍면지역)

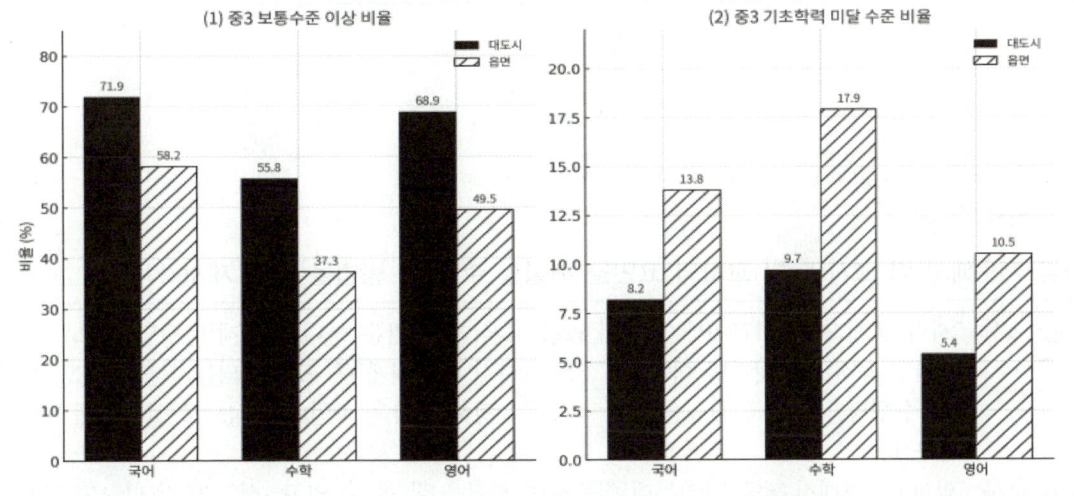

[한글구상형 2]

다음 제시문과 관련하여 박교사의 문제를 해결하기 위한 교육방향 (또는 교사상)을 이야기하고, 이를 실천하기 위한 교육적 방안을 말하시오.

> (학급 회장과 부회장과 담임인 박교사를 찾아와서 하는 대화)
> 지 민(학급 부회장): 선생님, 혹시 오늘 잠깐 시간 괜찮으세요?
> 박교사: 물론이지. 무슨 일이니?
> 지 민: 학급 규칙에 대해서 말씀드리고 싶은 점이 있어서요…
> 박교사: 아, 그래? 어떤 부분이?
> 현 수(학급 회장): 규칙 자체보다도… 선생님께서 처음부터 다 정해서 주시잖아요. 규칙이 잘못된 것은 아니지만 저희 의견은 거의 반영이 안 된 채 그냥 지키라고 하니까, 솔직히 잘 와닿지가 않아요.
> 소 윤: 네… 뭘 어기면 그냥 혼나는 느낌이에요. 그런데 규칙이 우리를 위한 거라면, 우리가 같이 만들고 지키는 게 더 낫지 않을까요? 회의를 통해 결정하고 지키려고 노력하고 싶어요.
> 박교사: 음… 그런 생각을 했구나. 선생님 입장에선 학급이 혼란스러워질까 봐 미리 정해준 거였는데, 오히려 그런 방식이 학생들 의견을 배제했다고 느꼈다면, 다시 생각해봐야겠네.

[한글구상형 3]

다음 지문에서 박 교사와 최 교사의 고민을 해결할 수 있는 방법을 각각 제시하시오.

> 김 교사: "시험 문제 출제 기간인데 고민이 많습니다. 제가 만든 하나의 문제의 정답을 모든 학생이 수동적으로 찾기만 하는 것 같은데 사실 학생에게 큰 도움이 되는지를 모르겠습니다. 수행평가도 결국 채점을 생각하다보니 정해진 답을 확인하는 식으로 실시하게 되더라구요."
> 박 교사: "맞아요. 정해진 답을 맞히는데 집중하면 시험을 잘 볼 수 있고, 성적이 잘 나오면 학생들은 좋아합니다. 다만 미래 사회에서 학생들에게 필요한 주도성과 삶의 힘, 생각하는 힘을 기르긴 어려운 것 같습니다.
> 최 교사: "맞아요. 또한 평가 후 각 학생들에게 주도적 성장을 위한 피드백을 제공해야 하는 것은 잘 알고 있지만 현실적으로 너무 많은 학생에게 피드백을 제공해야 하는 어려움이 있다보니 채점만 하고 끝내기도 합니다.

[한글구상형 4]

다음은 소규모로 구성된 A학교의 교사들의 대화이다. 대화를 참고로 A학교의 문제를 해결할 수 있는 방안을 제시하고, 그에 따른 A학교 교사의 역할을 2가지 말하시오.

> 김 교사: 이번에 고교학점제가 시작되면서 희망 선택과목에 대해 학생들 상담을 해보니까요, 어떤 것을 선택해야할지 전혀 모르겠다는 학생이 많았어요. 공부에 대한 흥미가 전혀 없거나 진로에 대한 방향이 전혀 없더라구요.
> 최 교사: 맞아요. 그런데 디자인이나 인공지능 같은 과목에 관심 있는 학생들도 꽤 있더라고요. 근데 우리 학교 상황에선 그런 과목은 꿈도 못 꾸니까… 학생들 표정이 참 씁쓸했어요.
> 이 교사: 그렇죠. 교사 수 자체가 적다 보니, 기본 선택과목도 겨우 개설했잖아요. 다른 지역은 공동교육과정도 운영한다는데 우리는 가까운 학교랑도 거리가 너무 멀고 버스도 자주 없고…학생 이동 자체가 현실적이지 않더라고요."
> 최 교사: 매년 입학생도 줄고 도시로 전학가는 학생이 많아서 걱정입니다. 관심 있는 분야를 깊이 있게 배우면서 진로를 설계해야 하는 게 학점제의 취지인데, 우리는 물리적으로도 인력적으로도 벽이 있네요.
> 김 교사: 어떤 방식이든, 아이들이 진짜 원하는 걸 배울 수 있게 해주는 방법이 필요할 것 같아요.

[한글구상형 5]

지문을 읽고, 물음에 답하시오.

> 교사 A: 고교학점제가 전면 도입되면서 학생 선택 중심의 교육과정을 새롭게 설계해야 했고, 처음엔 매우 막막했습니다. 하지만 교사들 간의 협력과 지속적인 토론을 통해 불과 1~2주 만에 효율적인 과목 편성 및 수업 운영 방안을 마련할 수 있었습니다. 지금은 각자의 과목 특성과 학교 여건에 맞춘 수업 운영이 어느 정도 자리를 잡았습니다.
> 교사 B: 에듀테크 기반 수업을 운영해야 하는 상황에서 태블릿 PC나 디지털 플랫폼 활용 방법이 익숙하지 않아 처음에는 많이 헤맸습니다. 하지만 주변 선생님들께 조언을 구하면서 하나씩 익히게 되었고, 실제 수업에서 활용하면서 자신감도 생겼습니다. 교직생활 20년 만에 이렇게 새로운 도구로 학생과 소통하게 된 것이 제게도 큰 변화였습니다.
> 교사 C: 이 학교로 발령받은 이후에 이전 학교보다 정서적으로 불안한 학생들이 많아서 어떻게 지도해야할지 막막해서 동료 교사들에게 도움을 요청하기도 했습니다. 이때 공유받은 조언, 사례를 통해 조금씩 접근 방식을 바꿔갔습니다. 그 결과 학생과의 신뢰도 회복되고, 학급 분위기도 점차 나아지는 것을 느끼고 있습니다.

(1) 주어진 상황에서 찾을 수 있는 교사 역량을 3가지 제시하시오.

(2) 위와 같은 교사공동체를 만들기 위한 방안을 3가지 제시하시오.

[한글구상형 6]

[가] 수행평가에 대한 교사들의 대화
교사 A: 개정교육과정에서는 서술형, 논술형 평가를 강조한다고 합니다. 사고력, 문제해결력을 높이는 것은 동의합니다만 서, 논술형 평가는 채점이 정말 부담스럽습니다.
교사 B: 맞아요 저는 한번 논술형 수행평가를 하면 200명의 글을 채점해야 하는데 채점만 거의 1달이 걸립니다.
교사 C: 저도 150명은 하는 것 같아요. 학생이나 학부모 민원이라도 받으면 성적 처리도 더 늦어집니다.
교사 A: 평가 기준을 잘 마련해놓더라도 학생마다 표현이 다 달라서 일일이 읽고 점수 주는 게 쉽지 않습니다. 표현 방식이 조금 다르면 점수를 어떻게 줘야 하나 고민될 때도 많아요. 공정성 문제도 신경 쓰이고.
교사 B: 그래서 평가할 때마다 '정말 제대로 된 평가가 맞나' 회의가 들기도 합니다. 채점하느라고 바빠서 피드백도 제대로 못 주는 게 늘 마음에 걸립니다.

[나]
최근 일부 학교에서는 AI 기반 서술형 평가 시스템을 시범적으로 도입하고 있다. 이 시스템은 학생이 작성한 손글씨 답안을 스캔하거나 촬영한 뒤, OCR(광학 문자 인식) 기술을 활용해 디지털 문자로 변환하고, 사전에 설정된 (교사가 입력한) 채점 기준(루브릭)에 따라 AI가 자동으로 채점한 뒤 결과를 교사에게 제공한다. 이러한 시스템은 교사의 채점 부담을 줄이고, 평가 기준의 일관성을 유지하며, 학생 개별 수준에 맞춘 신속한 피드백 제공이 가능하다는 장점이 있다. 또한 플랫폼 기반으로 평가 기록을 누적·분석함으로써 학생의 성장 추이 파악에도 도움을 준다.

(1) [가]의 문제해결을 위해 [나]의 내용을 적용할 때, 교사의 역할에 어떤 변화가 요구되는지 2가지 설명하시오.

(2) [나]를 교육 현장에서 효과적으로 활용하기 위해 교사가 유의해야 할 점 2가지를 서술하시오.

[한글구상형 7]

김교사의 학급에서 보이는 문제점의 원인을 말하고, 자신이 김교사라면 이 학급의 분위기 전환을 위해 실시하고 싶은 학급활동 및 기획 이유를 제시하시오.

> [김교사의 교단일기]
> 올해 맡은 학급 학생들은 큰 문제는 일으키지 않지만 학기 초부터 아이들이 유난히 조용하다는 느낌을 받았다. 발표를 시켜도 고개를 숙이고, 전달사항을 이야기할 때도 별 반응 없이 끄덕이기만 한다. 그나마 적극적인 편이고 대답을 잘하던 몇몇 학생도 이런 학급분위기에 점점 수동적으로 변했다. 오늘도 학급활동 시간에 대부분의 아이들이 조용히 있기만 해서 몇몇 학생을 지명해 질문을 해봐도 눈을 피하거나 작은 목소리로 얼른 끝내려는 모습이다. 활동지를 나눠주고 조별로 대화를 시켜봐도 리더가 주도하지 않으면 거의 말이 없다. 학급회의 등 학급 활동을 진행할 때마다 나 혼자 떠들게 되어서 정말 난처하다. 우리 반에 들어오시는 선생님들도 이런 무거운 분위기에 조금 힘들어하시고 차라리 떠들어서 문제가 되는 것이 낫겠다고도 하신다.

[한글구상형 8]

다음 지문을 읽고, 물음에 답하시오.

> [인공지능 윤리 핵심요건]
> - 인권보장: 인공지능이 인간의 기본권(인권, 존엄성)을 침해해서는 안 된다.
> - 프라이버시 보호: 인공지능의 개발, 활용 과정에서 개인정보 침해, 유출 등이 발생하지 않아야 한다.
> - 다양성 존중: 인공지능은 연령, 성별, 인종 등의 다양성을 반영하고, 특정 구성원에게 편향과 차별을 두어서는 안 된다.
> - 침해금지: 인공지능을 인간에게 해를 입히는 목적으로 활용해서는 안 된다.
> - 공공성: 인공지능은 긍정적 사회변화를 이끄는 방향으로 활용되어야 한다.
> - 책임성: 인공지능 개발 및 활용 과정에서 개발자, 서비스 제공자, 사용자 간의 책임소재를 명확히 해야 하며, 책임 주체를 설정함으로써 발생할 수 있는 피해를 최소화해야 한다.

(1) 학교에서 인공지능 윤리교육이 필요한 이유를 말하시오.

(2) 제시문의 인공지능 윤리교육 핵심 요건 중 2가지를 고르고, 이를 학생들에게 교육하기 위한 활동을 각각 제시하시오.

[한글구상형 9]

다음 상황에서 김교사가 두 학생을 지도할 수 있는 방법을 각각 제시하되, 담임교사 측면과 동료교사와 협업의 측면으로 나눠서 제시하시오.

> [김교사의 교단일기]
> 이번에 새로 부임한 A중학교에서 신학기 시작 전 학년 협의회가 있었다. 담임을 맡은 3학년 1반 학생의 명단을 학년 부장님이 보시더니, 지도에 주의가 필요한 학생들에 대해 이야기해주셨다. 우선 영철이라는 학생은 사소한 것으로 친구에게 크게 화를 내서 다툼을 유발한 경우가 많으며 수업 시간에 방해행동을 했을 때 지적을 당하면 "저만 떠든 건 아니거든요?"라고 감정적으로 반응할 때가 많다고 한다. 또한 수민이라는 학생은 작년에 학교생활을 매우 어려워했었는데 수업시간에 힘없이 엎드려 있을 때가 많고 늘 친구들의 눈치를 많이 보면서 모든 행동에 조심스러우며 교사의 말에도 큰 반응을 보이지 않는 학생이라 각별한 신경을 써야 한다는 말씀을 건네셨다.

[한글구상형 10]

다음 상황에서 김교사의 수업에서 나타난 문제점을 에듀테크 활용 측면에서 2가지를 찾고, 이를 개선하여 에듀테크를 제대로 활용할 수 있는 방법을 각각 제시하시오.

> 김교사는 수업에서 늘 고민이 많았다. 교사의 설명에 집중하지 못하고 떠드는 학생이 많았으며 지루해보이는 학생이 많이 보였다. 김교사는 수업에 변화를 주기 위해 에듀테크를 활용한 수업 방식에 대한 연수를 다양하게 들었다. 특히 에듀테크 수업 프로그램들에 큰 관심을 보였으며 다양한 프로그램의 조작법을 반복 연습한 뒤 이를 한 수업에서 적용해보았다. 학생들이 영상 플랫폼에서 핵심 내용에 대한 영상을 보고, 생성형 AI로 자료 조사를 하게 했으며 결과물은 학급 온라인 클래스룸에 업로드하게 하였다. 그리고 실시간 퀴즈 프로그램으로 학생의 이해 점검 평가를 했으며 코스웨어 프로그램을 통해 심화 학습도 진행하도록 했다. 학생들은 수업 내내 조용히 자신의 태블릿 PC만을 가지고 열중하는 것처럼 보였기에 김교사는 조용해진 수업 분위기에 만족했으나 사실 학생들은 수업 내내 혼란스러워하는 경우가 많았으며 '무엇을 배웠는지 모르겠다'라는 반응도 많이 나왔다.

[한글구상형 11]

다음 글을 읽고, 물음에 답하시오.

> 박 교사는 동교과 동료교사인 최 교사와 같은 학년을 맡게 되었다. 박교사는 새로운 교육과정, 그리고 최근 교육 흐름에 따라 에듀테크 활용 수업을 적용하고 싶었다. 그래서 AI기반 에듀테크 프로그램을 활용한 논술형 수행평가를 제안했다. 그러나 최 교사는 디지털기기를 활용해본 수업을 진행해 본 적이 없다며 곧바로 거절했다. 박 교사가 수업 진행 부분은 도움을 주겠다고 최 교사를 다시 찾아갔으나 최교사는 디지털기기는 사용 중 고장이나 오류가 생길 수 있어 평가로 활용하기엔 적합하지 않고, 학생들이 수업에 집중하지 않고 다른 행동을 할 수 있기 때문에 제대로 된 평가를 할 수 없을 수도 있다며 다시 한번 박 교사의 제안을 거절했다.

(1) 위 상황에서 당신이 박교사라면 어떻게 행동하겠는가?

(2) 위 상황과 같은 갈등 예방 및 원만한 해결을 위해 필요한 교직 문화를 제시하시오.

[한글구상형 12]

다음과 같은 디지털 선도학교에서 학생이 디지털 활용 수업을 진행할 때, 학생에게 길러주어야 할 디지털 역량을 이유와 함께 제시하시오. 또한 이때 교사에게 필요한 역량도 이유와 함께 제시하고, 노력해야 할 방안을 이야기하시오.

> 최교사: 우리 학교가 올해 디지털 선도학교로 선정되었더라구요.
> 이교사: 맞아요 방학동안 학교 무선인터넷도 새로 정비가 되어서 속도도 빨라지고, 전교생이 쓸 수 있는 최신형 태블릿 PC도 들어왔대요.
> 김교사: 예산도 엄청 많다고 하니 에듀테크 프로그램이나 AI 기반 코스웨어를 수업에 마음껏 적용해볼 수 있을 것 같네요.
> 최교사: 사실 이렇게 인프라가 갖춰졌지만 수업을 어떻게 바꿔야할지 막막하긴 합니다. 칠판 수업만 하다가 갑자기 디지털 기반 수업을 하게 된다면 학생들도 매우 낯설어할 것 같아요.
> 이교사: 무작정 디지털 활용 수업을 시작하기보다는 분명 학생 교육 시 주의해야 할 사항도 많을 것 같네요.
> 김교사: 그래도 디지털 선도학교는 교육청에서 지원단을 보내서 맞춤형 컨설팅도 해준다고 하고, 예산으로 좋은 강사님도 많이 초빙한다고하네요. 그리고 학교에 박 부장님 같은 에듀테크 전문가도 계시니 잘 배워서 적용해보면 좋지 않을까요?

[한글구상형 13]

최교사는 두 명의 학부모로부터 다음과 같은 문의를 받았다. 각각의 대처방안을 학부모에게 말하듯이 제시하시오.

> 학생A 학부모 : "조회시간에 친구들과 함께 떠들었는데 선생님께서 우리 A만 불러서 혼냈다고 그러던데, 정말일까요? 물론 떠든 것은 잘못했고 혼나야 하는 것은 맞으나, 우리 A가 같이 떠는 애들은 그냥 두고 자신만 혼냈다는 사실에 상처를 받았는지 학교에 가기 싫다고 하네요."
>
> 학생 B 학부모 : "우리 B가 친구 관계를 너무 어려워합니다. 소극적이어서 친구에게 말 한마디 건네는 것을 힘들어합니다. 그래서 곧 가게 될 현장체험학습을 매우 두려워합니다. 현장체험학습 시 우리 B학생을 하루 종일 선생님과 다닐 수 있도록 부탁드립니다."

[한글구상형 14]

다음은 A학교 전문적학습공동체에서 교사들이 나눈 대화이다. 물음에 답하시오.

> 김교사 : 학교에는 다양한 특성과 다양한 배경을 가진 학생이 있기에 이로 인한 문제가 발생하기도 합니다.
>
> 박교사 : 학교 안에는 다양한 학생이 있다 보니 교사의 행동에 대해 교사의 의도와는 다르게 일부 학생이 불평등하다고 느끼게 될 수 있습니다. 무의식적으로 일부 학생을 평등하지 않게 대하지 않도록 조심해야 합니다.
>
> 최교사 : 저는 어려운 가정환경에 있는 학생을 더 도와줘야 한다는 교직관을 가지고 있습니다. 그런데 이 학생들을 장학금 대상으로 추천하거나, 더 많은 상담을 해주면 역차별이라고 항의하는 학생도 생깁니다.

(1) 박교사가 이야기한 상황에 대한 예시를 1가지 들고, 교사가 노력해야 할 방안을 제시하시오.

(2) 최교사의 교직관에 대한 자신의 의견을 이야기하고, 최교사가 겪은 어려움을 해결하기 위한 방안을 제시하시오.

[한글구상형 15]

다음 상황의 공통적인 원인을 이유와 함께 제시하시오. 또한 이를 바탕으로 각각의 교사가 갖췄어야 할 자질을 구체적인 이유와 함께 제시하시오.

> A교사 : 담임을 맡은 학급 교실을 오가다 보면 옆 반 학생들이 수업 종이 쳤는데도 복도에서 떠들고 있는 등 학교 교칙을 어기는 일을 자주 관찰한다. 지도하고 싶긴 하지만 내가 맡은 학생을 지도하기도 매우 바쁘기도 하고, 나의 담당 학생이 아니니 못 본 척 넘어가는 경우가 많다.
>
> B교사 : 수업 관련 전문적학습공동체 가입을 권유받았는데 나랑 다른 교과 선생님들만 모여있어 크게 도움이 될 것 같지 않고, 지금 맡은 업무도 많아서 거절했다.
>
> C교사 : 옆자리 선생님은 업무가 매우 많다 보니 다양한 부서에서 걸려오는 전화가 많다. 그러나 이 선생님은 수업 시수도 많기 때문에 자리를 자주 비워서 내가 대신 받아야하는 경우가 많다. 처음엔 대신 받아서 메시지를 전달해드렸지만 지금은 다소 지쳐서 받지 않는 경우가 더 많다.

[한글구상형 16]

다음 현상을 예방하기 위한 방안을 교사 개인 차원과 학교 및 학교문화 차원으로 나누어서 각각 2가지씩 제시하시오.

> 한 중학교에서 학생이 교단에 누워 수업 중인 교사를 촬영하는 듯한 영상이 퍼져 큰 논란이 있었습니다. 영상 속에는 이 모습을 본 다른 학생들이 웃고 떠들고 있지만 교사는 이를 무시한 채 수업을 진행했습니다. 국정감사 이슈 분석 자료에 따르면 교육활동 침해 사건이 지난해에 2배 가까이 늘어난 것으로 밝혀졌습니다. 가장 많은 교권 침해 유형은 모욕·명예훼손(56%)이고, 이어 상해·폭행(10.5%), 성적 굴욕감·혐오감을 일으키는 행위(9.1%), 정당한 교육활동을 반복적으로 부당하게 간섭하는 행위(5.4%) 순이었습니다. 가해 학생들이 받은 처분 중 가장 많은 건 출석정지(45.1%)였고, 교내봉사(14.1%), 특별교육 이수(10.7%), 전학(9.2%), 사회봉사(7%)가 뒤를 이었습니다. 퇴학 처분을 받은 건 전체 가해 학생의 1.9%였습니다.

[한글구상형 17]

2022개정교육과정은 '포용성과 창의성을 갖춘 주도적인 사람'을 비전으로 하여 다음과 같은 중점 과제를 설정하고 있다. 각 중점 과제를 본인의 전공에서 실천할 수 있는 방안을 각각 제시하시오.

(1) 미래사회가 요구하는 역량 함양이 가능한 교육과정
(2) 학습자의 삶과 성장을 지원하는 맞춤형 교육과정
(3) 지역 학교 교육과정 자율성 확대 및 책임교육 구현
(4) 디지털 AI 교육환경에 맞는 교수 학습 및 평가체제 구축

[한글구상형 18]

다음 상황에 대한 원인을 학생 측면에서 분석하시오. 또한 이를 해결하기 위한 방안을 본인의 전공 측면에서 1가지, 학급 운영 측면에서 1가지 제시하시오.

최교사: 오늘 학교 진로시간에 실시한 적성검사에서 학생들의 질문이 쏟아졌어요. 특히 '청렴하다'가 무슨 뜻인지 많이 물어보더라구요.
김교사: 맞아요 우리반 학생들도 '왜곡'이 뭔지 계속 물어봤어요.
이교사: 문장 자체의 뜻을 이해하지 못하는 경우도 많았어요. 제가 보기엔 전혀 어려운 문장이 아니었는데도 말이죠.
박교사: 수업 때도 이런 일이 많습니다. 전 영어 문장을 해석해줬는데 해석한 우리말 뜻을 이해하지 못해 그 뜻을 다시 설명할 때가 많아요. 점점 이런 현상이 심해지는 느낌입니다.

[한글구상형 19]

다음 글을 읽고, 물음에 답하시오.

> OO 교육청은 교육정책의 수립과 시행에 학생들 의견을 적극적으로 반영하기로 했습니다. OO 교육청은 학생의회를 구성하고 운영하기 위한 조례안을 입법 예고했다고 밝혔습니다. 조례는 학생의회의 구성, 역할, 예산지원, 의견반영 등에 관한 사항을 포함합니다. 이를 통해 학생이 교육정책에 대해 자유롭게 의견을 제시하고 참여할 수 있는 권리를 보장하고, 학생의회가 제안한 내용이 교육정책의 수립과 시행과정에 반영될 수 있게 됩니다.

(1) 위 상황에 대한 자신의 생각을 구체적인 이유와 함께 제시하시오.

(2) 위와 같은 상황이 진행되었을 때 예상되는 문제를 말하고, 해결할 방법을 말하시오.

[한글구상형 20]

다음에서 설명하는 '탄소중립'을 교육하기 위한 방안을 학급 측면, 지역연계 측면, 교과 측면으로 나누어서 각각 1가지씩 제시하시오.

> 교사 A: 요즘 탄소중립이 정말 중요한 화두인데, 학생들에게 어떻게 교육해야 할지 고민이 많아요."
> 교사 B: 맞아요. 기후 변화가 우리 미래에 큰 영향을 미칠 텐데, 학생들에게 그 심각성을 인식시켜주는 게 정말 필요해요. 단순한 지식 전달이 아니라, 실천할 수 있는 행동도 함께 가르쳐야 할 것 같아요."
> 교사 A: 동의해요. 일상 속에서 탄소 배출을 줄일 수 있는 방법을 가르치고, 작은 실천이 모이면 큰 변화를 이끌어낼 수 있다는 걸 알려주면 좋겠어요."
> 교사 B: 그렇죠. 지속 가능한 생활 습관을 교육하면서, 학생들이 환경에 대한 책임감을 느끼게 하는 게 중요하다고 생각해요."
> 교사 A: 앞으로 우리가 할 수 있는 역할이 정말 크네요. 탄소중립 교육이 단순한 선택이 아니라 필수인 것 같아요."
> 교사 B: 맞아요. 우리 모두 함께 노력해야 할 때입니다."

[한글구상형 21] 다음 글을 읽고, 물음에 답하시오.

> 한국은 세계 최고 수준의 스마트폰 보급률과 인터넷 속도를 자랑하는 디지털 강국이다. 하지만 청소년의 '디지털 문해력' 수준은 그만큼 높지 않다는 것이 전문가들의 공통적 의견이다. 한 연구원은 "학교에서 이뤄지는 디지털 교육은 단순히 기기 활용 능력에 초점이 맞춰져 있다는 것도 청소년의 디지털 문해력 수준을 높이지 못하는 요인이 되고 있다"고 말했다. 코로나19 사태 이후 학교마다 원격수업을 진행하면서 학생들이 디지털 기기에 더욱 익숙해졌지만, 정작 디지털 문해력은 향상되지 못했다는 지적이 많다. 실제로 한국 청소년의 디지털 문해력이 OECD 회원국에서 바닥권인 것으로 나타났다. 지난 5월 OECD가 국제학업성취도평가 보고서에서 회원국들의 만 15세 학생의 순위를 공개했는데, 덴마크·캐나다·일본·네덜란드·영국 학생들은 가장 높은 수준을 보인 반면 한국은 멕시코·브라질·콜롬비아·헝가리 등과 함께 최하위 집단으로 분류됐다. 이 보고서는 정보의 신뢰성을 식별하는 능력을 평가한 것으로, 학생들에게 유명 이동통신사 명의를 사칭한 피싱 메일을 보낸 뒤 양식에 맞게 이용자 정보를 입력하면 스마트폰을 받을 수 있다는 링크에 반응하는 태도를 조사하는 형태로 이뤄졌다. 한국 학생들의 디지털 정보에 대한 사실과 의견 식별률도 최하위를 기록했다.

(1) 위 자료를 바탕으로 디지털문해력 교육이 필요한 이유를 말하시오.

(2) 위 문제를 해결하기 위한 교육적 방안을 3가지 제시하시오.

[한글구상형 22]

다음 글에서 설명하는 기간 동안 하고 싶은 일을 수업, 학급운영, 행정 측면에서 각각 1가지씩 말하시오. 또한 이 기간의 중요성을 이야기하시오.

> 이 교사는 A중학교에 신규 발령받게 되었다. 업무분장을 통해 1학년 담임과 1,2학년 수업을 맡게 된다는 것을 알게 되었다. 3월 개학을 일주일 앞두고 '새학년 준비기간'으로 5일 동안 출근하게 되었는데, 첫 3일은 새학교의 교육과정, 학교 규칙, 특색 프로그램 등에 대한 연수가 있었고 남은 2일 동안에는 개별 수업이나 학급 운영 계획을 세울 수 있는 시간이 주어졌다.

[한글구상형 23]

다음과 관련해서 미래교육 관점에서의 자신의 역할을 담임 측면, 교과 측면으로 나누어서 말하시오.

> 김교사는 교과 핵심 개념을 설명한 뒤 태블릿을 활용하여 학습지 문제를 풀어나가는 수업을 진행하고 있었다. 인터넷 자료를 찾는 데에만 시간이 많이 걸릴 것 같은 과제였고, 찾은 자료를 문제에 적용하는 것도 쉽지 않아서 김교사는 학생들에게 20분의 시간을 부여하였다. 그런데 김교사의 예상과는 달리 5분 만에 끝낸 학생들이 많았다. 생성형 AI 프로그램을 활용하여 바로 답을 찾아 학습지를 완성한 것이다. 심지어 답안도 김교사가 의도한 정답을 맞힌 학생들이 많았다. 그다음 시간부터는 생성형 AI 프로그램 사용을 금지시키긴 했지만, 이런 제재가 시대의 흐름에 맞는 것인지 고민이 들기는 했다. 김교사가 며칠 전 읽었던 책의 문구가 떠올랐다. "지금 학교에서 배우는 것의 80~90%는 아이들이 40대가 됐을 때 별로 필요 없는 것일 가능성이 높다." 김교사는 '현존 지식을 학생들에게 알려주는 것이 정말 유의미할까?'라는 회의감이 들었다. 또한 앞으로 인공지능이 더욱 발전할 것인데, 교사가 하는 일의 많은 부분을 인공지능이 대체하게 될 것 같다는 불안감이 들면서도, 역할의 변화가 필요한 것이 아닌가 라는 생각이 들었다.

[한글구상형 24]

다음 상황에서 김교사가 겪고 있는 문제의 원인을 두 가지 제시하고, 각각의 해결방안을 말하시오.

> 김교사는 강의식 수업에서 벗어나서 배움중심 수업을 실천하려고 노력하고 있다. 우선 학생들을 모둠으로 배치하고, 교과서 내용을 재구성하여 활동중심 수업을 하려고 노력하고 있다. 그러나 생각만큼 쉽지는 않다. 나름대로 열심히 배움중심수업을 연구하고 준비해 가지만, 같은 학년의 동교과 선생님은 여전히 강의식 수업을 하고 계시기 때문에 진도에서 엄청난 차이가 난다. 결국 진도를 맞추기 위해 김교사도 준비한 수업을 포기하고 강의식으로 돌아갈 때가 많다. 평가도 고민이다. 대부분의 활동이 모둠으로 이루어지지만, 수행평가나 지필평가는 학생이 개별적으로 시험을 보기 때문에 수업과 평가가 잘 연결되지 않는 것 같다. 학생들도 결국 이런 조별 활동들이 시험성적에는 도움되지 않는다고 점점 모둠수업을 거부하는 모습을 보인다.

[한글구상형 25]

다음은 지문에 나타나는 교육적 움직임을 통해 학생들이 기를 수 있는 역량 및 얻을 수 있는 배움을 두 가지 이야기하고, 본인의 교과와 연계할 수 있는 방안을 한 가지 이야기하시오.

> '올해중학교'는 협동조합 대표 A강사와, 농장을 운영하는 마을지킴이 B강사를 모시고 학생들과 함께 학교 뒷산에 올랐다. 학교 뒷산의 비밀찾기 미션을 소개하고, 최근 산불이 났을 때와 복구를 위한 노력, 지금의 마을로 가꾸기까지의 설명을 들었다. 농장과 길 주위를 직접 돌아보며 이 산의 나무, 나물, 바위 등에 대한 설명과 옛 조상들의 삶의 이야기를 들으며 학교 뒷산에서 바라보는 마을의 모습을 감상하며 나를 키운 산과 들을 느껴보는 시간도 가졌다. 교내로 돌아온 학생들은 마을과 학교를 찾는 방문객과 친구들에게 마을과 학교를 알리는 해설사가 되어 보았다.
> '합격중학교'는 마을 전문직업인과 함께하는 진로교육을 실시했다. 학생들과 마을의 농업기술자들이 함께 블루베리, 고구마, 벼 등을 심어보며 농작의 즐거움을 알고 농작물의 소중함을 깨닫는 시간을 가졌다.
> '기원중학교'에서는 학생들이 지역 주민의 도움을 얻어 프로젝트를 기획하고 있다. 지역 특산품을 활용한 음식을 개발하기 위한 프로젝트, 시각 장애인을 돕기 위한 지역관광지도 개발 프로젝트 등 여러 프로젝트 활동이 전개되고 있다.

[한글구상형 26]

다음 제시된 문제를 해결하기 위해 담임교사로서 어떻게 해결할 것인지 수인이와 지수, 그리고 지수 부모님으로 나누어서 답변하시오.

> 우리 반엔 수인이라는 소심한 학생이 있다. 그 학생은 심성은 착한 학생이지만 지능이 다소 낮으며 아주 왜소한 체격을 가지고 있고, 매우 소극적이고 친구들과 말 한마디 섞는 것을 힘들어한다. 그런 성격과 무기력함 때문에 학급 활동이나 조별활동을 할 때도 거의 참여하지 않는다. 학급 학생들은 수인이가 조별활동이나 학급행사에 전혀 기여를 하지 못하기 때문에 점점 그 학생을 소외시키는 모습을 보였다. 이것을 지켜본 나는 지수라는 활발하면서 배려심있는 학생에게 수인이를 지속적으로 돕고 챙겨주는 역할을 부여하였다. 첫 한 달 동안엔 지수가 그 역할을 훌륭하게 수행하였다. 그러나 하루는 지수 어머니께 전화가 왔다. 지수 어머니께서는 이렇게 말씀하였다. "담임 선생님의 좋은 의도는 이해하겠어요. 그러나 지수가 수인이를 돕는 역할을 하고부터 지수가 친했던 친구들과 다소 거리가 생기는 것 같다고 하더라구요. 이런 점 때문에 지수도 스트레스를 받아 하는 것 같아요. 지수에게 그런 역할을 그만 하게 해주셨으면 합니다."

[한글구상형 27]

다음 상황에서 철수의 학교생활 부적응의 원인을 이야기하고, 철수를 위해 담임교사가 할 수 있는 방법을 3가지 제시하시오.

> 올해 우리 반 철수는 학교활동에 항상 부정적이다. "그런 거 왜 해요."라고 하며 참여하지 않고, 수업시간에도 잠을 자는 일이 많다. 이런 학교생활을 하다 보니 다른 수업시간에도 교무실에 불려와서 혼나는 경우가 많다. 철수의 중학교 시절 생활기록부를 살펴보니 철수는 학교활동에 적극적이고 수업시간에도 열심히 하는 학생이었다. 성적이 높은 건 아니었지만 나름대로 열심히 준비해서 시험을 대비하는 학생이었던 것이다. 이런 철수를 도와주기 위해 자세한 상담을 시도했지만 철수는 별로 반응이 없었다. 중간고사 결과 상담에서도 성적이 많이 떨어진 과목이 있어서 "괜찮아. 성적이 떨어진 과목은 분석을 잘 하면 다시 올릴 수 있어. 같이 틀린 문제를 살펴볼까? 모르는 문제는 샘이 도와줄게."라고 이야기를 했지만, 철수는 "싫어요. 짜증나게 틀린 문제를 왜 다시 봐요."라고 대답할 뿐이었다. 철수를 격려하기 위해 나름대로의 노력을 하고 있지만 철수의 반응은 냉담하다. 나도 지치는데 철수를 그냥 두는게 나을 것인가 고민이 된다.

[한글구상형 28]

다음 글을 읽고, 물음에 답하시오.

> 우리 루이스 중학교에서는 학기 초에 '학부모의 날'을 연다. 학부모의 날에는 학교의 교육과정을 소개하는 시간을 가진 뒤, 각 학급에서 담임의 소개시간 및 학생 상담시간이 주어진다. 아직 학기 초라 학생 파악이 제대로 되지 않았는데 학생에 대해 무슨 말을 해야 할지 참 걱정된다. 혹시 학생에게 관심 없는 교사로 보여지는 것은 아닐까…. 그리고 가장 걱정되는 점은 우리 학급에 이번에 반장이 된 재준이의 학부모는 작년부터 '불평이 많은 학부모'로 유명했다는 것이다. 재준이가 학교에서 문제를 많이 일으키지만 항상 교사의 잘못으로 돌리고, 학교 프로그램에 대해 틈만 나면 불만을 제기한다고 한다. 작년 재준이의 담임선생님은 이 학부모에게 너무 많은 스트레스를 받았다고 하고, 주변 동료 선생님도 그 학부모가 학부모의 날 때 어떤 이야기를 할지 모르니 잘 대비를 해 두라고 하셨다. 아직 저경력인 나는 무엇을 어떻게 준비해야할지 참 막막하고 두렵다.

(1) 위 글의 교사가 학부모의 날을 어떻게 준비할 수 있는지 말하시오.

(2) 위 글의 재준이의 학부모와 어떻게 상담해야할지 말하시오.

(3) 학부모와의 관계에서 가장 중요한 자세가 무엇인지 말하시오.

[한글구상형 29]

다음 상황에서 루교사를 비판하고, 학생들을 효율적으로 지도할 수 있는 방안을 2가지 제시하시오.

> 중학교 2학년 수업을 담당하고 있는 루교사는 수업을 열심히 준비하고 열정적으로 수업한다. 학생들도 대부분 그의 수업을 잘 따라오고 만족해한다. 2학기에 들어서 루교사는 성적이 많이 낮은 학생들을 대상으로 방과후 수업을 담당하게 되었다. 루교사는 이 수업만 다녀오면 크게 불평함 이런 이야기를 한다. "방과후 수업 학생들은 학습부진아가 많아요. 우선 지능이 좀 낮은 학생들이 많은 것 같아요. 중1 내용으로 하는데도 소화를 못해요. 또 제가 체계적으로 차분하게 설명하는 편이라 보통 학생은 한 번에 이해하는데 이 학생들은 몇 번을 반복 설명해도 잘 이해를 못해요. 또 어찌나 게으르던지 책을 피게 하는데 하루 종일 걸리고 잠깐 필기하라는 것도 귀찮아해요. 집중력도 떨어져서 수업 10분만 지나면 공부 그만하고 재밌는 영상이 보자고 떼만 쓰더라구요. 오늘은 너넨 참 놀기만 좋아하고 공부하기 싫어해서 수업하기 참 힘들다고 혼내고 왔어요. 정말 성적이 안 나오는 이유가 있긴 있네요."

[한글구상형 30]

다음 상황에서 영수에게 교사가 할 수 있는 교육적 지원 2가지, 영수의 부모에게 협력을 요청해야 할 내용 2가지, 학부모와 상담할 때 삼가야 할 태도 2가지를 말하시오.

> - 영수 담임교사 : "새 학기가 되어 새로운 학생들을 만났는데 영수가 눈에 띈다. 영수는 친구들과 잘 어울리지 않고, 위축된 모습을 계속 보이고 있다."
> - 영수 어머니 : 영수가 집에서 "친구가 없어서 학교가기 싫다. 친한 친구들이 올해는 다 다른 반으로 떨어졌다."라고 이야기해요. 참 걱정됩니다."
> - 선배교사 : "학부모는 교사가 생각하는 관점과 다를 수 있으니 이 점을 유의해서 상담하는게 좋을거에요."

[한글구상형 31]

다음 상황에서 학생을 돕기 위한 방법을 담임교사 측면에서 2가지 말하고, 가정이나 지역사회와 연계하여 할 수 있는 일을 2가지 말하시오.

> 진희는 평소 성실한 태도로 선생님들께 인정을 받는다. 학급에 청소, 행사준비, 선생님 도와드리는 일등 모든 일에 열심히 참여하고 자신이 맡은 일을 끝까지 처리하려는 책임감을 가지고 있다. 수업시간에 집중하는 태도도 좋아서 모든 선생님이 진희가 좋은 성적이 나올 것이라고 기대하기도 했다. 그러나 첫 시험 이후 진희가 며칠 동안 계속 풀이 죽어 있는 모습을 보였다. 진희를 상담한 결과 자신은 공부 역심이 강해서 수업도 열심히 듣고 시험 대비도 열심히 했지만 시험 시간에 너무 긴장이 되어서 실수도 많이 하는 것 같고, 공부한 내용도 잘 기억나지 않아 시험을 망쳤다고 한다. 열심히 노력한 결과가 좋지 않아서 아무것도 하기 싫어졌다고 한다.

[한글구상형 32]

장교사가 가져야 할 인성적 자질 2가지를 이유와 함께 이야기하고, 이를 기를 수 있는 방법을 각각 제시하시오.

> 장교사는 평소 학생들에게 친절하고 자상한 편이다. 특히 기분이 좋을 때는 학생들에게 관심을 보이고, 수업 중에도 활기차고 유머러스한 모습을 자주 보여준다. 학생들이 질문을 하거나 도움을 요청하면 적극적으로 응대하며, 그 과정에서 학생들과 좋은 관계를 유지하려는 모습을 보인다. 장교사의 이러한 태도 덕분에 학생들은 수업에 더 적극적으로 참여하고, 교사와의 관계에서도 편안함을 느낀다. 그러나 장교사는 기분이 좋지 않을 때는 전혀 다른 모습을 보이곤 한다. 개인적인 문제나 스트레스가 쌓였을 때, 그 기분을 그대로 학생들에게 표출하는 경우가 많다. 예를 들어, 수업 중 작은 실수나 잘못된 질문에도 쉽게 화를 내거나, 학생들을 혼내는 모습을 보인다. 때로는 학생들이 별다른 잘못을 하지 않았음에도 불구하고 장교사의 불편한 감정을 고스란히 전달받는 상황이 발생하기도 한다. 이런 날에는 평소와 달리 말수가 줄어들고, 무뚝뚝하게 대하는 모습을 보이거나 심지어 학생들의 질문에 짜증 섞인 반응을 보이기도 한다. 학생들은 장교사의 기분 변화를 쉽게 눈치채고, 그날의 수업 분위기나 교사와의 상호작용이 크게 달라짐을 느낀다.

[한글구상형 33]

다음 글을 읽고, 물음에 답하시오.

> 이 교사는 평소에 다양한 문제행동을 하는 학생으로 고민이 많다. 이 학생은 교칙을 어기는 행동에 대해 지도하려고 하면 절대 그냥 넘어가지 않고 부정적으로 대응한다. 학생이 무기력하고 꿈도 없고 친구도 없는 학생이다 보니 이 교사는 학생을 돕고 싶어 최대한 좋게 학생을 타이르려고도 해봤지만, "선생님이 참견할 일이 아닙니다..","제 인생 제가 살겠습니다. 그냥 내버려두세요""제가 부탁한 적도 없는데 왜이리 저에게 신경을 쓰려고 하나요."라는 반응만 돌아온다. 부모님도 매우 바쁜 상황이라 연락도 쉽지 않아 부모님 협력도 어려운 상황이다. 결국 이 교사는 이 학생을 포기하기로 했다. 지각해도 전화하지 않고 원칙대로 출결처리 했으며, 교칙 위반 행위에 대해서는 그냥 눈감거나 학생부에 전달만 했다. 성적 확인 등 꼭 해야하는 말만 하는 '비지니스 관계'를 유지했고, 그 이후 마음이 좀 편해졌다고 느끼고 있다.

(1) 위 상황에서 이 교사에게 필요한 자질과 이유를 제시하시오.

(2) 위 자질에 근거하여 상황 속 학생의 지도방안을 제시하시오.

[한글구상형 34]

다음 지문에서 나타난 상황의 종합적인 원인을 이야기하고, 해결방안을 두 가지 제시하시오.

> 교사 A : 예의 없는 학생들이 많아 교직생활이 힘듭니다. 가정교육을 잘 시키지 못한 것 같습니다. 자기 자식을 너무 좋게만 보기도 하구요.
> 교사 B : 학부모와 상담을 하면 상당히 태도가 불손해요. 교사를 무시하는 말투는 기본이고 자녀의 잘못보다는 교사의 잘못만 찾으려고 합니다. 아이 말만 믿고 상황을 판단하구요.
> 교사 C : 학부모가 틈만 나면 전화해서 스트레스 받아요. 주말시간 또는 밤늦은 시간에 전화해서 급한 일인가 했는데 사소한 일정을 물어보는 통화였구요.
> 학부모A : 우리 아이의 담임선생님은 내 아이를 너무 부정적으로 보는 것 같아요. 내 아이의 특별한 점에는 전혀 관심이 없고 무조건 혼만 내고 통제만 하려고 하는 것 같아요.
> 학부모B : 담임선생님은 우리 아이가 잘못한 점을 고쳐주지 않아요. 학급 통제도 전혀 하지 않아 분위기는 엉망이라고 하더라구요. 책임감이 없는 것 같아요.
> 학부모C : 아이가 학교에 다녀오면 학교 이야기를 항상 하는데 담임선생님이 공부 잘하는 학생만 편애한다고 그러더군요.

[한글구상형 35]

이런 상황에서 당신은 어떠한 선택을 할 것인가? 구체적인 이유와 함께 제시하시오.

> 고등학교 신입교사인 당신은 평소에 기타에 관심이 많고 특기도 있었다. 마침 학생들이 학교에 기타를 좋아하는 학생들이 많은데 지도교사가 없어 기타 동아리가 지금까지 없었다며 기타 관련 동아리를 개설해달라는 요청이 있었고, 당신은 이를 반기며 맡아주겠다는 말을 했다. 이에 학생들은 들떠서 다른 학생들에게 기타 동아리가 개설될 것이라고 홍보하고 다니기도 했다. 그러나 며칠 후 교장선생님이 당신을 불러서 신문기사, 토론과 같은 좀 더 학업적인 동아리가 부족하다고 기타 동아리 대신 이런 학업 관련 동아리를 개설해줄 것을 부탁하였다. 동아리 생활기록부는 학생들의 대입에 반영되기도 하고, 학부모의 요구도 많다는 것이 이유였다.

[한글구상형 36]

다음 상황에서 김교사가 부족했던 점을 찾고, 상황을 해결할 방법을 제시하시오.

> [김교사의 교단일기]
> 담임 학급에 준휘라는 학생은 수업 시간엔 문제가 없어 보이는데 점심시간만 되면 늘 혼자 밥을 먹는다. 급식 지도를 할 때도 항상 혼자였고, 걱정이 되어서 종종 점심시간에 급식실을 관찰해봐도 준휘는 혼자 밥을 먹고 있었다. 나는 이런 준휘를 계속해서 지켜봤지만 학기가 시작하고 1달이 다 되어가는데도 지속되었고, 무언가 도움을 줘야겠다는 생각이 들었다. 그래서 우리 반에 배려심 강한 슬빈이라는 학생이 있어 이 학생에게 준휘와 같이 밥을 먹어줄 것을 부탁하였다. 슬빈이는 준휘와 같이 급식실로 이동하고 옆에 같이 앉아 밥을 먹으며 말고 걸어주는 등 나의 부탁을 완벽하게 수행해 주었다. 그러나 며칠 후 큰 역효과가 생겼다. 준휘가 더 이상 점심시간에 급식실도 가지 않고 교실에 엎드려있는 것이었다. 나는 준휘를 돕고 싶은 마음이 강했는데…. 내가 무슨 잘못을 한 것일까 죄책감이 든다.

3. 연습문제 — 즉답형

[즉답형 1]

다음 지문을 읽고 물음에 답하시오

> 학부모: "작년까지는 등교할 때 휴대폰을 완전 수거했었는데 올해부터 수업 시간만 쓰지 못하는 규칙으로 바뀌었다고 들어서요. 쉬는시간이나 점심시간에는 너무 스마트폰만 보고 있는건 아닌지 걱정됩니다. 집에서도 너무 중독이 되어가는 것 같아 이용 시간을 제한하고 있거든요. 그리고 요즘 수업 시간에도 스마트폰을 활용한 수업이 많다고 들었습니다. 물론 시대 흐름에 맞게 기기를 잘 활용하는 건 좋다고 생각하지만 학교 전체 일과에서 스마트폰 노출 시간이 너무 많은건 아닌가 걱정됩니다."

Q. 위 학부모 민원에 대한 대응으로 학부모에게 안내할 사항을 3가지 제시하시오.

[즉답형 2]

다음을 읽고 즉답형 문항에 답하시오

> - 공감과 소통을 잘하는 교사
> - 학생들에게 모범을 보이는 교사
> - 학생 개개인을 존중하는 교사
> - 단호하면서도 친절한 교사

Q. 학생들을 위해 어떤 교사가 가장 중요하다고 생각하는가? 구체적인 이유와 함께 제시하시오.

[즉답형 3]

지문을 읽고, 물음에 답하시오

> 이택상주(麗澤相注)는 '두 개의 맞닿은 연못이 서로 물을 대며 마르지 않는다.'
> 풍목지교(風木之敎): '바람은 나무를 흔들고, 나무도 바람에 반응한다.'
> 이심전심(以心傳心) : '말이 없이도 마음이 서로 통한다.'

Q. 위 사자성어가 공통으로 나타내는 교육적 의미를 말하고, 이를 실현하기 위한 교사의 방안 3가지를 제시하시오.

[즉답형 4]

다음 글을 읽고 물음에 답하세요.

> 임 교사는 수업 시간에 자주 지각하거나 늦게 들어오며, "회의가 늦게 끝났다" "급한 일이 있었다"는 이유로 수업 시작을 지키지 않는 경우가 많다. 학생 생활지도에서도 임장 지도가 부족하여, 같은 반 학생 간 다툼이나 언쟁에도 즉각적인 개입이나 상담 없이 방치하는 일이 자주 발생한다. 또한 수업 중에는 학생의 반응을 살피지 않고 혼자 강의만 전달하여 학생들이 "무엇을 배웠는지 잘 모르겠다"고 이야기할 정도로 교과 전달력이 부족하며, 평가에서는 이전 학기 문제를 반복 사용하는 등 교사의 수업 준비도 부족해 보인다. 이러한 상황이 반복되면서, 같은 학년 교사들은 점점 임 교사에 대한 신뢰를 잃고 공동학년 업무에 대한 불만과 부담을 호소하고 있다.

(1) 임 교사의 문제를 두 가지 관점으로 설명하시오.
(2) 위에 언급한 문제 대한 임 교사의 개선방안을 각각 설명하시오.

[즉답형 5]

다음 글을 읽고, 물음에 답하시오

> 인공지능(AI) 기술이 빠르게 발전함에 따라 교육 현장에서도 AI를 활용한 다양한 시도와 관심이 높아지고 있다. 그러나 이러한 기술 발전이 진정한 교육 혁신으로 이어지기 위해서는 기술이 교사의 '하이터치' 역할을 얼마나 잘 보완하고 지원할 수 있는지를 중심에 두고 살펴볼 필요가 있다. 하이테크(High-Tech)는 AI와 같은 디지털 기술을 바탕으로 학생의 학습 수준을 진단하고, 개별 맞춤형 학습 자료를 추천하거나 자동으로 채점·분석하는 등 기계 중심의 교육 지원 방식을 의미한다. 반면, 하이터치(High-Touch)는 교사가 학생과의 관계 속에서 정서적 지지와 대화를 통해 심리적 안정감을 형성하고, 고차적 사고력 향상을 유도하는 인간 중심의 교육 방식을 뜻한다.

Q. 지문의 내용을 바탕으로 기술을 더 잘 활용하기 위한 '하이터치'를 교사로서 어떻게 실천할 것인지 구체적인 방안을 제시하시오.

[즉답형 6]

학교에서 '맞춤형교육'이 필요한 이유를 이야기하고, 맞춤형 교육의 방안 및 그에 따른 교사의 역할을 제시하시오.

[즉답형 7]
지역별, 국가별 경계선이 허물어지면서 서로 더불어 살아가야하는 덕목이 중요해지고 있지만 온라인 기술 발달로 인해 대면 소통 기회는 오히려 줄어들고 있다. 학교라는 공간은 학생들이 대면으로 오랜 시간 다양한 사람들을 만날 수 있는 공간이므로 인성교육의 중요한 장이 될 수 있다. 올바른 인성교육을 위해 교사에게 필요한 역량 및 이유를 말하고, 수업과 연계하여 그 역량을 발휘한 인성교육 방안을 제시하시오.

[즉답형 8]
학생 간 서로 배려하는 분위기를 만들기 위한 학교 행사 및 수업 운영 방향을 이야기하고, 구체적인 활동을 1가지 제시하시오.

[즉답형 9]
다음 상황에서 본인이 김교사라면 어떻게 대응하겠는가? 구체적인 이유와 함께 답하시오.

[김교사의 교단일기]
우리 학교는 동아리 발표회가 매우 큰 행사 중 하나고, 준비해야할 것이 많다. 이 행사를 담당한 교사는 같은 부서에 있는 최교사인데, 최교사는 1학기까지 근무하고 퇴임하신 선생님 자리로 새로 발령받은 신규교사이다. 최교사가 나름 열심히 해보려고 하는 것이 눈에 보이지만 학교 근무에 적응도 되지 않은 상태이기에 큰 행사까지 준비하기에는 큰 어려움을 겪는 것 같다. 도와주고 싶은 마음이 매일 들긴 하지만 나도 사실 이제 3년차 교사라 서툰 점이 많고, 이미 맡고 있는 고교학점제 업무도 너무 바쁜 상황이라 도움의 손길을 내밀지 못했다. 게다가 우리 부서 부장님은 개인적인 사정으로 병가를 내실 때가 많아서 우리 부서 업무에 신경을 전혀 쓰지 못하고 계신다. 이런 상황에서 최교사가 와서 나에게 이야기했다. "선생님, 이야기할 사람이 선생님밖에 없네요. 제가 지금 학교 일이 처음이라 담임 일과 수업 준비만으로도 매일 야근을 해야 하는 상황인데, 동아리 발표회는 어떻게 준비해야 할지 너무 막막하고 힘듭니다. 어떻게 해야할지 모르겠네요."

[즉답형 10]

> 교육현장이 디지털화되고 있다. 대부분의 교실에서 무선인터넷과 학생용 태블릿PC 등이 보급되어 인프라가 구축되었고, AI디지털교과서도 도입되고 에듀테크 프로그램이 다양해지는 등 인공지능이 교수 학습에서 활용되는 비중이 점점 늘어나고 있다. 반면 이렇게 학습이 디지털화되고, 인공지능이 학교 교육으로 들어오는 것의 교육적 효과에 대한 회의적인 시각도 많고, 코로나 이후 너무 급격하게 이런 변화가 생기다보니 아직 이를 활용하길 주저하는 교사들도 많다.

위 지문과 같이 교실이 급속도로 디지털화되고, 인공지능이 도입되는 것에 대해 찬성하는 입장인가, 아니면 더 시간을 두고 천천히 진행되어야 한다고 생각하는가? 본인의 의견을 구체적인 이유와 함께 제시하시오.

[즉답형 11]

> A교사 : 교사와 학생의 관계는 더 이상 예전과 같은 수직적인 관계가 아닙니다. 어른이라는 지위를 활용해서 학생을 통제하려고 하면 요즘 학생들은 더 거리감을 두려고 합니다. 학생과의 관계를 신경쓰며 '친구 같은 교사'가 되는 것이 중요합니다.

(1) 위 A교사의 의견에 동의 여부를 말하고, 자신의 교직관을 들어서 구체적인 이유를 제시하시오.
(2) 위 답변과 관련된 교직관을 가질 경우, 유의해야 할 점을 이야기하시오.

[즉답형 12]

'교사는 교육에 관한 전문적인 지식과 경험을 갖춘 교육전문가이다.'에 대한 자신의 의견을 제시하고, 교사만의 전문성을 발휘할 수 있는 방안을 교육과정, 수업운영, 생활지도 측면으로 제시하시오.

[즉답형 13]

다음 대화에서 박 교사와 최 교사 중 어떤 의견에 동의하는가? 이유와 함께 말하시오.

> 박 교사 : 학생이 교무실 청소하는 일은 어떤 경우에도 없어야 한다고 생각합니다.
> 최 교사 : 학생도 교무실을 자주 사용합니다. 교사들은 수업, 행정, 생활지도로 너무 바쁜데, 청소까지 해야 합니까? 교칙을 어긴 학생이라도 교무실 청소를 시켰으면 좋겠습니다.

[즉답형 14]

실천적 지식이란 개개인이 가지고 있는 이론적 지식을 그 사람이 관계하는 실제 상황에 맞도록, 그 자신의 가치관이나 신념을 바탕으로 종합하고 재구성한 지식이다. 교사가 되어 동료에게 배우고 싶은 실천적 지식과 내가 동료에게 나누고 싶은 실천적 지식을 그 이유와 함께 이야기하시오.

[즉답형 15]

> 김교사는 작년에 처음 학급 담임을 맡으면서 학기초부터 직접 학생들이 해야 하지 말아야 할 것들을 직접 나열해서 어기면 벌을 주는 등의 학급 운영을 했다. 그 결과 학생들이 큰 문제를 일으키지 않게 통제는 했지만 학급회의시간은 침묵이 흐르고 담임교사와 학생과의 관계가 가까워지는데 한계가 있었다. 김교사는 올해도 학급 담임으로 새 학기를 시작하게 되었는데, 올해는 작년과는 다르게 학생들의 의견을 반영해서 학급 운영을 하고 싶어한다.

(1) 새학기 첫 날, 학급시간이 주어졌을 때 김교사가 할 수 있는 방안을 이야기하시오.

(2) 위 방안에서 학생들이 기를 수 있는 자질에 대하여 말하시오.

[즉답형 16]

> 교직경력이 쌓이고 있지만 갈수록 힘들어지고 있다. 점점 아이들과의 대화가 잘 통하지 않는다. 학급행사를 하거나 학급 봉사활동을 할 때 학생들이 너무 떠들지 않도록 지킬 규칙을 열심히 설명해주고 지시하지만 대부분 내 말을 잘 듣지 않고 소란스러워지는 바람에 결국 전체를 혼내는 것으로 마무리하게 된다. 또한 수업 중 불필요한 말을 항상 조심하라고 시키는데, 결국 떠들어서 수업의 흐름을 끊는 학생은 남겨서 청소를 시키게 된다. 문제는 학생들은 혼이 나도 문제 행동 개선은 없다는 것이다. 그렇다고 학생의 문제행동을 그냥 보고 넘어가는 것은 교사가 할 일이 아니라고 생각해서 지속적으로 잘못된 행동을 잡아주고 지적하지만 바꾸는 시늉만 하고 마는 것 같다. 나의 모든 말을 잔소리로만 생각하고 무시하는 것일까? 어떻게 학생이 교사의 말을 이렇게까지 안 들을 수 있는가? 점점 학생들이 미워졌고, 요즘은 학생들에게 소리를 지르는 일도 많아졌다. 복도에서 만나면 나를 피하려는 학생도 많아진 것 같다. 학생들의 잘못된 행동을 고치는 것이 교사의 역할이 아니었던가? 내 역할에 충실하려고 했는데 학생들은 멀어지는 것을 보면 나에겐 학생들을 끌고 갈 수 있는 리더십이 없는 것일까.

(1) 김교사에게 필요한 리더십은?

(2) 김교사에게 필요한 리더십을 기르기 위한 노력을 3가지 말하시오.

[즉답형 17]

신규임용 이후에 도시와 멀리 떨어진 농어촌 지역으로 발령이 난다면 이를 어떻게 받아들일 것인지 이야기하고, 적응하기 위한 계획 및 교육방향을 이야기하시오.

[즉답형 18]

> 겉으론 투정 같아도
> 조용히 들여다보면 열릴 수 있는
> 마음이 숨어있다

위의 시에서 찾을 수 있는 바람직한 교사의 태도와 그 이유를 말하시오.

[즉답형 19]

다음은 김교사의 교직일기이다.

> 나는 학생들에게 화를 내지 말아야겠다고 다짐했다. 화를 내서 학생들을 통제하는 것은 장기적으로는 효과적이지 못하고 나 자신도 더 화가 나게 하기 때문이다. 그러나 오늘 크게 화를 냈다. 요즘 불면증으로 잠을 잘 수 없어 2~3시간만 겨우 자고 아침에 나왔는데 피곤한 상태로 운전하다보니 출근길에 작은 접촉사고가 난 것이다. 그 때문에 학교에 지각하고 수업에도 조금 늦게 들어갔다. 다행히 수업준비는 미리 해 놓았기 때문에 수업을 열심히 진행하고 있었는데 학생들이 수업 내내 소란스럽고 태도가 좋지 않은 것이다. 담임을 맡고 있는 반이었는데 그 날 지각생도 많기도 했다. 그래서 나는 결국 폭발했다. 소리를 있는 힘껏 지르며 학생들의 태도를 비난했다. 수업이 끝나고 교무실에 와서 생각해보니 학생들이 그렇게 큰 잘못을 한건 아니었는데 학생들에게 화를, 그것도 너무 크게 낸 것 같아서 죄책감이 든다.

(1) 주어진 상황에서 김교사가 학생들과의 관계회복을 위해 할 수 있는 것을 말하시오.

(2) 김교사에게 필요한 교사의 자질을 두 가지 이야기하시오.

[즉답형 20]

> 나는 10년차 교사이다. 주변 선생님은 나를 "학생 혼내기의 달인"이라고 부른다. 주변 선생님께 예의 없게 행동하는 학생들은 정말 미워서 참을 수가 없다. 난 그 학생을 혼내야겠다는 생각이 바로 들기 때문에 그 학생을 따로 불러서 버럭 화를 내며 꼼짝 못 하게 만든다. 드세기로 유명한 아이들도 내 앞에서는 눈물을 흘리고 간다. 그들은 툭하면 "왜 혼나야 하는데요.", "왜 이게 잘못한 건데요."라고 자기 잘못을 전혀 모르는 경향이 있다. 주변 선생님들께서는 이런 점을 나에게 많이 고마워하신다. 그러나 어느 날 나는 퇴근길에 많은 회의감이 들었다. 하루종일 학생들에게 화만 내다 오는 날이 많고 학생들에게 칭찬 한 마디 해 본 적이 없는 것이다. 혼낼 때는 나도 흥분해서 종종 욕과 손찌검을 하기도 한다. 어쩌다가 나는 혼내기만 잘하고 칭찬은 전혀 하지 못하는 교사가 된 것일까.

(1) 김교사가 학생들에게 대하는 방식 중 부적절한 부분을 찾고, 그 이유를 말하시오.

(2) 김교사가 칭찬에 인색한 이유를 말하고, 해결방법을 제시하시오.

[즉답형 21]

> 작년에 초임교사로 첫 제자들에게 열정을 쏟았다. 낯선 행정업무지만 끝까지 고생한 결과 성공적으로 처리하였고 남는 시간에는 학생들과의 관계를 위해 학생들 그룹 일기에 일일이 답변을 해주고, 학급 단합대회를 실시하는 등의 노력을 했다. 그 결과 확실히 평화로운 분위기 속에 학생들과 좋은 관계 속에서 한 학년을 보낼 수 있었다. 그러나 문제는 수업이었다. 행정업무 및 학급 운영에 신경을 쓰다 보니 교과 수업을 제대로 준비할 시간이 없었고, 교원평가에서도 좋지 않은 피드백을 받았다. 그래서 2년 차인 올해에 수업 준비를 많이 하고 열정적으로 교과지도를 하고 있지만 이번에는 학급에 신경을 잘 쓰지 못해서인지 학생들 분위기가 차가워진 느낌이다.

(1) 이교사가 필요한 자질과 그 이유는 무엇인가?

(2) 이교사가 겪고 있는 문제를 해결하기 위한 구체적 실천방안을 제시하시오.

[즉답형 22]

> 당신은 합격중학교에 근무하는 2년차 교사다. 작년에 수업준비만 하기도 벅찬데 너무 많은 행정업무에 어려움을 겪어 야근을 하는 일도 많았다. 올해도 역시 적지 않은 행정업무를 맡아서 부담이 있는 상태다. 올해부터 합격중학교는 점심시간이 50분에서 60분으로 늘어나서, 급식 지도에 참여하지 않는 날에는 식사 후 30분 정도 시간의 여유가 있다. 4교시에 수업이 없어 미리 점심을 먹는다면 거의 1시간의 시간이 생긴다.

(1) 점심시간에 생긴 여유시간에 교실을 포함한 교내를 돌며 학생들과 상호작용을 주로 할 것인가? 아니면 밀린 행정업무를 처리하고 다음 수업을 더 잘 준비하는 데 시간을 주로 보낼 것인가?

(2) 본인이 선택한 답변에 대한 구체적인 이유를 말하시오.

[즉답형 23]

> 최교사는 올해 2년차 교사이다. 작년 신규 때 설레는 마음으로 교직생활을 시작했지만 학급 학생들이 많은 소란을 일으켜서 힘든 한 해를 보냈다. 올해는 학급운영을 잘 해보겠다고 다짐은 하지만 마땅한 방법이 생각나지 않아 5년차 교사인 박교사에게 조언을 얻었다. 박교사는 이렇게 이야기했다. "3월에 학생들을 꽉 잡아야 해. 첫날부터 최대한 무서운 표정을 하고, 웃지 말고 애들을 휘어잡아. 첫 시간부터 허용되지 않는 행동 및 학급규칙을 쭉 나열해서 알려주고, 이를 어기는 학생을 예외 없이 벌을 주는 무서운 모습을 보여줘야 해. 그래야 학생들이 최선생을 만만하게 보지 않고, 1년이 편해질거야."

(1) 박교사의 조언을 받아들일 것인가. 그 이유는?

(2) 자신이 생각하는 학기 초 효율적인 학급 운영 방식을 이야기하시오.

[즉답형 24]

> 나는 아이들의 반응을 기대하며 수업준비를 열심히 했지만 꼭 몇몇 학생들은 딴 짓을 하고 반응이 없다. 가슴이 무너진다. 아이들게 무시당한 기분이다. 잘 따라오는 학생들도 있지만 반에서 일부 학생들은 날 좋아하지 않는다. 잘 하는 학생들 보고 힘을 얻으려고 하지만 그렇지 않은 학생들에게까지 내가 뭘 어떻게 더 하라는 건지…. 계속 이 아이들에게 애정을 구걸해야할까. 그냥 내식대로 하고 따라올 애들만 데려가고 싶다. 이제 나는 따라오지 않는 애들은 그냥 신경 쓰지 않기로 결정했다. 마음은 편한데 그게 제대로 실행이 될지는 모르겠다.

(1) 임교사가 어려움을 겪는 원인을 이야기하시오.

(2) 임교사 앞으로 가지면 좋을 태도를 이야기하시오.

[즉답형 25] 다음은 경력 4년차 김 교사의 일기이다.

> 교실 문 앞에만 서면 한숨이 나온다. 어디론가 도망가고 싶다. 신규교사 때부터 학생들이 항상 큰 힘이 되었는데, 언제부턴가 다들 나를 괴롭히는 학생들로 보인다. 수업도 계속 반복적이고 기계적인 느낌이며 교무실로 돌아가도 답답하다. 처리해야 하는 업무가 가득 쌓여있다. 출근과 동시에 퇴근만 생각하게 되는데, 앞으로 몇 십 년을 교직에서 근무할 수 있을까? 매일 지쳐만 간다.

(1) 지금 김 교사에게 가장 필요한 자질은 무엇인가?

(2) 위의 자질과 관련하여 김교사의 교직생활을 정상화하기 위한 방안을 말하시오.

CHAPTER 03 심층면접 연습문제 샘플답안

루이스 영어임용 2차 All-in-One
영어면접·수업실연·실전전략

여기 나온 답안은 샘플 답안일 뿐입니다. 이것이 꼭 정답은 아니라는 것을 기억해 주시길 바랍니다. 더 구체적인 아이디어는 유형별 답안 아이디어 파트에서 찾으실 수 있습니다.

1. 연습문제답안 — 영어구상형

[영어구상형 1] 유형화 : 고교학점제-최소성취수준보장지도

(1) 자세: 한 명의 학생도 방치하지 않겠다는 책임감

성취 미도달 학생들의 학습 결손은 오래 누적된 것이라 이교사의 의견처럼 교사가 짧은 기간 이를 보충해주는 일은 매우 어렵다. 다만 고등학생은 졸업 후 바로 사회에 진출한다는 점을 생각해보면 마지막 기회일 수 있어 학생을 그냥 방치할 수는 없다. 최소성취수준까지는 도달할 수 있도록 책임과 함께 다양한 지원을 해야 한다.

If I were in this situation, I would have an attitude of trying not to leave any student behind. As Teacher Lee said, it's very difficult to help students catch up in a short time, especially when their learning gaps have built up over many years. But since many high school students go straight into society after graduation, this could be their last chance. That's why I believe teachers should do their best to support each student so they can reach at least the basic level of achievement.

(2) 노력방안

① 학기초 조기 진단하기: 첫 지필평가 결과가 나올 때까지 기다리면 그때까지 학습 결손이 누적되기에 늦는다. 학기초부터 학생의 수업 중 학습 과정 및 학습지를 자주 살펴보고, AI코스웨어를 활용한 진단평가 등을 실시하는 노력을 통해 미도달 예상 학생을 빠르게 파악하여 지원 방향을 세울 것이다.

To address the problem, the first thing I would do is to diagnose early at the beginning of the semester. If we wait until the first exam, the learning gap may grow too wide. From the beginning of the semester, I would watch how students are learning during class, look at their worksheets often, and use AI-based tools to run quick diagnosis tests. That way, I can find students who need support early and start helping them right away.

② 맞춤형 학습 설계자 역할 수행하기: 미도달 예방을 위해서는 지식 전달을 잘하는 것이 아닌, 학생이 그 수업을 통해 성취 수준에 도달하도록 '설계'하는 것이 매우 중요하다. 성취 미도달 예상 학생에게 현재 수준, 흥미에 맞는 맞춤형 콘텐츠를 추천해주고, 학습 과정에 따른 피드백을 강화해줄 것이다. 지도 할 학생 수가 많다면 인공지능 기반 프로그램을 통해 학생 맞춤형 과제를 추천받아 제공할 수 있고, 또래 멘토링에 참여시킬 수도 있다.

Second, I would design learning to fit each student. It's not enough to just teach well — we need to design lessons so that each student can actually succeed. For students who may fall behind, I would suggest materials that match their level and interest. I would also give regular feedback to help them improve. If there are too many students to support alone, I would use AI to suggest personalized tasks or connect them with peer mentors.

③ 학생의 따뜻한 성장 지원자 역할: 학생과의 정서적 공감과 관계 형성이 없으면 보충지도를 받아들이기 힘들 것이다. 다른 학생들 앞에서 '미이수' 관련 내용을 절대 언급하지 않고, 수업 후 쉬는시간이나 복도에서 마주쳤을 때 수업에서의 어려움을 묻고 공감해주겠다. 이를 토대로 학생에게 미이수가 학습 실패가 아닌 '실패해도 괜찮고, 회복할 수 있다'라고 성장 과정으로 바라볼 수 있도록 안내하고 학생과 함께 성장의 방향을 논의해볼 것이다.

Third, I would become a warm support of student growth. If students don't feel safe or understood, they won't accept extra help. So I would never talk about things like "incomplete" or "failing" in front of others. Instead, I would talk to the student quietly — maybe during break time or in the hallway — and ask how things are going in class. By showing empathy, I hope to help students see that it's okay to struggle, and that they can recover and grow. I want to walk with them as they move forward.

[영어구상형 2] 유형화 : 학급운영(더불어 지내는 학급 운영)

(1) 학급운영 방향: 적극적인 학생들을 활용하여 긍정적인 학급 문화 만들기

학급마다 특유의 문화가 있는데 그 문화를 주도하는 학생들에 따라 결정된다. 위 학급에서 A,B유형이 분위기 형성에 가장 큰 비중을 차지한다면 C,D유형 학생들도 힘을 발휘할 수 없다. 반면 D유형 학생들을 잘 활용한다면 C유형 학생들을 움직이게 하며 긍정이 중심이 되는 학급 문화를 만들 수 있고 여기에 A와 B유형의 학생들까지 융화될 수 있도록 할 수 있다.

If I were the teacher in this situation, I would manage the class by using proactive students to build a positive classroom culture. Class culture is shaped by the students who take the lead. If passive or disruptive students dominate, it's hard for others to stay engaged. But by supporting the responsible and active students (like 'Type D'), I can encourage quieter students (like Type C) to get involved, and slowly bring in Types A and B as well.

(2) 구체적인 활동: 미션 멘토멘티

멘토멘티 조를 구성하되 D유형이 멘토를 맡고 C유형은 멘토를 지원하는 역할을 하며 나머지 유형을 골고루 배치한다. 멘토링은 과목 공부에 한정된 것이 아니고 달마다 그 조에 맞는 목표를 정한다. (학급/학교 행사 준비, 발표 횟수 늘리기, 수업 집중력 높이기...) 멘토에게 주기적으로 미션 카드를 뽑게 해서 자연스럽게 A,B유형의 참여를 이끌 수 있게 도움을 제공한다. 이때 미션은 활동 자체보다는 정서적인 관계를 위한 것 위주로 준다. (멘티의 장점을 찾아 칭찬하기, 멘티에게 작은 역할을 주고 크게 칭찬하기..) 원활하게 진행된다면 점차적으로 멘티에게도 미션을 제공한다. (소감 이야기하기, 변화된 것 이야기하기...)

One practical activity I would implement is a "Mission Mentoring Program." Each group would have Type D students as mentors, supported by Type C, with A and B types included in each team. Instead of only studying, they would set monthly goals like preparing for events or improving focus in class. Mentors would receive simple mission cards like "praise your mentee" or "give them a small responsibility." As students grow more comfortable, mentees can also try small missions like "share what changed for you this month." This would help all students feel more connected and build a classroom culture led by students, not just by the teacher.

[영어구상형 3] 유형화 : 인공지능활용수업, 디지털리터러시 교육

(1) 명확한 학습 목표 설정 필요

'학습 목표'를 명확하게 설정하지 않고 그에 따라 수업 활동을 체계적으로 구성하지 않는다면 학생A처럼 집중력을 잃기도 하고 학생B처럼 무엇을 배웠는지 모를 수 있다. 우선 '무엇을 꼭 학습해야 하는가'를 설정하고 그 목표를 가장 잘 달성할 수 있는 에듀테크 도구 및 활동을 선정해야 함. 예를 들어 '세계 문화권'에 대한 이해가 목표라면 '구글 어스'와 같은 도구를 선정하여 활동을 구성할 수 있음. 또한 학생들의 집중력을 유지할 수 있도록 성격이 다른 활동들을 연결해야 함. 예를 들어 구글프리젠테이션의 협동 슬라이드 기능을 활용하여 협업 과제를 먼저 주고 구글 폼을 활용한 개별 퀴즈를 실시간으로 준다면 학생들의 집중력을 계속 끌고 올 수 있음.

Without clear goals, students may lose focus or not understand what they've learned. I would start by deciding what students must learn, then select EduTech tools and activities that fit the goal. For example, if the goal is to understand world cultures, I could use Google Earth. To keep students engaged, I would combine group and individual tasks—like using Google Slides for collaboration, followed by a real-time Google Forms quiz. This mix of collaboration and independent tasks helps maintain focus throughout the lesson.

(2) 디지털리터러시교육 필요

학생C, D와 같은 문제를 예방하기 위해서는 AI 활용 수업을 진행하려면 디지털 리터러시 교육이 선행되어야 한다. 디지털 기술을 올바르고 윤리적으로 사용할 책임이 있다는 필요성을 강조한 뒤 각 조에서 디지털 예절을 지켜지지 못한 사례(타인의 얼굴을 허락 없이 합성하기, AI 가짜뉴스를 공유하여 친구가 피해를 입었을 때)를 대본으로 만들어서 발표함. 다른 조는 발표를 보면서 '왜 문제였고 어떻게 해결할 수 있을지'를 토론하여 정리함. 이를 통해 학생들은 AI 기술에 대한 비판적 수용 능력을 기르고 윤리적 기준도 내면화하게 되며 수업에서 인공지능 사용 시에도 책임있는 행동을 하게 될 수 있음.

To prevent problems like those experienced by Students C and D, I would begin with digital literacy education before using AI tools to make students learn how to use digital tools ethically. For this, I would first explain the importance of responsible tech use. Then, in groups, students could act out real cases—like AI-generated fake news or using someone's image without permission. Other groups would discuss what went wrong and how to solve it. This helps students develop critical thinking and act more responsibly with AI in class.

[영어구상형 4] 유형화 : 평가(수행평가 문제점 해결)

(1) 시간 확보 어려운 문제
① 문제: 수업 시간 내 확보 가능한 시간이 부족하여, 수행평가 활동을 충분히 운영하기 어렵다. 평가가 촉박하게 이루어지면 평가의 공정성이 떨어질 수 있고 교사의 관찰과 기록이 부실해질 수 있음

② 해결: 학기 시작 전 미리 교육과정재구성을 통해 가르칠 부분과 생략할 수 있는 부분을 분류한 후 수행평가를 위한 시간을 충분히 확보해놓는다. 또는 교과 핵심 내용을 바탕으로 실생활 프로젝트를 기획하고, 이 프로젝트 활동 자체가 바로 평가가 될 수 있는 과정중심평가를 실시하면 평가를 위한 시간을 따로 마련할 필요가 없다. The first problem is that there is not enough time for quality assessment. In a regular class period, it's hard to give enough time for performance tasks. If we rush the assessment, it may become less fair, and it's harder for teachers to observe and give proper feedback. To solve this, I would adjust the curriculum before the semester starts. I would plan what content to focus on and what parts can be shortened, so I can make enough time for assessment. Also, I could design real-life projects based on key learning goals. These projects can naturally become performance assessments. This way, I don't need extra time, and students can be assessed as they learn.

(2) 개별 평가 중 나머지 학생 방치 문제
① 문제: 수업 중에 말하기 평가와 같은 개별 수행평가를 실시하면 나머지 학생들은 시간을 의미 없게 소비하거나 평가 중인 학생을 방해하는 행동도 할 수 있다.

② 해결: 동료평가와 자기평가를 평가 항목에 넣는다. '동료평가지' 또는 '동료 관찰지'를 배부하여 비평가 대상 학생도 평가 중인 학생을 적극적으로 경청하고 관찰 내용을 기록하도록 한다. 또한 '자기평가' '자기성찰' 평가지를 통해 자신의 수행을 성찰할 수 있는 과제를 부여해 비평가 시간에도 의미있는 학습이 이루어지도록 한다. The second problem is that other students may be off-task during individual assessments. When I assess one student—for example, in a speaking task—others might get bored or disturb the process. To fix this, I would include peer and self-assessment in the activity. Students could use peer observation sheets to listen carefully and write feedback. I would also give self-reflection tasks so students can think about their own learning while waiting. This helps keep everyone focused and makes the whole class time meaningful.

(3) 학생 격차 문제
① 문제: 수업 시간은 한정되어 있기 때문에 학생에 따라 완성도와 진행 속도에 큰 차이가 나고 특히 느린 학습자는 시간 내에 완성이 어려울 수 있다.
② 해결: 대부분의 학습자가 시간 내에 완성할 수 있도록 시간을 넉넉하게 주고 요구사항을 과도하게 넣지 않는다. (빠른 학습자 기준으로 시간 남는 것은 크게 문제되지 않는다.) 또한 수업 시간에 수행과 비슷한 형식으로 만들어진 연습평가/모의평가를 통해 충분히 연습할 기회를 제공하여 부담을 줄여준다.

The third problem is that students have different speeds and levels. Some students finish quickly, while others need more time. Slower students might feel stressed or fall behind. To help with this, I would give enough time and avoid giving too many difficult requirements. Fast finishers may finish too early, but it's more important that everyone has a fair chance. Also, I'd give practice tasks before the real assessment, so students can get used to the format. This helps them feel more confident and do better in the actual task.

[영어구상형 5] 유형화 : 미래교육 교사의 역할(맞춤형 교육)

(1) 교사 역할: 맞춤형 지도 설계자
학생의 특성, 학습 스타일이 서로 다르므로 개별학생의 성장을 이끌기 위해서는 다양한 학생들에게 맞춤형 교육을 설계할 수 있어야 한다.

Based on the text, the most important role of the teacher is understanding each student's learning needs and supporting their growth with personalized strategies. Every student learns differently, and a teacher should notice those differences and respond with care.

(2) 수업측면
에듀테크 도구 활용: 구글 클래스룸, 하이러닝(경기도) 등 온라인 학습 관리 플랫폼을 활용하면 학생들의 퀴즈 결과, 과제물, 학습 진도 등이 자동으로 누적해서 기록된다. 이 기록을 자주 살펴보며 개별 학생들의 특성을 파악하고 이에 맞는 학습 방식/내용을 고민해본다. 예를 들어 기초개념이 부족한 학생들은 시각과 영상을 활용하여 쉽게 핵심 개념을 알려주는 과제를, 개념에 대한 적용을 어려워하는 학생은 개념 요약 후 실제 사례를 기반으로 한 과제를 다양하게 접근해볼 수 있는 기회를 준다.

To implement 'personalized strategies' in teaching, the first step would be to use Edutech tools. Platforms like Google Classroom or Hi-Learning (a tool used in Gyeonggi Province) allow teachers to track students' quiz results, assignments, and learning progress automatically. By checking this data regularly, I can better understand each student's learning style and challenges. For example, students who struggle with basic concepts could receive tasks with visuals or videos that explain the ideas simply. On the other hand, students who have trouble applying concepts could be given assignments that connect theory to real-life examples. This kind of personalized teaching helps students feel more supported and confident in their learning.

(3) 평가 측면
포트폴리오식 평가 사용: 과정중심 평가를 실시하되 과제를 포트폴리오식으로 누적해서 제출하게 하면 학생의 학습 과정, 장/단점을 파악한 후 그에 맞는 피드백을 매칭하여 제공하며 성장을 이끌 수 있다. 또한 성취 수행 후 '자기성찰'란을 만들어서 과제 수행 방식, 어려웠던 점 등을 적게 하면 학생들이 어디에서 어려움을 겪었는지 파악할 수 있어 그에 맞는 해결책을 제시해줄 수 있다.

The second strategy would be to use portfolio-based assessment. Instead of one-time tests, the teacher can collect students' work over time as a portfolio. This helps the teacher see their learning process and identify both strengths and areas to improve. Along with each assignment, the teacher can ask students to write short reflections—such as what they found difficult or how they approached the task. These reflections allow the teacher to understand their struggles and give better feedback. It also encourages students to think about their own learning and become more active in improving it.

[영어구상형 6] 유형화 : 학교 프로그램 운영, 동아리 운영

(1) 학생, 학부모 문제 해결

① 학생 문제점 해결: 학생들이 원하는 과목이 모두 다른데 교원의 수는 한정적이라 모두 개설할 수 없다. 이를 해결하기 위해 융합 프로그램을 개설할 수 있다. 우선 학생들의 수요조사를 받은 후 전문적학습공동체를 통해 융합이 가능한 과목은 융합하여 프로그램 개설하고, 각 프로그램 담당 교사끼리 각자의 지식을 공유하여 프로그램을 알차게 운영할 수 있다. 예를 들어 미술에 대한 수요가 많은데 미술 교사가 1명이라면 '북아트' 프로그램으로 국어교사와 미술 교사가 2반을 개설할 수 있다. 국어교사와 미술교사가 협력하여 글을 쓰고 책 삽화를 그리며 책을 완성하는 활동을 진행하는 것이다.

To address the student's concern, if I were the teacher in this situation, I would open integrated or cross-subject programs. Since the number of teachers is limited, it's hard to offer every elective students want. To solve this, I would first collect students' interests through a short survey, then organize a professional learning community with other teachers to create fusion programs. For example, if many students want art but only one art teacher is available, we could open a "Book Art" program with both a Korean teacher and an art teacher. Students could write stories, design book covers, and illustrate their own books. This way, students with different interests can learn together while expressing their creativity.

② 학부모 문제점 해결: '흥미'의 중요성을 강조하기. 체험활동 위주로 진행하다보니 기초학력이 부족해진다는 학부모의 민원은 충분히 발생할 수 있다. 아직 중학교 1학년이니 '흥미'가 가장 먼저 선행되어야 교과에 대한 관심 및 지식 습득에 대한 욕구가 생기고, 그렇게 진행된 학습은 진로 희망 실현까지 오래 지속될 수 있다는 점을 설명하겠다. 또한 주제에 따른 독서토론활동을 자주 진행할 예정으로 학생들이 자연스럽게 기초 지식 및 기초 학습 습관을 기를 수 있다는 것을 강조하겠다.

To address the parent's concern, I would emphasize the importance of interest-based learning. I would explain that for first-year middle school students, interest comes first — when students enjoy learning, their motivation and academic skills grow naturally. Also, I would include reading and discussion activities within each project so students build both creativity and basic literacy habits. This approach helps parents see that fun and foundational learning can go hand in hand.

(2) 동아리 운영 방안

'우리 마을 매거진 만들기' 동아리➡ 우리 마을에 있는 자연환경, 기업, 음식점, 공공기관, 문화유산 등 모든 것을 각자 체험하고 조사해서 '우리 마을 매거진'을 최종적으로 완성하는 동아리. 보통 한 마을에는 다양한 분야가 모여 있기 때문에 각자 진로에 맞는 분야를 맡아 조사할 수 있다. 역사 진로 학생들이 문화유산을, 환경 진로 학생들이 마을의 자연환경 실태를 조사하고, 음식 관심 학생이 음식점을 리뷰할 수 있다. 또한 자신이 관심 있는 분야의 기업이나 공공기관의 사람들을 직접 인터뷰하고, 디자인 관심 학생이 책 디자인을 맡을 수 있다.

For the teacher's concern, I would run a club called "My Town Magazine." In this club, students would explore their local community — its nature, businesses, restaurants, public offices, and cultural heritage — and create a community magazine together. Each student could take on a role related to their career interest: history-minded students could research cultural sites, environmental students could study local ecology, and others could conduct interviews or design the magazine layout. Through this process, students can connect learning to real life and find meaning in their community.

[영어구상형 7] 유형화 : 학생자치(학생자치 활성화 방안)

(1) 학생자치활동 필요성

학생자치활동은 학생들이 학교라는 작은 사회에서 자신의 권리와 책임을 인식하고, 공동체 속에서 의사결정에 참여하는 경험이다. 학생이 직접 자율성을 가지고 주도적으로 참여하고, 소통을 통해 부족한 부분을 보완하며 성장할 수 있으며, 그에 따른 결과에 책임을 지는 방법을 배우며 민주시민의 자세를 기를 수 있다.

Student self-governance helps students recognize their rights and responsibilities in the school community. By planning and making decisions together, they learn communication, cooperation, and accountability. Through these experiences, they grow into responsible and active democratic citizens.

(2) 활성화/지도방안

① 학생자율예산 편성을 통한 지원 : '내가 계획해서 내가 직접 한다!' 가 가능하도록 진정한 권한을 주어야 한다. 권한을 위해서는 우선 예산 사용의 권한을 주어야 진정한 자치가 가능하다. 축제 부스 운영, 학생 캠페인 운동, 자율동아리 활동 등 자치 활동에 필요한 예산을 자율적으로 운영할 수 있도록 '학생참여예산'에 대한 실질적인 권리를 부여해야 학생들의 자치를 활성화시킬 수 있다.

The first strategy to enhance student ownership in the given situation is to give students real authority through a student budget system. To make self-governance real, students need actual decision-making power. One good way is to let them plan and manage their own "student participation budget." For example, they could decide how to use funds for festivals, campaigns, or club activities. When their ideas lead to real results, students feel proud and take ownership of their learning community.

② 너그러운 지도 태도 : 교사는 '학생이 하게 시키면 갈등도 많고 학생들이 편한 방식으로만 하려고 한다' 라는 부정적 고정관념을 버려야 한다. 학생은 자율과 책임을 배우는 단계이기에 미흡한 부분이 당연히 있을 수 있고, 이를 지켜보며 끝까지 지원하고 지지해주는 것이 중요하다. 결국 학생들은 시행착오를 겪더라도 그것을 통해 성장하면서 바람직한 결과를 만들어낼 수 있을 것이다.

The second strategy is to guide students with patience and trust. Teachers should not control everything out of fear that students will fail. Since they are still learning how to lead, mistakes are natural. If we support them patiently and allow them to try again, they will learn responsibility and teamwork through the process.

③ 학생의 실제 필요를 반영한 설계: 교사와 학생의 시선은 다르다. 자치활동의 주제가 교사의 제안이 아닌 학생 스스로 기획하고 실천할 수 있는 구조를 지원한다. 예를 들어, '점심시간 학교 시설 이용에 제약이 너무 많아 교실에만 있는다' 와 같이 학생 시선에서 학교문화 개선 프로젝트를 진행하는 것이다.

The third strategy is to reflect students' real needs in activities. Ownership grows when students work on issues that truly matter to them. Instead of teacher-led topics, I would let students plan their own projects. For example, if they feel restricted during lunch breaks, they could design a project to improve how school spaces are used. Through this, they learn that their voices can bring real change to their school.

[영어구상형 8] 유형화 : 전문적학습공동체

(1) 필요한 이유

수업과 학생교육엔 '이럴 땐 이렇게 해야한다'는 매뉴얼이 없고, 매년 새로운 학생을 만날 때마다 교육방식도 바뀌어야 하므로 교사끼리 지속적으로 소통하고 서로 협력해서 돕는 분위기가 필요하다. 또한 교사가 느끼는 고민과 상처는 다른 교사도 느낄 것이므로 교사끼리 가장 잘 이해할 수 있고, 서로 연대하고, 위로, 격려하는 자리가 필요하다.

There is no single "manual" for teaching, and every year we face new students with different needs. That's why teachers need to communicate and support each other through open discussion and cooperation. Teachers understand one another's challenges best, and through these connections they can comfort, encourage, and learn together. This kind of collaboration helps teachers grow professionally and also models democratic and respectful behavior for students.

(2) 활성화방안

① 안전한 대화 문화 형성: 전학공 모임 초반에 할 수 있는 아이스브레이킹 활동 방안을 안내하는 등의 방법으로 경력이나 직급에 상관없이 누구나 편하게 의견을 낼 수 있는 수평적인 분위기 조성해주기. 틀려도 괜찮은 분위기 조성

If I were the teacher in this situation, I would use three strategies to promote collaboration among teachers. The first strategy is to build a safe and open communication culture. It's important that all teachers—regardless of position or experience—can share their opinions freely without fear of being wrong. For this, at the beginning of meetings, I would include simple ice-breaking activities so everyone feels relaxed.

② 리더 중심이 아닌 역할 분담: 보고서 작성 등 행정적 부담을 최소화시키고 팀의 리더가 큰 부담을 겪지 않도록 팀원과 운영 시 필요한 역할 분담

The second strategy is to share roles instead of relying on one leader. To reduce the burden on the leader, I would divide tasks such as report writing or meeting organization among all members. When everyone takes part, collaboration becomes fairer and more sustainable.

③ 통제 최소화하기: 교사들이 모이면 결국 교육 이야기를 하게 된다. 전학공 주제, 활동 장소 등에 대해 크게 통제하지 않고 같은 부분을 공유하는 교사들이 자발적이고 자율적으로 주제 및 운영 방안을 구성할 수 있도록 존중한다.

The third strategy is to minimize unnecessary control. When teachers gather, they naturally talk about education. So instead of controlling topics or formats, I would let teachers choose their own themes and run meetings freely. This autonomy helps teachers stay motivated and take real ownership of their professional community.

[영어구상형 9] 유형화 : 사이버폭력, AI 윤리교육

(1) 대처방안

① 학생 안정시키기: 우선 민준이의 격분한 감정을 가라앉힌다. 의자에 앉아 안정을 취할 수 있게 하고, 충분히 화가 날 수 있는 상황이고 심적으로 매우 힘들었겠다며 민준이 입장에서 공감해준다.

The first step is to calm the student and ensure emotional stability. If I were Teacher Kim in this situation, I would first help Minjun calm down and take a seat. I would listen to him carefully and say that it's understandable to feel angry and hurt. By showing empathy, the student can feel emotionally safe and ready to share details of the incident.

② 증거 확보하기: 우선 증거 자료를 받아놓고, 증거는 많을수록 좋으니 저번에 당했던 일도 캡쳐한 것이 있으면 보내도록 한다. 그리고 민준이와 현수의 평소 관계, 주고받았던 대화 등을 구체적으로 물어보며 상황을 종합적으로 기록한다.

The second step is to collect and organize evidence. I would ask Minjun to save screenshots or messages related to the case, including anything from previous incidents. I'd also ask about his relationship with Hyunsu and write down all details clearly. Having enough evidence helps the school handle the case fairly and protect both students involved.

③ 담당 부서와 협력하기: 학교폭력 사안이 될 수 있으므로 혼자 중재를 나서서 하기보다는 이후 학년부장님 및 담당 학생 사안 관련 부서에도 알려야 한다. 민준이에게 확보한 증거 자료를 제출한 뒤 사안 처리 방안을 논의한다.

The third step is to work with the proper school departments. Since this could be considered a school violence issue, I would not deal with it alone. I would inform the grade leader and the student affairs department, submit the collected evidence, and discuss follow-up measures. This cooperative approach ensures that the case is handled safely and transparently.

(2) 학급 교육 방안

학급 디지털 윤리 신문 만들기: 조별로 사이버 공간에서 타인의 인권을 침해한 사례를 1개씩 찾아보고 어떤 처벌을 받게 되었는지도 정리해본다. (예 동의 없이 타인의 얼굴을 합성하여 사이버명예훼손으로 처벌 받음) 그리고 실제로 그런 사례를 겪는다면 어떻게 대처해야할지 (예 캡쳐 후 날짜 시간을 구체적으로 기록해놓기, 가해자에게 바로 대응하지 않고 부모님과 선생님께 도움 청하기) 논의해보고, 사이버 공간에서 타인의 인권 존중, 프라이버시 보호를 위해 유의해야 할 것을 토론해본다. 그리고 이 모든 것을 '우리반 디지털 윤리 신문'으로 정리해서 학급에

게시하고, 수시로 상기시킨다.
To prevent similar problems, I would conduct a classroom project called "Our Class Digital Ethics Newspaper." Each group would find a real case of online human rights violation, such as using someone's photo without consent or spreading fake news with AI tools. They would discuss the consequences and how to respond wisely—by saving evidence and asking adults for help instead of reacting emotionally. Finally, each group would create a short "Digital Ethics Newspaper" and post it in the classroom. This project helps students learn digital responsibility, respect privacy, and act with empathy online.

[영어구상형 10] 유형화 : 다문화, 특수학생 지도

(1) 다민이와 기태 지도 방안

할 수 있는 역할을 찾아주기: 다민아와 기태가 특혜를 받는 것에 대해 학생들의 불만이 있으므로 청소나 수업과제 등을 면제시켜주지 않는다. 대신 역할을 다양화시키고 자신이 할 수 있는 부분을 선택하게 하고, 어려운 부분을 도움을 주는 방향으로 진행한다. 예를 들어 다민이가 한글 문장으로 답을 적는 것이 어려우면 그림으로 답을 표현하게 할 수 있고, 기태도 1인1역 리스트를 주고 그중 할 수 있는 부분을 선택하게 해서 수행할 수 있도록 한다.
If I were Teacher Kim in this situation, I would guide Damin and Gitae by helping them take part in class through roles they can handle. Other students may feel it's unfair if Damin and Gitae are excused from tasks, so I would avoid giving them exemptions or special treatment only for them. Instead, I would diversify class roles and let them choose what they can do. For example, if Damin has difficulty writing in full sentences, she could draw her answers instead. Gitae could choose one task from a "class job list" and complete it with support from classmates. This way, both students feel responsible and included, while others see that they also contribute meaningfully to the class.

(2) 학급 친구들 지도 방안

존중 토론 진행: 학급 전체적으로 다양성에 대한 존중이 부족한 상황이므로 공동체 교육을 실시한다. 학급시간에 각자 '자신이 생각하는 자신의 특이한 점'을 이야기해보고, 다른 학생들은 이를 '충분히 그럴 수 있다'라고 생각해본 뒤 긍정적인 장점으로 바꿔보는 시간을 가진다. 끝으로 '나도 특이한 점이 있듯이 누구나 특이할 수 있는 점이 있고, 이는 틀린 것이 아니고 다른 것이기에 서로 존중하고 배려해야 한다' 라는 것을 강조하며 다양성을 존중하는 마음을 가지게 한다면 학생들은 다민이와 기태의 행동을 더 너그럽게 바라보고, 편견을 없앨 수 있으며, 관계 개선을 위한 노력을 하게 만들 수도 있다.
The next point is about guiding the other students to build respect and understanding. Since the class lacks awareness of diversity, I would hold a "Respect and Understanding Talk" during homeroom. Each student would share something unique or "different" about themselves, and others would respond by saying, "That's understandable," or by finding a positive way to describe it. Finally, I would emphasize that being different doesn't mean being wrong — it just means being unique. Through this discussion, students can learn to accept differences, become more empathetic toward Damin and Gitae, and work toward a kinder and more inclusive classroom culture.

[영어구상형 11] 유형화 : 미래교육, 에듀테크 활용 수업

① 모든 수업 모든 시간에 디지털기기로 수업하는 것은 아니다. 교사가 먼저 학습목표를 선정하고, 그 학습 목표를 달성시키기 위해 가장 적합한 수업 방식을 찾는데, 에듀테크나 디지털교과서를 활용했을 때 학습목표 달성에 더 도움 된다면 그 부분만 디지털기기를 활용하는 것이다.
If I were the teacher in this situation, I would first explain that we don't use digital devices all the time. Teachers always decide the learning goals first and then choose the best way to teach.
We use AI tools or digital textbooks only when they help students learn better. For example, students might use tablets to explore maps in geography, but they still have group discussions or write on paper. By combining digital and traditional methods, students can learn more effectively and stay focused.

② 진정한 개별 맞춤형 수업을 가능하게 한다. 한 교실에 많은 학생이 있고, 모두 성향이나 학습 수준이 매우 다르기 때문에 교사가 모든 학생의 성장을 이끄는 데에는 한계가 있다. AI기반 프로그램을 활용하면 개별 학생의 학습 수준을 진단하고, 그에 맞춘 학습 콘텐츠를 추천해주며, 개별 피드백도 제공해주기 때문에 맞춤형 수업을 통한 모든 학생의 성장을 이끌 수 있다.

> The second point I would make is that AI learning helps personalized education. Every student learns differently, and one teacher cannot meet all levels perfectly. AI programs can check each student's progress, suggest the right materials, and give feedback automatically. For example, students who need review get easier tasks, while advanced learners can try more challenging ones. This supports every student's growth and helps them stay motivated.

③ 주도성을 길러준다. 미래사회는 급격히 변하고 있기에 교사가 전하는 현재 지식을 잘 배우는 것보다는 주도적으로 학습하고 문제를 해결하는 능력이 중요하다. 교사가 AI기반 코스웨어나 디지털교과서를 활용한다면 모든 학생이 학습 과제를 자신의 능력과 속도에 맞게 주도적으로 수행할 수 있도록 설계하는 것이 가능하고, 교사는 학생을 관찰하면서 주도적 학습을 더욱 독려하는 역할을 할 수 있다.

> Finally, I would tell them that AI helps students learn independently. In the future, it's not enough to just remember facts. Students need to think, solve problems, and learn on their own. With AI tools, students can study at their own speed and manage their learning process. The teacher observes and guides, helping them become confident, self-directed learners for the future.

[영어구상형 12] 유형화 : 회복적생활교육

(1) 문제점

두 학생의 갈등이 학급 전체에 부정적인 영향을 끼치고 있지만 그 문제를 공동체의 일이라고 생각하지 않아서 방관하고 있음. 직접적 관계가 없는 학급 학생들도 다른 사람의 일이 아니라 우리 반 일이라는 것을 인식하게 하고, 그 사안을 해결하는 분위기를 형성하는 것이 중요

> I think the main problem is the class's indifference to the conflict. The argument between two students is hurting the class atmosphere, but others don't see it as their concern. It's important to help them understand that this is a class issue, not just a personal one. When students see it as something we solve together, they start to care and act responsibly.

(2) 해결방안

① 공동체의 일이라는 분위기 형성하기: 갈등 당사자뿐만 아니라 주변 학급 친구들도 같은 공동체에 있으므로 주체적으로 관계 회복을 위한 노력을 할 책임이 있다는 것을 인식시킨다. 갈등 행동에 대해 다른 학생들이 '학급 공동체가 함께 해결해야 할 일'이라는 인식만 보여줘도 그 행동이 약화될 수 있다는 것을 알린다.

> If I were the teacher in this situation, my first solution is to build a sense of shared responsibility. I would explain that everyone in the class is part of one community. Even small actions—like showing concern—can help reduce negative behavior. For example, I'd hold a short talk about how one person's attitude can affect the whole class. This helps students feel connected and responsible for creating a better environment.

② 신뢰서클을 운영하기: 회복적 서클 운영으로 인해 모두의 의견이 존중받는 상황에서는 이 문제행동에 관해 모두가 솔직히 털어놓을 수 있다. 상훈이와 지훈이는 물론 학급 친구들까지 참여한 신뢰서클을 열고, 이번 갈등이 일어난 이유, 서로 느낀 감정, 원하는 점, 다른 친구들의 시선, 학급 분위기에 끼치는 영향 등을 질문을 통해 공유하는 '회복적 질문' 시간을 가진다. 이후 서로 관계를 개선할 수 있는 방안, 학급 친구들이 도울 수 있는 방안, 갈등 시 지켜야 할 공동체 약속 등을 함께 이야기한다. 이를 통해 상훈이와 지훈이의 개인적 갈등을 학급이라는 공동체와 연결한 뒤 개인과 공동체가 갈등 해결방안을 논의해보며 함께 성장할 수 있다.

> The second solution is to hold a trust circle. Through a restorative circle, all students can share their feelings and listen to one another. I would guide them with questions such as "What happened?" and

"What do you want to change?" Then, together, we'd make class promises to rebuild trust and prevent future conflicts. This helps students turn a personal issue into a shared effort for harmony.

(3) 교사의 유의점

교사가 상황 및 해결방안을 모두 통제하거나 지나치게 개입하지 않고 학생 스스로의 노력으로 관계를 회복할 수 있도록 지원해야 한다. 또한 해결 과정에서 서로를 비난하거나 감정이 격해지지 않도록 주의시키고 서로의 의견을 존중하게 하는 등 회복 과정 중재 역할에 힘쓴다.

During this process, the teacher should guide, not control. I would avoid dominating the talk and let students lead the conversation. If emotions rise, I'd remind them to stay calm and respectful. This helps them rebuild relationships through empathy and strengthen the class community.

[영어구상형 13] 유형화 : 에듀테크를 활용한 학습 격차 해결

(1) 학생 지도 방안

(A): 구글클래스룸, 하이러닝(경기도)와 같은 학습 플랫폼을 통해 과제를 부여하면 실시간 과제 수행 모습을 교사의 화면으로 지켜볼 수 있다. 이때 (A)와 같이 기초가 부족한 학생이 어려워하는 부분을 관찰한 후 학습 과제를 도움이 되는 사이트 링크를 넣어주거나 검색할 수 있는 방법을 알려주며 과제 수행을 위한 발판을 마련해줄 수 있다. 정답을 제시해주는 것이 아닌, 스스로 할 수 있게 돕는 것이 핵심이다.

If I were the teacher in this situation, I would support both students through individual guidance and meaningful class activities. For Student A, I would use learning platforms like Google Classroom or Hi-Learning to monitor real-time progress on assignments. When I see that A struggles with basic concepts, I would not simply give answers but share helpful website links or teach simple search methods. This helps A learn independently and gain confidence through small successes.

(B): 협동학습 멘토로 참여 → '캔바'/ '구글프리젠테이션'과 같은 협업 작품 제작 프로그램을 활용하여 수업 핵심 내용을 쉽게 정리해서 나타내는 학습 자료를 만들고, 이를 가지고 조원들에게 실시간으로 개념을 설명할 수 있는 멘토 역할을 시킨다. 자신이 아는 것을 정리해서 자료로 만들어 설명하는 일이 인지적으로 많은 노력이 필요하면서 지식을 정교화시킬 수 있기에 수업에 더욱 집중할 수 있다.

For Student B, I would give a mentor role in group learning. Using collaboration tools like Canva or Google Slides, B could make simple visual summaries of key class content and explain them to peers. Organizing and explaining knowledge requires deeper thinking, so this activity would help B focus more and strengthen understanding.

(2) 교사의 자세

'단 한 명의 학생도 포기하지 않는' 인성적 자질 : (A)와 같이 기초가 부족한 학생은 시간과 노력이 너무 많이 필요하기에 넘어가고, (B)학생은 '자기가 알아서 하겠지'라는 마음을 가질 수 있어 못본척 넘어갈 수 있다. 분명 두 학생 모두 교사의 도움이 꼭 필요한 학생이라는 것을 잊지 말고 개별 학생에게 더 관심을 가지고, '이 학생은 어떻게 도와야 성장을 할 수 있을까'를 늘 생각하면서 지원 방안을 탐색해야 한다.

As a teacher, I must have the mindset of never giving up on any student. It's easy to overlook Student A, who needs more time, or Student B, who seems capable alone. But both need teacher support in different ways. I should always ask myself, "How can I help this student grow?" and look for ways to give the right kind of help. By doing so, I can create a class where every student feels supported and valued.

[영어구상형 14] 유형화 : 진로지도

(1) 조언

진로를 정하는 것이 특정 직업을 고르라는 것은 아니다. 자기 자신에게 집중해서 자신이 어떤 사람인지를 파악하는 것이 중요하다. 바쁜 일상이지만 자기 전 10분만이라도 자신이 열심히 했던 경험, 즐거웠던 경험 등을 정리해보면서 '나는 이런 사람이구나'를 파악한다면 자신을 더욱 성장시키는 진로 방향에 대해 대략적으로라도 알 수 있을 것이다.

If I were the teacher in this situation, I would tell the student that choosing a career does not mean deciding on one specific job right now. It's more important to understand yourself first — your interests, strengths, and what makes you feel proud or happy. Even spending ten minutes a day reflecting on what you enjoyed or did well can help you discover who you are. Once you know yourself better, you can start thinking about career directions that match your personality and help you grow.

(2) 자질 및 실천방안

① '지원자' 역량 : 진로 역량은 학생이 스스로 파악하고 주도적으로 길러야 하는 것이다. 교사가 학생의 진로 결정에 개입하는 것이 아닌, 주도적으로 자신의 진로 방향을 설정할 수 있도록 옆에서 지원해주는 자질이 필요함.

The first quality teachers need in career guidance is the ability to act as a supporter, not a decision-maker. A teacher's role is not to choose for the student but to guide them so they can make their own decisions with confidence. Students should feel that their teacher is standing beside them, helping them explore rather than pushing them in one direction.

② '나를 파악시키기' : 학생들은 매일 바쁜 학교생활을 따라가다보니 자신을 파악하는 일에는 소홀할 수 있으니 교사가 자신은 어떤 사람인지, 무엇을 잘할 수 있는지 수시로 생각해 볼 수 있게 자극하는 역할을 해야 한다. 예를 들어 졸업생 선배가 자신에게 잘 맞는 진로를 결정하게 된 스토리를 들려주거나, 청소년 워크넷, 커리어넷과 같은 진로 정보 사이트를 수시로 알려주거나, 진로와 연계한 교과 수업 활동을 진행한다면 학생은 학교 생활을 하며 자연스럽게 진로에 대한 고민을 할 수 있게 될 것이다.

The second quality is helping students understand themselves. Because students are busy with daily school life, they often don't take time to reflect. I would provide short activities or stories that encourage self-discovery. For example, I could invite graduates to share how they found their career path or introduce career websites like CareerNet or Youth WorkNet. These experiences help students think about their strengths and interests naturally during school life. Through this process, they can develop clearer goals and take more ownership of their career choices.

[영어구상형 15] 유형화 : 수업방해행동

(1) A학급

① 원인 : 에너지가 지나치게 넘치는 학생들이 많고, 수업 규칙이 잘 잡혀져있지 않음. 수업의 시작을 인지하고 자리에 앉게 도울 수 있는 장치가 필요하다.

② 해결방안 : '오프닝 조별 미니활동'을 진행하기. 매 수업 시작과 동시에 짧고 흥미 있는 활동을 자동으로 시작하는 규칙을 정한다. 예를 들어 지난 시간에 배운 단어를 조원들이 1개씩 골라서 그림으로 표현하고, 교사가 수업에 들어왔을 때 모든 조원의 그림이 모여있으면 그 조에게 포인트를 부여하고 크게 칭찬하고, 늦은 조는 오늘의 수업의 느낀점을 이야기해야 하는 등의 간단한 벌칙을 설정하여 경쟁을 유발한다. 이를 통해 교사가 일일이 학생들을 불러 모으지 않아도 학생들이 스스로 '수업의 시작'을 인지하는 습관을 형성시킬 수 있다.

The main issue in Class A is that the students have too much energy and there is a lack of clear classroom routines. The students need a clear signal that class has begun. If I were Teacher Kim in this situation, I would begin each lesson with a short "opening group activity." For example, each group could quickly draw one word from the last lesson, and when all drawings are done, that group earns points or praise. Late groups could share how they felt about the class as a light penalty. This rule helps students recognize the start of class on their own and builds a routine of focus and teamwork.

(2) B학급

① 원인 : 조용하며 소극적이고 수동적인 학생이 많다 보니 그런 분위기가 B학급만의 강한 특징으로 고정되었고, 이 분위기를 전환할 수 있는 학생이 있더라도 전체의 눈치를 보며 하지 못했을 것이다.

② 해결방안 : '통제된 협동학습'이 필요하다. 소극적인 학생들은 스스로 말을 꺼내서 협력하기 부끄러움이 많을 수 있으므로 교사가 학생들이 실제로 해야 할 일을 정해서 소통을 연습시켜주는 것이 좋다. 예를 들어 각 조에서 첫 번째 학생은 '~를 조사하여 조원들에게 설명하기' 두 번째 학생은 '교과서 ~를 참고하여 조원들에게 질문 3가지 하기' 등의 역할을 정해주는 것인데, 이런 과정을 반복하면 학생들이 점점 서로의 마음의 벽을 깨고 스스로 입을 열고 소통하게 될 수 있다.

In Class B, the main issue is low participation and a quiet, passive atmosphere. Even students who want to be active may hesitate because of the overall silence. To improve this, I would use "structured cooperative learning." Instead of asking students to speak freely, I would give them clear, simple roles—like one student researching and explaining a topic, another asking three related questions. By practicing this repeatedly, students slowly break the emotional barrier and feel more confident to talk and share ideas.

(3) C학급

① 원인 : 3명의 학생이 반 전체의 분위기를 주도하고 있고, 학급 친구들의 관심을 받으면 더 행동이 심해지는 것으로 보아 주변의 반응을 얻기 위해 수업방해행동을 할 가능성이 높다.

② 해결방안 : 짧지만 지속적인 교무실 상담이 필요하다. 이 학생들은 주변 학생들의 반응을 얻고 싶은 학생들이므로 주변에 학생이 없는 교무실이라는 공간은 선호하지 않는 공간이며, 여기서는 생각보다 차분해지는 경우가 많다. 매시간 문제행동을 한다면 매시간 끝날 때 교무실로 데려오는 것이 좋다. 다만 말이 길어지면 거부반응이 클 수 있으므로 지도는 길지 않고 짧게 끊어야 교육효과가 있다. 교사가 다소 힘들더라도 그냥 넘어가지 않고 끝까지 반복한다면 학생들의 행동은 점점 조심스러워질 것이다.

In Class C, the issue is that three students dominate the class and seek attention through disruptive behavior. They likely enjoy reactions from their peers, so I would meet them briefly but regularly in the teacher's office. Since they prefer attention in front of others, meeting in a calm place without an audience often makes them more reflective. After each class, I would bring them for a short, focused talk—never too long to avoid resistance. Even though it takes patience, this consistent approach helps them become more careful and self-controlled over time.

[영어구상형 16] 유형화 : 진로교육, 학년말프로그램

(1) 수업측면 예시

진로융합 발표활동 : 1학기 동안 배운 내용 중 자신의 진로와 연계할 수 있는 부분을 직접 찾아서 그 직업과 교과 내용의 연결성을 조사하여 발표하는 활동을 진행할 수 있다. 예를 들어 '광고마케팅'에 관심 있는 학생은 음악 시간에 '배운 곡과 진로 연계하기' 활동에 참여하여 특정 제품의 마케팅과 가장 잘 어울리는 음악을 찾아볼 수 있다. 또한 사회시간에는 '배운 사회 현상과 진로를 연계하기' 활동에 참여하여 각 문화의 특성이 잘 나타나는 광고를 조사하여 소개할 수 있다.

If I were Teacher Kim in this situation, as a subject teacher, I would focus on connecting what students learn in class with their future careers. One activity could be a career-linked presentation project. Students would choose one topic they learned during the semester and find how it connects to a job they are interested in. For example, a student who likes marketing could join a "Music and Marketing" project in music class, finding a song that best matches a product advertisement. In social studies, students could explore how cultural differences appear in global advertisements. This kind of activity helps students realize that what they learn in class is not separate from real life, but something that can guide their future choices.

(2) 학급측면 예시

'10년 후 동창회에서…' 프로그램 : 곧 졸업 예정이니 학급회의를 활용하여 10년 후 학급 동창회 날짜와 장소를 구체적으로 잡는다. 그때 동창회에 참석할 자신의 모습을 상상하도록 한다. 우선 어떤 직장에서 어떤 일을 하고 있을지 구체적으로 정해보고, 그 직장을 가지기 위해 어떤 대학에 어떤 전공을 했는지, 취업을 위해서 어떤 노력을 하고 어떤 능력을 길렀는지 주어진 양식에 구체적으로 적고 발표해보도록 한다. 다만 학생들이 막연한 상상만 하지 않도록 '커리어넷', '워크넷'등의 직업 관련 사이트를 안내하여 교실의 태블릿 등으로 검색해보며 구체적인 계획을 세울 수 있도록 한다.

As a homeroom teacher, I would help students imagine their long-term goals through a reflection activity. I would conduct a program called "At Our Reunion 10 Years Later." In this activity, students would plan the details of a class reunion—date, place, and what kind of job they would have at that time. Then, they would write about what major they studied, what skills they developed, and what efforts helped them reach that career. To make it realistic, I would introduce websites like CareerNet or WorkNet so students can search for real information using classroom tablets. This helps students not only dream about their future but also make concrete plans and understand the steps to achieve them.

[영어구상형 17] 유형화 : 평가의 원칙

① 기초학력 부족 학생에게 힌트를 제공한 점 : 출제된 문제에 대한 힌트를 특정 학급이나 학생에게만 암시하지 않아야 한다 ➡ 힌트를 주고 싶은 부분이 있다면 동교과 교사 협의를 통해 모든 학급 모든 학생에게 주도록 하고, 기초학력부족학생을 위해서는 방과후 프로그램이나 '교과 내용'에 대한 보충설명을 해주되 시험문제에 대한 힌트는 제공하지 않도록 한다.

Teacher Kim's first mistake is giving hints about test questions to certain students. This is unfair because it gives some students an advantage and breaks test equality. If support is needed for low-achieving students, Teacher Kim can provide extra lessons or after-school programs instead of giving hints. Also, if any general guidance is needed, it should be discussed with other teachers so that all students in every class receive the same information.

② 메신져를 활용하여 시험문제 파일을 공유한 점 : 메신져는 온라인이기 때문에 오히려 보안에 문제가 생길 수 있고, 컴퓨터에 전송 기록이 남을 수도 있다. ➡ 시험문제 파일은 메신져 전송 금지, 컴퓨터 내 보관 금지, 개인 USB를 사용하고 비밀번호 부여

The second mistake is sharing test files through a messenger app. Online messengers can easily cause security problems because messages and files can remain stored or be leaked. To fix this, Teacher Kim can keep all test files only on a personal USB drive with a password, not on a school computer or online platform. This ensures the safety of exam materials and protects the teacher's professional responsibility.

③ 타학년 동교과 선생님과는 교차검토를 하지 않은 점 : 동학년 동교과 선생님은 공동출제자이기 때문에 출제자가 아닌 다른 관점에서의 검토가 있어야 더 정확한 검토가 가능하다. ➡ 동학년 동교과 선생님과 검토가 끝난 이후에 타학년 동교과(동일전공) 선생님과도 교과협의회를 통해 시험문제를 서로 교차해서 검토해주면서 오류의 가능성을 줄인다. 단, 시험문제 보안을 위해 교차검토가 끝난 타학년 시험지는 직접 들고가지 않고 해당 교사에게 즉시 전달한다.

The third mistake is not reviewing the test with teachers from other grade levels. When only same-grade teachers review the questions, mistakes may go unnoticed. Teacher Kim can reduce this risk by holding a short cross-review meeting with teachers of the same subject from different grades. After the review, the test papers should be handed directly to the other teacher to keep confidentiality. This helps improve question quality while protecting test security.

④ 시험 성적을 교실에 게시한 점 : 모든 학생이 서로의 점수를 볼 수 있기 때문에 개인정보 유출이라고 볼 수 있다. ➡ 그 학생의 점수만 보일 수 있게 다른 학생의 점수는 가린 상태에서 개별적으로 보여주고 확인 서명을 받아야 한다.

The fourth mistake is posting student scores in the classroom. This exposes personal information and can hurt students' confidence or motivation. Instead, Teacher Kim can show scores individually and cover other students' results, asking each student to sign after checking. This way, students' privacy is protected, and a more respectful classroom atmosphere is created.

[영어구상형 18] 유형화 : 에듀테크 활용수업

① 동아리 : '이프랜드' 등 가상공간 프로그램을 활용하여 메타버스 동아리 발표회를 개최하고 각 동아리별 부스를 운영하며, 학생 작품 전시 갤러리 제작하기. 제페토를 활용하여 동아리 홍보 공간을 꾸미고 아바타를 활용하여 동아리에 초대하는 홍보영상을 만든 후 다른 친구들을 초대하는 행사 진행하기

For club activities, I would first use the virtual space. I would organize a metaverse club fair using platforms like Ifland or Zepeto. Each club could design its own booth and display student work in a virtual gallery. For example, students could decorate their club's space and create short avatar-based videos to invite others. This experience helps students express creativity, collaborate, and communicate with others in a fun digital setting.

② 진로 : 미래의 직업을 상상해보고(드론 교통 관리자, 우주관리인) 이 직업이 하는 일을 포함한 미래형 도시 공간을 'Zep'이나 '게더타운'과 같은 가상공간 프로그램에서 구현해보기, 홀로렌즈나 VR기기를 활용하여 실제와 같은 배경에서 다양한 직업을 체험해보기

Second, I would connect virtual spaces to career exploration. Students could imagine future jobs such as drone traffic manager or space caretaker and design a virtual city where these jobs exist using Zep or Gather Town. They could also experience realistic job simulations through VR devices or HoloLens. Through these activities, students learn about new industries, build problem-solving skills, and expand their imagination about the future world of work.

③ 자율 : '이프랜드'를 활용하여 각자 아바타로 참여하고, 필요한 서류나 영상을 함께 보면서 학급회의 진행하기. 제페토를 활용하여 학교 공간을 구현하고 아바타를 활용하여 학교폭력 예방교육 웹드라마 만들기

Third, I would use virtual spaces for student-led activities and discussions. For example, using Ifland, students can join class meetings as avatars, share documents or videos, and make decisions together. In another activity, they could use Zepeto to recreate their school space and make a short web drama on school violence prevention using their avatars. These activities promote digital citizenship, cooperation, and responsibility while allowing students to learn in an engaging and creative way.

[영어구상형 19] 유형화 : 고교학점제, 교육철학

(1) 필요한 자질

'관찰 역량' 발휘: 평소에 주변 사람들을 관찰하고 그 사람의 특징이나 장점을 빠르게 파악하는 능력이 있음. ➡ 학교에서도 학급시간, 수업시간, 점심시간 등을 활용하여 개별 학생을 자주 관찰하려고 노력할 것이고, 다양한 학생의 장점을 파악하여 자주 칭찬해줄 수 있음. ➡ 그것을 바탕으로 학생은 자신의 강점을 더 생각해볼 수 있을 것이고, 자신에게 맞는 올바른 교과목 선택을 할 수 있도록 도울 수 있음.

I believe I have strong observation skills that can help me implement the high school credit system successfully. I naturally pay attention to people and quickly notice their strengths or characteristics. At school, I plan to observe my students often—not only during class, but also during breaks and lunchtime—to understand their interests and talents. By recognizing and praising each student's strength, I can help them reflect on what they are good at and choose subjects that truly fit their potential. This helps students build confidence and make wiser academic choices.

(2) 현장에서의 노력

① 고교학점제는 선택형 교육과정이기 때문에 올바른 교과 선택을 위해서는 '자신'을 파악하는 것이 가장 중요 ➡ 학생들이 자기 자신에 대해 주도적으로 발견할 수 있도록 도와야 함
② 그러기 위해서는 '진로연계수업'을 진행 ➡ 수업내용을 자신의 삶, 진로와 연계시키게 하는 수업을 자주 진행 ➡ 예를 들어 20년 후 자신에게 편지쓰기, 인생의 버킷리스트 발표하기 등의 활동으로 자신이 원하는 미래의 모습을 자주 그려보게 하기 ➡ 자신은 어떤 사람이고 미래에 어떤 생활을 하고 싶은지 스스로 생각하게 하고, 그에 따라 어떤 교육과정, 어떤 교과를 선택할 것인지 신중히 고민할 수 있게 함.

In practice, I will focus on helping students understand themselves better through career-linked lessons. Since the high school credit system is based on student choice, students must know who they are before making those choices. To support this, I would design lessons that connect learning with real life and future goals—for example, writing a "Letter to Myself in 20 Years" or presenting a "Personal Bucket List." These reflective activities help students imagine their future, think about what kind of person they want to become, and make thoughtful decisions about which subjects and courses to take. Through this process, students will develop self-awareness, ownership of learning, and confidence in planning their own educational path.

[영어구상형 20] 유형화 : 교육철학, 교사의 자질, 학급운영

* 필요한 자질 : 단호함(strictness)과 친절함(kindness)의 균형
  ① 단호함(자신있게 적절한 원칙을 사용함)과 친절함(그 원칙을 사용하는 동안 교사와 학생의 존엄과 존중을 유지)의 균형을 유지해야 한다.
  ② 단호함 없는 친절함은 방임교육이며 학생들에게 책임을 회피하고 제멋대로 행동하게 한다. 친절함 없는 단호함은 권위주의적 교육이며 학생들을 반항하게 한다.
  ③ 학생의 잘못된 행동에 대하여 굴욕감, 비난, 수치심 느끼게 하지 않으면서 동시에 학생이 변명하고 회피하게 내버려두지도 않아야 한다. → 변명하는 학생은 자신이 할 수 없다는 믿음이 있으므로 학생이 변명하게 내버려 두는 것 또한 학생을 존중하지 않는 것이다.
  ④ 학생이 민주적으로 규칙을 직접 만들더라도 그에는 큰 책임이 따른다는 것을 강조한다. 약속 사항을 어기고 잘못된 행동을 보였다면 반드시 지도하고 넘어가야 한다. 이때는 그 방식이 중요하다. 우선 학생의 의견은 먼저 들어주고, 학생이 그런 감정을 느낄 수 있다는 것이라고 감정은 받아준다. 그러나 행동은 엄격히 제한한다. 학생 자체가 아닌 학생의 행동이 책임이 없었다는 것을 강조해야 하고, 인격적인 비난은 절대 하지 말아야 학생과의 관계를 유지하면서도 잘못된 행동은 지도할 수 있다.

Teacher Park needs to find a balance between strictness and kindness. A good teacher should apply rules with confidence while also showing respect and care for students. If the teacher is kind without clear boundaries, students may avoid responsibility, but if too strict, they may resist or lose trust. For example, when a student breaks a rule, Teacher Park should listen with empathy and say, "I understand how you felt," but still make it clear that the behavior was not acceptable. By correcting the action, not the person, students can reflect without shame and learn that freedom comes with responsibility. This balance helps maintain authority while building a warm and respectful classroom atmosphere.

[영어구상형 21] 유형화 : 수업방해행동 / 학습부진 / 수평적 리더십

(1) 박교사의 의도
  진수는 성적이 매우 낮고 기본 개념도 잘 모르기 때문에 수업시간이 매우 괴로울 것이고, 그에 관련된 상처도 많을 것임. 이 상황에서 진수를 계속 혼내기만 하는 것은 진수에게 큰 영향을 주지 않아 진수의 행동에 변화를 가져오기는커녕 교사의 행동에 불만을 품으며 반발심만 키우기 쉬움. 이 때문에 박교사는 학생과의 관계형성을 먼저 하며 학생에게 끼치는 영향력을 높인 후에 학생에게 진심 어린 조언을 하며 학생이 스스로 변하고자 하는 마음을 가지도록 유도하려고 했을 것

  The intention of Teacher Park's behavior is to build a relationship with Jinsu before correcting his actions. Jinsu's grades are very low, and he probably struggles to follow the lessons, which can make class painful for him. If the teacher only scolds him, Jinsu may feel more hurt and become resistant instead of changing his behavior. So, Teacher Park tried to connect with him emotionally first, to gain trust and influence him through sincere advice. This approach helps the student open up and motivates him to improve by his own choice.

(2) 학생 지도 방법
　＊교육철학 : 학생을 변화시키기 위해 학생의 마음을 먼저 얻기
　① 교사는 아이들과 정서적 유대감을 나누고, 영향을 주고받는 "관계전문가"가 되어야 함.
　② 학생을 크게 혼내고 주눅 들게만 한다면 과거 행동에 대한 반성을 생각하지 않고 교사의 행동에만 반발한다.
　③ 교사가 아이들과의 친밀관계를 통해 신뢰와 존경을 받으면 아이들에게 더 큰 영향을 끼칠 수 있으므로 아이들의 변화도 더 자연스럽게 촉진할 수 있음.

(3) 지도방안
　① 먼저 공감을 통해 진수가 수업에 따라가기 힘들고 흥미가 없어 어려움이 많다는 것을 알아주기
　② 수업시간에 방해행동을 하는 내면에는 수업시간에 영향력을 발휘하고 싶지만 학습적으로는 그러지 못해 방해행동을 선택하는 학생의 본심을 깊게 이해해 주며 학생의 마음을 열게 하기
　③ 학생의 마음을 연 다음에는 학생의 본심은 이해하나 학생이 한 행동들은 다른 사람에게 피해를 주기 때문에 적절하지 않은 행동임을 다소 단호하게 이야기해주기
　④ 진수의 좋은 부분을 칭찬해주며 수업 방해행동을 하지 않고도 충분히 긍정적인 역할을 할 수 있다고 하며 할 수 있는 역할을 같이 찾아볼 것을 제안하기

　If I were in this situation, I would also focus on understanding Jinsu's feelings first. My teaching philosophy is that "to change a student's behavior, you must first reach their heart." I would try to empathize with how difficult and frustrating class must feel for him. Sometimes, students misbehave because they want attention or recognition when they can't succeed academically. After building trust, I would calmly explain that while his feelings are understandable, his actions still hurt others and cannot continue. Then, I would highlight Jinsu's strengths and help him find positive roles in class— for example, assisting with materials or helping others in small ways. By giving him a chance to contribute positively, Jinsu can rebuild his confidence and feel valued in the classroom community.

[영어구상형 22] 유형화 : 인공지능 활용 교육

(1) 전공 연계 예시
　① AI 기반 글쓰기 도구를 활용해 짧은 에세이나 대화문을 수정하고, 문법과 어휘에 대한 즉각적인 피드백을 받기
　② 새로운 표현을 배운 후 AI 챗봇과 역할극 대화를 하며 말하기를 연습하기
　③ 영어권 문화에 대한 수업을 진행 후 구글투어크리에이터를 통해 영어권 유명 여행지를 몇 곳 선정하여 영어 설명을 넣어놓는다. 이후 학생들이 그곳에 접속하여 조별로 여행지의 영어 설명을 학습한 뒤 자신만의 여행 루트 및 세부 계획을 영어로 만들어본다.
　④ AI 이미지 생성기를 활용한 디지털 스토리텔링 프로젝트 진행하기. 학생들은 영어로 짧은 이야기를 쓰고, 영어 명령어로 그 내용에 맞는 이미지를 생성한 뒤, 자신의 이야기를 영어로 낭독하며 발표한다.

　To realize future education in my subject, I would design English lessons that combine AI and virtual technology. Students could practice speaking through role-play conversations with an AI chatbot after learning new expressions. They could also use AI writing tools to improve short essays or dialogues with instant feedback. Another activity could be a virtual travel project using Google Tour Creator, where students explore famous places and plan their own travel routes in English. This would help them use English naturally while learning about global culture.

(2) 예상 어려움 및 해결방안
　① 교사의 역할 비중 감소 ➡ AI를 '활용'한 수업을 하는 것이지 AI가 교사의 역할을 대체하는 것은 아님. 교사는 학생이 AI를 활용하여 학습목표를 달성할 수 있도록 수업 설계를 체계적으로 설계하는 '학습경험 설계자' 역할이 중요해지며, 학생의 특성에 맞는 맞춤형 피드백, 래포 형성, 개별 상담 등에 더 신경쓰며 세심하게 코칭하는 조력자 역할 수행

　However, one possible challenge is that the teacher's role may seem less important when using AI in class. To solve this, I would act as a learning experience designer, planning structured lessons that help students use AI effectively to meet learning goals. I would also focus more on giving personalized feedback, emotional support, and one-on-one coaching—things AI cannot replace.

② AI와의 학습으로 개별활동이 많아져 공동체 역량 부족 문제 ➡ AI를 활용한다고 해서 개별학습만 제시하는 것이 아님. 각자 AI와 개별 학습한 지식을 모아서 조원들과 협력 과제를 수행하는 팀프로젝트를 설계할 수 있음.
Another challenge could be that students might become too focused on individual AI activities and lose a sense of community. To prevent this, I would design team projects where students apply what they learned with AI and then collaborate on a shared task. For example, each student could use AI to research a global topic like climate change, and the group could create an English campaign video together. This helps students practice teamwork and communication while using AI meaningfully.

[영어구상형 23] 유형화 : 학생과 학생과의 관계 ➡ 학교폭력 / 왕따

(1) 세 분류 : 가해자(4명의 학생들), 피해자(유리학생), 방관자(주변학생들)
　　Students are classified as bullies(four students), the victim(Yuri), and bystanders.

(2) 각 분류에 맞는 해결책
　① 가해학생들(Bully Ss)
　　㉠ 현장에서 : 피해 학생과 분리 후 교무실로 이동, 학교폭력 전담기구에 신고, 상황 사진 기록
　　㉡ 상담시 : 행동의 부당성을 알려주고, 이유를 듣고 감정을 인정하되 행동은 허용되지 않음을 강조. 징계를 받을 것을 명백히 알려주되 자신의 행동이 피해자와 주변, 학교에 끼친 영향을 생각하게 하고, 사과 편지 작성 등 징계 외에도 자신이 할 수 있는 일을 실천하도록 지도.
　　For the bullies, I would respond firmly and immediately. I would separate them from the victim, report the incident, and document it. During counseling, I would listen to their reasons, acknowledge their feelings, and make clear that their behavior is unacceptable. I would also help them consider the impact on others and guide them to take responsibility, such as writing an apology or joining restorative activities.

　② 피해학생(유리, Victims)
　　㉠ 현장에서 : 부상 확인 후 가해자들과 분리될 수 있는 안전한 공간(상담실)으로 이동
　　㉡ 상담시 : 편안하고 다른 학생들이 주변에 없는 공간에서 따뜻하게 상담을 진행하되, 가해학생들과 무슨 일이 있었는지, 어떤 피해를 받았었는지 충분히 들어준다. 아무 말도 하지 않는다면, 언제라도 이야기해도 좋다는 안심을 시킨 후에 추후에 천천히 상담을 다시 진행한다. 이후 또래 도우미를 배치해 유리를 잘 관찰하고 심리적 안정감을 주는 역할을 수행하도록 한다.
　　For the victim, my priority would be safety and emotional care. I would check for injuries and move her to a private, safe space like the counseling room. During counseling, I would listen warmly and encourage her to share her story without fear. If she feels too embarrassed to talk, I would reassure her that it's okay to take time. Later, I would assign caring classmates as peer supporters to stay near her and help her feel safe and included again.

　③ 방관학생들(Bystanders)
　　㉠ 학교폭력을 방관했을 시 피해학생이 더 큰 피해를 볼 수 있으며, 본인에게도 피해가 갈 수 있음을 알려준다. (방관했다는 것 자체로 죄책감에 사로잡힘, 나도 언젠가 피해를 입을 수 있다는 두려움이 생김)
　　㉡ 학급회의를 활용해서 학교폭력이 정확히 어디까지 해당되는지, 목격 시 어떻게 행동해야 하는지, 예방하기 위해서 학급에서 어떤 일을 해야 하는지 등을 토론 후 발표하게 한다. 발표 내용은 정리해서 게시판에 붙여놓는다.
　　For the bystanders, I would focus on awareness and responsibility. I would explain that staying silent can make the victim suffer more and can also cause guilt or fear later. Then, I would hold a class discussion about what school violence really means, what actions students can take when they witness it, and how the class can prevent it together. Students would summarize the key ideas and post them on the classroom board as a reminder.

[영어구상형 24] 유형화 : 학생상담

① 마음 열기: '문제'를 바로 다루면 마음을 열기 힘드니 요즘 좋아하는 취미생활을 먼저 묻는 '흥미 위주 상담'을 먼저 진행. 이후 언제부터 학습에 멀어졌고 언제부터, 어디서 누구 때문에 공부의 흥미를 잃었는지 구체적으로 이야기하게 하고 충분히 공감해 주기.
First, I would open her heart with interest-based counseling. I would not start with the "problem." Instead, I'd ask about her recent hobbies and what she enjoys these days. Then I would gently explore when she began to feel distant from studying—since when, in which class, and with whom. I would reflect her feelings and show clear empathy.

② 양가감정 일깨우기: 지은이가 공부를 잘하고 싶은 생각은 분명 남아있을 텐데, 그만두고 정말 행복한 것이 맞는지 양쪽 감정을 하나하나 분리해서 들면서 이야기하면서 양가감정을 불어일으키기. 이후 마음 속 갈등이 있다는 것을 공감해주고 이해해주기.
Second, I would surface her ambivalent feelings and name the inner conflict. Jieun probably still wants to do well but also feels like giving up. I would separate these two feelings and talk through both sides.

③ 해결방안 주도적으로 찾기: "왜" 보다는 "어떻게" 로 물으며 주도적으로 해결 방안을 찾도록 유도하기 ("왜 그러니"가 아닌 "어떻게 변할 수 있을까?", "왜 공부할 마음을 안 먹지?"보다는 "어떻게 해야 공부할 마음이 생길까?") 이후 선생님이 그 방법을 최대한 돕고 지지해주고 싶다는 것을 알려주기.
Third, I would help her find solutions with 'how' questions and small steps. Rather than asking "why," I would ask "how" to make change possible and let her lead the plan. I would offer steady support.

[영어구상형 25] 유형화 : 교사의 자질, 교육전문가 자질, 민주적 학급운영

① 학생에게 '지시'가 아닌 '지지'하는 역할: 교사는 학생에게 지시하고 해결책을 대신 내놓는 사람이 아니다. 교사가 모든 것을 주도하려고 하면 학생과 관계형성이 힘들고, 학생은 자기주도성 및 문제해결능력을 발휘할 수 없어 민주시민을 길러내야 하는 학교의 교육방식으로 적절하지 않다. 그러므로 학교는 학생들에게 자율성과 책임의식을 기를 수 있는 기회를 주어서 민주적 학교문화를 실현할 수 있도록 해야 한다. 박교사도 학생이 스스로 학급회의를 통해 규칙을 만들게 하고, 교사는 옆에서 학생들의 합리적인 결정을 위해 '지지'하는 조력자 역할을 해야 했다.
First, Teacher Park should have acted as a supporter, not a commander. A teacher's role is not to control students or decide everything for them. When a teacher dominates all decisions, students lose their sense of ownership and problem-solving ability. Instead, Teacher Park should have let students create their own class rules through meetings and discussions.

② 학생의 인격 존중: 학생도 한명의 인격이다. 교사의 행동이 항상 옳다고 볼 수 없기 때문에 학생을 미성숙하다고 판단하여 그들의 의견을 무시하고 들어주지 않는 것은 학생을 하나의 인격체로 존중해주지 않는 것이다. 학생이 규칙에 대한 불만을 제기했을 때, 박교사는 이를 인정하고 먼저 사과할 줄 알아야 하며, 학생 전체와 이를 논의해 본 후 필요하면 규칙을 함께 수정하는 학급운영이 필요하다.
Second, Teacher Park should have respected students as individuals. Students are also independent human beings with opinions that deserve to be heard. Ignoring their voices or judging them as immature can damage trust and discourage participation. If students express dissatisfaction with a rule, Teacher Park should first acknowledge their feelings, even apologize if necessary, and then discuss possible revisions with the whole class.

③ 구성원을 배려하는 리더십: 진정한 리더십은 모든 구성원이 소통하고 신뢰하며, 능동성과 창조성을 바탕으로 의사결정을 할 때 발휘된다. 교사 혼자 독단적으로 결정하고 통보하는 것은 진정한 리더십이라고 볼 수 없고, 학생들의 마음을 끌어당기기도 힘들다. 다른 사람들을 리드하는 것은 구성원 개개인을 배려하고 이들의 의견을 들어줄 때 가능하다는 것을 생각해봐야 한다.
Third, Teacher Park should have shown considerate leadership. True leadership is not about control but about communication, trust, and empathy. When decisions are made unilaterally, students feel excluded

and disconnected. Instead, Teacher Park should have listened carefully to different opinions and encouraged everyone to take part in decision-making.

[영어구상형 26] 유형화 : 학교문화, 교직윤리, 동료성

(1) 학교 문화의 2가지 문제점
① 협력 및 지원 부족: 교사들이 조언이나 아이디어를 공유하지 않고 교수법에 대한 논의에 참여하지 않는 것으로 보아 협력과 지원이 부족한 학교라고 볼 수 있다. 이는 신규교사의 적응과 전문성 개발에 어려움을 줄 수 있다.
The first problem is a lack of collaboration and support among teachers. Teachers rarely share advice or teaching ideas, which shows that cooperation is weak in this school. This can make it difficult for new teachers to adapt and develop their teaching skills.
② 판단하고 경쟁하는 분위기: 공개수업이 개인 특성이나 자격을 평가하는 자리가 되었고 이는 교사의 자신감과 사기를 저하시킬 수 있고, 스트레스와 직업 만족도 감소를 초래할 수 있다.
The second problem is a culture of judgment and competition. Open classes have become events for evaluating personal ability rather than sharing teaching ideas. This kind of atmosphere lowers teachers' confidence and increases stress.

(2) 해결방안
① 교사 멘토링 프로그램 실시: 전문적학습공동체의 한 프로그램으로 경력 교사와 새로운 교사를 짝지어주는 멘토링을 진행하며 저경력 교사가 질문을 하고 조언을 받으며 교수 전략에 대해 논의할 수 있는 분위기 만들기. 공식 프로그램이 된다면 협력과 지원 문화를 자연스럽게 장려할 수 있고, 새로운 교사들이 지원받는 환경을 조성할 수 있다.
To solve these problems, the first solution is to start a teacher mentoring program. Pairing experienced and new teachers in a professional learning community would help create a supportive environment. New teachers can ask questions, receive feedback, and discuss lesson strategies openly. This encourages a culture of sharing and continuous professional growth.
② 공개수업문화 개선: 수업 '심사회'나 '평가'가 아닌 서로 배우는 분위기로 참석할 수 있는 분위기 만들기. 수업자에게 조언하기보다는 내가 배울 수 있는 점을 생각하거나 학생을 더 자세히 관찰하면서 참관할 수 있도록 연수를 진행하고, 이런 분위기가 될 수 있도록 '공개수업 관찰지'를 만들어서 작성하게 하기. 또한 공개수업이 끝난 뒤 서로 수업에서 겪는 어려움을 토론하는 시간을 가지면서 서로 마음을 열고 협력하는 분위기 조성
The second solution is to improve the culture of open classes. The school should make them a chance to learn from each other, not to evaluate one another. Teachers could fill out an "Open Class Observation Sheet" to focus on what they learned and how students reacted, instead of judging the teacher. After each class, a short discussion time can help teachers share difficulties and ideas in a positive way.

[영어구상형 27] 유형화 : 교직윤리, 교사의 자질, 동료와의 관계, 동료성

① **책임감:** 독서교육 업무 담당은 최교사였음. 독서토론캠프도 독서교육 업무와 연관이 큰 활동이기 때문에 최교사가 책임을 지고 맡아야 하지만 자신의 책임을 회피함. 또한 방학 기간은 교사의 휴가 기간이 아니기에 개인적인 이유로 이를 거절할 수 없음.
First, Teacher Choi lacks a sense of responsibility. As the teacher in charge of reading education, Choi was also responsible for the reading debate camp, since it was part of that program. However, Choi tried to avoid this duty for personal reasons. Teachers are not on vacation during school breaks, so refusing a school event is not appropriate.
② **배려심:** 학교의 업무는 정해진 총 업무를 교사들이 나눠서 수행함. 평소에 업무가 적었으면 다른 교사가 더 많은 일을 했다는 것임. 개인적인 이유로 독서토론 캠프까지도 거절은 하고 다른 교사에게 미루는 것은 평소에 더 많은 업무를 하고 있는 동료에 대한 배려심이 부족한 것
Second, Teacher Choi lacks consideration for others. School duties are divided among teachers, so if one

teacher has lighter tasks, it means another teacher has a heavier workload. Refusing to take part in the reading camp and passing the job to others shows a lack of awareness and empathy toward coworkers who are already busy.
③ **타인존중**: 교사끼리 신경질을 내면서 의견을 전달하는 것은 교육전문가로서의 모습과는 어울리지 않고 동료 교사에 대한 기본적인 존중 없이 오히려 무시하는 행위
Third, Teacher Choi lacks respect for others. Speaking to a colleague in a harsh or emotional tone does not reflect professionalism. Such behavior can damage mutual trust and create tension among teachers.

[영어구상형 28] 유형화 : 협동학습, 협동을 촉진하는 방법

① 협동 기술을 가르치기
  ㉠ 학생들이 처음부터 잘 협동하는 경우는 드물다. 협동학습을 하기 전 '협동의 기술'을 가르쳐야 한다. → 제안하기, 도움 요청하기, 이해점검하기, 이유 제시하기, 적절하게 끼어들기, 경청하기 등
  ㉡ 협력의 기술에 대해 교사 경험, 학생 경험을 들어서 이야기하고 어떤 효과가 있는지 토론하는 시간을 가진다.
  ㉢ 협력기술에 사용되는 표현(예 반대의견내기—"좋은 관점이야. 그런데 이런 부분은 어떠니?")을 상황극을 통해서 학생들과 함께 연습해본다.
  ㉣ 추후에 모둠 활동에서 각 모둠원이 어떤 협동기술을 적용했는지 점검하는 시간을 가지도록 한다.
  First, the teacher should teach cooperative skills before group work. Students are not naturally good at teamwork, so they need to learn specific social skills such as checking understanding and active listening. The teacher can begin with a short discussion about what makes teamwork successful and then model useful expressions—for example, "That's a good point, but what about this idea?" Students can also practice these skills through short role plays before real group tasks. Later, each group can reflect on which cooperative skills they used.
② **복잡성 있는 과제 부여**: 여러 가지 해결방안이 가능하고 도전감이 높으면서 다양한 능력을 필요로 하는 복잡성이 있는 과제를 선정한다. 그리고 그 과제 해결을 위한 역할을 기사 검색, 이미지 찾기, 글쓰기 등으로 세분화시키고 조에서 개인이 잘 할 수 있는 역할을 골라서 할 수 있도록 한다. → 복잡한 문제를 해결하려면 다양한 사람이 가진 능력으로 협동이 필요하다는 것을 깨닫게 한다.
  Second, the teacher can give complex, open-ended tasks that require teamwork. Tasks with multiple solutions and higher difficulty levels encourage students to use different skills and rely on one another. For example, in a research project, one student might search for articles, another find images, and another write the summary. By dividing roles based on each student's strengths, they realize that success depends on collaboration, not individual effort.
③ **협동평가**: 조별활동을 평가할 때 개인점수 뿐만 아니라 협동점수를 설정하여 협동이 잘 되는 조에 점수를 부여한다. 또한 조별활동 중에 협동이 잘 되는 조의 수행을 크게 칭찬해주고, 다른 학생들이 관찰하도록 한다.
  Third, the teacher should include cooperation in the assessment process. Instead of only giving individual grades, the teacher can also give a group cooperation score. Groups that show good teamwork and communication can be praised publicly so that others learn from them. This encourages students to value teamwork, not just personal achievement, and promotes a collaborative classroom culture.

[영어구상형 29] 유형화 : 학급운영, 수업능력 계발

(1) 첫 번째 문제 및 해결
  ① 문제 : 학생들의 자기 주도성을 존중하지 않고 스스로 자신의 행동을 수정할 기회를 주지 않는다. 민주적인 시민의 자세를 기르기 위해선 학생들이 스스로 문제해결할 수 있는 능력도 길러줘야 한다.
  ② 해결 : 학급 내 학생자치 프로그램을 만든다.(예 학급회의를 통해 학급 규칙 만들기, 학급 회복적 서클을 통해 학생 간 갈등 해결하기…) 학생들의 진행이 미숙하더라도 교사가 너무 많은 것을 도와주려하지 말고, 일단 학생끼리

하게 시켜본다. 추후에 무엇이 잘 되고 무엇이 잘되지 않았는지 같이 토론해보면서 문제점을 개선하는 방향으로 나아가면서 학생 스스로 문제를 해결할 수 있는 힘을 길러준다.

The first problem is that Teacher Kim does not respect students' autonomy or give them chances to solve problems by themselves. To develop democratic citizenship, students need to practice taking responsibility and making decisions. Teacher Kim should create student-led activities such as class meetings to make classroom rules or restorative circles to solve conflicts among students. Even if the process is imperfect, the teacher should not take over but let students handle it first. Later, they can reflect together on what worked well and what didn't. This helps students build problem-solving skills and confidence while learning the value of cooperation and responsibility.

(2) 두 번째 문제 및 해결

① 문제 : 수업이 구조화 되어있지 않고, 학습목표와 관련 없는 말이 너무 많아 수업의 흐름을 방해해서 학생들의 집중도가 떨어지게 된다.

② 해결 : 체계적인 학생중심수업을 구성한다. 하나의 수업에서 교사의 핵심 개념 설명- 학생 과제 소개 – 학생중심조별활동 – 교사 피드백으로 이어지는 수업의 큰 틀을 만든다. 교사의 개념 설명 시간엔 교사의 강점인 유머를 사용하더라도 '총 몇 분을 넘기지 않도록' 계획하고, 학생중심활동 시간에는 많은 시간을 부여하고 학생의 수행을 유심히 관찰하는 역할을 주로 수행한다. 이런 수업 틀이 습관화된다면 교사가 수업과 관련 없는 다른 말을 할 기회가 적어지고, 학생들의 주도적인 배움을 극대화시킬 수 있다.

The second problem is that Teacher Kim's lessons are not well structured, with too much off-topic talk that distracts students, which makes students lose focus easily. To fix this, Teacher Kim should design a structured, student-centered lesson plan. Each lesson can include four stages: a short explanation of key concepts, an introduction to the task, group activities led by students, and teacher feedback. During explanation time, the teacher can use humor, but should set a clear time limit to stay on topic. This consistent structure helps reduce unnecessary talk and keeps students engaged in active learning.

[영어구상형 30] 유형화 : 학생 부적응 ➡ 우울한 학생, 무기력한 학생

① **감정 정상화하기** : 우울증을 잘 느끼는 학생은 자신의 감정이 '나만 느끼는 매우 특별한 감정'이라고 생각하는 경우가 많아 더 좌절하는 경우가 많다. 교사도 우울한 감정을 느꼈던 경험을 이야기해주거나, 비슷한 감정이 있는 다른 친구들과 함께 이야기를 나눌 수 있는 집단 상담 기회를 마련하면 우울한 감정은 누구나 겪는 보편적인 감정이라는 것을 느낄 수 있어 우울한 감정에서 많이 벗어날 수 있고, 스스로 문제해결을 찾아 나설 수 있게 된다.

First, I would help Yoona normalize her emotions. Students who often feel depressed sometimes believe their feelings are unique and that no one understands them. I would share my own experience of feeling sad or invite her to join a small group counseling session where students can talk about similar emotions. By realizing that sadness is a common feeling, Yoona can feel less isolated and start finding her own ways to deal with it.

② **긍정일기** : 유나는 자신에게 일어나는 일을 부정적으로 해석하고 있으므로 이런 시각을 바꾸어주는 습관이 필요하다. 하루에 자신에게 일어난 사건의 긍정적인 면, 나에게 도움이 되는 점을 하나씩 적는 긍정 일기를 학급 차원에서 실시하고, 다른 친구들이 참여하는 모습을 보게 하면서 유나도 상황을 긍정적으로 보는 습관을 가질 수 있게 한다.

Second, I would encourage her to keep a positive journal. Yoona tends to view her daily experiences in a negative way, so she needs to develop a habit of positive thinking. I would ask the whole class to write one good thing or one helpful lesson from each day. Seeing her classmates do this together would make it easier for Yoona to participate. This habit can slowly change her mindset and help her focus on positive sides of her life.

③ **긍정적 발견을 통한 성공경험 제공**: 유나도 분명 자신만의 강점 또는 흥미가 있을 것이지만 학교 생활에 자신 없다보니 스스로 발견하지 못하고 있거나 드러내지 않고 있을 것이다. 학생을 유심히 관찰하고 대화를 나눠보

면서 학생의 강점, 또는 흥미가 있는 분야를 발견하고, 이를 잘 살릴 수 있는 학교 내 역할을 부여한 뒤 적극적으로 칭찬해주며 학교에서 존재감을 느낄 수 있도록 돕는다.

Third, I would help Yoona discover her strengths and give her a chance to succeed. She might have hidden talents or interests that she hasn't realized yet. I would carefully observe her during class and conversations, find what she enjoys or does well, and assign her a meaningful role in class. When she succeeds in that role and receives praise, she can feel more confident and connected to school life.

[영어구상형 31] 유형화 : 학급운영, 교직관

(1) 조언에 따를 것인지

따른다. 교직 생활엔 '경험'을 통해 성장하는 것이 매우 필요하기 때문이다. 실제로 지문의 교사는 신규교사라 경험이 없어서 어떤 지도 방식이 효율적인지 아직 틀이 잡히지 않았을 것이고, 자신의 성향대로 학생을 대했을 때 여러 문제가 발생했다는 것은 개선이 필요하다는 것이다. 선배 교사는 미리 겪어본 여러 경험을 바탕으로 조언해준 것이므로 분명 신규 교사에게큰 큰 도움이 될 것이다.

I would follow the advice of the senior teacher. As a new teacher, I may not yet have a clear sense of which guidance methods are effective, and if my current approach has caused problems, it means there is room for improvement. The senior teacher's advice comes from real classroom experience, so it can be a valuable guide for me to avoid the same mistakes and manage my class more effectively. By learning from that advice, I can improve faster and develop more stable teaching skills.

(2) 유의점

조언을 받아들인다고 교사 자신의 성향을 완전히 버리지 않도록 유의해야한다. 조언을 따르되, 본인의 스타일과 같이 접목할 수 있는 부분을 찾는 것이 좋다. 예를 들어 평소엔 성향대로 학생에게 따뜻하고 친절한 모습을 보여주다가도 학생이 규칙을 어기거나 학급 분위기를 흐리는 행동을 할 경우 단호하고 엄격한 모습을 보이는 것이다. 처음엔 이 부분이 어려울 수 있지만 점차 자신만의 지도 방식으로 자리 잡혀서 '경험을 통해 성장했다'는 것을 느낄 수 있게 될 것이다

However, I should also be mindful not to lose my own teaching style. Following advice does not mean copying everything exactly. I would try to connect the advice with my own personality—for example, I can stay kind and friendly in daily interactions but act more firm and strict when students break rules or disturb the class. Finding this balance between kindness and firmness takes time, but it will help me form my own teaching philosophy and grow through real experience.

[영어구상형 32] 유형화 : 학교 프로그램 운영 ➡ 인성교육 프로그램

(1) 필요한 자질

"훌륭한 본보기"의 자질: 교사는 늘 학생들 앞에 서야하는 직업이고, 교사가 어떤 사람인지가 무엇을 가르치냐보다 더 중요하다. 학생들은 성숙하는 과정에 있고, 끊임없이 관찰하고 그것을 따라 하며 성장하기 때문에 교사가 솔선수범의 자세로 바른 인성을 실천하면 학생들이 은연 중에 교사의 행동을 본받아 그대로 배울 수 있다.

I believe the most important quality a teacher should have is being a good role model. Teachers always stand in front of students, and who we are often matters more than what we teach. Since students are still growing and tend to observe and imitate adults, a teacher's actions can naturally shape their values.

(2) 실현 방안

① 학생들 개개인에 진정한 관심 보이기 : 늘 다양한 학생들에게 관심 가져주고, 기분을 살피고, 안부 인사를 건네고, 칭찬을 해주는 등 따뜻한 모습을 보인다. 그리고 이런 관심 속 발견한 학생들의 변화, 칭찬할 것들을 다른 학생들과도 공유한다. 이 내용들은 교사가 교실을 떠나고도 이어질 가능성이 높아 학생들도 서로에게 더 관심을 가지는 방법을 배울 수 있다.

First, I would show genuine interest in each student. I would regularly check on how students are feeling, greet them warmly, and praise their small efforts. If I notice positive changes, I would share them with the class so that everyone can celebrate together. This helps create a caring atmosphere where students also learn to notice and support one another.

② 교사로서의 바른 태도 유지하기: 수업시간을 잘 지키기, 수업에 최선을 다하기, 학생 차별하지 않기 등 학생들 앞에서 교사다운 모습을 한결같이 보인다면 학생에게 신뢰를 줄 수 있다. '우리 선생님은 믿을만한 사람이다'라는 생각이 들면 학생들도 선생님 앞에서의 언행을 더 조심하기 마련이며, 이는 바른 인성을 습관화시키는 데에 도움이 될 수 있다.

Second, I would always keep a professional and fair attitude. I would be punctual for class, give my best during lessons, and never treat students differently. When students see me being consistent and trustworthy, they will also try to behave with respect. Over time, this can help them build good habits and internalize moral values naturally.

[영어구상형 33] 유형화 : 학생과 학생간의 관계 ➡ 다문화 학생과의 관계

(1) 학생 간의 관계

① 문화소개하기 : 다문화 학생이 태어난 곳의 문화를 소개할 수 있는 기회를 준다. 특히 전통놀이, 인사법, 전통음식, K-pop의 인기 등 학생들의 흥미를 끌 수 있는 주제를 선정할 수 있도록 교사가 도움을 준다. 이를 통해 학급 학생들이 다문화 학생을 새로운 시선으로 바라보게 될 수 있고, 이 시간을 통해 대화 주제가 생기면서 더 가까워질 수 있다.

First, I would help Gisung build positive relationships with his classmates. As a multicultural student, he might feel different or isolated, so I would give him chances to introduce his own culture. For example, he could share traditional games, greetings, or popular foods from his home country. This would help other students see him as someone interesting and unique, not as someone "different."

② 학급회의: 새로 전학온 학생이 적응을 어려워하고 있는 것은 모든 학급 학생들이 아는 사실일 것이고, 대부분 걱정하는 마음은 있을 것이다. 이는 개인의 문제가 아니고 학급 모두의 일이라는 것을 강조하면서 학급회의를 통해 다함께 해결할 방법을 찾도록 한다. 예를 들어 학급 미니 체육대회와 같은 학급 행사를 기획할 수도 있고, '수호천사팀'을 만들어서 기성이가 학교생활의 어려움을 겪을 때 옆에서 도와주는 역할을 하도록 할 수도 있다.

Second, I would organize a class meeting to support his adjustment. All classmates probably notice that he is having a hard time adapting. I would make it clear that helping him is not only his problem but our class's shared responsibility. During the meeting, students could plan small class events like a mini sports day or create a "guardian angel team" to help Gisung whenever he faces difficulties.

(2) 학습문제

① 언어/문화교환스터디 : 학급 학생 중 교육, 언어, 국제교류 등을 전공하고 싶은 학생들, 또는 봉사심이 강한 학생이 기성이와 스터디 그룹(또는 자율동아리)을 만들 수 있도록 한다. 이를 통해 서로의 언어와 문화를 가르쳐주면서 기성이의 한국어 실력을 향상시킬 수 있고 동시에 자연스럽게 학급 친구들과 친해지는 계기가 될 수 있다.

Third, I would support his learning through language and material support. I would encourage a few students who are interested in education or international exchange to make a study group with him. They could teach each other languages and cultures while studying together.

② 수업 자료 재구성: 수업 자료를 다문화 학생도 이해할 수 있도록 재구성한다. 예를 들어 핵심 개념을 설명할 수 있는 그림 자료를 넣거나, 더 쉬운 어휘로 주석을 달거나, 다문화학생의 모국과 관련된 예시를 추가로 넣는 등의 재구성을 하면 기성이의 수업 이해를 도울 수 있다.

Also, I would adapt my lesson materials by adding pictures, simpler words, or examples related to his background. This would help him understand better and participate more actively in class.

2. 연습문제답안 　한글구상형

[한글구상형 1] 유형화 : 교사의 자질, 지역사회 연계교육

(1) 교사로서의 자세
'기회를 만드는 교사' ➡ 지문 속 데이터만 보면 농어촌 지역에 기회가 적은 것 같지만 오히려 기회가 더 많다고 생각한다. 우선 농어촌 지역만의 지역의 특징을 잘 파악하여 지역과 연계한 특색있는 교육을 실현할 수 있는 기회가 있다. 또한 학생 수가 적은 만큼 개별 학생을 더 가까이에서 더 깊이 있게 만날 수 있으며 학생의 가능성을 발견해주고 성장을 이끌 수 있는 기회가 될 수 있음. 이러한 기회 창출을 통해 의미 있고 수준 높은 교육을 할 수 있고 장기적으로 더 많은 학생을 유입시키고 교육 격차를 줄이게 될 수 있을 것이라고 생각함.

(2) 교육활동
선후배 협력 프로그램을 진행하되, 지역과 연계해서 진행하고 싶다. 농어촌 지역은 보통 소수의 학생이 초등~중등까지 시간을 보내기 때문에 동급생 및 선후배와의 관계 맺기가 학생들의 안정적인 학교생활에 매우 중요하기 때문이다. 예를 들어 '숲'이 유명한 지역이라면 '숲'이라는 하나의 큰 주제 속 1학년부터 3학년까지 컷을 나눠서 이어 그린 후 모으면 큰 그림을 완성되는 '한마음 큰그림 그리기' 활동을 진행하고 싶다. 또한 1학년 학생이 지역 속 유적을 배운 교과 개념을 활용하여 탐구한 결과를 게시하면 이를 2,3학년 학생이 더 심화된 탐구 내용으로 발전시켜서 게시하는 '배움 잇기 게시판'을 운영하면서 선후배간의 협력을 통해 함께 성장하는 기회를 만들고 싶다. 이렇게 지역 자원과 특성을 활용한 맞춤형 교육과정이 학생들에게 의미 있는 학습 경험을 제공할 뿐만 아니라 흥미를 이끌며 학업 성취를 높일 수 있고, 장기적으로는 학교의 지속가능성을 높일 수 있다고 생각된다.

[한글구상형 2] 유형화 : 학급운영 – 민주적 학급 운영

(1) 교사상
학생에게 교사가 원하는 것을 '지시'하는 것이 아닌, 학생이 스스로 변화하고 성장할 수 있게 '지지'하는 교사가 되는 것

(2) 교육적 방안
① 학생 주도적 의사결정을 '기다려주기': 주기적인 학급회의를 통해 학생들이 스스로 규칙을 만들고 지키는 기회를 제공한다. 소규모 조별 토론 – 전체토론 – 투표 및 피드백 전 과정을 학생 주도적으로 민주적인 절차를 따라 진행하게 한다. 여기서 다소 미숙한 부분이 있을 수 있는데 그렇다고 교사가 바로 개입하기보다는 좀 더 기다려주고, 시행착오도 성장의 일부로 보고 응원해주면서 지원이 필요한 부분만 지원해주는 역할을 수행한다.
② 소규모집단으로 권한을 분산하기: 교사가 학급의 모든 것을 통제하려고 하지 않는다. 생활모니터팀, 학급행사운영팀, 자치회의팀 등 학급의 전반적인 운영에 있어서 소규모 집단으로 권한을 분산한다. 교사는 각 부서의 역할 및 책임을 명확히 알려주면서 체계만 잡아주고, 학생들이 학급회의를 통해 주도적으로 학급규칙을 설정하도록 한다.

[한글구상형 3] 유형화 : 평가 – 과정중심평가

(1) 박교사 고민 해결 : 과정중심평가 + 프로젝트 수업
미래사회에서 필요한 주도성과 생각하는 힘을 기르려면 정해진 답을 찾는 것이 아닌 실생활과 관련된 문제 해결을 주제로 프로젝트 수업을 진행하고 그 과정을 평가해야 함. 예를 들어서 '우리학교 영어 뉴스 만들기' 프로젝트를 진행할 수 있는데, 학교에서 문제가 있는 부분 (시설 문제, 행사 진행 문제...)을 찾고, 인터뷰 질문, 뉴스 원고를 영어 스크립트로 작성해본 후 뉴스 영상 촬영까지 진행한다. 여기서 학생들은 문제를 찾는 것부터 역할 분담, 영상 제작까지 주도적으로 진행해야하며 학생들이 실제로 생활하는 학교에서 문제 해결을 위한 비판적인 사고를 하게되며 이것이 바로 학생들이 미래 사회에서 필요한 '생각하는 힘'을 기르는 수업이다.

(2) 최교사 고민 해결 : '피드백 리더'를 활용하기
학습에 적극적인 학생들을 '피드백 리더'로 선정하여 자신의 조원에게 동료피드백을 주도록 하기. 단, 구체적인 체크리스트를 제공하고 AI기반 프로그램을 활용하여 도움을 받을 수 있게 함. 예를 들어 글쓰기 이후 피드백 리더들에게 내용/구조/문법 등의 세부 요소로 나눈 체크리스트를 제공하여 동료 평가를 할 수 있도록 도울 수 있으며 문법과 같은 어려운 요소는 AI기반 교정 프로그램 (Chat GPT, 맞춤법검사기, Grammarly...)을 참고할 수 있도록 하기. 이런 동료평가 결과를 교사의 점검을 거친 후 제공한다면 교사의 피드백 시간을 많이 단축하면서도 학생들의 주도적 성장도 이끌어낼 수 있음.

[한글구상형 4] 유형화 : 고교학점제 − 온라인학교

(1) 해결방안
온라인 학교: OO교육청의 온라인학교는 개교 후 매우 다양한 과목을 개설하여 운영 중에 있기에 A학교와 같이 과목 개설에 대한 물리적 한계가 있는 소규모 학교에서도 학생들의 과목 선택권을 넓힐 수 있다.

(2) 교사의 역할
① 온라인 학교에 대한 정확한 이해 및 정보 공유: 온라인학교에서는 학생의 흥미와 진로에 맞는 과목 선택이 가능하지만 학생들은 무슨 과목이 있는지도 모르는 경우가 많다. '인공지능 기초' '독일어' '데이터과학과 머신러닝' 등 다양한 과목이 있다는 것을 안내한다. 또한 온라인 수업이라고 집중력이 떨어질 것을 걱정할 수 있지만 실시간 쌍방향 수업으로 진행하며 인공지능, 가상현실 등을 기반으로 한 에듀테크 도구들을 활용한 참여형 수업이 가능해서 학습에 대한 흥미가 없는 학생들도 흥미있게 참여할 수 있다는 점을 안내한다.
② 학생에 대한 관심을 통한 코칭 역할: A학교는 학습 동기와 진로에 대한 방향이 없는 학생이 많아 과목 선택부터 교사의 코칭이 필요함. 교사는 학생들을 자세히 관찰하고, 이야기를 자주 나누고 학습 과정들을 자주 살피며 학생을 면밀하게 파악해야 이를 바탕으로 학생의 적성에 맞는 과목 선택을 함께 고민해줄 수 있다. 또한 온라인 학교 수강 시 학습 진도와 참여도를 주기적으로 점검해주고, 응원을 해주면서 학습을 관리하고 코칭하는 역할을 수행해야 학생의 학습이 지속될 수 있음.

[한글구상형 5] 유형화 : 교사공동체

(1) 교사 역량 3가지
① 소통 및 나눔 역량: 학교에서 겪는 문제를 혼자 처리하지 않고 동료들에게 공유하면서 공동의 해결 문제로 전환시킴
② 전문적 협업역량: 모두 동료 교사들과의 협력, 토론, 경험 공유를 통해 새로운 문제를 해결하고 있다는 점에서 협업 능력이 뛰어남.
③ 적응력 및 자기 성장 역량: 고교학점제, 에듀테크 도입, 학생 성향 변화 등 급변하는 교육 환경에서도 새로운 교수법을 빠르게 습득하고 적용할 수 있는 유연성과 성장 의지를 보여줌.

(2) 교사공동체를 위한 방안 3가지
① 전문적학습공동체: 교사 누구나 수업, 생활지도, 평가 등 개인적인 전문성을 가지고 있는 부분이 있음. 개인의 전문성을 전문적학습공동체를 통해 다른 교사들과 나누면서 서로 배우고 함께 성장할 수 있음
② 소통하는 교무실: 교무실이 서로의 업무만 조용히 처리하는 공간이 된다면 매일 발생하는 다양한 문제를 해결하기 어려움. 종종 교무실 티타임을 가지면서 학생 문제, 수업의 어려움 등을 서로 이야기하는 분위기가 형성된다면 함께 협업해서 해결할 수 있을 것이라는 기대 속 어려움을 적극적으로 공유하게 됨.
③ 학교 차원에서의 업무 협조: 학기초 업무분장을 통해 개별 교사가 업무를 나눠서 맡지만 학교 일은 생각보다 다양한 담당자가 협업해야 하는 복합적인 일이 많음. 자신의 업무가 아니라고 늘 선을 긋기보다는 학교 공동체의 성장을 생각해서 적극적으로 협조하고 도움을 기꺼이 제공하는 자세 필요

[한글구상형 6] 평가-AI서술형평가

(1) 교사 역할 변화
① 체계적인 평가 설계자: AI의 채점 정확성을 높이기 위해서는 모호하지 않은 구체적이면서 명확한 루브릭을 설계할 수 있어야 한다. '충분하다'와 같이 추상적인 설명은 피하고 '근거가 일관성 있게 연결되며 구체적 예시를 포함함'과 같이 구체적인 평가 기준을 설정함. 또한 주요 키워드, 문장 구조, 사례 예시, 부분점수 사례 등을 함께 설정하여 체계적인 평가를 설계해야 함.
② 맞춤형 피드백 강화 : 평가의 큰 목적 중 하나는 '채점과 점수부여'가 아닌, '학생의 성장'이다. AI가 채점 시간을 줄여주고 답안에 따른 피드백을 먼저 제공해준다면 교사는 학생의 성향, 학습 스타일 등을 다방면으로 고려한 피드백, 그리고 학생의 노력, 태도 등을 정서적으로 지지해주는 피드백 제공에 더 신경쓸 수 있고 학생의 성장을 더 이끌 수 있다.

(2) 유의점
① 의존하지 않고 채점 영역을 나누기: AI는 문법적이고 구조적인 부분이나 키워드 중심 채점에는 강할 수 있으나 창의성, 문맥 이해, 비판적 사고 등은 정확도가 떨어질 수 있다. 교사는 모든 영역의 채점을 AI에게 맡기는 것이 아니고 각자가 더 잘 채점할 수 있는 것을 나눠서 전체적인 채점 신뢰도를 높여야 한다.
② 평가 결과의 신뢰성 높이기: AI 평가했다는 사실만으로도 평가 결과를 학생 또는 학부모가 신뢰하지 못할 수 있다. 평가 전 AI의 채점 방식, 루브릭 구조, 채점 과정을 명확히 설명하고 AI 단독 채점이 아닌 교사와의 공동 채점 후 최종 검토도 교사가 한다는 점을 강조하여 신뢰도를 높인다. 또한 채점 결과를 학생에게 점수만 제공하고 끝나는 것이 아닌, 이의신청 또는 질문 기간을 가진 후 어느 항목에서 어떤 부분으로 감점되었는지 그 이유를 잘 설명해주는 시간을 가지면 최종 결과에 대한 신뢰도 확보할 수 있다.

[한글구상형 7] 학급운영-소극적 학급 지도

(1) 원인
보통 학기초부터 그 학급만의 '주요 분위기'가 형성되는데 이 학급은 내향적이고 소극적인 학생들의 수가 많다보니 그런 정적인 분위기가 주된 학급 문화가 되어버렸고, 이런 분위기를 깨는 행동은 서로 눈치를 보며 피하게 된다. 이런 분위기가 자리잡게되면 적극적이었던 학생들도 변화를 만들긴 어려워진다.

(2) 학급활동계획 및 이유
① 온라인과 오프라인을 병행한 '블랜디드 마니또' 활동: 학급에서 2주일간 익명으로 선행을 할 대상을 뽑는다. 이후 학생들이 간식만 전해주고 끝나지 않도록 발표 시 크게 박수쳐주기, 인사해주기, 청소할 때 도와주기 등 다양한 선행 예시를 알려준다. 단, 기존 마니또와 다르게 교실에서만 진행하지 않고, 오픈채팅방과 같은 온라인 소통 공간도 만들어서 익명으로 '마니또 칭찬 글 올리기' '마니또가 좋아하는 과목 관찰해서 적어보기'와 같은 온라인 미션도 진행하며 편하게 소통할 수 있는 기회를 더 제공한다. 2주 후에 서로의 마니또를 밝히는 시간을 가지며 소감을 공유하며 마무리 된다.
② 이유: 소극적인 학생들은 서로에게 심리적 장벽을 두는 경향이 있고 이런 장벽을 깨기 위해서는 '익명성'을 활용하는 것이 좋다. 마니또 활동은 익명으로 진행되며 선행의 대상을 직접 정할 필요 없기 때문에 부담 없이 참여할 수 있지만 소극적인 학생에겐 이것조차 힘들 수 있다. 그래서 '오픈채팅방'과 같이 온라인 공간에서 함께 참여할 수 있도록 하고 '온라인 미션'도 제공하여 학생들을 움직이게 만드는 것이다. 이 활동을 계기로 자연스럽게 서로 간의 심리적 장벽을 깨고 더 적극적으로 소통하는 학급 분위기를 조성할 수 있을 것이다.

[한글구상형 8] 유형화 : 인공지능 윤리교육 방안

(1) 필요성
인공지능의 빠른 발달로 학생 누구나 인공지능에 쉽게 접근 가능하고, 쉽게 결과물을 만들어낼 수 있게 되었다. 학생들은 학교에서의 일반적인 예절 교육, 생활지도는 많이 받아왔더라도 AI는 최근 급속도로 발전되어 제대로 된 윤리적인 교육 없이 사용하고 있다. 실제로 딥페이크 등으로 타인의 얼굴을 무단 합성하는 등 잘못된 방법으로 사용하는 경우가 많아 윤리교육이 반드시 필요해졌다.

(2) AI윤리 교육활동
① 프라이버시 침해: 개인정보 수집 동의서 만들기 활동 ➡ AI가 프라이버시를 침해했다는 영자신문기사 (AI기반 헬스케어 장치가 사용자의 건강을 돕기 위해 이용자의 개인정보를 과도하게 수집하고, 이를 광고에 활용)를 읽고, 프라이버시 보호의 중요성에 대해 토론해본다. 이후, 조별로 직접 개발하고 싶은 AI 기반 프로그램(기기) 및 기능을 생각해보고 이를 바탕으로 꼭 필요한 개인정보가 어디까지인지 토론해본 뒤 자신의 개발 제품의 '개인정보 수집 동의서'를 직접 만들어보기.
② 다양성: AI편향성 파악하기 ➡ 다양한 직업이나 인종 등 특정 대상에 대한 설명을 부탁하는 영어 문장을 만들어보고, 몇 가지 AI 이미지 산출 프로그램(Chat GPT, 뤼튼, 캔바 등..)을 통해 이미지로 산출하게 하게 하기. 이후 각 프로그램 결과물이 특정 인종, 성별, 국적 등에 대한 편향성을 보이는 것이 있는지를 조별로 비교 검토해보고, 편향을 없애기 위한 영어 프롬프트를 논의하여 입력해본 후 그 결과를 비교하기. 끝으로 그 조사 결과를 캔바 등 웹 디자인 프로그램을 활용하여 영어 카드뉴스로 제작하여 게시하기

[한글구상형 9] 유형화 : 공격적인 학생, 무기력한 학생 지도

(1) 영철 지도 방안
① 감정 파악시키고 행동 제한하기: 영철이는 공격적인 성향이 강한 학생이고 자신의 감정을 잘 모른 상태에서 부적절한 행동이 먼저 나오는 학생이다. 학생이 강한 감정을 보일 때 개별적인 공간에서 상담하며 어떤 기분이 들었는지, 그리고 그 때 한 행동은 무엇이었는지를 물어보고 충분히 들어주면서 '화가 났다'라는 감정을 파악하게 한다. 이후 '화'라는 감정이 드는 것은 잘못된 것이 아니지만 그에 따른 행동은 명백히 잘못되었다는 것을 알려주고, 감정이 격해졌을 때 할 수 있는 대체 행동을 스스로 찾아보게 하고 돕는다.
② 일관된 생활지도 방안 협의: 생활지도는 한 명의 교사만 열심히 해서는 학생의 행동을 근본적으로 변화시키기는 어렵다. 교무실 협의회를 통해 영철의 행동 지도 방안에 대해서 논의한 뒤, 영철이의 공격적인 행동을 가라앉히는 가장 효율적인 방법 (예 독립된 공간으로 분리한 후 심호흡을 하게 하기)을 정한 후 모든 교사가 일관성 있게 영철이를 지도한다면 영철이의 문제 행동을 더욱 효율적으로 개선시킬 수 있다.

(2) 수민 지도 방안
① 진정한 공감과 관심: 수민이는 학교 오는 것 자체로도 크게 힘들어하고 있을 것이다. 학교에서 수민이를 볼 때마다 미소를 지어주고, 이름을 부르며 안부를 건네는 등 따뜻하게 맞이해주다보면 수민이와의 래포 형성이 가능하다. 래포형성 이후 수민이와 상담을 한다면 학교생활에 어려움을 겪게 된 원인을 털어놓을 수 있고, 수민이의 힘든 감정을 충분히 공감해줄 수 있으며, 그 공감 자체로도 수민이가 학교생활을 개선할 방법을 스스로 찾을 수 있는 힘이 될 수 있다.
② '성공지원단' : 수민이를 지도하는 교사들과 자주 대화를 나누고, 각 수업에서 수민이를 관찰한 결과를 함께 공유한다. 거기서 수민이의 장점을 최대한 찾고, 동료 교사들과 '성공지원단'이 되어서 각 수업에서 수민이가 잘할 수 있는 역할을 부여하고 자신감이 생길 수 있도록 한다. (예 글씨 회의에서 서기 역할을 부탁하고 크게 칭찬해주기)

[한글구상형 10] 유형화 : 에듀테크 활용 수업의 유의점

① '기술'이 주목적이 되었음. 수업에서 본래의 교수학습 목표 달성을 주목적으로 한 것이 아니라, 새로운 에듀테크 프로그램을 적용하는 것에만 집중하다보니 너무 다양한 프로그램을 한 수업에서 사용하게 되었고, 학생들은 배움 없이 수업을 따라가는 데에만 급급했음.
➡ '학생의 배움'을 최우선으로 놓기: 이번 수업의 학습목표를 먼저 정하고, 이를 크게 써놓은 뒤에 이 목표를 달성하게 하려면 어떤 수업 방식이 필요할지를 고민하는 순서로 가야 한다. 이때 배움을 위해 에듀테크 프로그램이 효율적이라면 적용을 할 순 있으나 너무 많은 프로그램을 한 번에 사용하면서 '학생의

배움'의 주목적이 흔들리는 일은 없도록 주의해야 한다.
② 소통이 없는 수업을 진행함. 학생들이 소통 없이 각자의 기기를 가지고 개별 학습에만 참여했으며 교사의 설명도 영상으로 제시하다보니 교사와 학생 간의 소통도 없었음. 에듀테크가 상호작용을 자극한 것이 아닌 오히려 소통을 없앴다고 볼 수 있음.
→ 상호작용을 자극하며 에듀테크 활용: 에듀테크는 서로 간의 상호작용을 자극하는 형태로 수업에 활용되어야 한다. 예를 들어 '프레지' '구글프리젠테이션' 과 같이 학생들이 조별로 협업, 공동작업이 가능한 프로그램을 사용하면서 학생들이 직접 말로 논의해야 하는 질문 리스트를 주며 상호작용을 자극할 수 있으며, 전통적인 협동학습 모델 중 많은 상호작용을 유발할 수 있는 '직소' 모델을 에듀테크 버전으로 바꾸는 시도를 해볼 수도 있다.

[한글구상형 11] 유형화 : 동료교사와의 관계, 동료 교사와의 갈등 해결

(1) 대응 방안
① 최 교사의 입장 존중 및 공감: 최 교사가 우려하는 내용을 경청하고, 최교사의 의견은 실제로 일어날 수 있는 문제이고 꼭 대처 방안을 생각해봐야하는 좋은 의견임을 강조하며 최 교사의 의견을 존중한다. (상대방의 의견 경청, 공감은 갈등 해결에 반드시 필요)
② 에듀테크 활용 수업의 장점을 소개: 최 교사가 아직 디지털기기 활용 수업을 해본 적 없으므로 박교사가 진행했던 에듀테크 활용 수업 사례를 보여주며 소개한다. 특히 AI를 활용하여 모든 학생들에게 개별 피드백을 줄 수 있고, 교과 지식이 부족했던 학생도 완성도 높은 작품을 완성한 것을 보여준다면 최 교사도 관심이 생길 수 있다.
③ 협업 방법 논의: 우선 에듀테크 활용 수업에서 최교사가 우려하는 점을 해결할 수 있는 방안을 함께 논의하고 싶다고 하기 (예 오류 발생 시 대처 방법, 학생의 수행 과정을 한눈에 관찰할 수 있는 에듀테크 프로그램 찾기) 그리고 최교사가 선호하는 수업 방식을 접목하여 두 교사의 방식을 혼합할 수 있는 방법 찾기 (예 수업 자료 제작까지는 에듀테크 활용, 실제 논술은 학습지로 진행)

(2) 교직 문화
변화에 개방적이고 소통하고 협력하는 문화: 빠르게 변화하는 시대에 맞춰 교육의 변화도 분명 필요한 부분이다. 새로운 기술이 교사의 교육 철학과 맞지 않는다면 사용하지 않을 순 있으나 최 교사와 같이 충분한 고려와 시도도 없이 거부하기보다는 교육의 최근 흐름과 연관된 부분이라면 최소한의 관심은 가져볼 필요는 있다. 변화하는 부분에 대해 교사들이 기꺼이 소통하고 신중하게 논의하고 예상되는 문제점을 대화를 통해 풀어나가는 문화가 있다면 위와 같은 갈등 상황도 원만하게 해결될 수 있을 것이다.

[한글구상형 12] 유형화 : 미래사회 교사 및 학생의 역할, 디지털 리터러시

(1) 학생이 갖추어야 할 디지털 역량 : 디지털 리터러시 역량
① 디지털 리터러시 : 디지털 기술과 미디어를 활용하여 정보, 콘텐츠를 탐색하고 찾아내는 능력부터 이를 비판적으로 이해하고, 분석·활용·생산하는 능력
② 이유1 : 요즘 학생이라고 다 디지털기기에 익숙한 것은 아니며, 온라인 게임 등 자신이 흥미가 있었던 부분만 조작할 줄 아는 학생이 많을 것이다. 그러므로 디지털을 활용해 필요한 정보를 찾아내고 학습하는 전략은 부족할 수 있어 디지털 리터러시 역량을 길러줄 필요성이 있다.
③ 이유2 : 또한 인터넷 속 정확하지 않은 정보를 그대로 믿는 학생들이 많기 때문에 미디어 속 정보를 정확한 사실확인을 통해 비판적으로 이해하는 연습이 필요하며, 획득한 정보를 수동적으로 받아들이고 끝내는 것이 아닌 그 정보를 자신의 방식으로 분석하고, 수정하여 새로운 콘텐츠를 생산해낼 수 있는 디지털 리터러시 역량을 길러주어야 한다.

(2) **교사에게 필요한 역량** : 디지털 능력 격차를 줄이는 역량
   ① 제시문과 같은 디지털 선도학교에서는 스마트기기를 기본으로 인공지능 기반 디지털교과서, 에듀테크 프로그램 등을 활용한 수업이 주를 이룰 것이다.
   ② 문제는 디지털 활용 능력을 갖춘 학생은 이러한 수업을 잘 따라가겠지만 그렇지 않은 학생은 수업을 따라가기 힘들어 격차가 더 벌어질 수 있다는 것이다.
   ③ 교사는 수업 진행 전 수업에서 사용할 스마트기기 조작법과 에듀테크 프로그램의 사용법부터 가르쳐야하며 협동학습 기반 수업을 기획하며 학생들이 서로 도우며 디지털기기 활용 능력을 기를 수 있도록 해야 한다.
   ④ 또한 수업 중 필요한 정보를 스마트기기의 어떤 기능으로, 어떤 프로그램을 활용하여, 어떤 호기심을 가지고 어떤 문구로 검색해야 얻을 수 있는지 세세하게 교육하는 등의 노력으로 디지털 능력에 있어서 격차가 생기지 않도록 노력해야 한다.

[한글구상형 13] 유형화 : 학부모와의 관계

(1) **A학생 학부모**
   ① 경청 및 공감 : 자녀가 억울한 마음에 학교에 가기 싫다고까지 하니 크게 걱정되셨겠다.
   ② 오해한 상황 설명 : 학생 지도는 개별적으로 하는 것이 효과가 좋은데, 그날은 A학생이 먼저 다른 학생들에게 장난을 쳐서 그 학생을 먼저 불러서 지도했다. 물론 그다음 시간에는 다른 학생도 순서대로 불러서 지도했는데, A학생은 이를 보지 못했으니 오해했을 것이다.
   ③ 교사의 노력방안 및 협조방안 제시 : A학생의 오해는 따로 불러서 잘 풀어줄 수 있다. 다만 조회시간은 중요한 공지사항이 많아 소란스러운 분위기면 학급 전체가 피해를 받고, A학생도 중요한 교육 일정을 놓칠 수 있으므로 가정에서도 A학생이 정숙할 수 있도록 함께 지도해주었으면 한다.

(2) **B학생 학부모**
   ① 경청하며 공감 : B학생이 소극적인 모습에 큰 걱정이 드는 것은 부모님의 당연한 심정
   ② 주도성 강조 : 학교는 학생들에게 주도성을 가르쳐야하는 곳이고, 현장체험학습은 학생들의 사회성을 늘리는 데에 큰 목적이 있는 활동이다. 교사가 하루 학생을 데리고 다니면 그날만큼은 해결이 되겠지만 학생의 주도성 및 사회성 증진에는 전혀 도움이 되지 않으니 교사 입장에서는 교육적인 지도를 하지 않게 되는 것이라 고민이 된다.
   ③ 대안 제시 및 가정 협력 방법 제시 : 이번 체험학습에서 '조별로 사진 5곳 이상 찍기' '숨겨진 보물 찾기'와 같은 다양한 미션을 담아 조별로 활동할 계획이다. 이렇게 미션을 수행하는 과정에서는 B학생도 자연스럽게 다른 친구들과 소통하면서 가까워질 수 있을 것이다. 가정에서도 이런 부분을 들어 학생의 불안한 마음을 진정시켜주면 좋겠다.

[한글구상형 14] 유형화 : 교육평등

① 성적으로 차별할 수 있다. 무의식적으로 성적이 더 좋은 학생들에게 성적 상담, 진로 상담을 더 자주해주고, 똑같은 교육활동을 하더라도 생활기록부를 더 잘 작성해줄 수도 있다. 교사는 이런 상황을 방지하기 위해서 '능력 다양화'를 시켜야 한다. 학생을 한명 한명 바라볼 때 '저 학생은 성적이 높은/낮은 학생'으로 분류하지 않고, 성실성, 미소, 예절 등으로 학생을 바라보는 능력을 다양화하고, 각 학생이 가진 능력을 존중하는 시선으로 바라보기 위해 끊임없이 자기검열을 하며 연습해야 한다.
② 최교사의 교직관과 같은 생각을 가지고 있다. 가정에서 어려움을 겪던 학생은 스스로 그 어려움을 극복할 힘이 부족하므로 사회에 진출해서도 어려움을 겪을 확률이 높다. 학교는 불평등을 심화시키는 곳이 아닌 평등을 실천하는 공간이므로, 가정과 사회의 중간 단계인 학교에서의 도움은 필수이다. 역차별이라고 항의하는 학생들을 위해 '배려 교육'이 필요하다. 배려란 더 어려운 환경의 학생에게 우리가 가진 것을 희생해서 나눠주는 것이 아닌, 사회구성원으로서 못 누려야 할 권리를 못 누리고 있으니 그 권리를 찾도록 돕는 것이 배려라는 것을 강조하고, 이러한 배려는 공동체의 지속가능성을 위해 반드시 필요한 것임을 교육한다.

[한글구상형 15] 유형화 : 동료교사와의 관계, 교사공동체

(1) 공통의 원인 및 이유
① 원인: 뚜렷한 경계를 설정하고 독립적으로 행동하는 경향
② 이유: 학교에서 교사는 개인의 전문성을 살려 수업과 학생지도를 하는 것도 중요하지만 개인이 혼자 해결하기 어려운 일이 많으므로 동료 교사와 협력하는 공동체 문화 형성이 매우 중요하다. 지문의 교사들은 자신의 학급, 교과, 업무가 아니면 자신의 일이 아니라고 생각하고 외면하려고 하기 때문에 함께 협력하는 학교 공동체 형성에는 기여하지 못하고 있다.

(2) 필요한 자세
① A교사 : '품앗이' 생활지도 자질이 필요 : 학교에는 많고 다양한 학생들이 있고, 언제 어디서 즉각적인 교육적 지도가 필요할지 예측하기 어렵다. 교사 개인이 이 모든 상황을 관찰하기 어려우므로, 자신의 담당 학생이 아니더라도 먼저 발견하는 생활지도를 기꺼이 해주고, 자신의 담당 학생에 관한 일도 다른 교사로부터 비슷한 방식으로 도움도 받는 '품앗이' 형태의 생활지도가 필요하다.
② B교사 : 융합의 자질이 필요 : 수업 나눔은 타교과끼리도 배울 점이 많다. 예를 들어 국어나 영어 교과라도 체육 교과의 팀 경기 협동 방식에서 아이디어를 얻어 협동학습 모델을 설계할 수도 있다. 타교과와 섞여있는 전문적학습공동체를 자신의 교과에 한정된 시야를 넓혀서 융합적인 관점으로 수업을 성장시켜볼 수 있는 좋은 기회로 여기는 자세가 필요하다.
③ C교사 : 협력의 자질이 필요 : 학교 일은 독립적으로 해결 가능하기 어려운 것이 많기에 서로 간의 소속감을 가지고 서로 간의 신뢰 형성하는 과정이 꼭 필요하지만, C교사와 같이 업무에 정확한 경계선을 긋는다면 이런 문화 형성이 어렵다. 또한 C교사가 자리를 비울 때 동료교사가 대신 전화를 받거나 업무를 처리해주는 경우도 많았을 것을 생각하면 지문 속 상황과 같이 어렵지 않은 일은 바로 협조해주는 자세가 필요하다.

[한글구상형 16] 유형화 : 교권침해

(1) 교사 개인 차원 예방방안
① 소통하기 : 학생과의 소통이 부족하다 보니 오해가 쌓여서 교권 침해 행동까지 이어지는 경우가 많다. 평소에 학생이 다소 감정적으로 반응하거나, 교사의 수업을 거부하는 행동을 보이는 등 문제 행동이 있을 때, 다른 학생이 없는 곳에서 차분하게 소통해야 한다. 우선 학생의 행동 이유를 충분히 들어주고 우선 억울한 감정을 공감해준다. 그 이후 학생의 행동으로 느낀 교사의 입장 및 감정을 '나 전달법'을 통해 이야기해 주고, 그 행동으로 다른 친구들이 받을 수 있는 피해, 방해도 이야기를 해주며 부적절한 행동이었음을 인지시킨다.
② 학생의 행동에 집중하기 : 학생의 부적절한 행동으로 순간 화가 나서 학생의 인격 자체를 혼내면 그 학생도 감정이 격해져서 교권 침해 행동까지 이어질 수 있다. '너는 왜 그러니'가 아닌 '너의 행동이 부적절했다'는 식으로 학생이라는 인격 자체와 행동을 분리시키는 것이 좋다.

(2) 학교문화 차원 예방 방안
① 동료교사에 대한 관심 : 교권 침해 행동 발생 전에 교사와 학생과의 갈등이 분명 있을 것이다. 이를 교사가 혼자 고통스러워하고 고민하게 두지 않게 동료 교사가 관심을 주어야 한다. 평소 안부를 자주 묻고, 표정이나 행동을 관찰하는 등의 관심을 통해 학생과의 고민 사항을 발견하고, 서로 공유하며, 도울 수 있는 일을 적극적으로 개입하여 돕는 문화를 조성한다.
② 교권 침해 행동에 대한 철저한 강조 : 교육활동 침해 행동의 구체적인 유형 및 사례 소개, 교권보호위원회에 대한 소개 및 진행 과정, 교권 침해 행동은 '교원지위법'을 통해 징계가 가능한 사실 등을 모든 교사와 학생들에게 교육하여 교육활동을 침해하는 행위를 그 누구도 절대 가볍게 보지 않는 문화 조성하기.

[한글구상형 17] 유형화 : 2022개정교육과정
① 미래사회는 단순 지식보다 그 지식으로 현실 문제를 해결하는 '문제해결역량'이 중요시 될 것 ➡ 국어 수업에서 우리 사회가 다양한 문제로 어려울 때 힘을 줄 수 있는 문학작품의 한 구절 소개하기, 수학 수업에서 세계

유명 건물의 상세수치 및 건축기법을 분석해서 안정감을 주는 황금비율 찾기.
② 획일화된 수업이 아닌 학생의 특성에 맞는 개별화 수업 진행 ➡ '조별 미션 활동' : 조별 학습지 제공 시 획일화된 자료가 아닌, 미션을 조원 수만큼 제공하고 (4명이 조를 이루면 4개) 자신의 특성에 따라 미션을 선택할 기회를 준다. (예 배운 내용을 '요약하기', '그림으로 표현하기', '자신의 의견 쓰기', '관련 정보 검색하기')
③ 지역의 특수성에 맞는 지역 연계 수업 ➡ 지역의 세계문화유산 SNS 홍보물 만들기, 마을 하천에 서식하는 생물 관찰하기, 마을주민 인터뷰를 통한 마을의 문제 해결 방안 토론 수업
④ AI 활용수업 진행: AI 스피커와 배운 영어표현 사용하며 대화해보기, AI가 학생의 실력을 진단한 후 실력에 맞는 문제를 추천해주는 프로그램을 활용한 수학 수업 및 평가 진행, 유튜브 알고리즘을 분석하여 '편향적 사고/문화'가 생기는 사회 현상 조사, 메타버스를 활용하여 역사의 한 시대에 들어가서 위인의 행동 따라해보기...

[한글구상형 18] 유형화 : 문해력교육

(1) 원인
① 영상 미디어에서 정보를 얻는 것이 익숙한 세대이므로 책을 통한 독서는 상대적으로 시간이 부족함.
② 짧은 신조어, 줄임말, 짧은 콘텐츠를 자주 접해온 세대이므로 글을 깊게 보지 않음. (내용 파악뿐만 아니라 글자 하나하나에도 의미를 생각해보는 글 읽기 경험 부족)

(2) 해결방안
① 전공 측면 예시
  ㉠ 정확한 번역하기: 학생들이 헷갈릴만한 어휘가 담긴 한글 문장을 주고, 그 의미를 사전을 통해 정확히 알아본 후 영어 문장으로 정확히 번역하기
  ㉡ 독서연계수업 : 수업 시간에 수업 주제와 관련된 책을 일정 부분이라도 발췌해서 읽고 진행하는 수업을 진행하기
  ㉢ 어휘강화수업 : 학습지 제작 시 학생이 꼭 알아야 할 어휘는 그 의미를 적어보는 빈칸을 만들어 꼭 알고 넘어갈 수 있도록 한다. 또한 그 어휘를 활용한 예시를 만들어보게 하는 등 어휘 완전 습득을 촉진한다.
② 학급측면 예시
  ㉠ 학급문고 운영 : 학급문고를 만들고, 매달 독서 퀴즈대회와 같은 이벤트를 진행하고, 책 홍보를 담당하는 '독서지원단' 학생을 운영하는 등 학급 내 독서하는 분위기 형성하여 어휘 및 독해 능력 향상을 돕는다.
  ㉡ 릴레이 학급독서 프로그램 : 각자 집에서 잠자고 있는 책을 가져와서 읽고 다음 달에 친구 한 명에게 '추천 멘트'를 쪽지에 적어 추천해주기. 추천받은 친구는 그 책을 읽고 그 다음 달에 같은 방식으로 다른 친구에게 릴레이식으로 소개하기.
  ㉢ 오늘의 명언 : 학생 1인1역 중에 '오늘의 명언'을 칠판에 적고 그 의미를 풀어서 쓰는 역할을 맡긴다. 참고할 수 있는 명언 리스트가 담긴 책을 주는 것이 좋다.
  ㉣ 진로독서프로젝트 : 관심 있는 것부터 읽어야 독서 습관이 잡힌다. 자신의 관심분야 또는 희망 진로에 대한 독서를 하고 후기를 적을 수 있는 게시판 공간을 마련한다.

[한글구상형 19] 유형화 : 민주시민교육, 학생자치

(1) 자신의 생각
① 학교는 학생들이 가장 먼저 접하게 되는 사회적 공간으로, 사회에 나가서 민주시민으로서의 역할을 제대로 수행하기 위해 학교에서부터 주도적으로 중요 의사결정에 참여할 기회가 있어야 하므로 올바른 방향이라고 볼 수 있다.
② 학생도 교육공동체의 일원이므로 주요 정책 결정에 참여하는 것은 당연하다. 2022개정교육과정도 교육전문가, 교사뿐만 아니라 학생, 학부모도 참여하는 '국민과 함께하는 교육과정 개정'을 준비하고 있으므로 이는 최근 교육 흐름이라고 볼 수 있다.

(2) 예상 문제 및 해결방안
① 학생이 이상적이긴 하지만 필요 인력/자원 등의 현실적인 제한사항을 고려하지 않는 의견을 낼 수 있는 점 ➡ 학생에게 현실적인 제한사항을 너무 강조하면 창의적인 아이디어가 나오지 않을 수 있으므로 우선 학생의 좋은 의견은 최대한 받아두고, 현실적 제약은 그다음 단계에서 고려하여 조율

② 더 좋은 교육이 필요한 관점보다 '더 편한 교육'을 추구하는 정책, 또는 전체를 위하기보다는 '개인의 이익'에 초점을 맞춘 정책을 제안할 수 있는 점 ➡ 학생의회를 선발할 때 다소 엄격한 기준을 적용(다양한 교육활동 경험자 등...)하여 진정성 있게 교육 발전을 위해 일할 수 있는 학생을 선발
③ 교사, 장학사와 의견 차이가 발생할 수 있는 점 : 학생/교사/장학사가 각각 따로 교육정책 회의를 진행하지 않고 한 자리에 모여 토론하여 서로의 입장을 조율할 수 있는 시간을 충분히 가지기

[한글구상형 20] 유형화 : 생태전환교육

(1) 학급측면 예시
① 환경보호 챌린지 : 학급 SNS, 단체채팅방 등 온라인 공간을 활용하여 학생들의 일상 속 환경보호 행동(텀블러 사용하기, 채식 식단, 에너지 절약, 손수건 쓰기, 친환경인증제품 사용하기, 다회용기에 배달음식 받아오기 등)을 찍어서 인증샷을 올리고, 그린스탬프를 찍어주는 이벤트 진행 ('기후행동 1.5℃' 어플리케이션을 사용해서 진행할 수도 있음) ➡ 그린스탬프를 모으면 학교 예산으로 매점이용권을 제시 ➡ 단, 매점에서 산 음식을 다시 올바르게 분리수거하는 미션까지 수행하는 조건
② '교실 숲' 만들기 : 교실 한쪽에 다양한 식물을 키우는 공간을 작게 마련한다. 각 식물의 성장을 돕기 위해 아이디어를 모으고 지속적인 관리를 하면서 생태감수성을 길러준다.

(2) 지역연계 측면 예시
① 학교 주변 환경오염이 심각한 부분을 조사하고, 각 장소를 보호할 수 있는 안내문 및 포스터를 제작하여 마을 게시판, SNS 등으로 홍보하는 '마을 환경 지킴이 활동'
② 지역의 농업 전문가와 함께 학교 텃밭에서 작물 기르기 활동
③ 지역 하천 전문가와 함께하는 우리 마을 하천에 사는 생물 도감 만들기+ 이들을 보호할 방안 논의하기

(3) 교과 측면 예시
SNS활용 수업 : SNS에서 자주 사용하는 영어 (해시태그 등..)을 배운 이후 소셜미디어에서 환경보호 관련 해시태그를 활용하여 해외 이용자들의 환경보호 실천 사례를 찾아보기. 각자 조사한 해외사례를 발표하고, 우리도 직접 학교 및 학교 주변에서 할 수 있는 환경보호 행동을 영어 해시태그를 달아 업로드

[한글구상형 21] 유형화 : 디지털/미디어 리터러시 교육

(1) 필요 이유
미래사회로 갈수록 수많은 디지털 미디어의 정보 홍수 속에 정확한 정보를 판별하지 못하는 등 이 정보를 바르게 사용하지 못하는 사례가 많아지고 있음. 또한 알고리즘으로 인해 하나의 시각을 가지고 있으면 그와 연관된 자료만 추천해주는 방식이 다양한 시각을 접하지 못해 편향적인 사고를 기를 수 있음. 디지털문해력 교육을 통해 비판적인 사고 능력과 '디지털 시민성'을 지닌 민주시민양성 필요.

(2) 교육적 활동 예시
① 팩트체크 : 한 공통된 주제에 대해 다른 인터넷 기사를 5개 제공한 후, 조별로 자료조사를 통해 그 중 가짜뉴스를 1가지 고르기. 이후 어떻게 그러한 결론을 내렸는지 정확한 근거와 함께 발표하는 활동
② 뉴스만들기 : 학생들이 잘 모를만한 특정 주제를 주고 조별로 정확한 사실을 조사해서 뉴스기사를 직접 만들어보는 활동.
③ SNS 분석하기 : 인스타그램, 유튜브, 트위터 등 대표 SNS를 조별로 하나씩 맡아서 그 소셜미디어의 특징, 잘못된 정보가 흐르는 경로, 정확한 정보 판별 방법 등을 분석하여 발표하는 활동
④ 디지털 에티켓 활동 : 조별로 각자 유튜브, SNS, 인터넷뉴스 등 미디어 매체를 1개씩 맡아 지나치게 언어를 파괴하고 있거나, 사이버 언어폭력이 있거나, 특정 주제(예 우리학교 정보)에 대하여 정확하지 않은 정보를 전달하거나, 출처 없이 무단으로 자료를 사용하고 있는 사례를 조사하고, 올바른 수정사항을 댓글을 달아 해결하는 활동

[한글구상형 22] 유형화 : 새학년 준비기간, 학기초 학급활동

(1) 수업준비 예시
① 동교과 선생님과 평가계획부터 협의하고 평가와 수업이 동떨어지지 않고 일체화될 수 있는 수업 (교수평일체화) 방향 연구하기
② 동교과 선생님께 구체적으로 질문하며 학생들의 수업 분위기 및 학업역량 등을 미리 파악하여 수업 계획에 반영하기
③ 유튜브나 블로그, 교과 수업 커뮤니티 등을 통해 선배교사들의 수업모델을 관찰하고 내가 배울 수 있는 부분 찾아보기
④ 지금까지 교사를 준비하면서 '교사가 되면 하고 싶었던 수업', '학생의 성장을 위해 꼭 노력하고 싶었던 점'을 다시 회상하며 정리해보고, '나만의 수업 철학'을 디자인하며 수업 계획 세우기

(2) 학급운영 준비 예시
① 학년부장님께 사진 명렬표를 부탁하여 출력해놓고 수시로 보며 맡게 될 학생들의 이름을 최대한 외워두기
② 3월 학기 초에 바로 해야 하는 학급 활동 계획 세우기 (예 학생 친화 활동 방안, 학급 1인 1역 리스트 만들기)
③ 첫날 학생들을 반길 수 있도록 학생들을 환영하는 메시지와 담임선생님에 대해 추측할 수 있는 힌트(취미, 교과 등...)를 칠판에 적어놓기
④ 중학교 1학년이므로 첫날에 '어디 앉아야 할지'부터 고민인 학생들이 많을 것이므로 등교 시 바로 자리를 찾을 수 있도록 임시 자리표 교실에 미리 게시하기

(3) 행정업무 준비 예시
① 맡게 되는 업무의 전임교사에게 인수인계를 구체적으로 받기. 인수인계를 받을 때는 필기구와 usb를 들고 가서 설명을 최대한 받아적고 관련 파일이 있다면 최대한 많이 받아서 usb에 저장해놓기
② 일부 행정업무는 새학기 시작하면서 바로 처리해야 될 수도 있으므로 담당 부장님을 통해서 이 업무가 보통 언제 진행되고, 언제부터 준비하는 것이 좋을지 문의하기

(4) 이 기간의 중요성
처음 만나는 수많은 학생들이 3월에 학생이 등교를 시작하면 학생 파악 및 소통에 많은 시간과 노력을 기울여야 하는데, 그러다보면 진지하게 수업이나 학급 운영 방향에 대해 큰 틀에서 생각해볼 여유가 없어진다. 하루하루 급하게 '하루살이 수업'을 진행하지 않으려면 2월 준비기간에 최대한 많은 준비를 해놓는 것이 좋다.

[한글구상형 23] 유형화 : 미래교육, 4차산업혁명 교육

(1) 담임 역할
래포형성을 바탕으로 공감하는 교사 되기 : 인공지능이 교육에도 많이 들어오게 되면서 미래사회의 학교, 교사의 역할은 많이 바뀌겠지만 "학생을 바람직한 길로 안내하는", "학생을 성장하게 하는" 교육의 본질은 바뀌지 않을 것이다. 학생의 변화를 이끌어내기 위해선 우선 마음을 움직여야 하는데, 마음을 움직이고 성장하게 하는 힘의 근원은 '공감' 그리고 '래포형성'이다. 인공지능이 아무리 진화하더라도 이 부분은 대체할 수 없다고 생각한다. 미래사회에서 학생들에게 가장 필요한 능력 또한 공감 능력이므로, 내가 먼저 학급학생에게 공감을 실천하고, 학생도 이를 통해 공감능력을 배워나갈 수 있도록 하겠다.

(2) 교과 역할
인공지능의 영어 번역이 상당히 발달할 것이라는 것은 틀림없다. '번역 기술'은 완벽해져도 '사람 간의 의사소통'을 완전히 대신해줄 수는 없다. 영어를 하는 것은 단순히 글자 그대로 해석만 하는 것이 아닌, 상대방의 문화를 이해하고, 감정을 파악해야 하며, 대화 맥락을 고려해야하는 등 매우 복합적인 사고가 필요한 일이다. 또한 상대방을 배려하고, 경청해주는 등 인성적인 측면도 매우 중요하다. 번역기의 발달로 기술적인 번역은 인공지능이 대신 해주더라도, 이런 인공지능의 기능을 활용하여 앞서 언급한 의사소통 역량을 키워주는 수업을 설계하는 것은 인간 교사의 역할이 중요하다.

[한글구상형 24] 유형화 : 동료교사와의 관계, 교육과정-수업-평가 일체화

(1) 원인
① 동료 교사와의 관계형성 및 소통 부족
   ㉠ 동료성을 바탕으로 각자의 수업에 대해 공유하고 소통하며 서로 배우는 기회 부족 ➡ 서로 자신의 스타일만으로, 자신의 속도만으로 수업을 진행
   ㉡ 한 교사가 아무리 활동식 수업을 하더라도 다른 한 교사는 강의식 수업을 하기 때문에 평가도 결국 일제식 평가를 하게 됨.
② 수업과 평가의 연계 부족
   ㉠ 학생의 성장을 중심으로 두지 않고 변별을 목표로 두기 때문에 수업과는 동떨어진 일제식 평가만 하게 됨 ➡ 학생들도 수업을 하는 과정보다는 마지막 평가에서의 성적에만 관심을 두게 됨.
   ㉡ 수업과 평가가 연결이 되지 않으면 학생들은 학생중심활동에 참여할 동기를 잃게 됨.

(2) 해결방안
① 우선 강의식도 좋은 수업방식이므로 동료교사의 수업방식을 존중하는 태도가 필요
② 배움중심 수업을 구체적인 수업방식과 자료를 보여주며 일정부분을 함께 해볼 것을 제안, 김교사도 강의 수업이 좋은 부분을 물으며 강의 수업과 배움중심의 조화를 찾아보기
③ 수업협의회 시간을 주1회 정하여 수업진도를 점검해보고 진도가 빠를 때 추가적으로 진행할 수 있는 활동을 논의해보는 등 소통의 기회를 늘림
④ 과정중심평가로 전환하여 교육과정-수업-평가 일체화
   ㉠ 동료교사와 협의를 통해 4~5시간 정도 확보하여 과정중심평가를 진행함. 수행평가의 목적을 학생의 변별이 아닌 '성장'이 되어야 한다고 설득하기
   ㉡ 프로젝트, 토론 등 학생 참여형 수업을 계획하여 학생들의 참여, 배움을 관찰하고, 피드백을 제공하여 성장을 이끌기. 그리고 이 과정을 평가에 반영하며 수업과 평가가 자연스럽게 연계되도록 하고, 학생의 수업 참여도 높이기.

[한글구상형 25] 유형화 : 마을교육공동체

(1) 기를 수 있는 역량
① 민주시민 역량 함양 : 지문의 농장 주인과 같이 평소에는 그냥 지나쳤을 지역사회 구성원들과 소통할 수 있게 되고, 지역 안에서 문제를 발견하고 함께 해결하는 경험을 통해 스스로 자기 삶을 살아가는 독립적인 인간이 되는 동시에 더불어 살아가는 민주시민으로 성장하게 도울 수 있음.
② 앎과 삶이 일치하는 배움 : 학생들의 배움이 학교 안에만 머무르지 않고 지역사회로 확장되면서 지역사회 속에서 자신의 존재감을 느끼며 그 안의 행복한 삶에 대하여 배우게 되고, 학생들이 주도적으로 자신이 속한 지역에서의 체험학습을 기획 / 운영하면서 자기주도성 및 문제해결력을 증진하는 등 앎과 삶이 일치하는 교육 가능

(2) 교과 연계 방안
   (예시1) 지역의 특산물이나 관광지에 대한 정보를 지역 내 공공기관에서 구한 후 조별로 한 가지씩 영어 포스터나 광고를 만들어서 외국인에게 안내할 자료 만들고 발표하는 프로젝트,
   (예시2) 지역에 있는 문화유적이나 대중교통 등에 표기된 영어 중 잘못된 부분을 수정하고 영어 안내문이 없는 곳에는 새로 만든 후에 시청에 함께 제안하기

[한글구상형 26] 유형화 : 학생 부적응 ➡ 무기력한 학생 / 학부모와의 관계

(1) 지수
① 부담을 줄여주기 : 지수가 스트레스를 충분히 공감해주고, 앞으로 의무적으로 돕는 역할을 하지 않고 자발적인 마음이 생길 때만 하라고 한다. 또한 친구들과 함께 '지원단'을 조직하여 수인이를 돕는 역할을 돌아가면서 할

수 있게 하면서 부담을 줄여준다.
② 성장한 점 칭찬하기 : 학생에게 '돕는 역할을 해라'라는 시키는 듯한 말만 늘어놓지 않고, 지금까지 역할 수행을 충분히 칭찬해준다. 또한 그 역할을 통해 자신도 모르게 공동체 속 타인을 돕고 배려하는 방법을 배웠을 것이라고 이야기해주며 나중에 훌륭한 리더가 될 수 있는 발판을 마련했다고 알려준다.

(2) 지수 부모님
① 부모님의 관점에 대하여 수긍하고 충분히 공감하기
② 지수를 칭찬하고 지수에게 역할을 맡긴 이유 설명 : 인성은 지금이나 미래에나 변하지 않고 가장 중요한 자질인데, 지수가 평소에 훌륭한 인성과 배려심을 지니고 있어서 그런 중요한 역할을 맡긴 것이었다. 지수도 이번 역할로 더 성장했다고 생각했는데, 큰 스트레스를 받고 있었던 점은 몰랐던 사실이다. 알려주셔서 감사하다.
③ 부모님의 의견을 참고로 지수의 부담을 줄여주겠다는 약속을 하기

(3) 수인
① 학생도 학교 활동에 이런저런 어려움이 많고, 여러 활동에 일부러 무기력하고 싶어서 그러는 것은 아니라는 것을 충분히 공감해주면서 학생의 마음 열기.
② 성취 결과에 상관없이 실패하더라도 노력하는 것이 가장 멋있는 것이고, 노력만 해도 학급 친구들이 수인이를 보는 시선이 달라질 것이라고 격려하기.
③ 수인이가 관심 있어 하는 분야에 대한 발견을 한 뒤에 그것과 관련해서 수업시간에 기여할 수 있는 작은 역할을 맡기기, 도움이 필요한 부분은 언제든지 지원해주겠다고 약속

[한글구상형 27] 유형화 : 학생 부적응 ➡ 무기력한 학생

(1) 원인
① 철수는 심각한 무기력에 빠져있다. 무기력한 학생들은 갑자기 무기력해진 것이 아니고 과거 일련의 사연들이 쌓여서 오랜 시간에 걸쳐 만들어진 결과이다.
② 무기력의 학습 ➡ 철수는 중학교 시절 적극적으로 학교 생활했지만 여러 노력들이 실패를 했을 가능성이 높고, 노력해도 소용이 없다는 것을 여러 차례 학습하여 무기력한 상태로 지내기로 결정했을 것이다. 노력해서 실패하면 상처를 받으니, 처음부터 포기하고 회피하는 것이다.

(2) 해결
① 학생의 어려움에 대한 공감 : 중학교 시절 학교생활을 열심히 했지만 그 과정에서 여러 일련의 사연들이 쌓여서 무기력해졌을 것 ➡ 무기력이 찾아오기 전 겪었을 어려움을 이해한 뒤에 이에 대한 공감을 먼저 해야 함. 공감을 충분히 해주어야 왜 그랬는지 이야기할 수 있는 마음의 문을 열게 됨.
② 마음의 문을 조금씩 열기 : 무기력한 학생을 격려했을 때는 격려 받는 것을 어색해해서 말을 주고받는 횟수가 많지 않음. ➡ 칭찬이 진심인지 테스트함. ➡ 작은 것부터 시작(미소, 이름 불러주기, 간단한 인사…)하며 마음의 문을 조금씩 열기
③ 혼내거나 무시하지 않고 진심을 다해서 격려하기 : 선생님은 진심으로 너를 도와주고 싶다'라는 마음만 전달 ➡ 철수는 혼나는 것에 익숙하기 때문에 처음엔 의심하고 기분 나빠할 수 있음. ➡ 계속되면 자신을 실망, 한심함의 대상으로 인식하지 않고 진심으로 걱정한다는 것을 느끼게 됨. ➡ 자신이 진짜 중학교 때처럼 생활할 수 있는지 생각해봄.

[한글구상형 28] 유형화 : 학부모와의 관계 ➡ 학부모와의 갈등, 학부모 소통

(1) 학부모의 날 준비
① 안내자료 준비 : 학사일정, 담임 소개, 학급운영철학 등의 정보가 담긴 안내문을 미리 만들어놓는다면 학부모에게 좋은 첫인상 및 신뢰감을 줄 수 있다.
② 학급운영 철학 : 교육관 및 학급운영 철학에 대해 미리 정리해놓고 학부모에게 분명히 알려주며 교사의 전문적

인 모습을 보여주어야 한다.
③ **학생 상담** : 학기 초 학생상담은 학생을 파악하지 못했다고 걱정하지 않아도 괜찮다. 학부모는 보통 자녀에 대해 이야기하고 싶어 하기 때문에 아이에 대해 이야기해 달라고 한 후에 잘 들어주는 방향으로 상담을 진행하자. 이때 학생에 대해 알려주시는 정보가 학생 파악에 큰 도움이 될 수도 있다.
④ **소통방법 안내** : 연락 가능한 메일, 전화, 홈페이지 등을 알려주고 학기 초 '학생에게 문제가 있을 때, 교사의 행동을 이해하지 못할 때' 등 연락을 해 달라 요청 ➡ 오해가 생겨 문제가 커지는 경우를 방지할 수 있다.

(2) 상담 방법
① **상담 전** : 상담 장소 정리 : 그 학생을 관찰했던 내용을 적은 관찰일지 정리, 상담 주변 장소를 깔끔하게 정리, 메모지와 펜 준비(학부모가 주는 정보 받아적기용)
② **상담 중** : 차 한잔 대접하며 참석에 대한 감사함 표시 ➡ 아이에 대해 많은 것을 알고 있는 '전문가'로 여기고 있다는 멘트로 시작 ➡ 재준이가 반장이 된 만큼 많은 기대를 하고 있다고 하면서 재준이가 학교생활을 더 잘 할 수 있도록 돕기 위한 재준에 대한 정보, 학부모의 요구사항 등을 최대한 경청하며 공감(이때 노트에 메모를 적절하게 한다면 경청하고 있다는 것을 보여줄 수 있음) ➡ 충분히 경청 / 공감한 뒤에 종종 학부모와 교사의 교육관이 다른 경우가 생길 수도 있다는 것을 언급 ➡ 양측 모두 학생의 행복을 바라고 있다는 것을 강조하면서 문제상황이 발생했을 때 서로 협력해서 해결하자고 이야기

(3) 자세
① **역지사지** : 학부모의 입장에서도 한번 생각해보고 공감하기
② 교사와 학부모의 관점이 다를 수 있다는 것을 인정하고, 각자의 장점을 살리면서 서로의 정보를 공유하는 자세 ➡ 대립의 대상이 아닌 협력의 대상으로 보기
③ 학부모들에게 부정적인 면만 있다고 생각하고 마냥 혐오하거나, 힘겨루기를 하는 것은 학부모와의 관계뿐만 아니라 학생에게도 전혀 도움 되지 않음.
④ 처방보다는 예방이 더 쉬운 해결책 ➡ 평소에 자주 소통하며 신뢰를 얻고 오해를 만들지 않기

[한글구상형 29] 유형화 : 공부 / 학습관련 ➡ 학습부진학생

(1) 루교사 비판
루교사는 학습 부진학생에 대한 관점 전환이 필요 : 학습부진 학생 ➡ 지능이 낮고, 게으르고, 놀기만 좋아하는 것이라고 생각하며 학생들을 바라보지 말기 ➡ 그 학생들은 늘 이런 시선으로 무시를 당하는게 싫기 때문에 더 크게 수업을 거부할 것 ➡ 교사이기 때문에 아이들 입장에서 느껴보려 애써야 한다. ➡ 그들은 과거에 '공부상처'가 있을 것이다.

(2) 해결방안
① **관계형성이 먼저** : 학습부진 학생은 공부상처가 있는 학생들 ➡ 공부 이야기보다는 다양한 인생 이야기로 관계를 맺어야 한다. TV, 영화, 게임, 스포츠 등 흥미를 보이는 질문을 통해 학생들의 마음을 열고 대화를 시도
② 방과후 수업에 참여하는 것만으로도 다행으로 여기며 참석을 크게 칭찬해주기
③ 다들 공부상처가 있기 때문에 언제부터 학습에서 멀어졌고, 왜 그랬는지 이야기해보면서 충분히 공감해줄 수 있는 시간을 갖고, 선생님이 진심으로 도와주고 싶다는 마음 전달
④ 교과서를 가장 어려워함 ➡ 많은 교구와 활동자료를 활용
⑤ 성장플래너 기록 ➡ 수업 끝날 때마다 배운 내용 한 줄로 적기, 자신에 대한 칭찬 하나 적기… ➡ 목표를 기억하고 시간을 관리하게 하기
⑥ 내용보다는 삽화나 사건 위주로 기억하는 경향 ➡ 읽기 / 쓰기보다는 학생들이 익숙한 '보기'부터 시작 ➡ 수업 관련 영상을 많이 준비해 그것으로 수업을 시작
⑦ 강점 발견 ➡ 게임형식, 스피드퀴즈, 몸짓 표현하여 단어설명 등 다양한 활동을 통해 잘하는 것을 찾고, 좋아하는 스타일을 발견

[한글구상형 30] 유형화 : 학생 부적응 문제 ➡ 위축된 학생, 무기력한 학생

(1) 교육적 지원
① 작은 관심 주기 : 학교에 친구를 만들어 주는 것은 쉽지 않으나 '교사 한 명의 관심'만으로도 많은 힘을 얻을 수 있다. 틈나는 대로 미소를 지어주고 이름을 불러주고 안부를 물으면 단 한 명이라도 믿고 의지할 대상이 있다고 생각하여 학교생활에 힘을 얻을 수 있다.
② 개별역할이 있는 학급친화활동 : 영수는 스스로 친구들과 친해지는 것을 어려워하므로 학급 미니체육대회, 조별미니게임 등 학급친화 프로그램을 계획한다. 프로그램에서 학생의 자발성이 많이 필요하면 영수가 위축될 수 있으므로 조별로 개인 역할을 세분화해서 제시하고 쉬운 역할도 포함하여 영수가 부담 없이 참여할 수 있도록 한다. 또한 배려심 강하고 리더십 있는 학생을 같은 조에 넣어서 영수가 자연스럽게 참여할 수 있도록 돕는 역할을 맡긴다.
③ 취미 연결 : 영수가 다른 반에 친구가 있다는 것은 그 친구들과 공유하는 취미가 있다는 것이다. 그 취미를 알아내서 반 안에도 같은 취미를 가지고 있는 학생을 찾아 서로 연결해준다.

(2) 학부모 협력 요청
① 영수의 강점 묻기 : 영수가 집에서 흥미를 보이거나 강한 면을 알려달라고 한다. ➡ 그 강점을 수업에 활용하여 다른 학생들이 영수를 새로운 시선으로 볼 수 있도록 한다.(**예** 그림에 소질 있다면 영수에게 수업 주제와 관련된 그림을 그려달라고 한 후, 그 그림을 학습지에 넣어서 수업을 진행한다.)
② 부모와의 대화시간 늘리고 교사와 공유 : 부모와 학교에 대한 대화시간을 늘리면 친구들 앞에서도 위축된 모습을 개선하고 대화 시도가 자연스러워질 수 있을 뿐만 아니라 영수가 학교생활에서 느끼는 것을 파악할 수 있다.
➡ 대화 내용을 공유해달라고 요청하여 교시기 영수의 변화를 체크하고 적절한 상담 및 도움을 제공한다.

(3) 학부모와 상담할 때 삼가야 할 태도
① 가정에만 책임을 떠넘기는 태도 : 가정교육 문제로 영수가 학교에서 적응을 못하고 있는 듯한 태도를 보이는 것은 아무런 도움이 되지 못하고 교육전문가답지 못한 태도다.
② 학생의 부정적인 면만 이야기하는 태도 : 영수는 다른 반에는 친구가 있고 새로운 학급에 적응을 힘들어하는 것뿐이며 교칙을 어긴 것도 아니다. 가정에서 보이는 모습은 학교와 다를 수도 있다. 교사가 본 것만으로도 영수가 큰 잘못을 한 것처럼 해석해서 영수의 부정적인 면만 이야기하지 않도록 조심해야 한다.

[한글구상형 31] 유형화 : 학습부진 상담

(1) 교사가 할 수 있는 일
① 시험불안 완화하기 : 진희는 시험 전 크게 긴장하고 있으므로 시험 불안을 가지고 있으므로 이를 극복하기 위한 방법을 알려준다. 시험 시작 전 '나는 자신있게 문제를 풀 것이다'라는 자신만의 주문을 외우거나, 너무 긴장이 될 때 잠시 문제 푸는 것을 중단하고 심호흡을 하면서 안정을 찾는 다거나 하는 전략들을 최대한 소개해주고, 실제로 함께 연습해보면서 시험 불안을 극복할 수 있도록 지원한다.
② 학급 스터디그룹 기획 : 진희가 공부 전략이 맞지 않을 가능성이 높으므로 이를 같이 고민하고 점검할 수 있는 또래가 있으면 큰 도움이 될 수 있다. 진희와 같이 학습에 열의있는 학생들을 모아서 자율동아리 형태로 스터디그룹을 만든다. 이 스터디그룹의 일지에 공부 계획을 구체적으로 적게 하고, 효율적인 학습 전략을 의논하게 하며, 모의 시험을 주기적으로 보게하는 등 체계적인 학습을 하도록 돕고, 이를 자주 점검해주며 학습 과정에 변화를 줄 수 있도록 한다.

(2) 가정과 지역사회 연계
① 가정 : 학부모와의 상담을 통해 정서적 지원을 할 수 있도록 한다. 진희는 학습동기가 강했지만 최근 시험으로 정서적으로 많이 힘들어하고 있으므로 심리적 안정만 찾게 되면 다시 학교생활을 열심히 할 수 있다. 학부모와 상담하며 진희가 학교 일에 매우 모범적이기에 여러 선생님의 칭찬을 받는다는 것을 구체적으로 알려드리고, 진희가 매우 훌륭한 학교 생활을 하고 있다는 것을 크게 칭찬할 것을 부탁드린다. 부모의 진심을 담은 칭찬이

있다면 학생이 심리적으로 상당히 회복할 수 있다.
② **지역사회**: 지역 대학에서 주관하는 멘토링 프로그램 참여: 대학 선배로부터 직접 학습에 대해 조언을 얻고 공부 전략을 전수 받을 수 있고, 대학 생활에 대해서 들으며 진로에 대한 기대를 하게될 수 있다. 또한 선배도 분명 노력한 만큼 결과가 나오지 않아 힘든 시간이 있었을 것이므로 이 경험을 듣는다면 진희도 자신만 겪는 일이 아니라는 것을 느끼며 자신감을 회복할 수 있다.

[한글구상형 32] 유형화 : 교사의 자질

(1) 감정 조절 능력
① 장교사는 자신의 감정 상태가 학생들을 교육하는 데에도 큰 영향을 끼치고 있으므로 감정조절 능력이 필요하다. 교사는 수시로 학생을 지도해야 하고 이 과정에서 자신의 감정이 섞여 들어가기 쉬우므로 감정을 조절할 수 있는 능력이 필요하다.
② 교실에 들어가기 전 늘 자신의 감정을 점검한다. '교사의 사적인 감정이 어떤 경우에도 학생 지도에 부정적인 영향을 미쳐서는 안 된다'라는 신념을 자주 떠올려야 하고, 기분이 좋지 않은 날에도 교실에 들어가기 전에는 심호흡, 스트레칭 등 자신만의 방법으로 감정을 가라앉히는 습관을 들이도록 한다.

(2) 일관성 있는 지도 역량
① 교사의 지도에 일관성 없이 상황에 따라 매번 다른 지도를 한다면 학생들은 교사의 행동에 예측이 어렵고, 눈치를 보게 되며, 어떻게 행동해야 하는지 기준이 없어 혼란스러워하고 불안정감을 느끼게 된다. 이런 방식에서는 학생들도 올바른 행동의 방향을 설정하는 것이 어려워 효율적으로 학생을 지도할 수 없다.
② 자신의 뚜렷한 교육철학에 따른 일관적인 학생 지도가 필요하다. 우선 자신은 학생을 어떤 방식으로 올바른 방향으로 이끄는 교사인지 진지하게 생각해 볼 필요가 있고, '어떤 상황에서는 어떤 지도를 하겠다'라는 자신만의 학생 교육 철학을 세운 후 이를 지속적으로 적용한다. 뚜렷한 신념이 있으면 분명 자신의 개인적인 감정이 좋지 않은 날에도 감정에 휘둘리지 않고 자신의 철학대로 학생을 교육하게 될 수 있을 것이다.

[한글구상형 33] 유형화 : 교직관, 교사의 자세

① **필요한 자질** : '학생의 마음을 알아주는 자질' ➡ 학생이 강한 거부감을 보일 때는 '진짜 참견하지 말아라'는 것이 아니고, 말하지 못할 나름의 이유가 있는 것이다. 부모님의 보살핌도 못 받고 있는 상황이라 더욱 그럴 것이다. 오히려 학생이 '도와달라'는 신호를 보내고 있는 것일 수도 있으므로 학생이 말하는대로 학생을 그냥 내버려두고 포기하기보다는 학생의 부정적 감정을 알아주며 저항력을 줄일 필요가 있다.
② **저항력을 줄이고 영향력을 키우기**
㉠ **저항력 줄이기** : 학생은 지금까지 늘 교사의 지도에 따르는 것보다는 저항하는 것을 더 편하게 느껴왔고 그런 대응이 습관이 되었기에 계속 저항하고 있는 것이다. 이런 경우 학생의 부정적인 감정을 지속적으로 알아주어야 저항력이 서서히 줄어든다. 학생이 거부 반응을 보일 때, "이런 점을 돕고 싶어서 좋은 의도로 말한건데, 거부하는 것을 보니 나름대로의 이유가 있나 보구나. 그래도 도움이 필요하거나 그 이유를 말하고 싶을 때 언제든지 찾아오렴." 이라는 말과 함께 학생의 감정을 알아준다. 처음엔 변화가 없을지라도 점점 학생 저항력이 줄어들 수 있다.
㉡ **영향력 키우기** : 학생의 변화가 조금이라도 보인다면 구체적으로 칭찬하고, 인사도 자주 해주며 점차 이 학생에 대한 교사의 '영향력'을 키운다. 이렇게 학생의 마음을 지속적으로 알아주면 '이 선생님이라면 마음의 문을 열어도 괜찮을 것 같다' 라고 마음의 문을 점점 열 수도 있다.

[한글구상형 34] 유형화 : 학부모와의 관계 ➡ 학부모와의 갈등, 학부모 소통

(1) 원인
① **관점의 차이** : 교사는 수많은 학생을 한 번에 지도하고 있어 개별 학생에게 많은 신경을 쓰기는 어렵다. 또한 학생을 볼 때 학급구성원과의 관계 및 집단 속 행동을 많이 생각한다. 반면 부모는 내 아이의 관점 및 아이의

특성을 중점적으로 생각하고, 성장 배경까지 복합적으로 고려하기에 관점의 차이가 생길 수밖에 없다.
② 소통의 부재 : 교사와 학부모가 대화를 나누는 시간은 제한적이므로 학부모는 학생이 전달하는 말로만 학교 상황 및 교사를 파악하는 경우가 많다. 만약 학생이 상황을 다소 왜곡하거나 과장해서 전달한다면 교사에 대한 오해가 쌓일 수 있다.

(2) 해결
① 다른 관점을 인정하고 서로 협력하기 : 교사와 학부모는 서로 다른 공간에서 학생을 관찰하기 때문에 관점이 다를 수밖에 없음. 교사는 학부모의 말이 이해가되지 않더라도 '학부모라면 이렇게 느낄 수 있겠구나'라고 학부모 입장에서 한 번은 생각해보고 이를 공감해주는 것이중요하다. 이후 서로의 관점 차이를 솔직하게 인정하고, 존중해주며, 이를 교환하여 협력하는 것이 중요하다. 관점의 차이는 있지만 양쪽 다 아이의 행복을 바라고 있다는 점은 공통적이므로 서로를 협력의 대상으로 봐야 한다.
② 자주 소통하기 : 학부모와의 갈등 중 많은 경우는 소통이 제대로 되지 않아 오해가 생긴 것이다. 학생에 대해 지도한 부분을 전화로 짧게라도 안내해드리면 오해를 많이 막을 수 있다. 또한 평소에 학생들이 주도해서 만든 학급소식신문을 부모님께도 전달해드리는 등 학교 소식을 자주 전달하는 것도 서로 간의 신뢰를 쌓는 데에 도움이 될 수 있다.

[한글구상형 35] 유형화 : 동아리 운영, 동료(관리자)와의 관계

① 우선 공감하기: 고등학교인 만큼 학업이 정말 중요한 시기인만큼 학업 관련 동아리를 제안해 주신 것에 대해 교장선생님의 입장을 존중하고 충분히 공감하기
② 기타 동아리에 대한 상황을 알리기: 기타 동아리 개설에 대한 상황을 모르실 수 있으므로 충분히 알린다. 학생들의 지속적인 요청이 있는데 자신도 기타에 흥미가 있어 학생들과 어느 정도는 약속을 해놓은 상태라 지금 다른 동아리를 맡게 된다면 학생들이 크게 좌절할 것이 걱정된다는 점을 말한다.
③ 교장선생님의 걱정을 반영한 기타동아리 계획 알리기: 단순히 기타만 치는 것이 아니고, 자신의 진로 또는 학교 교과시간에 배운 내용을 주제로 작곡을 직접하고, 이를 연주로 표현하는 활동 등 학업이나 진로와 연계한 활동을 진행할 것임을 밝히기. 이를 통해 학생들의 생활기록부도 특색있게 남길 수 있어 대입에도 도움될 것이라는 것 어필하기.
④ 정중히 거절하고 앞으로 노력할 점 알리기: 기타 동아리는 학생들과 약속이 되어 있어 꼭 맡고 싶다는 의지 밝히기. 위 계획 외에도 교장선생님이 말씀하신 학업적인 부분을 연계할 수 있는 방안을 지속적으로 고민할 것을 알리기. 또한 학생들의 학업 능력 향상을 위해 동아리 외에 교과수업, 교과 프로그램에서 학업적인 부분을 더 강화할 수 있는 노력도 병행하겠다는 의지 밝히기.

[한글구상형 36] 유형화 : 교사와 학생간의 관계

(1) 부족했던 점

학생의 동의를 받지 않았던 것. 종종 선의로 한 일이라도 나쁜 결과를 초래할 수 있다. 학생들은 자기 의지가 강해지는 시기이므로 도움을 주려는 것도 나와 상의했느냐 안 했느냐를 아주 중요하게 여긴다. 아무리 좋은 일이라도 당사자와 상의하지 않았고 갑자기 도움을 받는다면 학생 입장에서는 시켜서 하는 일로 받아들이고 인위적으로 느껴지기 때문에 거부감이 들 수 있다.

(2) 해결

준휘와 개별상담한다. 우선 준휘는 매우 내성적인 성향일 가능성이 높으므로 주변에 학생들이 없는 편한 공간에서 이야기를 나누고, 수업시간, 취미생활과 같이 준휘가 더 답변하기 편한 주제로 먼저 대화를 시작한다. 이후 점심을 먹으러 가지 않는 이유를 묻고, 혹시 주변 친구들이 도와주는 것에 대한 거부감 때문인지를 묻는다. 만약 점심 식사에 대한 이러한 도움이 부담스럽다고 한다면 그 의견을 존중해주고, 다시 하지 않을 테니 식사는 꼭 챙겨 먹으라고 한다. '도움이 필요하면 언제든지 선생님께 요청하라'라는 말을 전해준 뒤 학생을 잘 관찰하고, 다음부터 도움의 필요한 부분은 준휘와 논의해 본 뒤 그 방향을 결정하도록 한다.

3. 연습문제답안 — 즉답형

[즉답형 1] 유형화 : 학부모와의 관계- 학부모 민원 응대

(1) 공감 및 현재 학교 노력 설명
　　우선 학부모의 휴대폰 사용이 많아 걱정되는 마음을 충분히 공감해주고 학부모 의견을 끝까지 경청한다. 올해 바뀐 규칙으로 학교에서도 쉬는시간, 점심시간에 너무 스마트폰만 하지 않도록 순찰하기, 스포츠리그, 독서 퀴즈 이벤트 등 스마트폰 대신 참여할 수 있는 활동 늘리기 등의 노력을 하고 있음을 알린다.

(2) 디지털리터러시 교육 필요성 강조
　　학생들은 미래 사회에서 거의 모든 일에서 스마트기기를 활용하게 될 것이지만 학생들은 딥페이크 합성으로 친구를 놀리는 등 잘못된 방식으로 활용하는 경우가 많다는 심각성을 알린다. 학교에서 디지털기기를 금지하기보다는 스마트기기를 윤리적으로 사용하고 정보를 비판적으로 받아들이는 디지털리터러시 교육이 필요하고, 실제로도 각 교과 선생님들이 이를 지도하고 있음을 소개한다.

(3) 가정과 연계 강화 계획 안내
　　그렇지만 스마트폰 사용 시간이 너무 많으면 좋지 않다는 점에 충분히 공감해준다. 이후 학교에서는 학교와 가정에서의 스마트폰 사용 시간을 기록하고 조절력을 기를 수 있는 '디지털 생활 기록표'를 제작해서 쓰게 할 예정이라는 점을 안내하고, 가정에서의 지도가 함께 있으면 교육의 효과가 클 수 있으니 관심과 지도를 부탁드리는 말을 전한다.

[즉답형 2] 교직관, 교육철학

(답변 예시) 공감과 소통을 잘하는 교사
소통/공감으로 생각보다 많은 것을 바꿀 수 있다는 확신이 있다. 교육실습에 참여했을 때 초기에는 적극적으로 대화를 걸어오거나 눈에 띄는 학생들과 주로 대화하고 관계를 형성하곤 했다. 다만 그러면서도 그들 뒤에 조용히 아무것도 하지 않고 표정도 늘 좋지 않던 학생들이 걱정되었다. 그래서 수업참관 시 그 학생들 위주로 관찰하면서 학생들의 장점을 찾았고 (필기를 잘한다, 정돈을 잘한다, 수업 준비를 늘 해놓는다) 이를 간단히 메모해놓았다. 이후 복도에서 만날 때마다 칭찬과 함께 소통을 하려고 노력했다. 그러자 그 학생들은 나에게 고민을 자주 털어놓기도 하였으며 이를 잘 공감해주자 점점 더 밝은 모습을 보였다. 나의 수업에도 더 잘 참여하려고 노력하는 모습을 보고 감동 받기도 했다. 그 이후로 나는 소통과 공감의 힘을 믿게 되었고 앞으로의 교사 생활에서도 이를 꼭 실천할 것이다.

[즉답형 3] 유형화 : 교사의 자세, 동료 교사/학부모/학생과의 관계

(1) 교육적의미
　　세 사자성어 모두 '서로가 서로에게 좋은 영향을 주고받으며 성장시키는 관계의 힘'을 강조한 말이다. 학교는 일방적이고 수직적인 지시가 있는 곳이 아니고 교사 학생, 동료, 학부모 모두 정서적 교류, 신뢰, 공감을 통해 더 깊은 배움과 성장을 이끌어야 하며 이러한 공동체성이 교육의 질을 높이는 기반이 된다.

(2) 실천방안
　　① 교사 간 관계 형성: 전문적학습공동체를 통해 서로의 수업이나 생활지도 방식을 나누는 '사례지식 공유'를 통해 서로의 장점을 배우며 성장하기. 특히 '실천일지'를 통해 전학공에서 배운 것을 적용해본 후 잘 된 것은 감사의 마음을 전하고, 실패한 것은 함께 어려움을 나눠보는 협력과 나눔 중심의 공동체 조성
　　② 교사와 학생의 관계 형성 : 교학상장의 마음으로 교사가 늘 학생보다 높은 위치에 있다고 생각하는 것이 아닌, 학생에게도 배울 것이 있다는 생각과 함께 학생의 장점을 관찰하고 이를 밑거름으로 삼아 끊임없이 성장하려는 자세를 갖추기. 교사도 "오늘 OO에게 OO를 배웠어. 훌륭해"라는 말을 할 수 있도록 노력하기
　　③ 학부모와의 관계 형성 : 학부모 상담 시 '판단'보다 '공감'을 먼저 실천하기. 학부모를 협력의 대상으로 생각하며 학교프로그램의 학부모 참여를 늘리기. '대토론회', '학부모 제안함' 등을 통해 학부모의 의견을 들을 창구를 늘리고 이를 실제로 학교 운영에 반영하여 공유하기

[즉답형 4] 유형화 : 교사 성찰, 교사 성장

(1) 임교사 문제점
  ① 수업에서의 성실성, 전문성 부족: 수업에 자주 늦고, 수업에서 학생의 배움을 먼저 생각하지 않고 '교사가 편한 수업'을 하고 있으며 평가문항을 반복해서 사용하는 등 전체적으로 성실성 및 교과 전문성이 부족하다.
  ② 학생의 성장에 관심이 없음: 교사는 생활지도를 통해 학생의 문제행동을 개선하고 성장시켜야 할 책임이 있지만 학생의 행동 자체에 관심이 부족하여 문제행동 개선에 도움을 전혀 주지 못하고 있다.
(2) 개선방안
  ① 수업 측면: 수업 준비할 때 '이런 수업을 했을 때 학생들은 정말 배움이 일어나는지'를 충분히 고민해서 수업 설계하기, 수업 종이 치면 우선 바로 일어나는 습관 연습, 전문적학습공동체나 현장 연수를 통해서 열정 있는 교사들의 사례를 들으며 자극을 받고 좋은 방안을 공유받아 실천하기, 수업에 대한 정기적인 학생 피드백 받아 성찰하기
  ② 생활지도 측면 : 학생과의 잦은 소통을 통해 개별 학생의 특성을 이해하고 학생에 대한 관심을 늘린 후 이를 생활지도 방식에 녹여내기, 평소 복도나 교실에서 주변을 항상 둘러보는 습관을 갖고 학생 관찰시간을 늘리기, 친근하고 친절한 미소를 가지고 학생들이 안전하고 편안해할 수 있는 교실 분위기 조성하기, 학생을 움직이게 하는 긍정적인 칭찬 연습하기

[즉답형 5] 유형화 : 교직관, 학생과의 관계 형성

(1) '세심한 관찰과 대화' 실천
  AI는 수지와 결과를 제시할 수 있지만, 학생의 내면은 교사의 눈과 마음으로만 파악할 수 있다. AI와 같은 하이테크 기술이 교사의 반복적 업무를 대신해줄 때 교사는 확보된 시간과 에너지를 학생 개인을 관찰하고 소통하는 데에 쏟아야 한다고 생각한다. 학생에게 늘 관심 갖고 소통하며 작은 행동 변화, 시선 처리, 참여 태도 등을 세심하게 살핀 후 그에 맞는 정서적 피드백과 지지를 제공할 수 있어야 한다. 이 과정은 학생이 '나는 존중받고 있다'는 감정을 느끼게 하며 몰입과 주도성의 시작점이 된다.
(2) AI 도움을 받을 수 있는 안정적 토대 만들어주기
  교사가 정서적 지지를 통해 성장의 밑거름을 만들어주지 않는다면 그 어떤 기술 발달도 학생에게 영향을 끼칠 수 없다. AI가 학생을 진단해주고 학습을 분석해줄 수 있지만, 그 자료에 학생이 어떻게 접근할지를 결정하는 것은 교사의 교육적 판단이다. 만약 학생이 정서적으로 불안정한 상태라면 아무리 좋은 AI 추천 콘텐츠라도 학생의 변화를 만들어낼 수 없다. 교사의 말 한마디, 따뜻한 시선, 학생을 향한 공감과 존중이 학생이 학습할 수 있는 안정적인 토대를 만들어준다.

[즉답형 6] 유형화 : 미래교육, 2022 개정 교육과정, 맞춤형교육

(1) 맞춤형 교육이 필요한 이유
  ① 급격한 기술 발전으로 미래사회에 대한 불확실성이 확대되었고, 기존 지식을 잘 아는 것보다는 새로운 환경에 유연하게 대응하고 주도적으로 문제를 해결할 수 있는 능력이 중요해짐.
  ② 학생의 능력, 성향, 흥미에 맞춘 맞춤형교육을 실현한다면 학생들은 교사가 정해놓은 지식, 학습 속도를 따라가기만 할 때보다 학습에 더욱 동기화될 수 있고, 자신의 속도/성향에 따라 학습을 진행할 수 있기에 주도적인 학습 능력이 길러질 수 있음.
(2) 방안 및 노력해야할 것: AI기반 에듀테크 활용
  ① 개별화 수업이 학생의 학업성취를 극대화하고 성공적인 학습을 만들어낼 수 있다는 사실은 의심이 없지만, 현실에선 교사 1인이 맡은 학생 수가 많아 한계가 있음. 그러므로 AI기반 에듀테크의 도움이 필요함.
  ② AI기반 에듀테크를 통해 학생 개개인의 학습 정도를 진단할 수 있고, 그에 맞는 학습 콘텐츠를 추천해줄 수 있으며, 평가와 피드백도 개별화하여 제공할 수 있어 교사가 많은 학생을 맡고 있더라도 개별 맞춤형 교육이 가능

③ '콘텐츠 큐레이터' 역할이 필요: AI 에듀테크의 힘을 빌려 개별 학생의 학습 수준/스타일을 파악하더라도 교사가 모든 학생의 개별화 학습 자료를 제작하기엔 큰 부담이다. AI가 학습자 진단 후 개별화 학습 콘텐츠를 추천해줄 수 있어 이를 활용할 수 있다. 단, 교사는 AI가 파악하기 어려운 학생의 심리/정서적인 면 등을 종합적으로 고려할 수 있기에 AI 추천 콘텐츠를 더욱 보완할 수 있고, 학생과 잘 맞지 않는 콘텐츠는 더 적합한 것으로 바꿔서 제시하는 '콘텐츠 큐레이터' 역할을 수행하면서 학생의 성장을 이끌 수 있다.

[즉답형 7] 유형화 : 인성교육

① '존중'의 역량: 학생들은 교사의 영향을 생각보다 많이 받는다. 교사가 학생을 교육하는 자신의 모습을 사랑하는 자기 존중을 보여주고, 학생의 의견을 늘 경청하고 존중하며, '교학상장'의 자세로 학생 개개인이 가진 장점을 배우고 칭찬해주는 등 학생도 존중해주는 모습을 보여준다면 학생들도 이에 영향을 받아 자신을 존중하고 다른 친구들을 존중하는 행동을 자연스럽게 보여줄 수 있다.
② '존중' 협동학습 실시: 수업 중 협동과제를 실시할 때 조원들에게 존중을 보여주는 방법을 교사가 먼저 시범을 보여주고 연습시킨다. (예 상대를 바라보며 경청하고 끄덕이기, 내 의견과 달라도 '충분히 그렇게 생각할 수 있다'고 존중하기.) 특히 평소에 교사가 이런 존중의 말들을 학생들에게 자주 보여주면 더 효율적이다. 또한 협동과제에 대한 동료평가 시 점수가 아닌 '칭찬할 점' 위주로 코멘트 남기기, '조원에게 고마운 점' 남기기를 실시하게 하고, 교사도 학생들의 참여에 대해 칭찬 코멘트를 남기며 서로 존중하는 분위기를 만든다.

[즉답형 8] 유형화 : 인성교육

(1) 학교행사, 수업 운영 방안
배려 행동은 일회성 교육이 아닌 지속적인 교육을 통해 습관화시킬 수 있어야 한다. 학기 시작 전 학교의 1년 프로그램을 기획할 때 '서로 돕고 배려하는 우리'를 1년간의 큰 목표로 정하고, 3월은 '신입생 환영의 달'로 정하고 신입생의 적응을 돕는 프로그램으로, 4월은 '친구 존중의 달'로 친구에게 사과편지 쓰기 프로그램을 진행하는 등 월별 프로그램을 '배려'와 연결해서 진행한다. 또한 교과시간에도 친구들이 발표할 때나 조별활동 시 지켜야 할 '배려규칙 만들기' 활동을 진행하는 등 배려와 연계한 수업을 진행할 수 있다. 이를 통해 이를 통해 1년간 학교 전체에 '서로 돕고 배려하는' 목표를 구성원들에게 공유할 수 있고 매달 이어지는 관련 프로그램을 통해 직접 실천하여 결과적으로 학교의 서로 돕고 배려하는 분위기를 만들어낼 수 있다.

(2) 구체적인 활동
선후배 배려 활동: 학기초에는 '신입생 환영행사'를 진행하여 2~3학년 선배들이 주도하여 학교 안내 영상을 만들어 보여주고, 학교에 대한 질문 & 답변함을 만들고, 교과별 멘토링을 진행하는 등 신입생의 학교 적응을 돕는다. 이후 학년 말에는 '시험응원단'을 진행하여 시험을 보지 않는 1학년이 2,3학년 시험기간에 '복도에서 소음을 내지 않기' '게시판에 응원 메시지 전달하기'와 같은 캠페인을 진행하여 학생들이 주도하여 서로 배려하는 행동을 실천할 수 있도록 한다.

[즉답형 9] 유형화 : 동료교사와의 관계 – 어려운 부탁을 받은 경우

① 우선 어려움을 공감해준다. 신규교사라 학교 적응도 어려운데 큰 행사도 맡게 되어서 부담이 크겠다면서 최교사의 어려움을 충분히 공감해 주면서, 내가 맡은 업무도 일이 정말 많다보니 도와주지 못한 것에 대해 미안한 감정을 표현한다. 진심으로 공감해 주는 것 자체로도 혼자가 아니라는 느낌을 줄 수 있어 심리적으로 큰 도움이 될 수 있다.
② 최대한 돕겠다고 한다. 현실적으로 나의 업무도 매우 바쁘기에 최교사의 업무를 대신해주기는 어렵겠으나, 최교사는 분명 나보다 힘든 시간을 보내고 있을 것이므로 최대한 도울 부분을 찾는다. 예를 들어 작년 문서를 찾아서 함께 보면서 계획서 작성하는 팁을 알려주거나, 예산 품의 방법을 알려주는 등 시간이 날 때마다 도울 수 있는 일을 찾겠다.

③ 다른 부서에 상황을 알리고 협조를 구한다. 학교 내 교사는 개별적으로 자신이 맡은 일이 정해져 있기에 다른 교사의 업무 상황을 잘 모르는 경우가 많다. 최교사의 상황을 여러 동료교사들에게 알린다면 분명 교원공동체 측면에서 도움의 손길을 내미는 교사들이 있을 것이다. 예를 들어 학생자치회 담당 교사가 학생자치회가 동아리 행사 준비를 주도적으로 기획하고 진행할 수 있도록 돕는다면 최교사 입장에서는 혼자 준비하는 것보다 부담도 덜 수 있고 더욱 교육적으로 의미 있는 행사를 만들어나갈 수 있게 된다.

[즉답형 10] 유형화 : 미래교육, 인공지능 활용 교육

(1) 찬성/반대 입장
찬성하는 입장이다. 기술 발전으로 인해 세상은 매우 빠르게 변화하고 있다. 학교 교육의 큰 목표 중 하나는 미래 사회를 위한 유능한 인재를 길러내는 것인데, 교육이 이런 시대 흐름을 따라가지 않고 더 천천히 진행되면 시대에 맞는 인재로 성장시키기 어렵다고 생각한다.

(2) 이유
인공지능을 잘만 활용한다면 결과적으로 학습목표를 효율적으로 달성시키는 데 도움을 줄 것임을 의심하는 교사는 적을 것이다. 다만 지금은 초기 단계로 새로운 것이 도입되고 변화하는 시기이므로 당연히 이를 걱정하고 회의적인 시각이 많을 것이다. 단기적으로도 교육적 효과를 느끼긴 어려울 수 있다. 다만 앞으로 점점 더 좋은 활용법이 나오고, 인공지능 활용에서 발생하는 여러 문제점을 하나하나 해결해 나간다면 장기적으로는 분명히 인공지능은 교육 현장에서 아주 중요한 존재가 되어있을 것이다.

[즉답형 11] 유형화 : 교직관, 교시의 지세

(1) 동의할 경우
① 동의함. 과거엔 학생들이 '선생님이니까' 따라는 경우가 많았지만 지금 아이들은 수평적인 관계 방식을 토대로 자라왔기 때문에 교사라는 지위를 활용하여 수직적인 지도를 할 경우 거부감을 보일 수 있다. 마치 '친구'와 같은 수평적인 위치에서 래포를 형성하고, 그 관계의 힘을 활용하여 학생의 마음을 움직여서 긍정적인 변화 및 성장을 유도하는 것이 더 효과가 좋다.
② 유의할 점 : 경계선을 확실하게 정해야 한다. 학생이 교사를 편하게 생각하다 보면 마치 친구에게만 해야 할 행동을 교사에게 하는 실수를 할 수 있다. 이럴 때 어떤 행동은 괜찮고, 어떤 행동은 교사에게 부적절한 것인지 명확히 알려줄 필요가 있다.

(2) 동의하지 않을 경우
① 동의하지 않음. 학생이 교사를 친구처럼 느끼면 친구에게 할만한 사적인 부탁도 쉽게 할 것이고, 예의에 어긋나는 행동을 하게 될 수 있으며, 이런 행동들이 거부당했을 때는 교사에게 크게 실망할 것이다. 교사라는 지위를 잘 지키면서도 학생과 소통을 잘하고 친절하게 대해주며 관계를 유지할 수 있다.
② 유의할 점 : '친구'가 되어서는 안 되는 것이지 소통을 줄이고 거리를 두라는 말은 아니다. 학생을 지지하고, 격려하고, 성장에 도움을 주는 등 학생을 따뜻하게 대하며 소통하는 것은 유지하되, 학생이 교사에 대한 예의를 지키지 않을 때만 경계선을 단호하게 설정해 주는 것이 중요하다.

[즉답형 12] 유형화 : 교직관, 교사의 자세

(1) '교사는 교육 전문가이다'에 대한 의견
교사가 하는 수업이나 학생 지도는 교사가 아닌 사람들도 할 수 있다고 생각하는 경우가 있다. 교사는 풍부한 교육학적 지식과 다양한 학생과의 만남, 그리고 교사 간의 사례지식 공유로 인해 쌓아온 교육철학을 바탕으로 더욱 차별화되고 전문적인 교육이 가능하다고 생각한다.

(2) 전문성 발휘 방안
① 교육과정 : 교사는 교육과정 문해력을 갖추었기 때문에 국가수준의 교육과정을 읽고 이해하고 분석할 수 있으며, 더 나아가 교사의 자율성, 창의성, 교육철학을 바탕으로 교육과정을 나름의 방법으로 재구성할 수 있는 전문성을 발휘할 수 있다.
② 수업 운영 : 교사는 학생의 자발적이고 주도적인 배움을 이끌 수 있다. 단순히 지식을 수동적으로 주입시키는 것이 아닌 학생의 자발적 학습을 유도하는 학생 중심 수업을 설계하고, 개별 학생의 특성을 고려한 수업 운영을 하고, 학생의 성장을 이끄는 피드백을 줄 수 있으며, 학생 정서적인 교감과 소통까지 신경 쓰는 과정을 통해 학생이 주도권을 가지고 기꺼이 배우려고 하는 학습 환경을 만들 수 있다.
③ 생활지도 : 교사는 교육전문가이기에 생활지도에서 학생의 문제행동을 학생 자체와 구분 지을 수 있다. 학생의 인격 자체를 비난하거나 화를 내서 감정만 상하게 하고 끝나지 않고, 학생의 '행동'을 따로 분리해서 지도하며 학생과의 관계를 유지하면서도 문제행동을 바로잡을 수 있는 전문성을 가지고 있다.

[즉답형 13] 유형화 : 교사의 자세, 교육철학, 학생관

* 박교사의 의견에 동의
① 교실은 학생이 주로 사용하기 때문에 학생이 청소 전담하는 경우가 많음. 교무실도 동일한 원칙이 필요함. 교사가 주로 사용하기에 교사가 청소해야 함.
② 요즘 학생들은 교무실을 학생이 청소하면 큰 불만을 제기함. 하지만 '왜 학생이 청소해야 하는지' 교육적으로 설명하기 어려움. '어른이니까, 선생님이니까 시키면 해야 한다.'라는 관점은 요즘 학생들에게 전혀 통하지 않고 오히려 반발심만 키움.
③ 교칙을 어긴 학생의 봉사활동 장소는 교무실일 필요는 없음. 교실, 복도, 교과 교실 등 학생이 주로 사용하는 공간에도 청소할 곳이 많으므로 그런 장소를 시키는 것이 마땅함. 학생들이 사용하는 공간을 청소해야 봉사활동 취지에 맞는 '다른 학생들을 위한 봉사'가 될 수 있음.

[즉답형 14] 유형화 : 교육철학, 교사의 자세

(1) 배우고 싶은 실천적 지식
① 교육 현장에서는 교육에 관한 이론적인 지식이 아닌, 학생들을 교육하면서 겪는 경험을 통해 터득한 지식이 실천적 지식이라고 볼 수 있을 것이고 이 때문에 '사례지식(case knowledge)'으로 부를 수 있음.
② 다양한 학생을 그 학생의 특성에 따라 다루는 실천적 지식을 선배 교사로부터 배우고 싶음. 수업은 교사를 준비하면서 배운 이론적 지식으로 우선 시작은 할 수 있겠지만, 학생을 다루는 일은 이론만으로는 시작부터 어렵기 때문에 많고 다양한 특성의 학생을 접해본 선배 교사의 실천적 지식을 통해 배워야 한다고 생각함.

(2) 내가 공유하고 싶은 실천적 지식
① 실패한 수업 사례 공유하기
  ㉠ 우리는 이전 경험에 바탕을 두고 다음 경험을 해석하고, 그 새로운 경험을 통해 과거의 경험을 재해석하며 성장할 수 있다.(경험을 통해 성장할 수 있다.) 다만 나는 신규교사기 때문에 실천적 지식은 아직 부족한 것은 사실
  ㉡ 이런 측면에서 나는 내가 '실패한 수업'을 동료에게 공유하고 싶다. 초임 때는 분명 생각만큼 수업이 되지 않아 실패할 때가 많이 있을 것이다. 그렇지만 크게 낙담하지 않고, 의도대로 진행하지 못한 부분을 기록했다가 용기내서 동료 교사들과 공유하고, 함께 의논해본다면 더 나은 방안을 찾으며 성장할 수 있을 것이다. 또한 나와 비슷한 상황을 동료도 경험해봤을 가능성이 높기 때문에 이런 사례공유가 동료에게도 자신의 수업을 돌이켜보고 함께 방안을 찾아보게 만들기 때문에 도움이 될 수 있다.
② 기초부족학생 지도 사례 공유
  ㉠ 교육봉사(or 교육실습)로 기초가 많이 부족한 학생들을 지도해본 경험이 있다. 물론 이 학생들도 이해할 수 있을 쉬운 내용으로 수업을 하는 것도 중요했지만, 무엇보다 학생과 친해져서 래포를 쌓고 자신감을 불어넣어 주는 등 학습 동기를 회복시켜주는 것이 가장 필요했다. 나는 이런 부분에서 강점이 있다고 생각한다.

ⓒ 학교 현장에도 내 수업을 잘 따라오는 학생들에게만 시선을 두기보다는, 일찍부터 포기하려는 학생들에게 관심을 두어 나의 경험을 토대로 최선을 다해서 용기를 줄 것이고, 이런 경험들로 실천적 지식이 풍부해지면 동료 교사들에게도 공유해주고 싶다.

[즉답형 15] 유형화 : 학급운영 ➡ 민주적 학급운영, 민주시민교육

(1) 학급시간 운영
① '학급 일년의 약속'을 정한다고 안내하고, 중요성을 안내한다.
② 학급의 수업시간, 쉬는시간, 점심시간 등 각 시간에 지켜야 할 것, 서로 배려해야 할 것들을 조별로 브레인스토밍 해보고, 발표하는 시간을 가진다. ➡ 이때 타인과의 대화 / 토론에서 지켜야 할 것들 (경청하기, 기다리기, 의견 존중하기 등..)을 사전에 교육하여 지키도록 한다.
③ 서로 의견 차이가 심한 것이라고 그냥 넘어가지는 말고, 토론을 하게 하여 의견 차이가 나는 주제를 공동체 구성원이 토론을 통해 합의를 이르는 과정을 경험하게 한다.
④ 가장 많이 나오는 규칙을 뽑아서 "학급 일년의 약속"으로 정하고 게시판에 게시한다.
⑤ '학급 일년의 약속'은 주기적으로 혹은 학급 내 문제가 생길 때마다 학급 회의시간에 약속을 다시 언급하며 논의하고, 스스로 약속을 지키고 있는지 점검한다.

(2) 기를 수 있는 자질
*필요한 자질 : 민주시민으로서 자질
① 자율성과 책임감 기름 : 학생이 주도적으로 규칙을 제정하고 의사결정에 참여
② 공동체 의식 함양 : 학급 규칙에 관해 서로 학생들이 자신의 생각을 표현할 수 있고 그것이 존중받을 수 있는 기회를 부여받아 더불어 살아가는 공동체 사회를 이해
③ 타인이해 및 의사소통능력 함양 : 서로의 의견을 경청하고 존중하면서 의사결정에서 합의에 이르는 경험 공유

[즉답형 16] 유형화 : 교육철학, 교사의 자질 ➡ 교사리더십

(1) 필요한 리더십: '수평적 리더십' 필요
① 교사와 학생을 수직적으로 생각하고 '학생이니까 교사의 말에 따라야한다'는 생각으로 학생에게 지시하고 통제하려 하는 방식은 요즘 학생들의 성향에는 잘 통하지 않음.
② 학생과 교사가 수평적으로 함께 주체가 되어서 변화를 만들어가는 리더십 필요 ➡ 학생과 마음을 주고받으며 신뢰를 형성하고 이를 바탕으로 학생 스스로 변화하게 유도한다면 지시 / 통제하는 방식보다 더 큰 영향력을 발휘할 수 있음.

(2) 리더십 기르기 위한 노력
① 학급회의를 자주 열기: 학급 행사 등 정해야 할 안건이 있을 때 교사가 정해서 알려주기보다는 학급회의를 통해 학생들의 의견을 모으고 토론하게 하며 교사도 학생의 입장에서 같이 참여한다. 학생들은 민주적인 분위기에 자신의 의견이 학급 운영에 반영된다는 것을 느끼게 되고 더 적극적으로 학급 활동에 참여하게 된다.
② 영향력을 키우고 저항력을 줄이기
㉠ 저항력 줄이기: 학생이 교사의 지도에 따르지 않을 때는 저항한다고만 생각하지 말고, 나름의 이유나 하기 싫은 감정이 있다고 생각 ➡ 아이의 행동을 무리해서 바꾸기보다는 우선 그 부정적 감정을 우선 알아주면서 저항력을 줄이는 것이 필요
㉡ 영향력 키우기: 학생들은 자신을 알아주는 느낌을 받을 때 '아, 저 선생님 괜찮은 사람이구나, 내 마음을 헤아려 주는구나.'하고 마음을 연다. ➡ 교사와 학생의 관계는 하루아침에 좋아지는 것이 아니라 학교생활 속에서 학생들의 마음과 긍정적 변화를 꾸준히 알아주고 칭찬한다면 학생에게 미치는 영향력을 줄일 수 있다. 이렇게 저항력을 줄이고 영향력을 높였을 때, 학생의 문제 행동에 대해서도 진심 어린 조언을 할 수 있게 되고, 학생이 이를 잔소리로 생각하지 않고 받아들일 확률도 커진다.

③ 항상 자신의 리더십을 점검하기 : 어떻게 해야 아이들을 변화시켜야 관계에 금이 가지 않으면서 바람직한 방향으로 영향을 미칠 수 있는지 고민해야 함. 이때 학생들과 개인상담을 종종 하며 학생들이 학급 운영에 대하여 어떻게 생각하는지 학생들의 마음을 들어주려고 노력하고, 교사가 잘못한 부분이 있다면 과감히 학생들의 피드백을 받아들이기

[즉답형 17] 유형화 : 교육철학, 교직관, 마을교육공동체(교육자치)

① 좋은 기회라고 생각하고 진정한 지역교육자치를 실현해보고 싶다. 교육자치시대이고 마을교육공동체, 즉 지역의 특색을 살린 교육 자치가 강조되고 있는 만큼 발령을 받은 지역에 대해 이해하기 위해 어떤 지리적, 문화적 특징이 있는지 여기저기 다녀보며 적응할 예정
② 그 이후 지역 특색을 살린 프로젝트 수업, 교과 융합수업 등을 진행하고 싶다. 예를 들어 교과에서는 지역의 유적지 / 특산물을 외국인에게 소개하는 홍보물을 만드는 프로젝트 수업을 진행해보고 싶고, 농어촌지역의 생태환경을 활용하여 자연을 배경으로 한 문학 지문도 다뤄보고 싶으며, 학교 행사 측면에서는 마을 시설이나 마을의 인적 자원을 활용한 체험 프로그램을 진행하고 싶다.
③ 농어촌지역은 이런 교육을 실현시키기 더 좋은 환경이라고 생각한다. 이런 과정을 통해서, 그 지역만의 새로운 매력을 느끼면서 나 자신을 빠르게 적응시키고, 학생들은 자신이 살고 있는 지역에 관심을 갖고 올바른 역할을 할 수 있는 민주시민의 역할을 수행할 수 있도록 도울 것이다.

[즉답형 18] 유형화 : 교직관, 교사의 자질

① 학생에게 관심을 가지고 긍정적인 면을 꾸준히 관찰해야 함. 그래야 학생을 어떻게 지도할지, 어떤 점을 칭찬해줄지 알 수 있음.
② 누구에게나 강점은 있으므로 교사는 학생의 재능에 대한 탐정이 되어야 함. ➡ 개개인의 강점을 발견하여 성장할 수 있도록 도움.
③ 학생을 단기간 관찰한 것으로 판단하면 편견을 가질 수 있음. ➡ 오랜 관찰 및 꾸준한 학생과의 소통으로 학생과의 관계를 형성해 나가야 함.
④ 문제행동을 많이 하는 학생이라도 꾸준히 관찰하면 긍정적인 면을 가지고 있음. ➡ 그 긍정적인 면을 활용하는 것이 문제행동을 개선하는 지름길
⑤ 학생의 갑작스런 문제 행동엔 숨은 이유가 있음. ➡ 바로 판단하고 혼만 내기보다는 학생의 이야기를 충분히 들어주고 행동을 수정해주어도 늦지 않다.

[즉답형 19] 유형화 : 교사의 자질

(1) 김교사가 할 수 있는 것
학생들에게 사과하기 : 종종 교사는 학생에게 먼저 사과하는 것이 필요하다. 이 상황에선 학생의 잘못도 있긴 있지만 교사가 개인적으로 겪은 일 때문에 '화풀이'식으로 학생들에게 더 크게 화를 낸 것이다. "오늘 아침에 접촉사고로 조금 흥분했던 것 같아요. 안 좋은 일이 있어서 여러분에게 더 큰 화를 낸 것 같아 미안해요."라는 식으로 솔직하게 이야기하는 것이다. 아니면 종례시간에 칠판에 이런 내용의 문구를 적어놓는 방법도 있다.

(2) 필요한 교사의 자질
① '자기점검(성찰)'을 잘 할 수 있는 자질 : 교사는 항상 자기 자신이 어떤 상태인지, 학생들에게 어떻게 대하고 있는지 점검하는 습관이 있어야 한다. 특히 교실을 들어가기 전에는 항상 마음가짐을 새롭게 해야 한다. 교사가 이미 화가 나있는 상태라면 그 영향이 다른 학생들에게 갈 수 있으므로, 교실 들어가기 전에 심호흡을 크게 하며 마음을 진정시키고, '내가 개인적인 일로 화가 나 있더라도 애들한테 절대 풀지 않을 것'이라는 다짐을 하고 수업에 임해야 한다.

② 평정심을 잃지 않는 자질 : 교사는 학생에게 항상 본보기가 된다. ➡ 학생과 갈등상황에서 화만 내고 감정적으로 대한다면, '너네도 갈등 상황에서 이렇게 해결하라'라고 보여주는 것이나 마찬가지이다. ➡ 평정심을 가지고 학생과의 갈등 상황에 대처할 수 있어야 한다.

[즉답형 20] 유형화 : 교사의 자질, 칭찬하는 교사

(1) 김교사의 부적절한 부분
① 아이를 혼낼 때 욕, 손찌검, 미움은 주지 말아야 한다. ➡ 아이의 잘못된 행동이 그 아이에게서 비롯된 것이 아닐 수도 있다. 미움은 누구에게도 도움이 되지 않는다. 그리고 학생들의 행동을 지적할 수는 있어도, 교사가 격분해서 감정적으로 대하는 것은 적절하지 않다. 학생을 지도할 때 학생이'눈물을 흘리는 것'이 결과가 되어선 안 되고, 더 성숙해지는 것을 기대해야 한다.
② '왜'라는 질문에 답할 수 있어야 함. ➡ 문제행동을 하는 학생을 이해시킬 수 있는 규칙설명이 필요 ➡ 반항적인 학생은 자신이 특정 규칙을 '왜' 따라야 하는지 모를 때 반항적임. ➡ "그냥 하라면 해라"라는 식의 말은 반항심만 키움.

(2) 칭찬에 인색한 이유 및 해결방법
① 이유 : 학생들이 잘못한 부분, 혼을 낼 부분만 관찰하면 학생들을 칭찬할 수 없다. 학생 한 명 한 명을 소중히 여기고 학생으로부터 배울 수 있다는 낮은 자세를 지니면 학생들의 장점이 눈에 들어온다.
② 해결
  ㉠ 칭찬 일지 작성 ➡ 자기 자신이 관찰한 학생들의 모습을 적어보고, 그중 칭찬할 수 있는 부분을 찾아 칭찬하는 연습을 수시로 해본다.
  ㉡ 칭찬의 기술 익히기 ➡ 추상적이지 않고 구체적인 행동, 노력을 칭찬하기. 바람직한 행동이 있을 때 그 자리에서 바로 칭찬, 내 입장에서가 아닌 칭찬 받는 학생의 입장에서 기분 좋을 만한 사항을 칭찬

[즉답형 21] 유형화 : 교사의 자질, 학급운영

(1) 분산적 지도성
지금 교사는 너무나도 많은 것을 혼자 책임지려하고 있다. 교사의 지도성을 학생에게 분담할 필요가 있다. 학생들 개개인도 많은 능력을 가지고 있어 이 능력을 활용하면 교사의 일도 줄어들고, 학생들도 중요한 역할을 하고 있다고 자부심을 느낄 수 있다.

(2) 1인1기여 프로젝트
교사가 모든 일을 다 하는 것이 아닌, 학급관리에서는 1인 1기여를 통해서 학생들이 자신이 잘하는 분야에 책임을 맡아 학급 관리에 기여한다.(반장에게 각 역할을 점검하는 역할을 맡긴다) 수업에서는 잘하는 학생이 보조교사 역할을 하고 숙제를 걷는 등의 역할을 맡겨 학생을 활용한다. ➡ 이러한 역할을 부여하면서 자연스럽게 학생과 소통이 늘어나게 되고, 학생들 간 관계도 개선되어 학급 분위기도 좋아지고 수업의 질도 높아지게 된다.

[즉답형 22] 유형화 : 교직관, 교사와 학생간의 관계

(1) 학생들과 상호작용을 더 하겠다.
① 사회통제 이론 활용(교사와 학생의 친밀한 관계(래포)는 학생에게 심리적 안정감을 주게 되고, 이는 학생이 학교폭력, 가출, 무단결석과 같은 일탈 / 비행행동을 억제시키는 효과가 있다.)
② 점심시간은 학생들의 학교생활(친구관계, 학업고민 등)이 가장 자연스럽게 드러나는 시간이다. 행정업무는 다른 시간에도 가능하지만 점심시간의 모습은 이때뿐이다. 또한 이 시간을 활용해 학생들과 자주 접촉하여 이야기를 많이 나눈다면 학생들의 특성 및 고민 파악이 가능하다.(수업시간에는 잘 드러나지 않는 다른 모습)

(2) 행정업무 및 수업준비를 더 하겠다.
① 교사가 행복해야 학생도 행복하다. 작년부터 행정업무로 많은 스트레스를 받았다면 그 모습이 학생에게도 나타났을 가능성이 높다. 이런 자투리시간에 업무를 잘 수행해 놓고, 야근하는 일을 없애야 몸도 마음도 건강한 행복한 학교생활을 할 수 있으며 학생들에게도 더 친절하게 대할 수 있다.
② 점심시간이 끝나면 바로 5교시가 시작된다. 5교시 수업은 학생들이 졸려 하고 가장 힘들어하는 수업이다. 조금이라도 더 수업에 대한 고민을 하고 간다면 학생들이 지루하지 않은 수업을 할 수 있다.

[즉답형 23] 유형화 : 학급운영 ➡ 학기초 학급운영

(1) 박교사의 조언
　　➡ 받아들이지 않는다.
① 벌을 주고 무섭게 대하는 것은 일시적으로 학생을 통제할 수는 있을지 몰라도 그 효과가 단기적이고, 학생들은 통제에 따라 움직이기만 할 뿐 주체적으로 학교행사에 참여하고 자신의 의견을 자유롭게 이야기하며 학교생활 하는 민주시민의 자세를 기를 수 없다.
② 학생들과 래포형성을 할 수 없어 학생들은 담임교사에 거리감을 두게 되고, 개인적인 민감한 문제를 교사에게 털어놓기 힘들어할 것이다.
③ 꽉 잡는다고 해도 1년 내내 학생들을 잡기는 힘들다. 담임의 역할 중 가장 중요한 것 중 하나는 일관성과 형평성이다. 교사는 지나친 통제도 아닌, 지나친 방임도 아닌 합리적인 학급 운영 방법을 찾고, 그 방법을 일관성 있게 유지해야 학생들의 신뢰를 얻을 수 있다.

(2) 학기초 학급운영
① 래포형성
　　㉠ 학기시작 전 미리 아이들 사진과 명렬표 받아서 외우기 ➡ 번호가 아닌 이름 불러주기 ➡ 첫날부터 좋은 첫인상을 남길 수 있음.
　　㉡ 복도에서 선생님 만나면 자신의 이름을 이야기하라고 하기 ➡ 빨리 알고 싶다는 노력을 보여주기 ➡ 학생들에게 관심이 많은 교사라는 인식
　　㉢ 학생들의 장점, 특징, 취미, 관심사 파악해서 적어놓기 ➡ 의미 있는 대화 유도
② 학급규칙 함께 세우기: 학급회의를 통해 스스로 학급 규칙을 만들 기회를 제공하여 학생들의 의견을 자유롭게 이야기할 수 있는 민주적이고 안전한 학급문화를 느끼게 하고, 학생들이 만든 규칙을 학기 중에 직접 관리하게 하며 의사결정에 대해 스스로 책임질 수 있는 기회를 제공한다.
③ 허용되는 것과 허용되지 않는 것에 대한 구분은 명확히 하기 ➡ 단, 감정적으로 대응하지는 않고 학교에서 허용되지 않는 것에 대한 이유를 학생이 이해할 수 있게 쉽고 자세하게 설명하기
④ 교사의 약속 및 학생에게 바라는 희망 : 모두에게 공평하고 편견 없이 대한다는 약속을 하기 ➡ 학생들은 다른 것보다 차별하는 교사에 민감하다. 학생들을 성적과 같은 특정 기준으로 판단하여 차별하는 일 없이 모두를 공평하게 대한다는 약속을 하고, 이를 지키려고 노력하면 학생들의 신뢰를 얻을 수 있다. 더불어 교사는 이런 노력을 할 테니 학생들은 이런 것을 지켜주었으면 좋겠다는(예 서로 배려하는 학급) 학생들에게 바라는 희망을 같이 이야기할 수 있다.

[즉답형 24] 유형화 : 교직관, 교사의 자질

(1) 원인
너무 완벽해지려고 한다. ➡ 모든 아이가 집중하길 바라는 것은 무리다. 그렇게 할 수 있는 교사는 극히 드물다. ➡ 일부 아이들이 반응이 없어도 상처받을 필요는 전혀 없다. 교사생활에서 '슈퍼맨'이 되려고 한다면 스트레스 받을 수 있다.

(2) 필요한 태도

일부 아이들과 관계의 단절을 통보하면 교사가 행복해질 수 없다. 어떤 방법을 써서라도 수업과 아이들을 변화시키려고 노력해야 오히려 마음이 편하다. 그러기 위해서는 마음가짐이 중요하다. 아이들은 원래 어른 말을 잘 듣지 않고, 집중하기 힘들어한다는 것을 인정하자. 이런 아이들에게 강요와 명령을 하면 더 듣지 않는다. 먼저 아이들의 이야기를 들어주고, 아이들이 선생님을 좋아하지 않는다면 내가 먼저 아이들을 환대해주자.

[즉답형 25] 유형화 : 교사 스트레스, 교사의 자질

(1) 필요한 자질

자신에게 주어진 상황을 자기에게 유리하게 생각하는 자긍심과 어려움을 공유하는 자기개방이 필요

(2) 해결방안

교사는 교직 4년 차 매너리즘에 빠져 있어서 학교에 일어난 상황을 부정적으로 보는 경향이 있으므로 긍정적인 해석이 필요하다. ➡ '긍정일기' 쓰기(학교생활 중 자신에게 짜증나고 스트레스 받는 일이 발생할 때마다 그 상황의 긍정적인 면을 적기), 지역교과연구회 참석(수업을 위해 열심히 고민하는 다른 교사들을 보며 교직생활에 대한 자극 받기, 다른 교사들과 교직생활의 어려움을 공유하며 서로 공감해주며 치유), 자기계발하기(수업 능력, 행정업무 능력을 키워 학생들, 동료교사에게 인정을 받는다면 학교생활에 대한 내적 동기 향상)

P·A·R·T
04

수업실연 TREND 파악하기

CHAPTER 01 최근 수업실연 기출 Overview
CHAPTER 02 수업실연, 이것만은 꼭 지켜야 한다
CHAPTER 03 수업지도안 Tip

CHAPTER 01 최근 수업실연 기출 Overview

01 지역별 수업실연 진행방식

(※ 주의사항 : 2025년 10월 기준으로 작성한 것으로 **2차최종공고에서 변경가능 - 확인 필수**)

지역	교수학습 지도안	수업구상 / 시연시간	배점
울산, 부산, 경남, 대전, 서울	있음 (60분)	20분 / 20분	지도안15, 수업실연45
세종, 전북, 전남, 광주, 인천, 충남, 제주, 충북, 강원, 경북	없음	20분 / 20분	- 실연 60: 전북,광주 - 실연 50: 세종, 경북, 인천, 전남, 제주, 충남, 충북, 강원
대구	없음	25분 / 25분	실연 40
경기		20분 구상 / 5분 수업설계역량(구상형 1)/ 15분실연 /	60점

02 일반적인 수업실연 진행방식

[지도안 지역]

> 대기실(관리번호 추첨 후 번호순 좌석 재배치) → 문제지(지도안용) 받고 교수학습지도안 작성 → 중식 → 대기실 → 구상실 이동 후 문제지(수업실연용)와 함께 답안구상 → 수업실연실 이동 → 수업실연 → 문제지 및 명찰 반납 → 개인 소지품 및 휴대폰 수령 → 건물 밖으로 퇴실

[지도안 없는 지역]

> 대기실[관리번호 추첨] → 구상실 이동 후 문제지 받고 답안구상 → 수업 실연실 이동 → 수업실연 → 문제지 및 명찰 반납 → 개인 소지품 및 휴대폰 수령 → 건물 밖으로 퇴실

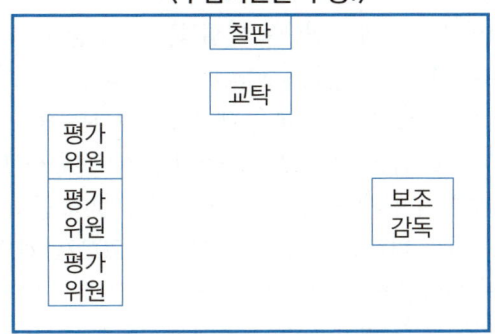
<수업시연실 구성1>

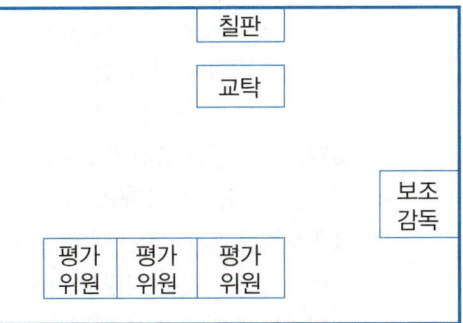
<수업시연실 구성2>

03 최근 수업실연 기출의 특징

① 수업실연은 2012년부터 현재 시행하는 시연과 비슷한 형태로 출제되었다.(그 이전에는 10분 시연이었다) 최근 기출부터 2012까지만 보는 것이 좋다.

② 수업은 Introduction(출석확인, topic소개, 학습목표제시 등…), Development(Pre, While, Post 활동), Consolidation(학습내용 정리, 다음 수업 예고…)으로 나눌 수 있는데, 최근 기출은 모두 'Development' 부분만 시연하는 것을 요구하였다.

③ Block-time설정: 현장과 같은 45분/50분 수업이 아니라 block-time 수업(90분/100분)이라는 설정을 하고, development 중에서도 일정 부분을 실연하라는 문제가 출제되고 있다. 아무래도 짧은 1차시 수업 중 일부를 시연하는 것보다는, 더 많은 활동들이 진행되는 block-time 수업에서 일정 부분을 시연하라고 하라고 하면 기출문제를 기존 문제 겹치지 않고 더 다양화할 수 있기 때문에 이런 설정이 계속되는 것 같다.

④ Grade : 보통 중2~고1로 나오는 것으로 보아 학생중심 활동식 수업을 요구한다.

⑤ Topic : 일상적인 주제가 나올 때도 있고(예 2016 고민해결, 2021 건강식단…) 해당 시기에 현장에서 이슈된 내용이 나올 때도 있고(예 2017/2022 독서교육, 2018 안전융합교육, 2019 환경보호, 2020 미래교육 관련 문제) 사회·문화적이거나 자기계발 주제도 나온다.(예 2023 개인성장 주제, 2025 보편적 설계)

⑥ Main Skill : Reading이 주가 되고, pre-reading으로 단어지도, while-reading으로 지문 이해점검, post-reading으로 writing을 하는 경우가 많았다. 다만 2014는 Reading text가 없이 Speaking이 주가 되었고, 2017-2018은 post-reading부터 시연하며 단어지도를 시연하지 않을 것을 요구하기도 했다. 또한 2023-2025에는 writing이 주요 스킬이고 전형적인 reading text의 이해점검(글을 읽고 main idea → detail로 이어지는)이 없기도 했다. 이는 자주 기출 되어서 수험생이 누구나 잘하는 부분을 피해서 출제하려는 의도라고 볼 수도 있으므로 자주 나온 패턴만 연습하기보다는 다양한 형태의 디렉션을 연습할 필요가 있다.

⑦ 실연 내용의 통제 : Worksheet이 3~4는 기본으로 주어지고, direction도 더 상세하게 나오기

때문에 실연자가 자유롭게 수업을 구성하긴 어렵고 해야 하는 수업이 많이 통제되어 있다. 그 통제 속에 자신만의 개성 있는 수업 스타일을 드러내고 역량을 발휘하는 것이 중요하다. 또한 수업실연 중간에 이미 했다고 가정하는 부분 (예 2022년 group feedback을 주는 부분과 writing 활동에 대한 예시를 주는 부분)이 레슨플랜에 적혀있어 그 부분을 빼고 실연하라는 요구가 많아 졌다. 2021년엔 중간에 그룹활동을 전부 빼고 실연하라는 요구사항이 있기도 했으므로 어느 부분을 했다고 생각하고 어느 부분을 실연할지 문제를 차분하게 파악하는 것이 중요해졌다.

⑧ 요구 디렉션 증가 : 최근 수업실연에서 요구하는 디렉션이 많아졌는데 특히 2022년엔 11개의 디렉션을 모두 실연하라고 출제가 되어서 수험생들을 당황시켰다. 게다가 20분이 아닌 15분 실연하는 지역은 특정 디렉션을 빼고 하라는 말도 없이 20분 지역과 동일하게 출제되고 있어 시간 내에 모든 디렉션을 완수하기가 매우 어려워졌으므로 시간 관리 연습이 필요해졌다.

⑨ 에듀테크 활용 : 2023엔 online dictionary가, 2024엔 tablet PC가 활용 가능한 수업도구로 들어가있다. 에듀테크를 활용하라는 직접적인 디렉션은 아직 없었으나 수업 도구에 등장하고 있으므로 디렉션 수행 시 에듀테크를 적절히 활용하는 연습이 필요해졌다.

04 최근 수업실연 기출 정리표

	Grade	Topic	Main Skill	Worksheet	특이점
2017	중3	Stories Behind Pictures	Reading & Writing	writing 2	사진사용, pre-reading생략
2018	고1	Earthquake	Reading & Speaking & Writing	text 1, picture 1, writing 1	안전교육 융합수업, 사진사용, pre-reading 생략
2019	중3	Environment (Recycling)	Reading & Speaking & Writing	text 1, comprehension 1, speaking 1, writing 1	배경지식활성화부터 시작, 모든 디렉션 전부 시연
2020	고2	Future Jobs	Reading & Writing	motivation 1, text 1, speaking 1, writing 1	단어지도 없음, 문법지도, 미래교육 연계
2021	고1	Healthy Food	Reading & Writing	motivation 1, text 1, speaking 1, writing 1	중간 그룹스피킹활동시연생략
2022	중3	Enemy Pie	Reading & Writing	text 1, writing 1	Examinee's Answer1~4 모두 실연 요구
2023	중3	Beyond Your Comfort Zone	Reading & Writing	text 1, vocabulary 1, writing 1	group work없음, 한글지도안 시작
2024	고1	Spread Wisdom	Writing & Speaking	motivation 1, text 1 (skit), writing 1, self-assessment 1	Skit 대본이 최초로 출제
2025	고1	Design for Everyone	Reading & Writing	text 1, comprehension 1, writing 2	Eaminee's Anwer 1~4 모두 실연, 사진 사용, 문법지도, Reading 활동에서 main idea, detail 찾기 없음

05 최근 수업실연 기출 활동 진행 흐름

	Step1	Step2	Step3
2017	[post-reading] ① reading(create the ending) ② T's feedback	[pre-writing] ① picture worksheet ② T's modeling	[while-writing] ① group writing(make a story) ② peer feedback
2018	[post-reading] ① reading for details ② T's feedback	[speaking] ① group speaking (describe pictures) ② T's modeling, feedback	[writing] ① group writing(make a manual) ② peer feedback(scoring rubric)
2019	[pre-reading] ① schema activation [while-reading] ② reading for main idea ③ reading for details	[speaking] ① pair speaking (survey) ② T's feedback	[writing] ① group writing(suggestion) ② Teacher's modeling
2020	[while-reading] ① reading for main idea ② reading for details ③ target form	[speaking] ① group speaking, presentation ② T's feedback	[writing] ① individual writing(paragraph) ② scoring rubric ③ peer feedback
2021	[Pre-reading] ① Motivation ② pair speaking	[reading] ① reading for main idea ② reading for details ③ vocabulary	[writing] ① individual writing(suggestion) ② scoring criteria ③ peer feedback
2022	[Pre-reading] ① predicting ② pair speaking ③ vocabulary	[reading] ① reading for gist ② graphic organizer	[post-reading] ① group writing ② presentation ③ peer feedback(scoring rubric) ④ pair speaking + T's feeback
2023	[post-reading] inferring meaning of the title	[pre-writing] ① speaking ② vocabulary	[writing] ① completing the table ② individual writing ③ T's feedback
2024	[Pre-writing] ① vocabulary(inferring) ② proverb ③ reading for theme	[writing] ① pre-writing ② group writing(script) ③ Self-assessment	[post-writing] ① group speaking ② T's feedback
2025	[Pre-reading, reading] ① guessing the topic (with picture) ② vocabulary ③ grammar ④ graphic organizer	[writing] ① discussion ② filling in the chart ③ group writing (suggestion letter)	[post-writing] ① peer feedback ② T's feedback

➕ PLUS | 2022 개정 교육과정의 영어교과에서 제시된 소재 및 기출

범주	세부 내용	기출
개인생활 관련	취미, 오락, 여행, 운동, 쇼핑 등 여가 선용에 관한 내용	2012 'Interests & hobbies'
	보건, 위생, 영양 등 개인 건강 관리에 관한 내용	2013 'Eliminating bad habit' 2021 'Healthy food'
	생일, 관심사, 생활 방식 등 개인 일상에 관한 내용	2023 'Beyond your comfort zone'
가정생활 관련	의복, 음식, 주거 등의 내용	
	명절, 가족 행사, 집안일 등 가정 일상에 관한 내용	
학교생활 관련	다양한 교육 내용 및 방법, 학교 활동, 교우 관계, 진로, 진학 등 학교 일상에 관한 내용	2022 'Enemy Pie'
사회생활 관련	일, 노동, 직업 윤리 등 근로에 관한 내용	2014 'Child performers' 2020 'Future Jobs'
	서신 왕래, 소셜 미디어 등의 온라인 활동, 면대면 대화 등 대인 관계에 관한 내용	2016 'Worries & advices'
	회의, 지역 행사, 졸업, 결혼, 장례식 등 사회적 행사에 관한 내용	
문화 관련	동일 문화권 내의 다른 세대, 성별 간의 문화적 차이에 관한 내용	
	우리의 문화와 생활 양식을 소개하는 데 도움이 되는 내용	
	우리 문화와 다른 문화의 언어·문화적 차이에 관한 내용	
	다양한 문화권의 관습, 규범, 가치, 사고방식, 행동 양식, 의사소통 방식에 관한 내용	
	세계 문화의 의식주, 명절과 축제, 종교, 언어, 문학, 음악, 예술, 대중문화, 여행 및 관광지, 건축물, 전통, 지리, 역사, 인물, 스포츠, 관혼상제 등의 다양한 일상생활에 관련된 내용	
	다양한 문화권의 사람들과의 의사소통, 교류, 협력 등에 관한 내용	
민주시민 관련	공중도덕, 예절, 협력, 배려, 봉사, 정의, 책임감 등의 인성에 관한 내용	2015 'Good people'
	인권, 양성평등, 글로벌 에티켓, 평화 등의 민주시민 의식 및 세계시민 의식을 고취하는 내용	2025 'Design for Everyone'
	올바른 미디어 리터러시를 통한 비판적 사고의 성찰, 사회적 공감과 의사소통, 문제에 대한 비판적 사고와 민주적 의사 결정 및 갈등 해결에 관한 내용	
	가난 및 기아 해결, 인구 문제, 청소년 문제, 고령화, 다문화 사회, 사회 정의와 불평등 해소, 책임 있는 소비와 생산, 자원과 에너지 문제, 국제 문제 해결을 위한 협력 등의 사회 현안을 논의하는 내용	
	변화하는 사회 및 국제적 현안을 해결하기 위하여 가정, 학교, 지역, 국가 및 세계 공동체의 범위로 참여를 촉구하는 내용	
생태전환 관련	인간과 생태계의 관계에 대한 관점, 자연환경과 생태 윤리, 생태 감수성과 책임감, 현재 및 미래 세대의 권리로서 환경권 존중 등의 생태계와 인간의 관계에 대한 관점과 태도에 관한 내용	
	생태계의 특성과 시스템 탐구, 생태 시스템과 인간 사회 시스템의 연관성 탐구 등 기후변화와 생태계 문제 탐구에 관한 내용	
	생태전환을 위한 사회 체계의 변화 제안 및 실천, 생태전환을 위한 지속가능한 과학 기술 제안 및 실천, 일상생활에서의 생태 전환 참여와 실천 등 생태전환을 위한 참여와 실천에 관한 내용	2019 'Recycling'

범주	세부 내용	기출
디지털·인공지능 관련	컴퓨터와 인터넷 활용, 소프트웨어의 이해와 활용 등 디지털 기술의 이해와 활용에 관한 내용	
	정보의 공유, 온라인 활동 참여와 협업 등 디지털 의사소통과 협력에 관한 내용	
	정보의 수집, 관리, 분석, 표현 등 정보의 처리와 생성에 관한 내용	
	디지털 기술과 정보의 안전한 사용 및 윤리적 사용에 관한 내용	
일반교양 관련	생활 안전, 교통안전, 재난 안전, 직업 안전 등의 안전에 관한 내용	2018 'Earthquake'
	동식물 또는 계절, 날씨 등의 자연 현상에 관한 내용	
	애국심, 평화, 안보, 독도 교육 및 통일 등의 내용	
	정치, 경제, 금융, 역사, 지리, 수학, 과학, 교통, 정보 통신, 우주, 해양, 탐험 등의 일반교양을 넓히는 데 도움이 되는 내용	
	인문학, 사회 과학, 자연 과학, 예술 분야 등의 학문적 소양을 기를 수 있는 내용	
	언어, 문학, 예술 등의 심미적 심성을 기르고 창의력, 상상력을 확장할 수 있는 내용	2017 'Stories Behind Pictures' 2024 'Spread Wisdom'

06 수업실연 기출 Direction 유형별 Overview

(1) Schema-activation

수업 초반 본격적인 활동에 들어가기 전에 topic과 관련된 배경지식 활성화는 꼭 필요한 부분인 만큼 직접적으로 이 부분을 시연할 것을 요구하는 디렉션이 많이 나왔다. 다만 수업실연은 전체 수업의 일부를 보여줄 것을 요구하기에 그 부분은 '이미 진행되었다'라고 나오는 경우도 있다.

- Speaking활동으로 주제에 대해 schema활성(2012, 2013, 2019, 2021, 2022)
- Title 활용하여 main text 내용 예측하기(2022)
- Title의 의미를 추론하고 Title의 필요성에 대해 이야기 나누기(2023)
- 그림을 보고 Title의 의미를 짝과 함께 추측해보기(2025)

(2) Vocabulary

단어는 보통 Reading 활동 전에 본문의 단어를 1~3개 정도 가르치라고 나온다. 그 단어를 문제에서 정해줄 때가 있고, 직접 선택하게 할 때가 있다. Guessing Strategy와 같이 특정 단어전략을 사용하게 하는 디렉션도 나왔다. 거의 매년 나오는 디렉션이라 많은 연습은 필수이지만 2020에서는 이 부분을 제외하기도 했으므로 '항상 나온다'라고 단정하지는 않아야 한다. 또한 개별 단어 외에도 2024와 같이 숙어, 관용구도 출제될 수 있으니 이 부분에 대한 대비도 필요하다.

- worksheet에 밑줄 친 단어 중 1개 선택해서 가르치기(2019, 2021, 2025)
- worksheet에 밑줄 친 단어 3개 가르치기(2012, 2015, 2014, 2023)
- Guessing을 활용하여 단어(표현) 1~2개 가르치기(2013, 2022, 2024)

(3) Reading

2014년 기출을 제외하곤 모두 reading text가 있었다. 기본적으로 main idea를 파악하고 detail을 위한 읽기를 진행하는 것이 단골 문제이다. detail 이해 확인을 위한 worksheet은 제공될 때도 있고 없을 때도 있다. 자주 나와서인지 2025는 main idea와 detail찾기가 모두 제외되고 나왔으니 이런 경우도 대비가 필요하다. 읽기 후 세부 활동으로는 순서 맞추기, Graphic organizer 활용하기, 결말 추측해서 쓰기 등이 출제가 되었다. 2024에는 Skit 대본이 지문으로 나왔으므로 다양한 장르의 글을 지도하는 연습이 필요하다.

- 본문 읽고 main idea 파악하기(2019, 2020, 2021, 2022, 2024)
- Detail을 위한 읽기 후 주어진 worksheet 빈칸(세부정보) 채우기(2015, 2016, 2019)
- detail을 위한 읽기 활동 진행하기 – worksheet 없음(2018, 2020, 2021)
- Graphic organizer 활용한 활동 진행하기(2012, 2022, 2025)
- 이야기를 읽고 결말 추측해 쓰기(2017)
- 글의 순서 맞추기(2013)
- 속담을 기반으로 연극(skit)대본의 주제를 파악하기(2024)

(4) Speaking

2014 기출은 reading text 없이 speaking이 가장 중요한 main activity(Group debate)로 출제되었다. 이때를 제외하고는 Speaking은 main activity로 나오기보다는 Reading을 하기 전 스키마 활성을 위한 pre-reading 활동, Reading을 하고 난 후 관련된 자신의 생각/경험을 이야기하는 post-reading 활동으로 출제되고 있다. 그렇다보니 특정 디렉션이 자주 나온다기보다는 기출 주제마다 조금씩 다른 형태로 출제되고 있다. 2016년은 특정 form을 활용한 활동, 2018년의 사진을 활용한 speaking활동, 2019년의 survey 활동, 2024의 대본 연습하는 활동이 나오는 등 다양한 형태로 나오고 있으니 수업의 흐름에 맞게 자연스럽게 이끌어나가는 것이 중요하다.

- topic / reading text에 관하여 각자 경험을 나누는 speaking 활동(2022, 2023)
- 사진을 묘사하는 Group speaking 활동 진행하기(+교사의 modeling제공)(2018)
- (Pre-speaking) worksheet의 진술들을 찬성 / 반대로 나누기(2014)
- Topic관련 모둠 토론 후 2개의 best idea 선정하기(2014)
- 각자의 고민이야기하고 "If I were you"를 사용해 충고하기(2016)
- 짝으로 특정 행동 빈도를 묻는 Survey 활동 진행하기(2019)
- Worksheet 활용 특정 주제에 관한 Group Discussion(2020)
- Pre-reading으로 worksheet 활용하여 간단한 pair speaking 활동(2021)
- 모둠별로 역할을 설정하고 대본 연습하기(2024)

(5) Form / Expression

매년 나오는 디렉션은 아니지만 문법 지도가 종종 출제되기도 한다. 특정 문법을 직접적으로 가르치라고 하기보다는 reading 이해 활동 후 text 안에 있는 form에 초점을 맞추는 focus-on-form 형태로 주로 출제된다. 2020년 이후 나오지 않다가 2025에 오랜만에 출제되었으므로 연습을 소홀히 하지는 말자.

- text안의 target form(will be-ing/ 전치사+동명사)을 가르치기(2020, 2025)
- target form(If I were you…)을 예시와 함께 가르치고 사용하게 하기(2016)
- target form(If I were you…)의 이해정도를 체크하기 위한 formative test 실시(2016)
- text안의 linking words/ transition expression을 notice하게 하기(2012, 2014)

(6) Writing

수업 후반부에 진행하는 Group writing은 거의 매년 나오고 있으므로 모둠으로 Writing을 진행하는 방법은 많은 연습을 통한 자동화를 해두자. Individual writing도 3회 출제되었으므로 조별로 할 때와 개별로 할 때 어떻게 활동을 이끌고 나갈지 틀을 잡아놓는 것이 좋다. Writing 활동 전에 Model text를 제공하는 것도 자주 기출되었으므로 Model을 제공하는 습관을 들이는 것이 좋다.

- worksheet활용하여 주제에 대한 Group writing(2013, 2015, 2016, 2018, 2019, 2025)
- worksheet활용하여 주제에 대한 individual writing(2020, 2021, 2023)
- 학생의 Writing 활동 전 Model 제공하기(2014, 2016, 2017, 2019, 2023)
- 사진을 활용해서 Group story writing(2017)
- 주제에 관해 paragraph형태로 Group writing(2014)
- 모둠별로 연극 대본 작성하기(2024)
- Group 역할을 정하고, worksheet을 활용하여 reading text에 대한 plot twist 쓰기(2022)
- Paragraph organization에 대해 가르치기(2014)
- 주제에 관해 Level-differentiated writing(2012)

(7) Presentation

학생의 speaking 또는 writing 활동 이후에 Presentation을 진행하는 것이 디렉션으로 종종 나올 때가 있다. 2013, 2015, 2020, 2022처럼 시연을 요구할 수도 있고, 2016, 2017, 2018처럼 지도안에만 나와 있고 시연은 요구하지 않는 경우가 있다. Presentation 중 듣는 학생들을 참여시킬 수 있도록 peer evaluation을 위한 scoring rubric을 주는 것도 꾸준히 출제되고 있다.

- writing 활동에 대해 Group Presentation 시키기(2013, 2015, 2022)
- speaking활동에 대해 Group Presentation 시키고 피드백 제공하기(2020)
- Presentation전에 peer evaluation으로 scoring rubric 제시(2013, 2015, 2022)

(8) Feedback

매년 출제되는 부분이다. 학생의 Writing에 대한 피드백과 Speaking에 대한 피드백이 출제되는데 교사의 피드백이 나올 때도 있고 학생끼리 주고받는 peer feedback도 자주 출제되고 있다. 교사피드백은 단순히 '교사의 피드백을 제공해라'라고 통제가 없는 경우도 있고 피드백 종류를 통제 (예 language use와 vocabulary choice에 대한 피드백 제공, 발음/강세/억양에서 피드백 제공) 하는 경우도 있다. 동료피드백은 Scoring rubric을 활용한 Peer feedback이 자주 출제되는데 2024 이전에는 어떤 영역으로 평가할지 직접 만들어서 시연해야 했지만 2024~2025년에는 평가표까지 문제에 주어지면서 수업 통제가 더 많아졌다.

〈Writing에 대한 피드백〉

(1) Teacher's feedback
- Teacher's feedback 제공(2012, 2013, 2014, 2025)
- Teacher's feedback을 language use와 vocabulary choice로 나누어 제공(2023)
- Teacher's feedback을 language use와 content로 나누어서 제공(2017)

(2) Peer-feedback, Self-feedback
- Peer feedback을 scoring rubric 활용하여 진행(2018, 2020, 2021, 2025)
- Peer feedback 후 그것을 바탕으로 revise 활동(2017)
- Self-feedback을 checklist 활용하여 진행(2024)

〈Speaking에 대한 피드백〉

(1) Speaking 활동에 대한 피드백
- Teacher's feedback 제공(2021)
- Teacher's feedback을 language use 측면으로 제공(2022)
- Teacher's feedback을 발음, 강세, 억양 등에 대하여 제공(2024)
- Teacher's feedback을 language use와 content로 나누어서 제공(2019)

(2) Presentation에 대한 피드백
- Teacher's feedback 제공(2020)
- Teacher's feedback을 positive와 negative로 나누어서 제공(2015)
- Peer feedback을 scoring rubric을 활용하여 제공(2022)

CHAPTER 02 수업실연, 이것만은 꼭 지켜야 한다

01 '좋은 교사'라는 인상 남기기

(1) 자신감이 절반이다

자신감이 제일 중요하다. 면접과 다르게 수업실연은 목소리, 표정뿐만 아니라 온몸의 동작을 보여주기 때문에 자신감의 유무가 여기저기서 크게 드러난다. 불안한 표정과 행동으로 수업을 진행하면 듣는 감독관도 불안해서 '어디서 실수할까'에 초점을 맞춰 평가를 할 수 있는 반면 자신감이 넘치는 수업은 감독관에게 좋은 인상을 남기고 작은 실수가 있어도 감점 없이 넘어갈 수도 있다. 아마 감독관도 수많은 학생들 앞에서 수업하고 있는 모습을 생각하면서 채점하기 때문에 자신감에 가득찬 예비교사는 '실제 현장에서도 잘하겠군'이라는 생각이 들 것이다. 그렇다면 자신감을 어떻게 연습하면 좋을까?

첫째, 정말 많은 연습을 하는 것이다. '나는 영혼을 쏟아 최선을 다해 준비했으니 후회는 없어!!'라는 마음가짐으로 시험장에 들어가야 한다. 2차 시험 준비는 보통 연말/연초이기 때문에 이런저런 행사로 인해서 마음이 들뜨기도 하고, 나의 2차 실력에 대한 확신도 없어서 최대한 많은 시간을 2차 준비에만 집중하는 것이 생각보다 쉽지도 않지만, 연습 부족은 곧 자신감 부족으로 드러나기 때문에 조심해야한다. 1차점수와 상관없이 나의 합격에 강한 '근거 없는 확신'을 계속 가지면서, 내가 활용할 수 있는 모든 시간을 2차 준비에 쏟아서 그 누구보다 많은 준비를 해서 자신있게 시험장에 들어가자. '조금 여유있게 시작해도 괜찮다'는 주변의 말은 듣지 말고, 1차시험 후 가급적 빨리 시작하자.

둘째, 이미지트레이닝을 하자. 항상 오늘이 진짜 시험 날이고, 스터디원이 감독관이라고 생각하며 연습해야 한다. 스터디원이 익숙해진다면 종종 다른 스터디 그룹과도 연합을 해보고, 가족이나 은사님 등 지인 앞에서도 실연을 해보자. 종종 시험 날 입을 의상을 입고, 입장 및 인사부터 모든 과정을 실전이라 생각해보고 연습을 해보기도 하자. 그러면 실전에서도 마치 평소처럼 연습을 하러 가는 느낌을 가질 수 있고 위축되지 않고 자신감을 가진 실연이 가능할 것이다.

셋째, 멘탈관리에 힘쓰자. 2차 준비는 1차 준비와 완전 다른 성격이기 때문에 전체적인 준비과정에서 많은 심리적, 체력적 어려움을 겪을 것이다. 처음엔 실연을 남 앞에서 해보려고 하면 실패에 대한 두려움이 있을 것이고, 다른 스터디원이랑 비교했을 때 자신의 수업이 가장 엉망이라고 생각해서 고통스러울 것이고 이는 곧 자신감이 부족한 실연으로 이어진다. 사실 이런 어려움은 당연한 것이다. 필자도 한 번도 나의 실연에 만족한 적이 없다. 나만 느끼는 것이 아니고 모두가 느끼는 것이다. 실패할 용기가 필요하다. 자신감을 가지고 어려움과 불만족 속에서도 어떻게든 연습을 계속하자. 스터디원 중 자신이 가장 못한다고 생각이 들면 스터디원은 수석 합격하고 나는 문 닫고 합격하면 된다는 생각을 하자. 실전에서도 큰 실수를 해도 '감독관이 못 봤을 것' '다른 부분에서 더 잘해서 결국 점수 만회할 것'이라는 생각으로 쿨하게 넘기자. 자신감으로 생각보다 많은 것을 해낼 수 있다.

(2) 좋은 첫인상을 위해 투자를 하라

'첫인상이 마지막 인상'이라는 말도 있다. 취업 면접에서 면접관이 첫 15초 동안 받은 첫인상이 20분 동안 받은 인상과 거의 일치했다는 연구 결과도 있고, 이를 설명하는 '초두효과'라는 전문용어도 있다. 한 학자는 면접에서 첫 4분이 가장 중요하다는 연구 결과를 내기도 했다. 임용에서도 채점기준표가 있긴 하지만, 실제로 감독관을 보면 채점표를 하나하나 분석적으로 채점하기보다는 전체적인 수업능력을 보려고 하는 경향이 있다. 필자도 많은 예비교사의 실연을 봤지만 처음 5분 정도만 봐도 어떤 점수를 주어야 할지 판단이 가능한 경우가 많았다. 좋은 첫인상을 보여주면 전체적인 점수에도 도움을 받을 수 있는 것이다. 그러기 위해 단정한 의상, 밝은 표정, 적당한 미소를 보여주면 좋고, 수업실연 초반은 특히 신경 써서 열정적이고 적극적인 시연 태도를 보여주자. 특히 밝고 당당한 인사와 함께 시작하고, 수업 초반에 학생과의 활발한 소통으로 디렉션을 풀어나가는 연습을 많이 해놓으면 자연스럽게 좋은 첫인상을 남길 수 있을 것이다.

(3) 감독관이 리스닝 테스트를 하지 않게 하라

실전에서 분명 Direction을 전부 수행하고 왔는데 좋은 점수를 받지 못하는 경우가 있고, Direction을 다 수행하지 못하고 왔는데 만점 또는 만점에 가까운 점수를 받은 경우도 많이 보았다. 무슨 차이였을까? 또한 어떤 수업실연은 집중하려 노력하지 않고 '대충' 봐도 무엇을 하는지 이해가 잘 되는 반면, 어떤 수업은 리스닝 테스트를 하듯이 집중을 많이 해야 무슨 수업을 하고 있는지 겨우 파악할 수 있다. 이런 경우 당연히 '편히게 감상할 수 있는 수업'을 하는 교사에게 좋은 인상을 줄 수밖에 없다. 이 이런 차이가 생기는 이유는 Direction의 수행 말고도 문장 길이, 목소리, 표정, 제스쳐, 동선, 강약조절 등의 요소도 정말 중요하기 때문이다. 필자는 한자리에서 같은 문제로 8명이 연속으로 시연하는 것을 보고 피드백을 준 적이 있고 동영상 피드백도 하루에 10명 이상 준 적이 있었다. 수많은 실연을 계속 보다 보면 점점 집중력이 떨어질 수밖에 없었고 목소리가 작고, 항상 일정한 톤/속도로 진행하며, 제스쳐나 움직임이 거의 없는 수업은 특히 집중력이 더 떨어져 수업의 진행을 파악하기 위해서는 '리스닝 테스트'를 해야 했다. 반면 이렇게 피곤해지고 집중력이 떨어졌을 때도 편안하게 '감상'을 하게 하는 수업실연이 있었는데, 이 실연자는 목소리, 제스쳐, 동선, 강약조절 등에서 확실히 차이가 있었다. 물론 이런 부분들은 연습을 통해서 충분히 개선 가능하다. 이 책의 'Classroom management' 부분을 먼저 읽기를 추천한다. 그 부분을 계속 반복해서 보고, 영상을 촬영해가며 수정과 재시연을 반복한다면 실전에서 아주 자연스러운 시연을 할 수 있을 것이다. 우리의 최종 목표는 듣는 감독관이 '리스닝 테스트'를 하지 않고 '감상'을 하게 하는 것이다.

02 기본 공부 전략

(1) 스터디는 필수이다

1차 시험과 다르게 2차 시험은 '다른 사람 앞에서 해보는 것'이 매우 중요하다. 크게 두 가지의 이유가 있다. 첫째, 내가 보기엔 큰 문제 없다고 생각한 것이 다른 사람에게는 보이는 것이 많다. 내 인지구조 속에서 나름대로의 teacher talk을 사용해서 차분한 설명을 했지만 그 설명이 다른 사람 입장에선 매우 복잡하고 이해하기 어려운 경우가 많은 것이다. 사실 스터디원이 '어느 부분이 다소 이해하기 어려웠는지'만 알려줘도 큰 도움이 되므로, 스터디를 하면서 그런 부분을 서로 잘 공유하

자. 둘째, 혼자서 수업실연을 해보는 것과 나의 행동이 매우 달라진다는 것이다. 나 혼자 집에서 연습할 때는 아주 밝고 친절한 교사지만 스터디원 앞에서는 심리적 벽이 있어 매우 딱딱하고 긴장한 교사가 되는 경험을 해 본 적 있을 것이다. 또한 나 혼자 열심히 teacher talk을 준비할지라도 다른 사람 앞에서 그 teacher talk을 많이 활용해보지 않는다면 실전에서는 잘 나오지 않을 확률이 높다. 스터디를 통해 이 차이를 점점 줄여나가면 좋고, 스터디원이 많이 편해졌을 때쯤 다른 스터디 그룹과 1회 교환 스터디를 하는 것도 좋은 도움이 된다. 스터디원의 시연을 1번씩만 봐도 시간이 오래 걸리기 때문에 스터디그룹은 3명(최대 4명)이 적당하다. 만약 스터디를 구하기 어려운 상황이라면 온라인으로라도 구해보는 것을 추천하고(영상 교환 피드백), 아니면 주기적으로 다른 사람을 앞에 앉혀놓고(임용과 관계없는 가족, 친구도 괜찮다) 시연하는 연습이라도 꼭 해보자.

(2) 우선 기출 대본을 만들고, 점차 간소화하라

처음 수업실연을 연습한다면 이 책을 처음부터 쭉 읽기만 하는 것은 크게 도움이 되지 않는다. 우선 가장 최근 기출문제부터 보자. 그리고 Teacher talk을 모두 적어 full script를 만들어보고 연습하자. 모든 교사의 말뿐만 아니라, 어떤 제스쳐를 할 것인지, 학생은 무엇이라고 대답하는지를 모두 포함한 대본이며, 마치 연극 대본을 만든다고 생각하면 된다. 물론 처음엔 대본을 쓰는 과정이 쉽지 않으므로 루이스 책, 합격자 복기 등 다른 자료를 최대한 동원해서 완성해야 한다. 특히 루이스 책은 최근 기출 분석 내용, 스킬별 아이디어, Classroom management, Teacher talk모음 부분을 모두 골고루 참고하며 작성하자. 많이 모방하면서 시작해도 괜찮고, 시간이 매우 오래 걸려도 괜찮다. 수업실연을 어느 정도 해봤어도 그해에 처음 준비할 때는 우선 대본을 만드는 것을 추천한다.(대본을 만들면 수업실연에 필요한 다양한 요소를 전부 고려해서 작성하게 되기 때문이다.) 대본이 완성되면 입에 자연스럽게 붙을 때까지 계속 말해보고 시연해보자. 그리고 그 과정에서 또 script를 여러 차례 수정하고 보완하자. 그러다가 점점 Teacher talk이 익숙해지고 자동화되었다면 그 자동화된 부분은 빼고 대본을 적는 것이다. 실전에서는 문제지 여백에 간단하게 키워드 정도만 표시할 수밖에 없는데, 그 단계까지 점차 script를 간소화 시키는 연습을 하자.

(3) 기출을 반복하고 재시연하며 '수업실연 틀'부터 구축하라

수업실연 준비 초반에는 실전과 같은 구상시간 동안 수업 구상을 하긴 매우 어렵다. 기본적으로 상황별 teacher talk도 완성이 되지 않았고 활동을 어떻게 진행할지 계획이 바로바로 떠오르지도 않기 때문이다. 그러나 수업실연에 대해 어느 정도 익숙해지면 그 어떤 새로운 문제를 풀더라도 20분 안에 구상을 끝내고 20분 안에 모든 디렉션을 수행하며 시연이 가능하다. 물론 아쉬운 점은 있겠지만 어떻게든 수업은 해낸다. 이는 '수업실연 틀'이 잡혔기 때문이다. 수업실연 기출문제를 보면 매년 주제도 다르고 direction도 다르지만, 분명 어떤 문제가 나와도 비슷하게 진행되는 부분이 생각보다 많다. 활동 도입멘트, 활동 간의 전환 멘트, Group work 진행 멘트, worksheet 배부 등의 상황의 teacher talk은 항상 똑같이 진행되고, 각 스킬별(vocabulary, reading, writing 등) 활동의 대략적인 흐름도 나만의 틀이 어느 정도 잡히면 비슷한 방식으로 진행된다. 이런 틀이 잡히면 짧은 구상시간 동안 그 틀을 벗어나는 부분만 생각하면 되기 때문에 결국 실전에서 자연스러운 실연이 가능한 것이다. 그러니 수업실연 초반에는 다양한 새로운 문제를 접하기보다는, 최근 기출문제를 반복해서 연습하여 나만의 틀 만들기에 집중하자. 한번 시연하고 부족한 부분을 보완해서 재시연하고, 다시 보완해서 재시연해보는 것이 중요하다. 1차 발표 전에는 기출 중심으로 틀을 완성하고, 발표 이후에 다양한 새로운 문제에 도전해보자.

(4) 드립까지 자동화하라

아무리 대비를 많이 해도 실제 시험 현장은 정말 긴장되고 아무것도 생각이 나지 않을 수 있다. 아무말 대잔치를 하고 시험장을 나가는 순간 '내가 무슨 말을 했지?' 하고 아무런 기억이 나질 않는다. 그렇지만 아무리 긴장되는 상황이라도 수없이 반복했던 것은 나도 모르게 나오게 된다. 즉, 실전에서의 수업실연은 즉석에서 떠올린 내용보다는, "수없이 연습해서 자동화된 것들"로만 대부분의 대본이 구성된다고 보면 된다. 그래서 상황별 모든 teacher talk을 끊임없이 반복해서 자동화해야 한다. 먼저 이야기한 수업실연의 틀은 기본이고 나만의 드립까지 자동화해야 한다. 나만의 개성이 드러날 수 있는 필살 멘트를 준비했다고 해도, 어설프게 몇 번 반복한 것은 실전에서 나오지 않을 확률이 높기 때문이다. 또한 드립뿐만 아니라 특정 멘트를 할 때의 제스쳐, 특정 흐름에서의 움직이는 동선, 특정 멘트에서 강세를 주거나 속도 조절을 하는 것 등등 비언어적인 부분도 다 자동화 시키는 것이다. 나를 그냥 기계로 만들어라. 한 문제를 한 번만 해보지 말고 여러 차례 반복하고, 스터디원 앞에서도 계속 해보고, 틈나는 대로 중얼중얼거리며 연습하면 짧은 기간에도 많은 부분 자동화가 가능하다. 종종 나만의 무기를 스터디원 앞에서 공개하기 꺼려져서 숨기고 있는 경우를 본 적 있는데, 이런 경우 자동화가 되지 않아 실전에서 결국 써먹지 못하고 날려 먹을 위험이 있다. 모든 것을 계속 보여주고, 모든 것을 자동화 시키자. 시험장 들어가기 전에 자동화된 부분이 많아야 새로운 부분을 생각할 수 있는 인지적 여유가 생길 수 있고, 여유가 생기면 그 어떤 당황스러운 문제가 나와도 짧은 구상시간 안에 방안을 마련할 수 있으며, 실연 중에 혹시나 실수가 생겨도 당황하지 않고 실연을 끝까지 신행할 수 있다.

03 '실제 학생과 함께하는 듯한' 수업 만들기

(1) 아무것도 모르는 학생에게 수업하듯이 진행하라

수업실연은 스피킹 시험이 아니다. 항상 쉽게 말하는 연습을 해야 한다. 현장의 학생들도 어려운 내용도 쉽게 풀어나가는 수업을 가장 좋아한다. 수업실연도 마찬가지이다. 어려운 단어, 복잡한 문장구조를 사용하거나 너무 빠르게 말하는 것은 오히려 감점이 될 수 있다. 스터디원은 분명 내가 어떻게 말해도 잘 알아듣는다. 그러나 감독관은 학생의 입장에서도 이해하기 쉬운지를 판단할 것이다. 학생이 실제로 있다고 생각하고 쉽고 간결하게 수업을 진행하는 연습을 꾸준히 해야 한다. worksheet을 나눠 줄 때도 '학생들은 그 worksheet을 완전 처음 본다'고 생각하며 그 구조를 친절히 설명해야 하고, 활동의 진행 방법을 설명할 때도 "학생들은 어떻게 그 활동을 해야 하는지 1도 모른다." 라고 생각을 항상 해 두어야 한다. 정말 친절한 교사가 되어서 친절한 direction을 학생 수준에서 주는 것이 정말 중요하다는 말이다. 실제로 현장에서도 나 혼자 멋진 수업을 하는 것이 아닌, 학생들에 대해서 먼저 잘 파악하고, 그에 맞게 수업해야 한다는 것을 알아두자. 수업을 구성할 때, 또는 녹화한 수업영상을 돌려볼 때 "교사가 이렇게 이야기하면 학생들이 과연 어떻게 해야 하는 건지 알아들을까?" 라는 고민을 계속 해보면서 학생 수준에서도 쉽게 이해할 수 있도록 teacher talk을 진행하는 연습을 하자. 이건 당연히 몇 번 만에 되지 않는다. 계속해서 수정하고 다시 해봐야 한다. 그리고 수업실연이긴 하지만 항상 앞에 학생이 앉아있다고 이미지트레이닝 하는 습관을 들여야 한다. 그렇지 않으면 혼자서 외운 것을 이야기하는 느낌을 주게 될 수 있고, 학생과의 소통이 부자연스럽게 보일 수 있다. 좀 더 현장 느낌을 살리기 위해서 실제로 가르쳤던 학생들의 모습을 떠올리고, 그들의 이름을 부르고 아이컨택하며 수업한다면 자기도 모르게 더 자연스러운 시연이 나올 수 있을 것이다.

(2) 수업 실연은 Speaking시험이 아니다.

예비교사 두 명의 수업실연을 피드백 했을 때 영어가 매우 유창하고 발음이 좋은 교사보다 유창성이 다소 떨어지지만 쉽고 간결하게 teacher talk을 한 교사에게 더 좋은 평가를 준 적이 있다. Speaking에 자신 있는 수험생은 정말 큰 장점이 될 수도 있지만 자기도 모르게 어려운 어휘를 쓰거나 불필요한 말을 많이 섞을 수도 있다. 우리는 중, 고등학생을 대상으로 하는 수업능력을 평가받는 것이기 때문에 복잡하고 어려운 말은 감점 요소가 될 뿐만 아니라 시간 부족의 원인이 되기도 한다. 쉬운 단어로, 단순한 문장구조로, 불필요한 말을 제외한 간결한 문장으로 이야기해야 하며 말하는 속도는 살짝 느린 속도가 좋다. 자신이 했던 수업을 녹화해보고, 자신의 teacher talk을 모두 다 적어본 다음, 불필요한 부분이나 학생 수준에 어려운 어휘나 복잡한 문장구조를 쓴 부분을 색깔 펜으로 과감하게 그어버리는 연습을 꼭 하자. 빨리 말한 부분은 느리게 다시 연습하자. 자신의 기준으로 판단하면 안 된다. '학생'의 기준으로 생각해야 한다. 학생의 입장에서 이 말을 잘 알아들을지 계속 고민해보고, 계속 쉽게 수정하자. 스터디원의 시연을 볼 때도 학생의 입장에서 수업을 듣는 연습을 많이 해야 한다. 스터디원이 어떤 teacher talk을 할 때 집중이 잘 되고 귀에 잘 들어오며, 어떤 teacher talk을 할 때 집중이 떨어지고 이해가 잘 가지 않는지 등을 잘 생각해보고, 기록을 해두어서 스터디원과 함께 공유하는 시간을 가져야 한다. 불필요한 teacher talk을 아주 잘 없앤 예비교사의 실연을 본 적이 있었는데, 빠르지 않은 teacher talk 속도와 함께 제한시간을 지키며 모든 디렉션을 다 수행했고, 학생들하고 상호작용도 충분히 넣었으며 중요한 포인트는 한 번 더 반복하는 여유까지 있는 수업이었다. 간결한 teacher talk을 유지하면 듣는 감독관 입장에서도 귀가 편해진다는 점도 고려해야 한다. 물론 좀 어려운 부분이긴 하지만 꾸준히 연습하자. 수업실연에서 만큼은 '유창성'이 많은 말을 빠르게 한다고 얻을 수 있는 것이 아니라 '쉽고 간결하게' 전달해야 얻을 수 있는 것이다.

(3) Interaction, Elicitation, Personalization 3요소를 항상 신경 쓰자

역동적인 수업을 위해서 고려할 3요소가 있다. 본인의 수업실연을 검토하면서 '이 부분을 Interaction하면서 설명하고, Elicitation을 좀 더 해보는 방법은 없으며, Personalization시켜서 진행하는 방법은 없을까'라는 고민을 끊임없이 해보자.

① Interaction

수업은 교사와 학생의 의사소통 과정이라고 할 수 있다. 수업실연에서 항상 학생들과 상호작용을 시도하자. 기본적인 방향은 '교사가 말할 것을 학생이 말하게 하기'이다. 자신이 구성한 script를 다시 보면서 '이 부분을 내가 혼자 이야기하기보다는 interaction하면서 설명할 수 있지 않을까?'라고 고민하면서 억지로라도 집어넣는 연습을 하자. 그래야 보다 빨리 익숙해질 수 있다. 간단히 설명할 것도 interaction으로 풀어간다면 좀 더 역동적인 수업을 만들 수 있다. 특히 새로운 활동을 위한 동기유발을 할 때나 학생의 이해를 돕기 위한 예시를 줄 때 많은 소통을 하면 좋다. (예시는 밑줄 친 부분을 학생이 대답하게 바꾸는 것이다.)

> 예 "In this story, there is no ending. So you should write an ending of the story" ➡ "When you read the story, does anybody feel anything STRANGE? Yes! Jinsu! That's right!!

There is NO ENDING!! So, what do we have to do from now? Yes! Jieun. We are going to write our own ending."

예 I'll give you a worksheet. In your worksheet, there is <u>a chart</u> and you can see <u>the most popular menu in our school.</u> ➡ Do you know what is the most popular menu in our school? Oh 진수 said Pizza!! Actually, we had a survey last month on our school bulletin board and the result is....on your worksheet! I'll give you this worksheet. In your worksheet, what do you see? Yes! A big chart!! and what is it about? Yes! The most popular menu in our school!!

예 "In you worksheet, you can see <u>four questions</u>. These questions are about <u>recycling question.</u> As you can see, 'number 4 is <u>your own question</u>."
➡ What do you see in your worksheet? Yes! Some questions! How many questions here? Yes. FOUR questions. What are the questions about? Yes! Recycling habits!! But anything strange in the last questions? Right! number 4 is 'your OWN question'.

예 (우리 지역 사회의 Problem과 Reason을 찾는 활동의 예시를 줄 때) I'll give you an example. I think one problem in our city is that <u>school zones are dangerous</u>. The reason is that <u>cars in the school zones are too fast.</u>
➡ "Did you notice any problem in front of our school when you go home? Yes? cars? Oh, dangerous? Why? Yes 민준, right. Cars are too fast in school zone!"

> ※ 단, interaction을 하지 않거나 최소화해야 하는 경우가 있다.
> (1) 활동 guideline이 길고 복잡할 경우 : 또한 활동 성격상 활동 방법에 대한 디렉션을 다소 복잡하고 길게 부여해야할 경우 많은 소통을 넣는다면 설명이 너무 길어져 학생들이 혼란스러워할 수 있다. 이런 경우 새로운 활동에 대한 소개 및 동기유발할 때만 interaction을 넣고, guideline은 "First, include your own suggestion. Second, write more than 3 sentences. Third....." 이런 방식으로 명령문 형태로 간결하게 제시하는 것이 좋다.
> (2) 교사가 미리 정해야 하는 부분 : 학생과 소통하는 수업을 만들다 보면 학생에게 묻지 않고 교사가 바로 정해야 하는 것도 학생에게 물어보는 실수를 하게 될 수도 있으니 조심해야 한다. 예를 들어 '짝 활동으로 할 것인지 그룹으로 할 것인지' '활동에 부여하는 시간'은 수업 계획 단계에서 교사가 미리 정해놓아야 했으므로 'How many minutes do you need?' 'Do you want to work in pairs or in groups?'와 같이 학생들에게 묻지 않고, "I'll give you three minutes", "Work in pairs"와 같이 교사가 정해서 안내해야 한다. (물론 수업은 늘 예상대로 흘러가지 않기 때문에 부여한 시간이 생각보다 부족해서 활동 중간에 다 못한 학생들이 많아 시간을 연장하는 것은 괜찮다. '시작'을 계획대로 진행해야 하는 것이다.)

② Elicitation

Interaction에서 이어지는 개념이다. 혼자 설명하지 말자. 학생의 이름을 계속 불러주며 반응을 이끌어내자. 답이나 핵심 개념을 알려줄 때도 교사가 바로 이야기하는 것이 아니고 학생들이 먼저 답을 하도록 유도하자. 이때 중요한 건 학생이 'Yes / No'로 대답할 수 있는 질문을 주는 것이 아니고, 구체적인 답을 할 수 있는 질문을 하는 것이다. 즉, 'where, what, who, why, how, when'을 활용한 'WH question'을 많이 던지는 것이다. 예를 들면 이전 활동에서 중요하게 다루었던 '5Ws1H'를 다시 상기시키려고 할 때, "Do you remember 5Ws1H?"라고 하면 학생들은 "yes"외엔 답할 것이 없지만, "What did we learn when we read the text?"라고 물어보면 "5Ws1H"라는 답변을 이끌어낼 수 있다. 또 하나의 예는 "Is shaking legs a bad habit?" 이라면 yes란 답변만 나오지만, "What kind of bad habit do you have?",

"When your friend shakes legs beside you, how do you feel?"이라고 발문한다면 더 많은 답변을 이끌어 낼 수 있다. 또한 학생들의 적극적인 답변을 이끌어내려면 '내가 학생이라면 교사의 이런 발문에 바로 대답을 할 것인가 아니면 그냥 조용히 있을 것인가'를 계속 고민해야 한다. "Can you explain the use of the word 'fright'?" 라고 하면 답하기 어렵지만, "When do you use the word 'fright'? when you see the beautiful sea or when you see ..what?" 이런 식으로 쉽게 풀어 쓰면서 적절한 힌트까지 주면 "Oh, when you see the ghost!! Right!!" 라는 답변을 이끌어 내는 시연을 할 수 있다. WH question 외에도 학생들이 너무 짧은 답변을 할 때 "and...?"라는 말로 더 자세한 답변을 유도하거나, 학생들이 답변의 첫 시작 표현을 알려줄 수 있도록 "you think..." "because.."라는 말을 먼저 해주면 더 좋은 답변을 유도할 수 있다.

> 예 Can you see lots of papers in this picture? Good. And the papers are thrown in the garbage can, right? Yes. If you take a closer look, you can also see the worksheet in English class.
> ➡ Oh, <u>what</u> do you see in this picture? Yes, lots of papers… thrown in …<u>where?</u> Yes, a garbage can. If you take a closer look, you can also see… the …<u>what</u> is this? Yes!! the worksheet in English class…here^^

> 예 Oh, 준수, look at your school uniform! It is dirty! Did you play soccer during lunch time? Oh, I guess you played in the playground!! And that's why your school uniform is STAINED with mud, right?
> ➡ Oh, 준수, Look at this mud. your school uniform is dirty! <u>what happened?</u> Oh… you played soccer during lunch time? <u>Where?</u> oh, in the playgroud!! That's why your school uniform is STAINED with mud!

> 예 In your worksheet, there is a chart and you can see the most popular menu in our school is …..PORK CUTLET! Right? Yes. 준수, Do you also agree that pork cutlet is the best menu? Yes? Good! ➡ In your worksheet, there is a chart and you can see the most popular menu in our school. <u>What is it</u>? YES, PORK CUTLET!! Wow, 준수 is nodding his head. 준수, <u>why</u> do you think pork cutlet is the most popular menu? <u>because…?</u> Oh! of course! because it is delicious!!! <u>and…?</u> Yes!!! it is crispy and nobody hates pork cutlet! Good!

③ Personalization

모든 수업내용과 예시를 학생들과 연관 지어보는 연습을 하자. 학생과 연관을 짓는다는 것은 학생 개인의 특성일 수도 있고, 학생이 참여했던 학교행사일수도 있고, 학생에게 익숙한 공간인 학교나 교실일 수도 있다. topic, 단어, learning strategy 등을 설명하거나 특정 활동에 대한 동기유발을 할 때, 교사가 설명하고자 하는 내용이 학생들의 Real life와 어떻게 연결되는지 고민을 먼저 해보고, 연결 고리를 어떻게든 찾아보는 습관을 들이자. 이런 습관을 가지면 학생들에게 하는 질문도 좀 더 의미 있는 질문이 될 가능성이 높고, 상호작용 기회를 늘릴 수 있으며, 수업내용에 대한 학생들의 쉬운 이해를 도울 수 있다. 또한 학생을 활동의 주인공으로 만들고 전문가를 만드는 방법도 있다.

> 예 단어설명 : 'donate' 단어를 설명할 때 학생과 연관을 지어서, 학생들이 봉사활동 갔던 상황을 들어 설명하기, 'stained'설명할 때 학생 교복에 진흙이 묻어있다고 하고 예시 들기

- 예 전략설명 : Reading strategy(scanning)을 쓸 때 학생들이 실제로 뉴스기사 읽을 때 중요한 정보(예 경기 결과)만을 찾을 때를 예를 들어 설명하기
- 예 발표할 때 : presentation 시 실제로 외국인에게 이 내용을 설명하는 가이드가 되어보자고 하기
- 예 활동할 때 : Group writing할 때 외국인 친구에게 보낸다고 하거나 학교 영자신문에 게시할 글이라고 하며 authentic reader를 설정하기
- 예 전문가 / 주인공 만들기 : Safety Manual 쓰기 활동에서 학생들을 "Safety Expert"라고 하며 활동시키기. Recycling에 대한 글을 쓸 때 우리가 직접 이 글을 통해 학교의 환경을 바꾸자고 하기
- 예 topic소개 : 'healthy food'라는 주제를 소개하기 전 학생과 상호작용할 때 단순히 'healthy food가 무엇이 있을까?'라고 물어보기보다는, 학생이 오늘 먹었던 '급식메뉴'를 물어보면서 그 메뉴들이 건강한 음식인지 소통하기

04 심화전략 : 고득점 만들기

(1) 수업에서 핵심 point를 파악하라

수업실연 문제에서는 '수행해야 할 디렉션'들이 나열이 되어있고 이 디렉션을 수행하기도 바쁜 것이 현실이다. 다만 이렇게 디테일한 디렉션에만 초점을 맞추다보면 전체적인 수업의 틀이 없어 정신없는 수업이 될 수 있다. 각 디렉션을 이어나갈 큰 축이 필요하다. 기출문제를 보면 수업에서 중요하게 다루는 포인트가 항상 있다. 이 포인트를 파악해서 수업 내용과 연계해어 지속적으로 강조해주고, 그 포인트를 중심으로 이전 활동과 이후 활동을 연결해주는 멘트를 한다면 매우 자연스러우면서도 응집성 있는 수업이 될 수 있다. 예를 들면 25년 기출은 다양한 특성의 사람들을 모두 생각하는 설계 방식인 'Universal Design'이 포인트인데 수업 초반 Topic Guessing 활동에서도 공동체 속 타인을 생각하는 배려를 함께 강조할 수 있고, 글쓰기 활동에서는 이러한 태도를 바탕으로 실제로 학교에서 긍정적인 변화를 만들어내는 Changemaker역할을 할 것을 강조하는 등 수업의 여러 활동을 핵심포인트를 축으로 연결해낼 수 있다. 또한 24년 기출은 '영어 속담'이 포인트인데 본문의 주제인 'Smooth Sea Never Made a Skilled Sailor'라는 속담을 본문 외 다른 활동에서 학생을 격려할 때도 사용하는 등 '속담을 통해 교훈을 얻는다'는 포인트를 계속 강조할 수 있으며 23년 기출의 'Beyond the comfort zone'도 지문의 내용을 학생의 실제 삶과 연결해주는 멘트를 자주 하며 앎과 삶이 일치될 수 있도록 격려하면 좋다. 수업실연에 어느정도 체계가 생겼다면, 문제에서의 가장 큰 핵심을 잡고 이를 다양한 활동에 녹여내며 응집성 있는 수업을 연습해보자.

(2) '영어 학습'만 시키지 않고, 학생의 이야기를 더 궁금해하자

나름 유창하게 끊기지 않았고, 모든 디렉션을 시간 내에 수행했고, 상호작용도 종종 넣은 것 같은데도 뭔가 전체적으로 수업이 여유가 없어 보이거나, 교사 중심적인 느낌이 든다면 '영어 학습'만 열심히 시키는 수업일 수도 있다. 그럴 때일수록 teacher talk을 '수업 내용 관련하여 학생의 이야기를 더 궁금해하는' 방식으로 바꿔보자. 상호작용을 하더라도 단순히 말을 주고받는 것과, 학생의 이야기를 정말 궁금해하는 상호작용은 매우 다르다. 예를 들어서 짝과 함께 comfort zone이 무엇인지 discuss하는 디렉션을 수행할 때, 단순히 '짝의 comfort zone이 무엇인지 서로 묻고 학습지의 빈칸을 채워라'라고 하면 정말 디렉션만 수행한 수업이다. '친구의 comfort zone이 궁금하지 않니? 민수야 민지의 comfort zone이 뭐인 것 같아? 아하 민지는 쉬는시간 마다 매점가니 그게 분명 comfort zone인 것 같니? 오호 민지가 웃는데, 그게 정말인지 민지한테 확인해볼까? 샘도

궁금하다' 이렇게 진행하는 것이다. 디렉션 관련된 학생의 이야기, 학생의 생각을 궁금해하면 자동으로 유의미한 인터렉션이 늘어나게 된다. 글쓰기를 시킬 때도 '~에 대한 글을 써보자'라고만 하지 않고, '샘은 이 글을 보니 ~한 경험이 떠올랐는데, 너희들도 비슷한 경험이 있겠지? 정말 궁금하다' 라고 말해줄 수 있고, peer feedback을 할 때도 '서로의 글을 바꿔서 checklist로 점검해주자'라고만 하는 것이 아닌, '친구의 글이 궁금하지 않니? 아까 보니 민호는 정말 상상도 못할 전개로 글을 썼던데!'라고 서로의 글을 더 궁금하게 할 수 있다.

(3) 같은 자료를 더 쉽게 풀어낼 수 있어야 한다.

최근 기출을 보면 Material이 정말 친절하게 구성되어있다. 예전 기출은 수업실연자가 직접 만들어내야하는 것이 많았다면 최근 기출은 이해점검 질문을 만들 필요 없이 이미 제시가 되어있고, writing 활동은 이미 쓰여진 글이 있고 빈칸만 뚫려있으며 활동의 guideline, 학생 작품에 대한 feedback 양식과 기준까지도 다 제공하고 있다. 문제는 다 나와 있다고 해서 그것을 읽어주고만 있으면 교사의 역량을 보여줄 수 없다는 것이다. 이미 제시된 자료를 학생들이 스스로 이해할 수 있을 것이라고 생각하면 안 된다. 더 쉬운 말로 풀어주고 더 잘 이해할 수 있는 예시를 추가하면서 학생의 수준으로 재해석해서 제공하는 것이 교사의 역할이다. 학습지를 볼 때 '이 부분은 학생들이 잘 이해할 수 있겠다' '이 부분은 어떻게 하라는지 잘 모를 수 있겠는데?'라는 생각을 계속 해봐야 한다. 그리고 쉬운 부분보다는 어려워할 수 있는 부분을 어떻게 해야 하는지 알게 하는 데에 더 신경을 쓰자. 교사의 이런 역량이 중요하기에 최근 기출이 이렇게 세부적으로 통제되어있다고도 볼 수 있다. 조심하자. 다 나와 있다고 그대로 두고 아무것도 하지 않으면 차별화를 만들어낼 수 없다.

[수업실연 준비 Guide Map]

1~2일 차	• 지역 교육청 공고문 통해 수업실연 방식, 유의사항 확인(우선 지난 시험 2차 공고문을 보고, 이번 1차 최종 공고에서 변동사항 확인) • 스터디 조직(오프라인이 불가능하면 온라인으로라도 조직)
3~7일 차	• 최근 기출 5개년 이상 쭉 읽어보기 • 가장 최근 기출 1개 또는 2개 스크립트 작성(각종 자료 참고 : 루이스 책, 합격자 복기, 인터넷 검색 등등 모든 자료 → 대사, 제스쳐, 판서계획 등을 모두 포함한 Full script) • 스크립트 작성 후 외워서 시연하기 → 처음엔 Examinee's answer 번호 별로 나눠서 부분부분 연습하고, 익숙해지면 시간 재고 한 번에 이어서 진행 → 완전히 몸에 익을 때까지 같은 문제 반복 연습 • 연습하며 스크립트는 지속적으로 수정 및 보완 • 어느 정도 틀이 잡히면 스터디원 앞에서 시연해보고 피드백 받기
2주 차~ 1차 발표 전	• 기출문제 가장 최근부터 오래된 순으로 하나하나 실연 연습 • 실연 연습 시 시간을 실전과 같이 재고 시연하기 시작 • 수업지도안 지역은 기출에 대한 지도안 작성 시작, 수업나눔(경기) 연습 시작 • 스크립트는 계속 작성하면서, 자동화된 부분은 빼면서 점차 간소화 • 영상 촬영 시작 → 영상 보면서 수정하고 재시연하고, 수정하고 재시연하고, 수정하고 재시연하고 무한 반복 • 욕심 부리지 않고 기출만으로 "수업실연의 전체적인 틀"잡기 → 한 문제 "시연-수정-재시연" 작업 여러 차례 반복 필요(더듬거림이나 부자연스러운 모습 없이 자연스러워질 때까지)
1차 발표 후	• 최종 공고문 확인 및 정독, 스터디그룹 재정비 (3명이 이상적) • 연습문제 등 새로운 문제 시작 (루이스카페 제공) • 스터디원들과 실전처럼 즉석 구상해보고 시연해보기 • 디렉션 수행 외에 고쳐야 할 습관들 영상 분석을 통해 최대한 고치기
시험 D-14 부터	• 1일 1개 새로운 연습문제 활용하여 완전 실전처럼 연습 : 모든 것을 최대한 실전과 동일한 조건으로 • 스터디 시간 줄이기 : 스터디의 피드백은 종이 피드백으로 대체하고 스터디를 빨리 끝낸 후 개인 공부시간 확보 • 개인 공부시간 : 스터디원 피드백 및 영상 촬영을 토대로 수정 후 재시연 2회 정도는 해보기 • 주5회 정도 스터디에서 새로운 문제로 [실전연습 → 수정 → 재시연]하고, 2일은 스터디 없이 5일 동안 했던 내용 정리 및 재시연, 새로운 문제 여유가 있다면 시간 내 구상하는 연습해보기

※ 위 계획표는 예시일 뿐이며 개인 시간 확보 정도에 따라 조절해야 함.

03 수업지도안 Tip

01 수업지도안을 짜는 이유를 알자

(1) 수업목표 인식 : 수업의 우선순위 및 수업의 방향을 정할 수 있고, 학생들을 따라오게 할 수 있다.
(2) 경제적인 수업 : 미리 계획하여 시간 낭비하지 않고 주어진 시간을 효율적으로 활용할 수 있다.
(3) 질서 있는 수업 : 지나친 사적인 이야기 등으로 방향을 상실하는 것을 방지한다.
(4) 자신 있는 수업 : 철저한 준비를 통해 자신감을 가지고 수업에 임할 수 있다.

02 임용 2차 수업지도안의 기본 및 최근 방향

(1) 수업지도안은 원래 영어 작성이 원칙이었지만 2023시험부터 '한글 지도안'으로 바뀌었다. 수업도 영어로 진행하는데 지도안은 왜 한글인가 의문이 생길 수 있지만, 평가원은 아마도 수업실연 능력을 이미 영어로 평가하는데 '수업 계획'까지 영어로 평가할 이유는 없다는 입장일 수 있다. 또한 한글로 작성하면 그 교사의 수업 디자인 의도를 더 구체적으로 파악할 수 있기 때문일 수도 있다. 단, 모든 내용을 한글로만 작성해야하는 것은 아니다. 기본적으로 한글로 작성하되, 교사/학생의 발화내용, 예시, 판서 내용 등 한글로 작성하기 어려운 부분(번역하는 것이 더 이상한 부분)은 영어로 작성할 수 있다. (단, 이런 유의사항은 시험마다 달라질 수 있으므로 문제를 잘 확인해야 한다.)

* 한글로 쓰는 부분 : 교사의 기본적인 수업 진행 계획(예 학생이 짝과 함께 글을 읽고 T/F 문제를 풀도록 한다.)
* 영어로 쓸 수 있는 부분 : 교사의 발문 및 학생의 예상 답변(예 발문 : "What did you do to your enemy?"), 이미 영어로 되어있는 학습 용어 (topic 제목, 문법용어, 학습지 속 내용, 평가항목, 학생이 사용할 수 있는 expression 등…), 판서내용 등

(2) 교사와 구체적인 Teacher Talk(대사)는 쓰는 것이 아니고, 교사와 학생의 행동을 구체적으로 적는 것이다. (단, 예상되는 교사의 발문이나 학생의 답변은 추가할 수 있다)
　예 "We are going to make groups."(X) → 학생이 4명씩 조를 만들도록 한다. (O)

(3) 크게 Introduction(출석확인, topic소개, 학습목표제시 등…), Development(Pre, While, Post 활동), Consolidation(학습내용 정리, 다음 수업 예고…)으로 나누어져 있다. 최근 기출은 Introduction과 Consolidation 부분은 이미 채워져있고 모두 'Development' 부분만 지도안을 작성하고, 시연하는 것을 요구했다.

(4) 지도안이 생각보다 많이 통제되어 있다.
   ① 수업목표는 이미 정해져있다. Pre-activity의 일부가 이미 적혀있기도 하고, 발표 활동 등 수업 중간 활동 내용이 일부가 적혀있기도 한다. 적혀있는 부분은 이미 진행이 되었다고 가정하고 그 다음 부분부터 작성하면 된다.
   ② 최근 기출의 지도안은 Examinee's Answer 1, 2, 3, 4 와 같이 칸이 나누어져있다. 예를 들어 Pre-reading부분을 Examinee's Answer 1 칸으로 따로 분류하고, 그 부분에 대한 direction이 따로 제시되어, 그 칸에는 그 direction 내용만 적으라고 요구하는 것이다. (기출문제 참고) 채점을 좀 더 체계적으로 하기 위해 최근에 이런 식으로 바뀐 것 같다. 가장 최근 2023기출부터는 더 통제되어서 하나의 Examinee's Answer 내에서도 하위 디렉션별로 지도안에서 작성할 칸이 따로 정해져있었다.
   ③ 이렇게 많은 부분이 이미 채워져 있으면 예전보다 지도안 작성 시간이 단축될 것이라고 생각할 수 있지만 기출의 요구사항이 달라졌다고 해석하는 것이 좋다. 실제 수업을 할 부분에 대하여 더 구체적으로, 누가 봐도 이 지도안으로 수업할 수 있게 작성할 것을 요구하는 것이다.
(5) 지도안과 실연의 범위는 다를 수 있다. 보통 '지도안 문제와' 함께 지도안을 먼저 짜고, 대기시간을 가진 이후에 구상실에서 '구상실 문제'를 받아서 시연 구상을 하게 된다. 두 문제는 Material이나 교실 환경 등은 동일하나 차이가 2가지 있다. 첫째로는 지도안에 있는 Examinee's Answer 요구사항들 (디렉션)이 구상실 문제에서는 명시되어있지 않아 지도안과 기억에 의존해서 요구사항을 시연해야한다는 점이다. (그래서 지도안을 더 구체적으로 적어놓아야 실연 구상 시 더 도움을 받을 수 있다.) 둘째는 지도안 쓰는 범위와 실연 구상 범위가 다르다는 것이다. 지도안에서는 보통 Examinee's Answer 1~4까지 모두 작성해야 하지만 실연에서는 Examinee's Answer 2~4까지만 실연하라고 나오는 경우가 있고(2017~20), 1, 2, 4처럼 중간을 빼고 실연하는 경우(2021), 모든 EA를 실연하라는 경우(2022~25) 등 다양하게 출제가 되고 있으니 다방면의 연습이 필요하다.
(6) 지도안 작성 공간이 줄어들었다. 예전엔 Examinee's Answer 1개에 14~15줄정도 제공되어 넉넉하게 적을 수 있었는데 지금은 하나의 Examinee's answer안에서도 디렉션별로 칸이 나눠져있고, 한 디렉션에 보통은 4줄, 많아야 5~6줄씩 적을 수 있게 되었다. 이는 매년 변동이 있는 부분이니 우선 시간 내에 최대한 구체적으로 적어보는 연습을 하고, 실전에서 칸 개수가 적다면 2문장을 1문장으로 이어서 쓰거나 필요 없는 부분을 빼는 등의 유연한 대처가 필요하다.

03 교사의 수업내용을 최대한 구체적으로 쓰자

실제 수업실연 시 수험생이 그전에 작성한 수업지도안을 함께 보면서 평가하지만 감독관 입장에선 수업실연과 지도안을 동시에 채점하기엔 어려움이 크다. 이런 이유로 수업지도안은 수업실연과 따로 채점할 것이고, 구체성이 부족한 지도안은 (예를 들어 direction에 나온 내용을 복사해서 붙이는 정도의 지도안) 채점자가 '이 교사가 어떤 수업을 하는지' 머릿속으로 그릴 수 없어 좋은 점수를 받을 수 없다. 그러므로 채점관이 '지도안만 읽어도 어떤 수업을 하고 있는지 머릿속으로 상상이 되도록' 구체적으로 적는 것이 매우 중요하다. (게다가 한글 지도안으로 바뀌었으니 더욱 구체성을 살려야 고득점이 가능해졌다.) 실제로 수업지도안 고득점을 받은 합격생들의 말을 들어보면 지도안은 '이런 것까지 써야 하나' 싶을 만한 것도 다 적었다고 한다. 핵심 발문이라면 학생의 예상 답변과 함께 적고, 자료를 제공한다면 어떤 자료인지 그 문장만 읽고도 대략 머릿속으로 그려지도록 구체적으로 적어야 한다. 단, 더 구체적으로 쓸 것을 생각하다가 제한시간을 지키지 못하거나, 아니면 너무 지나치게 구체적으로 적어서 뒤에 공간이 부족한 일은 없도록 꾸준한 연습이 필요하다. 단시간에 구체적으로 적을 수 있으려면 우선 다양한 direction별 쓸 수 있는 표현 리스트를 만들고, 그 표현을 구체성을 살리면서도 최대한 짧은 언어로 나타낼 수 있도록 문장을 다듬어서 정리한 다음, 그 표현들을 반복 연습을 통해 자동화시켜놓는 과정이 필요하다. 구체적 지도안은 실제 수업실연 구상 및 시연에서도(시연 시 자신의 지도안 복사본을 준다) 큰 도움이 된다.

〈지도안의 구체성을 더하는 방법〉
(1) 추상적인 동사가 아닌 구체적인 뜻을 나타내는 동사 사용
   - 예 학생이 단어의 의미를 <u>이해하도록</u> 한다. → 학생이 단어의 의미를 *추측해보게/외쳐보게* 한다.
   - 예 학생이 짝과 주제에 관해 <u>말해보게</u> 한다 → 학생이 주제에 관해 *짝과 토론해보게* 한다.
   - 예 학생이 연결어를 <u>찾도록</u> 한다. → 학생이 연결어를 찾아 *밑줄 치도록* 한다.
(2) 구체적으로 어떤 내용을(어떤 방법으로) 진행할 것인지 명시
   - 예 학생에게 사진에 대한 <u>질문을</u> 한다. → 학생에게 *사진 속 주인공이 있는 장소에 대해 질문* 한다.
   - 예 학생에게 오늘의 <u>주제에 대해 이야기</u>해보게 한다. → 짝과 함께 오늘의 주제 *'Health food'* 에 대해 이야기해보게한다. *('I think..' 구조를 사용하여 자신이 생각하는 최고의 건강 음식 추천하기)*
   - 예 조별 활동에서 <u>각자의 역할</u>에 대해 설명한다. → 조별 활동에서 각자의 역할에 대해 설명한다. *(모둠원을 이끄는 'Leader', 태블릿으로 단어 검색하는 'Word Master', 학습지를 받고 관리하는 'Worksheet Manager', 발표를 맡는 'Presenter')*
   - 예 'will be-ing'의 <u>쓰임을 설명하고, 구체적 예시를 제공한다.</u> → 'will be-ing'의 쓰임을 설명하고, 구체적 예시를 제공한다. ※ 쓰임 : *"Use 'will be-ing' when you talk about what you may do at the specific time in the future"* ※ 교사예문 : *'I will be teaching Spanish in 2040'*
   - 예 학생들에게 '<u>proverb</u>'의 <u>의미를 설명</u>해준다. → 학생들에게 'No news is good news.'와 같은 말을 우리말로 바꿔보게 하고, 'proverb'의 의미를 설명해준다. (Proverb: old sayings that give us lessons)
(3) 구체적인 예시까지 포함시키기
   - 예 학생에게 유용한 <u>글쓰기 표현</u>을 제공한다. → 학생에게 유용한 글쓰기 표현을 제공한다. *(예시 : "I think ( ) is popular in school because...")*

例 학생의 언어 사용에 대해 <u>피드백을 제공한다</u>. ➡ 학생의 언어 사용에 대해 피드백을 제공한다. (예시 : past tense errors like 'fighted → fought', misunderstood)

例 학생에게 <u>힌트를 주어서 글의 주제를 발표하게 한다</u>. ➡ 학생이 파악한 주제를 발표시키되, 완전한 문장으로 나타내기 어려워한다면 'Facing ____ can lead to _____'과 같이 힌트를 주고 빈칸을 채우도록 한다. (예상 답변 : 'Facing difficulties(challenges) can lead to growth')

(4) 문제에서 주어진 worksheet이 아니라면 사용할 학습자료는 최대한 구체적으로 묘사/설명한다.

例 학생들에게 <u>분리수거장 사진</u>을 보여준다. ➡ 학생에게 *학교 분리수거장에서 많은 쓰레기가 쌓여있는 모습이 담긴 사진*을 보여준다.

例 학생들이 각자 본문을 읽고, <u>T/F 문제를 풀도록 한다</u>. ➡ 본문을 한 번 더 읽되, 이번엔 자세히 읽으며 'True or False (T/F)'문제를 5개 풀도록 한다. ※ T/F 문제 예시 : 1. 'Kimchi helps us to relieve stress.' - T / F

例 다음과 같은 'Story map'을 칠판에 그리고 각각의 요소를 간단히 설명한다.

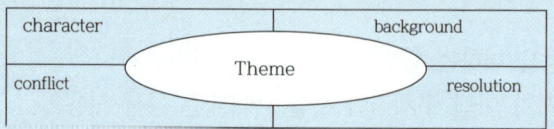

(5) 활동 진행 시 신경 쓰면 좋은 부분을 함께 설명한다.

例 학생에게 속담을 읽고 의미를 추론하게 한다. ➡ 학생들에게 속담을 읽고 의미를 추론하게 한다. 추론을 어려워할 경우 태블릿PC를 활용하여 비슷한 우리말 속담이 있는지 찾을 수 있도록 한다.

例 학생에게 〈Material4〉를 나눠주며 자기평가를 실시할 것을 안내한다. ➡ 학생에게 〈Material4〉를 나눠주며 자기평가를 실시할 것을 안내하고, 자기평가를 하면 좋은 점을 함께 이야기해보며 동기화시킨다. (교사 발문 : "You've already made excellent scripts, but how can we make them even better?")

04 Modeling / Worksheet / 구체적인 활동 Guideline은 따로 작성하자

Modeling 한 샘플, 활동의 구체적 Guideline, 제공되지 않고 따로 사용하는 worksheet 등이 있을 경우 지도안에 대략적으로라도 표시를 해주는 것이 좋다.(단, 최근 기출에서 지도안에서 쓸 수 있는 공간에 변동이 생기고 있으므로, 실전에서 주어진 공간에 따라 융통성있게 적용할 필요는 있다.)

例 교사의 샘플 글쓰기를 제시한다.

* (Where) In the Arctic, (Who) there were a mother polar bear and two baby bears.(When) One day in the morning, they were looking for······

예 체크리스트를 사용하여 피드백을 주는 방법을 설명한다.

* checklist

Questions	Yes	No
1. Does this story include 5W1Hs?		
2. Is this story connected with linking words?		
......		
10. Is the story creative?		

Comments :

예 다음과 같은 유의사항을 지키며 자신만의 이야기를 작성하도록 한다.

* guideline : write in full sentences, use linking words, write more than 7 sentences.

예 말하기 활동을 시작함을 알리고, 다음과 같은 활동 방법을 안내한다.

1. 교실을 돌아다니며 만나는 짝에게 표의 질문들 중 1가지를 서로 묻고 답하기
2. 답변을 할 때는 무조건 빈도부사 4가지 중 1가지를 사용한 완전한 문장으로 답하기
3. 적어도 5명 이상의 짝을 만나야하고, 만난 짝의 응답은 학습지의 표에 체크하기

05 너무 교사 중심으로만 수업지도안을 작성하지 않도록 한다.

몇 년 전만 해도 수업지도안은 교사의 행동과 학생의 행동을 따로 적게 되어 있었다. 지금은 이 2가지가 통합되었는데, 그러다 보니 수업지도안을 처음부터 끝까지 '교사'의 관점으로만 서술하게 될 수 있다. 여기에 계획한 활동에 대해 학생이 어떻게 느낄 것인지를 생각한 문구를 조금씩 넣는다면 학생을 먼저 생각한 수업의 느낌을 낼 수 있다. 물론 공간의 제한도 있고 시간도 넉넉하지 않기 때문에 무리하지는 않고 여유가 될 때 이런 문구를 추가하는 유연한 전략이 필요하다.

예 예상되는 학생의 응답을 적기 (학생 예상 답변 : "It means 'possible to do something'")

예 활동이 생각대로 진행되지 않았을 때의 대처 방안을 적기 (학생들이 찾은 main idea를 발표하게 한다. 'how to recycle'과 같이 구체성이 부족한 답변이라면 '어디서' 발생한 일인지를 추가로 질문하여 더 구체적으로 완성시킨다.)

예 학생이 어려워할 수 있는 부분을 예상하고 돕는 방안 적기 (학생이 사용할 수 있는 질문을 제시하여 영어말하기의 부담을 줄여준다 : 'Have you ever had an enemy?', 'What did you do to your enemy?')

예 circulation 중 활동을 따라가지 못하는 학생을 도울 수 있는 부분을 제시하기 (말하기 활동 중 교실을 돌며 짝을 찾기 어려워하는 학생을 매칭해준다.) (단어를 몰라 글쓰기를 어려워하는 학생에게 tablet PC로 사전을 검색할 수 있도록 격려한다.)

예 학생의 주도적인 학습을 유도하기 (학생들이 글쓰기 활동 중 공통으로 한 실수를 찾아 피드백을 제공한다. 피드백 제공 시 답을 바로 제시하지 않고 학생이 스스로 고칠 수 있는 기회를 준다.)

06 **지도안의 공간을 효율적으로 쓰는 연습이 필요하다.**

2019년 시험까지는 지도안에서 Examinee's Answer 내의 빈칸이 상당히 여유가 있었지만 그 이후부터 칸의 여유가 점점 줄고 있다. 이는 매년 변화가 있기 때문에 실전에서 쓸 수 있는 공간을 먼저 빠르게 파악한 후 공간에 따라 어느 정도 구체적으로 적을지 전략을 설정할 필요가 생겼다. 공간이 부족할 경우 다음같이 중요한 내용만 담아 글자 수를 줄이는 요령이 필요하다. 적은 공간이라도 구체성은 최대한 살리려고 노력하자.

공간 여유가 있을 경우	공간이 부족할 경우
- 짝으로 학생들을 앉힌다. - ⟨Material 1⟩을 배부한다. - 글을 빠르게 읽고 main idea를 찾게 한다. - 학생에게 발표 규칙을 안내한다. 　⟨발표 규칙⟩ 　1) All of the members must participate 　2) Try to make full sentences.	- ⟨Material 1⟩을 배부하고 학생들이 짝과 함께 글의 main idea를 찾도록 한다. - 학생에게 발표 규칙을 안내한다. 　(Rule : Every member's participation, full sentences.)

07 **지도안과 수업실연의 일치는 생각보다 중요하다.**

지도안 지역에서 수업실연 시 평가관이 수업실연자의 지도안을 자주 봤다는 후기를 많이 볼 수 있다. 디렉션도 다 수행하고 실수가 없고 상호작용도 잘했다는 한 선생님은 지도안과 다르게 한 부분이 많아 큰 감점을 받았다는 후기를 남기기도 했다. 평가관은 지도안과 수업실연의 일치성을 중요하게 채점하니 최대한 지도안과 똑같이 시연하는 것을 연습하자. 지도안 작성 후 복기하는 연습을 자주하고, 수업실연 할 때는 영상을 녹화하여 지도안대로 했는지 잘 확인하는 시간을 자주 가지면서 일치성을 높이자.

08 **여유가 있다면 디렉션을 더 확장할 수 있는 내용도 적을 수 있다.**

지도안은 디렉션 중심으로 적게 되지만 사실 수업에서는 수업을 더 의미있고 응집성 있게 만드는 장치들이 있다. 예를 들어 학생들의 협동을 강조하거나, 배운 내용을 학생의 삶과 연계시킨다거나, 학생이 교실 밖에서 실천할 수 있는 내용을 언급하는 등의 내용이다. 지도안에는 디렉션 수행이 가장 1순위가 되어야겠지만 공간이 남는다면 위와 같이 수업을 더 의미 있게 만들 수 있는 교사의 노력들을 1문장씩 더할 수 있다. 물론 수업실연에서도 이를 그대로 실현할 수 있도록 연습은 꾸준히 해야 한다. **예** '학교 안 Universal Design에 대한 제안문 쓰기' 활동 이후 → 학생들이 우리 마을의 공공시설, 도서관, 버스 정류장 등에서도 Universal Design이 필요한 곳을 찾아서 학급 Padlet에 업로드할 것을 제안하며 앎과 삶을 일치시킬 수 있도록 유도한다.

P·A·R·T

수업실연 실전 SKILL

CHAPTER 01　수업실연 유형별 전략
CHAPTER 02　Classroom Management
CHAPTER 03　Classroom English
CHAPTER 04　수업설계역량(경기도)

루이스 영어임용 2차 All-in-One
영어면접·수업실연·실전전략

01 수업실연 유형별 전략

01 첫 시작 멘트

Check Point

수업실연의 시작 멘트는 "관리번호 OO번입니다. 수업실연을 시작하겠습니다."이다. 관리번호를 말하고 시연을 시작했을 때 무슨 말부터 시작해야 할지 고민이 될 수 있다. 기출에는 보통 수업의 중간부터 실연을 요구하기 때문에 처음에 'Hello everyone'이라는 인사를 할 수 없어 어디까지 진행된 수업인지 수업의 흐름을 먼저 파악하는 것이 가장 중요하다. 흐름에 맞으면서도 자연스럽게 시작할 수 있는 나만의 패턴을 몇 가지 연습해놓는 것이 좋고, 첫인상이 중요하므로 초반 멘트는 가급적 밝고 활기차게 진행하는 것이 좋다.

[기출 전략]

(1) 수업의 전체적인 흐름 속 Examinee's answer가 수업의 어디부터 시작되는지 확인하자. 기출의 대부분의 수업실연 첫 디렉션은 다음 셋 중 하나였다.
  - 1위: 수업 주제와 관련된 '배경지식 활성화'(2025, 2023, 2022, 2021, 2019)
  - 2위: 수업 중간 'While 또는 Post-Reading 활동'(2020, 2018, 2017)
  - 3위: 단어지도(2024)
(2) 2위와 3위는 크게 부담스럽지는 않다. 이전 활동과 새로 할 활동을 연결하는 멘트를 하거나 새로운 활동을 위한 준비(예 활동지 나눠주기, 교과서 페이지 안내하기 등..)로 시작하면 된다.
(3) 다만 1위는 수업 주제, Reading text의 타이틀의 의미를 Guessing시키는 경우가 많은데 이때는 첫 멘트가 고민될 수 있다. 내가 학생들과 어떤 식으로 소통하면서 주제를 소개할 것인지 먼저 정하고, 그에 따른 첫 멘트를 생각해보면 좋다. 보통 '질문'을 잘 던지면 좋은데, '주제'를 '학생/학교 상황'과 연결하면 어떤 발문을 할지 떠올릴 수 있다.
(예 음식 관련 주제 ➡ 급식메뉴 질문, 환경 관련 주제 ➡ 교실 분리수거 상태 질문)

(1) 수업의 흐름 파악하기

가장 먼저 해야 할 것은 '수업 흐름'을 보는 것이다. 수업실연 문제지를 보면 이 수업 전체가 현재 어디까지 진행된 상태이고, 어떤 활동부터 시연하면 되는지 파악할 수 있다. 실연 시작 전에 진행된 것과 그다음 활동을 자연스럽게 연결하며 시작해야 한다.

(2) 자신감 있는 톤으로 시작

힘 있는 톤으로 학생들에게 힘을 줄 수 있는 멘트로 시작하면 좋은 첫인상을 줄 수 있다. 첫 멘트부터 작고 자신감 없는 목소리로 시작하면 감독관의 기대치가 낮아질 수 있으므로, 의식적으로라도 힘을 더 실어서 자신감 있게 시작하자. 관리번호 말하는 인사말부터 크고 자신감 있게 하는 습관을 들이면 좋다.

(3) 시작 멘트 기본 패턴

① 교과서/학습지 준비시키기 **예** My lovely students, turn to the page 20. Can you see the title in the text? / "I'll hand out the worksheets. Has everyone got one?

② 활동 전환 멘트하기 **예** So far, we've learned the new word and some grammar. With all of that in mind, let's try reading the text.

③ 기대하게 하기 **예** Today, we're going to read the text about TRUE LOVE. Are you excited?

④ 지금까지 태도 칭찬하기 **예** Today I'm so happy because everyone's focused and no one's falling asleep!

⑤ 이전활동에 대한 추가 발문 **예** We just read the text quickly. What was it about?

⑥ 첫 활동을 위한 주의집중/발문하기 **예** My lovely students, Please look at this picture. do you know who he is?

⑦ 처음 진행할 디렉션과 관련된 소통 **예** (건강식 관련 주제) Come on, students. You look sleepy today. Oh 진아, you had lunch too much.

(4) 수업흐름을 이어갈 때 시작 예시

① Schema Activation부터 디렉션이 시작하는 경우 : 어떤 방식으로 schema activation을 할 것인지 먼저 정하고, 그것과 관련된 멘트로 시작하기. 학생 또는 교실 상황이면 더 좋다.

예 (2019 기출) *교실의 청소 상태로 소통하면서 자연스럽게 주제인 recycling관련 schema activation으로 넘어감*: "WOW your classroom is so CLEAN today! It's shining!! How often do you clean your classroom? Everyday !?? Good! oh…but look at the garbage can. I can see lots of plastic bottles here… What's wrong with this? Yes, right! 동현. We need to "RECYCLE" plastic bottles!

② 이전 활동 종료 후 새로운 활동으로 시작하는 경우 : 이전 활동 태도에 대해 칭찬을 많이 하고, 다음 활동에 대하여 자연스럽게 연계 멘트를 하면서 시작하면 좋다.

예 (2020 기출) *pre-reading 활동까지 진행된 상황이고 reading부터 디렉션 시작*: "All right. My lovely students. I walked around the class and I was so impressed, because you talked about future jobs with your partner very ACTIVELY. Then, why don't we have time to confirm our prediction? Turn to the page 21. Here is an INTERESTING text about the future jobs."

③ 이미 진행 중인 활동을 이어받아야 하는 경우 : 이전 활동 내용에 대한 간단한 확인을 하고 다음 활동 연결 멘트를 하기

> **예** (2018 기출) *본문 1회 읽기까지 진행된 상황이고 detail 읽기가 첫 디렉션* : "My LOVELY students! We just read the text quickly. What was it about? Yes, an EARTHQUAKE! Do you also remember the safety tips about an earthquake? Oh, you don't. Don't worry, we are going to read the text again IN DETAIL."

(5) 피하면 좋은 멘트

① 수업 흐름과 전혀 관련 없거나 시간을 많이 소비하는 멘트 : 첫 멘트부터 너무 욕심내지는 말자. 최근 기출은 요구 디렉션이 많기 때문에 시간이 부족할 수 있으므로 디렉션과 관련 없는 멘트를 길게 하지는 말자.

② 말하지 않고 판서만 하는 경우 : 수업의 Title 등을 적으면서 말은 아무 말도 하지 않는다면 처음부터 다소 지루한 시작이 될 수 있어 감독관의 기대감을 낮출 수 있다.

③ 소통 없이 교사 혼자 길게 말하기 : 수업실연 초반부터 교사만 계속 말하는 수업을 한다면 학생과의 소통 능력이 부족해보일 수 있다. 첫인상이 중요하니 처음엔 어떤 멘트를 하더라도 학생과 최대한 소통하면서 진행하자.

02 Motivation / Schema activation

> **Check Point**
>
> 수업 초반에 학생들이 Topic에 관하여 인지하고 오늘 수업에 대해 기대감을 갖도록 동기유발을 하는 단계이다. 시연에 포함하라고 출제될 수도 있고, 이미 진행했다고 하고 그다음부터 요구할 수도 있다. 기출에서 한동안 요구하지 않았다가 최근에 다시 등장하고 있으므로 대비가 필요하다. 문제에서 요구하지 않더라도 처음 진행할 활동의 흐름상 간단하게 진행할 필요가 있다고 판단되면 잠깐 보여주어도 괜찮으나, 시간을 많이 잡아먹지 않도록 조심해야 한다. 수업실연 초반이기 때문에 좋은 첫인상을 줄 수 있는 부분이다. 최대한 밝게 시작하고, 활발한 상호작용을 보여주자.

[기출 Direction]

- Topic과 관련된 동기유발, background knowledge 활성화
  → Speaking 활용(2013, 2022), Question 활용(2020, 2021), 그림 활용(2025)
- Topic의 의미를 추론하고 topic의 필요성 생각해보게 하기(2023)

[대표 기출 Direction] Topic 관련 동기유발, background knowledge 활성화
(2013, 2019, 2020, 2021, 2022, 2023, 2025)

(1) 기출 Point

① 역대 수업실연 기출 중 가장 첫 디렉션을 분석해보면 '수업 주제와 관련된 배경지식 활성화'와 관련된 것이 가장 높은 비중을 차지했다. 첫 디렉션은 첫인상을 주는 부분이므로 첫 디렉션을 어떻게 풀어나가는지가 매우 중요하다. Schema activation 전략들은 디렉션으로 나오지 않더라도 reading, speaking, writing 같은 다른 활동 시 활동 시작 전 동기화 전략으로 짧게 응용해서 사용할 수 있으므로 많이 연습해두면 좋다.

② 'Topic 관련 동기유발'로 크게 묶긴 했으나 '어떤 방식으로 진행할 것인가'도 잘 살펴보아야 한다. 2019에만 방식에 대한 제한이 없었고 2013과 2022는 Speaking을, 2020, 2021은 Question을, 2025는 주어진 그림을 활용해 동기유발을 요구했으므로 다양한 방법으로 연습이 필요하다.

(2) 구상시간 / 지도안 Tip

① **세부 조건 파악** : 주제를 빠르게 파악한 후 어떤 형태로 배경지식 활성화를 요구한 것인가 체크하자. (질문, 사진, speaking…) 제한이 없다면 가장 자신있는 방식으로 진행하면 된다.

② **소통 진행 아이디어 얻기** : 활용해야 하는 Material이 있으면 어떤 발문을 통해 학생과의 소통을 이끌어 나갈 것인지 체크하자. 없다면 바로 다음 이어질 활동들을 참고해보며 진행 방식에 대한 아이디어를 얻는 것이 좋다. 예를 들어서 2022 기출의 경우 'Enemy Pie'라는 주제와 관련된 경험을 공유하는 디렉션이었는데, 이후 이어질 Reading text의 내용이 'Enemy라고 생각하는 친구와의 관계'를 다룬 내용이었다. 이때 '사이가 좋지 않은 친구에게 한 행동에 대해 질문해야겠다.'라는 것을 생각해 놓는다면 Topic에 대한 동기화도 시키고 이 활동 진행 후 'text의 주인공은 어떤 행동을 했을까?'라는 연계 멘트로 할 수 있게 되는 것이다.

③ **학생 관련 상황 설정** : Material이나 다음 활동에서 아이디어를 얻을 수 없다면 소통을 이어나가기 위한 새로운 상황을 설정할 수 있다. 가장 좋은 것은 Topic과 학생을 연결하는 것이다. 'Healthy food'가 주제면 '급식메뉴'로, 'Environment'가 주제면 '교실 분리수거'라는 상황을 설정해두면 어떤 질문/어떤 사진을 통해 Topic Guessing까지 진행할 것인지 설계를 차례로 이어나갈 수 있다.

④ **발문 정하기** : 학생에게 어떤 질문을 할 것인지, small talk를 진행한다면 어떤 주제로 어떻게 소통할 것인지, 사진을 보여준다면 어떤 사진으로 어떤 질문을 할 것인지 구체적으로 생각해놓고 메모해놓는 것이 좋다. 지도안에도 공간이 허락하는 한 최대한 구체적으로 적어놓는 연습을 하자.

> 예 구상지 여백 : 'My enemy in life' Pair speaking + 'Have you ever had an enemy?' 'What did you do to your enemy?' 질문 제공

예 지도안: '주제와 관련된 짝 말하기 활동에 참여시키기 (X)' → 'My enemy in my life'를 주제로 짝과 함께 말하기 활동에 참여시키되 'Have you ever had an enemy? What did you do to your enemy?' 질문을 추가로 제공하여 학생들의 말하기 부담을 줄여주기 (O)

(3) 도입

① Topic 적기 : Topic을 꼭 적을 필요는 없지만 처음 시작할 때 판서해둔다면 수업 중간 중간에 판서한 Topic을 가리키며 상기시킬 수 있는 장점이 있다. 교사가 혼자 조용히 판서하지는 말고 학생들과 함께 크게 따라 읽는 설정을 하자. 수업실연 초반인 만큼 크고 활기찬 목소리로 Topic을 읽어주자.

예 My lovely students, turn to the page 20. Can you see the title in the text? Yes? Alright, let's read it out loud together! Three, two, one-go! (판서하며) "DESIGNING INCLUSIVE ENVIRONMENT" Wow! great voice!

② Topic에 어려운 용어 풀어주기 : Topic에 학생 수준에서 어려운 단어가 있을 경우 설명해주어야 한다. 단어부터 모르면 Topic의 의미 Guessing하는 것은 매우 어렵기 때문이다. 설명할 때는 영영풀이식 설명만 하지 말고, 학생에게 친숙한 예시를 같이 활용하면 좋다.

예 'Praise'란 단어를 설명 : What is Hojin really good at, everyone? That's right. He's really good at sports. Hojin, you look awesome when you're playing sports. Now, what is the teacher doing right now? Yes, this is called PRAISE."

(4) Speaking / Small talk를 활용하여 Topic에 대해 Motivation

① 기본적인 방향 : Speaking이라고 해서 어렵게 생각할 것은 없다. 학생과의 소통을 통해 자연스럽게 주제로 연결하면 된다. 교사 혼자 이야기하는 것을 피하고 학생들과 꾸준히 소통하는 방향으로 시작하자. 소통의 시작은 '질문'이다. '이런 질문을 했을 때 학생이 이런 답변을 할 것'을 잘 생각해서 학생에게 의미 있는 질문을 던지며 자연스럽게 topic과 연계할 수 있도록 해야 한다.

예 'Healthy Food' 관련 수업 : Come on, students. You look sleepy today. What happened during lunch time? Oh you had lunch too much? 진아, What was the menu? Oh, PIZZA!!! and..? Broccoli!! Nice!! 현수, Did you eat them all? Oh only pizza!! Why? Oh, because Pizza is delicious..? and? Broccoli is not..!! Yes. Then, is there anybody who ate broccoli? Oh 수지, why?? Oh because it is good for your health! Right, especially it has a lot of vitamin A and..? Yes 수지, vitamin C!! You must become healthy 수지! HAHA. Actually that is what we are going to learn about today! (판서하며) HEALTHY FOOD, HEALTHY LIFE!!

② Topic과 학생의 연결고리 : Topic을 학생과 연결하면 학생들의 반응을 이끌어내기 쉽고, 활발한 interaction을 보여줄 수 있다. 교실에서 정말 수업한다고 생각하고 교실에 있는 학생과 topic과의 연결고리를 찾자. 그 주제에 관해 학생들이 어떤 관심이 있을 수 있는지, 그 주제에 관련된 행동을 하는 학생이 있는지, 또는 학교에서 주제 관련 행사가 있을 수 있는지 생각해보고 무리한 설정이 아니라면 '있다고 가정'하고 진행하면 된다. 어차피 수업실연 극본은 내가 작성하는 것이다. 일정 부분에선 드라마 작가가 되어도 좋다.

- 예 주제가 'worries and advice'인 경우: '학생'과 '고민'을 연결 ➡ 교실에서 표정이 좋지 않은 학생이 있다고 설정하고 고민을 묻고, 그 고민에 대한 충고를 해줄 친구를 찾기
- 예 주제가 'Good people'인 경우 : '학생'과 '좋은 사람(행동)'을 연결 ➡ 교실에서 좋은 행동 ➡ "와 누가 이렇게 교실을 깨끗하게 쓸어놨어?"라며 칭찬해준 후 교내 좋은 행동의 목격담을 듣기
- 예 주제가 'Creative story'인 경우 : '학교'와 '창의적 글쓰기'를 연결 ➡ 지난주 학교의 문예창작대회가 있었다고 설정하고 수업을 하고 있는 학생 중에 상을 받은 학생이 있다고 하면서 소통하기('future job'인 경우 '진로 박람회'가 최근에 있었다고 하기)

③ 교실에 있을 것 같은 물건 활용 : 주제가 교실에 있을 만한 물건과 관련 있으면 교실에 그 물건이 있다고 가정하고 소통을 이어나갈 수 있다. 예를 들어 주제가 Recycling과 관련되어 있다면, 교실 한 곳에 재활용 쓰레기통이 있다고 가정하고, 그곳을 가리키면서 그 교실에서 재활용이 얼마나 잘 되고 있는지를 언급하면서 자연스럽게 토픽을 도출하는 것이다. 이렇게 상황 설정을 해놓는다면 수업을 진행하면서 필요할 때 다시 이 물건을 언급하면서 쉽게 풀어나갈 수 있기도 하다.

- 예 Wow your classroom is so clean today! It's shining!! How often do you clean your classroom? Oh everyday !?? Then, you "ALWAYS" clean your classroom.(교실 뒤쪽으로 걸어가며) oh…but look at the garbage can.(무언가 집어 드는 척하며) I can see lots of plastic bottles here… What's wrong with this? Yes, right! 동현. We need to "RECYCLE" plastic bottles! So these bottles should go… (옆으로 옮기는 척) HERE! to the RECYCLING BIN! This is really important! "SMALL ACTIONS MAKE BIG CHANGE!"

④ Pair Activity 진행 방법
- ㉠ 위 예시와 같이 교사와 학생의 소통으로 디렉션을 수행할 수도 있지만 2022 기출과 같이 Pair Speaking 활동으로 진행하라는 요구사항이 있을 경우 교사와 잠시 소통한 후에 학생끼리 말할 수 있는 기회를 제공해야 한다. (물론 디렉션에 단순히 'speaking을 활용'하라는 정도만 적혀있어도 Pair 활동을 진행할 수도 있다.)
  - 예 'future job'에 대한 주제인 경우 짝과 함께 30년 후에 있을 직업 3가지씩 이야기해보기
- ㉡ 구체적인 Speaking 방향 제시 : 단순히 'topic에 대해서 짝과 이야기해봐라'라고만 한다면 학생은 무슨 말을 해야 할지 당황할 수 있다. 예를 들어서 기출 중에 'Enemy pie'가 Topic이고 Topic에 대한 경험을 공유해야 하는 상황일 때 학생들은 '무슨 경험을 공유해야하는 것인지' 혼란이 생길 수 있다. 이때 가장 좋은 것이 구체적이면서도 더 쉬운 주제를 주거나 세부 질문을 주는 것이다. 예를 들어 "Talk about enemies around you and why you hate them."와 같이 쉬운 주제로 바꿔주거나, "Have you ever had an enemy?" "What did you do to him/her?"와 같이 짝이 할 수 있는 질문을 제공해주는 것이다. "To deal with the enemy, I …."와 같이 말할 때 쓸 수 있는 구조를 주면 학생들의 부담을 더 낮춰줄 수 있다.
  - 예 Have you ever had your enemy in your life? Now work in PAIRS, one sitting next to you, and talk about your enemy. (모니터 가리키며) You'll ask TWO questions here.

Let's read ALOUD together! "Have you ever had an enemy?" "What did you do to your enemy?" What a lovely voice!! With your partner, ask these TWO questions and answer the questions. I'll give you THREE minutes! Ready? Go! Time's up! (손 들며) Any volunteers to talk about your PARTNER's experience? Oh! 타오, can you introduce 현규's enemy? Everybody, listen carefully to 타오. Let's give her a big hand!! (박수치며) Nice job 타오. 타오 said 현규 fought with his friend! And what did 현규 do to deal with his enemy? Yes, 원빈 You are a good listener! 현규 had icecream with his enemy to make up with him! (학생 가리키며) 현규, I love the way you RESOLVE your CONFLICT.

(5) 사진을 활용하여 Topic에 대해 Motivation

① Topic과 관련된 사진이 있다고 설정하기 : 2025에는 Worksheet에 주어진 사진이 있었으나 주어진 사진이 없을 경우에도 주제와 관련된 사진이 있다고 설정할 수 있다. 실제로 현장에서도 사진/영상을 활용하여 Schema activation을 많이 진행하기 때문에 이 방식을 선호하는 실연자도 많다.

② 이해하기 쉬운 사진으로 진행 : 수업실연에서는 실제로 사진을 보여줄 수 없기 때문에 가장 중요한 것 중 하나는 '감독관이 잘 이해할 수 있는가'이다. 너무 복잡한 사진을 설정하고 감독관을 이해시키려고 노력하지 말자. 감독관이 머릿속에 잘 안 그려지면 망한 것이다.

③ 사진은 상호작용을 이끌어내기 위한 것 : 피해야 할 것은 사진 / 영상 내용의 대부분을 '교사가 먼저' 이야기해주는 teacher talk이다. 시각 자료는 학생과의 소통을 이끌어내기 위한 도구이다. 학생에게 쉬운 발문과 함께 무슨 내용인지 이끌어내면서 활기찬 상호작용을 보여주자.

④ 학생/학교 관련 사진 활용 : 학생에게 친숙한 사진을 제공해야 상호작용으로 풀어나가기가 좋은데, 학생에게 가장 친숙한 것은 역시 학교이다. Topic과 학교를 연결할 수 있다면 Topic 관련된 학교(또는 주변) 사진을 제시하면 학생들의 집중을 높일 수 있고 Topic 소개까지 자연스럽게 연결할 수 있다. 학교 행사, 체험학습 등에서 찍은 사진이 있다고 가정하고 제시하는 방법도 있다.

> 예 Look at the monitor. What do you see? Yes a picture…taken in… Yes!! a garbage dump place, (방향 가리키며) behind our school building. Can you see the MOUNTAIN of GARBAGE? Yes…A LOT!! What's the problem here? Yes 민준… Right. This will cause POLLUTION in our EARTH!! Oh no… our earth is crying…Then, why do we need 'RECYCLING'? Yes 하연, Great Answer. Recycling helps to reduce the amount of garbage. That's why we need recycling. "Small actions make big change!" Today, we are going to read and write about HOW TO RECYCLE PROPERLY.

⑤ 어떤 사진인지 소통하며 소개 : 수업실연은 사진을 직접 사용할 수 없기에 그 사진에 대해 감독관이 쉽게 파악할 수 있도록 해야 한다. 교사가 학생에게 적절한 질문을 던져가며 소통하면서 감독관의 머릿속에 쉽게 그려지도록 하는 것이 목표이다. 예 Look at this picture. What do you see? Yes, there is a robot. Where? Yes at the restaurant! What is the robot doing? Yes, it is serving food!!)

⑥ WH-Question 활용 : 사진을 보여주자마자 "Do you see the boys in this picture?"라고 물어보면 학생들은 "Yes"밖에 할 말이 없다. "What do you see?"라고 물어야 학생들은 "some boys"라는 대답을 할 수 있고, "How many?", "What are they doing?"등의 추가 질문을 통해 상호작용을 이어나갈 수 있다. 또한 질문은 최대한 '쉬운' 질문을 줘야 한다. 동기유발 단계임을 잊지 말자. 벌써부터 어려운 발문을 하면 학생이 동기가 생길 수 없다.

⑦ 주어진 사진이 있을 경우 : 주어진 Material에 이미 사진이 있는 경우 사진 속 어떤 점이 Topic과 연결되고 어떤 점을 학생들이 이야기해보는 것이 좋은지 먼저 판단하자. 그 이후 적절한 질문 (역시 Yes/No 보다는 WH-Q이 학생들의 구체적인 발화를 유도하기 좋다)을 통해 소통을 이어나가면 된다. 처음엔 교사와 학생이 소통하고 구체적인 논의는 짝 활동으로 진행해도 좋다. 학생들끼리 사진에 대해 논의할 때는 사진과 함께 어떤 것을 생각하면 좋은지 구체적인 방향을 제시해주자.

> 예 ('Universal Design' 판서 후) Let's say it together. UNIVERSAL DESIGN! Great job! Do you know what it means? Hmm... no? That's okay! Look at the picture on page 20. What do you see? Yes, Sangjin. Six people! Are they all SAME or DIFFERENT? Right! They're all DIFFERENT. Who do you see? Yes, Jinyoung! There's a child. And like Junsu said, someone is using a wheelchair too. This picture is closely connected to (판서한 곳 가리키며) UNIVERSAL DESIGN. We'll now talk about the FEATURES of Universal Design by looking at this picture. Especially, think of these two questions. (판서하며) 'WHO is it for' and 'HOW is it designed'.

➕ PLUS | 영상을 활용하는 방법

① Topic 소개용으로 사진이 아닌 영상을 사용할 수도 있다. 현장에서도 많은 교사가 사용하는 방법이긴 하지만 수업실연에서는 어떤 영상인지에 대해 감독관에게 설명해야하므로 조심해서 사용해야 한다. 역시 영상 내용에 대해 교사가 혼자 설명하지 않고 최대한 소통하는 것이 중요한데, 영상에서 무엇을 보았는지 학생에게 쉽게 질문해가면서 감독관도 어떤 영상이었다는 것을 알게 하는 것이 중요하다. (예 Who was in the video? Yes, 하영, a young boy! What was the boy doing in the video? Yes, 민준, the boy was playing a game on his smartphone late at night. But… why?? Why did he stay up so late using his phone? Because he liked the game very much and he couldn't stop. Then, can you guess today's topic? Just 'Smartphone'? 수영, Exactly! Today's topic is "How technology affects our life.")

② 영상은 사진과 달리 시간이 좀 걸리기 때문에 영상을 틀기 전 영상을 보면서 무엇을 해야 하는지 알려주는 것이 좋다. (예 First of all, we are going to watch a short video clip. While you are watching, pay attention to what the boy is doing with his smartphone and how he feels.)

③ 영상을 보여준 뒤 학생들이 짝과 함께 영상에 대해 토론하는 방식도 가능하다. (예 30년 전 직업과 관련된 영상과 요즘 직업을 소개하는 짧은 영상 2가지를 연속해서 보여준 뒤 두 영상의 차이점을 함께 이야기해보고 2050년엔 직업에 어떤 변화가 생길지 이야기하기)

(6) Question을 활용하여 Topic에 대해 Motivation

① 2020, 2021 기출에는 'Question'을 활용하여 Topic에 대한 동기유발을 하는 디렉션이 나왔지만 새로울 것은 없다. 앞에서 이야기한 Speaking, 사진 활용 동기유발 방법도 기본적으로 '질문'을 계속하는 것을 강조했으니 위 전략을 그대로 사용해도 디렉션을 충실히 수행했다고 볼 수 있다.

② 다만 디렉션에 'Question을 활용하라'라는 말이 직접적으로 언급되었으면 질문을 조금만 더 신경쓰면 된다. Topic을 소개하기 위해 어떤 의미있는 질문을 해야 할지를 생각해보자. 잘 떠오르지 않으면 역시 주제를 '학생들의 실제 생활'과 연결해보는 것이 가장 안전한 전략이다. 만약에 'healthy food'가 주제라면 학생들에게는 오늘의 급식 메뉴를 물어보고, 그 메뉴가 healthy food였는지 아닌지에 대한 생각을 간단히 물어볼 수 있는 것이다.

> 예 Come on, students. You look sleepy today. What happened during lunch time? Oh you had lunch too much? 진아, What was the menu? Oh, PIZZA!!! and…? Broccoli!! Nice!! 현수, Did you eat them all? Oh only pizza!! Why? Oh, because Pizza is delicious…? and? Broccoli is not..!! Yes. Then…. is there anybody who ate broccoli? Oh 수지, why?? Oh because it is good for your health! Right, especially it has a lot of vitamin A and..? Yes 수지, vitamin C!! Excellent 수지! HAHA. Actually that is what we are going to learn about today! (판서하며) HEALTHY FOOD, HEALTHY LIFE!!

(7) 기타 방안

① **교사의 일화 활용(Teacher's anecdote)**: 교사가 Topic과 관련된 이야기를 직접 해줄 수 있다. 그 경험과 관련된 본인의 사진이 있다고 하고 보여주며 이야기를 풀어나갈 수도 있다. 다만 혼자서 이야기를 너무 늘어뜨리면 지루해질 수 있으므로 학생의 반응을 이끌면서 하자. (예 "My bad habit" 이 주제일 때 교사가 "My bad habit is…"라고 이야기하는 것보다는, "Has anyone seen my bad habit???"라고 하고 한 학생이 '눈을 자주 깜박이는 것, 다리 꼬는 것' 등을 대답하는 설정) 이야기가 끝난 뒤에 마지막에 Topic이 무엇인지 Guessing시키면 된다. (예 Now, can you guess today's topic? Can anyone tell me? Yes, Sujin!!!")

② **Brainstorming**: 역동적으로 Topic을 소개하는 방법이다. 칠판 가운데 title을 쓰고 학생들이 title과 관련된 생각을 자유롭게 말하게 하는 것이다. 학생들이 대답할 때마다 칭찬 리액션을 잘해주면 밝은 분위기를 연출할 수 있다. '생각나는 것 모두 말하라'를 강조하면 좋고 이를 위해 양팔을 벌려 손을 안쪽으로 모으는 듯한 제스쳐를 크게 하는 것도 좋다. teacher talk도 ANY WORDS라는 부분을 강조해서 말하자.(예 Call out A.N.Y W.O.R.D.S that come to your mind when you think of the topic.) 단, 학생의 대답을 칠판에 적는데 시간을 너무 많이 보내지 않도록 조심하자. 간단히 생략해서 적어도 된다.

03 Vocabulary

> **Check Point**
>
> 단어 지도는 역대 기출(2012~2025) 중 가장 많이 출제된 단골손님이다. 어떤 단어가 출제될지 모르므로 1가지 방법만 연습하기보다는 몇 가지 방법을 연습해놓는 것이 좋다. 핵심은 최대한 쉽게, Title과 연관 지어서, 학생 / 교실상황과 연관 지어서, 최대한 학생과 상호작용 하며 가르치는 것이다. 또한 Reading 활동과 연결이 되어있는 경우가 많으므로 따로 독립된 활동이라기보다는 Reading과 연결이 된 활동을 진행하는 것이 좋다.

[기출 Direction]

- worksheet에 밑줄 친 단어 모두 (3개) 가르치기(2012, 2014, 2015, 2023)
- worksheet에 밑줄 친 단어 중 1개 선택해서 가르치기(2019, 2021, 2022, 2025)
- worksheet에 있는 단어 또는 표현 중 1개를 문맥을 통해 가르치기(2024)
- Guessing strategy를 활용하여 단어 가르치기(2013)

[대표 기출 Direction] **worksheet에 있는 단어 지도하기** (2012, 2013, 2014, 2015, 2019, 2021, 2022, 2023, 2024, 2025)

(1) 기출 Point

① 기출에서 단어는 따로 제시되지 않고 text 안에 있었으며 밑줄이 쳐져 있었다. 밑줄 친 단어 중 1가지만 지도하라고 나올 때가 있었고 3개 다 지도하라는 때도 있었다.

② 대부분은 개별 word 지도가 나왔으나 2024에는 'what a relief'와 같은 관용구나 phrase level 표현도 함께 출제되었으므로 앞으로도 대비가 필요하다.

③ **다양한 전략 연습 필요**: 단어 지도를 한가지 방식으로만 연습한다면 실전에서 그 방식으로 아이디어가 떠오르지 않을 때 크게 당황할 수 있다. 다양한 전략을, 그리고 다양한 단어를 가지고 연습해놓고 실전에서 어떤 단어가 나와도 설명할 수 있게 하자.

④ **스마트기기 활용하기**: 최근 'Online Dictionary' 사용에 대한 조건이 기출되는 등 단어 지도에서 tablet PC 활용 방법에 대한 요구가 생기고 있다. 현장에선 이미 많이 쓰이고 있으므로 앞으로도 나올 가능성이 높아 대비가 필요하다. (예 예문 만들 때 활용하기, 영영사전 뜻을 찾아보기, 유의어/반의어 찾아보기, 그림사전 찾아보기....)

(2) 구상시간/ 지도안 Tip

① **개수 파악하기**: 단어지도를 1개만 하는 경우엔 다소 구체적인 지도 방식을 떠올려야하고 3개 지도하는 경우엔 시간을 많이 잡아먹지 않으면서도 쉽게 설명할 방법을 구상해야 한다.

(3개는 각각 다른 예시 상황을 설정하는 것보다 가능하면 하나의 상황에서 3개 단어의 예시를 설명하는 것이 시간 절약에서 효율적이다)

② **구체적 전략 정하기**: 기출 중 대부분은 '어떻게 지도할 것인가'에 대한 통제가 없었고 있었던 때에도 '맥락을 활용하라' 정도였다. (보통은 어떻게 설명하더라도 맥락은 활용하게 된다) 디렉션에 통제가 없다면 가르칠 단어를 어떤 방식으로 할지 (예시 주기, 본문 맥락에서 guessing시키기, 사진 활용하기....) 정해서 구상지에 메모하거나 지도안에 작성하자.

③ **주어진 단어 중 가르칠 단어를 정해야 하는 경우(여러 개 중 선택해야 하는 경우)**
   ㉠ 가능하다면 Topic과 관련 있는 단어를 선정하여 topic과 연계하여 설명
   ㉡ 학생의 생활과 연계하기 좋아 interaction을 많이 할 수 있는 단어 선정
   ㉢ 하나의 맥락으로 가르칠 수 있도록 공통점이 있거나 의미로 연결 가능한 단어를 선정
   ㉣ 자신이 연습을 많이 한 단어 teaching 전략으로 설명하기 좋은 단어 선정(**예** 교실 상황을 활용한 단어설명을 많이 연습했다면 교실과 연관이 있는 단어 고르기)
   ㉤ 지나치게 쉬운 단어는 피하고, 학생들이 실제로 어려워할 만한 단어 중에 고르기

④ **단어 지도 방법이 떠오르지 않을 때**: 단어 3개 중 1개를 고를 때 '이거다' 싶은 것이 없다면 일단 스킵하고 다음 디렉션을 먼저 준비하자. 수업실연 초반에 나오는 디렉션인 만큼 단어 지도 방법을 생각하다가 뒤에 더 중요한 활동 구상시간을 뺏길 수 있다. 단어지도 방안이 바로 떠오르지 않더라도 다음 활동을 먼저 준비하다보면 그 연계를 할 방법이 떠오를 수도 있고 다른 Material을 활용하여 오히려 연계성 높은 단어설명을 하게 될 수도 있다.

(3) **동기화하기/연계하기**

① **Reading 전 단어 지도일 경우**: Reading text 읽기 전 text 안의 단어를 가르치는 흐름이 가장 일반적이다. 이럴 때는 'text를 읽기 전에 단어부터 배워보자'는 멘트면 충분하다.
   예 "Turn to the page 15. What do you see? Yes, a reading text. Before we read the text, what should we do? Yes, as usual, we are going to learn today's new words."

② **앞 활동과 연계할 경우**: '지금까지 ~를 했으니 이제 이것을 하자'라는 간단한 멘트도 좋고, 앞 활동 내용과 연계되는 부분이 있으면 최대한 연결해봐도 좋다.
   예 ('Good people'이 topic일 때 어려운 사람들 도와주는 영상을 본 후) "We just saw the video about the young boy. In the video, did he show concern for himself? or for others in need? Yes! for others! Does anybody know the word that can describe him? Nobody? Then, can you guess and find which word in the text has this meaning?"

(4) **Direction 진행하기**

① **모르는 단어 체크시키기**: 수업실연 문제에는 가르쳐야 할 단어가 정해져 있다. 다만 교사가 "오늘 배울 단어는 이거다." 라고 먼저 문맥 없이 제시한다면 그 단어가 학생들이 어려워했던 단어라고 볼 수 없기 때문에 교사 중심 단어지도의 느낌을 줄 수 있다. 수업실연 특성상 내가 직접 고른 단어이긴 하지만 실제 실연에서는 '그 단어가 학생들이 가장 어려워하는

단어다'라는 설정을 하면 학생 수준을 고려한 수업의 느낌을 줄 수 있다. 특히 특정 학생이 아닌 '많은 학생들이 공통으로 궁금해 하는 단어'라는 말을 하며 자세히 가르칠만한 대표성을 지닌 단어라고 하는 것이 좋다. 이렇게 하기 위해서는 만약 본문에 있는 단어였다면 학생이 먼저 본문을 빠르게 읽으면서 모르는 단어를 밑줄 치라고 하고, 그 단어들을 말해보라고 했을 때 학생들이 말하는 단어들이 문제에서 정해준 단어들과 일치하게 설정하면 된다. (주의 : 모르는 단어를 단순히 'find' 하라기보다는 구체적으로 'underline / circle' 하라고 하기)

> 예 Before we read the text, we're going to learn new vocabulary. First, skim the text quickly and UNDERLINE any difficult words. Alright? Just ONE minute! Time's up! What did you find? Call out ! Oh, many students are curious about the meaning of 'get rid of'. "First, read the text quickly and underline(circle) the words you don't know. Don't try to understand every single sentence."

② **Word cloud 등 시각화 자료 활용**: text만 붙여넣기하면 word cloud를 만들어주는 사이트가 있는데 이는 text에 있는 단어들을 한눈에 나타내주기 때문에 reading에 들어가기 전에 많이 사용된다. word cloud와 같은 사각화 자료를 통해 단어 목록들을 보여주고 여기서 모르는 단어를 학생들이 고르는 설정을 할 수 있다.

> 예 Okay, look at the screen. What is this? Right, it's a WORD CLOUD! These are the important words from today's reading. Wow, you all seem interested! I made it colorful today. Do you like it? Haha. Now, look through the words. If you see a word you don't know, just shout it out. Oh, I hear many of you saying "SEGREGATE". Let's look at that word together.

③ **따라 읽기**: 단어가 발음이 다소 어려운 경우 정확한 발음을 먼저 제시한 후 따라 읽는 연습을 시킬 수 있다.

> 예 ("segregate" 판서 후 가리키며) Can you pronounce this? Hmm, I hear a lot of different pronunciations! Let's say it together. SEGREGATE! SEGREGATE! Good job!

④ **단어지도는 '소통을 통한 Guessing 시키기'가 기본 방향**: 단어지도는 보통 수업실연 초반에 나오고 수업실연 초반에는 역시 활발한 상호작용이 정말 중요하다. 단어에 대해 교사가 혼자 예문과 뜻을 전달하고 끝나지 말고 학생과의 소통을 꾸준히 진행하자. 교사가 말할 것을 최대한 질문으로 바꾸고, 쉬우면서도 학생들의 사고를 이끌어낼 수 있는 발문을 통해 단계적으로 학생들이 단어의 의미를 Guessing할 수 있도록 끝까지 유도하는 것이 핵심이다.

⑤ **단어 Guessing을 위한 전략**: 단어의 의미를 설명하기 위한 다양한 방법이 있다. 중요한 점은 어떤 방법이든 학생 수준에서 쉽게 설명해야 한다는 것이다. 감독관도 같은 단어를 다른 실연자가 설명하는 것을 계속해서 볼 텐데, 아무래도 정말 학생들도 이해하기 좋게 쉽게 풀어나가는 실연자에 점수를 더 줄 수밖에 없을 것이다. 다음 방법 중에 한 단어에 한 가지만 사용해야 하는 것은 아니고, 2~3가지를 섞어서 활용 가능하다. 단어마다 설명하기 좋은 방법이 다 다르므로, 여러 가지 연습해 두는 것이 좋다.(* 공통 전략 : elicitation, personalization, topic과의 연결)

㉠ **예시 상황 제공**: 단어를 설명하기 좋은 상황을 설정하는 것이다. 가르칠 단어가 여러 개인 경우, 그 단어를 한 번에 설명할 수 있으면서 주제와 관련된 상황을 설정할 수 있으면 효율적으로 가르칠 수 있다.

> **예** (selfless, consideration, donate 3개 설명 위해 '봉사활동' 상황 설정)
> Remember when we went to the volunteer work last month? What did you do? Yes, you helped the old people!! At that time, you were very 'SELFLESS'. (판서하면서) What does it mean?? Hmm… do you know the ending - less? Yes, it means 'without'!. Then, selfless means…Yes 지영! 'caring more about other people than about yourself'. Good ! 형준, what did you do for elders? Yes you cleaned the room for them! What 재형 did is… "CONSIDERATION" (적으면서) This means 'do something good for others'. Okay then…슬기! what did you do for elders? Yes, you sang a song for them!!! I know you are a great singer!! Singing is your talent. So… (판서하면서) '슬기 _____ her talent for them.' What verb can we use in this blank? 슬아!!! Great!! 'DONATE!' (판서하면서) DONATE means… give something good for free to help others."

㉡ **학생에게 친숙한 예시 문장 주기**: 학생들에게 어려운 단어를 가르치는 만큼 그 단어를 설명하는 예시만큼은 학생이 충분히 이해할 수 있어야 할 것이다. 교실과 관련된, 학생과 관련된, 학생의 실생활과 관련된 예시를 주면 학생의 쉬운 이해를 도울 수 있고, interaction기회가 될 수 있어 학생들을 참여시키기 좋다. 어떤 예시를 사용하더라도 너무 교사 혼자 예시를 계속 들면서 설명을 오래 하는 것은 피하도록 하고 되도록 상호작용 기회를 만들자. 단어의 뜻을 알려주고 예시를 들어주는 순서가 아니고, 예시를 주고 학생들에게 guessing을 시키는 순서로 가야 더 역동적인 수업이 가능하다.

> **예** 'Polite'+ 학생 칭찬 : "Minsu is always POLITE. He always greets to elders and helps teachers. Then, what does 'Polite' mean?"

> **예** 'Exchange'+ 학생 활용 : (학생 한 명에게 다가가는 척하면서) "I just gave 철수 this pen. and 철수 gave me his eraser. This is an EXCHANGE."

> **예** 'Allowed to'+ 교실 규칙 활용 : "In this class, you are ALLOWED TO use your tablet, right? With your tablet, you are ALLOWED TO look up the meaning of the word, but you are NOT ALLOWED TO play games!! Then, can you guess the meaning?

> **예** 'stained'+교실 도구 활용: many students are wondering what 'STAINED' means. Alright. Let's find out what 'STAINED'(판서) means. Students. Who am I? Yes I am an English Teacher!! What am I doing? Yes I'm teaching English. Where? Yes, in the classroom. and…especially in front of the blackboard. So, sometimes (분필을 들며) this chalk makes my shirts dirty (분필을 옷에 좀 묻히고 그 부분 가리키며) and it becomes… STAINED shirt. Can you guess what STAINED means?

> **예** 'What a relif' + 학교 일정 활용: Let me give you an example. Minho! You're really good at soccer, will you participate in the school soccer tournament tomorrow? Oh, you're really looking forward to it! But, what if it rains tomorrow…. oh, you'll be annoyed, right? But what if the weather is really nice tomorrow? Oh you feel relaxed? Yes. That's when you'd say 'WHAT A RELIEF' You use it when SOMETHING UNPLEASANT DOES NOT HAPPEN.

ⓒ 'recycle' + 교실 물건 활용: This plastic bottle goes to garbage can… or recycling bin …? That's right. Recycling bin! It is RECYCLABLE!!" What about this trash? This goes to garbage can. It is NOT RECYCLABLE. Now, can you guess what 'recyclable' means?

ⓒ Reading text 문맥에서 Guessing 시키기

예 If we don't know the meaning of the word, what can we do? Yes 준식, we can GUESS!! Let's guess together! (text 가리키며) Okay where is the word 'boost'? Good! One, two three…fourth line! Then can you read aloud the whole sentence, from 'First'. Three, two, one, Go! 'First, salmon, nuts, and pumpkin seeds help BOOST teenagers' brain power!' Here, are salmon, nuts, and pumpkin…. healthy food or not? Yes!!! Right!! Healthy food !! which is good for our body!! So, this GOOD food BOOST our..(머리 가리키며) brain power…. can you guess the meaning? Perfect!! 지현, it means 'increase' (판서하며)! Good Job everybody! Like this, when you meet unfamiliar word, don't be afraid and just try to GUESS!!!

ⓔ 유의어, 반의어 제공: 유의어나 반의어를 제공하는 것은 단독으로 이것만 제공하고 끝나는 것이 아닌, 위에 언급된 방법을 사용해서 단어를 지도하고 마지막에 뜻을 정리해줄 때 제공하는 것이다. 몇 단계는 더 쉬운 단어로 제시하는 것이 핵심이다. 예를 들어 'eliminate'가 있는데 중학생에게 'get rid of'라고 풀어준다면 역시 풀어준 단어도 어렵다. habit에 관련된 것이었으므로 'break'같이 쉬운 단어가 좋다. 'portray'라는 기출 단어도 'describe'정도로 바꿀 수 있다.

ⓓ 'or'을 활용한 단어의 느낌 설명: 학생들이 단어의 의미를 추론할 때 잠깐 사용할 수 있는 방법으로, "positive or negative?", "good or bad?", "for free or paid?", "large or small?"라고 물어보며 단어의 느낌을 잡도록 하는 방법이 있다.

ⓑ 사진 / 그림 활용: 단어의 뜻과 관련된 사진이 있다고 가정하거나, 그림을 직접 그리는 방법이 있다. 전자의 경우엔 감독관도 그 사진 내용을 머릿속으로 그릴 수 있도록 소통을 통해 풀어나가야 하며, 후자의 경우엔 시간이 걸릴 수 있으므로 주의해야 한다. 만약 가르쳐야 하는 단어들의 공통점을 찾을 수 있다면, 모두 설명할 수 있는 하나의 공통된 주제를 들어서 설명하는 방법도 있다.

ⓐ 동작 / 노래 / 연기 활용: 단어와 관련된 몸동작을 보여주면 쉽게 설명이 가능할 때가 있다. 'eliminate'를 설명하기 위해 나쁜 습관(다리떨기)등을 직접 보여주고, "Should I ELIMINATE this habit or keep this habit"이라는 질문을 던지며 Eliminate 라는 단어의 의미를 전해줄 수 있다. 'stained'를 설명하기 위해 분필을 자신의 옷에 살짝 묻히며 이것이 'stained shirt'라고 보여줄 수 있다. 제시된 단어가 들어간 노래가사가 떠오른다면, 한 구절만 직접 부르며 설명하는 방법도 있다. 연기를 할 수도 있는데 기출의 'fright'와 같은 단어를 설명할 때 무언가에 겁에 질려 무서워하는 장면을 연기하며 보여줄 수 있다.

◎ **Affix 활용**: 자주 쓰이는 prefix와 suffix가 포함된 단어인 경우 (예 기출의 selfless는 useless, careless 등의 예시를 더 들며 less의 의미를 활용한 설명이 가능)

> **+ PLUS | 지도해야 할 단어 개수가 많은 경우**
>
> • 가르칠 단어가 여러 개인 경우 모두 같은 전략을 쓸 필요는 없다. 단어마다 다른 전략을 사용할 수 있다.
> • 단, 3개를 가르쳐야 하는 경우 너무 많은 시간을 소요할 수 있다. 3개 전부 자세하게 다루다보면 뒤에 이어지는 활동들을 대충하게 될 수 있다. 그렇지만 디렉션에서 요구한 사항이기 때문에 1개만 하고 넘어가는 것은 위험하다. 3개 다 빠르게 진행하거나, 1개를 조금 자세히 하고 2개는 빠르게 진행하는 식의 방법이 가장 좋은 것 같다. 시간분배는 많은 연습을 통해 몸으로 익혀야 한다.
>
> 예 Now, tell me the words you're not familiar with. Don't be shy! Oh, (판서하며) 'at ease, confident, proud of oneself' !! Good. In the last activity, Jinsu told us that Suhyun wants to speak English with foreign friends. Suhyun, when you did not try anything, how did you feel? Oh, you feel relaxed! She felt AT EASE at the time, feeling relaxed and calm. ('=relaxed '판서) Then, when you studied English and started to speak English, how did you feel? Oh, you felt like you can talk to anyone? Good. This is because she was CONFIDENT, having a feeling that she can do something well. (뜻 간단히 판서) Suhyun, then you might be PROUD OF YOURSELF for achieving your goal, feeling happy with your abilities or achievements.

⑥ **마지막엔 영영 풀이 제공**: 위에서 언급한 전략을 사용하고 나서 학생의 Guessing까지 유도했다면 마지막으로 그 Guessing이 맞는지 확인해준 후 교사의 영영 풀이로 마무리되어야 한다. 영영풀이를 바로 생각해내기 쉽지 않으므로 사전에 있는 것처럼 완벽하게 풀려고 하기보다는 '어떤 의미다' 라는 느낌만 줄 수 있게 쉽게 설명하자.

예 exploit('to make use of someone / something'), donate('to give something good to help others in need'), stained('when something gets dirty with the other thing.')

(5) Guessing Strategy를 가르쳐야 하는 경우

① **Guessing Strategy 가르치기**: 기출에서 'guessing'을 사용해 단어를 가르치길 요구한 적이 있다. 물론 위에서 언급한 전략들이 모두 적절한 예시/ 질문을 통해 학생이 Guessing을 유도하기 때문에 위 전략대로 수행해도 무리는 없다. 다만 디렉션이 'Guessing Strategy를 가르쳐라' 라는 식으로 나온다면 학생들에게 '이럴 때 이렇게 전략을 써서 Guessing을 하는 것이다' 라는 식으로 전략 자체를 더 강조해서 가르치면 좋다.

② **Guessing을 하는 이유를 깨닫게 하기**: 단순히 학생에게 '이 단어를 guess해보아라'라고만 한다면 학생들은 어떻게 해야할지 방향 잡기가 어렵다. 교사가 먼저 '이 단어들을 우리가 Guessing해보자.' 라고 바로 말해주는 것보다는 '모르는 단어가 있는데 사전이 없어!!! 어떻게 할까?, 민호! 맞아, guess하는 방법이 있지!' 라는 식으로 전략의 필요성을 깨달을 수 있게 유도하면 좋다.

📗 Do you know what these words mean?? No?? So what can we do?? we don't have any dictionaries now… Oh!! That's right 덕선!! we can GUESS!! No matter how many words you memorize, you will always meet unfamiliar words in your reading. This is why you will always need to be able to make a guess as to the meaning of unknown words. Alright?

③ Context 보는 방법 알려주기: Guessing에서 가장 중요한 것은 Context를 보는 것이다. 이때 단순히 'context를 보아라'라고만 하면 학생들이 헷갈려할 수 있으므로 구체적으로 '그 단어의 앞과 뒤의 단어 또는 문장을 살펴보아라'라고 알려주자.

📗 Now, let's guess the meaning of these three words. How can we guess?? Yes, 보라! Look at wider context. Just read about two or three sentences AROUND these words. If then, surprisingly, you can guess the meaning!!

> **➕ PLUS ┆ Guessing Strategy**
> ① decide part of speech(noun? verb? adjective?)
> ② look at the wider context.(surrounding clause and sentences)
> ③ look at the form of the word(📗 downhearted ➡ down / heart / —ed)
> ④ make a guess on the basis of these strategies.
> ⑤ read on and see if the guess is confirmed.

(6) 특정 유형의 단어를 가르치라는 경우

수업의 흐름상 특정 유형의 단어를 가르쳐야 할 경우가 있다. 그 단어를 바로 제시해서 설명하기보다는 학생들이 직접 찾아보게 한 후, 그 의미와 쓰임을 guessing하게 하는 방법이 좋다.(Find some words in the text that…)

📗 빈도부사 : 가로로 선을 하나 그리고 never와 always를 양 끝에 쓰고 설명할 수 있다. 그 전에 학생들의 일상을 물어보며 풀어나가는 것이 좋다. "철수, how may times do you take shower in a week? Once?? No, seven?!! seven times a week!!", "진수, how many times do you play game in a week? oh, three times! Like this, there is THREE WORDS in the text that describe 'how many times something happens'in ONE WORD. Let's find them together."

➕ PLUS | 단어 지도에서 tablet PC 활용하기

최근 수업실연 기출에서 'online dictionary'가 수업도구 또는 요구사항으로 제시되는 등 수업실연에서 table을 활용에 대한 능력을 평가하려는 움직임이 계속되고 있다. 다음과 같은 전략이 가능하고 나만의 전략이 있다면 따로 정리해서 연습해두자.

① 의미 파악에 활용하기: 단어의 영영 설명, 동의어/반의어 등을 온라인 사전에서 찾게 하는 것이다. 특히 교사의 예시로부터 의미를 Guessing하는 과정에서 학생이 예시를 듣고 그 단어가 '무슨 느낌인지는 아는데 표현이 어려운 경우'가 있다. 이럴 때 교사가 바로 영영 설명을 해주는 것 보다 잠시 tablet을 활용하게 하면 학생의 주도적인 이해를 도울 수 있다.

> 예 You know what 'allowed to' means but don't know how to explain it? Then, use your English-English dictionary with your tablet!

② 이미지 활용: 단어와 관련된 상황을 나타내는 이미지를 검색해서 의미 파악을 하거나 직접 그려서 패들렛에 올리기

> 예 Now, with your tablet PC, SEARCH FOR THIS EXPRESSION using 'Google Image Search', and UPLOAD IT to our class Padlet. Well done! Look at the monitor here. Your uploaded images are showing up. Now, guess the meaning of the word.

③ 실시간 예문 적기: '페어덱'의 보드 기능을 활용하여 학생들이 각자 배운 단어로 자신만의 예문을 영작해서 적고, 학생들의 문장을 실시간으로 함께 보며 학습하기

> 예 Okay class, open Pear Deck now. Can you see the board? Great. First, choose one word we learned today. Then make your own English sentence using one of those words. Just type it on your screen. When you're ready, I'll share your sentences on the big screen.

④ 이미지 사전으로 수준별로 활용하기: 영영풀이로 봐도 어려운 학생들이 있으므로 단어에 대한 이미지와 영영설명을 모두 볼 수 있는 이미지 사전을 활용하게 하기

> 예 Use your tablets and search for (판서하며)"Langeek picture dictionary". This is an ONLINE DICTIONARY you can use. Try to look up "segregate" in English. If English definitions are too hard, use the 'picture dictionary' part to understand with images. It helps all of you understand, no matter your English level.

04 Reading

> **Check Point**
>
> 지금까지 기출 중 대부분 Reading text가 주어졌다. 긴 지문을 주기 보다는 짧은 지문에 그와 관련된 worksheet을 1~2개 주는 것이 추세다. Reading text를 주었다는 것은 본문에 대한 이해 점검은 꼭 하기 마련이니 그 부분을 어떻게 풀어나갈지 연습이 필요하다. 특히 Main idea 찾기에서 Detail을 위한 읽기로 넘어가는 흐름은 자주 출제되는 패턴이므로 나만의 방식으로 자동화시키는 것이 좋다. 길지 않으면서 핵심 정보만 표현한 간결한 Activity Instruction 연습을 해보자.

[기출 Direction]

- 본문의 Main idea/ Gist를 찾게 하기(2019, 2020, 2021, 2022, 2024)
- 본문 specific information/ detail 관련 이해점검 활동
  → worksheet 작성(2015, 2016, 2019), worksheet 없음(2018, 2020, 2021)
- 본문 내용을 Graphic organizer를 통해 정리시키기(2012, 2022, 2025)
- 본문을 읽기 전 title을 활용한 본문 내용 Prediction(2022, 2025)
- 본문을 읽고 이어질 내용(결론) 추측해 쓰기(2017)
- 본문의 순서를 원래대로 맞추기(2013)

[대표 기출 Direction 1] 본문의 Main idea/ Gist를 찾게 하기
(2019, 2020, 2021, 2022, 2024)

(1) 기출 Point

① 기출에 매우 자주 나왔던 디렉션이다. 용어는 main idea, theme, gist로 바뀌어왔으나 기본적으로 글을 읽을 때 가장 중요한 요소이므로 자주 출제되었고 text에 따른 변동 사항이 크지는 않으므로 나만의 패턴을 자동화 해놓으면 실전에서도 자연스럽게 진행할 수 있다.

② 2025에는 Reading 수업임에도 Main idea/ Detail 찾기가 빠지고 vocabulary-grammar-graphic organizer로 다소 부자연스럽게 이어지는 reading 수업이 출제되었다. 이렇게 다소 어색한 흐름으로 문제가 출제된 이유는 이미 Main idea/ Detail 찾기 기출이 자주 출제되어 대부분의 수험생이 다 잘 수행하여 변별력이 없었기 때문일 수도 있다. 그래도 가장 기본인 만큼 연습은 충분히 해두자.

(2) 구상시간/ 지도안 Tip

① 수업실연 기출에는 보통 너무 길거나 너무 어려운 텍스트는 나오지 않고 중2~고1정도 수준의 글이 나온다. 구상 시간에 text를 읽을 때 바로 main idea를 정리해놓는 것이 좋다. 읽다가 핵심 키워드에 동그라미를 쳐놓고 읽은 직후 동그라미만 보고 빈공간(나만의 약속

공간)에 main idea를 바로 써놓는 습관을 들이자. (이 방식이 아니더라도 자신만의 패턴을 연습해두자) 지도안 지역도 지도안에 교사 또는 학생의 발언 내용으로 main idea를 적어 놓는 것이 좋다.

② 만들어놓은 main idea 중 일부를 '학생이 채울 부분'으로 표시해놓으면 좋다. 예를 들어 'The boy made a special pie to get rid of his enemy.'로 만들었다면 'a special pie'와 'his enemy'를 구상 때 따로 표시해서 수업 때는 빈칸으로 한 후 학생보고 채우라고 하거나, 'to get rid of his enemy' 부분을 표시해놨다가 학생에게 더 구체적으로 말해보게 시키는 것이다. 지도안 지역에서도 이런 부분을 함께 적으며 교사가 바로 정답을 제시하는 것이 아닌 학생이 점점 성장할 수 있도록 도움을 주는 역할을 강조하자.

③ 구상시간이 짧으므로 너무 완벽한 main idea를 만들기 위해 시간 낭비를 하지는 말자. 대략적으로만 만들어도 괜찮다. 활동을 자연스럽게 진행하는 것이 더 중요하다.

(3) 동기화하기/연계하기

① **시작멘트**: 교과서 페이지를 펴게 해도 좋고 worksheet을 나눠줘도 괜찮다. Title이 있는 경우가 많으니 같이 읽으면서 주의를 끄는 것이 좋다.

> **예** Turn to the page 21. Can you see the title? Let's read the title together! 3, 2, 1, Go! "Future Jobs" Great voice! Here is an interesting text about the future jobs. First, I'll give you just two minutes. Read the text quickly and try to find the main idea.

② **동기화하기**: Reading text를 시작할 때는 현실적으로 학생들이 "우와 재밌겠다 빨리 읽고 싶다."라는 마음을 스스로 가지진 않을 것이다. 그래서 단순히 "자 지금부터 reading text를 읽고 질문에 대한 답을 찾아라"라고만 한다면, 학생들이 reading text를 읽고 싶은 '기대감'을 형성할 수 없다. 학생들이 text에 조금이라도 관심을 가질 수 있도록 읽게 될 내용에 대해 간략하게 소통하면서 동기화시키는 것이 중요하다.

㉠ 이전 활동과 연계하기

> **예** (속담과 관련된 활동 이후) Now, read the text and think about the THEME, the main idea. You can find it more easily if you connect it with this proverb

> **예** (Title을 활용한 Prediction 활동 이후) Then, why don't we have time to confirm our prediction? Turn to the page 21. Here is an interesting text about the future jobs.

㉡ 본문 내용을 먼저 질문해보기

> **예** Like 민지 said, chicken always makes us happy. Actually, we are talking about "HEALTHY FOOD" today, so I want to ask this question. Is chicken healthy or not? Oh, some students are nodding but some are shaking heads....Alright. To find the answer, turn to the page 21. There is a text about HEALTHY FOOD.

(4) Direction 진행하기

① **용어 풀어주기**: 학생들 입장에서는 'main idea'라는 말이 정확히 무엇을 이야기하는 것인지 잘 모를 수 있다. 간단히 풀어서 설명해주면 좋다. **예** "Read the text quickly and find out what the text is mainly about; that is, what the writer is trying to say."

② 찾는 방법 알려주기: 단순히 the main idea를 찾으라고 추상적으로만 이야기한다면 학생들 입장에서는 어떻게 찾는 것인지, 그리고 찾는다면 그것을 어떻게 해야 하는 건지 알 수 없다. 더 쉽고 구체적으로 무엇을 해야 하는지 알려주는 것이 좋다. 다음과 같은 방법이 있다.

- ㉠ 본문 속 main idea가 잘 언급된 부분 또는 문장을 찾아 밑줄 치라고 하기
    - 예 Read the text and underline the sentence or part of the text that best express the main idea
- ㉡ 반복되는 키워드를 찾아보라고 하기
    - 예 You don't have to understand every single sentence. Just focus on the key words that are repeated several times or you think important
- ㉢ 키워드를 찾아 밑줄치고, 그 키워드를 모아서 main idea를 한 문장으로 만들어보라고 하기
    - 예 Now, read the text quickly try to find the main idea. First, underline the key words you think important in the text. Second, using these key words, try to write a main idea in one sentence
- ㉣ Main idea 문장의 일부를 빈칸으로 두고 판서한 다음, 그 부분을 채우라고 하기
    - 예 'How to _____ in school' 'Facing _____ can lead to _____'

③ 읽기 목적 확인해주기: 이미 활동 방법을 안내했더라도 활동 시작 직전 main idea를 찾기 위한 읽기라는 것을 간단하게 상기시키면 집중력이 부족한 학생들도 끌고 올 수 있다.

- 예 준호, what are we reading for? Yes! for the main idea! I'll give you three minutes!

④ 정답 확인하기: Main idea를 찾고 나서 정답을 확인할 때 학생이 너무 유창하게 Main idea를 영어로 말한다면 현실감이 떨어질 수도 있다. 다음과 같은 방식으로 연출하여 학생에게 도움을 주면 더 현실적이면서도 학생에게 더 도움을 주는 수업을 할 수 있다.

- ㉠ 빈칸 넣기
    - 예 Junsu, have you found the main idea? Oh, you understand the title but don't know how to say in a sentence? Then I'll give you a hint. ('Facing ___ can lead to ____' 판서) Fill in the blanks here. (빈칸 채우며) Yes! Facing difficulties can lead to growth! Great job!!
- ㉡ 문장으로 말하게 하기
    - 예 What is the text about? Yes! 웨이, About a boy's enemy. Can you tell me in a FULL sentence? 'The boy made a special pie to get rid of his enemy!' Excellent
- ㉢ 더 구체적으로 말하게 하기
    - 예 Who found the main idea? Yes! 형준. (판서하며) 'Knowing functions of food is important!' Great Answer! But can anyone add ONE word here? Yes! 민지! Good!! (healthy 적으며) Knowing functions of 'healthy' food is important! Great Job
- ㉣ 협력해서 완성시키기 : 키워드를 먼저 찾게 하고, 찾은 키워드를 불러보라고 하면서 함께 Main idea를 한 문장으로 영작하면서 완성하기.
    - 예 "Any volunteers to talk about the main idea? Oh yes 도연! Great! HOW TO RECYCLE! Great Answer, but can anyone add THREE more words here? YES!! 현지! "how to recycle PROPERLY IN SCHOOL" perfect!"

ⓜ 질문하면서 점차적으로 완성하게 하기

> **예** Who wrote the story? Yes! 민호, a little boy. What did he do in the story? Yes! He made a specie pie! Good, 준성 . Then, why did he make a pie? Yes!! 순희 'The boy made a special pie to get rid of his enemy!' Excellent! That is the MAIN IDEA of this story!

ⓗ 키워드부터 시작해서 점점 완성시키기

> **예** You can just call out the KEY WORDS you underlined.(판서하며) JOB! Good. DISAPPEAR! Yes. FUTURE! good. CHANGE! great!! Then, can anybody tell me the main idea? Yes 준서! Excellent. "Many jobs in the future will disappear." Excellent! (문장의 끝부분 가리키며) But can you add a few more words here using 'CHANGE'? "Many jobs in the future will disappear AND UNDERGO CHANGE." Great 준서!

[대표 기출 Direction 2] 본문의 specific information / detail 찾게 하기
(2015, 2016, 2018, 2019, 2020, 2021)

(1) 기출 Point

① 기출에서는 보통 main idea를 찾는 디렉션이 먼저 나오고 specific information을 찾는 디렉션이 이어서 나왔으나 main idea 찾기 없이 바로 세부정보를 찾으라는 기출도 있었으므로 수업의 흐름을 잘 파악하고 시작해야 한다.

② 기출에서 세부정보 찾기 출제 시 절반은 worksheet이 주어지고 나머지는 worksheet 없이 진행해야 했다. worksheet이 있는 경우 학습지의 요구사항을 최대한 학생들 수준에서 쉽게 설명하는 것이 핵심이고, worksheet이 없는 경우 어떤 방향으로 detail 찾기를 진행할 것인가를 빠르게 구상하는 것이 핵심이다.

(2) 구상시간/ 지도안 Tip

① Worksheet 있을 때 : 주어진 worksheet이 있는지부터 파악하자. 있다면 reading text를 읽을 때 정답을 바로 체크해놓자. 문제 수가 많으면 2~3개만 풀어놔도 학생들과 소통을 충분히 보여줄 수 있다.

② Worksheet이 주어지지 않는 경우: 세부정보와 관련된 문제를 2문제 정도는 만들어놔야 한다. 지도안 없는 지역에서의 구상시간은 정말 짧고 지문을 2~3번 반복해서 읽을 시간이 없다. 처음 읽을 때 바로 핵심 문장 몇 개만 표시해놓자. (특정 지식에 관한 글인 경우에 핵심 정보 전달하는 문장이 좋고 스토리의 경우엔 인물, 배경에 대한 정보가 드러나는 부분이 좋다) 핵심 문장에서 단어 하나만 바꾸거나 반의어를 쓰거나 부정문으로 바꾸거나 하는 식으로 문제를 만들면 된다. 문장을 여백에 새로 쓰지 않고 이런 포인트만 문장 중간에 표시해

놓고 바로 수업실연 중 써먹으면 구상 시간을 절약할 수 있다. (너무 퀄리티 좋은 문제를 만들 필요는 없다. 수업실연은 그게 핵심이 아니다) 지도안 지역의 경우엔 자신이 만든 문제를 지도안에 반드시 적어놓고, 실연을 위해 잘 기억을 해두자.

(3) 동기화하기/연계하기

① Main idea 읽기 이후 detail을 위한 읽기 진행하기: Main idea를 위한 읽기는 짧은 시간 핵심만 빠르게 파악하는 읽기인 만큼 학생들이 아직 '세부 정보를 파악하지는 못했다'는 것을 적절한 질문을 통해 깨닫게 하는 것이 좋다. 다시 한번 천천히 그리고 자세히 읽어야 한다는 필요성을 전달해주자.

> 예 Now we know the main idea of the text. But did you find whether chicken is healthy or not?? Not yet? Don't worry. Now we'll read the text again IN DETAIL.
> 예 Thanks to 준서, we know the main idea of the text. But do you remember the future job examples in the text? No? Don't worry. Now we'll read the text IN DETAIL.
> 예 My lovely students! We just read the text quickly. What was it about? Yes, an EARTHQUAKE! Do you remember all the safety tips about an earthquake? Oh, you don't remember! That's okay. But 'SAFETY' is really important in you life so we are going to read the text again.

② 단어활동 이후 Detail 읽기 진행

> 예 Okay now we know the meaning of the word so we are ready to read the text IN DETAIL. Do you remember FOUR important things in recycling in the text? No? Don't worry. We'll read again.

(4) Direction 진행하기

① 읽기 목적 명확히 설정 : Reading에 들어갈 때는 명확한 읽기 목적을 제시해주어야 한다. 하나의 text에 두 가지 요구사항이 있을 수 있는데, 목적이 2개 이상이면 학생의 혼란을 가져오므로 한 번에 두 가지의 과제를 주는 것보다는 끊는 것이 좋다. 예를 들어, 본문을 읽고 두 가지 comprehension question(main idea 찾기+specific details 관련)을 풀 때 한 번에 2개 다 하는 것이 아닌, 한 개 instruction만 주고 활동을 시작한 후에 그 활동이 끝난 후 나머지 하나의 instruction을 주는 것이 좋다.

② 구체적인 방법 제시: Detail / Specific information을 위한 읽기를 진행할 때 학생들에게 단순히 '글의 세부정보에 집중해서 읽어라'라고만 하면 학생들은 무엇에 초점을 맞출지 알기 힘들다. 학생들이 풀어야 할 문제가 있다면 그 문제에서 물어보는 내용에 맞게 글을 읽고 풀 것을 강조하면 된다. 만약 직접 질문을 만들어야 한다면, 글의 특성상 특별히 중요하게 봐야할 것이 무엇인지 본 다음 그 문제를 구성하고, 1가지 정도 예시를 들며 특정 포인트에 초점을 맞춰서 읽을 것을 강조하자.(예 '5Ws1H'에 초점을 맞춰라, 'main character와 다른 character와의 관계'에 집중해라)

③ Worksheet이 있는 경우 : 학생들이 답을 해야 할 질문이 주어질 수도 있고, 차트 같은 것이 주어지고 빈칸을 채우는 형태일 수도 있다. Worksheet이 있다고 해서 학생들에게 '글을

읽고 Worksheet을 채워라' 라고만 전다고 활동을 시작해서는 안 된다. 수업실연에서는 집중력을 잃은 학생도 잘 따라올 수 있도록 매우 친절한 교사가 되어야 한다. Worksheet을 같이 보면서 구조, 풀어야 할 문제, 그리고 그 문제를 푸는 방법 또는 예시 등을 최대한 친절하게 알려줘야 한다. 단, 교사가 혼자만 설명하지 않고 학생에게 질문해가며 소통으로 풀어나가는 것이 중요하다.

> **예** Okay now we know the meaning of the word so we are ready to read the text IN DETAIL. Do you remember FOUR important things in recycling in the text? No? Don't worry. We'll read again. This time, we are using this worksheet.(worksheet 나눠주면서) Have you all got the worksheet? Good.(worksheet 학생쪽으로 돌리고 가리키며) On your worksheet, there is a table, right? Can you read any words there? Yes! PROBLEM and SUGGESTION (표 왼쪽 부분 가리키며) And how many numbers on the left? Yes FOUR!! (손가락 네 개 들며) As I said, there are FOUR problems and solutions in the text. Find them and fill in the blanks.

④ **주어진 Worksheet이 없는 경우**: 주어진 worksheet이 없는데 detail 읽기가 디렉션에 나올 때가 있다. 이때는 worksheet이 있다고 가정하고, worksheet의 대략적인 구조를 설명해 준 다음에 진행해야 한다. 그런데 감독관 입장에서 시연자가 어떤 worksheet으로 진행하는 것인지 머릿속으로 잘 그려지지 않는다면 큰일이다. 대충 봐도 머릿속으로 그려질 수 있도록 친절하고 구체적으로 설명하고, 가능하면 대략적인 구조를 그리거나 예시 문항 1개 정도는 간략히 판서하자. (너무 복잡한 활동지를 구상해서 감독관을 이해시키려고 노력하지 말자. 감독관이 이해하지 못하면 크게 감점 될 수도 있다) worksheet에 이해점검 문제가 있다고 가정하는 경우에는 보통 문제가 4~5개 정도 있다고 가정하는 것이 좋고, 1가지는 예시용, 1가지는 함께 정답 확인용으로 총 2개 정도 구상해놓으면 된다. (4~5개를 다 구상하기엔 시간이 부족하다.) 쉽게 접근할 수 있는 것은 이해점검 문제가 주관식으로 있다고 가정(**예** Who was the main character?)하거나 밑에 예시와 같이 T/F 문제가 있다고 가정하는 것이다.

> **예** What do you see there? yes! TRUE or FALSE questions. How many questions? Yes Five questions. Read the text again CAREFULLY and try to find all the answers. Okay? Good! Time's up! Did you find all the answers? Great. Let's check the answers together. Any volunteer to read question number 1? Thank you 지민. 'Kimchi helps us to relieve stress.' Is it true or false? True!! Good job.

⑤ **예시 문항 함께 풀기**: 문제 수를 4문제 정도 설정했다면 1문항 정도는 예시 문항으로 활동 전 함께 풀어볼 수 있다. 이때는 활동 전이므로 단순히 정답만 확인하기보다는 어떻게 정답을 찾아야 하는지를 알려주면 학생들이 실제 활동에서 정답을 잘 찾을 수 있게 도울 수 있다.

> **예** 현수, can you read the first question with your sweet voice? Good Job! Nice voice! "Two thirds of the jobs in 2020 will disappear". If you take a look at the SECOND sentence here, (손으로 본문 가리키며) you will find the answer! True or False? Yes, true! (정답 판서) Then, you can check 'T' here.(손으로 가리키기) Not difficult, right? Like this, read the text carefully and try to find all the answers.

⑥ Pair work 방법 : 짝과 함께 읽고 worksheet 풀기, 서로 글의 세부사항에 관련된 문제 3개 만들고 나서 짝과 바꿔서 풀게 하기, 역할을 나눠서 진행하기(예 지문 내용 중 problem과 solution을 찾아서 써야 한다면 한 학생이 problem, 한 학생이 solution을 찾은 뒤에 서로 공유하기)

⑦ 활동 후 정답 확인: 발표할 학생을 받고 (Pair 활동인 경우 Pair의 이름 둘 다 호명하자) 학생에게 문제부터 읽어보라고 하고, 답을 찾은 근거를 물어보는 등 최대한 interaction하면서 진행하면 된다. 단, 해야 할 것이 많기에 여기서 시간을 너무 많이 소비하면 안 된다. 여러 개의 문제에 대해 전부 다 정답 확인하면 시간을 많이 뺏길 수 있고, 구상할 때도 많은 문제를 만들어 놓아야 해서 부담이 될 수 있다. 정답 확인은 1~2개만 하고 남은 문제는 '다 체크했다'는 멘트와 함께 넘어가거나, 모니터에 남은 문제의 답이 있다고 하고 넘어가는 것이 좋다. 개인적인 의견으로는 2문제 정도 구상해놓고, 활동 전 예시 문항을 1개 같이 풀었다면 정답 확인도 1개만 하고, 예시 문항 없이 시작했다면 정답 확인을 2개 진행하는 것이 적당하다고 본다.

> 예 (시간이 부족할 경우) Did you find all the answers? Good. Let's check the answers together.(한 손 들며) Any volunteer to read the question number 2? 다솔! Thank you. Oh 'Many of tomorrow's jobs will not change.' Is it true of false? False!! Good job, 다솔. (정답판서) (pause) Now we checked all the answers.

> 예 (시간 여유가 있을 경우) Sujin, can you read the first question? "If you are in a moving vehicle, you should go FASTER." (앞으로 빨리 걸어가는 동작) Is this true or false? Good~ False!! Is it SAFE or DANGEROUS behavior? Yes DANGEROUS!! What should you do when you are in a moving vehicle? Right!! (걸어가다 멈추며) You should STOP and stay there. Minho, can you read the second one? "If you are inside you should move away from HEAVY OBJECTS." Is it true of false? Yes, true!! What are the HEAVY OBJECTS in our classroom? Yes.(손으로 가리키며) lockers, air conditioners… You should move away from these heavy objects. (Pause) Now we finished checking the answers. Well done!

> 예 (Pair 활동인 경우) Any volunteers, for the FIRST problem and suggestion? Yes 지원 and 현수! Can you stand up and say your answers? Thank you… (pause) Excellent ! Great teamwork! Let's give them a hand!! (짝짝짝) What did 지원 and 현수 say? Yes, the problem is…? we put our finished drinks in the recycling bin WITHOUT RINSING them off, and the suggestion is…? We should RINSE THEM OFF after we finish our drinks!! We also should keep this in mind because we buy drinks so often from school cafeteria. And any volunteer for the second problem and suggestion? (pause) Now we found all the answers! Great job everyone.

[대표 기출 Direction 3] 본문 내용을 Graphic organizer를 통해 정리시키기
(2012, 2022, 2025)

(1) 기출 Point
2025는 Graphic organizer가 문제의 Material에 이미 나와 있었으나 2012와 2022는 시연자가 직접 만들어야 했다. Graphic organizer의 종류와 그에 따른 연습을 할 필요가 있다.

(2) 구상시간/ 지도안 Tip
① 우선 Material에 Graphic organizer가 있는지 확인하자. 있으면 학생들에게 쉽게 설명할 방법을 생각해보고, 없다면 어떤 Graphic organizer를 할지 빠르게 결정해야 한다.

② Material에 주어지지 않는 경우: Venn diagram, Timeline, Flow chart, Mind map (bubble map), Pie chart, Story map 등 많은 graphic organizer가 있는데 본문의 형태에 따라 어떤 것을 사용할지 결정하면 좋다. 2022기출의 경우 이야기 형식이라는 점을 생각하면 Timeline, Flow chart, Story map 등이 학생들이 이야기의 흐름을 파악했는지 확인하기 좋다. Graphic organizer가 결정되었다면 구상지에 반드시 그려놓고 실연에서 판서할 때 참고하고, 지도안에도 작게라도 그려놓는 것이 좋다.

(3) 동기화하기/연계하기
① 이전 활동과 연계하기: Graphic organizer는 처음 본문을 읽을 때 활용하기보다는 한 번 빠르게 읽은 이후에 세부 정보 찾기 활동 또는 정리 활동으로 하는 경우가 많다. 앞에서 읽었을 때 충분히 파악하기 어려웠던 점을 언급하면 필요성을 강조할 수 있다.

> 예 We've just read the story quickly. But do you remember who started the conflict and where it began? Hmm… many of you look unsure. That's okay! I have something to help you. Here's a worksheet to help you understand the text better. (나눠주기) Everyone got it? What do you see? Yes, a GRAPHIC ORGANIZER!

② Graphic organizer를 하는 이유를 언급: 긴 글을 간단한 틀로 정리하여 한눈에 이해할 수 있는 자료를 만드는 것이고, 그렇기에 빈칸에 문장 전체를 적지 말고 핵심 표현만 선별해서 적을 것을 강조하는 것이다. 너무 길게 설명하지 말고 다음 예시 중 1가지만 언급해도 충분하다.

> 예 A graphic organizer will help you organize the main ideas more clearly.
> 예 It shows you how the details are connected to each other.
> 예 It makes a long or difficult text easier for you to understand.
> 예 It helps you remember the important points better.
> 예 It keeps you active and engaged while you are reading.

(4) Direction 진행하기

① **Graphic organizer가 주어지지 않는 경우**: Graphic organizer를 모두 그리기에는 시간이 부족하기 때문에 worksheet에 있다고 가정하고 풀게 하는 것이 좋다. 단, 감독관이 어느 정도 파악할 수 있도록 대략적인 형태는 칠판에 그리는 것이 좋고, 예시는 1가지 정도 꼭 들어준 후 학생 활동을 시작하자.

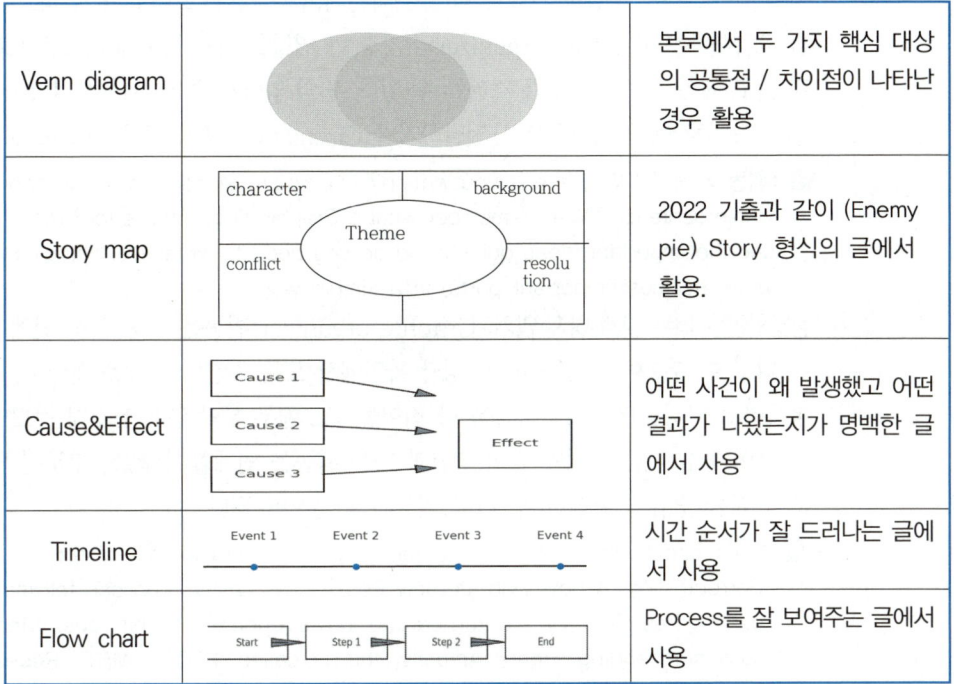

Venn diagram		본문에서 두 가지 핵심 대상의 공통점 / 차이점이 나타난 경우 활용
Story map		2022 기출과 같이 (Enemy pie) Story 형식의 글에서 활용.
Cause&Effect		어떤 사건이 왜 발생했고 어떤 결과가 나왔는지가 명백한 글에서 사용
Timeline		시간 순서가 잘 드러나는 글에서 사용
Flow chart		Process를 잘 보여주는 글에서 사용

예) Thanks to 웨이, we know the gist of the text. But do you remember the enemy's name? No? What about the father's solution? No? Don't worry. We'll read the text again. Take a look at the bottom of the text. What do you see? Yes! A Story Map! This time, we'll complete the STORY MAP! (Story map 형태 대략적으로 그림) When you read a story, this kind of STORY MAP helps you analyze the text in detail. You can see the FIVE Parts in the story map. Let's read aloud together! (간단히 필기하며) Character, Backgroud, Conflict, Resolution, Theme! Alright. We already learned about these components of a story, right? Good. Read the text IN DETAIL and complete this story map.

② **Worksheet이 주어진 경우**: 단순히 '주어진 Graphic organizer를 채우세요' 라고 하면 학생들이 뭘 어떻게 하라는 건지 혼란이 올 수 있다. 활동 전 worksheet의 구조를 함께 보며 무엇을 중점적으로 지문에서 찾아야 하는지에 대한 방향을 제시해주자. 교사 혼자만의 설명이 길어지만 학생은 집중력을 잃을 수 있으므로 최대한 소통하면서 진행하는 것이 중요하다.

예) Here's a WORKSHEET to help you understand the text better. (나눠주는 제스쳐) Everyone got it? What do you see? Yes, a GRAPHIC ORGANIZER! Why is this helpful? Oh, Doyoon! Yes! You said it helps organize the long text in a simple way. That's a great answer! Just like Doyoon said, this graphic organizer shows the

IMPORTANT PARTS of the text CLEARLY. But wait... do you see some empty spaces? What do we need to find and write there? (worksheet 해당부분 가리키며) Yes, the DEFINITION of Universal Design, and two FEATURES of Universal Design with EXAMPLES! So now, READ the text CAREFULLY again and FILL IN THE BLANKS in the organizer. It will help you understand the text more clearly.

③ 모든 문장을 적게 하지 않기: Graphic organizer가 본문의 내용을 정리하는 활동이다보니 학생들이 본문의 문장을 그대로 다 옮겨적는 경우가 많다. 그대로 옮겨 적으면 '핵심 정보를 요약해주는' Graphic organizer의 가장 큰 역할을 하지 못하게 되므로 모든 문장을 적지 않고 핵심 정보만 적도록 격려할 수 있다. 만약 앞에서 설명이 너무 길었다면 활동 시작 후 활동 중간에 공지사항으로 전달하거나 Circulation 중 피드백으로 보여줘도 괜찮다.

> 예 (활동 시작 후) Why aren't you writing? Oh, you're wondering if you should copy the whole sentence? Well, remember what a Graphic Organizer is for? Right, it helps you see the important ideas quickly. So do you need to write everything? Exactly! Only write the most important parts, in a simple way.

④ 정답확인은 너무 길게 하지 않기: Graphic organizer 활동은 활동 시작 전에 보여줄 것이 더 많고 이 부분이 더 중요하다. 정답 확인에서 모든 빈칸의 정답을 확인하기에는 시간도 부족하고 구상 시간에 그 정답을 다 적어놓기도 매우 부담된다. 1~2개 정도만 간단히 하고 넘어가자. 다음 예시와 같이 정답과 다음 활동을 연계할 수 있는 부분이 있다면 그 부분에 대한 정답을 확인한 후 다음 활동과 연결하면 된다.

> 예 Let's check the answers together! Any volunteers to talk about the characters? Correct! 혜영, A boy, Dad, Jeremy Ross!! (...) Lastly, who can tell me 'Resolution' part? Yes, 'enemy pie turned the boy's enemy into his best friend'! What a surprising ending, right? Actually, this is called 'PLOT TWIST.' Repeat after me, 'PLOT TWIST'. Good. From now on, we're going to write our own PLOT TWIST! Sounds interesting, right? Yeah!

[기타 기출 Direction]

(1) 본문을 읽기 전 title을 활용한 본문 내용 Prediction (2022, 2025)

① 기출에는 수업실연 초반 디렉션으로 나왔다. 밝고 활발한 상호작용을 보여주면 좋다.

② **Title 함께 읽기**: Title을 함께 읽도록 하고 그때 title을 크게 판서해놓는 것이 좋다. 수업 전체에 대한 키워드이다보니 수업 중간중간에 이 판서한 title을 활용할 수 있다.

> 예 My lovely students, turn to the page 20. Can you see the title in the text? Yes? Alright, let's read it out loud together! Three, two, one-go! (판서하며) "DESIGNING INCLUSIVE ENVIRONMENT"Wow! great voice !

③ 어려운 단어 풀어주기: Title에 학생들이 어려워할만한 단어가 있으면 쉽게 설명해주자. 그래야만 Title로 본문 내용에 대한 예측이 가능하기 때문이다. 반의어를 활용하거나, 쉬운 영어 표현으로 활용하거나, 학생에게 친숙한 예시를 드는 등의 방법이 있다.

예 Do you know what it means? Oh, Suji, you don't know what 'INCLUSIVE' means? That's okay! Let's look at its OPPOSITE word, 'EXCLUSIVE' too. (inclusive / exclusive 판서 후 inclusive 가리키며) Now Let's guess its meaning. This English class is INCLUSIVE. All OF YOU can join! (exclusive 가리키며) Suji, you signed up for the English novel club, right? Yes! The English novel club you joined is EXCLUSIVE. ONLY students who signed up before can join. Now, Suji, do you understand the meaning of INCLUSIVE? Great! Well done. (판서하며) 'Including everyone'.

④ 동기화하기: Title을 보고 predicting 하는 것은 대표적인 pre-reading strategy 중 1개이다. 학생들에게 예측하는 이유를 간단히 언급해도 좋다.

> 예 Predicting from the title helps you guess what the story is about.
> 예 The title gives you a hint about what the text will be about.
> 예 It's like a warm-up – guessing the story helps you focus better.
> 예 When you predict, you become an active reader, not just a listener.

⑤ 적극적인 Guessing 유도하기: 예측은 창의력을 발휘해야 하는 부분이므로 학생들에게 '어떤 내용이나 괜찮다!'는 식으로 참여율을 높이는 것이 좋다. 그리고 '나중에 어느 학생의 예상이 맞을지 confirm해보자!'는 멘트를 한다면 학생들의 다음 활동에 대한 기대감을 높일 수 있다.

> 예 When you hear the title 'Enemy Pie', what comes to your mind? Anything is okay – even something crazy! Oh, you think it might be a yummy kind of pie? Interesting! Then why do you think it's called Enemy Pie? Ah, maybe it's a mission to share that yummy pie with an enemy? That's a great guess! Let's read the story and find out if your guess was right! When we make a guess before reading, we pay more attention and get more interested in the story!

⑥ 쉽게 풀어주기: 위 예시와 같이 학생의 Guessing을 받은 다음에 '글을 읽어보면서 예측이 맞는지 확인해보자'라고 해도 좋고, Guessing을 토대로 Title의 의미를 쉽게 풀어주고 넘어가는 방법도 있다.

> 예 Now, do you understand the meaning of the title? Yes, Junseo, wonderful! It means 'making a place where everyone can join.' That is what we're going to learn today!

(2) 본문의 순서를 원래대로 맞추기 (2013)

① 기출에 딱 1번 나온 디렉션이다. 2013년 기출에서는 글의 중간부터 순서가 섞여 있었고 이 부분의 순서를 바로 맞게 하는 디렉션이 있었다. 최근엔 출제되지 않고 있지만 기출되었던 것은 재등장할 확률이 있으므로 1번씩은 꼭 연습해두는 것이 좋다.

② 교사가 먼저 '이 글은 순서가 섞여 있다'라고 말할 수도 있지만 학생들이 먼저 한번 빠르게 읽어보라고 하고 "무언가 이상한 점을 찾았니? 맞아! 순서가 섞여 있어."라고 발견하게 하면 interaction기회를 늘릴 수 있다.

> 예 We just read the text quickly. While you read, didn't you notice anything STRANGE in this text? Yes!! 민지! They are NOT in RIGHT ORDER. They are all MIXED UP!

③ 단순히 '순서를 맞춰라' 라고 하기보다는 접속사, 대명사와 같은 단서를 잘 활용하라고 하는 등 전략을 간단히 언급해주는 것이 좋다.

> 예 From now one, you have to put these steps in a RIGHT ORDER!! Try to focus on the linking words like 'and, but, so' or pronouns like 'they, it, this'. These words will help you to find which text comes next."

(3) Reading Strategy 가르치기

직접적으로 reading strategy를 가르치라는 direction이 나오진 않았으나 앞으로 출제될 수 있어서 연습해두면 좋다. 디렉션이 아니더라도 수업 흐름상 전략을 간단히 가르쳐주는 것이 좋을 때도 있다. 전략을 가르치라는 direction이라면 구체적인 전략 이름까지 언급하며 직접 연습시키는 것이 좋고, 그런 것이 아니라면 main idea나 specific information을 찾기 위해 scanning과 skimming의 방법만 잠시 활용할 수 있다.

① **전략을 써야 하는 이유 설명** : 우선 전략을 써야 하는 이유를 알기 쉽게 언급해 주는 것이 좋다. 항상 같은 목적으로 글을 읽지 않기 때문에 때에 따라 다른 전략을 택해야 한다는 것을 학생들이 알기 쉽게 설명해 주자.

> 예 When you read a sports article, sometimes you just want to know the final score quickly. You don't need to read everything. You can skip other parts and look for the numbers to find the final score fast. That's a smart way to read!"

② **전략 설명**

　㉠ Skimming
　　• 정의 : Read quickly and get the gist of a passage. The learners would attempt to find the answer quickly, without reading every word of the passage – finding key topics, main ideas, overall theme, basic structure
　　• 활용 : Main idea를 찾을 때나 Worksheet에 General Question이 있을 때 학생들을 skimming시킬 수 있다.(예 "Is this text about Louis's memories of summer or winter?")
　　• Teacher talk
　　　"You need to skim the text when you have a lot to read in a short time."
　　　"Read quickly and try to find the main idea, what the text is mainly about. You don't have to focus on every single word. Skip the words you don't know"

　㉡ Scanning
　　• 정의 : Read quickly and find a specific piece of information(예 names, addresses, facts, prices, numbers, dates, etc.)
　　• 활용 : specific information을 찾을 때 활용할 수 있다.(예 "What time does the train leave?", "What does the girl take with her to the meeting?")
　　• Teacher talk
　　　"Scanning is a way of reading the text in detail to find specific information."

"Scanning is very useful for finding a specific name, date, or fact without reading everything."

"Read the text quickly. Move your eyes quickly and find specific words or information. Skip the information that you don't want to know."

ⓒ Summarizing

장점 언급 : 긴 text를 한눈에 정리를 할 수 있다, 중요한 것과 그렇지 않은 것을 구분하는 능력을 기를 수 있다. 핵심 정보를 빠르게 파악할 수 있다.

③ reading strategy를 배운 뒤에 본문에서 연습시키기
  ㉠ Skimming : main idea찾기, 글의 구조(설명문, 편지문, 광고문) 등을 30초나 1분동안 빠르게 파악하기
  ㉡ Scanning : 본문의 세부 정보(예 주인공이 언제 태어났는지)를 몇 초 안에 찾으라고 하기
  ㉢ Summarizing : 본문에 중요한 핵심 내용과 세부적인 내용을 예를 들어서 구분해서 알려준 다음, 학생들이 직접 중요한 파트에 밑줄 치게 한 뒤 그것을 모아서 요약문을 만들도록 하기

05 Speaking

Check Point

Speaking 활동은 4스킬 중 학생들이 가장 부담스러워한다. 영어에 자신이 없어서일 수도 있고 다른 친구들 앞에서 영어로 이야기한다는 것이 부끄러워서일 수도 있다. 이런 학생의 부담을 어떻게 줄이면서 수업을 진행하는가를 고민해야 한다. 기출에서도 Speaking은 2014에 가장 Main인 활동 (주제에 대한 찬반토론)으로 나온 이후에 main 활동으로는 나오지 않고 있지만 Pre 활동이나 Post 활동으로는 거의 매년 꾸준히 출제되고 있는 부분이다. 기본적으로 topic에 대해 말해보는 활동이 출제되었는데, Pair일 때와 Group일 때, worksheet이 있을 때와 없을 때가 모두 출제되고 있으므로 각각의 상황에 맞는 연습이 필요하다.

[기출 Direction]

- (Pre 또는 post 활동으로) Topic에 관해 자신의 경험을 나누는 Pair speaking
  → target form활용 Worries& advice (2016), recycling 관련 survey(2019), 갈등 해결 경험(2022)
- (Pre 또는 post 활동으로) Topic에 대한 Group speaking
  → group debate (2014), future job description&required skill (2020), script 연습 (2024), 'Universal design in our school'(2025)
- 사진/차트 활용한 Speaking활동
  → 사진 묘사 Group speaking (2018), favorite menu에 대한 chart 결과 활용 (2021)

[대표 기출 Direction 1] Topic에 관해 Pair /Group으로 speaking 활동 참여
(2014, 2016, 2019, 2020, 2022, 2024, 2025)

(1) 기출 Point

① Pair speaking은 3번의 기출 (2016, 2019, 2022) 모두 Reading text에 나왔던 내용에 대한 자신의 경험 (고민과 조언, 분리수거 습관, 갈등 해결 경험)을 공유하는 Post-reading 활동이었다. 세부 조건만 조금씩 다른데 2016은 Target form인 'If I were you'를 사용해야 했고, 2019는 분리수거 습관에 대한 질문을 활용하여 survey를 했어야 했다. 2022는 딱히 통제가 없고 자유롭게 진행할 수 있었다.

② Group speaking은 4번의 기출(2014, 2020, 2024, 2025) 모두 나름의 특색이 있었다. 2014는 주제에 대한 찬반토론, 2020은 future job에 대해 상상하기, 2024는 연극 대본을 연습하기, 2025는 우리 학교에서 'Universal design(topic)' 찾기였다.

③ 진행하는 큰 틀은 비슷하게 가면서 그 안에 요구사항을 설명할 때는 문제에 따라 융통성있게 진행하는 연습이 필요하다. 기본 패턴은 자동화시켜 놓는 것이 좋다.

[활동 동기화] ➡ (Grouping) ➡ [worksheet 배부/구조 살펴보기] ➡ [말할 내용, 요구조건, 사용 표현 등 instruction 설명] ➡ [교사 모델/예시 제공] ➡ [도움 자료/방법 제공] ➡ [활동시작]

(2) 구상시간/ 지도안 Tip

① worksheet 활용법 고민하기: worksheet이 있는지 확인한 후 있다면 그 worksheet을 어떻게 활용할 것인지 살펴보자. worksheet이 있어도 그것에 '빈칸을 채우게 하는' 것보다는 그걸 활용해서 '발화'를 이끌어 내는 것이 더 중요할 것이다. 학생들이 speaking자체를 어려워하므로 worksheet의 도움을 어떻게 받을 수 있을지 생각해본 후 어떻게 활동 direction을 줄 것인지 메모하자.

② 활동 강조사항 체크하기: speaking 활동에서 '어떤 것을 잘 말하는 것이 중요한가' 또는 '어떤 것을 어려워할 것인가'를 바로 체크하자. 예를 들어 2019는 빈도부사를 사용하는 것이 핵심인데 학생들이 문장 내에서 사용하는 위치를 실수할 수 있다. 이런 것을 메모해놓았다가 활동에 대한 안내를 할 때 강조하는 것이 좋다. 또한 2019, 2022 기출처럼 Speaking 활동 바로 다음 교사의 피드백이 direction으로 있는 경우엔 이런 포인트를 실수했다고 가정하고 그에 따른 피드백까지 구상하면 된다.

③ 이전 활동 체크하기: 모든 기출에서 Speaking 활동은 첫 디렉션이 아니었고 이전 활동과 연계되어서 진행되는 것이었다. 학생들이 활동을 하면서 사용할 수 있는 핵심 구조 또는 말할 내용에 대한 아이디어는 speaking 이전 활동(주로 reading text)에서 도움을 받을 가능성이 높다. 연계 point를 구상지에 적거나 지도안에 '~의 내용을 연계한다'는 것을 적어놓자.

(3) 동기화하기/연계하기

① **우리의 이야기를 할 차례임을 강조**: Reading text 이후에, 또는 topic에 대한 일반적인 이야기 이후에 topic에 관한 personalized speaking activity가 이어지는 경우가 많다. 이때 topic을 다시 상기시킨 후 '이제는 너희가 직접 해볼 차례이다!!'라는 멘트를 하는 것을 자동화시키면 흐름이 자연스럽게 넘어가서 좋고, 이제 personalized activity를 시작한다는 transition을 확실히 드러낼 수 있다. Reading text는 그 주제에 관한 '다른 사람'의 이야기지만 이어지는 활동은 그 주제에 관한 '우리'의 이야기를 직접 해보는 시간이라는 것을 강조하는 것이다.

- 예 "We've just read about recycling in JIHO's SCHOOL. Now it's your turn!! You are going to talk about recycling in OUR SCHOOL!!"
- 예 Now that we know what Universal Design is and why it's important…what do you think our next step is? Haha, Junyoung says, "Eating Lunch?" Not yet! There's one more fun activity ! We're going to think about UNIVERSAL DESIGN IN OUR SCHOOL!

② **말하기에 더 잘 참여할 수 있는, 사고를 자극할 수 있는 상황 이야기**: 학생이 말해야 할 내용을 위해 그것과 관련된 상황을 먼저 소통해보면서 학생을 동기화하는 것이다. 예를 들어 Universal design에 대한 일반적인 이야기를 한 뒤 '우리 학교에서 universal design이 필요한 곳'에 대한 speaking 활동을 진행할 경우 '우리 학교에서 이미 Universal Design이 잘 적용된 곳'을 먼저 소통해보면 학생들이 맥락을 더 잘 이해하며 동기화될 수 있으며 말해야 할 것을 더 잘 떠올릴 수 있도록 도울 수 있다.

- 예 Why did we say Universal Design is important? Yes, because it helps ALL KINDS OF PEOPLE use things easily. Great! So now, let's think. What things in OUR SCHOOL help EVERYONE? Yes! Perfect! There's an elevator, so even students with leg injuries can go to class easily. Now, can you think of something in our school that needs to be improved? Hmm… that's a bit harder, right?

③ **활동 관련 자료로 동기화하기**: speaking 활동에서 다룰 내용 중 1가지와 관련해서 가벼운 이야기를 나누면서 동기화할 수 있다. 예를 들어 Future job이 몇가지 나와있는 worksheet으로 speaking 활동이 계획되어 있을 때, 그중 1가지인 'Drone traffic monitor'의 사진을 준비해서 먼저 보여주는 것이다. 그 사진으로 가벼운 소통을 시작하며 흥미를 유발한 후 worksheet을 배부하고 활동으로 넘어가는 식이다.

- 예 Please take a look at the monitor. What do you see in this picture? Yes! many cars! a road! an intersection! Good. And this picture is taken from……? Yes! from the SKY! Who took this picture? Any idea? Right 민준, A DRONE. Who controls this drone? That's right, 수연. A drone traffic monitor!! (판서) We just read about it from the text. Do you remember? Good. Here is what we're going to do.

(4) Direction 진행하기

① **Worksheet 구조 설명하기**: Worksheet이 있는 경우 그 구조를 함께 보는 것이 우선이다. 학생들은 보통 speaking을 매우 부담스러워하는데 worksheet도 무슨 말인지 잘 모른다면 큰 혼란에 빠질 것이다. 하나하나 차분하고 쉽게 설명해주며 이 worksheet에서 어떤 도움을 받아 어떤 방향으로 speaking을 진행할 것인지 감을 잡을 수 있도록 돕자.

> 예 I'll give you the worksheet.(나눠주며) Take one and pass them on. Have you all got the worksheet? Good! What do you see in your worksheet? Yes! A table.. like this. (판서에 대략적으로 표 그리고, 왼쪽을 가리키면서) How many questions here? Yes. FOUR questions. What are the questions about? Yes! Recycling habits!! Now, let's look at the first question. Everyone, read it together: 'Do you put recyclable items in a recycling bin?' Good! Just ask this question to our partner. Then, look at the table. You see four ADVERB choices. Can you read them? 'Never, Seldom, Often, Always'. Good. Using one of theses, answer the question like "I always put recyclable items in a recycling bin".

② **말해야 할 것 구체적으로, 명확히 알려주기**: Pair speaking 기출은 보통 topic에 대한 자신의 경험을 나누는 것이었는데 그렇다고 '짝과 함께 주제에 관해 이야기해 보아라' 라고만 한다면 학생들은 어떻게 진행해야 할지 방향을 잡을 수 없다. 예를 들어 기출 중 'discuss the Universal Design in our school'이 있었는데 단순히 '우리 학교의 Universal Design에 대해 이야기해라!!'라고만 말한다면 누구도 말을 시작하지 않고 가만히 있는 팀이 매우 많을 것이다. '우리 학교에서 universal design이 필요한 장소와 이유를 한 문장씩 이야기해보라'고 하면 비슷하지만 더 명확히 무엇을 말해야 할지를 알게 할 수 있다. 단, 길게, 복잡한 문장으로 설명하지 않고 아주 간단명료한 teacher talk으로 명확하게 이야기해야 학생들이 쉽게 방향을 잡는다. 더 명확한 전달을 위해 instruction에 대한 판서는 필수이다.

> 예 With your partner, choose ONE MENU on your worksheet and tell your partner YOUR OWN REASON, why the menu is popular in our school.
>
> 예 First, ask one of the these four questions to your partner. Second, your partner should answer using these adverbs, and in a FULL sentence.
>
> 예 You'll talk about TWO THINGS. First, 'WHERE in our school do we need Universal Design?' And...second, 'WHY?'
>
> 예 Now listen carefully. First, discuss with your group members and write job description and required skill about two more future jobs here. Second, think about your own group's future job and write about it here.

③ **요구사항이 많을 경우엔 나눠서 하기**: 활동에 대해 전달사항이 많을 경우엔 끊어서 진행하는 것이 좋다. 만약 그룹 내에서 맡을 역할도 정해야 하고 활동에서 지켜야 할 사항도 설명해야하는데 2개를 한 번에 전달한다면 학생들의 혼란이 생길 수 있다. 우선 맡을 역할을 정하라고만 하고 시간을 준 뒤 다시 집중시켜서 활동 유의사항을 전달하는 것이 효율적이다.

> 예 From now on, decide within your groups who will play each character. If there's a role you're confident in, make sure to speak up about it. Ready? Go! Have you made

your decisions? Great, now let's start practicing the script. While practicing, remember these two things. (간단히 판서하며) First, try to MEMORIZE your lines as much as possible. This will help you speak more naturally. Second, at the end of the practice time, use the tablet PC to RECORD A VIDEO.

④ **필수 표현 주기**: 보통 중,고등 교과서 모든 단원의 Speaking활동은 특정 표현을 익히기 위해서 디자인된 경우가 많다. 수업실연의 speaking활동도 학생들이 활동 중 쓸 수 있는 표현을 정해주면 좋다. 학생 입장에서도 막막한 speaking활동에서 내가 쓸 수 있는 구조가 있다면 부담이 많이 줄어들 수 있다. 만약 이전 활동에서 key expression이 있었다면 그 표현을 꼭 다시 쓰게 해서 연계를 시키고, 없었다면 활동의 특성상 필요한 표현을 1개라도 빠르게 생각해서 알려주자.(예 어디 가봤는지 경험을 이야기하는 것이면 "I've been to~~"를 꼭 쓰게 하기) 교사가 먼저 예시를 들어줄 때 그 표현을 포함하여 예시를 들어주고, 방금 예시와 같이 이러한 표현을 쓰라고 지도하면 더 자연스럽다.

> 예 Think of experiences of resolving conflicts in your life and share them with your partner. If you have difficulties making sentences, (판서하며) you can use some useful expression here, like 'To solve the conflict with my friend, I tried to...'. Alright?

⑤ **예시 보여주기**: Speaking 활동의 Instruction을 주고 난 다음에는 예시를 들어줘야 한다.(디렉션에 없더라도 간단히라도 보여주는 것이 좋다.) Pair Speaking 활동에서는 학생 한 명을 지목해서 학생을 활용한 예시를 보여줄 수도 있다.

> 예 민주, would you stand up and be my partner? Thank you! "Do you put recyclable items in a recycling bin?" and 민주, can you answer? Oh, 민주 said "Always" but in a full sentence please? Perfect. Thank you 민주. 민주 said "I ALWAYS put recyclable items in a recycling bin."

⑥ **완전한 문장을 사용하도록 격려**: Speaking 활동 시 단어/ 구로만 짧게 답변하려고 하는 학생들이 많다. 주어 동사를 갖춘 완전한 문장을 발화하도록 강조해야 speaking 실력에 도움이 될 것이다.

> 예 Now you have to answer using one of these four choices: Never, Seldom, Often, Always. But remember—don't just say one word. Make a complete sentence. For example: 'I always put recyclable items in a recycling bin.' DO NOT SAY just 'always'.

> 예 Try to make a FULL sentence using the structure on your worksheet, like "I think ___ is popular in our school because...."

(5) 말하기 환경 조성 방안

말하기 수업에서 가장 어려운 점 중 하나가 활동지와 활동 디렉션까지 친절하게 제공해도 활동을 시작하면 학생들이 말을 하지 않는 것이다. 학생들의 입을 열게 하기 위해서는 환경 조성에 신경을 써야 한다. 말하기 편한 분위기를 조성하고, 더 많은 말을 하게 만들고, 그리고 대화의 에티켓을 알려줘야 한다. 디렉션에 없더라도 이런 부분을 수업실연에 짧게라도 보여주면 학생들을 배려하는 수업을 한다는 느낌을 줄 수 있다.

① **안전한 환경 조성**: 안전한 환경이란 학생들이 영어를 실수를 두려워하지 않고 마음껏 발화할 수 있는 편안한 분위기를 뜻한다. 학생들은 보통 speaking을 어려워하기도 하지만, 친

구들 앞에서 영어로 말을 한다는 것 자체를 편하게 느끼지 않아 참여를 꺼리는 경향도 많다. 실수해도 괜찮고 자신 있게 영어를 말할 수 있는 안전한 교실 환경이 있어야 학생들의 참여를 이끌 수 있으니 활동 시작 전에 학생들을 편하게 할 수 있는 멘트를 던지자.

> 예 "It's okay to make mistakes. Mistakes mean you're learning."
> 예 "You don't have to be perfect. I just want to hear your voice."

② 문법 틀려도 된다고 하기: speaking 활동에서 문법에 신경쓰다가 문장 발화 자체를 포기하는 학생들이 많다. 물론 배운 문법 구조를 사용하는 말하기라면 문법도 중요하지만 아이디어를 모으는 단계이거나, 자신의 생각을 전달하는게 중요한 활동이라면 문법을 다 지키는 것보다 더 많이 말해보는 것이 더 중요할 것이다.

> 예 Don't worry about grammar right now. Just SHARE YOUR IDEAS FREELY.

③ 한 문장이라도 더 말하게 하기: 위 내용과 비슷한 맥락이다. 수업실연 제한시간만 괜찮다면 학생이 1문장이라도 더 말할 수 있게 유도하는 것이 좋다. 교사와 학생의 소통이라면 칭찬해준 뒤 조금 더 디테일을 추가해주기를 요청할 수 있다. '문제에 대한 해결책 제시하기' 활동 진행 시 '그렇게 생각하는 이유'까지 말하게 할 수도 있다. 대신 부담감을 최소화시킬 수 있게 '이런 표현을 써서 답하라'라고 도움을 주고, 칭찬을 더 크게 해주는 등의 멘트가 필요하다.

> 예 "That's a good point ! Why do you think so?"
> 예 "I like your idea! Can you connect it with 'because'?"
> 예 "That's a great story. Can you share your thoughts or feelings after that?"

④ 가급적 학습지를 보지 않고 말하게 하기: 학습지에 표현이나 예시 문장이 적혀있다면 그걸 보고 읽는 것은 학생들에게 큰 도움이 되지 않는다. 이런 점을 강조하며 가급적 학습지를 보지 않고 발화하기를 유도하자. 또는 '영어에 자신있는 학생은 학습지 없이 활동을 진행하고, 조금 어려워하는 학생은 학습지를 조금씩 봐도 좋다.'라고 이야기해주면 다양한 수준차를 고려하는 수업이 될 수 있다.

> 예 "Try to speak without looking at your worksheet. It makes your speaking more natural. It's okay to look sometimes, but try to do it by yourself first."

⑤ 더 크게 말하게 하기: 학생들 중 정말 많은 학생들이 좋은 문장을 말하고도 목소리가 작아서 친구들에게 전달이 되지 않는 경우가 많다. 더 크게 말할 것을 유도하고 바로 칭찬해주자.

> 예 What things in OUR SCHOOL help EVERYONE? Oh, I think Junseo gave a great answer, but maybe some friends didn't hear you. Could you say it louder? Yes! Perfect! There's an elevator, so even students with leg injuries can go to class easily. Let's give Junseo a big hand!

⑥ 대화의 에티켓을 같이 이야기하기: speaking활동은 영어를 말하는 것 외에도 다른 사람과 대화하는 연습을 하는 것이다. 상대방과 대화할 때 지켜야 할 것들(말할 때 적절한 아이컨택, 기다리며 경청하기, 말하는 중간에 끼어들지 않기)을 강조하면 좋다.

> 예 "Listen carefully when someone is speaking."
> 예 "It's okay to make mistakes. Don't laugh at others' mistakes."
> 예 "Encourage each other. You can say, 'That's a good idea!' or 'I agree.'"

⑦ 실제와 같은 상황 설정

회화 수업의 궁극적인 목표는 실제 상황에서 써먹는 것이므로, 아무런 context 없이 speaking 활동을 시키지 말고, 실제 상황이라고 설정하면 더 밝은 분위기로 시연을 할 수 있다.

㉠ 특정 역할을 주기 : 단순히 '스피킹 활동을 해보자'라고 하는 것이 아닌, '학교 방송 기자가 되어서 인터뷰 해보자', '100분토론 패널이 되어서 토론을 해보자'라고 실제 역할을 부여하기(예 "Are you ready to become a reporter? You are going to introduce your Korean table manner to foreigners!!!")

㉡ 특정 상황을 주기 : 외국인이 여기 방문했다고 가정(예 "I invited my friend Thomas. Let's say hello to him!! hi ~. My friend Thomas has so many worries. From now on, you are going to give your own advice to him."), 외국에 여행 갔다고 가정(예 "Imagine that we are in Hawaii. Can you see the beautiful sea over there? Yes!! Fantastic!!")

[대표 기출 Direction 2]

사진/차트 활용한 Speaking활동 (2018, 2021)
→ 사진 묘사 Group speaking (2018), favorite menu에 대한 chart 결과 활용 (2021)

(1) 기출 Point

① 두 기출 다 topic과 관련된 차트, 또는 그림이 worksheet에 주어졌다. 2018에는 지진 대피 과정과 관련된 6장의 그림이 있었고 2021에는 좋아하는 급식 메뉴에 대한 설문조사 결과가 차트로 제시되어 있었다.

② 주어진 자료로 학생들끼리 speaking 활동을 진행할 것을 요구했으나 학생이 어떤 방식으로 활동에 참여할 것인지는 통제되지 않았다. 학생의 Speaking 활동 방향은 직접 설계했어야 했다.

(2) 구상시간/ 지도안 Tip

① '말해야할 것'부터 정하기: 하나의 그림/차트 자료가 있어도 그걸 활용해서 말할 수 있는 내용은 다양하다. 주어진 자료를 활용해서 '학생들이 영어로 어떤 말을 하는 것이 의미있을까'를 먼저 판단하는 것이 좋다. 만약 학생들이 자료에 있는 내용을 그대로 읽고만 끝날 수 있는 활동을 한다면 말하기 실력에 크게 도움 되지 않는다. 어떤 것을 말하게 해야 의미있을까를 먼저 정하자. 이것이 정해져야 활동 instruction은 어떻게 줄지, 교사 예시는 어떻게 줄지, 학생에게 어떤 구조로 말하게 할 것인지 등이 결정된다. 여기서 정하는 것은 지도안에도 최대한 적어놓는 것이 좋다.

② 도움 방안 생각하기: 학생들끼리 사진/차트를 보고 speaking하는 것은 생각보다 어렵다. '어떻게 하면 부담을 줄여줄지'를 먼저 생각해보자. 쉬운 예시를 교사가 먼저 줄 수도 있고 이전

활동을 참고해서 배운 것을 활용하게 할 수도 있고, 쉽게 쓸 수 있는 구조를 제공할 수도 있다. 도움을 줄 방안을 구상지에도 적고 지도안에도 공간이 허락하는 한 최대한 자세히 적자.

(3) 동기화하기/연계하기

① **이전 활동과 연계+ 사진 필요성 강조**: 수업 전체에 흐름 속에 '사진'을 사용하는 이유가 있을 것이다. 이전 활동과 연결하는 멘트를 해주면서 '이 사진을 활용할 필요성'까지 강조해주면 확실한 동기화를 할 수 있다.

> 예) All right. So far we've read the text about an earthquake safety tips but isn't it hard to know exactly what to do in an emergency? Yes! Just reading is not enough. That's why I prepared some PICTURES!

② **사진자료를 주기 전 미리 소통**: 사진부터 보여주고 소통해도 좋지만 관련된 소통을 먼저 하면서 궁금증을 유발한 후 자료를 제시하면 더 자연스럽게 활동을 시작할 수 있고 소통도 늘릴 수 있다.

> 예) So, today's menu was Pizza and Broccoli. Do you know what is the MOST POPULAR LUNCH MENU in our school? Oh 현수 said Pizza and…철민 said 김치찌개! Actually, last month, we had a survey on our school bulletin board and the result is……(worksheet 보여주며) on your WORKSHEET!

(4) Direction 진행하기

① **교사와 함께 보며 먼저 소통하기**: 학생들끼리 바로 사진에 대해 말하기를 시작하긴 분명 부담이 클 것이다. 우선 주어진 사진이 어떤 사진인지 파악하게 하는 질문을 던지자. 이후 추가 질문과 답변을 이어나가면 좋은데 이때의 소통은 학생들끼리만 활동할 때도 도움이 될만한 내용/ 영어 구조가 포함되면 좋다.

> 예) Have you all got the worksheet? Good. (worksheet 학생 방향으로 보여주며) In your worksheet, there is a chart and you can see the most popular menu. What is it? YES, PORK CUTLET!! Wow, 준수 is nodding his head. 준수, why do you think pork cutlet is the most popular menu? Oh because it is crispy and..? Yes! nobody hates pork cutlet! Good Reason! Thank you 준수!

② **구체적이면서도 의미있는 말하기 시키기**: 학생이 더 의미 있는 말하기를 할 수 있게 instruction을 제공해야 한다. 만약 2021기출에서 제공된 차트 (학생이 좋아하는 메뉴가 각각의 퍼센트와 함께 나와있음)를 보고 '가장 인기 있는 메뉴'를 물어보고 답하게 한다면 학생은 차트 보고 "Pork cutlet"만 단답식으로 읽고 끝날 것이다. 이것은 의미있는 말하기라고 보기 어렵고 학생의 speaking 실력에 도움이 되지 않는다. '차트에 들어간 메뉴들이 왜 인기가 있는지' 이야기하라고 하거나 'healthy food'가 수업 주제인 만큼 '인기있는 menu가 healthy한지 아닌지'를 이유와 함께 말하라고 한다면 학생이 더 많은 생각을 하고 더 많은 영어표현을 말해야하므로 의미 있는 말하기라고 볼 수 있다. 활동에 대한 구체적인 요구조건을 제시할 때는 판서를 꼭 하는 것도 잊지 말자.

> 예) Like this, with your partner, choose ONE MENU on your worksheet and tell your partner YOUR OWN REASON, why the menu is popular in our school.

③ Group 활동일 경우 'Group'이 할 수 있는 일을 주기: Pair speaking으로 사진을 활용하는 경우 번갈아가면서 사진을 묘사하거나, 한 사람이 사진에 대한 질문을 하고 한 사람이 답변하는 패턴이 자연스러울 것이다. 다만 Group speaking이라면 왜 문제에서 이 활동을 Group으로 진행하라고 했을지 생각해본 후 Group이 할 수 있는 일을 제시하면 좋다. 예를 들어 사진이 여러 개라면 단순하게 조별로 사진을 1장씩 돌아가면서 묘사해보게 할 수도 있겠지만 '한 멤버가 설명하는 사진을 다른 멤버들이 찾고 그 이유 말하기'와 같이 더 active한 활동도 가능하다. 가능하다면 사진과 함께 'Group'이 할 수 있는 일을 생각해본 후 Group의 역할을 제시하자.

> 예 Now listen carefully.(한 조에 다가가서) (한 명 가리키며) One group member starts describing… (학습지 가리키며) ONE of six pictures. Say ANYTHING YOU CAN SEE in this picture and describe WHAT IS HAPPENING. Do not let other members know which picture you're describing. Other group members (귀 기울이는 제스쳐) LISTEN CAREFULLY, CHOOSE THE PICTURE, and say why they think it is that picture. When you finish, (그 옆 학생 가리키며) the second member starts describing another picture. Okay?

④ 교사의 modeling/ 답변 구조 제공하기: 만약 활동 초반 소통할 때 교사의 예시를 주지 않았다면 활동 전(instruction제공 후) 교사의 modeling을 제시하면 좋다. Modeling은 학생들이 주어진 활동을 하기 어려워할 수 있기 때문에 제공하는 것이니 교사 기준에서가 아닌 학생 기준에서 정말 필요한 부분에 맞춰서 도움을 줘야 한다. '학생들이 무엇을 해야 하는가'를 생각한 후 '그럼 무엇을 어려워하겠는가'를 생각해서 제공하자. 예를 들어 학생들이 해야 하는 것이 '사진묘사'라면, 어려워할 수 있는 것은 '사진을 묘사하는 표현(On the left side of the picture…), 사진 속 물건의 단어(book shelves), 사진 속 어떤 것을 묘사하는가(표정, 물건, 배경 등…)' 등이 있을 것이다. 그런 부분을 강조해서 modeling을 주면 된다. model에 있는 표현 중 학생이 활용하기에 유용한 표현을 따로 강조하면서 설명하면 더 큰 도움을 줄 수 있다.

> 예 When you describe the pictures, you can use some USEFUL EXPRESSIONS on the screen.(화면 가리킴) For example, you can use the first structure 'In this picture, I can see (   )', like "In this picture, I can see the boy who is running away with the bag on his head." Which picture am I describing? Yes, right ! Fourth picture!!

➕ PLUS | 사진묘사에서 학생들에게 제공할 수 있는 유용한 표현들

1. 시작하기: "In this picture, I can see …" "This picture shows …" "There is / are …"
2. 위치 표현: "On the left/right, there is …" "In the middle, I can see …"
   "At the top/ bottom, there is …" "Behind / In front of …"
3. 사람/사물 묘사: "The boy is wearing …" "The girl looks … (happy / surprised / tired)"
   "They are holding …" "The man is …ing (running / reading / cooking)"
4. 추측하기: "Maybe they are …" "It looks like …" "I think they are …ing"

➕ PLUS | Role Play 진행하기

'Role play'를 하라는 요구사항이 기출된 적은 없으나 Speaking 수업에서 흔히 진행되는 활동이기에 앞으로 디렉션에 직접적으로 나올 수도 있다. 기출되지 않더라도 다른 디렉션에서도 활용될 수 있는 활동이므로 대략적인 연습은 필요하다.

1. 구체적인 상황 제시: 구체적인 상황 제시하기 Role play하는 상황을 구체적이고 명확하게 이야기해주어야 한다. Context없이 대화문만 읽는 role play는 지양한다.
2. 연기력 활용하기: Role play는 교사가 시범을 보일 때부터 최대한 연기 톤으로 진행하는 것이 좋다. 미드의 한 장면을 보여주는 것처럼 영어식 제스쳐와 톤을 활용하자.
3. Role card 제공하기: Role card를 제공하면 학생들이 좀 더 부담 없이 참여할 수 있다.(A / B - 어떤 Role이며 무슨 상황이며 무엇을 말해야 한다) Useful expressions도 같이 적어주면 좋다. 단, 자신의 Role을 확실히 이해하고 연습할 수 있도록 Preparation time이 꼭 주어져야 한다.

> Role Card-A
> You are going to be a client. You want to get job information from the career counselor. Introduce yourself by talking about your name, age, hobbies, and personalities in detail.
> If you want, you can use this structure : ~~~

> Role Card-B
> You are going to be a Career counselor. You have to listen to and write down a client' introduction. Then, identify which type does the client belong to and suggest proper jobs. You can refer to the textbook.
> If you want, you can use this structure : ~~~

4. Simulation: Role play와 비슷하게 진행은 하지만, '실제 상황'이라고 강조하며 더 구체적인 상황과 역할을 제시해주면 된다.(예 온라인쇼핑의 장,단점과 관련된 글의 after-reading activity로 simulation을 진행 ➡ 다음과 같은 표가 그려진 worksheet을 주고, 리포터가 되어서 다른 학생들 몇 명 이상 인터뷰해오기. + 본문에서 나왔던 표현 사용 강조)

Name	Like / Dislike	Reason
Junghee	Like	cheaper than offline shopping
~	~	~

06 Writing

> **Check Point**
>
> Writing은 현장에서 학생들이 상당히 어려워하는 부분이고, 평가에서 서 / 논술형이 의무적으로 반영되기 때문에 교사가 학생들의 writing을 어떻게 지도하는지 유심히 평가할 것이다. 매년 나오고 있는 부분이기 때문에 많은 대비가 필요하고, 특히 Group writing은 거의 매년 나오는 단골손님이다. Group writing에서 instruction / guideline을 간결하면서도 구체적으로 주어야 하는 것이 중요하고, 진행하는 체계적인 순서와 틀도 중요한데, 여기 파트 외에도 'classroom management' 파트의 'group work' 부분도 같이 참고하면서 연습하자.

[기출 Direction]

- worksheet활용하여 주제에 대한 Group writing(2013, 2014, 2015, 2016, 2017, 2018, 2019, 2022, 2024, 2025)
- 주제에 관해 Individual writing(2020, 2021, 2023)
- 교사의 model writing을 제공하기(2014, 2016, 2017, 2019, 2023)
- Group writing을 위한 Role assignment를 포함하기(2022)
- 주제에 관해 Level-differentiated writing(2012)
- Writing 활동 전 어떤 내용을 써야 하는지 guideline 제공하기(2020)

[대표 기출 Direction 1]   worksheet 활용하여 주제에 대한 Group writing
(2013, 2014, 2015, 2016, 2017, 2018, 2019, 2022, 2024, 2025)

(1) 기출 Point

① 거의 매년 나오는 Direction이라고 보면 된다. 3번만 Individual writing으로 나오고 나머지는 모두 Group writing으로 나왔다.

② 기출엔 보통 Worksheet이 주어졌다. Worksheet을 활용하여 Group writing을 진행하는 것은 나만의 패턴을 만든 뒤 수없이 반복하여 자동화시키는 것이 좋다.

(패턴 예시)
[활동 동기화] ➡ (그룹 만들기) ➡ [worksheet 나눠주기] ➡ [Worksheet 함께 보면서 구조 설명] ➡ [디렉션 설명] ➡ [교사의 모델/예시 제공] ➡ [학생의 이해확인] ➡ [활동시작]

(2) 구상시간/ 지도안 Tip

① **활동 흐름 파악**: 이전과 이후 활동을 먼저 보자. 이전 활동에서 어떤 포인트와 연계된 Writing을 하는 것인지, 그리고 Writing 이후에는 이 작품을 가지고 무엇을 하는지를 보

는 것이다. 이전/이후 활동에 따라 Writing 활동에서 강조해야 할 것이 달라진다. 예를 들어 이전 활동에서 배운 표현이 있다면 그 표현을 쓰기에서 사용하도록 메모를 해놓고, 쓰기 활동 이후에 동료평가가 있다면 동료평가 항목을 미리 강조할 수 있도록 메모를 해놓는 것이다.

② **자동화 되지 않은 것에 집중해서 구상**: 실전의 구상시간에는 '자동화된 것'이 아닌 그 외에 것만 생각해야 한다. 활동 동기화부터 시작해서 활동 시작을 알리기까지 하는 일(worksheet 구조 설명, 디렉션 설명, 예시 제공....)은 보통 같은 패턴으로 가고, 'Group 만들기', 'worksheet 나눠주기', '학생 이해 확인' 이런 것들은 문제가 바뀌어도 멘트가 비슷한 경우가 많다. 구상시간이 매우 짧기 때문에 기본적으로 진행하는 것들은 많은 연습으로 자동화 시켜놓아야 하고, 구상 시간엔 미리 예측하기 어려웠던 부분을 생각하는 데에만 집중해야 한다. (예 이전 기출과 다른 것은 무엇인지, 이전 활동과 연결고리는 어떤 것인지, 이번 worksheet에서 특히 강조할 것은 무엇인지....)

(3) 동기화하기/연계하기

① **학생 자신의 이야기임을 강조**: Writing은 보통 이전에 진행한 Reading 또는 Speaking 활동을 기반으로 한 'personalized writing'으로 이어질 때가 많다. 학생들 자신의 실제 삶과 관련된 의미 있는 글쓰기 활동이 많기 때문에 이 부분을 특히 강조하며 '이전에는 다른 사람의 이야기였지만 지금은 우리 자신의 이야기를 쓸 차례이다'라는 느낌으로 동기유발 하는 것이 좋다.

> 예 So far we've read the text about 'recycling'. Now, it's time to WRITE about OUR OWN PLANS for recycling in our classroom.
>
> 예 While reading about robots in our life, didn't you think of any similar experiences? I remembered an experience where a robot guided me to my room in a hotel. Oh Jinsu you had a similar experience too, huh? "Alright, then let's write about our experiences.

② **Writing 활동의 의미/ 필요성을 강조**: 단순히 '수업'으로서의 쓰기 활동이 아니고 학생이 쓰게 될 글이 중요한 역할을 할 것이라는 것을 강조하며 학생들을 동기화시킬 수 있다.

> 예 So far we've read about the future jobs, shared your ideas with other students, and brainstormed about your own future job. That means…you are ready to write YOUR story! This is really important work for your life. Our world is changing so fast, and the jobs are changing so fast. You need to think about your future job that may not exist now but may be created in the near future.
>
> 예 In the speaking activity, does anyone answer with "ALWAYS" in every question? Oh, 민수, 다혜, 지원? Good!! They are GREEN AVENGERS in our school!!! Haha!! And I found so many students have good recycling habit!! Small actions make big change! so everyone can become GREEN AVENGERS, who can change our school!!! so you'll write a SUGGESTION for better recycling in OUR school.

③ **Writing 다음 활동과의 연결**: 학생들의 Writing으로 이어서 진행하는 활동이 있다면 무엇을 진행할 것인지 미리 알면 그것을 위해 더 열심히 쓸 수 있도록 동기화할 수 있다.

예 Okay, so far we've learned about two proverbs, but aren't you curious about the meaning of (Material 1 가리키며) the other ones? Yes? Then, (판서하며) let's create a SCRIPT with them! Oh, Jisung, why are we making a script? Because we're actually going to PERFORM A PLAY using OUR OWN SCRIPT!!

(4) Direction 진행하기

① 학습지 나눠주기: 학생 중심 Group 활동인 만큼 교사가 다 나눠주기보다는 조별로 1명이 학습지를 받아가라고 하는 것이 좋다. 조별 역할이 정해져있다면 학습지 담당 역할을 불러도 괜찮다.

예 Now, group leaders! Please come and get one writing sheet for your group.

② 글쓰기 대상 / 상황 정하기: 학생들이 글을 쓰면 그 글을 '읽을 사람'이 있어야 더 열심히 참여할 것이다. 글쓰기 주제에 따라 실제 존재하는 사람에게 글쓰기를 할 것이라고 설정하면 좋다. (예 학교 학생들, 회사 고객센터, 지역 신문, 숙소, 시장, 외국인펜팔친구..) 또한 글쓰기의 '상황'을 실제 상황으로 설정할 수도 있는데, 예를 들어 잡지/신문의 글을 직접 적는다고 할 수도 있고 (예 학급신문, 여행잡지, 지역뉴스), 학교 행사에 필요한 글 (예 학교 축제 초대, 체육대회 홍보)을 적는다고 할 수도 있으며, 인터넷 상품에 대하여 리뷰를 작성한다고 하거나, 소셜미디어에 작성하여 사람들에게 알리는 글을 적는다는 상황 설정도 가능하다.

예 I saw so many great HEALTHY FOOD you discussed and I really want to introduce your work to our school nutrition teacher!! How can we do it? Yes!! Let's write a letter to her! A SUGGESTION LETTER!!! Maybe you can see your own menu next month!

예 You're going to use your ideas to write a SUGGESTION LETTER! Actually, I talked to the teacher who's in charge of our school newspaper and she said we can publish your suggestion letters in next month! Exciting, right? So do your best and write carefully!

예 We are going to write what we should do for a possible earthquake at school. An earthquake can happen ANYTIME during our class, so it is necessary to make a safety manual and put it on the bulletin board of our classroom.

③ 요구사항(Guideline)주기: 제일 중요한 부분이다. '~에 대해서 써라'라고만 던져주면 영어 실력이 뛰어난 학생 외에는 아무것도 할 수 없다. 무엇을 어떻게 써야하는지 정확한 Guideline이 없으면 학생들이 글을 쓰는 데에 크게 혼란을 겪을 수 있다. Guildeline은 반드시 First, Second, Third와 같이 서수를 활용하고 판서도 해주면서 학생들이 이해할 수 있도록 명료하게 제공해야 한다. 많은 연습이 필요하다.

㉠ 어떤 내용을 넣어야 하는지 구체적으로 제시 : 단순히 'topic에 대해서 자유롭게 글을 쓰기' 라고만 시키지 않고, 구체적으로 어떤 내용을 넣어야 하는지 알려주자. Worksheet에 제시가 되어있거나 빈칸을 채우는 형태라면 어느 부분에 어떤 내용을 넣어야 하는지 쉽게 풀어서 설명해주고, worksheet에 정해진 것이 없다면 교사가 구체적으로 정해서 주어야 한다. 또한 넣어야 할 내용이 바로 이전에 진행한 pre-writing 활동의 내용을 그대로 활용하는 경우 그냥 '옮겨 적고' 끝나지 않도록 그 내용을 어떻게 완전한 문장과 완전한 글로 표현할 수 있는지 구체적인 도움을 제공해야 한다.

> 예 (학습지에서 첫문장은 이미 나와있고 둘째 줄부터 'We found' 'We suggest', 'We're sure' 옆에 각각 빈칸을 채워야 하는 활동인 경우) Minjun, can you read the first line for us? Nice work! Now, from the second line, you'll start writing your own ideas. (Material 가리키며) Based on the worksheet you've already done, just follow this. (간단히 판서하며) In the "We found" part, write the problem. In the "We suggest" part, write your solution. In the "We're sure" part, write the expected result.

> 예 재석, can you read the first line here? Excellent! I like your voice! Thank you. So, discuss and write "the most serious problem in our school's recycling" (간단히 판서) And what do you see in the middle of the worksheet here? Yes! "We should." Here, write your group's suggestion.(suggestion판서)

ⓛ **특정 표현 사용** : writing활동 이전에 배운 표현 또는 그 수업의 핵심 표현이 있다면 그 표현을 꼭 활용하라고 하자. 한 수업의 모든 활동은 가급적 연계되어야 한다.

> 예 Remember the grammar we learned today? Yes, "preposition + –ing"! Try using that in your writing!

ⓒ **분량 제한 및 Full sentence** : 학생들은 편하게, 대충 글을 쓰고 싶은 욕구가 강하기 때문에 완전한 문장을 적는 연습을 하도록 Full sentence로 적으라는 말을 강조하면 좋다. 또한 "적어도 몇 문장 이상 써라"라는 분량 제한도 주면 더 많은 영작 연습을 시킬 수 있다. Group Writing의 경우 한 명에 한 문장은 꼭 쓰도록(1 Student 1 Sentence) 배분해도 좋다.

> 예 First, you should write SIX sentences. Also, don't write just one word. Use a FULL sentence."

ⓔ **글의 주제 / 형식에 따른 강조사항** : creative writing에서 창의성을 강조하기, paragraph writing에서 글의 organization, coherence, cohesive marker 강조하기, 5Ws1H 모두 넣기 강조하기, Letter 형식인 경우 Letter form에 맞게 쓰기…

> 예 Be CREATIVE. There is no correct answer so don't hesitate to share your creative ideas.

> 예 Remember, you are writing a LETTER, so use the letter format we practiced.

ⓜ **평가기준에 따른 강조사항** : 만약 글쓰기 이후에 feedback을 진행하고, 그 feedback에 평가 요소가 있다면(organization, creativity, language …) 이런 부분을 학생들에게 신경쓰라고 미리 지도해주는 것이 좋다. 미리 이야기하지도 않고 글쓰기 후 갑자기 그 기준으로 평가한다면 학생들의 동기가 떨어질 수 있기 때문이다.

- 앞에서 이미 Guideline을 길게 설명한 경우 이 부분은 가급적 짧고 명료하게 전달

> 예 There are 3 important things to remember. (간단히 판서하며) 1. Organization! Make sure the problem, solution, and result are written in a clear, logical order. 2. Creativity! Your idea should be realistic, but also a little creative! You can change what you wrote before if you have better ideas. 3. Language! This is a real suggestion letter, so write in full sentences.

- 평가기준을 알려주면서 Writing의 Guideline까지 함께 제시하는 방법도 있다. 다음 예시는 Contents, Organization, Language가 활동 이후 피드백에서 사용할 평가요소였으며 강조하고 싶은 '협동'을 추가해서 넣은 것이라고 보면 된다.

ⓔ For your group writing, you have to keep these FOUR THINGS in mind. (지금부터 4가지 간단히 판서하며) First, 'CONTENTS'. As you can see on the worksheet, (Material 2 가리키며) you need to include the TITLE, CHARACTERS, SETTING, and at least TWO SCENES. Second, 'ORGANIZATION'. Because you are writing a script for SPEAKING, make your script using characters' dialogues rather than story descriptions. To describe characters' actions and emotions, use parentheses like this (괄호 그리며) before each line. Third, 'LANGUAGE'. Write in FULL SENTENCES and use online dictionaries to make your sentences more accurate. Lastly, 'COOPERATION'. All group members must participate.

ⓑ **설명이 너무 길어지지만 꼭 전달해야 하는 것이 있을 경우:** 만약 Guideline을 4가지 이야기했는데 1개 더 전달할 것이 생겼을 때, (또는 꼭 말해야 할 것을 까먹었다가 갑자기 생각났을 때) 5번까지 만들기는 교사가 너무 길게 설명하는 느낌을 줄 수 있다. 추가할 것이 꼭 전달해야 하는 사항일 경우 학생이 질문한 것으로 설정하거나(ⓔ Any question? Oh, English is too difficult for you and you don't know what to do? Don't worry. You can be a great help using your tablet PC. If you don't know anything, just google it! Remember Sangmin,) 활동 시작 직전에 한마디 추가하는 방법 등이 있다. (ⓔ If you have difficulties in vocabulary, you can use an online dictionary on your tablets. I'll give you four minutes.)

Ⓐ **Key expression주기:** 최근엔 학생이 적을 문장의 방향이 많이 통제되어 있는 학습지가 많았지만 학생이 주도적으로 적어야 할 문장이 많은 (worksheet의 빈칸이 많은) 활동이 나왔을 경우 학생 입장에서 매우 부담스러울 수 있다. 그럴 때 영작에 도움이 될 수 있는 Key expression을 하나라도 제공하는 것이 좋다. 무슨 표현을 제시해야 할지 생각이 나질 않는다면, "여기 화면에 여러분이 쓸 수 있는 표현 list가 있으니 참고해라."라고 이야기하는 방법도 있다.(ⓔ bad habit 관련 writing → "I have a habit of…"를 판서해주며 쓰게 하기)

> **➕ PLUS | Group Writing 시작 직전 추가할 수 있는 말들**
>
> • 조원 의견 존중하게 하기 ⓔ "As always, RESPECT your friends' opinion and resolve the conflict in your group wisely!"
> • 협동, 협력 강조하기 ⓔ "While you discuss in your groups, COOPERATE each other and RESPECT each other's opinions. Collaboration and Communication are the most important abilities you need in the future society."
> • 온라인 사전 허용하기 ⓔ "It's okay to use an online dictionary when you don't know a word."
> • 문법 점검 프로그램 안내하기(Tablet을 사용할 수 있을 경우) ⓔ "If you're not sure about grammar, you can ask me or you can use the 'Grammarly' program on your tablet PC. AI will check the grammar of your writing for you. Isn't that amazing?"

CHAPTER 1. 수업실연 유형별 전략

(5) Circulation 진행하기

Group writing은 그 수업에서 가장 main이 되는 활동일 가능성이 높고, 학생들끼리 학습하는 시간이 긴 활동일 것이다. 활동 시작 후 반드시 교실 중간으로 나가서 학생들의 활동을 개별지도해주는 모습을 보여주자. 실전에서 갑자기 할 말을 떠올리기 쉽지 않으므로 어느 수업에서나 써먹을 수 있는 몇 가지를 반복 연습하여 자동화시켜놓는 것이 좋다. Group work임을 생각해서 학생 개인에게 도움을 주기보다는 Group 전체에게 도움 될 수 있는 내용을 보여주는 것이 좋다.

① 중간에 막힌 조에게 샘플 제공하기

> 예 Oh, group 3! Oh, you didn't write anything! You don't have any idea! Then, I'll give you a sample writing. This will refresh your brain!

② 떠드는 그룹에게 참여하는 방법을 알려주기

> 예 Hey, Group 3! Why so noisy? Junyoung, Jinsu, what's going on? Oh, you're not sure how to write in English? That's okay. But it's not time to play around. Use your tablet to go to the 'Grammarly' website and check your member's writing with AI. It will help a lot!

③ 조 안에서 엎드려 있는 학생 격려하기

> 예 Minho, why are you not joining and just putting your head down? Oh, English is too difficult for you and you don't know what to do? Don't worry. You can be a great help using your tablet PC. If you don't know anything, just google it!

④ 혼자만 열심히 하고 있을 경우 다른 조원에게 역할 주기

> 예 Minji, why did you stop? Oh, the other group members are not doing anything. Group 3, everyone needs to participate! Hmm... I'll assign roles: one person for Internet research, one for writing the dialogues, one for checking the Skit format, and one for checking vocabulary/grammar

⑤ 어려운 단어 해결해주기

> 예 Oh this group stopped working. Can I help you? Oh nobody can guess what 'weather modification police' is. Here, 'modification' means 'change'. Then, can you guess the meaning? oh! the police who can change weather? Good!

⑥ 다 끝난 조에게 발표 준비시키기

> 예 Oh your group finished already? Good job! We still have a couple of minutes left so be prepared for a presentation.

[대표 기출 Direction 2] 주제에 관해 Individual writing (2020, 2021, 2023)

(1) 기출 Point

　① Individual Writing도 3차례 출제되었으니 반드시 연습해야 하는 부분이다. 2023 기출은 완성된 글의 중간 중간 빈칸만 채워 넣는 매우 통제된 글쓰기였지만 2020, 2021 기출에서는 빈 학습지에 혼자 글을 처음부터 끝까지 완성해야 하는 형태이기에 더 세심한 코칭이 필요했다.

　② 대부분은 위 'Group writing'과 비슷하게 진행하면 된다. 다만 학생 혼자 작품을 완성해야 하는 만큼 방향을 더 구체적으로 세워주고 도움을 받을 수 있는 방법을 더 친절하게 제시하면 좋다.

(2) 구상시간/ 지도안 Tip

　① **학생에게 도움 줄 것 찾기**: 기본적으로 확인해야 할 것은 앞 'Group writing'에서 제시한 것과 같다. (활동 흐름 파악, 자동화되지 않은 것 위주로 구상) 다만 대부분의 학생에게 individual writing은 group writing보다 부담이 더 클 수 있으므로 '혼자서도 잘 쓸 수 있게 도울 수 있는 방법'을 찾아서 지도안에 함께 적으면 좋고, 지도안 없는 지역은 구상지에 메모를 해놓는게 좋다. (이전 활동에서 학생이 참고할 내용/표현은 없는지, tablet 활용을 할 수 있는지, 교사가 가르쳐줄 영작 구조는 없는지…)

　② **요구조건은 명확하게**: Individual writing도 역시 글쓰기 요구조건은 번호를 매겨서 따로 써놓아야 한다. (포함할 내용, 분량 조건, 사용할 표현…) 그런데 2020기출은 이미 Guideline이 worksheet에 함께 나와 있었으므로 확인이 필요하다.

(3) Direction 진행하기

　① 완성된 글에 빈칸이 뚫려있는 Controlled-Writing인 경우

　　㉠ **학습지 구조 살피기**: 바로 글쓰기에 들어가지 않고, 학습지의 구조를 함께 살펴보면 좋다. 타이틀, 첫 문장 정도가 제시되어있다면 함께 읽어보며 시작하는 것도 좋다.

　　　예 Let's move on to the writing activity! Turn to the page 22. Do you see the title here? Good. Let's read the title together. 3, 2, 1, Go! Let's plan to go beyond our comfort zone! What a lovely voice!

　　㉡ **소통을 통해 써야 할 내용 notice시키기**: 학습지의 빈칸에 무엇이 들어가야 할지 교사가 직접 알려줘도 괜찮지만 질문을 통해 소통하면서 학생들이 직접 발견하도록 도우면 더 많은 상호작용을 보여줄 수 있다.

② 빈 학습지에 자유롭게 쓰는 Writing인 경우

㉠ 앞 pre-writing단계에서 글쓰기 내용은 정했겠지만 단순히 '이 정보를 활용해서 글을 써라'라는 식의 디렉션만 주고 끝나기보다는 학생이 이를 문장으로 표현하고 글을 완성할 수 있도록 도움을 제공하는 것이 중요하다.

> 예 Now, listen carefully. When you write, you should follow these three things. First, this is a letter so use the letter format, starting with 'Dear Nutrition teacher' and ending with 'Sincerely' and your name. Second, based on your previous work, choose ONE menu and include dish name, main ingredients, and two specific reasons. One of the reasons should be about 'healthy food'. Third, write at least FIVE FULL sentences. Okay?

㉡ 글의 방향 설정해주기: 빈칸에 무엇을 써야 할지 방향 잡기도 어려운 경우 대략적인 방향은 제시해주자.

> 예 Now you know exactly what 'a plot twist' is, and you can write your own story in the worksheet. Think about what kind of 'enemy pie' should be made to help the boy resolve the conflict with his enemy.

㉢ 요구사항(Guideline) 설명하기: individual writing은 더 명확하게 주어야 한다. 꼭 포함해야 할 것에 힘을 주어서 더 크고 강하게 발음하는 연습을 하자. (대문자 부분)

> 예 Let's check what you need to include in your writing.(간단히 판서하며) First, based on what you just brainstormed, write a paragraph including YOUR OWN FUTURE JOB and REASONS. Try to be SPECIFIC when you write reasons. Second, include JOB DESCRIPTION and REQUIRED SKILLS. Third, use 'WILL BE v-ING' at least TWICE. Last, write FIVE SENTENCES or more. These guidelines are already written on your worksheet.

③ 추가 도움 제공 멘트

Individual writing은 조원과의 협력도 없이 혼자 글을 완성해야 한다. 요구사항만 쭉 나열하고 활동을 진행한다면 영작이 자신 없는 학생은 시작부터 두려워할 것이다. 활동 시작 전 어려움이 있을 때 도움을 받을 수 있는 방법을 알려준다면 학생에게 큰 도움이 될 수 있다.

㉠ 친구나 교사에게 도움 받을 수 있다고 하기(예 지현, do you have any question? Oh it looks too difficult! Don't worry. Write individually but you can also ask for a help from your group members or me!!)

㉡ 교사의 모델 제공하기(예 You can get some help from my model writing on the monitor! You can find some useful structures like "I recommend this menu because...." to help you write with. 지현, now you think you can do it, right?)

㉢ 참고할 수 있는 것 알려주기(예 Now, it's time to write! Can you see the paragraph below the table? Good. Using the table you just wrote, complete the blanks in the paragraph. When you write, try to use EMOTION WORDS we learned before. And you below the text we learned, there are some useful EXPRESSIONS you can use. This time, work individually, but you can help each other. I'll give you 4 minutes.)

④ Circulation 진행하기

Group writing은 그룹을 대상으로 한 도움을 제공했다면 Individual writing은 정말로 글쓰기를 힘들어하는 학생을 찾아다니며 도움을 주려고 노력해야 한다. 단어를 모를 수 있고, 아이디어가 떠오르지 않을 수 있고, 영작 자체가 어려울 수도 있는 등 학생마다 어려움을 겪는 포인트는 다 다를 수 있으니 나만의 멘트를 몇 가지 만들어놓자. 학생이 어려워하는 것을 교사가 직접 알려주기보다는 '해결할 수 있는 방법/방향'을 제시해주는 것이 학생의 성장에 더 도움이 된다.

㉠ 어휘 부족 도움 주기 (예 Jinsu, you stopped working. Do you need any help? Oh you're trying to write something but you don't know the words! You can use an online dictionary on your tablets, Yes!! Like that!!)

㉡ 아이디어 부족 도움 주기 (예 Oh, Jooyeon, why aren't you writing? Oh, you can't think of one of the two reasons? Hmm. How about writing why your 'pumpkin pie' is healthy? If you read the text again, you can see nutrition information about pumpkin ! Alright? Good!

㉢ 응원하고 방향 제시하기 (예 Oh Dohyun, I really like your first sentence. It's clear and easy to understand. Can you add more details to make your idea stronger?)

㉣ Full sentence로 쓰게 하기 (예 Oh, I understand what you mean and I like your idea. But can you make this into a FULL SENTENCE with a subject an a verb?)

[대표 기출 Direction 3] 교사의 model writing을 제공하기
(2014, 2016, 2017, 2019, 2023)

(1) 기출 Point

① 학생의 Writing을 도와줄 수 있는 교사의 model writing은 디렉션에 명시 되어있지 않더라도 제공할 수 있는 것이다. (시간만 된다면 제공하는 것이 좋다) 다만 디렉션으로 직접 제시가 된 기출도 많았는데, 이때는 채점이 되는 부분이니 신경을 써서 구체적으로 줄 필요가 있다.

② 참고할 만한 model / sample text를 주는 것은 학생들의 글쓰기 부담을 많이 줄여준다. sample을 읽어보며 구조적인 측면에서 도움을 얻고 내용적인 면에서도 아이디어를 얻을 수 있게 된다. 학생들에게도 그대로 베껴 쓰기가 아닌 이런 도움을 위해서 sample을 제공하는 것이라는 것을 알려주면 좋다. 활동 전에 전체에게 model writing을 주는 것도 좋고, 활동 시작 후 circulation을 할 때 글쓰기를 어려워하는 학생에게 제공해도 좋다.

(2) 구상시간/지도안 Tip

① 쉽고 의미있는 Model writing 만들기: 교사가 나름 model writing을 제공했는데 학생 수준에서 이해하기 힘들다면 별로 도움이 되지 않을 것이다. 학교나 학생 실생활과 관련되었거나 큰 노력 없이 이해할 수 있는 쉬운 내용으로 예시를 만들어보는 것이 좋다. 예를 들어 2019기출과 같이 학생들이 recycling habit에 대한 글을 적기 전에 주는 modeling은 교사가 직접 최근에 학생들의 recycling을 관찰하고 쓴 글이라고 하면 이해하기 쉬우면서도 좀 더 의미있는 글을 모델로 제공할 수 있다.

② 너무 길지 않게 준비: Model writing을 너무 길게 줄 필요 없고 글을 처음부터 끝까지 설명할 시간도 없으니 짧은 문장 3~4개 정도로 준비해놓자. 지도안 지역은 이 model writing 내용을 반드시 적어놓아야 한다. 단, 공간이 너무 부족할 경우 1~2문장 적어놓은 후 나머지 문장은 실연에서 보여주는 식으로 할 수 있다.

(3) Direction 진행하기

① model writing의 내용과 도움 받을 수 있는 방법을 구체적으로 제시: 디렉션으로 나왔다면 단순히 '여기에 model이 있다'라고만 언급하고 넘어가는 것은 감점 요소가 있다. 대략 어떤 내용의 model writing인지를 몇 문장이라도 제시하고, 이 model에서 참고할 만한 사항은 어떤 것이 있는지(그 모델에서 사용된 핵심 영작 구조를 알려주거나, 아니면 밑줄 쳐놨으니 참고하라는 식으로 하면 좋다)도 알려주면 학생들의 writing에 세심한 도움을 제공할 수 있다.

> 예 You can refer to my model writing on the monitor! I really like to eat Bibimbop so I wrote like this.. "Bibimbap is one of the most famous Korean dishes. I recommend this menu because it is both healthy and delicious. It has many fresh vegetables, rice, and a tasty sauce mixed together...." Here, you can find some useful structures like "I recommend this menu because...." to help you write with.

> 예 Read the model carefully focusing on how 5Ws1H are included and how the sentences are connected.

② 소통하면서 model 제공하기: 교사의 샘플 글을 쭉 읽어주는 방법도 있지만 학생과 소통하면서 예시를 주면 더 활발한 수업 분위기를 만들어낼 수 있다. 문제에서 '교사의 model writing을 제공하라'라고 해서 꼭 글을 처음부터 한 문장 한 문장 읽어주는 것을 요구한 것은 아니라는 것을 명심하자.

> 예 Now it's time to make a new plan. You have to complete this table, but don't worry. I'm such a kind teacher so I prepared...this!! (모니터 가리키며) Yeah!! my example here. First, 'My comfort zone!' ... doing nothing on weekends! Haha. Second, 'My new goal'!...learning how to swim! Oh, Junsu, can you swim well? Good!! And 'reasons of new goal'!...going to the beach this summer! 'Difficulties expected'? Oh, here, think of any difficulties in achieving your new goal. In my case, if I wake up late in the morning, I would not go swimming. Lastly, 'Plans for action'! Write your specific plan to achieve your new goal here...like 'sleep early, wake up early, and register for a swimming club!!'. Now, I'll show my writing on the screen and you can use it as a guide.

③ **판서는 필수 아님**: Model로 주는 writing을 칠판에 다 적으려다 시간을 오래 뺏기지 말자. 문장의 일부만, 또는 핵심 내용만 살짝 적어도 좋고, 적지 않고 말로 불러주어도 괜찮다. (모델에서 강조하고 싶은 표현/구조가 있다면 그 부분만 판서하자) 교사의 샘플 글은 모니터에 있다고 하고 학생들이 필요할 때 참고하라고 하자.

> **PLUS | Sample writing으로부터 배울 수 있는 것(Model의 중요성)**
> - The layout
> - How the items are organized
> - Distinctive grammatical features
> - The effect on the reader
> - The overall message
> - Specific phrases and sentences used
> - The style and tone

[기타 기출 Direction]

(1) Group writing을 위한 Role assignment를 포함하기(2022)

① **디렉션으로 나오지 않을 때는 길게 하지 않기**: 2022년에는 그룹 내 역할을 정해주는 것이 디렉션으로 나왔지만 디렉션으로 나오지 않은 문제에서도 역할분담을 진행하는 것을 많이 보았다. 역할 분담 자체는 괜찮으나 각 역할을 설명하는데 너무 많은 시간을 보내서 전체 시간이 부족해버리는 사례도 자주 보았다. 디렉션엔 없지만 흐름상 역할 분담이 필요하다면 대략 역할 이름 정도만 말하거나 '항상 해왔던 대로 하면 된다' 정도만 말하고 넘어가자. (판서도 필수가 아니다) 활동 guideline을 구체적으로 주는 것이 더 중요하다.

> 예) Everyone knows your role in the group, just like we always do, right?

② **디렉션에 나오면 구체적으로 설명**: 2022기출처럼 디렉션으로 제시되었을 경우엔 이야기가 달라진다. 디렉션으로 나왔다는 것은 채점이 된다는 것이다. 시간이 부족하더라도 정석대로 각 조의 학생에게 역할을 분배하고 각 역할을 설명해주자. 단, 너무 많은 시간 소요가 되지 않도록 각 역할은 짧게 설명해주는 것이 좋다. Grouping 먼저 하고 역할을 제시한 다음 활동 guideline으로 넘어가면 된다.

> 예) For the writing activity, get into groups of FOUR! 희선 준영 미지 진영 Group number 1 (...) and (뒤쪽 가리키며) Group 5 and 6! you are special groups and you have FIVE people! Wow! Good. Say hello to your group members, hello! For this writing, EVERY MEMBER in your group will take a special ROLE!! First, everyone will be a WRITER! Discuss ideas with your members and write a creative story together! Second, each member will take ONE MORE role : (역할 이름만 판서하며) LEADER, who leads everyone's participation; WORD MASTER, who looks up the words you don't know with your tablet, WORKSHEET MANAGER, who takes and submits the worksheet, and PRESENTER, who presents your group's work. I'll give you just ONE minute to decide the role! Oh, Group 5 and 6! you have five members so you have TWO word masters! Ready? Start! One minute! Time's up! Has every group decided the role? Good.

③ **학생이 직접 역할 선택**: 위 예시와 같이 교사는 역할의 목록만 주고 학생이 직접 자신의 역할을 선택하게 하는 것이 좋다. 학생마다 자신이 잘할 수 있는 부분이 다르고 특성이 다르기 때문이다.

④ **영어가 어려운 학생도 참여할 수 있는 역할 포함**: 영어를 어려워하는 학생들을 배려하는 멘트를 해주면서 다양한 능력이 활용되도록 역할 분담을 할 수 있다. 영작 역할, 인터넷에서 정보를 찾는 역할, 사전 찾아주는 역할, 스펠링 체크 역할 등으로 나누어 준 후, 학생이 자신이 원하는 역할을 고를 수 있도록 한다.

⑤ **활동의 성격에 따라 유연하게 적용**: 어떤 문제든 매번 똑같은 역할을 부여하면 매우 부자연스러워질 수 있다. 예를 들어 창의적인 Story를 쓰는 활동에서 '인터넷에서 정보를 찾는 역할'은 크게 필요 없을 것이다. 5~6개 정도 역할을 연습해놓았다가 실전 문제에서 그 활동에 맞는 4개의 역할을 뽑아서 진행하는 것이 좋다.

⑥ **역할 선택 유의점**: 역할 부여 시 조심할 점은 Time keeper, Presenter와 같은 역할은 쓰기 활동 중에는 하는 일이 거의 없다는 것이다. 활동이 끝나고 나서야 하는 일이 생기므로, 이런 역할은 가급적 부여하지 않는 것이 좋다.

(2) Paragraph Organization 가르치기(2014)

① Pagraph organization 지도는 2014에 딱 한 차례 기출이 되었으나 반드시 연습이 필요한 부분이다. 2020, 2023 기출에서도 디렉션은 아니었으나 writing 활동이 기본적으로 paragraph writing이었고, 현장에서도 paragraph writing은 지도할 일이 많기 때문이다.

② 디렉션으로 나오면 구체적으로 설명해주어야 한다. 비유를 들 수 있는 것중에 하나가 햄버거이다. 햄버거 위쪽 빵이 Topic sentence, 패티, 치즈, 야채와 같은 재료는 뼈대와 살이 되는 Supporting sentence, 아래쪽 빵은 내용을 정리하는 Concluding Sentence로 묘사하는 것이다. 다만 교사 혼자 설명이 길어지면 학생의 집중력이 흔들리므로 적절한 질문을 섞어서 하면 된다.

> 예 A paragraph should start with a topic sentence. It's like the top bun of a hamburger. But if a hamburger only has the bun, what happens? That's right, it tastes bad. What else is needed? Exactly, there should be meat and tomatoes too! Those are the supporting sentences! They're essential for making the writing more engaging and complete! But is it finished? Not yet. What do we have? Yes, the bottom bun! Without the bottom bun, the burger falls apart. The bottom bun is like the concluding sentence. It holds the paragraph together.

③ 디렉션에는 없지만 수업의 흐름상 paragraph 구조를 설명해야 한다면 다음 정도로 짧게 설명해도 좋다.

> 예 A paragraph starts with a topic sentence. It's like the top bun of a hamburger. But if we only have bread, is it tasty? No! What do we need? Yes, meat and vegetables! These are the supporting sentences, which give more details about the topic. And the bottom bun? That's the concluding sentence, which finishes the paragraph.

(3) 주제에 관해 Level-differentiated writing (2012)

① **분량/산출물 조절**: Low level은 그림+ 2~3 문장으로 완성하고 High level은 Paragraph organization에 맞춰서 6~7문장의 단락으로 완성하기

② **참고 자료 조절**: Low level만 관련 내용이 있는 교과서나, 사전을 참고할 수 있게 하기

③ **핵심 표현/model writing**: Low level에게만 교사의 sample writing 또는 핵심 단어 / 표현들을 모니터에 있다고 가정하거나 worksheet을 주기

④ **영작 난이도 조절**: low level은 Controlled writing 형태로 완성된 글에 빈칸을 뚫어서 부분만 채워 넣게 하고 high level은 백지에 free writing 형태로 쓰게 하기

(4) Pre-writing

Writing 활동 전 pre-writing활동은 디렉션에 주어질 수도 있고 아닐 수도 있다. 디렉션에 주어진다면 디렉션(또는 worksheet)대로 진행하면 되지만, 디렉션에 없는 경우에는 수업실연 제한 시간을 잘 생각해서 pre-writing을 시킬지 말지 고민해야 한다. 최근 기출은 Main writing 진행 전에 아이디어를 미리 표로 정리하는 등의 활동이 제시되었지만 이런 준비 활동이 없고 바로 main writing에 들어가야 할 경우 짧고 간단하게 pre-writing을 진행하는 것을 보여줄 수 있다.(물론 시간 여유가 있을 때) 가장 쉬운 방법은 writing 주제에 대해 생각나는 것을 마음껏 적는 적어보라는 brainstorming이나 freewriting을 진행한 후 각자 본격적으로 쓸 베스트 아이디어를 뽑으라고 하면 된다. pre-writing은 main writing을 쉽게 할 수 있게 하기 위해 진행하는 것이므로 이 부분을 강조하며 동기유발하고, 부담을 낮추는 것이 목표이므로 문법/어휘는 신경 쓰지 말고 편하게 떠오르는 것을 적으라는 멘트를 꼭 해주자.

① **Brainstorming**

㉠ 학생들과 함께 interaction 하며 칠판에 그리면서 하는 방법이 있고, 조별로 시키는 방법이 있다.

㉡ Topic과 관련된 어떤 아이디어도 괜찮다는 것을 강조하자. (예 Write the topic in a circle in the middle of the board(paper). Call out(write) ANYTHING that comes to your mind when you think of the topic.)

㉢ 릴레이 마인드맵: 모둠 내에서 종이를 빠르게 돌리면서 하나씩 쓰고 넘기는 식으로 진행할 수도 있다.

㉣ 모둠 마인드맵: 주제와 관련된 아이디어를 연결 ➡ 개인 마인드맵 작성 후 합치기, 각 모둠원이 마인드맵의 한 부분 책임지기, 모두 다른 색의 펜을 사용 후 최종 마인드맵에 모든 색이 나와야 한다.

② **Freewriting(fast writing)**

짧은 시간 동안 펜을 내려놓지 않고, 문법 / 스펠링을 전혀 신경 쓰지 않고 주제에 관해 글을 쓰게 하는 방법. 글쓰기가 끝난 후에는 다시 읽어보면서 필요 없는 내용은 지우고 살릴 내용은 남겨놓는 작업이 필요하다.

> 예 Start writing about the topic. Don't stop writing and don't put your pen down. Don't worry about spelling or grammar. Don't stop to go back and read what you have written. If you can't think of what to write, write "um, um…". Keep writing until I say stop.

07 Listening

> **Check Point**
>
> Listening은 아직 기출된 적이 없다. 그러나 스크립트를 주고 멀티미디어가 있다고 생각하고 수업 시연을 요구할 수도 있고, Listening은 이미 진행했다고 가정한 후 post-listening을 진행하라고 출제가 될 수도 있으므로 대략적인 연습은 하고 넘어가자.

[Possible Direction]

- Main idea(gist) / Specific information 파악하는 활동 포함
- Listening을 통한 배울 내용 Schema-activation
- 듣고 comprehension Qs에 답하기(T / F, 그림 중 고르기 등등)
- 듣고 Inference 할 수 있는 활동 포함(place, relationship, emotion…)
- Dictation(cloze)를 포함
- Information transfer활동을 포함(예 들은 것 표나 그림으로 정리)

(1) Listening 시작 전 스키마 활성

스키마 활성 없이 리스닝을 하게 된다면 학생들이 상당히 듣기 어렵다. Listening 자료나 worksheet에 대해서 학생들에게 최대한 물어봐야 한다. "What do you see here?" 이라는 질문을 활용하자.

(2) 학생들 집중시키기

리스닝은 많은 집중력이 필요하기 때문에 학생들의 집중을 끌 수 있는 멘트가 필요하다. 또한 틀어주기 전 "Are you ready?"라는 말을 하고 학생들을 준비시킨 후에 시작하시는 게 좋다.

(3) 음향 점검

Volume Test를 한다고 하고 트는 척하고 가장 뒤쪽에 있는 학생에게 "잘 들리니?"물은 다음, 본격적으로 진행하는 시연을 해도 좋다.

(4) Listening 목적 제시

리스닝을 진행할 때는 어디에 초점을 맞춰 들어야 하는지 먼저 알려줘야 한다.(예 주제, 대화의 목적, 화자의 기분, 세부 정보…) 두 가지를 점검해야 한다면 General information(예 주제, 대화의 목적)을 위한 듣기를 먼저 1회 진행 후에, specific detail을 묻는 질문을 위한 듣기 1회, 이렇게 나누어서 진행해야 학생들이 인지적인 무리 없이 편하게 들을 수 있다.

(5) 핵심표현 가르치기

Listening에 포함된 핵심표현을 가르치라고 할 수 있다. 내용 파악을 위한 듣기를 진행한 후에, 다시 듣기를 진행하면서 핵심 표현에 초점을 맞추어 어디서 어떻게 쓰였는지 잘 들어보게 하고, script가 있다면 밑줄을 치거나 동그라미를 치게 하는 방법이 있다. (focus-on-form in listening)

08 Grammar / Form

> **Check Point**
>
> 문법 지도는 GTM 방식으로 특정 문법을 설명하라고 출제되지는 않는다. Focus-on-form 방식으로 Context를 (주로 text) 먼저 주어주고, 그 안의 문법 포인트를 학생들이 noticing 할 수 있도록 교사가 돕는 방식을 요구하고 있다. 자주는 아니지만 종종 출제되고 있으므로 수업의 흐름을 끊지 않고 자연스럽게 지도하는 방법을 연습해두자.

[기출 Direction]

- text안의 target form을 가르치기(2016, 2020, 2025)
- Transition expression/ linking words를 notice하게 하기(2012, 2014)
- Target form을 의사소통상황 속에서 Production하는 활동 포함하기(2016)
- Target form의 이해정도를 체크하기 위한 formative test 실시(2016)

[대표 기출 Direction 1] Text 안의 Target form을 가르치기 (2016, 2020, 2025)

(1) 기출 Point

① 2016은 'If I were you', 2020년엔 'will be -ing', 2025년엔 '전치사+-ing' 형태가 출제되었으며 모두 Reading 활동 후에 지도하는 순서로 출제되었다.

② 기출 모두 reading text에서 target form에 밑줄/네모가 표시되어 있었으므로 학생이 읽기 중 (또는 내용 중심 읽기 후) target form을 스스로 notice하는 것을 의도했다고 볼 수 있다.

(2) 구상시간/ 지도안 Tip

① 정확한 target form 파악하기: 우선 정확하게 어떤 것이 target form인지를 파악해야 한다. 기출을 보면 reading text에 각각 2회 이상은 그 문법이 쓰여있었고 밑줄 등으로 표시가 되어있었다. 2016, 2020엔 'will be-ing'에 모두 밑줄이 있어 빠른 파악이 가능했다. 그러나 2025에는 '동사+ing' 형태가 총 3곳에 표시되어 있었지만 맥락을 보

면 그 3곳 모두 전치사 뒤에 있었다는 것을 알 수 있었다. 즉, 단순한 동명사가 아니고 '전치사+동명사' 형태를 target form으로 의도한 것이지만 동명사에만 표시가 되어 있었으므로 주의가 필요했다.

② **학생 스스로 깨닫게 하는 방법 찾기**: '학생에게 문법 설명을 어떻게 할 것인지' 보다는 '학생들이 주어진 context (reading text)내에서 이 문법의 의미와 쓰임을 어떻게 스스로 깨닫게 도울 것인지'에 대한 방법을 구상하려고 노력하자. 수업실연은 보통 문법 설명을 아주 전문적으로 늘어놓는 것을 원하지 않는다.

③ **수업 전체에서 연계성 살피기**: 보통 문법 지도 앞에는 reading 활동, 뒤에는 writing (speaking도 가능성 있음) 활동이 이어지는 경우가 많다. 분명 그 문법 포인트가 writing 에서도 활용될 수 있을 것이다. 문법 지도가 일회성으로 끝나지 않고 그 이후 활동에서도 target form을 활용할 수 있도록 구상지에 바로 표시해 놓는 것이 좋다.

(3) 동기화하기/연계하기

두 기출 다 Reading text와 연계 되어있었고 앞으로도 그럴 가능성이 크다. 2025엔 다소 특이하긴 하지만 읽기 전 vocabulary지도 후 바로 문법 지도가 나와서 reading 이해에 들어가기 전에 표시된 문법의 쓰임을 먼저 학습시킨 후 reading 활동에서 배운 표현을 복습하는 순서로 진행해야 했다. 2016, 2020 기출이 더 일반적인 형태로, Reading 내용 이해 활동 이후에 문법 지도가 나왔다. 앞에서 했던 reading 활동과 연결하면서도 뒤에 이어질 writing 활동을 위해서도 이 문법이 필요하다는 느낌을 주면서 동기화하는 것이 좋다.

> **예** Now in 2020, you are studying English here in the classroom, right? What about 2040? Imagine! You'll be 38 years old ! Yeah. What kind of job are you going to have? What are you going to do? Oh.. wait. To answer this question, you need ONE IMPORTANT EXPRESSION to talk about future. And you can find it in the text.

(4) Direction 진행하기

① **focus-on-form방식으로 진행**: target form을 지도하는 디렉션이 나온 경우 먼저 교사가 '이런 표현이 있다'를 제시하고 예시나 설명을 해주는 deductive 방식보다는, text에 있는 표현을 학생이 먼저 notice하게 해서 의미와 쓰임을 먼저 추론하게 하는 focus-on-form 방식으로 진행하면 더 많은 소통을 유도할 수 있다.

② **Noticing시키기**: target form이 어디에 쓰였는지, 어떤 의미인지 교사가 먼저 알려주기보다는 질문과 소통을 통해 학생들이 스스로 발견하도록 유도하는 것이 좋다. reading text를 읽은 후에 진행한다면 학생이 text를 다시 읽으면서 문법 포인트를 noticing 할 수 있게 유도하면 좋다.

㉠ **target form에 밑줄이 쳐져 있다고 하는 방법**: text에 이미 target form이 여러 개 밑줄 쳐져 있고, 그 밑줄 친 표현들의 공통점 및 의미를 찾아보라고 하기

> **예** While you read the text, did you find anything strange? Any mark? Yes! right! some expressions are UNDERLINED! Why are they underlined? What are they in common?

Okay, to find the reason, read the text again focusing on the underlined expression. Find out what they are in common and what they mean in the context.

> 예 Now that we know the meaning of the new word, it's time to read the text. But wait. Do you see SOMETHING SPECIAL in the text? Yes! There are some marks, right? How many? Three! Let's read them together. (단어 판서하며) 'benefiting, ensuring, making!' Why do you think I marked these words? Hmm… Let's find out! Now, with your partner, look at the three words in the text. (판서한 단어 가리키며) Try to find WHAT THEY ALL HAVE IN COMMON.

ⓒ target form을 직접 알려주지 않는 방법 : '본문에 ~~내용을 표현할 때 사용하는 form이 있으므로 찾아봐라' (예 '미래에 할 일을 나타낼 수 있는 표현이 반복되어 있다')라고 하며 target form을 직접 알려주지 않고 학생이 스스로 찾게 하기

> 예 "Imagine 20 years later from now. What kind of job are you going to have? Oh.. wait. To answer this question, you need ONE IMPORTANT EXPRESSION to express future. And you can find it in the text. I'll give you 1 minute to find this expression. Ready? Go ! Time's up. What did you get? Oh~ Right. 'will be - ing'!

③ target form을 제시하고 찾게 하기 : 때로는 수업의 흐름 상 배우게 될 target form을 미리 알려주는 것이 더 효율적일 수도 있다. 이때는 '이런 target form을 배울 것이다'라고 먼저 알려준 뒤 text 안에 그 target form을 scanning을 활용하여 빨리 읽으면서 찾아서 동그라미 치라고 한 다음, 그 의미를 문맥 속에서 추측해보게 해보게 할 수 있다. target form을 학생이 스스로 찾든 먼저 제시하든 그 의미나 쓰임은 학생이 스스로 발견하는 것이 좋다.

④ Form 의미 추측시키기 : 학생이 target form을 찾은 뒤에는 학생이 그 form의 의미와 쓰임을 Guessing할 수 있는 기회를 제공해야 한다. 교사가 GTM 설명식으로 설명하지 말고, Focus-on-form의 원리에 따라서 최대한 맥락을 먼저 주고 그 맥락 속에서 쓰임을 추측하게 해야 한다. '이 Form의 의미를 생각해보자'라기 보다는 '왜 이 맥락에서 이 Form이 쓰였을까?'라고 발문을 해주는 것이 좋다. 학생의 추측을 먼저 유도하고, 그 이후에 교사가 간단히 의미를 정리해서 설명하면 된다.

ⓐ Reading text 맥락 사용 : Text 안에 target form이 사용된 문장을 함께 보면서 의미를 추측

> 예 In the text, the writer said 'Many WILL BE DOING different job'. Is he talking about the past, or future?

> 예 How many arguments are there in this text? Right, three. What is written before each argument? Yes, LINKING WORDS!! Then, why are these linking words used here? What is their role?

ⓒ 교사 / 학생 관련 예시 주기

> 예 'will be-ing' : Now I'm studying Spanish, so I WILL BE TEACHING Spanish in 2040. Haha. Am I teaching Spanish NOW? No? When? Yes, in the FUTURE! We use 'will be-ing' expression when you talk about what you may do at the specific time in the FUTURE.

- 예 'It seems that' : IT SEEMS THAT 영희 likes 철수. Am I telling the fact or just my opinion? Yes, just my opinion.

ⓒ 교실에 있는 물건 사용하기
- 예 비교급 : "Look at this desk!!! and look at this chalk. Which one is BIGGER? Yes. This desk is BIGGER THAN this chalk.
- 예 'too…to'용법 : (천장에 손을 뻗으며) "Oh, I am TOO short TO touch the ceiling…"

⑤ 공통 규칙 발견하게 하기: 2025 기출처럼 (전치사 + -ing) target form의 형식(언제 이런 형식으로 쓰는지)이 중요한 경우 text 안 target form 끼리의 규칙을 학생들이 직접 만들어 보게 하는 것이 좋다. 학생이 어려워할 수 있으므로 어디를 주로 살펴보면 되는지 힌트를 줄 수도 있고, 도출된 규칙을 일부 미리 제시한 후 빈칸을 채우라는 식으로 진행해도 좋다.

- 예 Find what's the same about underlined words! Here's a hint: Look at the words BEFORE and AFTER them too! 2 minutes. Go! Time's up! Did you find it? Who wants to share? Oh, Hyunsoo and Jiyoon……Yes, good job! (verb -ing판서하며) All three words are VERBS with -ING at the end. Good. Did you find something else? Yes! That's right. All of them come AFTER PREPOSITIONS. Let's say them together. (판서하며) Before 'benefiting' is "of", before 'ensuring' is "by", and before 'making' is also "by". Well done! Now let's make a RULE together! (판서하며) "After a (   ), the (   ) changes to (   )."Who wants to try filling it in? Yes, Sangchul? Amazing! That's correct!

⑥ 의미/쓰임 설명하기 : 학생들의 guessing 이후에는 교사가 그 guessing이 맞는지 확인하고 그 문법이 결국 어떤 의미/쓰임을 가지고 있는지 설명해 주는 시간이 필요하다. 이때 문법용어를 너무 많이 사용하며 상세하기 설명한다면 시간 관리에 실패할 수 있다. 학생의 noticing, guessing과정이 더 중요하므로 교사의 마무리 설명은 핵심만 짧게 하는 것이 좋다.

- 예 You use 'will be-ing' when you talk about what you may do at the specific time in the FUTURE. For example, "I WILL BE TEACHING Spanish in 2040." Haha
- 예 After a PREPOSITION, the verb changes to -ING."If we want to use a verb after a preposition, we have to turn it into a noun-like form. That's what -ing does!

⑦ Guessing 이후 연습시키기 : 시간 여유가 있다면 학생이 target form 연습할 시간을 주면 좋은데, 현실적으로 시간이 부족할 확률이 높으므로 예시를 만들어보게 하는 것이 좋다. 또는 어떤 상황을 표현한 사진을 보여주고 target form을 사용해서 그 그림을 문장으로 나타내게 하는 방법도 있다.

- 예 Any volunteer to make a sentence using this expression? Oh, 희진, You WILL BE MAKING a robot in 2040."

⑧ 다음 활동에서 사용 예고하기 : target form을 배운 이후에 이 표현을 사용할 수 있는 speaking이나 writing활동이 이어질 가능성이 높다. '곧 이 표현을 사용할 것이니 잘 기억해 놓으라'고 강조하고, 뒤에 이어지는 활동에서는 target form을 꼭 사용하라는 guideline을 주는 것이 좋다.(예 Please keep this 'Will be-ing' expression in mind. We'll BE USING this expression in the following writing activity.)

[기출 Direction 2] Transition expression/ linking words를 notice하게 하기 (2012, 2014)

(1) **Writing 활동과 함께 제시**: 기출이 자주 되는 것은 아니지만 Writing 수업에서 매우 중요한 부분이니 언제라도 재출제 될 수 있는 부분이다. 기출 모두 Writing 활동 전에 디렉션으로 주어졌으며 writing에 연결어를 사용할 것을 의도했다고 볼 수 있다.

(2) **용어사용**: 'cohesive device' 용어를 수업실연에서 사용하는 것도 몇 차례 보았는데 이는 학생 수준에서는 어려울 수 있다. 만약 cohesive device라고 디렉션에서 제시했더라도 'linking words'와 같이 학생이 이해할만한 용어로 쉽게 이야기해주는 것이 좋다.

(3) **학생의 Guessing 유도** 이것도 역시 다른 문법포인트와 비슷하게 교사가 학생에게 직접 설명하기보다는 학생에게 적절한 질문을 하면서 어떤 연결어가 어느 상황에 쓰여야 하는지를 깨달을 수 있는 기회를 주는 것이 좋다.

> **예** Class, when we write a paragraph, we need TRANSITION WORDS to connect them. (also, however, therefore 판서) Look at the board. These words are called transition words. They help connect our sentences. Let's try together. 'Vegetables are healthy. ___, they are delicious.' Which word from the board fits here? Yes! Also! Great job. Next! 'I like hamburgers. ___, I don't eat them every day.' Who can choose the right word? Exactly, However! See? Using these words, we can make our ideas easy to follow.

09 Presentation

[기출 Direction]

- writing / speaking 활동에 대해 Group Presentation 시키기(2013, 2015, 2020, 2022)
- Presentation전에 peer evaluation으로 3~4개 영역의 scoring rubric 제시(2013, 2015)

[대표 기출 Direction]   Writing/Speaking활동에 대해 Group presentation 시키기 (2013, 2015, 2020, 2022)

(1) 기출 Point

① presentation은 '이미 진행되었다'라고 가정하고 수업해야 하는 기출도 있었으나 직접적으로 요구사항으로 나온 기출도 종종 있었다.

② 기출 모두 Speaking/Writing활동 이후 Presentation하는 상황이었다. 학생에게 단순히 '발표해라'라고만 하면 자신의 작품을 읽기만 하는 경우가 많으니 구체적인 instruction을 주는 것을 연습하자.

(2) 구상시간/ 지도안 Tip

① 말하는 사람/ 듣는 사람의 역할 모두 정하기: presentation이라고 '발표자'가 해야 할 것에만 집중하지 말고 듣는 학생들에게 강조할 것도 생각해두어야 한다. 지도안에는 두 역할이 각각 해야 할 일을 모두 적어놓는 것이 좋다.

② 다음 활동이 Feedback인지 확인: Presentation 다음 활동이 교사 또는 동료 feedback인지 확인하고 맞다면 feedback에서 평가 기준으로 할 것을 먼저 결정한 다음 presentation의 유의사항으로 미리 설명해야 활동끼리 연계될 수 있다.

(3) 동기화하기/연계하기

기본적으로 학생들의 작품을 칭찬하면서 좋은 작품이 많으니 공유해보자고 하며 발표를 동기화시키면 된다.

> 예 I walked around the classroom and I was so impressed with your creative writing! Why don't we have time to present our work?
>
> 예 While I walked around the classroom, I heard so many brilliant ideas. So…why don't we have time to share our CREATIVE ideas to other groups?

(4) Direction 진행하기

① 발표 방식 정하기: 조별로 발표자 한 명을 선정하는 방법, 또는 파트 / 역할을 나눠서 다 같이 발표 방식이 있다. 태블릿을 사용하여 작품을 만들었다면 Google Classroom과 같은 곳에 업로드하게 한 뒤 업로드된 것을 띄워놓고 발표하라고 할 수도 있다.

② 발표 instruction 구체적으로 주기: 발표 이전 활동(writing/speaking)에서 강조했던 사항을 빠지지 않고 포함해서 발표하라고 할 수 있고 voice, eye contact와 같은 발표 태도와 관련된 항목도 섞을 수 있다. 시간이 넉넉하지 않으므로 3개 정도면 적당하다.

> 예 First, you are going to present ONE of the jobs you just wrote about. Second, ALL the members should participate in the presentation. Third, try to make a FULL SENTENCE. I'll give you 5 minutes to finish your work and prepare for the presentation.

③ Instruction 외에 Presentation에서 강조할 수 있는 사항: 학생들의 대부분이 앞에 나와서 발표를 하라고 하면 잘 들리지 않는 목소리로 고개를 숙여 자료만 보고 읽으려고 한다. 다음 사항을 함께 강조하면 좋고 평가 기준으로 선정할 수도 있다.

㉠ Eye contact : 앞을 보고 시선을 적절히 이동해주기
㉡ Voice : 너무 작지 않게, 명확한 발음으로, 강조할 부분 크게 읽기, 속도 적당히
㉢ Gesture : 전달하는 내용 중 동작으로 표현할 수 있는 부분은 제스쳐를 함께 하기

④ 듣는 학생 역할 부여: 생각보다 많은 학생이 가만히 집중해서 듣는 것도 어려워한다. 듣는 학생에게 강조할 것을 짧게라도 전달하는 것이 좋다.

㉠ 경청할 것을 강조 : 경청을 강조하는 멘트만 해도 괜찮고, 각 조의 발표 내용의 핵심을 적을 수 있는 양식을 주는 것도 좋다.
㉡ 듣는 사람이 해야 할 것을 이야기해주기 : Rating주기(별 다섯 개까지 평점 부여), short comment적기, 잘한 그룹 뽑기, 듣고 나서 할 질문 생각해서 적기...
㉢ peer evaluation criteria : Presentation 이후 Presentation에 대해 peer evaluation을 해야 하는 경우 Presentation 전에 그 기준을 제공해야 한다. 줄 수 있는 criteria는 organization, content, voice, posture, fluency, attitude, participation, creativity 등이 있으며 진행한 활동의 성격에 따라 주는 것이 좋다. (단, 'grammar'와 같이 들으면서 평가하기 어려운 항목은 조심하자) Worksheet이 있다고 하고 그곳에 평가하라고 하자. 시간이 다소 걸리므로 디렉션에 없다면 이 기준까지 설명할 필요는 없다.

> 예 While you are listening to the presentation, you're going to give feedback using this worksheet. Leaders, please come here and take this. In your worksheet, you can see THREE things to consider when you give feedback. Can you read aloud them? Good. (판서하며) Creative plot twist, Sentence, and Voice! First, if you think the plot twist is creative enough, draw 'Like'(따봉 모양을 그리며). Each member can draw one Like. Second, if you think the story has more than EIGHT FULL sentences, draw one Like. Third, if the presenter's voice is loud enough so you can hear well, draw one Like. So, for each point, how many Likes can you draw? Yes FOUR Likes!

⑤ Rehearsal(Preparation) Time주기 : 발표를 크게 걱정하는 학생들이 많다. 긴장을 줄여주기 위해서 발표를 준비할 시간을 준다고 하자. 이때 팀원들이 발표자의 voice, posture, time limit 등을 체크하게 할 수도 있다.

(5) 디렉션 이후 마무리

① **발표 진행하기**: Presentation은 수업실연 후반부이기에 시간이 부족한 경우가 많다. 그래서 보통 Group 발표를 할 때 시간이 없다면 "첫 번째 조부터 나와라" 이후에 "다들 잘했다"는 식의 멘트로 급하게 종료할 수밖에 없지만, 시간 여유가 있다면 한 조 정도는 발표한 내용을 살짝 언급하는 것이 좋다. 내용이 생각나지 않는다면 '~에 대해 잘 발표했다' 정도도 괜찮다.

> 예 Group 1! Come here please. What kind of job are you going to talk about? Oh (판서하며) TIME MACHINE DESIGNER! Alright you can start.(박수 치며)

> 예 Then it's time for presentation. Presenters, are you ready? (손 들며) Who would like to go first? Group 2? Great, let's welcome 준형, the presenter of Group 2, with a big hand!

② **칭찬하기**: 앞에서 나와서 발표하는 것은 큰 용기를 발휘한 것이다. 수업 실연 전체에서 이때 가장 크게 칭찬하는 것이 좋다. 큰 목소리로 박수도 쳐주자.

> 예 Wow let's give a big hand to group 1. I really want to buy it in the future. Excellent presentation. And the next group is… (pause) Well done!! Now we finished all the presentation.

> 예 Excellent job everyone! I think all of you are professional novelist!!!

10 Feedback

[기출 Direction]

【Writing에 대한 피드백】
(1) Teacher's feedback
- Teacher's feedback 제공(2012, 2013, 2014, 2025)
- Teacher's feedback을 language use와 vocabulary choice로 나누어 제공(2023)
- Teacher's feedback을 language use와 content로 나누어서 제공(2017)

(2) Peer-feedback, Self-feedback
- Peer feedback을 scoring rubric 활용하여 진행(2018, 2020, 2021, 2025)
- Peer feedback 후 그것을 바탕으로 revise 활동(2017)
- Self-feedback을 checklist 활용하여 진행(2024)

【Speaking에 대한 피드백】
(1) Speaking 활동에 대한 피드백
- Teacher's feedback 제공(2021)
- Teacher's feedback을 language use 측면으로 제공 (2022)
- Teacher's feedback을 발음, 강세, 억양 등에 대하여 제공 (2024)
- Teacher's feedback을 language use와 content로 나누어서 제공(2019)

(2) Presentation에 대한 피드백
- Teacher's feedback 제공(2020)
- Teacher's feedback을 positive와 negative로 나누어서 제공(2015)
- Peer feedback을 scoring rubric을 활용하여 제공(2022)

[대표 기출 Direction 1] 학생의 활동에 대해 교사의 Feedback 제공
(2012, 2013, 2014, 2015, 2017, 2019, 2020, 2021, 2022, 2023, 2024, 2025)

(1) 기출 Point
① 거의 매년 나오는 디렉션이다. 크게 Writing 활동에 대한 feedback, Speaking 활동에 대한 feedback, Presentation 활동에 대한 feedback 3가지 유형이 출제되었다.
② 단순히 '교사의 feedback 제공'이라고만 출제되며 어떤 피드백인지는 제한이 없었던 기출도 있었지만 'language use', 'content' 등 구체적인 피드백 요소를 지정해 준 경우도 있었다.

(2) 구상시간/ 지도안 Tip
① 앞 활동 살피기: 수업의 흐름을 봤을 때 분명 수업에서의 강조 포인트가 몇 가지 있었을 것이다. 앞 활동들을 다시 살펴보며 피드백을 줄 내용을 찾아보는 것이 좋다.

② 피드백 내용 예시 구체적으로 적기: 피드백을 줄 문장과 고쳐야 하는 내용을 지도안에 모두 적는 것이 좋다. 지도안이 없는 지역도 구상지에 꼭 적어놓자. 피드백은 수업실연 후반인 경우가 많고 시간에 쫓기고 있을 확률이 높으므로 실연 중 즉석에서 피드백을 줄 내용을 생각하는 것은 어렵다.

(3) 동기화하기/연계하기

① Circulation하면서 적는 척하기: 보통 speaking/writing 활동 뒤에 교사의 feedback이 나오므로 활동 진행 중에 돌아다니면서 무언가 적는 시연을 하면 좋다. 그러면 피드백 주기 전에 "아까 돌아다니면서 봤는데 common error가 있더라"라는 멘트를 자연스럽게 할 수 있다.

② 칭찬부터 하며 피드백 시작하기: 처음부터 '잘못한 것이 있어 피드백 주겠다'는 느낌이면 학생들이 부담을 느낄 수 있다. 먼저 이전 활동을 칭찬하고 들어가는 것이 좋다.

> 예 While I was observing during the activity, I noticed that everyone has really great acting skills! But if you focus on just one more thing, it could be perfect!
>
> 예 You're working so hard today and your active participation makes me so happy!! But there is a common mistake that many of you made today.
>
> 예 Before we move on, I'll give you some feedback on your presentation. Actually, I was so impressed with your brilliant and creative ideas. We are in a FAST-CHANGING WORLD so jobs you talked about will become reality!

(4) Direction 진행하기

① 누가 실수했는지 밝히지 않기: 부족한 부분에 대한 피드백을 줄 때가 많기에 특정 학생을 지목하면 그 학생은 수치심이 들 수 있다. '누군가가 실수했다', '많은 학생이 공통으로 실수했다'라는 식으로 시작하는 것이 좋다.

> 예 Now it's my turn to give you a little feedback. Some of you wrote something like this: "We are looking forward to use a new restroom."
>
> 예 While I walk around the classroom, I noticed many of you use this sentence.

② 판서하기: 말로 설명하면 학생도 감독관도 파악하기 어렵다. 피드백을 주는 문장은 꼭 판서를 해서 설명하자. 다만 문장이 너무 길거나 시간이 너무 없는 경우 판서는 correction할 부분만 잘라서 하자. (예 ~~should go faster.)

③ 특정 기준에 맞는 피드백 제공하기: 문제에서 특정 기준을 제시하고 그 측면의 피드백을 제공하라는 디렉션이 자주 출제되고 있다.

㉠ Content : content에 관한 피드백이 요구사항으로 출제가 되었다면 수업 내용에서 강조하는 내용이 있을 가능성이 높다. (예 Topic과 관련된 내용이 잘 포함되었는지, 활동 조건 중 '내용'과 관련된 것이 모두 포함되었는지, 구체적 이유/예시가 포함되었는지, 지문의 주요 내용을 잘 포함하였는지.....)

> 예 Some students said "We should use ELEVATOR to go out" This is grammatically correct, but what's wrong? Safe or Dangerous? Yeah, DANGEROUS. Can you see the 'X' mark on the second picture? Yeah. This means we should NOT use elevators. We should use STAIRS to evacuate.

- 예 One of you wrote like this "The gorillas helped Thomas to go back to his parents." That is a great and happy ending. I like it. But, what did we learn when we read the text? That's right !! 5Ws1H!!! Does anybody know WHAT THIS ENDING IS MISSING? Good! "HOW!!" (HOW 판서) This ending will be much better if it adds 'HOW' gorillas helped Thomas to go back to his parents.

ⓒ Language/ Language use : 두 용어는 비슷하지만 language는 언어 자체의 정확성 (어휘, 문법, 정확한 표현), language use는 언어를 맥락에 맞게 적절하게 사용했는지를 더 강조하는 표현이다. 수업실연에서는 보통 'language use' 측면의 피드백이 출제되었다. 수업 중 (본문)에 나왔던 핵심 단어/ 표현 / 문법 또는 활동 시작 전 instruction에서 강조한 표현 등에 초점을 맞춘다면 활동 간의 연결성을 강화시킬 수 있다. '3인칭 -s'와 같은 다소 minor한 error에 대한 피드백은 피하고 수업에서 중요한 핵심 개념을 실수했다고 가정하는 것이 좋다. 문법에 대한 피드백일 경우 지나치게 어려운 문법 용어를 사용해서 설명할 필요는 없다. 맥락에 맞는 사용을 더 강조하자.

- 예 Some students said "We should move TO the broken windows." What's wrong with this sentence? Yes Haeun! Right. This sentence means (창문 쪽으로 다가가며) we should be CLOSER to the broken windows. Is it safe or dangerous? Yes, DANGEROUS!!! You should say "We should move AWAY FROM the broken windows"
- 예 ('I'm proud of oneself'판서) Does anybody find any problem here? Yes Suji, (표현 고치며) when you talk about YOUR story, 'oneself' should be 'MYSELF'.

ⓒ vocabualry choice: 2023기출에서는 'vocabulary choice'에 관한 피드백을 제공할 것을 요구했다. 이 역시 language use와 비슷한 용어인데, languague use가 맥락에 맞는 언어 활용을 더 강조한다면 vocabulary choice는 단어를 적절하게 잘 선택했는지 (A라는 단어를 써야하는데 B를 쓰진 않았는지)를 더 강조한다고 볼 수 있다. 그 수업에서 배운 단어 중에 의미가 헷갈릴만한 것을 찾으면 좋다.

- 예 Some students wrote sentence like this. ('I felt safe and uneasy'판서) Here, you may want to use 'at ease' for the positive meaning. (표현 고치며) 'uneasy' has a opposite meaning like 'anxious, worried'.

ⓔ Pronunciation, stress, intonation: Speaking 활동 이후 1차례 출제되었던 부분이다. 배운 단어 중 발음이 어려운 부분, 단어/문장의 강세, rising/falling intonation 등을 쉽게 설명하며 피드백을 줄 수 있다. 학생들이 이 부분을 크게 중요하게 생각하지 않을 수 있으므로 이런 부분의 오류가 있으면 의미 전달 자체가 되지 않거나 잘못된 의미로 전달될 수 있다는 것을 간단하게 언급해도 좋다.

- 예 Some students said 'thirty' like 'dirty'. Try to put your tongue between your teeth for the /θ/ sound. Repeat after me....
- 예 Many of you said like this: ('the'를 크게 읽으며) 'THE problem is serious.' Any volunteer to find any problem here? Yes! Good job Minho. In English, small words like 'the' are usually not stressed. The important meaning is in 'problem'. So instead of saying 'THE problem is serious' with stress on the, try 'The PROBLEM is serious.' Repeat after me! Good!! When you stress 'problem', the listener understands immediately what is serious.

예 Do you know what it is? It means (손으로 rise/fall 표시하며) 'the RISE and FALL of the voice in speaking.' When you're asking a question, I noticed that many of you read it without any rise or fall in your voice, like (문장 판서하고 intonation없이 읽으며) 'Did you go there.' Does it sound natural? No? Then, listen to how I pronounce it: (Intonation 넣으며) 'Did you go there?' (손 동작하며) RISING or FALLING? (rising 화살표 그리며) RISING, right? This type of question is a YES/NO QUESTION, and you should use a RISING INTONATION for it. Let's try it together. (intonation 넣으며) "DID YOU GO THERE?" Good job! Now, what about this: 'Why did you go there?' (판서하며) RISING again? No, (falling 화살표 그리며) FALLING!! When you use questions with 'why,' 'what,' 'where,' , which are called WH-questions, you should use a FALLING intonation. Let's try that together. (intonation 넣으며)"DID YOU GO THERE". Great job everyone!

④ Presentation에 대한 피드백 제공할 경우: Speaking/writing 활동과 같게 생각하면 안 된다. 피드백 영역 선정을 조심해야 한다. 예를 들어 학생의 발표 목적이 '배운 문법 활용 문장 만들기'가 아니고 '창의력을 발휘해서 만든 작품 발표'라면 'Grammar' 측면의 피드백보다는 내용이나 전달력, 표현력에 대한 피드백이 더 필요할 것이다. 또한 presentation에서 필요한 발표 태도 및 전달 방식 (voice, eye contact, gesture…) 에 대한 피드백을 제공할 수도 있다.

예 You did a really great job, but if you have a chance to give a presentation later, try to make an EYE CONTACT with the audience.(판서) Just try to look ahead and regularly shift your focus like this (시범보이기). It helps you connect with audience and convey your idea clearly.

⑤ 학생 참여 유도: 학생이 실수한 부분을 판서한 뒤 교사가 바로 고쳐주기보다는, 학생들에게 물으면서 어디가 틀렸는지, 어떻게 고치는지 답해보게 한다면 소통을 더 이끌 수 있다. 시간이 된다면 짝 또는 조별로 각 문장의 틀린 부분을 찾는 시간을 잠시 부여한 뒤 발표시켜도 된다.

예 Hmm… is there something we should fix here? Yes! Sehee, you're right!

예 While I walk around the classroom I noticed many students use this kind of sentence. "I remove often the labels from plastic bottles." Does anybody find any problem in this sentence?

⑥ 틀린 이유 말하기: 시간이 허락한다면 '이렇게 바꿔야한다'로 끝나지 말고 왜 바꿔야 하는지까지 간단히 설명해주자. (단, 너무 길어지지 않도록 조심하자)

예 Because in this sentence, "to" is a PREPOSITION , not a verb. Remember! Sometimes "to" is used before a verb like "to go", but in some phrases like "look forward to," it's a preposition, so the verb must end in -ing as we learned today.

[대표 기출 Direction 2]   Peer-feedback 진행하기 (2017, 2018, 2020, 2021, 2022, 2025)
Self-feedback 진행하기 (2024)

(1) 기출 Point

① Peer feedback은 6번이나 출제된 단골 기출이며 대부분은 'scoring rubric' 또는 'checklist'를 활용하여 진행할 것을 요구했다.

② 2022기출까지는 평가 기준을 포함한 Peer(self) feedback 양식이 없어서 실연자가 직접 만들어서 제시해야 했지만 최근 기출(2024, 2025)은 이미 Material에 포함되어 있었다. 있을 때와 없을 때 모두 연습이 필요하다.

(2) 구상시간/지도안 Tip

① 이전 활동과 연계하기: 먼저 진행한 활동에서 제공한 guideline 중 평가 항목으로 넣을 수 있는 것을 체크해야 한다. 예를 들어 글쓰기 구조, 문장 개수에 대한 guideline을 주었다면 그대로 peer feedback 진행 시 이 부분을 체크하는 평가 기준에 넣으면 활동 간 연계성이 생긴다. 반면 이전 활동에서는 강조가 없던 항목을 갑자기 작품을 다 완성하고 평가 항목으로 대부분 넣는다면 학생들이 많이 당황할 것이다.

② scoring rubric 구체적으로 정하기: 단순히 'scoring rubric으로 content와 grammar를 제시한다'라고만 구상하거나 지도안에 작성한다면 감점을 받을 수 있다. content에는 무엇을 주로 봐야 하는지, grammar는 어떤 것을 체크해야 하는지 구체적으로 정한 후 적어 놓아야 감독관도 그리고 학생들도 어떻게 peer feedback을 진행할 것인지 감을 잡을 수 있다.

(3) 동기화하기/연계하기

① 칭찬하기: 이전 활동을 바탕으로 피드백을 진행하는 것이므로 칭찬을 충분히 하고 시작하는 것이 좋다. 좋은 작품이니 교환해서 봤으면 좋겠다는 것이고 더 좋은 작품을 만들기 위해 동료 피드백이 필요하다는 것이다.

> 예 As I walked around, I saw so many of you wrote really great letters! So I think it's a good idea to SHARE YOUR WRITING with another group.

② 필요성, 장점 언급하여 동기하기: 친구의 작품을 평가하며 우수작품의 특징을 이해할 수 있다. 다른 사람의 글을 분석하면 좋은 글을 보는 눈이 생기고 자신의 글의 개선점도 찾을 수 있다. 다양한 글을 읽으면 글쓰기 실력에 도움이 된다.

> 예 Why do you think giving PEER FEEDBACK is HELPFUL? Wow, Suji, you said exactly what I was going to say! Reading other people's writing helps us learn WHAT MAKES a GOOD WRITING, and it helps us find ways to IMPROVE OUR WRITING, too.

(4) Direction 진행하기

① **시작하기**: peer feedback을 하려면 서로의 작품을 교환시켜야 한다. 교환은 feedback 방법에 대한 instruction 설명 전도 좋고 후도 좋다.

> 예 This time, you'll change your writing with other groups and give some feedback. Let's pass your letter to the next group. Group 1, give it to Group 2. Group 2 to Group 3.... Good! Has every group got the worksheet? Raise your hand if you have your own group's worksheet.

② **학습지 설명하기**: 학생들이 친구들의 작품에 대한 feedback을 주려면 평가 양식이 담긴 worksheet이 필요하다. Material에 이미 제시가 되어 있다면 그 Material을 나눠주면 되고, 없다면 worksheet이 있다고 가정하되 감독관도 어떤 형태인지 알 수 있도록 칠판에 대략적으로 그려서 서명하자.

> 예 Now, at the bottom of the page, what do you see? Yes, a Feedback Checklist! Use this to give helpful feedback to our friends.

③ **Rubric / scoring criteria 사용**: 아무런 기준 없이 친구들의 작품을 평가하라고 하면 학생들은 정말 어려울 것이므로 평가 영역을 제시해주는 것이 좋다. 판서는 꼭 해가면서 친절하게 설명하자.

㉠ 평가 영역으로 가능한 것
- Writing: content, organization, language (use), grammar, organization, creativity, critical thinking, vocabulary...
- Speaking/Presentation: content, organization, language (use), vocabulary, pronunciation, stress& intonation, delivery(voice, eye contact, gesture)...

㉡ 각 기준의 세부 설명하기: 'organization을 체크해라'라고만 말하면 학생에게는 방향을 잡기 어렵다. 어떤 기준으로 feedback을 주고 그 기준은 구체적으로 어떻게 체크해야 하는 것인지 제시해야 한다.

> 예 Content: 주제가 분명하게 드러났는가, 예시와 근거가 충분한가..
> 예 Organization: 서론-본론-결론의 구조 갖췄는가, transition words로 문장을 자연스럽게 연결했는가...
> 예 Grammar: 스펠링 오류가 없는가, 의미 전달을 해치는 문법 오류가 있는가, 시제/주어-동사 일치가 올바른가...

㉢ Criteria 개수: 너무 많은 Criteria를 제시하면 학생들도 혼란스럽고 설명할 시간도 너무 길어진다. 3개 정도가 적당하다.

㉣ 활동 성격에 맞춘 기준 제공하기: 늘 같은 기준만 모든 문제에서 적용하지 말자. 예를 들면 이야기의 결말을 쓰는 등의 창의적인 쓰기 활동에서 'grammar'를 넣을 필요는 없고, safety manual과 같이 사실 중심 글쓰기 활동에서 'creativity'와 같은 영역을 넣을 필요는 없다.

㉤ Grammar가 기준일 때 유의점: Grammar를 영역으로 넣을 때는 조심해야 한다. 학생들이 친구들의 글에 대한 문법성을 판단하는 것은 쉽지 않기 때문이다. 문법 중에서 '어떤

부분'을 봐야 하는지 구체적인 부연설명이 필요하다. 보통 수업에서 강조되었던 문법 표현이 있다면 그 표현을 중점적으로 보라는 식으로 알려주거나 (예 과거시제에 관하여 배웠다면 과거에 일어난 일에 동사의 과거형이 제대로 쓰였는지 체크하기) 또는 일반적인 스펠링 오류/ 시제일치/ 주어-동사 일치 등의 기준을 제공하는 것이 좋다.

- ⓑ **용어는 유연하게 사용**: 꼭 content, language와 같은 용어만 사용할 필요는 없다. 활동 시작 전에 강조했던 Guideline(분량제한, 특정표현 사용, 명료한 문장 쓰기 등…)을 그대로 Rubric의 영역으로 포함할 수도 있다. 바꾸어 말하면, 활동 시작 전에 활동에서 지켜야 할 Guideline을 구체적으로 주었다면, 활동 후 피드백에서는 그 Guideline을 Rubric으로 바꾸기만 하면 되므로 더 쉬우면서도 연계성을 갖춘 Rubric을 설정할 수 있다. 이럴 경우 채점 기준을 설명할 때는 이전 활동에서 판서해놓은 guideline의 옆에 적으면서 설명하면 학생 입장에선 더 이해하기 쉽다.
- ⓢ **어려운 용어 사용 조심**: 평가 영역에 'coherence', 'cohesive device'와 같이 학생들이 이해하기 어려운 용어를 쓰는 것은 추천하지 않는다. 'Connection', 'linking words' 같이 학생들이 이해할만한 용어로 대신 알려주는 것이 더 좋다.

(Scoring rubric 진행 예시)

> **예** Here are some things you have to consider when you give feedback.(간단히 판서 하면서) First, CONTENT. Check whether your partner's writing includes a future job, reason, job description, required skills, and more than five sentences. Draw 1 star like this to each point, so up to five stars. Second, LANGUAGE. If you find more than one 'will be-ing' in your partner's writing, draw two stars. Third, CREATIVITY. If you think your partner's job is creative enough, draw up to three stars. So… totally, how many stars can you draw? Yes, up to 10 stars!

> **예** Here are THREE things you have to consider when you give feedback. First, FORM. Check whether your partner's writing follows the letter format, which I mentioned before the activity. Second, CONTENT. Your partner's writing should include dish name, main ingredients, and TWO specific reasons. Third, LENGTH, at least FIVE sentences. Draw 1 SMILE to each point (스마일 그리며) like this, so you can draw up to THREE smiles. Lastly, below the smile, you can add your FREE COMMENT about your partner's writing.

④ **Scoring rubric form이 제시된 경우**: 최근 기출엔 Scoring rubric 양식과 평가 기준이 Material에 이미 제시되어 있어서 새로 정할 필요가 없었다. 이럴 때는 학생들과 함께 읽어본 후 어떤 부분을 더 중점적으로 봐야할지 더 쉽게 부연설명 해주면 좋다.

> **예** First, Organization. Let's read the sentence. (…) Good! If the problem, solution, and expectation are clear and connected well, check Yes! Next, Creativity. (…) Read the sentence. Good ! If the solution realistic and creative, check YES! Last, Language. (…) Good! Here, check for vocabulary and grammar. You can use an online dictionary to help your decision.

⑤ **스티커 / 스마일 등 활용**: 평가 기준을 정해준 후 그 기준을 토대로 친구의 작품에 "몇 점을 주어라."라고 점수화하는 방법도 있지만, 서로가 서로의 작품을 '점수화' 하는 것은 학생들

간의 관계에 좋지 않은 영향을 줄 수 있다. 이런 위험을 줄이기 위해서는 스티커를 몇 개씩 주고 조건을 잘 지킨 조 / 작품에 붙이라고 하거나 별표 1개부터 3개까지 그리라고 하는 방법 등 더 부드러운 평가 방식을 채택할 수 있다.

> 예 First, if you think the plot twist is creative enough, draw 'Like'(따봉 모양을 그리며). Each member can draw one Like. Second, if you think the story has more than EIGHT FULL sentences, draw one Like. Third, if the presenter's voice is loud enough so you can hear well, draw one Like. So, for each point, how many Likes can you draw? Yes FOUR Likes! Lastly, if you want to write any comment or praise, (종이 밑부분 가리키며) write in the blank of the worksheet here.

⑥ **Self-assessment**: 1번 기출된 디렉션이다. 학생들은 자기 글을 평가하는 것에 익숙하지 않고 객관적으로 평가하는 것이 매우 어렵다. 이럴 때 어떤 점을 체크하면서 검토해야 하는지 scoring rubric을 주거나 checklist를 주면 좋다.

㉠ Checklist 부여하기: Checklist는 말 그대로 '체크'만 하면 평가할 수 있도록 리스트를 주는 것이다.(예 주요 표현 사용했는가, 분량제한을 지켰는가…) Checklist를 줄 때는 단순히 이 checklist를 활용하라고만 하고 끝내지 말고, list가 몇 가지 있다고 가정하고 1~2개 정도는 같이 읽어보면서 예시를 주는 것이 필요하다. 이때 같이 읽어주는 예시는 이전에 활동 instruction을 줄 때 강조한 부분을 그대로 넣으면 예시를 만들기도 편하고, 연계성도 높일 수 있다.(예 5문장 이상 꼭 쓰라고 했다면 "Does this writing include at least 5 sentence?")

> 예 On the checklist that I'll give you, there are 7sentences. For example, number 1 is "Does this story include 5W1H?" If your story include 5W1H, check the box here.

㉡ Peer feedback과 마찬가지로 Self-feedback을 통해 더 성장할 수 있다고 동기화하는 것이 좋다.

> 예 While I was walking around, I saw that every group had written very interesting scripts. You've already made excellent scripts, but let's make them EVEN BETTER! How? We'll use this SELF-ASSESSMENT CHECKLIST!

㉢ 시간이 없어도 적어도 1개 이상은 평가 영역을 구체적으로 설명하자.

> 예 How many questions on it? Yes, THREE questions. Read aloud the first question. 3, 2, 1, Go! Good. What does 'Requirements' mean here? That's right, it's the 'CONTENTS' of the writing activity. What were the FOUR THINGS to include? That's right! TITLE, CHARACTERS, SETTING, and at least TWO SCENES. If all these are included, you can give yourself 3 points. Let's read the second question....

㉣ Grammar와 같은 항목은 Self-feedback에서 혼자 판단하기 어려우니 AI를 활용하게 할 수 있다. (Tablet 사용이 가능한 경우)

> 예 Here, if you're not sure about grammar, you can ask me or you can use the 'Grammarly' program on your tablet PC. ('Grammarly' 판서) AI will check the grammar of your writing for you.

CHAPTER 02 Classroom Management

> **Check Point**
>
> 두 사람이 똑같은 수업실연 대본을 가지고 수업을 진행하면 같은 점수를 받을까? 필자는 예비교사의 많은 수업실연을 보며 경험한 결과 '그렇지 않다.'라고 대답하고 싶다. 수업실연의 direction은 보통 '어떤 활동을 어떻게 진행하라.'라는 식이지만, 실제로 그 활동을 시연할 수 있는지만 보는 것은 아니다. '교사의 수업능력'을 보는 것이기 때문에, 요구사항 외에도 상당히 중요하게 평가하는 요소가 많다. 수업자의 목소리, 몸짓, 동선, 시선, 학생들과의 상호작용, Group만들기, worksheet활용하기, direction 명료하게 전달하기 등…. 신경써야 할 부분이 상당히 많다. 이런 요소들을 크게 이야기하면 'Classroom management'라고 이야기할 수 있다. Classroom management란 'create conditions in which learning can take place'이라고 정의될 수 있는 상당히 큰 개념이기 때문에 단원명을 이렇게 잡았다. 물론 classroom management 요소들은 하나하나 연습해 나가면 상당히 발전시킬 수 있다. 감독관을 집중하게 하고, 더 나아가 합격 후 학생들을 수업에 집중하게 하기 위해서 지금부터 나오는 것들에 대한 연습을 꾸준히 하자.

01 목소리

(1) 크기

목소리는 크고 또박또박하게 해야 한다. 성량이 원래 좀 작다면, 지금부터라도 최대한 키우려고 노력해야 한다. 사실 타고난 성량은 달라도 누구나 모든 학생들에게 잘 들릴만한 성량은 낼 수 있다. 계속해서 목소리가 커지지 않는다면 심리적인 이유가 더 크다. 자신감을 키워서 자기 자신 앞에 두껍게 서 있는 심리적 벽을 과감히 깨는 연습을 하자. 또한 좁은 스터디룸에서 2차를 준비하는 경우가 많은데 스터디룸은 목소리를 작게 해도 잘 들리기 때문에 거기에 적응되는 것을 조심해야 한다. 실제 시험 보는 곳은 큰 교실이라는 것을 잊지 말자. 스터디룸에선 너무 큰 소리를 내긴 힘들겠지만 가끔씩이라도 교실 크기 이상의 넓은 공간을 빌려보거나, 넓은 공간이 아니더라도 큰 소리를 낼 수 있는 공간에서 Teacher talk을 발화하는 연습이라도 꼭 해보자.

(2) 속도

① 말이 너무 빠르면 듣는 사람이 내용을 이해하기 어려우며, 너무 느리면 지루하고 주의 집중하기 힘들다.

② 적당한 속도를 찾기 위해서는 계속 녹음해봐야 한다. 또한 '듣는 사람' 기준에서 판단해야 하기 때문에 자신의 기준으로 판단하기보다는 스터디원의 피드백을 듣고 고치려고 노력해야 한다.(알아듣기 편한 속도였는지 계속 물어보자!) 시험장에서는 긴장해서 말이 더 빨라지는 경우가 많으므로 그것도 고려해서 '살짝 느리게 말하는 속도'를 기준으로 연습해야 한다.

③ 말이 느린 것이 빨라지지 않아서 걱정인 경우보다는 말이 빠른 것이 느려지지 않아 걱정인 경우를 많이 보았다. 자신의 수업을 녹음하고, script를 작성해서 원인부터 분석해봐야 한다. 말하는 내용을 줄이는 것이 핵심이다.

㉠ 항상 시간이 부족한데 넣고 싶은 말이 많은 경우 : 항상 시간이 부족하기도 하고, 너무 많은 teacher talk을 짧은 시간 안에 하려다가 빨라지는 경우가 많은데, 디렉션 수행과의 관계를 비교하며 중요도를 따져보고 꼭 필요 없는 teacher talk은 빼야 한다. 그리고 같은 문장이라도 제스쳐를 동원해서 더 짧은 표현으로 나타낼 수 있는 부분을 찾아 제스쳐와 함께 바꿔보자.

㉡ 전체적인 속도는 괜찮지만 특정 부분만 빠르게 진행하는 경우 : 특히 학생과의 소통은 천천히 하지만 활동의 instruction은 빠르게 주는 경우가 많다. 그 부분만 스크립트를 만들어보고, 같은 스크립트를 더 느리고 차분하게 연습하자. 문장과 문장 사이 넣는 짧은 pause를 넣는 연습과 판서를 어느 정도 하면서 설명하는 연습을 하면 좋다.

㉢ 말은 전체적으로 빠른데 끝나면 항상 시간이 남는 경우 : 역시 Pause를 넣는 연습을 해야 한다. 활동이 끝나고 다음 활동으로 넘어갈 때, 학생에게 질문을 하고 답변을 들어줄 때 등등 문장과 문장 사이에 pause가 전혀 없을 확률이 높으므로 의식적으로 2~3초 기다리는 짧은 pause를 넣고 연습해보자. 그리고 fluency를 증진시키는 '4 / 3 / 2 technique'을 반대로 하는 방법이 있다. 평소 속도로 5분 걸리는 script를 5분 30초 동안 늘려서 해보고, 그다음엔 6분으로 늘려서 해보는 식으로 동일한 script를 점차적으로 더 오래 걸리도록 속도를 조절하는 연습을 해보자.

(3) 속도조절 / 강약조절 / 톤조절

① 정말 중요한 부분이다. 수업할 때 항상 같은 크기와 같은 속도로 말을 한다면 듣는 사람이 지루하고 어느 부분을 강조하는지 알기도 힘들다. 감독관도 그렇다. 많은 사람의 수업을 평가하기 매우 피곤하며, 수험생의 멘트를 100프로 집중하기 어렵다. 나름대로 많이 연습한 부분을 자신있게 했는데 그 부분을 못 들을 수도 있는 것이다. 적절한 속도조절과 강약조절을 사용하면 감독관도 중요한 부분에서 잘 집중할 수 있고, 그 부분에서 "음 중요한 내용이 잘 들어갔군"하고 점수를 줄 수 있을 것이다.

② 수업 중 말을 평범한 속도와 크기로 하다가도, 중간중간 중요한 부분에서 말을 살짝 '느리고 강하게'하면 듣는 사람은 그 부분에 집중하게 된다. 이렇게 중요한 부분에서 목소리 속도, 크기, 높낮이 변화를 주는 연습을 꾸준히 해야 한다. 연습에 도움을 주기 위해 이 책에서는 느리고 강하게 읽을 Teacher talk 부분을 대문자로 표시해 놓았다.

예 Wow so what is the text about? Yes!!! RECYCLING!!! Wow! Now, I'll give you just TWO minutes. Read the text QUICKLY and try to find the MAIN IDEA, what the writer is MAINLY TALKING ABOUT. While you read, UNDERLINE the words you don't know.

예 First, based on what you just brainstormed, write a paragraph including YOUR OWN FUTURE JOB and REASONS. Try to be SPECIFIC when you write reasons. Second, include JOB DESCRIPTION and REQUIRED SKILLS. Third, use 'WILL BE v-ING' at least TWICE. Last, write FIVE SENTENCES or more.

③ 상호작용을 많이 넣었고, 음량도 나름 크게 했는데도 수업이 정말 지루해 보인다면 한 가지 톤으로만 실연을 진행했을 가능성이 높다. 자연스럽게 톤 변화를 넣으면서 진행한다면 크게 걱정할 필요 없지만, 원래 말하는 스타일이 톤 변화가 없고, 특히 다소 낮은 톤을 유지하는 스타일이라면 실연에서도 그렇게 하고 있을 가능성이 높다.(필자도 그랬었다) 문제는 이건 원래 자신의 습관이기 때문에 바꾸기가 정말 어렵다는 것이다.(정말 어려웠다) 의식적으로 톤 조절을 하려고 해도 디렉션을 수행하는 데에만 작업기억이 꽉 차기 때문에 인지적으로 그럴 여유가 없다. 그래도 방법은 있다. '자동화'의 힘을 빌리는 것이다. 모든 수업에서 공통으로 들어가는 멘트 중 특정 멘트만 톤을 높여서 계속 연습하고 그것을 자동화시키는 것이다. 욕심내지 말고 '칭찬 멘트'와 '활동을 시작 / 전환하는 멘트' 정도만 톤을 바꿔보려고 연습해보자. 그 멘트만 톤을 높여 수없이 반복하면 언젠가부터 무의식적으로도 가능해질 것이다.

(4) Pause

시연 중 5초 이상 긴 Pause는 없어야 한다. 멘트를 까먹은 티를 내면 바로 감점을 당할 것이다. 무엇이든 꼭 말하라.(당황해서 말이 나오지 않을 때는 대처방법이 있어야 한다 : 예 학생이 질문이 있다고 설정하고 학생 말을 듣는 척하면서 시간벌기) 판서할 때도 무언가 계속 말은 해야한다.(판서 내용이라도 읽어야 한다.) 단, 상황에 따라 1~2초의 아주 짧은 pause는 오히려 집중을 불러일으킬 수 있다. 중요한 부분 앞에서 잠깐 pause를 주며 숨을 고르고, 고른 eye contact를 하며 중요 내용을 전달하면 좀 더 몰입되는 수업이 될 수 있다. 또한 종종 학생에게 질문을 던지고 조금의 pause도 없이 바로 말을 이어나가는 경우도 있는데, 학생에게 발언권을 넘겼을 때는 1초라도 잠깐 기다렸다가 이어나가는 연습을 하자. 이때 짧은 pause동안에 몸을 살짝 기울이며 학생의 말을 경청하는 듯한 제스쳐를 연습해두면 더 좋다.

예 Information gap 활동 : You're going to work with your partner, but… (pause) D.O. N.O.T!!!! (pause) SHOW YOUR PAPER (pause) TO YOUR PARTNER!!!!!

예 Skimming : Read the text (pause) Q.U.I.C.K.L.Y. Move your eyes QUICKLY and Just try to find the (pause) M.A.I.N I.D.E.A. What are you reading for? (pause)Yes, the MAIN IDEA.

예 Reading(unscramble) : Turn the page 24. What do you see? (pause) Yes, the reading text! But Look! this text is DIVIDED into several parts. How many?? (pause) Yes 6 Steps!!! But actually, these steps are (pause) NOT IN RIGHT ORDER. They are all MIXED UP! From now one, you have to put these steps in a (pause) RIGHT ORDER!

02 제스처

앞에서도 언급했지만 수업실연은 듣는 사람의 기본적으로 부담을 줄여줘야 한다. 그 역할을 할 수 있는 중요한 요소 중 하나가 제스처이다. 기본적으로 제스처는 중요한 내용을 강조하는 것을 도와줄 뿐만 아니라 불필요한 Teacher talk을 줄일 수 있게 도와주기도 한다. 말로만 내용을 전달하다 보면 감독관에게 내가 하는 수업이나 교실영어가 전달력이 약해질 수 있다. 그러므로 상황에 따라 필요한 제스처는 습관화시켜야 한다. 물론 시도 때도 없이 너무 심하게 하면 정신없어 보일 수 있다. 필요한 부분만 포인트를 주어서 하는 것이 좋다. 다음의 예시와 같이 자신만의 제스처를 만든 후에, 그것을 습관화시키자.

➕ PLUS | 제스처 예시

- I'll give you 5 minutes.
- Work in Pairs
- Think about…
- Now it's your turn
- Do not show your paper to your partner
- write / speak a FULL sentence (make a longer answer)
- You should follow THREE things.
- Listen Carefully (to your partner)

➕ PLUS | 제스처 Tips

- 손등 보다는 손바닥이 많이 보이는 제스처를 하면 신뢰감을 준다.
- 학생을 지목할 때는 손바닥이 위를 향하게 해서(👉) 부드럽게 지목해야 한다. 손바닥을 아래로 하거나 손가락질하면(👉) 권위적으로 보일 수 있다.
- 제스처를 할 때는 그냥 손을 살짝 들어서 하는 느낌이 아니고, 최대한 팔을 쭉쭉 뻗어서 큰 동작으로 해야 듣는 사람을 더 집중시킬 수 있고 자신감 있어 보일 수 있다.
- 적절한 제스처는 집중력을 높이지만 불필요한 제스처는 오히려 집중력을 떨어뜨린다. 자신의 수업영상을 보고 신체의 일부나 옷을 반복적으로 만지는 등의 불필요한 행동을 하는지 잘 모니터링하자.

【Guesture 활용하여 Teacher talk 줄이기】

'손'을 드는 Gesture가 간단하면서도 많은 역할을 할 수 있다. 다음 대화는 [A] [B] 기사 중 어떤 기사가 더 신뢰가 있는가를 묻는 teacher talk이다.

"Okay, if we check the source of article [A], here it is! It's from Amazing News. Now, let's look at [B]. Oh, it's from BBC. Have you heard of Amazing News before? No? How about BBC? Have you heard of it? Yes? So, between article [A] and [B], which one seems more reliable?"

상호작용을 바탕으로 했기 때문에 이 자체도 나쁘진 않지만 최근 수업실연 디렉션이 매우 많다 보니 해야 할 teacher talk이 너무 많다보니 Guesture를 활용하여 teacher talk을 줄일 수 있는 부분이 있으면 줄이는 것이 좋다. 다음처럼 제스쳐를 활용하면 teacher talk도 줄이면서 더 역동적인 수업이 가능하다.

"Check the source of [A]! Amazing News! What about [B]? BBC! Now, hands up—who knows Amazing News? (손 드는 제스쳐) Nobody? How about BBC? (손 드는 제스쳐) Wow, so many! Then, which one is more reliable?"

03 동선

이동은 주의를 집중시키는 또 다른 방법이다. 실제 교실수업에서도 교탁 앞에만 있으면 뒷자리 학생이 소외되고, 방해 행동을 유발할 수 있다. 수업 중간중간 돌아다니는 것으로도 학생의 집중력 향상이 가능하다. 수업실연에서도 Circulation할 때만 앞으로 나가지 말고 더 자주 이동해야 한다. 한 곳에만 서 있지 않고 교실을 적절하게 돌아다니는 게 좋은데, 우선 교탁이라는 공간을 뛰어 넘는 연습부터 해야한다. 교탁을 기준으로 왼쪽으로 몇 발짝 가서 말하다가 다시 판서를 하기 위해 중앙으로 오고, 그다음엔 오른쪽으로 몇 발짝 가서 말을 이어 나가는 패턴이다. 너무 교탁 뒤에만 있으면 학생과 교사가 분리된 느낌을 주니까, 판서를 하지 않을 때는 교탁 앞으로 나와서 학생과 소통하는 것도 많이 보여주면 좋다. 특히 수업실연을 할 때 빈자리에 학생 한 명 한 명이 앉아있다는 생각을 많이 하면 나도 모르게 앞으로 좀 나가게 되는 효과가 있다. 그래서 학생이나 교실 관련된 예시를 많이 들어주는 수업을 하면 자연스럽게 동선도 해결되기도 한다. 단, 과하게 돌아다니면 정신없어 보일 수는 있으므로 한 곳에 좀 오래 서 있다고 느껴질 때마다 적절히 이동하는 연습을 하자. 학생들 활동시켰을 때는 앞으로 더 많이 나오면 좋고, 허리도 푹 숙이면서 학생들에게 피드백 주는 척도 해주자. 활동에 대한 Instruction을 줄 때는 설명이 조금 길어질 수밖에 없는데, 설명 중간에 몇 발짝만 걸으면서 말해도 지루해지지 않는 효과가 있다. 이 모든 것을 머릿속으로 계산하고 수업하는 것은 쉽지 않긴 하다. 수업실연 중에는 인지적으로 신경 써야 할 것이 상당히 많기 때문이다. 방법은 역시 꾸준한 모니터링과 연습이다. 동선은 한 번 몸으로 익히면 나중엔 어느 때나 자연스럽게 나오므로 수업실연 준비 초반부터 신경을 쓰자.

04 시선처리, 표정

Eye contact는 상대방과 소통한다는 것을 보여주는 것이다. 필자도 교원 평가에서 학생에게 "아이컨택을 더 많이 해주세요."라는 말도 받아봤다. 이처럼 수업 중에 다양한 학생들과 eye contact하는 것은 상당히 중요하다. 실제로 수업하다 보면 나도 모르게 소수 학생에게 눈이 가게 될 수도 있다. 이는 학생들의 시선에선 '편애한다.'라고 생각할 수도 있으므로 최대한 다양한 학생에게 시선을 보내는 것이 중요하다. 물론 수업실연은 실제 학생은 없지만, 있다고 생각하고 골고루 시선을 보내자. 개인적인 생각이지만 감독관하고도 몇 번은 컨택해주는 것이 좋다고 생각한다. 특히 처음 입장할 때 감독관과 눈을 마주치며 밝고 자신 있는 표정을 보여준다면 좋은 첫인상을 받을 수 있을 것 같다.(그러나 긴장을 많이 하는 성향이라면 감독관의 눈을 보고 더 긴장할 수 있으므로 조심해야 한다. 눈이 부담스러우면 이마나 입이라도 보면 상대방 입장에선 아이컨택이라고 느껴질 수 있다.) 종종 감독관을 학생처럼 생각하고 완전 가까이 다가가서 소통하려 하는 예비교사들도 있지만 이건 감독관마다 조금 호불호가 갈릴 수 있을 것 같으므로 주의가 필요하다. 자신의 수업을 녹화하고 모니터링하면서 시선이 너무 한 쪽에 치우친 것을 발견한다면, 왼쪽, 중간, 오른쪽과 가까운 쪽 먼 쪽 모두 학생이 있다고 생각하고 시선을 분배하는 연습을 하자. 우선 수업실연을 진행하다가 다양한 위치에 있는 학생의 이름을 부르며 소통하는 연습부터 하는 것이 좋다. 다양한 위치에 있는 것이 머릿속으로 잘 그려지지 않는다면, 연습 공간 몇 곳에 물건을 올려놓고 각 물건을 수업 중 돌아가며 바라보는 연습을 하자.

표정도 역시 밝은 표정이 좋다. 그러나 필자도 도서관에서만 심각하게 생활하다가 갑자기 밝게 웃으며 수업하라니 그게 참 힘들긴 했다. 그래서 특정 부분만이라도 밝게 하는 것을 연습하고 자동화했다. "학생 칭찬할 때", "활동 시작할 때"만이라도 밝고 신나게 Teacher talk 하는 연습을 했던 것 같다. 밝게 하는 것이 '필수'는 아니니 잘 안된다고 스트레스 받지는 말자.

05 판서

(1) **글씨 크기, 판서 방향** : 판서는 아무래도 깔끔하고 정돈된 글씨가 좋고, 가장 왼쪽부터 시작해서 오른쪽으로 나가면서 수업의 흐름을 표현하면 좋다. 글씨 크기는 약간 크게 적는 것이 좋다.(감독관도 잘 보여야 하니 항상 조금 멀리 떨어져서도 잘 보이는지 확인할 필요가 있다.)

(2) **활동의 흐름 적기**: 활동 하나하나 진행할 때마다 칠판 위에 〈Voca〉〈Reading〉〈Writing〉이런 식으로 큰 제목을 가장 위쪽에 적는 습관을 들이면 감독관에게 지금 어느 파트를 하고 있는지 보여주기 좋다.

(3) **판서 분량**: 너무 적어서도, 너무 많아서도 안 된다. 세세한 것까지 다 적으려고 하면 시간도 많이 잡아먹고 수업이 교사중심처럼 보일 수 있다.(예 worksheet에서 학생의 답변을 다 적는 경우, 이해점검 질문이 5개인데 5개 다 적는 경우, 이미 worksheet에 주어진 내용들을 칠판에 다 옮겨

적는 경우) 항상 시간이 부족한 사람은 동영상 분석을 통해 판서에 시간을 많이 뺏기지 않는가 잘 살펴보아야 한다. 우선 중요한 것만 적고, 그 길이는 짧게(full sentence라기보다는 phrase나 words 단위로) 적는 연습을 해야 한다.

【판서하면 좋은 것】

(1) '수업의 핵심 내용 / 키워드 / 표현' 예 "Let's recycle properly", "If I were you…"
(2) '수업의 흐름을 표시하는 것' 예 〈Reading〉 〈Writing〉
(3) 학생들이 활동 중 꼭 지켜야하는 규칙, guideline/insruction 예 (1) 5 sentences↑,
    (2) use 'will-be ing' (3) 2 specific examples
(4) 활동 중 참고할 수 있는 표현 예 "I think this picture shows _____"
(5) scoring criteria 조건 예 organization, language, content…
(6) 활동 후 교사 피드백 내용 "I often remove ~~often~~ the labels from…."
(7) worksheet이 다소 복잡할 경우 설명하기 위한 대략적인 구조 그리기
(8) 기타 학생들이 혼란을 겪을 수 있는 내용들

그리고 다음은 합격생들이 실전에서 판서했던 내용을 복기한 것이다.(수업실연 고득점 합격자들이다.)

〈합격생 판서복기 1〉

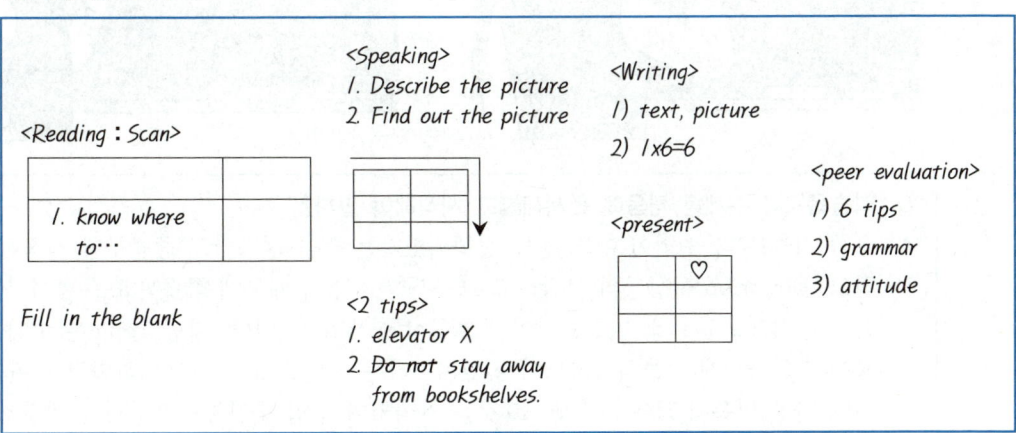

〈합격생 판서복기 2〉

〈합격생 판서복기 3〉

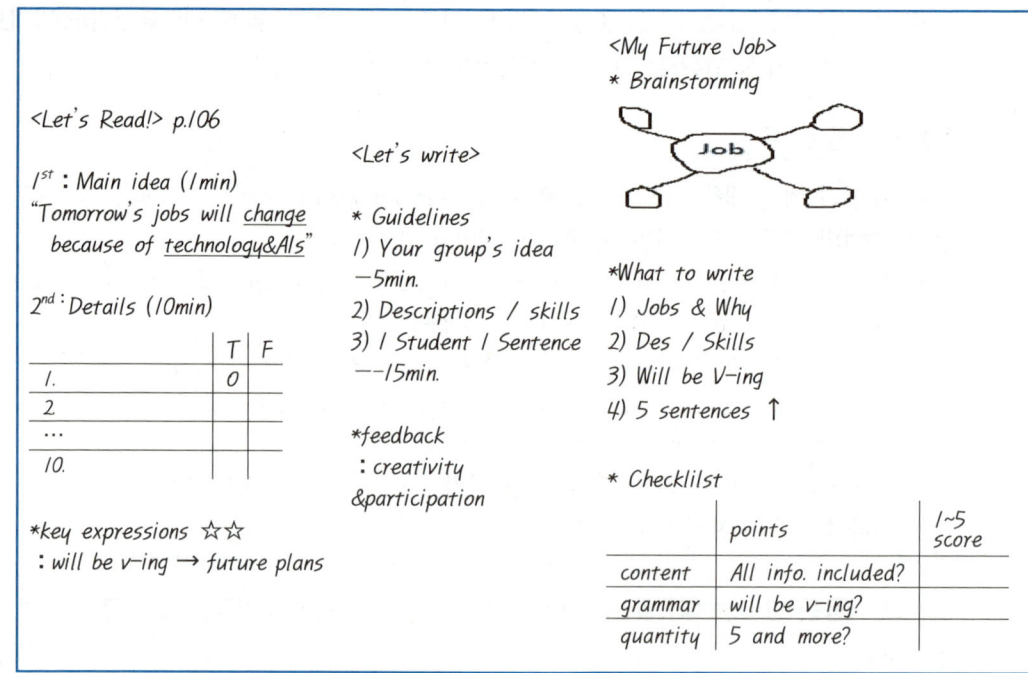

(4) 판서 자세: 첫 번째 그림처럼 등을 절대 보여선 안 되고, 두 번째 그림처럼 학생들 쪽으로 최대한 몸을 돌려서 판서를 해야 한다. 판서를 할 때도 학생들을 보며 소통하면서 해야 하기 때문이다. 판서를 하는 동안에도 꾸준히 무언가 말하는 것이 좋은데, 가장 쉬운 방법은 판서하는 내용을 크게 읽어주는 것이다.(강조할 부분은 더 강조하면서 억양에 변화를 주며 읽으면 더 좋다.)

> Q : 학습목표나 주제를 처음에 판서해놓고 시작해야 할까?
> A : 요즘 기출은 다 수업이 어느 정도 진행되었다는 것을 전제하고 중간부터 시작하기도 하고, Direction도 상당히 복잡하고 요구사항이 많기 때문에 학습목표를 판서하는 것은 시간적으로도 다소 비효율적이고 흐름상 어색할 수 있다. 다만 Topic은 수업 초반부에 자연스럽게 오늘의 Topic이 뭐였지? 라는 식으로 Interaction하면서 칠판의 맨 위나 가장 왼쪽에 적어 놓으면, 그것을 가리키며 수업 중간중간 Topic을 재강조하면서 응집성을 높일 수 있다.

06 상호작용

처음부터 끝까지 학생과 수도 없이 상호작용 하는 것은 꼭 필요한 부분이다. 스크립트를 만들 때 교사의 설명이 조금이라도 길어지는 부분이 발견되면 "이 부분을 학생과 소통하면서 할 수는 없을까?" 라고 고민하고 script를 계속 수정해 보아야 한다. 실제로 간단히 교사가 설명할 내용이라도 학생들과 소통하면서 설명하면 수업 분위기가 상당히 달라진다. 그렇게 연습하다 보면 상호작용도 자동화되어 어느 정도 지나면 나도 모르게 하고 있을 것이다. 상호작용의 시작은 역시 학생 이름을 불러주는 것이다. 학생 개인이 어떤 대답을 했다면 그 학생의 이름을 불러주고 소통을 시작하며, Pair work에서 발표를 시킬 때는 Pair 두 명의 이름을 같이 불러주는 방법도 있다. 칭찬하거나 힘을 주는 멘트를 많이 하는 것도 중요하다. 단순하게 Good!! 만 반복하는 것보다는 자세하게 하면 더 좋다.(예 Sujin, your voice sounds really nice, but it's a little quiet. Can you make it a bit louder? Oh, good! Now your voice is louder, and you sound more confident. I like that! Keep doing it like this from now on!) 그럴 시간이 없다면, 짧게 칭찬해도 좋은데 good!만 반복하기 보다는 다른 표현도 같이 활용하면서 제스쳐도 함께 하면 좋다.(Classroom English 파트의 칭찬 표현 참고) 또한 학생이 답변할 때 몸을 기울여서 경청하는 모습도 보여주는 것이 중요하다.

수업을 진행하다가 교사가 뭔가 설명할 것이 생겼거나, 아니면 설명 중 뭔가 빠뜨린 것이 생각났을 때도 교사가 일방적으로 설명하지 말고 학생과 상호작용 기회로 삼을 수 있다. 교사가 먼저 말하려고 했던 것을 "진수야~ 이게 궁금하다고~?"라고 하며 진행하고, "아 선생님이 설명 중 이걸 빠뜨렸는데."라고 말하기보다는 '어 진수야, 갑자기 질문이 있다고? 어떤거니?'라고 하면서 자연스럽게 때와 장소를 가리지 말고 상호작용하자.

> Q : 드립, 유머코드를 꼭 넣어야 할까?
> A : 꼭 넣어야 하는 것은 아니다. 유머코드가 수업 흐름에 어울리지 않고 억지스럽게 들어간다거나 유머코드 때문에 다른 중요한 것들을 충분히 못했다면 오히려 안 좋은 영향을 줄 수 있다. 다만 학생 칭찬, 학생 응원 등의 방법으로 실제로 학생과 함께 하고 있는 느낌을 줄 수 있는 자신만의 멘트가 있다면, 수업의 흐름을 끊지 않는 범위 내에서 가볍게 넣는 것도 나쁘진 않다. 다만 유머코드는 선택사항이더라도, 학생과 활발한 상호작용을 보여주는 것은 무조건 중요하므로 많은 연습을 하자.

> **＋ PLUS ｜ 상호작용 유의점: 의미 없는 질문을 피하고 의미 있는 질문하기**
>
> ① **의미있는 개방형 질문하기**: 수업 중 학생과의 상호작용 기회를 만들려면 교사의 질문이 우선이다. 다만 어떤 질문을 하는가에 따라서 그 상호작용이 의미있는 상호작용인지 아닌지가 결정된다. 물론 학생들이 특정 내용을 알고 있나 확인하는 '지식 측면'을 묻고 싶을 때는 'What was the answer to the Q1?' 과 같이 답이 정해진 closed question을 하겠지만, '상호작용'을 위해서는 학생들의 의견, 생각을 물어보는 open question을 자주하는 것이 활발한 상호작용을 유발할 수 있다. 예를 들어 2021 기출에서 '우리학교 학생들의 가장 인기있는 급식메뉴'를 주제로 메뉴별 통계자료가 나와있는데, 처음에 자료를 제시하고 What is the most popular menu?'라고 묻는다면 가장 큰 비중을 차지한 'Pork Cutlet'이라고 답변할 것이다. 여기서 만약 추가 질문으로 'How did you know that?'이라고 묻는다면 자료에 가장 높은 퍼센트로 쓰여 있는 숫자만 확인하면 알 수 있는 내용이기 때문에 뻔한 답변으로 끝나게 된다. 이런 상황에서 학생의 답변 이후에 추가적인 상호작용을 이어 나가기에 어렵고, 이것을 답변했다고 학생이 크게 학습적으로 도움되는 것도 아니다. 만약 'Why do you think pork cutlet is the most popular menu in our school?' 라는 개방형 질문을 한다면 학생들은 자신의 생각을 영어로 표현할 기회가 생기고, 학생의 답변에 따라서 추가적인 상호작용을 이어 나가기에도 용이하다. 이렇게 '교사가 이런 질문을 했을 때 학생이 어떤 답변을 할 것인지'를 먼저 생각해보고, '그때 학생이 할 답변이 학생의 학습에 도움이 되는 내용일지'를 생각해보는 2단계 검증 작업이 필요하다.
>
> ② **의미 없는 질문 피하기**: '상호작용이 중요하다'라는 말을 많이 듣다보니 의미 없는 부분까지 질문하려는 경우를 많이 봤다. 예를 들어 "여기 빈칸이 몇줄이 있지?" 이런 질문은 "5줄이요!" 라고 대답해도 학생의 학습에 도움이 되지 않는 질문이다. 학습지의 text를 가리키며 "여기 뭐가 있지?" 라고 질문했을 때도 "여기 text가 있네요!"라는 뻔한 답변이라 크게 의미있지 않다. 가급적 "첫번째 빈칸에 무엇이 들어가는게 좋을까?" 와 같이 학생을 생각하게 하는 질문을 하는 것이 좋고 이런 질문이 떠오르지 않는다면 질문 없이 넘어가고 다음 진행할 부분에서 의미 있는 발문을 시도하는 것이 좋다.

07 Using Worksheet

> 수업실연 문제엔 보통 Worksheet이 같이 들어가 있고, 디렉션에서 주어진 material을 사용하라고 직접 언급이 되어 있으니 무조건 worksheet을 활용한 수업을 해야 한다. 특히 최근 기출은 기본적으로 3~4의 Worksheet이 제공되고 있기 때문에, 이 worksheet을 어떻게 활용하는지가 매우 중요해졌다. 감독관 입장에서도 모든 실연자가 같은 worksheet을 가지고 수업하는데 그 안에서 어떻게 차별화하여 다루고 있는지를 유심히 볼 수밖에 없다. 학생 입장에서는 완전 처음 보는 worksheet이라는 점을 생각해서 학생들이 짧은 시간 내에 worksheet의 구조를 이해하고 활동의 시작까지 문제없이 진행할 수 있게 하려면 분명 체계적이고 구조화된 방식이 필요하다. 예를 들면 *[worksheet 배부 ➡ worksheet 구조 설명 ➡ worksheet 활동 방법 설명 ➡ 예시 ➡ 활동시작]* 과 같은 큰 패턴을 나름대로 만들어놓고, 어떤 문제가 나와도 worksheet진행을 깔끔하게 할 수 있을 정도로 자동화 시킬 필요가 있다.

(1) Worksheet 배부

① 일반적인 방법 : I'll give you a worksheet.(Please take one and pass these to the back) Okay. Have you all got the worksheet? Raise your hand if you don't have one.

② 조금 앞으로 나와서 나누어주는 척하며 interaction기회로 삼을 수도 있다 : Oh Jinho! you changed your hair style! Awesome!!

(2) 종이 들기

수업실연 종이를 worksheet이라고 생각하고 옆에 사진처럼 학생 방향으로 들어야 한다. 교사만 worksheet을 보면서 설명하지 말고, 저렇게 학생들과 worksheet을 같이 보면서 설명해야 집중을 끌어낼 수 있다. 물론 학생들의 입장에선 교사가 들고 있는 worksheet의 글씨까지 보이진 않겠지만, 이미 학생들도 자신의 worksheet을 가지고 있기 때문에 worksheet 중 교사가  설명하는 부분의 대략적인 위치만 가리켜도 학생들의 집중을 유도할 수 있다. 또한 이런 방식은 학생들과 소통하고 있다는 느낌을 줄 수 있기도 하다. 이런 느낌을 더 강조하기 위해서, worksheet을 설명할 때는 학생 방향으로 1~2발자국 더 나가서 진행하자.

(3) 구성 설명

만약 학생에게 worksheet을 나눠주고 곧바로 그 worksheet을 수행하라고 하면 학생들이 혼란을 겪을 것이다. 교사 입장에선 그 worksheet이 익숙하지만, 학생 입장에선 전혀 모르는 상태이기 때문이다. 그래서 worksheet을 나눠준 후에는 'worksheet의 구성'을 먼저 설명해주어야 하는데, 크게 3가지를 주로 다룬다. 첫째로 worksheet이 어떤 구조로 이루어져 있는지, 둘째로 그 안에 적혀있는 글들의 의미는 무엇인지, 셋째로 학생들이 그 worksheet으로 해야 하는 것은 무엇인지 알려줘야 한다.(학생이 스스로 읽으면서 알아서 파악하게 하는 것은 현장에서도 기대하기 힘들다) 이때 교사가 worksheet의 구성 및 내용을 직접 설명하는 방법도 있지만, 학생의 집중을 끌어내고 상호작용을 많이 위해서 학생들이 직접 답하게 할 수 있게 질문을 계속 던져주면 좋다. "What do you see here?"과 같은 질문을 통해 학생들과 소통하면서 위에서 언급한 3가지(이 활동지가 어떻게 생겼고, 뭐가 쓰여 있고, 어떤 것을 해야 하는지)를 알 수 있도록 도와주자.(교사는 worksheet을 만든 사람이기 때문에 쉽게 그 구조가 들어오지만, 학생들은 완전히 처음 보는 것이라는 것을 생각해야 한다)

① 학생들이 채워야 하는 표가 있을 경우

역시 'What do you see?'부터 시작해도 좋지만, 표일 경우에는 그냥 "Can you see the table here?"이 정도로 시작해도 좋다. 그리고 무엇이 적혀있는지 설명해야 하는데,

2019년 기출을 기준으로 하면 〈Material2〉에 'Problem / Suggestion'이 적혀있기 때문에 이 두 개가 있다는 것을 소통을 통해("뭐라고 적혀있니?") 인지만 시키고, 본문의 어디서 problem과 suggestion을 찾을 수 있고 어떻게 적으면 되는지 알려주면 된다. 그런다음 (4)번의 예시제공으로 넘어가면 된다.

> 예 Let's look at the worksheet together. What do you see? Yes! a reading text and blanks!! How many blanks? Yes! Three blanks! So, what are you going to do? That's right! You have to fill in the blanks!!!! Oh, but do you know how to do? Don't worry !! I'll give you an example.

② 그림 / 사진이 있는 경우

Worksheet에 글과 사진이 있는 경우엔 사진을 먼저 학생들과 같이 보는 것이 좋다. 이는 Reading text에 사진이 있는 경우도 마찬가지이다. 그 이유는 학생들 입장에서 사진과 영어가 함께 있는 worksheet을 받았을 때 어디에 먼저 쉽게 눈길이 가는지를 생각해보면 알 수 있다. 새로운 worksheet을 나눠줄 때는 학생들의 거부감을 줄이고 접근성이 좋게 하는 것이 중요한데, 이를 위해 어려운 영어보다는 사진에 먼저 눈길을 줄 수 있게 하는 것이다. 역시 "What do you see in the picture?"와 같은 큰 질문으로 시작해서 "Yes. some bears. What are they doing?"과 같은 세부질문으로 이어지도록 하여 학생들의 대답을 최대한 이끌어내자. Yes/No Question보다는 WH-Question이 더 많은 발화를 이끌어낼 수 있다. 가능하면 사진을 보는 목적(topic 소개, reading text 예측....)과 가까워지게 질문을 이어나가면 된다.

> 예 Who is in the picture? Yes, some students!" Can you look more carefully? Oh yes, that's right! It's you. Louis Middle school students! When was it? Yes, last month's sports day. What are you doing in the picture? Yes, you are picking up trash after the event.

③ 글쓰기 활동에서 빈칸 완성이 필요한 경우 : 최근에 나오는 기출에서는 학생들이 직접 영작하여 글을 써야 하는 활동도 worksheet이 따로 제공된다. 그리고 worksheet에는 일부 내용은 미리 적혀있고, 나머지 빈칸만 채우면 되는 활동이 많았다. 이런 경우에는 미리 주어진 부분을 함께 읽어보고, 각 빈칸 각 부분에 대략적으로 어떤 내용이 들어가야 하는지 어느 정도 통제를 해주면 학생들의 부담을 줄여줄 수 있다.(예 처음 3줄까지는 Problem을 적고, 4번째 줄 "We should" 이후에는 Suggestion을 적기)

④ 질문이 있는 경우: worksheet에 이해점검 질문 또는 생각 열기 질문이 있을 수 있다. 질문이 매우 쉽고 간단한 경우 같이 문장을 그대로 읽고 답하게 할 수 있지만 질문이 다소 길고 어려울 경우 '어떻게 하면 이 질문을 쉽게 전달할지'를 고민해야 한다. 함께 읽은 후 더 쉬운 말로 풀어줄 수 있고, 관련 질문을 던져가며 상호작용으로 학생의 이해를 이끌어낼 수도 있다. 만약 Fake news headline과 함께 "How could people be negatively impacted by believing these headlines?" 질문이 있다면 ""When you read this headline, how did you feel? Oh you felt scared! Then, if people really believe this headline, what could happen?" 이런식으로 단계적으로 쉽게 질문할 수 있는 것

이다. 실전에서 모두가 같은 worksheet으로 수업실연하지만 이런 부분에서 차별화를 만들어낼 수 있다.

⑤ 가르칠 표현이 있는 경우 : 학생들이 worksheet에 있는 표현을 알아야 활동을 진행할 수 있지만 이전 활동에서 배우지 않은 경우 살짝 언급은 해주어야 한다. 그 표현이 수업 전체적으로 중요한 target expression이라면 어느 정도 설명을 해주고, 그렇지 않고 그 worksheet에서만 필요한 표현이라면 전에 배웠다고 가정하고 아주 간단히 언급해주는 것이 좋다.(너무 자세히 설명하기엔 시간이 부족하다) 특히 2019기출을 보면, worksheet에 4개의 질문에 your own question까지 섞여 있어 그 부분만 다루기도 바쁜데 오른쪽에 "never, seldom, often, always"이라는 빈도부사 표현까지 나와 있어서 매우 복잡해진다. 이런 경우 빈도부사는 '여러분이 저번에 배워서 잘 알겠지만 오른쪽으로 갈수록 더 빈도가 높아진다.'는 식으로 짧게 언급하고 넘어갈 수밖에 없다.

> **➕ PLUS | Worksheet 특이사항 지도 Tip**
>
> Worksheet 안에 이전에 진행했던 내용과 조금 다른 접근을 해야 하면서도 중요한 부분이 있다면 교사가 바로 설명해주기 보다는 학생이 질문을 했다는 설정을 하면 좋다. 예를 들어 worksheet에 학생이 답해야 하는 질문이 3개가 이미 나와 있고 마지막 1개는 "your own question"이라고 쓰여 있다면, 학생이 이 부분에 대해서 질문을 했다고 설정한 후 자세히 답변해주면 그 부분을 더 강조하면서도 학생과 소통할 기회를 더 만들 수도 있게 된다.

(4) 예시제공

worksheet의 활동을 시킬 때 예시를 들어주는 습관을 들이자. worksheet의 구조를 설명하고, 하는 방법을 잘 설명해주었다고 해도, 학생들 입장에선 구체적 예시 없이는 어떻게 접근해야 하는지 어려워하는 경우가 많다. worksheet을 나눠주고, 구조를(interaction하면서) 설명하고, 활동 진행 방법을 알려준 다음 활동에 들어가기 전에 예시를 짧게라도 들어주자. 단, 너무 많이 예시를 들어주면 시간도 부족하고 수업이 늘어질 수 있으므로 1개만 들어주고,(예 활동지에 사진이 4개라면 1개만 예시 들어주기, 학습지에 질문이 4개라면 1개의 질문 및 답변만 예시 주기) 엄청 간단한 활동인데 시간이 여유가 없다면 예시를 생략해도 좋다. 만약 2019년 기출처럼 'your own question'과 같이 기존의 문제와 조금 다른 방식으로 접근해야 하거나 다소 어려워할 만한 부분이 있으면 그 부분으로 예시를 들어주는 것이 좋다.(단, 예시를 주려면 worksheet 구조설명 및 활동 방법 안내를 한 다음에 주어야 한다. 학생들이 worksheet이 어떻게 생겼는지, 뭘 해야 하는지 파악하기도 전에 교사의 예시를 먼저 받으면 예시의 내용이 머릿속에 잘 들어오지 않을 것이다.)

(5) Worksheet 진행 자동화 패턴

【worksheet 배부 ➡ 구조 설명 ➡ 활동 방법 설명 ➡ 예시 ➡ CCQ / 활동시작】

① worksheet 배부 : "This time, we are using this worksheet. Take one and pass them on. Have you all got the worksheet? Good."

② 구조 설명 : "On your worksheet, there is a table, right? How many questions do you see? Yes! five questions. But can you read the last question together? Yes! 'your own question'."

③ 활동 방법 설명 : "Now listen carefully. There are four questions given on your worksheet. Read the text carefully and try to find the answers. For the last question, make your own question. After you make it, share it with your partner. So you'll answer to your partner's question."

④ 예시 : "For example, you can make your own question like "Why did the main character go to the castle?", or "What'll happen next after this story?""

⑤ CCQ, 활동시작 : "Good. Answer to my questions together. How many questions? Yes. 5 questions. And you share your own question with…? Yes, with your partner! I'll give you FIVE minutes. Let's go!!"

> Q : 문제에서 주어진 Worksheet을 변형해서 사용해도 괜찮은지?
> A : 변형은 하지말자. 실제로 더 좋은 수업을 보여주기 위해 주어진 worksheet에 새로운 빈칸을 뚫는 다거나, 문제를 추가한다거나 하는 변형을 하는 선생님을 몇분 본 적 있는데 아무리 좋은 방법이라도 좋은 평가를 받기 힘들다. 우선 디렉션이 'Worksheet을 사용하여 ~를 진행하라'라고 나오기도 하고 worksheet을 변형할 수 있다는 말은 없기에 마음대로 변형하면 디렉션을 어기게 되는 것이다. 감독관들도 똑같은 문제 종이를 가지고 있고, 많은 수험생의 시연을 그 문제지와 함께 보고 있기 때문에 한 수험생이 worksheet을 변형해서 활용하는 것 같으면 혼돈을 줄 수도 있다. Worksheet의 변형을 생각하지 말고 주어진 worksheet을 어떻게 하면 학생들에게 더 쉽게 설명하고 더 잘 활용하게 할 수 있는지를 고민하자. 그것이 차이를 만드는 것이다.

08 Grouping / Group Work

> Group work는 매년 빠짐없이 출제된다. individual work를 진행하는 방식과 똑같이 시연하면서 'Group 으로 해라.'라는 말 하나만 덧붙이면 좋은 점수를 받을 수 없다. 조별활동은 조별활동으로 하는 이유가 있는 것이다. Group을 어떻게 만들고, 어떻게 협동하게 할 것이며, 교사가 어떤 방식으로 개입해서 도와줄 것인지를 보여주는 것이 좋다. Group을 만들고 진행하는 과정은 활동의 구체적 instruction을 제외하고는 어떤 문제가 나와도 거의 비슷하게 진행할 수 있으므로 자신만의 멘트를 만들어서 계속 연습해서 자동화 시키자.

(1) Grouping하기 전
- ① 활동 Instruction 전에 Group 먼저: Group으로 해야 하는 과제인데 instruction부터 설명하면 grouping을 까먹고 안 하거나 늦게 해서 당황하게 될 경우가 있다. Group과제는 시연지에 잘 강조해 놓고, Group부터 확실히 만들고 시작하자.
- ② Group의 필요성 언급: "혼자하긴 다소 어려울 수 있는 과제지만 걱정하지 말아라, 같이 힘을 합쳐서 하는 시간이다." 이런 멘트를 짧게라도 넣으면 동기화시킬 수 있다.
  - 예 "Now we are going to do _____ activity. It is really fun but quite difficult if you work alone. But don't worry. This time, you have your nice team mates working together. So let's make groups of four."
- ③ 학급 인원에 따라 그룹 인원 정하기 : 그룹 당 인원은 내가 계획한 그룹활동이 몇 명씩 진행해야 가장 좋을지 생각하고 정하는 것이 좋다. 보통은 4명이 좋지만, 학급 총인원이 24명, 28명 등 4의 배수로 나오지 않는 경우 (예 2022 기출 26명) 변형이 필요하다. 단, 인원이 부족한 조는 '선생님이 도와줄테니 걱정하지 말아라', '훌륭한 능력이 있으니 충분히 할 수 있다'라는 멘트를 하고 인원이 더 많은 조는 '1문장 더 쓰기'와 같은 간단한 추가 미션을 주면 더 좋다.
  - 예 26명인데 4명씩 그룹할 경우 : 5조는 4명씩, 2조는 3명씩
    26명인데 5명씩 그룹할 경우 : 5조는 5명씩, 1조는 6명

(2) Grouping
Group을 만들라고 할 때, 추가적인 멘트를 짧게라도 한다면 정말 학생과 함께하고 있다는 느낌을 줄 수 있다.
- ① 기본 멘트 "Now we are going to work in groups.(손으로 집어주며) These four… Group 1, These four ..Group 2!!"
- ② 학생의 이름을 직접 언급: "나연, 정연, 미나, 다현 You are group 1…"
- ③ 가벼운 농담하기 "Now, see your group members. Do you like your members? Oh Jisung is smiling…he seems to love his group members very much."
- ④ 인사시키기 "Say hello to your group members!! Hi ~ Hi ~~"
- ⑤ 가깝게 앉으라고 하기 "Sit closer! so you can listen carefully to your group members."
- ⑥ 기대 높이기 "Are you excited to work with group members?""Now you are not alone. you are with nice teammates so you can do anything!"
- ⑦ Group work 하는 이유 설명(협동의 필요성)
  - "We do group work to learn how to get along with different people."
  - "To teach is to learn twice."
  - "Each task needs many different roles and skills, so we need teamwork."
  - "I want you to see how powerful teamwork can be – "Alone we can do so little, together we can do so much."
  - "In the future, you won't always work with close friends. That's why learning to cooperate with all kinds of people is such an important skill."

⑧ Group work 규칙 안내
- "Listen carefully to your friends."
- "Ask for help when you need it."
- "Encourage everyone in your group to take part."
- "Respect everyone's opinions in your group."

(3) Circulation

학생들에게 활동 instruction을 주고 난 다음, 활동을 시작했을 때 교실을 돌아다니는 (circulate) 것을 짧게 보여주는 것이 좋다.(실제로도 교사는 끊임없이 돌면서 학생들의 활동을 체크해야 한다.) 개별 활동인 경우 개인을 도와주는 멘트를, 그룹 활동인 경우 그룹을 도와주는 멘트를 하는 것이 좋다. 최근 기출에는 'facilitate and observe students' group activity'라고 디렉션에서 직접적으로 요구하기도 하므로 자신만의 몇 가지 시나리오를 꼭 만들어서 연습하자.(단, 너무 길게 하지 않도록 조심하자.)

> **PLUS | Circulation 중 가능한 멘트 / 행동**
>
> (1) 칭찬하기
> - 잘하고 있다고 칭찬, 협동이 잘 되고 있다고 칭찬, 놀라운 아이디어라고 칭찬
> - 잘 참여하지 않던 학생의 참여를 칭찬
> - 잘하는 모둠 부각 : 잠시 집중하라고 하고 잘하는 모둠에게 학급 전체가 주목하게 하기
> - Writing 잘 쓴 학생 칭찬 후 앞에 나가서 적어보라고 하기(+다른 조보고 참고하라고 하기)
>
> (2) 격려하기
> - 참여하지 않는 / 자고 있는 학생 격려하기
> - 모르는 것을 용기 있게 물어보라고 격려
> - 좀 더 적극적으로 협동할 수 있게 장려
> - 무릎을 굽혀 눈높이를 맞춘 후 어떤 어려움이 있는지 묻기
>
> (3) 추가 도움 주기
> - 사고확장 질문하기 : 어떻게 그 결론이 나왔니?
> - 막힌 그룹에게 도움 제공 : 사전 제공, 참고할 수 있는 교과서 페이지 안내, 다른 반의 예시 제공
> - 학습지의 어려운 단어 쉽게 풀어주기
> - 모둠에서 학생을 지목해서 따라오지 못하는 학생을 도와주라고 하기("진수야 너 뭘 해야 할지 잘 모르는 것 같은데. 옆에 진아는 알고 있니? 오 그래 진아야 네가 도와줄 수 있지?")
>
> (4) 공지하기
> - 남은 시간 알리기, 추가로 몇 분 더 준다고 알리기
> - 일찍 끝난 그룹에게 추가 과제 주기 : 모둠 내 점검, 끝난 모둠끼리 결과물 비교, 추가활동부여, 어려워하는 모둠 돕도록 하기
>
> (5) 기타
> - 학생들에게 feedback 줄 것을 적고 다니기
> - 너무 큰 소리 내지 말아라(너네 목 쉴 거야. 조금 작게 하면 더 전문적으로 보일거야!)

(4) Roles in Groupwork

① 무조건 Role 분배가 아닌 문제의 특성에 따라 결정 : 각 모둠에서 각자 다른 역할을 할 수 있도록 정해준다면 모둠원 전체가 모둠의 성과에 기여할 수 있게 하는 장점이 있지만, 역할 부여 과정에서 시간이 다소 많이 소요될 수 있고 Role 분배를 하면 오히려 억지스러워질 수 있는 활동도 있기 때문에 문제에 따라 적용 여부를 유연하게 결정하는 것이 중요하다. 예를 들어 이야기의 Ending을 창작하는 Creative Writing인 경우 학생의 창의적인 생각이 강조되기 때문에 역할을 나눠서 하기보다는 다 같이 자유롭게 아이디어를 내는 것을 강조하는 것이 좋다. (물론 Role을 부여하라는 '디렉션'이 있는 경우엔 무조건 진행해야 한다.)

② 할 일이 거의 없는 역할은 피하기 : 활동 중에 할 일이 거의 없는 역할을 부여(예 그룹 writing에서 'presenter'역할만 부여하면 쓰기를 하는 동안엔 할 일이 없다)하지 않도록 조심해야 한다. 지속성 있는 역할만으로 구성하기 어려운 경우에는 기본적으로 해야 하는 역할은 모두에게 공통으로 부여하고, 그 외에 추가 역할을 하나씩 더 맡는 방법이 있다.

> **예** For this writing, EVERY MEMBER in your group will take a special ROLE!! First, everyone will be a WRITER! Discuss ideas with your members and write a creative story together! Second, each member will take one more role : Leader, who leads everyone's participation; Word master, who look up the words you don't know with your tablet, Worksheet manager, who takes and submits the worksheet, and Presenter, who presents your group's work.

③ 시간 관리 : Role을 나눌 때 각 role을 설명하는데 시간을 많이 쓴다면 요구사항이 많은 요즘 수업시연에서 자칫하면 시간 관리가 어려워질 수 있다. Role을 꼭 나눠야 하는 경우에는 Role의 명칭만 언급하고, '항상 해 왔기 때문에 각자의 역할을 알고 있다'고 하거나, 아니면 Role 설명을 아주 짧게 해서 시간을 많이 쓰지 않는 것이 중요하다. (2022년처럼 direction으로 나온 경우엔 위 예시처럼 짧게라도 설명하는 것이 좋다.)

④ Role 부여보다 '과제에 맞게 개인의 분량을 나눠서 주는 방법'이 더 자연스러운 경우 그렇게 진행하는 것이 좋다. (예 한 학생에 적어도 1문장 이상 쓰기, 두 학생은 개인차원 해결방안을 쓰고 두 학생은 사회차원의 해결방안 쓰기)

> **+ PLUS | 개인 역할 예시**
> - Leader / Facilitator : 과제 방향을 잡고 모든 모둠원들의 참여를 유도
> - Recorder(writer) : 모둠 활동 한 것을 학습지에 쓰는 역할
> - Reporter(Presenter) : 다른 모둠이나 학급 전체에게 발표
> - Summarizer : 모둠 활동 내용의 핵심요약, 정리
> - Word master : 모르는 단어를 검색, 핵심 단어 뽑기
> - Connector : 활동 내용을 real-life와 연결 짓기
> - Timekeeper : 모둠원들이 제한된 시간을 지키도록 돕는 역할
> - Questioner : 과제에 더 깊이, 더 넓게 집중하도록 질문하는 역할
> - Praiser : 모둠의 아이디어나 역할 수행을 칭찬
> - Materials Manager : 학습지 및 필요한 자료를 배부, 관리 및 모든 조원의 학습지 검사
> - English keeper : 조원 모두 우리말이 아닌 영어를 사용하도록

(5) Group work 자동화시키기

어느 기출문제나 Group Activity가 하나씩은 있다. 학생들에게 Group work를 성공적으로 진행하게 하기 위해서는 활동을 어떻게 해야 하는지에 관한 instruction을 최대한 쉽게 주어야 하는데, 보통의 group work는 guideline이 복잡한 경우가 많아서 쉽게 설명하기가 쉽지 않다. 여기서 더 어려운 점은 instruction을 주는 것뿐만 아니라 Group활동 동기화 멘트, Group을 만들라는 멘트, 학생들의 Instruction 이해정도 점검(CCQ), 교사의 예시 제공 등 같이 따라오는 멘트들도 많다는 것이다. instruction을 어떻게 줄지 인지적으로 신경을 많이 쓰다보면 다른 멘트들을 나도 모르게 빼먹는 경우가 많아서 'Group으로 만드는 것을 깜빡하고 활동 설명만 했다' '교사의 modeling을 주려고 했는데 빼먹었다'와 같은 실수가 발생하기도 한다. 이런 실수를 방지하기 위해서 instruction 외에 다른 멘트들과 그 순서를 모두 자동화시켜야 한다. 실제로 구체적 instruction을 제외하고 다른 멘트들은 문제가 바뀌어도 거의 비슷하게 진행되기 때문에 고정적으로 정해놓고 자동화시킬 수 있다. Group work진행 시 언급해야할 멘트들 및 그 순서를 자동화 시켜놓으면 instruction에 더 신경 쓸 인지적 여유가 생기면서도 당황하지 않고 Group work를 진행할 수 있다.

〈자동화 Sample〉

---

① Group work 필요성 ➡ ② Group만들기 ➡ ③ worksheet 배부 ➡ ④ 자세한 instruction 및 guideline ➡ ⑤ 교사의 Modeling / Example ➡ ⑥ instruction확인 CCQ ➡ ⑦ 협동 강조 멘트 ➡ ⑧ 시간부여 ➡ ⑨ Circulation

---

[Worksheet 있는 경우]

① Group work 필요성 : This time, you'll write a SUGGESTION for better recycling in OUR school. After this class, your writing will be posted on the classroom bulletin board! So for better writing, you'll work with your group members.

② Grouping : 하늘, 연우, 상순, 명수 you are group 1, and…group 2…! Alright! Now we're in groups. Say hello to your group members~ hello~~.

③ worksheet 배부 : Okay I'll give each group a writing worksheet.

④ 자세한 instruction 및 guideline : Let's read the title together! Our Group's Suggestion for Better Recycling!! 지현, can you read the first line here? Excellent! I like your voice! Thank you. So, discuss and write "the most serious problem in our school's recycling" And what do you see in the middle of the worksheet here? Yes! "We should." Here, you write your group's suggestion. And each group should write AT LEAST FIVE SENTENCES.

⑤ 교사의 Modeling / Example : Oh, you look worried. Don't worry! I am such a kind teacher so I prepared …this!!! 짜자잔~ Oh, what do you see in this picture? Yes, lots of papers… thrown in …where? Yes, a garbage can. If you take a closer look, you can also see… the … Yes!! worksheet in English class…here^^ I'm so sad…. So, I wrote about the paper recycling in our school like this. So when you write, you can check my sample writing, especially ..here. I underlined the structures you can use.

⑥ instruction확인 CCQ : Alright! Everybody! Answer to my questions! What do you write? Yes, problems and suggestions…in?? our school's recycling! how many sentences? Yes 5 sentences or more! Who do you work with? Yes ! with your nice group members.

⑦ 협동 강조 멘트 : You are not alone! So help each other! and please show your sincere effort because your suggestion can change the school, and change the world! "Small actions make big change!"

⑧ 시간부여 : I'll give you 10 minutes. Ready? Go!!

⑨ Circulation : Oh, your group stopped working? Can I help you? Oh you have an idea but you don't know how to write? Alright I'll give you …this dictionary. It might help you!

[worksheet 없는 경우]

① Group work 필요성 : This time, we are going to make more interesting story. It is really fun but quite difficult if you work alone. So let's make groups of four this time

② Grouping : These four ..'Smart group', these four…'Awesome group' these four…'Best group…' Alright. Now say hello to your group members. Hi~~Hi~~

③ Instruction / Guideline : Now listen carefully. This time, you are going to write your own ending of the story with your group members. When you write your ending, there are THREE things that you should keep in mind. First, there is no right answer. All of your writings will be great answers. So be creative! Second, what did we learn today when we read the text? Right. 5Ws1H. Try to include 5Ws1H. Third, try to make at least four sentences. sentences.

④ CCQ : Dahyun! what are you going to write? Yes! Right! the ending of the story. Jinsu! What are the three things? Creative answer, 5Ws1H, and Four sentences. Good job!

⑤ 협동 강조 : As I always say, "Alone we can do so little, together we can do so much."

⑥ 시간 부여 : I'll give you 5 minutes. Are you ready? Let's go !!

⑦ Circulation : Oh, Awesome group! Anything difficult? oh…right. Writing in English is not easy. Why don't you read the text again? There are some expressions that can help your writing.

※ 주의점 : 9단계로 나누어서 제시했지만, 시간이 부족한 경우, 아니면 문제의 상황에 따라 1~2개를 빼고 진행할 수는 있다.(2번째 예시에서는 창의적으로 ending을 만드는 활동이라 교사의 예시를 빼고 진행했다.) 다만 '순서'는 바꾸지 않도록 주의해야 한다. 예를 들어 활동의 instruction 이후 교사의 예시를 주어야 하지만, 만약 반대로 한다면 학생들이 무엇을 해야 하는지 파악하기도 전에 교사의 예시를 먼저 받게 되므로, 예시의 내용이 머릿속에 잘 들어오지 않고 예시에서 무엇을 참고해야 하는지 파악하기 어려울 것이다.

> ➕ **PLUS | Pair Work 진행 패턴**
>
> 수업실연 문제에서 group work 말고도 pair work도 1개씩은 출제가 된다. pair work는 group work의 축소판이라고 보면 되는데, 보통 pair work는 group work에 비해 다소 간단한 활동인 경우가 많으므로, 지나치게 자세하거나 복잡하게 진행하지 않도록 유의하자.
>
> (1) Pair로 만들기 : 단순히 "Work in Pairs"라고만 해도 괜찮지만, "work with your partner, sitting next to you. So 진수! Who do you work with? Yes! with 영희."라는 멘트, 또는 "Oh 수영, you don't have a partner. Don't worry. I'll be your partner"와 같은 멘트를 추가하면 학생과 함께하는 느낌을 줄 수 있다.
>
> (2) 필요성 언급하기 : 혼자 하는 것보다는 짝과 함께하는 것이 좋다는 멘트를 해주자. ("Now we are going to read the text again and find the answers to the T / F questions. This time, I'll give you a chance to work with your nice partner, so it'll be easy!)
>
> (3) 역할 나누기 : pair 활동이니 역할을 나눠주면 좋다. (예 1명은 problem, 1명은 suggestion 찾기) 다만 간단히 역할을 나눌 수 있는 활동인 경우 나누고, 억지로 끼워 맞추기를 해야 한다거나 역할 설명이 다소 길어질 것 같으면 역할 배분을 안 하는 것이 좋다.) (예 Paragraph 1,2 와 3,4로 역할을 나누면 3,4 담당하는 학생들은 앞의 맥락 없이 읽게 되어 독해가 어려움.)
>
> (4) 활동 시작 전 협동 강조 멘트를 아주 짧게 해줘도 된다.
>
> (5) speaking과 같이 다소 어려워할 수 있는 활동이라면 예시를 보여주는 것이 좋다. pair work 이므로 혼자 예시를 주기보다는 학생 한 명을 지목해서 그 학생과 예시를 보여주면 좋다.
>
> (6) pair에게 활동을 시키고, 정답 확인 시간에 발표를 시킨다면, 한 명의 이름만 부르지 말고 "진호 and 수현"과 같이 짝의 이름을 모두 언급해야 한다.
>
> (7) pair work에서도 circulation을 보여주면 좋지만, 뒤에 더 비중이 높은 Group work가 있다면 최대한 짧게 진행하는 것이 좋다. 비중이 높고 학생들이 더 어려워할 만한 활동에서 더 자세히 보여주자.

09 Giving Instructions

어떤 활동을 진행하려고 할 때, 그 활동을 위한 동기유발도 했고, worksheet도 나누어 주었고, 대략 worksheet의 구조도 설명했다면 이제 그 활동을 학생들이 어떻게 진행해야 하는지 Instruction을 줄 차례이다. 그러나 여기서 생각보다 teacher talk이 많이 복잡해져서 무엇을 하라는지 잘 파악하기 어려운 경우가 많다. 보통 수업실연은 친절한 교사의 이미지를 많이 보여주다 보니 활동의 instruction까지 너무 친절해지는 경우가 있는데, 이 친절함이 지나치게 말이 늘어지는 방식으로 표현된다면 학생에게 오히려 혼란이 온다. 구체적이면서 간결해야 하는 것이 포인트이다. 활동의 instruction은 '무엇을 어떻게 해야 하는지'를 학생 입장에서도 쉽게 알 수 있게 해서 학생들이 제대로 task를 수행하도록 하는데 목적이 있기 때문이다. 그래서 정확히 어떻게 해야 하는 것인지는 '구체적'으로 이야기해야하고, 동시에 학생 입장에서 '알아듣기 쉬운 언어'로 명확하게 설명하는 것이 중요하다. 그러나 구체적으로 설명을 해야하다보니 나도 모르게 불필요한 말을 섞으면서 길고 복잡하게 말하거나, 속도가 빨라지거나, 학생에게 어려운 어휘를 쓴다거나 할 가능성이 크기 때문에, 쉬운 언어로 불필요한 말은 빼면서도 구체적으로 설명하기 위해서는 철저한 연습이 필요하다.

(1) Giving Instruction Tips

활동의 Instruction은 알아듣기 쉬우면서도 구체적이어야 하는 동시에 전체적으로 길게 늘어지지 않아야 한다. 그러기 위해서는 다음과 같은 요소들을 잘 지켜야 한다.

① instruction 주기 전 집중 이끌어내기(eye contact 고르게 하기, 집중 요구하는 제스쳐하기, "Listen carefully"와 같은 멘트하기)

② 쉬우면서도 간단하고 명확한 언어 사용하기(최대한 쉬운 단어 사용, '명령문' 자주 사용)

　예 There are four questions. What you have to do is, find the answers to the questions. And then, you are going to fill in the blanks. ➡ There are four questions. Find the answers and fill in the blanks.

③ 이해하기 좋은 순서로 말하기(예 '활동 방법에 대한 설명 ➡ 활동 worksheet 구조 설명' 보다는 그 반대로 해야 학생들 입장에선 더 이해하기 쉽다.)

④ 짧은 문장 사용하기(한 문장에 중요 정보가 하나씩만 담기도록)

　예 You are going to read the text quickly to find the main idea and when you meet any difficult words, underline them. ➡ Read the text quickly and find the main idea.(pause) While you read, underline any difficult words.

⑤ 말할 필요 없는 문장 섞지 않기
　㉠ 행동으로 보여주고 있는 것(예 I'm giving you a piece of paper)
　㉡ 학생들 통제 멘트(예 Wait, are you listening to me?)
　㉢ 너무 당연한 것(예 Don't write the answer in Korean. Write English sentences.)
　㉣ 지금 필요 없는 것(예 활동이 끝나고 무엇을 할지)
　㉤ 불필요한 부연설명(예 There is a table you have to fill out ➡ There is a table.)

⑥ 학생들은 이 활동에 대해서 '1도 모른다.'라고 생각하고 학생들이 해야 할 것을 추상적이지 않고 구체적으로 알려주기 (예 discuss this topic with your partner (x) ➡ tell your partner whether you agree or disagree with this topic, Then, say your own reason.)

⑦ 숫자+판서를 사용하기(지켜야 할 Guideline을 First, Second, Third로 나누어서 제시하고 간단하게 판서를 하면서 설명하기)

⑧ 제스쳐 최대한 활용하기(예 지켜야 할 가이드라인 줄 때 손가락으로 숫자 1, 2, 3 제시하기)

⑨ 연결되는 2개 활동의 instruction을 한 번에 주지 않기(예 brainstorming으로 아이디어를 모으고 그 아이디어로 writing활동을 진행할 경우 brainstorming부터 instruction을 주고 진행하고 끝난 다음 writing instruction주기, writing활동 이후 peer feedback을 줄 경우에도 writing활동부터 진행 후 끝나면 peer feedback instruction 제공)

⑩ 교사의 시범을 보이기(Modeling)

⑪ Instruction을 주고 학생들의 이해 점검하기(CCQ - 학생들에게 무엇을 해야 하는지 되묻기)

⑫ 교사가 먼저 수업 계획 단계에서 정해야 할 것은 학생들에게 묻지 않고 미리 정해서 안내만 하기 (예 활동 시작 전 'How many minutes do you need?'라고 물어본다면 학생들 입장

에선 아직 해보지 않은 활동을 몇 분 걸릴지 예상해서 답변하는 것도 어렵고, 교사의 lesson plan 이 체계적이지 않은 것 같은 느낌이 들 수 있다. 활동 진행 중에 다 못한 학생들이 많아서 1분 정도 추가시간을 주는 것은 괜찮으나, 처음에 활동을 시작할 때는 'I'll give you 3 minutes'와 같이 시간을 미리 정해서 안내만 하자.)

(2) Giving Instruction Checklist

	Questions	Yes	No
1	Clear, simple language로 전달이 되었는가		
2	학생 수준에 너무 어려운 단어를 쓰진 않았는가		
3	너무 작거나 단조로운 톤으로 전달되지는 않았는가		
4	학생이 혼돈이 되는 순서로 전달하지는 않았는가		
5	꼭 말하지 않아도 될 불필요한 Teacher talk은 없었는가		
6	학생들이 그 시점에 꼭 알 필요는 없는 teacher talk는 없었는가 (활동 끝나고 알아도 될 내용)		
7	학생의 instruction 이해를 돕는 적절한 제스쳐가 포함되었는가		
8	Instruction을 주기 전에 학생들의 집중을 유도했는가		
9	Eye contact가 한 곳에 머물지 않고 학생들을 골고루 바라보았는가		
10	Instruction이 끝난 후에 학생들의 이해 확인을 했는가 (Concept Check Question)		

(3) Instruction 수정 연습 : 위에 언급한 Tip과 체크 리스트를 활용하여 다음 Instruction을 수정해보자.
①

"Can you turn the page 20? Can you find that? Have you got it? no, not that page, the next page. Okay can you see the instruction? Take a look at the instruction and read it quickly and write down your answers to the questions at the top of the page, you know.. above the picture."
➡

Comment

문제가 무엇일까? 이렇게 길게 말할 필요가 없지 않았을까? 말이 너무 많아지면 학생들이 무엇을 해야 하는지 한눈에 들어오질 않는다. 단순하게 다음과 같이 바꿀 수 있다.
➡ (학습지 학생들에게 보여주는 제스쳐 하면서) "Turn the Page 35.(Question 부분 손으로 가리키며) Read these questions…… and write your answers."

②

"Now what you have to do is, when you, you take this sheet of paper that I'm handing out now and keep it secret, and some of you are 'A', it's written at the top, and some are 'B'. Okay can you see that? Don't show you're paper to anyone and then you have to describe to your partner; sit face to face. Could you move your chairs around and describe what's on your paper so that your partner can find out what's different, and you must agree; when you find something, draw it on your paper······Ok. Do you understand? I'll give you three minutes. After three minutes, please finish what you are doing but if you need more time, I can give you extra one minute."

➡ _____
_____

Comment

1) "sit face to face. Could you move your chairs around~~~"
    ➡ "Sit opposite your partner"
2) "you take this sheet of paper that I'm handing out now and keep it secret, and some of you are 'A', it's written at the top, and some are 'B'. Okay can you see that? Don't show you're paper to anyone…"
    ➡ Some of you are "A"(A를 손으로 그리는 제스쳐), and Some are "B"(B를 그리는 제스쳐). Don't show your paper to anyone(종이를 품으로 숨기는 제스쳐)
3) "and describe what's on your paper so that your partner can find out what's different, and you must agree; when you find something, draw it on your paper······"
    ➡ Some things in picture A are different from picture B. Describe your picture. When you find something different, draw it!(그리는 제스쳐)
4) "Okay. Do you understand?"
    ➡ "Do you understand?"이라는 질문은 수업실연에서 가급적 피해야 한다. 학생들은 "Yes"라고 대답할 수밖에 없는 질문이다. 좀 더 구체적으로 물어봐야 한다.(예시 : Do you work alone or with your partner? // Can you show your paper to your partner? // 수진, Can you tell me what you should do? // Do you have same paper with your partner??)
5) "I'll give you three minutes. After three minutes, please finish what you are doing but if you need more time, I can give you extra one minute."
    ➡ (세 손가락을 높이 보여주며) You have three minutes!

③

> "Now I think we are ready to move on to the first activity. It is a reading activity. Please open your text and turn to the page 40 and you'll see today's reading passage. You're going to read a text. First, you're going to read the text quickly, and find two things. The two things you're going to find are,··· first, 'who the main character is' and second, 'what he did'. Do you understand? I'm going to give you 50 seconds, so please read quickly and find these two things.
> → _____
> _____

Comment
중복 표현("You are going to···", "The two things···"), 필요 없는 표현("I think")을 뺄 수 있으며, 소통 없이 교사가 너무 길게 말했다는 문제가 있다. 다음과 같이 바꾸면 길이는 짧아졌는데도 학생들이 해야 할 것은 오히려 한 번 더 강조를 할 수 있다.

→ Now, are you ready to move on to the reading activity? Good! Turn to the page 40. What do you see? Yes, a long text. Now, read the text quickly and find TWO things : first, 'who the main character is' and second, 'what he did'. Alright? just focus on 'who the main character is' and 'what he did'. I'll give you 50 seconds.

④

> What you have to do first is that you are going to discuss with your group members and decide your own group's suggestion to the given problem. After you decide your group's suggestion, you should write about it in a paragraph. When you write, you should try to use 'will be-ing'. Try to use it as much as possible. Also, your writing should include three specific reasons and write more than six sentences.
> → _____
> _____

Comment
결국 이 instruction에서 전달해야 하는 것을 생각하면 'discuss 이후 suggestion을 정하기' 'paragraph로 쓰기', 'will be-ing사용', '3가지 이유와 6개 이상 문장 포함'이 4가지가 전부이다. 그러나 이런저런 불필요한 말들이 많이 섞여있고 중복해서 한 말이 많았으며, 지나친 접속사의 사용으로 설명이 복잡해졌다. 이런 instruction은 학생의 입장에서는 무엇을 하라는 것인지 헷갈리게 만든다. 단어 사용의 중복을 최대한 피하고, '숫자, 명령문, 판서'를 활용하여 간단하게 나타내면 다음과 같다.(단, 간단하게 나타내는 대신 하나하나 단어를 강조하면서 다소 느리게 설명해야 한다.)

→ (숫자 1~4와 함께 간단히 판서하며) First, discuss with your group and decide your suggestion to the problem. Second, write about it in a paragraph. Third, use 'will be-ing'. Fourth, include three specific reasons and more than six sentences.(판서 : 1. decide group's suggestion, 2. paragraph writing, 3. will be-ing, 4. 3 reasons + 6 sentences↑)

⑤

> Let me give you an example. I am proud of myself when I study hard. Then at this time of the moment, can you guess the meaning of the word based on the example I gave you?"
> ➡ _____
> _____

Comment
역시 이 teacher talk도 절반으로 줄일 수 있다. 말을 줄이고 강조할 부분만 크고 느리게 읽는 것이 학생들에겐 더 알아듣기 편하다. 수업 흐름에서도 여유가 생긴다. ➡ Example here! I AM PROUD OF MYSELF when I study hard. (pause) Now, can you guess the meaning?

⑥ (새로 적지 않고 뺄 수 있는 부분만 취소선으로 그어보기 + 강조할 부분 표시)

> Below the circle of each zone, what do you see? There is a blank right? With the eight emotion words we've just learned, you're going to fill each blank with the words . Okay? Since the third circle is already filled with the words, you only have to fill three circles, okay? and keep in mind that you can use one word, you can fill the one word in more than second blanks, in the circle, okay? keep this in mind and I totally understand it could be difficult to fill by yourself, so we're going to do this activity once again with your learning mate. okay? I'm going to give you 5 minutes to sort the emotion words into each blank. Okay? Do you understand?

Comment
2023 기출의 Material 2에 대한 direction이다. 이미 학습지를 교사와 학생이 공유하고 있기 때문에, 그 학습지를 서로 보고 있다고 생각하면 말을 많이 줄일 수 있다. 말을 줄이는 것의 장점은 시간을 줄일 수 있는 것이 아닌, 중요한 부분을 더 천천히 강조하며 학생들이 이해하기 좋게 전달할 수 있다는 것을 명심하자. ➡ Below the circle of each zone, what do you see? ~~There is~~ a blank right? With THE EIGHT EMOTION WORDS ~~we've just learned~~, ~~you're going to~~ FILL EACH BLANK WITH THE WORDS. ~~Okay? Since the third circle is already filled with the words, you only have to fill three circles, okay? and~~ keep in mind that ~~you can use one word~~, you can FILL THE ONE WORD IN MORE THAN SECOND BLANKS, ~~in the circle~~, okay? ~~keep this in mind and I totally understand~~ it could be difficult to fill by yourself, so ~~we're going to~~ do this activity ~~once again~~ WITH YOUR LEARNING MATE. okay? I'm going to give you 5 minutes ~~to sort the emotion words into each blank. Okay? Do you understand?~~

⑦

> Does every group have a worksheet? In your worksheet, there are 6 pictures about safety tips. Now you have to describe these pictures with your group members. Okay? I'll give you 5 minutes. Let's go!
> ➡ _____
>   _____

Comment

A~F가 너무 길고 복잡하게 설명해서 문제가 되었다면 이번엔 너무 단순하고 추상적으로 해서 문제가 되었다. 계속 이런 식으로 instruction을 준다면 아마 direction을 다 수행하긴 했지만 시간이 많이 남고, 고득점을 맞지 못할 확률이 높다. 감점의 이유는 다음과 같다. 학생들 수준에서 이 멘트만 듣고 활동을 진행한다고 생각해보자. "어떻게, 무엇을 묘사해야하지?", "한 조에 여러 명이 있고 사진도 6개 있는데 누가 어떤 사진을 어떤 순서로?"등등 의문이 많다. 학생들은 생각보다 '알아서' 잘 하지 않는다. 학생들이 활동에 대해서 '1도 모른다.'라고 생각하고 구체적으로 활동의 instruction을 주어야하고, 이 부분에서 고득점으로 가는 방향이 갈린다. 동시에 너무 길고 복잡해지지도 않아야 하는데 이 균형을 맞추기가 어려운 것은 사실이다. 적절한 균형이 습관이 되도록 많은 연습 및 수정이 필요하고, 제스쳐나 톤의 강약조절에 신경을 쓰는 등의 노력이 필요하다.

➡ Does every group have a worksheet? Good.(활동지 보여주며) What do you see in this worksheet? Yes SIX PICTURES. What are they about? Right! SAFETY TIPs! Now listen carefully. You're going to describe these pictures with your group members.(한 학생 가리키며) One member starts describing… (활동지 사진 하나 가리키며) ONE of six pictures. Say ANYTHING you can see in this picture and describe what is happening. Do NOT let other members know which picture you're describing. Other group members (귀 기울이는 제스쳐) LISTEN CAREFULLY and (손가락으로 사진 중 하나 가리키며) choose the picture he / she is describing. When you finish, (옆 학생 가리키며) the second member starts describing another picture. Okay? I'll give you an example…(…)

(4) Concept Check Question

각 활동을 어떻게 하는지 Instruction을 준 다음에 학생들이 그 instruction을 잘 이해했는지 확인하는 것은 매우 중요하다. 특히 복잡한 instruction을 주었을 경우 더욱 필요하다. 단순히 "Do you understand?"라고 하는 발문은 적절하지 않다. 학생들은 Yes라고밖에 대답할 수 없을 것이다. 구체적으로 이해를 점검할 수 있는 open question이 필요하다.

① A or B

Do you work alone or with your group?
Do you speak in Korean or English?
Do you use past tense or present tense?

② 활동 요구사항 재질문
  How many sentences do you write?
  What expression should we use?
  What are we reading for?
③ 전체적인 instruction 질문
  수진, can you tell me what you are going to do?
  철수, can you explain what we should do to other students?
④ Information gap 활동의 경우
  Can you show your paper to your partner?
  Do you have same paper with your partner??

※ 주의점 : CCQ는 활동을 진행하는 방법을 잘 알고 있나 체크하기 위한 것으로, 그 외의 것을 CCQ로 한 번 더 강조할 필요는 없다. 예를 들면 활동에서 지켜야 할 내용에 대해 확인도 하지 않은 채 "I'll give you 3 minutes. How many minutes do you have?"와 같이 몇 분 줬는지에 대한 점검만 했다면 다소 어색한 진행이 될 수 있다.

10 태블릿PC 활용하기

태블릿PC가 현장에서 자주 사용되다보니 기출에도 수업 도구로 등장하는 등 수업실연에서의 비중을 점차 늘려가고 있다. 연습은 해두는 것이 좋지만 Direction을 어긋난 사용은 오히려 감점일 수 있으니 조심해서 활용하자.

(1) 수업 도구에 있는지부터 확인하기
  ① 수업 도구로 명시된 경우: 최근 기출 중 2024기출에는 'tablet PC'가 수업도구에 명시되어 있었다. 이런 경우 필요할 때 고민 없이 tablet PC를 사용해도 좋다.
  ② 간접적으로 나온 경우: 2023, 2025기출에는 tablet PC가 수업도구로 나와있진 않았으나 'online dictionary'가 있었고 수업 도구 마지막에 'etc.'도 있었다. 이럴 때는 online dictionary 용도로는 당연히 사용해도 좋고 필요 시 가벼운 용도 (자료 찾기, 문법 점검...)로 사용해도 큰 무리가 없다.
  ③ 언급이 전혀 없을 때: tablet PC가 수업도구에 없고 'online dictionary' 같은 말조차 없는 경우 tablet PC 사용을 조심해야 한다. 가급적 사용하지 말자.

(2) 활용 예시
  ① 단어 활동에서 영영뜻을 찾아보거나 단어를 설명하는 이미지 찾아보기
  ② 쓰기 활동에서 생성형 AI를 활용하여 작성한 내용 이미지도 생성해보기
  ③ 쓰기 활동에서 Grammarly와 같은 AI기반 프로그램으로 스스로 문법 틀린 부분 찾고 고치기
  ④ 순회지도 시 교과지식 부족으로 활동에 참여하지 않는 학생에게 tablet PC로 정보 검색,

사전 검색 등의 도구로 사용하게 하기
⑤ 학생 활동 결과물을 google classroom/ padlet에 업로드시킨 후 발표할 때 교실 앞 화면에 띄워서 하기. 동료피드백도 댓글로 달아서 진행

(3) 주의사항/ 기타
① 유의사항 안내: 시간 여유가 있다면 tablet PC 이용에 대한 유의사항을 안내할 수 있다.
   예 조심히 다루기, 장난치지 않기, 다른 앱 접근 금지, 인터넷 가짜정보 그대로 쓰지 않고 사실 확인하기...
② 확실하게 사용하기: 수업 중간 tablet PC를 사용하려면 확실하게 '자, tablet PC 꺼내볼까?' 'tablet PC 준비되었니?' 라는 멘트와 함께 Tablet을 사용한다는 것을 확실히 알리자. 애매하게 말하면 감독관이 tablet으로 하는건지 뭘로 하는건지 알아듣기 어려울 수 있다.
③ 디렉션을 변형하면서 사용 금지: 예를 들어 디렉션에 'peer feedback을 진행하라'고만 되어 있을 경우 tablet으로 google classroom에 올리게 한 후 피드백은 댓글로 제공하게 하는 것이 가능하다. 그러나 writing을 주어진 Material 양식에 적게 해야 하는데 tablet으로 다른 프로그램에 적게 하는 경우 활용하는 경우는 감점 가능성이 있다.
④ 너무 판을 크게 키우지 말기: 감독관도 모를 수 있는 프로그램 하나 끌고와서 열심히 설명하고 그러지 말자. 수업실연은 기본적으로 주어진 Material로 direction에 따라 진행해야 한다. 보조도구로 조금씩 활용할 수 있다는 것이지 메인으로 사용하지는 말자.

11 기타

(1) Asking students to do something
① 발표자 선정 : Any volunteers?? 라는 Teacher talk이 대표적인데, 이때는 Gesture를 크게 (손을 쭉 뻗으며 흔들기)하는 것이 좋다.
② 아무도 손을 들지 않는 상황을 설정하면 실제 현장의 수업 분위기를 연출할 수 있다.
   예 "Any volunteers? Oh..no one? Don't be shy!! Hmm, who looks handsome and beautiful today? Oh! 예원 is raising her hand!!", "Any handsome, beautiful, nice, kind volunteer? I'll love you if you volunteer"
   예 "If anyone volunteers, NO HOMEWORK today. Oh 준호 is raising his hand. He is a Hero for our class!!"
③ 너무 작게 발표하는 상황 : "Can you speak a little louder?"라고 이야기할 수도 있겠지만, "I can't hear your lovely voice"라고 더 부드럽게 말하는 방법도 있다. 필자가 실전에서 사용했던 방법 중 하나는 그 학생하고 더 멀리 몇 발자국 떨어지면서 "CAN YOU SPEAK LOUDER? I CAN'T HEAR YOU!!"라고 하는 방법이 있다. 이때 실제로 학생들은 더 크게 말한다.

④ 한 명을 시켰을 때 그 학생이 대답을 못 했을 상황일 때는 다른 학생으로 바로 바꿔서 시키기보다는 기존 학생에게 힌트를 주거나 질문을 더 쉽게 하면서 기회를 다시 주는 것이 좋다.(다른 학생을 바로 시키면 기존 학생은 자신감이 많이 떨어지게 되고 상처를 받을 수 있다.)

⑤ 학생이 발표하거나 질문에 답했을 때 칭찬을 짧은 멘트로라도 꼭 하고 넘어가야 하는데 나도 모르게 종종 빼먹는 경우가 있을 수 있다. 이런 상황을 방지하기 위해서는 꾸준한 연습으로 자동화시켜야 하는 수밖에 없다.

(2) 돌발 상황 대처 예시

*누구나 수업실연에서 종종 실수를 하게 된다. 실수했을 때 "Sorry"하고 다시 하는 것 보다는, 교실에서 일어난 상황으로 연출하면 감점을 당하지 않고 넘어갈 수도 있다. 단, 실전에선 긴장이 되어서 순발력을 발휘하기 힘들기 때문에 다음과 같이 돌발상황별 대처 teacher talk을 정해놓고 연습해 두는 것이 좋다.

① 중요한 디렉션을 빼먹었다는 것을 깨달았을 때 : 학생이 말해주는 설정

[예] Oh Jihyun, do you have question? Oh.. Oh !!! Thank you Jihyun. Before we start this activity, we have to do…

② 학습지 내용 까먹었을 때 : 학생들에게 그 내용을 질문하고 시연지 다시 보기

[예] (text의 주인공 이름이 생각이 나질 않을 때) Oh, what was the main character's name in the text?? (시연지 다시 슬쩍 보기) Oh yes. Louis!! Thank you Jinsu!

③ 특정 teacher talk에서 심하게 몇 번 더듬었을 때 : 떠드는 학생 조용히 시키기

[예] Oh, Junsu your noise bothers me. Please keep quiet while I speak.

④ A활동 해야 하는데 B활동으로 들어가는 멘트를 했을 때 : 학생이 질문한 척하기

[예] "Jinho, do you have any question? oh, you think we'd better do ~~activity first. Good suggestion. Does everybody agree? Good. Then we'll do ~~ first.

⑤ 물건(분필, 시연지) 떨어뜨리는 등의 실수 : 학생들 태도 칭찬하기

[예] (다시 주우며) "Oh today your active participation makes me so excited!!!!!!!!"

⑥ 부를 학생의 이름이 나오질 않을 때 : 아무 이름이나 대면 될 것으로 생각할 수 있지만 실전에서 긴장하면 막힐 수 있다.(필자가 경험했다) 연습할 때 가급적 항상 같은 이름으로 시연하는 연습을 해서 자동화시키자.

⑦ Group work instruction에서 중요한 사항을 빼먹고 Group work를 시작해 버렸을 때 : circulation 도중에 모두 잠시만 중단하고 주목하라고 한 다음, 여기 조에서 좋은 질문이 들어왔다는 식으로 이야기하면서 그 사항을 전달한다.

CHAPTER 03 Classroom English

01 도입부

- What's the title of today's lesson?
- Could you read the title?
- What can you guess from the title?
- The title will give us clues about today's lesson.
- This is what we're going to do today.

- I have something interesting for you today.
- Let's start with a little quiz.
- Guess what we're going to learn today!
- Today we'll learn something that helps you _____.

02 Book

(1) 교과서 확인
- Has everybody got a book?
- Is there anybody without a book?
- Take out your textbook.
- Keep your book on your desk.
- Make sure you bring it next time.
- Remember it next time.
- Could you share with Jinsu, please.
- Can everybody see the text?

(2) 페이지 안내
- Open your books at page 21.
- Turn to page 21.
- The text is on page 21.
- You'll find the exercise on page 21.
- Let's move on to the next page.
- Turn back to the previous page.
- Now look back at the page 20.
- Are you on the right page?
- Check if you're on the same page.

(3) 책 방향, 위치 안내
- Look at the top(middle/bottom) of the page.
- It is at the top(middle/bottom) of the page.
- Find the box / picture / chart on the page.
- You can refer to the list on page 19.
- Refer back to the grammar notes on page 17.
- It is on the left / right.

(4) 책 정리
- Close your textbooks now.
- Make sure you don't leave your book on the desk.

03 Vocabulary / Expression

(1) 소개
- We'll have a look at the new words.
- Let's learn the new words first.
- We're going to learn about a few new words that we shall need for the next activity.
- Let's go over the words you don't know.

(2) 발음/ 철자
- Repeat after me.
- Let's say it together.
- How do you read this word?
- Listen carefully to the pronunciation.
- The stress is on the first syllable.
- Watch my mouth closely.
- Notice how my tongue touches my teeth.
- Try to make the sound /θ/ clearly.
- How do you spell the word 'exploit'?
- Spell it out, please.

(3) 단어 의미
- Does anybody know what the word '____' means?
- Can anyone tell me when you would use the word, '____'?
- Does anyone know what we call this (what this person is doing) in English?
- What's the another way of saying 'he is angry?'
- What's another word that means the same as 'big'?
- What are two words that mean the same as 'find'?
- Can you give me one word that means 'to come back'?
- Is there another way of saying it?
- Can anyone say it another way?

(4) 문맥 속 단어
- What's the one word that means⋯
- Can you guess the meaning of this word from the meaning of the text around it?.
- What does the word 'take' mean in this context?
- What does 'stuff' refer to in this sentence?
- So what could this word mean here?
- Now look at the sentence beginning '____'. What does the word '____" tell you?
- There are words expressing time in the text.

(5) 예시 제공 및 활용
- Let's see if you can guess. I'll give you an example.
- Let's look at an example sentence.
- This word is often used like this: "____".
- Try to use it in a short sentence.

(6) 품사, 형태
- Look. The word ends in '-tion' so it must be a noun.
- The word begins with 'un' so it means 'not' something.
- This is the plural form of the word.
- The past tense of 'go' is 'went'.
- It comes from the word 'act'.

04 Reading

(1) 읽게 하기
- Read the text silently.
- Read the text on your own.
- Let's read the text aloud.
- I'll read it to you first.
- First of all, read the whole text quickly.
- Familiarize yourselves with the text.
- Start reading from line 2.
- Read the first ten lines.
- Read to the end of line 6.
- Let's take turns reading.

(2) 단어 체크
- Check the new vocabulary from the list.
- If there are any words you don't know, please ask.
- Second paragraph, third line, the word 'lastly'.
- It's worth noticing how the word 'dug' is used in line 10.
- I'd like draw your attention to the word 'donation' in line 2.
- The meaning of this sentence is something like 'he didn't understand'.
- Skip the words you don't know.
- Try to guess the meaning of the word by looking at the context.
- The context is the other words and sentences that are around the new word.
- Circle the words you don't know as you read the text.
- Find these words in the text and underline them.

(3) text에서 특정 위치 찾게 하기
- If you look at line 5, you'll notice that ~~.
- The third paragraph, the second line / sentence.
- The last line of the first paragraph.
- The paragraph beginning / ending "However."
- Line five, the seventh word.
- About the middle of line 12

(4) 모르는 것 질문하게 하기
- Are there any words you don't know?
- Are there any phrases you don't know the meaning of?
- Are there any strange words or expressions?
- Are there any questions on this text?
- Are there any words you're not sure of?

(5) 어려운 부분 집어주기
- Let's have a look at some of the difficult points.
- There are one or two difficult points we should look at.
- I'd like to point out some difficult points.
- Let's look at the text in more detail.

(6) 읽기 전략 / 읽기활동
- We use Skimming to find the main idea quickly.
- You need to skim the text when you have a lot to read in a short time.
- Scanning is a way of reading the text in detail to find specific information.
- There are different styles of reading for different situations.
- Underline the information you need while reading.
- Find these words in the text.
- Read the text and work with your partner to answer the questions in the worksheet.
- The first thing you need to do is find the main idea.
- What clues does the title give you about the story?
- A topic sentence is a sentence that tells us the main idea.

05 Exercise / Practice

(1) Instruction
- I want you to do exercise 1A.
- Try the next question as well.
- Answer the first three questions.
- Let's go on question number 3.
- Complete the sentences, using the words provided.
- Fill in the blanks, using the words given.
- Choose the verb that best fits each sentence.
- Put a cross in the right box.
- Match the words with the pictures.
- Cross the appropriate answer.
- Please write your answers in the blanks.
- Put a line under the correct preposition.
- If you get stuck, raise your hand.

(2) 정답 확인
- Let's check the answers.
- Let's go over the exercise together.
- Now we'll see how well you did.
- Let's learn through the answers quickly.
- Check your answers on page 100.
- Change your papers with your partner.
- What's the answer to number 1?
- What do you have for question 3?
- Let's go to number 2.

(3) 필기시키기
- Make a note of this in your books.
- Take this down in your worksheet.
- Write this down somewhere so that you don't forget it.

06 Using Picture

(1) 사진에 집중시키기
- Let's look at this picture.
- Take(Have) a good look at the picture.
- I want you to look at this picture.
- I'm going to show you some pictures of …
- Here is a picture of _____.

(2) 사진의 전체적 질문
- What do you see in this picture?
- What is there in the corner / background?
- What is happening in this picture?

(3) 세부정보 질문
- Has anybody any idea what this thing is called?
- Do you notice something strange about this picture?
- In which season was this picture taken?
- Why do you think this man looks angry?
- What could have happened earlier?

(4) 특정 대상에 집중시키기
- Can you describe the bears in the picture?
- Tell me about the buildings on the right of the picture.
- Have a close look at the boy standing in the boat.
- Pay attention especially to the size of the fish.

(5) 방향, 위치
- On the left / light…
- At the top / bottom
- At the very edge of the picture…
- In the top / bottom left / right–and corner…
- In the middle of the picture…
- In the foreground / background…

07 Giving Worksheet

- I'll pass out the worksheet.
- Pass these to the back.
- Pass out the worksheet.
- Take one and pass them on.
- One paper between two.
- Give these to your group members.
- Can you give out the worksheet, Jinho?

- Have you all got the worksheet?
- Is there anyone who hasn't got the worksheet?
- We're going to work on this worksheet now.
- You'll need this sheet for the next activity.

08 Speaking

(1) 말하기 준비
- Take a few seconds to think before you speak.
- You can make some notes first.
- Let's rehearse first.
- Try to manage without your book.
- Don't be afraid of making mistakes.

(2) 핵심표현 활용
- These are today's key expressions.
- This time, we're going to practice key expressions.
- Try to use the words we learned today.
- Try to memorize the patterns.
- Make sentences about the picture using the expression "If I were you…"
- When you talk, try to use today's key expressions.
- You can start your answer with "I think~."

(3) dialogue / conversation
- Let's act out this dialogue.
- We're going to do some role play now.
- Now we shall act this conversation.
- Let's watch Jinsu and Suhyun acting the conversation out.
- Let's see Jinsu and Suhyun's little play.
- Who would like to act the scene for us?
- Come out to the front and show everybody else.

(4) 역할 정하기
- Imagine (Let's pretend) you were _____.
- You will be Mr. Kim, Jinsu.
- You can read the part of Kim.
- Who want's to be Kim?
- Imagine that you're phoning your friend.
- I want you to think up a dialogue pretending you were these people.
- Try and act like an angry customer.
- Act as if you are really happy.
- We're going to use role play cards. Each card tells you which role you play.

(5) 학생 발표 관련, 발화 확장
- Can you tell me more about that?
- How did you feel about it?
- Can you think of another way to say this?
- Can you speak more clearly?
- Can you say it gain?
- I can see your speaking has improved.

09 Listening

- Let's listen to a short dialogue.
- First of all, listen to the conversation.
- Here's a dialogue between a teacher and a student.
- Now we'll listen to it again.
- Just listen. Don't say(write) anything.
- As you listen, fill in the missing words.
- While you listen, answer question 2.
- While listening, mark your answer sheet.
- As you listen, write down the main ideas.
- While listening, try to guess the meaning of unfamiliar words from context.
- Are you ready to listen?
- Can you all hear?
- Is the sound clear enough?
- Can you hear at the back?
- Listen and repeat.
- You don't need to understand every word you hear.
- Tell me anything you heard.

10 Writing

(1) 표현
- Let's learn some words you'll need when you write about this topic.
- We'll do some writing using today's key expressions.
- Please use the expressions on the board (worksheet).
- Here is a list of expressions that you can use for your writing.
- Let's brainstorm ideas about the subject.

(2) Exercise
- Fill in the blank with the right answer.
- Write the answers to the questions in English.
- Complete the sentences with the words below.
- Use the words in the box to complete the sentence.
- Find the answer in the text and write it.
- Come out to the board and write the answer on the board.

(3) Writing
- Please write neatly.
- Let's practice writing longer sentences.
- I'll show you a model writing.
- Today we're going to learn how to complete paragraphs.
- Let's write a short paragraph about your habit.
- You should begin each paragraph with a topic sentence.
- A paragraph is made up of a topic sentence, followed by some sentences that support its point.
- Don't worry about spelling now, just focus on your ideas.
- Check if your sentences are connected well.
- Make sure each sentence has a clear subject and verb.

(4) Feedback
- This is a good example
- I like your choice of words.
- This writing is very well-organized.
- You need to be more specific.
- Can you make this clearer?
- Do you think your topic sentences are clear?
- I am not sure what this sentence means.
- Look at the spelling very carefully.
- Please find and correct misspelled words.
- You can add more details to your sentence.
- Try to make your ideas flow naturally.
- Can you exchange your drafts and check each other's writing?
- Let's give each other some comments.

11 Form / Feedback

(1) 문제제기
- Are the sentences on the board right?
- (Can you see) anything wrong with this sentence?
- Is there anything to correct in this sentence?
- How many mistakes can you find?
- There's one place you have to correct.
- Look at these sentences on the board. Each sentence has at least one mistake.
- I'll give you a clue.

(2) 설명
- What's the past (tense) of 'to sing'?
- Which tense do we use after 'if'?
- You should use past tense here.
- Watch out for the tense this time.
- What preposition comes after 'to be proud'?
- Put the adverb at the end.
- Put the verb into the correct tense.
- You have the wrong verb / preposition / adverb…
- There is no subject in this sentence.
- Where does the word 'yet' usually come?
- Don't get 'skirt' and 'shirt' mixed up.
- Put a comma after this word.
- There should be a full stop.

(3) 수정
- It sounds better to say…
- This is the correct sentence.
- I think ____ sounds better in this sentence.
- Rewrite the sentence, using the passive.
- Rewrite in the first person.
- Substitute 'too' and 'enough' for 'so' in these sentences.
- Replace 'which' with 'that'.
- Rearrange the adjectives in the correct order.
- Once again, but remember the word order.
- Change these sentences in the same way as the example.
- Please correct the sentences with your partner.
- Look at the sentences and talk about the mistakes in your groups.

12 Board work

- Come out to the blackboard, please.
- (Come out and) write that sentence on the board.
- Everyone look at the blackboard, please.
- Let's read out the sentences on the blackboard.
- Copy this down from the blackboard. (into your notebooks)
- Can you see my writing back there?
- Make a note of the last two sentences.
- Wow your handwriting is very neat.
- Can I erase the board?

13 Activity

(1) Grouping

① 개별활동
- This is individual work.
- Work alone.
- Do this activity alone.
- Try to do it on your own.
- Don't look at your partner's work.
- Don't show yours to your friends.

② 짝 활동
- Work in pairs.
- Work together with your partner.
- Work with your friend sitting next to you.
- First, you'll work by yourself and then with a partner.
- Please get into pairs.
- Who hasn't got a partner?
- Don't worry. I'll be your partner.
- Let's practice these sentences with your partner.
- When you've finished, change over, so that you take the other part.
- Switch the roles, please.
- Those of you on the left, you take Peter's role.

③ 그룹 활동
- This is group work.
- Work in groups of three / four.
- I want you to form groups.
- I want you in groups (of four).
- We're going to work in groups.
- Can you get into groups? In fours.
- I'll divide the class into groups.
- Get into groups of four.
- Form six groups of four.
- Suji, Minho, Yeji, Jinho! You are group 1.
- There should only be four people in each group.
- Here are some tasks for you to work on in groups.
- Soyeong and Jungsu can you join group 3?
- Why don't you turn round and join in with them?
- What about joining in with them?
- Turn round and face your neighbour.
- Can you face the people behind you?
- Move your desk together.
- Please arrange your seats in groups.
- Please put the desks together.
- In your groups, I'd like you to try out some questions about…
- Students on this side, you are group leaders. You lead the discussion.
- Teamwork is very important.
- Everyone should listen carefully to the other members.
- Every members should work together.
- Every member in your group should participate.

(2) 활동 시작
- I'll give you 5 minutes.
- You have 5 minutes for this activity.
- Let's begin.
- Ready? Go!
- Are you ready? Let's go!
- You can start.

(3) 활동 중(Circulation)
- Can you try it again?
- You're almost there.
- You're on the right track.
- You're doing good.
- There's no need to hurry. We have plenty of time.
- You can refer to the page 21. That will help you.
- Raise you hand if you have any questions.
- If you get stuck, I'll help you.
- Does anybody need any help?
- Are you doing okay?
- Is anyone having trouble?
- There are still two minutes to go.
- We still have a couple of minutes left.
- We have an extra fine minutes.
- Hang on a moment.
- Just a moment, please
- One more thing before you go.
- We'll continue working on this next time.

(4) 활동 종료

- Time's up!
- Have you finished?
- Are you done?
- Does anybody need more time?
- Stop working.
- Have you all finished?
- Anybody not finished?
- Have you done everything?
- It's almost time to stop.
- I'm afraid it's time to finish now.
- We'll have to stop here.
- Would you stop writing, please.
- Put your pencils down.
- Time is up. Stop working.
- That's enough for now.
- OK, that's enough.
- All right, you can stop now.
- You've done enough of that.
- You've all done that quite well.
- Can you finish the sentence you're writing? and then we'll stop.

(5) 활동 전환

- First of all, we will⋯
- To begin with, we shall do⋯
- Let's first listen to the dialogue.
- Next, I would like you to⋯
- For the next thing, could you ⋯
- When you have done that, you can continue⋯
- Let's move on (to something different.)
- Let's turn to ~~.
- Now, let's try something a little different.
- It's time to start the next part.
- Let's do another activity to practice more.
- Shall we move to a writing task now?
- Before we go on the next activity, let's⋯
- Finally, I want you to⋯
- For the last thing today⋯
- Before we finish⋯
- Keep that in mind for the next activity.
- Let's get ready for something new.

14 Getting Attention

- Look at me.
- Eyes on me, please.
- Everyone, watch me first.
- I need everyone's focus for a minute.
- Pay attention now.
- Could I have your attention, please.
- Try to concentrate now.
- Let's calm down and listen carefully.
- I'll wait until everyone's ready.

- If you can hear me, raise your hand.
- Let's stop chatting and start working.
- Let's give our full attention here.
- Good, I can see most of you are ready.
- Great, you're all paying attention now.
- Sorry to interrupt you, but can you look this way for a moment?
- I'll show you how to do it.

15 Volunteer

(1) 발표시키기
- (Are there) Any volunteers?
- Raise your hand if you want to volunteer.
- Who wants to come out?
- Who wants to try?
- Who would like to go first?
- Which group wants to go first?
- Who'll be the first group(one) to present?
- Who'll write the answers on the blackboard?
- Any volunteers to read the part of Mr.Lee?
- Jisu, would you like to give it a try?
- Now, you can pick the next person.
- Make eye contact with the listeners.
- Stand up straight when you answer.
- Speak loudly and clearly.
- Take your time and speak clearly.
- When you listen, look at the speaker directly.
- Pay attention to the speaker.
- Let's welcome Junsu with a round of applause.
- Please come to the front and start when you're ready.
- Let's give full attention to the speaker.

(2) 정답
- That's right / correct / it.
- Exactly!
- Exactly right.
- You've got it.
- You've got the idea.
- You're absolutely right.
- There you go.
- You didn't make a single mistake.

(3) 거의 정답
- You've almost got it.
- You were almost right.
- That was so close.
- You're halfway / almost there.
- You're on the right track.
- The answer is correct but there is another answer, too.

(4) 오답
- That's not correct.
- I'm afraid that's not quite right.
- Not exactly.
- Nice try, but not quite right.
- Unfortunately not. Nice guess, but that's not the right answer.
- Good try, but not quite right.

(5) 다시 시도
- That's much better.
- Try it again.
- Have another try.
- Can you try it again?
- Think about it a little more.
- Look again carefully.
- That's a nice point. Can you explain a little more?

(6) 발표 중 피드백/격려
- Good start! Keep going.
- Interesting idea — please continue.
- Good effort! Tell us one more thing about it.
- Take your time, no rush.
- Say it a bit louder, please.
- Say it louder so that everyone can hear you.
- That's an important point. Could you say that again for everyone?
- You're speaking more confidently now.

(7) 발표 후 마무리/추가 질문
- Great job, thank you for sharing.
- You spoke with confidence — nice work.
- I can see you practiced a lot.
- Give him/her a big hand, everyone!
- Does anyone have a question for Jisu?
- Can anyone add something to what he said?
- What did you learn from Jisu's presentation?
- That was a good point — can someone give another example?

16 Praising Students

(1) 일반 칭찬
- Correct. You got the right answer!
- Good / great / excellent / nice job!
- You made a very good job of that.
- Fantastic! Excellent! Brilliant! Wonderful! Awesome! Terrific! Bravo! Well done! Marvelous! Magnificent! Great stuff!
- That was wonderful!
- How did you know that!
- That's nice! I like that!
- Two thumbs up!
- That's perfectly correct!
- That's exactly the point!
- What you said was perfectly all right.
- That's just what I was looking for.
- Thank you for your (active) participation!
- Wow I love your loud voice!
- You have very good pronunciation.

(2) 학생의 사고, 표현에 대한 칭찬
- I like your idea.
- How did you come with such a great idea?
- That's a very creative answer.
- You expressed your idea really well.
- That's a good example to support your idea.

(3) presentation 칭찬
- Let's give him / her / Jieun a big hand!
- Your presentation was good.
- It was great presentation, wasn' it?
- You've prepared so much.
- Your presentation attitude was so good.
- You used proper gestures and facial expressions.
- You did a great job with looking at the audience.
- You had great eye contact and loud and clear voice.

(4) 그룹, 짝 활동에 대한 칭찬
- You worked well as a team
- Nice group work!
- Your teamwork is excellent.
- I love the way your group shared ideas.
- I'm proud of you for helping each other.
- I like how you listened to each other.
- You supported your partner very well.
- That's a great example of collaboration.
- I can see you helped each other nicely.

(5) 학생 전체 태도 칭찬
- You are concentrating very well.
- What a good listener!
- You're working so hard today.
- Your active participation makes me happy.
- Everyone did a great job today.
- You all did your best — that's what matters.
- I'm so happy with your progress today.
- Let's give ourselves a big round of applause!
- You all made my day!
- I'm impressed with how everyone participated today.
- That was a very active and lively class.
- Great job, class! You made a lot of progress today.
- Thank you all for your active participation.

(6) 발전 / 참여시도 칭찬
- You've really improved.
- You're really getting better.
- This is much better than the last time.
- It's much more than I have expected.
- I love how you gave it a try.
- Thank you for being brave and sharing.
- You didn't give up — great effort.
- I can see you're trying your best.

17 Interaction-responding

(1) 긍정 / 격려 반응
- Good / Very good / Fine
- Yes / That's right / Right you are / Yes, you've got it
- Terrific / I like that / Well done
- Good try / You're almost right
- Absolutely!
- Exactly what I was thinking.
- That's an excellent idea.
- Perfect!
- Spot on!
- You hit the point exactly.
- That's a clever answer.
- That's exactly right!
- I like how you explained that.

(2) 흥미 / 놀람 반응
- Wow
- Oh, did you? / Is it?
- What you said is very interesting.
- I didn't know that.
- Is that so? / Really?
- That's surprising!
- How fascinating!
- I didn't expect that.
- That's amazing!
- Huh, that's a new idea!
- I see!

(3) 확장 / 추가질문 유도
- Why do you think so?
- Can you explain a little more?
- Why do you say that?
- How did you come up with that?
- Can someone add to that idea?
- Could you give an example?
- What makes you think that?
- Can you tell us more about it?
- How do you know that?
- What do you mean by that?

(4) 학생 의견 확인 / 공감
- That's a good point.
- Yes, that's true!
- I see what you mean.
- That makes sense.
- I understand your point.
- That's a good observation.
- I can follow your thinking.
- Yes, I agree with that.
- I like the way you put it.
- You're right about that.

CHAPTER 04 수업설계역량(경기도)

> **Check Point**
>
> 경기도는 2차 시험 수업실연에서 수업나눔을 폐지하고 '수업설계역량'이라는 항목을 새로 도입한다고 밝혔다. 다만 왜 도입하는지도 설명이 없고 예시 문항도 나오지 않아서 이 파트를 이번 교재에 넣지 않을까도 생각했지만 필자의 예측이 틀리더라도 예상 문제라도 있는 것이 더 도움을 줄 수 있겠다는 판단 후 교재에 넣게 되었다. 12월 말에 2차시험 최종공고에는 구체적인 사항이 나올 수 있으므로 반드시 확인하도록 하자. 수업설계역량은 처음 도입되기 때문에 모두가 정확한 준비 방향도, 기출문제도 없이 대비해야 하는 어려움이 있다. 다만 이러한 어려움에도 다른 교사와 차별되는 답변을 해낸다면 오히려 큰 기회가 될 수도 있다. (게다가 수업실연 전에 수업설계역량에 대한 답변부터 하기 때문에 좋은 첫인상을 남길 수도 있다.) 수업실연을 처음 준비할 때부터 각 활동을 계획할 때 '나는 왜 이 활동을 이렇게 진행하려는지' 생각해보며 나만의 수업 철학, 의도를 녹여낼 수 있도록 고민해보자.

(1) 도입 배경

경기도는 지금은 폐지되었지만 예전에 토론과 수업 나눔을 추가하며 2차 시험을 크게 바꾼 적이 있었는데, 이때 교육청 담당자로부터 '학원 등에서 기계처럼 암기하여 교사마다 비슷한 면접 답변/ 수업실연 많았기 때문에 바꾸게 되었다' 이라는 말을 들었다. 이처럼 경기도는 열심히 준비했더라도 어디선가 외운 듯한 답변을 선호하지 않고, 예비 교사만의 교육철학이 녹아있는 수업 및 답변을 매우 선호한다. 토론은 코로나도 있었고 운영상의 현실적 문제로 폐지된 것으로 예측되지만 수업 나눔은 수업실연 이후에 진행되다보니 평가자 입장에서 '이미 지나간 수업과 교사의 수업 철학, 수업 의도 등을 함께 보기엔 어려움이 있지 않았을까'라는 생각이 든다. 수업실연 전에 수업 설계 의도를 묻고, 이 답변을 토대로 이어지는 수업 실연을 본다면 평가자 입장에서도 이 교사가 교육적 신념/의도를 가지고 수업을 진행하는 것인지를 지켜보면서 수업을 평가할 수 있기에 이런 변화가 생긴 것이라고 예측할 수 있다.

(2) 진행 순서

[기존] 수업실연구상[25분] ➡ 수업실연[15분] ➡ 수업나눔[즉답형, 10분]

[변경] 수업설계역량 및 수업실연 구상[구상형, 20분] ➡ 수업설계역량 답변[5분] ➡ 수업실연[15분]

(3) 평가 의도

구분	설명
1. 교육과정 해석력 확인	▸ 제시된 성취기준과 수업목표를 얼마나 깊이 이해하고, 이를 학습 활동과 연계시킬 수 있는지 평가 ▸ 교사가 '왜 이 목표가 중요한가', '학생에게 어떤 의미의 배움인가'를 설명할 수 있는지 확인
2. 교사의 사고력·판단력 평가	▸ 정해진 조건(활동, 자료, 목표) 속에서도 교사가 '어떤 판단 근거'로 수업을 해석하는지 평가 ▸ 즉, '틀 안에서도 사고할 줄 아는 교사인가'를 확인하기
3. 학습자 이해 및 적용 능력 평가	▸ 수업 설계가 '학생 중심'으로 이루어졌는지를 확인하기 위해, 교사가 학생의 수준·흥미·반응을 어떻게 고려했는지를 확인
4. 교수·학습 과정에 대한 메타적 이해 평가	▸ 단순히 수업 절차를 아는 것이 아니라, 각 단계의 교육적 기능을 이해하고 있는지를 평가 ▸ 즉, '왜 이 순서인지, 왜 이 방법인지'를 설명할 수 있어야 함
5. 교사의 반성적 사고 및 성장 가능성 확인	▸ 수업을 고정된 절차로 보는 교사인지, 매 수업을 '성찰과 개선의 기회'로 인식하는 교사인지를 평가
6. 교사로서의 철학과 태도 확인	▸ 교사가 수업을 단순 수행이 아닌 가치 지향적 실천으로 이해하고 있는지 평가 ▸ 즉, 수업을 통해 어떤 '교육적 신념'을 실현하려 하는지를 묻는 것

(4) 준비 전략

수업설계역량에 대한 예시가 전혀 없는 상황에서 2차 최종공고 12월말까지 그냥 기다릴 수는 없다. '수업설계역량'은 단기간에 만들어낼 수는 없기에 수업실연 준비 초기부터 습관을 갖춰 대비하는 것이 좋다. 기본적으로 "왜 이 활동인가?" "학생은 여기서 무엇을 배우는가?" "교사는 여기서 어떤 역할을 하는가?"에 대해서는 질문과 답변을 하면서 수업실연 설계를 해야 하는데, 더 자세히는 다음 표로 정리했다. 다음 전략대로 꾸준히 노력한다면 어떤 질문이 나와도 대략적으로 답변할 수 있는 기본기는 기를 수 있을 것이다. 또한 수업설계역량 질문에 대한 답변 외에도 수업실연 자체를 더 자연스럽고 전문성이 느껴질 수 있도록 만들어 줄 수 있으므로 반드시 연습해두자.

구분	대비 전략
1. 교사의 수업 철학·학생상	① '나의 교육철학' 문장으로 정리하기: "나는 ○○한 학생을 길러내는 / 수업에서 ○○를 실천하는 교사가 되고 싶다."처럼 몇 가지 정리하기 (예 '배려와 존중을 지키는 수업', '앎과 삶을 연결하는 학생') ② 수업 주제와 연결해보기: 수업에서 강조하는 가치를 '내가 중요하게 생각하는 교육철학(예: 배려, 학생주도)'과 연결해서 어떻게 나의 교육철학을 수업에 녹여낼 것인지 생각한 후 답변해본다.

	(예)'앎과 삶을 연결하는 학생' → 교사 피드백 시 "Your idea is creative. How can it include everyone in our school?" 와 같이 지식을 실제 삶의 가치 판단으로 확장시키는 질문 던지고, 완성된 제안문을 실제로 교내 신문에 올리고 대의원회 의견함에 전달할 것을 권유하며 배운 개념을 학생의 삶 속 행동과 연결할 수 있도록 유도할 것)
2. 수업의 전체 방향과 가치	① 핵심 주제 정리: 수업의 핵심 가치 또는 핵심 주제를 살펴보고, 단어 또는 짧은 문장으로 정리한다. (예)'모두를 배려하는 Universal Design', '속담을 통한 교훈 얻기'...) ② 수업의 흐름 확인: 이 수업의 활동을 순서대로 살펴보면서 학생의 배움 여정을 그려보고, 각 단계에서 학생이 어떻게 변하는지 정리한다. (예)처음엔 글을 통해 Universal Design의 개념을 읽고 이해하지만, 점차 학교 공간을 분석하고 모두를 위한 공간으로 바꿀 것을 요청하는 제안을 영어로 작성하면서 '영어로 세상을 바꾸는 학습자'로 성장) ③ 궁극적 배움 목표 정리: 이 수업을 통해 학생이 궁극적으로 얻을 수 있는 것을 수업의 '핵심 가치'와 연결하여 정리하기. 2022개정교육과정의 용어를 빌려오면 더 좋다. (예)영어로 실천하는 시민교육: 타인을 존중하며 시설을 설계하는 '더불어 사는 사람'으로 성장하기)
3. 활동의 의미와 연계성	① 활동별 의도 표 작성: 각 활동 옆에 '이 활동의 목적'을 써본다. (예)'전치사+ -ing' 형식 지도: 오늘 수업에서 학생들이 학교의 Universal Design을 위한 제안서를 쓰는 것이 목표인데, '전치사-ing' 형태는 "We can make our school better by adding a sign" 과 같은 문장처럼 행동 제안을 구체적으로 표현할 때 적합한 표현임을 알려주어서 제안서를 쓰기 위한 준비임을 알도록 하고, 문법은 암기하는 것이 아니라 자기 생각을 설명하기 위한 실용적 목적임을 체득하게 한다. ② 활동 간 연결 포인트 정리하기: "왜 이 활동 다음에 이 활동이 오는가?" "이 활동 수행에 저번 활동이 도움이 되는 점은 무엇인가?" (예)학생들은 보통 글쓰기를 매우 어려워한다. 읽기 후에 Graphic organizer를 통해 'Universal Design의 특징'과 '구체적 예시'를 정리하게 구성되어있는데, 이를 통해 학생들은 글을 읽은 뒤 글의 여러 정보를 흩어지지 않은 구조화된 정보로 기억할 수 있으며, 이를 토대로 글쓰기를 진행하면 학생들은 글에서 얻은 정보를 글쓰기에서 어떻게 활용할 수 있을지 아이디어를 얻을 수 있게 된다.
4. 교사의 발문 의도 (Teacher Talk)	① 교사의 발문 의도 분류하기: 사고 열기(도입), 동기 유발하기, 주제 연결하기, 사전지식 활성화하기, 개념 확인하기, 이해 점검하기, 생각 확장시키기, 실생활 연결하기, 의사소통 촉진하기, 성찰시키기 ② 실제 수업대본에 발문 옆 괄호로 의도 표시하기: 만약 생각을 확장시키는 발문이라면 어떤 방향의 확장을 의도했는지 (예) Are people in the picture all same or different? (주어진 그림과 '다양성을 존중하는 Universal Design의 특징을 연결할 수 있도록 사고를 열기)

5. 학생의 배움과 다양성 고려	① 활동별 학생의 예상 반응 적기: 특히 '소극적인 학생', '기초가 부족한 학생' 등 수업에 따라가기 어려워하는 학생 위주로 이 활동에서 어떤 점을 어려워할 것인지 생각해본다. 　**예** Group으로 진행하는 '제안문 쓰기' 활동에서 영어 작문을 전혀 못하는 학생은 할 수 있는 것이 없을 것 ② 지원전략 세우기: 교사의 지원 방식을 구체화하기: 힌트가 될 수 있는 발문을 던지기, 참고할 수 있는 자료를 제공하기, 쉬운 역할을 부여하기, 답변의 형식을 바꿔주기... 　**예** 문법이 어려운 학생들을 위해 Grammarly와 같은 문법 점검 프로그램 안내, Graphic organizer에서 영작이 너무 어렵다면 '단어' 위주로 채울 것을 안내
6. 수업의 실천적 가치(학교·사회 맥락과의 연계)	① 수업 주제를 학생의 현실과 연결해보기: 학교생활 및 학교 밖 생활에서 어떤 연계성이 있는지 생각해본다. 　**예** "Universal Design"은 단순히 시설 측면이 아닌, 공동체 속에서 타인을 고려하여 함께 살아가는 태도를 의미하는 것이고, 학교라는 공간에서도 그렇다. ② 영어학습과 연결하기: 1번에서 정리한 내용을 '영어' 학습과도 연결할 수 있다면 "언어가 행동/사고 확장으로 이어지는 경험"을 생각해보기 　**예** "Universal Design"은 전 세계적으로 논의되는 주제인 만큼 영어로 학교를 바꾸는 제안문을 작성한다면 '세계 속 문제'로 더 넓은 관점에서 변화를 만들어내는 주체가 될 준비를 할 수 있다. ③ 1번과 2번을 수업 중 어떤 부분에서 어떻게 강조할 수 있는지 정리해본다. 　**예** 수업 초반 Topic Guessing때부터 오늘의 주제 Universal Design이 교과서 속 내용 만이 아니라, 우리가 매일 생활하는 학교 속 이야기이고, 학생들이 직접 우리 학교 변화의 주체(Changemaker)로 역할을 하게 될 것을 강조한다. 　**예** '학교 안 Universal Design에 대한 제안문 쓰기' 활동 이후 학교 밖 실생활까지 확장하여 우리 마을의 공공시설, 도서관, 버스 정류장 등에서도 Universal Design이 잘 설계된 곳 또는 필요한 곳을 찾아서 학급 Padlet에 업로드할 것을 격려하기

(5) 예상 질문

01　학습목표, 성취수준 달성

▸ 주어진 학습목표를 보고, 이 수업이 학생에게 어떤 의미 있는 배움을 주는 수업이라고 생각하는지 말하시오.
▸ 주어진 학습목표에 학생들을 도달시킬 때 어려움이 예상되는 부분은 무엇이고 어떻게 해결할 것인지 말하시오.
▸ 목표/성취수준을 달성시키기 위해 오늘 수업에서 어떤 부분을 가장 강조할 것인지를 이유와 함께 말하시오.
▸ 주어진 학습목표를 기반으로 오늘 진행할 각 활동들이 어떤 의미를 가지는지 설명하시오.

02 수업 철학, 수업 신념, 교사의 역할

- 오늘 수업에서 학생들에게 길러주고 싶은 덕목 또는 역량을 말하고, 이를 수업 중 어떻게 실현할 것인지 말하시오. [수업나눔기출변형]
- 오늘 수업에서 단 한 명도 소외되지 않기 위해 특별히 계획한 점 또는 노력할 점을 말하시오. [수업나눔기출변형]
- 자신의 수업철학을 이야기하고, 이런 철학을 반영하기 위해 어떤 수업을 진행할 것인지 말하시오.
- 오늘 수업에서의 본인이 맡을 교사로서의 주요 역할을 말하고, 그 역할을 수업 중 어떻게 수행할 것인지 계획을 말하시오.
- 본인이 생각하는 '좋은 수업'의 기준을 말하고, 이를 위해 이번 수업에서 노력할 수 있는 부분을 말하시오.
- 이번 수업에서 가장 중점을 두고 보여주고 싶은 교사의 모습은 무엇인지 말하고, 이를 위한 노력 방안을 제시하시오.
- 오늘 수업에서 교사로서 학생에게 가장 전하고 싶은 교육적 메시지는 무엇이고 이를 실현하기 위한 방안을 말하시오.
- 오늘 수업이 끝난 뒤 기대되는 학생들의 반응과 변화를 구체적으로 설명하시오.
- 오늘 수업에서 '배움의 주체'로서 학생이 느껴야 할 경험이 무엇인지 말하고, 이를 위한 노력 방안을 설명하시오.
- 오늘 수업을 통해 교사로서 성장할 수 있는 점을 구체적인 이유와 함께 말하시오.

03 전반적인 수업 설계

- 오늘 수업에서 학생의 배움과 성장이 일어나게 하기 위한 의도를 구체적으로 말하시오. [수업나눔기출변형]
- 오늘 수업에서 '깊이 있는 배움' '생각하는 힘'을 위해 특별히 노력할 점을 구체적으로 말하시오. [수업나눔기출변형]
- 오늘 수업에서 서로 다른 특성을 가진 학생들을 지도하기 위해 노력할 부분을 말하시오. [수업나눔기출변형]
- 오늘 수업에서 성취가 우수한 학생과 성취 수준 도달이 어려운 학생을 각각 어떻게 지도할 것인지 계획을 말하시오. [수업나눔기출변형]
- 오늘 수업에서 가장 큰 어려움이 예상되는 부분을 말하고, 이를 극복하기 위해 본인이 노력할 점을 말하시오.
- 오늘 수업에서 학생들의 앎과 삶을 일치시키기 위해 노력할 수 있는 점을 말하시오.
- 오늘 수업이 학생들에게 어떤 의미로 다가올 수 있는지 말하고, 교사로서 이를 위해 특별히 수업에서 노력할 점을 말하시오.
- '학생이 주도하는 질문과 탐구 중심의 깊이있는 수업'을 위해 노력할 수 있는 점을 말하시오.

04 수업의 흐름 및 활동 진행

- 오늘 진행할 수업 활동의 전체적인 흐름을 요약하되, 활동들이 각각 어떻게 연계되어 있는지를 말하시오.
- 오늘 진행할 활동 중 가장 강조하고 싶은 활동을 말하고, 어떤 의도로 그 활동을 진행할 것이며 어떤 점을 가장 노력할 것인지 말하시오.
- 동일한 활동이라도 학생 수준에 따라 다르게 느낄 수 있는데, 오늘 진행할 활동에서 학습 격차를 줄일 수 있는 방안을 설명하시오.
- 오늘 진행할 활동 중 학생들의 참여가 적을 수 있는 부분을 말하고, 참여도를 높이기 위해 노력할 점을 말하시오.
- 오늘 진행할 활동에 대해 학생들의 학습동기를 높이기 위한 전략을 말하시오.
- 오늘 학생의 활동 중 교사의 개입이 가장 필요할 것 같은 부분을 말하고, 어떤 식으로 개입할 것인지 이유와 함께 말하시오.

05 상호작용, 발문, 관계형성

- 오늘 수업에서 진행할 학생과의 상호작용에서 의미있는 상호작용을 위해 실천하고 싶은 점을 말하시오. [수업나눔기출변형]
- 오늘 수업에서 계획한 발문을 2개만 예시로 들어서 말하고, 각각의 발문의 의도와 학생들의 예상 반응을 제시하시오.
- 이번 수업 중 학생의 사고나 태도를 관찰할 수 있는 포인트는 어디이고, 수업에서 이를 위해 어떤 노력을 할 것인지 말하시오.
- 오늘 학생 간 상호작용을 촉진하기 위해 계획한 수업 방안 및 노력할 점을 말하시오.
- 오늘 수업 중 학생과의 관계 형성을 위해 노력할 점을 말하시오.

06 학습지, 자료, 기자재 활용 의도

- 오늘 수업에서 주어진 학습지를 분석해보고, 어떻게 활용할 것인지를 설명하시오.
- 오늘 수업 학습지 중 학생들에게 어렵거나 모호할 수 있는 부분을 말하고, 학생의 이해를 돕기 위해 어떻게 진행할 것인지를 말하시오.
- 오늘 주어진 학습 자료 중 학생의 사고를 이끌어낼 수 있는 부분을 말하고, 어떤 식으로 사고를 이끌어낼 것인지 말하시오.
- 오늘 주어진 교실 기자재 중 한가지를 골라서 어떻게 활용하고 싶은지 말하시오.

수업실연 Q & A

자주 받았던 질문들을 모아봤습니다.

> 수업실연 전반

Q. 수업실연 때 구상지를 들고 해도 괜찮나요?

Louis : 들고 해도 괜찮고 놓고 해도 괜찮습니다. 제 생각엔 들고 있고 없고 그 자체는 크게 중요하지 않습니다. 놓고 하는 것이 손동작이 더 자연스러워 보일 수는 있어도 들고 해도 충분히 제스쳐를 다 할 수 있으니까요. 다만 문제가 되는 상황은 손에 들고 시연하는데 너무 구상지를 자주 보거나, 놓고 시연하는데 저 멀리 있다가 다음 순서를 까먹어서 구상지를 가지러 왔다갔다를 자주 한다거나 할 때입니다. 들고 시연하면 든 상태에서 제스쳐나 몸의 자세 등이 부자연스럽지 않도록 연습해야 하고, 학생과 자연스럽게 소통하는 부분에서는 구상지를 놓고 양팔을 자연스럽게 하는 연습도 필요합니다. 구상지를 놓고 시연할 때는 구상지를 참고해야하는 상황이 왔을 때 오디오가 끊기지 않도록 대사를 계속하면서 자연스러운 타이밍에 종이를 드는 연습이 필요하구요. 저 같은 경우엔 보통은 놓고 했고, 구상지 가장 위에 흐름을 요약해 놓아서 그것을 곁눈으로 살짝살짝 보면서 진행했구요. worksheet으로 활동을 진행할 때는 구상지를 자세히 봐야 하니 그때는 구상지를 들고 학생 방향으로 보여주면서 '자 함께 읽어보자'라고 하며 설명했습니다. 그런데 실전에서 교탁이 연습했던 곳보다 낮아서 당황했던 기억은 있으니, 교탁이 높은 곳, 낮은 곳 전부 연습하시면 좋을 것 같아요.

Q. 제 수업실연은 전체적으로 그냥 난장판이에요. 그냥 전형적인 수업실연이 아니에요.

Louis : 아직 수업실연의 틀이 잡히지 않아서 그렇습니다. 다양한 문제를 풀어보기보다는 최근 기출 문제 1~2개를 여러 차례 반복하면서 틀을 잡고 자동화하는 것이 가장 필요합니다. 처음 구상하는 스크립트는 이 책의 샘플 등을 많이 참고하면서 만드시고, 계속 그 스크립트를 여러 번 연습하면서 계속 수정해 나가는 것이 핵심입니다. 차근차근 접근하세요.

Q. 수업에서 인성을 강조하는 것이 중요한데 어떻게 할까요?

Louis : 실전에선 짧은 구상 시간에 그 부분까지 고려하긴 어렵습니다. 그래서 연습할 때 모든 수업에서 나오는 장면에서 할 수 있는 멘트로 자동화 시켜놓으면 좋습니다. 예를 들어 페어워크, 그룹워크 활동 시작 전에 서로 돕고 협동을 강조하는 멘트, circulation에서 어려워하는 학생을 옆 친구가 돕기를 유도하는 멘트 등을 몇 가지 정해놓으면 좋습니다. 구상할 때 여유가 있다면 수업 topic과 연결하는 멘트도 가능한데, 예를 들어서 "화재가 났다면 혼자만 대피할거야? 아니지 주변에 크게 알리면서 대피해야지!", "우리가 재활용 가능한 것을 일반쓰레기에 버리면 안 된다고 읽었는데, 왜 그럴까?" 이런 식의 질문을 수업에서 조금씩 던질 수 있습니다.

Q. 수업실연에서 노래 부르는 등 튀는 행동을 하라고 하는데, 정말 그래야 하나요?

Louis : 가끔 누가 수업실연에서 노래를 불러서 합격했다… 이런 이야기들이 들리는데 그 선생님께선 노래를 해서 합격이라기보다는 노래를 안 하셨어도 합격이셨을 것 같아요. 결국 다른 부분을 잘하셔서 합격하신 것이지 노래가 플러스 포인트가 된 것은 아니라는 것이죠. 수업의 흐름에서 필요한 부분인데 내가 살짝 독특하게 할 수 있는 아이디어가 떠오른 경우(예를 들어 단어 설명할 때 아주 짧게 그 단어 들어간 팝송 한구절만 부르기)라면 모를까, 수업과 관련 없는 부분에서 노래 부르거나 하는 튀는 행동을 억지로 넣으실 필요는 없습니다.(물론 수업에서 필요한 부분을 더 활발하고 밝게 하기 위한 멘트는 종종 필요하지만요.^^)

Q. 비지도안 지역에서 구상시간 전략이 궁금합니다. 20분 안에 수업 흐름 파악, 디렉션 파악, Material 파악, 그리고 디렉션별 수업 전략 설정을 어떤 것을 먼저 보면서 어떤 순서로 해야 할지, 그리고 구상지 위에 어디까지 메모를 해야 하는지 궁금합니다. 또한 실연 중에는 구상지의 어디를 주로 보면서 실연하는지 헷갈리네요.

Louis : 이건 사실 개인 스타일에 따라 달라질 수 있다고 생각합니다만 비지도안 지역 문제지의 마지막 페이지에 수업의 전체적인 흐름을 나타낸 레스 플랜이 있는데, 이것을 먼저 봐야 어떤 수업에서 어떤 부분을 주로 실연해야 하는지 전체적인 흐름을 가장 빨리 파악할 수 있을 것입니다. (한글로 나와있어서 빠른 파악도 가능합니다.) 그런 다음 디렉션을 순서대로 읽으면서 그 디렉션에서 활용해야하는 Material이 있으면 그때 같이 읽으면서 파악합니다. 저는 첫 direction이 material 1을 활용한다면 그거까지 같이 보고 '아 이걸 활용하라는 거구나' 이 정도만 파악한 후 문제지 여백에 대략적으로 '이걸 해야한다' ('direction 1은 material 1을 활용한 pair speaking)을 요약해서 나만의 코드로 가장 위 여백에 적어놓았습니다.(D1:'Sp- pair- M1') 그리고 그다음 디렉션으로 넘어가서 같은 작업을 반복했구요. 아직은 대략적으로 수업의 순서를 파악하는 과정이니 이 과정에서 material이 읽기에 좀 오래 걸리는 경우 다 읽지는 않았습니다. 이렇게 마지막 디렉션까지 한 뒤 다시 첫 디렉션으로 돌아가서 그 디렉션을 어떻게 수행할지 구체적인 아이디어를 그 오른쪽에 필기했습니다. 각 활동에 대한 디렉션수행 전략은 그 다음 디렉션이 뭔지, 그다음 어떤 활동들이 이어져 나올 것인지에 따라 달라져야 합니다. 그러므로 디렉션을 처음 볼 때부터 구체적인 전략까지 세우지는 말고, 전체적인 흐름을 파악한 뒤 다시 돌아와서 하나하나 세부적인 디렉션 수행 전략을 세우는 것을 추천드립니다. 그리고 실제 수업실연에서는 여백에 필기한 것을 주로 보면서 실연하면서, material을 자세히 봐야할 때는 학생들과 함께 보는 식으로 시연하면서 그때 저도 필요한 부분을 읽었습니다. 물론 처음엔 이런 모든 과정이 자연스럽게 안 되니까 혼란스러울 것입니다. 다만 나중에 다양한 문제를 연습하시다보면 나만의 패턴이 점점 생겨서 구상지를 자주 보지 않고도 자연스럽게 머릿속에서 수업의 흐름을 타면서 진행하실 수 있을 것입니다. (연습 꾸준히 하시면 점점 좋아지는 부분인 것입니다.) 제가 소개한 방식이 정답은 아니니 1차 합격 전 다양한 방법으로 해보시면서 자신만의 방법을 찾고, 1차 합격 후 그 전략을 계속 연습하시는 것을 추천드립니다.

Q. 비지도안 지역인데 15분 구상시간동안 수업의 흐름을 다 구상하고 기억하기가 어렵습니다. 팁이 있을까요?

Louis: 이건 진짜 연습이 살길입니다. 지금은 하나하나 다 생각하고 신경써야 수업 진행이 가능하더라도 수많은 연습을 하면 즉석에서도 나도 모르게 수업의 흐름을 (큰 인지적 노력 없이) 자연스럽게 타게 됩니다. 기출을 통해 대략적인 수업실연이 익숙해지셨다면 지금까지 했던 비슷한 디렉션으로만 구성된 문제보다는 새로운 형태의 문제를 자주 시도해보시면서 '어떤 디렉션이 나와도 다 대처할 수 있도록' 연습하시는 것이 좋습니다.

> 상호작용 & Teacher Talk

Q. 학생하고 상호작용을 많이 해도 수업 실연이 계속 무미건조해요. 내가 봐도 핵노잼이에요. 책 읽는 로봇 같아요.

Louis : 수업실연을 시작하면 디렉션 수행만 해도 정신이 없고 인지적인 여유가 없어서 나도 모르게 계속 같은 톤으로만 진행될 확률이 높습니다. 그럴 때는 '칭찬'부터 톤을 높여서 신나게 말하는 연습하세요. Wow!!! Great!! Awesome!!! You did a really good job!!!! 꾸준히 연습해서 톤까지도 자동화시키세요. 칭찬 다음엔 활동 전환, 활동 시작 멘트를("We are going to write OUR stories!! Are you excited?") 톤을 바꿔서 신나게 해보시면 됩니다. 계속 연습하다보면 혼자서 할 때는 잘하는데 스터디원 앞에선 안 나오는 때가 옵니다. 그때 더 반복 연습해야 합니다. 내 앞에 심리적인 벽을 허물면 언젠가 됩니다! 다른 방법은 모든 활동에 '스토리 구현'을 하는 것입니다. 학생들이 영어 학습만 하는 느낌이 아니고 그 활동의 주인공이 되어서, 자신을 대입하여 실제로 학교 밖에서 무언가를 수행하는 느낌을 주는 것이죠. 예를 들어 본문에 어떤 고민 글이 써있고, 그것에 대한 조언을 쓰는 활동이라면 "자 본문에 세라의 고민이 써있는데 여기에 답변을 해보자" 라고 말하기보다는, "애들아 지금부터 너희는 세라의 베스트 프렌드야. 그런 세라가 요즘 너~무 큰 고민이 있어서 힘들대…. 너희가 도와줄 수 있겠니? 그래! 고마워 정말 큰 힘이 될거야!" 라고 스토리를 만드는 것이죠.

Q. 친절하게 설명은 많이 했는데 뭔가 정신없고 여유가 없는 수업인 것 같아요.

Louis : pause를 활용하세요. 오디오가 항상 꽉 차있을 수 있습니다. 짧은 시간제한 속 압박을 받은 상황에서 이것저것 다 말해야 한다는 생각에 너무 많은 말을 쉬지 않고 한거죠. 사실 문장 중간 중간 1~2초의 pause가 자주 있어야 더 자연스러운 수업 느낌이 납니다.(특히 학생의 반응이 나와야 하는 부분에서는요!) 그리고 중요한 부분을 설명할 때는 갑자기 브레이크 밟는 느낌으로 천천히 말하는 연습을 해 주시면 좋아질 것 같습니다.

Q. instruction주거나 할 때 전달력이 좀 떨어지는거 같은데 아무리 고쳐봐도 어디가 문제인지 잘 모르겠어요.

Louis : 먼저 영상을 찍고, 그대로 script를 만들어보세요. 그리고 script만 다시 쭉 읽어보세요. 복잡한 부분이 있었다면 알기 쉽게 수정해보고 다시 해보세요. 여기에서 해결이 되었다면 대본 문제였을 것입니다. 만약 script에는 문제가 없었다면 이번엔 찍은 영상에서 화면 말고 '소리'만 집중해서 들어보세요. 말하는 속도, 발음, 적절한 pause, 중요부분 강약조절 등에서 전달력을 떨어뜨리는 요소가 있었는지 집중해보고, 고쳐야 할 것이 있으면 고쳐보세요. 소리만 듣기엔 아무런 문제가 없었다면 비언어적인 부분에 문제일 것입니다. 제스쳐가 적절히 들어가지 않았거나 판서를 활용하지 않았거나 표정이 너무 굳었거나 하는 요소가 있어서 전달력을 떨어뜨리는 것이니 수정해서 다시 해보세요. 전달력이 좋은 사람의 영상이 있다면 그것을 자주 따라하는 것도 큰 도움이 됩니다.

Q. Teacher talk할 때 대상이 중학생과 고등학생일 때 다르게 해야 하나요?

Louis : 그것까지 고려하긴 너무 바쁘긴 합니다. 그리고 고등학생이라도 teacher talk은 중학생도 이해할 수 있을 정도로 연습하시는 것이 중요합니다.

Q. 스터디에서 수업실연 연습할 때 자주 나오는 디렉션(main idea 찾기, Group 만들기 부분...)을 매일 같은 teacher talk을 사용해도 될까요? 아니면 할 때마다 다른 표현으로 바꿔보는 연습을 해야할까요?

Louis : 보통 매일 같은 스터디원 앞에서 진행하기 때문에 매일 같은 패턴만 반복해도 되나 고민되실 것입니다. 그러나 실전에서는 긴장을 많이 하기 때문에 수없이 반복했던 패턴만 감독관 앞에서 하게 될 수 있을 것입니다. 완전히 같은 디렉션이라면 나만의 패턴이 자동으로 나오도록 반복 연습해보시는 것을 추천드립니다. 단, 디렉션 자체를 비슷한 스타일만 연습하기보다는 다양한 디렉션을 연습하여 여러 상황에 대비하시는 것은 필요합니다.

디렉션 수행

Q. 순서를 항상 헷갈려요. 2번째 디렉션 하기 전에 3번째부터 들어가 버리고 그러는 경우가 많아요.

Louis : 구상지 맨 위에 여백이 조금 있습니다. 그 공간에 항상 순서를 요약해서 적어놓는 연습을 하세요. "Voca → Reading(MI-Detail) → Pair Speaking → fdbk …" 뭐 이런 식입니다. 그리고 이것을 보면서 시연하는 연습을 하세요. 사실 이보다 더 중요한 것은 '수업의도를 가지고 설계하는 수업'입니다. 시험에 답을 제시하는 느낌이 아니라 정말 학생과 수업하는 느낌을 가지고 수업을 설계하는 것이죠. 기출 되는 모든 디렉션, 모든 활동은 다 연결이 되어 있습니다. 이 디렉션 다음에 이 디렉션이 이어져 나오는 이유가 있는 것이죠. 그렇게 디렉션과 디렉션 사이, 활동과 활동 사이에 연결 관계를 항상 생각하고 수업 디자인을 한다면 자연스럽게 순서가 헷갈리지 않는 시연을 하실 수 있을 것입니다.

Q. 디렉션 수행 중에 하나씩 빼먹는 경우가 많은데 어떤 전략을 갖고 구상을 해야 빼먹지 않고 모두 수행하는 데 성공할 수 있을까요?!

Louis : 디렉션 수행에만 집중하면 빼먹는 경우가 자주 생깁니다. 평소 수업실연을 연습하실 때 '디렉션 하나 하나를 순서대로 수행한다'라는 느낌보다는 정말 학생에게 수업을 한다는 시뮬레이션을 자주 하셔야 합니다. 그래서 '그래 이 활동 다음엔 이 활동을 해야 학생들이 피드백을 받을 수 있지.' '이 활동 다음에 이 활동으로 넘어가면서 이런 부분을 자연스럽게 습득하도록 해야겠다'라는 생각을 꾸준히 하시면서 연습하셔야 합니다. 그러면 자연스럽게 디렉션 간의 연결 고리가 생기고 까먹으려고 해도 까먹지 않고 디렉션을 빼먹지 않게 될 것입니다.

Q. 수업에서 딱히 핵심표현이 없는 경우에도 활동시작 전에 쓸 수 있는 표현을 제공해야 하나요?

Louis : Speaking, Writing 활동은 학생들이 가장 어려워하는 활동이므로 학생들이 사용 가능한 예시 표현 및 표현을 하나씩 주는 것이 좋아요. 아주 간단한거라도 괜찮으니…!!

Q. 디렉션 수행 시 예시를 주는 부분 등에서 학생의 경험을 활용하면 좋다는데 이 부분이 어렵습니다. 연습하는 팁이 있을까요? 짧은 시간에 바로 나오지 않더라구요.

Louis : 순발력이 좀 필요한 부분이긴 합니다. 다만 연습으로 충분히 개선할 수 있습니다. 주제랑 학생 또는 주제랑 교사의 경험을 연결하는 것도 습관이 되어야 빠른시간 내에 아이디어가 떠오르게 되는 것이죠. '식단'에 대한 주제가 나왔다 라고 한다면 '식단과 학생을 연결하면 어떤 이야기

를 해야하지? 그래 '급식'이야기를 해야겠다. 그럼 급식에 대해서 어떤 발문을 던져야하지?'
이렇게 사고 과정을 거치면서 연습하게 되실 텐데요, 계속 반복연습 하다보면 이 과정이 점점
짧아집니다. 한 문제를 연습하실 때 그 부분은 2~3가지 버전을 만들어 연습해보시면서 그 부
분에 대한 연습을 강화하시면 더 좋구요. 평소에 학생 경험을 연결하는 문제가 아니더라도 그
주제를 학생과 연결한다면 어떤 발문을 할지 자주 생각해보세요.

Q. 조별 Writing 역할 부여할 때 역할 설명 자세히 하는 것이 좋을까요?

Louis : 역할을 나누고 각 역할을 설명하는데 시간을 너무 소요한 경우를 생각보다 많이 봤습니다. 그렇다고 역할을 나눴는데 각 역할 설명을 하지 않고 넘어가기에는 감독관 입장에선 '저게 뭐지'라고 할 수 있으니까요. 그래서 저는 역할을 나누지 않는 것을 더 추천해요. 역할보다는 내용으로, 분량으로 나누는 것이죠. 1명에 1문장은 꼭 쓰기. 2명은 ~~를 생각하고, 2명은 ~~를 생각한 다음 협동해서 쓰기. 뭐 이런 식입니다. 역할 부여보다는 차라리 협동을 강조하는 멘트를 더 하는 것이 좋을 것 같아요! (물론 '역할을 부여하는' 디렉션이 나오면 당연히 하긴 해야합니다.)

Q. 판서를 어느정도 해야할지 모르겠어요. 같은 내용을 여러번 반복하게 되는 실연에서 판서는 한 번만 해도 되나요? 만약 단어 3개를 모두 실연하라고 할 때 단어 한개만 예시를 판서하고, 나머지는 말로만 해도 되나요?

Louis : '디렉션에 있는 것인가'를 먼저 판단해보세요. 3개를 가르치는 것이 디렉션에 명시되어있다면 간단하게라도 (단어 목록+ 간단한 뜻정도) 단어 3개 판서를 해놓는게 좋을 것 같습니다. 판서는 '내가 이 디렉션 했다'라고 감독관에게 알려주는 장치가 되기도 해서요. 만약 Reading 이후에 이해점검을 하는 것이 디렉션이라 이해점검 문제를 3개 준비했는데, 디렉션에서 개수에 대한 언급은 없을 경우엔 문제 3개 중 1개만 판서해도 괜찮습니다.

Q. direction을 놓쳤다가 나중에 생각나서 실행하는 것도 점수에 영향을 주나요?

Louis: 네 감점이 될 수 있습니다. 다만 안 하는 것보다는 나중에라도 하는 것이 감점을 덜 당할 수 있으니 생각나면 하는 것이 좋습니다. (그런 경우 자연스럽게 대처할 수 있는 대사를 만들어놓는 것도 좋습니다.)

Q. direction 수행 중심으로 진행하다보니 문제에 제시된 lesson objectives, 수업 도구들까지 모두 신경쓰기가 어렵고, direction과 classroom condition이 다르게 제시된 경우엔 어떤 것을 따라야 하는지 헷갈리네요.

Louis: 우선 디렉션이 가장 우선이 되어야 합니다. lesson objectives는 디렉션을 수행하다보면 자연스럽게 달성되는 경우가 많습니다. aid부분은 칠판, 분필, 빔프로젝터 등 특이점이 없는 도구는 건너뛰시고 '학생 개인 tablet PC'와 같이 뭔가 '이번 기출에서 새롭게 강조하는 것 같은 학습도구'가 있다면 체크해놓고 꼭 1번 이상은 활용하면 좋습니다. 그리고 direction과 classroom condition 내용이 충돌하는 경우에는 direction을 우선순위로 두는 것이 좋습니다.

Q. direction 순서를 바꿔서 해도 괜찮나요?
> Louis: 안 됩니다. 채점관은 원래 디렉션 순서대로 채점을 할텐데 임의로 바꿔서 했다가 안 했다고 생각하고 감점할 수도 있습니다. '이 정도는 알아보겠지'생각할 수 있지만 채점관은 많은 수업실연을 몰아서 평가하기 때문에 집중력이 엄청 좋지는 않다는 점을 명심해야 합니다.

시간 관리

Q. 수업실연 디렉션 별 시간 분배는 어떻게 하는 것이 좋아요? 디렉션이 4개면 5분씩 하나요?
> Louis : 디렉션 별로 시간을 배분하긴 어렵습니다. 디렉션 요구사항별로 걸리는 시간이 다 달라서요. 그렇지만 수업실연 기출들을 보면 수업의 큰 패턴이 있습니다. "단어-본문-스피킹-라이팅", "스키마활성-본문-스피킹-라이팅"등 몇 가지 패턴이 있는데 이 전체 패턴을 제한시간 내에 맞추는 연습을 하는 것입니다. 후반에 너무 촉박해지면 앞부분을 더 줄이고, 후반부에 시간이 너무 남으면 초반에 내용을 더 풍부하게 하는 등 조절하는 연습을 꾸준히 하다 보면 실전에서 어떤 패턴으로 나와도 대략 느낌으로 시간 분배를 알아서 하실 수 있을거에요.

Q. 시간이 너무 부족해요. 진짜 한 번도 시간 내에 해본 적이 없어요.
> Louis : 요즘 디렉션에서 요구사항이 많이 늘어나면서 시간에 맞추기가 점점 어려워진 것은 사실입니다. 물론 디렉션만 딱 수행하면 시간 내에는 할 수 있지만 수업실연이라는 것이 여기저기 수업에서 중요한 요소들을 넣는 것이 중요한 건 사실이니까요. 다만 디렉션에 있는 내용은 자세히 하면서 디렉션엔 없지만 수업에는 필요한 요소들은 너무 길지 않게 짧게 가져가는 것이 좋습니다. 수업 영상을 돌려보면서 계속 줄일 수 있는 부분을 연구해야 합니다. 혹시 디렉션과 크게 관련 없지만 내가 자신 있는 부분을 넣어서 보여주다가 시간을 잡아먹진 않았는지 돌이켜보세요. 또한 모든 문장에서 말로 할 부분을 더 짧게 줄이거나, 제스쳐로 일부 대체할 수 있는 부분 찾아보는 것도 좋습니다. 뺄 부분을 뺀 다음 시간 맞을 때까지 같은 문제를 반복해서 재시연해보고, 그러다가 시간을 맞췄으면 어떻게 맞췄는지 처음 버전과 비교하여 다시 분석해보면 됩니다. 15분 동안 시연하는 지역은 정말 드릴 말씀이 없네요. 20분 지역에 비해 디렉션을 1~2개 빼야 하는데 똑같이 출제되고 있으니까요. 다만 디렉션 다 못하고 수석하는 분도 봤고, 2차 고득점 하신 분도 많이 봤습니다. 최대한 시간을 맞추려고 노력하긴 하시면서 너무 스트레스 받지는 마세요.

Q. 저는 경기지역이라 15분 실연을 해야 하는데요, 20분 실연하는 선생님보다 어떤걸 생략 혹은 줄여야지 좋을지 고민이 됩니다. 학생 상호작용을 줄이자니 수업이 너무 지루하게 느껴지고, 이런걸 안 줄이면 시간 내에 디렉션 다 수행하기가 너무 어렵습니다.
> Louis : 가장 이상적인 것은 역시 상호작용도 하면서 디렉션도 다 수행하는 것이지요. 이게 참 어렵습니다. 15분 내에 전혀 할 수 없는 분량이 나오고 있으니까요.. 가장 좋은 방법은 디렉션 수행 자체를 상호작용을 많이 넣어서 하는 것입니다. 디렉션 수행도 하면서 상호작용도 보여줄 수 있도록요!! 또는 내 수업실연을 녹화해서 보면서 '간단히 말할 수 있었던 부분' '꼭 필요하지는

않았던 대사'를 빼고 계속 재시연해보는 방법도 좋습니다. 우리가 교사다보니 더 짧고 간결하게 말할 수 있는 부분을 습관처럼 더 길게 설명하려고 하는 부분들이 분명 있을 겁니다. 아무리 이렇게 연습해도 최근 기출처럼 요구사항이 많은 기출이라면 다 하기 어려운 것은 사실인데요. 그 점을 감독관도 인정하는 것 같게 디렉션 수행 다 하지 못했어도 고득점 받으신 분들이 많았습니다. 최대한 모든 디렉션 수행을 목표로 연습하시는 것은 맞으나 상호작용을 너무 줄이시면 안 됩니다.

Q. 20분의 구상시간이 너무 짧아 뒷부분은 구상도 못해요.

Louis : 무언가 새로 창의적으로 구상하기엔 당연히 너무 부족한 시간입니다. 구상 시간에는 자동화 했던 멘트와 패턴은 거의 떠올리지 않습니다. 연습했던 디렉션들을 떠올려서 조합하고 순서를 정하기만 하면 시간이 끝납니다. 즉, 연습했던 것을 떠올리는 정도의 시간이므로 최대한 다양한 디렉션을 꾸준히 연습하고, 자동화 해놓은 멘트가 많아야 구상시간이 부족하지 않습니다. 계속 연습 하다보면 결국 다 됩니다. 걱정 마세요. 연습을 상당히 많이 하면 어떤 문제를 가져와도 20분 만에 구상이 됩니다.

Q. 다들 시간이 부족해서 난리인데 저는 시간이 너무 많이 남아요.

Louis : 시간이 1~2분 남는다면 뭐 크게 걱정할 문제는 아니나 5분 이상 남고 그렇다면 수정할 필요가 있습니다. 우선 루이스 책 수업실연 대본이나, 아니면 합격자의 복기본 등을 그대로 한번 시연해보세요. 그리고 같은 문제로 자신의 대본대로 시연을 해보세요. 그리고 2개를 촬영해서 비교해보세요. 우선 수업이 너무 빠르게 진행되지 않나 체크해보세요. 말이 빠르고 문장과 문장 사이 pause도 거의 없어서 너무 신속하게 진행되었을 수도 있습니다. 속도에 문제가 없다면 내 시연에서는 빠져있는 Teacher talk을 찾으세요. 활동에 대한 동기유발, 활동과 활동 간의 연계 멘트 등이 빠져있거나 학생과의 상호작용이 많지 않고 교사가 설명하고 넘어가는 경우가 있는지 등을 살펴봐서 자신의 수업실연 대본에 더 살을 붙여보려고 노력하시면 됩니다.

Q. 종종 시간이 조금씩 남는데 그냥 이대로 끝내긴 아쉽고, 무언가 말을 하자니 이미 디렉션을 다 수행해서 할 말이 없어요.

Louis : 뭐 조금 일찍 끝낸다고 크게 문제될 것은 없지만, 뭔가 꽉 채우는 수업을 하고 싶으시다면 어느 문제나 써먹을 수 있는 멘트나 패턴을 몇 가지 만들어 두시면 좋습니다. 예를 들어서 '주제에 관련해서 그 주제를 교실 밖에 real world에서도 실천할 수 있는 멘트'를 하거나, '주제에 따라서 ~~를 잘 지킬 수 있는 민주시민, 세계시민으로 성장할 수 있을 것 같다'는 면접용 멘트를 하거나, '지금까지 했던 활동들을 다시 나열하면서 오늘 다들 태도가 정말 좋다고 칭찬'하거나, '갑자기 열심히 하는 여러분을 보고 든 생각인데 여러분을 만난 것은 정말 행운이고 앞으로 교직생활에서 오래 함께 하고 싶다.'라는 참교사 멘트를 만드는 등의 방법이 있습니다.

> 공부 방향, 방법

Q. 1차 통과도 불안해서 2차는 그냥 루이스 책만 쭉 읽고 있어요. 이래도 괜찮아요?

Louis : 괜찮지 않습니다. 기출 정도만 쭉 읽어보고 감 잡은 이후에 바로 최신 기출 스크립트를 만드셔야 합니다. 스크립트를 만들면서 책의 여기저기를 찾아보시구요, 완성되면 계속 시연을 직접 해보세요. 수정, 보완할 때 다시 책을 찾아보시면서 하시구요. 책을 읽고 시연해본다는 느낌보다는 반대로 일단 시연해보면서 부족한 부분을 책에서 찾아보는 방향으로 나아가야 합니다. 1차 전혀 안 될 것 같아서 손 놓고 있다가 1차 합격하신 분들을 너무 많이 봤습니다. 1차 합격 이후에는 기출이 아닌 연습문제 돌리기도 바쁩니다. 제가 진짜 연습문제 매년 열심히 만들어서 카페에 무료로 올려놓는데 그거 다 푸셔야죠. 1차 합격까지 기출만이라도 완전히 정복해두세요!!!

Q. 영어교과서 봐야 하나요?

Louis : 필수는 아닙니다. 다른 전공은 교과서 분석이 필수이지만 영어과는 그렇지 않습니다. 성취기준이 그리 구체적이지도 않고 교과서도 워낙 많은 출판사에서 나오고 있어서요. 제가 준비할 때는 루이스와 같은 사람이 없어서 수업실연 연습문제 만들 때 교과서를 많이 참고하긴 했습니다. 우선 기출과 루이스 연습문제부터 활용하시고 그래도 문제가 부족하다면 교과서 구해서 만들어보세요.

Q. 수업실연 모범 샘플을 보고 싶어요.

Louis : 유튜브에 "수업실연 영어"라고 검색하면 합격하신 선생님들께서 올린 영상들이 나옵니다. 루이스 유튜브에도 예전에 한 선생님(합격생)의 수업실연을 분석한 영상이 있습니다. (2020기출) 그리고 오래된 영상이긴 하지만 ebs english의 "최고의 영어교사"에도 수업실연은 아니지만 현직 선생님들께서 영어로 수업하시는 영상이 많이 있습니다. 특히 박용호 선생님의 영상은 정말 좋은 모범 수업이에요. 저는 수업실연 준비할 때 그 영상의 teacher talk을 많이 따라하면서 연습했었어요.

Q. 저는 스크립트를 써도 막상 실연을 시작하려고 하면 뭘 해야하는지 잘 떠오르지 않아서 대본을 살짝 보면서 연습을 하고 있는데요.. 이렇게 대본을 보면서 연습을 해도 괜찮을까요? 아니면 완벽하게 외워서 하는 연습을 처음부터 해야할까요? 사실 스크립트를 써서 실연을 해봐도 항상 시간이 3~4분 정도 모자라요.

Louis : 지금 완전 외워서 하기 힘든 단계라면 살짝 보면서 연습하셔도 됩니다. 다만 대본 보는 시간은 점점 줄이셔야 합니다. 스터디에서 대본을 조금 보면서 시연하셨다면 집에 가서 재시연 몇 번 해보면서 대본 없이 할 수 있을 정도로 반복하시는 것은 필수구요. 1차 발표 전까지는 대본 없이도 시연하실 수 있게 연습을 하시는 것이 좋습니다. 우선 대본 없이 완전한 수업실연을 하도록 연습하시고, 그게 어느정도 된다면 시간을 줄이는 연습을 하시길 바랍니다.

Q. 수업실연 준비 과정에서 많은 문제를 풀어보기 vs 재시연 많이 하기

Louis : 이건 사람마다 다를 수 있습니다. 수업실연이 아직 익숙하지 않고 실연 중 많이 끊기고 틀이 잘 잡히지 않았다면 기출을 반복하며 재시연하는 것이 좋습니다. 기출만해도 정말 많은 디렉션

이 있었고 거의 겹치지 않은 많은 유형의 문제가 있었으니 기출으로만 [시연➔ 보완해서 재시연➔ 다시 보완해서 재시연] 이런 과정을 반복해도 수업실연에 상당히 익숙해질 수 있습니다. 만약 수업실연에 어느정도 익숙해졌거나 2차 시험이 많이 남지 않았다면 역시 새로운 문제들을 실전처럼 풀어보는 것도 당연히 필요한데요. 이때도 새로운 문제를 시연만 1번 하고 끝내지 말고 부족했던 점을 보완해서 재시연 1~2회정도는 해봐야 더 큰 도움이 됩니다. 수업실연 실전에서는 '내가 여러번 해봐서 익숙해진 것'만 하게 될 가능성이 높기 때문에 재시연 없이 많은 문제를 푸는 것보다는 문제 수를 조금 줄이더라도 재시연은 꼭 해보고 넘어가는 것이 더 좋습니다.

시험 당일

Q. 수업실연 순서 1번 뽑는 것이랑 마지막 뽑는 것이랑 어떤 것이 더 운이 안 좋은 거예요?

Louis : 전혀 관계없습니다. 1번 뽑으면 감독관분들 가장 컨디션 좋으실 때 내 수업을 집중해주시구요, 마지막 뽑으면 내가 실수하는 것을 못 보실 수도 있습니다. 말이 이렇다는 거지 순서에 의미부여 하지 않고 내가 준비한 모든 것을 보여주는 것에만 신경 쓰시면 됩니다. 1번도 붙고 마지막도 붙습니다.

Q. 수업실연할 때 신발이나 복장은 어떤 것이 좋나요?

Louis : 정장 또는 정장과 가까울 정도로 단정한 옷이면 괜찮습니다. 그리고 신발은 소리 많이 나지 않는 깔끔한 구두면 괜찮습니다. 슬리퍼 가져오라는 지역도 있었다고 하니 공고문을 참고하면 좋을 것 같아요. '에이 복장이 무슨 상관 있겠어 면접 수업만 잘하면 되는거 아닌가' 라는 생각이 드시더라도 인생에서 정말 중요한 날이니 제발 단정하게 입고 가세요. 감독관 중에 한 분이라도 부정적 선입견을 가지게 된다면 점수에도 영향이 갈 수 있습니다.

Q. 수업시연실에서 시계가 잘 보이나요?

Louis : 모든 시연실엔 시계를 비치해야 합니다. 그러나 자신에게 익숙하지 않은 시계로 시간조절 하는 것도 다소 어려울 수 있기 때문에 연습부터 개인 아날로그 시계로 연습하는 것이 좋습니다. 그리고 시험 당일이 되기 전까지는 자신이 몇 분에 시작할지 모르기 때문에 실연 중에 자신이 몇 분 남았는지 헷갈릴 확률이 높은데, 실전에서 시작하기 전에 자신의 시계를 정각으로 돌려놓으면 헷갈리지 않을 수 있습니다. 무엇보다 가장 좋은 것은 몸으로 익혀놓는 것입니다. 연습을 정말 많이 하면 대략 이 정도로 진행하면 몇 분 남았을 것이라는 것이 몸으로 느껴지니까요.

Q. 감독관이 너무 피곤해보이고 저에게 집중을 안 하는 것 같으면 어쩌죠?

Louis : 저는 수업실연 거의 가장 마지막 순서였습니다. 그때 교실 문을 열고 들어갔을 때 감독관님 표정이 아직도 생생합니다. 모두 며칠은 밤샌 표정을 지으셨으니까요. 저는 그래서 오히려 더 오버를 했습니다. "너희들 오늘 많이 피곤하구나. 선생님 수업이 너무 늦게 시작해서 많이 기다렸겠구나? 그래도 너희가 앞으로 할 활동들은 정말정말 재밌을거니 기대해!" 이런 멘트를 아주 크게 하고 시작하고 뒤에 이어지는 시연도 연습 때 보다 더 과장해서 했어요. 물론 그렇다고 감독관님 표정이 풀리진 않았습니다. 뒷부분에서는 오히려 더 심각해지신 것 같기도 합니다.

그래도 고득점 나왔어요. 이렇게 사실 감독관 표정과 점수와는 큰 연관이 없어서 신경 쓰면 안되지만 신경이 쓰이신다면 오히려 더 톤을 높이고 더 신나게 수업실연 해주시면 됩니다.

Q. 시연할 때 감독관님들을 종종 봐야 하나요?

Louis : 종종 보는 것은 좋으나 막 의식하고 계속 보는 것은 이상하긴 하네요. 어차피 시선처리는 다양하게 해야 하므로 학생들 1,2,3분단 중에 한 분단 정도로 생각하면 좋을 것 같네요. 억지로 할 필요까지는 없습니다.

Q. 색 분필 쓸 수 있나요?

Louis : 색 분필이 있는 곳도 있다는 이야기를 듣긴 했지만 대부분 없는 것 같긴 합니다. 작년에 있던 고사장이라고 해서 올해도 있다는 보장도 없습니다. 이렇게 변수가 있는 것은 역시 없다고 가정하고 연습하는 것이 좋습니다.

루이스 영어임용 2차 All-in-One
영어면접·수업실연·실전전략

P·A·R·T

06

수업실연 기출문제

CHAPTER 01 수업실연 기출문제 & 해설
[부록 1] 수업실연 Self-checklist
[부록 2] 최근 수업실연 연습문제 해설

CHAPTER 01 수업실연 기출문제 & 해설

- 수업실연 기출은 공개가 되지 않기 때문에 루이스 카페 회원분들의 후기를 모아서 편집한 것입니다. 실제 시험장에서 받는 것과 100프로 같지는 않다는 점을 유의해주시고, 루이스 카페(http : // cafe.daum.net / teacherlouis)에서 파일을 받아서 출력해서 이용 가능합니다. 잘 이용하셨다면 올해 2차 시험 이후에도 카페에서 복기 참여 부탁드리겠습니다.^^
- 최근 기출은 지도안지역과 지도안 없는 지역의 문제지 구성이 다소 다릅니다. 지도안 지역의 지도안 문제와 구상실 문제도 차이가 약간 있습니다. 책에는 이를 모두 수록할 수 없기에 루이스카페에 따로 업로드되어있으니 카페를 활용하시길 바랍니다.
- 수업실연 연습문제는 책에는 없지만 루이스 카페에 무료로 공개되어 있습니다.

2025 기출문제

[Directions] – 지도안 지역은 한글로 제시 (카페 업로드 예정)

[Examinees' Answer 1] Design pre-reading activity using 〈Material 1〉, including
a. making students guess the topic of 〈Material 1〉 by using the title of the text.
b. making students guess the features of Universal Design by using the picture in 〈Material 1〉

[Examinee's Answer 2] Design reading activity using 〈Material 1〉 and 〈Material 2〉, including
a. teaching the meaning of one of the underlined words in 〈Material 1〉.
b. teaching the language in the boxes in 〈Material 1〉.
c. making students complete the diagram in 〈Material 2〉.

[Examinee's Answer 3] Design the pre-writing activity using 〈Material3〉, including
a. making students discuss the Universal Design in our school in groups.
b. making students fill in the chart in 〈Material 3〉 in groups.

[Examinee's Answer 4] Design the writing activity using 〈Material4〉, including
a. making students write a suggestion letter using 〈Material 4〉 in groups.
b. engaging students in a peer feedback activity using 〈Material 4〉.
c. giving a teacher's feedback on students' writing.

[Class Conditions]

- HighSchool 1st graders
- Block time, 100 min.
- Unit title: Design for Everyone
- Aids: computer, blackboard(chalk), whiteboard(board marker), beam projector, presentation materials, worksheet, online dictionary, etc.

[Demonstration Direction - 지도안지역은 구상실에서만 제공]

※ Demonstrate Examinee's Answer 1 to Examinee's Answer 4.
※ You need to use all the materials (Material 1~4) in you teaching plan and lesson.
※ Use neat and proper board writing to show the process of your lesson.

[Lesson objectives]

1. Students will be able to understand the definition and features of Universal Design.
2. Students will be able to find the main idea and details of the reading text.
3. Students will be able to write about the universal design in their school.

Period	Skills	Activity/Evaluation
1	Listening	…
2	Speaking	…
3-4	Reading, Writing	- individual/pair/group/whole class work - peer assessment, teacher observation/assessment
5-6	Writing	…
7	wrap-up	…

[Material 1]

Designing Inclusive Environment

What if we design an environment that is convenient, accessible, and useful for everyone? Everyone benefits! Universal design is the design of products or environments that can be used by everyone without the need for **adaptation** or specialized design, with the goal of benefiting all people.

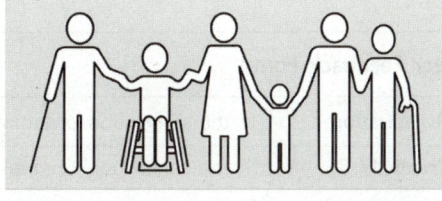

The first feature of universal design is that it avoids **segregating** any users, by ensuring equitable use for everyone. For example, an automatic sliding door allows easy access to doors for the elderly or children. Another example, low-floor buses, also make buses accessible to people who have difficulty climbing up.

Another feature of universal design is that it accommodates a wide range of individual preferences by making products adjustable to different needs and allowing **flexibility** in use. For example, variations of desks or chairs for different sizes and heights allow students to adjust to their physical characteristics. Another example, a captioned video helps people with hearing disabilities to watch videos.

[Material 2]

Name:

[Graphic Organizer]

Universal Design	
Definition:	
Feature1:	Feature2:
Example1:	Example1:
Example2:	Example2:

[Material 3]

Universal Design in Our School

Group Number		Students name	
What we found	How we want to change	What is expected	

[Material 4]

Our Suggestion for Universal Design for Our School

We would like to make a suggestion for universal design of our school.

We found... **(problem)** _____

_____

We suggest... **(solution)** _____

_____

We're sure... **(expectation)** _____

_____

[Peer Feedback Form]

Organization	Is the suggestion organized and logical?	Yes □ / No □
Creativity	Is the suggestion original and creative?	Yes □ / No □
Language	Is the use of vocabulary and grammar appropriate?	Yes □ / No □

[2025 수업실연 지도안 - 지도안 지역용]

*유의사항: 한글로 작성하되 학생과 교사의 구체적 예시는 영어로 작성할 것

Unit Title	Design for Everyone		
Lesson Objectives	1. Students will be able to understand the definition and features of Universal Design. 2. Students will be able to find the main idea and details of the reading text. 3. Students will be able to write about the universal design in their school.	자료/ 유의사항	시간
Introduction	- 학생들의 출석을 확인한다. - 전시학습(듣기/말하기) 내용을 확인한다. - 오늘의 학습목표를 제시한다.		5'
Development Pre-reading	<응시자 작성부분1> a. <자료 1>의 제목을 보고 학생들이 글의 주제를 추론하기 b. <자료 1>의 그림을 보고 Universal Design의 특징을 짝과 추측하게 하기 	<자료1>, PPT	10'
Development Reading	<응시자 작성부분2> a. <자료 1>의 밑줄 친 단어 중 하나를 골라 지도하기 	<자료1>, 온라인 사전	25'
	b. <자료 1>의 네모 친 언어 형식 지도하기 	<자료1>, PPT	

		c. <자료 2>의 graphic organizer를 완성하기	<자료2>, PPT	
	Pre-writing	<응시자 작성부분3> a. 모둠별로 학교의 universal design의 현황에 대해 말하기 b. <자료 3>의 표를 모둠별로 완성하기	<자료3>, PPT	20'
Development	Writing	<응시자 작성부분4> a. <자료 4>를 사용하여 학교의 universal design에 대해 제안하는 모둠 글쓰기	<자료4>	30'

	b. <자료 4>의 평가표를 사용하여 다른 모둠의 글에 대해 동료평가하기		
	c. 학생의 제안하는 글에 대한 교사 피드백 제공하기		
Consolidation	수업 요약 정리, 고쳐쓰기 예고, 형성평가		10'

[2025 Lesson Plan - 지도안 없는 지역용(문제에 함께 제시됨)]

Lesson objectives	1. Students will be able to understand the definition and features of Universal Design. 2. Students will be able to find the main idea and details of the reading text. 3. Students will be able to write about the universal design in their school.		
	교수학습 내용	시간(분)	수업도구
Introduction	출석 확인, 학습목표 확인, 이전 차시 듣기/말하기 내용 복습	5'	
Development — Examinee's Answer1	a. <자료 1>의 제목을 보고 학생들이 글의 주제를 추론하기	10'	Material 1, PPT
	b. <자료 1>의 그림을 보고 Universal Design의 특징을 짝과 추측하게 하기		Material 1, PPT
Development — Examinee's Answer2	a. <자료 1>의 밑줄 친 단어 중 하나를 골라 지도하기	25'	Material1, Online Dictionary,
	b. <자료 1>의 네모 친 언어 형식 지도하기		Material1, PPT
	c. <자료 2>의 graphic organizer를 완성하기		Material2, PPT
Development — Examinee's Answer3	a. 모둠별로 학교의 universal design의 현황에 대해 말하기	20'	Material 3, PPT
	b. <자료 3>의 표를 모둠별로 완성하기		
Development — Examinee's Answer4	a. <자료 4>를 사용하여 학교의 universal design에 대해 제안하는 모둠 글쓰기	30'	Material 4
	b. <자료 4>의 평가표를 사용하여 다른 모둠의 글에 대해 동료평가하기		
	c. 학생의 제안하는 글에 대한 교사 피드백 제공하기		
Consolidation	수업 요약 정리, 고쳐쓰기 예고, 형성평가	10'	

2025 수업실연 해설

PLUS | 2025년 수업실연 출제의도 분석

- 최근 기출 흐름이 그렇지만 제한시간 내에 해야 할 것이 매우 많다. Examinee's answer 1부터 4까지 모두 시연 하라고 되어있어 시간 관리가 매우 중요한 기출이다.
- 이번 기출의 Material이 전체적으로 통제가 많이 되어있다. Graphic organizer도 틀이 정해져있고, writing 활동도 학생들이 worksheet에 무엇을 써야 하는지 이미 구체적으로 통제되어있으며 peer feedback도 각 요소들 및 그에 대한 설명이 이미 제시되어있다. 이미 다 나와있다고 단순히 이를 전달만 하는 느낌의 수업실연이라면 고득점이 어려우므로 학생과의 소통을 통해 교사가 학생의 학습을 잘 안내하고 도와주는 역할을 잘 수행해야 한다.
- reading text가 있지만 자주 기출되던 'main idea, detail' 찾기가 없다. 많은 기출로 대부분이 잘 수행하는 부분이고 변별이 잘 되지 않기에 제외했을 가능성이 크다.
- 위와 같은 이유로 단어 - 문법 - graphic organizer로 이어지는 읽기 수업의 흐름이 다소 어색할 수 있다. 디렉션에 없는 내용을 넣어서 하기엔 시간이 부족하므로 저 3가지를 각각의 연결 멘트와 함께 최대한 자연스럽게 이어나가는 것이 중요하다.
- Universal Design에 대한 개념 공부 후 실제로 학생이 생활하는 학교 공간에서까지 적용해보게 하는 수업 흐름이다. 영어만 가르친다기보다는 학생들이 타인을 고려하고 존중하는 'Universal Design'에 대해 진정으로 관심갖게 하고 수업 밖에서도 배운 내용을 실천할 수 있게 돕는 '앎과 삶이 일치하는' 수업을 구성하는 것이 좋다.

PLUS | 2025년 수업실연 유의사항

(1) 지도안지역
- 시험지 구성(B4단면): 1페이지 디렉션/ 수업 환경, 2페이지 Worksheet(자료1~4가 한 페이지에 다 있음), 3~4페이지 지도안
- 지도안 한 줄이 좁은 편이라 한 줄을 두 줄로 만들어 쓰기 어려웠음.
- 지도안 작성 칸은 디렉션마다 4~6줄로 달랐음. 메인 활동이 칸이 더 많음.
- 지도안 문제지 마지막 페이지에 여백이 많아서 필기할 수 있었음
- 구상실 문제는 지도안 복사본과 함께 제공되었으며 펜 1개만 쓸 수 있었음. 구상실 문제는 1페이지는 간단한 수업실연 디렉션 (EA1~4 실연하라), 그리고 2페이지에 Worksheet material이 전부였음.

(2) 비지도안지역
- 시험지 구성(B4단면): 1페이지 디렉션/수업 환경, 2페이지 Worksheet(Material 1~4), 3페이지 한글수업지도안
- 1~3페이지가 모두 여백이 거의 없어서 필기 공간이 매우 적었음. 뒷면에 필기해야 했음.
- 1~2페이지는 모두 영어로 제시, 3페이지 지도안은 한글로 번역해서 제시됨.
- 3페이지 한글 지도안을 먼저 보면 수업의 흐름을 한눈에 파악하기 좋았음.

[Examinee's Response 1]

> Design pre-reading activity using [Material 1], including
> a. making students guess the topic of [Material 1] by using the title of the text.
>   ([자료 1]의 제목을 보고 학생들이 글의 주제를 추론하기)
> b. making students guess the features of Universal Design by using the picture in [Material 1] ([자료 1]의 그림을 보고 Universal Design의 특징을 짝과 추측하게 하기)

A : **making students guess the topic of [Material 1] by using the title of the text.**

(1) 최근 기출은 2022 기출의 첫 디렉션과 완전 똑같이 나왔다. 수업의 초반인 만큼 교사가 일방적으로 설명하기보다는 학생과 적극적으로 상호작용하면서 오늘 배울 내용에 대한 감을 잡을 수 있도록 돕자.

(2) Title을 함께 다같이 읽도록 하고 그때 title을 크게 판서해놓는 것이 좋다. 수업 전체에 대한 키워드이다보니 수업 중간중간에 이 판서한 title을 활용할 수 있다.

(3) 'inclusive'라는 단어가 학생 입장에선 쉬운 단어가 아니므로 의미를 잘 추측할 수 있게 도울 수 있는 방법을 생각해보자. (예) exclusive와 함께 'in' 'ex'의 느낌을 알게 하기, including everyone/everyone can join과 같은 쉬운 표현으로 설명하기, 학교 엘리베이터와 같은 학교 시설 예시 들기...)

📢 모범답안

(Sample Answer) 안녕하십니까. 관리번호 1번입니다. 수업 실연을 시작하겠습니다.
My lovely students, turn to the page 20. Can you see the title in the text? Yes? Alright, let's read it out loud together! Three, two, one-go! *(판서하며)* "DESIGNING INCLUSIVE ENVIRONMENT" Wow! great voice ! *(판서 가리키며)* Do you know what it means? Oh, Suji, you don't know what 'INCLUSIVE' means? That's okay! Let's look at its OPPOSITE word, 'EXCLUSIVE' too. *(inclusive / exclusive 판서 후 inclusive 가리키며)* Now Let's guess its meaning. This English class is INCLUSIVE. All OF YOU can join! *(exclusive 가리키며)* Suji, you signed up for the English novel club, right? Yes! The English novel club you joined is EXCLUSIVE. ONLY students who signed up before can join. Now, Suji, do you understand the meaning of INCLUSIVE? Great! Well done. *(판서하며)* 'Including everyone'. *(타이틀 가리키며)* Now, do you understand the meaning of the title? Yes, Junseo, wonderful! It means 'making a place where everyone can join.' That is what we're going to learn today!

B : **making students guess the features of Universal Design by using the picture in [Material 1]**

(1) 오랜만에 사진을 활용한 guessing이 출제되었다. 우선 사진 탐색부터 학생들과 함께 해야한다. 단순히 YES/NO로 끝나는 질문이 아닌, 학생들의 구체적인 발화를 유도할 수 있는 발문을 생각해보자.

(2) 키워드가 'inclusive environment'에서 'universal design'으로 넘어갔다. 학생들이 feature를 생각해보기 전에 'universal design'에 대한 의미도 잘 모를 수 있기에, 두 용어의 연결고리를 만들어주는 것이 좋다.

(3) 단순히 사진을 보고 Universal design의 'feature'를 생각해보라고 하면 학생들에게 어려울 수 있다. 사진과 함께 더 구체적으로 무엇을 생각하면 되는지 방향을 제시해주자. (예 누구를 위한 디자인인가, 누가 혜택을 보는가, 어떤 방식으로 디자인 하는 것인가....)

(4) 앞의 title 활용 추측 활동을 교사와 일부 학생들의 소통으로 진행했다면 이번엔 짝끼리 대화하는 시간을 주는 것도 좋다. 일부 학생만이 아닌 모든 학생에게 말하기 기회를 제공하는 것이다.

모범답안

(Sample Answer)

Now, to make this kind of INCLUSIVE environment, *(universal design 판서하며)* we need something called UNIVERSAL DESIGN. Let's say it together. UNIVERSAL DESIGN! Great job! Do you know what it means? Hmm... no? That's okay! Look at the picture on page 20. What do you see? Yes, Sangjin. Six people! Are they all SAME or DIFFERENT? Right! They're all DIFFERENT. Who do you see? Yes, Jinyoung! There's a child. And like Junsu said, someone is using a wheelchair too. This picture is closely connected to *(판서한 곳 가리키며)* UNIVERSAL DESIGN. We'll now talk about the FEATURES of Universal Design by looking at this picture. *(판서하며)* 'WHO is it for' and 'HOW is it designed'. Oh, you look a little worried. Don't worry! You will talk with your PARTNER. Say hello to your partner. Don't be shy! Haha. Now, what are we going to talk about? Yes! *(판서 가리키며)* The Features of Universal Design ! WHO it is for and HOW it is designed. You have 3 minutes. Let's begin! Okay, time's up! Who wants to share? Yes, Jian and Chaei! Jian, who is Universal Design for? Great! Just like in the picture, it's for EVERYONE, no matter their differences! And Chaei, HOW is it designed? Exactly! It is designed for EVERYONE to use easily. Great answer! Let's give them a big hand!

[Examinee's Response 2]

Design reading activity using [Material 1] and [Material 2], including
a. teaching the meaning of one of the underlined words in [Material 1] ([자료 1]의 밑줄 친 단어 중 하나를 골라 지도하기)
b. teaching the language in the boxes in [Material 1]([자료 1]의 네모 친 언어 형식 지도하기)
c. making students complete the diagram in [Material 2] ([자료 2]의 graphic organizer를 완성하기)

A : teaching the meaning of one of the underlined words in [Material 1].

(1) adaptation, segregating, flexibility 중 1개 가르치라고만 되어 있으므로 그 방법은 본인이 가장 잘하는 방식으로 선택하면 된다.

(2) 지문 내 문장으로 직접 의미를 추론시켜도 좋고, 교사의 예시를 따로 제공하는 것도 좋다. 교사의 예시를 준다면 너무 동떨어진 맥락보다는 오늘의 주제와 어느 정도는 비슷한 맥락을 들어주는 것이 좋다. 앞 수업과 큰 흐름을 이어간다고 보면 된다.

(3) 지도안에 이 부분에 online dictionary가 적혀있으므로 학생들에게 활동하면서 어려운 부분은 online dictionary의 도움을 받을 수 있는 시연을 넣어야 한다. (예 예문 만들 때 활용하기, 영영사전 뜻을 찾아보기, 유의어/반의어 찾아보기, 그림사전 찾아보기....)

모범답안

(Sample Answer)

Alright! Now that we've talked about the picture and we're ready to read the text. But before we read, what do we always do first? Yes! Word check! *(화면 가리키며)* Okay, look at the screen. What is this? Right, it's a WORD CLOUD! These are the important words from today's reading. Wow, you all seem interested! I made it colorful today. Do you like it? Haha. Now, look through the words. If you see a word you don't know, just shout it out. Oh, I hear many of you saying "SEGREGATE". Let's look at that word together. *("segregate" 판서 후 가리키며)* Can you pronounce this? Hmm, I hear a lot of different pronunciations! Let's say it together. SEGREGATE! SEGREGATE! Good job! An example here and guess the meaning. "I, teachers, should NOT SEGREGATE you, students, based on your test scores." Here's another one: "It is unfair — not good! — to SEGREGATE students just because they come from another country." What do you think it means? Oh, I see some of you nodding! Get it? Oh, Jia, you kind of understand it, but it's hard to explain? That's okay! Use your tablets and search for *(판서하며)* 'Langeek picture dictionary". This is an ONLINE DICTIONARY you can use. Try to look up "segregate" in English. If English definitions are too hard, use the 'picture dictionary' part to understand with images. It helps all of you understand, no matter your English level. Oh Jihoon, you said "This is Universal Design!" Haha, smart thinking! Did everyone find the word? So, what does "segregate" mean? Yes, that's right. *(판서하며)* "Keep someone apart from others (usually in an unfair way)." Great work, everyone!

B : teaching the language in the boxes in [Material 1]

(1) 2020년 'will be-ing' 이후로 오랜만에 문법 지도가 출제되었다. 너무 교사 중심 문법 설명식의 흐름이 되지 않도록 조심해야 한다.

(2) benefiting, ensuring, making 모두 전치사 뒤에 있으므로 전치사 뒤 ing form을 쓴다는 것을 교사가 먼저 알려주기보다는 질문과 소통을 통해 학생들이 스스로 발견하도록 유도하는 것이 좋다.

(3) 문법 지도라고 문법만 설명하지 않고 이런 맥락에서 왜 이런 문법을 쓰는지 실용적 측면에서도 설명이 있으면 좋다. 예를 들어 이 수업에서는 Universal Design을 위한 제안서를 쓰는 것이 최종 목표인데, "by-ing"는 "We can help people by~ing" 와 같이 변화가 필요하다는 제안문에 잘 어울리는 표현이라는 것을 알려주고 ""We can help everyone by making a ramp near the library."와 같은 추가 예문을 제시해도 좋다.

(4) 시간 여유가 있다면 'It avoids segregating any users, by ensuring equitable use for everyone.' 이런 본문 속 문장을 활용하여 본동사에는 ing가 붙지 않았고, ensuring에는 붙었다는 것을 비교하면서 지도해도 좋다. 여유가 없다면 전치사 뒤에는 동사가 ing form으로 바뀐다는 정도만 소통을 통해 알게 하고 넘어가자. 앞으로 할 것이 많기 때문이다.

📢 모범답안

(Sample Answer)

Alright! Now that we know the meaning of the new word, it's time to read the text. But wait. Do you see SOMETHING SPECIAL in the text? Yes! There are some marks, right? How many? Three! Let's read them together. *(단어 판서하며)* 'benefiting, ensuring, making!' Why do you think I marked these words? Hmm… Let's find out! Now, with your partner, look at the three words in the text. *(판서한 단어 가리키며)* Try to find WHAT THEY ALL HAVE IN COMMON. Okay? What are we doing? Yes! Finding what's the same about these words! Here's a hint: Look at the words BEFORE and AFTER them too! 2 minutes. Go! Time's up! Did you find it? Who wants to share? Oh, Hyunsoo and Jiyoon……Yes, good job! *(verb –ing판서하며)* All three words are VERBS with - ING at the end. Good. Did you find something else? Yes! That's right. All of them come AFTER PREPOSITIONS. Let's say them together. *(판서하며)* Before 'benefiting' is "of", before 'ensuring' is "by", and before 'making' is also "by". Well done! Now let's make a RULE together! *(판서하며)* "After a (   ), the (   ) changes to (   )."Who wants to try filling it in? Yes, Sangchul? Amazing! That's correct! *(빈칸 판서하며)*"After a PREPOSITION, the verb changes to - ING."Actually, this form shows how we can MAKE SOMETHING BETTER. For example, we can say, 'We can help everyone BY MAKING a ramp near the library.'So, we'll use this expression soon when you write your own suggestions for Universal Design in our school.

C : making students complete the diagram in [Material 2].

(1) 이번 수업실연은 main idea와 detail을 찾는 디렉션이 없다보니 단어-문법-그리고 graphic organizer로 이어지는 흐름이 매끄럽지는 않다. 학생들이 단어 이후 글을 정독하고 문법 설명 후 정리로 이 활동을 진행할 수도 있고, 단어/문법은 읽기 전 활동으로 먼저 진행한 후 이번 Material 2를 채우며 처음으로 자세히 읽어보게 하는 방법도 있다.

(2) Graphic organizer를 하는 이유를 간단히 언급하면 좋다. 긴 글을 간단한 틀로 정리하여 한눈에 이해할 수 있는 자료를 만드는 것이고, 그렇기에 빈칸에 문장 전체를 적지 말고 핵심 표현만 선별해서 적을 것을 강조하는 것이다.
(3) 단순히 이 Graphic organizer를 채우라고만 하기보다는 worksheet의 구조를 함께 보며 무엇을 중점적으로 지문에서 찾아야 하는지에 대한 방향을 제시해주자.

모범답안

(*Sample Answer*) Alright everyone, now we are ready to read the text! So far, we looked at the picture, the new word, and some grammar. With all of that in mind, let's try reading the text. First, let's read QUICKLY to get a general idea of the text. I'll give you 2 minutes. Ready? Go! Finished? Do you understand what it's about? Hmm… many of you look unsure. That's okay! I have something to help you. (*Material 2 가리키며*) Here's a WORKSHEET to help you understand the text better. (*나눠주는 제스처*) Everyone got it? What do you see? Yes, a GRAPHIC ORGANIZER! Why is this helpful? Oh, Doyoon! Yes! You said it helps organize the long text in a simple way. That's a great answer! Just like Doyoon said, this graphic organizer shows the IMPORTANT PARTS of the text CLEARLY. But wait… do you see some empty spaces? What do we need to find and write there? (*worksheet 해당부분 가리키며*) Yes, the DEFINITION of Universal Design, and two FEATURES of Universal Design with EXAMPLES! So now, READ the text CAREFULLY again and FILL IN THE BLANKS in the organizer. It will help you understand the text more clearly. I'll give you 4 minutes. Let's start!
(*Circulation*) Yoonseo? Why aren't you writing? Oh, you're wondering if you should copy the whole sentence? Well, remember what a Graphic Organizer is for? Right, it helps you see the important ideas quickly. So do you need to write everything? Exactly! Only write the most important parts, in a simple way. Time's up! Let's check the answers. Who wants to share the definition of Universal Design? Yes, Jisung! (…) Now we've checked all answers. Great job everyone!

[Examinee's Response 3]

Design the pre-writing activity using [Material 3], including
a. making students discuss the Universal Design in our school in groups (모둠별로 학교의 universal design의 현황에 대해 말하기)
b. making students fill in the chart in [Material 3] in groups ([자료 3]의 표를 모둠별로 완성하기)

A : making students discuss the Universal Design in our school in groups
(1) 학생 중심 활동으로 넘어갈 때는 이전 활동과의 연결고리가 중요하다. 예를 들어 'Universal Design이 뭔지 알고 그 중요성을 알았으니 내가 속한 장소에서부터 직접 실천하는 자세가 중요하다'라는 멘트와 함께 이번 writing 활동의 필요성을 깨닫게 해야 한다.

(2) 학생들이 어려워할 수 있으므로 중앙 현관의 경사로, 엘리베이터와 같이 이미 Universal design을 적용한 예시를 1가지만 제시해줄 수 있다. 또한 학교 시설 중 불편했던 경험을 함께 이야기해 보거나, 지금 교실 안에서 바꿀 수 있는 것을 하나 같이 찾아봐도 좋다.

(3) 단순히 Discuss라고만 지도하지 않고, 구체적인 디렉션을 주는 것이 좋다. ('우리 학교에서 universal design이 필요한 곳'과 '그 이유'를 말하기) 또한 discuss 단계니까 문법 등을 너무 신경쓰지 말고 생각나는 모든 것을 말해보라고 격려하면 좋다.

모범답안

Now that we know what Universal Design is and why it's important...what do you think our next step is? Haha, Junyoung says, "Eating Lunch?" Not yet! There's one more fun activity ! *(판서하며)* We're going to think about UNIVERSAL DESIGN IN OUR SCHOOL! Wow! Why did we say Universal Design is important? Yes, because it helps ALL KINDS OF PEOPLE use things easily. Great! So now, let's think. What things in OUR SCHOOL help EVERYONE? Oh, I think Junseo gave a great answer, but maybe some friends didn't hear you. Could you say it louder? Yes! Perfect! There's an elevator, so even students with leg injuries can go to class easily. Let's give Junseo a big hand! Now, can you think of something in our school that needs to be improved? Hmm... that's a bit harder, right? Don't worry. When you talk with YOUR GROUP, you'll get some good ideas! Let's move into your groups. Same groups as always! Okay, now in your groups, you'll talk about TWO THINGS. *(간단히 판서하며)* 'WHERE in our school do we need Universal Design?' and... 'WHY?'. Don't worry about grammar right now. Just SHARE YOUR IDEAS FREELY. You know, my class is always INCLUSIVE! Everyone can join! So what are you discussing with your group? Yes! *(판서한 것 가리키며)* Places in our school that need Universal Design and why. You have 4 minutes. Let's go! *(Circulation)* Group 2, what did you find? Oh, the letters on the school bulletin board are too small? Ah, you're right. That's a really good point! (....) Time's up! Great work, everyone!

B : making students fill in the chart in [Material 3] in groups

(1) 앞에서 discuss했던 내용 중 1가지를 학습지 양식에 맞게 정리하라고 하면 된다. 단순히 표를 채우라고만 하지 말고 표를 함께 살펴보며 하나하나 어떤 요소를 적으면 되는지 알 수 있게 도와주자.

(2) 본격적인 글쓰기는 다음 활동에서 이어지므로 완전한 문장이 아닌 핵심 정보만 적도록 한다. 영작에 너무 힘쓸 단계는 아니다.

(3) 이 활동은 이전에 discuss했던 내용을 그대로 옮겨적기만 하는 단순한 활동이 될 수 있다. 그래서 추가 요소를 넣으면 좋은데, 예를 들어 앞에 discussion 단계에서는 'what we found'와 이유 정도만 토론하게 하고, 'how we want to change'부터는 이 활동에서 추가로 더 생각해야 하는 부분으로 진행하는 것이다.

> (Sample Answer)
> Wow, I saw your group discussions, and you had so many great ideas! Now, it's time to CHOOSE YOUR BEST IDEA and WRITE a SUGGESTION to OUR SCHOOL! *(Material 3 보여주며)* Before we write, let's organize our ideas using this worksheet. It will help you when you write later. Each group has a leader, right? Leaders, please come and take one copy for your group. *(나눠주는 제스처 후 worksheet 함께보며)* Now, how many blanks do you see? Yes, three! Let's read the first one together. 1. What we found! Here, write ONE BEST IDEA from your group discussion — a place in our school that needs Universal Design. Now the second one! 2. How we want to change! Here, think about HOW TO IMPROVE the problem. Use what we learned about Universal Design to make a good, helpful solution! Last one! 3. What is expected! Here, think about WHAT WILL HAPPEN if we make that change. Any questions? If your group works together, it won't be too hard. And since this is just a planning step, you don't need full sentences — just write the key words. So, what do you need to do now? Yes, fill in the three blanks on your worksheet as a group. You have 5 minutes. Let's go!

[Examinee's Response 4]

Design the writing activity using [Material 4], including
a. making students write a suggestion letter using [Material 4] in groups ([자료 4]를 사용하여 학교의 universal design에 대해 제안하는 모둠 글쓰기)
b. engaging students in a peer feedback activity using [Material 4] ([자료 4]의 평가표를 사용하여 다른 모둠의 글에 대해 동료평가하기)
c. giving a teacher's feedback on students' writing (학생의 제안하는 글에 대한 교사 피드백 제공하기)

A : making students write a suggestion letter using [Material 4] in groups.

(1) 먼저 학습지 구조를 함께 보는 것이 좋은데, 괄호 안에 problem, solution, expectation이라는 말이 있으므로 이런 것들을 함께 보면서 학생들의 쓰기 방향을 안내해주자.

(2) 글쓰기 이후에 진행할 peer feedback에서 organization, creativity, language를 평가할 것이므로 이런 부분을 학생들에게 신경쓰라고 미리 지도해주는 것이 좋다. 미리 이야기하지도 않고 글쓰기 후 갑자기 그 기준으로 평가한다면 학생들의 동기가 떨어질 수 있기 때문이다.

(3) 배웠던 핵심 표현이었던 '전치사+-ing'를 1번 이상은 꼭 쓰도록 지도하면 수업의 연계성이 생긴다. 긍정적 제안을 할 때 쓰기 좋은 표현이라는 것을 다시 강조하면 좋다.

(4) 실제로 우리 학교에 대한 제안이므로 '작성한 내용을 모아 대위원회에 전달할 것이다' '다음 달 교내 신문에 수록할 예정이다'와 같은 말과 함께 활동을 더 의미 있게 참여할 수 있도록 동기부여하면 좋다.

(Sample Answer)
Did everyone finish the worksheet? Great job! Now this is a very important moment. You're going to use your ideas to write a SUGGESTION LETTER! *(Suggestion letter 판서)* Actually, I talked to the teacher who's in charge of our school newspaper and she said we can publish your suggestion letters in next month! Exciting, right? So do your best and write carefully! Now, group leaders! Please come and get one writing sheet for your group. *(나눠주며)* Did every group get one? Good. Let's read the title together, loud and clear: "Our Suggestion for Universal Design for Our School!" Good voice! *(학생 가리키며)* Especially Minjun! Your voice was so strong and clear! Minjun, can you read the first line for us? Nice work! Now, from the second line, you'll start writing your own ideas. *(Material 3 가리키며)* Based on the worksheet you've already done, just follow this. *(간단히 판서하며)* In the "We found" part, write the problem. In the "We suggest" part, write your solution. In the "We're sure" part, write the expected result. But there are 3 important things to remember. *(간단히 판서하며)* 1. Organization! Make sure the problem, solution, and result are written in a clear, logical order. 2. Creativity! Your idea should be realistic, but also a little creative! You can change what you wrote before if you have better ideas. 3. Language! This is a real suggestion letter, so write in full sentences. Check your grammar and use an online dictionary or AI grammar checker if you need. Oh, one more thing! Remember the form we can use to suggest a positive change? Yes, "preposition + -ing"! Try using that in your writing! You have 10 minutes. Ready? Go! *(Circulation)* Hey, Group 3! Why so noisy? Junyoung, Jinsu, what's going on? Oh, you're not sure how to write in English? That's okay. But it's not time to play around. Use your tablet to go to the 'Grammarly' website and check your member's writing with AI. It will help a lot!

B : engaging students in a peer feedback activity using [Material 4]

(1) 그룹으로 글쓰기 과제를 했으므로 그룹끼리 바꿔서 진행하면 된다. 피드백 기준 3가지의 부연설명이 다 나와있긴 하지만 시간 여유가 있다면 어떤 부분을 더 중점적으로 봐야할지 더 부연설명 해줄 수 있다. (예 'organization': problem/solution/expectation 흐름이 자연스럽고 논리적으로 설득력있게 잘 이어지는가?)

(2) peer feedback을 하는 이유를 간단히라도 언급하면 동기화에 도움된다. (예 다른 사람의 글을 분석하면 좋은 글을 보는 눈이 생기고 자신의 글의 개선점도 찾을 수 있다. 다양한 글을 읽으면 글쓰기 실력에 도움이 된다…)

(Sample Answer)
As I walked around, I saw so many of you wrote really great letters! So I think it's a good idea to SHARE YOUR WRITING with another group. Let's pass your letter to the next group. Group 1, give it to Group 2. Group 2 to Group 3…. Good! *(학습지 피드*

백 부분 보여주며) Now, at the bottom of the page, what do you see? Yes, a Feedback Checklist! Use this to give helpful feedback to our friends. (판서한 것 가리키며) Remember these 3 things? First, Organization. Let's read the sentence. (…) Good! If the problem, solution, and expectation are clear and connected well, check Yes! Next, Creativity. (…) Read the sentence. Good! If the solution realistic and creative, check YES! Last, Language. (…) Good! Here, check for vocabulary and grammar. You can use an online dictionary to help your decision. Before we start, answer my question. Why do you think giving PEER FEEDBACK is HELPFUL? Wow, Suji, you said exactly what I was going to say! Reading other people's writing helps us learn WHAT MAKES a GOOD WRITING, and it helps us find ways to IMPROVE OUR WRITING, too. Isn't that great? Now, work with your group and complete the checklist together. You have 4 minutes. Ready? Go! (…) Thank you all for working hard on your feedback! Now, let's give the letters back to the original groups and check the feedback you're given.

C : giving a teacher's feedback on students' writing

(1) 교사의 피드백을 어떤 부분에 주는 지는 통제가 되어있지 않았다. (language use라고 되어있었다는 복기도 일부 있었으나 그런 말이 없었다는 복기가 더 많았다.) 문법 측면으로 제공해도 좋고, 내용적인 측면으로 제공해도 좋다.

(2) 교사 피드백을 어떤 것을 주어야 할까 고민이 될 수 있는데 가장 빨리 찾을 수 있으면서도 의미 있는 것은 배웠던 핵심표현을 반복하는 것이다. 전치사+ing가 핵심 표현이었으므로 그 부분에 실수가 있었다고 가정하고 진행하면 된다. 또는 peer feedback의 기준 중 한 가지를 찾아서 줄 만한 것을 찾아보는 것도 빠르게 구상할 수 있는 방법이다.

(3) 시간이 살짝 남았다면 주제가 universal design인 만큼 학교 밖에서도 이런 디자인이 잘 설계된 곳, 필요한 곳을 잘 살펴보는 실천을 할 것을 당부하며 마무리하는 것이 좋다.

모범답안

(Sample Answer)
Now it's my turn to give you a little feedback. Some of you wrote something like this: (판서하며) "We are looking forward to use a new restroom." Hmm… is there something we should fix here? Yes! Sehee, you're right! (판서내용 고치며) It should be: "We are looking forward to USING a new restroom." Why? Because in this sentence, "to" is a PREPOSITION , not a verb. Remember! Sometimes "to" is used before a verb like "to go", but in some phrases like "look forward to," it's a preposition, so the verb must end in -ing as we learned today. Now, we've written about Universal Design in our school, and you all did an amazing job! But I don't want this to be the end. Try to find Universal Design in the world outside our school. Can you find a place where it works well? Or a place that still needs improvement? Let's keep thinking and practicing in real life too!

[판서 샘플]

```
Designing Inclusive Environment     <Grammar>                        <Writing>
                                    benefiting, ensuring, making     'Suggestion Letter'
inclusive <-> Exclusive             * verb -ing
-including everyone                 * After a (preposition), the     We found - problem
                                      (verb) changes to (-ing).      We suggest - solution
                                                                     We're sure - result
  'Universal Design'
 -Who? :everyone                    <Reading>                        1. organization- logical order
 -How?                              Graphic organizer                2. creativity - creative idea
                                                                     3. language -full sentence, grammar
                                                                        check / preposition + -ing
<Words>                             <Discussion>
segregate -> keep someone           Universal design in our school   <Feedback>
 apart from others                  1. Where?                        We're looking forward to use using a
                                    2. Why?                            new restroom.
'Langeek picture dictionary'
```

[2025 수업실연 지도안 샘플]

Unit Title	Design for Everyone		
Lesson Objectives	1. Students will be able to understand the definition and features of Universal Design. 2. Students will be able to find the main idea and details of the reading text. 3. Students will be able to write about the universal design in their school.	자료	시간
Introduction	- 학생들의 출석을 확인한다. - 전시학습(듣기/말하기) 내용을 확인한다. - 오늘의 학습목표를 제시한다.		5'
Development - Pre-reading	〈응시자 작성부분1〉 a. 〈자료 1〉의 제목을 보고 학생들이 글의 주제를 추론하기 'Inclusive'와 반의어인 'exclusive'의 의미를 잘 나타낸 학교 관련 예시를 각각 들어준다. (inclusive: 'This English class is inclusive. All students can join.', exclusive: 'The English novel club is exclusive. Only students who signed up before can join) 두 예시의 차이를 통해 학생들이 inclusive가 'including everyone'의 의미임을 추측하게 한 후 제목의 의미를 추측해보게 한다. (예상 답안: making a place where everyone can join) b. 〈자료 1〉의 그림을 보고 Universal Design의 특징을 짝과 추측하게 하기 앞에서 추측한 제목과 'Universal Design'이라는 용어가 연관이 있음을 설명한다. 그림에 서로 다른 사람들이 함께 있는 것을 발문을 통해 파악하게 한다.(발문: Are people in the picture all same or different?) 그림을 보고 Universal Design이 누구를 위한 것인지, 그리고 어떻게 디자인하는 것인지 2가지 질문을 짝과 함께 말해보도록 한다. 학생들의 답을 확인하되, 짝이 각각 1가지씩 대답하도록 한다. (예상 답변: 'For everyone', 'It is designed for everyone to use easily')	〈자료1〉, PPT	10'

		⟨응시자 작성부분2⟩		
D e v e l o p m e n t	Rea ding	a. ⟨자료 1⟩의 밑줄 친 단어 중 하나를 골라 지도하기	⟨자료1⟩, 온라인 사전	25'
		⟨자료1⟩의 핵심 단어들을 한눈에 시각적으로 나타내는 word cloud를 화면에 띄워주고 읽게 하고 어려운 단어를 찾게 한다.		
		'Segregate' 발음 연습을 시킨 뒤 교실과 관련된 쉬운 예문 2개를 주고 의미를 추측시킨다. 'Teachers should not segregate students based on their test scores.' 'It is unfair to segregate students just because they come from another country'		
		segregate의 정의를 직접 이야기해주지 않고 학생들이 온라인 사전을 통해 직접 찾도록 한다. 'Langeek picture dictionary' 사이트를 안내한 후 영영 설명을 찾게 하되, 영어가 너무 어려운 학생은 이 사이트의 그림사전 기능을 활용하게 해서 모든 학생이 참여할 수 있도록 한다.		
		학생의 검색 결과와 함께 'Keep someone apart from others'라는 정의를 함께 내리며 마무리 한다.		
		b. ⟨자료 1⟩의 네모 친 언어 형식 지도하기	⟨자료1⟩, PPT	
		⟨자료1⟩ 글을 빠르게 보면서 네모 표시가 있는 단어들(benefiting, ensuring, making)을 찾아 보게 한다.		
		짝과 함께 이 단어들의 공통점을 토론해보게 한다. 단, 단어의 앞/뒤를 잘 살펴보라는 힌트를 제공한다.		
		학생이 발견한 규칙을 발표하도록 한다. (예상 답변: All three words are verbs with -ing and come after preposition')		
		교사가 규칙을 정의내려준다. 단, 전부 제시하지 않고 괄호 부분은 직접 맞춰보도록 유도한다. "After a (preposition), the (verb) changes to (-ing)."		
		c. ⟨자료 2⟩의 graphic organizer를 완성하기	⟨자료2⟩, PPT	
		⟨자료1⟩을 빠르게 읽으며 대략적인 내용파악을 하게 한다.		
		⟨자료2⟩를 나눠준 후 Graphic organizer임을 알게 하고 이 자료의 특징(하는 이유)을 질문을 통해 알게 한다. (예상 답변: It shows the important parts of the text clearly)		
		⟨자료2⟩의 각 요소를 함께 살펴보며 학생들의 방향을 잡아준 뒤 글을 자세히 읽으며 빈칸을 채우게 한다. 빈칸은 문장 전체가 아닌 핵심만 적도록 당부한다.		
		빈칸 답을 발표해보고 함께 확인하는 시간을 가진다.		
		⟨응시자 작성부분3⟩		
	Pre- writ ing	a. 모둠별로 학교의 universal design의 현황에 대해 말하기	⟨자료3⟩, PPT	20'
		Universal design의 의미를 상기시킨 후 학교에 그런 요소들이 있는지 생각해보게 한다.		
		학교에 universal design이 잘 적용된 것과 그 이유를 질문한다. (예상 답변: "There's an elevator, so even students with leg injuries can go to class easily.")		
		조별로 앉힌 뒤 학교에 universal design 측면에서 개선되어야 할 부분을 찾도록 한다. 다음 두 가지 질문으로 방향을 제시해준다. 1. Where in our school do we need Universal Design? 2. Why do we need it?		
		문법 신경쓰지 않고 자유롭게 아이디어를 제시하도록 격려하고 교실을 돌며 질문을 통해 학생들이 아이디어를 발전시킬 수 있게 도와준다.		
		b. ⟨자료 3⟩의 표를 모둠별로 완성하기		
		⟨자료3⟩을 각 조에 나눠주고 각 빈칸의 요소를 함께 읽으며 부연설명해준다.		
		앞에서 토의한 내용 중 가장 필요한 곳 한 곳만 뽑은 뒤 빈칸을 채우도록 한다. 특히 이번에는 구체적으로 어떻게 바꿀 것이고 바꾼 뒤에 어떤 결과가 예상되는지 적어보도록 한다.		
		아직 본격적인 글쓰기 전 단계이므로 완전한 문장으로 적기보다는 내용 중심으로 핵심 키워드만 적도록 격려한다.		

D e v e l o p m e n t	Writing	〈응시자 작성부분4〉 a. 〈자료 4〉를 사용하여 학교의 universal design에 대해 제안하는 모둠 글쓰기 학생의 제안서가 실제로 교내 신문에 실릴 것을 강조하며 쓰기 활동 참여를 동기화한다. 〈자료 4〉를 조별로 나눠준 후 이미 나와 있는 부분을 함께 살펴보면서 각 빈칸에 어떤 내용을 적어야할지 생각해보는 시간을 가지며 글의 방향을 안내해준다. 글쓰기 추가 조건을 안내한다. 각 조건은 글쓰기 후 실시할 평가 기준과 연계될 수 있도록 한다: (1) 문제-해결-결과를 명료하고 논리적인 순서로 연결 (2) 창의적인 해결책 (3) 문법에 맞는 완전한 문장 사용 (4) 전치사+-ing 형태 1번 이상 사용 조별 글쓰기 실시 후 교실을 돌며 학생들의 글쓰기 어려움을 돕는다. 특히 문법을 어려워하는 조는 'Grammarly'와 같은 AI 기반 교정 프로그램을 안내해준다. b. 〈자료 4〉의 평가표를 사용하여 다른 모둠의 글에 대해 동료평가하기 조별로 결과물을 교환하도록 하고 동료평가표를 함께 읽어본다. 동료평가의 각 요소를 설명하며 평가 방법을 구체적으로 안내한다. 글쓰기 전 안내했던 글쓰기 3가지 조건과 연계하여 설명하면서 학생들의 부담을 낮춰준다. 동료평가를 하는 이유를 생각해보는 시간을 가지며 동기화한다. (예상 답변: "Reading other people's writing helps us find ways to improve our writing.") 동료평가표를 작성하게 한 뒤 돌려주도록 지도하고, 받은 피드백을 검토하는 시간을 가진다. c. 학생의 제안하는 글에 대한 교사 피드백 제공하기 학생들의 작품을 살펴보며 피드백을 줄 부분을 찾는다. 특히 가장 많이 실수한 부분이나 '전치사+-ing'와 같은 오늘 배운 핵심 내용에 중점을 둔다. 학생의 실제 문장을 판서하여 틀린 부분을 찾게 한다. (예시: "We're looking forward to using a new restroom.") 정답을 먼저 제시하지 않고 힌트 제공을 통해 학생들이 스스로 틀린 부분을 찾도록 유도한 뒤 보충 설명을 제공한다. (설명 예시: 'In phrases like "look forward to," 'to' is a preposition, so the verb must end in -ing.) 오늘의 활동을 학교 밖 실생활까지 확장하여 우리 마을의 공공시설, 도서관, 버스 정류장 등에서도 Universal Design이 잘 설계된 곳 또는 필요한 곳을 찾아보도록 격려한다.	〈자료4〉	30'
Consoli-dation		수업 요약 정리, 고쳐쓰기 예고, 형성평가		10'

2024 기출문제

[Directions] -지도안 지역은 한글로 제시 (카페 업로드 예정)

[Examinee's Answer 1] Design pre-writing activity (reading) using [Material 1], including
a. inferring the meaning of one of the underlined words or expressions in [Material 1] and [Material 2]
b. choosing one proverb which is appropriate for the situation provided by the teacher
c. figuring out the theme of [Material 2] after reading the text

[Examinee's Answer 2] Design while-writing activity (writing) using [Material 2] and [Material 3], including
a. choosing the proverb in groups from [Material 1&2] and creating the situation for their skit
b. writing the script in groups according to the teacher's instructions
c. self-evaluating their script based on self-assessment checklist

[Examinee's Answer 3] Design the post-writing activity (speaking), including
a. practicing the dialogue based on their assigned roles in groups
b. giving teacher's feedback on speaking (pronunciation, stress, intonation, etc.)

[Class Conditions]

- HighSchool 1st graders, 24 students
- Block time, 100 min.
- Unit title: Spread Wisdom
- Aids: computer, beam projector, board, chalk, tablet PC, online dictionary

[Demonstration Direction - 지도안지역은 구상실에서만 제공**]**

※ Demonstrate Examinee's Answer 1, 2, and 3 based on your lesson plan.
※ You need to use all the materials (Material1~4) in you teaching.
※ Use neat and proper board writing to show the process of your lesson.

[Lesson objectives]

1. Students will be able to read or listen to the text to find the main idea.
2. Students will be able to write their own script related to the topic.
3. Students will be able to role-play their script.

Period	Skills	Activity/Evaluation
1	Listening	..
2	Speaking	...
3	Reading	...
5-6	Reading, Writing	- Group work, whole class work - Teacher observation, self-assessment
7	wrap-up	...

[Material 1]

English Proverbs all over the world
• A smooth sea never made a skilled sailor. - English proverb
• Fear makes the wolf bigger than he is - German Proverb
• Experience is the best teacher, but the **tuition** is high. - Norwegian proverb
• Still waters run deep. - Latin proverb
• Great oaks from small acorns grow - African proverb
• A tree is known by its fruit. - Jewish proverb

[Material 2]

Title(Proverb): Smooth Sea Never Made a Skilled Sailor
Characters: Alex (a high school first grader), Jessica(Alex's friend), Paul (Alex's friend)
Setting: In high school, during the challenging week with so many quizzes, exams, and project deadlines.
-Scene 1-   *In the school cafeteria, during a challenging week*   Alex: *(looking at a **packed schedule**)* This week is tough. There are so many quizzes, exams and project deadlines.   Jessica: Yes, right, so tired these days. math test, science test,,, too much tests.   Paul: *(look **exhausted**)* I stayed up late preparing for the math quiz. I have to write a biology report today, too.   Jessica: : "I've already finished the report, so I'll help you out."   Paul : Thank you Jessica. **What a relief!**
-Scene 2-   In the park, after a challenging week.   Alex: The challenging week finally ended!   Paul: *(smiling)* Life's not easy, but I learned a lot.   Jessica: Yeah, though it was tough, storm makes us stronger.   Paul: Yeah, this reminds us of the saying "smooth sea never made a skilled sailor." Challenges can be a chance for our growth.   Alex: I agree with you. Let's go to play basketball.

[Material 3]

Group:	Name:

Title (Proverb):_____
Characters
Name:_____(Description:_____)
Name:_____(Description:_____)
Name:_____(Description:_____)
*Add more if you need
Setting:_____
Scene #1

[Material 4]

Self-assessment			
criteria	score		
Does skit include all the requirements?	3	2	1
Is the skit well-organized?	3	2	1
Is the language clear and accurate?	3	2	1

```
_____:_____
 (character1)
   _____:_____
    (character2)
     ⋮
```

[2024 수업실연 지도안 - 지도안 지역용]

*유의사항: 한글로 작성하되 학생과 교사의 구체적 예시는 영어로 작성할 것

Unit Title	Spread Wisdom		
Lesson Objectives	1. Students will be able to read or listen to the text to find the main idea. 2. Students will be able to write their own script related to the topic. 3. Students will be able to role-play their script.	자료/ 유의 사항	시 간
Introduc- tion	학생들의 출석을 확인한다. 전시학습 내용을 확인한다. 오늘의 학습목표를 제시한다.		5'
Development	Reading	<응시자 작성부분1> a. <자료 1~2>의 새로운 어휘 및 표현을 문맥을 통해 익히기 b. 교사가 제시한 상황을 보고 <자료1>의 속담 중 하나를 고르기 c. 속담을 기반으로 <자료 2>의 연극(skit) 대본의 주제를 파악하기 	자료 1,2 슬라 이드 온라인 사전 자료 1 자료 2	25'

D e v e l o p m e n t	Writing	<응시자 작성부분2> a. 모둠별로 <자료 1~2>를 참고하여 속담 하나를 고르고, 그에 맞는 연극 상황을 설정하기 b. <자료3>을 토대로 모둠별로 연극 대본 작성하기 c. <자료4>를 활용하여 자기평가하기	슬라이드 자료 3 온라인 사전 자료 4	35'
	Speaking	<응시자 작성부분3> a. 모둠별로 역할을 설정하고 대본 연습하기	조별 대본 자료 1~4	20'

		b. 발음, 강세, 억양 등에 대한 피드백 제공하기		
Consolidation	수업 요약 정리, 형성평가			15'

[2024 Lesson Plan – 지도안 없는 지역용(문제에 함께 제시됨)]

Lesson objectives	1. Students will be able to read or listen to the text to find the main idea. 2. Students will be able to write their own script related to the topic. 3. Students will be able to role-play their script.		
	교수학습 내용	시간	수업도구
Introduction	출석 확인, 학습목표 확인, 읽기 활동 리뷰		
Development — Examinee's Answer1	a. <자료 1~2>의 새로운 어휘 및 표현을 문맥을 통해 익히기 (밑줄 친 표현 중 하나 선택)	25'	Material 1, 2 online dictionary
	b. 교사가 제시한 상황을 보고 <자료1>의 속담 중 하나를 고르기		Material 1
	c. 속담을 기반으로 <자료 2>의 연극(skit) 대본의 주제를 파악하기		Material 2
Development — Examinee's Answer2	a. 모둠별로 <자료 1~2>를 참고하여 속담 하나를 고르고, 그에 맞는 연극 상황을 설정하기	35'	슬라이드
	b. <자료3>을 토대로 모둠별로 연극 대본 작성하기		Material 3 online dictionary
	c. <자료4>를 활용하여 자기평가하기		Material 4
Development — Examinee's Answer3	a. 모둠별로 역할을 설정하고 대본 연습하기	20'	조별 대본 Material 1~4
	b. 발음, 강세, 억양 등에 대한 피드백 제공하기		
Consolidation	수업 요약 정리, 형성평가		

2024 수업실연 해설

➕ PLUS | 2024년 수업실연 출제의도 분석

- 연극이 최초로 기출 되어서 많은 수험생들이 낯설어했을 것이다. 연극 자체는 낯설 수 있으나 세부 디렉션은 기존에 기출 되었던 것들이 많아서 (문맥으로 어휘 지도하기, 모둠별 writing, 자기평가 등...) 차분하게 대처해 나가는 것이 중요한 기출이다.
- 수업도구에 태블릿 PC가 있기에 에듀테크 활용수업 능력을 보여줄 기회가 있었다. 디렉션에는 직접적으로 그런 말이 없긴 했으나 수업 중간에 태블릿을 활용하여 디렉션을 수행하는 모습을 1번 이상은 보여주는 것이 좋다.
- 속담을 잘 활용하는 것이 매우 중요했다. Unit title도 'Spread Wisdom'이고, 수업의 초반도 속담으로 풀어가는 디렉션이며 연극 대본도 속담을 주제로 한 이야기이다. 속담을 중심으로 수업을 풀어나가면서 학생들이 영어 학습만 하는 것이 아닌 속담을 통해 교훈도 얻을 수 있는 수업이 될 수 있도록 이끌어나가는 것이 좋다.

➕ PLUS | 2024년 수업실연 유의사항

(1) 지도안지역
- 지도안지역은 지도안을 한글로 작성함. 지도안 작성 시간에 나오는 문제에서 세부디렉션 등도 한글로 출제되었음. 단, 지도안을 무조건 다 한글로 적으라는 것은 아니었고, "학생과 교사의 구체적 예시는 영어로 작성"이라는 유의사항이 있었음.
- 시험지 구성(B4단면): 1페이지 디렉션, 2페이지 Worksheet, 3페이지 지도안(Examinee's Answer1), 4페이지 지도안(Examinee's Answer 2~3)
- 지도안 한 줄이 좁은 편이라 한 줄을 두 줄로 만들어 쓰기 어려웠음.
- 구상실 문제는 지도안 복사본과 함께 제공되었으며 문제는 영어로 제시됨.

(2) 비지도안지역
- 시험지 구성(B4단면): 1페이지 디렉션, 2페이지 Worksheet, 3페이지 수업지도안
- 1~2페이지는 모두 영어로 제시, 3페이지 지도안은 한글로 번역해서 제시됨.
- 3페이지 Lesson plan을 먼저 보면 수업의 흐름을 한눈에 파악하기 좋았음. 또한 여기에 각 Examinee's Answer 밑에 빈칸이 있어서 디렉션을 어떻게 수행할지 메모할 수 있었음.

(3) 공통
- 실제 시험에서는 문제지의 가독성이 떨어짐. 디렉션이 표나 밑줄, 줄바꿈 등을 적절하게 활용하여 잘 정리가 되어있지 않고 줄글로 복잡하게 쓰여있어서 문제에서 요구하는 사항을 파악하는 데에 어려움을 겪었다는 수험생이 많았음.
- 문제지 모두 여백이 넉넉하지 않아서 필기공간이 부족했음. (좁은 공간에 필기하거나 문제지 뒷면을 활용해야만 함.

[Examinee's Response 1]

> Design pre-writing activity (reading) using [Material 1], including
> a. inferring the meaning of one of the underlined words or expressions in [Material 1] and [Material 2] (〈자료 1~2〉의 새로운 어휘 및 표현을 문맥을 통해 익히기- 밑줄 친 표현 중 하나 선택)
> b. choosing one proverb which is appropriate for the situation provided by the teacher (교사가 제시한 상황을 보고 〈자료1〉의 속담 중 하나를 고르기)
> c. figuring out the theme of [Material 2] after reading the text (속담을 기반으로 〈자료 2〉의 연극(skit) 대본의 주제를 파악하기)

A : infer the meaning of one of the underlined words or expressions in [Material 1] and [Material 2]

(1) 4가지 표현 중 1가지만 선택해서 지도하면 된다. 교사가 직접 1가지를 선택해도 좋고, 학생들에게 Material 1~2 중에 어려운 단어를 골라보라고 해도 좋다.

(2) infer하라고 했으므로 교사가 직접적으로 의미를 알려주지 않고 학생이 문맥을 통해 추론하게 하는 것이 중요하다. 문맥은 제시된 지문을 활용해도 좋고 교사가 직접 만들어서 제시해도 좋다. 직접 문맥을 제시할 경우 밑줄 단어가 대부분 학교를 배경으로 하는 지문에서 나온 만큼 학생의 학교생활을 예문으로 주면 학생들이 이해하기 좋다. (예 이번 주에 수행평가 일정 등이 매우 많은 상황을 제시하며 packed schedule, exhausted 의미 추론)

(3) tablet PC를 여기서 활용할 수도 있다. (예 단어의 영영 의미를 온라인 사전에서 찾기, 단어와 관련된 상황을 나타내는 이미지 검색해서 패들릿 올리기 등...)

📢 모범답안

(Sample Answer) 안녕하십니까. 관리번호 1번입니다. 수업 실연을 시작하겠습니다.
"I'll hand out the worksheets. *(worksheet 나눠주며)* Has everyone got one? Great. That's what we'll be learning today. Exciting, isn't it? So, what we're going to do first? Yes, as usual, *(worksheet 학생 방향으로 보여주며)* you'll QUICKLY SKIM through the worksheet and UNDERLINE DIFFICULT WORDS. I'll give you one minute! Time's up! Call out underlined words loudly! Wow, many students are saying 'WHAT A RELIEF.' *(표현 판서)* Let's learn this in detail. Now, with your tablet PC, SEARCH FOR THIS EXPRESSION using 'Google Image Search', and UPLOAD IT to our class Padlet. Well done! *(교실 앞 모니터 가리키며)* Look at the monitor here. Your uploaded images are showing up. *(이미지 속 표정을 따라하며)* When do you make this facial expression? Oh, when you are happy? relaxed? Then what does this expression mean? Oh you still look confused. Let me give you an example. Minho! You're really good at soccer, will you participate in the school soccer tournament tomorrow? Oh, you're really looking forward to it! But, what if it rains tomorrow.... oh, you'll be annoyed, right? But what if the weather is really nice tomorrow? Oh you feel relaxed? Yes. That's when you'd say 'WHAT A RELIEF.' You use it when SOMETHING UNPLEASANT DOES NOT HAPPEN.

B : choose one proverb which is appropriate for the situation provided by the teacher

(1) 속담의 상황을 교사가 제시해야 한다. 새로운 상황을 제시해도 좋고, 앞 어휘 지도에서 상황을 제시했다면 그 상황을 다시 가져와서 연계된 상황을 제시해도 괜찮다. (예) 수행평가 일정이 많이 겹쳤을 때 해결 방안으로 Great oaks from small acorns grow를 인용)
(2) 디렉션에 'choose'라는 말이 있으므로 학생이 Material 1의 속담 중 교사가 제시한 상황에 맞는 하나를 고르는 방식의 활동을 진행하면 된다.
(3) 교사가 상황 제시 후 전체 학생에게 바로 답변을 유도해도 좋고, 교사의 상황 제시 후 짝끼리 의논하는 시간을 잠시 준 다음 발표를 시키는 방법도 있다.

모범답안

(Sample Answer)
(worksheet Material 1 부분 가리키며) Now look at the top of the worksheet and read the title together. 3, 2, 1, go! Well done. (proverb 판서하며) What does 'PROVERB' mean? Right, they are old sayings that give us lessons. How many proverbs are there? Yes, 6, each from a different country. Now, I'm going to tell you A STORY. LISTEN CAREFULLY and then CHOOSE ONE PROVERB from the 6 that best fits this story." While I'm telling the story, you should...(조용히 경청하는 제스처)...Yes! STAY QUIET and LISTEN CAREFULLY. Um, I want to talk about Sujin in our class. I thought Sujin was shy and quiet during class. However, when I counseled Sujin, I was amazed to learn that Sujin has amazing drawing skills and often volunteers to draw for children in an orphanage! Now, DISCUSS with your PARTNER and find the proverb that fits this story. I'll give you 2 minutes! Time's up! Any volunteers? Yes, Seohee and Yumi raised their hands! Which proverb is it? That's right! (판서하며) "Still waters run deep" Why did you think so? Oh, because Sujin seems quiet but has a deep inner self? That's right, well done! (박수치며) Let's give them a big hand!

C : figure out the theme of [Material 2] after reading the text

(1) Theme을 다루어야하는데 기출이 자주 되었던 'Main idea 찾기' 방식을 적용하되 용어만 theme으로 바꿔서 진행하면 된다.
(2) 다만 앞 활동에서 속담을 활용했고, 이 지문의 title이 속담이기도 하니 '앞에서 속담을 배웠으니 이 지문의 Title이 가진 의미도 파악해보자'는 식으로 '속담'을 중심으로 두 활동을 연결하면 활동 간의 연계성을 높일 수 있다.

모범답안

(Sample Answer)
Class, do you see the FIRST PROVERB here? (학습지 가리키며) Can you read it aloud? Three, two, one! (속담 판서하며) Smooth Sea Never Made a Skilled Sailor!' Great voice!

> Can you guess the meaning? Hmm... difficult? Actually, this is the TITLE of the reading text. (학습지 가리키며) This is a skit and you can see three main characters. Then why is this proverb the title of this text? Let's find out the reason. Now, read the text and THINK ABOUT THE THEME, THE MAIN IDEA. You can find it more easily if you connect it with this proverb (판서한 속담 가리키며). So, Junsu, what should you do? That's right, find the main idea and link it to the proverb! Good, I'll give you 3 minutes! Ready, go! Have you found it? Oh, Junsu, you understand the title but don't know how to say in a sentence? Then I'll give you a hint. ('Facing ___ can lead to ___' 판서) Fill in the blanks here. (빈칸 채우며) Yes! Facing DIFFICULTIES can lead to GROWTH! Great job!! Now, do you understand the meaning of this proverb? That's right, Jina. A skilled sailor would have grown by overcoming various difficulties. Great.

[Examinee's Response 2]

> Design while-writing activity (writing) using [Material 2] and [Material 3], including
> a. choosing the proverb in groups from [Material 1&2] and creating the situation for their skit (모둠별로 〈자료 1~2〉를 참고하여 속담 하나를 고르고, 그에 맞는 연극 상황을 설정하기)
> b. writing the script in groups according to the teacher's instructions (〈자료3〉을 토대로 모둠별로 연극 대본 작성하기)
> c. self-evaluating their script based on self-assessment checklist (〈자료4〉를 활용하여 자기평가하기)

A : choose the proverb in groups from [Material 1&2] and creating the situation for their skit

(1) 이전 활동과 연계 멘트부터 하자. 이전 활동에서 배운 속담 외에 나머지 속담을 이 활동을 통해 연습해보자는 멘트를 하면 활동 간의 연계성을 높일 수 있다. 또한 이 대본은 이후에 진행할 스피킹 활동을 위한 것이라는 멘트를 해주면 학생들이 수업의 흐름을 읽을 수 있게 하고 더 동기화시킬 수 있다. 그 다음에 조를 만들면 되는데, 자신만의 자동화된 패턴을 연습하면 된다.

(2) 연극 상황 설정과 대본 작성을 한 번에 시키기보다는 상황 설정할 시간부터 주는 것이 좋다. (그래서 디렉션도 2개로 나눠서 제시되었다.) Material2의 Setting을 참고하여 예시를 주고 학생들이 최대한 구체적으로 상황을 설정할 수 있도록 유도해보자. (title, character, time, place등의 요소들을 구체적으로 정해줄 수도 있다.)

(3) 사실 디렉션에는 없지만 학생들이 나머지 속담들의 의미를 알아야 대본 쓰기 활동에 참여할 수 있다. 그렇다고 직접적으로 가르치는 시간이 부족하므로 학생들이 태블릿으로 스스로 의미를 찾아보면서 활동을 하게 하거나, 속담들의 뜻이 담긴 추가 자료를 제공한다고 하는 등의 멘트를 하는 것이 좋다.

(Sample Answer)

"Okay, so far we've learned about two proverbs, but aren't you curious about the meaning of *(Material 1 가리키며)* the other ones? Yes? Then, *(판서하며)* let's create a SCRIPT with them! Oh, Jisung, why are we making a script? Because we're actually going to PERFORM A PLAY using OUR OWN SCRIPT!! Exciting, right? You can't do a play alone, so let's work with your lovely friends. Make groups of four. These four Group 1 and... Group 5 and 6! Now we are in groups and LISTEN CAREFULLY. *(지금부터 guideline 간단히 판서하면서)* Discuss with your group members and CHOOSE ONE OF THE FOUR PROVEBS. Then, based on that proverb, DECIDE ON THE SITUATION for your script. If you look at the text again, *(Material 2 가리키며)* you can see TITLE, CHARACTERS, and SETTING. You also decide these three things. The setting should include specific TIME, PLACE, and SITUATION. Got it? Any question? Oh, Jina, you don't know the meaning of the four proverbs. Don't worry. You can google it with your tablet PC. I'll give you 5 minutes. Ready, set, go!

B : write the script in groups according to the teacher's instructions

(1) Material 3를 활용하여 script를 작성하므로 worksheet을 함께 보며 활동 진행 방법을 설명하면 된다.
(2) 이 다음 활동이 Self-assessment인데 Material 4에 평가 요소들이 나와있다. 이 요소들을 참고해서 학생들에게 Guideline을 주면 이후에 Self-assessment 활동과의 연결성을 높일 수 있다.
(3) 역할분배 방법 (필수는 아님, 특히 시간이 부족하면 넘어가기): 멤버 수대로 character를 만들어서 자신이 맡은 인물의 대사 작성하기, '인터넷 검색/대사 영작/skit 형식/ language 체크'역할 하나씩 맡기 등...

(Sample Answer)

Now, using your group's situation, let's MAKE A SCRIPT. I'll hand out a worksheet. What do you see? Right, there's a SKIT FORMAT. For your group writing, you have to keep these FOUR THINGS in mind. *(지금부터 4가지 간단히 판서하며)* First, 'CONTENTS'. As you can see on the worksheet, *(Material 2 가리키며)* you need to include the TITLE, CHARACTERS, SETTING, and at least TWO SCENES. Second, 'ORGANIZATION'. Because you are writing a script for SPEAKING, make your script using characters' dialogues rather than story descriptions. To describe characters' actions and emotions, use parentheses like this *(괄호 그리며)* before each line. Third, 'LANGUAGE'. Write in FULL SENTENCES and use online dictionaries to make your sentences more accurate. Lastly, 'COOPERATION'. All group members must participate. Oh, Sangmin raised his hand. Any question? Oh, English is too difficult for you and you don't know what to do? Don't worry. You can be a great help using your tablet PC. If you don't know anything, just google it! Remember Sangmin, *(아까 판서한*

속담 가리키며) 'A smooth sea never made a skilled sailor.' Haha!! So, (판서 내용 가리키며) start with these FOUR THINGS in mind! I'll give you 15 minutes. (Circulation) Minji, why did you stop? Oh, the other group members are not doing anything. Group 3, everyone needs to participate! Hmm... I'll assign roles: one person for Internet research, one for writing the dialogues, one for checking the Skit format, and one for checking vocabulary/grammar. Let's get going! (...) Class, have you finished writing? Good.

C : self-evaluate their script based on self-assessment checklist

(1) 보통 기출에 peer feedback이 많이 나왔지만 이번엔 self-assessment가 나왔다. peer feedback으로 연습했던 내용을 self로 하라고만 바꾸면 되고, 평가표도 Material 4에 다 나와 있기 때문에 어렵지 않게 접근할 수 있다.

(2) 다만 단순히 Material4의 표를 보고 평가하라고만 하면 학생들이 구체적으로 어떤 것을 검토해야하는지 헷갈릴 수 있으므로 각각의 criteria에 대한 보충설명을 하는 것이 좋다. 이전 활동에서 이 표를 활용하여 guideline을 주었다면 그것을 다시 언급하면서 잘 지켰나 확인하라는 식으로 진행할 수 있다.

(3) 이런 checklist를 통한 self-evaluation을 왜 하는지를 간단히 언급해주면 학생들을 더 동기화 시킬 수 있다.

모범답안

(Sample Answer) While I was walking around, I saw that every group had written very interesting scripts. You've already made excellent scripts, but let's make them EVEN BETTER! How? *(Material4 가리키고 판서하며)* We'll use this SELF-ASSESSMENT CHECKLIST! Okay. Leaders from each group, come up and pick one. Did everyone get one? Good. How many questions on it? Yes, THREE questions. Read aloud the first question. 3, 2, 1, Go! Good. What does 'Requirements' mean here? That's right, *(아까 판서한 내용 가리키고 간단히 판서하며)* it's the 'CONTENTS' of the writing activity. What were the FOUR THINGS to include? That's right! TITLE, CHARACTERS, SETTING, and at least TWO SCENES. If all these are included, you can give yourself 3 points. Let's read the second question. Good. *(아까 판서 내용 가리키며)* This is about the second condition, 'ORGANIZATION'. If you well followed the Skit format as we learned, give yourself 3 points! And the last question!! Great voice! Here, if you're not sure about grammar, you can ask me or you can use the 'Grammarly' program on your tablet PC. ('Grammarly' 판서) AI will check the grammar of your writing for you. Isn't that amazing? Alright, you have 5 minutes. Let's start! (...)

[Examinee's Response 3]

> Design the post-writing activity (speaking), including
> a. practicing the dialogue based on their assigned roles in groups (모둠별로 역할을 설정하고 대본 연습하기)
> b. giving teacher's feedback on speaking (pronunciation, stress, intonation, etc.)(발음, 강세, 억양 등에 대한 피드백 제공하기)

A : practice the dialogue based on their assigned roles in groups

(1) 이전 활동에서 Self-assessment를 점수만 부여하고 끝나면 의미가 없을 것이다. 활동 시작 전 self-assessment에서 발견한 실수나 개선해야할 부분을 수정할 시간을 주는 것이 좋다.
(2) Role assignment는 조별로 각자 만든 script에서 Character를 하나씩 정하라고 하면 된다.
(3) 단순히 'script로 연습해라'라고 하면 너무 단순한 실연이 될 수 있으므로 학생들이 어려워할만한 요소를 도와주거나 연습을 더 잘할 수 있는 방법을 가르쳐주는 것이 좋다. (예) 대사를 최대한 외워서 말하기, 큰 목소리로 제스쳐를 적극적으로 활용하기, tablet PC로 영상 찍으며 연습하기, AI 기반 프로그램으로 발음 녹음 후 교정받기....)

📢 **모범답안**

(Sample Answer) Now it's time to PRACTICE your script! Before we start, based on your self-assessment, correct the parts of your script that need improvement. I'll give you 4 minutes. Finished? Good. From now on, decide within your groups who will play each character. If there's a role you're confident in, make sure to speak up about it. Ready? Go! Have you made your decisions? Great, now let's start practicing the script. While practicing, remember these two things. (간단히 판서하며) First, try to MEMORIZE your lines as much as possible. This will help you speak more naturally. Second, at the end of the practice time, use the tablet PC to RECORD A VIDEO. Thinking about recording the video will encourage you to be more active in your practice. Got it? I'll give you 15 minutes. Let's start! (...) Well done!

B : give teacher's feedback on speaking (pronunciation, stress, intonation, etc.)

(1) 주로 language use에 대한 피드백이 주로 기출되었으나 처음으로 suprasegmental측면의 피드백이 출제되었다. speaking 활동에 대한 피드백이었으니 어떻게 보면 당연히 이 측면이 필요한 흐름이긴 했다.
(2) 단어나 문장의 강세나 실수하기 쉬운 발음을 피드백해도 좋고, rising/falling intonation을 쉽게 설명하며 피드백을 줘도 괜찮다. 남은 시간에 따라 잘 판단해서 진행하자.

(Sample Answer)
"While I was observing during the activity, I noticed that everyone has really great acting skills! But if you focus on just one more thing, it could be perfect! That's INTONATION. *(intonation 판서)* Do you know what it is? It means *(손으로 rise/fall 표시하며)* 'the RISE and FALL of the voice in speaking.' When you're asking a question, I noticed that many of you read it without any rise or fall in your voice, like *(문장 판서하고 intonation없이 읽으며)* 'Did you go there.' Does it sound natural? No? Then, listen to how I pronounce it: *(Intonation 넣으며)* 'Did you go there?' *(손 동작하며)* RISING or FALLING? *(rising 화살표 그리며)* RISING, right? This type of question is a YES/NO QUESTION, and you should use a RISING INTONATION for it. Let's try it together. *(intonation 넣으며)* "DID YOU GO THERE?" Good job! Now, what about this: 'Why did you go there?' *(판서하며)* RISING again? No, *(falling 화살표 그리며)* FALLING!! When you use questions with 'why,' 'what,' 'where,' , which are called WH-questions, you should use a FALLING intonation. Let's try that together. *(intonation 넣으며)*"DID YOU GO THERE". Great job everyone!

[판서 샘플]

```
<Words>                                          <Self-assessment>
 'What a relief'                                  1 - contents
                         <Creating a              2 - organization
<Proverb>                 situation>              3 - language
 'Still waters run deep  1) choose 1 proverb        'Grammarly'
 Smooth Sea Never Made   2) situation- title,    <Making a script>
 a Skilled Sailor'        characters,            1) Contents: title,    <Practice>
*Theme: Facing            setting(time, place,      characters, setting, 2  1)memorize 2) record
 difficulties can lead to situation)               scenes
 growth.                                         2) Organization:       <Feedback>
                                                    dialogues           intonation
                                                 3) Language: full       'Did you go there?'
                                                    sentences, accurate         ↗
                                                 4) Cooperation          'Why did you go there?'
                                                                                ↘
```

[2024 수업실연 지도안 샘플]

Unit Title	Spread Wisdom		
Lesson Objectives	1. Students will be able to read or listen to the text to find the main idea. 2. Students will be able to write their own script related to the topic. 3. Students will be able to role-play their script.	자료/ 유의 사항	시간
Introduction	학생들의 출석을 확인한다. 전시학습 내용을 확인한다. 오늘의 학습목표를 제시한다.		5'
Development — Reading	<응시자 작성부분1>		25'
	a. <자료 1~2>의 새로운 어휘 및 표현을 문맥을 통해 익히기	자료 1,2 슬라이드 온라인사전	
	<자료 1, 2>를 나눠주고, 빠르게 훑어보면서 어려운 단어를 밑줄 치게 한다.		
	학생들이 가장 어려워하는 'What a relief' 표현의 의미를 스스로 대략적으로 파악하기 위해 에듀테크를 활용한다: (1) 태블릿 PC로 이 표현의 사진을 구글 이미지 검색을 통해 학급 Padlet에 올리기 (2) 사진을 실시간으로 함께 보며 어떤 감정인지 대략적인 느낌을 파악하기		
	'What a relief'의 의미를 구체적으로 배울 수 있도록 학급 학생에 대한 예문을 소통하면서 제시한다. (예문: Minho in our class loves playing soccer. If the weather is good tomorrow and the soccer game isn't canceled, Minho will say "What a relief!")		
	예문을 통해 학생들이 'What a relief' 표현의 의미를 추측하게 하고, 구체적인 의미를 설명해준다. (when something unpleasant does not happen)		
	b. 교사가 제시한 상황을 보고 <자료1>의 속담 중 하나를 고르기	자료 1	
	<자료1>을 훑어보게 하고 'proverb'의 의미를 파악하게 한다. (old sayings that give us lessons)		
	학급의 내성적인 학생의 숨은 장점을 발견했던 사례를 제시해준다. (상황: Sujin is quite in class but she has amazing drawing skills ans volunteers to draw for children in an orphanage.)		
	교사의 예시를 짝과 함께 토론하며 <자료1>의 6개 속담 중 1가지를 선택하게 한다.		
	학생의 정답 발표를 듣고 그 이유까지 구체적으로 이야기하도록 유도한다. (예상 답변: "We think the teacher's example is related to 'Still waters run deep' because Sujin seems quiet but has a deep inner self")		
	c. 속담을 기반으로 <자료 2>의 연극(skit) 대본의 주제를 파악하기	자료 2	
	<자료 1>의 속담 중 'Smooth Sea Never Made a Skilled Sailor'를 함께 읽어보고 의미를 추측하게 한다.		
	<자료2>를 함께 살펴보며 이 글이 Skit이고 주제, 인물, 상황, 대본의 구성으로 되어있음을 파악하게 한다.		
	<자료 1>에서 함께 읽은 속담이 <자료2>의 연극 대본의 주제라는 것을 알려주고 그 이유를 생각해보게 한다.		
	<자료2>를 읽고 대본의 주제를 찾아본 후 속담과의 관계를 알아보게 한다.		
	학생이 파악한 주제를 발표시키되, 완전한 문장으로 나타내기 어려워한다면 'Facing ____ can lead to _____'과 같이 힌트를 주고 빈칸을 채우도록 한다. (예상 답변: 'Facing difficulties(challenges) can lead to growth')		
	대본의 주제를 통해 속담이 주는 의미를 생각한 후 발표할 기회를 제공한다. (예상 답변: 'A skilled sailor would have grown by overcoming various difficulties.')		

D e v e l o p m e n t	Writing	<응시자 작성부분2>	슬라이드	35'
		a. 모둠별로 <자료 1~2>를 참고하여 속담 하나를 고르고, 그에 맞는 연극 상황을 설정하기		
		<자료1>의 속담 중 이전 활동에서 다루지 않은 나머지 속담의 의미를 물으며 활동에 대한 동기유발을 한다.		
		<자료1>의 속담을 활용하여 연극 대본을 만들 것을 알리고, 학생들이 조별로 앉게 한다.		
		조별로 토론하여 연극 상황을 설정하게 하되, 다음 순서로 진행하게 한다: (1) 속담 1가지 정하기 (2) 그 속담을 나타낼 대본의 상황을 정하되, 상황엔 구체적인 시간, 장소, 인물이 들어가게 하기		
		교실을 순회지도하며 학생의 어려움을 돕는다. 특히 학생들이 속담의 의미 추론을 어려워할 경우 태블릿PC 검색을 활용하도록 한다.		
		b. <자료3>을 토대로 모둠별로 연극 대본 작성하기	자료3 온라인 사전	
		<자료3>을 조별로 나눠주고, 함께 살펴보며 Skit format의 구성요소를 파악하게 한다.		
		<자료3>을 활용하여 조별로 대본을 작성하되, 다음 사항을 지키게 한다: (1) Contents (title, characters, setting, 2개 이상 scene 포함하기), (2) Organization(인물의 대사 위주로 구성하기, 행동과 감정은 대사 전에 괄호로 넣기), (3) Language(full sentence로 적고 온라인 사전을 활용하여 언어 사용의 정확성 높이기), (4) Cooperation(모든 조원이 참여)		
		교실을 순회하며 참여도가 낮은 학생의 참여를 유도한다. 영어가 어렵다면 태블릿PC의 정보 검색을 통해 조에 기여할 수 있음을 알린다.		
		c. <자료4>를 활용하여 자기평가하기	자료4	
		자기평가를 해야 하는 이유를 생각해보게 하며 학생들을 동기화시킨다. (교사 발문: "You've already made excellent scripts, but how can we make them even better?")		
		<자료4>를 조별로 나눠주고 표의 구조에 대해 설명해주며 학생들이 자료에 익숙해지게 한다.		
		<자료4>의 각 평가요소를 함께 읽으며 부연설명 해주되, <자료3> 활동 전에 안내했던 유의사항과 연계시켜 설명한다. (1번은 대본 작성 시 'contents'로 포함할 요소들 평가, 2번은 'organization'의 skit 구조를 지켰는지 평가, 3번은 'language' 측면의 유의사항을 평가)		
		학생들이 언어 사용, 문법의 평가를 어려워할 시 tablet PC를 활용하게 한다. (에듀테크 활용: AI가 문법 오류를 판단해주는 'Grammarly' 프로그램을 활용하기)		
	Speaking	<응시자 작성부분3>	조별 대본 자료 1~4	20'
		a. 모둠별로 역할을 설정하고 대본 연습하기		
		<자료4>의 점검 결과 따라 조별 대본에서 오류가 있으면 수정하게 한다.		
		조별 대본의 등장인물 중 누가 어떤 역할을 맡을지 정하게 한다.		
		조별로 대본 연습을 진행하게 하되, 다음 사항을 지키게 한다: (1) memorize your lines as much as possible, (2) use a tablet PC to record a video		
		학생들이 연습하는 동안 교사가 교실을 돌며 참여를 독려하고, 피드백을 줄 수 있는 부분을 메모한다.		
		b. 발음, 강세, 억양 등에 대한 피드백 제공하기		
		학생의 활동에서 공통으로 피드백이 필요한 부분이 있음을 알리고, 'intonation'의 의미를 설명한다. ('the rise and fall of the voice in speaking')		
		학생의 intonation을 잘 지키지 않는 예시를 그대로 따라해보며 문제점을 파악하게 한다.		
		학생이 사용한 문장을 예시로 들어 Yes/No Question과 WH Question에서 rising/falling intonation의 차이를 설명해준다. (예시: 'Did you go there?'은 rising intonation, 'Why did you go there?'은 falling intonation)		
		학생들이 rising/ falling intonation을 배운대로 적용하여 크게 읽어보게 하며 연습시킨다.		
Consolidation		수업 요약 정리, 형성평가		15'

2023 기출문제

[Directions] −지도안 지역은 한글로 제시

[Examinee's Answer 1] Design post-reading activity using [Material 1]. Demonstrate with following conditions:
A. Using a quote in [Material 1], let students infer the meaning of 'Beyond Your Comfort Zone.'
B. Make students acknowledge the need to go beyond the comfort zone.

[Examinee's Answer 2] Design pre-writing activity using [Material 2]. Demonstrate with following conditions:
A. Make students understand the meaning and characteristic of each zone. Let students share their experience about the zones.
B. Let students guess the meaning of the three underlined emotion words with examples.
C. Ask students to match the emotion words with each zone and check their understanding.

[Examinee's Answer 3] Design writing activity using [Material 3], and demonstrate with following conditions:
A. Ask students to complete the table. A teacher's example should be provided.
B. Let students discuss the content of the table in pairs and write a paragraph individually.
C. Give students feedback on their language use *and(지도안지역:or)* vocabulary choice.

[Class Conditions]

Middle School 3rd graders, 26 students
Block time, 90 mins
Unit title : Beyond Your Comfort Zone
Aids : beam projector, slides, computer, board, chalk, online dictionary, etc

[Demonstration Direction − 지도안지역은 구상실에서만 제공]

※ Demonstrate Examinee's Response 1, 2, and 3 based on your lesson plan.
※ You need to use all the materials (Material1, Material2, Material 3) in you teaching.
※ Use neat and proper board writing to show the process of your lesson.

[Lesson objectives]

Students will be able to understand the main idea and details of the text, related to their real lives
2. Students will be able to share their plans and opinions related to the topic.
3. Students will be able to write about their own experience related to the topic.

Period	Skills	Activity/Evaluation
1	Listening	…
2	Speaking	…
3	Reading	individual/group work
4-5	Reading, Writing	−individual/pair/group work − Teacher observation, peer evaluation
6	Presentation	…
7	wrap-up	…

[Material 1]

Beyond your Comfort Zone

"The greatest danger for most of us is not that our aim is too high and we miss it, but that it is too low and we reach it." − Michelangelo−

There are four zones. First, a comfort zone is a place where people go about routines and feel safe. Second, a fear zone is a place of fear and uncertainty. In this space, we become afraid and anxious. It takes courage to step from the comfort zone into the fear zone. If we move farther out of the comfort zone, there is the "Learning Zone". Here we can deal with challenges and problems and gain new skills and information. After a learning period, you enter the "Growth Zone", where we aim higher and achieve growth. I tried to go beyond my comfort zone. I was in a school choir team. I sang in the choir but was afraid to challenge my self and sing as a solo. One day, I decided to try out for the solo part in the school musical. I was nervous but I auditioned for the solo part and got it! I was very proud of myself and it was nice because I could improve my singing a lot.

[Material 2]

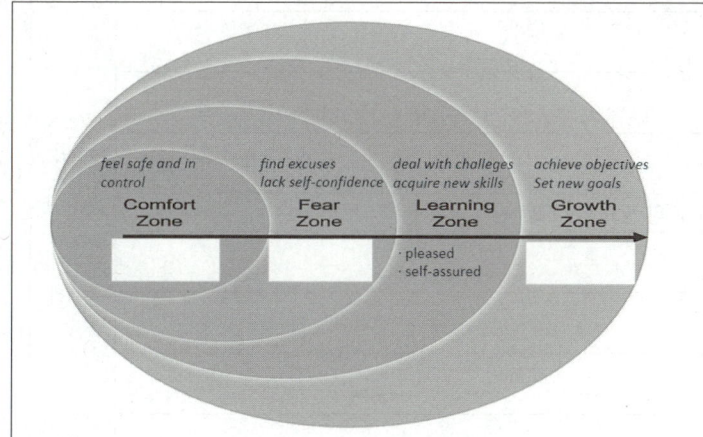

How do you feel when you are in each zone?

⟨word list⟩
nervous
(feelings of) success
<u>at ease</u>
uneasy
afraid
<u>confident</u>
safe
<u>proud of oneself</u>

[Material 3]

Let's plan to go beyond our comfort zone!

My comfort zone	
My new goal	
Reasons of new goal	
Difficulties expected	
Plans for action	

My comfort zone is _____. My new goal is _____ because I want to _____. I think the difficulty expected in achieving my goal is _____. It means it would be hard because _____. To achieve my new goal, I'm planning to _____.

[2023 수업실연 지도안 – 지도안 지역용]

Unit Title	Beyond Your Comfort Zone		
Lesson Objectives	1. Students will be able to understand the main idea and details of the text, related to their real lives 2. Students will be able to share their plans and opinions related to the topic. 3. Students will be able to write about their own experience related to the topic.	자료/ 유의사항	시간
Introduction	- 학생들의 출석을 확인한다. - 전시학습 내용을 확인한다. - 오늘의 학습목표를 제시한다.		3'
Development	Reading	<응시자 작성부분1> ● 인용문을 읽고 'Beyond Your Comfort Zone'의 의미 추론하기 ● 'Beyond Your Comfort Zone'의 필요성에 대한 인식 공유하기 	슬라이드 <자료1>	15'

		<응시자 작성부분2>		
	Pre-Writing	● 각 zone의 특징과 의미를 이해하고, 각 zone에 대한 자신의 경험 공유하기 ● 밑줄 그은 단어의 의미를 예문을 통해 이해하기 	슬라이드 <자료2>	25'
D e v e l o p m e n t	Pre-Writing	● 각 zone에 알맞은 감정을 나타내는 단어 배치하기 comfort zone → fear zone → growth zone → 	단어를 중복으로 사용할 수 있음을 명시 <자료2>	
	Writing	<응시자 작성부분3> ● 표를 작성하여 짝과 공유하고, 표에 대한 교사의 예시 제공하기 	표를 단어나 구로 채울 수 있음을 명시 슬라이드	35'

		My Comfort Zone			
		New Goal			
		Reasons to challenge myself			
		Difficulties expected			
		Plans for action			

● 표를 바탕으로 글쓰기 진행하고, 학생들의 언어 혹은 단어사용에 대한 피드백 제공하기

〈자료3〉

Consolida-tion	학생들이 작성한 글을 짝과 교환하여 피드백을 주고, 제출하도록 안내한다.	12'

[2023 Lesson Plan – 지도안 없는 지역용(문제에 함께 제시됨)]

Lesson objectives	1. Students will be able to understand the main idea and details of the text, related to their real lives 2. Students will be able to share their plans and opinions related to the topic. 3. Students will be able to write about their own experience related to the topic.	
	교수학습 내용	자료/ 유의사항
Reading	인용문을 읽고 'Beyond Your Comfort Zone'의 의미 추론하기	〈Material 1〉
	'Beyond Your Comfort Zone'의 필요성에 대한 인식 공유하기	
Pre-writing	각 zone의 특징과 의미를 이해하고, 각 zone에 대한 자신의 경험 공유하기	〈Material 2〉 ※ emotion 단어는 한 단어가 두 zone 이상 들어갈 수 있음을 명시
	밑줄 그은 단어의 의미를 예문을 통해 이해하기	
	각 zone에 알맞은 감정을 나타내는 단어 배치하기	
Writing	표에 대한 교사의 예시를 제공하고 표를 작성하게 하기	〈Material 3〉 ※ 표를 채울 때 문장 대신 구를 써도 된다고 명시
	완성한 표를 짝과 함께 이야기하고, 단락 글쓰기 진행하기	
	학생들의 언어와 단어사용에 대한 피드백 제공하기	

2023 수업실연 해설

PLUS | 2023년 수업실연 출제의도 분석

- 기존의 기출과 문제형식과 흐름이 달라서 많은 수험생이 당황했다. 기존 기출보다 reading text가 짧았고, 늘 출제되었던 main idea/detail 찾기 문제 대신에 인용문을 활용한 주제 추론 등 새로운 디렉션이 출제되었고, 항상 있던 group work도 처음으로 빠졌다.
- 이번에 빠진 디렉션 (main idea/detail 찾기, group work)의 공통점은 반복 연습하여 나만의 패턴을 완성하면 어떤 문제나 비슷하게 가져갈 수 있는 부분이라는 것이다. 전년도에 이 부분을 대부분의 예비교사들이 잘 수행해 냈기에 변별을 위해서 모두가 잘하는 부분을 빼고 출제해본 것일 수도 있다. (필자생각)
- 또한 디렉션의 흐름을 보면 '인용문으로 주제 추론' '주제의 필요성을 인식시키기' '주제에 관하여 경험 이야기하기' 등 '주제'가 잘 녹아들어 간 수업을 유도한 문제라고 볼 수 있다. 보통 예비교사들이 나만의 만능 패턴을 만들면 그 패턴을 문제마다 너무 비슷하게 그대로 가져가는 경향이 있는데, 분명 문제마다 주제가 다르므로 주제에 따라 유연하게 적용할 필요가 있었고 이를 평가하려는 의도일 수 있다.
- 전체적으로 'Beyond your comfort zone'을 주제로 한 영어 자료만 공부시킨다는 느낌이 아니고, 학생들도 자신의 삶에서 'Beyond the comfort zone'을 할 수 있도록 교훈이 있고 앎과 삶이 일치되는 수업을 하는 것을 의도한 기출이라고 볼 수 있다.

PLUS | 2023년 수업실연 유의사항

- 지도안지역은 처음으로 지도안을 한글로 작성했다. 지도안 작성 시간에 나오는 문제에서 세부 디렉션 등도 한글로 출제되었다. 단, 지도안을 무조건 다 한글로 적으라는 것은 아니었고, "한글로 작성하되, 교사/학생의 발화내용, 예시, 판서내용 등 한글로 작성하기 어려운 부분은 영어로 작성"이라는 유의사항이 있었다.
- 비지도안 지역은 문제가 영어로 출제되었으나 마지막 페이지에서 수업의 흐름을 보여주는 Lesson plan은 한글로 출제되었다. (그래서 이 페이지를 먼저 보면 빠르게 수업의 흐름 및 요구사항을 파악할 수 있었다.)
- 지도안(비지도안지역 문제의 마지막페이지 포함) 에 수업의 특정 부분에서 지켜야 할 '유의사항'이 있어서 디렉션 내용 외에도 유의사항까지 신경 쓰는 것이 어려웠다고 한다.
- Aids에 'online dictionary'가 있었다. 활동 중 어휘에 어려움이 있는 학생이 활용하도록 하는 설정이 가능했다.
- 문제지 모두 여백이 넉넉하지 않아서 필기공간이 부족했다고 한다.

[Examinee's Response 1]

> Design post-reading activity using [Material 1]. Demonstrate with following conditions:
> A. Using a quote in [Material 1], let students infer the meaning of 'Beyond Your Comfort Zone.' (지문의 제목 'Beyond Your Comfort Zone'의 의미를 지문 속 인용문을 활용하여 추론하기)
> B. Make students acknowledge the need to go beyond the comfort zone. ('Beyond Your Comfort Zone'의 필요성에 대한 인식을 공유하기)

A : Using a quote in [Material 1], let students infer the meaning of 'Beyond Your Comfort Zone.'

(1) 새로운 형태의 디렉션이 나왔다. 우리가 보통 motivation을 하거나 topic을 소개할 때 사진/영상 등을 자주 활용하는데 그 이유는 '학생이 이해하기 쉽게 하기 위해서'이다. 같은 원칙을 적용하면 된다. 인용문이 다소 추상적이기 때문에 단순히 '무슨 의미인지 추론해보라'라고 하면 학생들이 이해하기 어렵다. 그래서 이 인용문을 최대한 쉽게 이해할 수 있도록 만드는 것이 이 디렉션의 핵심이다.

(2) 따라서 인용문의 내용을 부연설명만 하기보다는, 학생과 관련된 쉬운 예시를 들어주거나 사진 등을 활용하면서 최대한 소통하면 좋다. 예를 들어 학생 체육대회가 곧 있다고 하면서 '1경기만 이기자!는 목표로 대충 연습하는 것 vs 우승을 목표로 하고 좀 힘들더라도 열심히 연습하는 것' 둘 중 어떤 것이 'aim is low' 또는 'aim is high'한 것인지, 그리고 둘 중 어떤 것이 'comfort zone'에 있는 것이고 어떤 것이 'beyond comfort zone'한 것인지를 최대한 interaction하며 알게 하는 것이다. (칠판에 도식화시키면서 진행하면 더 좋다) 또는 학생 1명과 소통하면서 올해 목표를 물어보면서 비슷하게 진행하는 방법도 있다.

📢 모범답안

(Sample Answer) 안녕하십니까. 관리번호 1번입니다. 수업 실연을 시작하겠습니다. My lovely students, (모니터 가리키며) do you know who he is? Michelangelo! Minji, how did you know? Oh you learned about his work in the art class? Good! Turn to the page 21 and you can see the famous quote by Michelangelo. Did you find it? Yes! Can you read aloud it together? Great harmony! Hmm, what does this mean? Do you know what 'aim' means? Yes, 'goal' 'purpose'! *(aim=goal 판서)* Hmm..you know... a school Sports Day is coming! Imagine that you want to win only one game. Are you aiming LOW or HIGH? Yes, low!! *('low'판서)* Will you practice everyday? No? It is because you are in a "COMFORT ZONE"; you feel safe! *(comfort zone 판서)* But is it your goal? Oh Sangho, you want to win the final!! Great! Your aim is HIGH! *(High aim판서)* To reach it, what should you do, Sangho? Right. You must practice hard! In this situation, you 'GO BEYOND YOUR COMFORT ZONE'! *(판서, comfort zone에서 벗어나는 화살표와 함께)* Yes, Suji. Title ! This is the title of the text. Then, can you guess the meaning? That's right, Suji! Aim high and do your best!

B : Make students acknowledge the need to go beyond the comfort zone.

(1) 새로운 상황을 설정하려면 시간이 많이 걸리므로 이전 상황을 그대로 이어서 하는 것이 좋다. 편안한 상태로 그냥 있는 것과 조금 힘들더라도 노력을 하는 것 중 어느 것이 목표 달성에 효율적인지를 쉽게 알려주는 것이다.

(2) 다만 앞에서 든 상황은 예시였으므로 이점을 학생의 인생과 관련하여 더 확장시켜 생각하도록 유도하면 더 좋다. 진로교육을 한다고 보면 된다. 학생 나름대로 10년 뒤, 20년 뒤에 하고 싶은 것을 생각해보게 하고, 그 꿈을 이루기 위해서 익숙한 routine만 반복하는 comfort zone에 있을 것인지, 아니면 beyond할 것인지 생각해보게 하는 것이다.

(3) comfort zone을 벗어나며 얻는 교훈을 수업 전반에 걸쳐 강조하면 좋다. 'realize your full potential' 'discover yourself' 'have high self-esteem'과 같이 수업 주제를 통해 학생이 인생에서 얻을 수 있는 특정 표현을 강조하는 것이다.

 모범답안

(Sample Answer)
Class, you said your goal is to win the final game. If you are just in the comfort zone without any practice, what will happen? Oh, Jungmin, right. You cannot win any game. Then, what will you do? Oh, Jimin, you will practice every lunchtime? It would be very tough time for you, is it okay? Good! Why? Yes! To reach your goal! Same things happen in your life. Can anyone tell me what you'd like to do in 10 years? Thanks Jisung. Oh, you'd like to become a famous singer in 10 years!! Good. I hope so too! Then, what will you do to become a singer? Excellent! You'll sing a song everyday! Like Jisung, try to think what you really want to do in the future and what you should do from now. If you break your routine and make an effort, you'll go though a hard time. But after that, you'll find yourself dealing with challenges and achieving your goal in the end! GO BEYOND YOUR COMFORT ZONE and realize your FULL POTENTIAL! (title 적어놓은 곳에 간단히 판서) HAHA!

[Examinee's Response 2]

Design pre-writing activity using [Material 2]. Demonstrate with following conditions:
A. Make students understand the meaning and characteristic of each zone. Let students share their experience about the zones. (각 zone의 의미와 특징을 논의하고, 학생들의 관련 경험을 나누기)
B. Let students guess the meaning of the three underlined emotion words with examples. (감정 나타내는 표현 목록 중 밑줄 친 단어 3개 예시와 함께 의미를 파악하기)
C. Ask students to match the emotion words with each zone and check their understanding. (각 zone에 해당하는 감정 표현을 연결하여 〈자료2〉를 완성하기)

A : Make students understand the meaning and characteristic of each zone. Let students share their experience about the zones.

(1) 각 zone의 의미와 특징은 교사가 쉽게 설명하는 방법, 그리고 학생들이 text를 기반으로 직접 알아낼 수 있도록 하는 방법이 있다. 어떤 방식이라도 교사의 설명만 너무 길어지지 않게 조심하고 최대한 interaction으로 풀어보자.

(2) 이번 수업실연에서 학생들이 text를 읽게 하라는 디렉션이 없다. 그렇다고 없는 디렉션을 하기에는 시간이 부족하다. 그래서 이 디렉션에서 지문을 함께 읽으며 각 zone에 해당되는 곳을 찾고 각각의 의미를 이야기해보는 시간을 가질 수 있다.

(3) 'zone'에 대한 설명이다 보니 교실 공간을 활용할 수 있다. 칠판 앞이 comfort, 그리고 나를 가로막고 있는 교탁이 fear zone, 그리고 그것을 넘은 앞 공간이 learning zone, 마지막 가장 넓은 교실 공간이 growth zone이라고 하고, zone을 교사가 직접 옮겨다니며 표현하는 것이다. 또는 학생 4명을 세워놓고 함께 이야기해보는 방법도 있다.

(4) zone에 대한 경험 이야기는 학생과 whole class로 소통하면서 진행해도 괜찮고 pair활동으로 진행해도 좋다. 다만 앞에서 whole class 진행이 많았다면 이번엔 pair work로 진행하면서 변화를 주는 것이 좋다. 또한 "I was in the fear zone when I..."와 같은 구조를 가르쳐주고 진행하면 학생들의 speaking 부담을 줄일 수 있다.

(5) 지문 속 choir team에서 solo를 도전했던 이야기를 활용할 수 있다. 지문 속 이야기에서 각 zone에 해당되는 것을 묻고, 이런 식으로 여러분만의 경험을 떠올려 이야기해보라는 식으로 진행하는 것이다. 교사의 예시를 따로 들어주는 방법도 있다.

> **모범답안**
>
> *(Sample Answer)* Okay, let's move. If you read the text in page 21 carefully, you'll find the FOUR ZONES there. With your partner, find and talk about what each zone means. I'll give you THREE minutes. Let's go! Time's up! What are the four zones ? *(판서하며)* Comfort, Fear, Learning, Growth zone!! Excellent! We already learned about 'comfort zone'. *(칠판/교탁 바로 앞에서 편한 표정/자세와 함께)* Actually, now I'm in a comfort zone, feeling safe! But in front of me, *(앞 교탁을 탁 치며)* 'FEAR ZONE' blocks me! Any volunteers to talk about 'fear zone'? Yes, Heejin. The space where we become anxious. Thank you. I'm also afraid of this, but if I move farther, *(교탁 앞으로 이동하며)* I can meet 'LEARNING ZONE'. What do I get here? Yes, Kangin. Right. 'I can deal with problems and gain new skills!'. Finally, *(교실 중간 더 넓은 공간으로 가며)* I can reach the 'GROWTH ZONE'. What can I do here? Yes, Suji. I can achieve growth and aim higher!! Well done!
> Now we know the meaning of each zone and we are ready for the speaking activity. *(speaking 판서)* Did you read the school choir story in the text? Yes, what was it about? Yes!! A boy tried out for...? Yes, the solo part!! and.... Right, auditioned for the solo part and got it! Like this example, you also have your story of challenging yourself and achieving your goal. With your partner, share your OWN EXPERIENCE about the zones.

You can use the structure like "I was in the fear zone when I...."(간단히 판서). Suho, what do you do with your partner? Yes! Share your experience about the zones!! Alright, I'll give you three minutes. Ready? Begin!
Time's up! Any volunteers to talk about your partner's experience? Oh, Jinsu, can you introduce Suhyun's story? Fantastic! (박수치며) Let's give him a big hand! He is such a good storyteller!!

B : Let students guess the meaning of the three underlined emotion words with examples.

(1) 우선 학습지의 단어 리스트가 모두 'emotion'을 나타내는 것임을 밝히고 시작하는 것이 좋다. 어려운 단어를 뽑아보라고 하고 자연스럽게 이 3가지 단어를 고르는 설정으로 갈 수 있다.

(2) 이렇게 요구사항이 많은 문제에서 단어도 3개나 지도하는 경우에는 시간을 많이 쓸 수 없는 것이 문제이다. 그래서 빨리 진행할 방법을 찾으면 좋다. 각각 다른 상황을 제시하기보다는 1가지 상황으로 3개를 설명하는 것이다. (물론 각각 상황을 다르게 들어주면서 진행해도 괜찮지만 너무 길어지지 않게 조심하자.)

(3) 예를 들어 아까 학생의 경험 말하기에서 발표했던 내용을 활용할 수 있는데, 학생이 '외국인에게 말걸기'가 목표라고 했다면, 시도하지 않을 때 느낀 감정을 묻고 이때의 relaxed한 감정이 at ease다, 그리고 말하기 성공했을 때 느낌을 묻고 이때 confident해졌기 때문에 이 경험으로 다른 외국인에게도 말을 걸어야겠다는 생각을 할 수 있고, 그 결과 스스로를 칭찬하며 proud of oneself할 수 있다… 이런 식으로 진행하면서 유의어만 덧붙여주는 것이다.

모범답안

(Sample Answer) Now, turn to the next page. What do you see? (학습지 가리키며) Yes, big circles! What do you see next to it? Yes, word lists! Anything in common among these words? Yes Juhyun! They are EMOTION WORDS! (판서) Good! Let's read them together, 3, 2, 1, Go! Great. Now, tell me the words you're not familiar with. Don't be shy! Oh, (판서하며) 'at ease, confident, proud of oneself' !! Good. In the last activity, Jinsu told us that Suhyun wants to speak English with foreign friends. Suhyun, when you did not try anything, how did you feel? Oh, you feel relaxed! She felt AT EASE at the time, feeling relaxed and calm. ('=relaxed' 판서) Then, when you studied English and started to speak English, how did you feel? Oh, you felt like you can talk to anyone? Good. This is because she was CONFIDENT, having a feeling that she can do something well. (뜻 간단히 판서) Suhyun, then you might be PROUD OF YOURSELF for achieving your goal, feeling happy with your abilities or achievements. (뜻 간단히 판서)

C : Ask students to match the emotion words with each zone and check their understanding.

(1) 모르는 단어를 배웠으니 8가지의 단어를 빈칸에 매칭만 시키면 된다. 우선 Learning zone에 이미 두 단어가 채워져있으므로 이걸로 예시를 들어주고 시키면 된다. 어렵지 않은 활동이지만 시간이 된다면 다소 positive한 단어와 negative한 단어를 함께 분류하며 힌트를 주고 시작할 수 있다.

(2) 지도안에서 이 디렉션의 유의사항이 있었다. 'emotion 단어는 한 단어가 두 zone 이상 들어갈 수 있음을 명시'라고 했으므로 꼭 언급하도록 하자.

(3) 또한 수업 도구에서 'online dictionary'가 있었는데 방금 배운 단어 외에 모르는 단어가 있으면 이때 활용하라고 이야기해줄 수 있다.

모범답안

(Sample Answer) Now we know the meaning of the words and *(학습지 가리키며)* you can match these words with the blanks in the circles. Take a look at 'Learning Zone', for example, can you see the two emotion words there? Yes? Can you read them aloud? Good! When you are in the learning zone, you'll feel PLEASED and SELF-ASSURED because you can acquire new skills! Like this, *(학습지 보여주며)* think about how you would feel in each zone and fill in the blanks using these words. Oh, Minho, do you have any question? Good question! Of course you can use one emotion word in two or more blanks. I'll give you two minutes. Let's go! Time's up! Let's check the answers. Who can complete the blank in Comfort Zone? Yes, Juho. Oh, can you make a full sentence? Great Job! In a comfort zone, you feel safe and at ease!! *(safe, at ease 판서)* (...) Now we've checked all the answers.

[Examinee's Response 3]

Design writing activity using [Material 3], and demonstrate with following conditions:
A. Ask students to complete the table. A teacher's example should be provided. (〈자료3〉의 표에 대한 교사의 예시를 제공하고, 학생들이 이 표를 완성하기)
B. Let students discuss the content of the table in pairs and write a paragraph individually. (완성판 표에 대해 짝과 함께 이야기하고, 이를 바탕으로 개별적 단락 글쓰기)
C. Give students feedback on their language use *and* (지도안지역:or) vocabulary choice. (언어 사용이나 단어 선택에 대한 피드백 제공하기)

A : Ask students to complete the table. A teacher's example should be provided.

(1) 표에 채워 넣을 것이 다 나와 있지만 하나하나 함께 보면서 간단한 부연설명을 하면 좋다. (예 plans for action→ 'your own plan to achieve your new goal') 또는 처음부터 교사의 model writing을 함께 보면서 하나하나 설명해주는 방법도 좋다.

(2) 그리고 이 디렉션도 '표를 채울 때 문장 대신 구를 써도 된다고 명시'하라는 유의사항이 있었으므로 잊지 말고 언급하자. 뒤에 paragraph로 완성된 글을 쓸 것이기 때문이라는 이유를 덧붙여도 된다.

> **모범답안**
>
> *(Sample Answer)* Let's move on to the writing activity! Turn to the page 22. Do you see the title here? Good. Let's read the title together. 3, 2, 1, Go! Let's plan to go beyond our comfort zone! What a lovely voice! Now it's time to make a new plan. *(학습지 표 보여주며)* You have to complete this table, but don't worry. I'm such a kind teacher so I prepared…this!! (모니터 가리키며) Yeah!! my example here. First, My comfort zone! … doing nothing on weekends! Haha. Second, My new goal!…learning how to swim! Oh, Junsu, can you swim well? Good!! And reasons of new goal!…going to the beach this summer! Difficulties expected? Oh, here, think of any difficulties in achieving your new goal. In my case, if I wake up late in the morning, I would not go swimming. Lastly, Plans for action! Write your specific plan to achieve your new goal here…like 'sleep early, wake up early, and register for a swimming club!!'. Like this, you can fill in the blanks with phrases.(You don't have to write in full sentences) Okay, Sangho, what do you do now? Good! Fill in the tables. If you have difficulties in vocabulary, you can use an online dictionary on your tablets. I'll give you four minutes. Ready? Go!!

B : Let students discuss the content of the table in pairs and write a paragraph individually.

(1) 표 작성은 각자하고, 작성한 내용을 짝과 이야기하는 것이다. 표를 작성할 때는 문장 대신 구를 써도 괜찮았지만, 표에 있는 것을 그대로 읽기만 하는 것은 의미 없으므로 이번 활동에서는 full sentence로 이야기하도록 강조하자.

(2) 단순히 'discuss' 하라고 하면 학생들은 무엇을 해야 할지 모른다. 1명이 'what's your comfort zone?' 이렇게 질문하고, 1명이 자신의 답을 문장으로 말하는 Interview를 하라고 하는 등 명확한 방향을 정해주자.

(3) Writing에서 감정을 표현하고 싶다면 앞에서 배운 단어를 적극적으로 활용하도록 하자.

(4) paragraph writing은 표에 적은 내용을 그대로 활용하면 누구나 쉽게 할 수 있다고 용기를 줄 수 있다. 다음 디렉션이 피드백이므로 시간이 된다면 순회 지도를 짧게라도 하면서 받아적는 척하면 좋다. online dictionary를 아직 활용하지 않았다면 순회지도 중 활용할 수 있다.

> **모범답안**
>
> *(Sample Answer)* Alright, have you all finished? Good. It's time to share your ideas with your partner! You're going to be a reporter and interview your partner. *(간단히 판서하며 설명)* Based on the table, ask 5 questions like "What's your comfort zone?" and your partner will answer like "My comfort zone is…". Try to make a full sentence like

this. When you finish, change the role! Okay? Kyungsu, how many questions and answers? Yes, five!! I'll give you 4 minutes. Ready? Let's gogo!
Now, it's time to write! *(학습지 보여주며)* Can you see the paragraph below the table? Good. Using the table you just wrote, complete the blanks in the paragraph. When you write, try to use emotion words we learned before. This time, work individually, but you can help each other. I'll give you 4 minutes. Let's start! *(Circulation)* Jinsu, you stopped working. Do you need any help? Oh you're trying to write something but you don't know the words! You can use an online dictionary on your tablets, Yes!! Like that!! *(Circulation하면서 적는 척)* Time's up! Does anybody need more time? No? Great!

C : Give students feedback on their language use and(or) vocabulary choice.

(1) language use : 다양한 피드백이 가능하다. 표의 내용을 빈칸으로 옮기는 과정에서 실수할 만한 것도 좋지만 배운 표현을 잘못 쓸만한 것을 찾으면 여러 학생이 틀리는 common error라고 설정하기가 좋다. (예 proud of oneself를 그대로 쓰기 → proud of myself)

(2) vocabulary choice : A라는 단어를 써야하는데 B를 쓴 경우를 의미하는 것 같다. 역시 배운 단어 중에 찾으면 더 좋은데 'at ease' 대신에 'uneasy'를 쓴 경우 등 학생들이 헷갈려할만한 것도 괜찮고, 'afraid'를 'proud'가 와야 할 상황에 사용하는 등 부정적 감정 단어를 긍정적인 상황에 쓴 경우도 괜찮다.

모범답안

(Sample Answer) While I walk around the classroom, I noticed many of you use this sentence. ('I'm proud of oneself'판서)
Does anybody find any problem here? Yes Suji, (표현 고치며) when you talk about your story, 'oneself' should be 'myself'. Also, some students wrote sentence like this. ('I felt safe and uneasy'판서) Here, you may want to use 'at ease' for the positive meaning. (표현 고치며) 'uneasy' has a opposite meaning like 'anxious, worried'.

[판서 샘플]

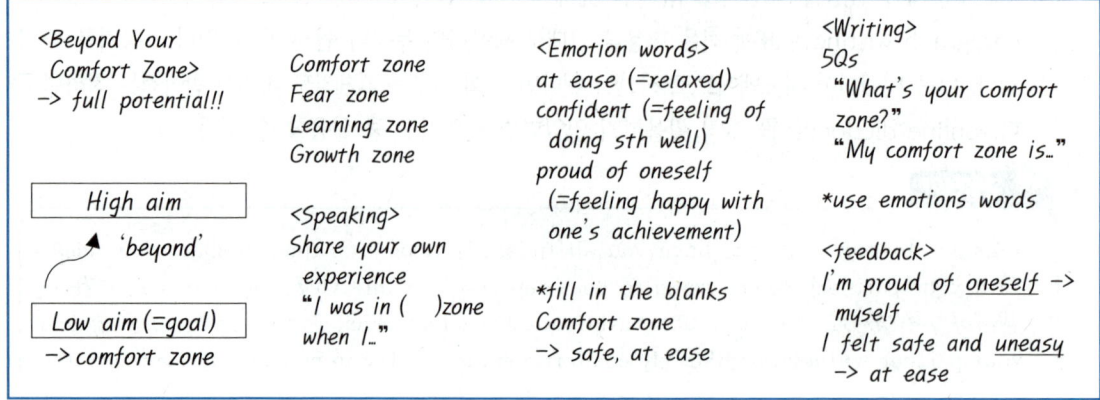

[2023 수업실연 수업지도안 샘플]

Unit Title	Beyond Your Comfort Zone		
Lesson Objectives	1. Students will be able to understand the main idea and details of the text, related to their real lives 2. Students will be able to share their plans and opinions related to the topic. 3. Students will be able to write about their own experience related to the topic.	자료/ 유의사항	시간
Introduc-tion	- 학생들의 출석을 확인한다. - 전시학습 내용을 확인한다. - 오늘의 학습목표를 제시한다.		3'
Development — Reading	<응시자 작성부분1> ● 인용문을 읽고 'Beyond Your Comfort Zone'의 의미 추론하기 Michelangelo의 사진을 보여주고 소통한 뒤, <자료 1>의 quote를 함께 읽어본다. 'aim'의 의미를 물어보면서 'goal' 'purpose'를 의미함을 알려준다. 곧 다가올 체육대회를 예시로 들며 학생들의 목표를 묻고, 연습을 하지 않으면 'comfort zone'에만 있는 것이고, 우승을 목표로 노력하면 'beyond comfort zone'임을 소통을 통해 알게 한다. 체육대회 예시를 통해 글의 title의 의미를 추론해보게 한다. (예상 답변 : "Aim high and do your best!") ● 'Beyond Your Comfort Zone'의 필요성에 대한 인식 공유하기 체육대회 예시를 연장하여 comfort zone에만 머무르면 어떤 결과가 발생하는지 묻는다. (발문 : "What will happen if you are just in the comfort zone without any practice?") 학생 몇 명에게 인생의 목표를 묻고, 그 목표를 위해 해야 할 일을 묻는다. (발문 : "Try to think what you want to do in the future and what you should do from now") 학생 답변을 종합하여 정리하며 comfort zone을 벗어나는 것은 어렵고 힘든 과정이지만, 그 결과로 잠재력을 완전히 펼칠 수 있을 것이라는 것을 깨닫게 한다.	슬라이드 <자료1>	15'
Development — Pre-Writing	<응시자 작성부분2> ● 각 zone의 특징과 의미를 이해하고, 각 zone에 대한 자신의 경험 공유하기 학생을 짝으로 앉히고, 짝과 함께 <자료 2>의 각 zone이 무슨 의미인지 추측해보게 한다. 교실 칠판부터 교실 앞까지 서서히 나아가며 각 zone을 소통을 통해 다음과 같이 설명한다. *comfort zone(교탁 앞에서 안전하게 있는 모습) → fear zone (앞에 커다란 교탁이 나를 막고 있는 모습) → learning zone (교탁 앞으로 이동하며 문제 해결을 위한 능력이 생기는 모습), growth zone(더 넓은 공간에서 성장한 모습) <자료1> text의 솔로파트에 도전한 예시를 들며 짝과 함께 자신의 4가지 zone에 관한 경험을 이야기해보게 한다. 말하기를 어려워하는 학생을 위해 'I was in the (　　) zone when I...' 와 같은 구조를 제공한다. 활동 종료 후 학생들이 짝과 함께 자신의 경험을 발표할 수 있는 기회를 제공한다. ● 밑줄 그은 단어의 의미를 예문을 통해 이해하기	슬라이드 <자료2>	25'

		<자료 2>의 단어 목록을 함께 읽게 하고, 공통점이 'emotion words'라는 것을 질문을 통해 깨닫게 한다.		
		새로운 단어를 소통을 통해 다음과 같이 의미를 추론시킨다. - at ease : 지난 말하기 활동에서 학생의 발표 내용을 활용하여 'comfort zone'에 있을 때의 감정을 다시 언급하며 'feeling relaxed' 의미를 추론시킨다. - confident, pround of oneself : 역시 학생 발표 내용을 활용하여 'growth zone'에 도달했을 때의 감정을 묻고, 그 감정이 'confident' (feeling that you can do something well), 그리고 'proud yourself' (feeling happy with your achievements) 라는 의미임을 추론시킨다.		
D e v e l o p m e n t	Pre-Writing	● 각 zone에 알맞은 감정을 나타내는 단어 배치하기 | comfort zone →	safe, at ease | |---|---| | fear zone → | nervous, uneasy, afraid | | growth zone → | confident, proud of oneself, feeling of success | <자료2>의 Learning Zone의 의미를 복습하고, 새로운 능력을 얻기 때문에 pleased, self-assured한 감정을 느낀다는 것을 소통을 통해 설명한다. Learning Zone의 예시를 토대로 <자료 2>의 빈칸을 채우도록 한다. 교실을 돌며 단어의 의미 자체를 어려워하는 학생에게 예시를 추가로 제공하여 그 의미를 추측하게 한다. (e.g. Don't be AFRAID of asking questions!) 학생의 정답을 함께 공유한다. 단, "In a ( ) zone, you feel ( )."와 같이 완전한 문장으로 답변하도록 하여 말하기 연습을 추가로 하게 한다.	단어를 중복으로 사용할 수 있음을 명시 <자료2>	
		<응시자 작성부분3>		
	Writing	● 표를 작성하여 짝과 공유하고, 표에 대한 교사의 예시 제공하기 <자료3>을 배부하고, 'Let's plan to go beyond our comfort zone!' 제목을 크게 함께 읽는다. <자료3>의 학습지 구조를 대략적으로 함께 살펴보며 자신만의 글을 쓰게 될 것이라는 것을 인지시킨다. 자신만의 'go beyond our comfort zone'을 위해 먼저 표로 간단히 계획을 먼저 세울 것임을 알리고, 계획 단계이기에 완전한 문장으로 적지 않아도 괜찮다며 학생들의 부담을 낮춘다. 각 zone에 대한 교사의 예시를 밑의 표와 같이 제시하고, "learn how to..."와 같이 활용할 수 있는 구조도 알려준다. | My Comfort Zone | doing nothing on weekends | |---|---| | New Goal | learning how to swim | | Reasons to challenge myself | going to the beach this summer | | Difficulties expected | waking up late in the morning | | Plans for action | wake up early and register for swimming club |	표를 단어나 구로 채울 수 있음을 명시 슬라이드 <자료3>	35'

	● 표를 바탕으로 글쓰기 진행하고, 학생들의 언어 혹은 단어사용에 대한 피드백 제공하기		
	작성한 표를 바탕으로 리포터가 되어 짝을 인터뷰하는 활동을 진행시킨다. 단, 다음 구조를 활용하여 완전한 문장으로 답변하도록 하고, 표의 5가지를 모두 질문하도록 한다. A : "What's your comfort zone?" B : "My comfort zone is…"		
	각자 표를 바탕으로 <자료3>의 빈칸을 채워서 글을 완성하도록 한다. 단, 이번 시간에 배웠던 emotion words를 사용하도록 격려한다.		
	교실을 돌며 어휘가 부족하여 영작이 어려운 학생에게 tablet pc를 사용할 수 있음을 알리고 찾는 방법을 알려준다.		
	학생들이 글쓰기 활동 중 공통으로 한 실수를 찾아 피드백을 제공한다. 피드백 제공 시 답을 바로 제시하지 않고 학생이 스스로 고칠 수 있는 기회를 준다. (예상 피드백 : 'I'm proud of oneself'→ 'I'm proud of myself')		
Consolida-tion	학생들이 작성한 글을 짝과 교환하여 피드백을 주고, 제출하도록 안내한다.		12'

2022 기출문제

[Directions]

[Examinee's Answer 1]
Design pre-reading activity including…
A. predicting the content of <Material 1> based on the title of the text.
B. sharing Ss' experiences about the topic in pairs.
C. asking Ss to guess the meaning of ONE of the underlined words in <Material 1> in the context.

[Examinee's Answer 2]
Design while-reading activity including…
A. reading <Material 1> for the gist.
B. completing the graphic organizer that you have developed.

[Examinee's Answer 3]
Design post-reading activity (writing) including…
A. role assignments in the group work.
B. writing a plot twist in <Material 3> in groups. (use <Material 2> as a T's reference)

[Examinee's Answer 4]
Design post-reading activity (speaking) including…
A. Asking Ss to present their group work and engaging Ss in peer feedback on presentation using the scoring rubric that you have developed.
B. sharing Ss' experiences of resolving conflicts in pairs.
C. providing feedback on Ss' use of English.

[Class Conditions]

- Class time : Block-time, 90 min.
- Unit title : Enemy Pie
- Grade : Middle School, 3rd Graders
- Class Size : 26 students
- Aids : computer, beam projector, board, video clip, online resources, etc.

[Demonstration Direction - 지도안지역은 구상실에서만 제공]

- Demonstrate Examinee's answers 1~4.
- For the reading activity, use Material 1, referring to Material 2
- For the writing activity, use Material 3.
- Use the the board properly.

[Unit objectives]

- Ss can share their experience about the topic.
- Ss can read the text for the gist and complete the graphic organizer.
- Ss can write their own story using a plot twist.

Period	Skills
1-2	Listening
3-4	Speaking
5-6	Pre-Reading (Online)
6-7	Reading, Speaking, Writing - individual/pair/group/whole class work
7-8	Wrap-up

⟨Material 1⟩

Enemy Pie

It was all good until Jeremy Ross moved into the neighborhood, right next to my best friend Stanley. I did not like Jeremy Ross. He laughed at me when he struck me out in a baseball game. He had a party on his trampoline, and I wasn't even invited. But my best friend Stanley was. Jeremy Ross was the one and only person on my enemy list. I never even had an enemy list until he moved into the neighborhood. But as soon as he came along, I needed one. I hung it up in my tree house, where Jeremy Ross was not **allowed to** go.

Dad understood stuff like enemies. He told me that when he was my age, he had enemies, too. But he knew of a way to **get rid of** them. I asked him to tell me how. "Tell you how? I'll show you how!" he said. He pulled a really old recipe book off the kitchen shelf. Inside, there was a worn-out scrap of paper with faded writing. "Enemy Pie," he said, satisfied. You may be wondering what exactly is in Enemy Pie. I was wondering, too. But Dad said the recipe was so secret, he couldn't even tell me. I decided it must be magic. I **begged** him to tell me something - anything. "I will

tell you this," he said. "Enemy Pie is the fastest known way to get rid of enemies."
　　Now, of course, this got my mind working. What kinds of things - **disgusting** things - would I put into a pie for an enemy? I brought him earthworms and rocks, but he didn't think he'd need those.

･
･
･

After dessert, Jeremy invited me to come over to his house the next morning. As for Enemy Pie, I still don't know how to make it. I still wonder if enemies really do hate it or if their hair falls out or their breath turns bad. But I don't know if I'll ever get an answer, because I just lost my best enemy.

<Key Concept>
A plot twist is a literary technique that introduces a unexpected and surprising change in the plot in a work of fiction.

〈Material 2〉 *(Teacher's Material, Only T can refer to this material.)*

Enemy Pie
This story is about a boy who becomes upset when a new kid, Jeremy, moves to the neighborhood. After deciding that Jeremy is his new enemy, the boy goes to his father for help. The father tells the boy that he will make a pie that gets rid of enemies. In order for the pie to work, however, the boy must spend the day with Jeremy. After playing together, the boy begins to consider Jeremy as a friend thinking that Jeremy's actually not that bad after all! After a fun day hanging out with Jeremy, the boys go inside to have dinner. As dad serves up the enemy pie his son starts to panic. Thinking that the pie will do something bad to his new friend, the boy has to stop him from eating the pie and being poisoned—but there is nothing wrong with the pie, as the father knew all along.

〈Material 3〉

| Group Name : | Group Members' Name: |

Now, of course, this got my mind working. What kinds of things - disgusting things - would I put into a pie for an enemy? I brought him earthworms and rocks, but he didn't think he'd need those. _____
_____
_____
_____

As for Enemy Pie, I still don't know how to make it. I still wonder if enemies really do hate it or if their hair falls out or their breath turns bad. But I don't know if I'll ever get an answer, because I just lost my best enemy.

[2023 수업실연 지도안 – 지도안 지역]

Unit Title	Enemy Pie
Lesson Objectives	1. Ss can share their experience about the topic. 2. Ss can read the text for the gist and complete the graphic organizer. 3. Ss can write their own story using a plot twist.

* NOTICE : Do not draw a vertical line in the teaching plan. Do not separate the roles of T and Ss but write what teachers and students will do in the classroom in details.
* Ⓘ : Individual work Ⓟ : Pair work Ⓖ : Group work Ⓦ : Whole class

		Time
Introduction	- 학생 출석을 확인한다. - 오늘의 주제를 소개한다. - 학습목표를 제시한다.	3'
Development	- 교사는 전 시간에 배운 이야기의 구성요소 (Characters, conflicts, background, plot twists)를 복습해준다. **Examinee's Answer 1**	20'
	Examinee's Answer 2	20'
	- 학생의 작품에 피드백을 준다.	Ⓦ

	Examinee's Answer 3		
	- 교사가 'Plot Twist'를 다음과 같은 예시로 설명한다. 　T : "In the movie 'Shrek', did Princess Fiona turn into what people expected in the ending?" 　S : "No, she did not." - <학습지 3>을 나눠주고 학생이 이야기에서 생략된 부분을 적어야 한다고 말해준다.	Ⓘ,Ⓦ	
Development			25'
	Examinee's Answer 4		
			20'
Consolidation	- 오늘의 수업을 요약해준다. - 다음 수업을 간단히 안내한다.	Ⓦ	2'

[2022 Lesson Plan – 지도안 없는 지역(문제에 함께 제시됨)]

Lesson objectives	Students will be able to … 1. Ss can share their experience about the topic. 2. Ss can read the text for the gist and complete the graphic organizer. 3. Ss can write their own story using a plot twist.	
Introduction	– T checks Ss' attendance. – T introduces today's topic. – T shows today's lesson objectives. – T reviews what Ss learned in the previous lesson : 4 components of a story(Characters, conflicts, background, plot twists).	5 Min.
Development	*Examinee's Response 1*	20 Min.
	Examinee's Response 2	20 Min.
	– T provides feedback on Ss' work. – T explains about the plot twist giving an example of the popular movies that include plot twist – T distributes ⟨Material 3⟩ and asks Ss to fill in the blank in ⟨Material 1⟩.	25 Min.
	Examinee's Response 3	20 Min.
	Examinee's Response 4	
Conclusion	Summary of today's lesson, Preview on next lesson.	5 Min.

2022 수업실연 해설

➕ PLUS | 2022 수업실연 출제의도 분석

2022년 실연 문제는 2017년과 비슷하게 짧은 story가 포함된 독서교육이 나왔고, 생략된 부분을 학생들이 상상해서 글을 적어야 하는 창의성을 강조하는 수업으로 출제되었다. Story는 '친구와의 갈등을 지혜롭게 해결하는 방법'을 다룬 내용이고, after-reading으로 'resolving conflict'를 주제로 한 speaking활동이 있으므로 학생들이 이야기를 읽고 얻은 교훈을 실생활에 적용할 수 있도록 유도하는, 인성교육을 융합한 수업을 의도했다고 볼 수 있다. 다만 2022 기출은 direction의 개수가 역대 기출 중 가장 많아서 예비교사들을 크게 당황시켰다. 이전 기출은 디렉션 개수가 많다면 'Examinee's Answer 중 일부만 시연하라'는 조건이 나왔지만, 이번에는 Examinee's Answer 1부터 4까지 모두 시연하라고 해서 다들 시간 내에 모든 디렉션을 수행하기에 큰 어려움을 겪었다. 소통을 꾸준히 하면서도 불필요한 말은 줄이고 간결한 teacher talk을 사용하는 연습이 더 필요해졌다고 볼 수 있다.

➕ PLUS | 2022년 수업실연 유의사항

- 지도안 지역과 지도안 없는 지역 모두 Examinee's Answer 1~4를 모두 시연해야 해서 시간 내에 디렉션을 모두 수행하는 것이 매우 어려운 문제였다. 15분인 지역도 예외 없이 그대로 요구했다.
- Examinee's Answer2 와 Answer3사이에 그룹 활동에 피드백 주는 부분, Material3를 나누어 주고 the plot twist에 대한 예시를 주는 부분은 했다고 가정하고 생략 후 시연했어야 했다.
- 지도안 양식의 변화가 많았다. Teacher와 Student를 구분하는 세로선이 없어졌고, 지도안에 적은 각 활동이 어떤 형태의 work인지 (Individual/Pair/Group work, Whole class)를 골라서 기호로 표시하는 칸이 처음으로 생겼다. 세로선이 없어진 대신 '교사와 학생의 행동을 모두 구체적으로 적으라'는 안내사항은 있었다. 이전처럼 교사와 학생의 행동을 칸 구분만 없이 이어서 적은 경우, 그리고 교사의 행동을 학생의 입장까지 포함하여 더 구체적으로 적은 경우 모두 고득점자가 나왔다고 한다. (단, 학생의 행동을 쓸 때 보통 교사의 행동을 단순 반복하는 경우를 방지하고자 구분선이 없어졌을 확률이 높으므로 어느 경우라도 최대한 구체적으로 적는 것이 포인트라고 볼 수 있다.)
- Aids에 늘 있던 computer, beam projector 외에도 'online resources'가 처음으로 등장했다. 교사가 온라인 자료를 활용하거나, 학생이 활동 중 온라인 검색을 하는 등의 수업실연 구성이 가능했다.

[Examinee's Response 1]

> Design pre-reading activity including...
> A. predicting the content of 〈Material 1〉 based on the title of the text.
> B. sharing Ss' experiences about the topic in pairs.
> C. asking Ss to guess the meaning of ONE of the underlined words in 〈Material 1〉 in the context.

A : predicting the content of 〈Material 1〉 based on the title of the text.

(1) reading text의 title (enemy pie)만 보고 어떤 내용의 story일지 자유롭게 예측할 수 있도록 하면 된다. 수업실연 초반이니 밝고 활발한 상호작용을 보여주면 좋다.

(2) Title을 보고 predicting 하는 것은 대표적인 pre-reading strategy 중 1개이다. 학생들에게 예측하는 이유를 간단히 언급해도 좋다.

(3) 학생들의 예측은 창의력을 발휘해야 하는 부분이므로 학생들에게 '어떤 내용이나 괜찮다!'는 식으로 참여율을 높이는 것이 좋다. 그리고 '나중에 어느 학생의 예상이 맞을지 confirm해보자!'는 멘트를 한다면 학생들의 다음 활동에 대한 기대감을 높일 수 있다.

🔊 모범답안

(Sample Answer) 안녕하십니까. 관리번호 1번입니다. 수업 실연을 시작하겠습니다. Turn to page 25. (손으로 텍스트 위쪽 가리키며) Can you see the title here? Yes. Let's read the title ALOUD together. 3, 2, 1, go! Oh, wait. TOGETHER; cause we are on the same team! Again! 3, 2, 1, go! ENEMY PIE! (판서하며) Great!! Great HARMONY! Hmm.. Enemy Pie...? Weird, right? You know what 'enemy'is? No? 'Enemy' is someone who you hate! Who is Harry Potter's enemy? Yes. Voldemort!! Then, what come to your mind when you hear the title ENEMY PIE?? Call out ANYTHING! Oh, 태이, 'Choco Pie's friend'? Oh you think the text is about a new type of pie? Excellent! Oh, 나연! About delicious pie? Then why the title is ENEMY pie? Oh, you have to share it with your enemy! Great Guess! Let's see who's guess is correct later. Actually, we are PREDICTING what will happen in the story from the TITLE, right? It will help you WELL UNDERSTAND the text! Believe me!

B : sharing Ss' experiences about the topic in pairs.

(1) pair 활동이기 때문에 짝부터 지어주자. 짝 활동은 짝끼리 '알아서(스스로)' 활동할 수 있도록 도와주어야 하고, 이를 위해서는 교사의 구체적인 예시나 시범이 먼저 제시되어야 한다.

(2) 'topic'에 대해서 경험을 공유하라고 했는데, topic이 'enemy pie'인 만큼 학생들이 무엇을 이야기해야 하는지 어려워할 수 있으므로 이를 구체적으로 알려줄 필요가 있다. 이전에 enemy pie 타이틀로 예측하는 활동을 진행했으므로 그때 했던 멘트와 연계하는 방법도 있고, 단순히 'talk about enemies around you'와 같이 쉬운 주제를 주는 것도 좋다.

(3) 중3 교실이라는 것을 고려할 때 단순히 주제만 주고 짝끼리 대화하라고 하면 어려워할 수 있다. 시간이 된다면 "Have you ever had an enemy?" "What did you do to him/her?"와 같이 짝이 할 수 있는 질문을 제시해주거나, "To deal with the enemy, I ...."와 같은 구조를 주는 방법도 있다. 활동 후반부에 한 학생의 enemy 대처 경험을 발표시키면, 그 내용을 다음 reading 활동과 연계하기 좋다.(이어서 읽을 글에서 주인공은 어떻게 대처했는지 궁금증 유발)

모범답안

(Sample Answer) Like Harry Potter, you also had your own enemy in your life? Right? Now work in PAIRS, one sitting next to you, and talk about your enemy. *(모니터 가리키며)* You'll ask TWO questions here. Let's read ALOUD together! "Have you ever had an enemy?" "What did you do to your enemy?" What a lovely voice!! With your partner, ask these TWO questions and answer the questions. 원빈, how many questions? Good, *(모니터 가리키며)* these two questions! I'll give you THREE minutes! Ready? Go! Time's up! *(손 들며)* Any volunteers to talk about your PARTNER's experience? Oh! 타오, can you introduce 현규's enemy? Everybody, listen carefully to 타오. Let's give her a big hand!! *(박수치며)* Nice job 타오. 타오 said 현규 fought with his friend! And what did 현규 do to deal with his enemy? Yes, 원빈 You are a good listener! 현규 had icecream with his enemy to make up with him! *(학생 가리키며)* 현규, I love the way you RESOLVE your CONFLICT. Like 현규, in the text we are reading today, the main character also had an enemy, Aren't you curious about how he resolved his conflict? Yes? Then, let's quickly move on to the reading activity!

C : asking Ss to guess the meaning of ONE of the underlined words in 〈Material 1〉 in the context.

(1) 밑줄 친 표현 중 1가지를 선택할 수 있다. 빠르게 스캔한 후 'guessing'으로 풀어나가기 가장 좋은 표현을 고르면 되는데, 2가지 이상이 고민된다면 '학생과의 소통'으로 풀어나가기 좋은 것을 고르는 것이 좋다. 단, 교사의 설명만 길어지지 않도록 조심해야 한다.

(2) 단순히 학생에게 '이 단어를 guess해보아라'라고만 한다면 학생들은 어렵다. 앞/뒤 문맥을 보는 방법을 알려주거나, 구체적 예시를 추가로 주고 예시를 통해 guess하도록 하던가, 동의어/반의어를 주면서 guess하도록 하는 등의 방법으로 학생들이 쉽게 의미를 예측할 수 있도록 적극적으로 도와주어야 한다. 예시를 줄 때는 학생 상황 또는 교실 상황을 활용하면 더 쉽게 접근시킬 수 있다.

> **모범답안**
>
> *(Sample Answer)* Before we read the text, what we always do is…? YES! Vocabulary Time! As we always do, *(text 보여주면서 동그라미 치는 동작)* circle any difficult words in the text. Alright? Just ONE minute! Time's up! What did you find? Call out ! Oh, many students are curious about meaning of 'allowed to'. *(allowed to 판서하며)* If we don't know the meaning of the word, what can we do? Yes 희두, we can GUESS!! Let's guess together! Listen carefully to me. In this class, you are ALLOWED TO use your tablet, right? With your tablet, you are ALLOWED TO look up the meaning of the word, but you are NOT ALLOWED TO play games!! Oh, many students are saying "A-ha!!", oh 해은 you know what 'allowed to' means but don't know how to explain it? Then, use your English-English dictionary with your tablet! You are ALLOWED to use it! Oh That's correct 해은! 'allowed to do something' means *(판서하며)* 'possible to do something'!! Well done! Now we're ready to read the text!

[Examinee's Response 2]

> Design while-reading activity including…
> A. reading 〈Material 1〉 for the gist.
> B. completing the graphic organizer that you have developed.

A : reading 〈Material 1〉 for the gist.

(1) 새로운 활동은 우선 앞 활동과 연계가 가능한지 살피는 습관을 가지면 좋다. 앞에 이미 title로 내용을 예측해보았으니 "앞에서 예측한 것이 있었으니 본격적으로 읽으면서 확인해보자!"와 같이 앞 활동과 연계하면 수업의 흐름을 자연스럽게 이어 나갈 수 있다. 한 학생의 예측 내용을 언급하며 "누가 ~하게 예측했는데 정말 맞나 볼까?" 라는 멘트도 넣으면 더 학생과 함께하는 수업의 느낌을 준다.

(2) gist 찾기는 평소 연습해놓은 main idea 찾기 패턴(자주 출제가 되므로 자동화시켜야 한다)을 활용하고, main idea를 gist라는 용어로 바꿔서 제시하기만 하면 된다. 단, 요구사항이 많았던 기출이었던 만큼 여기서 간단하게 진행해서 시간을 단축시키는 방법도 있었다.

> **모범답안**
>
> *(Sample Answer)* Now we'll read the text 'Enemy Pie'! Check if your prediction is correct, HAHA! We'll read the text TWICE. First, read for the gist, the main idea of the text. Read the text QUICKLY and try to find what the text is MAINLY about. We'll read in detail LATER. All right? 준호, what are we reading for? Yes! for the GIST! I'll give you THREE minutes! Let's go!! Time's up! What is the text about? Yes! 웨이, About a boy's enemy. Can you tell me in a FULL sentence? 'The boy made a special pie to get rid of his enemy!' Excellent 웨이!

B : completing the graphic organizer that you have developed.

(1) Graphic organizer가 2012년 이후 10년 만에 출제되었다. 'you have developed'라는 말은 문제에서 따로 제시는 안 해주고 직접 graphic organizer를 선택해야 한다는 의도라고 볼 수 있다. Venn diagram, Timeline, Flow chart, Mind map(bubble map), Pie chart, Story map, T chart, Character Trait, Web diagram 등 많은 graphic organizer가 있는데 text가 이야기 형식이라는 점을 생각하면 Timeline, Flow chart, Story map 등이 학생들이 이야기의 흐름을 파악했는지 확인하기 좋다. (각각의 형식은 구글 검색 추천) 또는 지도안을 보면 수업 첫 시작에서 전에 배웠던 Story의 요소(Characters, conflicts, background, plot twists)를 복습했다고 했으므로 이를 활용한 graphic organizer도 괜찮다.

(2) Graphic organizer를 모두 그리기에는 시간이 부족할 것이기 때문에 worksheet에 있다고 가정하고 풀게 하는 것이 좋다. 단, 감독관이 어느 정도 파악할 수 있도록 대략적인 형태는 칠판에 그리는 것이 좋고, 거기서 예시는 1가지 정도 꼭 들어주고 학생들에게 시키자. 구상 시간이 촉박하다면 'Material 2'에 제공된 요약문을 활용하는 방법도 있다.

(3) 지도안에 Examinee's response 2 마지막에 교사가 학생들의 활동에 피드백을 준다는 내용이 이미 적혀있었다는 후기가 있었다. 이런 말이 있었다면 학생의 정답 확인은 시간이 부족하면 생략해도 괜찮다.(없었다는 후기도 있어서 우선 샘플 답에는 정답 확인을 적어놓았다.)

(4) 학생들에게 이러한 Graphic organizer를 뭐라고 부르는지, 읽기 공부에서 이것을 활용하면 어떤 장점이 있는지(글의 구조 및 핵심내용을 한눈에 정리) 등 학습 전략을 가르쳐주는 멘트를 추가할 수 있다. 또한 주인공이 문제를 해결한 방식을 학생들의 실생활과 연결하며 인성과 관련된 멘트를 하면 좋다.

(5) 뒤에 이어지는 활동과 연계하면서 마무리할 수 있다. 뒤에 plot twist를 다루는 활동이므로 graphic organizer 활동 후반부에 이 부분이 plot twist이고, 다음 활동이 이것과 관련이 있다는 간단한 멘트를 한다면 수업의 연계성을 높일 수 있다.

모범답안

(Sample Answer) Thanks to 웨이, we know the gist of the text. But do you remember the enemy's name? No? What about the father's solution? No? Don't worry. We'll read the text again. Take a look at the bottom of the text. What do you see? Yes! A Story Map! This time, we'll complete the STORY MAP! *(Story map 형태 대략적으로 그림)* When you read a story, this kind of STORY MAP helps you analyze the text in detail. You can see the FIVE Parts in the story map. Let's read aloud together! *(간단히 필기하며)* Character, Backgroud, Conflict, Resolution, Theme! Alright. We already learned about these components of a story, right? Good. Read the text IN DETAIL and complete this story map. I'll give you 8 minutes. If you have any difficulties, you can ask for a help to your partner or to me! Go Go Go! *(Circulation)* Are you done? Let's check the answers together! Any volunteers to talk about the characters? Correct! 혜영, A boy, Dad, Jeremy Ross!! (…) Lastly, who can tell me 'Resolution' part? Yes, 'enemy pie turned the boy's enemy into his best friend!' What a surprising ending, right? Actually, this is called 'PLOT TWIST.' Repeat after me, 'PLOT TWIST'. Good. From now on, we're going to write our own PLOT TWIST! Sounds interesting, right? Yeah!

[Examinee's Response 3]

> Design post-reading activity (writing) including…
> A. role assignments in the group work.
> B. writing a plot twist in 〈Material 3〉 in groups. (use 〈Material 2〉 as a T's reference)

A : role assignments in the group work.

(1) 역할 분배는 Leader, Writer, Word master, Material manager, Time keeper, Presenter 등으로 가능하다. 학생들이 할 활동을 생각해서 그 활동에 필요할 만한 역할 골라서 부여하는 것이 좋고, 교사가 정해주기보다는 학생끼리 조 안에서 정하게 하는 것이 좋다. (학생마다 특성 및 잘할 수 있는 역할이 다 다르기 때문)

(2) 역할 부여 시 조심할 점은 Time keeper, Presenter와 같은 역할은 쓰기 활동 중에는 하는 일이 거의 없다는 것이다. 활동이 끝나고 나서야 하는 일이 생기므로, 이런 역할은 부여하지 않는 것이 좋다. 또는 'Writer'역할은 모두가 함께 맡고, Time keeper, Presenter, Material manager 등을 각자 하나씩 더 맡는 방식으로 진행해도 된다.

(3) 각 역할을 자세히 설명하기에는 시간이 부족할 것이다. 다른 문제에서는 '항상 해왔으므로 각자의 역할을 알고 있지?'라는 멘트를 하고 넘어가는 방법도 있으나, 이번 기출에선 디렉션으로 명시되어있으므로 아주 짧게만 설명하는 것이 좋다. (예 *Presenter, who'll present your group's story.*)

(4) Grouping을 할 때는 학급의 총인원을 항상 확인해야 한다. 26명이므로 4명씩 그룹을 할 때는 두 그룹은 1명씩 더 있다. 이를 신경 써서 한 역할을 2명이 함께 맡으라는 등의 멘트가 필요하다.

> 📢 **모범답안**
>
> *(Sample Answer)* For the writing activity, get into groups of FOUR! 희선 준영 미지 진영 Group number 1 (…) and *(뒤쪽 가리키며)* Group 5 and 6! you are special groups and you have FIVE people! Wow! Good. Say hello to your group members, hello! For this writing, EVERY MEMBER in your group will take a special ROLE!! First, everyone will be a WRITER! Discuss ideas with your members and write a creative story together! Second, each member will take ONE MORE role : *(역할 이름만 판서하며)* LEADER, who leads everyone's participation; WORD MASTER, who looks up the words you don't know with your tablet, WORKSHEET MANAGER, who takes and submits the worksheet, and PRESENTER, who presents your group's work. I'll give you just ONE minute to decide the role! Oh, Group 5 and 6! you have five members so you have TWO word masters! Ready? Start! One minute! Time's up! Has every group decided the role? Good.

B : writing a plot twist in 〈Material 3〉 in groups. (use 〈Material 2〉 as a T's reference)

(1) 지도안에(지도안 없는 지역 포함)'교사가 plot twist를 예시를 포함하여 설명하고, Material3를 나누어주고 빈칸을 채우라고 한 것'이라는 내용이 이미 채워져 있었다고 한다. 이 부분을 제외하고 시연해도 괜찮다는 말로 해석이 가능하기도 하지만 직접적 명시가 없다 보니 혼란을 겪은 수험생이 많았다고 한다. 절충안은 매우 간단히 하는 것인데, plot twist에 대한 설명과 worksheet을 나누어주는 부분은 매우 간단히 하거나 생략하고, 학생들이 writing을 할 때 지켜야 할 guideline 및 더 쉽게 접근하는 방법을 덧붙여서 제시해 주면 된다.

(2) Material3의 빈칸을 채우는 것은 중3 학생들에게 쉽지는 않은 과제이다. '나라면 enemy를 위해 어떤 pie를 완성할지', '내가 주인공의 아빠라면 갈등 해결을 위해 어떤 pie를 제안할지'와 같은 큰 방향을 설정해주면 더 쉬운 접근을 유도할 수 있다.

(3) '5문장 이상 쓰기', 'plot twist를 포함하기', 'creativity 발휘하기' 등의 guideline을 주면 학생들의 쓰기 방향을 더 구체화해줄 수 있고, 뒤에 scoring rubric 줄 때 이를 바로 연계할 수도 있다.

(4) 교사 또는 다른 학급의 예시, 유용한 표현 목록을 제공하면 학생들의 부담을 덜어줄 수 있다. 또한 글의 교훈이 'resolving conflict'인 만큼 학생들끼리 다른 의견이 충돌해도 슬기롭게(?) 서로의 의견을 존중하며 해결하라는 멘트도 추가하면 인성교육도 융합할 수 있다.

(5) 활동을 시작한 다음엔 Circulation을 하면서 어려움이 필요한 그룹에 도움을 주고, 학생들의 활동 내용을 받아 적으면서 자세히 관찰하는 모습을 보이자.

모범답안

(Sample Answer) Now you know exactly what 'a plot twist' is, and you can write your own story in the worksheet. Think about what kind of 'enemy pie' should be made to help the boy resolve the conflict with his enemy. When you fill the missing part, there are some guidelines you should follow. (간단히 판서하며) First, include your own plot twist. Make a SURPRISING and UNEXPECTED change in story. Second, be CREATIVE. There is no correct answer so don't hesitate to share your creative ideas. Third, write more than EIGHT sentences in FULL sentences. All right, 준서, what are the three things to follow? Awesome! You are concentrating very well! You have 10 minutes. As always, RESPECT your friends' opinion and resolve the conflict in your group wisely! Okay? Let's start! (Circulation) Is any group having trouble? Oh, group 3! (group 3 쪽으로 이동) Oh, you didn't write anything! You don't have any idea! Then, I'll give you a sample writing. This will refresh your brain! (전체에게) Just a moment everybody. If you get stuck, look at the monitor here. My sample writing will help you ! (…) Have you all finished writing? Good.

[Examinee's Response 4]

Design post-reading activity (speaking) including...
A. asking Ss to present their group work and engaging Ss in peer feedback on presentation using the scoring rubric that you have developed.
B. sharing Ss' experiences of resolving conflicts in pairs.
C. providing feedback on Ss' use of English.

A : asking Ss to present their group work and engaging Ss in peer feedback on presentation using the scoring rubric that you have developed.

(1) scoring rubric은 자주 출제가 되는 부분이지만 이번엔 학생들의 '발표'에 대한 rubric이라는 것을 유의해서 평가 항목을 정해야 한다. 예를 들어 학생들의 writing을 교환해서 피드백 주는 것이 아닌, 말로 발표하는 것을 듣는 상황에서 'Grammar'를 체크하기는 어려울 것이다.

(2) 앞에 writing에서 준 guideline(Plot twist가 들어갔는지, 5문장 이상 적었는지, creativity)을 그대로 활용해서 이 부분을 체크하라고 알려주면 앞 활동과 연계성을 높일 수 있고, voice (잘 들릴 정도로 크게 하는지), eye contact와 같은 발표 태도와 관련된 항목도 섞을 수 있다. 시간이 넉넉하지 않으므로 무리하지 않고 3개 정도면 적당하다.

(3) 발표가 끝나면 크게 칭찬하고 발표 내용을 하나 정도 간단히 언급하면 좋다. 단, 시연 후반부이기 때문에 시간이 부족하면 어쩔 수 없이 발표 내용 언급은 넘겨야 한다.

📢 모범답안

(Sample Answer) I walked around the classroom and I was so impressed with your creative writing! Why don't we have time to present our work? Good! While you are listening to the presentation, you're going to give feedback using this worksheet. *(나눠주며)* Leaders, please come here and take this. In your worksheet, you can see THREE things to consider when you give feedback. Can you read aloud them? Good. *(판서하며)* Creative plot twist, Sentence, and Voice! First, if you think the plot twist is creative enough, draw 'Like' *(따봉 모양을 그리며)*. Each member can draw one Like. Second, if you think the story has more than EIGHT FULL sentences, draw one Like. Third, if the presenter's voice is loud enough so you can hear well, draw one Like. So, for each point, how many Likes can you draw? Yes FOUR Likes! Group 5 and 6! You have five members but you should follow this rule, too, so share your opinions. Lastly, if you want to write any comment or praise, *(종이 밑부분 가리키며)* write in the blank of the worksheet here. Then it's time for presentation. Presenters, are you ready? *(손 들며)* Who would like to go first? Group 2? Great, let's welcome 준형, the presenter of Group 2, with a big hand! *(크게 박수치며)* Excellent job everyone! I think all of you are professional novelist!!!

B : sharing Ss' experiences of resolving conflicts in pairs.

(1) 앞에 이미 많은 direction이 있었기 때문에 시간 부족으로 인해 speaking 활동까지 자세히 진행하긴 어려웠을 것이다. 다만 완전히 새로운 활동을 진행한다는 느낌을 주지 않아야 하고, 앞의 발표 또는 reading text를 언급하며 '이처럼 resolving conflict는 우리 삶에서 매우 중요하므로 각자의 경험을 공유해보고 서로 배우는 시간을 가지자.'라는 멘트와 함께 활동을 진행하면 이전 활동과 연계성을 강조하면서도 인성교육을 강조할 수 있다.

(2) 시간 여유가 있다면 짝 활동 이후에 1~2개 정도 발표를 시키고 다음으로 넘어가면 좋지만 1분 미만으로 남았다면 빨리 넘어가자.

> 📢 **모범답안**
>
> *(Sample Answer)* So we read about how the boy resolved his conflict with his enemy. Likewise, if you encounter any conflict in your life, it is important to try to resolve it wisely and not to make it worse. Now it's your turn. Work in pairs. Think of experiences of resolving conflicts in your life and share them with your partner. If you have difficulties making sentences, (모니터 가리키며) you can use some useful expression here, like 'To solve the conflict with my friend, I tried to...'. Alright? THREE minutes. Ready? Go!!. Time's up! Any volunteers to share your experience? (...) Great job everyone!

C : providing feedback on Ss' use of English.

(1) 바로 앞 speaking활동에 관한 피드백을 주어도 괜찮지만, 그 전 writing과 presentation이 더 비중이 큰 활동인데 피드백이 없었던 점을 고려했을 때 학생의 모든 활동을 종합해서 자주 실수했던 부분을 피드백 주는 것이 더 자연스러울 수 있다.

(2) 'use of English'는 language 측면의 피드백이라고 볼 수 있다. 아무런 표현이나 설정하지 말고, 학생 입장에서 갈등 및 해결 또는 과거 경험을 이야기할 때 자주 실수할만한 표현을 생각해보고 피드백을 부여하자. (예 said me→ said to me, fighted→ fought, 과거 경험에 past tense 가 아닌 present tense 사용, 불규칙 과거형 오류...)

> 📢 **모범답안**
>
> *(Sample Answer)* You're working so hard today and your active participation makes me so happy!! But there is a common mistake that many of you made today. Because we talked about the past experience, you said like this. *(misundertanded, fighted 판서)* What's wrong with these? Anybody knows? Yes, 정훈, Excellent! As 정훈 said, these verbs have IRREGULAR past tense forms so *(판서하며)*'misunderstood' and 'fought' are correct. 이상입니다. 감사합니다.

[판서 샘플]

p.25 'ENEMY PIE' 'Prediction' <Speaking> talk about your enemy	<Reading> 'Allowed to' → possible to do sth 1. Gist (main idea) 2. Story Map (character / background / conflict / resolution around Theme)	<Writing> Plot Twist Roles Writer (All members) Leader, Word master, Worksheet manager, Presenter 1) Plot twist 2) Creative 3) 8 sentences ↑	<peer feedback> * rubric 1) creative plot twist 👍 2) sentence 👍 3) voice 👍 (+) free comments <Speaking> resolving conflicts <Feedback> misunderstanded →misunderstood fighted → fought

[2022 수업실연 수업지도안 샘플(한글지도안 버전으로 수정)]

Unit Title	Enemy Pie		

* 활동형태 : ⓘ : Individual work ⓟ : Pair work ⓖ : Group work ⓦ : Whole class

		Works	Time
Introduction	- 학생 출석을 확인한다. - 오늘의 주제를 소개한다. - 학습목표를 제시한다.	ⓘ,ⓦ	3'
Development	- 교사는 전 시간에 배운 이야기의 구성요소 (Characters, conflicts, background, plot twists)를 복습해준다.	ⓦ	20'
	Examinee's Answer 1		
	- <학습지 1> 지문의 가장 위 'Enemy Pie' 제목을 함께 크게 읽게 하며 소개한다.	ⓦ	
	- 유명영화 속 영웅과 악당을 예시로 들어 소통하며 'enemy'의 뜻을 추측하도록 한다.	ⓦ	

	- 'Enemy Pie'제목만 보고 어떤 내용이 이어질지 예측하도록 한다.
	(발문 및 예상 답변)
	   T : What come to your mind when you hear the title 'Enemy pie'?
	   Ss:"There is delicious pie but we have to share it with our enemy!"
		ⓦ	

	- 짝과 함께 'My enemy in my life'를 주제로 짝 말하기 활동에 참여시킨다.		
	- 활동에서 학생이 사용할 수 있는 질문을 제시하여 영어말하기 시작의 부담을 줄여준다 : 'Have you ever had an enemy?', 'What did you do to your enemy?'	ⓟ ⓟ	
	- 짝에게 들은 내용을 발표해줄 학생을 지원받아 시키고, 칭찬 및 적절한 피드백을 준다.	ⓦ	
	- <학습지 1>의 지문을 빠르게 1분간 훑어 읽으며 모르는 단어에만 밑줄 치라고 한다.	ⓘ	

	– 학생들이 가장 어려워하는 단어를 쉬운 예시를 제공하여 의미를 스스로 추측할 수 있도록 돕는다. (발문 및 예상 답변 : 'allowed to'를 고를 경우) T : "In this class, you are <u>allowed to</u> look up the meaning of the word with your tablet, but you are not <u>allowed to</u> play games. Now, can you guess the meaning of 'allowed to'?" Ss : "It means 'possible to do something'"	Ⓦ
	Examinee's Answer 2	
	– 'Gist'의 의미를 쉽게 설명하고 ('what the text is mainly about') 〈학습지 1〉의 글을 각자 빠르게 읽으며 Gist를 파악하도록 한다. 아직 세부정보까지 너무 자세히 읽지는 않도록 한다.	Ⓦ,Ⓘ
	– 학생이 파악한 Gist를 발표시킨다. 불완전한 답변이 나온다면 추가 발문 및 힌트를 주거나 다른 친구와의 협동을 통해 완성하도록 한다. (예상답변) Ss : "The boy made a special pie to get rid of his enemy"	Ⓦ
	– 다음과 같은 'Story map'을 칠판에 그리고 각각의 요소를 간단히 설명한다. character	background conflict	Theme	resolution	Ⓦ
	– Story Map을 사용하는 장점을 간단히 알려주고 ("This story map helps you analyze the text in detail")학생들이 〈학습지 1〉의 지문을 다시 자세히 읽으며 Story Map을 채우도록 한다. – 학생 활동 중 교실을 돌아다니며 어려움을 겪는 학생들에게 Stroy Map에 대한 추가 설명을 해준다.	Ⓘ,Ⓟ Ⓘ,Ⓟ
	– Story Map 각각의 요소에 대해 학생들이 찾은 정보를 발표시키고 함께 정답 확인을 한다.	Ⓦ
	– Story Map 중 'Resolution' 부분을 'Plot twist' 용어와 연계시키며 다음 활동을 위한 준비를 시킨다. T : "The resolution part 'Enemy pie turned the boy's enemy into his best friend' is a surprising ending, right? This is called 'Plot twist'"	Ⓦ	20'
	Examinee's Answer 3	
	– 교사가 'Plot Twist'를 다음과 같은 예시로 설명한다. T : "In the movie 'Shrek', did Princess Fiona turn into what people expected in the ending?" S : "No, she did not." – 〈학습지 3〉을 나눠주고 학생이 이야기에서 생략된 부분을 적어야 한다고 말해준다.	Ⓘ,Ⓦ
Develop ment	– 조별활동을 위해 학생들이 4명씩 네 모둠, 5명씩 두 모둠을 만들게 한다.	Ⓖ
	– 각 조에서 맡을 개별 역할을 설명해준다 : 모두가 'Writer' 역할을 공통으로 맡고, 모둠원을 이끄는 'Leader', 태블릿으로 단어 검색하는 'Word Master', 학습지를 받고 관리하는 'Worksheet Manager', 발표를 맡는 'Presenter'를 각각 하나씩 선택해서 맡기. – 서로 의논하여 자신의 특성에 맞는 역할을 직접 고를 수 있도록 잠시 시간을 준다.	Ⓖ	25'
	– 쓰기의 큰 방향을 제시해주며 영어 글쓰기에 대한 학생의 부담감을 줄여준다. T : "Think about what kind of 'enemy pie' should be made to help the boy resolve the conflict with his enemy."	Ⓖ

- 쓰기 활동 중 지켜야 할 사항을 판서하며 설명한다 : (1) include Ss' own plot twist, (2) be creative, (3) write more than 8 sentences in full sentences.	Ⓖ	
- 모니터에 쓰기를 어려워하는 학생이 참고할 수 있도록 교사의 예시 글을 띄워놓는다.	Ⓖ	
- 모둠 글쓰기 활동을 시작하도록 하고, 교사는 교실을 돌면서 모든 학생이 자신이 맡은 역할을 수행할 수 있도록 돕는다.	Ⓖ	

Examinee's Answer 4

- 모둠별로 채점표가 나와있는 학습지를 배부한다. 　(채점표 양식) |	Likes | |---|---| | (1) Creative Plot twist | 👍 | | (2) Sentences | 👍 | | (3) Voice | 👍 | | Comments: | | - 채점표 항목의 기준을 각각 설명해주며 모둠 평가 방법을 알려준다. (creative writing, more than 8 full sentences, loud voice인 경우 각각의 항목에 'Like' 그리기)	Ⓦ,Ⓖ	
- 각 그룹의 'Presenter'역할 학생이 앞에서 발표하게 시킨다. 다른 학생들은 발표를 집중해서 들으며 각 채점 기준을 충족한다면 'Like'를 그릴 수 있게 지도한다.	Ⓦ,Ⓖ	20'
- 학생이 읽은 지문을 '소년의 갈등 해결'의 관점에서 정리해준다. 이와 연결하여 짝과 함께 '갈등을 해결한 자신의 경험'을 이야기해보는 시간을 가지게 한다. - 학생이 말하기 활동에서 쓸 수 있는 핵심 표현을 제시한다 : 'To solve the conflict with my friend, I tried to…' - 활동 중 순회지도하며 영어 말하기를 부끄러워하는 학생을 응원하고 자신감을 준다. - 활동 종료 후 짝에게 들은 내용을 발표하는 시간을 짧게 가진다.	Ⓟ	
- 오늘 활동 중 학생이 가장 많이 실수한 부분을 피드백해준다. 직접 답을 제시하지 않고 학생이 직접 고칠 부분을 찾도록 한다. 　(예시) 과거 경험을 이야기할 때 불규칙동사 사용 실수 : fighted → fought, 　　　　misunderstood → misunderstood	Ⓦ	

| Consoli
dation | - 오늘의 수업을 요약해준다.
- 다음 수업을 간단히 안내한다. | Ⓦ | 2' |

2021 기출문제

[Directions]

Examinee's Answer 1	Use Material 1, and include... A. asking questions about the topic to stimulate Ss' motivation to learn. B. engaging Ss in a pair speaking activity using Material 1 C. T - Ss interaction regarding the previous pair work
Examinee's Answer 2	Use Material 2, and include A. asking Ss to read for the main idea B. checking Ss' understanding of the details C. teaching ONE of the three underlined words
Examinee's Answer 3	Use Material 3, and include... A. guiding students to participate in group discussion using ⟨Material 3⟩ B. facilitating students' participation C. giving feedback on the outcomes of the discussion
Examinee's Answer 4	Use Material 4, and include... A. engaging students in an individual writing activity using ⟨Material 4⟩ B. explanation of each scoring criterion in detail C. students' peer review on their writing

[Class Conditions]

- Class time : Block-time, 100 min.
- Unit title : Healthy Food, Happy Life
- individual, pair, group work

[Classroom Information]

Grade	High School, Grade 1	Class Size	30 students
Level	Mixed-level	Aids	computer, beam projector, board, etc.

[Unit objectives]

- Ss can read the text about a familiar general topic and find the main idea.
- Ss can read the text about a familiar general topic and understand the details.
- Ss can speak and write their personal opinions about a familiar general topic.

Period	Skills
1-2	Listening
3-4	Speaking
5-6	Reading
6-7	Reading, Speaking, Writing - individual/pair/group work
7-8	Wrap-up

[Demonstration Directions] – 지도안문제에는 나와있지 않고, 구상실 문제에만 있음.(지도안 없는 지역도 Demonstrate Examinee's Answer 1,2,4만 실연)

- Demonstrate only ⟨Examinee's Answer 1~2⟩ and ⟨Examinee's Answer 4⟩
- Use ⟨Material 1, 2, and 4⟩. (⟨Material 3⟩ is given just as a reference.)

<Material 1>

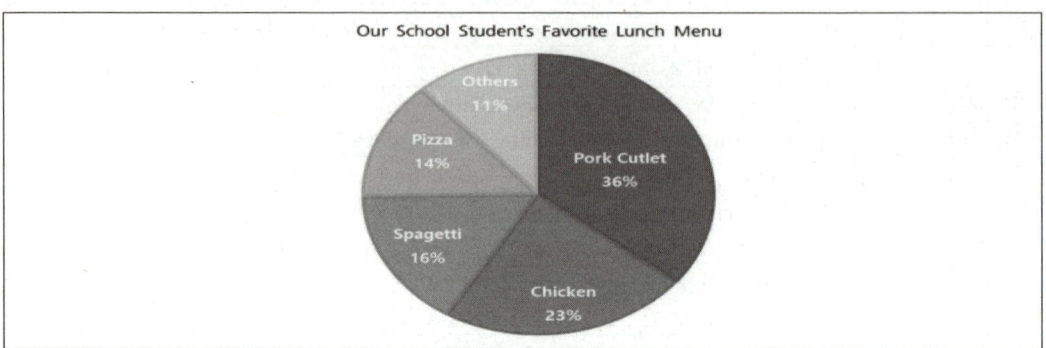

<Material 2>

Teenagers are growing up. Healthy, balanced diet is important for their growth and development. Having the knowledge of the key functions of each food is important for their well-balanced nutrition. There are key functions of each healthy food. First, salmon, nuts, and pumpkin seeds help **boost** teenagers' brain power. They can sharpen brain and prevent short-term memory lose. Second, protein-rich food like chicken, beans, eggs promote physical growth. Third, beans, green-leafy vegetables, and bananas have **abundant** nutrition that is essential for increasing bone density. Finally, kimchi and sweet potato help relive stress, **elevating** our mood.

<Material 3>

Our New Healthy Lunch Menu

Make new dishes for our school lunch menu with your group members.

	New Dish Name	Main ingredients	Reason
1			
2			

<Material 4>

Write a suggestion of a new dish for the school lunch menu.

Our Suggestion for Healthy Lunch Menu

[2021 수업실연 지도안]

Unit Title	Healthy Food, Happy Life	
Lesson Objectives	Students will be able to … 1. Students will be able to read the text to find main idea and detailed information. 2. Students will be able to express their opinion or feeling through group discussion. 3. Students will be able to write a paragraph about their opinion or feeling for the school lunch menu.	
		Time
Introduction	– 학생들의 출석을 확인한다. – 전시학습 내용을 확인한다. – 오늘의 학습목표를 제시한다.	5'
Development	– 'healthy food'에 대한 전시학습 내용을 복습한다. Examinee's Answer 1 	15'

	– 오늘의 수업 주제를 소개한다.	
	Examinee's Answer 2	
		20'
Development	– 학생들을 모둠으로 배치하고 조별 토론을 준비시킨다.	
	Examinee's Answer 3	
		20'
	– 학생들의 조별 토론을 바탕으로 쓰기 활동을 시작할 것임을 안내	
	Examinee's Answer 4	

		20'
	- 작품을 친구에게 돌려주고 피드백 내용을 바탕으로 작품을 수정하도록 한다. - 학생의 작품에 피드백을 제공한다.	15'
Consolidation	- 오늘의 수업을 요약한다. - 다음 수업을 간단히 안내한다.	5'

[2021 Lesson Plan – 지도안 없는 지역(문제에 함께 제시됨)]

Lesson objectives	Students will be able to ⋯ 1. read the text to find the main idea and detailed information 2. express their opinion or feeling through group discussion 3. write a paragraph about their opinion or feeling for the school lunch menu	
Introduction	Greeting, Reviewing the previous class, Checking lesson Objectives	5Min.
Development	Motivating	*Examinee's Response 1*	15Min.
	Reading	*Examinee's Response 2*	25Min.
	Speaking	T engages Ss in a group discussion. Ss in groups discuss and decide their own school lunch menu using Material 3.	25Min.
	Writing	*Examinee's Response 3* -T asks Ss to write their final drafts and submit them.	25Min.
Conclusion	Summary of today's lesson, Preview on next lesson.	5Min.

2021 수업실연 해설

> **+ PLUS | 2021 수업실연 출제의도 분석**
>
> 2021 수업실연은 다소 무난하게 출제되었다. 교과서에서 자주 등장하는 healthy food에 대한 소재로 나왔으며, 대부분의 direction이 기출이 이미 되었던 부분이었다. 이런 이유로 많은 연습을 했던 예비교사라면 실연을 구상하는 데에는 어려움이 없을 수 있으나, 고득점을 위해서는 학생들의 실제 학교생활과 수시로 연결하여 의미있는 수업을 만들거나 학생들의 '건강'을 자주 연계한 멘트를 하며 통일감 있는 수업을 진행하는 것이 중요하다. 특이한 점이 있다면 지금까지는 수업 초반 동기유발 부분을 생략하고 시연하라는 기출이 많았으나 이번엔 가장 중요한 main activity였던 group discussion을 생략하고 시연하라고 했다. 아마도 2021 시험은 코로나가 심해 현장에서 그룹활동을 하기 어려운 상황이었기 때문에 이 부분보다는 다른 부분을 더 중점적으로 평가하기 위함이라고 예상해 볼 수 있다.

> **+ PLUS | 2021년 수업실연 유의사항**
>
> - 지도안 지역은 Examinee's Answer 1~4 모두 지도안을 작성하고, 시연은 1,2,4만 진행했다. (3은 진행했다고 가정하고 건너뛰는 형태였다.
> - 지도안이 없는 지역도 역시 Examinee Answer 1, 2, 4만 진행했지만, 번호를 1번부터 순서대로 부여해 Examinee's Answer 1~3이라고 표시하였다. Group discussion이 생략되었다는 것은 수업 흐름도에서 제시가 되어있어 알 수 있었다.

[Examinee's Response 1]

> Use Material 1, and include...
> A. asking questions about the topic to stimulate Ss' motivation to learn.
> B. engaging Ss in a pair speaking activity using Material 1
> C. T - Ss interaction regarding the previous pair work

A : asking questions about the topic to stimulate Ss' motivation to learn.

(1) 수업 초반 동기유발을 하는 부분이다. 다만 topic과 관련된 '질문'의 형태로 동기유발을 해야 하는데, 어떤 의미있는 질문을 하는지가 중요하다. 이럴 때는 주제를 '학생들의 실제 생활' 과 연결해보면 좋다. 예를 들면 'food'와 '학생 실생활'을 연결해보면 '급식'이라는 공통점이 나오므로, 오늘 먹은 급식에 대한 질문을 할 수 있는 것이다.

(2) 여기서 한 단계 더 나아갈 수 있다. 이어지는 수업 활동이 '건강'에 많은 비중이 있으므로, 앞에서 질문한 것과 '건강'을 연결하여 추가 질문을 하면 더 좋다. 위의 예시에서는 오늘의 급식 메뉴를 물어보고, 그 메뉴가 healthy food였는지 아닌지에 대한 생각을 간단히 물어볼 수 있다.

(3) 질문을 하고 학생의 답변을 들은 다음에는 'healthy food'에 대해서 배울 것이라고 topic을 자연스럽게 소개하면 좋다.

> **모범답안**
>
> *(Sample Answer)* 안녕하십니까. 관리번호 1번입니다. 수업 실연을 시작하겠습니다.
> Come on, students. You look sleepy today. What happened during lunch time? Oh you had lunch too much? 진아, What was the menu? Oh, PIZZA!!! and…? Broccoli!! Nice!! 현수, Did you eat them all? Oh only pizza!! Why? Oh, because Pizza is delicious…? and? Broccoli is not..!! Yes. Then…. is there anybody who ate broccoli? Oh 수지, why?? Oh because it is good for your health! Right, especially it has a lot of vitamin A and..? Yes 수지, vitamin C!! Excellent 수지! HAHA. Actually that is what we are going to learn about today! *(판서하며)* HEALTHY FOOD, HEALTHY LIFE!!

B : engaging Ss in a pair speaking activity using Material 1

C : T – Ss interaction regarding the previous pair work

(1) 짝 활동이니 짝을 먼저 지어주고, 그다음 worksheet을 나누어주는 것이 좋다. Material 1을 모니터에 보여주는 방법도 있지만, 실제 pair speaking 활동을 진행해야 하므로 학생들의 편의를 위해 worksheet도 제공하는 것이 좋다. (각 pair에 1장씩)

(2) 'Material 1'을 활용하여 진행해야 하므로 단순히 '좋아하는 음식을 서로 이야기하기'와 같이 Material 1 없이도 진행할 수 있는 활동은 하지 않아야 한다. 우선 chart가 우리 학교의 실제 결과이므로 이 점을 활용하여 학생들을 동기화하고, 'chart에 들어간 메뉴들이 왜 인기가 있는지 이유 이야기하기', 또는 '그 메뉴들이 healthy한지 아닌지 이유와 함께 이야기하기' 와 같이 chart를 활용하여 할 수 있는 활동, 그리고 실제 학생들의 생각/의견을 말할 수 있는 활동을 제시하는 것이 중요하다. ('가장 인기있는 메뉴 이야기하기'와 같이 차트에 뻔하게 나와 있는 것을 읽기만 하는 큰 의미 없는 말하기를 시키지 않도록 조심해야 한다) 또한 'speaking'활동이므로 학생들이 짧은 대답만 하고 끝나지 않도록 간단한 답변 구조 ('I think ____ is healthy because…')를 주면서 최대한 full sentence를 유도하는 것이 좋다.

(3) 활동 이후 pair work에 대하여 interaction을 진행하는 부분은 학생의 활동 내용 발표를 시키는 것이 가장 자연스럽고, 학생 개인을 시키기보다는 짝 활동이었으므로 짝에게 들었던 내용을 대신 말하는 형태의 발표가 좋다.

> **모범답안**
>
> *(Sample Answer)* So, today's menu was Pizza and Broccoli. Do you know what is the MOST POPULAR LUNCH MENU in our school? Oh 현수 said Pizza and…철민 said 김치찌개! Actually, last month, we had a survey on our school bulletin board and the result is……*(worksheet 보여주며)* on your WORKSHEET! Now, get into pairs, with your

partner next to you. Good, then I'll give you this worksheet, one paper between two. *(worksheet 나눠주는 척)* Have you all got the worksheet? Good. *(worksheet 학생 방향으로 보여주며)* In your worksheet, there is a chart and you can see the most popular menu. What is it? YES, PORK CUTLET!! Wow, 준수 is nodding his head. 준수, why do you think pork cutlet is the most popular menu? Oh because it is crispy and..? Yes! nobody hates pork cutlet! Good Reason! Thank you 준수! Like this, with your partner, *(간단히 판서하며)* choose ONE MENU on your worksheet and tell your partner YOUR OWN REASON, why the menu is popular in our school. Try to make a FULL sentence using the structure on your worksheet, like "I think ____ is popular in our school because….". I'll give you two minutes. Ready? Go!! Time's up! *(손 들며)* Any volunteers to talk about your partner's reason? YES, 민지 and 다정! 민지, can you tell us what your partner said?, using '다정 said she…' GREAT!!! Then 다정, it's your turn! FANTASTIC!! Let's give them a big hand!! Good job!

[Examinee's Response 2]

Use [Material 2], and include…

A. asking Ss to read for the main idea
B. checking Ss' understanding of the details
C. teaching ONE of the three underlined words

A : asking Ss to read for the main idea

(1) 자주 기출되었던 디렉션이므로 별다른 특이사항 없이 준비한 패턴으로 진행하면 된다.
(2) 단, 'find the main idea'라는 표현을 조심하자. main idea를 단순히 'find'하라고만 한다면 학생들 입장에선 어떻게 찾는지, 찾고 끝나는 것인지 무엇을 해야 할지 모를 수 있다. main idea를 찾아서 '한 문장으로 표현'해보라고 하는 것이 좋고, 더 구체적으로 한다면 중요한 key words를 찾아서 동그라미 치고, 그 key words를 활용하여 main idea를 1문장으로 만들어보라는 식의 구체적인 말을 덧붙이는 것이 좋다.
(3) 뒤에서 detail 확인 디렉션이 있으니, 학생들에게 나중에 자세히 읽을 것이니 이번엔 짧은 시간 동안 main idea만 초점 맞추라는 멘트를 해도 좋다.

 모범답안

(Sample Answer) Like 민지 said, chicken always makes us happy. Actually, we are talking about (타이틀 쓴 보드 가리키며) "HEALTHY FOOD" today, so I want to ask this question. Is chicken healthy or not? Oh, some students are nodding but some are shaking heads....Alright. To find the answer, turn to the page 21. There is a text about HEALTHY FOOD. Now, read the text QUICKLY try to find the (판서하며) MAIN IDEA, what the writer is mainly talking about. First, UNDERLINE the KEY WORDS you think important in the text. Second, using these key words, try to write a MAIN IDEA in ONE SENTENCE. I'll give just TWO minutes. Just focus on the main idea. Let's go! Time's up! Any volunteer? Who found the main idea? Yes! 형준. (판서하며) 'Knowing functions of food is important!' Great Answer! But can anyone add ONE word here? Yes! 민지! Good!! (healthy 적으며) Knowing functions of 'healthy' food is important! Great Job 형준 and 민지!!

B : checking Ss' understanding of the details

(1) detail을 위한 읽기도 역시 자주 나오는 패턴이므로 연습을 통해 모든 대사를 자동화시키는 것이 좋다.
(2) 학습지가 따로 있지는 않지만 학습지가 있다고 가정하고 그곳에 문제가 있다고 설정하는 것이 좋다. T/F문제, 단답형 comprehension check 문제와 같은 것들이 있다고 가정하면 된다.

모범답안

(Sample Answer) Now we know the main idea of the text. But did you find whether chicken is healthy or not?? Not yet? Don't worry. Now we'll read the text again IN DETAIL. Turn to the page 22. What do you see there? yes! TRUE or FALSE questions. How many questions? Yes Five Questions. Read the text again CAREFULLY and try to find all the answers. I'll give you 5 minutes. Ready? Begin!! (Circulation) oh, 수현, you look confused, why? Oh, you don't know the meaning of the word 'boost'. Try to guess the meaning with the sentences around 'boost' (손으로 집어주며) from here to here. I'll give you the answer after the activity, Okay? Good! Time's up! Did you find all the answers? Great. Let's check the answers together. (한 손 들며) Any volunteer to read question number 1? Thank you 지민, 'Kimchi helps us to relieve stress.' Is it true or false? True!! Good job, 지민. I like your clear and loud voice! (정답 판서)
Now we checked all the answers.

C : teaching ONE of the three underlined words

(1) 보통 읽기를 하기 전에 이 디렉션이 나오는데 여기서는 순서가 뒤로 빠졌다. '순서를 바꿔서 읽기 전에 진행해도 괜찮지 않을까'라는 생각이 들 수 있지만, 출제자의 의도가 읽기 후에 진행하는 방법을 보고 싶은 것일 수도 있으므로 가급적 제시된 순서대로 진행하는 것이 좋다.

(2) 갑자기 단어 지도를 하면 어색할 수 있고, 딱 1가지만 가르치면 되기 때문에, 자연스러운 흐름을 만드는 것이 좋다. 예를 들면 T/F 문제를 푸는 중에 몇몇 학생들이 이 단어의 의미를 궁금해하는 것을 발견했다고 하는 설정, 또는 넘어가기 전에 학생이 질문을 하는 설정 등이 가능하다. 교사가 갑자기 '이 단어를 같이 보고 가자'라고 하면 어색할 수 있으므로 위에 예시와 같이 학생들의 요청에 의해 단어 설명을 진행하는 것이 핵심이다. 그리고 학생이 갑자기 질문하는 설정으로 가는 경우에는 학생이 수업에 흐름을 끊은 것에 대하여 눈치를 볼 수도 있으므로 '좋은 질문이고 다른 학생들도 궁금해하던 것'이라는 멘트 등으로 학생의 affective filter도 신경쓰는 멘트를 하자.

(3) 단어 설명은 예문을 주는 방법, 문맥을 통해 guess하는 방법, 사진 활용 방법 등 여러 가지 방법이 있어서 자신이 가장 잘 설명할 수 있는 방법으로 진행하면 된다. 단, 교사의 단독 설명이 길어지지 않게 최대한 학생과 상호작용하면서 학생과 관련된 예시로 진행하는 것이 좋다.

> 🔊 **모범답안**
>
> *(Sample Answer)* While I walk around the classroom, many students asked me about meaning of the word 'boost'. *(boost 판서하며)* If we don't know the meaning of the word, what can we do? Yes 준식, we can GUESS!! Let's guess together! *(text 가리키며)* Okay where is the word 'boost'? Good! One, two three…fourth line! Then can you read aloud the whole sentence, from 'First'? Three, two, one, Go! 'First, salmon, nuts, and pumpkin seeds help BOOST teenagers' brain power!'Here, are salmon, nuts, and pumpkin healthy food or not? Yes!!! Right!! Healthy food… which is good for our body!! So, this GOOD food BOOSTS our..*(머리 가리키며)* brain power…. Can you guess the meaning? Perfect!! 지현. It means 'increase'! *(판서하며)* Good Job everybody! Like this, when you meet unfamiliar word, don't be afraid and just try to GUESS!!!

[Examinee's Response 4]

Use Material 4, and include…
A. engaging students in an individual writing activity using 〈Material 4〉
B. explanation of each scoring criterion in detail
C. students' peer review on their writing

A : engaging students in an individual writing activity using 〈Material 4〉

(1) group speaking활동을 진행했다고 가정하고 바로 개별 글쓰기 활동을 시작해야 하므로 전환이 될 수 있는 멘트가 필요하다. 전환 멘트는 이전 활동을 칭찬하는 내용이나 다음 활동을 연결할 수 있는 멘트가 좋다.

(2) 글쓰기 활동은 '누구에게 쓰는지'가 중요하고, 실제 대상을 언급해야 의미있는 활동이 된다. 급식 메뉴에 대한 Suggestion Letter이기 때문에 실제로 영양교사에게 쓰는 것으로 설정하면 학생들을 더 동기화할 수 있다. 앞에서 했던 활동에서 정말 창의적인 메뉴가 많았다고 크게 칭찬하며

그런 만큼 꼭 영양교사에게 추천하는 글쓰기 활동을 진행해야겠다는 멘트를 한다면 이전 활동과 자연스럽게 연결하면서도 글쓰기 활동에 대한 학생들의 기대감을 높일 수 있다.

(3) 다만 이번 쓰기 활동은 제목만 쓰여있는 빈 학습지에 진행해야하고, 학생 입장에서는 조별 스피킹 활동에서 표에 '조원들과 함께' 간단히 '단어'로만 써놓은 내용을 '개인'이 혼자 완성된 '글'로 표현하는 것은 생각보다 어려운 일일 것이다. 그래서 단순히 '표에 있는 메뉴, 재료, 이유를 포함해서 글을 써라'라는 식의 디렉션만 주고 끝나기 보다는 이를 문장으로 표현하고 글을 완성할 수 있도록 도움을 제공하는 것이 중요하다. 도움 자료로 model writing을 제공하는 방법도 있는데, 이 경우 단순히 'model writing이 있다'라고만 하고 넘어가기보다는 model writing에서 참고할 수 있는 표현 1가지 정도는 예시로 들어주면서 그 model을 어떻게 활용할 수 있는지 구체적으로 도와주는 것이 좋다.

모범답안

(Sample Answer)
Nice group work! Your active participation makes me so happy today. I saw so many great HEALTHY FOOD you discussed and I really want to introduce your work to our school nutrition teacher!! How can we do it? Yes!! Let's write a letter to her! *(판서하며)* A SUGGESTION LETTER!!! Maybe you can see your own menu next month! Wow!! This time, you're working ALONE, so say goodbye to your group member! Bye Bye~. Oh, 준호 said he is worried to work alone. Don't worry! I'll let you know how to do it! I'll give you a worksheet. *(나눠주는 척)* Have you all got one? Good! Let's read the title together. 3, 2, 1, Go ! 'Our Suggestion for Healthy Lunch Menu'. Wow I like your loud voice! Thank you! Now, listen carefully. When you write, you should follow these three things. *(3가지 일부 판서하며)* First, this is a letter so use the letter format, starting with 'Dear Nutrition teacher' and ending with 'Sincerely' and your name. Second, based on your group work, choose ONE menu and include dish name, main ingredients, and two specific reasons. One of the reasons should be about 'healthy food'. Third, write at least FIVE FULL sentences. Okay? Yes 지현, do you have any question? Oh it looks too difficult! Don't worry. Write individually but you can also ask for a help from your group members or me!! Also, you can get some help from my model writing on the monitor! *(화면 가리키며)* You can find some useful structures like "I recommend this menu because...." to help you write with. 지현, now you think you can do it, right? Good!! Class, what was the THREE things again? Yes! Perfect! I'll give you 10 minutes, and don't afraid to ask me for help. Let's start! *(circulation)* Oh, 주현, you stopped writing. Do you need any help? Oh you only have one reason! Hmm. How about writing why your 'pumpkin pie' is healthy? If you read the text again, you can see nutrition information about pumpkin ! Alright? Good!

B : explanation of each scoring criterion in detail

C : students' peer review on their writing

(1) 학생 입장에서 친구의 글을 평가하는 것은 쉽지 않다. 채점 기준은 학생들이 점검하기 어려운 부분 (예 문법 틀린 것 점검하기)보다는 이전 글쓰기 활동에서 조건으로 주었던 내용을 활용하여 학생 입장에서 충분히 할 수 있는 기준으로 제시하면 좋다.

(2) 채점 기준을 설명할 때는 판서해놓은 writing의 guideline의 옆에 적으면서 설명하면 학생 입장에선 더 이해하기 쉽다.

모범답안

(Sample Answer)
Time's up everyone. I was so impressed with your writing so why don't we have time to share our work with your partner!! Yes? Let's do it! This time, change your writing with your partner and share some feedback. Here are THREE things you have to consider when you give feedback. *(아까 적어둔 writing guideline 옆에 간단히 판서하면서)* First, FORM. Check whether your partner's writing follows the letter format, which I mentioned before the activity. Second, CONTENT. Your partner's writing should include dish name, main ingredients, and TWO specific reasons. Third, LENGTH, at least FIVE sentences. Draw 1 SMILE to each point *(스마일 그리며)* like this, so you can draw up to THREE smiles. Lastly, below the smile, you can add your FREE COMMENT about your partner's writing. Any Questions? No? Then, exchange your writing with your partner!

[판서 샘플]

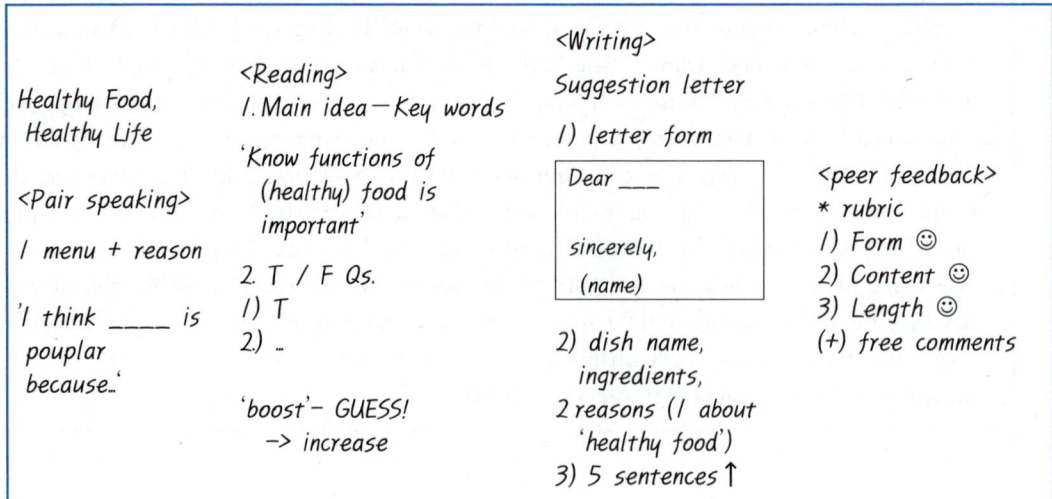

[2021 수업실연 수업지도안 샘플(한글지도안 버전으로 수정)]

Unit Title	Healthy Food, Happy Life	
Lesson Objectives	Students will be able to … 1. Students will be able to read the text to find main idea and detailed information. 2. Students will be able to express their opinion or feeling through group discussion. 3. Students will be able to write a paragraph about their opinion or feeling for the school lunch menu.	
		Time
Introduction	- 학생들의 출석을 확인한다. - 전시학습 내용을 확인한다. - 오늘의 학습목표를 제시한다.	5'
Development	- 'healthy food'에 대한 전시학습 내용을 복습한다. **Examinee's Answer 1** - 학생들의 오늘 급식메뉴를 물어보며 어떤 것이 건강에 좋은 음식이고, 그 이유가 무엇인지 물어보며 주제에 관해 소통한다. - 학생들과 소통한 내용을 오늘의 주제인 'healthy food, healthy life'와 자연스럽게 연결한다. - 2명씩 짝을 지어주고 〈Material 1〉을 짝 당 1장씩 배부한다. - 전체 학생을 대상으로 〈Material 1〉 차트의 가장 인기 메뉴 및 인기 이유를 물어보며 자연스럽게 활동 예시를 제공한다. - 짝과 함께 〈Material 1〉의 차트를 활용한 말하기 활동을 진행하게 한다. (교사발문: "Choose one menu on your worksheet and tell your partner your own reason why the menu is popular in our school.") - 말하기를 어려워하는 학생을 위해 다음 구조를 제공한다. "I think ( ) is popular in school because…" 이 구조와 함께 최대한 완전한 문장으로 발화하도록 격려한다. - 짝 활동이 종료된 후 짝의 의견을 대신 친구들에게 발표하는 시간을 가진다.	15'
	- 오늘의 수업 주제를 소개한다. **Examinee's Answer 2** - 이전 말하기 발표 내용을 토대로 전체 학생에게 'healthy food'가 무엇인지 질문하며 읽기 전 동기화를 시킨다. - 〈Material 2〉를 개별로 나누어주고 빠르게 읽으며 Main idea를 찾도록 한다. Main idea를 찾는 방법을 함께 알려준다. (교사발문: "Underline the key words you think important in the text and try to write a main idea in one sentence using these key words.") - 학생이 찾은 main idea를 자유롭게 말하도록 하고, 불완전한 main idea는 도움을 제공하여 완성할 수 있도록 한다. (예상 답변: 'Knowing functions of healthy food is important') - 본문을 한 번 더 읽되, 이번엔 자세히 읽으며 'True or False (T/F)' 문제를 5개 풀도록 한다. ※ T/F 문제 예시 : 1. 'Kimchi helps us to relieve stress.' - T / F - 학생 활동을 관찰하며 모르는 단어로 인해 어려움을 겪는 학생을 돕는다. - T/F의 정답을 학생의 발표를 받으며 각각 맞혀본다. - 읽기활동 중 학생들이 공통으로 어려워했던 단어를 언급하고 (예상 단어: 'boost') 지문 속 그 단어가 쓰인 문장을 함께 찾아 읽어보며 앞/뒤 문맥으로 의미를 추론하도록 돕는다.	20'

	- 학생들을 모둠으로 배치하고 조별 토론을 준비시킨다.		
	Examinee's Answer 3		
	- 각 조에 〈Material 3〉를 배부하고, 표의 각 요소를 설명해준다.		20'
	- 조별 말하기 활동할 때 지켜야 할 사항을 간단히 판서하며 설명한다. ※ 활동 유의사항 : (1) discuss in groups and fill in the blanks. (2) consider nutrition of the food based on the text when choosing the dish. (3) one reason should be about 'healthy food' (4) one student in each group can use school tablet PC to search for ingredients/nutrition information.		
	- 최근 학교의 급식 메뉴 사진을 보여주고 그 메뉴의 main ingredients와 그 메뉴가 건강한 이유를 설명하며 활동 예시를 제공한다.		
	- 조별활동을 진행하는 동안 교실을 돌며 학생들의 활발한 참여를 유도하고, 어려움을 겪는 학생을 돕는다.		

	- 조별활동 종료 후 각 조의 활동 참여를 칭찬하고, 활동에 대한 피드백을 제공한다.
	  ※ 긍정적 피드백 예시 : 학생이 만든 메뉴를 조별로 언급하며 창의성 발휘한 점 칭찬
	  ※ 부정적 피드백 예시 : 몇몇 재료를 영어로 잘 표현하지 못한 것 올바른 표현으로 바꿔주기		

Development	- 학생들의 조별 토론을 바탕으로 쓰기 활동을 시작할 것임을 안내		
	Examinee's Answer 4		
	- 〈Material 4〉를 개별적으로 배부하고 학교 영양선생님께 조별로 만들었던 메뉴를 추천하는 'suggestion letter'를 쓸 것이라고 동기화시킨다.		20'
	- 'English Letter'의 형식을 설명한다. (예시 : 'dear'로 시작하고 'sincerely'와 글쓴이의 이름으로 끝맺음하는 형식)		
	- 쓰기 활동 시 지켜야 할 사항을 판서하며 제공하고 활동을 진행시킨다. ※ 활동 유의사항 : (1) use the letter format (2) include dish name, ingredients, two reasons (3) write at least 5 sentences		
	- 교사의 예시 글을 보여주고 그 안의 문장 속 유용한 구조를 활용할 수 있도록 한다. (구조 예시 : "I recommend this menu because....")		
	- 교실을 돌며 학생들의 글쓰기를 지켜보며 필요한 도움을 제공한다.		
	- 동료평가를 위해 친구의 작품을 볼 때 참고할 scoring rubric 항목을 판서하면서 설명해준다 : ※ Scoring rubic : (1) Form (letter format), (2) content(include dish name, ingredients, two reasons), (3) length (5 sentences)		
	- 짝과 작품을 바꾸고 scoring rubric을 활용하여 동료평가에 참여하도록 한다.		
	- 작품을 친구에게 돌려주고 피드백 내용을 바탕으로 작품을 수정하도록 한다. - 학생의 작품에 피드백을 제공한다.		15'
Consolidation	- 오늘의 수업을 요약한다. - 다음 수업을 간단히 안내한다.		5'

2020 기출문제

[Directions]

Examinee's Response 1: Using Material 1, design a pre-reading activity including…
A. asking questions about the topic to motivate Ss about today's lesson.
B. utilizing multimedia materials.
C. having students to complete the chart in Material1 in pairs.

Examinee's Response 2: Using Material 2, design a while-reading activity including…
A : helping students to find and understand the main idea of the text.
B : checking students' understanding of the text for details.
C : teach students the underlined target form (will be ~ing) in the text.

Examinee's Response 3: Using Material 3, design a post-reading activity including…
A : forming groups to complete the Career Guide for future jobs in Material 3.
B : assuming the role of facilitator of the group work.
C : providing teacher's feedback on students' presentation.

Examinee's Response 4: Using Material 4, design a post-reading activity including…
A : providing the guideline about what content students should include when they conduct the writing task about future jobs.
B : Giving students the specific scoring rubric including the specific criteria and explain each criteria.
C : conducting peer activity based on their writing outcome.

[Conditions]

- Class time : Block-time, 100 min.
- Unit title : Technology Will Change Future Jobs
- Individual work, Pair work, Group work

[Classroom Information]

Grade	High School, Grade 2	Class Size	30 students
Level	Mixed-level	Aids	computer, beam projector, board

[Unit Objectives]

- Students will be able to read the text about general topic and find out the main idea.
- Students will be able to read the text about general idea and find the details.
- Ss will be able to share their opinions about general topic.

Period	Skills
1-2	Listening
3-4	Speaking
4-6	Reading
6-7	Reading, Writing
8	Writing

[Demonstration Directions]— 지도안문제에는 나와있지 않고, 구상실 문제에만 있음.(지도안 없는 지역도 Demonstrate Examinee's Answer 2~4 실연)

- Demonstrate Examinee's Answer 2, 3, and 4.
- Try to demonstrate your class in as much detail as possible thinking that students are actually taking your class.

〈Material 1〉

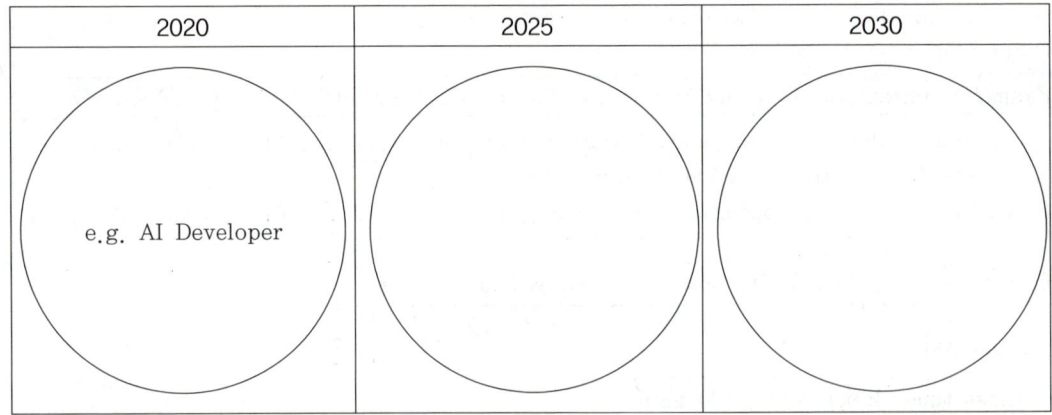

〈Material 2〉

We cannot predict the jobs in 2030. The current report says that two thirds of the jobs in 2020 will disappear and many **will be doing** different jobs. According to one estimate, two thirds of kindergarten students will have occupations that don't currently exist. Most of the jobs the kindergarten students will have in their future are not invented yet. Of course, many of today's occupations will continue to be part of the future, but they'll undergo changes just like everything else. Many of tomorrow's jobs will likely result from today's scientific and technological advances, especially artificial intelligence. The promising jobs which many people **will be pursuing** in the near the future include drone traffic monitor who oversees the drone pathways and traffic control and self-driven car mechanics who repairs a self-driving car. There are many other future jobs like these.

⟨Material 3⟩

Discuss the jobs below, in terms of job description and required skills. When you finish filling in the blanks, be prepared for the presentation.

Career Guide For Our Future
Drone traffic monitor Job description : a person who oversees the drone pathways and traffic control Required Skill : air traffic management skill
Self-driving car mechanic Job Description : _____ Required Skill : _____
Weather modification police Job Description : _____ Required Skill : _____
_____ (*your own group's future job*) Job Description : _____ Required Skill : _____

⟨Material 4⟩

Write a paragraph about a future job for yourself following the instructions below.

⟨Instructions⟩

Your writing should include…
—Your own future job and the reasons you choose the job
—Job description and required skills
—"will be V-ing" form
— 5 sentences or more

A Future Job for Me

_____
_____
_____
_____
_____
_____

[2020 수업실연 지도안]

			Time
Unit Title	Technology Will Change Future Jobs		
Lesson Objectives	Students will be able to ··· 1. understand the main idea and details of the text. 2. discuss the specific descriptions and required qualities for the promising jobs in the future. 3. write a paragraph of their own future jobs.		
Introduction		– 학생들의 출석을 확인한다. – 전시학습 내용을 확인한다. – 오늘의 학습목표를 제시한다.	5'
Development	Pre-reading	Examinee's Answer 1	15'
	while-reading	Examinee's Answer 2	20'

		Examinee's Answer 3	
Development	post-reading		20'
	pre-writing	– 미래에 원하는 직업 및 이유, 그리고 그 직업의 job description, required skill을 브레인스토밍 하는 시간을 가진다.	
		Examinee's Answer 4	
	while-writing		20'
	Post-Writing	– 작품을 친구에게 돌려주고 피드백 내용을 바탕으로 작품을 수정하도록 한다. – 학생의 작품에 피드백을 제공한다.	15'
Consolidation		– 오늘의 수업을 요약한다. – 다음 수업을 간단히 안내한다.	5'

2020 수업실연 해설

➕ PLUS | 2020 수업실연 출제의도 분석

4차산업혁명으로 우리 사회가 급변하고 있다. 학교는 더 이상 미래에 필요할 지식을 예측해서 가르치는 곳이 아닌, 학생들이 급변하는 미래에 스스로 대비할 수 있는 역량을 길러주는 곳이 되었다. 이런 사회 분위기 속에 미래교육이 강조되고 있고, 2015개정교육과정에는 교과서에도 급변하는 미래에 대한 단원이 많이 들어가 있다. 2020 수업실연에도 이런 교육과정을 반영해서 문제가 출제되었다. 미래 중에 특히 '미래의 직업'에 초점을 맞춘 주제가 나왔다. 실제로 2015개정교육과정에서는 진로교육이 큰 키워드 중에 하나이다. 다만 예전과 다르게 '미래에 어떤 직업을 원하니 그 직업을 위해 필요한 특정지식을 전달'한다기 보다는, 미래에 어떤 직업이 사라지고 어떤 직업이 생길지 모르니 '스스로 진로를 설계하고 대비할 수 있는 역량'을 기르는 것이 더 중요해졌다. 이런 역량은 단순히 창체로 편성된 진로시간에만 길러주기에는 시간이 부족하므로, 각 교과에서도 진로교육을 융합하는 수업이 강조되고 있다. 이번 수업실연에서도 학생들에게 영어를 가르치면서도 동시에 미래를 대비하는 진로교육을 융합한 것이 출제 의도중 하나일 것이다. 2018년 기출의 안전교육 융합수업, 2019년 환경 관련 수업에서 영어수업 내에서 안전과 환경을 동시에 강조하는 것이 중요했던 것과 비슷한 맥락이다. '미래 진로교육'이라는 큰 틀을 잡고, 그 틀 속에서 세세한 디렉션 수행 계획을 결정하면서 수업의 방향성이 잡히고, 응집성 / 통일성이 있는 '잘 짜인 수업'이라는 느낌을 줄 수 있게 노력하자. 물론 수업실연이라는 것이 디렉션 수행만 해도 매우 정신없는 것이 현실이기는 하나, 단순히 디렉션만 수행하는 수업과 이런 큰 흐름을 알고 명확한 수업 의도, 방향을 보여주는 수업은 차이가 날 수 있고, 이 차이는 감독관도 분명 느낄 것이다.

➕ PLUS | 2020년 수업실연 유의사항

- 지도안 지역은 Examinee's Response 1~4 모두 지도안을 작성하고, 시연은 2~4만 진행했다.
- 지도안이 없는 지역은 Examinee Response 2~4만 진행했지만, 번호를 1번부터 부여해 Examinee's Response 1~3이라고 표시하였다.
- 지도안에서 Examinee's Response 1개에 14~15줄 제공되었던 이전과는 다르게 10줄 정도만 제공되고 작성 공간도 줄어들었다고 한다.(2021년도엔 어떤 양식이 나올지 모르니 2가지 양식을 다 연습할 필요는 있다.)

[Examinee's Response 2]

Using Material 2, design a while-reading activity including…
A : helping students to find and understand the main idea of the text.
B : checking students' understanding of the text for details.
C : teach students the underlined target form (will be ~ing) in the text.

A : helping students to find and understand the main idea of the text.

(1) 수업이 이전에 이미 진행된 부분이 있기 때문에 흐름을 파악하고 시작해야 한다. pre-reading이 이미 진행되었으므로 while-reading으로 넘어가는 전환 멘트로 시작하면 좋다.

(2) pre-reading활동과 while-reading활동으로 주어진 Material의 연계성을 생각해보아야 한다. 학생들끼리 future job이 무엇이 있을지 이야기해보는 활동을 먼저 해보았고, reading text에서는 미래의 직업변화와 새로운 직업을 소개하는 글이 나와 있으므로 '학생들이 먼저 예측해본 것을 글을 읽으며 확인해볼 차례다'라는 느낌으로 연결하면 좋다.

(3) Main idea는 기출도 몇 차례 되었던 것이므로 연습해놓은 패턴대로 진행하면 된다. 자동화를 잘 시켜놓았다면 어렵지 않게 진행할 수 있을 것이다.

> **모범답안**
>
> *(Sample Answer)* 안녕하십니까. 관리번호 1번입니다. 수업 실연을 시작하겠습니다.
> All right. My lovely students. I walked around the class and I was so impressed, because you talked about future jobs with your partner very ACTIVELY. So I thought ALL of you are well-prepared for the FUTURE! Thanks for your participation today. Then, why don't we have time to confirm our prediction? Turn to the page 21. Here is an INTERESTING text about the future jobs.*(text가리키며)* First, I'll give you just TWO minutes. Read the text QUICKLY *(빠르게 읽으라는 손짓하기)* and try to find the MAIN IDEA, what the writer is mainly talking about. You don't have to understand every single sentence. Just focus on the KEY WORDS that are repeated several times or you think important. Okay? Are you ready? Go! *(pause)* Time's up! Any volunteers to talk about the main idea? Oh don't be shy. You can just call out the KEY WORDS you underlined.*(판서하며)* JOB! Good. DISAPPEAR! Yes. FUTURE! good. CHANGE! great!! Then, can anybody tell me the main idea? Yes 준서! Excellent. "Many jobs in the future will disappear." Excellent! *(문장의 끝부분 가리키며)* But can you add a few more words here using 'CHANGE'? "Many jobs in the future will disappear AND UNDERGO CHANGE." *(판서)* Perfect! Great job 준서!

B : checking students' understanding of the text for details.

(1) Detail 읽기는 보통 worksheet이 주어지는 경우가 많았으나 이번엔 따로 제시된 것이 없으므로 있다고 가정하면 좋다. 다만 시연자가 설정한 worksheet을 감독관은 전혀 알지 못하므로 대략적인 구조를 빠르게 판서할 필요는 있다. 이렇게 Worksheet을 따로 나눠주어도 괜찮고 본문을 교과서에 있다고 설정한 경우 본문의 다음 페이지를 펼치라고 해도 좋다.

(2) Detail 읽기는 T / F문제, comprehension check문제, 빈칸 채우기 등의 형태 중에 1가지를 골라서 진행하면 된다. 문제는 4~5개 정도 있다고 가정하는 것이 좋고, 1가지는 예시용, 1가지는 함께 정답 확인용으로 총 2개 정도 구상해놓으면 된다.(나머지 문제들은 확인했다고 가정하고 넘어가도 좋다.)

> 📢 **모범답안**
>
> *(Sample Answer)* Thanks to 준서, we know the main idea of the text. But do you remember the future job examples in the text? No? Don't worry. Now we'll read the text IN DETAIL. Turn to the page 22. What do you see there? Yes! TRUE or FALSE questions! How many questions? Yes FIVE Questions. 현수, can you read the first question with your sweet voice? Good Job! Nice voice! "Two thirds of the jobs in 2020 will disappear". If you take a look at the SECOND sentence here, (손으로 가리키며) you will find the answer! True or False? Yes, true! (정답 판서) Then, you can check 'T'here. (손으로 가리키기) Not difficult, right? Like this, read the text carefully and try to find all the answers. Okay? I'll give you 5 minutes. Ready, set, begin! *(Circulation)* Oh 수현, you look confused. How can I help you? Oh, you don't know the word 'pursue'. Hmm.. it means 'try to achieve something' just like you are 'pursuing' a major in computer in the future. (다시 앞으로) Time's up! Did you find all the answers? Good. Let's check the answers together. (한 손 들며) Any volunteer to read the question number 2 with a lovely voice? 다솔! Thank you. Oh 'Many of tomorrow's jobs will not change.' Is it true of false? False!! Good job, 다솔. (정답판서) *(pause)* Now we checked all the answers. Let's move on!

C : teach students the underlined target form (will be ~ing) in the text.

(1) 접근 방식 : target form / expression을 가르치는 경우 먼저 교사가 '이런 표현이 있다'를 제시하고 예시나 설명을 해주는 deductive방식보다는, text에 있는 표현을 학생이 먼저 notice하게 해서 의미와 쓰임을 먼저 추론하게 하는 focus-on-form방식이 좋다.

(2) 학생들이 먼저 notice하게 하기 : 학생들의 worksheet에도 will be-ing에 이미 밑줄이 쳐져 있다고 가정하고 학생들이 밑줄 친 표현의 의미를 본문에서 추론하게 하는 방법이 있고, 밑줄이 따로 없었다고 가정하고 '미래에 할 일을 나타낼 수 있는 표현이 반복되어 있다'는 힌트만 주고 학생들이 읽으면서 그 표현을 직접 찾게 하는 방법이 있다.

(3) 설명하기 : 학생들을 notice하게 한 다음에는 이 뒤에도 요구사항이 많이 있으므로 will be-ing에 대한 설명은 아주 간단히 진행하는 것이 좋고, 너무 어려운 문법 용어는 피하는 것이 좋다. 시간의 여유가 있으면 예문을 하나 만들어보게 하고 넘어가자. 다음 활동 넘어가기 전에는 이 표현이 이어지는 활동에서 중요하게 쓰일 것이라는 멘트를 꼭 하면 좋다.

> 📢 **모범답안**
>
> *(Sample Answer)* Now in 2020, you are studying English here in the classroom, right? What about 2040? Imagine! You'll be 38 years old ! Yeah. What kind of job are you going to have? What are you going to do? Oh.. wait. To answer this question, you need ONE IMPORTANT EXPRESSION to talk about future. And you can find it in the text. I'll give you 1 minute to find this expression. Ready? Go ! *(pause)* Time's up. What did you get? Alright. (판서하며) "will be -ing" You use this expression when you talk about what you may do at the specific time in the FUTURE. For example, "I WILL BE TEACHING Spanish in 2040." Haha. (한 손 들며) Any volunteer to make a sentence using this expression? Yes 효진, You WILL BE MAKING a robot in 2040. Oh, excellent. Thank you 효진. (*will be - ing* 판서 가리키며) Please keep this expression in mind. We'll BE USING this expression at the end of this class again.

[Examinee's Response 3]

> Using Material 3, design a post-reading activity including…
> A: forming groups to complete the Career Guide for future jobs in Material 3.
> B: assuming the role of facilitator of the group work
> C: providing teacher's feedback on students' presentation.

A: forming groups to complete the Career Guide for future jobs in Material 3.

(1) **전체인원 확인**: Group work가 나왔으면 Group을 만들어야 하는데, 수업을 구상할 때 반 전체 인원을 봐야 한다. 2019년은 24명이 나와서 4명씩 묶기 좋았지만 2020년은 30명으로 되어있어 5명씩 6그룹, 6명씩 5그룹 또는 4명씩 7그룹에 2그룹만 5명으로 묶을 수 있다.

(2) **학습지 설명**: Material 3의 처음 Drone traffic monitor 부분으로 적절히 동기유발 및 예시제공을 하고, 나머지 3개를 이와 같이 수행하게 한다. 단, 마지막 your own group's future job은 따로 언급해서 강조할 필요는 있다.

(3) **협동 강조**: 협력(collaboration)능력은 미래사회에서 가장 필요한 능력 중 하나라는 의견이 많다. 미래교육과 관련된 수업인 만큼 이 점을 활동시작 전에 강조하면 좋다.

📢 모범답안

(Sample Answer) We just read about the future jobs and it's time to show YOUR CREATIVE IDEAS! This time, work in groups. 5 people 1 group! *(제스처와 함께)* 재모 혜빈 은지 정태 원준 Group number 1 and here group number2… Good. Now we are in groups. Say hello to your group members. Hi~ Please take a look at the monitor. What do you see in this picture? Yes! many cars! a road! an intersection! Good. And this picture is taken from……? Yes! from the SKY! Who took this picture? Any idea? Right 민준, A DRONE. Who controls this drone? That's right, 수연. A drone traffic monitor!! *(판서)* We just read about it from the text. Do you remember? Good. Here is what we're going to do. I'll give you a worksheet. Group leaders please come here and take one.*(pause)* Has every group got the worksheet? Good.*(손으로 가리키며)* Can you find 'Drone traffic monitor' here? Yes. And you can also see JOB DESCRIPTION, which is general information of this job and REQUIRED SKILL, which is the skill we need to have this job. Now listen carefully. First, *(간단히 판서하며)* discuss with your group members and *(손으로 가리키며)* write job description and required skill about two more future jobs here, Self-driving car mechanic and Weather modification police. Second, *(worksheet 밑 부분 가리키며)* think about your own group's future job and write about it here. For this, just be CREATIVE. As you know, everything in our world is CHANGING so QUICKLY and your imagination can become REALITY! Okay, 성우! what do you do from now on? Good! Discuss with your group members and fill in the blanks. While you discuss in your groups, COOPERATE each other and RESPECT each other's opinions. Collaboration and Communication are the most important abilities you need in the future society. Haha. I'll give you 10minutes. Ready? Go !

B : assuming the role of facilitator of the group work

(1) **facilitator역할 수행** : Group work 도중에 학생들을 도와주는 모든 행동이나 멘트가 facilitator 역할이 될 수는 있다. 다만 너무 정답을 가르쳐주기보다는 진행을 못하고 막혀있는 학생들을 계속할 수 있도록 도움을 주거나, 학생들의 생각을 더 확장할 수 있게 도와줄 수 있는 멘트, 또는 협동을 더욱 유도할 수 있는 멘트가 좋다.

(2) **발표 준비시키기** : 그다음 direction이 presentation에 대한 피드백이므로, 여기서 presentation까지 이어서 진행하면 된다. 다만 presentation을 준비할 시간은 따로 부여하고, 최대한 모든 멤버가 참여하게 하는 것이 좋다. 발표는 한 그룹 정도만 진행방식을 보여주고 다 발표한 것으로 넘어가도 괜찮다.

📢 모범답안

(Sample Answer) *(circulation)* Oh this group stopped working. Can I help you? Oh nobody can guess what 'weather modification police' is. Here, 'modification' means 'change'. Then, can you guess the meaning? oh! the police who can change weather? Good! *(다른 그룹)* Oh your group finished already? Good job! We still have a couple of minutes left so be prepared for a presentation. *(다시 앞으로 나와서)* Time's up! Any group needs more time? Oh Group 6? Don't worry I'll give you more time but listen carefully now. While I walked around the classroom, I heard so many brilliant ideas. So…why don't we have time to share our CREATIVE ideas to other groups? Good. *(간단히 판서하며)* First, you are going to present ONE of the jobs you just wrote about. Second, ALL the members should participate in the presentation. Third, try to make a FULL SENTENCE. I'll give you 5 minutes to finish your work and prepare for the presentation. Let's go! *(pause)* Yes, are you ready now? Good. So we start from……… any volunteer? Thank you. Group 1! Come here please. What kind of job are you going to talk about? Oh *(판서하며)* TIME MACHINE DESIGNER! Alright you can start. *(박수 치며)* Wow let's give a big hand to group 1. I really want to buy it in the future. Excellent presentation. And the next group is… *(pause)* Well done!! Now we finished all the presentation.

C : providing teacher's feedback on students' presentation.

feedback을 주라고 하면 보통 content나 language를 떠올리지만, 학생들의 '창의성'을 발휘하는 내용이었기 때문에 language는 다소 어색하고 억지스러울 수 있고, content에서 피드백을 줄만한 부분도 찾기가 쉽지 않다.(보통 핵심 표현(will be-ing)에 관한 language 피드백을 주면 좋은데, worksheet의 빈칸을 채울 때는 이 표현을 사용할 곳이 없다. 다만 발표 시 closing sentence 등을 추가로 만들어서 발표하라고 하고, 이때 will be-ing에 대한 피드백을 제공하는 방법도 있다.) 이럴 때는 presentation에서 필요한 비언어적인 부분(voice, eye contact, gesture…) 에 대한 피드백을 제공하는 방법이 있고, 학생들의 발표에서 좋았던 점을 구체적으로 언급하며 'positive feedback'만 부여하는 방법도 있다.

> *(Sample Answer)* Before we move on, I'll give you some feedback on your presentation. Actually, I was so impressed with your brilliant and creative ideas. We are in a FAST-CHANGING WORLD so jobs you talked about will become reality! You did a really great job, but if you have a chance to give a presentation later, try to make an EYE CONTACT with the audience. *(판서)* Just try to look ahead and regularly shift your focus like this *(시범보이기)*. It helps you connect with audience and convey your idea clearly. Let's move on the our last activity today.

[Examinee's Response 4]

Using Material 4, design a post-reading activity including…
A : providing the guideline about what content students should include when they conduct the writing task about future jobs.
B : Giving students the specific scoring rubric including the specific criteria and explain each criteria.
C : conducting peer activity based on their writing outcome.

A : providing the guideline about what content students should include when they conduct the writing task about future jobs.

(1) 흐름 파악하기 : Examinee's answer 3과 4 사이에 학생들이 자신이 쓸 내용에 대해서 brainstorming을 진행했다는 내용이 있다. brainstorming을 했다고 가정하고 그 이후의 흐름을 따라 진행해야 한다. 시간의 여유가 있으면 학생들의 브레인스토밍 내용을 1~2명 정도 물어보고 진행하고, 그렇지 않다면 바로 guideline 설명으로 넘어가자.

(2) Guideline 설명 : 보통 기출에서 writing의 guideline은 실연자가 알아서 만들어서 줬어야 했지만 이렇게 worksheet에 이미 다 나와있고 그것을 설명하라는 디렉션이 따로 나온 적은 처음이다. 그만큼 활동에 대한 guideline을 알아듣기 쉽게 제공하는 것에 대한 중요성이 더욱 강조되었다고 해석할 수도 있다. worksheet에 나와 있더라도 학생들에게 안내는 하나하나 꼭 해주고 활동을 시작해야 한다.

(3) 어려워하는 학생을 위한 지원 : Group writing이 아닌 individual writing이기 때문에 분명 어려워하는 학생들이 좀 있을 것이다.(현실에선 매우 많을 듯…) 시간에 여유가 조금이라도 있으면 이 학생들을 생각해서 도움을 주는 멘트를 포함하면 좋다.

(4) 교사의 모델링 : 위와 같은 이유로 교사의 model writing도 제시하면 좋은데, 시간이 부족하다면 '여기에 모델이 있으니 참고해라'만 하고 넘어가자.

> **모범답안**
>
> *(Sample Answer)* So far we've read about the future jobs, shared your ideas with other students, and brainstormed about your own future job. That means…you are ready to write YOUR story! This is really important work for your life. Our world is changing so fast, and the jobs are changing so fast. You need to think about your future job that may not exist now but may be created in the near future. For this, I'll give you a worksheet. *(나눠주기)* Have you all got one? Good. Can you read the title together? A Future Job for Me!! Great. Let's check what you need to include in your writing. *(간단히 판서하며)* First, based on what you just brainstormed, write a paragraph including YOUR OWN FUTURE JOB and REASONS. Try to be SPECIFIC when you write reasons. Second, include JOB DESCRIPTION and REQUIRED SKILLS. Third, use 'WILL BE v-ING' at least TWICE. Last, write FIVE SENTENCES or more. These guidelines are already written on your worksheet. This time, write individually but you can ask for a help from your group members or… me!, of course. Also, you can refer to my model writing on the monitor. *(화면 가리키며)* I wrote about 'A space travel guide'. Haha. Okay. I'll give you 10 minutes. Ready~ set ~begin! *(circulation)* Oh 준수, you stopped writing. Oh you feel too difficult to write English sentences? Then, 윤후 can you help 준수? I think you already finished your writing. Yes? Thank you. Okay class, time's up!

B : giving students the specific scoring rubric including the specific criteria and explain each criteria.

C : conducting peer activity based on their writing outcome.

 (1) peer activity의 의미 : peer activity라고만 제시가 되었는데 아마 peer feedback을 의도했을 것이다. 짝과 바꿔서 읽으라고 하고, 피드백을 줄 때 고려해야 할 scoring rubric을 주면 된다.
 (2) Scoring rubric에 포함할 내용 : Scoring rubric은 writing instruction에 맞추어 주면 된다. 포함해야 할 내용(future job, reason, job description, required skill)을 포함했는가, will be-ing를 사용했는가, 그리고 문장개수를 지켰는가는 기본적으로 넣고, 창의성에 대한 점수도 넣으면 좋다.
 (3) 점수화 방법 : scoring rubric 이라고 해서 100점 만점, 10점 만점으로 점수를 부여하라고 하면 학생들이 마음이 조금 상할 수 있다. 다만 실연 디렉션은 지켜야하니 별표를 그리거나 하는 방법으로 대체하면 좋을 것 같다.

 모범답안

(Sample Answer) Wow I walked around the classroom and I was so impressed with your writing! Why don't we have time to share our work again? Good. This time, you'll change your writing with your partner and give some feedback. Here are some things you have to consider when you give feedback.(간단히 판서 하면서) First, CONTENT. Check whether your partner's writing includes a future job, reason, job description, required skills, and more than five sentences. Draw 1 star like this to each point, so up to five stars. Second, LANGUAGE. If you find more than one 'will be-ing' in your partner's writing, draw two stars. Third, CREATIVITY. If you think your partner's job is creative enough, draw up to three stars. So… totally, how many stars can you draw? Yes, up to 10 stars! Any questions? No? Then, exchange your writing with your partner.

[판서 샘플]

```
<Let's read>                <Let's discuss>
Main idea - Key words       a drone traffic monitor    <Let's write>
KW : job, disappear,        1) Job description,        1) future job + reasons
     future, change            required skill          2) Job description +
MI : Many jobs in the       2) group's future job         required skill
     future will disappear  3) Respect !               3) will be-ing X2
     and undergo change.                               4) 5 sentences ↑
                            * Presentation
T / F Q.                    1) 1 job                   <peer feedback>
1. - T                      2) all members             * rubric
2. - F                      3) full sentence           1) content ☆☆☆☆☆
                                                       2) language ☆☆
"Will be-ing"               *Feedback - eye contact    3) creativity ☆☆☆
```

[2020 수업실연 지도안 샘플(한글지도안 버전으로 수정)]

Unit Title	Technology Will Change Future Jobs	
Lesson Objectives	Students will be able to … 1. understand the main idea and details of the text. 2. discuss the specific descriptions and required qualities for the promising jobs in the future. 3. write a paragraph of their own future jobs.	
		Time
Introduction	- 학생들의 출석을 확인한다. - 전시학습 내용을 확인한다. - 오늘의 학습목표를 제시한다.	5'
Development	**Examinee's Answer 1**	
	Pre-reading	- 2가지 짧은 영상을 연속해서 보여준다 : 30년 전의 직업을 담은 영상, 요즘 직업을 소개하는 영상 - 두 영상의 차이점을 함께 이야기해보고 2050년엔 직업에 어떤 변화가 생길지 자유롭게 이야기해보도록 한다. ("I think the difference is…"와 같은 구조를 쓰도록 유도한다.) - 짝 활동을 위해 학생들을 짝으로 앉히고 〈Material 1〉을 배부한다. - 'AI developer'를 나타내는 사진을 보여주고 어떤 일을 할지 질문한다. 2020년에 새로 생긴 직업을 몇 가지 사진과 함께 추가로 소개한다. - 학생들이 짝과 함께 2025년과 2030년에 생길 수 있을 직업을 상상해서 이야기해보며 〈Material 1〉의 차트를 완성하도록 한다. ※ 유용한 표현 등 도움 제공 : 2025와 2030을 영어로 읽는 방법, "In 2025, there will be…"와 같은 구조	15'
	Examinee's Answer 2	
	while-reading	- main idea의 의미를 간단히 설명하고 ('What the text is mainly about') 〈Material2〉를 빠르게 읽되 키워드에 밑줄을 그으며 읽으면서 main idea를 찾도록 한다. - 학생들이 찾은 키워드를 이야기하게 하고, 그 키워드를 모아 함께 main idea를 완성한다. (예상답변 : "Many jobs in the future will disappear.") - 글을 다시 읽되 이번엔 자세히 읽으며 True or False (T/F) 문제를 풀도록 한다. 1번 문제는 학생과 함께 읽어보고 지문 속 어디서 답을 찾을 수 있는지 알려주며 모델링을 해준다. ※ T/F문제 예시 : 1. Two thirds of the jobs in 2020 will disappear -T / F - T/F 문제를 함께 읽어보며 정답을 확인하고, 간단한 부연설명을 해준다. - 2040년에 일어날 일을 상상해보게 하고 그 일을 설명하려면 필요한 영어표현을 생각해 보게 한다. - 미래를 표현할 때 필요한 표현을 지문을 빠르게 보며 직접 찾아보게 한다. - 'will be-ing'의 쓰임을 간단히 설명하고, 구체적 예시를 제공한다. ※ 쓰임 : "Use 'will be-ing' when you talk about what you may do at the specific time in the future" ※ 교사예문 : 'I will be teaching Spanish in 2040'	20'

		Examinee's Answer 3	

Development	post-reading	- 5명씩 모둠을 만들게 한다.
		- 드론이 찍은 교차로 사진을 보여주고 소통하며 'drone traffic monitor' 직업을 소개한다.
		- 〈Material 3〉를 조별로 나누어주고 학습지 속 'Job description'과 'required skill'의미를 설명한다.
		  ※ Job description : 'general information of this job'
		     Required skill : 'the skill we need to have this job.'
		- 조별 활동 유의사항을 알려준다.
		  ※ Guideline : (1) discuss in groups and fill in the blanks. (2) be creative, (3) respect members' opinions.
		- 조별활동을 진행시키고 교실을 돌며 어려움을 겪는 학생을 돕는다.
		- 조별 발표 전 준비시간을 부여하고, 발표 규칙을 알려준다.
		  ※ 규칙:1) All of the members must participate. 2) Try to make full sentences
		- 조별로 앞에 나와 발표하고, 나머지 학생은 경청할 수 있게 지도한다.
		- 학생 발표에 대한 피드백을 잘한 점 1가지, 개선할 것 1가지 제공한다.
		  ※ 예시 : positive (creative ideas), negative (try to make an eye-contact)
			20'

	pre-writing	- 미래에 원하는 직업 및 이유, 그리고 그 직업의 job description, required skill을 브레인스토밍하는 시간을 가진다.	
		Examinee's Answer 4	
	while-writing	- 〈Material 4〉를 배부하고, 제시된 instruction을 하나하나 강조하며 설명한다. - 'a space travel guide'에 대해서 쓴 교사의 샘플 작품을 화면에 띄워놓고, 글쓰기가 어렵다면 참고할 수 있음을 알린다. - 브레인스토밍한 것을 바탕으로 개별로 paragraph writing에 참여하게 한다. - 교실을 돌며 instruction을 잘 지킬 수 있도록 지도하고, 작문이 어려운 친구들에게 활용할 수 있는 표현을 알려주는 등의 도움을 준다. - 동료평가를 위한 scoring rubric을 설명한다. ※ rubric : (1) content(include a future job, reason, job description, required skills, 5 sentences), (2) language(use 'will be-ing') (3) creativity - 짝과 작품을 교환하도록 하고, scoring rubric을 활용하여 서로에게 피드백을 주도록 한다.	20'
	Post-Writing	- 작품을 친구에게 돌려주고 피드백 내용을 바탕으로 작품을 수정하도록 한다. - 학생의 작품에 피드백을 제공한다.	15'
Consolidation		- 오늘의 수업을 요약한다. - 다음 수업을 간략히 안내한다.	5'

2019 기출문제

[Directions]

Examinee's Response 1
—Activate students' background knowledge on the topic related to 〈Material 1〉. Have students read the text in 〈Material 1〉 for the main idea. Teach one of the three underlined words.
Examinee's Response 2
—Have students read the text again for details using 〈Material 1〉 and engage in the pair activity using 〈Material 2〉. Include a procedure where the teacher checks students' understanding of details.
Examinee's Response 3
—In pair, let students conduct a survey using 〈Material 3〉. The teacher assumes a facilitator role. Provide feedback on students' errors on content or language use.
Examinee's Response 4
—Have students in groups write a suggestion writing using 〈Material 4〉. Provide a modeling for students' writing with an example.

[Class Conditions]

—Class time : Block-time, 90 min.
—Unit title : Small Actions for Our Better Earth
—Assessment : Teacher's observation
—Individual work, Pair work, Group work

[Classroom Information]

Grade	Middle School, Grade 3	Class Size	24 students
Level	Mixed-level	Aids	computer, beam projector, board

[Lesson Objectives]

Students will be able to…
1. Read the text related to the topic and understand the details.
2. Share their personal experience of recycling habit at school by asking and answering questions.
3. Write a suggestion to promote recycling in class.

Period	Skills
1-2	Listening
3-4	Speaking
4-6	Reading
6-7	Reading, Speaking, Writing
8	Wrap-up

[Demonstration Directions]—수업실연 구상실에서만 주어짐.(지도안작성 시간엔 없음.)

Demonstrate Examinee's Answer 1, 2, 3, and 4.

⟨Material 1⟩

[Notice]
Let's Recycle Properly!
My name is Jiho, the president of the school eco-club, green avengers. Recycling in our school is not done properly, so let me tell you how we can recycle better. First, many students often put their finished drinks in the recycling bin without rinsing them off. After you finish your drinks, make sure you rinse them off. Second, we usually do not remove the labels from the plastic bottles. Before recycling, we should remove labels from plastics bottles. Third, stained papers are not recyclable. For example, pizza boxes are not recyclable but we often put them in the recycle bin. Do not put them in the recycling bin. Just throw it in a garbage can. Fourth, do not put garbage in the recycling bin. Recyclable items can be unrecyclable if they are mixed up with items that are not recyclable. To conclude, if you recycle properly by following these small actions, we can make our school more eco-friendly. You should keep in mind that small actions can make big changes. From *Green Avengers*

⟨Material 2⟩

	Problem	Suggestion
1		
2		
3		
4		

⟨Material 3⟩

	Never	Seldom	Often	Always
1. Do you put recyclable items in a recycling bin?	ex) 𝍯			
2. Do you rinse off the drinks before you put them in the recycling bin?				
3. Do you remove the labels from plastic bottles?				
4. Your own question				

⟨Material 4⟩

⟨Our Group's Suggestion for Better Recycling⟩
Our group thinks the most serious problem in our school's recycling is that _____
_____
We should _____

[2019 수업실연 지도안]

Unit Title	Small Actions for Our Better Earth	
Lesson Objectives	1. Students will be able to read the text related to the topic and understand the details. 2. Students will be able to share their personal experience of recycling habit at school by asking and answering questions. 3. Students will be able to write a suggestion to promote recycling in class.	
		Time
Introduction	- 학생들의 출석을 확인한다. - 전시학습 내용을 확인한다. - 오늘의 학습목표를 제시한다.	5'
Development	Examinee's Answer 1	15'
	Examinee's Answer 2	15'

		Examinee's Answer 3	
Development			15'
		Examinee's Answer 4	
			20'
	Post-Writing	- 학생들의 작품을 교환해서 읽고, 서로 피드백을 주고 받을 수 있도록 한다. - 학생 작품에 대한 전반적인 교사 피드백을 제공한다. - 오늘 학습한 내용에 대한 형성평가를 진행한다.	15'
Consolidation		- 오늘의 수업을 요약한다. - 다음 수업을 간단히 안내한다.	5'

2019 수업실연 해설

➕ PLUS | 수업실연 출제의도 분석

2015 개정 교육과정은 역량 중심교육과정이다. 수업을 통해 학생들이 단순한 '지식'만 얻게 하는 것이 아니고, 급변하는 미래에 대비할 수 있도록 자기주도적인 '역량'을 길러주어 민주시민, 세계시민의 역할을 충분히 할 수 있도록 도와야 한다. 쉽게 말하면 영어 수업에서 영어만 가르치는 것은 아니라는 것이다. 이런 측면에서 2018년도 수업실연 기출에서는 지진대피와 관련된 영어 표현을 배우는 것 외에도 지진이 났을 때 정말 어떻게 대처해야 하는지를 제대로 알고, 안전에 대한 관심을 가질 수 있도록 지속적으로 유도하는 수업을 하는 것이 중요했다(안전교육 융합수업). 이런 측면에서 2019년도 수업실연도 분명 영어수업 속에서 영어지식 외에도 강조해야 하는 것이 무엇인지 찾아 큰 틀을 잡고, 그 틀 속에서 세세한 디렉션 수행 계획을 결정해야 수업의 방향성이 잡히고, 응집성 / 통일성이 있는 '잘 짜인 수업'이라는 느낌을 줄 수 있다. 2019년도 기출의 가장 큰 핵심 포인트는 '환경' 지문이라는 것이다. 특히 'recycling'의 구체적 행동을 담은 지문이 나왔고, 학생들의 recycling행동에 대한 survey를 한 이후에 recycling을 촉구하는 suggestion writing으로 이어진다. 면접 준비를 같이 하다보면 '세계시민교육'이 요즘 매우 중요한 것을 알 수 있을텐데, 세계시민교육의 핵심 키워드 중 하나가 환경보호이다. 수업실연을 구체적으로 짜기 전에 어떤 식으로 활동 전개를 하고, 어떤 식으로 teacher talk을 해 나가야 학생들에게 'recycling의 이유, 중요성, 구체적 방법'등을 강조하면서 환경문제에 관심을 갖는 세계시민 역량을 길러주는 수업을 진행할 수 있을지 고민을 해 봐야 한다.

Point

환경보호를 강조하는 수업실연을 진행하는 방법
1) 활동을 진행할 때 영어를 배우는 느낌에서 더 확장시켜서 지금 읽는 내용이 또는 쓰는 내용이 환경보호에 매우 중요한 일이라는 것을 강조도 하는 느낌으로 활동에 대한 Motivation 진행
2) 학교에서 실천하는 recycling이 작게는 학교를 깨끗하게, 그리고 더 나아가 세상의 환경보호에 앞장서는 일이고, 그것이 세계시민(Global Citizen)이라는 자세를 강조하기
3) 수업의 처음과 끝, 그 외에도 여유가 있을 때 지문에 있는 환경보호 관련 핵심 표현 반복해서 활용하기
 (예 ~~하면 여러분이 'Green Avengers'가 될 수 있다, "Small actions make big difference!!!" 구호 반복 등…)
4) 모든 예시와 부연설명 등을 학생과 가깝게 '우리 사회, 우리 지역의 환경 문제의 심각성', '학생들의 평소 recycling습관' 등으로 제시하여 학생들과 동떨어진 문제가 아니라는 점 강조하기

[Examinee's Response 1]

1. Activate students' background knowledge on the topic related to 〈Material 1〉.
2. Have students read the text in 〈Material 1〉 for the main idea.
3. Teach one of the three underlined words.

1. Activate students' background knowledge on the topic related to 〈Material 1〉.

최근 기출에서 주제 관련 스키마 활성을 시키는 디렉션이 직접적으로 출제되지 않고, 바로 단어 활동이나 독해활동이 첫 디렉션이었지만, 이번엔 굳이 이 디렉션을 넣었다는 것은 학생들이 관심을 가져야 하는 '환경' 관련 지문인 만큼 스키마 활성이 상당히 중요한 수업이고, 실연자가 이 부분

을 어떻게 하는지 꼭 지켜볼 필요가 있다고 해석할 수 있다.

(1) 항상 주제와 관련하여 교실 상황이나 학생 상황을 활용할 수 있다면 무조건 하는 것이 좋다. 교실에는 분명 쓰레기통과 재활용하는 공간이 있기 때문에, 시연 중 교실 한 곳에 쓰레기통이 있다고 생각하고 그곳을 가리키며 소통할 수 있다. 그러면서 교실의 재활용 실천 상태와 관련한 상황을 설정하여 자연스럽게 주제를 언급하자.

(2) 뒤에 나올 활동의 핵심표현 미리 언급할 수 있으면 하면 좋다. 빈도부사가 핵심 표현 중 하나이므로 청소를 얼마나 자주 하는지 등으로 핵심표현을 살짝 언급할 수 있다.

(3) 스키마 활성 마지막 부분엔 'recycling의 중요성', '환경문제에 관심을 가져야 하는 이유', '오늘 수업이 필요한 이유' 등을 강조하면서 자연스럽게 Reading 활동으로 넘어가자. 여기서 들어주는 예시나 특정 teacher talk은 앞으로 이어지는 활동에서도 지속적으로 활용하면서 영어수업에서 더 나아가 역량을 길러주는 느낌을 주는 장치로 쓰일 수 있다.

📢 모범답안

(Sample Answer) 관리번호 1번 수업실연 시작하겠습니다. Wow your classroom is so clean today! It's shining!! How often do you clean your classroom? Oh everyday !?? Then, you "ALWAYS" clean your classroom. (교실 뒤쪽으로 걸어가며) oh…but look at the garbage can. (무언가 집어 드는 척하며) I can see lots of plastic bottles here… What's wrong with this? Yes, right! 동현. We need to "RECYCLE" plastic bottles! So these bottles should go to… (옆으로 옮기는 척) HERE! to the RECYCLING BIN! This is really important! "SMALL ACTIONS MAKE BIG CHANGE!" (다시 교실 앞쪽으로 이동하며) Look at the monitor. What do you see? Yes a picture…taken in… Yes!! a garbage dump place, (방향 가리키며) behind our school building. Can you see the MOUNTAIN of GARBAGE? Yes…A LOT!! What's the problem here? Yes 민준… Right. This will cause POLLUTION in our EARTH!! This will make our EARTH SICK!! Oh no… our earth is crying…Then, why do we need 'RECYCLING'? Yes 하연, Great Answer. Recycling helps to reduce the amount of garbage. That's why we need recycling. Again, "Small actions make big change!" Today, we are going to read and write about HOW TO RECYCLE PROPERLY. It's going to be a really important class because we'll learn how to protect our earth on our own. Everybody, are you ready to help our earth stop crying ? Good! Let's move on!

2. **Have students read the text in ⟨Material 1⟩ for the main idea.**

   (1) **시작멘트** : Reading text는 worksheet을 나눠주는 상황으로 시작해도 괜찮고 교과서의 특정 페이지를 펴라고 해도 괜찮다. text의 title을 다 같이 읽으면서 시작하면 자연스럽게 시작할 수 있다.

   (2) **진행방향** : 이 디렉션 다음 바로 단어 디렉션과 디테일 읽기 디렉션이 이어져 나오는데 각각 따로 진행하기는 너무 길어지므로 처음 2개를 묶는 것이 좋다. 즉, 처음에 짧은 시간 동안 빠르게 지문을 읽게 하면서 Main idea를 찾게 하고, 읽으면서 모르는 단어를 밑줄 치라고 하면 되는 것이다.

   (3) **Main idea 용어 풀어주기** : Main idea를 찾으라고 할 때는 Main idea를 찾으라는 것이 무엇을 찾으라는 의미인지 짧게라도 풀어주는 것이 중요하다.

> 📢 **모범답안**
>
> *(Sample Answer)* My lovely students, turn to the page 21. *(worksheet 손으로 가리키며)* There is a text right? *(title 쓰인 부분 가리키며)* Let's read aloud the title together!! 3, 2, 1 LET'S RECYCLE PROPERLY. Wow so what is the text about? Yes!!! RECYCLING!!! Wow! Now, I'll give you just TWO minutes. *(text를 가리키며)* Read the text QUICKLY and try to find the *(판서하며)* MAIN IDEA, what the writer is mainly talking about. (You don't need to read every sentence in detail.) While you read, *(밑줄 긋는 제스처)* UNDERLINE the words you don't know. Alright? 희준, what do you do? Good…! find the main idea and underline words you don't know! TWO minutes. Let's Go!! …. Time's up! *(손을 들며)* Any volunteers to talk about the main idea? Oh yes 도연! Great! HOW TO RECYCLE! *(판서하기)* Great Answer. *(판서한 how to recycle 가리키며)* Can anyone add THREE more words here? YES!! 현지! *(판서 추가하며)* "how to recycle PROPERLY IN SCHOOL" perfect! As 도연 and 현지 said, this text is about how we can recycle properly in school.

3. **Teach one of the three underlined words.**

   (1) 교사중심으로 가지 않기 : 3개 단어가 문제에서 지정이 되어있고 이 중 1개를 실연자가 고르긴 하지만, 실제 실연에서도 교사가 "오늘 이 단어를 배워볼 것이다."라고 그 단어를 정하면 교사 중심 단어지도가 되어버린다. 실연 상황에는 학생들이 어떤 단어를 어려워하는지 몰라야 하는 것이다. 게다가 reading text 맥락 속 단어를 가르치기 때문에 더욱 교사가 가르칠 단어를 미리 정해놓으면 안 된다. 이 때문에 Main idea 읽기 할 때 학생들에게 직접 모르는 단어를 underline하라고 설정해 둔 것이다.

   (2) 가르칠 단어=많은 학생이 어려워하는 단어 : 실제 단어지도를 실연할 때는 학생들이 밑줄 친 단어 중 가장 많이 어려워하는 것이 문제에서 주어진 3개의 단어 중 1개라는 설정으로 가야 한다. 이때 한 특정 학생만 어려워하는 것이 아닌, 가장 많은 학생이 어려워했다고 해야 대표성을 가진 단어지도가 될 수 있다.

   (3) 어떤 단어를 가르칠 것인가 : 실연자는 3개 중에 어떤 단어를 다룰지를 선택해야 하는데, 실전에선 짧은시간에 수업 구상을 해야 하니 가르칠 아이디어가 바로 떠오르는 단어로 선택하는 것이 좋다. 만약 2개 이상의 아이디어가 떠오른다면 자신이 더 잘 가르칠 수 있는 단어를 고르거나 학생들이 더 어려워할 만한 단어(stained를 가장 어려워할 것 같다.)를 고르는 것이 좋다. 단어를 설명할 때는 예시 들기, 사진 / 그림 활용, 동작 활용 등등 다양한 방법이 있는데, 가급적 교실상황, 학생, 학교 프로그램과 연관을 지으면서 설명하면 학생과 더욱 인터렉션 기회를 늘릴 수 있고, 학생 입장에서 이해하기 쉽게 단어지도를 할 수 있다.

   (4) 지도 예시
   - 'recyclable' : 교실 안에 재활용 가능한 것, 가능하지 않은 것을 생각 ➡ 교실 바닥에 굴러다니는 사탕 봉지, 프린트, 음료수병 등을 떠올려서 교실에 있다고 가정하기 ➡ 이 물건들을 직접 주워서 올리면서, 각 물건이 쓰레기통에 가야 하는지, 재활용통에 가야 하는지 물어보고

직접 버리는 동작을 하면서 단어의 의미를 파악시킴.("This plastic bottle goes to garbage can… or recycling bin…? That's right. Recycling bin! It is RECYCLABLE!!" What about this trash? This goes to garbage can. It is NOT RECYCLABLE. Now, can you guess what 'recyclable' means?)

- 'stained' : 교실 안에서 stained 될 수 있는 것이 무엇이 있을까 생각해보기 ➡ 교사의 옷이나 학생의 옷이 얼룩져있는 상황을 설정하기(답안 참고)

(*Sample Answer*) Before we read the text in detail, let's check the new word. Can you call out any word you underlined? (*pause*) Oh… MANY students are wondering what 'STAINED' means. Alright. Let's find out what 'STAINED'*(판서)* means. Students. Who am I? Yes I am an English Teacher!! What am I doing? Yes I'm teaching English. Where? Yes, in the classroom. and…especially in front of the blackboard. So, sometimes *(분필을 들며)* this chalk makes my shirts dirty *(분필을 옷에 좀 묻히고 그 부분 가리키며)* and it becomes… STAINED shirt. Can you guess what STAINED means? Oh, don't worry… one more example. *(교실 앞 학생쪽으로 나가며)* Hmm… Oh, 준수, Look at this mud. You school uniform is dirty ! What happened? Oh… you played soccer during lunch time? Where? oh.. in the playgroud!! That's why your school uniform is STAINED with mud! So, now can you guess the meaning now? Yes! Right! 'gets dirty'. We use the word STAINED when something GETS DIRTY with the other thing.*(간략히 판서)*

[Examinee's Response 2]

1. Have students read the text again for details using 〈Material 1〉 and engage in the pair activity using 〈Material 2〉.
2. Include a procedure where the teacher checks students' understanding of details.

1. Have students read the text again for details using 〈Material 1〉 and engage in the pair activity using 〈Material 2〉.

(1) 연계 멘트 : 이전 활동과의 연계 멘트를 꼭 해야 한다. 이전 활동엔 어려운 단어를 배웠으니, 이제 이 글을 제대로 읽을 수 있다는 자신감을 부여하는 것이 좋다. 또는 우리가 아직 구체적인 recycling 방법을 잘 모르는데, 이 text에 정답이 있다는 식으로도 동기부여할 수 있다.

(2) worksheet 설명 : worksheet을 활용한 읽기이므로 worksheet 지도의 기본 패턴(나눠주기, 구조 설명하기, 쓰여 있는 내용 살펴보기, 하는 방법 설명하기)을 따르면 된다. 단, 교사가 일방적으로 설명하지 않고 소통하면서 풀어나가는 것이 중요하다.

(3) 질문이 4개 있으니 1개 정도는 예시를 들어주고 진행해도 괜찮다. 만약 복잡한 활동이면 예시를 꼭 들어줘야겠지만, 이 활동은 다소 간단해서 시간이 부족하면 스킵해도 무방하다.

(4) pair활동으로 진행하므로, 학생의 역할을 나눠줘도 괜찮고, 아니면 그냥 같이만 하라고 한 뒤에 서로 협력하면서 하라는 멘트를 추가해주면 좋다.

> *(Sample Answer)* Okay now we know the meaning of the word so we are ready to read the text IN DETAIL. Do you remember FOUR important things in recycling in the text? No? Don't worry. We'll read again. This time, we are using this worksheet. *(worksheet 나눠주면서)* Have you all got the worksheet? Good. *(worksheet 학생쪽으로 돌리고 가리키며)* On your worksheet, there is a table, right? Can you read any words there? Yes! PROBLEM and SUGGESTION *(표 왼쪽 부분 가리키며)* And how many numbers on the left? Yes FOUR!! *(손가락 네 개 들며)* As I said, there are FOUR problems and solutions in the text. Find them and fill in the blanks. You can EASILY do it if you work with your PARTNER. This time, work with your partner sitting next to you. Students on the left side, raise your hand. *(한 손을 들며)* Yes! Try to find FOUR PROBLEMS. Okay? And students on the right side, *(다른 손 들며)* raise your hand. Yes! Try to find FOUR SUGGESTIONS. Okay? And then, share your answers with your partner. Oh, 수영 you are sitting alone? Don't worry I'll be your partner. 하진, what do you do with your worksheet? YES! Find problems and suggestions! with …? Yes, with your partner, 희주. I'll give you FIVE minutes. Let's go!! *(수영이와 함께 하는 척만하고 circulation 짧게 하고 돌아오기)*

2. Include a procedure where the teacher checks students' understanding of details.

정답 확인은 1~2개만 하고 넘어가야 한다. 뒤에 더 큰 활동들이 남아있어서 오래 끌면 시간이 부족하다. 그리고 pair활동이었으므로, 학생 한 명만 지목해서 발표하기보다는 짝을 한 2명이 같이 발표하게 시키고, 팀워크에 대한 칭찬도 덧붙이면 좋다.

> *(Sample Answer)* Time's up! Everyone finished? Good! Any volunteers, for the FIRST problem and suggestion? Yes 지원 and 현수! Can you stand up and say your answers? Thank you… *(pause)* Excellent! Great teamwork! Let's give them a hand!! *(짝짝짝)* What did 지원 and 현수 say? Yes, the problem is…? we put our finished drinks in the recycling bin WITHOUT RINSING them off, and the suggestion is…? We should RINSE THEM OFF after we finish our drinks!! We also should keep this in mind because we buy drinks so often from school cafeteria. And any volunteer for the second problem and suggestion? *(pause)* Now we found all the answers! Great job everyone.

[Examinee's Response 3]

1. In pair, let students conduct a survey using 〈Material 3〉.
2. The teacher assumes a facilitator role.
3. Provide feedback on students' errors on content or language use.

1. **In pair, let students conduct a survey using 〈Material 3〉. The teacher assumes a facilitator role.**

   이번 기출에서 가장 어려운 디렉션이었다. 정말 학생들을 데리고 진행한다는 생각으로 차분하고 정돈을 잘하지 않는다면 여기저기 꼬일 수 있는 포인트가 많으므로 신경을 써서 연습하자.

   (1) 연계 멘트 : reading text 이후에 personalized activity를 진행하는 것이므로 '지금까지는 다른 사람의 이야기를 읽었지만 이제 우리의 이야기를 할 차례이다' 라는 느낌의 연결 멘트가 좋다.

   (2) worksheet 구조 설명 : worksheet에 설명할게 다소 많다. 질문이 4개가 있고 그중 하나는 your own question인데, 학생들이 스스로 질문 1개 만드는 것은 쉽지 않아서 예시를 포함해서 어느 정도도 비중 있게 설명해줘야 한다. 그리고 빈도부사들도 학생들이 제대로 숙지하지 않는다면 이 활동을 제대로 수행하기 어렵다. 이런 경우엔 우선 왼쪽의 질문들부터 언급하는데, '4개의 질문이 있다'는 것만 우선 인지시키고 your own question을 쓸 시간을 준다.(예시를 주면 좋다.) 그리고 오른쪽의 빈도 부사들로 이동해서 이 4가지를 아주 간략히 언급해준다. 단, 이 수업의 핵심 문법도 아니었고, 다 설명하기 시간이 너무 오래 걸리므로, 이미 배웠다고 가정하고 대략 'Never, Seldom, Often, Always 가 갈수록 더 높은 빈도를 나타낸다.'정도만 간단히 언급한다. 여기까지 하면 우선 학생들이 worksheet에 적힌 것들의 의미는 파악하게 된다.

   (3) 활동 방법 설명 : 그런 다음에 활동 방법을 차분히 설명해야 하는데 유의할 점이 몇 가지 있다. 첫째, 디렉션을 보면 pair로 하라고 되어있지만, 1번의 Never에 나온 예시를 보면 옆에 짝과 둘이서 진행하는 활동은 아니고, 돌아다니면서 여러 학생과 pair활동을 하라는 의도인 것 같다. 둘째, 질문에 대한 답변을 할 때 학생들이 단순히 빈도부사 하나(ex."Never!") 만 외치고 답변을 끝낼 확률이 높은데 이것은 제대로 된 스피킹 연습이라고 볼 수 없다. 그 빈도부사를 넣어서 완전한 문장으로 답변하는 방법을 알려주면서 강조해야 한다. 셋째, 앞에서 언급한 내용들을 다 설명하려면 상당히 복잡하기 때문에 STEP 1, 2, 3 이렇게 번호화를 하면서 단순화시키고, 판서를 적당히 하면서 instruction을 제공해야 하며, 활동 시작 전에 학생들이 진행방식을 다 이해했는지 점검도 필요하다. (정말 instruction주기 복잡한 활동이므로 여러 차례 연습하자.)

   > 📢 **모범답안**
   >
   > *(Sample Answer)* We've just read about recycling in JIHO's school. But what about OUR school? It's time to talk about OUR STORIES. We'll become a student reporter !! Sounds fun, right? Yeah~~ I'll give you the worksheet.(나눠주며) Take one and pass them on. Have you all got the worksheet? Good! What do you see in your worksheet? Yes! A table.. like this.(판서에 대략적으로 표 그리고, 왼쪽을 가리키면서) How many questions here? Yes. FOUR questions. What are the questions about? Yes! Recycling habits!! But anything strange in the questions? Right! number 4 is 'your OWN question. So you have to make your own question about recycling habit. For example, "Do you remove stickers or tape from the box?"like this. I'll give you one minute to make your own question. Ready~Go!!. Time's up.

Everybody made your own question? Good! and one more thing! (worksheet 표의 빈도부사들을 가리키며) Can you read aloud FOUR ADVERBS here? (판서하며) never, seldom, often, always!! Good! We learned them before, right? What are they in common? Yes !!who said it? Oh 하늘!! Fabulous! They are FREQUENCY ADVERBS. We use them when we talk about how often we do something, and the frequency is like this (부등호 그리며 Never< Seldom< Often< Always) Now we are ready to start the activity! I'll show you how to do it.

First, you ask questions to your partner but this time you'll walk around the classroom and meet at least FIVE partners.(간단하게 판서하기. 교실을 돌아다닌다는 제스처, 손가락 5개 제스처와 함께) Second, ask one of the four questions to your partner.(역시 간단히 판서) Third, your partner should answer using these adverbs, and in a FULL sentence.(판서조금)

For example, (교실 앞으로 나가며) I walk around the classroom and meet 민주!! and I ask questions.. like "Do you put recyclable items in a recycling bin?" and 민주, can you answer? Oh, 민주 said "Always" but in a full sentence please? Perfect. Thank you 민주.(다시 칠판으로 가서 판서하며) 민주 said "I ALWAYS put recyclable items in a recycling bin." This is a FULL sentence and (Always가리키며) the adverb should come here..in this position. And as 민주 said ALWAYS, you should draw line ' / ' here in the table.(판서하며) Alright. students! answer to my questions together. How many partners? Yes 5 partners or more! And what do you do first? yes! ask one question…and next? Answer in a full sentence ! Good! and next? Yes! draw a line in the table. I'll give you 7 minutes. Let's go!! Everybody !!stand up!! (앞에 나가서 circulation) Oh 희진 and 민현 you are like professional reporters! you are doing good!(다른 곳 이동, 이동하면서 노트에 적는 척) 다솔, are you looking for a partner? then, can I be your partner? Thank you! Ask me a question… (다시 앞으로 와서) Time's up!! Sit down please. Well done!!! You did a really good job! I'm so proud of you!

2. **Provide feedback on students' errors on content or language use.**

(1) 보통 피드백은 그 수업이 핵심이 되는 표현이 있으면 그것에 관한 피드백을 주는 것이 좋다. 앞 활동에선 빈도부사를 잘 사용하는 것이 중요한 활동이었으므로 그것에 관한 피드백을 주는 것이 좋다.

(2) 피드백을 줄 때는 가급적 소수의 특정 학생을 위한 피드백보다는 "많은 학생들이 공통으로 실수한 내용"을 기준으로 제공하는 것이 좋다.

(3) 문법수업이 아닌 이상 지나치게 어려운 문법용어를 사용해서 설명할 필요는 없다. 간단히 하고 넘어가도 괜찮다.

모범답안

(*Sample Answer*) While I walk around the classroom I noticed many students use this kind of sentence.(판서) "I remove often the labels from plastic bottles." Does anybody find any problem in this sentence? Yes 규리, Wow excellent! As 규리 explained, the frequency adverb 'OFTEN' should move here. (화살표 그리며) before the main verb.

[Examinee's Response 4]

1. Have students in groups write a suggestion writing using 〈Material 4〉.
2. Provide a modeling for students' writing with an example.

1. Have students in groups write a suggestion writing using 〈Material 4〉.

(1) 이전의 speaking활동과 자연스러운 연계가 중요하다. 특히, 학생들이 단순한 영어시간에 쓰는 영작문이란 느낌을 주지 않고, 학교를 위하고 환경을 위한 의미있는 writing활동이라는 것을 강조하는 멘트를 하고 학생의 writing이 실제 어디에 게시될 것이라는 멘트 등으로 학생들을 동기화시키면 좋다.(학급 게시판 전시, 학교 신문에 게시, 다른 교과와 융합에 사용될 것 등등…)

(2) 역시 매년 나오는 Group writing이므로 전형적인 진행 패턴을 따르면서 하면 된다.
 - [활동 동기화] ➡ [그룹 만들기] ➡ [worksheet 보면서 구조설명] ➡ [디렉션 설명] ➡ [교사의 모델제공] ➡ [학생의 이해확인] ➡ [활동시작]

📢 모범답안

(Sample Answer) In the speaking activity, does anyone answer with "ALWAYS" in every question? Oh, 민수, 다혜, 지원? Good!! They are GREEN AVENGERS in our school!!! Haha!! And I found so many students have good recycling habit!! Small actions make big change! so everyone can become GREEN AVENGERS, who can change our school!!! so you'll write a SUGGESTION for better recycling in OUR school. After this class, your writing will be posted on the classroom bulletin board! The reason is that…this is not just a simple writing. It is a real SUGGESTION for better recycling in our school. So for better writing, you'll work with your group members. 실비, 은비, 천옥, 만옥 you are group 1, and…group 2… ! Alright! Now we're in groups. Say hello to your group members~ hello~~. Okay I'll give each group a writing worksheet.(*나눠주고 worksheet 가리키며*) Let's read the title together! Our Group's Suggestion for Better Recycling!! 재석, can you read the first line here? Excellent! I like your voice! Thank you. So, discuss and write "the most serious problem in our school's recycling" (*간단히 판서*) And what do you see in the middle of the worksheet here? Yes! "We should." Here, you write your group's suggestion.(*suggestion판서*) And each group should write AT LEAST FIVE SENTENCES.(*간략히 판서*)

2. Provide a modeling for students' writing with an example.

(1) 보통 modeling은 디렉션에 없어도 group writing에서는 간단히 제공하면 좋은데, 이번 해에는 디렉션에 직접 언급이 되었기 때문에 단순히 '여기에 model이 있다'라고만 언급하고 넘어가는 것은 감점 요소가 있다. 그래서 시간이 부족한 것이 아니라면 대략 어떤 내용의 model을 가져왔는지, 그리고 이 model에서 참고할만한 사항은 어떤 것이 있는지(그 모델에서 사용된 핵심 영작 구조를 알려주거나, 아니면 밑줄 쳐 놨으니 참고하라는 식으로 하면 좋다.)도 알려줘야 한다.

(2) 학교에서 흔히 일어나는 일을 예시로 들며 학생들의 생각을 자극해야 하는데,(예) 우유팩 씻지 않고 일반쓰레기에 버리기, 프린트 일반쓰레기에 버리기, 뚜껑과 본체가 종류가 다른 경우 분리해서 버리기…) 만약 제한된 구상시간 내에 예시가 떠오르지 않았을 경우 본문에 나온 내용이라도 활용하자.

모범답안

(Sample Answer) Oh, you look worried. Don't worry! I am such a kind teacher so I prepared …this!!! (모니터쪽 가리키며) 짜자잔~ Oh, what do you see in this picture? Yes, lots of papers… thrown in …where? Yes, a garbage can. If you take a closer look, you can also see… the … Yes!! worksheet in English class…here^^ I'm so sad…T.T So, I wrote about the paper recycling in our school like this.(다시 화면 가리킴) So when you write, you can check my sample writing, especially …here. I underlined the structures you can use. Also, you can use the result of the speaking activity you just did. Alright! Everybody ! Answer to my questions! (판서한 사항들 가리키며) What do you write? Yes, problems and suggestions….in?? our school's recycling! how many sentences? Yes 5 sentences or more! Who do you work with? Yes! with your nice group members. You are not alone! So help each other! and please show your sincere effort because your suggestion can CHANGE the school, and CHANGE the world! "Small actions make big change!" right? Alright. I'll give you 10 minutes. Ready? Go!! (circulation…) oh your group stopped working. Can I help you? Oh you have an idea but you don't know how to write? Alright I'll give you …this dictionary. It might help you! Time's up, everyone! Well done!! 이상입니다. 감사합니다.

[판서 샘플]

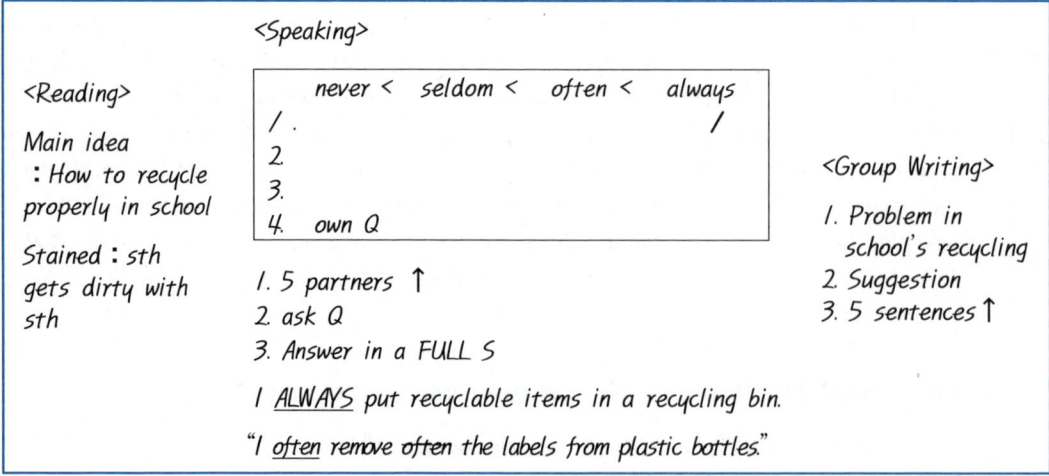

[2019 수업실연 지도안 샘플(한글지도안 버전으로 수정)]

Unit Title	Small Actions for Our Better Earth	
Lesson Objectives	1. Students will be able to read the text related to the topic and understand the details. 2. Students will be able to share their personal experience of recycling habit at school by asking and answering questions. 3. Students will be able to write a suggestion to promote recycling in class.	
		Time
Introduction	- 학생들의 출석을 확인한다. - 전시학습 내용을 확인한다. - 오늘의 학습목표를 제시한다.	5'

Development	**Examinee's Answer 1**
	- 학생들과 교실 속 쓰레기 분리수거 통을 살펴보며 학급의 분리수거 습관에 대한 질문을 주고받는다.
	- 교내 분리수거장에서 상당히 많은 쓰레기가 쌓여있는 모습을 담긴 사진을 보여주고, 이 사진의 문제점에 대해 함께 논의해본다.
	- 'Recycling'의 필요성을 생각해보게 하며 오늘의 주제 'Small Actions for our Better Earth'를 연계해서 소개한다.
	- 〈Material1〉을 배부하고 학생들과 함께 글의 제목을 크게 읽는다.
	- 글을 빠르게 읽으며 main idea를 찾게 한다. 읽으면서 모르는 단어엔 밑줄을 치게 한다.
	- 학생들이 찾은 main idea를 발표하게 하고, 구체성이 다소 부족하면 추가 질문을 통해 더 구체적으로 이야기할 수 있게 돕는다. (예상 답변 : "How to recycle properly in school")
	- 학생들이 밑줄 친 단어를 말해보도록 하고, 공통으로 많이 외치는 단어를 찾는다. (예상 답변 : 'stained')
	- 'stained' 단어를 쉽게 설명하기 위해 교사의 셔츠에 분필이 묻은 것을 보여주거나 학생의 교복에 얼룩이 묻은 것을 직접 보여주면서 예시를 만들어주고, 학생에게 의미를 추측시킨다.
	Examinee's Answer 2
	- 〈Material 2〉를 배부하고 학습지의 구조를 대략적으로 설명한다.
	- 짝으로 학생들을 배치한 후 짝 읽기 활동에 대한 준비를 시키고, 다음과 같은 활동 안내를 제시한다.
	   1) 글을 다시 세부사항에 집중하면서 읽고 〈Material 2〉의 표 채우기
	   2) 왼쪽에 앉은 학생은 Problem을, 오른쪽 학생은 Suggestion을 찾는 역할 수행
	   3) 완성하면 서로의 이야기하며 답을 공유하기
	- 학생 활동 중 교실을 돌며 질문을 받고, 협업이 잘 이루어지지 않거나 영어 쓰기에 어려움을 겪는 학생에게 발판이 될 수 있는 도움을 제공한다.
	- 활동 종료 후 짝과 함께 정답을 발표할 학생을 뽑아 발표시킨다.
	- 정답을 확인해주고 발표 내용에 따라 맞춤형 피드백을 제공한다.
		15'
		
		15'

	Examinee's Answer 3		
Development	– 〈Material 3〉를 배부하고 학습지 표의 구조(질문 4개, 빈도부사 4개)를 판서를 통해 구체적으로 설명한다. 단, 질문을 계속 던지며 학생의 이해를 수시로 확인한다.		15'
	– 표의 질문들을 대략적으로 살펴보고 공통점을 찾게 한다. (예상 답변 : "They are about recycling habit!)		
	– 질문 중 하나는 'own question'임을 인지시키고, 학생들이 직접 recycling habit 질문을 만들도록 한다. 어려워하는 학생들을 위한 예시도 제공한다. ("Do you remove stickers or tape from the box?)		
	– 표에 있는 빈도부사 (never, seldom, often, always)에 대한 학생의 이해도를 점검한다. 학생들이 잘 모르는 부사에 대해서는 대략적으로 설명한다.		
	– 이제 말하기 활동을 시작함을 알리고, 다음과 같은 활동 방법을 안내한다.		
	1. 교실을 돌아다니며 만나는 짝에게 표의 질문들 중 1가지를 서로 묻고 답하기. 2. 답변할 때는 무조건 빈도부사 4가지 중 1가지를 사용한 완전한 문장으로 답하기. 3. 적어도 5명 이상의 짝을 만나야하고, 만난 짝의 응답은 학습지의 표에 체크하기.		
	– 교사가 직접 교실을 돌아다니며 한 학생에게 질문을 던지며 활동 예시를 보여준다.		
	– 학생 활동 시작을 알리고, 교실을 돌아다니며 학생의 활동을 돕는다. 특히 부끄러움이 많아 짝을 찾지 못하는 학생에게 짝을 매칭해준다. 학생의 언어 사용에 대해 피드백을 줄 내용이 있으면 우선 적어놓는다.		
	– 활동 종료를 알린 후 학생들이 공통적으로 실수하는 내용에 대한 피드백을 제공한다. (예상 피드백 : 빈도부사의 위치를 일반동사의 뒤에 넣는 실수) 피드백 제공 시 교사가 바로 답을 제시하지 않고, 오류가 있는 문장을 제시한 후 학생들의 자발적인 수정을 유도한다.		
	Examinee's Answer 4		
	– 이전 말하기 활동과 앞으로 진행할 글쓰기 활동을 연계하여 학생들을 동기화시킨다. (앞 활동에서 recycling habit이 매우 좋은 학생들이 많으므로 우리가 학교의 변화를 만드는 주인공이 되어 글을 써보자!)		20'
	– 네 학생이 한 조를 만들도록 하고, 〈Material 4〉를 각 조장에게 배부한다.		
	– 학습지의 첫 줄을 함께 읽어보며 학생들이 자신만의 Suggestion을 작성해야 한다는 것을 인지시키고, 글쓰기 Guideline을 안내한다.		
	* Writing guideline		
	1. discuss and write "the most serious problem in our school's recycling." 2. write a group's own suggestion to the problem. 3. write at least 5 sentences.		
	– 교사의 샘플 글을 보여주고, 학생들이 그 샘플에서 어떤 구조나 표현을 활용할 수 있는지 대략적으로 안내한다. (model writing)		
	The most serious problem in our school's recycling is lots of papers thrown in the trash can in the classroom....)		
	– 그룹 활동 시작을 알리고, 교실을 돌며 각 조에서 모든 학생들이 참여할 수 있도록 격려하고, 어려움을 겪는 조는 model writing을 통해 힌트를 주며 도움을 제공한다.		
	– 학생들의 작품을 교환해서 읽고, 서로 피드백을 주고받을 수 있도록 한다. – 학생 작품에 대한 전반적인 교사 피드백을 제공한다. – 오늘 학습한 내용에 대한 형성평가를 진행한다.		15'
Consolidation	– 오늘의 수업을 요약한다. – 다음 수업을 간단히 안내한다.		5'

2018 기출문제

[Directions]

Examinee's Answer 1 : Design a *pre-reading* activity using ⟨Material 1⟩, in order to
A. encourage students to notice the text organization and content in Material 1
B. Include vocabulary teaching for the underlined words (evacuate, drill, pull over) both for high and low-level students.
C. check students' understanding of new vocabulary in context
Examinee's Answer 2 : Design a *post-reading* activity using ⟨Material 1⟩, in order to
A. have students read the text for details
B. give feedback on Ss' understanding of the details.
C. encourage students to think about why specific behaviors are necessary to be safe from the earthquake.
Examinee's Answer 3 : Design a *speaking* activity using ⟨Material 2⟩, in order to
A. ask students to describe the picture cards in [Material 2] with group members.
B. provide teacher's modeling on how to describe pictures.
C. provide teacher's feedback (both on content and language use).
Examinee's Answer 4 : Design a *writing* activity using ⟨Material 3⟩, in order to
A. ask students in groups to make a manual about the six earthquake safety tips at school.
B. evaluate students' writing based on specific scoring rubric.
C. facilitate and observe students' group activity.

[Demonstration Directions] – 구상실 문제에서만 주어짐(지도안 문제엔 없음)

—Demonstrate Examinee's Answer 2~4 only.
—You have to use ⟨Material 1⟩, ⟨Material 2⟩, and ⟨Material 3⟩ all.
—Demonstrate based on your lesson plan.(지도안 지역)
Examinee's Answer 1 : Pre-reading activity
Examinee's Answer 2 : Design a *reading* activity
Examinee's Answer 3 : Design a *speaking* activity
Examinee's Answer 4 : Design a *writing* activity

[Classroom Conditions]

Class time : Block-time, 100 min.
Unit title : Get Ready for Natural Disasters!

[Classroom Information]

Grade	High School Grade 1	Class Size	30 students
Level	Mixed-level	Aids	computer, beam projector, board

[Unit Objectives]
1. Students will be able to read and ~~~~ about daily ~~~
2. Students will be able to speak ~~~~ about daily ~~~
3. Students will be able to write ~~~~ about daily ~~~

[Lesson Objectives]
1. Students will be able to find the details about the safety tips in the reading text.
2. Students will be able to describe the six pictures to give the safety tips.
3. Students will be able to make the manual about the six earthquake safety tips at school.

Listening	–	Period 1 ~ 2
–	Natural disaster	Period 3 ~ 5
Reading / Speaking / Writing	Earthquake safety	Period 6 ~ 7

〈Material 1〉

Safety Comes First!

We cannot predict exactly when and where earthquake occurs. Also, We cannot prevent earthquakes from happening. That's why we should always keep safety tips in our mind. There are some tips you have to do when earthquake occurs.

Preparing for an earthquake
1. Secure items that can move or fall and cause damage.
2. Know where fire extinguishers are located.
3. Know where to **evacuate**.
4. Know how to turn off gas, electricity, and water
5. Practice earthquake **drills** often.

During an earthquake

①  ②  ③

1. If inside, 'Drop! Cover! and Hold on!'
2. If inside, move away from windows, glasses, and heavy objects.
3. If outside, find and go to an open spot. Move away from buildings.
4. If in a moving vehicle, **pull over**, stop, and stay until the shaking stops.

〈Material 2〉

〈Material 3〉

* Create a safety manual for earthquake at school. Add a picture for each tip.

6 Tips for Earthquake Safety in School

[2018 수업실연 지도안]

Unit Title	Get Ready for Natural Disasters!	
Lesson Objectives	1. Students will be able to find the details about the safety tips in the reading text. 2. Students will be able to describe the six pictures to give the safety tips. 3. Students will be able to make the manual about the six earthquake safety tips at school.	
		Time
Introduction	- 학생들의 출석을 확인한다. - 전시학습 내용을 확인한다. - 오늘의 학습목표를 제시한다.	
Development	**Pre-reading** Examinee's Answer 1	20'
	-학생들이 글을 읽도록 한다. **While-reading** Examinee's Answer 2	20'

		Examinee's Answer 3	
Development	Speaking		15'
		Examinee's Answer 4	
	Writing		25'
	Post-Writing	－학생의 글에 대한 교사의 전반적인 피드백을 제공한다. －학생이 조별로 작품을 발표하도록 한다. －학생 발표에 대한 피드백을 대략적으로 제공한다. －학생의 작품을 교실 게시판에 전시한다.	
Consolidation		－ 오늘의 수업을 요약한다. － 다음 수업을 간단히 안내한다.	

2018 수업실연 해설

> **PLUS | 2018 수업실연 기출 특징**
> - 2017년에 처음 나왔던 부분이 이번에도 나왔다 : 블록수업(100분)설정, 그림묘사 활동, 지도안은 pre-reading부터 쓰고 시연은 Post-reading부터 시작하는 설정
> - 안전교육 융합수업이 최초로 출제되었다. 실제로 현장에서 강조되는 것이기도 하다. 영어수업이 더 이상 '영어능력'에만 초점이 맞춰져 있지 않고 안전, 인성 등의 요소도 같이 융합해 들어가도록 하는 것이 최근 트렌드라고 볼 수 있다. 학생들이 영어 수업을 진행하면서 자연스럽게 안전에 관해서도 많이 생각해 볼 수 있도록 유도하는 실생활 연결 수업을 구성하는 것이 중요했던 기출이었다.

[Examinee Answer 2 : Post-reading]

Design a *post-reading* activity using ⟨Material 1⟩, in order to
A. have students read the text for details
B. give feedback on Ss' understanding of the details.
C. encourage students to think about why specific behaviors are necessary to be safe from the earthquake.

A. have students read the text for details

텍스트 안의 글의 구조나 그림을 보면 이 글의 main idea는 "지진에 대피하는 방법"이라는 것은 사실 쉽게 알 수 있는 주제이다. 사실 이 글을 읽는 목적은 지진이 났을 때 어떤 것을 조심하고 어떤 것을 구체적으로 해야 하는지 detail이 더 중요한 것이다. 그래서 main idea가 아닌 detail을 어떻게 읽게 하고 점검시키는지를 평가하는 디렉션이 나온 것이다. 그렇지만 바로 detail을 위한 읽기부터 시작하면 다소 어색하므로 이 글이 무엇에 관한 것인지 살짝 언급하며 detail로 넘어가도 좋을 것 같다. detail은 말 그대로 글의 세부정보인데 교사가 단순히 'detail에 초점을 맞춰서 읽어라' 라고 한다면 학생들은 무엇에 초점을 맞출지 알기 힘들다. 글의 특성상 특별히 중요하게 봐야 할 것이 무엇인지 본 다음 그 점을 초점을 맞춰서 읽으라고 하면 된다. 이 글에서 중요한 정보는 구체적인 동작이나 물건들이다.

(예 : find "extinguishers", "Drop, Cover", move away from "windows, glasses, and heavy objects"…)이런 정보들에 초점을 맞추는 것을 토대로 다음과 같이 진행할 수 있다.

> - 읽으면서 이런 동작이나 물건에 초점을 맞춰 동그라미를 치면서 읽으라고 하기, scanning 전략을 간단히 소개하고 적용하게 하기
> - inside / outside의 차이점과 같이 상황별 대처 방법을 중심으로 읽게 하기
> - 이런 중요한 부분에 빈칸이 뚫려있는 worksheet이 있다고 가정하고 풀게 하기(또는 worksheet에 T / F 문제가 몇 개 있다고 가정하고 문제 풀게 하기)
> - 읽고 짝에게 낼 detail 관련 문제를 1~2개정도만 만들어보라고 하기

> *(Sample Answer)* 안녕하십니까. 관리번호 1번입니다. 수업 실연을 시작하겠습니다.
> My lovely students! We just read the text quickly. What was it about? Yes, an EARTHQUAKE! Can you read the title of the text? Good. Safety Comes First! Do you remember all the safety tips about an earthquake? Oh, you don't remember! That's okay. But 'SAFETY' is really important in you life so we are going to read the text again. This time, I'm going to give you a worksheet. *(나눠주기)* Does everybody have one? good. On your worksheet, what do you see? Yes. Some TRUE or FALSE questions! Then…Umm…Junsu, do you know what we are going to do now? That's right!! Read the text again and check T or F on your worksheet. I'll give you 3 minutes. Let's go!!

B. give feedback on Ss' understanding of the details.

feedback을 준다는 것을 어렵게 생각하지 말자. 앞의 디렉션에서 요구했던 것을 확인만 시켜주면 된다. 다만 여기서 답 맞히는 과정에서 학생들과 아주 활발한 인터렉션을 보여주는 것이 좋다. window, glasses, heavy objects 등의 물건들은 교실에도 있는 것이기 때문에 시연할 때 그런 물건들을 직접 가리키며 동작을 적절히 넣어서 답을 맞힐 수도 있다.

> *(Sample Answer)* Now it's time to check the answers. Sujin, Can you read the first question? "If you are in a moving vehicle, you should go FASTER." *(앞으로 빨리 걸어가는 동작)* Is this true or false? Good~ False!! Is it SAFE or DANGEROUS behavior? Yes DANGEROUS!! What should you do when you are in a moving vehicle? Right!! *(걸어가다 멈추며)* You should STOP and stay there. Minho, can you read the second one? "If you are inside you should move away from HEAVY OBJECTS." Is it true of false? Yes, true!! What are the HEAVY OBJECTS in our classroom? Yes. *(손으로 가리키며)* lockers, air conditioners… You should move away from these heavy objects. *(답을 다 맞혔다고 가정)* Now we finished checking the answers. Well done!

C. encourage students to think about why specific behaviors are necessary to be safe from the earthquake.

구체적인 활동을 시키라는 것도 아니고 단순히 '생각해볼 것'을 요구하기 때문에 시연하기 조금 까다로운 디렉션일수도 있다. 그렇다고 생각해보라고만 하고 끝내면 다소 어색하다. 이런 디렉션이 나온 이유는 역시 영어 수업 외에도 안전 사항을 강조해야 하는 '안전교육 융합수업'이기 때문이다. 우선 읽기 활동 이후에 진행되는 부분이기 때문에 text의 내용과 연관하여 자연스럽게 학생들에게 왜 이런 행동이 필요한지 질문을 던진 뒤에, 학생 한두 명의 생각을 들어보는 것이 좋다. 이 수업은 안전교육을 교과에 융합한 수업이고 학생들의 영어뿐만 아니라 안전에 관한 내용도 숙지시켜야 한다.(안전교육은 종종 하는 일회성 교육으로는 학생들에게 충분히 숙지시키기 어렵기 때문에 교과 수업에도 녹여내는 교육이 필요하고, 그래서 안전 융합 수업이 강조가 되고 있다.) 이 글의 텍스트도 '~~해라.' 는 식으로 명령문으로 이루어졌지만 '왜' 그런 행동을 해야 하는지는 언급이 되어있지 않다. '왜' 해야 하는지를 학생들과 인터렉션하면서 한두 가지만 이야기하고 넘어가면 된다.(이때 교실상황을 이용하면 더 생생하게 시연할 수 있다.)

> **모범답안**
>
> *(Sample Answer)* My lovely students. We just checked T / F questions but can you find anything in common? All the questions are about········· Yes, Mina! Safety Tips! They are about the SAFETY TIPs we should keep in mind when the earthquake occurs. Then, why should we know these safety tips? I'll give you just TWO minutes to talk about this questions with your partner. Alright? Let's go! (…) Time's up! *(손 흔들며)* Any idea? Oh yes Junsu! Aha…we cannot predict when the natural disaster happens. Great idea.!! More idea? Oh Subin can you say it louder? Oh ! 'No time to think !!' Right! In the emergency, we DON'T have time to THINK! That's a good point. As you said, the natural disaster like an earthquake can occur SUDDENLY without any notice. At that time, we don't have much time to think what we should do. That's why we should learn about specific behaviors and practice earthquake drills often.

[Examinee Answer 3 : Speaking]

> Design a *speaking* activity using 〈Material 2〉, in order to
>
> A. ask students to describe the picture cards in [Material 2] with group members.
> B. provide teacher's modeling on how to describe pictures.
> C. provide teacher's feedback(both on content and language use).

A. ask students to describe the picture cards in [Material 2] with group members.

B. provide teacher's modeling on how to describe pictures.

우선 Reading에서 Speaking으로 활동이 크게 전환되었기 때문에 학생들의 관심을 자연스럽게 돌리는 멘트가 필요하다. 2017 기출에서 사진을 묘사하는 문제가 출제된 이후 또 사진을 활용한 활동이 나왔다. A와 B 디렉션이 나눠서 나오긴 했지만 학생들이 활동을 하고 난 다음에 교사의 모델링을 주는 것 보다는 교사의 모델링을 주고 활동을 시키는 것이 좋다. 가장 이상적인 순서는 "활동의 필요성 언급 ➡ Grouping ➡ instruction 설명 ➡ 교사의 modeling ➡ 활동 CCQ"이다. 조별로 사진묘사활동을 진행하라고 했지만 단순히 학생들에게 "사진을 묘사하라."라고만 이야기 하면 학생들은 어떻게 해야 할지 모른다. "활동을 어떻게 진행하는지", 즉 instruction을 구체적이면서도 쉽게 주는 것이 고득점으로 가는데 상당히 중요하다. 사진을 묘사하려면 어떤 표현을 해야 하는지, 어떤 부분에 초점을 맞춰야 하는지, 다른 멤버들은 뭘 하는지 등을 구체적으로 알려줘야 하는 것이다. 주어진 활동지에는 단순히 사진 6개만 있기 때문에 활동 구성에 관해서는 다소 open된 디렉션이라고 볼 수 있다. 정말 다양한 활동이 가능하지만 짧은 구상시간 내에 creative하고 독특한 활동을 구성하는 것은 사실 무리가 있다. 아이디어가 떠오르더라도 실전에서 바로 진행하다가 수업실연 전체가 꼬일 수 있으므로, risk-taking을 하기 싫다면 철저하게 연습이 된 것만 시연하는 것이 좋다.(물론 순발력을 발휘할 자신이 있다면 떠오르는대로 진행해도 괜찮다. 자신의 스타일대로 진행하자) 수업시연 상황에서 진행할만한 활동들을 나열해보았다.

- 단순하게 학생들이 조별로 사진을 한 장 한 장 보며 사진 묘사해보게 하기
- 사진을 책상 가운데 펼쳐놓고 돌아가면서 한 멤버가 사진을 설명하면 다른 멤버들은 어떤 사진을 묘사하는지 찍기
- 조별로 다 같이 사진 하나 하나 보며 보이는 단어를 모두 말하고, 중요한 단어들을 뽑아 사진을 묘사하는 한 문장으로 표현하기
- 조 안에서 사진을 하나씩 나눠 가지고 한 멤버가 그 사진을 영어로 설명하면 다른 멤버는 동작으로 표현하기

Modeling은 학생들이 주어진 활동을 하기 어려워할 수 있기 때문에 제공하는 것이다. 그래서 단순히 교사가 그 활동을 해보고 끝나기보다는, 학생에게 정말 필요한 부분에 맞춰서 도움을 줘야 한다. Modeling을 줄 때는 첫째로 '학생들이 무엇을 해야하는가', 둘째로 '학생들이 무엇을 어려워하는가'를 생각해야 한다. 여기서 학생들이 해야 하는 것은 '사진묘사'이고, 어려워할 수 있는 것은 '사진을 묘사하는 표현(On the left side of the picture…), 사진 속 물건의 단어(book shelves), 사진 속 어떤 것을 묘사하는가(표정, 물건, 배경 등…)'등이 있을 것이다. 그런 부분을 강조해서 모델링을 주면 된다. 모델링을 줄 때는 모든 사진을 할 필요는 없고, 사진 중 1~2개 정도가 적당하다.

🔊 모범답안

(Sample Answer) All right. So far we've read the text about an earthquake safety tips and… it's time to…. SPEAK!! We're going to describe pictures! Oh, don't worry. It's not difficult if you work with your group members. Let's make groups of four.(손으로 원을 그리며) These four… Group A! These four… Group B. Now we're in groups. Say hello to your group members. Hi~ HI~. Good. From now on, your group will describe some pictures on this worksheet.(나눠주기) Does every group have one? Good. How many pictures can you see? Yes SIX picture! Now listen carefully.(한 조에 다가가서) (한 명 가리키며) One group member starts describing… (학습지 가리키며) ONE of six pictures. Say ANYTHING YOU CAN SEE in this picture and describe WHAT IS HAPPENING. Do not let other members know which picture you're describing. Other group members (귀 기울이는 제스처) LISTEN CAREFULLY and CHOOSE THE PICTURE he / she is describing. When you finish, (그 옆 학생 가리키며) the second member starts describing another picture. Okay? Oh, Junwoo looks confused. I know! Describing pictures in English is not easy. But don't worry. You can do it cause I am such a kind teacher and I'll show you how to do it. HAHA. When you describe the pictures, you can use some USEFUL EXPRESSIONS on the screen. *(화면 가리킴)* For example, you can use the first structure like "In this picture, I can see the boy who is running away with the bag on his head. I think this picture shows that we should protect our head with our bag when we run away." Which picture am I describing? Yes, right ! Fourth picture!! Good. Jina, can you tell me what you are going to do now? Yes, describe one picture! What about other members? Yes! listen carefully and choose the picture. Good. I'll give you 5 minutes. Ready? Let's start!

C. provide teacher's feedback(both on content and language use).

한 활동이 진행된 이후 제공되는 교사의 피드백은 그 활동에서 중요했던 부분에 맞춰서 피드백 내용을 정하고 진행해야 한다. 그 전 활동이 스피킹 활동이었으므로, 교사의 피드백이 너무 지엽적인 문법(예 3인칭 -s)에 초점을 맞추진 말아야 한다. 최대한 활동 시작 전에 강조했던, 또는 수업에서 전체적으로 중요한 사항이 무엇이었는지 생각해보고 피드백 내용을 정하자. 보통 language에 관한 피드백을 줄 때는 본문에 나왔던 핵심 표현 / 내용, 활동 시작 전 modeling단계에서 가르쳤던 표현 등에 초점을 맞춘다면 활동 간의 연결성을 강화시킬 수 있다. content에 관한 피드백이 요구사항으로 출제가 되었다면 수업 내용에서 강조하는 내용이 있을 가능성이 높다. 이 수업은 안전교육 융합 수업이므로 안전 수칙과 관련해서 줄 수 있는 피드백을 찾아보자. 끝으로 피드백을 줄 때 중요한 것은 "누가 실수했는지"를 언급하지 않는 것이다. 가급적 몇몇 학생들이 공통으로 실수한 common error라고 설정하는 것이 좋다.

📢 모범답안

(Sample Answer) Well done!! Every group did a great job!! Before we move on, I'll give you some FEEDBACK.*(칠판 쪽으로 다가가며 쓸 준비)* Some students said "We should move TO the broken windows." What's wrong with this sentence? Yes Haeun! Right. This sentence means *(창문 쪽으로 다가가며)* we should be CLOSER to the broken windows. Is it safe or dangerous? Yes, DANGEROUS!!! You should say "We should move AWAY FROM the broken windows" One more feedback. Some students said "We should use ELEVATOR to go out" This is grammatically correct, but what's wrong? Safe or Dangerous? Yeah, DANGEROUS. Can you see the 'X' mark on the second picture? Yeah. This means we should NOT use elevators. We should use STAIRS to evacuate.

[Examinee Answer 4 : Writing]

Design a *writing* activity using 〈Material 3〉, in order to
A. ask students in groups to make a manual about the six earthquake safety tips at school.
B. evaluate students' writing based on specific scoring rubric.
C. facilitate and observe students' group activity.

A. ask students in groups to make a manual about the six earthquake safety tips at school.

앞에 Reading, Speaking과 자연스럽게 연결하는 것이 좋다. 앞에서는 일반적인 상황에 대해서 이야기해 보았다면 이제는 직접 우리가 '학교'에서 지켜야 할 것을 써 보는 시간이라고, 직접 우리의 Manual을 교실에 게시해 놓자고 하며 동기유발을 하고 시작하자. 그러면서 우리 수업 중에도 실제로 지진이 일어날 수 있다는 식으로 필요성을 강조하면 좋다. 한 수업의 마지막 활동은 그전에 배웠던 모든 것을 활용하게 하면 학생들의 인지적 부담을 줄이면서 오히려 배운 것을 복습하게 할 수 있고, 수업의 연계성도 살릴 수 있다. 본문의 내용 및 표현, 스피킹 활동에서의 모델링, 사진 묘사내용, 피드백 내용 등을 모두 활용해서 safety tip manual을 적게 하자. 이때 학생들이 꼭 지켜야 할 Guideline을 3개 정도 제시하는 instruction을 포함시키면 체계적인 활동을 진행한다는 느낌을 줄 수 있다.(예 문장 개수, 꼭 써야 할 표현, 포함해야 할 내용, 역할 분담 등…) 이는 칠판에 적어주면서 설명해주는 것이 좋다.

📣 모범답안

(Sample Answer) Now it's time to WRITE!! We are going to write a SAFETY MANUAL for an earthquake! What is a MANUAL? Yes! Handbook! or Guideline. We are going to write what we should do for a possible earthquake at school. An earthquake can happen ANYTIME during our class, so it is necessary to make a safety manual and put it on the bulletin board of our classroom. Now you're already in groups and you are going to work with your group members again. Wow everyone is smiling. Yeah I know you like group work! When you make a safety manual, you should follow THREE GUIDELINES.*(손가락으로 1~3 제스처하면서)* First, you should write SIX sentences. Your sentences should be SIMPLE so that other people can read them easily. Remember that you are writing a SAFETY MANUAL, not an essay. Second, you should draw PICTURES describing each sentence. Third, all sentences and pictures should be in a SCHOOL SITUATION. You can also refer to the textbook and worksheet we learned before …or some examples from other classes. *(종이 보여주고 칠판 가리키며)* I'll put these on the blackboard. Alright, Anna, what were the three guidelines? Yes. 6 simple sentences, picture, and school situation. Good job. Remember, this is a GROUP WORK. You can make a better result if you HELP EACH OTHER. Okay? I'll give you 10 minutes. Ready? GO !!!

B. evaluate students' writing based on specific scoring rubric.

C. facilitate and observe students' group activity.

'C'의 내용은 학생들 활동 중 교사가 돌아다니며 도움을 주는 모습을 꼭 포함하라는 의도로 출제된 것 같다. 보통 돌아다니면서 무슨 말을 해야 할까 고민이 될 때가 많은데 Guideline을 다시 한번 강조하는 것이 가장 쉽고, 어려움을 겪는 조나 학생에게 응원을 해주거나 서로서로 도울 것을 강조하는 방법도 있다. 과정중심평가를 위해 학생들의 활동 모습을 종이에 기록하는 모습을 연출해도 좋다.

'B'의 디렉션은 specific scoring rubric을 활용하라는 것으로 보아 교사가 평가하는 것보다는 학생들끼리 피드백을 주고받는 peer feedback을 요구한 듯하다. 조별로 진행한 활동이니 조끼리 바꿔서 진행하는 것이 가장 좋다. Scoring Rubric을 줄 때 조심해야 할 점은 지나치게 추상적으로 평가 기준을 주지 않고 구체적으로 줘야 한다는 것이다. 예를 들어 단순히 "Grammar"라고 하고 문법 오류를 잡으라고 하면 학생들 입장에선 하기 어려울 뿐만 아니라 수업 전체 내용에서 강조되는 내용과도 동떨어진 기준이 되는 것이다. 가장 좋은 방법은 활동 시작 전 Guideline을 주었던 내용을 Rubric에 포함하면서 연계성을 살리는 것이다. 활동 instruction시 Guideline을 칠판에 적어놓았다면 Rubric을 설명하기 더 쉬워진다. 기타 제시할 수 있는 요소는 활동의 특성에 맞도록 구성하자.(지진 대피 매뉴얼이라는 특성을 생각했을 때 중요하게 평가되어야 할 요소로 선정하는 것이 좋다 ➡ (예) 'simple language' : 안전에 관한 내용이 한눈에 들어오도록 심플하고 알기 쉬운 문장을 사용했는지)

모범답안

(Sample Answer) When I walked around the classroom, I was so~~impressed. You've made so many great manuals! So we should share with other groups! I'll give each group some stickers and a rubric.(나눠주기) Okay. Can you read the first point of the rubric together? "organization : 6 sentences" So, if the manual has 6 sentences, you can put on a sticker. Let's read the second point. "language : simple and easy words / sentences" If you think so, put on one more sticker. Like this, read each point in a rubric and put on the stickers up to six. The manual with the most stickers will be the BEST safety manual of our class. Ready? Now pass your manual to the next group.

[판서 샘플]

	\<Speaking\>	\<Writing\>	\<Peer Feedback\>
Safety Comes First	Describe → Choose	Safety Manual	organization
\<Reading\>	"I can see ____. I think this picture shows ____"	1) 6 simple sentences	language
T / F questions.	move to the broken windows	2) pictures	
Safety Tips.	↘ away from elevator → X	3) school	

[2018 수업실연 지도안 샘플(한글지도안 버전으로 수정)]

Unit Title	Get Ready for Natural Disasters!
Lesson Objectives	1. Students will be able to find the details about the safety tips in the reading text. 2. Students will be able to describe the six pictures to give the safety tips. 3. Students will be able to make the manual about the six earthquake safety tips at school.
Introduction	- 학생들의 출석을 확인한다. - 전시학습 내용을 확인한다. - 오늘의 학습목표를 제시한다.

Development		Examinee's Answer 1	Time
	Pre -reading	-학생들과 〈Material 1〉의 제목('Safety Comes First.')를 크게 읽고 어떤 것이 'safety'에 해당되는지, 그렇다면 title의 의미는 무엇일지 소통을 통해 추론시킨다. -〈Material 1〉의 부제 (preparing for an earthquake, during an earthquake)와 그림만 보고, 어떤 내용이 이어질 것인지 대략적으로 이야기해보도록 한다. -새로운 단어를 배우기 위한 2가지 학습지(영어에 자신 있는 학생용, 어려워하는 학생용)가 있음을 알리고, 대략적인 구조를 설명해준다. 〈for high-level〉 	word	evacuate	drill	pull-over
example	(example sentence)	(example sentence)	(example sentence)
meaning			| 〈for low-level : typotionary〉 | picture	(Pic)	(Pic)	(Pic)
word	evacuate	drill	pull-over
meaning				 - 학생들이 각자의 수준에 따라 학습지를 선택하게 하고, 각자 영영 설명 또는 그림을 통해 새로운 단어의 의미를 추론할 수 있도록 한다. -학생이 생각한 의미를 발표하게 하고, 영영설명과 그림을 둘 다 활용해서 단어의 의미를 설명해준다 -〈Material 1〉을 각자 읽고 중심생각을 파악하도록 한다.	20'
	While -reading	Examinee's Answer 2 -다음과 같은 읽기 내용 확인 질문이 담긴 Worksheet을 배부한다. 　1. If you are in a moving vehicle, you should go faster-T / F 　2. If you are inside you should move away from heavy objects-T / F (…) - 학생이 글을 한 번 더 자세히 읽고 worksheet의 T/F 질문에 대한 답을 찾도록 한다. -교실을 돌며 어려워하는 학생을 찾아 답의 근거를 함께 찾아보며 도움을 제공한다. - 학생과 소통하며 함께 답을 맞혀본다. 각 질문이 안전에 관한 내용이기 때문에 정답 맞히기에만 집중하지 않고 안전 수칙에 대한 질문을 지속적으로 던지며 각 문장을 진행한다. (질문 예시 : "Is it safe or dangerous behavior? why?") -모든 T/F 질문의 공통점을 질문하고 'Safety tips'에 관한 것임을 깨닫게 한다. -짝과 'Why such safety tips are important'을 주제로 간단히 토론하도록 한다. -토론 내용을 발표시키고 (예상 답변 : "In the emergency, we don't have time to think!") 발표 내용을 전체 학생과 공유하면서 함께 주제를 생각하는 시간을 가진다.	20'

		Examinee's Answer 3	
Develop ment	Speaking	－4명씩 조를 만들도록 하고, 각 조에게 〈Material 2〉를 나눠준다. －받은 그림을 활용한 활동을 진행할 것을 알리고, 다음과 같이 활동 방법을 설명한다. 　1. 조에서 각자 돌아가면서 하나의 사진을 영어로 설명한다. (단, 어떤 사진을 설명하고 있는 지는 이야기하지 않는다.) 　2. 다른 조원들은 이를 집중해서 끝까지 듣고, 어떤 사진을 묘사하고 있는지 선택한다. －사진 설명을 어려워하는 학생들을 위해 다음과 같은 말하기 구조를 안내하고, 이를 활용하여 1가지 예시를 들어준다. (expressions: "In this picture, I can see…" "I think the picture shows that…") (교사 예시: "In this picture, I can see the boy who is running away with the bag on his head. I think this picture shows that….") －조별 활동 시작을 알린 후 교실을 돌며 친구의 말을 경청할 것을 강조하고, 영어 말하기를 부끄러워하는 학생에게 용기를 주는 등 도움을 제공한다. －학생 말하기 활동을 관찰한 것을 토대로 'content'와 'language use'에 대한 피드백을 제공한다. 이때 교사가 직접 모든 것을 일방적으로 고쳐주지 않고, 학생들이 스스로 오류를 찾아 교정할 수 있는 기회를 제공한다. (content feedback 예시) 　We should use <u>elevator</u> to go out → We should use <u>stairs</u> to go out. (language use feedback 예시) 　We should move <u>to</u> the broken windows → We should move <u>away from</u> the broken windows.	15'
		Examinee's Answer 4	
	Writing	－'manual'의 의미를 설명하고 (handbook, guideline) 우리학교를 위한 Earthquake Safety Manual을 직접 만드는 중요한 역할을 할 것을 알리며 동기화시킨다. －학생들이 조별로 앉도록 하고, Safety Manual을 쓰는 조건을 다음과 같이 안내한다. 〈guideline : 1. Write six simple sentences. 2. Draw pictures describing each sentence. 3. All sentences and pictures should be in a school situation.〉 －활동 시작을 알리고, 학생의 영어 쓰기에 도움을 제공한다. 특히 각 문장이 안전 수칙을 한 번에 전달 할 수 있을 만큼 복잡하지 않고 명료한 문장인지 점검한다. －활동 종료 후 동료평가를 실시할 것을 알리고, scoring rubric을 배부한다. 각 항목을 함께 읽으며 각 항목에서 무엇을 평가해야 하는지 설명해준다. (scoring rubric) 　1. organization : include six sentences 　2. language : written in simple and easy words / sentences 　3. content…… －글을 다음 조로 넘기고 (group1 → group2, group2 → group3) scoring rubric을 사용해서 peer feedback을 작성하도록 한다. －피드백 완료 후 원래 조에게 전해주도록 한다. －학생의 글에 대한 교사의 전반적인 피드백을 제공한다.	25'
	Post-Writing	－학생이 조별로 작품을 발표하도록 하고, 발표에 대한 피드백을 제공한다. －학생의 작품을 교실 게시판에 전시한다.	
Consolidation		－ 오늘의 수업을 요약하고, 다음 수업을 간단히 안내한다.	

2017 기출문제

Class Condition

- Middle school, 3rd grade, 30 students, Block-Time class (90 min.)
- Lesson Title : Stories Behind Pictures

Unit objectives

- Ss will be able to listen to a conversation about everyday life or general topic
- Ss will be able to speak their own opinions on general topic
- Ss will be able to read…
- Ss will be able to write…

Lesson objectives

- Ss will be able to read the text and fill the 5Ws1H chart.
- Ss will be able to write the ending of the reading text.
- Ss will be able to write a story about the picture using the 5Ws1H chart.

Directions

* Examinee Answer 1
- teach the three underlined words
- engage students in a reading for details using 5Ws1H Questions

* Examinee Answer 2 : Post-reading
- Use Material 1
- Ask Ss to make their own ending of the reading text
- T should provide feedback on language use and content

* Examinee Answer 3 : Pre-writing
- Use Material 2
- T provides the model about how to make stories using Material 2

* Examinee Answer 4 : While-writing
- Use 〈Material 3〉
- Using the picture, Ss make their own stories in groups.
- Conduct peer feedback and has students revise their writing based on the feedback.

Demonstration Direction(구상실에서만 주어짐, 지도안 짤 때는 없음)

- Demonstrate Examinee's Answer 2,3,4 only.

⟨Material 1⟩

'Thomas and Gorillas'

It was a hot summer day in Chicago. The Anderson family decided it was a good day to go to the Brookfield Zoo. Jane and Anderson had two children; Thomas, 3, and Sally, 6 months. Thomas loved going to the zoo. He liked watching all the animals, but he especially loved the gorillas. The Anderson went straight to the gorilla <u>exhibit</u>. There were six adult gorillas and a three-month-old baby gorilla. In the Brookfield Zoo, the animals are not in cages. They are in large areas <u>dug</u> out of the ground. These areas have fences around them so the animals cannot <u>escape</u> and people cannot fall in. But, three-years olds boys are good climbers. While the Andersons were watching the gorillas, little Sally started to cry. Jane handed Sally to Anderson and looked in her bag for a bottle of juice. In those few seconds, Thomas climbed up the fence⋯ _____.

⟨Material 2⟩

	5Ws1H Chart
who	
where	
when	
what	
why	
how	

⟨Material 3⟩

	5Ws1H Chart
who	
where	
when	
what	
why	
how	

_____
_____.

[2017 수업실연 지도안]

Unit Title	3. Stories Behind Pictures		
Lesson Objectives	—Ss will be able to read the text and fill the 5Ws1H chart. —Ss will be able to write the ending of the reading text. —Ss will be able to write a story about the picture using the 5Ws1H chart.		
		Material / Remarks	Time
Introduction	—학생들의 출석을 확인한다. —전시학습 내용을 확인한다. —오늘의 학습목표를 제시한다.	screen, computer	5'
Development	While–Reading	—〈Material 1〉를 읽고 main idea를 파악하게 한다. —학생들이 찾은 main idea를 함께 이야기해본다.	—Material 1	
		Examinee's answer 1		
			—Material 1	
	Post–Reading	Examinee's answer 2		
			—Material 1	

Development			−순회하며 각 모둠에 필요한 도움을 제공하기	
	Pre-Writing	Examinee's answer 3		
			−Material 2	
			−학생의 다양한 아이디어를 수용하기	
	While-Writing	Examinee's answer 4		
			−Material 3 −Checklist −Observation −peer-feedback에서 lauguage use에만 신경쓰지 않도록 조심시키기	
	Post-Writing	−조별로 작품을 발표하도록 한다. − 발표에 대한 피드백을 제공한다.		
Consolidation		−오늘의 수업을 요약한다. − 다음 수업을 간단히 안내한다.		3'

2017 수업실연 해설

> **PLUS | 2017 수업실연 기출 특징**
>
> - 기출 최초로 '블럭수업(90분)' 설정으로 나왔다.
> - 최근 기출 중에는 처음으로 '사진(그림)'이 나왔다.
> - 지도안은 pre-reading부터 쓰지만, 시연은 Post-reading부터 시작해야 한다.
> - Group 활동이 많다. 초반부터 Group을 설정해야 하고 그 상태로 계속 수업을 진행해야 한다.
> - Writing이 주가 된다. Pre-writing부터 peer feedback을 통한 revision까지 Process-oriented writing을 진행해야 한다. Writing지도에 대한 많은 준비가 필요했던 문제이다.
> - 학생들은 수업 내내 Creative writing을 해야 한다. 지속적으로 학생들의 다양한 생각을 받아주고, 창의적인 아이디어를 유도하는 시연이 필요하다. Creative writing이기 때문에 지도안의 Remarks에서도 "학생들의 다양한 생각을 받기", "peer feedback에서 language use에만 초점을 맞추지 말기"와 같은 요구사항이 나왔다.

수업이 어느 정도 진행된 상태이다. 자연스럽고 짧게 던질 수 있는 자신만의 첫 멘트를 만드는 것이 좋다. 첫인상이 굉장히 중요하기 때문이다.

모범답안

(Sample Answer) HAHA Ladies and Gentlemen~~ Today! your active participation makes me really happy. We still have enough time and SUPER EXCITING activities are coming soon!

[Examinee Answer 2 : Post-reading]

(2-1) Use Material 1
(2-2) Ask Ss to make their own ending of the reading text
(2-3) T should provide feedback on language use and content
지도안 remarks : T circulates and provides help to groups as they needed.

☑ **Direction 분석**
- 'ending'을 쓰게 해야 한다. 수험생 복기를 보면 Group으로 하라는 말은 Direction엔 없었으나, 지도안에는 "Group을 돌며 도움을 준다"는 내용이 이미 적혀있었다. 지도안이 없는 지역은 Group work가 선택사항이었고, 지도안이 있는 지역은 Group으로 해야 했다.
- 결론을 쓰는 것은 Creative Writing이다. Academic writing이 아니므로 학생들이 창의적으로 부담 없이 글을 쓰게 하는 것이 좋다.
- 이전 활동과의 연계는 항상 중요하다. Reading에서 "5W1H"를 활용하였으므로 Post-reading에서도 이를 강조하는 것이 좋다.
- Feedback은 항상 수업에서 강조하는 내용과 관련해서 주는 것이 좋다. content는 "5W1H"와 관련해서, language use는 본문에 있는 표현과 관련해서 제공하자.

(2-2) Ask Ss to make their own ending of the reading text.

처음부터 강조하고 싶은 내용은 '단순하게 설명할 내용도 티쳐톡을 조금만 바꾸면 학생과 인터렉션 하면서 풀어나갈 수 있다'는 것이다. 이야기의 결론이 없다는 이야기를 해야 하지만, 교사가 바로 이 야기하는 것보다 소통을 하면서 학생의 활동에 대한 기대감을 높이고, 학생들이 해야 할 것을 스스 로 파악하게 하는 발문을 하자.

> 📢 **모범답안**
>
> *(Sample Answer)* We've just finished reading the story. But!! did you notice anything STRANGE in this story? Yes Jisu! That's right!! WHAT WILL HAPPEN TO THOMAS after he climbs up the fence??? Oh, yes. he is in DANGER. Anybody knows····???? No?? So! From now on!! What we are going to do····is····??? YES!!! Jieun! We are making our OWN ENDING!! Sounds interesting, ha? You're going to be a novelist!!

이제 Group을 만들어야 한다. Group을 만들고 진행하는 teacher talk은 구체적 활동 instruction을 제외하고는 항상 써먹는 내용이니 자신만의 멘트를 만들어 자동화시키는 것이 좋 다. 그룹 이름, 또는 개별 역할 정해주기, 주의점 알려주기(협동, 경청, 의견존중하기..)등의 멘트 를 할 수 있다. 그리고 writing 활동은 학생들이 접근하기 어려워하므로, 이전에 배운 것을 최대 한 활용하게 하고, 구체적인 접근방법을 알려주는 것이 필요하다. 이번에 지도안의 Remarks에 서 제시가 되었듯이, Groupwork 중에는 모둠을 돌아다니며 학생들을 돕는 시연을 하는 것이 좋다.(어려워하는 학생 돕기, 서로 더 협동하라고 강조, 잘하는 모둠 칭찬 등···) 그리고 이 활동 다음 요구사항이 피드백을 주는 것이므로, 학생들 사이를 돌아다니며 피드백 줄 내용을 적는 시 연을 하자.

> 📢 **모범답안**
>
> *(Sample Answer)* To create more interesting story, we are going to WORK IN GROUPS. Let's make groups! *(앞으로 나와 원을 그리며)* These four ..'Smart group', these four··· 'Awesome group' these four····'Best group···' Alright. Now say hello to your group members.*(손 흔들면서)* Hi~~Hi~~ Now LISTEN CAREFULLY. When you write your ending, there are THREE things (세 손가락 들며) that you should keep in mind.*(지금부터 3가지 사항 간단히 판서)* FIRST, there is NO RIGHT ANSWER. ALL of your writings will be GREAT answers. So be CREATIVE! SECOND, what did we learn today when we read the text? Right. 5Ws1H. Try to include 5Ws1H. THIRD, try to make AT LEAST FOUR sentences. Dahyun! what are you going to write? Yes! Right! the ending of the story. Jinsu! What are the three things? Creative answer, 5Ws1H, and Four sentences. Good job! As I always say, "Alone we can do so little, TOGETHER we can do so much." I'll give you 5 minutes. Are you ready? Let's go !! *(circulating the classroom)* *(한 그룹에 접근하며)* Oh, Awesome group! Anything difficult? oh···right. Writing in English is not easy. Why don't you read the text again? There are some expressions that can help your writing.

학생의 speaking / writing활동 이후에는 direction에 없더라도 발표를 시키는 것이 좋다. 발표 내용은 생각이 나면 간단히 언급하고, 그렇지 않다면 칭찬만 잘해주고 넘어가자. 실제 수업에선 여러 명의 답을 들어야 하지만, 시간이 부족하니 한 명만 듣고 넘어가도 된다. 실제 현장에서도 부끄러움을 많이 타는 학생들이 많아서 Presentation은 큰맘 먹고 하는 경우가 많다. 그러니 박수를 막 치면서 폭풍 칭찬을 해주자. Presentation도 자주 나오는 부분이므로 자신만의 멘트를 정해서 자동화시켜놓자.

> 📢 **모범답안**
>
> *(Sample Answer)* Now~ It's time for PRESENTATION! *(손드는 제스처)* Any volunteers? NO?? Don't be shy!! All of your writings are GREAT answers. Oh, yes Smart Group! thank you! Can you stand up and come here? Ladies and gentlemen!! *(눈을 앞의 학생들에게 돌리라는 식의 제스처)* please move your eyes…to Smart Good. Other groups ! what do you do from now on? YES! LISTEN CAREFULLY!! Good! we are ready to listen carefully so Smart group ! you can start when you're ready.(…) HAHA Smart group said that Thomas will steal and eat the baby gorilla's banana!!! HAHA You're so creative HAHAHA!!! You make everybody laugh! You're so creative novelist!! Let's give them a big hand!! *(박수 크게 치기)*

(2-3) T should provide feedback on language use and content.

피드백은 가급적이면 수업에서 강조하는 내용과 연관 지어서 주는 것이 좋다. creative writing인데도 content에 대한 피드백을 주라는 요구사항을 주었다는 것은 출제자가 이 수업에서 중요하게 다루는 '5W1H'와 연관 지을 것을 기대한 것일 수도 있다. 바로 이 활동 전에 5W1H를 배웠으니 이것과 관련해서 주는 것이 좋다. Language에 관해서는 이 수업에서 딱히 강조하는 것이 없지만, 가급적 본문에 있는 단어 / 표현으로 피드백을 주는 것이 좋다. 학생들이 본문 단어들을 많이 활용하여 영작할 가능성이 높기 때문이다. 학생의 작문에 대해 공개적인 피드백을 줄 때는 학생의 이름을 언급하지 않아야 하고, 교사가 직접 답을 주기 보다는 다른 학생에게 기회를 주는 것이 좋다.

> 📢 **모범답안**
>
> *(Sample Answer)* I was really impressed by your presentation. Before we move on, I'd like to give some FEEDBACK on your writing.*(판서하며)* One of you wrote like this "The gorillas helped Thomas to go back to his parents." That is a great and happy ending. I like it. But, what did we learn when we read the text? That's right !! 5Ws1H!!! Does anybody know WHAT THIS ENDING IS MISSING? Good! "HOW!!" *(HOW 판서)* This ending will be much better if it adds 'HOW' gorillas helped Thomas to go back to his parents. One more feedback.*(판서하며)* One of you wrote "Thomas falled from the fence". What's wrong with this sentence? Anybody knows? No? Then, try to focus on the verb use… Yes!! Jihun. Excellent ! As Jihun said, the past form of 'fall' is 'FELL', so "Thomas FELL from the fence" is grammatically correct.*(fall ➡ fell 판서)*

[Examinee Answer 3 : Pre-writing]

(3-1) Use Material 2.
(3-2) T provides the model about how to make stories using Material 2.
지도안 remarks : T accepts / encourages Ss' various ideas.

☑ Direction 분석
- 최근 기출 중엔 처음으로 그림이 나왔다. 그림에 무엇이 있는지 학생들과 interaction하며 접근해야 한다.
- pre-writing은 뒤에 이어질 writing을 위해 하는 활동이다. 학생들에게도 이것을 왜 하는지 언급하는 것이 좋다.
- 교사의 modeling을 전부 말하고 적기엔 시간이 부족하다. 최소한만 판서를 하고 말로 간단히 풀어내는 것이 좋다. 교사의 modeling이지만 지도안의 Remarks에서도 나왔듯이 최대한 학생들의 다양한 아이디어를 받으며 풀어나가는 것이 좋다. 5Ws1H를 하나하나 물어보면서 진행할 수 있고, 이는 사진 / worksheet으로 학생들과 interaction하는 것을 연습하기에도 좋은 방법이다.
- 5W1H를 모두 모델링하기 시간이 부족하다면 2~3개만 하는 모습을 보여준다.
- 5W1H 표를 interaction을 통해 채워도 학생들은 완성된 글을 쓰는 것은 어려워할 수 있다. 교사도 이를 돕기 위해 완성된 model text를 보여주는 것이 좋다.(시간이 부족하므로 모니터에 있다고 가정)

📢 모범답안

(Sample Answer) So far we've read the text and written our own ending. What is the KEYWORD for today's class? Brilliant!! 5Ws1H!! Can you call out 5Ws1H together? *(5W1H 순서대로 판서하며 같이 외치기)* Fantastic!! This time, we are going to write OUR OWN STORY using 5W1H. Sounds fun? Yeah! Do you remember the unit title? Yes "Stories behind the Picture". So we use an interesting picture like···*(화면 가리키며)* this picture! WHAT DO YOU SEE? Yes, some BEARS. What kind of bears? Yes polar bears!! How many? Yeah 3 bears. Oh, what did you say Sijin? Right. A bear family! A mother bear and 2 baby bears.*(손으로 칠판 판서내용 가리키며)* So you can write these on the worksheet, next to "Who". Let's move on to "WHERE". Where are they? oh, in the ice box? haha··· *(이글루 사진 가리키며)* Any idea what this thing is called? yes Hyunjin, IGLOO!! They are beside the IGLOO. What are they doing there? Oh Minsu said they are trying to drink CocaCola in the igloo. HaHa!! (······) Alright! we shared our ideas about the picture but when you write a story later, you have to write in FULL SENTENCES like my MODEL WRITING here.*(모니터 가리키며)* Read the model carefully focusing on HOW 5Ws1H are INCLUDED and HOW the SENTENCES are CONNECTED.

[Examinee Answer 4 : While-writing]

(4-1) Use 〈Material 3〉
(4-2) Using the picture, Ss make their own stories in groups.
(4-3) Conduct peer feedback and has students revise their writing based on the feedback.
지도안 Remarks : Checklist / Observation / T tells Ss that they should not focus only on language use when giving peer-feedback

☑ Direction 분석

- Worksheet으로 표 채우기, 완성된 글쓰기 두 가지를 해야 한다. 한 번에 두 가지를 시켜도 괜찮지만 초점을 맞출 사항이 다르므로 끊어서 두 차례 진행하는 것이 좋다.
- 완성된 글쓰기를 할 때는 요구사항을 주는 것이 좋다.(분량제한, full sentence 강조하기, 유용한 표현 주어주고 사용하게 하기)
- peer feedback, revision이 모두 포함된 것을 보면 process-oriented writing임을 알 수 있다. 학생들이 쓴 것을 다른 학생들이 읽고 feedback 줄 것을 알면 학생들은 더 신경 써서 writing하게 된다. 그리고 peer feedback을 할 때는 학생들이 구체적인 방법을 잘 모를 수 있으므로 checklist를 주는 것이 좋다.(지도안 지역은 checklist가 remarks에 적혀있으므로 꼭 포함해야 한다.)
- 지도안 지역은 Remark에 적힌대로 peer feedback에서 language use에만 신경 쓰지 않도록 주의를 주어야 한다.(지도안 없는 지역도 이 내용을 언급하면 좋다.)

(4-2) Using the picture, Ss make their own stories in groups.

모범답안

(Sample Answer) Now it's your turn. Like I just did, you are going to write your own "Stories Behind the Picture". Oh Jiyeon do you have any question? Oh, with same picture? No, you are are going to use a different INTERESTING picture. Take a look at the monitor again. 1,2,3 !! Wow what is this? WHAT DO YOU SEE? Yes two people. Father and son! Right. What else you can see? Yes ! Fish!! Do you like fishing? oh Yujin your father likes fishing? Good. Now I'll give each group A WORKSHEET.(*나눠 주기*) Has every group got a worksheet? Okay. What do you see on the worksheet? Yes, the picture we just saw together. And next to the picture there is… Yeah! the 5W1H table. So what you have to do is… SHARE IDEAS with your groups members and FILL IN THE BLANKS. This time don't pay too much attention to grammar. Just be CREATIVE!! Jaehyuk, what are you going to do? Yes! You are a good listener! We are going to fill in the blanks with group members. I'll give you 4 minutes. Let's go go go!! Have you finished filling in the 5W1H table? Good. Can you see the blank below the picture? Using the table, WRITE YOUR OWN STORY. But there are THREE THINGS you should keep in mind.(*3가지 간단히 판서*) FIRST, write in a FULL~~ sentence. Don't just

copy the table. SECOND, try to use LINKING WORDS like 'then, however, finally…' to connect your sentences. THIRD, write AT LEAST 8 SENTENCES including 5Ws1H. Remember that my model writing is still in the monitor!
It will help your writing. Okay. Class! what are the three things again? Yes, full sentence, linking words, and 8 sentences. Good. Thank you! All of you are listening well! This group work can be a little bit difficult so HELP EACH OTHER with your group members. Once again, "lone we can do so little, together we can do so much." I'll give you 8 minutes. Ready? Set! Begin!!
(circulating, 한 학생에게 접근) Oh, Taeyeon. Why are you sleeping? Oh..you think you are bad at English so there is nothing you can do to help group members? But you can look up the words your group needs. Here is the dictionary!! Can you do it? Good!!

(4-3) **Conduct peer feedback and has students revise their writing based on the feedback.**

모범답안

(Sample Answer) Does any group need more time? Done? Great! Now as I mentioned before, we will SWITCH OUR WRITINGS. Pass your worksheet to the next group. Yes! Smart group to Awesome group… Good! Has every group got the worksheet? Raise your hand if you have your own group's worksheet. Nobody? Perfect. Now our mission is…. read other group's writing and GIVE FEEDBACK. Oh the mission looks difficult? Don't worry. I prepared this nice CHECKLIST.(종이 학생 쪽으로 보여주며) On the checklist that I'll give you, there are 10 sentences. For example, number 1 is "Does this story include 5W1H?" Discuss with your group and check the box here. At the end of the checklist you can write an overall comment. Don't pay too much attention on language use. The content like "5Ws1H" is more important. All right. I'll give you the checklist.(나눠주기) Does every group have one? Good. Woomi, what are you going to do now? Yes. Read the other group's story and give feedback using… what? Yes !the checklist. Excellent! Class, I'll give you 5 minutes. Ready? Go!!
Have you finished? Yeah then return the worksheet and checklist. Do you know what we're going to do from now? That's right!! Rewrite your story based on the checklist. After this, we are going to present our writings so if you finish writing, you can rehearse the presentation.

[2017 수업실연 지도안 샘플(한글지도안 버전으로 수정)]

Unit Title	3. Stories Behind Pictures			
Lesson Objectives	-Ss will be able to read the text and fill the 5Ws1H chart. -Ss will be able to write the ending of the reading text. -Ss will be able to write a story about the picture using the 5Ws1H chart.			
			Material / Remarks	Time
Introduction		-학생들의 출석을 확인한다. - 전시학습 내용을 확인한다. - 오늘의 학습목표를 제시한다.	-screen -computer	5'
Development	While-Reading	-〈Material 1〉를 읽고 main idea를 파악하게 한다. - 학생들이 찾은 main idea를 함께 이야기해본다.	-Material 1	8'
		Examinee's answer 1		
		-새로운 단어의 목록을 제시하고, 각 단어에 맞게 다음과 같은 방법을 사용하여 학생이 직접 그 의미를 추측할 수 있도록 한다. 1) exhibit : 'animal exhibit'을 나타내는 사진을 보여주면서 사진 내용에 관해 질문을 던지고, "something shown to people"이라는 의미를 추론시킨다.) 2) dug : 땅을 파는 몸짓을 보여주면서 'making a hole in the ground' 의미를 추론시킨다. 3) escape : "The fence prevents animals not to escape."라는 예문을 제스처와 제공하여 'run away' 뜻이 있음을 추론시킨다. -'5Ws1H'를 판서하고, 세부 요소(who, where, when, what, why, how)를 이야기하도록 유도한다. 이후 학교의 영자신문 동아리에서 최근 발행한 영자신문 중 우리 학교의 문제를 담은 하나의 기사를 보여주며 각 요소가 주는 의미를 파악하도록 한다. -〈Material 1〉을 다시 읽고 '5Ws1H'가 글에 어느 부분에 나타났는지 찾고 밑줄을 치도록 한다. -짝과 함께 각자 찾은 5Ws1H를 공유해보고, 각 요소별로 worksheet에 정리하도록 한다. - 학생 답을 점검해보고 틀린 답에는 피드백을 제공한다.	-Material 1	15'
	Post-Reading	Examinee's answer 2		
		-5명씩 조를 만들고 조별 글쓰기 활동을 할 것을 알리고 동기화시킨다. -글의 후반부에 결말이 없는 것을 인지하도록 질문을 던지고, 그 부분을 조원과 함께 창작할 것임을 안내한다. - 조별 글쓰기 유의사항을 다음과 같이 안내한다. (guideline) 1) write a creative story (use your creativity!) 2) include 5Ws1H 3) write more than three sentences -활동 시작을 알리고, 교실을 돌며 학생들에게 정답이 없으니 창의력을 마음껏 발휘해도 된다며 용기를 준다. 영작을 어려워하는 학생들에게는 샘플 구조를 제공하며 도움을 제공한다.	-Material1 -순회하며 각 모둠에 필요한 도움을 제공하기	17'

		─활동 종료 후 조별로 창의적인 결말을 발표하도록 한다. 창의적인 글쓰기인 만큼 어떤 결말이 나와도 그 상상력을 크게 칭찬한다.	
		─학생의 글에서 공통적으로 나타난 오류에 대해서 피드백을 제공한다. 피드백은 일방적으로 제공하지 않고 학생이 스스로 문제점을 찾고 수정도 직접 해볼 수 있는 기회를 제공한다. (예상 피드백 : content : 'How' is missing in 5Ws1Hs. language use : falled ➡ fell)	
Pre-Writing	Examinee's answer 3		7'
	─다음 활동 진행을 위해 5Ws1H의 요소를 다시 한번 외쳐보게 하며 복습시키고, 우리 자신의 이야기를 쓸 것을 안내하며 동기화한다.	─Material2 ─학생의 다양한 아이디어를 수용하기	
	─〈Material 2〉의 Polar bear 사진을 보여주고, 5Ws1H를 활용한 질문("What are the polar bears doing?")을 여러 개 던지며 학생들이 사진에서 보이는 내용을 마음껏 외치게 한다.		
	─소통한 내용을 바탕으로 하나의 완성된 글을 작성할 수 있다는 것을 알리고, 이를 구체화하기 위해 교사의 model wring을 제공한다.		
	*(Where) In the Arctic, (Who) there were a mother polar bear and two baby bears. (When) One day in the morning, they were looking for⋯.		
	─교사의 model writing을 함께 읽어보며 어떻게 5W1Hs가 글에 반영이 되었는지 파악하도록 한다.		
While-Writing	Examinee's answer 4		23'
	─〈Material3〉를 각 조에 나눠주고, 사진에서 학생들이 보이는 것을 질문하며 대략적으로 소통한다. (질문예시 : "What do you see in this picture?" "Do you also like fishing?")	─Material3	
	─조별로 힘을 합쳐 〈Material3〉에 있는 표를 먼저 채우도록 한다. 글쓰기 준비 단계이므로 완전한 문장으로 적지 않아도 된다는 것을 강조한다.		
	─조별로 채운 표를 바탕으로 완성된 글을 작성하도록 하고, 다음과 같은 유의사항을 안내한다.		
	*guideline : 1) write in full sentences, 2) use linking words, 3) write more than 7 sentences.		
	─글쓰기에서 활용할 linking words에 대해서 대략적으로 설명한다.	─observation	
	*examples of linking words : Then, After that, However, Finally, in the end⋯		
	─활동 시작을 알리고, 교실을 돌며 모든 학생이 참여할 수 있도록 격려한다. 또한 linking words사용 등 유의사항을 잘 지킬 것을 상기시킨다.		
	─활동 종료 후 조별로 완성한 글을 다음 조에게 넘기게 한다.		
	─동료 피드백을 실시할 것을 알리고 체크리스트를 다음과 같이 제공하며 체크하는 방법을 간단히 설명한다.		

		(checklist)				-checklist	
		Questions	Yes		No		
		1. Does this story include 5W1Hs?				-peer-feedback에서 lauguage use에만 신경쓰지 않도록 조심시키기	
		2. Is this story connected with linking words?					
		...					
		10. Is the story creative?					
		Comments : _____					
		-동료 피드백을 시작하게 하고, 교실을 돌며 체크리스트 속 질문의 의미나 평가에 적용하는 것을 헷갈려하는 학생을 돕는다. -체크리스트 작성이 끝나면 원래 조에게 글과 체크리스트를 돌려주도록 한다.					
	Post-Writing	-조별로 작품을 발표하도록 한다. -발표에 대한 피드백을 제공한다.					10'
	Consolidation	-오늘의 수업을 요약한다. -다음 수업을 간단히 안내한다.					5'

2016 기출문제

Conditions

Unit : What Should I do?
Period : 3 / 10
Highschool, 1st grade, intermediate

Lesson Objectives

Students will be able to…
—Summarize after reading the text about 'worries and advice.'
—Give advice in writing using the target phrases.
—Speak with partners about their personal worries and advice.

Directions

＊Examinee Answer 1
—Teach THREE words in Material 1.
—Ask students to read Material 1.
—Let students complete the table in pairs and check the answers.

＊Examinee Answer 2
—Teach the underlined phrase 'if I were you' in Material 1 with example sentences.
—Let students use the phrase.

＊Examinee Answer 3
—Ask students to complete the table in Material2 with group members. Students write their own worries and advices from other group members. Teacher's modeling should be provided.

＊Examinee Answer 4
—Design a speaking activity where students share their worries and give advice using the phrase 'if I were you…'

＊Examinee Answer 5
—Conduct a formative test to check students' understanding of the phrase 'If I were you…'

Demonstration Direction

—Demonstrate "Development" part only.

[Material 1]

Andy : I don't want to sound stupid but I am 172cm. I'm worried that I won't grow any taller. I am having supplement and herbal medicine. Do they work?
Ken : I don't think they are working. Taking supplements is a waste of money. My brother is not tall but he has a good personality. Every classmate likes him. Like my brother, try to focus on your strength. **If I were you**, I would try to work on my strength.
Julie : Stop eating supplements. Do you know that smartphones are ruining our posture? Using a smartphone for too much time gives negative effects on your growth. **If I were you**, I would improve my posture by reducing the time to use the smartphone. Then, you can be 3cm taller.

(Table 1)

Worry	Advice
	Ken :
	Julie :

[Material 2]

I Need Advice!

Name : _____

⟨Worry⟩
I'm worried that _____

⟨Advice⟩
1) If I were you, _____
2) If I were you, _____
3) If I were you, _____

[2016 수업실연 지도안]

Unit Title	Worries and Advice	
Lesson Objectives	−Ss will be able to summarize after reading the text about 'worries and advice'. −Ss will be able to give advice in writing using the target phrases. −Ss will be able to speak with partners about their personal worries and advice.	
		Time
Introduction	−T says hello to Ss. −T reviews the previous lesson. −T introduces today's topic. −T shows today's lesson objectives.	5'
Development	Examinee's answer 1	
	Examinee's answer 2	
	Examinee's answer 3	

Develop ment	—T asks Ss to choose a presenter. —T asks Ss to present their writing. —T teaches how to evaluate others' presentation. —T provides feedback on the presentation.	
	Examinee's answer 4	
	Examinee's answer 5	
Consolida tion	—T gives a summary of today's lesson. —T previews next lesson.	3'

2015 기출문제

[Condition]

UNIT : Good People Around Us
Students : 3rd grade of a middle school, 32 students
Period : the 5th of 8 periods

[Lesson Objectives]

Students will be able to…
1. Complete the worksheet with specific information in the text about good people.
2. Write a short passage in groups about good people in our school.
3. Present their writings in groups to introduce a friend as a good person.

[Directions]

Pre-Reading
—Teach the underlined words in Material 1.

While-Reading
—Give questions to students to check their understanding of the reading text in Material 1.
—Have students find out specific information in pairs to complete Table 1 in Material 1.
—Have students write in groups about a good person in our school using Material 2.
—Present a model writing to help them to write with.

Post-Reading
—Have students present their writing.
—Before presentation, the teacher should give a scoring rubric with 3 criteria for peer evaluation of each group's presentation.
—Provide TWO feedback after the presentation. One should be a positive feedback and the other should be a negative feedback.

Demonstration Direction
—Demonstrate "Development" part only.

[Material 1]

Looking For Good People Around Us

There are many good people around us. Here are some examples of good people who help others : Yujin and Mr. Kahn.

Yujin is the most **selfless** classmates. She cleans the classroom every morning even it isn't the day of her turn to clean the classroom. She also carries her disabled friend's bag every day. It's so refreshing to see someone in my age to show such **consideration** for others.

Mr. Kahn is a good person. He came to Korea 10 years ago. His business has thrived and he tries to reward his success to his neighborhood. He offers free meals to homeless people. He also **donates** money to an organization for muti-cultural families.

(Table 1)

Yujin	Mr. Kahn
Why is she a good person?	Why is he a good person?
-She cleans the classroom everyday	-
-	-

[Material 2]

Good People in Our School

Group ___

I would like to introduce _____ as a good person.

I think ___ is a good person.
1) because (he / she) is _____.
2) because (he / she) is _____.
3) because (he / she) is _____.

[2015 수업실연 지도안]

Unit Title	Good People Around Us	
Learning Objectives	-Lesson Objectives : Students will be able to 1. complete the worksheet with specific information in the text about good people. 2. write a short passage in groups about good people in our school. 3. present their writings in groups to introduce a friend as a good person.	
Procedure		time
Introduction	-T says hello to Ss and calls the roll. -T reviews the previous lesson. -T presents today's objectives.	5'
Development — Pre-reading		
Development — While-reading		

	Post-reading		
Consolidation		−T gives a summary of today's lesson. −T previews next lesson.	3'

2014 기출문제

[Conditions]

- highschool, 1st grade, intermediate, 30 students
- Unit : The World of the Child Performers
- period : 5 / 7, Speaking&Writing

[Lesson Objectives]

Students will be able to :
1. classify ideas into pros and cons.
2. express their opinion on a topic in the group discussion.
3. write a paragraph using transition expressions.

[Directions]

Pre-speaking&writing
- Teach THREE words underlined in the worksheet.
- Have students to classify each statement in the worksheet into pros and cons.

While-speaking&writing
- Have students in groups to discuss / debate on the given topic using the worksheet.
- Have each group take one position and choose two best supporting ideas.

Post-speaking&writing
- Teach paragraph organization with the model writing.
- Suggest THREE transition expressions and raise students' awareness about transition expression.
- Ask students in groups to write a paragraph on the topic.
- Provide TWO corrective feedback on students' writing.

Demonstration Direction

- Demonstrate "Development" part only.

[Worksheet]

Child Performers Should be Banned.

possible arguments :

PRO CON
1. ☐ ☐ possibility of being <u>exploit</u>ed by agents and parents
2. ☐ ☐ time limit for formal education
3. ☐ ☐ the necessity of <u>portray</u>ing the reality of the society in film and drama
4. ☐ ☐ benefits of developing the child's talent in early age
5. ☐ ☐ excessive pressure and stress (Ex. Stage <u>fright</u>)
6. ☐ ☐ _____ (add your own idea)
7. ☐ ☐ _____ (add your own idea)

Pros	Cons
There is a possibility of being exploited by agents and parents.	

[2014 수업실연 지도안]

Unit Title	The World of the Child Performers	
Learning Objectives	—Lesson Objectives : Students will be able to 1. classify ideas into pros and cons. 2. express their opinion on a topic in the group discussion. 3. write a paragraph using transition expressions.	
Procedure		time
Introduction	—T says hello to Ss and calls the roll. —T reviews the previous lesson. —T presents today's objectives.	5'
Development	Pre-activity	
	While-activity	

Post-activity				
Consolidation		−T gives a summary of today's lesson. −T previews next lesson.	−Ss listen to T for the summary of today's lesson. −Ss listen to T about the next lesson.	3'

2013 기출문제

[Condition]

Highschool, 1st grade, pre-intermediate, 32 students

[Lesson objectives]

Students will be able to…
1. Guess the meaning of new words in the context.
2. Unscramble the reading text.
3. Write the procedure of eliminating their bad habit.
4. Present their writing.

[Directions]

Pre-reading
—Activate students' schema on the topic by engaging students in a speaking activity.
—Teach TWO words from the text using a guessing strategy. Students should guess the meaning of the words from the context.

While-reading
—Ask students in group unscramble the reading text in [Material 1] and justify the reasons.
—Engage students in a group writing activity where they select the most difficult habit change and write down how they can eliminate the habit referring to [Material 2].
—Teacher's modeling should be provided before writing as in [Material 2]

Post-reading
—Let students present their group writing and listen to other groups' writing for peer assessment.
—Provide a scoring rubric with four criteria. Have students use this rubric to give scores for the other groups' presentation.
—Give corrective feedback on two students' erroneous sentences you find out during their activity.

Demonstration Direction

—Demonstrate "Development" part only.

[Material 1]

> ### 6 Steps for Eliminating Your Bad Habit
>
> Many successful people throughout history have acquired good habits and rid themselves of poor habits that were getting in their way by following a tried and true method. The method, which will be used throughout these leadership workshops, involves seven steps. The seven steps are like links in a chain. Each is important. Each must be understood and followed. This method works for developing good habits and for eliminating poor habits.
>
> The short version of the seven-step method is as follows:
>
> (1) **Identify** : Recognize a need, a lack, a problem. We must first realize that our lives are ruled by our habits. We need to understand that each of us have these patterns in our lives. We need to step back and see the powerful influence they exert on our daily lives.
>
> (　) **Act** : Put your plan into action. Being aware that we lack a good habit or have a vice we ought to rid ourselves of needs to be followed up with real understanding.
>
> (　) **Commit** : Pledge to ourselves that we will acquire a good habit or eliminate a poor habit. It means looking hard at the efforts we will have to make and deciding to "go for it."
>
> (　) **Understand** : Expand your mental map of how you want to change.
>
> (　) **Plan** : Work out a roadmap to victory. For real change, that is establishing or eliminating a habit, we need a well-thought-out plant. Simply having goals and commitments is not enough
>
> (　) **Self-Monitor** : Regularly check how you are doing. Real change doesn't just happen. We have to stay on task. We have to make the habits we are trying to change a mental priority.
>
> *(Answer 1-5-3-2-4-6)*

[Material 2]

> Group _____
>
> -Identifying : _____
> -Understanding : _____
> -Planning : _____
> -Self-monitoring : _____

[2013 수업실연 지도안]

Unit Title	The World of the bad habit	
Learning Objectives	—Lesson Objectives : Students will be able to 1. Guess the meaning of new words in the context. 2. Unscramble the reading text. 3. Write the procedure of eliminating their bad habit and present their writing.	
Procedure		time
Introduction	—T says hello to Ss and calls the roll. —T reviews the previous lesson. —T presents today's objectives.	5'
Development	Pre-reading	
	Whill-reading	

Post-reading		
Consolidation	−T gives a summary of today's lesson. −T previews next lesson.	

2012 기출문제

[Conditions]

- Class : Middle school, 2nd grade, 32 students
- Level : from low intermediate to high intermediate
- Aids : ICT classroom with Computer and Beam-projector
- Unit : Lesson 3 More different is more fun

[Lesson objectives]

Students will be able to…
1. talk about their interests and hobbies using new words.
2. visualize the information in the text through a graphic organizer.
3. write about their own interests and hobbies using linking words.

[Directions]

* You should demonstrate 'Development' Only

Pre-activity
- Suggest a vocabulary activity as a pre-writing activity with 3-5 new words.
- Engage students in a whole class speaking activity.

While-activity
- Based on the reading text, ask students to draw a graphic organizer(chart, table, venn diagram…)
- Help students to notice linking words(although, while, however, but…) in the text.

Post-activity
- Design a level-differentiated writing about students' own hobbies and interests.
- Have students present their writing.
- Give oral feedback on students' errors.

[Reading text]

My name is Minho and I have a twin brother whose name is Jaeho. While my brother and I have many common interests, we are still very different. We both like movies. However, I like adventure movies while my brother prefers comedy movies. We both like to eat at the movies. I like popcorn, but my brother likes chocolate. My brother and I also both like to be outdoors. I like outdoor activities such as hiking and rafting. But my brother likes sitting in the backyard reading science magazines. Also, we both love music. But I like listening to music and he likes playing musical instruments. Lastly, we both like making dinner. But while I like cooking, he prefers washing the dishes.

[2012 수업실연 지도안]

Unit Title	More Different is More Fun.	
Learning Objectives	—Lesson Objectives : Students will be able to 1. talk about their interests and hobbies using new words. 2. visualize the information in the text through a graphic organizer. 3. write about their own interests and hobbies using linking words.	
Procedure		time
Introduction	—T says hello to Ss and calls the roll. —T reviews the previous lesson. —T presents today's objectives.	5'
Development	Pre-activity	
	While-activity	

	Post-activity		
	Consolidation	—T gives a summary of today's lesson. —T previews next lesson.	3'

[부록 1] 수업실연 Self-checklist

- 수업실연을 하고 자신의 수업 영상을 돌려보면서(또는 스터디에서) 사용할 수 있는 checklist입니다.
- 수업실연이 익숙해지고 틀이 잡힌 이후에 사용하는 것을 추천합니다.
- 책 내용과 연계하여 만들었으므로 부족한 부분은 책을 찾아서 구체적인 수정 방안을 찾으시길 바랍니다.
- 개선할 부분을 찾고 싶은데 혼자 찾긴 어려운 분들을 위해 다소 까다롭게 만든 checklist입니다. '개선 필요'에 많은 부분이 체크되는 것이 정상이니 너무 걱정하지 마시고 차근차근 1개씩 개선해 나가시길….

1. Direction 수행, 활동 진행

영역	Check point	양호 (문제없음)	개선 필요
Direction 수행	Direction을 모두 수행했는가?		
	문제에서 제시한 Material을 각 direction에 맞게, 변형 없이 모두 사용했는가?		
	시간 내에 마지막 인사까지 마쳤는가?		
	Direction별 시간 배분을 적절히 했는가?		
	Direction에 없는 내용을 너무 길게 하지는 않았는가?		
첫 시작	관리번호를 또박또박 크게 이야기했는가?		
	첫 멘트가 수업 흐름에 어울리는 멘트였는가?		
	좋은 첫인상을 위해 자신감 있게 시작했는가?		
각 활동 도입	이전 활동과 다음 활동의 연계, 연결 멘트를 했는가?		
	이번 활동에 대한 동기유발 멘트를 했는가?		
worksheet 사용	worksheet을 나눠주고 학생 확인을 했는가?		
	종이를 학생들 방향으로 들고 보여주면서 설명했는가?		
	worksheet의 구조를 대략 설명해 주었는가?		
	worksheet 활동의 guideline을 구체적이면서 알기 쉽게 전달했는가?		
instruction 활동	instruction 주기 전 주의 집중을 시켰는가?		
	어려운 단어, 복잡하고 긴 문장을 사용하진 않았는가?		
	지금 필요 없는 불필요한 문장, 내용을 섞지는 않았는가?		
	학생이 듣기에도 이해하기 좋게 구체적으로 설명했는가?		
	활동 중 지켜야 할 Guideline을 제공했는가?		
	요구사항이 많은 활동은 숫자+판서를 활용해서 정리해서 제시하였는가?		
	한 문장에 여러 중요 정보를 한꺼번에 제시하진 않았는가?		
	중요 부분 강조 없이 계속 단조로운 톤으로만 진행하진 않았는가?		
	학생의 이해를 돕기 위한 gesture를 사용했는가?		
	instruction 설명 중 eye contact와 동선 이동을 적절하게 했는가?		
	Instruction이 끝난 후에 학생 이해 확인을 했는가?		

영역	Check point		
Pair work	Pair로 만드는 멘트를 했는가?		
	Pair로 하는 필요성 / 이유를 간단히 언급했는가?		
	필요시 pair 역할을 나누었는가?(또는 너무 억지로 pair 역할을 나누진 않았는가?)		
	필요시 간단한 예시를 제공했는가?		
	circulation을 했는가? 너무 길게 하진 않았는가?		
	정답확인 / 발표 시 pair 2명의 이름을 모두 불렀는가?		
Group work	Group work의 필요성을 간단히 언급했는가?		
	Group 만들라는 멘트를 했는가?		
	필요시 Group 멤버의 분량 또는 역할 배분을 했는가?		
	협동을 강조하는 멘트를 간단히 했는가?		
	제한 시간을 이야기했는가?		
	circulation을 2군데 정도 했는가?		
	circulation이 학생들의 활동을 facilitate 하는 멘트였나?(직접 답을 제공하기보다는 도움이 되는 멘트)		
	다음 순서를 어느 정도 지켰는가? [Group필요성 ➡ Grouping ➡ worksheet ➡ instruction / guideline ➡ Modeling / Example ➡ CCQ ➡ 협동 강조 ➡ 시간부여 ➡ Circulation]		

2. Classroom management

영역	Check point	양호 (문제없음)	개선 필요
목소리, teacher talk	목소리 크기가 적당히 큰가?		
	전체적으로 듣는 사람이 편한 속도인가?		
	특정부분이 빨라지진 않았는가?		
	항상 같은 톤 / 속도로만 진행하진 않았는가?(강조 부분 톤 / 속도 변화 했는가)		
	강조할 부분에서 강조하는 강약조절을 했는가?		
	중간 중간 짧은 pause없이 너무 급하게 문장을 이어나가진 않았는가?		
	학생 수준에서 어려운 단어를 중간중간 사용하진 않았는가?		
	특정 멘트를 습관처럼 지나치게 반복하진 않았는가?		
	5초 이상 아무 말도 없는 정적이 흐르진 않았는가?		
제스쳐	중간 중간 교사의 말을 더 잘 전달하기 위한 제스쳐를 적당히 사용했는가?		
	불필요한 동작(습관)이 반복되지는 않았는가?		

동선	너무 교탁 앞에만 있지 않고 교실을 적절히 돌아다녔는가?		
	circulation하거나 학생과 상호작용 할 때 적극적으로 앞으로 나왔는가?		
시선처리 / 표정	교실 여러 곳을 골고루 Eye contact 했는가?		
	전반적으로 학생 방향으로 시선을 두었는가?		
	시연 종이를 너무 많이 보진 않았는가?		
	너무 딱딱하고 심각한 표정만 계속 지은 건 아닌가?		
	긴장했다는 것이 표정에 직접적으로 드러나진 않았는가?		
판서	등을 많이 보이면서 판서하진 않았는가?		
	판서에 대략적인 수업의 흐름을 나타냈는가?		
	필요 이상으로 너무 많은 내용을 적진 않았는가?		
	학생이 활동 중 꼭 참고해야 하는(ex. guideline) 사항은 판서를 했는가?		
	전체적으로 판서가 깔끔하고 글씨 크기가 적당히 큰가?		
상호작용 / 학생중심 수업	전반적으로 학생과의 상호작용이 풍부하게 있었는가?		
	학생에게 질문을 Y / N question이 아닌 WH-question 위주로 구체적으로 했는가?		
	학생 이름을 잘 불러주었는가?		
	학생의 발표 내용에 대하여 칭찬을 잊지 않고 했는가?		
	칭찬 멘트가 항상 똑같거나 영혼이 없진 않았는가?		
	교실에 학생이 정말 있는 것처럼 바라보고 소통하는 느낌을 주었는가?		
	활동 Instruction 부분을 제외하고 교사가 혼자 길게 이야기하는 부분이 있진 않았는가?		
	가급적이면 학생, 교실, 학교와 관련된 예시를 주었는가?		
	수업을 전반적으로 학생의 삶, 경험과 연결하려고 노력했는가?		
	학생의 인성을 강조하는 멘트를 넣었는가?		

[부록 2] 최근 수업실연 연습문제 해설

- 루이스 카페의 '수업실연 연습문제' 중 최근 문제(21~24)에 관한 해설을 적어봤습니다. 모든 연습문제에 대한 해설을 수록하고 싶었으나 시간 부족으로 최근 4개만 수록하게 되었으니 양해 부탁드립니다. 참고로 연습문제 20번은 루이스 유튜브에 해설 영상이 있으니 참고하시길 바랍니다.

[수업실연 연습문제 21]

1. Examinee's Response 1
(1) 'leader'의 의미 생각하기
  ㉠ 다양한 형태로 진행할 수 있다. 수업실연 초반인 만큼 활발한 소통으로 진행하자.
  ㉡ 예를 들어 유명인 사진을 몇 명 보여주며 이 인물들의 공통점 (great leader)을 물어도 좋고, 학급 회장 학생을 지목하며 왜 leader인지 말해보는 방법도 있다.
  ㉢ 유명한 리더 소개 후, '사실 이러한 유명한 리더 말고도 여러분 모두가 리더이다. 오늘 그 이유에 대해 알아볼 것이다' 라는 식의 멘트를 한다면 주제와 더 밀접한 수업을 전개할 수 있다.
(2) Pair speaking
  ㉠ 활동 전 한 학생을 지목해서 가장 존경하는 인물 및 그 이유를 물어보며 motivation할 수 있다. 교사가 존경하는 인물을 소개하는 방법도 있다.
  ㉡ pair speaking 활동인 만큼 1명은 질문을 하고 1명은 답을 할텐데 학생들이 'name?' '이순신' 이렇게 할 가능성이 높으므로 'What's his/her name?' 'I admire 이순신 in our history' 와 같이 full sentence로 질문하고 답변하도록 예시를 들어 강조한다.
  ㉢ topic은 'We are all leaders'이다. 그 전 활동은 역사상 유명한 leader를 이야기했지만, 그런 특별한 사람만이 leader가 될 수 있는 것이 아니고 학생들 누구나 그런 훌륭한 leader가 될 수 있음을 알리며 topic을 강조할 수 있다. (~~만 리더가 될 수 있는가? 와 같은 질문으로 최대한 소통하면서 이야기한다.)

2. Examinee's Response 2
(1) main idea + details
  ㉠ 기존에 진행하던 패턴으로 진행하면 된다. detail은 T/F 문제, 각 leadership style의 특징을 채우는 표 채우기(graphic organizer) 등이 가능하다.
(2) 자신의 leadership style을 찾는 개별활동
  ㉠ 다양한 활동이 가능하며, 단순한 interaction이 아닌 'activity' 형태면 모두 가능하다. 예를 들면 간단한 적성검사 질문을 주고 또는 자신의 성격(장점)을 몇 가지 적어보고 6가지 리더 중 어디에 가까운지 찾아보는 방법이 있다.
  ㉡ 활동 이후에 소통을 통해 1~2명의 결과를 확인할 수 있고, 다음 활동에서 사용할 예정이니 각자 자신의 리더십 스타일을 잘 기억해놓으라고 말하면 좋다.

3. Examinee's Response 3

(1) pair activity + language문제 돕기
- ㉠ 파트너의 leadership style을 소개하는 활동이다. 평소에 파트너 관찰을 잘하지 않았으면 글을 쓰기 쉽지 않으므로, 서로 질문을 할 수 있게 허용하면 좋다. 단, 질문은 영어로 할 수 있도록 한다.
- ㉡ language problem을 돕는 것은 활동 전 짝에게 질문할 때 쓸 수 있는 유용한 표현/구조를 주는 방법, 또는 활동 중 circulation을 하면서 어려움을 겪는 학생에게 직접 표현을 가르쳐주는 것을 보여주는 방법이 있다.
- ㉢ T-Ss interaction은 학생의 활동 결과를 서로 소통하며 공유하면 된다. 짝에 대해 이야기하는 것이므로 학생들이 부끄러워할 수 있으므로 용기를 주는 멘트를 하면 좋고, 답변을 듣고 대상 학생을 '좋은 리더다'라는 칭찬을 해주면 좋다. (이런 식으로 모든 학생이 리더가 될 수 있다는 점을 자주 강조해주는 것을 연습해보자)

4. Examinee's Response 4

(1) Group activity + modeling
- ㉠ '모두가 리더가 될 수 있다'는 topic에 맞춰서 활동을 진행하는 것을 의도했다. 그래서 표 윗부분(Event name, date, plan)보다는 밑부분에서 학생이 각각 자신의 리더십 스타일을 활용해서 축제 준비에서 어떤 역할을 맡을지 정하는 것이 더 중요한 활동이다.
- ㉡ 예를 들면 Quiet Supporter는 정보 검색 같이 지원 역할을 맡고, Strict Director 스타일이라면 시간 내에 마무리할 수 있게 독려하는 역할을 맡을 수 있다. 누구나 중요한 역할을 할 수 있고 큰 도움이 될 수 있을 것이라는 용기를 주는 멘트를 하자.
- ㉢ modeling을 줄 때 교사 본인과 학생들이 잘 알고 있는 다른 과목 선생님 3명을 넣어서 학교 이벤트를 진행하는 예시를 주면 학생들의 반응이 좋을 수 있다.

(2) 교사피드백 + evaluate 방법, listening etiquette 지도
- ㉠ 완전한 문장으로 하나의 완성된 글을 적는 활동이 아니다 보니 세세한 문법을 피드백 주는 것은 다소 어색할 수 있다. 학생들에 대한 협동심을 칭찬해도 좋고, 영어식 Date를 쓰는 방법 등을 피드백해도 된다.
- ㉡ evaluate하는 방법은 연습이 많이 되어있을 scoring rubric을 몇 가지 주어도 괜찮으나 'scoring rubric'을 주라는 말이 직접적으로 없었기 때문에 시간이 부족하면 더 간단히 진행해도 괜찮다. (예 조원 모두의 leadership style과 role이 잘 반영되어 있는지만 확인하기)
- ㉢ Listening etiquette도 시간이 부족할 것이므로 간단히 경청의 중요성을 강조하는 멘트만 던져도 괜찮고, 고개 끄덕임, 박수치기 등과 같은 경청하고 있음을 알리는 신호를 강조해도 괜찮다. 또는 들은 내용을 적을 수 있는 빈 표를 나누어주고 받아적으며 경청할 것을 강조해도 된다.

[수업실연 연습문제 22]

1. Examinee's Response 1
(1) motivation
  ㉠ visual material은 사진도 좋고, 영상도 좋다. 외국의 독특한 문화를 소개하는 사진이나 영상도 좋고, 다양한 인종이 모여서 어떤 행사를 진행하는 영상도 좋다.
(2) pair speaking
  ㉠ 우선 학습지의 'Cultural Quotient' 용어를 모를 수 있으므로 설명해주어야 한다. (예 학생들이 알고 있는 IQ, EQ 개념의 '문화' 버전으로 다양하고 다른 문화를 이해할 수 있는 능력)
  ㉡ speaking 활동이므로 학생들이 최대한 영어를 더 말하게 하면 좋다. 한명이 질문을 읽고 다른 한명이 답변을 하면 단순히 Yes/No만 말하게 될 수 있으므로 'Yes또는 No인 이유'를 간단히 말하게 하면 좋다. (예 4번문제 : 시도해본 음식 말하기)
  ㉢ 활동 종료 후 'Yes'라고 답변한 문항의 개수를 세도록 하고, 점수별 Results를 학생에게 알려준다.
(3) 'Embracing the Differences' 의미
  ㉠ 수업을 주제와 연계하는 연습을 위해 만든 디렉션이다. (2023 기출에도 중요하게 출제되었다) 'Embracing the Differences'를 판서하고 진행하는 것이 좋다.
  ㉡ 이전 활동과 연계해서 진행할 수 있다. Low CQ인 학생이 High CQ가 되려면 필요한 자세를 물어봐도 괜찮고, 문항 중 1개를 활용하여 '다른 나라 친구를 낯설어하는 이유'등을 물어본 후, 단순히 different해서 피하는 것이라면 'Embracing the difference' 자세가 필요하다고 이야기 해도 좋다. 또는 다문화 학생이 있다고 가정하고 낯선 한국 문화나 한국 음식을 어떻게 받아들였는지 물어보며 진행하는 방법도 있다.

2. Examinee's Response 2
(1) detail 읽기
  ㉠ 단어와 main idea는 이미 진행했다고 가정하라고 되어있으므로 detail 읽기를 바로 시작하면 된다.
  ㉡ 지문 내용이 다소 긴데, 이럴 때는 가장 문제 내기 좋은 부분을 한 곳 찾아 T/F문제를 만들어놓는 것이 좋다. (5문제가 있더라도 1문제만 예시를 들어도 되므로) 또는 지문에서 진행되는 행사를 5W1H로 정리하는 문제나 각 인물이 한 일을 표로 제시한 문제도 좋다.
(2) 밑줄의 contextual meaning
  ㉠ 이것도 역시 수업과 주제를 계속 연결하는 연습을 위해 출제했다. 이 수업은 영어 지식과 더불어 서로 다른 문화와 서로 다른 사람들을 서로 인정하고 화합하는 자세를 길러주는 목적이 있으므로 그 부분을 유념하여 표현을 가르쳐야 한다.
  ㉡ 앞 활동에 연결하여 text의 내용을 소통하면서 정리하고 이어서 밑줄 친 의미를 자연스럽게 깨닫게 하면 된다. 교사 혼자 이야기하지 않고 최대한 소통을 통해 풀어나가보자. (어디서 진행하는 fair인가? 이 미국의 fair에 모여있는 여러 인물들이 같은 문화 출신인가? 같은 인종인가? 이렇게 서로 'different' 문화의 인물들이 모였는데 fair 안에서 화합하는 모습은 서로 different 한가? 그렇다면 이들은 more unalike한가 alike한가?)

ⓒ 시간이 된다면 이를 '우리학교' 상황으로 접목하여 '우리 학교도 다양한 문화 출신이 있는데 우리도 unalike하기보다는 alike하다'는 말을 추가하면 더 좋다.

3. Examinee's Response 3
(1) pair speaking
- ㉠ 본문에 보면 몇 가지 외국 문화가 있는데(예 Malaysia의 'baju' 의상) 이를 직접 찾아보며 '다른' 문화에 익숙해질 수 있도록 하는 활동이다.
- ㉡ 활동 조건에 tablet PC가 있었으므로 이를 활용해서 정보를 찾도록 한다. 찾을 때 유의사항을 간단히 알려줘도 된다. (가급적 영어로 된 사이트를 찾으라, 모르는 단어는 온라인 사전을 찾아라….)
- ㉢ "I want to introduce…"과 같이 speaking에서 쓸 수 있는 구조를 줄 수 있다.

(2) cultural attitude에 대한 피드백
- ㉠ 앞에서 이야기한 문화적 태도를 speaking 활동의 결과에 연계해서 가르치면 된다.
- ㉡ 본문에 있는 외국 문화는 학생에게 처음엔 낯설었겠지만 인터넷으로 직접 찾아보니 흥미롭기도 하고 익숙해졌을 것이다. 이렇게 우리와 다른 것이라고 낯설다고 피하기보다는 서로 알아가고 이해하는 자세가 중요하다는 것을 강조하면 된다. 역시 가급적 interaction을 통해 풀어가면 좋다.

4. Examinee's Response 4
(1) Group writing + presentation
- ㉠ 지문 속 fair에 초대받아 한국문화를 소개하는 활동이다. 활동 전 학생들이 소개할 수 있는 문화를 자유롭게 말하게 하며 motivation을 진행할 수 있다.
- ㉡ 처음 3개는 이전 활동과 비슷한 질문이라 어렵지 않겠으나 Specific plan은 어려워할 수 있으므로 방향설정을 해주면 좋다. 특히 조별활동이므로 부스 운영을 위해 각 모둠원이 준비할 사항 또는 맡을 역할을 의논해서 적도록 하면 모든 학생을 참여시킬 수 있게 된다.
- ㉢ Presentation 준비는 4가지 항목이므로 '1명이 1개 발표할 것이니 조별로 정해서 연습해라'라는 식으로 진행할 수 있다.

[수업실연 연습문제 23]

1. Examinee's Response 1
(1) talk about the topic
- ㉠ post reading임을 생각하여 본문을 읽었다고 가정하고 진행해야 한다. 교사가 몇몇 학생들에게 물어보는 식으로 진행해도 괜찮고, pair로 간단히 활동시켜도 된다.
- ㉡ 학생의 경험을 토대로 이야기해야 하므로 식당에서 로봇이 서빙을 하는 것을 받아봤거나, 카페에서 로봇이 음료를 만들어주는 것을 먹어본 것 같이 주변에서 로봇을 생각보다 쉽게 볼 수 있다는 것을 강조하면서 학생들의 경험을 떠올리게 한 후 말할 수 있도록 한다. 교사의 경험을 먼저 이야기주는 것도 좋다. (예) "While reading the article about robots, didn't it remind you of a similar experience? I remembered that I was assisted by a robot at a hotel. Yeah, you've had such an experience too, right? Let's talk about it together.")
- ㉢ 이 수업은 전반적으로 Robot이 우리의 삶을 도와주는 역할을 한다는 내용이므로 학생들이 경험을 이야기하고 난 다음 이렇게 긍정적인 측면이 있다는 것을 강조하고 넘어가는 것이 좋다.

(2) notice connective adverbs
- ㉠ 'notice'하라고 했으므로 교사가 직접 알려주는 것보다 학생이 스스로 발견하게 해야 한다. post-reading이므로 학생들이 이미 text를 읽었으므로, 힌트를 주고 connective adverbs를 찾도록 하면 좋다.
- ㉡ 여기서 중요한 것은 교사가 지나치게 설명식으로 이야기하기보다는 최대한 소통으로 풀어나가는 것이다. 수업실연 초반부인 만큼 상호작용이 중요하다. 교사의 설명이 너무 길어지면 수업이 지루해질 수 있다. (예) "What is the main idea of this article? Yes, it's about the advantages robots bring to us. How many key advantages were discussed? Three! What words were used to introduce these three points? That's right, Junsoo! Words like 'First off,' 'Second,' and 'Third!' What are these called? Exactly, Ji-yoon! They're called connective adverbs! So, what do you think is the role of these? Yes, they show the order of the three opinions!")

2. Examinee's Response 2
(1) understand the components of a well-structured paragraph
- ㉠ paragraph structure를 햄버거로 표현한 그림이 있으니 학생들과 소통으로 쉽게 풀어나가는 것이 핵심이다. 예를 들어서 topic sentence 설명한 후에 "What happens if a hamburger only has the bun? Right, it's not tasty. What else do we need? Exactly, we need the meat and the tomato! That's just like a supporting sentence! It's an essential part that makes the writing more complete!" 이런 식으로 학생에게 질문을 던져가며 설명하는 것이다.
- ㉡ 이미 학생들이 읽었던 Material 1이 well-structured paragraph였으므로 이를 활용해서 paragraph의 각 요소를 찾아보면서 진행하는 방법도 있다.

(2) pre-writing
- ㉠ pre-writing으로 brainstorming부터 해야 하는데 단순히 질문에 대한 답만 하라고 하지 않고 글의 소재를 찾기 위한 과정이고, 질문들에 대해 문법을 신경쓰지 않고 편하게 답변을 떠올려보자고 하는 등 '왜 이 활동을 하는지'를 알려주고 편하게 참여하라는 것을 강조하며 동기화시키는 것이 좋다.

ⓛ 진로와 연계해서 생각해보는 질문이 있는데, 진로가 정해지지 않았어도 관심분야로 적어도 괜찮다고 하면서 학생의 부담을 줄여주자.
ⓒ outlining에서 단순히 문제를 풀 듯이 '다섯 가지 정보'를 적어라! 라는 느낌을 주고 끝내지 않도록 한다. brainstorming과 연계하고, 여기서 생각한 아이디어들을 정리해서 글로 쓰기 전에 구조를 잡는 과정이라는 것(우리가 햄버거로 well-structured paragraph를 배웠듯이 햄버거 모양을 잘 잡기 위한 과정이다)을 설명해주면서 동기화시키도록 하자.
ⓔ Supporting detail 1은 반드시 자신의 진로와 연계해야 하는 것을 강조하자. 자신의 미래 진로에서 로봇이 사용될만한 것을 떠올리면 되는데, 의사가 되고 싶다면 로봇이 수술을 보조해주는 것과 같은 예시를 들어주면 좋다.

3. Examinee's Response 3
(1) individual writing
ⓐ 바로 글쓰기에 들어가는 것이 아니고, 학습지를 구조를 먼저 파악하게 한 뒤 글쓰기에 참여시키는 것이 좋다. 학습지를 보면 로봇이 도움이 되는 3가지 다른 분야를 적게 되어있다. 이런 부분을 학습지의 빈칸을 같이 살펴보며 학생들이 무엇을 써야 하는지 notice하도록 도와주면 좋다.
ⓛ Outlining에서 구조를 잡았던 것을 강조하면서 배운 paragaph형식을 잘 지키도록 강조하면 좋다.
ⓒ 문제 조건에서 교실에 tablet pc가 있으므로 영작을 너무 어려워하는 학생은 tablet pc로 온라인사전을 사용하여 끝까지 글을 작성해보도록 독려할 수도 있다.
(2) peer feedback
ⓐ peer feedback은 조 안에서 조원들이 서로의 글을 바꿔보는 방법도 있고, feedback leader를 지원받아서 이 leader들이 매칭된 학생들의 글을 봐주는 형태로 진행하는 방법도 있다.
ⓛ 어떤 항목을 봐줘야하는지 구체적인 checklist를 제공하면 좋다. 점수를 매기는 것보다는 체크리스트 형태로 글의 조건을 잘 지켰나 확인해주고, 피드백을 주게 하는 방향이 좋다.
ⓒ 학생끼리 피드백을 줄 때는 보통 문법 판단을 어려워하는데, 문제 조건에서 Tablet PC를 사용할 수 있다는 말이 있으므로 'Grammarly'와 같은 AI기반 문법 교정 프로그램의 도움을 받도록 해도 괜찮다.
(3) T's feedback
ⓐ improvement 측면의 피드백을 주라는 것은 이 수업에 process-oritented writing이기 때문이다.
ⓛ 과정중심글쓰기는 학생의 성장을 이끌어내는 것이 핵심이므로 학생이 글쓰기하고 고쳐쓰기하면서 '~~한 부분에서 성장하고 있다'는 것을 크게 칭찬해주는 긍정적인 피드백을 주는 것도 좋다.

[수업실연 연습문제 24]

1. Examinee's Response 1

(1) a pair speaking activity using [Material 1]
- ㉠ 학생에게 바로 활동을 시키기보다는 교사랑 먼저 소통을 하며 활동에 대한 감을 잡게 하는 것이 좋다. (수업실연 초반엔 교사와 학생의 활발한 소통을 보여주어야 감독관에게 좋은 첫인상을 남길 수 있다) 여기서는 새로운 내용을 생각해서 소통할 필요는 없다. 이미 4가지 기사 제목이 나와있었으니 1가지를 선택해서 소통하면 된다. (예)Alright everyone, look at this article on the screen! Let's read the headline together. 'Government Will Ban Teen Smartphone Usage Next Year' Surprising, right? Whoa, Minsu - you're asking if it's real? Nope! There's no way that's true. It's a fake article! What a relief, huh? I actually asked an AI to create it, and it made it in no time. Yeah, Sujin, you're right - it does look real. That's exactly the problem. Fake news is getting so realistic these days, we really have to be careful. So, let's think - by fake news like this .... who might be negatively affected?)
- ㉡ 위와 같이 소통하면 학생들도 짝과 함께 어떤 대화를 나누어야 하는지 감을 잡을 수 있다. 짝과 기사들의 제목을 읽고 어떤 느낌이 드는지를 먼저 공유해본 뒤 2가지 질문에 답해보도록 하면 된다.
- ㉢ 여기서의 2개의 질문은 comprehension check 질문이 아니고 학생들의 사고를 확장시키기 위한 질문이므로 짝 활동 이후에 '정답 확인'은 하지 않아도 되고, 이해점검의 느낌으로 진행하지 않도록 조심해야 한다. 'critical reader'가 되어야 하는 중요성을 일깨우기 위한 과정으로 생각해야 한다.

(2) teacher-student interaction on the topic
- ㉠ 수업 타이틀처럼 'critical reader'가 되어야 하는 중요성을 잘 일깨워야 한다.
- ㉡ 새로운 이야기를 하기보다는 앞 활동에 이어서 진행하는 것이 좋다. 앞에서 봤던 기사들을 읽고 어떤 느낌이 들었는지, 어떤 생각이 들었는지를 질문해도 좋고, 〈Material 1〉의 질문 2가지를 바탕으로 '이런 fake news에 피해를 보지 않으려면 어떻게 해야 하는지'를 생각해보도록 소통해도 좋다.

2. Examinee's Response 2

(1) comprehension check after reading [Material 2]
- ㉠ 학습지에 따로 제시된 것은 없으므로 T/F 나 이해점검 질문들이 몇 개 있다고 가정하면 된다. 1~2문제 정도는 구상시간에 만들어놓아야 학생들과 소통하며 진행하는 모습을 보여줄 수 있다.
- ㉡ 지문의 1~4번 (Check the source, Verify the author...)은 이어지는 활동에서도 활용할 수 있으니 이해점검할 때 제목만 간단하게 판서해놓는 것이 좋다. (source, author, headline, supporting evidence를 앞으로 'SAHE'라고 부르자고 약속한 뒤 계속 써먹어도 좋다.)
- ㉢ 여기서 너무 힘을 줄 필요는 없다. 이어지는 메인 활동에서 더 시간과 에너지를 투자하자

(2) group discussion using [Material 3]
- ㉠ 앞 활동과의 연계가 중요하다. 앞에서 배운 것을 적용해보자는 연결멘트를 한 뒤 Material2의 1~4번을 하나하나 적용해가며 Fake News를 찾도록 한다.

ⓒ 수업 조건에 '태블릿PC'가 있었으므로 fact check 사이트(구글의 Fact Check Tool도 있음)를 알려주며 fake news를 찾을 때 활용해도 좋고, 비슷한 내용의 기사가 많이 있는지를 찾게해도 좋다.

3. Examinee's Response 3
(1) group writing using [Material 4]
　　㉠ 여기도 태블릿PC를 활용할 수 있다. 학습지 작성 후 캔바, 파워포인트와 같은 프로그램으로 실제와 같은 카드뉴스로 만들도록 할 수도 있고, 생성형AI를 활용하여 자신들이 만든 기사의 관련 사진을 제작할 수도 있다. 또한 학생들의 작품을 구글클래스룸이나 패들릿에 올린다면 다음 활동에서 서로 교환해서 댓글로 코멘트 달기도 좋고 프리젠테이션 시키기도 편리하다.
　　ⓒ 시간이 부족한 것이 아니라면 writing은 교사의 모델을 먼저 주면 좋다. '전국 학교 방학이 1주일 미뤄졌다'와 같이 학교 관련 fake news를 주면 흥미도 이끌 수 있다.
　　ⓒ 영작을 매우 어려워해서 그룹 활동에 기여하고 싶지만 무엇을 해야 할지 모르는 학생들이 분명 있을 것이다. 이런 학생들을 위해 '정보검색', '온라인사전' 'Grammarly(AI기반 문법 체크 프로그램) 관리'와 같은 담당자를 설정하면 모두가 참여하는 수업을 만들 수 있다.
　　ⓔ 오늘 수업에서 가장 메인이라고 할 수 있는 활동이다. 순회지도는 반드시 하자. 바로 위에서 설명한 내용을 순회지도에서 참여하지 못하고 있는 학생에게 적용해도 좋다.

(2) exchange article
　　㉠ 단순히 〈Fact-checking〉학습지를 적어보라고 하고 설명이 끝나면 안 된다. 수업실연에서는 늘 주어진 학습지를 더 쉽게 설명할 방법을 찾기 위해 노력해야 한다. 특히 어려워할만한 부분을 찾아 쉽게 알려주는 것이 중요하다. (예 Summarize 부분을 어려워할 수 있으므로 세부적인 예시를 제외한 가장 핵심 포인트만 뽑아 2문장 이내로 적어라)
　　ⓒ 본문의 1~4번 포인트를 복습하며 fake 여부를 판단하라고 하면 활동 간 연계성이 높아진다. Reading 활동 시 판서를 해놨으면 이럴 때 판서를 다시 가리키기만 하면 된다.

(3) presentation
　　㉠ 발표를 갑자기 시키면 학생들이 당황하므로, 이전 활동에서 이 활동 후에 발표한다는 것을 알리는 것이 좋다. 발표를 연습할 시간을 잠시 주는 것도 필요하다.
　　ⓒ 각자 다른 조의 기사를 분석한 것이니 발표 후에 기사를 쓴 조가 Real 인지 fake인지 정답을 알려주는 순서가 따라나와야 한다.
　　ⓒ 발표 중 '정말 좋은 목소리인데 더 크게 해주면 좋겠다'와 같은 멘트를 넣어주면 실제 수업과 같은 느낌을 줄 수 있다.

(4) teacher's feedback on students' analysis and presentation
　　㉠ 다른 조의 기사를 fact-check한 것 자체에 대한 피드백도 좋고 발표 태도에 관한 피드백도 좋다. (여기선 문법, 어휘사용 등 language에 대한 피드백을 주지 않도록 조심하자)
　　ⓒ 예를 들어 Summarize 부분을 핵심만 뽑아내지 않고 그냥 그대로 문장을 옮겨 적은 조가 많다고 할 수도 있고, 신빙성 있는 evidence를 찾지 않고 fake news를 판명한 것을 지적할 수도 있다. 발표 태도는 '발표 자료만 계속 보지 않고 친구들에게 아이콘택트하기', '몸을 많이 움직이지 않고 바른 자세로 발표하기'등을 피드백할 수 있다.

참고문헌 및 추천서적

[심층면접]

김덕년 (2017). 『교육과정-수업-평가-기록 일체화』. 에듀니티.
김창호 외 (2014). 『교사의 마음리더십』. 에듀니티.
김현섭 (2016). 『수업성장』. 수업디자인연구소.
김현수 (2014). 『교사상처』. 에듀니티.
김현수 (2014). 『행복한 교실을 만드는 희망의 심리학』. 에듀니티.
김현수 (2015). 『공부상처』. 에듀니티.
김현수 (2016). 『무기력의 비밀』. 에듀니티.
신규진 (2008). 『아이들의 성장을 돕는 학교상담』. 우리교육.
앨런 L.빈 (2016). 『괴롭힘이 없는 교실 만들기』. 시그마프레스.
엄은남 (2014). 『엄선생의 학급운영 레시피』. 맘에드림.
우리교육 (2004). 『빛깔 있는 학급운영』. 우리교육.
우리교육 (2008). 『교실 속 갈등상황 100문 101답』. 우리교육.
우리교육 (2008). 『교실 속 딜레마 상황 100문 101답』. 우리교육.
유영식 (2017). 『교육과정-수업-평가를 일체화하는 '과정중심평가'』. 즐거운학교
이귀학 (2010). 『선생님 전략(실천편)』. 동서문화사.
제이넬슨 외 (2014). 『학급긍정훈육법』. 에듀니티
조세핀 킴 (2014). 『교실 속 자존감』. 비전과리더십.
최성애·조벽 (2012). 『청소년 감정코칭』. 해냄.
토드 휘태커 (2009). 『훌륭한 교사는 무엇이 다른가』. 지식의 날개.
커네스 쇼어 (2011). 『화내지 않고 말썽꾸러기 대하기』. 우리교육.
하이데마리 브로셰 (2016). 『교사가 알아야 할 학부모 마음 학부모가 알아야 할 교사 마음』. 시대의창.
한영진 외 (2013). 『교사를 당황하게 하는 아이들』. 학지사.
홍현미 외 (2013). 『교육을 바꾸는 힘, 감성교육』. 즐거운학교.
Geroge M. Jacobs (2011). 『아하! 협동학습』. 시그마프레스.

[수업실연]

정승민 (2013). Teacher Talk, 에듀박스.
Glyn S.Hughes (2003). *A Handbook of Classroom English*. Oxford.
Jim Scriverner (2011). *Learning Teaching*. Macmillan.

루이스 영어임용 2차
All-in-One
영어면접·수업실연·실전전략

인 쇄 : 2025년 11월 17일	
발 행 : 2025년 11월 21일	
편저자 : 루이스	
발행인 : 강명임·박종윤	
발행처 : ㈜ 도서출판 미래가치	
등 록 : 제2011-000049호	
주 소 : 서울시 영등포구 선유로130 에이스하이테크시티3 511호	
전 화 : 02-6956-1510	
팩 스 : 02-6956-2265	

ⓒ 루이스, 2025 / ISBN 979-11-6773-621-5 13370

• 낙장이나 파본은 교환해 드립니다.
• 이 책의 무단전재 또는 복제행위는 저작권법 제136조에 의거하여 처벌을 받게 됩니다.

정가 42,000원